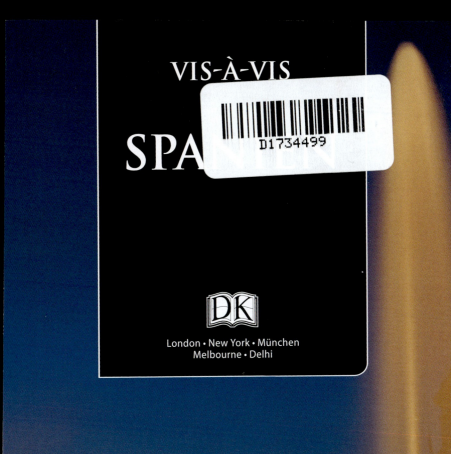

VIS-À-VIS

SPANIEN

DK

London • New York • München
Melbourne • Delhi

www.dorlingkindersley.de

Texte
John Ardagh, David Baird, Vicky Hayward, Adam Hopkins, Lindsay Hunt, Nick Inman, Paul Richardson, Martin Symington, Nigel Tisdall, Roger Williams

Fotografien
Max Alexander, Joe Cornish, Neil Lukas, Neil Mersh, John Miller, Kim Sayer, Linda Whitwam, Peter Wilson

Illustrationen
Stephen Conlin, Richard Draper, Isidoro González-Adalid Cabezas (Acanto Arquitectura y Urbanismo S. L.), Claire Littlejohn, Maltings Partnership, Chris Orr & Assocs, John Woodcock

Kartografie
Jennifer Skelley, Phil Rose, Jane Hanson (Lovell Johns Ltd), Gary Bowes, Richard Toomey (ERA-Maptec Ltd.)

© 1996, 2018 Dorling Kindersley Ltd., London
Titel der englischen Originalausgabe: Eyewitness Travel Guide *Spain*
Zuerst erschienen 1996 in Großbritannien bei Dorling Kindersley Ltd.
A Penguin Random House Company

Für die deutsche Ausgabe:
© 1997, 2018 Dorling Kindersley Verlag GmbH, München
Ein Unternehmen der Penguin Random House Group

Aktualisierte Neuauflage 2019/2020

Programmleitung
Dr. Jörg Theilacker, DK Verlag
Projektleitung
Stefanie Franz, DK Verlag
Projektassistenz
Antonia Wiesmeier, DK Verlag
Übersetzung
Dr. Eva Dempewolf, Theresia Übelhör, Dr. Sylvia Höfer und Viola Löbig
Redaktion
Gerhard Bruschke, München
Schlussredaktion
Sonja Woyzechowski, München
Umschlaggestaltung
Ute Berretz, München
Satz und Produktion
DK Verlag
Druck
RR Donnelley Asia Printing Solutions Ltd., China

ISBN 978-3-7342-0219-3
15 16 17 18   21 20 19 18

Casa Batlló, Barcelona *(siehe S. 144)*

Dieser Reiseführer wird regelmäßig aktualisiert. Angaben wie Telefonnummern, Öffnungszeiten, Adressen, Preise und Fahrpläne können sich jedoch ändern. Der Verlag kann für fehlerhafte oder veraltete Angaben nicht haftbar gemacht werden. Für Hinweise, Verbesserungsvorschläge und Korrekturen ist der Verlag dankbar. Bitte richten Sie Ihr Schreiben an:

Dorling Kindersley Verlag GmbH
Redaktion Reiseführer
Arnulfstraße 124 • 80636 München
travel@dk-germany.de

◄ **Beleuchtete Plaza de Cibeles** *(siehe S. 290)* **zur Weihnachtszeit, Madrid**

◄◄ **Umschlag: Traumstrand an einer Steilküste**

Inhalt

Traumbucht an der Costa Brava *(siehe S. 221)*

**Kathedrale von
León** *(siehe S. 358f)*

Benutzerhinweise

Dieser Reiseführer will Ihren Besuch in Spanien zum unvergesslichen Erlebnis machen, das durch keinerlei Probleme getrübt wird. Er enthält detaillierte praktische Informationen und wichtige Hinweise. Der Abschnitt *Spanien stellt sich vor* beschreibt die vielfältigen Landschaften Spaniens und stellt historische Zusammenhänge dar. In fünf Hauptkapiteln plus ausführlichen Kapiteln zu Barcelona und Madrid werden Sehenswürdigkeiten und weitere Themen umfassend beschrieben. Von uns empfohlene Hotels und Restaurants finden Sie im Kapitel *Zu Gast in Spanien*. Die *Grundinformationen* bieten detaillierte Tipps und Hinweise für Ihren Aufenthalt und die Anreise.

Barcelona, Madrid und Sevilla

Diese Städte sind in verschiedene Gebiete unterteilt, jedes mit einem eigenen Kapitel. Abstecher beschreibt die Umgebung der jeweiligen Stadt. Der Provinz Madrid, die die Hauptstadt umgibt, ist ein eigenes Kapitel gewidmet. Die Sehenswürdigkeiten sind mit Nummern versehen, die sich auf den Karten wiederfinden.

Sehenswürdigkeiten auf einen Blick führt das Wichtigste auf: Kirchen und Kathedralen, Museen und Sammlungen, Straßen und Plätze, historische Gebäude, Parks und Gärten.

2 Detailkarte Aus der Vogelperspektive wird der Kern eines Stadtteils gezeigt.

Sterne markieren herausragende Sehenswürdigkeiten.

Alle Seiten, die auf Madrid verweisen, haben eine grüne Griffmarke, Barcelona ist rosa und Sevilla rot markiert.

Eine Orientierungskarte zeigt die Lage des Stadtteils, in dem Sie sich befinden.

1 Stadtteilkarte Sehenswürdigkeiten sind durchnummeriert und auf der jeweiligen Karte zu finden: *Barcelona (S. 183–189); Madrid (S. 311–319); Sevilla (S. 453–459).*

Die Routenempfehlung ist rot gekennzeichnet.

3 Detaillierte Informationen Alle Sehenswürdigkeiten in den drei großen Städten werden einzeln beschrieben – mit Adresse, Telefonnummer, Öffnungszeiten, Eintrittspreisen, Führungen, Fotografiererlaubnis und Anbindung an öffentliche Verkehrsmittel.

Stadtplan Barcelona *siehe Seiten 183–189.*
Stadtplan Madrid *siehe Seiten 311–319.*
Stadtplan Sevilla *siehe Seiten 453–459.*
Karte *Extrakarte zum Herausnehmen.*

1 Einführung
Landschaft, Geschichte und Charakter jeder Region werden hier beschrieben.

Die Regionen Spaniens
Neben Barcelona, Madrid und Sevilla ist Spanien in zwölf Regionen unterteilt, denen jeweils ein Kapitel gewidmet ist. Die interessantesten Städte, Dörfer und Sehenswürdigkeiten sind auf einer *Regionalkarte* dargestellt.

2 Regionalkarte
Die Karte zeigt das Straßennetz und eine Übersicht der Region. Alle Sehenswürdigkeiten sind nummeriert. Die Karte gibt Tipps für das Erkunden des Gebiets mit Auto, Bus oder Bahn.

Kästen nennen u.a. die bedeutendsten traditionellen Fiestas der Region.

Jede Region Spaniens kann anhand der Farbe der Griffmarke an den Seitenrändern leicht aufgeschlagen werden.

3 Detaillierte Informationen
Alle wichtigen Orte werden einzeln beschrieben. Die Reihenfolge der Nummerierung entspricht der auf der *Regionalkarte*. Zu jedem Ort gibt es detaillierte Informationen über die wichtigsten Sehenswürdigkeiten.

Die Infobox enthält praktische Informationen, die für einen Besuch hilfreich sind.

4 Hauptsehenswürdigkeiten
Den Highlights Spaniens werden zwei oder mehrere Seiten gewidmet. Historische Gebäude werden perspektivisch dargestellt und teils von innen gezeigt; zu Museen und Sammlungen finden Sie farbige Grundrisse.

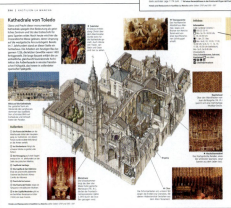

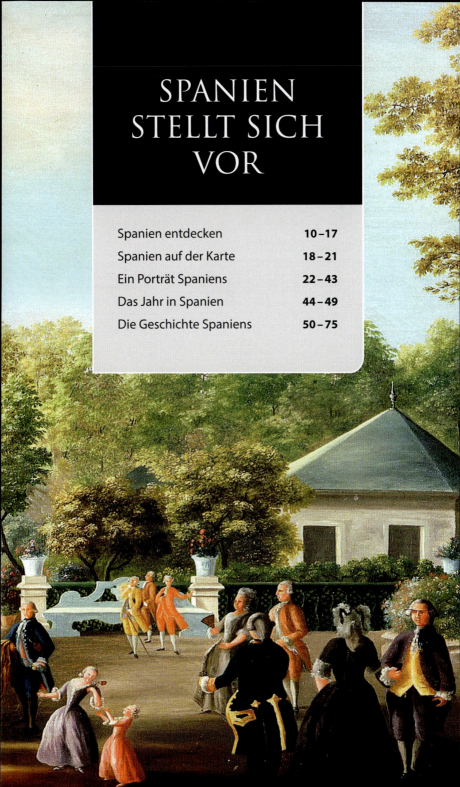

SPANIEN STELLT SICH VOR

Spanien entdecken

Die folgenden Touren führen zu einer Vielzahl von touristischen Höhepunkten, wobei lange Distanzen so weit wie möglich vermieden wurden. Drei zweitägige Städtetouren entführen Sie in die faszinierenden Metropolen Madrid, Barcelona und Sevilla. Sie können zu einer Wochenreise kombiniert werden, da alle drei Städte mit AVE-Zügen erreichbar sind. Ergänzt durch Ausflüge, kann diese zu einer zehntägigen Reise ausgedehnt werden. Zur Auswahl stehen zudem eine Wochentour nach Bilbao und in das Baskenland, eine zehntägige Reise durch Nordspanien sowie ein einwöchiger Trip entlang der Mittelmeerküste von Barcelona über Valencia nach Cartagena. Eine weitere Tour führt nach Madrid und weiter in drei faszinierende Städte des Al-Andalus: Sevilla, Córdoba und Granada. Lassen Sie sich inspirieren, wählen Sie Ihre Lieblingstour, und kombinieren Sie nach Belieben.

Madrid und muslimisches Spanien: Granada, Córdoba und Sevilla

- Genießen Sie Madrids anregende Atmosphäre, besuchen Sie seine Museen von Weltrang, und entdecken Sie unzählige Shopping- und kulinarische Angebote in Spaniens Hauptstadt.

- Lassen Sie sich vom Charme von Sevillas Altstadt bezaubern, bestaunen Sie den Glockenturm La Giralda sowie den prächtigen Palast Real Alcázar.

- Erkunden Sie wunderbare andalusische Städte wie Carmona und Écija, ihre schönen Paläste und Kirchen.

- Bewundern Sie die Mezquita in Córdoba, und bummeln Sie durch das labyrinthische alte jüdische Viertel.

- Entdecken Sie hübsche Dörfer wie Montilla und Priego de Córdoba, genießen Sie die hügelige Landschaft mit Olivenhainen und zum Essen lokale Weine.

- Lassen Sie sich von Granadas Alhambra, den duftenden Gärten des Generalife und dem Flair von Al-Andalus faszinieren, aber auch von der Flamenco-Musik in den Höhlen des Sacromonte.

Legende
— Madrid und muslimisches Spanien
— Bilbao und Baskenland
— Wildes Spanien
···· Barcelona und Mittelmeerküste

Guadalajara
Madrid
Madrid
Cuenca
Aranjuez
Toledo
Tomelloso
Ciudad Real
Castilla-La Mancha
Linares
Córdoba
Andalucía
Huéscar
Écija
Montilla
Sevilla
Carmona
Aguilar
Priego de Córdoba
Montefrío
Granada
Málaga
Almer...
Motril
Marbella

La Giralda
Der Glockenturm von Sevillas Kathedrale, einst ein Minarett, gehört zum UNESCO-Welterbe.

◀ *Im Prinzengarten von Aranjuez von Mariano Ramón Sánchez*

Wildes Spanien: Kantabrien, Asturien, Galicien

- Besuchen Sie hübsche Fischer- und Feriendörfer sowie Kantabriens Hauptstadt Santander.

- Bewundern Sie das historische Santillana del Mar und prähistorische Höhlenkunst im Museo de Altamira.

- Wandern Sie auf Gipfel und durch Täler im Parque Nacional de los Picos de Europa.

- Entdecken Sie das geschäftige Gijón und an der zerklüfteten Costa Verde idyllische Dörfer und versteckte Höhlen.

- Bestaunen Sie Lugos römische Mauer und prächtige Bauten in Santiago de Compostela.

Bilbao und Baskenland

- Lassen Sie sich in Bilbao vom spektakulären Museo Guggenheim und den schicken Boutiquen beeindrucken.

- Sehen Sie in Gernika-Lumo die berühmte Eiche, die die Bombardierung von 1937 überlebte.

- Erkunden Sie die wilde Costa Vasca, und genießen Sie fangfrischen Fisch in reizenden Küstenorten.

- Genießen Sie den schicken Strand von San Sebastián und fantastische *pintxos*.

- Besuchen Sie im Hinterland die malerischen Santuarios de Loyola und de Arantzazu.

- Bummeln Sie durch die baskische Hauptstadt Vitoria.

- Entdecken Sie die historische Weinstadt Haro und ihre zahlreichen Bodegas.

Mit dem Zug von Barcelona entlang der Mittelmeerküste

- In Barcelona flanieren Sie durch das Barri Gòtic, bewundern Gaudís fantastische Architektur, shoppen und essen in tollen Locations – und erholen sich an den berühmten Stränden.

- Nach einem Bummel durch das reizende Sitges führt der Weg nach Tarragona und seinen römischen Relikten.

- Entspannung bietet das hübsche Peñíscola auf einem fast gänzlich vom Meer umschlungenen Kap, danach lockt das lebhafte Valencia mit seiner einmaligen Mischung aus Alt und Neu.

- Im pulsierenden Alicante mit seinen großartigen Museen verbringen Sie einen Tag. Genießen Sie den Blick über die Küste von der Burg hoch über der Stadt.

- Murcia gefällt mit Barockbauten und altmodischem Flair. Danach lockt das uralte Cartagena mit phönizischen und römischen Relikten.

Zwei Tage in Madrid

Spaniens Hauptstadt bietet Tapas, Flamenco, Kunst, Museen und Monumente.

- **Anreise** Vom Flughafen Barajas fahren Metro, Expressbusse und Taxis in die 13 Kilometer entfernte City.

Erster Tag

Vormittags An der riesigen, von Arkaden gesäumten Plaza Mayor in Madrids historischem Zentrum *(siehe S. 277)* bummeln Sie durch die angrenzenden Altstadtstraßen. Danach gönnen Sie sich nebenan im hübschen Mercado de San Miguel aus dem 19. Jahrhundert ein Gourmet-Mittagessen in einer schicken Tapas-Bar.

Nachmittags Im Museo del Prado *(siehe S. 296–299)*, Spaniens größtem Museum, bewundern Sie *Las Meninas* und andere Meisterwerke von Velázquez. Danach schmeckt nebenan ein Cocktail im reizenden Garten des luxuriösen Hotel Ritz.

> **Tipp zur Verlängerung**
> Nördlich von Madrid lohnen in der Sierra de Guadarrama **Segovia** *(siehe S. 368f)* und **Ávila** *(siehe S. 366f)* einen Besuch.

Die von Arkaden gesäumte Plaza Mayor in Madrid

Zweiter Tag

Vormittags Entdecken Sie an der Gran Vía *(siehe S. 284f)*, Madrids glitzerndes Gegenstück zum New Yorker Broadway, die Theater aus der Zeit um 1900 und einige der ältesten Wolkenkratzer der Stadt. An dieser Einkaufsmeile locken zudem zahllose Flagship Stores zum Shoppen. Erholung bieten die schicken Restaurants in Malasaña *(siehe S. 308)*.

Nachmittags Im exzellenten Museo Nacional Centro de Arte Reina Sofía *(siehe S. 302f)* für moderne Kunst bewundern Sie Picassos *Guernica* sowie Werke von Gaudí, Miró, Dalí und anderen. Abends locken die lebhaften Tapas-Bars rund um die Plaza de Santa Ana.

Zwei Tage in Barcelona

Barcelona bezaubert mit einer mittelalterlichen Altstadt, Modernisme-Monumenten, Gourmetküche und Stadtstränden.

- **Anreise** Vom Flughafen El Prat fahren Züge und Busse regelmäßig in das 18 Kilometer entfernte Zentrum.

Erster Tag

Vormittags Bummeln Sie durch das Labyrinth des Barri Gòtic *(siehe S. 148f)* und zu den Ruinen der römischen Kolonie Barcino unter dem MUHBA Plaça del Rei (Sitz des Historischen Museums, *siehe S. 150f*). Nach einem Besuch der Kathedrale *(siehe S. 152f)* mit dem faszinierenden Kreuzgang laden rundum zahllose exzellente Lokale zu einem Imbiss ein.

Nachmittags Spazieren Sie auf der berühmten Promenade La Rambla *(siehe S. 154f)* zum Hafen *(siehe S. 160)*, wo zahllose Yachten und Ausflugsboote vor Anker liegen. Danach erkunden Sie das traditionelle Fischerviertel Barceloneta *(siehe S. 160)*, in dessen engen Gassen sich altmodische Tapas-Bars drängen. Zur Erholung lockt nachmittags eine Siesta am Strand, bevor Sie sich zum Abendessen in einem der Restaurants am Ufer mit einer traditionellen Paella verwöhnen.

Barcelonas lebhafte Fußgängerzone La Rambla

Zweiter Tag

Vormittags Vormittags besichtigen Sie Gaudís unvollendete, gleichwohl wunderschöne Sagrada Família *(siehe S. 170f)*. Bewundern Sie die fantastische Fassade, und fahren Sie mit dem Lift zu den oberen Galerien, um den herrlichen Blick über die Stadt zu genießen. Danach spazieren Sie zum nahen Hospital de la Santa Creu i de Sant Pau *(siehe S. 169)*, einem beeindruckenden Komplex aus Modernisme-Pavillons. Anschließend stärken Sie sich bei einem Mittagessen in einem der vielen Lokale im Stadtviertel Eixample.

Nachmittags Beim Bummel auf dem eleganten Passeig de Gràcia *(siehe S. 164)* entdecken Sie das Angebot zahlreicher Designerboutiquen und Flagship Stores von Nobelmarken sowie beeindruckende Modernisme-Architektur. Den Höhepunkt bilden Gaudís berühmte, unbedingt sehenswerte Bauwerke Casa Batlló *(siehe S. 168)* und La Pedrera *(siehe S. 169)*. Den Tag beschließt eine Tapas-Tour durch die vielen Bars im Stadtviertel Eixample.

> **Tipp zur Verlängerung**
> Fahren Sie in das mittelalterliche **Girona** *(siehe S. 218f)* und für einige Tage an die **Costa Brava** *(siehe S. 220f)* zum Wandern und Faulenzen am Strand.

Zwei Tage in Sevilla

Sevillas Gassen, fliesenverzierte Villen und kunstvolle Innenhöfe verströmen noch immer das Flair von Al-Andalus. Ein perfekter Ort, um Flamenco, Fino und andere authentische spanische Vergnügungen zu genießen.

- **Anreise** Vom Flughafen San Pablo fahren Busse und Taxis in das zehn Kilometer entfernte Stadtzentrum. Vom Madrider Flughafen fährt der AVE in zwei Stunden und 20 Minuten nach Sevilla.

Erster Tag

Vormittags Beginnen Sie an Sevillas berühmtem Wahrzeichen La Giralda *(siehe S. 442f)*. Der schöne Glockenturm, ursprünglich ein Minarett, steht an der riesigen Kathedrale. Sie birgt im Inneren das Grab von Christoph Kolumbus sowie einen reichen Schatz an Kunstwerken. Der Höhepunkt ist jedoch der Blick von der Spitze der Giralda. Danach besichtigen Sie den prächtigen königlichen Palast Real Alcázar *(siehe S. 446f)* mit dem herrlichen Fliesen- und Stuckschmuck.

Nachmittags Nach einem Spaziergang im grünen Parque María Luisa *(siehe S. 450f)* mit den bunt gefliesten Bänken und plätschernden Brunnen führt der Weg in eines der faszinierenden Museen des

---

Viertels zu archäologischen Artefakten und traditioneller andalusischer Volkskunst. Abends locken ein traditionelles Essen und Flamenco im Stadtviertel Triana *(siehe S. 452)*.

Zweiter Tag

Vormittags Im reizenden Barrio Santa Cruz spazieren Sie durch enge Gassen vorbei an hellen Häusern mit blühenden Geranien an den Balkonen. In einem schönen Gebäude aus dem 16. Jahrhundert präsentiert das faszinierende Archivo de Indias *(siehe S. 445)* historische Dokumente über Spaniens Kolonisation von Amerika. Bewundern Sie danach die Gemälde im Hospital de los Venerables *(siehe S. 445)* sowie den herrlichen Palast Casa de Pilatos *(siehe S. 444f)* und seinen schönen Garten.

Nachmittags Entdecken Sie wunderbare Kunst im Museo de Bellas Artes *(siehe S. 436)*, das in einem Kloster aus dem 17. Jahrhundert mit einem reizenden Innenhof residiert – und danach die Flamenco-Kleider und Mantillas in den berühmten Läden in der Calle Sierpes. Das Abendessen schmeckt in einer der vielen Tapas-Bars des Viertels.

> **Tipp zur Verlängerung**
> Fahren Sie ostwärts über **Carmona** und **Écija** oder mit dem Zug zu Córdobas *(siehe S. 484–487)* **Mezquita**.

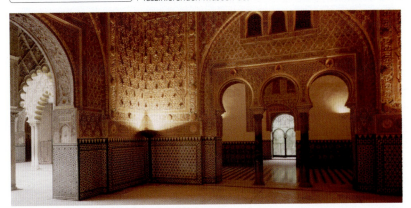

Mudéjar-Architektur und üppiger Stuck im Real Alcázar, Sevilla

Bilbao und das Baskenland

- **Dauer** Sieben Tage.
- **Flughäfen** Ankunft und Abreise vom Flughafen Bilbao.
- **Verkehrsmittel** Für diese Tour ist ein Auto nötig.
- **Vorab buchen** Bilbao: Karten für das Guggenheim (www.guggenheim-bilbao.es), Tische in jedem der Sterne-Restaurants.

Erster Tag: Bilbao

Planen Sie einen Tag für das Museo Guggenheim *(siehe S. 124f)* ein. Den besten Blick auf Frank Gehrys schimmerndes, kurviges Bauwerk hat man am Flussufer. Jeff Koons' *Puppy* aus Blumen steht am Eingang. Danach spazieren Sie am Flussufer und lassen den Tag in einer stimmungsvollen Tapas-Bar in der Altstadt Casco Viejo *(siehe S. 122)* ausklingen.

Zweiter Tag: Bilbao und Guernica

Vormittags bewundern Sie im Museo de Bellas Artes *(siehe S. 122)* Arbeiten von baskischen und internationalen Künstlern. Gleich beim Museum lädt Bilbaos schönster Park zu einem Spaziergang ein. Nach einem Imbiss in einem Café fahren Sie nach Guernica (Gernika-Lumo; *siehe S. 122f)*. Die auf Befehl von General Franco 1937 bombardierte Stadt besitzt ein faszinierendes Friedensmuseum.

Dritter Tag: Fahrt nach San Sebastián (Donostia)

Halten Sie während der Fahrt an der Costa Vasca *(siehe S. 123)* mit ihren steilen Klippen und schönen Buchten in Städten wie Lekeitio, Zumaia, Zarautz und dem hübschen Getaria – sie sind seit Jahrhunderten fast unverändert. Mittags essen Sie Meeresfrüchte in einem Strandlokal.

Vierter Tag: San Sebastián

In der schönen Altstadt *(siehe S. 126f)* bummeln Sie in den Gassen rund um die herrliche Basílica de Santa María, danach besuchen Sie das Museo de San Telmo in einem Klosterbau aus dem 16. Jahrhundert. Nach dem Mittagessen in einer traditionellen Bar wandern Sie wegen der Aussicht auf den Monte Urgull und entspannen am goldenen Sandstrand Playa de la Concha in einer idyllischen Bucht. Abends verwöhnen Sie sich in einem Sterne-Restaurant *(siehe S. 585)*.

Fünfter Tag: Oñati und das Santuario de Loyola

Von San Sebastián fahren Sie durch grüne Landschaft zum prächtigen Santuario de Loyola *(siehe S. 128)*, das im 18. Jahrhundert an dem Ort gebaut wurde, an dem der Gründer des Jesuitenordens, Ignacio de Loyola, 1491 geboren wurde. Weitere Ziele sind die kleine, elegante Universitätsstadt Oñati (Oñate) *(siehe S. 128)* mit ihren schönen Renaissance-Gebäuden oder das nahe Santua-

Auf dem Weg in San Sebastiáns Altstadt zur Basílica de Santa María

rio de Arantzazu *(siehe S. 128)*. Der Bau aus den 1950er Jahren ist zwar wenig ansehnlich, aber herrlich gelegen.

Sechster Tag: Vitoria

In der lebhaften baskischen Hauptstadt Vitoria-Gasteiz *(siehe S. 130f)* beginnen Sie an der reizende Plaza de la Virgen Blanca und der gotischen Catedral de Santa María. Nach dem Mittagessen steht das faszinierende Museo de Arqueología y Naipes (BIBAT) auf dem Plan. Das Archäologiemuseum präsentiert u. a. historische Spielkarten.

Siebter Tag: Von Haro zurück nach Bilbao

Auf dem Rückweg nach Bilbao halten Sie in Haro *(siehe S. 132)*, um in der Hauptstadt der Region Rioja Alta den weltberühmten Wein zu kaufen oder auch zu verkosten. Mittags essen Sie in einer der vielen Bars, die hervorragendes Essen zu den wunderbaren Weinen der Region servieren.

Frank Gehrys schimmerndes Museo Guggenheim ist ein spektakulärer Bau aus Glas, Titan und Kalkstein

Wildes Spanien: Kantabrien, Asturien, Galicien

- **Dauer** 10 Tage, in Kombination mit der Tour nach Bilbao und dem Baskenland eine 17-tägige Reise durch einen Großteil Nordspaniens.
- **Flughäfen** Nächster Flughafen ist in Santander, dort liegt auch ein internationaler Fährhafen. Vom Flughafen fahren Busse fünf Kilometer zum Stadtzentrum.
- **Verkehrsmittel** Für diese Tour ist ein Auto nötig.

Majestätische Bergkulisse im Parque Nacional de los Picos de Europa

Erster Tag: Castro Urdiales und Laredo

Die hübschen kantabrischen Seebäder Castro Urdiales *(siehe S. 117)* und Laredo *(siehe S. 117)* bieten beide eine schöne Altstadt und herrliche Strände. Wenn sich die Stadtstrände im Sommer füllen, kann man zu großartigen, weniger besuchten Stränden außerhalb der Städte ausweichen.

Zweiter Tag: Santander

Kantabriens Hauptstadt Santander *(siehe S. 117)* wurde nach einem verheerenden Feuer in der Altstadt in den 1940er Jahren vollständig neu aufgebaut. Die stimmungsvolle Stadt bietet gute Fischlokale und schöne Strände.

Dritter Tag: Santillana del Mar und die Cuevas del Altamira

Santillana del Mar *(siehe S. 116)* im Westen liegt trotz seines Namens einige Kilometer von der Küste entfernt. In der schön erhaltenen Stadt prägen Kirchen, Paläste und Herrenhäuser das Bild. Nur wenige Kilometer entfernt bergen die Cuevas del Altamira *(siehe S. 116)* weltberühmte prähistorische Malereien. Ihre Reproduktionen zeigt ein exzellentes Museum bei den nicht zugänglichen Höhlen.

Vierter Tag: Cangas de Onís und Covadonga

Die alte asturische Hauptstadt Cangas de Onís *(siehe S. 111)* liegt vor einer spektakulären Bergkulisse. Die nahe, sehenswerte Bergstadt Covadonga *(siehe S. 112)* ist das schöne Haupttor zum atemberaubenden Parque Nacional de los Picos de Europa.

Fünfter Tag: Parque Nacional de los Picos de Europa

Im Nationalpark *(siehe S. 112f)* könnte man Wochen verbringen, an einem Tag kann man zumindest wandern, klettern oder schlicht picknicken und den Blick auf die grandiose Berglandschaft genießen.

Sechster Tag: Gijón

In der westlich gelegenen Hafenstadt Gijón *(siehe S. 109)* schmiegt sich die hübsche Altstadt an eine Landenge. Hier findet man exzellente Restaurants, lange Strände und ein paar sehenswerte Museen.

Sonnenhungrige an der schönen Playa de Camello, Santander

Siebter Tag: Oviedo

Verbringen Sie den Tag im schönen Oviedo *(siehe S. 110f)* mit der imposanten gotischen Kathedrale im Zentrum und präromanischen Kirchen auf den Hügeln oberhalb der Stadt. Oviedo ist bekannt für sein buntes Nachtleben.

Achter Tag: Costa Verde

Richtung Westen folgt die Küstenstraße der Costa Verde *(siehe S. 108f)* und passiert Klippen, Buchten, grüne Hügel und malerische Dörfer. Dieser Küstenabschnitt gehört zu den schönsten in ganz Spanien. Halten Sie unterwegs in hübschen Ortschaften wie Castropol, Luarca und Cudillero.

Neunter Tag: Lugo

Weiter geht es nach Galicien und in die historische Stadt Lugo *(siehe S. 103)*. Rund um den in der Antike bedeutenden Ort verläuft noch immer eine mächtige, bemerkenswert intakte Mauer aus römischer Zeit. Genießen Sie den Blick von der Mauerhöhe, und spazieren Sie durch das hübsche Straßenlabyrinth der Altstadt.

Zehnter Tag: Santiago de Compostela

Die Reise endet im beeindruckenden Santiago de Compostela *(siehe S. 94–97)*, seit über tausend Jahren das Ziel von Pilgern. Das dominierende Bauwerk der bezaubernden Stadt aus grauem Stein ist die imposante Kathedrale mit den Reliquien des heiligen Jakob.

Mit dem Zug von Barcelona entlang der Mittelmeerküste

- **Dauer** 7 Tage.

- **Flughäfen** Ankunft an Barcelonas Flughafen El Prat, Abflug von Murcias Flughafen San Javier.

- **Verkehrsmittel** Auf dieser Bahnreise fahren Sie mit preiswerten Lokalzügen ebenso wie mit dem bequemen, teuren TALGO. Die Fahrten dauern meist eine Stunde – sichten Sie die Fahrpläne und Preise auf www.renfe.com.

- **Vorab buchen** Barcelona: Eintrittskarten für die Sagrada Família.

Malerische Gasse in Barcelonas Barri Gòtic

Erster Tag: Barcelona
Wählen Sie eine der beiden Touren auf S. 12f.

Zweiter Tag: Sitges und Tarragona
Ein Frühzug bringt Sie in die Küstenstadt Sitges *(siehe S. 228)*. Nach einem Spaziergang und dem Mittagessen in einem Fischlokal fahren Sie nach Tarragona *(siehe S. 228f)*. Die einstige römische Provinzhauptstadt lockt mit antiken Monumenten und Seafood zum Abendessen am Hafen.

Dritter Tag: Peñíscola und Valencia
Morgens fahren Sie zum Bahnhof Benicarló-Peñíscola und mit dem Taxi in die Altstadt

von Peñíscola *(siehe S. 251)*, deren Gassengewirr sich unterhalb einer Burg auf einer Landzunge erstreckt. Nach dem Mittagessen am Strand bringt Sie der Zug rechtzeitig nach Valencia *(siehe S. 254–257)*, um abends die Tapas-Bars und die Altstadt zu erkunden.

Vierter Tag: Valencia
In Valencia besichtigen Sie die Kathedrale *(siehe S. 254f)* und genießen den Blick vom Glockenturm. Nachmittags erkunden Sie in der Ciutat de les Arts i de les Ciències *(siehe S. 257)* das interaktive Wissenschaftsmuseum oder Europas größtes Aquarium. Abends schmeckt eine Paella – sie wurde in Valencia erfunden.

Fünfter Tag: Alicante
Eine schöne Zugfahrt führt Richtung Süden durch eine Hügellandschaft in die lebhafte Küstenstadt Alicante *(siehe*

S. 264f). Genießen Sie die Shopping-Möglichkeiten, das Nachtleben und das reiche Kulturangebot sowie den herrlichen Blick vom Castillo de Santa Bárbara. Bei einem Bummel durch die Altstadt erkunden Sie auch die Tapas-Bars.

Sechster Tag: Murcia
Nach kurzer Fahrt erreichen Sie Murcia *(siehe S. 266)*. Das Zentrum der schönen Hauptstadt der Region Murcia dominiert seit 1476 die riesige gotische Kathedrale mit der üppig barockisierten Fassade. Sehenswert ist auch das prächtig dekorierte Casino aus dem 19. Jahrhundert. Murcias Innenstadt ist zum großen Teil Fußgängerzone, und an seinen hübschen Plätzen drängen sich großartige Tapas-Bars.

> **Tipp zur Verlängerung**
> Verwöhnen Sie sich mit einem entspannten Strandtag, und schwimmen Sie im warmen, ruhigen **Mar Menor** *(siehe S. 266)*.

Siebter Tag: Cartagena
Von Murcia fährt der Zug in einer Stunde in die Hafenstadt Cartagena *(siehe S. 267)*. In dieser uralten Stadt finden sich zahlreiche herausragende phönizische, römische und maurische Monumente, darunter ein spektakuläres römisches Theater. Von der hoch gelegenen Burg, heute Sitz eines historischen Museums, hat man einen fantastischen Blick.

Tarragonas römisches Theater liegt am Mittelmeer

Madrid und muslimisches Spanien: Granada, Córdoba, Sevilla

- **Dauer** 10 Tage.
- **Flughäfen** Ankunft an Madrids Flughafen Barajas, Abflug vom Flughafen Granada.
- **Verkehrsmittel** Mit dem AVE von Madrid nach Sevilla, dann mit dem Mietwagen.
- **Vorab buchen** Granada: Eintrittskarten für Alhambra.

Erster und zweiter Tag: Madrid
Siehe die Zwei-Tage-Tour durch Madrid auf S. 12.

Dritter und vierter Tag: Sevilla
Mit dem AVE fahren Sie vom Madrider Bahnhof Atocha nach Sevilla. Entdecken Sie die Höhepunkte der Stadt mit der Zwei-Tage-Tour auf Seite 13.

Fünfter Tag: Carmona und Écija
Mit dem Mietwagen fahren Sie von Sevilla gen Osten nach Carmona *(siehe S. 482)* mit der maurischen Stadtmauer und weiter nach Écija *(siehe S. 483)*. Übernachten Sie in der für ihre Hitze bekannten Stadt mit den elf Barockkirchen.

Sechster Tag: Córdoba
Córdoba *(siehe S. 484–487)* liegt eine Stunde östlich von Écija. In der riesigen Mezquita *(siehe S. 486f)* aus dem 8. Jahrhundert, einem Meisterwerk islamischer Kunst, lassen sich mehrere Stunden verbringen. Danach erkunden Sie die Gassen im alten jüdischen Viertel sowie den faszinierenden Palacio de Viana und seine eleganten Höfe. Genießen Sie Ihr Abendessen an einem von Córdobas schönen Plätzen.

Siebter Tag: Córdoba
Zum Frühstück lockt der elegante Marktplatz Plaza de la Corredera aus dem 17. Jahrhundert, danach der Alcázar de los Reyes Cristianos und seine herrlichen Gärten *(siehe S. 484)*. Besuchen Sie nachmittags eines der vielen Museen der Stadt, oder bummeln Sie einfach durch die Altstadtstraßen und den für seine Blumen berühmten Callejón de las Flores. Abends schmeckt ein Essen an der Plaza de Tendillas.

Achter Tag: Montilla und Montefrío
Auf dem Weg durch die andalusische Landschaft nach Granada lohnen hübsche Dörfer einen Besuch, so das für seinen Wein berühmte Montilla *(siehe S. 488)* oder Aguilar de la Frontera mit dem achteckigen Stadtplatz. Weiter geht es nach Priego de Córdoba *(siehe S. 488)* mit seiner herrlichen Barockarchitektur und nach Montefrío *(siehe S. 488f)* mit seinen weiß getünchten Häusern und den Überresten einer

Säulenwald in der einzigartigen Mezquita von Córdoba

maurischen Festung. Übernachten Sie entweder in Priego de Córdoba oder Montefrío.

Neunter Tag: Granada
Von Montefrío erreichen Sie nach kurzer Fahrt Granada *(siehe S. 492–498)*. Hier spürt man noch den Geist von Al-Andalus, dank der Alhambra, die über der Stadt thront. Gegenüber der Anlage liegt das alte maurische Viertel an einem Hügel. In seinen Gassen reihen sich Handwerksläden, Badehäuser und Cafés. Essen Sie dort zu Mittag, bevor Sie die Alhambra *(siehe S. 496f)* und die Gärten des Generalife *(siehe S. 498)* besichtigen, in denen die Nasriden-Sultane das Paradies auf Erden schaffen wollten. Abends erkunden Sie die Tapas-Bars – in Granada ein Muss.

Zehnter Tag: Granada
Besichtigen Sie die gotische Kathedrale *(siehe S. 492)*, die das katholische Königspaar Ferdinand und Isabel nach Granadas Eroberung 1492 in Auftrag gab. Die Monarchen befahlen auch den Bau der Capilla Real *(siehe S. 492)*, in der sie sowie ihre Tochter und deren Mann begraben sind. Sehenswert ist auch die Handwerksausstellung des Kulturzentrums im Corral del Carbón *(siehe S. 492)* des 16. Jahrhunderts. Abends lockt Flamenco in einer Höhle am Sacromonte *(siehe S. 495)*.

Säulengang und Wasserbecken in der Alhambra in Granada

Spanien auf der Karte

Spanien liegt im Südwesten Europas. Es umfasst den Großteil der Iberischen Halbinsel und ist flächenmäßig Europas drittgrößtes Land. Zwei Inselgruppen gehören dazu: die Kanaren im Atlantik und die Balearen im Mittelmeer. Außerdem verfügt Spanien über zwei Territorien in Nordafrika (Ceuta und Melilla). Die 13 Kilometer breite Straße von Gibraltar trennt Spanien von Marokko und zugleich Europa von Afrika.

Portsmouth, Plymouth

Golf von Biskaya

Atlantischer Ozean

PORTUGAL

Legende
— Autobahn
— Hauptstraße
— Staatsgrenze
— Regionalgrenze
— Fähre

Zeichenerklärung siehe hintere Umschlagklappe

Ortigueira · Avilés · Gijón (Xixón) · Santander
Ferrol · Oviedo · Llanes · A8
La Coruña (A Coruña) · A8 · CANTABRIA · A8
Santiago de Compostela · Lugo · A67
GALICIA · A66 · Miranda de Ebro
Pontevedra · Ponferrada · León · A1
Vigo · Orense (Ourense) · A66 · A231 · A231 · Burgos
A52 · A52 · Palencia · A1
A3 · Benavente · CASTILLA Y LEÓN · Aranda de Duero
Braga · Valladolid · Peñafiel
Vila Real · Zamora · A11 · A6 · A1
Porto · A66 · A62 · Segovia
A24 · Salamanca · A6 · A50 · Segovia
Aveiro · A62 · Ávila · Guadalajara
A25 · Ciudad Rodrigo · A66 · MADRID · A3
Coimbra · Plasencia · Madrid · Aranjuez
A17 · A23 · Coria · Talavera de la Reina · Toledo · A4
Leiria · Castelo Branco · A5 · N502 · CASTILLA-LA
A66 · Cáceres · Trujillo · Tomelloso
Santarém · EXTREMADURA · N430 · Ciudad Real · A43
A8 · A1 · Badajoz · Mérida · A41
LISBOA (LISSABON) · A5 · Puertollano · Valdepeñas
Setúbal · A6 · Évora · Zafra · N502 · A4
Beja · N432 · Linares
A66 · Córdoba · A4 · Úbeda
A2 · Sevilla · A44 · Jaén
Lagos · A22 · Huelva · A4 · ANDALUCÍA
Faro · A49 · A92 · Estepa · A45 · Granada
Jerez de la Frontera · A92
Cádiz · A45 · Málaga · Motril
A48 · A381 · A7 · Marbella
Algeciras · GIBRALTAR (GB)
Tanger · Ceuta (Spanien) · Melilla

↓ Kanarische Inseln

MAROKKO

Kanarische Inseln

Lanzarote

Cádiz, Huelva

Arrecife

Puerto del Rosario

Fuerteventura

Santa Cruz de la Palma

Tenerife

La Palma

Santa Cruz de Tenerife

San Sebastián de La Gomera

La Gomera

Los Cristianos

Valverde

Gran Canaria

Las Palmas de Gran Canaria

El Hierro

Biarritz

San Sebastián

ilbao (Bilbo)

PAÍS VASCO

AP8

A64

A64

A61

Béziers

Pau

Tarbes

FRANKREICH

Perpignan

Vitoria (Gasteiz)

Pamplona (Iruña)

NAVARRA

groño

A12

Jaca

ANDORRA

LA RIOJA

AP15

La Seu d'Urgell

Figueres

Tudela

Huesca

CATALUÑA

Girona

Soria

A68

ARAGÓN

N240

Vic

Genova (Genua), Livorno, Civitavecchia

Zaragoza

Lleida

Manresa

AP7

Calatayud

A2

AP2

A2

A54

Barcelona

A23

N232

N211

AP2

Sitges

Alcañiz

AP7

Tarragona

A2

N211

Tortosa

Mittelmeer

Teruel

N232

Benicarló

N320

A40

Cuenca

N330

AP7

Benicàssim

Ciutadella

Menorca

Benicàssim

Alcudia

Mahón (Maó)

A23

Castellón de la Plana

ANCHA

Sagunto

Palma

P36

Requena

A3

Valencia

Mallorca

A43

N322

VALENCIA

ISLAS BALEARES

Albacete

N330

A7

Gandía (Gandia)

A31

Jávea (Xàbia)

AP7

Ibiza

Hellín

A31

Benidorm

Ibiza (Eivissa)

N322

Elda

A30

Alicante (Alacant)

A7

MURCIA

Huéscar

Murcia

AP7

Lorca

Cartagena

A92

A7

AP7

Águillas

Mojácar

Almería

Europa und Nordafrika

NORWEGEN

SCHWEDEN

ESTLAND

Nordsee

DÄNEMARK

LETTLAND

LITAUEN

GROSS-BRITANNIEN

NIEDER-LANDE

DEUTSCH-LAND

POLEN

WEISS-RUSSL.

REPUBLIK IRLAND

BELGIEN LUX.

TSCHECH. REPUBLIK

UKRAINE

Atlantischer Ozean

FRANK-REICH

SCHWEIZ

ÖSTERREICH

SLOWAKEI

UNGARN

RUMÄNIEN

KROATIEN

BiH

SERBIEN

BULGARIEN

PORTUGAL

Madrid

SPANIEN

ITALIEN

MONTEN.

KSM

MAZ.

GRIECHEN-LAND

Mittelmeer

Kanarische Inseln

MAROKKO

ALGERIEN

TUNESIEN

LIBYEN

0 Kilometer 100

Melilla, Nador, Ghazaouet

Die Regionen Spaniens

Spanien hat 47 Millionen Einwohner – und jährlich kommen mehr als 80 Millionen Urlauber ins Land. Es hat eine Fläche von 504 645 Quadratkilometern. Madrid ist die größte Stadt, gefolgt von Barcelona und Valencia. Einen Großteil des Landes bildet ein Hochplateau, das die Flüsse Duero, Tajo und Guadiana entwässern. Dieses Buch teilt Spanien in 15 Bereiche, doch offiziell hat es 17 Regionen, *comunidades autónomas*.

In Spanien unterwegs

Regelmäßige Flüge verbinden die Hauptstädte der spanischen Regionen und die Inseln, ein Shuttle-Service verbindet Madrid und Barcelona. Die TALGO- und AVE-Hochgeschwindigkeitszüge verkehren zwischen den Städten, kleinere Orte sind durch Regionalzüge erreichbar. Manche Autobahnen kosten hohe Gebühren, dafür kommt man schnell voran. Das spanische Straßennetz reicht von Schnellstraßen bis zu malerischen Wegen. Vom Festland sind die Balearen und die Kanarischen Inseln durch regelmäßige Fährverbindungen zu erreichen.

Legende

— Autobahn
▪▪▪ Autobahn (im Bau)
— Hauptstraße
⋯⋯ Nebenstraße

Legende

Nordspanien
- Galicien
- Asturien und Kantabrien
- Baskenland, Navarra und La Rioja

Ostspanien
- Barcelona
- Katalonien
- Aragón
- Valencia und Murcia

Zentralspanien
- Madrid
- Kastilien und León
- Kastilien-La Mancha
- Extremadura

Südspanien
- Sevilla
- Andalusien

Spaniens Inseln
- Balearen
- Kanarische Inseln

0 Kilometer   100

nostia
(an Sebastián)

Iruña
(Pamplona)

Jaca

Tudela

Huesca

Zaragoza

Alcaniz

Lleida

Teruel

Benicarló

Castellón
de la Plana

Sagunto

Valencia

Gandía
(Gandia)

Almansa

Alcoy (Alcoi)

Benidorm

Alicante
(Alacant)

Elche
(Elx)

Murcia

Cartagena

La Seu
d'Urgell

Figueres

Vic

Girona

Manresa

Barcelona

Reus

Sitges

Tarragona

Tortosa

Balearen

Menorca

Ciutadella

Mahón
(Maó)

Mallorca

Palma de
Mallorca

Manacor

Cabrera

Ibiza

Eivissa
(Ibiza)

Formentera

Kanarische Inseln

Lanzarote

Arrecife

La Palma

Santa Cruz
de la Palma

Puerto de
la Cruz

Tenerife

Santa Cruz
de Tenerife

Fuerteventura

Puerto del
Rosario

La Gomera

San Sebastián
de La Gomera

Las Palmas
de Gran Canaria

El Hierro

Valverde

*Gran
Canaria*

Maspalomas

Ein Porträt Spaniens

Die vertrauten Vorstellungen von Spanien – Flamenco, Stierkampf, Tapas-Bars und Osterprozessionen – erfassen nur einen Bruchteil dieser reichen Kulturnation. Spanien hat vier offizielle Sprachen, mehrere Metropolen und eine große landschaftliche Vielfalt – von Sandstränden bis zu Hochgebirgen. Diese bemerkenswerten Kontraste machen Spaniens Faszination aus.

Spanien ist durch die Pyrenäen vom Rest Europas getrennt und erstreckt sich bis nach Nordafrika. Seine Küsten berühren Atlantik und Mittelmeer, zudem besitzt es zwei Archipele – die Balearen und die Kanarischen Inseln.

Von den schneebedeckten Pyrenäen über die grünen Wiesen Galiciens bis zu den Orangenhainen Almerías findet man unterschiedlichste Klimata und Landschaften. Madrid ist die höchstgelegene Hauptstadt Europas, ohnehin ist Spanien nach der Schweiz und Österreich das gebirgigste Land des Kontinents. Die vielen Sierras erschwerten schon immer die Verbindungen, bis zum Bau der Eisenbahn war es in der Tat leichter, Güter von Barcelona nach Südamerika zu transportieren als nach Madrid.

Spanien war einst eine begehrte Beute für Eroberer wie Phönizier und Römer. Im Mittelalter beherrschten die Mauren, die im frühen 8. Jahrhundert von Afrika eingefallen waren, einen Großteil des Landes. Mit der Reconquista, der christlichen Rückeroberung bis Ende des 15. Jahrhunderts, wurde Spanien vereint. Viele Herrscher versuchten, dem Land eine gemeinsame Kultur aufzuzwingen, doch Spanien ist kulturell noch immer so vielfältig wie eh und je. Einige Regionen kämpfen beharrlich für ihre Eigenständigkeit. Viele Basken und Katalanen betrachten sich nicht als Spanier. Madrid ist zwar die offizielle Hauptstadt Spaniens, aber wirtschaftlich, kulturell und nicht zuletzt sportlich macht ihr die Mittelmeermetropole Barcelona diesen Rang streitig.

Landschaft mit einer einsamen Korkeiche bei Albacete in Kastilien-La Mancha

◄ Flamenco-Tänzerinnen auf der Plaza del Triunfo vor der Kathedrale von Sevilla *(siehe S. 440f)*

Die Burg Peñafiel im Duero-Tal (Kastilien und León), zwischen dem 10. und 13. Jahrhundert erbaut

Spanische Lebensart

Die Einwohner des vielseitigen Landes haben bis auf ihre Geselligkeit und Lebensfreude wenig gemein. Die Spanier verbringen ebenso viel Zeit damit, das Leben zu genießen, wie mit Arbeit. Das stereotype *mañana* (morgen) ist ein Mythos, aber in Spanien ist die Zeit flexibel: Viele Leute passen ihre Arbeitszeit den Erfordernissen ihres Lebens an, anstatt sich von der Uhr bestimmen zu lassen. In Spanien ist der Tag lang, ein eigenes Wort, *madrugada*, bezeichnet die Zeit zwischen Mitternacht und Morgendämmerung.

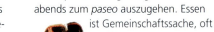

»Sauertopf« bei Pamplonas Fiesta Los Sanfermines

Die Spanier sind gesellig. Es ist üblich, abends zum *paseo* auszugehen. Essen ist Gemeinschaftssache, oft treffen sich Gruppen zu Tapas oder Abendessen. Kein Wunder also, dass Spanien pro Kopf mehr Bars und Restaurants hat als jedes andere Land Europas.

Das Fundament der spanischen Gesellschaft ist nach wie vor die Großfamilie – der spanische Staat hat sich in Sachen öffentlicher Versorgung seit je nachlässig gezeigt. Die Spanier verlassen sich deshalb auf ihre Familie und persönlichen Beziehungen anstatt auf Institutionen, um Arbeit oder Hilfe zu finden. Diese Einstellung führte manchmal zu Gleichgültigkeit gegenüber allgemeinen Problemen – z. B. Umweltfragen –, zumal wenn sie mit Privatinteressen kollidierten.

Für die meisten Spanier steht die Familie im Zentrum ihres Lebens. Bisweilen leben drei Generationen unter einem Dach oder sehen sich häufig; sogar Menschen, die stets in der Stadt leben, sprechen voll Zuneigung von ihrem *pueblo* – der Stadt oder dem Dorf, aus dem die Familie stammt und in das sie möglichst oft zurückkehren. Kinder werden in Spanien innig geliebt, folglich wird auf ihre Ausbildung großen Wert gelegt. In letzter Zeit

Tische vor einem Café auf der Plaza Mayor, Madrid

verliert jedoch die Familie an Bedeutung, weil sich junge Paare immer öfter gegen Kinder, aber für einen möglichst guten Lebensstandard entscheiden. Eine der dramatischsten Entwicklungen in Spanien ist der Niedergang der Geburtenrate von einer der höchsten in Europa, mit 2,72 Kindern pro Familie 1975, auf eine der niedrigsten der Welt mit 1,5 Kindern im Jahr 2016. Diese Entwicklung wird noch forciert durch die aktuell schwierige Wirtschaftslage des Landes. Viele junge Paare überdenken angesichts hoher Arbeitslosigkeit die Familienplanung.

Windmühlen und Burg oberhalb von Consuegra, La Mancha

Die Jungfrau von Guadalupe in der Extremadura

Der Katholizismus ist, ungeachtet sinkender Teilnehmerzahlen bei den Gottesdiensten, noch immer dominant. Heiligenbilder zieren Läden, Bars und Lastwagen. Kirchliche Feiertage sind Anlass für traditionelle Fiestas, an denen auch das moderne Spanien mit Begeisterung festhält.

Kunst und Kultur

Spaniens kulturelles Leben bekam in den letzten Jahrzehnten neuen Auftrieb. Spanische Filme – besonders die der Regisseure Pedro Almodóvar und Alejandro Amenábar – konnten, was die Zuschauerzahl betrifft, mit Hollywood-Produktionen mithalten. Die Lesefreudigkeit ist gestiegen (aber nur jeder Vierte kauft eine Tageszeitung), die zeitgenössische Literatur des Landes mit so bekannten Autoren wie Javier Marías gewinnt auch international eine ständig wachsende Leserschaft. Die darstellenden Künste litten lange unter mangelnden Einrichtungen, aber Großinvestitionen ließen Theater, regionale Kunstzentren und Symphonieorchester

Passanten am Tag des Sant Jordi (Apr) an einem Bücherstand in Barcelona

Formel-1-Weltmeister Fernando Alonso

Sport

Sport spielt eine bedeutende Rolle. Spanische Sportler wie die Tennisspieler David Ferrer und Rafael Nadal, die Radprofis Óscar Pereiro und Óscar Freire sowie der Formel-1-Fahrer Fernando Alonso waren bzw. sind sehr erfolgreich. Solche Vorbilder regen zu sportlicher Aktivität an – viele neue Sportstätten entstanden. Am beliebtesten sind Fuß- und Basketball. Ungewiss ist hingegen die Zukunft des Stierkampfs. Für die Fans ist die *corrida* ein einzigartiges Ereignis, das eine Verbindung zu den Wurzeln Spaniens herstellt. Tierschützer halten das Spektakel für brutalste Quälerei und feierten erste Erfolge: Zeitweise war der Stierkampf in der autonomen Region Katalonien verboten.

entstehen. Einige herausragende Opernsänger kommen aus Spanien, darunter Montserrat Caballé, Plácido Domingo und José Carreras. Spanien produziert auch hervorragendes Design, vor allem zu sehen in den vielen Inneneinrichtungsgeschäften von Barcelona. Mit Santiago Calatrava hat Spanien einen Architekten von Weltrang. Die alljährliche Modemesse in Madrid genießt international höchste Beachtung.

Spanien heute

In den vergangenen Jahrzehnten erlebte Spanien massive soziale Umwälzungen. Bis in die 1950er Jahre war es ein armes, auf Landwirtschaft konzentriertes Land, nur 37 Prozent der Bevölkerung lebten in Städten über 10 000 Einwohnern. Anfang der 1990er Jahre lag die Zahl bereits bei 65 Prozent. Ab den 1960er Jahren ließ der Tourismus die Wirtschaft Spaniens – damals noch ein repressiver Staat unter Diktator Franco – aufblühen.

Ein Bauer mit seiner Maisernte, die vor seinem Haus in den Bergen von Alicante trocknet

Der Strand bei Tossa de Mar an der Costa Brava in Katalonien

Nach Francos Tod im Jahr 1975 wurde Spanien eine konstitutionelle Monarchie unter König Juan Carlos I. Dieser dankte 2014 ab, sein Sohn bestieg als Felipe VI den Thron.

Die Post-Franco-Ära bis Mitte der 1990er Jahre prägte der Sozialist Felipe González. Spanien trat 1986 der Europäischen Gemeinschaft (heute Europäische Union) bei. 1996 wurde die PSOE von der konservativen PP unter José María Aznar abgelöst, 2004 wurde die PSOE unter José Luis Zapatero stärkste politische Kraft. 2011 setzte sich wieder die PP durch, Manuel Rajoy wurde Ministerpräsident. Die Parlamentswahlen 2015 brachten aufgrund des Erfolgs der jungen Parteien Podemos und Ciudadanos keine klaren Mehrheitsverhältnisse, nach den Neuwahlen vom Oktober 2016 übernahm Rajoy die Führung einer Minderheitsregierung.

König Felipe VI

Mit Einführung der Demokratie hatten die 17 autonomen Regionen an Macht gewonnen. Einige haben ihre eigene Sprache. Unabhängigkeitsbestrebungen einzelner Regionen belasteten die Stabilität des Landes. Die baskische Separatistengruppe ETA, die sich 2018 auflöste, setzte hierfür auf militanten Terror. Nach einer Volksabstimmung in Katalonien erklärte das dortige Regionalparlament im Oktober 2017 Katalonien zur unabhängigen Republik, Spaniens Zentralregierung reagierte mit der Absetzung von Regionalregierung und Regionalparlament.

Am 1. Juni 2018 verlor Rajoy sein Amt als Ministerpräsident durch ein Misstrauensvotum im spanischen Parlament, sein Nachfolger als Regierungschef wurde der Sozialist Pedro Sánchez.

Noch heute leidet Spanien an den Folgen der 2008 einsetzenden Wirtschaftskrise. Auch wenn sich die allgemeine Lage etwas entspannte, bleibt die hohe Jugendarbeitslosigkeit ein enormes Problem. Weiterhin suchen viele junge Spanier im Ausland nach Arbeit.

Die Attraktivität Spaniens als Urlaubsland blieb davon unbeeinflusst. Der Tourismus auf Festland, Balearen und Kanaren bricht immer neue Rekorde.

Demonstration für die Unabhängigkeit Kataloniens

Architektur

Spanien importierte seine Architekturstile: den maurischen Stil aus Nordafrika, den romanischen und gotischen aus Frankreich, die Renaissance aus Italien. Jeder Stil wurde einer Neuinterpretation unterworfen. Die Fassaden variieren zwischen Strenge und Extravaganz mit dicken, von wenigen Fenstern durchbrochenen Mauern, um Hitze und Sonnenlicht zu mindern. Die Stile unterscheiden sich regional und spiegeln die Teilung vor der Vereinigung wider. Der bei öffentlichen Gebäuden anzutreffende, von Arkaden umgebene Innenhof *(patio)* dominiert seit maurischer Zeit.

Die Casa de las Conchas in Salamanca *(siehe S. 365)*

Romanisch und früher (8.–13. Jahrhundert)

In Katalonien und an der Pilgerstraße nach Santiago *(siehe S. 86f)* entstanden meist romanische Kirchen, mit Rundbogen, massiven Mauern und wenigen Fenstern. Die frühen Kirchen waren im vorromanischen *(siehe S. 110)* und mozarabischen Stil *(siehe S. 357)* erbaut.

Rundbogen

Mehrere Apsiden

Die romanische Kirche Sant Climent, Taüll

Maurisch (8.–15. Jahrhundert)

Die Mauren *(siehe S. 56f)* dekorierten nur das Innere der Gebäude üppig. Die Ornamente, die auf Geometrie, Kalligrafie und Flora basierten, waren aus Kacheln und Stuck. Die oft verwendeten Hufeisenbogen hatten die Mauren von den Westgoten *(siehe S. 54f)* übernommen. Die größten Bauten maurischer Architektur *(siehe S. 428f)* befinden sich in Südspanien.

Der Salón de Embajadores in der Alhambra *(siehe S. 494)* hat herrliches maurisches Dekor.

Gotisch (12.–16. Jahrhundert)

Gotisches Bogenfenster

Die Gotik kam im späten 12. Jahrhundert von Frankreich. Der Rundbogen wurde durch den Spitzbogen ersetzt, der wegen seiner größeren Stabilität höhere Gewölbe und größere Fenster zuließ. Äußere Strebepfeiler verhindern, dass sich die Wände des Schiffs nach außen wölben. Die Steinmetzverzierung war in der Hochgotik im 15. Jahrhundert am üppigsten. Nach dem Fall von Granada entwickelte sich die Isabelinik, ein spätgotischer Stil. Die in den zurückeroberten Gebieten arbeitenden maurischen Handwerker schufen den dekorativen christlich-islamischen Mudéjar-Stil *(siehe S. 59)*.

Das Hauptschiff der Kathedrale von León *(siehe S. 358f)* aus dem 13. Jahrhundert stützt ein Rippengewölbe. Es hat die schönsten Buntglasfenster Spaniens.

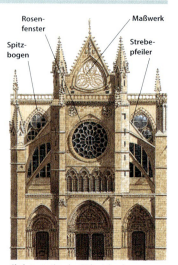

Rosenfenster

Maßwerk

Spitzbogen

Strebepfeiler

Skulpturen über den Südportalen der Kathedrale von León stellten für die einst überwiegend analphabetische Bevölkerung die biblische Geschichte dar.

Renaissance (16. Jahrhundert)

Um 1500 brachten italienische Handwerker und spanische Künstler, die in Italien studiert hatten, einen neuen Stil nach Spanien. Die spanische Renaissance sucht mit Rundbogen sowie dorischen, ionischen und korinthischen Säulen die ideale Symmetrie. Die frühe spanische Renaissance-Architektur wird als Platereskenstil bezeichnet, weil ihre Details an kunstvolle Silberarbeiten *(platero* bedeutet Silberschmied) erinnern.

Der Palacio de las Cadenas in Úbeda *(siehe S. 501)* hat eine harmonische Renaissance-Fassade.

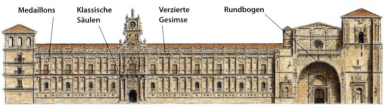

Medaillons **Klassische Säulen** **Verzierte Gesimse** **Rundbogen**

Der Hostal de San Marcos in León *(siehe S. 357)*, eines der schönsten plateresken Gebäude in Spanien

Barock (17./18. Jahrhundert)

Der Barock wurde von dem Wunsch nach Dramatik und Bewegung bestimmt. Die Dekoration wurde extravagant, verziert mit Skulpturen und gedrehten Säulen. Obwohl der extrem barocke Stil des Churriguerismus nach der Architektenfamilie Churriguera benannt ist, waren es ihre Nachfolger, die ihn voll entwickelten.

Die Verzierung der Barockfassade der Universität von Valladolid *(siehe S. 370)* konzentriert sich auf den Eingangsbereich.

Statuen auf der Brüstung

Kreuzblume

Die Fassade des Museo de Historia in Madrid *(S. 308f)*

Moderne (19.–20. Jahrhundert)

Den Modernisme *(siehe S. 144f)*, eine katalanische Variante des Jugendstils, sieht man am besten in Barcelona. Die Architekten experimentierten mit origineller Ornamentik. In den letzten Jahrzehnten erlebte Spanien einen Boom funktionalistischer Architektur, bei der die Form eines Gebäudes seinen Zweck reflektiert.

Wellenförmige Brüstung **Spiralförmiger Kamin** **Schmiedeeiserne Arbeiten**

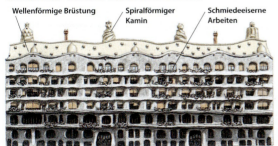

Torre Picasso in Madrid

Die Casa Milà in Barcelona *(siehe S. 169)* schuf 1910 der berühmteste Architekt des Modernisme, Antoni Gaudí, der sich oft von der Natur inspirieren ließ.

Ländliche Architektur

Spanien überrascht in ländlichen Gegenden mit einer Vielfalt bezaubernder einfacher Gebäude. Lokale Handwerker erbauten sie den praktischen Bedürfnissen kleiner Gemeinden und den lokalen Klimabedingungen entsprechend, ohne auf formale architektonische Stile zu achten. Wegen der hohen Transportkosten von Baumaterial verwendeten die Bauherren den Stein der Umgebung. Die unten dargestellten Häuser weisen die Charakteristika dörflicher Architektur auf, die man in verschiedenen Teilen Spaniens sehen kann.

Höhlenkirche in Artenara
(siehe S. 549) auf Gran Canaria

Steinhaus

Im Norden ist das Klima feucht. Häuser wie dieses in Carmona *(siehe S. 115)* in Kantabrien haben einen Vorsprung, um den Regen abzuhalten. Holzbalkone spenden Schatten.

Stützpfeiler   **Große Türen** lassen Karren und Tiere durch.   **Mauern** bestehen aus unregelmäßigen Steinen.

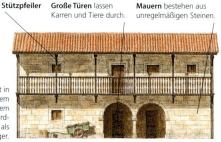

Detail des Mauerwerks

Die Familie lebt in Höfen oft mit dem Vieh unter einem Dach. Das Erdgeschoss dient als Stall und Lager.

Fachwerkhaus

Spanien hat nur wenige hochwachsende Baumarten, und Holz ist knapp. Fachwerkhäuser wie dieses in Covarrubias *(siehe S. 374)* findet man fast nur in Kastilien und León. Diese Häuser können schnell und kostengünstig gebaut werden. Das Fachwerk wird mit Lehm und Sand oder Adobe (in der Sonne getrocknete Backsteine) gefüllt.

Pórtico   **Leicht geneigtes Dach**

Die Veranda verläuft um das ganze Haus herum.

Balkon

An Dorfplätzen bilden Holzstützen, die die horizontalen Balken tragen, Säulengänge. So entsteht ein schattiger Platz zum Schwatzen und Handeln.

Fachwerkwand

Die Enden der Balken, die die Bodenbalken stützen, sind sichtbar.

Sockel unter den senkrechten Balken schützen vor Nässe.

Weiß getünchtes Haus

Die Häuser in Südspanien sind oft aus gebranntem Ton erbaut und weiß getüncht, um die Hitze zu reflektieren. Die berühmten weißen Dörfer Andalusiens *(siehe S. 474f)* demonstrieren diese Architektur.

Verschieden große Häuser sind aneinandergebaut.

Kleine Fenster

Flach abfallendes Dach

Dach mit Tonziegeln

Die wenigen Fenster sind klein und tief zurückgesetzt, um das Innere kühl zu halten.

Getünchte Mauern

Plaza Mayor (Hauptplatz)

Fast jede Stadt Spaniens ist um die *plaza mayor* angeordnet, wie hier in Pedraza de la Sierra *(siehe S. 369)* bei Segovia. An der Plaza Mayor spielt sich das Leben der Stadt ab. Meist ist sie von Kirche, Rathaus, Läden und Bars sowie den Häusern der aristokratischen Familien umgeben.

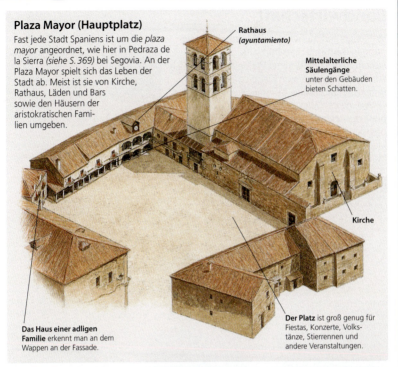

Rathaus *(ayuntamiento)*

Mittelalterliche Säulengänge unter den Gebäuden bieten Schatten.

Kirche

Der Platz ist groß genug für Fiestas, Konzerte, Volkstänze, Stierrennen und andere Veranstaltungen.

Das Haus einer adligen Familie erkennt man an dem Wappen an der Fassade.

Ländliche Architektur

Eine Vielzahl charakteristischer Gebäude prägt die Landschaften Spaniens.

Ist der Stein weich und das Klima heiß, schützen unterirdische Wohnhäuser vor extremen Temperaturen und ermöglichen so ein sehr angenehmes Wohnen.

Hórreos, zum Schutz vor Ratten auf Stelzen errichtete Kornspeicher, sieht man in Galicien (aus Stein) und Asturien (aus Holz). In den Feldern dienen Unterstände dem Vieh oder der Aufbewahrung der Ernte, z. B. die *teitos* von Asturien.

Wo es wenige Flüsse, aber viel Wind gibt, wie in La Mancha und auf den Balearen, erzeugten einst Windmühlen Energie.

Fast in allen ländlichen Gegenden Spaniens sind *ermitas*, abgelegene Kapellen oder Einsiedlerkirchen, den örtlichen Heiligen geweiht. Manche öffnen nur am Namenstag des Heiligen.

Höhlenhäuser in Guadix bei Granada *(siehe S. 499)*

Teito im Valle de Teverga in Asturien *(siehe S. 109)*

Hórreo, ein Speicher, an den Rías Baixas *(siehe S. 99)* in Galicien

Windmühlen bei Consuegra *(siehe S. 398)* in La Mancha

Landwirtschaft

Vielfältige geografische und klimatische Bedingungen führten zu verschiedenen Arten des Ackerbaus. Es gibt üppiges Weideland, aber auch steinige Berge, in denen Ziegen grasen. Man unterscheidet *secano*, trockene Kultivierung (für Oliven, Weizen, Weinreben), und die kleinen Gebiete des *regadío*, bewässertes Land (mit Zitrusbäumen, Reis und Gemüse). Arbeitsintensive Methoden der Bewirtschaftung sind trotz aller Modernisierung noch zu beobachten.

Starke Regenfälle und die milden Sommer begünstigen in Nordspanien die Milchwirtschaft. Die Höfe sind oft klein, besonders in Galicien. In geringen Mengen wird Getreide wie Mais und Weizen angepflanzt.

Weite Getreidefelder bedecken den Großteil des Farmlandes der zentralen Meseta. In den besser bewässerten, fruchtbaren westlichen Gebieten wird Weizen angepflanzt, im trockeneren Süden wächst Gerste.

Korkeichen gedeihen in der Extremadura und in Westandalusien.

MADRID

• SEVILLA

Schafe grasen im rauen Zentralspanien. Ihre Milch wird zu Käse, vor allem Manchego *(siehe S. 343)* in La Mancha, verarbeitet.

Frühling		Sommer		Herbst		Winter	
	Juli/Aug Weizenernte in Zentralspanien	**Sep** Reisernte in Ostspanien; Hauptzeit der Weinlese	**Okt** Maisernte in Nordspanien		**Dez–März** Oliven für Öl werden gepflückt		
				Okt/Nov Speiseoliven werden gepflückt			
März/Apr Blüte der Orangenbäume an der Mittelmeerküste				**Nov/Dez** Orangenernte		**Feb** Blüte der Mandelbäume	
Juni–Aug Heuernte in Nordspanien		**Sep** Saisonbeginn für Waldpilze		**Dez** Mit Winterbeginn werden Schweine geschlachtet			

Orangen, Zitronen und Mandarinen werden auf den bewässerten Küstenebenen am Mittelmeer angebaut. Die Region Valencia ist Hauptproduzent von Orangen.

Bananenpflanzung auf der kanarischen Insel La Palma

Früchte der Bäume

Mandeln, Orangen und Oliven prägen das ländliche Spanien, aber auch andere Bäume liefern wichtige Früchte. Aus der Rinde der Korkeiche entstehen Weinkorken. Avocado und Cherimoya, eine köstliche weiche Frucht, die außerhalb Spaniens kaum bekannt ist, gedeihen an der Costa Tropical Andalusiens (siehe S. 489), Bananen auf den Kanarischen Inseln. Pfirsiche und Mispeln werden kommerziell angebaut. Feigen- und Johannisbrotbäume, deren Früchte als Futter und Ersatz für Schokolade dienen, wachsen halbwild.

BARCELONA ●

Wein wird in vielen Gegenden Spaniens produziert (siehe S. 580f). Die besten Trauben für Sekt wachsen in Katalonien.

Reis wächst im Ebro-Delta, in den Marismas del Guadalquivir, um L'Albufera bei Valencia und bei Calasparra in Murcia.

0 Kilometer   200

Mandelbäume wachsen an trockenen Hügeln. Spektakulär ist die Frühjahrsblüte. Mandeln werden für süße Leckereien verwendet, so auch für das Konfekt *turrón* (siehe S. 191).

Olivenbäume wachsen langsam und werden sehr alt. Die Früchte werden im Winter geerntet und als Tapas eingelegt oder gepresst, um Öl zu gewinnen, das reichlich verwendet wird.

Saftige Orangen gedeihen in feuchten Hainen nahe den frostfreien Küsten. Der süße Duft der Orangenblüte im Frühjahr ist unverkennbar. Die Bäume der bitteren Orange dienen als Schattenspender und Zierde in Parks.

Olivenbäume wachsen in langen Reihen auf den weiten Flächen Andalusiens, vor allem in Jaén. Spanien ist der weltweit führende Produzent von Olivenöl.

Nationalparks

Wenige Länder Westeuropas haben solch unberührte Landschaften wie Spanien und können sich wilder Landstriche rühmen, in denen Braunbären und Wölfe leben. Mehr als 200 Naturschutzgebiete schützen eine Vielzahl von Ökosystemen. Die wichtigsten sind die derzeit 15 Nationalparks, der erste wurde bereits 1918 eingerichtet. Diese *parques naturales* sind für die Naturerhaltung von unschätzbarer Bedeutung.

Klarer Gebirgsfluss bei Ordesa

Berge

Einige der schönsten Landschaften Spaniens findet man in den Bergen. Flüsse schufen gewaltige Schluchten zwischen den Berggipfeln der Picos de Europa. In den Pyrenäen locken Ordesa und Aigüestortes mit dramatischen Landschaften. Die Sierra Nevada beheimatet beeindruckend viele Tierarten.

Gämsen können bestens über die Abhänge klettern. Sie müssen stets vor ihren Feinden flüchten, leben in kleinen Rudeln und fressen Gras und Blumen.

Adlereulen, die größten Eulen Europas, sind leicht an ihren großen Ohrbüscheln zu erkennen. Sie jagen nachts.

Raues Gelände in den Picos de Europa

Feuchtgebiete

Zu den Feuchtgebieten zählen Küstenstreifen und Süßwassersümpfe. Jahreszeitlich bedingte Überschwemmungen erneuern das Wasser und liefern Nährstoffe für Tiere und Pflanzen. Spaniens wichtigste Feuchtgebiete sind die Doñana, das Ebro-Delta in Katalonien und die Tablas de Daimiel in La Mancha.

Luchse, durch Jagd und Verlust des Lebensraumes höchst bedroht, leben noch in der Doñana *(siehe S. 470f)*.

Stelzenläufer jagen auf ihren langen Beinen geschickt nach kleinen Süßwasserkrustentieren.

Laguna del Acebuche, Parque Nacional de Doñana

Inseln

Cabrera vor Mallorca ist Heimat seltener Pflanzen, Reptilien und Seevögel wie des Eleonorenfalken. Die Gewässer davor sind reich an Flora und Fauna.

Eidechsen findet man oft in felsigem Gelände.

Das Cabrera-Archipel, Balearen

Nationalparks

- ☐ Berge
- ☐ Feuchtgebiete
- ☐ Inseln
- ☐ Forste und Wälder
- ☐ Vulkanlandschaften

Berge

① Picos de Europa *S. 112f*
② Ordesa y Monte Perdido *S. 236f*
③ Aigüestortes i Estany de
Sant Maurici *S. 215*
④ Sierra Nevada *S. 491*

Feuchtgebiete

⑤ Tablas de Daimiel *S. 403*
⑥ Doñana *S. 470f*

Inseln

⑦ Archipiélago de Cabrera *S. 521*
⑧ Islas Atlánticas de Galicia *S. 99*

Forste und Wälder

⑨ Cabañeros *S. 391*
⑩ Garajonay *S. 537*

Vulkanlandschaften

⑪ Caldera de Taburiente *S. 536*
⑫ Teide *S. 542f*
⑬ Timanfaya *S. 552f*

Infobox

Mit einer Ausnahme werden alle Nationalparks vom Ministerio de Agricultura, Alimentación y Medio Ambiente verwaltet.

w magrama.gob.es/es/red-parques-nacionales

Der Parc Nacional de l'Aigüestortes i Estany de Sant Maurici wird von Kataloniens Landwirtschaftsministerium unterstützt.

C 973 69 61 89. Die meisten, aber nicht alle Nationalparks haben ein Besucherzentrum.

Forste und Wälder

Großblättrige Laubwälder wachsen im Nordwesten Spaniens. Aleppo- und schottische Kiefern bedecken viele Bergregionen. Das Zentralplateau prägen die immergrünen Stein- und Korkeichen des Parque Nacional de Cabañeros. Dichte, üppige *laurasilva*-Waldungen wachsen im Parque Nacional de Garajonay auf La Gomera, einer der kleineren Kanarischen Inseln.

Mönchsgeier
sind die größten Greifvögel Europas, mit einer Spannweite von über 2,5 Metern.

Igel, die in Wäldern oft zu finden sind, graben unter Laub und Gras nach Würmern und Schnecken.

Parque Nacional de Garajonay

Vulkanlandschaften

Drei unterschiedliche Parks schützen Teile der vulkanischen Kanarischen Inseln. Caldera de Taburiente auf La Palma ist ein von Wald umgebener Krater. Teide auf Teneriffa besitzt eine einzigartige alpine Flora. Timanfaya auf Lanzarote besteht aus unfruchtbaren, malerischen Lavafeldern.

Kaninchen sind anpassungsfähig: Sie besiedeln Gebiete, in denen sie sich ungestört fühlen. Fehlt es an Feinden, wachsen die Populationen schnell und können großen Schaden anrichten.

Kanarienvögel gehören zur Familie der Finken. Der beliebte Vogel wurde aus dem wilden Girlitz gezüchtet.

Spärliches Pflanzenwachstum am Pico del Teide

Kunst

In der Geschichte der westlichen Kunst ragen vier spanische Maler als wegweisend heraus. Diego de Velázquez war im 17. Jahrhundert Porträtmaler am Hof, sein Gemälde *Las Meninas* wirkte revolutionär. Francisco de Goya zeigte das Leben in einer von Spaniens gewalttätigsten Perioden. El Greco wurde auf Kreta geboren, lebte aber in Spanien und stellte religiöse Szenen in seinem einzigartigen Stil dar. Der produktivste Meister des 20. Jahrhunderts, Pablo Picasso, gilt als Begründer der Moderne. Das Werk dieser und vieler anderer Künstler zeigen weltberühmte Museen, vor allem der Prado *(siehe S. 296 –299)*.

In seiner Reihe *Las Meninas* (1957) interpretierte Picasso die versteinerte Haltung der Infantin Margarita. Er schuf 44 auf der Darstellung von Velázquez basierende Gemälde. Sie sind im Museu Picasso *(siehe S. 157)* zu sehen.

Religiöse Kunst in Spanien

Der Einfluss der katholischen Kirche auf die spanische Kunst im Lauf der Jahrhunderte zeigt sich in der Vielzahl religiöser Darstellungen. Zahlreiche Kirchen und Museen haben romanische Altarbilder oder Ikonen. El Greco *(siehe S. 395)* verlieh dem Thema persönliche Aspekte. Die Barockkunst des 17. Jahrhunderts stellt anschaulich die körperlichen und geistigen Qualen zum Höhepunkt der Inquisition *(siehe S. 278)* dar.

Das Begräbnis des Grafen von Orgaz von El Greco (siehe S. 394)

König und Königin, im Spiegel hinter dem Maler erkennbar, sitzen vielleicht Modell.

Selbstporträt von Velázquez

Las Meninas (1656)

In Velázquez' Gemälde der Infantin Margarita und ihrer Höflinge wird das Auge auf den Hintergrund gelenkt, wo der Gönner des Künstlers, Felipe IV, in einem Spiegel reflektiert wird.

1285–1348 Ferrer Bassá	**1390–1410** Pere Nicolau	*Wiederauferstehung* von Pedro Berruguete		**1598–1664** Francisco de Zurbarán
	1363–1395 Jaume Serra	**1428–1460** Luis Daimau		**1591–1652** José de Ribera
1300		**1400**	**1500**	
	1388–1424 Luis Borrassa	**1474–1495** Bartolomé Bermejo	**1565–1628** Francisco Ribalta
Jungfrau und Kind von Ferrer Bassá		**1450–1504** Pedro Berruguete	
	1427–1452 Bernat Martorell	**1541–1614** El Greco	**1599–1660** Diego de Velázquez

José Nieto, der Kammerherr der Königin, steht in der Tür im Hintergrund des Bildes.

Zwergin

Moderne Kunst

Joan Miró *(siehe S. 176),* Salvador Dalí *(siehe S. 219)* und Pablo Picasso *(siehe S. 157)* gehörten um 1900 zur Pariser Schule. Namhafte Künstler jüngerer Zeit sind Antonio Saura und Antoni Tàpies *(siehe S. 168).* Das Museo Nacional Centro de Arte Reina Sofía *(siehe S. 302f)* ist auf moderne Kunst spezialisiert. Werke zeitgenössischer Künstler werden in Rathäusern, Banken und auf öffentlichen Plätzen ausgestellt, viele Städte widmen einem einheimischen Maler ein Museum.

Salvador Dalís Gemälde *Der Koloss von Rhodos* (1954)

Collage (1933) von Joan Miró

Die Familie König Carlos' IV
malte Francisco de Goya *(siehe S. 243)* 1800, fast 150 Jahre nach *Las Meninas.* Seine Anlehnung an Velázquez ist in der frontalen Komposition, der kompakten Gruppierung der Figuren und dem Selbstporträt offensichtlich.

Die heiligen Kinder mit der Muschel von Murillo

1893–1983 Joan Miró

1881–1973 Pablo Picasso

1904–1989 Salvador Dalí

1746–1828 Francisco de Goya

1863–1923 Joaquín Sorolla

1923–2012 Antoni Tàpies

1700		1800		1900

1642–1693 Claudio Coello

1887–1927 Juan Gris

1618–1682 Bartolomé Esteban Murillo

Stillleben mit Gitarre (1913) von Juan Gris

1930–1998 Antonio Saura

Literatur

Das bekannteste Werk der spanischen Literatur, *Don Quijote*, gilt als der erste moderne Roman. Aber Spanien brachte in den letzten 2000 Jahren viele bedeutende Autoren hervor. Seneca, Lucan und Martial wurden hier geboren. Später entwickelten die Mauren eine hohe, heute aber kaum noch bekannte Literatur. Zwar ist Spanisch (Kastilisch) Nationalsprache, doch viele Werke von Rang sind in Galicisch und Katalanisch verfasst. Die baskische Literatur ist jüngeren Datums, denn Baskisch wurde lange Zeit fast nur gesprochen. Viele Autoren, wie Alexandre Dumas, Ernest Hemingway und Karel Čapek, beschrieben ihre Reisen durch Spanien.

Mittelalter

Als das Römische Reich fiel, entwickelten sich aus Latein mehrere romanische Sprachen. Die früheste nichtlateinische Literatur Spaniens entstand aus einer sprachlichen Tradition, die vor dem 10. Jahrhundert einsetzte, den *jarchas*, Liebesgedichten in Mozarabisch, einem iberoarabischen Dialekt, den die unter den Mauren lebenden Christen sprachen.

Im 12. Jahrhundert erschienen in Kastilien die ersten Gedichte. Während der folgenden 300 Jahre bildeten sich zwei getrennte Poetikschulen. Das bekannteste Beispiel der Troubadourpoesie ist das anonyme Epos *El Cantar de Mio Cid*, das die Taten von El Cid *(siehe S. 374)* während der Rückeroberung erzählt. Werke religiöser Verskunst – z.B. erzählt *Milagros de Nuestra Señora* das Leben der Heiligen Jungfrau – vermitteln eine moralische Botschaft.

Die spanische Literatur entwickelte sich im 13. Jahrhundert, als Alfonso X der Weise *(siehe S. 59)* das romanische Kastilisch (später Spanisch genannt) als offizielle Sprache einsetzte. Unter Anleitung von Juden schrieben Christen und Araber gelehrte Abhandlungen. Der König selbst war ein Dichter, der im romanischen Galicisch schrieb.

Die ersten großen Prosawerke in Spanisch erschienen im 14. und 15. Jahrhundert. *El Libro de Buen Amor* von dem Geistlichen Juan Ruiz erzählt die Liebesaffären eines Priesters. Fernando de Rojas schildert in der Tragikomödie *La Celestina* die Liebesgeschichte von Calisto und Melibea.

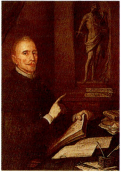

Der produktivste Dramatiker der Goldenen Ära, Lope de Vega

Das Goldene Zeitalter

Das 16. Jahrhundert läutete Spaniens »Siglo de Oro« der Literatur ein, zugleich eine Zeit innerer Auseinandersetzungen, die im Schelmenroman ihren Ausdruck fanden. Dieses spezifisch spanische Genre hatte seinen Ursprung in dem im 16. Jahrhundert anonym verfassten *El Lazarillo de Tormes*, der Schilderung des Unglücks eines Dieners.

Während der Gegenreformation entstanden viele spirituelle Werke. Der *Cántico Espiritual* des hl. Johannes vom Kreuz war vom *Hohelied* des Alten Testaments beeinflusst.

Im 17. Jahrhundert entfalteten sich einige große Talente. Mit Miguel de Cervantes *(siehe S. 337)* erreichte das Goldene Zeitalter seinen Höhepunkt. Im Jahr 1615 veröffentlichte er *Don Quijote*. Weitere bedeutende Schriftsteller jener Zeit sind Francisco de Quevedo und Luis de Góngora.

Corrales (öffentliche Theater) entstanden und bereiteten den Weg für Lope de Vega *(siehe S. 294)*, Calderón de la Barca und andere.

Alfonso X der Weise (1221–1284)

Don Quijotes Abenteuer, dargestellt von José Moreno Carbonero

18. und 19. Jahrhundert

Die spanische Literatur des 18. Jahrhunderts wurde von der französischen Aufklärung merklich beeinflusst und sollte das Volk belehren. Das wollte auch Leandro Fernández de Moratíns Komödie *El sí de las niñas*. Damals begann die Entwicklung des Journalismus und des Essays. Die Romantik trat in Spanien nur kurz und spät auf. *Don Juan Tenorio* von José Zorrilla, eine Erzählung über den legendären und stürmischen Liebhaber, ist das bekannteste romantische Schauspiel.

Zu Beginn des 19. Jahrhunderts hob sich der Essayist Larra von seinen Zeitgenossen ab. Auch in Spanien setzte sich der Stil des Realismus im Roman durch. Benito Pérez Galdós, von vielen als der größte Romancier nach Cervantes angesehen, beschreibt in seinen *Episodios Nacionales* die spanische Geschichte des frühen 19. Jahrhunderts. In Claríns *La Regenta* zerbricht die Heldin an den Vorurteilen einer Provinzstadt.

José Zorrilla (1817–1893)

20./21. Jahrhundert

Die Schriftsteller der Zeit um 1900, darunter Pío Baroja *(siehe S. 68)*, Miguel de Unamuno und Antonio Machado, beschrieben ein Spanien, das hinter dem Rest Europas zurückgeblieben war.

Durch den Einsatz des Grotesken – nur so war in ihren Augen die Gesellschaft zu beschreiben – legte Ramón María del Valle-Inclán den Grundstein für das moderne Drama. In der Dichtung bemühte sich Juan Ramón Jiménez um die Reinheit der Form.

Die »Generation del 27« verband experimentelle Kunst mit traditionellen literarischen Formen Spaniens. Ihr bekanntester Vertreter, Federico García Lorca, wurde 1936 von den Faschisten ermordet *(siehe S. 71)*. Er bezog in seine Gedichte und Theaterstücke, z. B. *Yerma*, Legenden und Themen seiner Heimat Andalusien mit ein.

Nach dem Bürgerkrieg mussten viele Intellektuelle, die die Republikaner unterstützt hatten, ins Exil gehen. Das Franco-Regime unterstützte literarische Mitläufer. Doch in diesem politischen Klima entstanden auch einige hervorragende Werke. José Celas *La Colmena*, eine Beschreibung des Alltags in dem nach dem Krieg hungernden Madrid, begründete einen sozialen Realismus.

Seit den 1960er Jahren erlebt der Roman in Spanien mit zahlreichen Autoren wie Juan Goytisolo, Juan Benet, Julio Llamazares, Antonio Muñoz Molina, Javier Marías, Juan Marsé, José Ángel Mañas und Carlos Ruiz Zafón eine wahre Renaissance.

Statue von García Lorca

Im 20. Jahrhundert etablierte sich die spanischsprachige Literatur aus Lateinamerika, u. a. mit den Autoren Jorge Luis Borges, Nicolás Guillén und Gabriel García Márquez.

Carlos Ruiz Zafón, Autor des Bestsellers *Der Schatten des Windes*

Tradition des Stierkampfs

Der Stierkampf ist ein Opferritual, bei dem Männer (und wenige Frauen) ihre Kraft mit einem Tier messen, das für die Arena gezüchtet wird. Das »religiöse Drama«, wie García Lorca es beschrieb, lässt die Zuschauer hautnah die Angst und Erregung des Toreros erleben. Immer mehr Spanier lehnen den Stierkampf wegen seiner Grausamkeit ab. In Katalonien wurde er 2012 verboten. Das spanische Verfassungsgericht hob das Verbot im Jahr 2016 wieder auf. Viele Spanier sehen die Diskussion über ein Verbot des Stierkampfs als Angriff auf das Wesentliche ihres Seins, weil *toreo*, die Kunst des Stierkampfs, ein Kulturgut sei.

Die Real Maestranza in Sevilla gilt neben Las Ventas in Madrid als einer der Hauptschauplätze des Stierkampfs in Spanien.

Der Torero trägt ein *traje de luces* (Lichtgewand), einen bunten, mit goldenen Pailletten bestickten Seidenanzug.

Auf einer Ranch wird der *toro bravo* (Kampfstier) speziell auf Aggressivität und Mut hin gezüchtet. Die Befürworter des Stierkampfs sagen, dass der Stier ein schönes Leben genießt, während er auf die 15 Minuten in der Arena vorbereitet wird. Die Stiere müssen beim Kampf mindestens vier Jahre alt sein.

Stierkampf

Die *corrida* besteht traditionell aus drei Phasen, den sogenannten *tercios*. Zu Beginn – im *tercio de varas* – wird der Torero von *peones* (Helfern) und *picadores* (Lanzenreitern) unterstützt. Im *tercio de banderillas* stoßen anschließend die *banderilleros* Lanzenpaare in den Rücken des Stieres. Im *tercio de muleta* reizt der Torero den Stier mit der *muleta* (einem roten Tuch). Dann nimmt er den Todesstoß, die *estocada*, mit einem Degen vor.

Der Torero reizt den Stier im *tercio de varas* mit der *capa*. *Peones* treiben ihn dann auf die *picadores* zu.

Der Sattel ist heute gepolstert.

Picadores stacheln den Stier mit Lanzen mit Stahlspitzen auf. Die Lanzen schwächen die Schultermuskulatur des Tieres.

Stierkampfarena

Die Zuschauer beobachten die *corrida* von *tendidos* (Sperrsitzen) oder *palcos* (Balkonen) aus, wo sich auch die *presidencia* (Präsidentenloge) befindet. Durch die *puerta de cuadrillas* tritt der Torero ein, durch den *arrastre de toros* der Stier. Vorher warten die Toreros in einem Gang *(callejón)* hinter den *barreras* und *burladeros* (Barrieren). Die Pferde werden im *patio de caballos* gehalten, die Stiere in den *corrales*.

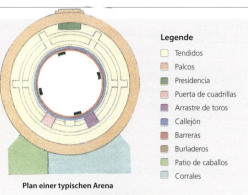

Legende

- Tendidos
- Palcos
- Presidencia
- Puerta de cuadrillas
- Arrastre de toros
- Callejón
- Barreras
- Burladeros
- Patio de caballos
- Corrales

Plan einer typischen Arena

Manolete, als einer der größten Toreros aller Zeiten gefeiert, wurde 1947 in Linares, Jaén, von dem Stier Islero aufgespießt und getötet.

Der Stier wird mit der *muleta* gereizt, einem roten, auf einer Seite an einem Stab befestigten Tuch.

Zeigt der Stier Mut, kann er leben – die Zuschauer schwenken weiße Taschentücher und bitten so den Präsidenten der *corrida*, den Stier leben zu lassen.

José Tomás, einer der berühmtesten Toreros Spaniens, ist für seinen klaren Kampfstil und sein besonderes Geschick im Umgang mit der *capa* und der *muleta* bekannt.

Der Stier wiegt etwa 500 Kilogramm.

Banderilleros provozieren den Stier im *tercio de banderillas*, indem sie *banderillas* in seinen Rücken stoßen.

Der Torero versucht im *tercio de muleta*, den Kopf des Stiers mit der *capa* zu senken, um dann den Todesstoß zu setzen.

Die *estocada recibiendo* ist schwierig und selten. Der Torero wartet auf den Angriff des Stieres, statt auf ihn zuzugehen.

Fiestas

An jedem Tag im Jahr findet irgendwo in Spanien eine Fiesta statt. Es gibt kein Dorf und keine Stadt, die nicht zu Ehren des Schutzheiligen, der Jungfrau Maria oder dem Wechsel der Jahreszeiten Prozessionen, Stierläufe, Feuerwerke, nachgespielte Schlachten, eine Zeremonie oder eine *romería* – eine Prozession zu einer Kapelle auf dem Land – veranstalten. Gleich welcher Anlass: Eine Fiesta bietet Gelegenheit, dem Alltag zu entfliehen (die meisten Geschäfte und Büros schließen) und rund um die Uhr zu feiern.

Viele *romerías* winden sich in der Osterzeit über das Land

Frühlingsfiestas

Das Ende des Winters und den Frühjahrsanfang zelebriert Valencias Feuerfestival Las Fallas *(siehe S. 259)*, bei dem riesige Pappmaschee-Figuren in einer symbolischen Verbrennung des Alten in Flammen aufgehen.

Die lauten, nachgespielten Schlachten zwischen Mauren- und Christenarmeen im valencianischen Alcoy im April *(siehe S. 259)* sind die spektakulärsten der Fiestas, die an die Schlachten der Reconquista erinnern. Sevillas Feria de Abril *(siehe S. 437)* ist das größte Fest Andalusiens. Während Los Mayos, den Tagen nach dem 30. April, schmücken Blumen in Teilen Spaniens die Kreuze.

Ostern

Ostern ist das wichtigste Fest Spaniens und wird in fast jedem Ort mit Pracht und Feierlichkeit geehrt. Palmsonntagsprozessionen läuten die Feiern ein. Die eindrucksvollste findet in Elche statt, wo Skulpturen aus Palmblättern aus dem größten Palmenwald Europas *(siehe S. 265)* geflochten werden.

Die schönsten Prozessionen zur Semana Santa finden in Sevilla *(siehe S. 437)*, Málaga, Murcia und Valladolid statt. Bruderschaften und mit Roben bekleidete Männer tragen *pasos*, große Figuren, die die Jungfrau Maria, Christus oder Passionsszenen darstellen, durch die Straßen. Biblische Gestalten oder Büßer mit hohen konischen Hüten begleiten sie. Oft tragen Leute schwere Kreuze. Mitunter kann das jahrhundertealte Ritual der Selbstgeißelung beobachtet werden.

Sommerfiestas

Die erste große Fiesta des Sommers ist Pfingsten im Mai oder Juni. Die berühmteste Pfingstfeier findet in El Rocío *(siehe S. 469)* statt, wo sich Tausende Menschen in äußerster religiöser Frömmigkeit versammeln.

An Fronleichnam (Mai oder Juni) wird in vielen Städten die geweihte Hostie in einer Silbermonstranz in einer Prozession über einen Weg mit Blumenteppichen getragen. Die größten Fronleichnamsprozessionen finden in Valencia, Toledo und Granada statt.

Am Vorabend der Sommersonnenwende (21. Juni; *la víspera de San Juan*) erglühen überall in Spanien, vor allem entlang der Mittelmeerküste, Freudenfeuer, um das Fest des hl. Johannes des Täufers am

Die Lichtmess-Bruderschaft, Semana Santa (Osterwoche) in Sevilla

24. Juni zu feiern. An Los Sanfermines *(siehe S. 136)* laufen im Juli junge Männer, gejagt von einer Stierherde, durch Pamplona.

Der Jungfrau von Carmen, die als Schutzheilige der Fischer gilt, wird in vielen Häfen am 16. Juli gedacht.

Mariä Himmelfahrt, 15. August, wird durch eine Vielzahl von Fiestas begangen.

Herbstfiestas

Im Herbst gibt es wenige Fiestas, doch die meisten Weinregionen feiern die Lese. Die alljährliche Schlachtung der Schweine entwickelte sich in einigen Dörfern, vor allem in der Extremadura, zu einem veritablen Ereignis. In Galicien röstet man Kastanien über Straßenfeuern.

An Allerheiligen (1. November) gedenken die Menschen der Toten und schmücken die Gräber mit Blumen.

Weihnachten und Neujahr

Heiligabend, *Nochebuena*, ist die wichtigste Feier des Weihnachtsfestes. Die Familien versammeln sich zum Abendessen, bevor sie die *misa del gallo* (Messe des Hahns) besuchen. Überall gibt es *belenes* (Krippen) mit bemalten Figuren. Beliebt sind auch »lebendige Krippen« mit kostümierten Darstellern. Spaniens 1. April ist am 28. Dezember, dem Fest der unschuldigen

Straßenszene beim Karneval in Santa Cruz de Tenerife

Kinder, an dem Leute Streiche spielen. Clowns necken in der Rolle des Bürgermeisters die Passanten.

An Silvester, *Nochevieja*, versammeln sich Menschenmassen unter der Glocke auf dem Hauptplatz Madrids, der Puerta del Sol *(siehe S. 276).* Traditionell isst man bei jedem Glockenschlag eine Traube in der Hoffnung auf Glück im neuen Jahr.

Spanische Kinder bekommen ihre Geschenke erst am Dreikönigstag (6. Januar).

Winterfiestas

Tiere stehen im Mittelpunkt vieler Fiestas am 17. Januar, dem Tag des heiligen Antonius, ihres Patrons, wenn Haustiere und Vieh von Priestern geweiht werden. Frauen sind die Hauptpersonen am

5. Februar, dem Tag der heiligen Agatha, der Schutzheiligen der verheirateten Frauen. In Zamarramala (Segovia) übernehmen Frauen dann die Macht und die Privilegien des Bürgermeisters *(siehe S. 372).*

Fest des hl. Antonius in Villanueva de Alcolea (Provinz Castellón)

Karneval

Karneval, Februar/Anfang März (je nach Datum von Ostern), feiert das Ende des Winters und den Frühjahrsbeginn. Die größten Feiern veranstalten Santa Cruz de Tenerife *(siehe S. 540)* – vergleichbar mit jenen in Rio de Janeiro – und Cádiz *(siehe S. 469).* Das Franco-Regime verbot den Karneval wegen seiner Zügellosigkeit und Frivolität. Das Fest endet am oder nach Aschermittwoch mit der »Bestattung« der Sardine, bei der eine große Sardinenfigur, die den Winter darstellt, verbrannt oder bestattet wird.

Ein ausgefallen gekleideter Chor singt beim Karneval in Cádiz

Das Jahr in Spanien

Festivals, Kulturveranstaltungen und Sport-
wettkämpfe füllen den Kalender in Spanien.
Selbst kleine Dörfer feiern zumindest eine
Fiesta pro Jahr von einer Woche Dauer oder
mehr, mit Stierkämpfen und Feuerwerken.
Viele ländliche Küstenstädte begleiten Ernte
oder Fischfang mit einem kulinarischen Jahr-
markt und einer Fiesta. Musik, Tanz, Theater
und Filmfestivals – darunter das von San Sebastián – finden das ganze Jahr über in den
Großstädten statt. Zugleich erreichen die
beliebtesten Freiluftsportarten – allen voran
Fußball sowie Radsport, Segeln, Golf und
Tennis – mit nationalen und internationalen
Wettkämpfen ihren Höhepunkt. Erfragen Sie
die jeweiligen Veranstaltungstermine beim
örtlichen Fremdenverkehrsbüro, da einige
von Jahr zu Jahr unterschiedlich liegen.

Frühling

Das Leben verlagert sich mit
Beginn des in Spanien vergleichsweise zeitig einsetzenden Frühjahrs ins Freie, die
Straßencafés füllen sich mit
Einheimischen und Besuchern.
Vor Beginn der Sommerhitze
blühen die Wildblumen, noch
sind die Stauseen und Be-
wässerungskanäle gefüllt. In
ganz Spanien finden zur Zeit
des Osterfestes feierliche
Prozessionen statt.

März

**Internationales Oldtimer-
Rennen** (Mitte/Ende März)
von Barcelona nach Sitges.
Mehr als 60 Oldtimer begeben
sich jedes Jahr auf die 45 Kilometer lange Reise.
Las Fallas (15.–19. März), Valencia (siehe S. 259). Die riesige
Fiesta markiert zugleich den
Beginn der Stierkampfsaison
(siehe S. 40f).
Fiestas in Castelló de la Plana
(3. Sa der Fastenzeit). Festlichkeiten zu Ehren von Maria
Magdalena.

Feria de los Caballos (Pferdefestival) in Jerez de la Frontera (Mai)

April

Woche religiöser Musik (Oster-
woche ab Karsamstag), Cuen-
ca. Traditionsreiches Festival
seit über 50 Jahren.
Trofeo Conde de Godó
(Mitte – Ende Apr), Barcelona.
Spaniens bedeutendstes inter-
nationales Tennisturnier.
Mauren und Christen
(3. Woche), Alcoy (siehe S. 263).
Kostümierte Feier des Sieges
der Christen über die Mauren
bei Alcoy im Jahr 1276.
Aprilmesse (2. Woche nach
Ostern), Sevilla. Zur Feria de
Abril befindet sich Andalusien
im Festtaumel (siehe S. 437).
Feria Nacional del Queso (Ende
Apr/Anf. Mai), Trujillo (Các-
res). Fest zu Ehren des Käses.

Mai

Dos de Mayo (2. Mai), Madrid.
Musik, Feuerwerk und Tanz in
den Straßen erinnern an den
Madrider Volksaufstand 1808.
Feria de los Caballos (1. Wo-
che), Jerez de la Frontera. Pfer-
demarkt mit Pferden und Frau-
en in Flamenco-Kostümen.
Festival de Otoño a Primavera
(Nov–Ende Mai), Madrid. Festi-
val mit Drama, Tanz und Musik.
Fiesta de San Isidro (8.–15. Mai),
Madrid. Stierkämpfe in der
Arena Las Ventas sind Höhe-
punkt der Stierkampfsaison.
**Spanischer Formel-1-Grand-
Prix** (Ende Mai/Anf. Juni), Renn-
strecke Montmeló, Barcelona.

Zuschauer am Straßenrand bei der Vuelta Ciclista a España (Sep)

San Sebastián, einer der beliebtesten Ferienorte der Nordküste

Sommer

Der August ist Spaniens großer Ferienmonat. Die Städte im Hinterland sind leer, da die Spanier an die Küste oder aber zu ihren Ferienhäusern in den Bergen strömen. Dazu kommen viele Millionen ausländischer Urlauber. Strände und Campingplätze sind großteils überfüllt. Wenn die Hitze in Zentral- und Südspanien einsetzt, findet Unterhaltung dort oft nur am Abend statt. Im Spätsommer beginnt die Ernte, überall ehren Fiestas Speisen und Getränke, vom Fischfang der Nordküste bis zu den Würsten auf den Balearen.

Juni

Internationales Musik- und Tanzfestival *(Juni/Juli)*, Granada. Veranstaltungen mit klassischer Musik und Ballettaufführungen in der Alhambra oder im Generalife.
Grec Festival *(Juni – Aug)*, Barcelona. Theater, Musik und Tanz von spanischen und internationalen Künstlern.
Copa del Rey *(Juni oder früher)* Spaniens Fußball-Pokalfinale, das auch international große Beachtung findet.

Juli

A Rapa das Bestas *(1. Juliwoche)*, Pontevedra (Galicien; siehe S. 98)*. Wildpferde werden eingefangen.
Festival des klassischen Theaters *(Jul/Aug)*, Mérida. Im römischen und Amphitheater *(siehe S. 414)*.
Gitarrenfestival *(erste 2 Wochen)*, Córdoba. Klassik bis Flamenco *(siehe S. 428f)*.
Internationales Festival des klassischen Theaters von Almagro *(1. – 25. Juli)*. Inter-

Ausschank und Probe von Apfelwein beim Cidre-Festival *(Juli)*

nationale Aufführungen in einem der ältesten Theater Europas *(siehe S. 403)*.
Cidre-Festival *(1. Wochenende)*, Nava (Asturien). Mit diversen Wettkämpfen.
Internationales Festival von Santander *(Juli/Aug)*. Musik, Tanz und Theater.
Folklorefestival der Pyrenäen *(Ende Juli/Anf. Aug, nur ungerade Jahreszahl)*, Jaca (Aragón). Trachten, Musik, Tanz.
Internationale Jazzfestivals in San Sebastián *(3. Woche)*, Getxo *(1. Woche)* und Vitoria *(Mitte Juli)*.

August

Certamen Internacional de Habaneras y Polifonía *(Ende Juli/Anf. Aug)*, Torrevieja (Alicante). Musikwettbewerb von Seemannsliedern des 19. Jahrhunderts.
Copa del Rey MAPFRE *(1. Woche)*, Palma de Mallorca. Segelwettbewerb unter der Schirmherrschaft von Felipe VI.
Kanufahrt auf dem Río Sella *(1. Sa)*. Kanuwettfahrt in Asturien, von Arriondas nach Ribadesella *(siehe S. 111)*.
Mariä Himmelfahrt *(15. Aug)*. Mariä Himmelfahrt wird im

Teilnehmer des Kanurennens auf dem Río Sella *(Aug)*

ganzen Land u. a. mit Prozessionen gefeiert.
Semanas Grandes *(Anf. – Mitte Aug)*, Bilbao und San Sebastián. »Große Wochen« mit Sport und Kultur.
Misteri d'Elx *(11. – 15. Aug)*, Elx *(siehe S. 265)*. Liturgisches Drama mit spektakulären Effekten in einer Kirche.

Weinreben und das Dorf Larouco in der Weinregion Valdeorras in Galicien *(siehe S. 82)* im Herbst

Herbst

Der Herbst bringt meist Regen nach der Hitze des Sommers. Wenn die touristische Hochsaison vorbei ist, werden viele Ferienorte praktisch geschlossen. Es gibt jedoch Erntefeste, die wichtigsten zu Ehren der Trauben. Das erste Pressen wird gesegnet, in manchen Orten wird kostenlos Wein ausgeschenkt. In Waldgebieten erscheinen frisch gepflückte Pilze in unterschiedlichster Zubereitung auf den Speisekarten der Restaurants. Die Jagdsaison beginnt Mitte Oktober und dauert bis Februar. In den spanischen Großstädten startet nun die neue Theater- und Konzertsaison.

September

Vuelta Ciclista a España *(Sep)*. Radrennen mit internationalem Teilnehmerfeld.

Festival de la Mercé *(Ende Aug/ Anf. Sep)*, Barcelona. Musik und Tanz überall in der Metropole Kataloniens.
Weinlese *(1. Woche)*, Jerez de la Frontera. Feiern zu Ehren der neuen Ernte in der Hauptstadt des Sherrys.
Filmfestival von San Sebastián *(letzte 2 Wochen)*. Die baskische Stadt ist Schauplatz eines Festivals, bei dem auch viele Regisseur und Schauspieler zu Gast sind *(siehe S. 127)*.
Bienal de Arte Flamenco *(Anf. Sep – Anf. Okt, nur bei gerader Jahreszahl)*, Sevilla. Die besten Flamenco-Künstler zeigen ihr Können.

Oktober

Día de la Hispanidad *(12. Okt)*. Spaniens Nationalfeiertag erinnert an Kolumbus' Entdeckung von Amerika 1492. Das größte Fest ist die Fiesta del Pilar in Zaragoza *(siehe S. 243)*.

Festes de Moros y Cristianos *(Mitte Okt)*, Callosa d'en Sarrià (Alicante). Heiligenfest.
Safranfestival *(Ende Okt)*, Consuegra (Toledo). Fe
Internationales Golfturnier *(Ende Okt/Anf. Nov)*, Valderrama (Cádiz).

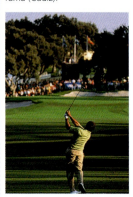

Drive den Fairway hinunter beim Internationalen Golfturnier *(Okt)*

November

Allerheiligen *(1. Nov)*. Hoher Feiertag und zugleich Beginn der *matanza* (Schweineschlachten) auf dem Land.
Os Magostos *(11. Nov)*. Kastanienernte in Galicien mit Feierlichkeiten.
Cordobán Flamenco *(Nov)*, Córdoba. Landesweit bedeutendes Festival mit viel Musik und Tanz.
Lateinamerikanisches Filmfestival *(letzte 2 Wochen)*, Huelva *(siehe S. 468)*.

Lana Turner auf der Bühne beim Filmfestival von San Sebastián *(Sep)*

Himmelfahrt in La Alberca (Salamanca)

Gesetzliche Feiertage

Neben den unten genannten nationalen Feiertagen hat jede Region eigene Feiertage, jeder Ort weitere Fiestas. Fällt ein Feiertag auf Dienstag oder Donnerstag, bleiben Geschäfte, Büros und Sehenswürdigkeiten oft auch an dem Montag oder Freitag dazwischen geschlossen – zugunsten eines langen Wochenendes, *puente* (Brücke).

Año Nuevo Neujahr *(1. Jan)*

Día de los Reyes Magos Heilige Drei Könige *(6. Jan)*

Jueves Santo Gründonnerstag *(März /Apr)*

Viernes Santo Karfreitag *(März /Apr)*

Día de Pascua Ostersonntag *(März /Apr)*

Día del Trabajo Tag der Arbeit *(1. Mai)*

Asunción Mariä Himmelfahrt *(15. Aug)*

Día de la Hispanidad Nationalfeiertag *(12. Okt)*

Todos los Santos Allerheiligen *(1. Nov)*

Día de la Constitución Verfassungstag *(6. Dez)*

Inmaculada Concepción Unbefleckte Empfängnis *(8. Dez)*

Navidad Weihnachten *(25. Dez)*

Winter

Die Wintersaison ist in Spanien von Region zu Region unterschiedlich. In den Bergen lockt der erste Schnee Skifahrer an, während in tiefer gelegenen Gegenden in dieser Zeit Oliven und Orangen geerntet werden. Im höher gelegenen Zentralspanien kann es ausgesprochen kalt werden.

Andalusien, die Ostküste und die Balearen haben kühle Nächte, aber oft sonnige Tage. Die Winterwärme der Kanaren lockt Tausende Besucher an. An Weihnachten kommen die Familien zusammen, um gemeinsam zu feiern.

»El Gordo«, der »fette« Lotteriepreis Spaniens, wird gezogen (Dez)

Skifahrer in der Sierra de Guadarrama *(siehe S. 333)*

Dezember

El Gordo *(22. Dez)*. Der größte Lotteriepreis, »der Fette«, wird gezogen.

Nochebuena *(24. Dez)*. Der Heiligabend als großes Familienfest.

Santos Inocentes *(28. Dez)*. Der spanische 1. April: Die Leute narren sich.

Nochevieja *(31. Dez)*. Silvester wird ausgiebig an Madrids Puerta del Sol gefeiert.

Januar

Internationales Musikfestival der Kanarischen Inseln *(Jan/ Feb)*. Klassische Musik mit internationalen Künstlern auf La Palma und Teneriffa.

La Tamborrada *(20. Jan)*, San Sebastián. Trommler in traditionellen Kostümen.

Día de los Reyes Magos *(6. Jan)*. Die Heiligen Drei Könige ziehen durch die Stadt und verteilen Süßigkeiten an die Kinder.

Februar

Festival alter Musik *(Feb/März)*, Sevilla. Alte Musik wird auf historischen Instrumenten gespielt.

ARCO *(Mitte Feb)*, Madrid. Die internationale Messe zeitgenössischer Kunst lockt Sammler aus aller Welt an.

Pasarela Cibeles *(Mitte Feb)*, Madrid. Damen- und Herrenmodemesse.

Karneval *(Feb/März)*. Letzte Fiesta vor Frühlingsbeginn mit tollen Kostümen. Die in Santa Cruz de Tenerife und Cádiz sind die besten.

Klima

Spaniens große Landmasse mit ihren weiten Hochplateaus und Bergketten sowie die Einflüsse von Mittelmeer und Atlantik sind Ursache für eine große klimatische Vielfalt, insbesondere im Winter. Der Norden ist das ganze Jahr über am feuchtesten, Ost- und Südküste sowie die Inseln haben milde Winter, im Landesinneren friert es dagegen im Winter oft. Im Sommer ist es überall heiß, außer im Hochland.

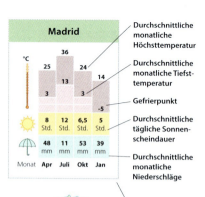

Durchschnittliche monatliche Höchsttemperatur

Durchschnittliche monatliche Tiefsttemperatur

Gefrierpunkt

Durchschnittliche tägliche Sonnenscheindauer

Durchschnittliche monatliche Niederschläge

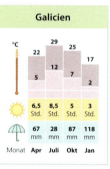

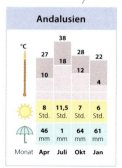

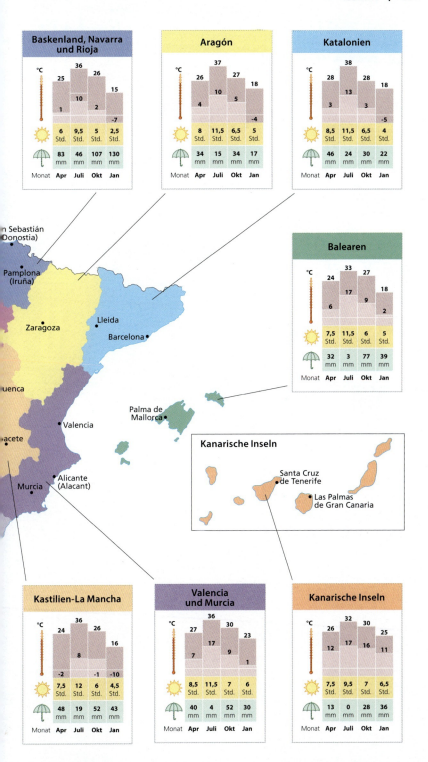

Baskenland, Navarra und Rioja

°C				
	25	36	26	
		10		15
	1		2	
				-7

☀	6 Std.	9,5 Std.	5 Std.	2,5 Std.
☂	83 mm	46 mm	107 mm	130 mm
Monat	**Apr**	**Juli**	**Okt**	**Jan**

Aragón

°C				
	26	37	27	18
		10	5	
	4			-4

☀	8 Std.	11,5 Std.	6,5 Std.	5 Std.
☂	34 mm	15 mm	34 mm	17 mm
Monat	**Apr**	**Juli**	**Okt**	**Jan**

Katalonien

°C				
	28	38	28	18
	3	13	3	
				-5

☀	8,5 Std.	11,5 Std.	6,5 Std.	4 Std.
☂	46 mm	24 mm	30 mm	22 mm
Monat	**Apr**	**Juli**	**Okt**	**Jan**

Balearen

°C				
	24	33	27	18
	6	17	9	2

☀	7,5 Std.	11,5 Std.	6 Std.	5 Std.
☂	32 mm	3 mm	77 mm	39 mm
Monat	**Apr**	**Juli**	**Okt**	**Jan**

San Sebastián (Donostia)

Pamplona (Iruña)

Zaragoza

Lleida

Barcelona

Cuenca

Valencia

Albacete

Alicante (Alacant)

Murcia

Palma de Mallorca

Kanarische Inseln

Santa Cruz de Tenerife

Las Palmas de Gran Canaria

Kastilien-La Mancha

°C				
	24	36	26	16
		8		
	-2		-1	-10

☀	7,5 Std.	12 Std.	6 Std.	4,5 Std.
☂	48 mm	19 mm	52 mm	43 mm
Monat	**Apr**	**Juli**	**Okt**	**Jan**

Valencia und Murcia

°C				
	27	36	30	23
	7	17	9	
				1

☀	8,5 Std.	11,5 Std.	7 Std.	6 Std.
☂	40 mm	4 mm	52 mm	30 mm
Monat	**Apr**	**Juli**	**Okt**	**Jan**

Kanarische Inseln

°C				
	26	32	30	25
	12	17	16	11

☀	7,5 Std.	9,5 Std.	7 Std.	6,5 Std.
☂	13 mm	0 mm	28 mm	36 mm
Monat	**Apr**	**Juli**	**Okt**	**Jan**

Die Geschichte Spaniens

Die Iberische Halbinsel wurde vermutlich vor rund 800 000 Jahren besiedelt. Seit der Antike prägten verschiedenste Einflüsse das Gebiet – von Phöniziern über Römisches Reich und Mauren bis zu christlichen Königreichen. Die Geschichte des Land ist reich. Zahlreiche historische Ereignisse werden mit Spanien verbunden. Von hier aus wurde Ende des 15. Jahrhunderts Amerika für Europa entdeckt. Bürgerkrieg und Franco-Ära markierten heftige Einschnitte. Heute ist Spanien eines der am meisten bereisten Länder der Welt.

Vom 11. Jahrhundert v. Chr. an kamen hoch entwickelte Zivilisationen aus dem östlichen Mittelmeerraum, die Phönizier, Griechen und Karthager.

Die Römer bekämpften um 218 v. Chr. die Karthager und entfachten damit den Zweiten Punischen Krieg. Sie bauten Städte mit Aquädukten, Tempeln und Theatern.

Als das Römische Reich im 5. Jahrhundert n. Chr. zerfiel, ergriffen die Westgoten die Macht. Im 8. Jahrhundert war die Halbinsel fast vollständig in maurischer Hand. Das muslimische Al-Andalus glänzte in Mathematik, Geografie, Astronomie und Dichtkunst. Im 9. und 10. Jahrhundert war Córdoba die bedeutendste Stadt Europas.

Ab dem 11. Jahrhundert eroberten christliche Königreiche aus dem Norden der Halbinsel Al-Andalus zurück. Die Heirat Fernandos von Aragón mit Isabel von Kastilien vereinigte Spanien 1469. Im Jahr 1492 fiel Granada, das letzte maurische Königreich. Gleichzeitig entdeckte Kolumbus Amerika – der Weg für die spanischen Konquistadoren, die die Zivilisationen der Neuen Welt plündern sollten, war geebnet.

Die Habsburger verschwendeten Reichtümer der Neuen Welt in vielen Kriegen. Obwohl die Aufklärung Ende des 18. Jahrhunderts ein Klima der Gelehrsamkeit schuf, wurde Spanien im folgenden Jahrhundert zunehmend schwächer. Napoleonische Truppen fielen ein, das Land verlor seine Kolonien.

Die Instabilität seit Ende des 19. Jahrhunderts führte in den 1920er Jahren zur Diktatur. Die folgende Republik zerstörte der Bürgerkrieg. General Franco regierte als Diktator bis zu seinem Tod 1975. Seither ist Spanien ein demokratischer Staat.

Stierkämpfe im 17. Jahrhundert auf der Plaza Mayor *(siehe S. 277)* in Madrid

◀ *Die Jungfrau von den katholischen Königen* (15. Jh.), ein Gemälde in Madrids Museo del Prado *(siehe S. 296 – 299)*

Prähistorische Zeit

Sammler und Jäger bewohnten die Iberische Halbinsel bereits um 800 000 v. Chr. Ab 5000 v. Chr. folgte
ein neolithisches Volk, das Ackerbau betrieb. 1100
v. Chr. kamen die Phönizier erstmals über das Mittelmeer, danach Griechen und Karthager. Eindringende
Kelten mischten sich mit iberischen Stämmen (und
bildeten die Keltiberer). Gegen die Römer, die nächsten Eroberer Spaniens, bewiesen sie ihre kriegerischen Fähigkeiten.

Spanien 5000 v. Chr.
☐ Neolithische Zentren

Eisendolch (6. Jh. v. Chr.)
Waffen wie dieser Dolch aus Burgos stammen
aus der späten Eisenzeit; im Gegensatz zu früheren Metallobjekten wurden sie für den Haus-
gebrauch hergestellt.

Die 28 Armreife
haben Perforierun-
gen und gegosse-
ne Verzierungen.

**Kleine
Silberflasche**

Steinzeitmensch
Die Menschen der
Altsteinzeit erlegten
Hirsche und Bisons
mit Werkzeugen aus
Holz und Stein.

**Eingraviertes
geometrisches
Muster**

La Dama de Elche
Die Steinfigur aus
dem 4. Jahrhun-
dert v. Chr. ist ein
gutes Beispiel ibe-
rischer Kunst. Ihre
strenge Schön-
heit zeigt griechi-
schen Einfluss.

Der Schatz von Villena
*Der 1963 bei Bauarbeiten in Villena bei Ali-
cante (siehe S. 264) entdeckte Fund aus der
Bronzezeit besteht aus 66 Objekten, meist
aus Gold, darunter Gefäße und Schmuck.
Der Schatz stammt von etwa 1000 v. Chr.*

800 000 v. Chr. Der *Homo erectus* kommt
auf die Iberische Halbinsel

300 000 v. Chr. Stämme des
Homo erectus leben in Jäger-
lagern in Soria und Madrid

35 000 v. Chr.
Der Cromagnon-
typus entwickelt
sich in Spanien

2500 v. Chr. Los Millares
(S. 505) wird von Metall
verarbeitenden Menschen
bewohnt, die an ein Leben
nach dem Tod glauben

1800–1100 v. Chr.
Die Zivilisation von
El Argar, eine hoch entwickelte Agrargesellschaft,
blüht in Südostspanien

800 000 v. Chr.

2500

2000

500 000 v. Chr.
Hominiden benutzen
Steine als Werkzeug

100 000–40 000 v. Chr.
Neandertaler in Gibraltar

5000 v. Chr. Landbestellung beginnt
auf der Iberischen Halbinsel

Bison, Höhlenmalerei, Altamira

18 000–14 000 v. Chr. Zeichnungen von Höhlen-
bewohnern in Altamira (Kantabrien), bei Ribadesella (Asturien) und in Nerja (Andalusien)

Griechische Keramikvase
Griechische Siedler brachten u. a. die Töpferscheibe und viel handwerkliches Wissen. Keramiken wie diese mit zwei Henkeln versehene Vase waren geschätzte Vorbilder.

Prähistorisches Spanien

Die berühmtesten und bedeutendsten Höhlenmalereien Spaniens befinden sich in Altamira *(siehe S. 116)*. In vielen Teilen des Landes gibt es Dolmen; zu den größten zählen jene in Antequera *(siehe S. 481)*. Die Guanchen – die Urbewohner der Kanarischen Inseln – hinterließen wenige Zeugnisse *(siehe S. 551)*.

La Naveta d'es Tudons ist eines der vielen über die Insel Menorca verstreuten prähistorischen Steinmonumente *(siehe S. 531)*.

Ein freigelegtes keltisches Dorf mit runden Bauten, bei La Guardia in Pontevedra *(siehe S. 100)*.

Die größte der fünf aus Silber gefertigten Flaschen des Schatzes ist 22,5 Zentimeter hoch.

Die Schalen mit Blattgold stammen wohl aus Südwestspanien.

Broschen mit separaten Spangen

Der Verwendungszweck der kleineren Stücke ist unbekannt.

Astarte (8. Jh. v. Chr.)
Die Verehrung phönizischer Götter ging in die einheimischen Religionen über. Diese Bronzearbeit aus Tartessos stellt die beliebte Fruchtbarkeitsgöttin Astarte dar.

Phönizischer Sarkophag

1100 v. Chr. Die Phönizier gründen wohl das heutige Cádiz	**600 v. Chr.** Griechische Siedler lassen sich an der spanischen Ostküste nieder	**228 v. Chr.** Karthager besetzen Südostspanien	

1500	**1000**	**500**	
1200 v. Chr. Das *talaiot*-Volk von Menorca errichtet einzigartige Steinbauten: *taulas, talaiots* und *navetas*	**775 v. Chr.** Phönizier errichten Kolonien entlang der Küste bei Málaga	**300 v. Chr.** *La Dama de Elche* entsteht (S. 300) **700 v. Chr.** Das halb legendäre Königreich Tartessos soll seine Blüte erreicht haben	

Taula *auf Menorca*

Karthagische Skulptur

Römer und Westgoten

Die Römer kamen auf die Iberische Halbinsel, um die Karthager zu vertreiben und die Bodenschätze auszubeuten. Weizen und Olivenöl aus Hispanien wurden wichtige Einnahmequellen des Reiches. Es dauerte 200 Jahre, bis die Halbinsel gänzlich erobert war. Sie wurde in drei Provinzen, Tarraconensis, Lusitania und Baetica, unterteilt. Städte mit römischer Infrastruktur entstanden. Nach dem Niedergang des Reiches im 5. Jahrhundert kamen die Westgoten aus dem Norden.

Spanien (Hispanien) 5 v. Chr.
- Tarraconensis
- Lusitania
- Baetica

Trajan (53–117 n. Chr.)
Trajan war der erste der hispanischen Kaiser Roms (98–117). Er verbesserte die öffentliche Verwaltung und vergrößerte das Reich.

Säulengang mit Blick auf den Garten

Gute Akustik auf allen Rängen

Eine klassische Fassade diente als Kulisse für Tragödien. Für Komödien wurden Bühnenbilder benutzt.

Seneca (4 v. Chr.–65 n. Chr.)
Der in Córdoba geborene stoische Philosoph Seneca lebte als Berater Neros in Rom.

Die *orchestra*, der halbkreisförmige Platz für den Chor

Westgotisches Relief
Die westgotische Steinmetzarbeit schmückt die Kirche San Pedro de la Nave (7. Jh.) nordwestlich von Zamora (S. 360f).

Das Auditorium bot über 5000 Zuschauern Platz. Sie saßen ihrem sozialen Status entsprechend.

(S. 360f)

---

218 v. Chr. Scipio der Ältere landet mit römischen Truppen bei Emporion (S. 220). Zweiter Punischer Krieg

um 200 v. Chr. Die Römer erreichen Gadir (das heutige Cádiz), nachdem sie die Karthager aus Hispanien vertrieben haben

155 v. Chr. Lusitanische Kriege beginnen. Die Römer besetzen Portugal

26 v. Chr. Emerita Augusta (Mérida) wird gegründet und ist bald Hauptstadt von Lusitanien

19 v. Chr. Augustus nimmt Kantabrien ein und beendet die Kriegszeit

	200 v. Chr.	100	0	100 n. Chr.

219 v. Chr. Hannibal erobert Sagunt (S. 253) für die Karthager

Hannibal

133 v. Chr. Keltiberische Kriege gipfeln in der Zerstörung Numantias (S. 381)

61 v. Chr. Julius Caesar, Gouverneur von Hispania Ulterior, erobert Nordportugal und Galicien

82–72 v. Chr. Römischer Bürgerkrieg. Pompeius gründet 75 v. Chr. Pompaelo (Pamplona)

74 n. Chr. Kaiser Vespasian garantiert allen Städten in Hispanien römischen Status und vollendet damit den Prozess der Romanisierung

Gladiatorenmosaik
Mosaiken dekorierten den Innen- und Außenbereich. Die Darstellungen reichen von mythischen Episoden bis zu Alltagsszenen. Dieses Mosaik (4. Jh.) zeigt kämpfende Gladiatoren, nennt die Kämpfer und stellt klar, wer starb und wer überlebte.

Römisches Spanien

In Tarragona *(siehe S. 228f)* sind viele römische Ruinen erhalten. Itálica *(siehe S. 482)* ist eine ausgegrabene Stadt. Eine römische Stadtmauer umgibt Lugo in Galicien *(siehe S. 103)*. Die Brücke über den Tajo bei Alcántara *(siehe S. 414)* aus der Zeit Trajans ziert ein Tempel.

Emporion, eine römische Stadt, entstand im 3. Jahrhundert. Heute sind noch Ruinen von Villen und einem Forum zu sehen *(siehe S. 220)*.

Der römische Aquädukt in Segovia *(siehe S. 368)* mit seinen 163 Bogen entstand Ende des 1. Jahrhunderts n. Chr.

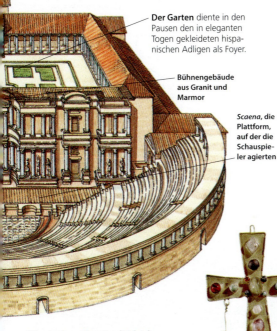

Der Garten diente in den Pausen den in eleganten Togen gekleideten hispanischen Adligen als Foyer.

Bühnengebäude aus Granit und Marmor

Scaena, die Plattform, auf der die Schauspieler agierten

Römisches Theater, Mérida
Das Theater war in Hispanien eine überaus populäre Form der Unterhaltung. Die Rekonstruktion zeigt das Theater von Mérida (siehe S. 414f), 16/15 v. Chr. erbaut.

Westgotisches Kreuz
Die Westgotenkönige waren selten gesellschaftlich einflussreich, doch die frühchristliche Kirche erstarkte unter ihnen. Vermögen flossen in religiöse Kunst.

Mosaik aus Mérida

415 Westgoten errichten ihren Hof in Barcelona

409 Wandalen dringen mit Verbündeten über die Pyrenäen in Tarraconensis ein

446 Die Römer versuchen, den Rest Hispaniens zurückzuerobern

476 Mit dem Sturz des letzten römischen Kaisers endet das Weströmische Reich

200	300	400	500

258 Franken überqueren die Pyrenäen nach Tarraconensis und nehmen Tarragona ein

312 Das Christentum wird unter Konstantin, dem ersten christlichen Kaiser, als offizielle Religion anerkannt

Der Codex Vigilianus, eine christliche Schrift

589 Der Westgotenkönig Rekkared tritt beim 3. Konzil von Toledo vom Arianismus zum Katholizismus über

Al-Andalus: Muslimisches Spanien

Die Ankunft von Araber- und Berberinvasoren aus Nordafrika und ihr Sieg über die Westgoten führten zu einer herausragenden frühmittelalterlichen Zivilisation in Europa. Die muslimischen Siedler, als Mauren bezeichnet, nannten Spanien »Al-Andalus«. In Córdoba entstand ein mächtiges Kalifat, in dem Wissenschaften und Künste blühten. Nach 1009 zerfiel das Kalifat allmählich in kleine Königreiche, die *taifas*. Gleichzeitig dehnten sich christliche Enklaven im Norden aus.

Spanien um 750
Maurischer
Herrschaftsbereich

Wasserrad
Maurische Bewässerungstechniken wie das Wasserrad revolutionierten die Landwirtschaft. Zugleich wurden neue Pflanzen eingeführt.

Der Palast aus dem 11. Jahrhundert war von Höfen, Wasserbecken und Gärten umgeben.

Astrolabium
Das von den Mauren um 800 n. Chr. perfektionierte Astrolabium diente Seefahrern und Astronomen.

Reste eines römischen Amphitheaters

Silbertruhe von Hisham II.
Im Kalifat Córdoba fertigten Handwerker Luxusgegenstände aus Elfenbein, Silber und Bronze.

Befestigtes Eingangstor

Ringmauer mit Wachtürmen

711 Die Mauren dringen unter Tariq in Spanien ein und schlagen die Westgoten bei Guadalete

732 Karl Martell stoppt das Vordringen der Mauren nach Frankreich bei Poitiers

778 Die Nachhut Karls des Großen wird von Basken bei Roncesvalles (S. 138) geschlagen

785 Baubeginn der großen Moschee von Córdoba

Karl der Große (742–814)

750

800

850

722 Unter Pelayo besiegen die Christen die Mauren bei Covadonga (S. 113)

Pelayo (718–737)

756 Abd al-Rahman I erklärt das Emirat Córdoba für unabhängig

744 Unter Alfonso I von Asturien nehmen Christen León ein

822 Abd al-Rahman II beginnt seine 30-jährige Regentschaft und fördert Kunst und Kultur

um 800 Das Grab des hl. Jakobus (von Santiago) wird angeblich bei Santiago de Compostela entdeckt

Östliche Mauer in Córdobas Mezquita
Kunst und wertvolles Dekor zierten Moscheen, besonders in Córdoba *(siehe S. 486f)*. Bogen waren ein wichtiges Stilelement maurischer Baukunst.

Maurisches Spanien

Die schönsten maurischen Bauten findet man in Andalusien, vor allem in Córdoba *(siehe S. 482f)* und Granada *(siehe S. 492–498)*. Almería *(siehe S. 505)* hat eine verfallene *alcazaba* (Burg), Jaén *(siehe S. 499)* maurische Bäder. In Zaragoza steht der Palast La Aljafería *(siehe S. 241)*. In Toledo sind einige maurische Bauten erhalten.

Medina Azahara *(S. 483)* war die letzte Residenz der Kalifen Córdobas. Die prächtige Stadt wurde 1009 zerstört.

Die Torre del Homenaje, der Bergfried, wurde unter Abd al-Rahman I. (756–788) errichtet.

Bäder

Innenhof mit maurischem Dekor

Maurische Flasche
Diese Flasche (10. Jh.) ist ein schönes Beispiel maurischer Kunstfertigkeit.

Alcazaba in Málaga
Eine alcazaba, eine Burg innerhalb der Stadtmauer einer maurischen Stadt, war oft von massiven Ringmauern geschützt. In Málaga (siehe S. 478), dem Haupthafen des maurischen Königreichs Granada, entstand die riesige Alcazaba im 8.–11. Jahrhundert an der Stelle einer römischen Festung.

Tariq
Der General leitete im Jahr 711 den Vorstoß maurischer Truppen auf die Iberische Halbinsel.

905 Das aufstrebende Navarra wird unter Sancho I christliches Königreich

976 Al-Mansur, Militärdiktator, reißt die Macht über das Kalifat an sich und plündert Barcelona. Mezquita in Córdoba fertiggestellt

1009 Medina Azahara von Berbern geplündert

900   **950**   **1000**

913 León wird zur Hauptstadt eines christlichen Königreichs

936 Baubeginn des Palastes Medina Azahara bei Córdoba

Bronzefigur aus Medina Azahara

1031 Das Kalifat von Córdoba zerfällt in *taifas*, kleine unabhängige maurische Königreiche

Reconquista

Die christlichen Königreiche im Norden – León, Kastilien, Navarra, Aragón und Katalonien – kämpften sich im 11. Jahrhundert Richtung Süden vor, um die Mauren zu vertreiben. Nach dem Fall von Toledo 1085 entwickelte sich der Kampf immer mehr zum Heiligen Krieg. Nordafrikanische Berberdynastien – Almoraviden und Almohaden – übernahmen nacheinander Al-Andalus. Die Christen drangen weiter vor, Mitte des 13. Jahrhunderts war nur noch Granada in maurischer Hand.

Spanien 1173
☐ Christliche Königreiche
▨ Al-Andalus

Die Armeen von Kastilien, Aragón und Navarra

Goldkelch
Der Kelch (1063) der Doña Urraca, Tochter von Alfonso VI, beweist die Qualität des mittelalterlichen Handwerks.

Fernando I
Mit der Vereinigung von Kastilien und León schuf Fernando 1037 eine erste christliche Militärmacht gegen die Mauren.

Die Almohaden
kämpfen bis zum bitteren Ende inmitten vieler gefallener Kameraden.

Las Navas de Tolosa
Der Sieg der Christen in der Schlacht von Las Navas de Tolosa (1212) über die Almohaden führte zum Niedergang des maurischen Spanien. Mohammed II. al-Nasir konnte dem Bündnis der Könige von Navarra, Aragón und Kastilien nicht standhalten. Das Buntglasfenster in Roncesvalles (siehe S. 138) stellt die Schlacht dar.

Alhambra, Palast der Nasriden
Während der Nasriden-Dynastie wurden weitere Kunstwerke im maurischen Stil geschaffen. Zu dieser Zeit entstand auch die Alhambra *(siehe S. 496f)*.

1037 León und Kastilien unter Fernando I erstmals vereint

1065 Der Tod von Fernando I führt zum Krieg unter seinen Söhnen

1086 Almoraviden reagieren auf Hilferuf maurischer Emire und übernehmen die Macht über die *taifas*

Kämpfer bei der Reconquista

1158 Gründung des Ordens von Calatrava, des ersten militärischen Ritterordens in Spanien

1050

1085 Toledo fällt unter Alfonso VI von Kastilien an die Christen
1094 Der legendäre El Cid *(siehe S. 374)* erobert Valencia
Alfonso VI

1100

1137 Ramón Berenguer IV von Katalonien heiratet Petronila von Aragón und vereint die beiden Königreiche unter seinem Sohn Alfonso II

1150

1147 Almohaden in Al-Andalus mit Sevilla als Hauptstadt
1143 Portugal wird eigenständiges Königreich

1200

1212 Vereinte christliche Streitmächte schlagen die Almohaden in der Schlacht von Las Navas de Tolosa

Ruhmestaten von Alfonso X (1252–1284)
Das Detail aus einem Manuskript von Alfonso X zeigt maurische und christliche Kavallerie. Alfonso förderte das Studium der arabischen Kultur und die Übersetzung der von den Mauren mitgebrachten griechischen Schriften.

Mudéjar-Spanien

Die Mudéjaren – Muslime, die unter christlicher Herrschaft im Land blieben und sich weitgehend assimilierten – schufen einen Architekturstil, der im 14. Jahrhundert seine Blüte erreichte. Er ist charakterisiert durch Ornamente aus Backstein, Gips und Keramik. Aragón, v. a. Zaragoza (siehe S. 240f) und Teruel (siehe S. 244f), hat einige der schönsten Mudéjar-Bauten. Sevillas Reales Alcázares entstanden unter Pedro I (siehe S. 446f).

Sancho VII von Navarra führt die christliche Streitmacht an.

Hl. Jakobus
Der hl. Jakobus, bekannt als der Maurentöter, soll 844 auf wundersame Weise in die Schlacht von Clavijo eingegriffen haben. Er ist der Schutzheilige Spaniens.

Der Turm San Martín der Kathedrale von Teruel verbindet Backsteine und Keramiken zu höchst dekorativer Wirkung.

Santa María la Blanca (siehe S. 395), ursprünglich Synagoge, zeigt die Verbindung verschiedener Kulturen in Toledo.

1215 Gründung der Universität Salamanca

1230 Fernando III vereint Kastilien und León

Wappen in Toledos Kathedrale

1385 Die Portugiesen schlagen das Heer Kastiliens bei Aljubarrota und machen König Juans Hoffnungen auf den portugiesischen Thron zunichte

1388/89 Verträge beenden die spanische Beteiligung am 100-jährigen Krieg

1250	1300	1350	1400

1250 Toledo erreicht seine Blüte als Zentrum für Übersetzung und Lehre, beeinflusst durch Alfonso X den Weisen

1386 Englische Invasion in Galicien, beendet durch den Frieden von Bayonne

1232 Granada wird Hauptstadt des Nasriden-Königreichs. Baubeginn der Alhambra

Alfonso X

1401 In Sevilla beginnt der Bau der damals größten gotischen Kathedrale der Welt

Katholische Könige

Die Gründung des spanischen Nationalstaates erfolgte
unter Isabel I von Kastilien und Fernando II von Aragón
(siehe S. 74). Die sogenannten Katholischen Könige vereinten ihre Länder militärisch, diplomatisch und religiös.
Mit Granada eroberten sie zudem das letzte maurische
Königreich. Die Inquisition brachte Spanien den Ruf großer
Intoleranz ein, doch Kunst und Architektur blühten. 1492
erreichte Kolumbus die Neue Welt.

**Spaniens Eroberung
der Neuen Welt**
■ Kolumbus' erste Reise

Grab von El Doncel (15. Jh.), Sigüenza
Das Bildnis eines Pagen, der im
Kampf um Granada fiel, idealisiert
militärischen Ruhm und
Weisheit *(siehe S. 386)*.

Boabdil, der
kummervolle König,
kommt, um die
Schlüssel Granadas
zu übergeben.

Alhambra

Inquisition
Ab 1478 verfolgte die Inquisition *(siehe S. 278)* all jene, die
der Ketzerei verdächtigt wurden. Dieses Mitglied der Bruderschaft des Todes führte die
Opfer zum Scheiterhaufen.

Judentaufe
Nach der Rück-
eroberung Grana-
das durch die Chris-
ten mussten Juden
konvertieren oder
Spanien verlassen.
Conversos (Konver-
titen) wurden oft
benachteiligt.

Der Fall Granadas
*Diese romantische Darstellung Francisco
Pradillas (1848–1921) zeigt die Kavallerie
Boabdils, des Herrschers von Granada,
bei der Übergabe der Schlüssel des letzten
maurischen Königreiches an Fernando
und Isabel im Jahr 1492.*

1454 Enrique IV, Isabels
Halbbruder, besteigt den
Thron von Kastilien

1465
In Kastilien bricht
ein Bürgerkrieg aus

1478 Der Papst autorisiert
die kastilische Inquisition
mit Torquemada als
Generalinquisitor

Tomás de Torquemada

| 1450 | 1460 | 1470 | 1480 |

1451 Geburt
von Isabel
von Kastilien

*Statue der Isabel in einem
Park beim Palacio Real, Madrid*

1469 Die Heirat von Fernando und Isabel in Valladolid
vereint Kastilien und Aragón

1474 Tod von Enrique IV führt zum Bürgerkrieg.
Isabel besiegt Juana, angeblich eine Tochter
Enriques, und wird Königin

1479
Fernando wird
Fernando II
von Aragón

Kolumbus erreicht Amerika
Die Katholischen Könige finanzierten die waghalsige Seefahrt von Kolumbus. Im Gegenzug erwarteten sie Reichtümer, aber auch die Bekehrung der Heiden.

Fernando von Aragón

Isabel, Königin von Kastilien, ist, von ihrem glanzvollen Gefolge umgeben, Zeugin der Übergabe von Granada.

Boabdil
Als der König Granada verließ, sagte seine Mutter: »Weine nicht wie ein Kind dem nach, was du als Mann nicht verteidigen konntest.«

Gotische Architektur

Spanien hat viele großartige gotische Kathedralen, z. B. in Sevilla (*siehe S. 442f*), Burgos (*S. 376f*), Barcelona (*S. 152f*), Toledo (*S. 396f*) und Palma de Mallorca (*S. 524f*). Zu den weltlichen Bauten jener Zeit gehören Warenbörsen wie La Lonja in Valencia (*S. 255*) und Burgen (*S. 348f*) wie der Alcázar in Segovia oder das Castillo de la Mota in Medina del Campo.

Leóns Kathedrale (*S. 358f*) hat eine mit Figuren bedeckte Westfassade. Hier sieht man Christus beim Jüngsten Gericht.

Isabels Krone
Die Krone, die Isabel bei der Übergabe trug, befindet sich in ihrem Grab, der Capilla Real in Granada (*siehe S. 492*).

1494 Vertrag von Tordesillas teilt die Gebiete der Neuen Welt zwischen Portugal und Spanien auf

1496 Santo Domingo auf Hispaniola ist die erste spanische Stadtgründung in Mittelamerika

1509 Truppen von Kardinal Cisneros greifen Oran in Algerien an und besetzen es vorübergehend

Kardinal Cisneros

1490

1500

1510

1492 Fall Granadas nach zehnjährigem Krieg. Kolumbus erreicht Amerika. Vertreibung der Juden aus Spanien

1502 Nichtkonvertierte Mauren aus Spanien vertrieben

Kolumbus' Schiff Santa María

1504 Nach dem Tod Isabels wird ihre Tochter Juana die Wahnsinnige Königin von Kastilien, mit Fernando als Regenten

1516 Tod Fernandos

1512 Annexion von Navarra, damit vollständige Einheit Spaniens

Zeitalter der Entdeckungen

Nach Kolumbus' Landung auf den Bahamas 1492 eroberten Konquistadoren Mexiko (1519), Peru (1532) und Chile (1541). Dabei zerstörten sie die indianischen Zivilisationen. Im 16. Jahrhundert kamen riesige Mengen an Gold und Silber über den Atlantik nach Spanien. Carlos I und sein Sohn Felipe II gaben viel davon für Schlachten aus, um sowohl gegen den Protestantismus als auch gegen die Türken zu kämpfen.

Spanisches Imperium 1580
☐ Besitzungen von Felipe II

Karte der Welt
Die Karte aus dem 16. Jahrhundert zeigt die Welt, die Europa bisher weitgehend unbekannt war.

Galeonen wurden gegen Piraten und rivalisierende Eroberer mit Kanonen bewaffnet.

Der Ausguck war wichtig, um Feinde und Land zu erspähen.

Aztekenmaske
In ihrer großen Gier und Ignoranz zerstörten die Spanier die Reiche und Zivilisationen der Azteken in Mexiko und der Inkas in Peru.

Vorderdeck

Sevilla
Die Stadt besaß das Handelsmonopol für Südamerika und war Anfang des 16. Jahrhunderts die reichste Hafenmetropole Europas.

1519 Magalhães, ein portugiesischer Entdecker, verlässt mit spanischer Unterstützung Sevilla zur ersten Weltumsegelung

1520/21 Aufstand kastilischer Städte, als Carlos I einen Ausländer, Adrian von Utrecht, als Regenten einsetzt

1532 Pizarro erobert mit 180 Mann Peru und zerstört das Inkareich

1553 Internationale katholische Allianz durch die Heirat des zukünftigen Königs Felipe II mit Mary Tudor

Francisco Pizarro

| 1520 | 1530 | 1540 | 1550 |

1519 Eroberung Mexikos durch Cortés. Carlos I wird zum Kaiser Karl V. des Heiligen Römischen Reiches gekrönt

1540 Pater Bartolomé de las Casas schreibt ein Buch, in dem er die Unterdrückung der Indianer anprangert

Fernão de Magalhães

Bartolomé de las Casas

Vernichtung der spanischen Armada
Spaniens Stolz war erschüttert, als die »unbesiegbare« Flotte aus 133 Schiffen 1588 beim Angriff auf das protestantische England zerstört wurde.

Früchte der Neuen Welt

Spanien profitierte nicht nur von dem Gold und Silber aus Südamerika, sondern auch von einer Vielzahl bis dahin unbekannter endemischer Früchte. Manche, z.B. Kartoffeln und Mais, wurden zum Anbau eingeführt, während andere wie Tabak und Kakao weiterhin in Südamerika angepflanzt wurden. Cocoa, aus Kakaobohnen, wurde als Getränk beliebt.

Kakao

Rüstung Felipes II
Felipe II (1556–98) war ein kühl berechnender Herrscher, der behauptete, die Welt mit Papier statt mit militärischer Macht zu regieren.

Peruaner mit Früchten

Spanische Kriegsflagge (bis 1785)

Lagerraum für die Schätze der Neuen Welt

Spanische Galeonen
Sie waren stabil gebaut, um die Schätze der Neuen Welt nach Spanien zu transportieren, aber schwer zu steuern. Die kleineren Piratenschiffe waren ihnen oft überlegen.

Carlos I (1516–1556)
Carlos I (Karl V., Kaiser des Heiligen Römischen Reiches) führte seine Truppen häufig aufs Schlachtfeld.

1557 Erster einer Reihe von Teilbankrotten Spaniens

1561 Baubeginn von El Escorial bei Madrid
El Escorial (siehe S. 334f)

1588 Niederlage der spanischen Armada beim Angriff auf England

1560	1570	1580	1590

1561 Madrid wird Hauptstadt Spaniens

1571 Sieg der Spanier in der Seeschlacht von Lepanto über die Türken

1580 Portugal vereinigt sich für die folgenden 60 Jahre mit Spanien

1568 In den Alpujarras (Granada) rebellieren Morisken (konvertierte Mauren) gegen hohe Steuern

1569 Die Bibel wird erstmals auf Spanisch gedruckt

Goldenes Zeitalter

Spaniens Goldenes Zeitalter war eine Epoche großer künstlerischer Leistungen von Malern – El Greco und Velázquez *(siehe S. 36f)* – sowie Schriftstellern *(siehe S. 38f)* wie Cervantes, dem produktiven Dramatiker Lope de Vega und Calderón de la Barca. Ökonomische Schwierigkeiten und ruinöse Kriege hatten jedoch Niederlagen gegen die Niederlande und Frankreich sowie den Verlust des Einflusses auf Europa zur Folge. Unter den Habsburgern setzte der finale Niedergang ein.

Spanisches Reich in Europa 1647
▢ Spanische Territorien

Don Quijote und Sancho Panza
In Cervantes' satirischem Roman *Don Quijote* kontrastiert die Fantasie des Helden mit dem Realismus des Dieners.

Eine Uhr erinnert an das Verstreichen der Zeit.

Der Ritter ist in der Mode des 17. Jahrhunderts gekleidet.

Geld symbolisiert weltlichen Reichtum.

Der Traum des Ritters
Das Antonio de Pereda zugeschriebene Bild von 1650 stellt ein beliebtes Thema jener Zeit dar: die Eitelkeit. Ein junger Adliger schläft an einem Tisch voller Dinge, die Macht, Reichtum und Sterblichkeit symbolisieren – die Freuden des Lebens sind nicht mehr als ein Traum.

Herzog von Lerma
Das Gemälde zeigt den Herzog von Lerma (um 1550–1625), einen Günstling König Felipes III.

Felipe III

1600 Valladolid wird vorübergehend Hauptstadt Spaniens

1609 Felipe III ordnet die Vertreibung der Morisken an

1619 Bau der Plaza Mayor, Madrid

1621 Nach 12 Jahren Waffenstillstand beginnen die Niederlande wieder Krieg

1625 Einnahme von Breda, Niederlande

1643 Sturz des Grafen von Olivares. Frankreich schlägt Spanien in der Schlacht von Rocroi

1600   **1610**   **1620**   **1630**   **1640**

1605 Veröffentlichung des ersten Teils von Cervantes' *Don Quijote*

1609 Lope de Vega veröffentlicht ein Werk über die Kunst der Komödie

1622 Velázquez zieht von Sevilla nach Madrid und wird im folgenden Jahr Hofmaler

Lope de Vega (1562–1635)

1640 Abspaltung von Portugal, das seit 1580 mit Spanien vereint war

Fiesta auf der Plaza Mayor in Madrid
Der berühmte Platz *(siehe S. 277)* war Schauplatz von
Festzügen, Stierkämpfen und Hinrichtungen, die man
von den Balkonen beobachten konnte.

Schule von Sevilla

Reichtum und kirchliche Gönner-
schaft machten Sevilla zu einem
Kunstzentrum, nur noch übertrof-
fen vom königlichen Hof. Der in
Sevilla geborene Velázquez lernte
bei dem Maler Pacheco. Meisterwerke des Bildhauers Martínez
Montañés sowie der Maler Zurbarán und Murillo zeigt das Museo
de Bellas Artes *(siehe S. 436)*.

Der heilige Diego von Alcalá speist die
Armen (um 1646) von Murillo

Ein Engel warnt, dass
der Tod nahe ist.

Auf dem Banner
steht: »Er (der Tod)
greift ständig an, ist
schnell und mordet.«

Eine Maske
symboli-
siert die
Künste.

**Vertreibung
der Morisken**
Ab 1609 wur-
den auch die
zum Christen-
tum übergetre-
tenen Mauren
vertrieben.

Waffen
symbolisieren Macht.

Der Schädel auf dem
Buch zeigt, dass der Tod
über die Weisheit siegt.

**Die Übergabe
von Breda**
Spanien eroberte am
5. Juni 1625 das hollän-
dische Breda. Velázquez
malte dieses Ereignis.

Der Weg zur Ersten Republik

Der Spanische Erbfolgekrieg endete mit dem Sieg der Bourbonen, die einen zentralistischen Staat schufen. Ihre Macht erreichte mit der Regierungszeit des aufgeklärten Despoten Carlos III ihren Höhepunkt. Aber das 19. Jahrhundert brachte schwere Krisen. Frankreichs Invasion führte zum Unabhängigkeitskrieg, ein erneuter Erbfolgestreit verursachte die Karlistenkriege. Liberale Revolten und die kurzlebige Erste Republik folgten.

Spanien 1714
☐ Nach dem Frieden von Utrecht

Aufklärung
Die Aufklärung brachte neue Kenntnisse und Unternehmungen. Am 5. Juli 1784 stieg dieser Ballon über Madrid auf.

Ein spanischer Rebell erwartet den Tod wie bei der Kreuzigung.

Ein Franziskaner ist unter den unschuldigen Opfern.

Königin María Luisa
Die herrische María Luisa von Parma, von Goya porträtiert, erzwang 1792 von ihrem Gatten Carlos IV die Ernennung ihres Liebhabers Manuel Godoy zum Premierminister.

Schlacht von Trafalgar
Die Zerstörung der französisch-spanischen Flotte 1805 durch Admiral Nelson vor Kap Trafalgar war das Ende der spanischen Seemacht.

Hunderte Menschen starben bei den Hinrichtungen, die sich über mehrere Tage hinzogen.

1701–14 Spanischer Erbfolgekrieg. Spanien verliert im Frieden von Utrecht die Niederlande und Gibraltar

1724 Luis I (Sohn Felipes V) besteigt nach der Abdankung seines Vaters den Thron, stirbt aber noch im gleichen Jahr. Felipe V wird wiedereingesetzt

1767 Carlos III vertreibt die Jesuiten aus Spanien und den spanischen Kolonien

| 1700 | 1720 | 1740 | 1760 | 17 |

1714 Belagerung und Unterwerfung von Barcelona durch Felipe V

Felipe V, der erste Bourbonenkönig (1700–1724)

Graf von Floridablanca (1728–1808)

1762/63 Die englische Regierung erklärt Spanien den Krieg um die Kolonien in Amerika

1782 Der Graf von Floridablanca hilft, Menorca wiederzugewinnen

Carlos III verlässt Neapel
Als Fernando VI 1759 ohne Erben starb, kam sein Halbbruder Carlo VII von Neapel als Carlos III auf den spanischen Thron. Seine aufgeklärte Regierung förderte Wissenschafts- und Kunstakademien und den freien Handel.

Französische Soldaten exekutieren auf Befehl Marschall Murats spanische Patrioten.

General Prim (1814–1870)
General Prim, im 19. Jahrhundert eine der einflussreichsten Persönlichkeiten Spaniens, zwang Isabel II zur Abdankung und verfolgte bis zu seiner Ermordung eine liberale Politik.

Französischer Infanteriehelm

Barocke Pracht
Die Sakristei des Monasterio de la Cartuja im andalusischen Granada ist typisch für den spanischen Barock, der üppiger ist als sonst in Europa.

Der 3. Mai
Am 2. Mai 1808 erhob sich die Bevölkerung Madrids vergeblich gegen Napoléons Besetzung von Spanien. Am nächsten Tag rächten sich die Franzosen, indem sie Hunderte von Menschen hinrichteten. Diese Ereignisse – 1814 von Goya gemalt – lösten den Unabhängigkeitskrieg aus.

1805 Schlacht von Trafalgar. Nelson schlägt die französisch-spanische Flotte

1809 Wellingtons Truppen besiegen mit den spanischen bei Talavera die Franzosen

Herzog von Wellington

1840–43 María Cristina und später General Espartero übernehmen die Regentschaft für Isabel II

1868 Revolution unter General Prim zwingt Isabel II ins Exil. Amadeo I wird 1870 für drei Jahre König

1800	**1820**	**1840**	**1860**

1808–14 Joseph Bonaparte auf dem Thron. Unabhängigkeitskrieg
1812 Ausrufung der liberalen Verfassung in Cádiz führt zum Militäraufstand

1824 Peru erlangt als letztes südamerikanisches Land die Unabhängigkeit

1833–40 Erster Karlistenkrieg

1836 Mendizábal konfisziert Klosterbesitz für den spanischen Staat
1847–49 Zweiter Karlistenkrieg

Erster Karlistenkrieg

Republikaner und Anarchisten

Spaniens Erste Republik bestand nur ein Jahr (1873), verschliss aber vier Präsidenten. Ende des 19. Jahrhunderts ging die überhandnehmende politische Korruption in Anarchie über. Der Verlust Kubas 1898 bedeutete einen Tiefpunkt, doch in den folgenden Jahren lebten Literatur und Kunst wieder auf. Die Diktatur von Primo de Rivera konnte die wachsende Instabilität des Landes kurz stoppen. Die spanische Politik polarisierte jedoch immer mehr. Alfonso XIII musste abdanken, 1931 wurde die unglückselige Zweite Republik ausgerufen.

Das Erbe der spanischen Kolonisation 1900
▢ Spanisch sprechende Gebiete

Anarchistische Propaganda
Der Anarchismus war idealistisch, aber auch gewaltbereit. Das Plakat verkündet: »Anarchistische Bücher sind Waffen gegen den Faschismus.«

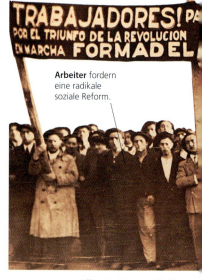

Arbeiter fordern eine radikale soziale Reform.

Pío Baroja (1872–1956)
Baroja war einer der begabtesten Romanciers seiner Zeit und zu originell, um zu den Schriftstellern der »Generación del 98« zu gehören, die nach dem Verlust der Kolonien eine nationale Renaissance beschworen.

Alle Macht dem Volke

In der Zweiten Republik gab es stets Proteste wie diese kommunistische Demonstration von 1932 im Baskenland. Industriearbeiter bildeten Gewerkschaften, die bessere Bezahlung und Arbeitsbedingungen forderten und zu Streiks aufriefen. Die junge kommunistische Partei Spaniens konnte die anarchistische Bewegung schnell überflügeln.

1873 Ausrufung der Ersten Republik, die nur ein Jahr dauert

Der Präsident der Ersten Republik, Emilio Castelar (1832–1899)

1888 Für die Weltausstellung in Barcelona entstehen neue Bauten und Anlagen wie der Parc de la Ciutadella

1897 Premierminister Cánovas del Castillo wird von einem italienischen Anarchisten ermordet

| 1870 | 1880 | 1890 | 1900 |

1874 Die zweite Machtübernahme der Bourbonen bringt Alfonso XII auf den Thron

Alfonso XII und Königin María

1893 Anarchisten verüben ein Attentat auf Opernbesucher im Teatre del Liceu in Barcelona

1898 Kuba und die Philippinen erringen infolge des spanisch-amerikanischen Krieges die Unabhängigkeit

1870–76 Dritter Karlistenkrieg

»Tragische Woche«
Angeführt von Anarchisten und Republikanern, widersetzten sich 1909 in Barcelona Arbeiter ihrer Einberufung. Brutale Strafen folgten.

Weltausstellungen
1929 warben Ausstellungen in Sevilla und Barcelona für Kunst und Industrie. Die Messen führten zu internationaler Anerkennung.

Das Transparent appelliert an die Solidarität der Arbeiterklasse.

Picasso
Der 1881 in Málaga geborene Picasso verbrachte seine prägenden Jahre als Maler in Barcelona *(siehe S. 157)*, bevor er nach Paris zog.

Kubas Unabhängigkeitskrieg
Kuba begann seinen Freiheitskampf 1895, angeführt von Patrioten wie Antonio Maceo. Spanien verlor 50 000 Soldaten und einen Großteil seiner Flotte.

Die Garrotte
Verurteilte Anarchisten wurden mit der Garrotte hingerichtet – einem Eisenkragen, der das Opfer brutal stranguliert.

Wahlplakat für die Zweite Republik

1912 Premierminister José Canalejas wird von einem Anarchisten in Madrid ermordet

1921 Vernichtende Niederlage der spanischen Armee bei Anual, Marokko

1931 Ausrufung der Zweiten Republik und zwei Jahre Koalition von Sozialisten und Kommunisten

1933 Wahlen bringen wieder eine rechtsgerichtete Regierung an die Macht

1910	**1920**	**1930**

1909 »Tragische Woche« in Barcelona. Regierungstruppen schlagen die Arbeiterrevolten gegen die Zwangsrekrutierung für die Marokkokriege nieder

1923 Primo de Rivera wird nach einem Staatsstreich Militärdiktator unter Alfonso XIII

1930 Primo de Rivera dankt ab, da das Militär ihn nicht mehr unterstützt

1931 Die Republikaner gewinnen die Regionalwahlen, was zum Rücktritt Alfonsos XIII führt

1934 Die Armee General Francos schlägt den Aufstand asturischer Bergarbeiter nieder

Bürgerkrieg und Franco-Ära

Nationalistische Generäle erhoben sich 1936 gegen die Regierung und lösten so den Spanischen Bürgerkrieg aus. Die Nationalisten unter General Franco wurden von den Republikanern vor den Toren Madrids gestoppt, besetzten aber den Norden und Osten. Madrid fiel Anfang 1939. Nach dem Krieg wurden Tausende Republikaner hingerichtet. Spanien war nach dem Zweiten Weltkrieg international isoliert, bis die USA es 1953 in das westliche Militärbündnis einbezogen.

Spanien am 31. Juli 1936
☐ Gebiete der Republikaner
☐ Gebiete der Nationalisten

Francos Idealwelt
Unter Franco wurden Kirche und Staat vereint. Das Plakat zeigt den Einfluss der Religion auf die Erziehung.

Trauernde Mutter mit ihrem toten Kind

Die Komposition spiegelt das totale Chaos

Plakat der Nationalisten
Das Plakat mit den faschistischen Pfeilen fordert »Kampf für Vaterland, Brot und Gerechtigkeit«.

Guernica
Die Legion Condor der Nationalsozialisten bombardierte am 26. April 1937 das baskische Guernica (siehe S. 122). Es war der erste Luftangriff auf Zivilisten in Europa, Picasso reagierte darauf mit dem aufwühlenden Gemälde (siehe S. 303). Das für eine Ausstellung der republikanischen Regierung in Paris gemalte Werk stellt das Unheil symbolhaft dar.

1936 Die republikanische Volksfront gewinnt am 16. Januar die Wahlen. Am 17. Juli erheben sich nationalistische Generäle gegen die Republikaner

1938 Am 8. Januar verlieren die Republikaner die Schlacht um Teruel

1939 Im März fallen in kurzer Folge Madrid, Valencia und Alicante an Francos Truppen

1945 Am Ende des Zweiten Weltkriegs ist Spanien diplomatisch und politisch isoliert

1947 Spanien wird zur Monarchie, mit Franco als Regenten

1935	1940	1945	1950

1936 Die Nationalisten ernennen am 29. September Franco zum Staatsoberhaupt
1937 Am 26. April wird das baskische Guernica (Gernika-Lumo) bombardiert

1939 Franco erklärt am 1. April das Kriegsende und fordert die Republikaner zur Kapitulation auf
1938 Am 23. Dezember bombardieren Nationalisten Barcelona

1953 Ein Abkommen mit den USA gestattet Stützpunkte als Gegenleistung für amerikanische Hilfe

General Franco (rechts)

García Lorca

Federico García Lorca (1898–1936) war Spaniens überragender Dramatiker und Lyriker der 1920er und 1930er Jahre. Seine Homosexualität und Nähe zur Linken machten ihn zum Feind der Nationalisten. Ein Mordkommando erschoss ihn nahe seiner Heimatstadt Granada.

Szene aus Lorcas *Bluthochzeit*

Ein verletztes Pferd symbolisiert das spanische Volk.

Zeugen des Massakers starren voll Entsetzen und Unglaube.

Anarchistenplakat
Anarchisten kämpften für die Republik, indem sie hinter der Front Landwirtschaftskollektive bildeten. Ihr Einfluss schwand aber zugunsten der Kommunisten.

Kreuzigungshaltung

Die Blume symbolisiert Hoffnung inmitten der Verzweiflung.

Hungerjahre
Essenskarten zeugen von der harten Nachkriegszeit, als Spanien fast verhungerte. Andere Nationen ächteten das Land, die USA halfen 1953 aus militärischen Gründen aus der Isolation.

Spanische Flüchtlinge
Als sich der Sieg der Nationalisten abzeichnete, flohen Tausende Künstler, Schriftsteller, Intellektuelle und Anhänger der Republikaner ins Exil.

1962 Offizielle Programme fördern den Tourismus am Mittelmeer

Sonnenanbeter

1969 Franco erklärt Prinz Juan Carlos zu seinem Nachfolger

1973 Die ETA ermordet Admiral Carrera Blanco, Francos Premierminister

| 1955 | 1960 | 1965 | 1970 | 1975 |

1959 Gründung der ETA, der baskischen Separatistengruppe

1955 Spanien tritt den Vereinten Nationen bei

Juan Carlos, König von Spanien

1970 Die Prozesse in Burgos gegen Oppositionelle ernten weltweiten Protest

1975 Nach Francos Tod wird mit Juan Carlos wieder ein Bourbone König

Modernes Spanien

Nach Francos Tod entstand ein politisches Machtvakuum. Nur wenige wollten an dem alten Regime festhalten, der Übergang von Diktatur zu Demokratie verlief erstaunlich rasch und problemlos. Die zuvor verbotene Sozialistische Arbeiterpartei unter Felipe González gewann 1982 die Wahlen. Spanien wurde elanvoll modernisiert. Die Regionen erhielten mehr Macht. Eine große Bedrohung für die Zentralregierung blieb lange Zeit der Terror der baskischen Separatistenorganisation ETA. Die internationalen Beziehungen Spaniens wurden durch die Mitgliedschaft in der NATO und der Europäischen Union gefestigt. Das Unabhängigkeitsstreben Kataloniens ist eine Herausforderung für die innere Stabilität des Landes.

Spanien heute

☐ Spanien

▢ Andere EU-Staaten

Staatsstreich am 23. Februar 1981
Antonio Tejero, Oberst der Guardia Civil, bedrohte das Parlament. Die Demokratie überlebte, weil Juan Carlos sich weigerte, den Rebellen nachzugeben.

Der Pavillon von Kastilien und León war einer von 150, die in innovativem Design für die Expo entstanden.

Flutlicht

Expo '92
Über 100 Länder stellten sich bei der Ausstellung vor, die 1992 die Aufmerksamkeit der Welt auf Sevilla lenkte. Die Pavillons zeigten wissenschaftliche, technologische und künstlerische Exponate.

Anti-NATO-Protestmarsch
Als Spanien 1982 der NATO beitrat, sahen einige dies als Verrat an den sozialistischen Idealen, andere als Verbesserung von Spaniens internationaler Lage.

Spanische Königsfamilie

1981 Putschversuch der Militärs, um die Demokratie abzuschaffen

1983 Halbautonome Regionalregierungen werden eingerichtet, um das Baskenland und Katalonien zu beruhigen

1992 Olympiade in Barcelona und Expo '92 in Sevilla finden international enormen Anklang

1998 Die separatistische ETA kündigt einen Waffenstillstand an, den sie ein Jahr später bricht

1980   **1985**   **1990**   **1995**

1977 Die ersten freien Wahlen bringen eine konservative Regierung unter Adolfo Suárez an die Macht. Politische Parteien werden zugelassen

1982 Erdrutschartiger Wahlsieg bringt die Sozialistische Arbeiterpartei (PSOE) unter Felipe González an die Macht

1986 Spanien tritt der EG (heute EU) und der NATO bei

1992 Spanien begeht die 500-Jahr-Feier der Entdeckung Amerikas durch Kolumbus

1994/95 Korruptionsskandale erschüttern das Land

1996 Bei den Wa[...] am 3. März verlie[...] González gegen [...] Koalition unter A[...]

Wahl von Felipe González
1982 wurde der Führer der Sozialistischen Arbeiterpartei Spaniens (PSOE) Premierminister. González' 13-jährige Amtszeit veränderte das Land.

Fremdenverkehr
Spanien gehört zu den weltweit beliebtesten Urlaubsländern. 2017 verzeichnete das Land rund 82 Millionen Touristen.

Der schiefe Turm überragt den andalusischen Pavillon.

Ana Belén
Seit Beginn der Demokratie erhielten Spaniens Frauen mehr Freiheiten und Chancen. Die 1951 in Madrid geborene Sängerin und Schauspielerin Ana Belén wurde bei einer Meinungsumfrage zur meistbewunderten Frau gewählt.

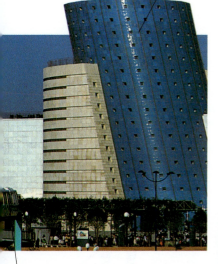

El País
Die 1976 in Madrid gegründete liberale Tageszeitung ist die meistverkaufte Zeitung Spaniens. Sie beeinflusste maßgeblich den Übergang zur Demokratie.

Eine Bahn fuhr Besucher durch die Anlage.

Olympische Spiele in Barcelona
Die Eröffnungsfeier der Olympiade des Jahres 1992 präsentierte faszinierende Musik- und Tanzaufführungen.

Spaniens Herrscher

Unter Isabel und Fernando, deren Heirat Kastilien und Aragón vereinte, wurde Spanien ein Nationalstaat. Die Heirat ihrer Tochter Juana brachte das Land in die Hände der Habsburger. Carlos I und Felipe II waren fähige Herrscher, aber Carlos II starb 1700 ohne einen Erben. Seit dem Spanischen Erbfolgekrieg regieren bis heute die französischen Bourbonen – mit Ausnahme eines kurzen Interregnums, zweier Republiken und der Franco-Diktatur. Der jetzige Bourbonenkönig Felipe VI, ein konstitutioneller Monarch, trat im Juni 2014 die Nachfolge von Juan Carlos I an.

1665–1700
Carlos II

1479–1516
Fernando, König
von Aragón

1516–1556 Carlos I von
Spanien (Karl V., Kaiser des
Heiligen Römischen Reiches)

1598–1621
Felipe III

1474–1504 Isabel,
Königin von Kastilien

1400	1475	1550	1625
Unabhängige Könige		Habsburger	
1400	1475	1550	1625

1469 Hochzeit von Isabel
und Fernando führt zur
Einigung Spaniens

1504–1516 Juana
die Wahnsinnige
(mit Fernando als
Regenten)

1621–1665
Felipe IV

Fernando und Isabel, die Katholischen Könige

Einigung Spaniens

Ende des 15. Jahrhunderts verbanden sich die beiden größten Königreiche des aufstrebenden Landes – Kastilien mit seiner Militärmacht und Aragón mit Barcelona und einem Reich am Mittelmeer. Die Heirat von Isabel von Kastilien und Fernando von Aragón 1469 vereinte diese mächtigen Reiche. Die »Katholischen Könige« vernichteten das Nasriden-Königreich Granada, die letzte Festung der Mauren *(siehe S. 60f)*. Die Eingliederung Navarras 1512 vervollkommnete Spaniens Einigung.

1700–1724
Felipe V

1556–1598 Felipe II

1843–1868 Isabel II regiert nach der Regentschaft ihrer Mutter María Cristina (1833–41) und Esparteros (1841–43)

1724 Luis I regiert nach der Abdankung Felipes V, stirbt aber noch im selben Jahr

1871–1873 Unterbrechung der Bourbonenherrschaft: Amadeo I von Savoyen

1939–1975 General Franco Staatsoberhaupt

1814–1833 Erste Bourbonen-Restauration: Fernando VII

1931–1939 Zweite Republik

1759–1788 Carlos III

1875–1885 Zweite Bourbonen-Restauration: Alfonso XII

2014 Felipe VI

700	1775	1850	1925	2000
Bourbonen		Bourbonen	Bourbonen	
700	1775	1850	1925	2000

1746–59 Fernando VI

1808–1813 Unterbrechung der Bourbonenlinie: Napoléons Bruder Joseph Bonaparte regiert als José I

1724–1746 Felipe V nach dem Tod seines Sohnes Luis I wieder als König eingesetzt

1902–31 Alfonso XIII

1788–1808 Carlos IV

1886–1902 María Cristina von Habsburg-Lothringen ist Regentin für Alfonso XIII

1873/74 Erste Republik

1868–1870 Septemberrevolution

1975–2014 Dritte Bourbonen-Restauration: Juan Carlos I

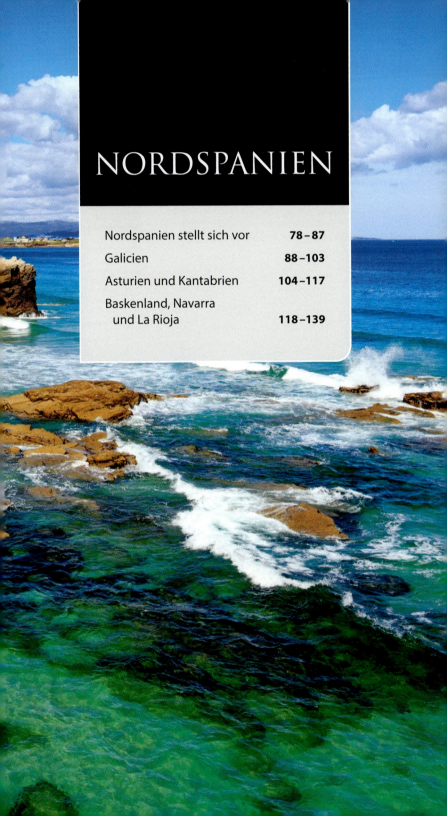

NORDSPANIEN

Nordspanien im Überblick

Ruhige Sandstrände und tiefgrüne Landschaften: Immer
mehr Besucher entdecken Nordspanien. Die malerische
Atlantikküste reicht von den Pyrenäen bis zur portugiesischen Grenze. Galicien bietet faszinierende Klippen und
tiefe Buchten. Im Landesinneren lässt das milde, feuchte
Klima üppige Weiden und Laubwälder gedeihen – die
ideale Gegend für einen ruhigen Urlaub auf dem Land.
Der berühmte Pilgerweg des Mittelalters nach Santiago
de Compostela durchquert Nordspanien und ist gesäumt
von herrlichen Bauten romanischer Architektur. Meeresfrüchte, Milchprodukte und die hervorragenden Rotweine von La Rioja tragen zur Anziehungskraft bei.

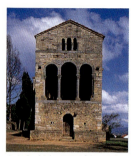

Oviedo *(siehe S. 110f)* hat viele
frühromanische Kirchen – vor
allem die anmutige Santa María
del Naranco (9. Jh.) – und eine
gotische Kathedrale.

Asturien und Kantabrien
Seiten 104–117

Galicien
Seiten 88–103

Santiago de Compostela
(siehe S. 94–97) zieht jährlich
Tausende Pilger und Urlauber
an. Die Kathedrale war im Mittelalter eines der wichtigsten
Heiligtümer der Christenheit.

Die Rías Baixas
(siehe S. 99) bilden
eine der schönsten
Küstenlinien Spa-
niens mit hübschen
Städten und Dör-
fern und verstreuten
hórreos, Kornspei-
chern auf Stelzen.

0 Kilometer   50

Die Picos de Europa
(siehe S. 112f) beherrschen die Landschaft Asturiens und Kantabriens. Flüsse gruben tiefe Schluchten in die Bergkette. Viele Wanderwege führen durch
die einzigartigen Landschaften.

◄ **Küstenabschnitt der nordspanischen Region Kantabrien**

Santillana del Mar *(siehe S. 116)* ist mit seinen gut erhaltenen mittelalterlichen Gassen einer der malerischsten Orte Spaniens. Der Convento de Regina Coeli beherbergt ein kleines Museum mit einer Sammlung bemalter Holzfiguren und anderer religiöser Werke.

San Sebastián *(siehe S. 126)*, der eleganteste Badeort des Baskenlandes, liegt an einer schönen hufeisenförmigen Bucht mit Sandstränden. In der Stadt finden internationale Kunstereignisse statt, darunter Spaniens bedeutendstes Filmfestival.

anes
● Panes
● Santander
● Laredo
● Torrelavega
Reinosa ● ● Corconte
● San Sebastián (Donostia)
● Bilbao (Bilbo)
Éibar (Eibar)
● Andoáin (Andoain)
Llodio (Laudio)
● Zumárraga (Zumarraga)
Vitoria (Gasteiz)
Baskenland, Navarra und La Rioja
Seiten 118–139
● Pamplona (Iruña)
Miranda de Ebro ●
● Logroño
● Calahorra
● Torrecilla en Cameros
● Tudela

Pamplona *(siehe S. 136f)*, seit dem 9. Jahrhundert Hauptstadt von Navarra, ist vor allem wegen der jährlichen Fiestas de San Fermín bekannt. Der Höhepunkt der ausgelassenen Feiern ist der tägliche *encierro*, bei dem Stiere durch die Straßen der Stadt stürmen.

Das Monasterio de Leyre *(siehe S. 139)* wurde im 11. Jahrhundert in abgeschiedener, schöner Landschaft erbaut. Das Kloster war die Grabstätte der Könige von Navarra, seine Krypta zählt zu den eindrucksvollsten Beispielen frühromanischer Baukunst in Spanien.

Regionale Spezialitäten

Der regenreiche Norden Spaniens ist für seine kulinarischen Spezialitäten bekannt. Die saftigen Weiden sind ideal für die Milchwirtschaft. Der Atlantik liefert eine Vielzahl an Meerestieren. Die Basken sind gefeierte Küchenchefs: Einige der besten Restaurants Europas findet man in Euskadi, in jedem Dorf gibt es zudem *txokos*, Kochgesellschaften, zu denen in der Regel nur Männer gehören. Im Hinterland und in abgelegeneren Gegenden wird echte Hausmannskost zubereitet: Braten, Eintopfgerichte und traditionell hergestellter Käse.

Idiazábal-Käse

Pulpo a la gallega, ein Traditionsgericht in Nordspanien

Galicien

Die vom Atlantik in tiefe *rías* zerklüftete Westspitze von Spanien ist für ihren Überfluss an Meeresfrüchten berühmt – vom üblichen Kabeljau bis hin zu ungewöhnlichen Delikatessen wie Krebsen (*percebes*), die wie Krallen aussehen. Hier bekommt man in jeder Bar einen Teller *pulpo a la gallega* oder *pimientos de Padrón* (manchmal scharf gewürzt). Landeinwärts gibt es Spezialitäten aus Kalb- und Schweinefleisch sowie Weichkäse wie den *tetilla*.

Asturien und Kantabrien

An der Küste der beiden Regionen bekommt man herrlich frischen Fisch, der meist gegrillt oder langsam gegart wird. Das Landesinnere mit seinem üppigen Weideland gilt als Milchkammer Spaniens. Von hier stammen einige der feinsten Käsesorten des Landes. *Cabrales* ist ein geruchsintensiver Blauschimmelkäse, den man am besten mit einem Glas Apfelwein genießt. In den Bergen kommen sättigende Fleisch- und Wildgerichte auf den Tisch, die traditionell mit Bohnen geschmort werden, wie etwa das asturische *fabada*.

Muscheln · Rotbarbe · Babyaale · Makrelen · Austern · Baby-Oktopus

Fisch und Meeresfrüchte aus den reichen Gewässern Nordspaniens

Typische Gerichte Nordspaniens

Wie nicht anders zu erwarten, spielen Meeresfrüchte entlang der Küste eine zentrale Rolle. Das riesige Angebot reicht vom allgegenwärtigen Oktopus mit pikanter Sauce in Galicien bis hin zu Spinnenkrabben – im Baskenland eine wahre Delikatesse. Das immergrüne Weideland und die fruchtbaren Böden liefern frisches Gemüse wie den berühmten Spargel aus Navarra sowie diverse köstliche Käsesorten. Langsam gegarte Eintöpfe sind eine asturische Spezialität und schmecken in den Bergen besonders gut, ebenso wie zartes Lamm und Wild. Die berühmten Weine aus La Rioja sind exzellent. Billiger und häufig nicht minder interessant sind aber diejenigen aus dem benachbarten Navarra. Zu frischen Meeresfrüchten passen Weißweine aus Galicien und dem Baskenland. Kräftige Kräuterliköre finden Sie überall im Norden.

Kirschen

Bacalao al Pil Pil Der Salzkabeljau ist ein baskischer Klassiker und wird in Olivenöl, Chili und Knoblauch gegart.

Qual der Wahl: köstliche *pintxos* in einer Bar im Baskenland

Baskenland

Das Baskenland ist ein Paradies für Gourmets. Es ist weltweit für seine herausragenden Erzeugnisse und brillanten Köche berühmt. Baskische Küche ist von Fisch geprägt, den es in unzähligen Varianten gibt: Am häufigsten sind der gewöhnliche Kabeljau und der Seehecht (mit schmackhaften Saucen verfeinert), sehr speziell dagegen Delikatessen wie Babyaal und Spinnenkrabben. Perfekt dazu passen die jungen baskischen Weine. Unter Bergen von *pintxos* (knuspriges Brot mit köstlichem Belag) biegen sich die Bartresen, wobei jedes einzelne ein wahres Kunstwerk ist. Die Basken produzieren außerdem herrlichen Käse, wie etwa den geräucherten *Idiazábal*.

Navarra und La Rioja

Der fruchtbare Boden von Navarra bringt eine riesige Vielfalt an Obst und Gemüse hervor, darunter Spargel, Artischocken, Kirschen, Kastanien und Paprika (die man in hübschen Ketten zum Trocknen

Rote Paprikaschoten werden zum Trocknen in die Sonne gehängt

aufhängt und später zu *embutidos* oder Räucherfleisch isst). Das beliebteste Fleisch in den Bergen von Navarra ist Lamm. *Cordero al chilindrón* (Lammbraten) findet man fast immer auf der Speisekarte, je nach Saison auch schmackhaftes Wild, darunter Rebhuhn, Hase und Fasan.

Das winzige La Rioja ist die berühmteste Weinregion Spaniens. Von hier stammen schwere Rot- und Weißweine (siehe S. 82f). Die Küche von La Rioja nimmt Anleihen aus dem Baskenland und Navarra. Sie verwendet viel Lamm, aber auch Fisch und bestes Gemüse der Region.

Auf der Speisekarte

Angulas a la Bilbaína Babyaal in Olivenöl und Knoblauch – eine baskische Delikatesse.

Cocido Montañés Eintopf mit Fleisch, scharfer Wurst, Gemüse und Schweineohren.

Fabada Asturiana Asturischer Eintopf mit Bohnen und Pökelfleisch.

Pimientos de Padrón Grüne, in Olivenöl gebratene Paprika mit grobem Salz.

Pulpo a la gallega Zart gekochter Oktopus in scharfer Paprikasauce.

Trucha a la Navarra Forelle mit Schinken gefüllt und gegrillt oder angebraten.

Empanada gallega Diese golden gebackenen Snacks sind unterschiedlich gefüllt und ideal für Picknicks.

Cordero al chilindrón Dieser Eintopf aus den Bergen von Navarra wird mit saftigem Lamm zubereitet.

Leche Frita »Gebratene Milch« ist ein karamellähnliches Dessert aus Kantabrien. Einfach, aber köstlich.

Die Weine Nordspaniens

Spaniens Weinregion La Rioja ist wegen ihrer komplexen Rotweine bekannt, die vorwiegend aus der Tempranillo-Traube erzeugt werden. Emigranten aus Bordeaux gründeten einige der renommiertesten Kellereien. La Rioja produziert zudem guten Weißwein und Rosé. Die Rotweine und wenige weiße Sorten aus Navarra wurden dank eines Forschungsprogramms der Regierung sehr verbessert. Das Baskenland produziert kleine Mengen des säuerlichen Txakoli (Chacolí). Weißwein aus Galicien, vorwiegend aus der Albariño-Traube erzeugt, genießt hohes Ansehen.

Reparatur der Fässer in Haro, La Rioja

Ribeiro, der beliebte Tafelwein aus Galicien, moussiert etwas. Er wird oft in weißen Tassen *(tazas)* serviert.

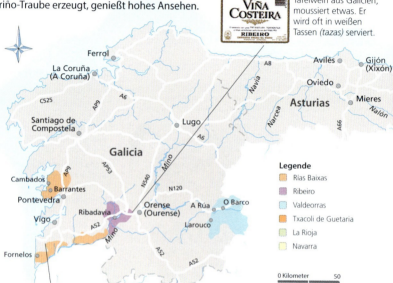

Legende

- Rías Baixas
- Ribeiro
- Valdeorras
- Txacoli de Guetaria
- La Rioja
- Navarra

0 Kilometer   50

Lagar de Cervera stammt von den Rías Baixas, wo Spaniens derzeit beliebteste Weißweine aus Albariño-Trauben hergestellt werden.

Weinbaugebiete

Die Weingebiete Nordspaniens sind weit verstreut. Die bedeutenden Regionen La Rioja und Navarra liegen eingebettet zwischen Pyrenäen und Atlantik. Der Ebro teilt La Rioja in La Rioja Alavesa, La Rioja Alta und La Rioja Baja. Er fließt auch durch die Weinregion von Navarra. Im Norden liegen einige Weingärten des Baskenlandes, z. B. in der winzigen Region Txacoli de Gueteria. Im äußersten Westen erstrecken sich die vier Weinbaugebiete des zerklüfteten, feuchten Galicien: Rías Baixas, Ribeiro, Valdeorras und die Ribeira Sacra.

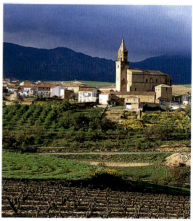

Das Weindorf El Villar de Álava in La Rioja Alta

Die auf traditionelle Weise durchgeführte Traubenlese in Navarra

Remelluri, einer der »Château«-Riojas aus La Rioja Alavesa, ist weich und schmeckt weniger nach Eiche.

Chivite ist eine Bodega in Familienbesitz in Navarra. Die hochkomplexen, langlebigen Rotweine gehören zu den besten Spaniens.

Viña Ardanza ist wie die meisten roten Riojas verschnitten. Die besten Weine reifen mehrere Jahre in Fässern aus amerikanischer Eiche.

Kleine Weinkunde: Nordspanien

Lage und Klima
La Rioja und Navarra sind von Mittelmeer- und Atlantikwetter beeinflusst. Der hügelige Nordwesten erhält atlantischen Regen, während im Ebro-Becken Mittelmeerklima herrscht. Das Baskenland und Galicien sind kühle atlantische Regionen mit viel Regen. Der Boden ist überall, außer im Ebro-Becken, steinig und karg.

Rebsorten
Die große rote Traube La Riojas und Navarras ist Tempranillo. In La Rioja wird sie mit kleinen Mengen von Garnacha, Graciano und Mazuelo verschnitten, in Navarra herrscht Cabernet Sauvignon vor und mischt sich wunderbar mit Tempranillo.

Garnacha, auch in Navarra bedeutend, wird für die *rosados* (Rosés) verwendet. Weißweine aus Navarra und La Rioja werden meist aus der Viura-Traube hergestellt. Die wichtigsten Sorten Galiciens sind Albariño, Loureira und Treixadura.

Gute Erzeuger
Rías Baixas: Fillaboa, Lagar de Fornelos, Morgadío, Santiago Ruíz.
Ribeiro: Cooperativa Vinícola del Ribeiro. **La Rioja:** Bodegas Riojanas (Canchales, Monte Real), CVNE (Imperial, Viña Real Reserva), Faustino, Bodegas Roda, Marqués de Murrieta, Martínez-Bujanda, Remelluri, La Rioja Alta (Viña Ardanza). **Navarra:** Bodega de Sarría, Guelbenzu, Julián Chivite (Gran Feudo), Magaña, Ochoa, Príncipe de Viana.

Die Wälder des Nordens

Einst war ein Großteil Spaniens mit Bäumen bedeckt. Heute sind nur noch zehn Prozent jenes Waldes übrig, zumeist in den Bergen, weil dort viel Regen fällt und die Hänge für die Kultivierung zu steil sind. Große Flächen mit Laubwald – Buchen, Kastanien, Eschen und Linden – beherrschen die Landschaft, vor allem in Kantabrien und dem Baskenland. Das Unterholz aus Büschen und blühenden Pflanzen bietet Insekten, Säugetieren und Vögeln Lebensraum und ist Zufluchtsort für die letzten Braunbären Spaniens *(siehe S. 108)*.

Spiralförmige Furchen im Stamm

Regeneration des Waldes

Totes Material – Blätter, Zweige, Exkremente und tote Tiere – wird auf dem Waldboden von Pilzen, Bakterien und Ameisen zersetzt. Dieser Prozess setzt Nährstoffe frei, die von Bäumen und anderen Pflanzen aufgenommen werden und die ihr Wachstum fördern.

Fliegenpilze

Flechten wachsen langsam und reagieren empfindlich auf Luftverschmutzung. Ihr Zustand zeigt die Gesundheit des Waldes an.

Hirschkäfer heißen so wegen der geweihförmigen Oberkiefer der Männchen. Trotz ihres furchterregenden Aussehens sind sie ungefährlich.

Tausendfüßler auf dem Waldboden

Buchenwald

Die Buche dominiert die kantabrischen Wälder und die Pyrenäen. Sie wächst auf feuchtem Boden. Ihre kupferroten Blätter behält sie zum Teil auch im Winter. Buchennblatt Buckeckern werden für die und Ecker Schweinefütterung gesammelt.

Buchenblatt und Ecker

Die dichte Krone hält das Licht ab und verhindert so Unterwuchs mit Kräutern und Sträuchern.

Lange, dünne orangefarbene Knospen

Golddrosselmännchen sind mit die buntesten Vögel Europas. Sie sind schwer zu entdecken, weil sie sich meist im dichten Blattwerk alter Wälder aufhalten. Weibchen und Jungvögel sind gelbgrün mit bräunlichen Schwanzfedern.

Steinmarder sind Nachttiere. Am Tag schlafen sie in einem hohlen Baumstamm oder einem Bau. Nachts suchen sie Früchte, jagen Vögel und kleine Säugetiere.

Verbreitung von Laubwäldern

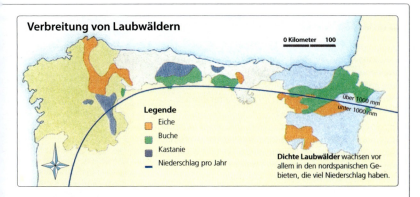

0 Kilometer 100

Legende
- Eiche
- Buche
- Kastanie
- — Niederschlag pro Jahr

über 1000 mm
unter 1000 mm

Dichte Laubwälder wachsen vor allem in den nordspanischen Gebieten, die viel Niederschlag haben.

Kastanienwald

Kastanienbäume wachsen auf sauren Böden. Aus den schmalen gelben Blüten entwickeln sich im Sommer Früchte – Nahrung für Wildschweine, Eichhörnchen und Mäuse. Das Holz ist hart, splittert aber leicht.

Blatt und Kastanie

Eichenwald

Drei Hauptarten von Eichen beherrschen die alten Wälder des Nordens – die Stieleiche, die Pyrenäeneiche und die Steineiche. Der Baum ernährt über 300 Tierarten, z. B. Wildschweine und Blauspechte.

Blatt und Eichel

Die großen Blätter sind gezackt.

Wenige dicke, ausladende Äste

Graue Zweige mit zahlreichen Knospen

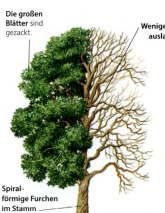

Spiralförmige Furchen im Stamm

Die Fledermaus, ein Nachttier, ist in Waldgebieten verbreitet. Im Flug fängt und frisst sie kleine Insekten. Größere werden zu einem Ast getragen. Sie überwintert in einem hohlen Baumstamm oder einer Höhle.

Der Eichelhäher ernährt sich im Sommer von Fröschen, Mäusen und Eidechsen, im Winter dagegen von Eicheln. Die Vögel können Stimmen anderer Vögel sowie Geräusche täuschend echt nachahmen.

Blaumeisen leben meist im Blätterdach der Laubwälder und kommen selten zu Boden. Männchen und Weibchen haben ähnliches Gefieder. Bei Gefahr richten sie die hinteren Federn ihrer Krone auf.

Rote Eichhörnchen vergraben im Herbst Unmengen von Eicheln als Wintervorrat, da sie keinen Winterschlaf halten. Viele Eicheln bleiben im Boden und sprießen im Frühjahr.

Jakobsweg

Der Legende nach wurde der Leichnam des Apostels Jakobus nach Galicien gebracht. 813 wurden seine Gebeine angeblich in Santiago de Compostela entdeckt, wo zu Ehren des Heiligen eine Kathedrale entstand *(siehe S. 96f)*. Hierher kamen im Mittelalter jährlich eine halbe Million Pilger aus ganz Europa – über die Pyrenäen bei Roncesvalles *(siehe S. 138)* oder den Somport-Pass *(siehe S. 234)*. Sie trugen oft einen Umhang, einen Stab und einen Filzhut, geschmückt mit Kammmuscheln, einem Symbol des Heiligen. Auch die heutigen Pilger kommen über diesen von Kirchen und Hospitälern gesäumten »Camino de Santiago«.

Gemälde des Pórtico da Gloria der Kathedrale von Santiago (19. Jh.)

Astorga *(siehe S. 356)*, einst eine römische Stadt, war im Mittelalter ein wichtiger Halt an der Pilgerstraße. Das Museum in der Kathedrale zeigt eine Sammlung von Gold- und Silberkunstwerken, darunter ein Goldkreuz (13. Jh.).

Ein Zertifikat erhält jeder Pilger, der mindestens 100 Kilometer zu Fuß oder 200 Kilometer per Fahrrad zurücklegt.

O Cebreiro *(siehe S. 103)* hat eine Kirche aus dem 9. Jahrhundert. Einige der alten *pallozas* dienten den Pilgern als Herbergen.

León war eine der Hauptstationen. Die Kathedrale *(siehe S. 358f)* besitzt einige der schönsten Buntglasfenster Spaniens.

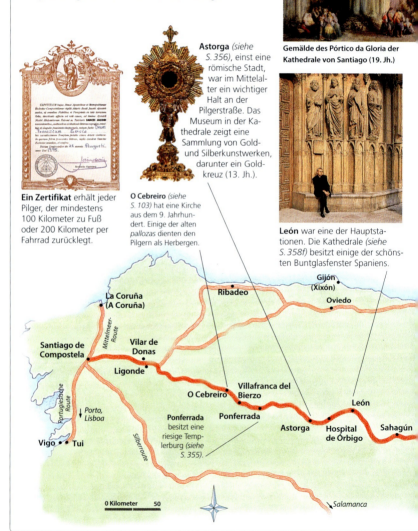

Gijón (Xixón)

La Coruña (A Coruña)

Ribadeo

Oviedo

Mittelmeer-Route

Santiago de Compostela

Vilar de Donas

Ligonde

Villafranca del Bierzo

O Cebreiro

León

Portugiesische Route

↓ Porto, Lisboa

Ponferrada besitzt eine riesige Templerburg *(siehe S. 355)*.

Ponferrada

Astorga

Hospital de Órbigo

Sahagún

Vigo • Tui

Silberroute

0 Kilometer   50

Salamanca

Romanische Kirchenarchitektur

Der romanische Baustil *(siehe S. 28)* kam im 10. und 11. Jahrhundert von Frankreich nach Spanien. Als die Pilgerreise nach Santiago immer beliebter wurde, entstanden an ihren Hauptwegen viele herrliche religiöse Bauten. Massive Mauern, wenige Fenster, schwere Rundbogen und Tonnengewölbe sind typische Merkmale der romanischen Architektur.

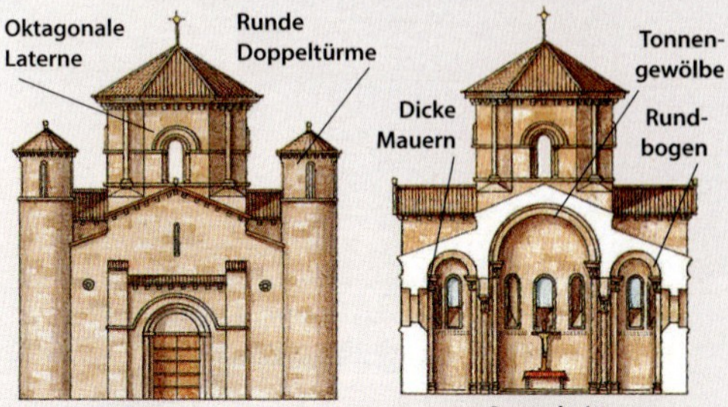

Kapitell

Oktagonale Laterne

Runde Doppeltürme

Tonnen-gewölbe

Dicke Mauern

Rund-bogen

Fassade

Querschnitt

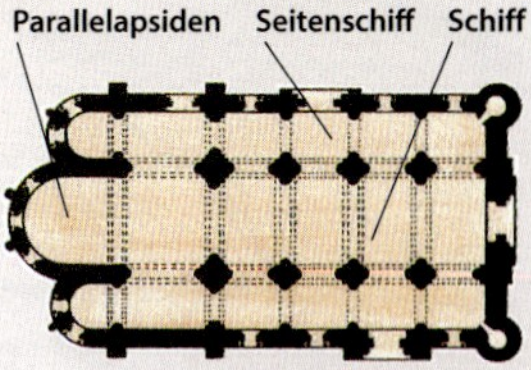

Parallelapsiden   Seitenschiff   Schiff

San Martín de Frómista *(siehe S. 372)* aus dem 11. Jahrhundert ist das einzige komplett erhaltene Beispiel des »Pilgerstils« der Romanik. Hauptschiff und Flügel sind fast gleich hoch, es gibt drei parallele Apsiden.

Grundriss

Pamplonas gotische Kathedrale *(siehe S. 136f)* war einer der ersten Haltepunkte jenseits von Roncesvalles.

Santo Domingo de la Calzadas Hospital *(siehe S. 132)* ist heute ein Parador.

Puente la Reina *(siehe S. 135)* hat seinen Namen von der Bogenbrücke *(puente)* aus dem 11. Jahrhundert, über die noch heute Fußgänger gehen.

Frómista hat eine der schönsten romanischen Kirchen an der französischen Route.

Nördliche Route

Santander

San Sebastián (Donóstia)

Paris

Bilbao (Bilbo)

Le Puy, Vézelay

Roncesvalles (Orreaga)   Valcarlos

Arles

Pamplona (Iruña)

Aragonische Route

Lizarra (Estella)

Puente la Reina   Sangüesa   Jaca

San Juan de la Peña

Nájera

Französische Route

San Juan de Ortega

Santo Domingo de la Calzada   Logroño

Frómista   Burgos

Wege nach Santiago

Mehrere traditionelle Pilgerstraßen führen nach Santiago de Compostela. Die Hauptroute von den Pyrenäen ist die französische Route, eine Alternative bietet die aragonische Route.

Burgos' gotische Kathedrale ist großartig *(siehe S. 376f)*.

Galicien

Lugo · La Coruña · Pontevedra · Orense

Galicien im Nordwesten der Halbinsel ist die grünste
Region des Landes. Die Küche von Spaniens bedeutends-
ter Fischereiregion – drei der vier Provinzen grenzen an den
Atlantik – basiert auf köstlichen Meeresfrüchten. Die Dörfer
im hügeligen Hinterland haben sich ihre Beschaulichkeit
bewahrt, dort werden noch viele kleine Gehöfte mit traditionellen Methoden bewirtschaftet.

Die Galicier, deren Ursprünge keltisch
sind, pflegen ihre Kultur und Sprache.
Galiciens offizielle Sprache, die auf den
meisten Straßenschildern verwendet wird,
ist Galicisch (Galego). Es wird von rund
3,5 Millionen Menschen gesprochen und
ähnelt dem Portugiesischen – Portugal
grenzt im Süden an Galicien. Der keltische
Charakter dieses Gebiets zeigt sich an
dem beliebtesten Musikinstrument der
Region, dem Dudelsack.

Manche Höfe sind in Parzellen unterteilt,
die zu klein oder zu steil für Traktoren
sind, deshalb behilft man sich in der Landwirtschaft mit Ochsen und Pferden. Getreide lagert in Kornkammern auf Stelzen,
den *hórreos*. Alte Dörfer aus Granithäu-
sern und einsame *pazos*, traditionelle
Herrenhäuser, stehen inmitten grüner,
oft nebliger Landschaft.

Die Entdeckung des vermutlichen Gra-
bes von Jakobus im 9. Jahrhundert machte Santiago de Compostela – nach der
Peterskirche in Rom – zur wichtigsten religiösen Stätte Europas. Zahllose Pilger und
Urlauber nehmen noch heute den alten
Pilgerweg. Viele fjordartige Buchten zer-
klüften die schroffe galicische Küste; die
schönsten sind die Rías Baixas. Mit felsigen Zungen trotzt das Land dem rauen
Atlantik, wie am Cabo Fisterra, Spaniens
westlichstem Punkt. Viele Menschen hier
leben vom Fischfang. Vigo in Pontevedra
ist Spaniens wichtigster Fischereihafen.

Die wichtigsten Erzeugnisse – Mais, Kohl und Kartoffeln – wachsen auf dem Land um Cabo Fisterra

◀ Treppenaufgang im Convento de Santo Domingo de Bonaval, Santiago de Compostela *(siehe S. 94 – 97)*

Überblick: Galicien

Santiago de Compostela ist Galiciens wichtigste Besucherattraktion und das Herzstück einer Region schöner alter Städte wie Betanzos, Mondoñedo, Lugo und Pontevedra. Die Küstenorte der wilden Rías Altas bieten vor dem Hintergrund waldbedeckter Berge gute Bademöglichkeiten. Die Rías Baixas, der südliche Teil der Westküste, offerieren außer geschützten kleinen Buchten und Sandstränden exzellente Fischrestaurants. Das Landesinnere, das sich seit Jahrhunderten kaum verändert zu haben scheint, ist ideal für einen ruhigen Urlaub.

Musiker in traditioneller Kleidung in Pontevedra

Sehenswürdigkeiten auf einen Blick

1. Rías Altas
2. Mondoñedo
3. Betanzos
4. La Coruña (A Coruña)
5. Costa da Morte
6. *Santiago de Compostela S. 94–97*
7. Padrón
8. La Toja (A Toxa)
9. Pontevedra
10. Vigo
11. Bayona (Baiona)
12. La Guardia (A Guarda)
13. Tuy (Tui)
14. Celanova
15. Verín
16. Orense (Ourense)
17. Monasterio de Santo Estevo
18. Monasterio de Oseira
19. Vilar de Donas
20. Lugo
21. O Cebreiro

Kloster Santo Estevo de Ribas de Sil

0 Kilometer   50

In Galicien unterwegs

Die wichtigsten Flughäfen der Region befinden sich in La Coruña, Santiago de Compostela und Vigo. Ein gutes Autobahnnetz verbindet Verín, Vigo, La Coruña und O Cebreiro, an der Küste kann jedoch dichter Verkehr herrschen. Die großen Städte Galiciens verbinden Züge; die Städte an der Nordküste bedient die FEVE-Linie *(siehe S. 629)*. Auch Busse verkehren zwischen den großen Städten, außerdem verbinden sie Santiago de Compostela mit Deutschland, Österreich und der Schweiz.

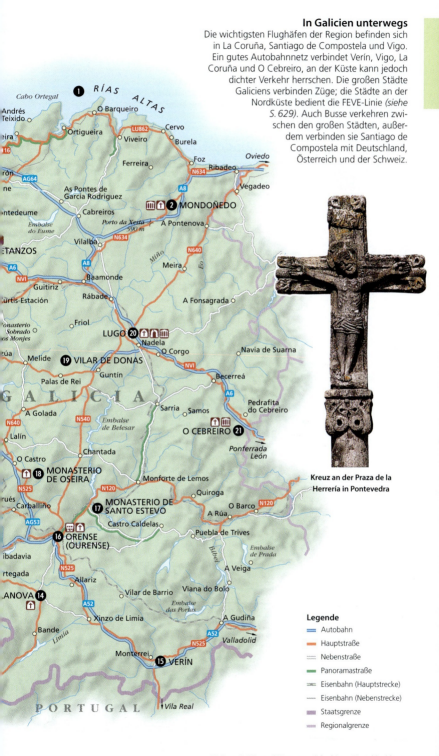

Kreuz an der Praza de la Herrería in Pontevedra

Legende

- Autobahn
- Hauptstraße
- Nebenstraße
- Panoramastraße
- Eisenbahn (Hauptstrecke)
- Eisenbahn (Nebenstrecke)
- Staatsgrenze
- Regionalgrenze

Weitere Zeichenerklärungen *siehe hinter Umschlagklappe*

Gemeißeltes Wappen an einer Hausfront in Mondoñedo

❶ Rías Altas

Lugo u. La Coruña. 🚂 Ribadeo. 🚌 Viveiro. 🛈 Foz, 982 13 24 26. 📅 Di.

Entlang der schönen Nordküste zwischen Ribadeo und La Coruña wechseln tiefe Fjorde, kleine Buchten und Landzungen einander ab. Im Landesinneren erheben sich Hügel, bedeckt mit Pinien- und Eukalyptuswäldern. Viele der kleinen Ferienorte und Fischerdörfer sind bezaubernd. Die schöne, gewundene **Ría de Ribadeo** bildet die Grenze zu Asturien. Westlich davon bietet der kleine Fischerhafen **Foz** zwei gute Strände. In der Nähe thront die mittelalterliche Iglesia de San Martín de Mondoñedo einsam auf einem Berg. Die Kapitelle des Querschiffs stellen biblische Szenen dar – achten Sie auf die Geschichte des Lazarus. Im 37 Kilometer entfernten Badeort **Viveiro**, von Mauern aus der Renaissance umgeben, sind verglaste Balkone, *galerías*, und eine romanische Kirche zu sehen. Beim Fischerdorf O Barqueiro erstreckt sich die Landzunge Estaca de Bares mit Leuchtturm. Entlang der Küste Richtung Westen führt die **Ría de Ortigueira** zum gleichnamigen Fischerhafen mit schönen weißen Häusern. Diese Gegend bietet viele Strände.

Nahe dem Dorf **San Andrés de Teixido**, zu dessen Kirche jährlich am 8. September Pilger

kommen, ragen hohe Klippen aus dem Meer. Laut Legende werden alle, die nicht die Kirche besuchen, in einem zweiten Leben als Tier zu ihr kommen. Das kleine **Cedeira** ist ein beliebter Ferienort mit Häusern mit *galerías* und einer bogenförmigen Bucht.

❷ Mondoñedo

Lugo. **Karte** D2. 👥 4000. 🚌 🛈 Plaza de la Catedral 34, 982 50 71 77. 📅 Do. 🎉 As Quendas (1. Mai), Nuestra Señora de los Remedios (1. So nach 8. Sep), San Lucas (18. Okt).

Die alte Provinzhauptstadt liegt in einem fruchtbaren Tal im Landesinneren. Den Hauptplatz umgeben stattliche Häuser mit *galerías*.

Die **Kathedrale** aus goldfarbenem Stein hat barocke Türme, ein romanisches Portal mit Rosette aus dem 16. und einen Kreuzgang aus dem 17. Jahrhundert. Die Statue der Nuestra Señora la Inglesa in einer ihrer Kapellen wurde während der Reformation aus Londons St Paul's Cathedral »gerettet«. Das **Museo Diocesano** zeigt Statuen, Altarbilder sowie Werke von Zurbarán und El Greco.

🏛 Museo Diocesano

Plaza de la Catedral. ☎ 982 52 17 79. 🕐 Di–Sa 10.30–13, 16.30–18.30, So 16.30–20 Uhr. 🚫

❸ Betanzos

La Coruña. **Karte** C2. 👥 13 000. 🚌 🚂 🛈 Plaza de Galicia 1, 981 77 66 66. 📅 Di, Do, Sa. 🎉 San Roque (14.–25. Aug).

Das hübsche Betanzos liegt landeinwärts in einem fruchtbaren Tal. Den Hauptplatz ziert eine Replik des Dianabrunnens von Versailles. In den steilen, engen Gassen verstecken sich alte Häuser und gotische Kirchen. Die **Iglesia de Santiago**, im 15. Jahrhundert von der Gilde der Schneider erbaut, ziert eine Reiterstatue des heiligen Jakobus. In der **Iglesia de San Francisco** sind Darstellungen von Wildschweinen, ein Wappen von Herzog Fernán Pérez de Andrade und dessen Grab (14. Jh.) zu sehen. Seine Familie hat lange in dieser Region geherrscht.

Umgebung: 20 Kilometer nördlich liegt das Fischerdorf **Pontedeume** mit engen, steilen Gassen. Über die mittelalterliche Brücke verläuft die Hauptstraße zu der großen Industriestadt **Ferrol** im Norden. Ursprünglich ein mittelalterlicher Hafen, war Ferrol im 18. Jahrhundert Militärbasis und Werft. Die klassizistischen Gebäude stammen aus jener Zeit. Spaniens Diktator, General Franco *(siehe S. 70f)*, wurde hier im Jahr 1892 geboren.

Sarkophag in der Iglesia de San Francisco in Betanzos

Straßencafés auf der Plaza de García Hermanos in Betanzos

Steinkreuz oberhalb der gefährlichen Gewässer der Costa da Morte

❹ La Coruña (A Coruña)

La Coruña. **Karte** B2. 🚉 245 000.
🚍 🚌 🚆 ℹ Plaza de María Pita,
981 92 30 93. 🎭 Fiestas de María
Pita (Aug). 🆆 turismocoruna.com

Die stolze, geschäftige Hafenstadt La Coruña (galicisch: A Coruña) spielte in der Geschichte der spanischen Seefahrt eine bedeutende Rolle. Die Armada Felipes II segelte 1588 von hier nach England *(siehe S. 63).* Heute bilden die Industrievororte einen Kontrast zum eleganten Stadtzentrum, das sich an einer Landenge erstreckt. Die **Torre de Hércules,** Europas ältester funktionierender Leuchtturm, wurde von den Römern errichtet und im 18. Jahrhundert umgebaut. Nach Überwindung von 242 Stufen kann man die Aussicht aufs Meer genießen.

An der großen, von Arkaden umgebenen Plaza de María Pita, dem Hauptplatz der Stadt, steht das schöne Rathaus. Die Seepromenade, **La Marina,** säumen *galerías.* Sie schützen gegen den Wind und verdeutlichen, warum La Coruña »Kristallstadt« genannt wird.

La Coruña besitzt schöne romanische Kirchen, wie die **Iglesia de Santiago** mit einem Bildnis des Heiligen zu Pferde auf dem Tympanon und die **Iglesia de Santa María,** deren Tympanon die Heiligen Drei Könige zeigt; sie ist einer der besterhaltenen Bauten des 12. Jahrhunderts in Galicien.

Im Jardín de San Carlos befindet sich das Grab des schottischen Generals Sir John Moore, der 1809 im Spanischen Unabhängigkeitskrieg gegen die Franzosen fiel.

Die Torre de Hércules ist das Wahrzeichen von La Coruña

❺ Costa da Morte

La Coruña. **Karte** AB2. 🚌 La Coruña, Malpica. ℹ Plaza de María Pita, La Coruña, 981 92 30 93. 🎭 Fiesta de la Virgen del Carmen (16. Juli). 🆆 turismo.gal/costa-da-morte

Zwischen Malpica und Fisterra ist die Küste mit ihren majestätischen Landzungen wild und unnahbar. Wegen der in der Vergangenheit in Stürmen untergegangenen oder an den Felsen zerschellten Schiffe heißt sie »Küste des Todes«. Hübsch ist die Landschaft im Landesinneren. Es gibt keine Küstenstädte, nur kleine Dörfer, deren Fischer die delikaten *percebes,* Entenmuscheln, für die Restaurants sammeln.

Einer der nördlichsten Punkte der Costa da Morte, **Malpica,** hat einen netten Fischerhafen. **Laxe** besitzt Strände, an denen das Baden ungefährlich ist. Im reizenden Fischerdorf **Camariñas** stellen Frauen Klöppelspitzen her. Neben dem Leuchtturm auf dem nahen Cabo Vilán drehen sich hohe Windturbinen.

Südlich liegen Corcubión in verblichener Eleganz und **Cabo Fisterra,** »wo das Land endet«. Das Kap mit seinem Leuchtturm ist eine gute Stelle, um den Sonnenuntergang im Atlantik zu beobachten.

❻ Im Detail: Santiago de Compostela

Nach Jerusalem und Rom war Santiago de Compostela im Mittelalter der drittwichtigste Wallfahrtsort der Christenheit *(siehe S. 86f)*. Die Praza do Obradoiro umgibt ein Ensemble historischer Bauten, das in Europa seinesgleichen sucht. Der einheimische Granit kam in allen Architekturstilen zur Anwendung. Das Stadtzentrum mit den engen Gassen und alten Plätzen ist gut zu Fuß zu erkunden. Sehenswert sind der Convento de Santo Domingo de Bonaval östlich des Zentrums und die Colegiata Santa María La Real del Sar, eine romanische Kirche aus dem 12. Jahrhundert im Osten der Stadt.

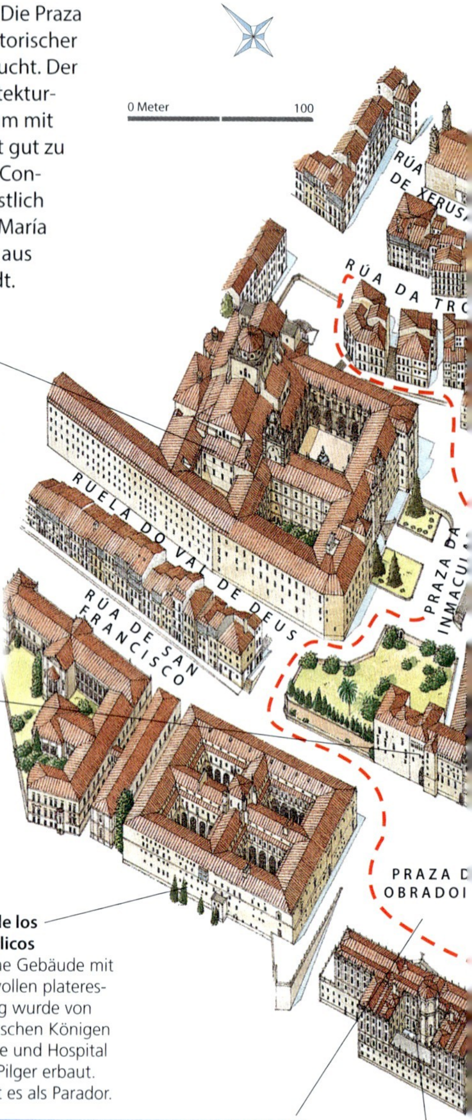

0 Meter — 100

★ **Mosteiro de San Martiño Pinario**
Die Barockkirche des Klosters zieren ein riesiger Doppelaltar und eine platereske Fassade mit Skulpturen von Heiligen und Bischöfen.

RÚA DE XERUS
RÚA DA TRO
RUELA DO VAL DE DEUS
RÚA DE SAN FRANCISCO
PRAZA D INMACUL
PRAZA D OBRADOI

Pazo de Xelmírez

★ **Hostal de los Reyes Católicos**
Das herrliche Gebäude mit dem kunstvollen plateresken Eingang wurde von den Katholischen Königen als Herberge und Hospital für kranke Pilger erbaut. Heute dient es als Parador.

Der Pazo de Raxoi mit seiner klassizistischen Fassade wurde 1772 erbaut und ist das Rathaus.

Praza do Obradoiro
Der majestätische Platz, einer der schönsten der Welt, ist Treffpunkt für ankommende Pilger. Die barocke Fassade der Kathedrale beherrscht den Platz.

Hotels und Restaurants in Galicien *siehe Seiten 562 und 582f*

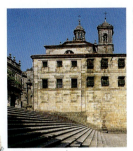

Convento de San Paio de Antealtares
Als eines der ältesten Klöster Santiagos (9. Jh.) barg es ursprünglich das Grab des Jakobus, das sich heute in der Kathedrale befindet.

Infobox

Information
La Coruña. **Karte** B2. 🗺 96 000.
🛈 Rúa do Vilar 63, 981 55 51 29. 🍴 Mi (Tiermarkt), Do.
🎉 Semana Santa (Osterwoche), Día del Apóstol Santiago (25. Juli). 🆆 **santiagoturismo.com**

Anfahrt
✈ 12 km nördlich.
🚆 Calle Hórreo s/n, 902 32 03 20. 🚌 Praza de Camilo Díaz Baliño s/n, 981 54 24 16.

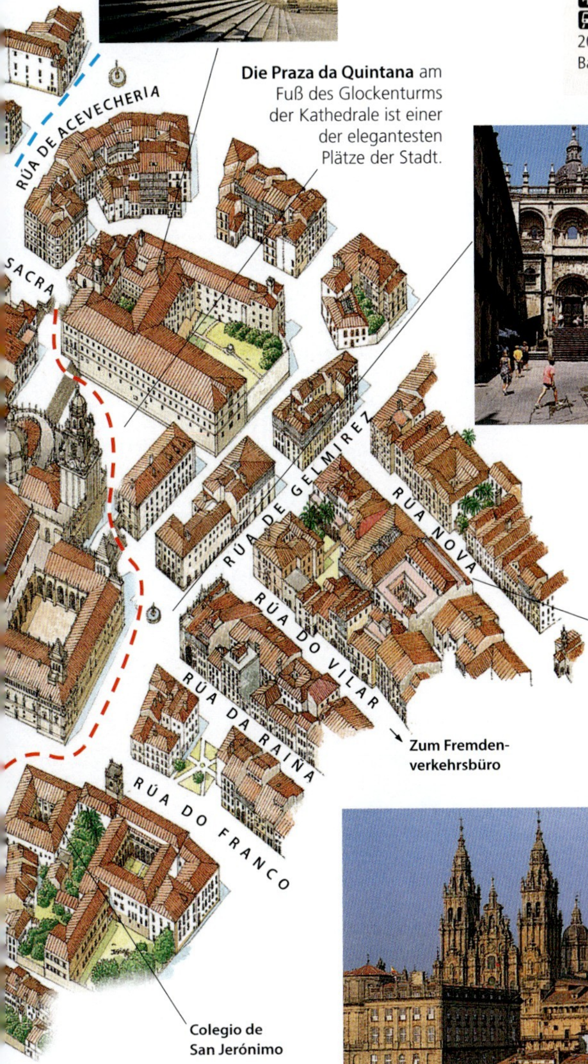

Die Praza da Quintana am Fuß des Glockenturms der Kathedrale ist einer der elegantesten Plätze der Stadt.

Praza das Praterias
Das Silberschmiedeportal der Kathedrale führt auf diesen zauberhaften Platz mit der Fuente dos Cavalos (17. Jh.).

Die Rúa Nova, eine von Arkaden gesäumte Straße, führt von der Kathedrale in den neueren Stadtteil.

→ **Zum Fremdenverkehrsbüro**

Colegio de San Jerónimo

★ Kathedrale
Das großartige hoch aufragende Bauwerk begrüßt seit Jahrhunderten die Pilger. Obwohl das Äußere im Lauf der Zeit umgestaltet wurde, blieb der Kern seit dem 11. Jahrhundert praktisch unverändert.

Legende
— Routenempfehlung
— Pilgerroute

Santiago: Kathedrale

Mit den beiden barocken Türmen über der Praza do Obradoiro wirkt dieses Monument des hl. Jakobus so majestätisch, wie es einer der bedeutendsten Stätten der Christenheit gebührt. Das Bauwerk entstand zwischen 1075 und 1128 an der Stelle einer von Alfonso II errichteten Basilika aus dem 9. Jahrhundert. Der Pórtico da Gloria führt in den Innenraum, der schon im Mittelalter die Pilger empfing. Der Chor des Meisters Mateo wurde komplett rekonstruiert.

Stempel im Pass für die Pilgerreise

★ **Westfassade**
Die barocke Fassade zur Praza do Obradoiro kam im 18. Jahrhundert hinzu.

★ **Pórtico da Gloria**
Das Portal mit den Apostel- und Prophetenstatuen stammt aus dem 12. Jahrhundert.

Außerdem

① **Das Museo de la Catedral** ist über drei Bereiche der Kathedrale verteilt und präsentiert wertvolle Exponate aus der Geschichte des Gotteshauses sowie Tapisserien von Goya.

② **Santo dos Croques** begrüßt schon seit dem 12. Jahrhundert die Pilger. Wer die Statue mit der Stirn berührt, soll Glück und Weisheit erlangen.

③ **Pazo de Xelmírez**

④ **Statue des heiligen Jakobus**

⑤ **Die Zwillingstürme** sind üppig gestaltet und überragen mit einer Höhe von 74 Metern die anderen Türme der Kathedrale.

⑥ **Das *botafumeiro*,** ein riesiges Weihrauchgefäß über dem Altar, wird bei großen Messen von acht Männern geschwungen.

⑦ **Die Mondragón-Kapelle** (1521) enthält wunderbare schmiedeeiserne Gitter und ein schönes Gewölbe.

⑧ **Uhrenturm**

⑨ **Kreuzgang**

⑩ **Kapitelsaal**

Hotels und Restaurants in Galicien *siehe Seiten 562 und 582f*

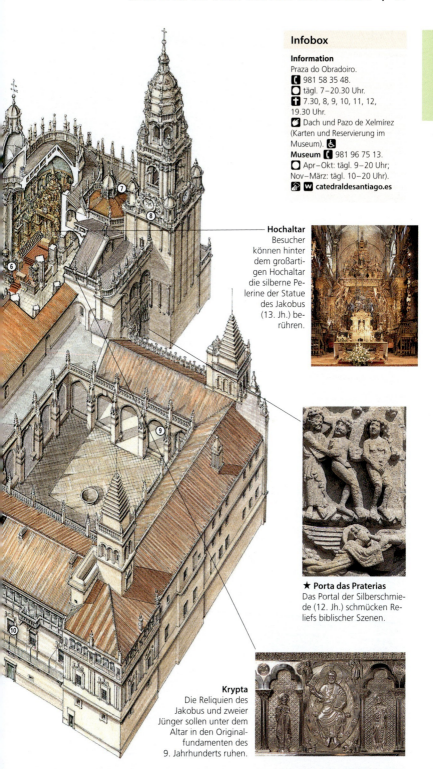

Infobox

Information
Praza do Obradoiro.
☎ 981 58 35 48.
🕐 tägl. 7–20.30 Uhr.
✝ 7.30, 8, 9, 10, 11, 12,
19.30 Uhr.
📷 Dach und Pazo de Xelmírez
(Karten und Reservierung im
Museum). ♿
Museum ☎ 981 96 75 13.
🕐 Apr–Okt: tägl. 9–20 Uhr;
Nov–März: tägl. 10–20 Uhr).
🔗 🌐 catedraldesantiago.es

Hochaltar
Besucher
können hinter
dem großarti-
gen Hochaltar
die silberne Pe-
lerine der Statue
des Jakobus
(13. Jh.) be-
rühren.

★ Porta das Praterias
Das Portal der Silberschmiede (12. Jh.) schmücken Reliefs biblischer Szenen.

Krypta
Die Reliquien des
Jakobus und zweier
Jünger sollen unter dem
Altar in den Original-
fundamenten des
9. Jahrhunderts ruhen.

❼ Padrón

La Coruña. **Karte** B3. 🏔 9000. 🚉
🚌 ℹ Avenida Compostela, 646
59 33 19. 🚢 So. 🚶 Santiago
(24./25. Juli).

Die Stadt am Río Ulla ist heute
für ihre Paprikaschoten bekannt. Vor der Versandung des
Flusses war Padrón ein wichtiger Hafen. Der Legende nach
kam das Boot mit den Gebeinen des Jakobus *(siehe S. 86)*
hier an. Der Stein, an dem es
angeblich vertäut wurde, der
padrón, liegt unter dem Altar
der Kirche nahe der Brücke.
   Eine der größten Dichte-
rinnen Galiciens, Rosalia de
Castro (1837–1885), lebte hier.
Ihr Haus am Stadtrand, in dem
sie zuletzt wohnte, ist heute
ein Museum.

Umgebung: Der Ferienort Noya
(Noia), 20 Kilometer westlich
an der Küste, hat eine gotische
Kirche. Östlich von Padrón zie-
ren ein mit Zinnen versehener
Turm und ein Park mit See das
Herrenhaus Pazo de Oca.

🏛 **Museo Rosalia de Castro**
A Matanza. 📞 981 81 12 04.
⭕ Di–So. ♿ 🚻

Der malerische Park von Pazo de Oca

❽ La Toja (A Toxa)

Bei El Grove, Pontevedra. **Karte** B3.
🚌 ℹ Praza do Corgo, El Grove,
986 73 14 15. 🚢 Fr.

Die winzige, mit Pinien bedeckte Insel (galicisch: A Toxa),
einer der vornehmsten Ferienorte Galiciens, ist durch eine
Brücke mit dem Festland verbunden. Das Grandhotel *(siehe
S. 562)* und die Villen betonen
die elegante Atmosphäre. La
Tojas Wahrzeichen ist die mit
Jakobsmuscheln bedeckte Kirche aus dem 12. Jahrhundert.
Jenseits der Brücke liegt auf
einer Halbinsel der Fischerhafen El Grove (O Grove) mit
schönen Stränden.

❾ Pontevedra

Pontevedra. **Karte** B3. 🏔 83 000.
🚉 🚌 ℹ Casa da Luz, Praza da
Verdura s/n, 986 09 08 90. 🚢
1., 8., 15., 23. jeden Monats.
🚶 Fiestas de la Peregrina (2. Woche
im Aug).

Pontevedra liegt im Landesinneren, an der Spitze eines
Fjords vor dem Hintergrund
grüner Hügel. Die Altstadt
ist ein Gewirr gepflasterter
Gassen und Plätze mit Granit-
kreuzen, Arkaden und Tapas-
Bars. Südlich der Altstadt sind
in den **Ruínas de San Domingos** römische Stelen, galicische
Wappen und Grabplatten zu
sehen. Die platereske Fassade
der **Iglesia de Santa María la
Mayor** (16. Jh.) im Westen enthält im oberen Teil Figuren von
Ruderern und Fischern.
   Auf der **Plaza de la Leña**
bilden zwei Herrenhäuser des
18. Jahrhunderts das **Museo
de Pontevedra**, eines der besten Museen Galiciens. Die
Bronzeschätze der Gegend
sind ebenso beeindruckend
wie die Gemälde des 15. Jahrhunderts und die Werke Zurbaráns und Goyas. Höhepunkte des Museums sind die
Zeichnungen und Gemälde
von Alfonso Castelao, einem
galicischen Maler und Schriftsteller, der das Elend seines
Volkes während des Bürgerkriegs darstellte.

🏛 **Museo de Pontevedra**
Calle Pasantería 2–12. 📞 986 80
41 00. ⭕ Di–Sa 10–21, So 11–
14 Uhr. **Ruínas de San Domingos**
Sommer: Di–Sa 10–14 Uhr (Winter-
zeiten bitte der Website entnehmen).
🌐 **museo.depo.es**

Das mit Jakobsmuscheln bedeckte Dach der Kirche auf der Insel La Toja

Rías Baixas

Der südliche Teil der galicischen Westküste besteht aus vier großen Fjorden
oder Meeresarmen. Die Strände sind
schön, die Landschaft ist herrlich, das
Klima ist milder als an der Nordküste.
Obwohl Orte wie Vilagarcía de Arousa
und Panxón beliebte Urlaubszentren
sind, ist der Küstenstreifen der Rías

Baixas meist so unberührt wie an dem
Abschnitt zwischen Muros und Noya.
Dieser Teil der Küste ist eines der ergie-
bigsten Fischfanggebiete Spaniens.
Entlang den Fjorden reihen sich Mu-
schelzuchtbänke, die wie halb unter-
getauchte U-Boote aussehen. Im Spätherbst werden die Muscheln geerntet.

Muros, ein
kleiner befes-
tigter Hafen,
besitzt gut
erhaltene Bei-
spiele typisch
galicischer
Architektur.

Zwischen Muros und Noya ist die
Küste weniger bebaut als weiter
südlich. Das Hinterland der kahlen felsigen Küste bilden Hügel.

Vilagarcía de Arousa ist ein
beliebter Urlaubsort mit einer
Promenade und einem großen
Wassersportangebot.

Cambados ist bekannt für seinen
Weißwein. Die gepflasterte Plaza
de Fefiñanes wird von schönen
alten Häusern gesäumt.

Pontevedra, die geschäftige Provinzhauptstadt,
liegt malerisch an
einem tiefen Fjord.

Hio, ein Fischerdorf
mit schönen Stränden,
wartet mit einem der
kunstvollsten Stein-
kreuze Galiciens auf.

Combarro ist ein malerisches Fischerdorf, be-
kannt für seine *hórreos*
(siehe S. 31) am Meer.

Die Illas Cíes haben
Sandstrände, klares
Wasser und ein Vo-
gelschutzgebiet.

Panxón,
jenseits der breiten
Bucht von Bayona
(siehe S. 100), ist
ein beliebter Ferien-
ort mit großartigen
Sandstränden.

Map labels: Carnota, Serra de Outes, Punta dos Remedios, Esteiro, Lira, Muros, Boa, Noya (Noia), Punta Louro, Ría de Muros e Noia, Tállara, Porto do Son, Ponte Beluso, Mirador da Curota, Boiro, Rianxo, Xuño, Bamio, Vilagarcía de Arousa, A Pobra Caramiñal, Ría de Arousa, Corrubedo, Arousa, Vilanova de Arousa, Ribeira, Illa de Arousa, Umia, Punta de Couzo, Cambados, O Mosteiro, Illa de Sálvora, O Grove, San Vicente do Grove, A Lanzada, Vilalonga, Poio, Combarro, Pontevedra, Sanxenxo, Illa de Ons, Marín, Ría de Pontevedra, Mirador da Cotorredondo, Cabo de Udra, Bueu, Cabo de Home, Hio, Moaña, Cangas, Teis, Mirador da Madroa, Illas Cíes, Ría de Vigo, Vigo, Coia, Panxón, Nigrán, Baiona, Cabo Silleiro, AC550, AG11, AC550, PO550, AG41, AP9, AP9, AP9, AG57

0 Kilometer 10

Kanonen auf den Wehranlagen der Festung Monterreal, Bayona

❿ Vigo

Pontevedra. **Karte** B3. 🚇 295 000.
✈ 🚉 🚌 ℹ Cánovas del Castillo
3, 986 22 47 57. 🍴 Mi, So.
🎭 Cristo de los Afligidos (Juli),
Cristo de la Victoria (1. So im Aug).
🌐 turismodevigo.es

Die größte Stadt Galiciens ist
zugleich der größte Fischereihafen Spaniens. Vigo liegt,
umgeben von bewaldeten
Hügeln, nahe der Mündung
eines von einer Hängebrücke
überspannten Fjords. Die Stadt
ist bekannt für ihre
ausgefallenen
Skulpturen, z. B.
die Pferdeplastik
des Künstlers Juan
José Oliveira auf
der Praza de
España. Der älteste
Stadtteil, Barrio del
Berbes, liegt beim
Hafen und ist ein
Seemannsviertel.
Seine gepflas-
terten Straßen
säumen viele
Bars, in

Bronzeskulptur von Oliveira
auf der Praza de España in Vigo

denen man gute Fischgerichte
kocht. Der Mercado de la Piedra (Mercado de A Pedra) am
Hafen bietet Fisch und Seafood zu günstigen Preisen.

⓫ Bayona (Baiona)

Pontevedra. **Karte** B4. 🚇 12 000.
🚌 ℹ Paseo Ribeira, 986 68 70 67.
🍴 Mo in Sabaris. 🎭 Santa Libera-
ta (20. Juli), Virgen de la Anunciada
(2. So im Aug).
🌐 turismodebaiona.com

Die *Pinta*, eine der Karavellen
der Flotte Kolumbus', landete
am 1. März 1493 in diesem
Hafen mit der ersten Nachricht
von der Entdeckung der Neu-
en Welt. Heute ist Bayona ein
quirliger Urlaubsort. Die romanische **Iglesia Antigua Colegiata de Santa María** entstand
zwischen dem 12. und 17.
Jahrhundert und zeigt Einflüsse der Zisterzienser. In die
Bogen gemeißelte Symbole
zeugen von den Zünften, die
hier wirkten.
Von der Burg auf dem Berg
Monterreal im Norden der
Stadt existieren nur noch die
Verteidigungsmauern, das Innere wurde in einen Parador
(siehe S. 562) verwandelt. Die
Kanonen sind noch zu sehen.
Von den Wehranlagen blickt
man auf die Küste.
Drei Kilometer südlich entlang der Küste steht die riesige
Statue der **Virgen de la Roca**
von Antonio Palacios (1930).
Besucher können im Inneren
der Statue hinaufsteigen.

⓬ La Guardia (A Guarda)

Pontevedra. **Karte** B4. 🚇 10 000.
🚌 ℹ Plaza del Reloj 1, 986 61 45
46. 🍴 Sa. 🎭 Virgen del Carmen
(16. Juli), Monte de Santa Tecla
(2. Woche im Aug). 🌐 aguarda.es

Der Fischerhafen La Guardia ist
für sein Fischangebot bekannt,
besonders für die Qualität seiner Hummer.
Den Monte de Santa Tecla
sprenkeln 100 runde Steinbauten einer keltischen Siedlung,
die auf 600 – 200 v. Chr. datiert
werden. Das **Museo de Monte
de Santa Tecla** informiert über
die Siedlung.

Umgebung: Zehn Kilometer
nördlich steht das **Monasterio
de Santa María** an der Bucht
von Oia. Halbwilde Pferde der
nahen Berge werden im Mai
und Juni zusammengetrieben,
um bei Fiestas Brandzeichen zu
bekommen *(siehe S. 102)*.

🏛 **Museo de Monte
de Santa Tecla**
La Guardia. 📞 690 017 038.
🔲 Di–So. ⬛ Jan. 🎫 📷

Runde Fundamente keltischer
Bauten bei La Guardia

⓭ Tuy (Tui)

Pontevedra. **Karte** B4. 🚇 17 000.
🚉 🚌 ℹ Praza de San Fernando,
677 418 405. 🍴 Do. 🎭 San Telmo
(1. Wochenende nach Ostern).

Über dem Río Miño thront
diese wichtige Grenzstadt zu
Portugal. Zauberhafte schmale
Gassen winden sich zur Altstadt und der **Kathedrale** aus
dem 12. Jahrhundert hinauf.
Da beide Länder im Mittelalter
häufig Krieg führten, ist die
Kirche im Stil einer Festung erbaut, mit Türmen und Befesti-

Fischerei

Die Spanier essen pro Kopf mehr Fisch als jedes andere Volk Europas, mit Ausnahme der Portugiesen. Die Hälfte davon fangen galicische Fischflotten. Tausende Schiffe bringen jährlich mehr als eine Million Tonnen Fisch und Muscheln ein; vieles wird direkt vor der Küste gefangen, wo es Tintenfische, Makrelen, Hummer und Muscheln gibt. Zuletzt wurden die Fischgründe um Spanien überfischt, deshalb arbeiten die Spanier zunehmend vor Kanada und Island.

Entladen des Fangs in Vigo, dem größten Fischereihafen Spaniens

gungsanlagen. Sie besitzt einen Kreuzgang, ein schönes Chorgestühl und ein reich verziertes Westportal.

Die **Iglesia de San Telmo** ist dem Patron der Fischer geweiht. Ihre barocke Gestaltung zeigt deutlich portugiesischen Einfluss. Unweit der Kathedrale baute Gustave Eiffel im Jahr 1884 eine Eisenbrücke, den **Puente Internacional**, um eine Verbindung über den Fluss nach Valença do Minho in Portugal herzustellen.

Der Kreuzgang der romanischen **Iglesia de Santo Domingo** beim Parque de la Alameda ist mit Efeu bedeckt, die Gräber sind fein gemeißelt. Auf dem Río Miño findet im August die große Kanuwettfahrt statt.

⑭ Celanova

Orense. **Karte** C4. 🏔 6000. 🚌
ℹ️ Plaza Mayor 1, 988 43 22 01.
🗓 Do. 🎉 San Roque (15. Aug.).

Das mächtige **Monasterio de San Salvador** am Hauptplatz der Kleinstadt war früher eines der bedeutendsten Klöster Spaniens. Es wurde im 10. Jahrhundert gegründet und später barock umgebaut, einer der beiden Kreuzgänge stammt aus der Renaissance. Die Kirche des Benediktinerklosters besitzt einen kunstvollen Altar und ein goti-

Fliesen auf dem Boden der Iglesia de San Miguel

sches Chorgestühl. Im Garten steht die mozarabische **Iglesia de San Miguel** (10. Jh.).

Umgebung: Bei **Santa Comba de Bande**, 26 Kilometer südlich, steht eine noch ältere, westgotische *(siehe S. 54f)* Kirche – vermutlich aus dem 7. Jahrhundert – mit einem Laternenturm und einem Hufeisenbogen mit Marmorsäulen.

⑮ Verín

Orense. **Karte** C4. 🏔 14000. 🚌
ℹ️ Rúa Irmáns La Salle s/n, 988 4116 14. 🗓 3., 11. u. 23. des Monats. 🎉 Karneval (Feb), Santa María (15. Aug).

Trotz ihrer Lage mitten in den Weinbergen produziert die Stadt mehr als nur Wein. Ihre Quellen versorgen die Mineralwasserindustrie. Sehenswert sind die alten Häuser mit Arkaden und *galerías*. Das **Castillo de Monterrei** (drei Kilometer westlich) entstand während der Kriege gegen Portugal. Drei Ringmauern schützen zwei Burgfriede (15. Jh.) und eine Kirche (13. Jh.) mit verziertem Portal. In der Burg befanden sich früher ein Kloster und ein Hospital. Es ist im Rahmen einer Führung zu besichtigen.

Das Castillo de Monterrei, hoch über der Stadt Verín

Die ausgefallenen Kostüme der
peliqueiros in Laza

Galiciens Fiestas

Os Peliqueiros *(Karneval, Feb/März)*, Laza (Orense). Mit grinsenden Masken, fremdartigen Kostümen, mit Kuhglocken an Gürteln und Stöcke schwingend, ziehen die *peliqueiros* am Karnevalssonntag durch die Straßen. Sie können die Zuschauer attackieren, die sich nicht wehren dürfen. Am Karnevalsmontag findet eine Schlacht statt, mit Mehl, Wasser und lebenden Ameisen als Munition. Der Karneval von Laza endet am Dienstag mit dem Verlesen des satirischen »Eselstestaments« und einer symbolischen Verbrennung.
Blumenteppiche *(Fronleichnam, Mai/Juni)*, Ponteareas (Pontevedra). Die Straßen der Stadt, durch die die Fronleichnamsprozession zieht, sind mit kunstvollen Teppichen aus bunten Blumen geschmückt.
A Rapa das Bestas *(Anfang Juli)*, Oia (Pontevedra). Einheimische Bauern treiben die halbwilden Pferde zusammen, um deren Mähnen und Schweife zu stutzen. Die frühere Arbeit wurde zur Fiesta.
Tag des hl. Jakobus *(25. Juli)*, Santiago de Compostela. Am Vorabend findet auf der Praza do Obradoiro ein Feuerwerk statt. Die Feier ist besonders groß, wenn der 25. Juli auf einen Sonntag fällt.

⓰ Orense (Ourense)

Orense. **Karte** C3. 🏔 106 000. 🚊 🚌 🛈 Isabel la Católica 2, 988 36 60 64. 🏪 7., 17., 26. jeden Monats. 🎉 Os Maios (Mai), Fiestas de Ourense (Ende Juni). 🌐 ourense.travel

Die Altstadt wurde um die berühmten Thermalquellen der Stadt, die Fonte das Burgas, erbaut. Das Wasser sprudelt mit einer Temperatur von 65 °C aus drei Quellen.
Besonders interessant im alten Teil ist der Bereich um die Plaza Mayor. Die **Kathedrale** wurde 572 gegründet und im 12. und 13. Jahrhundert umgebaut. Das Retabel von Cornelis de Holanda ist vergoldet. Das romanische Portal schmücken farbige Steinfiguren, die an den Pórtico da Gloria in Santiago *(siehe S. 96)* erinnern. In der Nähe steht das Kloster **Claustro de San Francisco** aus dem 14. Jahrhundert.
Ein Wahrzeichen von Orense ist der **Puente Romano** (13. Jh.), dessen sieben Bogen im Norden der Stadt den Río Miño überspannen. Die Brücke wurde auf römischen Fundamenten erbaut und ist heute Fußgängern vorbehalten.

Umgebung: Allariz, 25 Kilometer südlich, und Ribadavia im Westen haben jüdische Viertel mit engen Gassen und romanischen Kirchen. Ribadavia ist für seine Ribeiro-Weine bekannt, außerdem gibt es hier ein Weinmuseum.

Kunstvolles gotisches Retabel in der Kathedrale von Orense

⓱ Monasterio de Santo Estevo

Ribas de Sil. **Karte** C3. 📞 988 01 01 10. ⭘ tägl. 🌐 parador.es

Nahe bei seinem Zusammenfluss mit dem Río Miño, 28 Kilometer nordöstlich von Orense, grub der Río Sil eine tiefe Schlucht, in der Staudämme zwei tiefgrüne Wasserreservoirs bilden. Eine Straße windet sich in Haarnadelkurven den Felsen hinauf zum romanisch-gotischen Monasterio de Santo Estevo. Die Anlage wurde vor einigen Jahren restauriert und ist heute ein einladender Parador mit herrlichen Gästezimmern. Einer der drei Kreuzgänge hat eine riesige Glaswand.

Der Río Sil windet sich durch die Schlucht

Das großartige Monasterio de Oseira, von den Wäldern des Valle de Arenteiro umgeben

⑱ Monasterio de Oseira

Oseira, Orense. **Karte** C3. 988 28 20 04. tägl. obligatorisch (Mo–Sa 10, 11, 12, 15.30, 16.30, 17.30, So 12.45, 15.30, 16.30, 17.30 Uhr). **W** mosteirodeoseira.org

Das Kloster steht nahe dem Weiler Oseira, der nach den Bären *(osos)* benannt ist, die hier früher lebten. Das Bauwerk hat eine barocke Fassade (1709). An einem Eingang zeigt eine Statue die Muttergottes mit dem hl. Bernhard. Das Innere der Kirche (12./13. Jh.) ist zisterziensisch einfach. Besonders beeindruckend ist der Gewölbekapitelsaal.

Fresko einer *dona* im Kloster in Vilar de Donas

⑲ Vilar de Donas

Lugo. **Karte** C2. 80. **i** Palas de Rey, Avda de Compostela 47, 982 38 07 40. **Kirche** tägl. 12–18.30 Uhr. San Antonio (13. Juni), San Salvador (6. Aug).

In dem Dorf am Weg nach Santiago *(siehe S. 86f)* steht an der Hauptstraße die Iglesia Monacal de San Salvador (frühes 12. Jh.). Sie birgt Gräber von Rittern des Ordens von Santiago und Fresken der Nonnen *(donas)*, die hier bis zum 15. Jahrhundert lebten.

Das Zisterzienserkloster **Monasterio Sobrado de los Monjes** im Nordwesten hat eine mittelalterliche Küche, einen Kapitelsaal und eine überkuppelte Kirche.

⑳ Lugo

Lugo. **Karte** C2. 98 000. **i** Plaza del Campo 11, 982 25 16 58. Di, Fr. San Froilán (4.–12. Okt). **W** lugo.gal

Ein bedeutendes Handelszentrum war die Provinzhauptstadt schon zur Zeit der Römer, die wegen der Thermalquellen kamen und die **Stadtmauer** bauten, die heute die besterhaltene Spaniens ist. An sechs Toren gelangt man auf die Mauer hinauf, von der aus man einen schönen Blick hat.

Die Altstadt verfügt über hübsche Plätze. Auf der **Praza de Santo Domingo** erinnert die schwarze Statue eines römischen Adlers an die Eroberung Lugos von den Kelten im 1. Jahrhundert n. Chr. durch Augustus. Die erhabene romanische **Kathedrale** ist jener von Santiago nachempfunden. Sie besitzt einen eleganten barocken Kreuzgang und eine Kapelle mit der Alabasterstatue Nuestra Señora de los Ojos Grandes. Das **Museo Provincial** zeigt keltische und römische Funde. Im spektakulären Neubau des **Museo Interactivo de la Historia de Lugo** (MIHL)

Kürbisflasche im Museum von O Cebreiro

wird die Stadtgeschichte mit Hightech-Exponaten illustriert.

Umgebung: In **Santa Eulalia** versteckt sich ein 1924 entdecktes Bauwerk: ein winziger Tempel mit Fresken von Vögeln und Blättern. Seine Bedeutung ist unbekannt, vermutlich handelt es sich um eine frühchristliche Kirche des 3. Jahrhunderts.

Museo Provincial
Praza da Soidade. 982 24 21 12. Juli, Aug: Mo–Sa (Sa nur vormittags); Sep–Juni: tägl. (So nur vormittags). **W** museolugo.org

Museo Interactivo de la Historia de Lugo (MIHL)
Parque da Milagrosa. Di–Sa 11–13.30, 17–19.30, So 17–20 Uhr. **W** museolugo.org

㉑ O Cebreiro

Lugo. **Karte** D3. 1000. **i** 982 36 70 25. Santa Maria Real (8. Sep), Santo Milagro (9. Sep).

Hoch in den Bergen im Osten Galiciens, nahe der Grenze zu León, liegt einer der ungewöhnlichsten Orte auf dem Weg nach Santiago. In der Kirche aus dem 9. Jahrhundert fand 1300 angeblich ein Wunder statt: Wein verwandelte sich in Blut, Brot in Fleisch. In der Nähe des Gotteshauses stehen *pallozas*, runde, strohgedeckte Hütten. Einige dieser keltischen Wohnhäuser wurden restauriert. Eines beherbergt ein Volkskundemuseum.

Museo Etnográfico
O Cebreiro. 982 36 70 53. Di–So.

Asturien und Kantabrien

Asturien · Kantabrien

Das spektakuläre Massiv der Picos de Europa verläuft quer über die Grenze von Asturien und Kantabrien. Dörfer in abgelegenen Bergtälern und bewaldeten Vorbergen leben vom traditionellen Kunsthandwerk, daneben gibt es viele alte Städte und Kirchen, an der Küste hübsche Fischerhäfen. Vor über 18 000 Jahren entstanden wunderschöne Höhlengemälde wie die in Altamira.

Asturien ist stolz, der maurischen Eroberung getrotzt zu haben. Die Reconquista Spaniens begann bereits 718, als Christen eine maurische Streitmacht bei Covadonga in den Picos de Europa schlugen.

Das christliche Königreich Asturien wurde im 8. Jahrhundert gegründet. In einer kurzen künstlerischen Hochphase entstanden in der Nähe der Hauptstadt Oviedo viele Kirchen, von denen einige frühromanische noch stehen. Asturien ist Region und Fürstentum. Als spanische Thronfolgerin übernahm Leonor de Borbón 2014 den Titel »Fürstin von Asturien« von ihrem Vater Felipe VI. In der ursprünglichen Landschaft wird Apfelwein und Käse hergestellt und ein eigenartiger Dialekt, *bable* oder *asturiano*, gesprochen.

Kantabrien beeindruckt mit grandioser Landschaft und bemerkenswerter Gastronomie. Die bergige Region ist reich an romanischen Kirchen in abgelegenen Orten, gut erhaltenen Städten und Dörfern wie Santillana del Mar, Carmona und Bárcena Mayor. Das Zentrum Kantabriens ist Santander – Hauptstadt, Hafen und beliebter Ferienort mit vielen Stränden.

Über die Hälfte beider Regionen besteht aus Bergland, in den Laubwäldern leben die letzten wilden Bären Spaniens. An der Küste gibt es hübsche Fischerhäfen und Ferienorte wie Castro Urdiales, Ribadesella und Comillas sowie sandige Buchten zum Schwimmen. Sowohl Küstenebene als auch Hochland sind ideal für einen erholsamen Urlaub auf dem Land.

Kuhweide am Lago de la Ercina in den Picos de Europa

◀ Das fruchtbare Weideland der Costa Verde *(siehe S. 108f)* von Asturien reicht bis ans Meeresufer

Überblick: Asturien und Kantabrien

Die Gegend wird landschaftlich von der Bergkette Picos de Europa dominiert, die sich über beide Regionen erstreckt. Die zerklüfteten Massive sind ideal zum Klettern und Bergsteigen, sie können zum Teil auch per Auto oder Fahrrad erkundet werden. Heimat seltener Tier- und Pflanzenarten sind die Naturschutzgebiete dieser Gegend, hier leben z. B. Auerhähne und Braunbären. Die Küste bietet viele Sandbuchten zum Baden, während die Universitätsstädte Santander und Oviedo ein vielseitiges kulturelles Leben aufweisen. Zahlreiche Orte lohnen den Besuch, vor allem die alte Stadt Santillana del Mar. In Kantabrien finden sich Beispiele frühester Kunst, ganz besonders in Altamira, dessen Höhlenmalereien und -gravierungen zu den ältesten Europas gehören.

Typischer blumengeschmückter Balkon im Dorf Bárcena Mayor

Blick über den bevölkerten Strand Playa del Camello, Santander

Weitere Zeichenerklärungen *siehe hintere Umschlagklappe*

Sehenswürdigkeiten auf einen Blick

1 Taramundi
2 Castro de Coaña
3 Costa Verde
4 Teverga
5 Avilés
6 Gijón (Xixón)
7 Oviedo
8 Valdediós
9 Ribadesella
10 Cangas de Onís
11 *Parque Nacional de los Picos de Europa S. 112f*
12 Potes
13 Comillas
14 Valle de Cabuérniga
15 Alto Campoo
16 Museo de Altamira
17 Santillana del Mar
18 Puente Viesgo
19 Santander
20 Laredo
21 Castro Urdiales

Kantabrische Milchbauern beladen ihren Wagen mit Heu

In Asturien und Kantabrien unterwegs

Die Hauptstraße durch die Region ist die N634, die streckenweise schmal und hügelig ist und unter dichtem Lastwagenverkehr leidet. Die meisten anderen Straßen folgen den Tälern und verlaufen in Nord-Süd-Richtung. Die kleineren sind in der Regel in gutem Zustand, aber oft kurvenreich. Malerisch ist die FEVE-Eisenbahnlinie, die von Bilbao bis Ferrol in Galicien an der Küste entlangführt. Asturien hat einen internationalen Flughafen bei Avilés. Teile von Kantabrien liegen näher zum Flughafen von Bilbao.

Legende

- ══ Autobahn
- ＝＝ Autobahn (im Bau)
- ── Hauptstraße
- ══ Nebenstraße
- ── Panoramastraße
- ▭▭ Eisenbahn (Hauptstrecke)
- ---- Eisenbahn (Nebenstrecke)
- ── Regionalgrenze
- △ Gipfel

Madonna im Convento de Regina Coeli, Santillana del Mar

Mehr über Asturien und Kantabrien? Vis-à-Vis Nordspanien.

Ein Schmied stellt Messerklingen in einer Schmiede in Taramundi her

❶ Taramundi

Asturias. **Karte** D2. 🏔 700. **ℹ** Calle
Solleiro 14, 985 64 68 77. 🎭 San
José (19. März). **W** taramundi.es

Das Dorf in der abgeschiedenen Region von Los Oscos hat
ein Besucherzentrum, das
Jeeptouren durch die Wälder
organisiert. Es gibt hier einige
Hotels und Ferienhäuser. In
Taramundi lebt noch die alte
Tradition des Schmiedehandwerks – bereits die Römer
gewannen in dieser Gegend
Eisenerz. In zwei Dutzend
Werkstätten kann man zusehen, wie Schmiede traditionelle Messer mit verzierten
Holzgriffen herstellen.

Umgebung: Etwa 20 Kilometer
östlich steht in **San Martín de
Oscos** ein Palast aus dem
18. Jahrhundert. In **Grandas de
Salime**, 10 Kilometer weiter im
Südosten, illustriert das Museo
Etnográfico lokales Kunsthandwerk, traditionelles Leben und
Landwirtschaft.

🏛 Museo Etnográfico de
Grandas de Salime
Esquios. 📞 985 62 72 43.
⭕ tägl. ♿ ♿

❷ Castro de Coaña

Asturias. **Karte** D1. 🚌 5 km von Navia. 📞 985 97 84 01. ⭕ Mi–So. ♿

Castro de Coaña, eine der
besterhaltenen keltischen Siedlungen in Spanien, wurde in
der Eisenzeit gegründet und
später von den Römern eingenommen. An einem Hügel im
Navia-Tal liegen die Überreste
der Befestigungsanlagen und
die Grundmauern von ovalen
und rechteckigen Bauten. Im
Inneren sind ausgehöhlte Steine zu erkennen, die vermutlich
dem Zerstampfen von Getreide
dienten.

Das Museum zeigt viele der
Funde, die hier ausgegraben
wurden. Zu den interessanten
gehören Keramiken, Werkzeuge und römische Münzen.

Runde Steinfundamente von
Wohnhäusern in Castro de Coaña

Braunbären

Der Bestand der spanischen Braunbären *(Ursus arctos)* schwand von
etwa 1000 zu Beginn des 20. Jahrhunderts auf heute rund 250
Tiere. Jagd und Zerstörung des
natürlichen Lebensraums verursachten diesen Rückgang. Die
Einrichtung von Naturparks wie
Somiedo, wo die meisten Bären
Asturiens zu finden sind, und neue
Schutzbestimmungen sollen helfen, dass der prächtige Allesfresser
sich wieder vermehrt.

Einer der wenigen Bären in
den Wäldern Asturiens

❸ Costa Verde

Asturias. **Karte** F1–G2. ✈ 🚉
Avilés. 🚌 Oviedo, Gijón. **ℹ** Avilés,
Calle Ruiz Gómez 21, 985 54 43 25.

Die trefflich so bezeichnete
»grüne Küste« ist eine Kette
wunderschöner Sandbuchten
und dramatischer Klippen,
unterbrochen von tiefen Flussmündungen und Fischerdörfern. Im Landesinneren
weichen üppige Weiden, Pinien- und Eukalyptuswälder
den Bergen. Dieser Küstenabschnitt ist unberührter als
viele andere Spaniens. Ferienorte und Hotels sind meist
relativ klein.

Zwei hübsche Fischerhäfen,
Castropol und **Figueras**, liegen
am Ostufer der Ría de Ribadeo,
die die Grenze zu Galicien bildet. Östlich davon findet man
die malerischen Dörfer Tapia
de Casariego und Ortiguera in
einer kleinen Felsenbucht.
Luarca kauert neben einer
Kirche und einem Friedhof
auf einer Landzunge und hat
einen netten Hafen voller Fischerboote. In **Cudillero** drängen sich Straßencafés und
Fischrestaurants am Hafen in
einer kleinen Bucht. Dahinter
sprenkeln weiße Bauernhäuser
die steilen Berghänge.

Weiter die Küste entlang
gelangt man zu der Landzunge
Cabo de Peñas. Das Fischerdorf **Candás** veranstaltet am
14. September bei Ebbe Stierkämpfe am Strand. **Lastres**,
östlich von Gijón, liegt beeindruckend unter einer Klippe.
Isla besitzt einen breiten
Strand. Hinter Ribadesella

Kirche und Friedhof blicken von der Landzunge bei Luarca aufs Meer

kommt man nach **Llanes**. Bemerkenswert in dem alten befestigten Hafen vor dramatischer Bergkulisse sind die Ruinen der Wehranlage und schöne Strände.

❹ Teverga

Asturias. **Karte** E2. 🏔 1700. 🚌 La Plaza. 🛈 Dr García Miranda s/n, San Martín de Teverga, 985 76 42 93. ◯ Sa, So (15. Juni–15. Sep: Di–So). 🔲 tevergaturismo.com

Die Gegend ist reich an Flora und Fauna und alten Kirchen. Am Südende der Teverga-Schlucht liegt **La Plaza** mit der romanischen Iglesia de San Pedro de Teverga.

Westlich von La Plaza wartet **Villanueva** mit der romanischen Iglesia de Santa María auf. Der Wanderpfad Senda del Oso (20 km) führt an einem Bärengehege vorbei.

Umgebung: Der **Parque Natural de Somiedo** umfasst die an León grenzende Bergregion. Seine Wiesen, Kastanien-, Buchen- und Eichenwälder durchstreifen Wölfe, Bären und Auerhähne, seltene Wildblumen wachsen hier. Vier eiszeitliche Gletscherseen liegen im Park, hie und da sieht man *teitos*, strohgedeckte Hirtenhütten *(siehe S. 31)*.

❺ Avilés

Asturias. **Karte** E1. 🏔 80 000. ✈ 🚊 🚌 🛈 Calle Ruiz Gómez 21, 985 54 43 25. 🔳 Mo. 🎿 San Agustín (letzte Woche im Aug).

Im 19. Jahrhundert war Avilés das Zentrum der asturischen Stahlindustrie. Auch heute umgeben große Fabriken die Stadt. Sie besitzt einen netten mittelalterlichen Kern rund um die Plaza de España. Die **Iglesia de San Nicolás Bari** zieren Fresken und ein Renaissance-Kreuzgang. In der **Iglesia de Padres Franciscanos** befinden sich eine schöne Kapelle (14. Jh.) und das Grab des ersten Gouverneurs von Florida. Ringsherum laden von Arkaden gesäumte Straßen mit belebten Bars zum Bummeln ein.

❻ Gijón (Xixón)

Asturias. **Karte** F1. 🏔 273 000. 🚊 🚌 🛈 Puerto Deportivo, Espigón Central de Fomento, 985 34 17 71. 🔳 So. 🎿 Semana Negra (Mitte Juli), La Virgen de Begoña (15. Aug). 🔲 gijon.info

Gijón ist die größte Stadt der Provinz. Ihr Industriehafen wurde im Bürgerkrieg von den Nationalisten bombardiert und später wiederaufgebaut. Ihr berühmtester Sohn ist Gaspar Melchor de Jovellanos, bedeutender Autor und Diplomat des 18. Jahrhunderts.

An einer Landenge und -zunge schmiegt sich die Altstadt um die Plaza Mayor und den **Palacio de Revillagigedo** (18. Jh.), der heute als Kulturzentrum dient. Der Sandstrand nahe dem Zentrum ist im Sommer dicht bevölkert.

🏛 **Palacio de Revillagigedo/ Centro Cultural Cajastur**
Plaza del Marqués 2. 📞 985 34 69 21. ◯ Di–Sa 11.30–13.30, 17–20 Uhr, So 12–14 Uhr. ♿

Die hübsche Iglesia de San Pedro aus dem 12. Jahrhundert in La Plaza

❼ Oviedo

Asturias. **Karte** E2. 🗺 220 000. 🚃
🚌 ℹ Plaza de la Constitución 4,
985 49 35 63. 🖲 Do, Sa, So.
🎎 San Mateo (14.–21. Sep).
🌐 turismoviedo.es

Die Universitätsstadt ist Kultur-
und Wirtschaftszentrum Asturiens. Die Kohleminen machten Oviedo im 19. Jahrhundert
zu einem bedeutenden Indus-
triestandort. Die Stadt bewahrt
etwas von der Atmosphäre
jener Zeit, die Clarín in seinem
Roman *La Regenta (siehe S. 39)*
beschrieben hat.

In und um Oviedo sind viele
frühromanische Bauwerke zu
finden. Der Stil entwickelte
sich im 8.–10. Jahrhundert in
einem kleinen Gebiet Asturiens, eine der wenigen spanischen Enklaven, die nicht von
den Mauren erobert wurde.

Der Kern der mittelalterlichen Stadt ist die Plaza Alfonso II, umgeben von schönen
Palästen. Den Platz krönt die
gotische **Kathedrale** mit dem
hohen Turm und der asymmet-
rischen Westfassade. Im Inneren befinden sich die Gräber
asturischer Könige und ein vergoldetes Retabel. Das Juwel
der Kathedrale ist die Cámara
Santa, eine restaurierte Kapelle
aus dem 9. Jahrhundert mit
ausdrucksstarken Statuen von
Christus und den Aposteln
sowie großartigen Werken der

**Kreuz mit Engel aus dem Schatz der
Kathedrale von Oviedo**

asturischen Kunst des 9. Jahrhunderts, darunter zwei Kreuze und ein Reliquienschrein.

An diesem Platz steht auch
die **Iglesia de San Tirso**. Sie
wurde im 9. Jahrhundert errichtet, aber spätere Restaurierungen ließen als einzigen
frühromanischen Bauteil nur
das Ostfenster übrig.

Hinter der Kathedrale liegt
das Benediktinerkloster San
Vicente mit schönem Kreuz-
gang. Hier zeigt das **Museo
Arqueológico de Asturias** prä-
historische und romanische
Schätze der Gegend. Das
Museo de Bellas Artes im Ve-
larde-Palast beherbergt asturi-
sche und kastilische Gemälde
wie das Porträt Carlos' II von
Carreños *(siehe S. 74)* sowie
Werke von El Greco, Goya,
Dalí und Miró.

Zwei der großartigsten
frühromanischen Kirchen im
Norden thronen auf dem Berg
Naranco. **Santa María del Na-**

Santa María del Naranco

Die Kirche auf dem Berg Naranco wurde im 9. Jahrhundert
ursprünglich als Sommerpalast für Ramiro I erbaut. Sie
ist eines der schönsten Beispiele frühromanischer
oder asturischer Architektur. Elegante Pro-
portionen der Bauten sowie originelle
und anmutige Verzierungen kennzeichnen diesen Stil.

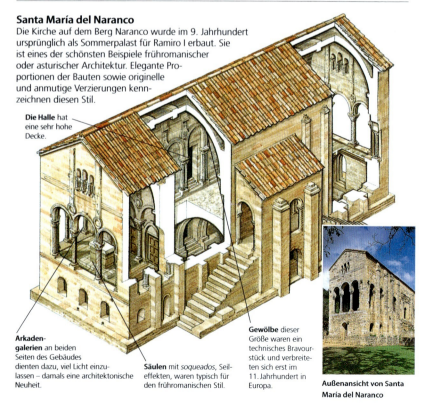

Die Halle hat
eine sehr hohe
Decke.

**Arkaden-
galerien** an beiden
Seiten des Gebäudes
dienten dazu, viel Licht einzu-
lassen – damals eine architektonische
Neuheit.

Säulen mit *soqueados*, Seil-
effekten, waren typisch für
den frühromanischen Stil.

Gewölbe dieser
Größe waren ein
technisches Bravour-
stück und verbreite-
ten sich erst im
11. Jahrhundert in
Europa.

**Außenansicht von Santa
María del Naranco**

Hotels und Restaurants in Asturien und Kantabrien *siehe Seiten 562f und 583f*

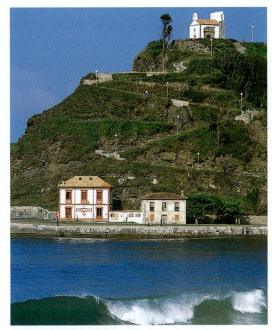

Kapelle bei Ribadesella mit Blick auf das Meer

ranco hat im Hauptgeschoss eine Halle mit Tonnengewölbe und Loggien. Einige Reliefs an dem Türpfosten der Kirche **San Miguel de Lillo** zeigen Akrobaten und Dompteure.

Die Kirche **San Julián de los Prados** aus dem frühen 9. Jahrhundert steht an der Straße von Oviedo nach Nordosten. Sie ist die größte erhaltene romanische Kirche Spaniens und wegen der Fresken bekannt, die einst den ganzen Innenraum bedeckten.

Museo Arqueológico de Asturias
Calle San Vicente 3. ☎ 985 20 89 77. ○ Mi–So. ♿

Museo de Bellas Artes
Calle Santa Ana 1. ☎ 985 21 30 61. ○ Di–So. ♿

❽ Valdediós

Asturias. **Karte** F2. 🚶 150. 🛈 Monasterio de Sta María, 985 89 23 25. **Kloster** ○ Di 11–11.45, 13–13.45, Mi–So 11–13, 16.30–18.30 Uhr.

Abseits dieses Dörfchens steht auf einem Feld die kleine **Iglesia de San Salvador** aus dem

9. Jahrhundert, ein Juwel der Frühromanik mit asturischen Fresken. Die Zisterzienserkirche (13. Jh.) im Monasterio de Santa María nebenan hat einen Kreuzgang aus dem 16. Jahrhundert.

Umgebung: Im Norden liegt der Ferienort **Villaviciosa** inmitten von Apfelhainen und einer Hügellandschaft mit Herrenhäusern. Die Iglesia de San Juan im nahen **Amandi** zieren ein Portal (13. Jh.), schöne Steinmetzarbeiten und Friese.

Iglesia de San Salvador de Valdediós in malerischer Umgebung

❾ Ribadesella

Asturias. **Karte** F2. 🚶 6000. 🚆 🚌 🛈 Paseo Princesa Letizia, 985 86 00 38. 🍴 Mi. 🛶 Fahrt auf dem Río Sella (1. Sa im Aug). 🖥 ribadesella.es

Die Kleinstadt am Meer säumt eine Flussmündung. Auf der einen Seite liegt unterhalb einer Klippe der alte Hafen mit vielen Tapas-Bars, die andere Seite ist ein Urlaubsgebiet. Eine Kajakflotte landet hier während einer Regatta, die jährlich am ersten Samstag im August in Arriondas startet.

Die **Cueva de Tito Bustillo** am Stadtrand ist reich an Stalaktiten. Berühmt sind die 1968 entdeckten prähistorischen Malereien, einige von etwa 18 000 v. Chr., die Hirsche und Pferde darstellen. Aus konservatorischen Gründen dürfen täglich nur 360 Menschen in die Höhle; Tickets sind täglich ab 10 Uhr erhältlich, Reservierung ist möglich. Ein Museum auf dem Gelände illustriert den Alltag jener Zeit.

Cueva de Tito Bustillo
Ribadesella. ☎ 985 18 58 60. ○ März–Okt: Mi–So. 🎫 (Mi frei).

❿ Cangas de Onís

Asturias. **Karte** F2. 🚶 6500. 🚌 🛈 Plaza del Ayuntamiento 1, 985 84 80 05. 🍴 So. 🛶 San Antonio (13. Juni), Fiesta del Pastor (25. Juli). 🖥 cangasdeonis.com

In Cangas de Onís am Fuß der Picos de Europa (siehe S. 112f) errichtete im 8. Jahrhundert Pelayo, Held der Reconquista, seinen Hof. Die Stadt hat eine romanische Brücke und die Kapelle Santa Cruz (8. Jh.), die auf einem Dolmen erbaut wurde.

Umgebung: Etwa drei Kilometer östlich des Ortes liegt die **Cueva del Buxu** mit Felsmalereien, die über 10 000 Jahre alt sind. Nur 25 Besucher täglich dürfen die Höhlen in Fünfergruppen besichtigen.

Cueva del Buxu
☎ 608 17 54 67 (mobil). 🚫 Mi–So. 🎫 Reservierung obligatorisch. ○ Mi–So 15–17 Uhr. 🎫 (Mi frei).

⓫ Parque Nacional de los Picos de Europa

Die Berge wurden angeblich von heimkehrenden Seemännern »Bergspitzen Europas« getauft, denn sie waren oft das Erste, was sie von der Heimat sahen. Die Bergkette bildet heute Spaniens größten Nationalpark. Sie weist unterschiedlichste Landschaftsformen auf und erstreckt sich über drei Regionen – Asturien, Kantabrien sowie Kastilien und León. Tiefe Schluchten verlaufen durch schroffe Felsen, anderswo blühen Obstplantagen und Weiden in grünen Tälern. Die Berge laden zum Klettern und Wandern ein. Gute Straßen und viele Unterkünfte fördern den Tourismus.

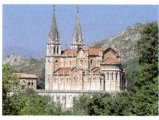

Covadonga
Die romanische Basilika entstand von 1877 bis 1901 an der Stelle von Pelayos historischem Sieg.

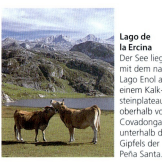

Lago de la Ercina
Der See liegt mit dem nahen Lago Enol auf einem Kalksteinplateau oberhalb von Covadonga und unterhalb des Gipfels der Peña Santa.

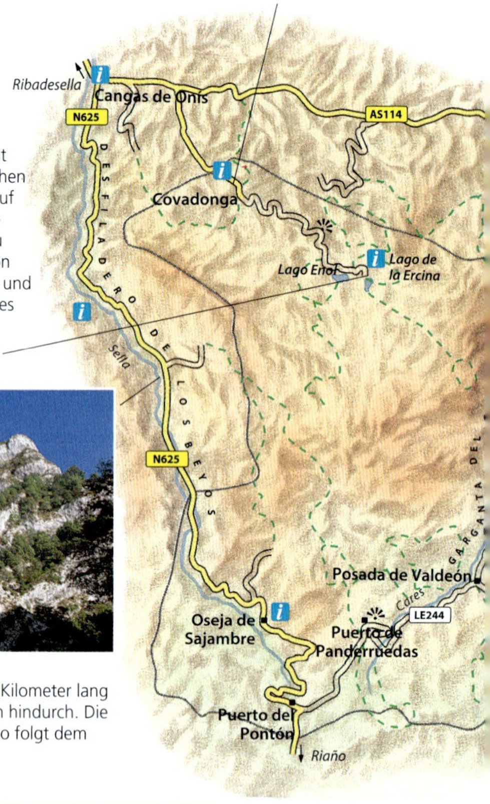

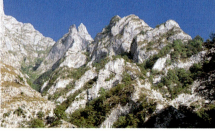

Desfiladero de los Beyos
Diese tiefe enge Schlucht windet sich zehn Kilometer lang spektakulär zwischen hohen Kalksteinfelsen hindurch. Die Hauptstraße von Cangas de Onís nach Riaño folgt dem Verlauf des Río Sella.

Außerdem

① **Desfiladero del Río Cares** Der Cares grub im Zentrum der Picos de Europa eine Schlucht, der ein atemberaubender Weg folgt: durch Tunnels hindurch und über bis zu 1000 Meter hohe Brücken über den Fluss.

② **Bulnes** ist eines der entlegensten Dörfer Spaniens. Man erreicht es mit einer unterirdischen Standseilbahn von Puente Poncebos oder auch zu Fuß. Die Aussicht auf den Naranjo de Bulnes ist fantastisch.

③ **Naranjo de Bulnes** (2519 Meter) bildet mit seinem gezackten Bergkamm das Zentrum des Massivs. Er ist einer der höchsten Gipfel der Picos de Europa.

Legende
- Hauptstraße
- Nebenstraße
- Fußweg
- Parkgrenze

Hotels und Restaurants in Asturien und Kantabrien *siehe Seiten 562f und 583f*

Ein Blick auf die imposanten Picos de Europa

Infobox

Information
Karte FG2. **ℹ** Casa Dago, Avenida Covadonga 43, Cangas de Onís, 985 84 86 14.
w infopicosdeeuropa.com

Seilbahn Funte Dé
◯ tägl. 10– 18 Uhr.
● 1., 6. Jan, 24., 25., 31. Dez.
☎ 942 73 66 10. **☒**

Anfahrt
🚌 Oviedo–Cangas de Onís.

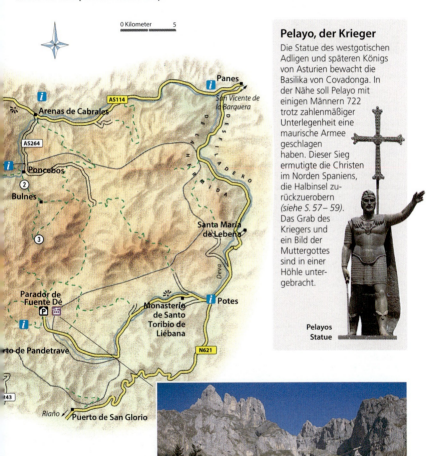

0 Kilometer   5

Panes
San Vicente de la Barquera
AS114
Arenas de Cabrales
AS264
Poncebos
Bulnes
Santa María de Lebeña
Parador de Fuente Dé
Monasterio de Santo Toribio de Liébana
Potes
rto de Pandetrave
N621
Riaño
Puerto de San Glorio

Pelayo, der Krieger

Die Statue des westgotischen Adligen und späteren Königs von Asturien bewacht die Basilika von Covadonga. In der Nähe soll Pelayo mit einigen Männern 722 trotz zahlenmäßiger Unterlegenheit eine maurische Armee geschlagen haben. Dieser Sieg ermutigte die Christen im Norden Spaniens, die Halbinsel zurückzuerobern *(siehe S. 57– 59)*. Das Grab des Kriegers und ein Bild der Muttergottes sind in einer Höhle untergebracht.

Pelayos Statue

Fuente-Dé-Seilbahn
Die Seilbahn *(teleférico)* bringt Besucher von Fuente Dé (1090 m) zum wilden, mit Kratern durchsetzten Felsplateau (1850 m). Von hier eröffnet sich ein schönes Panorama auf die Gipfel und Täler der Picos de Europa.

**Statue der Muttergottes,
San Vicente de la Barquera**

Asturiens und Kantabriens Fiestas

La Vijanera *(1. So im Jahr)*, Silió (Kantabrien). Die Parade hat keltische Ursprünge und feiert den Triumph des Guten über das Böse.

La Folía *(2. So nach Ostern)*, San Vicente de la Barquera (Kantabrien). Die Statue der Virgen de la Barquera soll in San Vicente in einem Boot gelandet sein. Einmal im Jahr segelt sie auf einem geschmückten Boot an der Spitze einer Prozession, um das Meer zu segnen. Junge Mädchen, *picayos*, singen am Ufer Volkslieder.

Fiesta del Pastor *(25. Juli)*, nahe Cangas de Onís (Asturien). Volkslieder und -tänze werden beim jährlichen Schäferfest in der Vega de Enol im Nationalpark Picos de Europa aufgeführt.

Batalla de Flores *(letzter Fr im Aug)*, Laredo (Kantabrien). Blumengestecke werden durch den kleinen Ferienort getragen. Der Prozession folgt ein Blumenwerfen für alle.

Nuestra Señora de Covadonga *(8. Sep)*, Picos de Europa (Asturien). Massen strömen zur heiligen Stätte von Covadonga *(siehe S. 112)*, um die Schutzheilige Asturiens, die Virgen de Covadonga *(la Santina)*, zu ehren.

⑫ Potes

Cantabria. **Karte** G2. 🗻 1300. **ℹ** Plaza de la Independencia s/n, 942 73 81 26. 🚌 Mo. 🎇 Ntra. Sra. de Valmayor (15. Aug), Santísima Cruz (14. Sep).

Die Kleinstadt, deren mit Balkonen geschmückte Häuser den Fluss säumen, ist Hauptort der östlichen Picos de Europa. Auf dem fruchtbaren Boden des Valle de Liébana gedeihen beste Walnüsse, Kirschen und Trauben. Auch der Schnaps Orujo wird hier gebrannt. Die **Torre del Infantado** auf dem Ortsplatz ist ein Festungsturm aus dem 15. Jahrhundert.

Umgebung: Zwischen Potes und der Küste verläuft die Schlucht **Desfiladero de la Hermida**. Auf halber Strecke steht die mozarabische Kirche **Santa María de Lebeña** aus dem 10. Jahrhundert.

Die Klosterkirche **Santo Toribio de Liébana**, westlich von Potes, ist eine der meistverehrten heiligen Stätten der Picos de Europa. Das Kloster (7. Jh.) wurde später in ganz Spanien bekannt, weil es angeblich den größten Splitter des Heiligen Kreuzes erhielt, der in einem Silberreliquiar liegt. Der Mönch Beatus von Liébana schrieb im 8. Jahrhundert die *Offenbarung der Apokalypse*, die oft kopiert und illustriert wurde. Franziskaner wohnen in den romanischen, im 13. Jahrhundert umgebauten Gebäuden.

⑬ Comillas

Cantabria. **Karte** G2. 🗻 2200. **ℹ** Plaza Joaquín del Piélago 1, 942 72 25 91. 🚌 Fr. 🎇 El Cristo (16. Juli). **Palacio de Sobrellano** ◯ Apr–Okt: tägl. 9.30–18.30 Uhr (Mitte Juni–Mitte Sep: bis 19.30 Uhr); Nov–März: tägl. 9.30–15.30 Uhr. 🎫 🄯

Der Urlaubsort ist für seine Bauten des Modernisme *(siehe S. 144f)* bekannt. Der neugotische **Palacio de Sobrellano** (1881) entstand nach Plänen von Joan Martorell.

Steinbrücke und Häuser in der alten Stadt Potes

Erhaltene klassische Säulen zwischen den Ruinen der römischen Stadt Juliobriga bei Reinosa

Comillas bekanntester Bau ist Antoni Gaudís *(siehe S. 168)* **El Capricho**. Das Palais wurde 1883–89 gebaut und ist ein vom Mudéjar-Stil inspiriertes Traumgebilde mit einem minarettartigen Turm. Ein weiteres Jugendstil-Gebäude ist die **Universidad Pontificia**, die von einem Hügel aufs Meer blickt. Joan Martorell baute sie nach Plänen von Lluís Domènech i Montaner *(siehe S. 144)*.

Wandfliese an der Fassade von El Capricho

Umgebung: Der Fischerhafen **San Vicente de la Barquera** hat arkadengesäumte Schutzmauern und die gotisch-romanische Kirche Nuestra Señora de los Ángeles.

⓮ Valle de Cabuérniga

Cantabria. **Karte** G2. 🚌 Bárcena Mayor. 🛈 Ayuntamiento de Cabuérniga, 942 70 60 01.

Die herrliche ländliche Architektur von zwei malerischen Städten lockt viele Besucher in das Cabuérniga-Tal. Eine gut ausgebaute Straße führt in das einst abgeschiedene **Bárcena Mayor**, dessen von alten Laternen beleuchtete Gassen einladende Boutiquen und Restaurants säumen. Die Balkone der hübschen Häuser sind mit Blumen geschmückt.

Carmona ist ein weiteres altes ursprüngliches Dorf etwa 20 Kilometer nordwestlich von Bárcena Mayor. Auch hier findet man die typisch kantabrischen Holzbalkone *(siehe S. 30)*. In Carmona lebt die Holzschnitzerei, das traditionelle Handwerk der Region, noch fort. Männer arbeiten vor ihren Häusern an Schalen, Geigen, *albarcas* (Holzschuhe) und Stühlen. Der Palacio de los Mier, ein Herrenhaus (17. Jh.) im Dorf, wurde aufwendig restauriert und beherbergt heute ein Hotel.

Die großen wilden Buchenwälder bei **Saja** wurden zum Naturschutzgebiet erklärt.

Traditionelle Häuser mit Balkonen in Bárcena Mayor

⓯ Alto Campoo

Cantabria. **Karte** G2. 🏔 2000. 🚉 🚌 Reinosa. 🛈 Estación de Montaña, 942 77 92 23 (vorm.); Reinosa, 942 75 52 15. 🎉 San Sebastián (20. Jan, Reinosa).

Dieser Wintersportort liegt unterhalb des Pico de Tres Mares (2175 m), des »Gipfels der drei Meere« – die hier entspringenden Flüsse fließen in Mittelmeer, Atlantik und den Golf von Biscaya. Die Quelle des Río Ebro, eines der längsten Flüsse Spaniens, bei Fontibre ist ein lohnendes Ausflugsziel. Eine Straße und ein Sessellift führen zum Gipfel, der einen herrlichen Blick auf die Picos de Europa und andere Bergketten bietet. Der kleine Ort hat 22 Pisten von 32 Kilometern Länge und viele Lokale.

Umgebung: Die Marktstadt **Reinosa**, etwa 25 Kilometer östlich von Alto Campoo, hat alte Steinhäuser. In Retortillo, weiter südöstlich, sind die Ruinen von **Juliobriga**, einer von den Römern als Bastion gegen die Stämme Kantabriens erbauten Stadt, zu besichtigen.

Die Hauptstraße von Reinosa nach Süden führt nach **Cervatos**. Die Fassade der früheren Kollegiatskirche zieren »sündige« Darstellungen unter dem Dach. Sie sollten die Bewohner von fleischlichen Genüssen abhalten.

In **Arroyuelo** und **Cadalso** im Südosten wurden zwei Kirchen im 8. und 9. Jahrhundert in den Fels gebaut.

Eine der vielen Bisondarstellungen in der Höhle von Altamira

⑯ Museo de Altamira

Cantabria. **Karte** G2. 📞 942 81 80 05. 🚌 Santillana del Mar. **Höhle** ⬤ für Besucher (Details bitte der Website entnehmen). **Museum** ⭕ Mai–Okt: Di–Sa 9.30–20 Uhr, So 9.30–15 Uhr; Nov–Apr: Di–Sa 9.30–18, So 9.30–15 Uhr. ⬤ 1., 6. Jan, 1. Mai, 28. Juni, 24., 25., 31. Dez. ♿ 🖼 W museodealtamira.mcu.es

Diese Höhle birgt einige der bedeutendsten Beispiele prähistorischer Kunst. Die frühesten der 1879 entdeckten Gravierungen und Zeichnungen gehen auf 16 000 v. Chr. zurück (*siehe S. 52f*). Die eigentliche Höhle kann nicht besichtigt werden, der Nachbau auf dem Gelände lohnt den Besuch. In Puente Viesgo, Ribadesella (*siehe S. 111*) und Nerja (*siehe S. 489*) stehen ähnliche Höhlen noch offen.

⑰ Santillana del Mar

Cantabria. **Karte** G2. 🏔 4000. 🚌 ℹ Calle Jesús Otero 20, 942 81 88 12. 🎭 Santa Juliana (28. Juni), San Roque (16. Aug). W santillanadelmarturismo.com

Die etwas landeinwärts gelegene Stadt straft ihren Namen Lügen – nichtsdestotrotz ist sie einer der schönsten Orte Spa-

niens. Das Gesamtbild der goldfarbenen Häuser aus dem 15. bis 18. Jahrhundert blieb weitgehend intakt.

Die Stadt entstand um das romanische Kloster **La Colegiata**, einer bedeutenden Pilgerstätte. Die Kirche mit verziertem Südportal birgt das Grab der im frühen Mittelalter getöteten Märtyrerin Juliana und ein bemaltes Retabel aus dem 17. Jahrhundert. Die Kapitelle des Kreuzgangs zieren biblische Szenen.

Eine der beiden gepflasterten Hauptstraßen säumen von Adligen erbaute Häuser mit Holzgalerien oder Eisenbalkonen und Wappen an den Fassaden. Die Erdgeschosse dienten früher als Kuhställe.

An der bezaubernden **Plaza Mayor** im Stadtzentrum befindet sich ein in einen Parador umgewandeltes Wohnhaus. Das **Museo Diocesano** im schön restaurierten

Christusfigur im Convento de Regina Coeli

Convento de Regina Coeli östlich des Zentrums besitzt eine sehenswerte Sammlung religiöser Figuren.

🏛 Museo Diocesano

El Cruce. 📞 942 84 03 17. ⭕ Di–So. 🖼

⑱ Puente Viesgo

Cantabria. **Karte** H2. 🏔 2800. 🚌 ℹ Calle Manuel Pérez Mazo 2, 942 59 81 05 (Rathaus). 🎭 La Perola (20. Jan), San Miguel (28./29. Sep).

Der Kurort Puente Viesgo ist bekannt für den **Monte Castillo**. In den Kalksteinhügeln finden sich einige ausgemalte Höhlen. Man glaubt, dass spätpaläolithische Höhlenbewohner ihr Inneres als Heiligtum nutzten. Sie hinterließen Darstellungen von Pferden, Bisons und anderen Tieren und viele Handabdrücke. Ocker und andere Farben wurden aus Mineralien der Höhlen gewonnen.

Umgebung: Im üppigen Pas-Tal im Südosten von Puente Viesgo leben Almbauern, die Pasiegos. Im Hauptort **Vega de Pas** können Sie zwei Spezialitäten kaufen: *sobaos*, einen Frühstückskuchen, und *quesadas*, aus Milch, Butter und Eiern hergestellte Süßigkeiten (*siehe S. 81*). In **Villacarriedo** steht ein schönes Herrenhaus mit zwei verzierten barocken Fassaden, die einen mittelalterlichen Turm verbergen.

🏰 El Monte Castillo

Puente Viesgo. 📞 942 59 84 25. ⭕ Mi–So (Mitte Juni–Mitte Sep: Di–So; Nov–Feb: nur vormittags). 🖼 🚻

Hauptfassade von La Colegiata in Santillana del Mar

Der Palacio de la Magdalena in El Sardinero, Santander

⑲ Santander

Cantabria. **Karte** H2. 🚗 172 000. ✈ 🚉 🚌 ⛴ 🛈 Jardines de Pereda s/n, 942 20 30 00. 🖪 Mo–Do. 🎉 Santiago (25. Juli). 🌐 turismodecantabria.com

Kantabriens Hauptstadt, ein florierender Hafen, liegt an einer Bucht an der Südseite einer großen Landzunge. Das Stadtzentrum wurde nach einem Feuer 1941 neu aufgebaut. Die **Kathedrale** entstand nach dem Brand im gotischen Stil, besitzt aber noch die Krypta des 12. Jahrhunderts. Das **Museo de Arte Moderno y Contemporáneo** zeigt Werke von Goya und Künstlern des 19. bis 21. Jahrhunderts. Das **Museo de Prehistoria y Arqueología** stellt Funde aus den Höhlen Kantabriens aus, darunter neolithische Axtköpfe, römische Münzen und Figurinen.

Das **Museo Marítimo** besitzt seltene Walskelette und 350 Arten hiesiger Fische.

Die Stadt erstreckt sich entlang der Landzunge Península de la Magdalena mit Park, Zoo und dem prächtigen **Palacio de la Magdalena**, einem Sommerpalast (1912) von Alfonso XIII – die damalige Königsfamilie kam gern hierher.

Die Vorstadt **El Sardinero** am Meer, nördlich der Landzunge, ist ein Seebad mit schönem Strand, stillen Parks, Cafés und einem majestätischen weißen Casino. Im Juli und August findet hier ein Festival mit Musik und Theater statt.

🏛 **Museo de Arte Moderno y Contemporáneo**
Calle Rubio 6. 🕿 942 20 31 20. 🖪 Di–So. 📷

🏛 **Museo de Prehistoria y Arqueología**
Calle Bailén s/n. 🕿 942 20 71 09. 🖪 Di–So. ♿ 📷

🏛 **Museo Marítimo**
Calle Severiano Ballesteros s/n. 🕿 942 27 49 62. 🖪 tägl.

⑳ Laredo

Cantabria. **Karte** H2. 🚗 11 500. 🚌 🛈 Alameda Miramar, 942 61 10 96. 🎉 Batalla de Flores (letzter Fr im Aug), San Martín (11. Nov).

Sein langer Sandstrand machte Laredo zu einem der beliebtesten Badeorte Kantabriens. In der Altstadt führen enge Gassen, gesäumt von Häusern mit Balkonen, zur **Iglesia de la Asunción** aus dem 13. Jahrhundert mit flämischem Altar und gewaltigen Bronzechorpulten. Einer der Höhepunkte des Jahres ist die bunte Fiesta der Blumenschlacht *(siehe S. 114)*.

㉑ Castro Urdiales

Cantabria. **Karte** J2. 🚗 32 000. 🚌 🛈 Avda de la Constitución 1, 942 87 15 12. 🖪 Do. 🎉 San Pelayo (26. Juni), Coso Blanco (1. Fr im Juli), San Andrés (30. Nov). **Kirche** 🖪 tägl.

Der Fischerort entstand um einen natürlichen Hafen. Über ihm thront die gotische **Iglesia de Santa María**, die so groß wie eine Kathedrale wirkt. Die kürzlich restaurierte Burg wurde angeblich von den Templern erbaut und später in einen Leuchtturm umgewandelt. Hübsche Häuser mit *galerías* säumen die elegante Promenade. Der kleine Strand der Stadt ist oft überlaufen, im Westen befinden sich jedoch noch größere, z. B. die Playa de Ostende.

Umgebung: Nahe dem kleinen Ort **Ramales de la Victoria**, 40 Kilometer südlich, erreicht man über eine steile Bergstraße Höhlen mit prähistorischen Zeichnungen und Gravierungen.

Kleine Boote, vertäut im Hafen von Castro Urdiales

Baskenland, Navarra und La Rioja

Vizcaya · Guipúzcoa · Álava · La Rioja · Navarra

Grüne Hügel treffen im Baskenland, dem Land eines uralten Volkes mit bis heute ungeklärter Abstammung, auf den Atlantik. Navarra war im Mittelalter ein mächtiges Königreich. Auch die wilden, unwegsamen Westpyrenäen tragen zum Zauber der Landschaft bei. Aus den Weinbergen von La Rioja im Süden stammen einige der besten Weine Spaniens.

Die Basken sind zweifellos anders: Stets betonen sie, dass ihre Kultur sich von der des übrigen Spanien unterscheidet. Obwohl ihre Regionalregierung beachtliche Autonomie besitzt, haben Separatisten lange Zeit versucht, die Verbindungen mit der Regierung in Madrid zu durchtrennen.

Das mit Naturschätzen gesegnete Baskenland (Euskadi im Baskischen) ist eine wichtige Industrieregion. Die Basken sind hervorragende Hochseefischer. In ihrer vielseitigen Küche, die manche für die beste Spaniens halten, spielt Fisch eine entsprechend große Rolle. Aus dem Baskenland kommen viele Sterne-Köche.

Die baskische Sprache Euskara, die mit keiner anderen Sprache Europas verwandt ist, findet man auch auf Straßenschildern. Die meisten Städte haben zwei Namen, so heißt San Sebastián auf Baskisch Donostia. Auch in Teilen Navarras wird Euskara gesprochen. Städte wie Olite und Estella sowie das Kloster von Leyre stammen aus dem Mittelalter, als sich das Königreich Navarra bis über die Pyrenäen erstreckte. In der Hauptstadt Pamplona findet im Juli die berühmte Fiesta Sanfermines mit dem Stierlauf, dem *encierro*, statt.

La Rioja verfügt neben Weingärten und Kellereien auch über Gärtnereien. Historische Sehenswürdigkeiten sind die Kathedrale von Santo Domingo de la Calzada und die beiden Klöster von San Millán de la Cogolla.

Bauernhof bei Guernica (Gernika-Lumo) im Baskenland

◀ Sommerliche Farbenpracht der Felder von La Rioja *(siehe S. 132f)*

Überblick: Baskenland, Navarra und La Rioja

Die grünen Regionen Spaniens bieten vielerlei. Die Pyrenäen in Navarra laden im Winter zum Skifahren, das restliche Jahr zum Klettern, Höhlenforschen und Kanufahren ein. Felsige Fjorde, Buchten mit feinen Sandstränden und Fischerdörfer unterbrechen die Klippen des Baskenlandes. Im Landesinneren winden sich Straßen über bewaldete Hügel, durch Täler und Schluchten, vorbei an einsamen Burgen und abgeschiedenen Höfen. In La Rioja im Süden führen sie durch Weingärten, Dörfer und Städte, die sich um Kirchen und Klöster drängen.

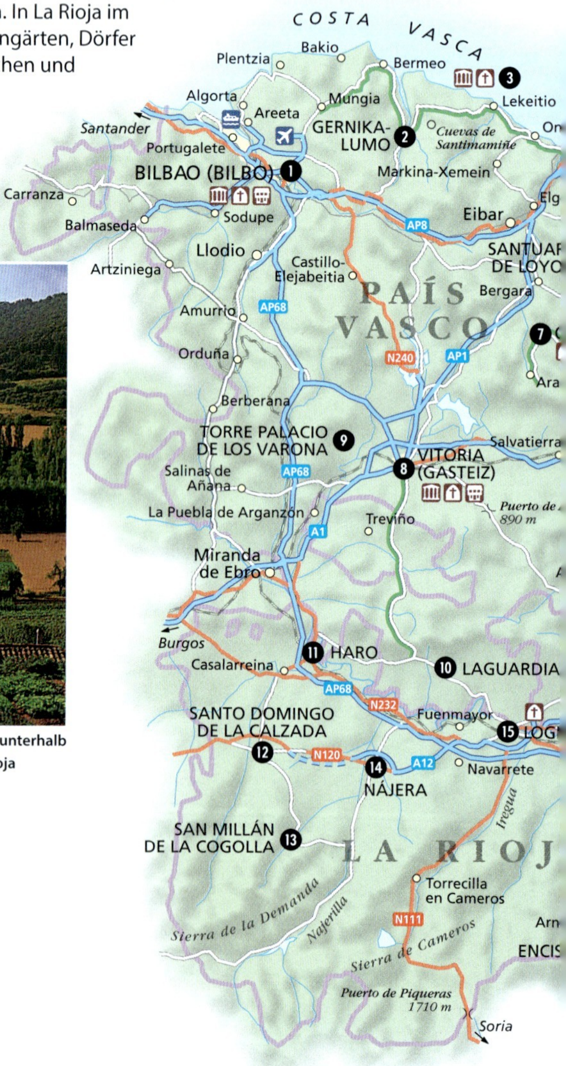

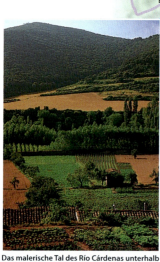

Das malerische Tal des Río Cárdenas unterhalb von San Millán de la Cogolla in La Rioja

Legende

- ═══ Autobahn
- ═ ═ Autobahn (im Bau)
- ─── Hauptstraße
- ┄┄┄ Nebenstraße
- ─── Panoramastraße
- ▰▰▰ Eisenbahn (Hauptstrecke)
- ──── Eisenbahn (Nebenstrecke)
- ▬▬▬ Staatsgrenze
- ▬▬▬ Regionalgrenze

0 Kilometer   25

COSTA VASCA

Plentzia Bakio
Algorta Bermeo 🏛️ 🏰 **3**
Areeta Mungia Lekeitio
Santander Portugalete **GERNIKA-LUMO** **2** *Cuevas de Santimamiñe* On
BILBAO (BILBO) **1** Markina-Xemein Elg
Carranza 🏛️ 🏰 🎭 Sodupe **AP8** Eibar
Balmaseda Llodio **SANTUAR DE LOYO**
Artziniega Castillo-Elejabeitia Bergara
Amurrio **AP68** **PAÍS VASCO** **7**
Orduña **N240** **AP1** Ara
Berberana Salvatierra
TORRE PALACIO DE LOS VARONA **9** **VITORIA (GASTEIZ)** **8**
Salinas de Añana **AP68** 🏛️ 🏰 🎭 *Puerto de 890 m*
La Puebla de Arganzón **A1** Treviño
Miranda de Ebro
Burgos **11** **HARO** **10** **LAGUARDIA**
Casalarreina **AP68**
SANTO DOMINGO DE LA CALZADA **N232** Fuenmayor 🏰 **15** LOG
12 **N120** **14** **A12** Navarrete
NÁJERA
SAN MILLÁN DE LA COGOLLA **13** **L A   R I O J**
Torrecilla en Cameros
Sierra de la Demanda *Najerilla* **N111** Arn
Sierra de Cameros **ENCIS**
Puerto de Piqueras 1710 m *Soria*

Sehenswürdigkeiten auf einen Blick

Im Baskenland, in Navarra und La Rioja unterwegs

Die Hauptstraße im Norden, die A8, verbindet Irún mit Bilbao. Die AP68 verläuft von Bilbao über Haro nach Süden und folgt dem Ebro-Tal. Es gibt Autobahnabschnitte nach Vitoria und Pamplona. Die Eisenbahn verbindet Großstädte mit anderen größeren Städten, zu den meisten Orten fahren Busse. Bilbao hat einen internationalen Flughafen.

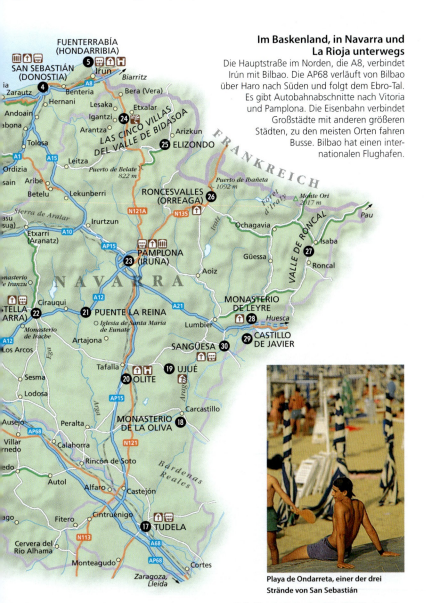

Playa de Ondarreta, einer der drei Strände von San Sebastián

Mehr über das Baskenland? Vis-à-Vis Nordspanien.

Gebäude am Río Nervión im
Zentrum von Bilbao

❶ Bilbao (Bilbo)

Vizcaya. **Karte** J2. 🏛 345 000. ✈
🚌 🚆 🚢 *i* Plaza Circular 1, 944
795 760. 🎉 Santiago (25. Juli), La
Asunción (15. Aug), Semana Grande
(Ende Aug). **W** bilbaoturismo.net

Bilbao (Bilbo) ist das Zentrum
der baskischen Industrie, einer
der wichtigsten Handelshäfen
Spaniens und die größte baskische Stadt. Ihre Vororte erstrecken sich 16 Kilometer lang bis
zur Mündung des Río Nervión
(Nerbioi). Der 1893 erbaute
Puente Colgante überspannt
den Fluss zwischen Las Arenas
und dem Fischerhafen Portugalete. Die Brücke hat eine
Hängekabine für Autos und
Fußgänger. Am Ostufer der
Mündung liegt Santurtzi
(Santurce), wo Fähren nach
England ablegen.

Bilbao erblühte Mitte des
19. Jahrhunderts als Industriestadt. Damals begann man,

Eisenerz aus den Flözen zu fördern. Bald prägten Stahlhütten
und Chemiefabriken das Landschaftsbild. Nach einem inten-
siven Verschönerungsprogramm
präsentiert sich die Stadt heute
sauber und attraktiv. Neben
einem effizienten U-Bahn- und
Straßenbahnnetz gibt es einen
modernen Flughafen mit guter
Anbindung zur Innenstadt.

Der *casco viejo* (die Altstadt)
aus dem 14. Jahrhundert steht
heute wie wenig im Schatten
spektakulärer Neubauten. Zwischen Gassen mit gut besuchten Pintxos-Bars verstecken
sich die von Arkaden umgebene Plazuela de Santiago und
die **Catedral Basílica de Santiago**. Das **Museo Vasco** zeigt
baskische Kunst, Kunsthandwerk und Fotografien.

In der Neustadt stellt das
große **Museo de Bellas Artes**
Werke von alten baskischen
und katalanischen Meistern
aus, ferner moderne Künstler
wie Vasarely, Kokoschka,
Bacon, Delaunay und Léger.

Kultureller Höhepunkt der
Stadt ist das **Museo Guggenheim Bilbao** *(siehe S. 124f)*, das
1997 eröffnet wurde. Das Museum ist Teil der umfassenden
Stadterneuerung nach Plänen
von Norman Foster. Dazu gehören die Erweiterung des
Hafens und die Metro.

Architektonisch interessant
ist auch der **Palacio da la Música y Congresos Euskalduna**.
Er ist in der Form eines Schiffes
gebaut und umfasst mehrere
Konzertsäle.

Azkuna Zentroa heißt das
neue Kulturzentrum der Stadt
in einem einstigen Warenlager,
das von Philippe Starck umgestaltet wurde. Hier gibt es auch
Restaurants, eine Bibliothek,
eine Schwimmhalle und eine
tolle Dachterrasse.

Im Westen führen eine Straße und eine Drahtseilbahn
nach La Reineta, von wo aus
man die Docks überblickt.

🏛 **Museo Vasco**
Plaza Miguel de Unamuno 4. 📞
944 155 423. 🕐 Mi–Mo. ⬤ Feiertage. 🎫 (Do frei). ♿

🏛 **Museo de Bellas Artes**
Plaza del Museo 2. 📞 944 396 060.
🕐 Mi–Mo. 🎫 (Mi vormittags, So
nachmittags frei).

🏛 **Palacio de la Música y
Congresos Euskalduna**
Avenida Abandoibarra 4. 📞 944 035
000. 🕐 bei Konzerten. 🎫 📷 ♿

🏛 **Azkuna Zentroa**
Plaza Arriquibar 4. 📞 944 014 014.
W azkunazentroa.eus

❷ Guernica (Gernika-Lumo)

Vizcaya. **Karte** K2. 🏛 17 000.
🚌 🚆 *i* Artekalea 8, 946 255
892. 🎉 Aniversario del Bombardeo
de Guernica (26. Apr), San Roke
(14.–18. Aug). **W** gernikalumo.net

Die Kleinstadt hat für die Basken große symbolische Bedeutung. Jahrhundertelang trafen
sich hier die Landesherren
unter einer Eiche zu Versammlungen. Am 26. April 1937
war Guernica (Gernika-Lumo)
Ziel des ersten Flächenbombar-
dements der Geschichte, das
die deutsche Legion Condor
auf Bitte General Francos flog.
Picasso hat dieses Ereignis in
einem eindringlichen Gemälde
festgehalten, das in Madrid
(siehe S. 303) zu sehen ist.

Die wiederaufgebaute Stadt
ist wenig ansprechend. In
einem Park hütet ein Pavillon
den 300 Jahre alten Stumpf
der Eiche von Gernika, *Ger-
nikako arbola*, Symbol der
Wurzeln des baskischen Volkes. Jüngere Bäume wurden
daneben eingepflanzt. Die Basken pilgern zu diesem Baum
wie zu einem Wallfahrtsort.

Zuloagas *Gräfin Mathieu von Noailles* (1913), Museo de Bellas Artes

Hotels und Restaurants im Baskenland, in Navarra und La Rioja *siehe Seiten 563f und 585f*

Baskische Fischer auf dem Buntglasfenster der Casa de Juntas in Guernica

In der **Casa de Juntas** versammelte sich 1979 erstmals das Parlament der Provinz Vizcaya, als die baskischen Provinzen ihre Autonomie erlangten. Ein Buntglasfenster stellt die Eiche von Gernika dar. Den Europa-Park nebenan zieren Friedensskulpturen von Henry Moore und Eduardo Chillida.

Umgebung: Fünf Kilometer nordöstlich von Gernika, bei Cortézubi (Kortézubi), schufen jungpaläolithische Höhlenbewohner um 11 000 v. Chr. in den **Cuevas de Santimamiñe** Kohlezeichnungen von Bisons und anderen Tieren. Die Malereien wurden 1917 entdeckt. Ein Führer begleitet Besucher durch die Höhle, allerdings können die Malereien selbst nicht mehr besichtigt werden. Man sieht die lange Galerie sowie einen unterirdischen Tropfsteingang. Die meisten anderen Höhlensysteme der Region sind nicht zugänglich.

🏛 **Casa de Juntas**
Calle Allende Salazar. 📞 946 251 138. ○ tägl. ● 1., 6. Jan, 16. Aug, 24., 25., 31. Dez. 📷 nach Vereinbarung. ♿

🏛 **Cuevas de Santimamiñe**
Kortézubi. 📞 944 651 657. ○ tägl. (Okt–Apr: Di– So). 📷📷 nach Voranmeldung.

❸ Costa Vasca

Vizcaya u. Guipúzcoa. **Karte** JK2. 🚌 Bilbao. 🚆 Bilbao. ℹ Getxo, 944 910 800.

Die 176 Kilometer lange baskische Küste ist zerklüftet: Meeresarme und Buchten unterbrechen Klippen, dahinter liegen bewaldete Hügel. Einige Orte sind industrialisiert, aber die Szenerie landeinwärts ist ansprechend.

Nördlich von Algorta (bei Bilbao) gibt es schöne Strände. Das hübsche Plentzia hat einen Yachthafen. Bakio im Osten ist für seine Strände bekannt. Jenseits davon windet sich die Küstenstraße BI3101 hoch über dem Meer an der Einsie-

Angler am Kai von Lekeitio, einem Hafen an der Costa Vasca

delei San Juan de Gaztelugatxe und Matxitxaco, einem Leuchtturm auf einer Landzunge, vorbei. Sie führt durch Bermeo, einen Hafen mit dem **Museo del Pescador**, und durch Mundaka, einen Ferienort für Surfer. An der schönen Ría de Guernica laden die Sandstrände Laida und Laga zum Baden ein.

Im Fischerhafen **Lekeitio** säumen hübsche alte Häuser das Ufer unterhalb der Kirche Santa María (15. Jh.). Ein langer Strand erstreckt sich um **Saturrarán** und den alten Hafen von **Ondárroa**. Die Straße von Lekeitio nach Ondárroa begrenzen Pinien.

Zumaia ist ein Badeort mit einer Altstadt. Der **Espacio Cultural Ignacio Zuloaga**, das frühere Haus des Malers (1870–1945), zeigt Studien des baskischen Lebens.

In **Getaria** findet man Cafés und die Iglesia de San Salvador (14. Jh.). **Zarautz** hat weite Strände und elegante Villen.

🏛 **Museo del Pescador**
Plaza Torrontero 1. 📞 946 881 171. ○ Di–So. ● Feiertage. 📷 (letzter Do im Monat frei). ♿

🏛 **Espacio Cultural Ignacio Zuloaga**
Santiago Etxea 4, Zumaia. 📞 677 078 445. ○ Apr–Sep: Mi–So 16–20 Uhr. 📷📷

Bilbao: Museo Guggenheim

Das Museo Guggenheim ist Bilbaos kultureller Höhepunkt. Allein das Gebäude ist eine Sensation: Die atemberaubende Konstruktion mit ihren silbern schimmernden Rundungen ist ein Entwurf von Frank Gehry, sie erinnert an ein Schiff ebenso wie an eine Blume. Die Sammlung umfasst ein breites Spektrum moderner und zeitgenössischer Kunst, darunter Werke von Willem de Kooning und Mark Rothko. Wechselausstellungen und große Retrospektiven ergänzen das Programm. 2005 kam die riesige Rauminstallation *The Matter of Time* von Richard Serra hinzu.

Blick von der Stadt
In der Calle de Iparraguirre ist das »Guggen«, wie die Einheimischen das Museum nennen, zwischen den alten Häusern gut sichtbar.

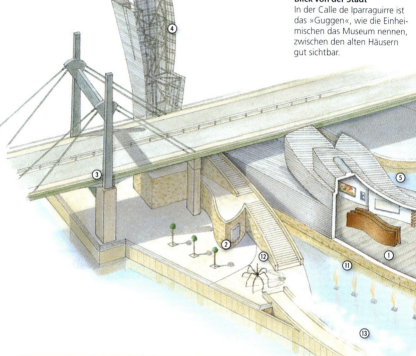

Außerdem

① **The Matter of Time** von Richard Serra (1994–97) besteht aus Stahl. Die Skulptur ist mehr als 30 Meter lang.

② **Nerua** heißt das vielfach prämierte Restaurant im Museum.

③ **Der Puente de la Salve** wurde in den Bau des Museums integriert.

④ **Der Turm** jenseits der Brücke wirkt wie ein Segel. Er gehört nicht zur Ausstellungsfläche.

⑤ **Die Dachkonstruktion** aus Metall erinnert mit ihrer bugartigen Form an ein Schiff.

⑥ **Zweiter Stock**

⑦ **Puppy**, eine vom amerikanischen Künstler Jeff Koons geschaffene, 13 Meter hohe Skulptur, ist bei den Einheimischen so beliebt, dass sie in die permanente Ausstellung übernommen wurde.

⑧ **Café**

⑨ **Wassergarten neben dem Nervión**

⑩ **Tall Tree and the Eye** von Anish Kapoor

⑪ **Yves Kleins Feuerfontänen** zählen zu den spektakulärsten Installationen.

⑫ **Louise Bourgeois'** neun Meter hohe spinnenartige Skulptur *Maman* ist eine Hommage an die Mutter der Künstlerin.

⑬ **Fog** ist ein Werk der für spannende Nebelskulpturen bekannten japanischen Künstlerin Fujiko Nakaya.

Hotels und Restaurants im Baskenland, in Navarra und La Rioja *siehe Seiten 563f und 585f*

★ Atrium
Das 60 Meter hohe Atrium ist der erste Raum, den Besucher nach dem Betreten des Museums bestaunen können. Die enorme Höhe ermöglicht die Ausstellung sehr großer und hoher Kunstwerke.

Infobox

Information
Avenida Abandoibarra 2.
📞 944 359 080.
🕐 Di–So 10–20 Uhr (Juli, Aug: tägl.). **Art After Dark** ein Freitag im Monat 22–1 Uhr. 🎫 Ticketkauf online mit Zeitfenster empfehlenswert. ♿ 🎒 🏛 🚫 🛍
🌐 **guggenheim-bilbao.eus**

Anfahrt
🅼 Moyúa. 🚌 1, 10, 11, 13, 18, 27, 38, 48, 71.

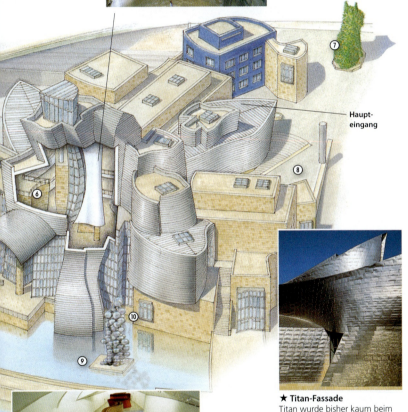

Haupt-eingang

★ Titan-Fassade
Titan wurde bisher kaum beim Bau von Gebäuden eingesetzt. 60 Tonnen wurden verbraucht. Die Beschichtung ist nur drei Millimeter dick.

Galerie 104
Die größte Galerie des Museums wird von Richard Serras Arbeiten dominiert. Architekt Frank Gehry hat das Fisch-Motiv wiederholt bei seinen Entwürfen eingesetzt.

San Sebastiáns Playa de Ondarreta mit Blick über die Bucht

❹ San Sebastián (Donostia)

Guipúzcoa. **Karte** K2. 🚶 186 000.
✈ Hondarribia (22 km). 🚌 🚆 📍 ℹ
Avenida del Boulevard 8, 943 48 11
66. 🏪 So. 📅 San Sebastián (20.
Jan), Semana Grande (Mitte Aug).
🌐 sansebastianturismo.com

San Sebastián (Donostia) liegt
in einer muschelförmigen
Bucht und ist der eleganteste
spanische Badeort. Zwei Berge
flankieren die Bucht – der
Monte Urgull im Osten und
der Monte Igueldo im Westen.
In der Öffnung der Bucht liegt
die Isla de Santa Cruz.

San Sebastián war im späten
19. Jahrhundert ein schicker
Ferienort. Es hat noch immer
viele elegante Geschäfte und
eines der größten Luxushotels
Spaniens, das Maria Cristina
(siehe S. 564).

Die Stadt ist wegen ihrer
Sommerfestivals berühmt:
Theater- und Jazzfestivals im
Mai und Juli, ein Festival klassi-
scher Musik im August und im
September das internationale
Filmfestival. Die Semana Gran-
de im August ist die wichtigste
Fiesta der Stadt.

Das Essen spielt eine wichtige Rolle im Baskenland: Viele
Basken San Sebastiáns gehören gastronomischen Clubs an;
man trifft sich zum Kochen,
Essen, Trinken und Reden.
Selbst heute noch sind Frauen
nur selten geladen.

Altstadt

San Sebastiáns faszinierende
Altstadt, Parte Vieja, ist zwischen der Bucht und dem Río
Urena eingekeilt. Restaurants
und Pintxos-Bars säumen die
besonders abends belebten
Straßen. Die zahlreichen Stände im großen Fischmarkt belegen die herausragende Rolle
des Fischs im Leben der Stadt.

Das Herz der Altstadt ist die
Plaza de la Constitución, ein
von Arkaden umgebener Platz.
Die auffälligen Zahlen an den
Balkonen stammen aus der
Zeit, als der Platz als Stier-
kampfarena diente – sie ent-
sprachen den Kartennummern.

In der Nähe stehen die **Basílica de Santa María** und die
Iglesia de San Vicente (16. Jh.).
Den **Monte Urgull** hinter der
Altstadt krönen eine Christus-
statue und das verfallene **Castillo de Santa Cruz de la Mota**.

Strände

Die zwei Hauptstrände San
Sebastiáns reichen bis zum
Monte Igueldo. Die **Playa de
Ondarreta** ist der vornehmere,
die **Playa de la Concha** der größere Strand. Zwischen ihnen
baute José Goicoa nach Entwürfen von Selden Wornum
1889 den **Palacio Miramar** als
Sommerresidenz für Königin
María Cristina. In der Folge
wurde San Sebastián zu einem
Badeort der Adligen. Der Garten ist öffentlich zugänglich,
im Palast finden regelmäßig
Veranstaltungen statt.

Am Ufer, nahe der Playa de
Ondarreta, steht die auffällige
moderne Skulpturengruppe
Der Kamm der Winde von
Eduardo Chillida. Eine Straße
und eine Seilbahn (1912) führen auf den Monte Igueldo,
auf dem es einen kleinen Vergnügungspark gibt.

Östlich der Playa de la Concha liegt der Strand für Surfer,
die **Playa de la Zurriola**, unterhalb des **Monte Ulía**.

🐟 Aquarium

Plaza Carlos Blasco de Imaz 1.
📞 943 44 00 99. ⏰ Karwoche–
Juni, Sep: tägl. 10–20 Uhr; Juli, Aug:
tägl. 10–21 Uhr; Okt–Karwoche:
tägl. 10–19 Uhr (Sa, So bis 20 Uhr).
⏰ 1., 20. Jan, 25. Dez. 🎫 🎫 🎫
🌐 aquariumss.com

Das Aquarium besitzt einen
360-Grad-Tunnel, in dem Besucher über 5000 Fische, u. a.
vier Hai-Arten, erleben können.
Die Eintrittskarten gelten auch
für das Marinemuseum, das
zahlreiche Stücke zur baskischen Seegeschichte zeigt.

Der Kamm der Winde von Eduardo Chillida

Hotels und Restaurants im Baskenland, in Navarra und La Rioja *siehe Seiten 563f und 585f*

Wandgemälde von Josep Maria Sert im Museo de San Telmo

Kursaal

Avenida de Zurriola 1. 943 00 30 00. **kursaal.com.es**
Die beiden riesigen, von Rafael Moneo entworfenen Würfel sind das Wahrzeichen der Playa de la Zurriola – vor allem wenn sie nachts beleuchtet sind. Die meiste Zeit des Jahres werden sie für Konferenzen und Konzerte genutzt.

Museo de San Telmo

Plaza Zuloaga 1. 943 48 15 80. Di–So 10–20 Uhr. 1., 20. Jan, 25. Dez. (Di frei). **santelmomuseoa.com**
Das Museum befindet sich in einem Kloster des 16. Jahrhunderts unterhalb des Monte Urgull. Im Kreuzgang steht eine Sammlung baskischer Grabsteine (15.–17. Jh.).
Ausgestellt sind zudem Möbel und Werkzeuge sowie Gemälde hiesiger Künstler, darunter Arbeiten aus dem 19. Jahrhundert von Antonio

Ortiz Echagüe, moderne Bilder von Ignacio Zuloaga, Porträts von Vicente López und Meisterwerke von El Greco. In der Kapelle stellen elf Wandgemälde des katalanischen Künstlers Josep Maria Sert baskische Legenden, Kultur und das Seefahrerleben dar.

Umgebung: Fünf Kilometer östlich von San Sebastián liegt das Dorf **Pasai Donibane** mit einem Gewirr aus Häusern mit bemalten Balkonen und exzellenten Fischrestaurants.
Hernani zehn Kilometer südlich von San Sebastián zählt wegen seines mittelalterlichen Dorfkerns zu Spaniens Kulturdenkmälern. Hernani liegt eingebettet in eine von Wäldern durchzogene Landschaft. Dazwischen findet man gut dokumentierte Zeugnisse der Megalith-Kultur sowie Dolmen und Hügelgräber.

Der Hafen des kleinen Fischerdorfes Pasai Donibane

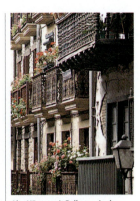

Alte Häuser mit Balkonen in der Oberstadt von Fuenterrabía

❺ Fuenterrabía (Hondarribia)

Guipúzcoa. **Karte** K2. 17 000.
Arma Plaza 9, 943 64 36 77. La Kutxa Entrega (25. Juli), Alarde (6.–8. Sep).
bidasoaturismo.com

Fuenterrabía, die historische Stadt an der Mündung des Río Bidasoa, wurde von den Franzosen jahrhundertelang ständig angegriffen. Die Oberstadt schützen Mauern aus dem 15. Jahrhundert, deren **Puerta de Santa María** noch existiert. Im Inneren drängen sich alte Häuser mit geschnitzten Dachtraufen, Balkonen und Wappen um die **Iglesia de Nuestra Señora del Manzano** mit Barockturm und einem goldenen Altarbild. Am höchsten Punkt der Stadt thront eine **Burg** (10. Jh.), die heute als Parador dient (*siehe S. 564*).
Am Ufer des Fischerviertels La Marina gibt es viele Cafés. Im Norden des Ferienorts erstrecken sich Strände.

Umgebung: Eine Bergstraße führt nach Westen zum Heiligtum der Jungfrau von Guadalupe. Wenn man diese Straße weiterfährt, hat man schöne Ausblicke auf Küste und Berge. Die **Ermita de San Marcial**, neun Kilometer weiter südlich auf einem Berg gelegen, bietet Blicke auf die Bidasoa-Ebene, durch die die Grenze verläuft – die französischen Städte sind fast weiß, die spanischen wirken grauer.

Das Filmfestival von San Sebastián

Das 1953 gegründete Festival ist eines der fünf führenden Filmfestivals in Europa. Es stellt Ende September zahlreiche internationale Filmproduktionen vor. Der Donostia-Sonderpreis wird einem Filmstar oder Regisseur in Anerkennung seines Lebenswerks verliehen: 2015 erhielt ihn Emily Watson, im Jahr davor wurden Denzel Washington und Benicio del Toro ausgezeichnet. Das Festival widmet sich vor allem dem anspruchsvollen Autorenfilm, aber auch Hollywood präsentiert hier immer wieder gerne neue Filme. Informationen unter: www.sansebastianfestival.com

Benicio del Toro in San Sebastián

Die Renaissance-Fassade der früheren baskischen Universität von Oñate

❻ Santuario de Loyola

Loyola (Guipúzcoa). **Karte** K2.
📞 943 02 50 00. 🚌 ⭕ tägl.
10–13, 15.30–19 Uhr (im Sommer
bis 19.30 Uhr).
🆆 santuariodeloyola.org

Der heilige Ignatius von Loyola,
Begründer des Jesuitenordens,
wurde im Jahr 1491 in der
Santa Casa, einem Herrensitz
bei Azpeitia, geboren. Im
17. Jahrhundert entstand hier
die Basílica de San Ignacio. Die
Räume, in denen die adlige
Familie Loiola lebte, wurden
zu Kapellen. In der Kapelle der
Wandlung erholte sich der
junge Soldat von einer Kriegs-
verletzung und machte eine
religiöse Erfahrung.

Ein Diorama zeigt Episoden
aus seinem Leben: seine Hingabe an Christus im Kloster
von Montserrat *(siehe S. 222f)*,
wie er seine *Exercitia spiritualis*
in einer Höhle in Manresa
schrieb, seine Gefangennahme
durch die Inquisition und seine
Pilgerreise ins Heilige Land. Die
zwischen 1681 und 1738 erbaute Basilika hat eine churrigureske Kuppel und ein üppig
verziertes Schiff.

❼ Oñate (Oñati)

Guipúzcoa. **Karte** K2. 🏠 11 000.
🚌 ℹ Calle San Juan 14, 943 78
34 53. 🗓 Sa. 🎉 Corpus Christi
(Mai/Juni); San Miguel (29. Sep–
1. Okt). 🆆 onaturismo.eus

Das Städtchen im Udana-Tal
hat eine ereignisreiche Vergangenheit. Im Ersten Karlistenkrieg 1833–40 *(siehe S. 67)*
war es Sitz des Hofes von Don
Carlos, dem Bruder von König
Fernando VII. Die ehemalige
Universität war jahrhundertelang die einzige im Baskenland. Ihre Renaissance-Fassade
zieren Heiligenstatuen, ihr Innenhof ist höchst elegant.

In der gotischen **Iglesia de
San Miguel** auf der Plaza de
los Fueros mit gotisch-flämi-
schem Kreuzgang ruht Bischof
Zuázola von Ávila, der Gründer
der Universität. Gegenüber
steht das barocke **Rathaus**.

Umgebung: Eine Bergstraße
führt neun Kilometer hinauf
zum **Santuario de Arantzazu**
unterhalb des Gipfels des Aitz-
gorri. 1469 soll hier ein Schäfer die Heilige Jungfrau gesehen haben. Die nach 1950
erbaute Kirche hat einen
hohen Glockenturm und ein
riesiges Altarbild aus Holz.

🏛 **Universidad de Sancti Spiritus**
Avenida de la Universidad Vasca.
📞 943 78 34 53. ⭕ tägl. für
Führungen (vorher anrufen). ♿

Das eindrucksvolle Santuario de
Loyola mit seiner Kuppel

Der Gründer des Jesuitenordens

Die Gesellschaft Jesu wurde 1539 vom heiligen Ignatius und einer Gruppe von Priestern in Rom gegründet, die sich der Hilfe
für die Armen widmeten. Papst Paul III. unterstützte bald den Orden, mit Ignatius als
Generaloberem. Der Orden wurde
reich, sagte dem Papst militäri-
sche Gefolgschaft zu und war
seine mächtigste Waffe gegen die
Reformation. Heute arbeiten annä-
hernd 24 000 Jesuiten in 110 Ländern
vorwiegend im Bildungswesen.

Der heilige Ignatius von Loyola

Baskische Kultur

Die Basken sind vielleicht das älteste Volk Europas. Ihre Herkunft ist bis heute ungeklärt. Einer Theorie zufolge sind sie die Nachkommen der Iberer, andere vermuten eine Abstammung von der Cromagnonrasse.

Die lange in Tälern isolierten Basken bewahrten ihre einzigartige Sprache sowie Mythen und Kunst jahrtausendelang fast unberührt von fremden Einflüssen. Viele Familien leben noch in abgeschiedenen *caseríos* aus Stein oder in den Bauernhäusern ihrer Ahnen. Ihre Musik und Tänze unterscheiden sich von jeder anderen Kultur, ihre Küche ist vielseitig und einfallsreich.

Die *fueros*, die alten Gesetze und Rechte, wurden von General Franco unterdrückt. Seit 1979 haben die Basken ihr Parlament, ihre Polizei und besitzen weitreichende Autonomie hinsichtlich ihrer inneren Angelegenheiten.

Die baskische Region

■ Gebiete baskischer Kultur

Die nationale Identität symbolisiert die Flagge: *La ikurriña*. Das weiße Kreuz steht für das Christentum. Das grüne Andreaskreuz erinnert an einen Sieg am Namenstag des Heiligen.

Bertsolaris sind Barden, die mitunter lustige Lieder improvisieren und die Aktuelles oder Legenden erzählen. *Bertsolaris* singen a cappella bei Versammlungen in Bars und auf Plätzen, oft im Wettstreit miteinander. Diese mündliche Übertragung bewahrt die baskische Kultur. Bis zum 16. Jahrhundert war Euskara (Baskisch) eine rein gesprochene Sprache.

Die baskische Wirtschaft beruhte immer auf Fischerei, damit verbundenen Industrien wie Schiffbau und auf Landwirtschaft. Die junge Schwerindustrie brachte neuen Wohlstand.

Traditionelle Sportarten sind im Baskenland sehr angesehen. Beim *pelota* wird ein Ball an eine Wand geschlagen und mit Korb oder Händen gefangen. Holzhacken und Gewichtheben sind ebenfalls sehr beliebt.

Zentrum von Vitoria
① El Portalón
② Museo de Arqueologia
   y Naipes (BIBAT)
③ Catedral de Santa María
④ Palacio de Escoriaza-Esquibel
⑤ Iglesia de San Miguel
⑥ Plaza de la Virgen Blanca

0 Meter   250

Zeichenerklärung
siehe hintere Umschlagklappe

❽ Vitoria (Gasteiz)

Álava. **Karte** K3. 🏠 245 000. ✈
🚌 🚃 ℹ Plaza de España 1, 945
16 15 98. 🕐 Do. 🎉 Romería de
San Prudencio (27./28. Apr), Fiestas
de la Virgen Blanca (4.–9. Aug).
🆆 vitoria-gasteiz.org/turismo

Vitoria (Gasteiz) entstand an
der höchstgelegenen Stelle der
Provinz und war Standort der
alten Baskenstadt Gasteiz. El
Campillo, das älteste Viertel,
wurde nach einem Brand wiederaufgebaut. Später wurde
die Stadt durch Eisen- und
Wollhandel reich. Vitoria ist
seit dem Jahr 1980 Hauptstadt
der Autonomieregion Baskenland und Sitz der Regionalregierung.

Im Zentrum der Altstadt
erinnert auf der **Plaza de la
Virgen Blanca** ein Denkmal
an Wellingtons Sieg über die
Franzosen 1813. Alte Häuser
mit *miradores* (Glasbalkonen)
umgeben den Platz.

Am Hang oberhalb der Plaza
birgt die **Iglesia de San Miguel**
die Statue der Virgen Blanca.
Den Namenstag der Patronin
am 5. August begeht Vitoria
festlich *(siehe S. 136)*. An der
Mauer von San Miguel an der
Plaza del Machete ist in einer
Nische eine Kopie der Machete
zu sehen, auf die die Stadt-
oberen den Eid ablegten.

In der Altstadt stehen mehrere Renaissance-Paläste, so
der **Palacio de Escoriaza-
Esquibel** (16. Jh.) mit platereskem *(siehe S. 29)* Patio.
Die Kneipen in den Gassen
sind nachts voller junger Leute.

Die Stadt hat zwei Kathedralen: Die ältere am Rand der Altstadt ist die gotische **Catedral
de Santa María**. In der Calle
Correría befindet sich **El Portalón**, ein Kaufmanns- und
Wirtshaus (15. Jh.), heute ein
Restaurant.

Späteren Datums sind die
Arkadenstraße **Los Arquillos**
und die ebenfalls von Arkaden
gesäumte **Plaza de España**. Sie
entstanden Ende des 18. Jahrhunderts, um die Alt- mit der
Neustadt zu verbinden. Die
1907 begonnene neugotische
**Catedral Nueva de María Inma-
culada** südlich der Altstadt
wurde 1973 fertiggestellt.

🏛 Artium
Calle de Francia 24. 📞 945 20 90
00. 🕐 Di–So. 🎫♿🆆 artium.org
Artium widmet sich als Museum und Kulturzentrum der
zeitgenössischen Kultur. Es
enthält eine der größten
Sammlungen moderner und
zeitgenössischer Kunst in Spanien, darunter vor allem Werke
spanischer Künstler wie Dalí,
Miró, Tàpies und Chillida.

Die ruhige Plaza de España in der Innenstadt Vitorias

Hotels und Restaurants im Baskenland, in Navarra und La Rioja *siehe Seiten 563f und 585f*

Gotisches Westportal der Catedral de Santa María, Vitoria

⋔ Museo de Arqueología y Naipes (BIBAT)

Calle Cuchillería 54. ☎ 945 20 37 00. ⊙ Di–So. ♿

Das Archäologische Museum der Stadt ist in der Casa de Guevara-Gobeo-San Juan, einem Gebäude des 16. Jahrhunderts, untergebracht. Zu sehen sind in dem Museum 1500 Exponate aus dem Paläolithikum, der Eisenzeit und der Römerzeit sowie aus dem mittelalterlichen Vitoria.

Außerdem wird hier die Spielkartensammlung des Enkels von Heraclio Fournier, Gründer der Spielkartenmanufaktur Vitorias (1868), gezeigt. Die ältesten Karten stammen aus Italien (15. Jh.). Andere Entwürfe sind von Dalí.

⋔ Museo de Armería

Paseo Fray Francisco 3. ☎ 945 18 19 25. ⊙ Di–So. 🖼 ♿

Die hier ausgestellten Waffen reichen von Steinzeitäxten bis zu Pistolen aus dem 20. Jahrhundert. Sehenswert ist auch eine Darstellung der Schlacht von Vitoria (1813).

⋔ Museo de Arte Sacro

Catedral Nueva de María Inmaculada, Calle Monseñor Cadena y Eleta. ☎ 945 15 06 31. ⊙ Di–Fr 10–14, 16–18.30, Sa 10–14, So 11–14 Uhr. 🖼 nach Vereinbarung. ♿

Die Architektur des Museums wurde dem Stil der Kathedrale angepasst. Religiöse Kunst wird hier in Abteilungen präsentiert, die sich am Material der Exponate orientieren.

❾ Torre Palacio de los Varona

Villanañe (Álava). **Karte** J3. ☎ 945 35 30 40. ⊙ Di–Sa 11–14, 16–19 Uhr, So 11–14 Uhr (Winter: nur Sa, So). 🎧 🖼

Im kleinen Ort Villanañe findet sich ein einzigartiges Beispiel mittelalterlicher Architektur. Das befestigte Militärgebäude aus dem 14. Jahrhundert ist vorzüglich erhalten. Heute zeigt hier ein Museum antike Möbel. Die Räume im Obergeschoss zieren Tapeten des 17. Jahrhunderts. Die Böden sind zum Teil mit Porzellanfliesen ausgelegt.

Umgebung: An der A2622 von Pobes nach Tuesta liegen die **Salinas de Añana**, von Mineralquellen gespeiste Salzpfannen. In der romanischen Kirche des Dorfes **Tuesta** sind gemeißelte Kapitelle mit historischen Szenen und einer Holzstatue des hl. Sebastian aus dem Mittelalter zu sehen.

❿ Laguardia

Álava. **Karte** K3. 🗺 1500. 🛈 Calle Mayor 52, 945 60 08 45. 🚌 Di. 🗓 San Juan y San Pedro (23.–29. Juni). 🌐 laguardia-alava.com

Der kleine Weinort ist die Hauptstadt von La Rioja Alavesa, einem Teil der südlichen Álava-Provinz, in der seit Jahrhunderten die Rioja-Weine hergestellt werden *(siehe S.82f)*. Hohe Berge im Norden schützen das ebene Weinbaugebiet. Von der Straße zum Herrera-Pass hat man einen guten Rundblick. Die mittelalterliche Bergstadt ist umgeben von weithin sichtbaren Stadtwällen, Türmen und Toren. Viele **Bodegas** in den engen, steilen Straßen bieten das ganze Jahr über Weinproben und Ausflüge an.

Die gotische **Iglesia de Santa María de los Reyes** weist eine düstere Fassade und ein außergewöhnliches Portal auf, im Inneren erstrahlt eine wunderbare Muttergottes mit Kind an einer Tür.

Weinberge bei Laguardia, der Hauptstadt von La Rioja Alavesa

⓫ Haro

La Rioja. **Karte** J3. 11 000.
🏛 Plaza de la Paz 1, 941 30 35
80. 🏪 Di, Sa. Weinschlacht
(29. Juni), San Juan, San Felices, San
Pedro (24.–29. Juni), Virgen de la
Vega (8. Sep). **W** haroturismo.org

Die anmutige Stadt am Ebro
hat eine lebendige Altstadt
mit Weinlokalen und sehenswerte Villen. Auf einem Hügel
thront die gotische **Iglesia de
Santo Tomás** mit ihrem plateresken Portal.

Haro ist Zentrum der Wein-
bauregion La Rioja Alta, die
höher liegt als La Rioja Baja
(siehe S. 82f). Der Lehmboden
und das Klima – eine Sierra im
Norden schützt Haro – schaffen beste Voraussetzungen für
die berühmten Weine. Viele
Bodegas veranstalten Rund-
gänge und Verkostungen.
Melden Sie sich in der Bodega
an, mitunter wird eine geringe
Gebühr erhoben.

Die Cafés bieten köstliche
Tapas und Weine der Region
sowie viel Gastlichkeit.

Höhepunkt der Fiesta, die
jedes Jahr im Juni (siehe S. 136)
stattfindet, ist die Weinschlacht, die batalla del vino.

Grab des heiligen Dominikus in Santo Domingo de la Calzada

**Reihen von Rioja-Weinstöcken auf
den Hügeln bei Haro**

⓬ Santo Domingo de la Calzada

La Rioja. **Karte** J3. 6500.
Calle Mayor 33, 941 34 12 38.
Sa. Fiestas del Santo (10.–
15. Mai), Día del Patron (12. Mai).

Die Stadt an der Straße nach
Santiago de Compostela (siehe
S. 86f) ist nach Domingo García
benannt, der als Förderer der
Pilgerroute im 11. Jahrhundert
Brücken und Straßen (calzadas)
für die Pilger baute und später
heiliggesprochen wurde. Das
Hospiz aus jener Zeit ist heute
ein Parador (siehe S. 564).

Die Skulpturen am Grab des
Heiligen in der teils romanischen, teils gotischen **Kathedrale** und die Malereien im
Chor stellen seine Wunder-
taten dar. Das seltsamste Er-
innerungsstück aber ist ein
Wandkäfig, in dem seit Jahrhunderten ständig ein Hahn
und eine Henne gehalten werden. Am Hochaltar ist das letzte Werk von Damià Forment
zu bewundern, ein geschnitztes Altarbild aus Walnuss von
1541. Sehenswert sind auch
die restaurierten Stadtmauern
des 14. Jahrhunderts.

Hahn und Henne des hl. Dominikus

Als Huldigung an die Leben spendende Kraft des Heiligen
werden in der Kathedrale von Santo Domingo de la
Calzada ein Hahn und eine Henne gehalten. Vor Jahrhunderten soll ein Pilger die Avancen eines Mädchens abgewiesen haben, das ihn daraufhin des Diebstahls beschul-
digte. Er wurde gehängt, aber seine Eltern fanden ihn
lebend am Galgen. Sie eilten zum Richter, der sie ab-
wimmelte: »Er ist nicht lebendiger als dieser Hahn auf
meinem Teller.« Worauf der Hahn aufstand und krähte.

Hahn und Henne in einem verzierten Käfig

Hotels und Restaurants im Baskenland, in Navarra und La Rioja siehe Seiten 563f und 585f

⓭ San Millán de la Cogolla

La Rioja. **Karte** J3. 🔢 250. 🚌 ab Logroño. **Monasterio de Yuso** ⭕ Di–So (Aug: auch Mo). 🅹 Portería de Yuso, 941 37 30 49. **Monasterio de Suso** 🅹 941 37 30 82 (Voranmeldung). 🎨 📷 obligatorisch, Di–So. 🎉 Traslación de las Reliquias (26. Sep), San Millán (12. Nov). 🌐 monasteriodesanmillan.com

Das Dorf wuchs um zwei Klöster herum: Oberhalb des Ortes liegt das **Monasterio de San Millán de Suso**, das im 10. Jahrhundert an der Stelle der 537 vom hl. Emiliano, einem Einsiedler, gegründeten Gemeinschaft entstand. Die Kirche aus rosafarbenem Sandstein weist romanische und mozarabische Züge auf. Im Inneren befinden sich das Alabastergrab des Heiligen und das Grab des Dichters Gonzalo de Berceo aus dem 13. Jahrhundert.

Unterhalb liegt das vom 16. bis 18. Jahrhundert erbaute **Monasterio de San Millán de Yuso**. Die Renaissance-Kirche hat barocke Goldtüren und eine Rokokosakristei mit Gemälden (17. Jh.).

Die Schatzkammer birgt eine Sammlung von Elfenbeinplatten, Teil zweier von den Franzosen 1813 geplünderter Reliquiare (11. Jh.). Unter mittelalterlichen Manuskripten findet sich ein Faksimile des ältesten kastilischen Textes. Es ist der Kommentar eines Mönchs des 10. Jahrhunderts zu einem Werk des hl. Césáreo de Altes, den *Glosas Emilianenses*.

Das Monasterio von San Millán de Yuso im Cárdenas-Tal

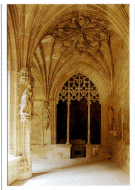

Kreuzgang im Monasterio de Santa María la Real, Nájera

⓮ Nájera

La Rioja. **Karte** K3. 🔢 8200. 🚉 🅹 Plaza de San Miguel 10, 941 36 00 41. 🍴 Do. 🎉 San Prudencio (28. Apr), Santa María la Real (16.–19. Sep).

Die Altstadt von Nájera, westlich von Logroño, war bis zum Jahr 1076 Hauptstadt von La Rioja und Navarra, als La Rioja an Kastilien fiel. Im **Monasterio de Santa María la Real** sind die Königsfamilien von Navarra, León und Kastilien beigesetzt. Es wurde im 11. Jahrhundert neben einer Sandsteinklippe gebaut, in deren Höhle man eine Muttergottesstatue fand. Unter dem Chorgestühl der Kirche (15. Jh.) ist in der Höhle eine Madonna aus dem 13. Jahrhundert zu sehen.

Der Sarkophag (12. Jh.) der Frau Sanchos III, Blanca von Navarra, ist sehenswert.

🏛 **Monasterio de Santa María la Real**
Plaza Santa María 1, Nájera. 📞 941 36 10 83. ⭕ Di–So. 🎨 🌐 santamarialareal.net

⓯ Logroño

La Rioja. **Karte** K3. 🔢 150 000. 🚉 🚌 🅹 Calle Portales 50, 941 29 12 60. 🎉 San Bernabé (11. Juni), San Mateo (21. Sep). 🌐 lariojaturismo.com

Die moderne Hauptstadt La Riojas ist das Handelszentrum der fruchtbaren Ebene, die hochwertiges Gemüse produziert. In der Altstadt mit ihren engen Gassen und schönen Geschäften überblickt die gotische **Kathedrale** mit ihren Zwillingstürmen den Ebro. Über dem Südportal der nahen **Iglesia de Santiago el Real** befindet sich eine barocke Reiterstatue des heiligen Jakobus als Maurentöter *(siehe S. 59)*.

Umgebung: Südlich von Logroño windet sich die N111 über 50 Kilometer durch Tunnels und Schluchten des wilden **Iregua-Tals**, um schließlich zur Sierra de Cameros aufzusteigen.

Das barocke Westtor der Kathedrale von Logroño

⓰ Enciso

La Rioja. **Karte** K4. 🔢 200. 🚌 ab Logroño. 🅹 Plaza Mayor, 941 39 60 05. 🎉 San Roque (16. Aug).

Unweit dieses abgelegenen Bergdorfs westlich von Calahorra liegt Spaniens »Jurassic Park«. Hinweisschilder führen zu den *huellas de dinosaurios*, den Dinosaurier-Fußspuren in den Felsen über dem Fluss. Die bis zu 30 Zentimeter langen Abdrücke entstanden vor rund 150 Millionen Jahren, als Dinosaurier zwischen dem Marschland des Ebro-Tals (damals ein Meer) und den Bergen lebten. Weitere Spuren sind im Gelände zu entdecken – insgesamt fand man hier bisher rund 500 Abdrücke.

Umgebung: Zehn Kilometer nördlich lädt der Kurort **Arnedillo** mit seinen Thermalbädern ein. In **Autol**, im Osten, sind zwei bizarre Kalksteingipfel zu bestaunen.

Fein gearbeitetes Portal der Kathedrale von Tudela

⑰ Tudela

Navarra. **Karte** L4. 🏠 35 000. 🚉 🚌 ℹ Plaza Fueros 5–6, 948 84 80 58. 🎪 Sa. 🎭 Santa Ana (26.–30. Juli). 🌐 turismo.navarra.es

Die zweitgrößte Stadt Navarras ist das Handelszentrum von Ribera, dem Agrarland im Ebro-Tal. Tudela wirkt modern, kann aber auf eine lange Geschichte zurückblicken. Über den Ebro führt eine Brücke mit 17 unregelmäßigen Bogen aus dem 13. Jahrhundert, die Altstadt birgt gleich zwei Judenviertel.

Die **Plaza de los Fueros**, der Hauptplatz der Altstadt, ist umgeben von Häusern mit schmiedeeisernen Balkonen. Malereien von Stierkämpfen an den Fassaden erinnern daran, dass der Platz einst als *corrida* diente.

Die 1194 begonnene frühgotische **Kathedrale** wurde unter dem Eindruck der Reconquista erbaut. Das Portal stellt das Jüngste Gericht dar. Sehenswert ist auch der romanische Kreuzgang. Neben der Kathedrale steht eine Kapelle aus dem 9. Jahrhundert, die vermutlich Teil der ersten Synagoge der Stadt war.

Umgebung: Im Norden befindet sich ein felsiges Kalksteingebiet, die **Bárdenas Reales**. Etwa 20 Kilometer westlich liegt der Kurort **Fitero** mit dem Monasterio de Santa María aus dem 12. Jahrhundert.

⑱ Monasterio de la Oliva

Carcastillo (Navarra). **Karte** L3. 📞 948 72 50 06. 🚌 ab Pamplona. 🕐 tägl. 🎭 🌐 monasteriodelaoliva.org

Französische Zisterzienser erbauten das Kloster im 12. Jahrhundert. Die Kirche im typischen Stil der Zisterzienser zieren Fensterrosen. Neben dem

Einer der Kreuzgänge im Monasterio de la Oliva

Domkapitel (12. Jh.) bestechen der Kreuzgang (14./15. Jh.) und der Kirchturm (17. Jh.).

Heute leben die Mönche vom Verkauf von Honig und Käse und nehmen zahlende Gäste auf *(siehe S. 560)*.

⑲ Ujué

Navarra. **Karte** L3. 🏠 200. ℹ Plaza Municipal, 948 73 90 23. 🎭 Virgen de Ujué (So nach 25. Apr). 🌐 ujue.info

Malerische Fassaden, enge Gassen und steile Treppen kennzeichnen eines der urtümlichsten Bergdörfer Spaniens. Ujué liegt auf einem Vorsprung am Ende einer gewundenen Straße. Die gotische **Iglesia de Santa María** hat eine romanische Kanzel und eine Außengalerie. Von den Wehrmauern blickt man auf die Pyrenäen.

Am ersten Sonntag nach dem 25. April kommen Pilger in schwarzen Umhängen in die Kirche, um zur Madonna von Ujué zu beten.

⑳ Olite

Navarra. **Karte** L3. 🏠 4000. 🚉 🚌 ℹ Plaza de los Teobaldos 4, 948 74 17 03. 🎪 Mi. 🎭 Mittelaltermarkt (Ende Aug), Exaltación de la Santa Cruz (13.–19. Sep). 🌐 olite.es

Das von den Römern gegründete Olite war im Mittelalter Residenz der Könige von Navarra. Ein Teil der alten Stadtmauer ist noch erhalten und umschließt ein Gewirr enger Straßen und kleiner Plät-

Königreich Navarra

Das unabhängige christliche Königreich Navarra entstand im 10. Jahrhundert, als Sancho I König von Pamplona wurde. Sancho III der Große erweiterte das Reich, sodass Navarra bei seinem Tod 1035 von Ribagorza in Aragón bis Valladolid reichte. Sancho VI der Weise (1150–1194) erkannte die Eigenständigkeit vieler Städte *(fueros)* an. 1234 kam Navarra durch Heirat an französische Herrscher, darunter Carlos III der Edle, der das befestigte Schloss in Olite errichten ließ. Sein Enkel Carlos de Viana schrieb 1455 die Chronik der Könige von Navarra. 1512 annektierte Fernando II von Kastilien das Land, das aber bis ins 19. Jahrhundert eine eigene Gesetzgebung und eine eigene Währung behielt.

Fürst Carlos de Viana, der Enkel Carlos' III

ze, Kirchen sowie das **Monasterio Santa Engracia** (13. Jh.). Die Häuser in der Rúa Cerco de Fuera und der Rúa Mayor stammen aus dem 16. bis 18. Jahrhundert.

Unter Carlos III von Navarra entstand der **Palacio Real de Olite** (spätes 14. Jh.), der Olite den Namen »gotische Stadt« eintrug. Das Schloss war stark befestigt, aber im Inneren von Mudéjar-Künstlern mit *azulejos* und Intarsien verziert worden. An den Gehwegen wuchsen Orangenbäume und Weinreben, es gab ein Vogelhaus und eine Löwenhöhle.

Während des Unabhängigkeitskriegs *(siehe S. 66f)* wurde das Schloss niedergebrannt, um es nicht in die Hände der Franzosen fallen zu lassen. Seit 1937 hat es seinen einstigen Glanz wiedererlangt. Heute ist es ein Parador *(siehe S. 564)*.

Das heutige Schloss ist ein Komplex aus Höfen, Durchgängen, steilen Treppen, weiten Hallen, Gemächern, Zinnen, Türmen und Zinnen. Vom »Windturm« sahen die Herrscher Turnieren zu.

Die frühere königliche Kapelle **Iglesia de Santa María la Real** (13. Jh.) neben dem Schloss verfügt über ein reich verziertes gotisches Portal.

Olite gehört zur Weinregion Navarra *(siehe S. 82f)* und hat daher auch einige Bodegas.

🏠 Palacio Real de Olite
Plaza de Carlos III. **☎** 948 74 00 35. **🕐** tägl. 🅿 🚫

**Zinnen und Türme des
Palacio Real de Olite**

Die mittelalterliche, fünfbogige Pilgerbrücke in Puente la Reina

㉑ Puente la Reina

Navarra. **Karte** M3. 🚹 3000. **ℹ** Puente de los Peregrinos 1, 948 34 13 01 (Jan, Feb geschlossen). 🚌 Sa. 🎉 Santiago (24.–30. Juli).

Nur wenige Städte am Pilgerweg nach Santiago de Compostela *(siehe S. 86f)* sind so authentisch-altertümlich wie Puente la Reina (baskisch: Gares). Seinen Namen verdankt der Ort der im 11. Jahrhundert erbauten Fußgängerbrücke über den Río Arga.

Am Westtor der **Iglesia de Santiago** an der engen Hauptstraße zeigt eine vergoldete Statue den Heiligen als Pilger. Die Wallfahrtskirche **Iglesia del Crucifijo** am Stadtrand erbauten die Tempelritter im 12. Jahrhundert. Das Y-förmige Holzkreuz im Inneren, an dem ein mitleiderregender Christus mit erhobenen Armen

**Kruzifix in
Puente la Reina**

hängt, soll im 14. Jahrhundert von einem deutschen Pilger gestiftet worden sein.

Umgebung: Fünf Kilometer östlich liegt, allein auf weiter Flur, die **Iglesia de Santa María de Eunate** aus dem 12. Jahrhundert. Der achteckige romanische Bau war wohl Friedhofskirche für Pilger, da man hier menschliche Gebeine entdeckte. Die Pilger fanden unter der Außenarkade Obdach. Das Bergdorf **Cirauqui** westlich von Puente la Reina ist malerisch, wenn auch leicht überrestauriert. An den gewundenen, durch Treppen verbundenen Gassen reihen sich Häuschen mit Balkonen. Auf dem Gipfel thront die Iglesia de San Román aus dem 13. Jahrhundert mit einem skulptierten Westtor.

Fiestas im Baskenland, in Navarra und La Rioja

Los Sanfermines
(6.–14. Juli), Pamplona (Navarra). Beim berühmten *encierro* (Stierlauf), zu dem Besucher aus der ganzen Welt kommen, treibt man sechs Stiere um 8 Uhr aus ihrem Gehege durch die engen Gassen der Altstadt. Zum Abschluss dieses einwöchigen Volksfests singt die Menschenmenge mit Kerzen auf dem Hauptplatz baskische Lieder. Weltweite Berühmtheit erlangte dieses Ereignis, nachdem Hemingway es in seinem Roman *Fiesta* beschrieben hatte.

Teilnehmer der Weinschlacht in Haro

Weinschlacht *(29. Juni)*, Haro (La Rioja). In der Kapitale der Weinregion La Rioja Alta bespritzen sich weiß gekleidete Männer mit Wein aus Lederflaschen.
Danza de los Zancos *(22. Juli und letzter Sa im Sep)*, Anguiano (La Rioja). Stelzentänzer in verzierten Westen und gelben Hemden wirbeln virtuos die steile Gasse von der Kirche zum Dorfplatz hinab.
La Virgen Blanca *(4.–9. Aug)*, Vitoria (Álava). Eine Puppe mit Regenschirm wird von der Kirche San Miguel zu einem Haus herabgelassen – aus dem eine ähnlich gekleidete auftaucht. Der Bürgermeister feuert eine Rakete ab, die Menge zündet Zigarren an.

Pilger am Weinhahn des Klosters in Irache

㉑ Estella (Lizarra)

Navarra. **Karte** K3. 🗺 14 000. 🚌 ℹ Calle de San Nicolás 1, 948 55 63 01. 🏛 Do. 🎉 San Andrés (1. Woche im Aug). 🌐 **turismo.navarra.es**

Im Mittelalter war das Städtchen Zentrum des Hofs von Navarra und eine bedeutende Station auf dem Weg nach Santiago de Compostela *(siehe S. 86f)*. Im 19. Jahrhundert war Estella eine Hochburg der Karlisten. Am ersten Sonntag im Mai findet alljährlich eine Gedenkveranstaltung statt.
Die wichtigsten Bauten liegen am Stadtrand jenseits der Ega-Brücke. Von den Arkaden der Plaza de San Martín führen Treppen hinauf zur **Iglesia de San Pedro de la Rúa**. Die Kirche wurde zwischen dem 12. und 14. Jahrhundert auf einem Hügel erbaut und hat ein Portal mit Einflüssen des Mudéjar. Die skulptierten Kapitelle sind die einzigen Überreste des romanischen Kreuzgangs, der 1592 bei der Explosion eines Schlosses oberhalb der Kirche zerstört wurde. Der **Palacio de los Reyes de Navarra** auf der anderen Seite der Plaza de San Martín, ein seltener romanischer Profanbau, dient heute als Museum.
Die **Iglesia de San Juan Bautista** an der Plaza de los Fueros hat ein romanisches Portal. Das Nordportal der **Iglesia de San Miguel** zeigt eine Darstellung des hl. Michael als Drachentöter.

Umgebung: Benediktinermönche, die den Pilgern nach Santiago Obdach boten, erbauten drei Kilometer südwestlich von Estella das **Monasterio de Nuestra Señora de Irache**. Die frühgotische Kirche hat romanische Apsiden, einen plateresken Kreuzgang und eine bemerkenswerte Kuppel. Eine Bodega neben dem Kloster versorgt die Pilger mit Wein – aus einem Hahn in der Mauer.
Von der NA120 nördlich von Estella zweigt eine kleine Straße ab und windet sich durch eine bewaldete Schlucht zum **Monasterio de Iranzu** im Zisterzienserstil (12.–14. Jh.).
Der Lizarraga-Pass weiter oben an der NA120 bietet einen herrlichen Blick auf schöne Buchenwälder.

㉓ Pamplona (Iruña)

Navarra. **Karte** L3. 🗺 195 000. ✈ 🚉 🚌 ℹ Calle San Saturnino 2, 948 42 07 00. 🎉 Fiesta de San Fermín (Sanfermines; 6.–14. Juli), San Saturnino (29. Nov). 🌐 **turismodepamplona.es**

Die alte Festungsstadt Pamplona (Iruña) soll von Pompeius gegründet worden sein und wurde im 9. Jahrhundert Hauptstadt von Navarra. Während des Stierlaufs bei der Fiesta de San Fermín im Juli verwandelt sich die Stadt in einen Hexenkessel.
Von den alten **Stadtmauern** *(murallas)* gewinnt man einen guten Eindruck von Pamplona.

Inneneinrichtung des Palacio de Navarra, Pamplona

Beeindruckende klassizistische Fassade des Palacio de Navarra

Die gotische **Kathedrale** mit ihren Zwillingstürmen und der Fassade des 18. Jahrhunderts erhebt sich unweit des Río Arga. Sie steht auf den Fundamenten eines Baus aus dem 12. Jahrhundert. Im Inneren sind das Chorgestühl und das Grab von Carlos III und Königin Eleonora sehenswert.

Den Südeingang zum Kreuzgang bildet die geschnitzte mittelalterliche Puerta de la Preciosa. Hier versammelten sich die Priester vor dem Abendgottesdienst zur Antifon (Choral) an die Muttergottes (La Preciosa).

Das Diözesanmuseum, untergebracht in Nebenräumen und im Refektorium (14. Jh.) der Kathedrale, enthält gotische Altarbilder, polychrome Holzstatuen aus ganz Navarra sowie einen französischen Reliquienschrein des 13. Jahrhunderts vom Heiligen Grab.

Westlich der Kathedrale durchziehen viele enge Gassen die Altstadt, das frühere Judenviertel. Der klassizistische **Palacio del Gobierno de Navarra** an der Plaza de Castillo ist Sitz der Regierung von Navarra. An der Außenseite hält eine

Skulptur des *encierro* in Pamplona

symbolische Frauenstatue von 1903 die *fueros* (Gesetze) von Navarra *(siehe S. 134)*. Nördlich des Palasts entstand an der Stelle, an der der heilige Saturninus 40 000 Heiden getauft haben soll, die **Iglesia de San Saturnino**. In der Nähe steht das barocke **Rathaus**.

Unterhalb der Stadtmauer residiert das **Museo de Navarra** in einem Hospital des 16. Jahrhunderts mit platereskem Torweg. Es zeigt zahlreiche römische Mosaiken, islamisch inspirierte Elfenbeinkästchen aus dem 11. Jahrhundert, Wandgemälde aus dem 14. bis 16. Jahrhundert, ein von Goya gemaltes Porträt sowie Werke baskischer Künstler.

Im Südosten der Stadt ließ Felipe II im 16. Jahrhundert eine **Zitadelle** mit fünf Bastionen anlegen. Jenseits davon liegen die Boulevards der Neustadt und das Universitätsgelände.

Museo de Navarra
Cuesta de Santo Domingo 47. 848 42 64 92. Di–So.

Palacio de Navarra
Avenida Carlos III 2. 848 42 71 27. nach Vereinbarung.

Zentrum von Pamplona

① Museo de Navarra
② Stadtmauer
③ Kathedrale
④ Rathaus
⑤ Iglesia de San Saturnino
⑥ Palacio de Navarra

Legende
Route des Stierlaufs

Zeichenerklärung *siehe hintere Umschlagklappe*

Baskische Häuser im malerischen Echalar, Valle de Bidasoa

❷❹ Las Cinco Villas del Valle de Bidasoa

Navarra. **Karte** L2. 🚌 Pamplona, San Sebastián. 🛈 Vera, 948 63 12 22 (Ostern, Sommer; sonst 948 59 23 86). 🆆 turismo.navarra.es

Fünf sehenswerte baskische Städte liegen in oder bei diesem Tal. Die nördlichste ist

Üppige Waldlandschaft bei Roncesvalles

Vera (Bera). In **Lesaka** ducken sich Häuser mit Holzbalkonen unter tiefen Dachvorsprüngen. Weiße Gehöfte säumen die Hügel an der Straße südwärts nach **Yanci** (Igantzi) mit seinen rot-weißen Häusern. **Arantza** ist am abgelegensten. Seit dem 12. Jahrhundert fängt man oberhalb von **Echalar** (Etxalar) Tauben in riesigen Netzen. Der La-Rhune-Gipfel an der französischen Grenze bietet einen guten Ausblick über die Pyrenäen.

❷❺ Elizondo

Navarra. **Karte** L2. 🚹 8000. 🚌 🛈 Palacio de Arizkunenea, 948 58 15 17. 🛎 Do. 🎉 Santiago (25. Juli). 🆆 baztan.eus

Elizondo ist das größte einer Reihe typisch baskischer Dörfer im Baztán-Tal. Den Fluss überblicken Adelshäuser. **Arizkun** talaufwärts besitzt alte Festungshäuser und ein Kloster aus dem 17. Jahrhundert. Die **Cueva de Brujas** in Zugarramurdi war einst ein »Versammlungsort von Hexen«.

Baldachin über der Muttergottes mit Kind in der Colegiata Real

❷❻ Roncesvalles (Orreaga)

Navarra. **Karte** L2. 🚹 30. 🛈 Antiguo Molino s/n, 948 76 03 01. 🎉 Día de la Virgen de Roncesvalles (8. Sep). 🆆 roncesvalles.es

Roncesvalles auf der spanischen Seite eines Pyrenäenpasses ist eine wichtige Station auf dem Weg nach Santiago *(siehe S. 86f).* Bevor es mit dem Pilgerweg verbunden wurde, war Roncesvalles 778 Schauplatz einer Schlacht, bei der die Basken die Nachhut der Armee Karls des Großen niedermetzelten. Sie wird im altfranzösischen *Rolandslied* (12. Jh.) besungen.

In der **Colegiata Real** (13. Jh.), in der die Reisenden seit Jahrhunderten beten, schützt ein Baldachin die Muttergottes mit Kind. Im Kapitelsaal neben dem Kreuzgang befindet sich das weiße Grab Sanchos VII des Starken (1170–1234), darüber zeigt ein Buntglasfenster seinen Sieg in der Schlacht von Las Navas de Tolosa *(siehe S. 58f).* Im Kirchenmuseum ist unter anderem das »Schachbrett Karls des Großen« zu sehen, ein wegen seines Musters so benanntes Reliquiar.

❷❼ Valle de Roncal

Navarra. **Karte** M2. 🚌 ab Pamplona. 🛈 Paseo Julian Gayarre s/n, Roncal, 948 47 52 56; Isaba, 948 89 32 51. 🆆 vallederoncal.es

In dem lotrecht zu den Pyrenäen verlaufenden Tal lebt man noch weitgehend von der Schafzucht. **Roncal** ist für seine Käsesorten bekannt. Die Bewohner des abgelegenen Tals haben sich ihre Identität bewahrt. Während der Fiestas tragen sie ihre schönen Trachten. Im Skiort **Isaba** talaufwärts zeigt ein Museum hiesiges Leben und Kultur. Von Isaba windet sich eine Straße nach Ochagavia im Paralleltal **Valle de Salazar**. Im Norden reichen die Pinien und Buchen der **Selva de Irati**, eines der größten Wälder Europas, unterhalb des Gipfels des Monte Ori (2017 m) bis nach Frankreich.

Gepflegte Balkone schmücken die Häuser in Roncal

㉘ Monasterio de Leyre

Yesa, Navarra. **Karte** L3. 📞 948 88 41 50. 🚌 Yesa. ⏰ Gesänge: tägl. 7.30, 9, 19, 21 Uhr. ● 1., 6. Jan, 25. Dez. 🅿
🌐 monasteriodeleyre.com

Das Kloster San Salvador de Leyre liegt einsam inmitten von Kalksteinklippen hoch über einem Staubecken. Im 11. Jahrhundert war die Abtei ein bedeutendes geistliches und politisches Zentrum. Sancho III und seine Nachfolger machten sie zum königlichen Pantheon Navarras.

Im 12. Jahrhundert begann der Niedergang. 1836 wurde das Kloster aufgegeben, bis Benediktiner es im Jahr 1954 restaurierten und einen Teil in ein Hotel umwandelten. Besichtigungen sind morgens und nachmittags möglich.

Die Kirche (11. Jh.) verfügt über drei Apsiden und ein gotisches Gewölbe. Das Westportal zieren Tier- und biblische Gestalten. Die romanische Krypta hat ungewöhnlich kurze Säulen mit stämmigen Kapitellen. Wundervoll ist der gregorianische Gesang *(siehe S. 380)* der Mönche.

㉙ Castillo de Javier

Javier (Navarra). **Karte** L3. 📞 948 88 40 24. 🚌 ab Pamplona. ⏰ tägl. 🌐 santuariojaviersj.org

Francisco Javier, der Schutzheilige Navarras, Missionar und Mitbegründer der Jesuiten *(siehe S. 128)*, wurde 1506 in diesem romantisch wie wehrhaften Gebäude geboren. Das Schloss aus dem 13. Jahrhundert wird heute als Jesuitenkolleg genutzt. Schlafzimmer des Heiligen und Museum sind im Bergfried zu besichtigen. In der Kapelle befinden sich ein polychromer Christus am Kreuz aus dem 13. Jahrhundert und ein *Totentanz* aus dem 15. Jahrhundert.

Kreuz in der Kapelle des Castillo de Javier

㉚ Sangüesa

Navarra. **Karte** L3. 🗺 5000. 🚌 ℹ Calle Mayor 2, 948 87 14 11 (Winter: Mo geschlossen). 🗓 Fr. San Sebastián (11. Sep). 🌐 sanguesa.es

Seit dem Mittelalter fungiert das Städtchen an der Brücke über den Río Aragón als Station auf dem Weg nach Santiago *(siehe S. 86f)*.

Das reich geschmückte Südportal der **Iglesia de Santa María la Real** aus dem 12./13. Jahrhundert ist ein Juwel der Romanik *(siehe S. 28)*, voller Figuren und Details, die sowohl das Jüngste Gericht als auch das Leben im 12./13. Jahrhundert zeigen.

Sehenswert sind auch die beiden gotischen Kirchen **Iglesia de Santiago** und **Iglesia de San Francisco** aus dem 13. Jahrhundert.

Das **Rathaus** an der Hauptstraße und der Platz daneben ruhen auf den Resten eines früheren Palastes des Fürsten von Viana und der Residenz der Könige von Navarra. Die Bibliothek ist in den Überresten des Palastes eingezogen und steht Besuchern offen.

Umgebung: Im Norden Sangüesas verlaufen zwei tiefe Schluchten. Am eindrucksvollsten ist die **Foz de Arbayún**, in deren Kalksteinfelsen Geier leben. Die schönsten Blicke hat man von der NA178 nördlich von Domeño. Die **Foz de Lumbier** kann man von der A21 einsehen.

Roh behauene Säulen in der Krypta des Monasterio de Leyre

Mehr über Navarra? Vis-à-Vis Nordspanien.

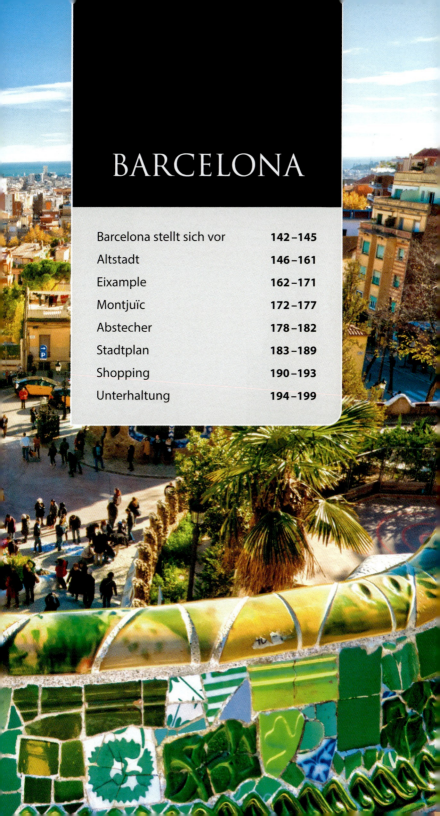

BARCELONA

Barcelona im Überblick

Barcelona ist mehr als nur die Hauptstadt Kataloniens. Es konkurriert in Kultur, Handel und Sport nicht allein mit Madrid, sondern sieht sich selbst als anderen europäischen Metropolen ebenbürtig. Der Erfolg der Olympischen Spiele von 1992 bestätigte diesen Anspruch. Tatsächlich ist Barcelona (1,6 Millionen Einwohner) eine der lebendigsten Hafenstädte am Mittelmeer. Obwohl es in der Altstadt (Ciutat Vella) viele Kunstdenkmäler gibt, sind die aus der Zeit um 1900 stammenden Bauten des Modernisme *(siehe S. 144f)* in Eixample am bekanntesten. Barcelona war durch seine Lage am Meer unweit der französischen Grenze immer offen für Einflüsse von außen und sprüht heute vor Kreativität.

Die Casa Milà *(siehe S. 169)* ist das kühnste Werk Antoni Gaudís *(siehe S. 168)*. Barcelona besitzt mehr Jugendstil-Gebäude als jede andere Stadt der Welt.

0 Kilometer   1

Der Palau Nacional *(siehe S. 176)* auf dem Montjuïc beherrscht die für die Weltausstellung 1929 gebauten Hallen. Das im Palast eingerichtete Museu Nacional d'Art de Catalunya zeigt unter anderem eine außergewöhnliche Sammlung mittelalterlicher Kunst.

La Rambla

AVINGUDA DEL PARAL·LEL

Montjuïc
Seiten 172–177

RONDA DEL LITORAL

Das Castell de Montjuïc *(siehe S. 177)* auf dem Kamm des Montjuïc ist eine mächtige Festung aus dem 17. Jahrhundert, die Stadt und Hafen überblickt. Sie bildet einen krassen Kontrast zu den für die Olympiade 1992 gebauten modernen Sportstätten.

Christoph Kolumbus wacht auf seiner 60 Meter hohen Säule *(siehe S. 160)* über den Port Vell, den alten Hafen. Von der Spitze blickt man auf die Promenaden und Kais, die der Gegend neues Leben einhauchten.

◀ **Eingang zum Parc Güell** *(siehe S. 182)* in Barcelona mit der herrlichen Terrasse von Antoni Gaudí

Die Sagrada Família
(siehe S. 170f), Gaudís 1882 begonnenes, bis heute unvollendetes Meisterwerk, erhebt sich über Eixample. Die polychromen Keramikmosaiken und naturnahen Formen sind typisch für Gaudís Stil.

Zur Orientierung

Casa Mila

AVINGUDA DIAGONAL

PASSEIG DE GRACIA

PASSEIG DE SANT JOAN

Eixample
Seiten 162–171

VIA LAIETANA

Altstadt
Seiten 146–161

COLOM

RONDA DEL LITORAL

Die Kathedrale von Barcelona *(siehe S. 152f)* aus dem 14. Jahrhundert liegt im Herzen des Barri Gòtic. Das Kirchenschiff umgeben 28 Seitenkapellen, die prächtige barocke Altarbilder enthalten. Seit Jahrhunderten werden in den Kreuzgängen weiße Gänse gehalten.

Der Parc de la Ciutadella *(siehe S. 158f)* zwischen Altstadt und Vila Olímpica bietet jedem etwas: Gärten zur Erholung, einen See zum Bootfahren und den Zoo. Das Museu de Ciències Naturals zeigt Exponate der Geologie und Zoologie.

La Rambla *(siehe S. 154f)* ist das unangefochtene Zentrum der Stadt und Tag und Nacht belebt. Bei einem Bummel zum Hafen hinunter, vorbei an palastähnlichen Gebäuden, Läden, Cafés und Straßenhändlern, lernt man Barcelona am besten kennen.

Gaudí und der Modernisme

Gegen Ende des 19. Jahrhunderts entstand in Barcelona der Modernisme, ein neuer Stil in Kunst und Architektur, eng verwandt mit dem Jugendstil. In ihm drückte sich das katalanische Nationalbewusstsein aus. Seine Hauptvertreter waren Josep Puig i Cadafalch, Lluís Domènech i Montaner und vor allem Antoni Gaudí i Cornet *(siehe S. 168)*. Im Viertel Eixample entstanden – für reiche Kunden – viele dieser originellen Bauten.

Jeder Aspekt eines Modernisme-Baus, auch die Inneneinrichtung, wurde vom Architekten entworfen. Hier Tür und Kachelrahmen aus Gaudís Casa Batlló von 1906 *(siehe S. 168)*.

Eine spektakuläre Kuppel schließt den drei Stockwerke hohen Salon ab. Die kleinen Löcher, ein arabisches Element, wirken wie Sterne.

Die oberen Galerien sind mit Täfelung und Kassetten reich geschmückt.

Die spiralförmige Auffahrt zeugt früh von Gaudís Vorliebe für Kurven. In der gewellten Fassade der Casa Milà (La Pedrera) wird dieses Charakteristikum später besonders deutlich *(siehe S. 169)*.

1859 Bauingenieur Ildefons Cerdà i Sunyer macht Vorschläge zur Stadterweiterung

1878 Gaudí beendet sein Studium

1883 Gaudí übernimmt die Konstruktion der neugotischen Sagrada Família *(siehe S. 170f)*

Detail der Sagrada Família

1888 Die Weltausstellung gibt dem Modernisme Auftrieb

1900 Josep Puig i Cadafalch baut die Casa Amatller *(siehe S. 168)*

1903 Lluís Domènech i Montaner baut das Hospital de la Santa Creu i de Sant Pau *(S. 169)*

Hospital, Detail

1912 Casa Milà vollendet

1926 Gaudí stirbt

1905 Domènech i Montaner baut die Casa Lleó Morera *(siehe S. 168)*, Puig i Cadafalch die Casa Terrades *(siehe S. 169)*

1850	1865	1880	1895	1910	1925

Bizarr geformte Kamine wurden ein Markenzeichen Gaudís, wie hier auf dem schimmernden Satteldach der Casa Batlló zu sehen ist.

Schmiedeeiserne Lampen erhellen die große Halle.

Keramikfliesen zieren die Kamine.

Gaudís Materialien

Gaudí entwarf und arbeitete mit fast jedem Material. Er verband reine, unbearbeitete Stoffe wie Holz, roh behauenen Stein, Bruchstein und Ziegel mit filigranen Arbeiten aus Schmiedeeisen und Buntglas. Seine fließenden, unebenen Formen bedecken Keramikmosaiken.

Buntglasfenster in der Sagrada Família

Fliesenmosaik, Parc Güell *(siehe S. 182)*

Detail eines Eisentors, Casa Vicens *(siehe S. 168)*

Keramikfliesen an El Capricho *(siehe S. 115)*

Spitzbogen, die Gaudí schon im Palau Güell ausgiebig verwendet hat, zeigen sein Interesse an gotischer Architektur *(siehe S. 28)*. Hier ein Gang im Col·legi de les Teresianes von 1890, einer Klosterschule im Westen Barcelonas.

Der Zierschmuck spielt auf das katalanische Wappen an.

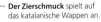

Palau Güell

Gaudís erster Großbau in der Stadtmitte *(siehe S. 155)* begründete seinen internationalen Ruf als herausragender Architekt. Das für seinen Gönner Eusebi Güell 1889 erbaute Wohnhaus liegt eingezwängt in einer engen Straße, sodass die Fassade kaum zur Geltung kommt. Im Inneren schuf Gaudí mit Lettnern, Galerien und Nischen Raum. Zu sehen ist auch sein einzigartiges Mobiliar.

Organische Formen inspirierten die schmiedeeiserne Arbeit an den Toren des Palastes. Gaudí bezieht sich oft auf Tiere, wie bei diesem bunt gekachelten Drachen, der die Stufen im Parc Güell bewacht.

Altstadt

Die von Barcelonas berühmter Promenade, La Rambla, durchschnittene Altstadt ist einer der schönsten mittelalterlichen Stadtkerne Europas. Im Barri Gòtic mit seinem Gewirr aus Gassen und Plätzen erhebt sich beeindruckend die Kathedrale. Hinter der im frühen 20. Jahrhundert angelegten Via Laietana reihen sich in El Born Häuser aus dem 14. Jahrhundert um die Kirche Santa Maria del Mar. Das Viertel wird begrenzt vom grünen Parc de la Ciutadella mit Barcelonas Zoo. Im sanierten Hafenviertel gelang die Verbindung von Tradition und Moderne. Schicke Restaurants säumen den alten Hafen, dahinter liegen das Arbeiterviertel Barceloneta und der Olympische Hafen.

Sehenswürdigkeiten auf einen Blick

Museen und Sammlungen
- ❷ Museu Frederic Marès
- ❹ MUHBA El Call
- ❾ Museu d'Art Contemporani
- ⑭ Museu Picasso
- ⑱ Museu de la Xocolata
- ㉑ Castell dels Tres Dragons
- ㉒ Museu Martorell
- ㉙ Museu Marítim und Drassanes

Straßen und Viertel
- ❽ El Raval
- ⑩ La Rambla
- ⑬ El Born
- ⑯ Carrer de Montcada
- ㉕ Barceloneta

Hafengebiet
- ㉔ Port Olímpic
- ㉖ Port Vell
- ㉘ Golondrinas

Kirchen
- ❼ *Kathedrale S. 152f*
- ⑮ Basílica de Santa Maria del Mar

Historische Gebäude
- ❶ Casa de l'Ardiaca
- ❸ MUHBA Plaça del Rei
- ❺ Ajuntament
- ❻ Palau de la Generalitat
- ⑪ Palau de la Música Catalana
- ⑫ La Llotja
- ⑰ El Born Centre de Cultura i Memòria

Denkmäler
- ⑲ Arc de Triomf
- ㉗ Monument a Colom

Parks
- ⑳ Parc de la Ciutadella
- ㉓ Zoo de Barcelona

Restaurants in diesem Stadtteil
siehe S. 586f

Stadtplan *5, 6*

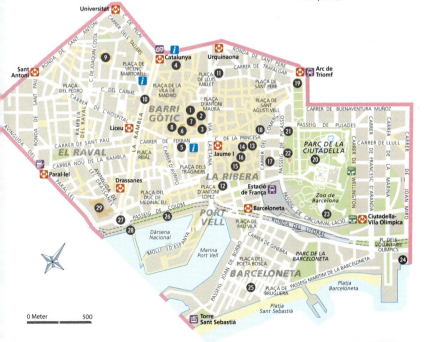

Im Detail: Barri Gòtic

Das sogenannte Gotische Viertel ist das Herz Barcelonas. An dieser Stelle gründeten die Römer unter Augustus (27 v.Chr.–14 n.Chr.) ihre *colonia* (Stadt). Seitdem befindet sich die Stadtverwaltung hier. Das römische Forum lag auf der Plaça de Sant Jaume, die heute der mittelalterliche Palau de la Generalitat, das katalanische Parlament, und das Rathaus, das Ajuntament, säumen. In der Nähe erheben sich die gotische Kathedrale und der Königspalast, wo Fernando und Isabel 1493 Kolumbus nach seiner Rückkehr von der Reise in die Neue Welt *(siehe S. 61)* empfingen.

❶ Casa de l'Ardiaca
Die auf der römischen Stadtmauer im Stil von Gotik und Renaissance erbaute Residenz des Erzdiakons beherbergt das Stadtarchiv.

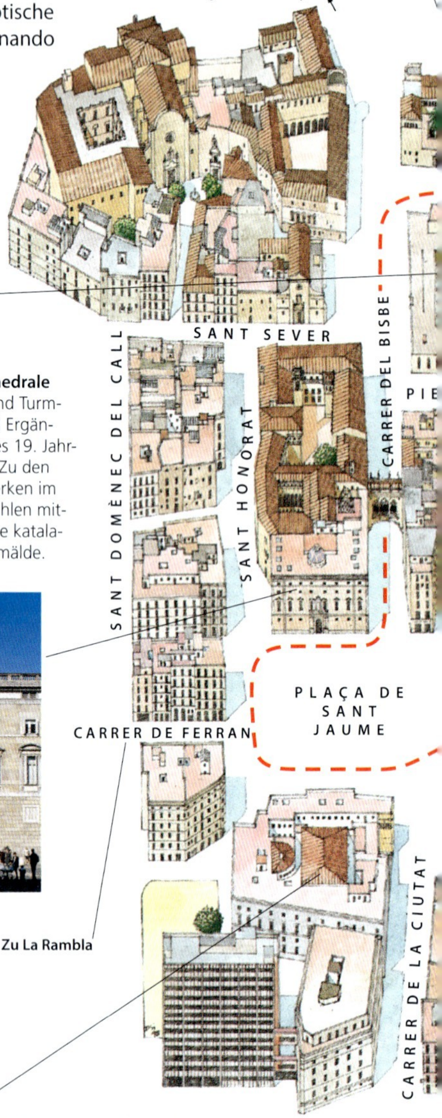

Zur Plaça de Catalunya

SANT SEVER

CARRER DEL BISBE

PIE

SANT DOMÈNEC DEL CALL

SANT HONORAT

❼ ★ Kathedrale
Fassade und Turmspitze sind Ergänzungen des 19. Jahrhunderts. Zu den Meisterwerken im Inneren zählen mittelalterliche katalanische Gemälde.

❹ Palau de la Generalitat
Der Sitz des katalanischen Gouverneurs weist meisterhafte gotische Elemente auf, so die Kapelle und eine Steintreppe, die zu einer offenen Galerie mit Arkaden führt.

PLAÇA DE SANT JAUME

CARRER DE FERRAN

Zu La Rambla

CARRER DE LA CIUTAT

❺ Ajuntament
Das Rathaus (14./15. Jh.) hat eine klassizistische Fassade. Die Eingangshalle schmücken die *Drei Zigeuner* von Joan Rebull (1899–1981), eine Kopie der ursprünglich 1946 entstandenen Skulptur.

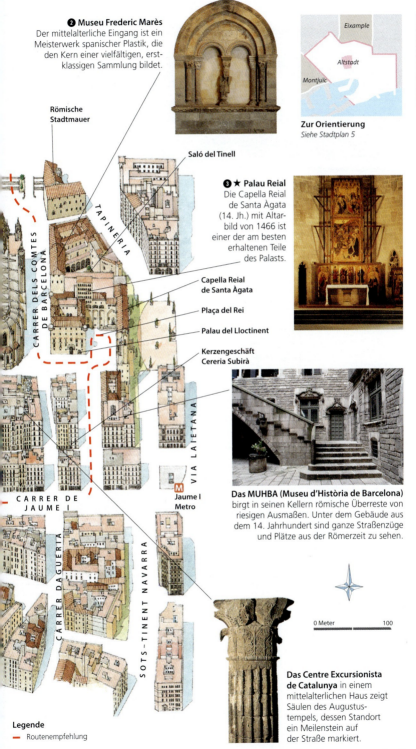

❷ Museu Frederic Marès
Der mittelalterliche Eingang ist ein Meisterwerk spanischer Plastik, die den Kern einer vielfältigen, erstklassigen Sammlung bildet.

Zur Orientierung
Siehe Stadtplan 5

Eixample

Altstadt

Montjuïc

Römische Stadtmauer

Saló del Tinell

❸ ★ Palau Reial
Die Capella Reial de Santa Àgata (14. Jh.) mit Altarbild von 1466 ist einer der am besten erhaltenen Teile des Palasts.

Capella Reial de Santa Àgata

Plaça del Rei

Palau del Lloctinent

Kerzengeschäft Cereria Subirà

CARRER DELS COMTES DE BARCELONA

TAPINERIA

VIA LAIETANA

Ⓜ Jaume I
Metro

CARRER DE JAUME I

CARRER D'AGUERTA

SOTS-TINENT NAVARRA

Das MUHBA (Museu d'Història de Barcelona) birgt in seinen Kellern römische Überreste von riesigen Ausmaßen. Unter dem Gebäude aus dem 14. Jahrhundert sind ganze Straßenzüge und Plätze aus der Römerzeit zu sehen.

0 Meter   100

Das Centre Excursionista de Catalunya in einem mittelalterlichen Haus zeigt Säulen des Augustustempels, dessen Standort ein Meilenstein auf der Straße markiert.

Legende
— Routenempfehlung

Stadtplan Barcelona *siehe Seiten 183–189*

Verzierter Marmorbriefkasten, Casa de l'Ardiaca

❶ Casa de l'Ardiaca

Carrer de Santa Llúcia 1. **Stadtplan** 5 B2. 📞 93 256 22 55. 🚇 Jaume I. 🕐 Juli–Sep: bis 19.30 Uhr), Sa 9–13 Uhr. ⬤ Juli–Sep: Sa. 🌐 barcelona. cat/arxiuhistoric

Neben dem früheren Bischofstor der römischen Stadtmauer steht das Haus des Erzdiakons (12. Jh.). Sein jetziges Äußeres entstand um 1500 durch einen Umbau. 1870 wurde es um den neugotischen Innenhof mit Brunnen erweitert. Der Modernist Domènech i Montaner (1850–1923) fügte den marmornen Briefkasten mit Schwalben und Schildkröte neben dem Renaissance-Portal hinzu. Im ersten Stock ist das Stadtarchiv untergebracht. Besucher können nur den Innenhof und die Eingangshalle besichtigen.

❷ Museu Frederic Marès

Plaça de Sant Iu 5. **Stadtplan** 5 B2. 📞 93 256 35 00. 🚇 Jaume I. 🕐 Di–Sa 10–19 Uhr, So 11–20 Uhr. 🌐 (So nach 15 Uhr und am 1. So jeden Monats frei). 🚻 🏛 🌐 w110.bcn.cat/museufredericmares

Der Bildhauer Frederic Marès i Deulovol (1893–1991) liebte es zu reisen und war ein begeisterter Sammler. Davon zeugt dieses Museum. Das Gebäude ist Teil des Königspalasts, in dem im 13. Jahrhundert Bischöfe, im 14. Grafen der Stadt, im 15. Richter und vom 18. Jahrhundert bis 1936 Nonnen lebten. Frederic Marès hatte hier eine Wohnung. Sein Museum eröffnete er 1948. Es zählt zu den besten der Stadt und besitzt eine exzellente Sammlung romanischer und gotischer Sakralkunst. In der Krypta befinden sich Steinplastiken und zwei vollständige romanische Portale.

Madonna, Museu Frederic Marès

In den oberen drei Stockwerken sind Glocken, Gewänder, Kreuze, alte Kameras, Pfeifen, Tabakbehälter und Postkarten mit Pin-up-Girls zu sehen. Zudem gibt es einen separaten Raum voller reizendem Spielzeug.

❸ MUHBA Plaça del Rei

Plaça del Rei. **Stadtplan** 5 B2. 📞 93 256 21 22. 🚇 Jaume I. 🕐 Di–Sa 10–19 Uhr, So 10–20 Uhr. ⬤ 1. Jan, Karfreitag, 1. Mai, 24. Juni, 25. Dez. 🌐 (1. So jeden Monats, sonst So nach 15 Uhr frei.) 📷 nach Vereinbarung. 🌐 museuhistoria.bcn.cat

Der Königspalast war seit seinem Bau (13. Jh.) die Residenz der Grafen-Könige von Barcelona. Er ist Teil des Museu d'Història de Barcelona. Zu ihm gehören der gotische Saló del Tinell (14. Jh.) und ein Saal mit 17 Meter breiten Halbkreisbogen. In diesem Palast empfingen Fernando und Isabel Kolumbus nach seiner Rückkehr aus Amerika (siehe S. 74). Hier fanden auch Sitzungen der Inquisition statt.

Rechts ist die Königskapelle Capella de Santa Àgata in die römische Stadtmauer integriert – mit bemalter Holzdecke und Altarbild von Jaume Huguet (1466). Der Glockenturm enthält Reste eines römischen Wachturms. Rechts vom Altar führt eine Treppe zum Turm (16. Jh.) Martís des Gütigen (1396–1410), des letzten Herrschers aus der Dynastie der Grafen-Könige von Barcelona.

Die Hauptattraktion des Museu d'História liegt tief unter der Erde: Man fährt mit

Hebräische Tafel

Barcelonas jüdische Gemeinde

Vom 11. bis zum 13. Jahrhundert dominierten Juden Barcelonas Handel und Kultur. Sie stellten die meisten Ärzte und gründeten die erste Universität. Im Jahr 1243 – 354 Jahre nach ihrer ersten urkundlichen Erwähnung – wurden die Juden in das Getto El Call verbannt. Vorgeblich zu ihrem Schutz, hatte es nur einen Eingang, der auf die Plaça de Sant Jaume ging. Der König besteuerte die »königlichen Sklaven« hoch. Als Gegenleistung erhielten sie Privilegien, da sie gewinnbringenden Handel mit Nordafrika betrieben. Die Verfolgung durch Staat und Bevölkerung führte 1401 zur Auflösung des Gettos, 91 Jahre vor der Vertreibung der Juden in ganz Spanien (siehe S. 61). Ursprünglich gab es drei Synagogen: Von der größten im Carrer de Sant Domènech del Call sind nur die Fundamente erhalten. Im Haus Nr. 5 des Carrer de Martlet ist eine Tafel in die Wand eingelassen, auf der in Hebräisch steht: »Heilige Gründung von Rabbi Samuel Hassardi. Seine Seele möge im Himmel ruhen.«

einem Lift nach unten – und findet ganze Straßenzüge und Plätze aus der Römerzeit. Diese alten Siedlungen des Barcino wurden bei Umbauarbeiten des gotischen Eingangshauses Casa Clariana-Padellàs 1931 entdeckt. Von diesen historischen Umbaumaßnahmen berichtet eine interessante Ausstellung.

Die Ausgrabungen zeigen neben mehreren Straßenzügen und Plätzen die Entwässerungskanäle, Bäder, Wohnzimmer mit Mosaiken, Wandmalereien, Waschräume und die weltweit größten unterirdischen Ruinen aus der römischen Antike.

4 MUHBA El Call

Placeta de Manuel Ribé s/n. **Stadtplan** 5 A2. ☎ 93 256 21 22. 🚇 Jaume I, Liceu. 🕐 Mi, Fr 10–14, Sa, So 11–19 Uhr. ♿ 🎫 freier Eintritt: Jugendliche unter 16 Jahre, Sa ab 15 Uhr, 1. So im Monat 🎫 📷 🌐 museuhistoria.bcn.cat/es/muhba-el-call

Diese Zweigstelle des Museu d'Història de Barcelona im ehemaligen Haus eines jüdischen Webers widmet sich der Geschichte der jüdischen Gemeinde der Stadt und beleuchtet das Leben im ehemaligen jüdischen Viertel Call.

5 Ajuntament

Plaça de Sant Jaume 1. **Stadtplan** 5 A2. ☎ 934 02 70 00. 🚇 Jaume I, Liceu. 🕐 So 10–13.30 Uhr (2. Sa im Feb: 10–20 Uhr; 23. Apr: 10–18.30 Uhr; oder nach Vereinbarung). 🎫 10 Uhr (englisch). ♿ 🌐 bcn.cat

Das Rathaus (ajuntament) des 14. Jahrhunderts steht gegenüber dem Palau de la Generalitat. Neben dem Eingang erinnern Statuen an Jaume I, der der Stadt 1249 das Wahlrecht verlieh, und an Joan Fiveller, der auch Hofmitglieder besteuerte.

Der Saló de Cent, der Versammlungsraum im Inneren, wurde für die 100 Stadträte errichtet. Der Saló de les Cròniques entstand für die Weltausstellung von 1929. Die Wandbilder von Josep Maria Sert erzählen von katalanischer Geschichte.

6 Palau de la Generalitat

Plaça de Sant Jaume 4. **Stadtplan** 5 A2. ☎ 93 402 46 00. 🚇 Jaume I. 🕐 23. Apr (Sant Jordi), 11., 24. Sep 10–13.30 Uhr (Lichtbildausweis erforderlich). ♿ 🎫 Sep–Juli: nach Voranmeldung. 🌐 president.cat

Seit 1403 ist der Palast Sitz der katalanischen Regierung. Über dem Eingang an der Renais-

Die italienisch beeinflusste Fassade des Palau de la Generalitat

sance-Fassade wachen Sant Jordi (Patron Kataloniens) und ein Drache. Der spätgotische Hof (1416) stammt von Marc Safont.

Im Inneren schufen Safont und Pere Blai die gotische Kapelle und den Saló de Sant Jordi. Das Gebäude ist der Öffentlichkeit nur am Namenstag des Heiligen zugänglich. Auf der Rückseite liegt im ersten Stock der Pati dels Tarongers, der Orangenbaumhof, von Pau Mateu mit Pere Ferrers Glockenturm von 1568.

Der katalanische Präsident hat hier und in der Casa dels Canonges seine Büros. Beide Gebäude verbindet eine Brücke (1928) über den Carrer del Bisbe, die der Seufzerbrücke in Venedig nachempfunden ist.

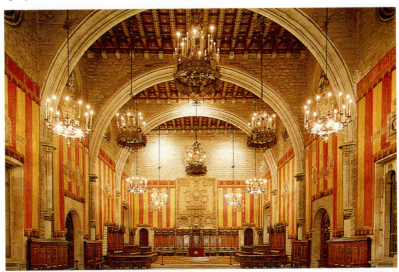

Der prächtige Ratssaal, der Saló de Cent, im Ajuntament

Stadtplan Barcelona siehe Seiten 183–189

❼ Kathedrale

Die gotische Kathedrale mit romanischer Kapelle (Capella de Santa Llúcia) und schönem Kreuzgang entstand 1298 unter Jaume II auf den Grundmauern einer Stätte der Westgoten. Sie wurde erst Ende 1890 mit Vollendung der Hauptfassade fertig. Ein skulptierter Marmorlettner aus dem 16. Jahrhundert stellt das Martyrium der Stadtpatronin Eulàlia dar. Am Taufstein erinnert eine Tafel an die Taufe von sechs karibischen Ureinwohnern, die Kolumbus 1493 aus Amerika mitbrachte.

Innenschiff
Das einzige Schiff im Stil der katalanischen Gotik hat 28 Seitenkapellen zwischen den Säulen, die das 26 Meter hohe Gewölbe tragen.

Außerdem

① **Die Capella del Santíssim Sagrament** birgt den Christus von Lepanto aus dem 16. Jahrhundert.

② **Die Hauptfassade** wurde erst 1890 vollendet, der Mittelturm 1913. Er beruht auf Plänen, die der französische Architekt Charles Galters 1408 zeichnete.

③ **Die achteckigen Zwillingstürme** stammen von 1386–93, die Glocken wurden im Jahr 1545 aufgehängt.

④ **Das Sakristeimuseum** besitzt einen Kirchenschatz mit Taufstein (11. Jh.), Gobelins und liturgischen Geräten.

⑤ **Porta de Santa Eulàlia, Eingang zum Kreuzgang**

⑥ **Capella de Santa Llúcia**

★ **Chorgestühl**
Die oberste Reihe des Chorgestühls (15. Jh.) ist mit den Wappen verschiedener europäischer Königshäuser bemalt.

Capella de Sant Benet
Diese dem Gründer der Benediktiner und Schutzheiligen Europas gewidmete Kapelle enthält eine wundervolle *Verklärung* (1452) von Bernat Martorell.

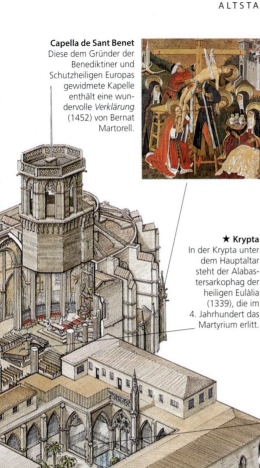

Infobox

Information
Plaça de la Seu. **Stadtplan** 5 A2.
📞 933 428 262. 🕐 tägl. 8.30–12.30, 17.45–19.30 Uhr (Sa, So bis 20 Uhr). ♿ 💶 Mo–Sa 13–17, So 14–17 Uhr. ♿ **Sakristei-museum** 🕐 tägl. 9–19 Uhr. 📷
✝ tägl. mehrere Gottesdienste.
🌐 catedralbcn.org

Anfahrt
Ⓜ Jaume I. 🚌 17, 19, 45.

★ Krypta
In der Krypta unter dem Hauptaltar steht der Alabastersarkophag der heiligen Eulàlia (1339), die im 4. Jahrhundert das Martyrium erlitt.

★ Kreuzgang
Der Brunnen mit einer Statue des hl. Georg in einer Ecke des gotischen Kreuzgangs spendete frisches Wasser.

559 Basilika der hl. Eulàlia und dem Hl. Kreuz geweiht

877 Überführung der Eulàlia-Reliquien aus Santa Maria del Mar

1339 Umbettung der Eulàlia-Reliquien in den Alabastersarkophag

1046–58 Bau der romanischen Kathedrale

1913 Vollendung des Mittelturms

1889 Fertigstellung der Hauptfassade nach Plänen des Architekten Charles Galters von 1408

400	700	1000	1300	1600	1900

4. Jahrhundert Bau der römisch-frühchristlichen Basilika

985 Zerstörung durch die Mauren

1257–68 Bau der romanischen Kapella de Santa Llúcia

1493 Taufe von sechs karibischen Ureinwohnern

1298 Baubeginn der gotischen Kathedrale unter Jaume II

Gedenktafel der Indianertaufe

Stadtplan Barcelona *siehe Seiten 183–189*

❽ El Raval

Stadtplan 2 F3. 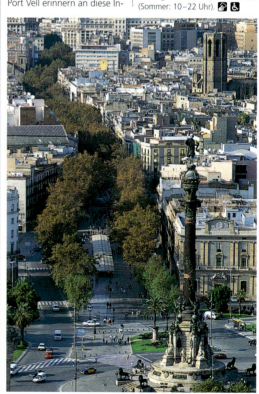 Catalunya, Liceu.

Westlich der Rambla liegen die Stadtteile El Raval und das ehemalige Rotlichtviertel nahe dem Hafen, das »Barri Xinès« (Chinesisches Viertel).

Seit dem 14. Jahrhundert bildete der Carrer de l'Hospital das medizinische Zentrum Barcelonas (auch Gaudí wurde 1926 nach seinem Unfall hierhergebracht). Die Casa de la Caritat (14. Jh.) ist heute ein Kulturzentrum. Daneben eröffnete 1995 das weiße Museu d'Art Contemporani (MACBA). In der Gegend mischen sich teure Boutiquen mit arabischen Lokalen. El Raval ist ein Viertel im Umbruch – vom Bordellgebiet zur Edelmeile.

Im Carrer Nou de la Rambla liegen Gaudís Palau Güell (siehe S. 145) und die besterhaltene romanische Kirche der Stadt, Sant Pau del Camp.

❾ Museu d'Art Contemporani

Plaça dels Àngels 1. **Stadtplan** 2 F2. 93 412 08 10. Universitat, Catalunya. 25. Juni–24. Sep: Mo, Mi–Fr 11–20, Sa 10–20, So 10–15 Uhr; 25. Sep–24. Juni: Mo, Mi–Fr 11–19.30, Sa 10–21 Uhr, So 10–15 Uhr. 1. Jan, 25. Dez. Uhrzeiten je nach Ausstellung (siehe Kalender auf der Website). **macba.cat**
Centre de Cultura Contemporània Montalegre 5. 93 306 41 00. **cccb.org**

Das aufsehenerregende weiße Museumsgebäude (1995) im Herzen von El Raval wurde von Richard Meier entworfen. Auf drei lichtdurchfluteten Etagen werden zeitgenössische Gemälde, Installationen und Artefakte ausgestellt. Den Schwerpunkt der ständigen Sammlung bildet spanische Kunst, aber es gibt auch Werke ausländischer Künstler, z. B. von Susana Solano oder David Goldblatt.

Gleich neben dem MACBA befindet sich das **Centre de Cultura Contemporània**, das viele Festivals veranstaltet.

❿ La Rambla

Auf der Prachtstraße La Rambla (katalanisch: Les Rambles) pulsiert das Leben, vor allem abends und am Wochenende. Kioske, Vogel- und Blumenstände, Kartenleser, Musiker und Pantomimen drängen sich auf dem mittleren Gehweg. Die berühmtesten ihrer Gebäude sind das Teatre del Liceu, der Boqueria-Markt und einige prächtige Anwesen.

Überblick: La Rambla

Der Name des Boulevards stammt vom arabischen *ramla* (»ausgetrocknetes Flussbett«). Barcelonas Stadtmauer folgte im 13. Jahrhundert einem solchen Flussbett. Im 16. Jahrhundert entstanden am gegenüberliegenden Ufer Klöster und die Universität. Das Flussbett wurde später aufgefüllt, die Gebäude wurden abgerissen, aber die Namen der fünf Ramblas zwischen Plaça de Catalunya und Port Vell erinnern an diese Institutionen. Hotels, Wohnhäuser, Läden und Cafés säumen heute die Prachtstraße.

Palau Güell C/ Nou de la Rambla 3–5. **Stadtplan** 2 F3. 93 472 57 75. Liceu. Apr–Okt: Di–So 10–20 Uhr; Nov–März: Di–So 10–17.30 Uhr. 1., 6., 16.–22. Jan, 25., 26. Dez. **palauguell.cat**
Museu de Cera Pg de la Banca 7. **Stadtplan** 2 F4. 93 317 26 49. Drassanes. Mo–Fr 10–13.30, 16–19.30 Uhr, Sa, So, Feiertage 11–14, 16.30–20.30 Uhr (Sommer: 10–22 Uhr).

Das Kolumbus-Denkmal am Ende der Rambla

Hotels und Restaurants in Barcelona siehe Seiten 564f und 586–588

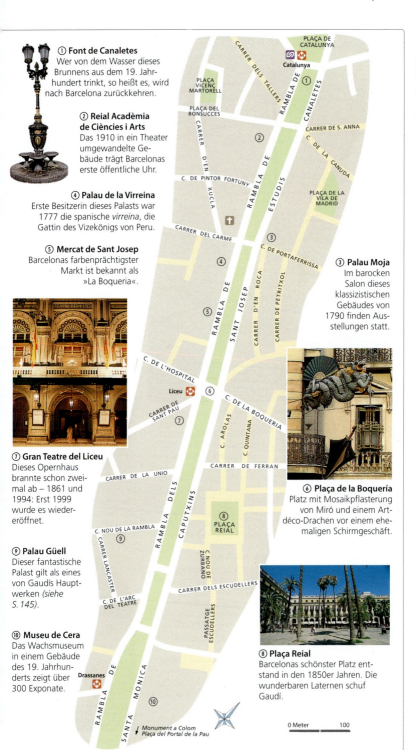

① Font de Canaletes
Wer von dem Wasser dieses Brunnens aus dem 19. Jahrhundert trinkt, so heißt es, wird nach Barcelona zurückkehren.

② Reial Acadèmia de Ciències i Arts
Das 1910 in ein Theater umgewandelte Gebäude trägt Barcelonas erste öffentliche Uhr.

④ Palau de la Virreina
Erste Besitzerin dieses Palasts war 1777 die spanische *virreina*, die Gattin des Vizekönigs von Peru.

⑤ Mercat de Sant Josep
Barcelonas farbenprächtigster Markt ist bekannt als »La Boquería«.

⑦ Gran Teatre del Liceu
Dieses Opernhaus brannte schon zweimal ab – 1861 und 1994: Erst 1999 wurde es wiedereröffnet.

⑨ Palau Güell
Dieser fantastische Palast gilt als eines von Gaudís Hauptwerken *(siehe S. 145)*.

⑩ Museu de Cera
Das Wachsmuseum in einem Gebäude des 19. Jahrhunderts zeigt über 300 Exponate.

③ Palau Moja
Im barocken Salon dieses klassizistischen Gebäudes von 1790 finden Ausstellungen statt.

⑥ Plaça de la Boquería
Platz mit Mosaikpflasterung von Miró und einem Art-déco-Drachen vor einem ehemaligen Schirmgeschäft.

⑧ Plaça Reial
Barcelonas schönster Platz entstand in den 1850er Jahren. Die wunderbaren Laternen schuf Gaudí.

0 Meter 100

Stadtplan Barcelona *siehe Seiten 183–189*

Prächtige Buntglaskuppel im Palau de la Música Catalana

⓫ Palau de la Música Catalana

Carrer Palau de la Música 4–6.
Stadtplan 5 B1. 📞 902 44 28 82.
Ⓜ Urquinaona. 🕐 tägl. 10–15.30
Uhr (Osterwoche und Juli: bis 18,
Aug: 9–18 Uhr); außerdem bei
Konzerten. 🚻 ♿ teilweise. 🎫
🆆 palaumusica.cat

Dieser Modernisme-Traum aus
Fliesen, Plastiken und Buntglas
ist der einzige von Tageslicht
erhellte Konzertsaal Europas.
Der von Lluís Domènech i
Montaner entworfene Bau
entstand 1908 an der Stelle
eines Klosters und bewahrte
bis heute sein originales Aussehen. In der engen Straße
kommt die rote Ziegelsteinfassade kaum zur Geltung.
Sie wird eingefasst von
mosaikbedeckten Pfeilern
mit Büsten von Palestrina,
Bach und Beethoven. Die Statue des hl. Georg und andere
Figuren symbolisieren das
katalanische Volkslied.

Das Innere ist atemberau-
bend. Den Konzertsaal erhellt
eine umgekehrte Buntglaskuppel mit Engelschören. Zwei von
Domènech entworfene und
von Gargallo vollendete Skulpturen am Proszeniumsbogen
stellen die internationale (Wag-
ner) und katalanische Musik
(Clavé) dar. An der Büh-
nen-Rückwand stehen die
18 »Musen des Palau«, kunstvoll gestaltete Frauenfiguren
mit Instrumenten, geschaffen
aus Terrakotta und Trencadís
(gebrochenen Fliesen).

Das Engagement von Josep
Anselm Clavé (1824–1874)
für das katalanische Volkslied
führte 1891 zur Gründung des
Gesangvereins Orfeó Català,
Zentrum des katalanischen
Nationalismus und Anlass für
den Bau des Palau de la Músi-
ca Catalana. Heute tritt der
Gesangverein nicht mehr im
Palau de la Música Catalana
auf, sondern im Auditori im
Carrer de Lepant 150.

Im Palau de la Música Catalana findet fast jeden Abend
ein Konzert statt. Die Bandbreite reicht von Jazz bis
Klassik, von Folklore bis zum
großen Sinfoniekonzert international bekannter Orchester.

Seit einiger Zeit verfügt der
Palau noch über weitere Podi-
en: Der katalanische Architekt
Oscar Tusquets erweiterte den
Palau um einen Innenhof für
Sommerkonzerte und eine
unterirdische Konzerthalle.
Seither gehört der Palau de la
Música Catalana zu den be-
liebtesten Veranstaltungsorten
in Barcelona. Ein Besuch lohnt
sich immer!

⓬ La Llotja

Carrer del Consolat de Mar 2. **Stadtplan** 5 B3. 📞 93 547 88 49. Ⓜ
Barceloneta, Jaume I. ⬤ für Besucher (außer zweimal im Jahr; Tage
variabel).

Das um 1380 erbaute Hafen-
zollhaus wurde bei der Kom-
plettsanierung 1771 klassizis-
tisch umgestaltet. Bis 1994
war hier die Börse untergebracht. Den gotischen Haupt-
saal können Sie durch die
Fenster betrachten.

In den Obergeschossen
unterrichtete 1849–1970 die
Katalanische Akademie der
schönen Künste. Der junge Picasso, dessen Vater hier lehrte,
besuchte diese Schule ebenso
wie Joan Miró *(siehe S. 37)*. La
Llotja beherbergt heute eine
Bücherei und Büros.

**Poseidonstatue im Innenhof von
La Llotja**

Hotels und Restaurants in Barcelona *siehe Seiten 564f und 586–588*

⓭ El Born

Stadtplan 5 B3. Ⓜ Jaume I.

Benannt wurde El Born nach den Turnieren, die früher auf dem Boulevard stattfanden. Die fast dörfliche Atmosphäre macht El Born zu einem beliebten Viertel. Trendige Bars sowie Mode- und Designerläden haben sich hier in mittelalterlichen Gebäuden niedergelassen. In den Häusern des 14. Jahrhunderts im Carrer de Montcada residieren heute Galerien und Museen. Als Teil von La Ribera hat sich El Born zu einem wahren Mekka der Cafés und Restaurants entwickelt, die an kleinen Plätzen und in netten Straßen ihre Tische ins Freie stellen. Das führt natürlich auch zu Konflikten zwischen Nachtschwärmern, Spaziergängern und den Anwohnern, die sich manchmal lautstark über den Lärm beschweren.

⓮ Museu Picasso

Carrer Montcada 15–23. **Stadtplan** 5 B2. Ⓒ 932 56 30 00. Ⓜ Jaume I. Ⓞ Di–So 9–19 Uhr (Do bis 21.30 Uhr). Ⓨ (für Jugendliche unter 18 frei; 1. So im Monat u. So nach 15 Uhr frei). Ⓨ Ⓨ Ⓦ museupicasso.bcn.cat

Eine von Barcelonas größten Attraktionen ist in fünf Palästen des Carrer de Montcada untergebracht: Meca, Berenguer d'Aguilar, Baró de Castellet, Mauri und Finestres. Grundstock des 1963 eröffneten Museums bildet die Sammlung von Pablo Picassos Freund Jaime Sabartes. Nach dessen Tod 1968 fügte Picasso selbst einige Gemälde hinzu, darunter frühe Arbeiten. Hinzu kamen Grafiken aus dem Nachlass und 141 Keramiken von seiner Witwe Jacqueline. Die Exponate sind in zwei Werkgruppen unterteilt: Gemälde und Zeichnungen sowie Keramik als zweite Gruppe. Schwerpunkt der 4200 Stücke umfassenden Sammlung sind Picassos Werke wie *Die erste Kommunion* (1896). Aus der »blauen« und »rosa« Periode sind nur wenige Bilder vorhanden. Am berühmtesten ist die Serie *Las Meninas*, die auf Velázquez' gleichnamigem Meisterwerk basiert. Diese Serie ist hier vollständig zu bewundern.

⓯ Basílica de Santa Maria del Mar

Plaça Sta Maria 1. **Stadtplan** 5 B3. Ⓒ 93 310 23 90. Ⓜ Jaume I. Ⓞ Mo–Sa 9–13, 17–20.30, So 10–14, 17–20.30 Uhr. Ⓨ Ⓨ Führungen in Englisch: 13.15, 14, 15, 17.15 Uhr. Ⓦ santamaria delmarbarcelona.org

Die Hauptkirche der Stadt in reiner katalanischer Gotik besitzt eine ideale Akustik. Ihr Bau dauerte 55 Jahre und wurde von Kaufleuten finanziert. Dieses im Mittelalter einzigartig hohe Tempo sorgte innen wie außen für stilistische Einheit. An der Westfront zeigt eine Fensterrose (15. Jh.) die Krönung Mariens. Glasfenster aus dem 15. bis 18. Jahrhundert erhellen den Innenraum.

Chor und Einrichtung verbrannten im Bürgerkrieg *(siehe S. 70f)*, was den Eindruck von Schlichtheit verstärkt.

In der gotischen Basílica de Santa Maria del Mar

Pablo Picassos *Selbstbildnis* **in Kohle (1899/1900)**

Pablo Picasso in Barcelona

Pablo Picasso (1881–1973) wurde in Málaga geboren und kam im Alter von 14 Jahren nach Barcelona. Sein Vater unterrichtete an der Kunstakademie. Picasso studierte hier und galt unter seinen Zeitgenossen als großes Talent. Regelmäßig besuchte er Els Quatre Gats, ein Künstlercafé im Carrer de Montsió, in dem er zuerst ausstellte. Er zeigte seine Werke auch in der Galerie Sala Parks, die noch heute existiert. Die Familie lebte im Carrer de la Mercè, Picassos Atelier lag im lebhaften Carrer Nou de la Rambla. Die Prostituierten des Carrer d'Avinyò inspirierten ihn zu *Les Demoiselles d'Avignon* (1906/07); das Gemälde gilt vielen als Beginn der modernen Kunst. Picasso verließ Barcelona, als er Anfang 20 war, kehrte zunächst jedoch mehrmals zurück. Nach dem Bürgerkrieg blieb er aus Opposition gegen Francos Regime in Frankreich, entwarf aber 1962 ein Fries für das Architektenkolleg. Im Jahr darauf konnte er davon überzeugt werden, der Eröffnung des Picasso-Museums zuzustimmen.

Stadtplan Barcelona *siehe Seiten 183–189*

Renaissance-Fassaden (17. Jh.) des
Carrer de Montcada

⑯ Carrer de Montcada

Stadtplan 5 B3. 🚇 Jaume I.
Museu de Cultures del Món Carrer
de Montcada 12. ⭕ Di–Sa 10–19,
So 10–20 Uhr.
🌐 museuculturesmon.bcn.cat

Die mittelalterliche Gasse mit
ihren Wasserspeiern und über-
hängenden Dächern ist perfekt
restauriert. Gotische Paläste
mit großen Holztüren und
schönen Höfen erinnern an
Kataloniens Blüte im 13. Jahrhundert. Die Gebäude der
Straße wurden in der Renaissance (17. Jh.) umgebaut. Allein die Casa Cervelló-Guidice
(Nr. 25) hat noch ihre ursprüngliche Fassade.

Das **Museu de Cultures del
Món** in den Renaissance-Palä-
sten Nadal und Marquès de Lió
zeigt als Museum der Weltkul-
turen rund 700 Arbeiten von
Künstlern aller Kontinente.

Die beliebte *cava*-Bar El
Xampanyet existiert seit 1929.

Die kleine gemütliche Traditions-
bar El Xampanyet

⑰ El Born Centre de Cultura i Memòria

Plaça Comercial 12. **Stadtplan** 5 C3.
📞 932 566 850. 🚇 Jaume I, Barceloneta. ⭕ März–Okt: Di–So
10–20 Uhr; Nov–Feb: Di–Di–Sa
10–19 Uhr. 🌐 el
bornculturaimemoria.barcelona.cat

Die überdachte Markthalle mit
ihren schmiedeeisernen Verzierungen und dem Glasdach
ähnelt Les Halles in Paris. Bis in
die 1970er Jahre wurde hier
der gesamte Großhandel für
Barcelona abgewickelt.

Bei Bauarbeiten fand man
Baureste aus der Zeit um 1700.
Ganze alte Straßenzüge traten
zutage. Die historische Bedeutung dieses Fundes war so
groß, dass die museale Erhal-
tung zwingend wurde.

Die Straßennamen der
Umgebung reflektieren alte
Handwerkstraditionen: Silberschmiede waren im Carrer de
l'Argentería, im Carrer dels
Flassaders fand man die We-
ber, in der Vidriería arbeiteten
die Glasbläser. Einige Handwerker wurden inzwischen von
schicken Boutiquen verdrängt.

Im Spanischen Erbfolgekrieg
(siehe S. 66) wurde Barcelona
1714 von spanisch-französi-
schen Truppen besetzt und
geplündert. Besonders groß
waren die Verluste im Born.
Alljährlich am 11. September
erinnert eine Zeremonie an der
Halle an dieses Ereignis in der
katalanischen Geschichte.

⑱ Museu de la Xocolata

Comerç 36. **Stadtplan** 5 C2. 🚇
Jaume I, Arc de Triomf. 📞 932 687
878. ⭕ Mo–Sa 10–19 Uhr (Mitte
Juni–Mitte Sep: bis 20 Uhr), So, Feiertage 10–15 Uhr. ⬤ 1., 6. Jan,
1. Mai, 25., 26. Dez. 🌐 museuxocolata.cat

Dieses Schokolademuseum ist
ein Muss für alle Freunde und
Liebhaber dieser süßen Leckerei. Gegründet von der Choco-
latier- und Konditorenzunft,
erzählt dieses Museum alles
über Schokolade: von der Entdeckung des Kakaos bis zur
ersten Schokoladenmaschine

in Barcelona. Viele Fotos und
Dokumente huldigen der Reklame und Werbung für Schokolade. Ein wichtiges Thema
des Museums ist *mona*. Dieser
zum Osterfest gebackene Eier-
kuchen entwickelte sich im
Lauf der Jahrhunderte zu einer
wahren »Kuchenskulptur«. Die
Konditoren wetteifern um die
originellste Form und fantasie-
vollsten Verzierungen (z. B. mit
Federn). Hier im Museum gibt
es die beste heiße Schokolade
der ganzen Stadt.

Ziegelsteinfassade des Arc de
Triomf (spätes 19. Jh.)

⑲ Arc de Triomf

Passeig Lluís Companys. **Stadtplan**
5 C1. 🚇 Arc de Triomf.

Den Haupteingang zur Weltausstellung von 1888 im Parc
de la Ciutadella entwarf Josep
Vilaseca i Casanovas. Den Zie-
gelsteinbau im Mudéjar-Stil
zieren Allegorien von Handwerk, Industrie und Handel.
An der Hauptfassade heißt ein
Fries der Stadt Barcelona von
Josep Reynés die Fremden willkommen.

⑳ Parc de la Ciutadella

Passeig de Picasso 21. **Stadtplan** 6
D2. 🚇 Barceloneta, Ciutadella-Vila
Olímpica, Arc de Triomf. ⭕ tägl.
8 Uhr bis Abenddämmerung. ♿

Dieser beliebte, 30 Hektar
große Park lockt mit einem See
zum Bootfahren und Orangenhainen Besucher an. Gezähmte
Papageien vergnügen sich in
Palmen. Hier ließ Felipe V nach
13-monatiger Belagerung der
Stadt im Spanischen Erbfolgekrieg den Baumeister Prosper
Verboom 1715–20 eine stern-

förmige Zitadelle errichten, die später als Gefängnis genutzt wurde. Unter Napoléons Besatzung war die Zitadelle besonders verhasst *(siehe S. 67)*, gleichsam ein Symbol der Unterdrückung durch den Staat.

1878 ließ General Prim die Zitadelle abreißen und den Volkspark anlegen. Eine Statue im Park erinnert an Prim. 1888 fand die Weltausstellung *(siehe S. 68)* hier statt. Nur drei Gebäude der Zitadelle blieben erhalten: der Palast des Gouverneurs (heute eine Schule), die Kapelle sowie das Arsenal, in dem das katalanische Parlament tagt.

Ciutadela bietet mehr Kultur und Freizeitangebote als jeder andere Park der Stadt. Vor allem sonntagnachmittags trifft man sich hier, um gemeinsam Musik zu machen, zu tanzen oder einfach nur zusammenzusitzen. Im Park findet man Skulpturen von katalanischen Künstlern wie Marès, Arnau, Carbonell, Clarà, Llimona, Gargallo, aber auch Arbeiten von modernen Künstlern wie Tàpies und Botero.

Die Grünanlage auf der Plaça de Armes entwarf der französische Landschaftsgärtner Jean Forestier. Der Brunnen mit Triumphbogen und Wasserfall von Josep Fontseré ist stark von Roms Fontana di Trevi inspiriert. Antoni Gaudí beteiligte sich damals an diesem Projekt als junger Student.

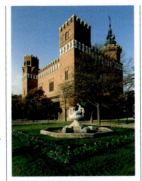

Das Castell dels Tres Dragons im Stil des katalanischen Modernisme

㉑ Castell dels Tres Dragons

Passeig de Picasso. **Stadtplan** 5 C2. 🎭 Arc de Triomf, Jaume I. ⬤ für Besucher.

Den Eingang des Parc de la Ciutadela bewacht das Castell dels Tres Dragons, benannt nach einem Schauspiel von Frederic Soler. Der zur Zeit seiner Entstehung aufsehenerregende Bau stellt mit der Verbindung verschiedenster Baustoffe ein gutes Beispiel des katalanischen Modernisme dar *(siehe S. 144f)*. Das Castell entstand 1888 anlässlich der Weltausstellung nach einem Entwurf des Architekten Lluís Domènech i Montaner. Lange Zeit diente es als Filiale des Museu de Ciències Naturals, heute sind hier Büros und Labore untergebracht.

㉒ Museu Martorell

Parc de la Ciutadela. **Stadtplan** 5 C3. 📞 93 319 69 12. 🎭 Arc de Triomf, Jaume I. ⬤ wg. Renovierung.

Das Museu Martorell ist das älteste Museum der katalanischen Metropole und gehört zum Museu de Ciències Naturals. Es wurde 1882 eröffnet und war das erste ausdrücklich als Museumsbau geplante Gebäude der Stadt.

Daneben befindet sich das Hivernacle, ein gusseisernes Glashaus von Josep Amargós. Das Gewächshaus Umbracle stammt von Josep Fontseré. Beide wurden im Jahr 1884 für die Weltausstellung (1888) fertiggestellt.

㉓ Zoo de Barcelona

Parc de la Ciutadela. **Stadtplan** 6 D3. 📞 902 457 545. 🎭 Ciutadella-Vila Olímpica. ⬤ Nov–März: tägl. 10–17.30 Uhr; Apr–Mitte Mai, Mitte Sep–Okt: 10–19 Uhr; Mitte Mai–Mitte Sep: 10–20 Uhr. 🅿 ♿ 🅿 📷 🌐 **zoobarcelona.cat**

In Barcelonas Zoo aus den 1940er Jahren sind die Tiere durch Gräben von den Besuchern getrennt. Ponyreiten sowie elektrische Autos und Züge begeistern alle Kinder. Am Zoo-Eingang steht die von Joan Roig i Solé geschaffene Brunnenskulptur *Dame mit Schirm*, ein Wahrzeichen Barcelonas.

Brunnen mit Wasserfall im Parc de la Ciutadella von Josep Fontseré und Antoni Gaudí

Stadtplan Barcelona *siehe Seiten 183–189*

**Segelboote vor den Zwillings-
türmen im Hafen Port Olímpic**

❷❹ Port Olímpic

Stadtplan 6 F4. 🅜 Ciutadella-
Vila Olímpica.

Die dramatischste Umgestaltung anlässlich der Olympiade 1992 betraf den Abriss der industriell genutzten Uferfront und die Verlängerung der Promenade und Sandstrände um vier Kilometer. Barcelona gewann so den Anschein eines maritimen Ferienortes. Im Zentrum der Baumaßnahmen stand Nova Icària, ein 65 Hektar großes Areal mit 2000 Apartments und Parks. Da hier während der Spiele Athleten wohnten, wird es häufig Vila Olímpica genannt. An der Wasserseite stehen die 44 Stockwerke hohen Zwillingstürme, von denen einer von Büros, der andere vom Hotel Arts *(siehe S. 565)* eingenommen wird. Sie stehen neben dem ebenfalls neuen Port Olímpic. Am Hafen gibt es mehrere Restaurants sowie Clubs und Diskotheken.

❷❺ Barceloneta

Stadtplan 5 B5. 🅜 Barceloneta.

Barcelonas »Fischerdorf« auf einem Landzipfel gleich unterhalb der Stadtmitte ist vor allem für seine Fischrestaurants und Hafencafés bekannt.

Der Architekt und Militäringenieur Juan Martín de Cermeño baute Barceloneta 1753 für Umsiedler, die durch den Bau der Festung La Ciutadella *(siehe S. 158f)* heimatlos ge-

worden waren. Später bezogen hauptsächlich Fischer und Arbeiter das Viertel.

Die kurzen, rechtwinklig verlaufenden Straßen und niedrigen Häuser mit Balkonen geben Barceloneta ein dörfliches Flair. Den Carrer dels Pescadors säumt die von Cermeño entworfene Barockkirche Sant Miquel del Port. Auf der Plaça de la Font lohnt die Markthalle einen Besuch.

Die Fischereiflotte von Barceloneta liegt unweit der großen Docks vor einem Uhrenturm. Auf der gegenüberliegenden Seite des Hafens steht die Torre de Sant Sebastià, Endstation der Seilbahn, die quer über den Hafen, vorbei am World Trade Center, zum Montjuïc verläuft.

❷❻ Port Vell

Stadtplan 5 A4. 🅜 Barceloneta, Drassanes **Aquàrium** 🅒 93 221 74 74. 🅞 Mo–Fr 9.30–21, Sa, So, Feiertage 9.30–21.30 Uhr (Juni, Sep: tägl. bis 21.30 Uhr); Juli, Aug: tägl. 9.30–23 Uhr. 🖼️ 🅯 🖼️
🅦 **aquariumbcn.com**

Der zur Olympiade 1992 erneuerte Yachthafen liegt zu Füßen der Rambla unweit des alten Zollhauses. Dieses wurde 1902 am Portal de la Pau gebaut, der früheren Hafeneinfahrt zur Stadt. Stufen führen hier ins Wasser. Der Moll de Barcelona mit dem World Trade Center dient als Anlegestelle für Kreuzfahrtschiffe. Eine Dreh- und eine Landungsbrücke verbinden die Rambla

mit dem Yachtclub am Moll d'Espanya. Zum Moll d'Espanya (*moll* bedeutet Mole, Pier oder Kai) gehören ein Einkaufszentrum und Restaurants, das Maremagnum und ein Aquarium mit einem Tunnel durch ein Haibecken.

Der Moll de la Fusta ist auf zwei Ebenen angelegt und hat Terrassencafés. Die roten Brücken sind in Anlehnung an van Goghs *Brücke von Arles* errichtet worden. Am Ende des Kais steht *El Cap de Barcelona*, eine 60 Meter hohe Skulptur von Roy Lichtenstein.

❷❼ Monument a Colom

Plaça del Portal de la Pau. **Stadtplan** 2 F4. 🅒 93 302 52 24. 🅜 Drassanes. 🅞 tägl. 8.30–20.30 Uhr (Okt–Feb: bis 19.30 Uhr). 🅞 1., 6. Jan, 25., 26. Dez. 🖼️

Das Kolumbus-Denkmal am südlichen Ende der Rambla entwarf Gaietà Buigas für die Weltausstellung von 1888. Die 60 Meter hohe gusseiserne Säule kennzeichnet die Stelle, an der Kolumbus 1493 nach der Entdeckung Amerikas mit sechs Indianern an Land ging. Die Katholischen Könige bereiteten ihm einen Staatsempfang im Saló del Tinell *(siehe S. 150)*. An die Taufe der Indianer erinnert eine Tafel in der Kathedrale *(siehe S. 152f)*.

Mit dem Aufzug gelangt man auf die Aussichtsplattform auf der Spitze des Denkmals. Die auf das Meer zeigende Statue entwarf Rafael Arché.

Fischerboote im Hafen von Barceloneta

Eine *golondrina* verlässt die Anlegestelle Plaça del Portal de la Pau

㉘ Golondrinas

Plaça del Portal de la Pau. **Stadtplan** 2 F5. ☎ 93 442 31 06. Ⓜ Drassanes. 🕐 unterschiedliche Verkehrszeiten – siehe Website. 📷
🌐 lasgolondrinas.com

Rundfahrten durch den Hafen kann man mit den zweistöckigen *golondrinas* (Schwalben) unternehmen, die vor den Stufen der Plaça del Portal de la Pau vor Anker liegen. Die Rundfahrt dauert in der Regel eine halbe Stunde. Die Boote legen unterhalb des Montjuïc in Richtung Industriehafen ab.

Eine andere, eineinhalbstündige Rundfahrt mit modernen Katamaranen beginnt im Handelshafen, führt zu Stränden und endet im Port Olímpic.

㉙ Museu Marítim und Drassanes

Avinguda de les Drassanes. **Stadtplan** 2 F4. ☎ 93 342 99 20. Ⓜ Drassanes. 🕐 tägl. 10–20 Uhr. ⬤ 1., 6. Jan, 25., 26. Dez. 💶 (So nach 15 Uhr frei). ♿
🌐 mmb.cat

Die großen Galeonen, die Barcelona zur Seehandelsmacht machten, wurden in den Hallen der Drassanes (Werften) gebaut, in denen heute das Marinemuseum residiert. Diese Trockendocks sind die größte und besterhaltene mittelalterliche Anlage dieser Art auf der Welt. Sie entstanden Mitte des 13. Jahrhunderts, als die dynastische Verbindung zwischen Sizilien und Aragón eine

Verbesserung der Schiffsverbindungen erforderte. Von den vier Ecktürmen der Werften sind noch drei erhalten.

Zu den hier vom Stapel gelaufenen Schiffen gehörte die *Real*, das Flaggschiff Don Juans von Österreich, des unehelichen Sohnes Carlos' I, der 1571 bei Lepanto über die Türken siegte *(siehe S. 63)*. Ein besonderes Schmuckstück des Museums ist eine rot-golden verzierte, originalgetreue Nachbildung.

In den renovierten Hallen finden den nun wechselnde Ausstellungen zu maritimen Themen statt, auch einige historische Schiffe werden gezeigt. Dreimal im Monat kann man auch durch die dem Museum angegliederte Gartenanlage Jardins de Baluard schlendern. Das Museumsticket bietet auch Zutritt zum jahrhundertealten Schoner *Santa Eulàlia*, der im nahe gelegenen Port Vell vor Anker liegt.

Prächtige Buntglasfenster im Museu Marítim

Barcelonas Fiestas

La Mercè (*24. Sep*). Zu Ehren der Stadtpatronin Nostra Senyora de la Mercè (Gnadenmadonna), deren Kirche in Hafennähe liegt, finden eine Woche lang mehr als 500 Messen, Konzerte und Tanzveranstaltungen statt. Höhepunkte der großen *festa del foc* sind der *correfoc*, eine von Feuerwerken erhellte Prozession von Teufeln und Ungeheuern, und der *piromusical*, ein Feuerwerk mit Musik am Brunnen Font Màgica am Fuß des Montjuïc.

Feuerwerk während der Fiesta La Mercè

Els Tres Tombs (*17. Jan*). Reiter mit Zylindern und Zöpfen reiten zu Ehren des heiligen Antonius, des Patrons der Tiere, dreimal durch die Straßen.
La Diada (*11. Sep*). An Kataloniens »Nationalfeiertag« erklingt die Katalanenhymne, die Separatisten demonstrieren.
Dia de Sant Ponç (*11. Mai*). Am Tag des Schutzheiligen der Imker und der Kräuterhändler werden im Carrer de l'Hospital Kräuter, Honig und kandierte Früchte verkauft.
Festa Major (*Mitte Aug*). Die Straßen jedes Stadtteils versuchen, die *festa* der anderen an Pracht zu überbieten. Den größten Aufwand treibt das alte Gràcia-Viertel.

Stadtplan Barcelona *siehe Seiten 183–189*

Eixample

Barcelona hat zweifellos die meisten Jugendstil-Gebäude aller Städte in Europa. Der in Katalonien Modernisme genannte Stil entwickelte sich nach 1854, als sich die Stadtherren entschlossen, die mittelalterlichen Stadtmauern abzureißen und die Bautätigkeit auf die bis dahin gesperrte Militärzone auszudehnen.

Grundlage der Stadterweiterung *(eixample)* waren die Pläne des Bauingenieurs Ildefons Cerdà i Sunyer (1815–1876). Sie sahen ein rigides Schachbrettmuster vor, doch wurden die Ecken an jeder Kreuzung ausgekehlt, sodass sich dort jeweils kleine Plätze ergaben. Einige der wenigen Ausnahmen vom strengen Muster sind die Diagonal, eine Hauptstraße, die vom Pedralbes-Viertel zum Meer hinabführt, und die Avinguda de Gaudí. Sie verläuft von der Sagrada Família zum Hospital de la Santa Creu i de Sant Pau des Architekten Domènech i Montaner (1850–1923). Der Reichtum von Barcelonas Großbürgertum und seine Leidenschaft für alles Neue ermöglichten es den innovativsten Architekten ihrer Zeit, ungehindert sowohl ihre Wohnhäuser als auch öffentliche Gebäude zu entwerfen.

Eixample ist das nobelste Viertel der Stadt, an breiten Straßen – vor allem am Passeig de Gràcia – reihen sich Designer-Boutiquen und Spitzenrestaurants aneinander.

Sehenswürdigkeiten auf einen Blick

Museum
❷ Fundació Antoni Tàpies

Kirche
❻ *Sagrada Família S. 170f*

Modernisme-Gebäude
❶ lla de la Discòrdia
❸ Casa Milà »La Pedrera«

❹ Casa Terrades
❺ Hospital de la
Santa Creu i de Sant Pau

Restaurants in diesem Stadtteil
siehe S. 587

Stadtplan *3, 4, 5*

◀ **Casa Milà von Antoni Gaudí** *(siehe S. 169)*

Zeichenerklärung *siehe hintere Umschlagklappe*

Im Detail: Quadrat d'Or

Die circa 100 Häuserblocks rund um den Passeig de Gràcia sind als Quadrat d'Or, »Goldenes Viereck«, bekannt, weil hier viele der schönsten Modernisme-Bauten zu finden sind *(siehe S. 144f)*. Dieser Teil von Eixample wurde vom Großbürgertum bevorzugt, das den neuen künstlerischen Architekturstil begeistert aufnahm, sowohl für seine Wohn- als auch Geschäftshäuser. Zu dem herausragenden Block Illa de la Discòrdia gehören Häuser der berühmtesten Künstler. Viele Gebäude sind der Öffentlichkeit zugänglich, ihre Räume sind eine Augenweide aus Buntglas, Keramik und schmiedeeisernem Zierwerk.

Diagonal

Innenausstatter Vinçon *(siehe S. 192)*

Am Passeig de Gràcia, der Hauptstraße von Eixample, befinden sich viele originelle Gebäude und Läden. Die Straßenlampen entwarf Pere Falqués (1850–1916).

❷ **Fundació Tàpies**
Tàpies' Drahtskulptur *Wolke und Fleisch* krönt Domènech i Montaners Haus von 1879. Im Inneren sind Gemälde, Grafiken und Plastiken von Tàpies zu sehen.

RAMBLA DE CATALUNYA

PASSEIG DE GRÀCIA

Casa Amatller

Museu del Perfum

Casa Ramon Mulleras

❶ ★ **Illa de la Discòrdia**
In dem Häuserblock bestechen vier der berühmtesten Modernisme-Bauten aus der Zeit zwischen 1900 und 1910. Diesen Turm der Casa Lleó Morera entwarf Domènech i Montaner.

Zur Plaça de Catalunya

Casa Batlló

Casa Lleó Morera

Passeig de Gràcia

Hotels und Restaurants in Barcelona *siehe Seiten 564f und 586–588*

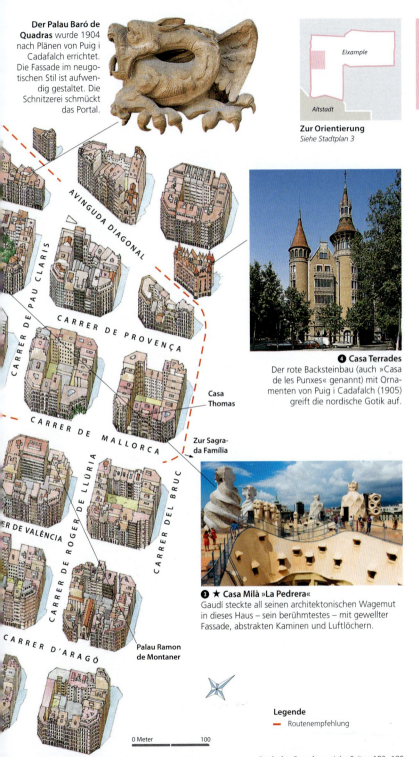

Der Palau Baró de Quadras wurde 1904 nach Plänen von Puig i Cadafalch errichtet. Die Fassade im neugotischen Stil ist aufwendig gestaltet. Die Schnitzerei schmückt das Portal.

Zur Orientierung
Siehe Stadtplan 3

AVINGUDA DIAGONAL

CARRER DE PAU CLARIS

CARRER DE PROVENÇA

Casa Thomas

CARRER DE MALLORCA

Zur Sagrada Família

CARRER DE LLÚRIA

CARRER DEL BRUC

ER DE VALÈNCIA

CARRER DE ROGER DE LLÚRIA

CARRER D'ARAGÓ

Palau Ramon de Montaner

❹ **Casa Terrades**
Der rote Backsteinbau (auch »Casa de les Punxes« genannt) mit Ornamenten von Puig i Cadafalch (1905) greift die nordische Gotik auf.

❸ ★ **Casa Milà »La Pedrera«**
Gaudí steckte all seinen architektonischen Wagemut in dieses Haus – sein berühmtestes – mit gewellter Fassade, abstrakten Kaminen und Luftlöchern.

Legende
— Routenempfehlung

0 Meter   100

Stadtplan Barcelona *siehe Seiten 183–189*

Prächtiger Aufgang der Casa Lleó Morera, Illa de la Discòrdia

❶ Illa de la Discòrdia

Passeig de Gràcia, zwischen Carrer d'Aragó und Carrer del Consell de Cent. **Stadtplan 3 A4.** ⓜ Passeig de Gràcia. **Casa Museu Amatller** ☎ 93 216 01 75. ⏰ tägl. 10–18 Uhr. ⏺ 2 Wochen im Jan, 25., 26. Dez. 🎫 obligatorisch. 🌐 amatller.org
Casa Batlló ☎ 93 216 03 06. ⏰ tägl. 9–21 Uhr. 🎫 ♿ 🌐 casabatllo.es

Der berühmteste Modernisme-Komplex Barcelonas zeigt die gewaltige Vielfalt der Stilrichtung. Wegen der starken Kontraste heißt der Block Illa de la Discòrdia, »Block der Zwietracht«. Die drei bekanntesten Häuser am Passeig de Gràcia wurden um 1900 modernistisch umgestaltet, aber nach ihren ursprünglichen Besitzern benannt.

Die **Casa Lleó Morera** (1902–06), Nr. 35 Passeig de Gràcia, ist Lluís Domènech i Montaners erster Wohnbau. Das Erdgeschoss wurde 1943 entkernt, aber die Modernisme-Ausstattung in den oberen Stockwerken ist noch vorhanden.

Zwei Häuser weiter liegt Puig i Cadafalchs **Casa Amatller** von 1898, Sitz des Institut Amatller d'Art Hispànic. Die Fassade vereint verschiedene Stile, u. a. mit maurischen und gotischen Fenstern mit Eisengittern. Das Giebeldach ist mit Fliesen bedeckt. Die mit schmiedeeisernen Ornamenten verzierte Tür führt zu einer Steintreppe unter einem Buntglasdach.

Das dritte Haus dieser Reihe ist Gaudís **Casa Batlló** (1904–06), das einzige zugängliche Haus. Seine Wellenoptik mit gefliesten Wänden und gelöcherten Balkonen ist weltberühmt. Das gekrümmte Dach soll einen Drachen darstellen. Die bizarr wirkenden Kamine der Casa Batlló wurden zu einem oft wiederkehrenden Markenzeichen von Gaudís späteren Arbeiten.

❷ Fundació Antoni Tàpies

Carrer d'Aragó 255. **Stadtplan 3 A4.** ☎ 93 487 03 15. ⓜ Passeig de Gràcia. ⏰ Di–So, Feiertage 10–19 Uhr. ⏺ 1., 6. Jan, 25. Dez. 🎫 🛍 ♿ 🛗 🌐 fundaciotapies.org

Antoni Tàpies (1923–2012) war einer der wichtigsten zeitgenössischen Künstler. In seinen vor allem vom Surrealismus inspirierten Werken verwendete er unterschiedlichste Materialien.

Das Museum ist im ersten unter Verwendung von Gusseisen erbauten Wohnhaus der Stadt untergebracht, das Domènech i Montaner 1880 für den Verlag seines Bruders konstruierte. Gezeigt wird hier in wechselnden Ausstellungen jeweils nur ein kleiner Teil des umfangreichen Werks von Antoni Tàpies.

Antoni Gaudí (1852–1926)

Der in Reus (Tarragona) geborene Antoni Gaudí war der wichtigste Künstler des katalanischen Modernisme. Nach einer Lehre als Schmied studierte er an Barcelonas Architekturschule. Die Sehnsucht nach einem romantisch verklärten Mittelalter macht die Originalität seines Werks aus. Sein erster Geniestreich war die Casa Vicens (1888) im Carrer de les Carolines Nr. 24. Sein berühmtester Bau ist die Sagrada Família *(siehe S. 170f)*, der er sich ab 1914 widmete. Gaudí gab all sein Vermögen für dieses Projekt aus, zusätzlich ging er von Haus zu Haus, um Spenden zu sammeln. Gaudí starb, nachdem er von einer Tram angefahren worden war.

Verzierte Kaminkappe, Casa Vicens

◀ Mit Keramikmosaiken geschmückte Kamine an Gaudís Casa Milà

Gewellte Fassade an Gaudís Wohnhaus Casa Milà

sche Stilmischung aus Mittelalter und Renaissance ergab. Türme und Giebel sind von der nordeuropäischen Gotik beeinflusst. Die Kombination von gemeißelten Blumenornamenten an der Außenseite mit roten Ziegeln als Hauptmaterial entspricht dem Modernisme.

❾ Hospital de la Santa Creu i de Sant Pau

Carrer de Sant Antoni Maria Claret 167. **Karte** 4 F2. ☎ 93 291 90 00. 🚇 Hospital de Sant Pau. **Gelände** ◷ Mo–Sa 10–18.30 Uhr (Nov–März: bis 16.30 Uhr), So 10–14.30 Uhr. ● 1., 6. Jan, 25., 26. Dez. ♿ 📷 (1. So im Monat frei). 🎫 🌐 santpaubarcelona.org

❸ Casa Milà »La Pedrera«

Passeig de Gràcia 92. **Stadtplan** 3 B3. ☎ 902 20 21 38. 🚇 Diagonal. ◷ tägl. 9–20.30, 21–23 Uhr. **Pedrera Origins** März–Okt: tägl. 21 Uhr; Nov–Feb: tägl. 19 Uhr (26. Dez–3. Jan: 21 Uhr). ● 2. Woche im Jan, 25. Dez. 📷 🌐 lapedrera.com

Die auch »La Pedrera« (Steinbruch) genannte Casa Milà ist Gaudís wichtigster Beitrag zur Stadtarchitektur und sein letztes Werk, bevor er sich der Sagrada Família *(siehe S. 170f)* widmete.

Die 1906–10 erbaute Casa Milà weicht völlig von allen damals gültigen Grundsätzen ab. Gaudí ordnete den achtstöckigen Eckwohnblock um zwei runde Innenhöfe an. Die Balkone von Josep Maria Jujol wirken wie Tang vor den gewellten Mauern aus unbehauenem Stein. Nirgendwo im ganzen Haus gibt es Mauern im rechten Winkel.

Die Führung zeigt das Museum »El Espai Gaudí« im obersten Stockwerk, von dem aus man das sensationelle Dach erreicht: Dessen kunstvoll gearbeitete Luftröhren und Kamine sind so bizarr, dass man sie *espantabruixas* (»Hexenschrecke«) nannte. Ein Spektakel ist die Ton-Licht-Show Pedrera Origins.

❹ Casa Terrades

Avinguda Diagonal 416. **Stadtplan** 3 B3. ☎ 903 18 52 42. 🚇 Diagonal. ◷ tägl. 9–21 Uhr. ● 25. Dez. 🌐 casadelespunxes.com

Der sechsseitige Wohnblock von Puig i Cadafalch verdankt seinen Spitznamen »Casa de les Punxes« (»Haus der Spitzen«) den Spitzen der sechs Ecktürme, die wie Hexenhüte aussehen.

Cadafalchs letztes Werk entstand 1903–05, indem drei bereits vorhandene Häuser verbunden wurden, was eine exzentri-

Spitze am Hauptturm, Casa Terrades

Lluís Domènech i Montaner entwarf ab 1902 ein Stadtkrankenhaus, das aus 26 Pavillons im Mudéjar-Stil in einem großen Park bestehen sollte. Er verabscheute große Stationen und glaubte, dass Patienten in frischer Luft besser genesen könnten. Verbindungsgänge und Diensträume wurden unterirdisch versteckt. Da er Kunst und Farbe für heilwirksam hielt, gestaltete er die Pavillons überreich aus. Die mit Türmchen besetzten Dächer wurden gefliest, die Aufnahme mit Skulpturen von Pau Gargallo und Mosaiken verziert. Erst sein Sohn Pere vollendete 1930 das einzigartige Projekt.

Hospital de la Santa Creu i de Sant Pau mit Madonnenstatue und Kuppel

❻ Sagrada Família

Europas ungewöhnlichste Kirche, der Temple Expiatori de la Sagrada Família, ist das Sinnbild einer Stadt mit individualistischem Selbstverständnis. Gaudís *(siehe S. 144f)* größtes, eigenwilligstes Werk steckt voller Natursymbolik. 1883 beauftragte man ihn, die ein Jahr zuvor begonnene neugotische Kathedrale fertigzustellen. Er änderte alle Pläne und improvisierte fortwährend. Die Kirche wurde zu seinem Lebensinhalt, 14 Jahre lebte er wie ein Einsiedler auf der Baustelle – nun ruht er in der Krypta. Bis zu seinem Tod wurde nur die Weihnachtsfassade vollendet, andere Fronten und Teile werden nach seinen Plänen gefertigt – die Arbeiten dauern bis heute an. 2010 weihte der damalige Papst Benedikt XVI. das Gotteshaus und erhob es zur Basilica minor.

Glockentürme
Acht von zwölf Spitzen, eine pro Apostel, sind fertig. Jede trägt ein venezianisches Mosaik.

Die vollendete Kirche

Gaudí reduzierte seine Pläne im Lauf der Zeit, aber der Entwurf für das Gesamtwerk bleibt ohne Einschränkung beeindruckend: Den Mittelturm sollen vier Seitentürme umgeben, die die vier Evangelisten darstellen. An drei Fassaden (Glorienfassade im Süden, Passionsfassade im Westen, Weihnachtsfassade im Osten) sollen jeweils vier Türme stehen. Außen soll ein Wandelgang – wie ein umgekehrter Kreuzgang – das Bauwerk umgeben.

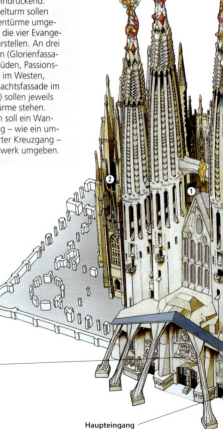

❷

❶

Haupteingang

★ Passionsfassade
Die düstere und umstrittene Fassade mit eckigen Skulpturen wurde von Josep Maria Subirachs zwischen 1986 und 2000 vollendet.

Wendeltreppen
Je 400 (!) steinerne
Stufen führen zu
den Türmen und
oberen Galerien.
Die Aussicht lohnt
den Aufstieg bzw.
die Auffahrt.

Infobox

Information
Carrer de Sardenya. **Stadtplan**
4 E3. 📞 932 08 04 14.
🕐 März, Okt: tägl. 9–19 Uhr;
Apr–Sep: 9–20 Uhr; Nov–Feb:
9–18 Uhr; 1., 6. Jan, 25., 26. Dez:
9–14 Uhr. 🎫 Tickets nur mit ver-
bindlichem Zeitfenster; auf Website erhältlich. 📷 tägl. 🕀 tägl.
♿ außer Türme und Krypta.
🆆 **sagradafamilia.org**

Anfahrt
Ⓜ Sagrada Família.
🚌 19, 43, 51.

★ **Weihnachtsfassade**
Der östliche Teil der Kirche
wurde 1930 beendet. Die
Portale stellen Glaube,
Hoffnung und Liebe dar.
Szenen von Christi Geburt
und viele Symbole sind zu
sehen: Tauben und auch
ein überdimensionaler
Weihnachtsbaum.

★ **Krypta**
Gaudís Grabstätte ist ein
Werk von Francesc de
Paula Villar i Lozano, dem
ersten Architekten (1882).
Hier finden Gottesdienste
statt. Im Untergeschoss erzählt ein Museum die Ge-
schichte der Architekten
und der Kirche.

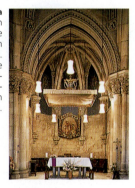

Außerdem

① **Gaudís Baldachin** wartet immer
noch auf seine Vollendung.

② **Die Apsis** stellte Gaudí zuerst
fertig. Von ihr führen Stufen zur
Krypta hinunter.

③ **Turm mit Aufzug**

④ **Im Schiff** trägt ein »Wald«
von kannelierten Pfeilern vier Galerien. Durch zahlreiche Oberlichter
fällt Tageslicht, aber auch Kunst-
licht herein.

Stadtplan Barcelona *siehe Seiten 183–189*

Montjuïc

Der 213 Meter hohe Montjuïc, der sich über dem Handelshafen in der Südstadt erhebt, ist Barcelonas größtes Erholungsgebiet. Museen, Galerien, Rummelplätze und Nachtclubs sorgen hier Tag und Nacht für pulsierendes Leben.

Vermutlich siedelten Keltiberer hier, bevor die Römer auf ihrem Mons Jovis einen Jupitertempel bauten, der dem Hügel seinen Namen gab. Vielleicht war es aber auch ein jüdischer Friedhof, der zu seiner Bezeichnung führte.

Bis zum Bau des Schlosses 1640 war der Montjuïc wegen der fehlenden Wasserversorgung kaum bebaut. Erst 1929 erlangte er auch administrative Eigenständigkeit, als

hier die Weltausstellung abgehalten wurde. Nun entstand eine Vielzahl von Gebäuden auf der Nordseite mit der Avinguda de la Reina María Cristina, gesäumt von riesigen Ausstellungshallen, die von der Plaça d'Espanya hierherführt. Der Brunnen Font Màgica in der Mitte der Prachtstraße erstrahlt gelegentlich in vielen Farben. Darüber beherbergt der Palau Nacional die größte Kunstsammlung der Stadt.

Das Handwerkszentrum Poble Espanyol ist in Nachbauten typisch spanischer Gebäude aus dem ganzen Land untergebracht. Zur Olympiade von 1992 erfuhr der Montjuïc wiederum umfassende Baumaßnahmen – und erhielt erstklassige Sportanlagen.

Sehenswürdigkeiten auf einen Blick

Historisches Gebäude
❽ Castell de Montjuïc

Moderne Architektur
❹ Pavelló Mies van der Rohe
❾ Estadi Olímpic de Montjuïc

Museen und Sammlungen
❶ Fundació Joan Miró
❷ Museu Arqueològic
❸ Museu Nacional d'Art de Catalunya
❻ CaixaForum

Platz
❼ Plaça d'Espanya

Freizeitpark
❺ Poble Espanyol

Stadtplan *1, 2*

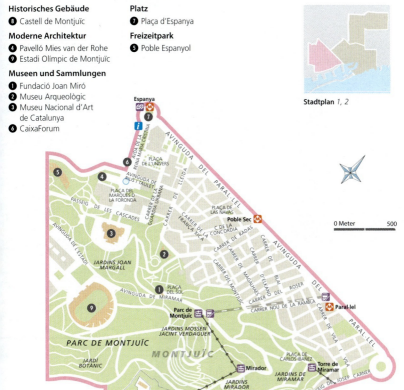

0 Meter 500

◀ **Lichtshow an der Font Màgica** *(siehe S. 175)*   **Zeichenerklärung** *siehe hintere Umschlagklappe*

Im Detail: Montjuïc

Der Montjuïc ist ein idealer Aussichtspunkt, um die gesamte Stadt zu überschauen. Neben einigen Museen locken ein Freizeitpark, ein Freilichttheater und nebenan ein Rosengarten. Am interessantesten ist das Umfeld des Palau Nacional, der Europas beste Sammlung romanischer Kunst besitzt. Dem Montjuïc nähert man sich durch Ziegelpfeiler, die an den Markusdom in Venedig erinnern – ein Vorgeschmack auf die Mischung der Baustile. Das Poble Espanyol zeigt die traditionelle Architektur der spanischen Regionen, während sich die Fundació Joan Miró in modernem Stil präsentiert.

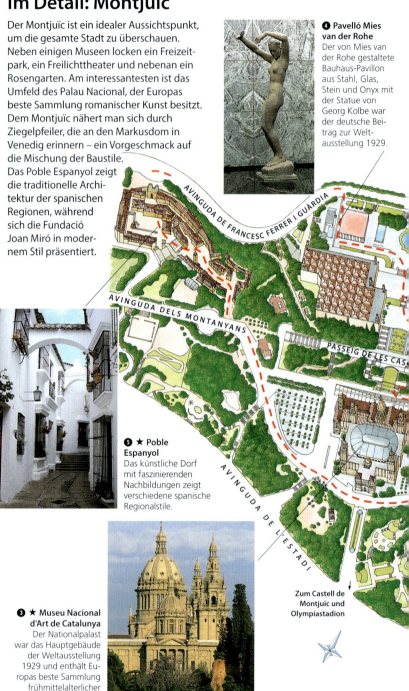

❹ Pavelló Mies van der Rohe
Der von Mies van der Rohe gestaltete Bauhaus-Pavillon aus Stahl, Glas, Stein und Onyx mit der Statue von Georg Kolbe war der deutsche Beitrag zur Weltausstellung 1929.

❺ ★ Poble Espanyol
Das künstliche Dorf mit faszinierenden Nachbildungen zeigt verschiedene spanische Regionalstile.

❸ ★ Museu Nacional d'Art de Catalunya
Der Nationalpalast war das Hauptgebäude der Weltausstellung 1929 und enthält Europas beste Sammlung frühmittelalterlicher Fresken – eine Quelle der Inspiration für Joan Miró.

Zum Castell de Montjuïc und Olympiastadion

0 Meter 100

Hotels und Restaurants in Barcelona *siehe Seiten 564f und 586–588*

Springbrunnen und Kaskaden steigen terrassenartig vom Palau Nacional hinab, darunter liegt die Font Màgica. Im Sommer erstrahlt sie abends von donnerstags bis sonntags in einer Ton-Licht-Show. Carles Buigas (1898–1979) entwarf dieses Wunderwerk aus Wasser und Elektrizität für die Weltausstellung 1929.

Altstadt

Montjuïc

Zur Orientierung
Siehe Stadtplan 1

Plaça
Espanya

Das Museu Etnològic zeigt Kunst aus Ozeanien, Afrika, Asien und Lateinamerika.

❷ **Museu Arqueològic**
Das Museum zeigt vorgeschichtliche Funde aus Katalonien und von den Balearen. Die *Dame von Ibiza* aus dem 4. Jahrhundert fand man in Ibizas karthagischer Totenstadt.

Theater Mercat de les Flors *(siehe S. 195)*

Das Teatre Grec ist ein Freilichttheater in einem Park.

❶ ★ **Fundació Joan Miró**
Dieser Wandteppich von Joan Miró hängt in dem von ihm gegründeten Zentrum für moderne Kunst. Neben Mirós Werken ist der Bau von Josep Lluís Sert architektonisch interessant.

Zum Freizeitpark, Castell de Montjuïc und zur Seilbahn

Legende
— Routenempfehlung

Stadtplan Barcelona *siehe Seiten 183–189*

Flamme im Raum und nackte Frau (1932) von Joan Miró

❶ Fundació Joan Miró

Parc de Montjuïc. **Stadtplan** 1 B3.
📞 93 443 94 70. Ⓜ Espanya,
dann Bus 150 oder 55, oder
Paral·lel, dann Zahnradbahn.
🕐 Di, Mi, Fr 10–20 Uhr (Nov–
März: bis 18 Uhr), Do 10–21, Sa
10–20, So, Feiertage 10–15 Uhr.
🔴 1. Jan, 25., 26. Dez. 🎫 ♿
🌐 fmirobcn.or

Nachdem Joan Miró (1893–
1983) an der Kunstakademie
La Llotja *(siehe S. 156)* studiert
hatte, verbrachte er ab 1919
viel Zeit in Paris. Obwohl er ein
Gegner Francos war, kehrte er
1940 nach Spanien zurück und
lebte dann auf Mallorca, wo er
1983 auch starb.

Miró bewunderte die frühe
katalanische Kunst und Gaudís
Modernisme *(siehe S. 144f).* Er
entwickelte einen surrealistischen Stil mit starken Farben
und traumhaften Figuren.

1975, nach der Rückkehr zur
Demokratie, entwarf Mirós
Freund, der Architekt Josep
Lluís Sert, das weiße Gebäude,
in dem die ständige Sammlung

des Ausnahmekünstlers in
natürlichem Licht erstrahlt.
Zu den großartigsten Exponaten
zählt die *Barcelona*-Serie
(1939–44), eine Zusammen-
stellung von 50 Schwarz-Weiß-
Lithografien. Gelegentlich zeigen
Wechselausstellungen
Werke anderer Künstler.

❷ Museu Arqueològic

Passeig de Santa Madrona 39–41.
Stadtplan 1 B3. 📞 93 423 21 49.
Ⓜ Espanya, Poble Sec. 🕐 Di–Sa
9.30–19, So, Feiertage 10–14.30
Uhr. 🔴 1. Jan, 25., 26. Dez. 🎫
(12. Feb, 23. Apr, 18. Mai, 11.,
24. Sep frei). ♿ 🅿 🌐 mac.cat

Das Museum (Gebäude von
1929) präsentiert vielfältige
Exponate von der Prähistorie
bis zur Westgotenzeit (415–
711 n. Chr.). Zu den Höhepunkten zählen gräko-römi-
sche Funde aus Empúries
(siehe S. 220), hellenistischer
Schmuck aus Mallorca, ein
iberischer Silberschatz sowie
Westgotenschmuck.

❸ Museu Nacional d'Art de Catalunya

Parc de Montjuïc, Palau Nacional.
Stadtplan 1 B2. 📞 93 622 03 60.
Ⓜ Espanya. 🚌 150, 55. 🕐 Di–Sa
10–18 Uhr (Mai–Sep: bis 20 Uhr),
So, Feiertage 10–15 Uhr. 🔴 1. Jan,
1. Mai, 25. Dez. 🎫 freier Eintritt:
1. So im Monat und für Besucher
unter 16 und über 65 Jahren. ✉
♿ 🅿 nach Vereinbarung (93 622
03 75). 🔲 🌐 mnac.cat

Der Palau Nacional wurde für
die Weltausstellung 1929 gebaut und beherbergt seit 1934
die bedeutendste Kunstsammlung der Stadt.

Das Museum besitzt die
beste Sammlung romanischer
Kunst, darunter Fresken aus
dem 12. Jahrhundert. Herausragend sind die Wandmalerei-
en aus Santa María de Taüll
und Sant Climent de Taüll.

Spanische und katalanische
Kunst der Gotik ist u. a. mit
Arbeiten von Lluís Dalmau und
Jaume Huguet (15. Jh.) vertre-
ten. In den Cambó-Räumen
befinden sich Werke von El
Greco, Zurbarán und Veláz-
quez – neben einer Sammlung
von Barock- und Renaissance-
Werken aus ganz Europa. Das
Museum beinhaltet auch die
Sammlungen des früheren
Museu d'Art Modern im Parc
de Ciutadella mit Kunst und
Möbeln des 20. Jahrhunderts.
Mit dem Zusammenschluss der
beiden Häuser bietet sich hier
eine einmalige Werkschau
katalanischer Kunst.

**Christus als Pantokrator (12. Jh.),
Museu Nacional d'Art de Catalunya**

Der Morgen von G. Kolbe (1877–1945), Pavelló Mies van der Rohe

❹ Pavelló Mies van der Rohe

Avinguda Francesc Ferrer i Guàrdia 7. **Stadtplan** 1 A2. 📞 93 423 40 16. Ⓜ Espanya. 🚌 13, 150. 🕐 tägl. 10–20 Uhr. ⬤ 1. Jan, 25. Dez. ♿ unter 16 Jahren frei. ♿ 🗺 nach Vereinb. 🌐 **miesbcn.com**

Der in Glas und Stein gestaltete Pavillon muss die Besucher der Weltausstellung von 1929 irritiert haben: Er stammt von Ludwig Mies van der Rohe (1886–1969) und enthält dessen berühmten *Barcelona-Stuhl*. Nach der Ausstellung wurde der Bau zerstört, ein Nachbau entstand erst wieder zu Mies van der Rohes 100. Geburtstag.

❺ Poble Espanyol

Avinguda Francesc Ferrer i Guàrdia. **Stadtplan** 1 A2. 📞 93 508 63 30. Ⓜ Espanya. 🕐 Mo 9–20, Di–Do, So 9–24, Fr 9–15, Sa 9–16 Uhr. ♿ frei am 24. Sep. ♿ 🗺 🎧 🌐 **poble-espanyol.com**

Das Museumsdorf dokumentiert regionale spanische Architektur und Handwerkskunst. Es entstand zur Weltausstellung 1929 und erfreut sich seither dauerhafter Beliebtheit bei Einheimischen und Gästen.

116 Häuser veranschaulichen Baustile aus ganz Spanien. Sie liegen in sternförmig vom Hauptplatz ausgehenden Straßen und stammen von den bekanntesten Architekten und Künstlern der Zeit. Das Dorf wurde Ende der 1980er Jahre renoviert. Die hier tätigen Handwerker produzieren mundgeblasenes Glas, Keramik, Plastik, Toledo-Damast und katalanische Segeltuchschuhe.

❻ CaixaForum

Avinguda de Francesc Ferrer i Guàrdia 6–8, Montjuïc. **Karte** 1 B2. 📞 93 476 86 00. Ⓜ Espanya. 🚌 13, 150. 🕐 tägl. 10–20 Uhr (Juli, Aug: Mi bis 23 Uhr). ⬤ 1., 6. Jan, 25. Dez. ♿ 🗺

Die von Josep Puig i Cadafalch gestaltene Antiga Fàbrica Casaramona, eine ehemalige Textilfabrik im Modernisme-Stil, ist Schauplatz kultureller Veranstaltungen wie Ausstellungen, Lesungen, Workshops und Filmvorführungen.

❼ Plaça d'Espanya

Avinguda de la Gran Via de les Corts Catalanes. **Stadtplan** 1 B1. Ⓜ Espanya. **Font Màgica, Ton-Licht-Show** Apr, Mai, Okt: Fr, Sa 21 Uhr; Juni–Sep: Do–Sa 21.30 Uhr; Nov–März: Fr, Sa 19 Uhr (6. Jan–16. Feb keine Show).

Der Brunnen in der Mitte der Kreuzung, wo bis 1715 Galgen standen, stammt von Josep Maria Jujol. 1899 erbaute Font i Carreras die Stierkampfarena nebenan. Hinter der Fassade befindet sich nun ein Einkaufs- und Unterhaltungszentrum.

Auf der Montjuïc-Seite des Kreisverkehrs beginnt die Avinguda de la Reina María Cristina, flankiert von zwei Türmen, die denen des Markusdoms in Venedig nachempfunden sind.

❽ Castell de Montjuïc

Parc de Montjuïc. **Stadtplan** 1 B5. 📞 932 564 445. Ⓜ Paral·lel, dann Zahnrad- und Seilbahn. 🚌 150 ab Plaça d'Espanya. 🕐 tägl. 10–20 Uhr (Nov–März: bis 18 Uhr). ♿ (So ab 15 Uhr frei).

Das Schloss (18. Jh.) befindet sich auf dem Gipfel des Hügels. Die Bourbonen errichteten die heutige sternförmige Festung. Nach dem Bürgerkrieg wurde es ein Gefängnis, in dem der katalanische Politiker Lluís Companys 1940 hingerichtet wurde. 2007 wurde die Festung offiziell der Stadt Barcelona übertragen.

❾ Estadi Olímpic de Montjuïc

Passeig Olímpic. **Stadtplan** 1 A4. 📞 93 426 20 89. Ⓜ Espanya, Poble Sec. 🚌 55. **Stadion** 🕐 für Konzerte und Fußballspiele. **Open Camp** 🕐 Zeiten siehe Website. 🗺 📷 🎧 🌐 **opencamp.com** **Museum** 🕐 Di–Sa 10–18 Uhr (Apr–Sep: bis 20 Uhr), So 10–15.30 Uhr. ⬤ 1. Jan, 25., 26. Dez. 🗺 ♿ 📷

Die klassizistische Fassade stammt noch aus dem von Pere Domènech i Roura für die Olympiade 1936 gebauten Stadion. Diese wurde jedoch mit Ausbruch des Bürgerkriegs abgesagt. Für die Olympischen Spiele von 1992 wurde die Arena modernisiert.

Der neue Themenpark Open Camp bietet viele Attraktionen, u. a. Fußballsimulatoren.

Nebenan liegen die Sporthalle Palau Sant Jordi von Arata Isozaki und Ricard Bofills Schwimmbecken.

Blick vom Palau Nacional auf die prachtvolle Plaça d'Espanya

Stadtplan Barcelona *siehe Seiten 183–189*

Abstecher

Die radikale Umgestaltung von Barcelonas Randgebieten schuf Ende der 1980er und Anfang der 1990er Jahre viele neue Gebäude, Parks und Plätze. Der Hauptbahnhof Sants wurde umgebaut. In seiner Nachbarschaft entstanden der Parc de l'Espanya Industrial und der Parc de Joan Miró, beide mit Seen, modernen Skulpturen und futuristischer Architektur. Die Plaça de les Glòries wird demnächst in einen Park mit Designmuseum umgestaltet. Im Westen der Stadt, wo die Straßen steil ansteigen, befinden sich der Königspalast, das Kloster Pedralbes sowie Gaudís Parc Güell. Weiter nördlich erstreckt sich das Naherholungsgebiet der Serra de Collserola. Zwei Seilbahnen erklimmen die Anhöhe, die eine großartige Aussicht bietet. Der höchste Punkt, der Berg Tibidabo, ist mit Vergnügungspark, der gotischen Kirche Sagrat Cor und dem modernen Fernmeldeturm aus Glas und Stahl eines der beliebtesten Ausflugsziele.

Sehenswürdigkeiten auf einen Blick

Museen und Sammlungen
- ❸ Camp Nou
- ❻ Museu Blau
- ❽ CosmoCaixa

Historisches Gebäude
- ❹ Reial Monestir de Santa Maria de Pedralbes

Moderne Architektur
- ❺ Torre de Collserola

Parks
- ❶ Parc de Joan Miró
- ❷ Parc de l'Espanya Industrial
- ❾ Parc Güell

Freizeitpark
- ❼ Tibidabo

Restaurants in diesen Stadtteilen
siehe S. 587f

Legende
- Barcelona Zentrum
- Autobahn
- Hauptstraße
- Nebenstraße

0 km   1

Sehenswürdigkeiten außerhalb des Stadtzentrums

◀ Freizeitpark Tibidabo *(siehe S. 182)*   **Weitere Zeichenerklärungen** *siehe hintere Umschlagklappe*

Joan Mirós *Frau und Vogel* (1983) im Parc de Joan Miró

❶ Parc de Joan Miró

Carrer d'Aragó 1. Ⓜ Tarragona.

Barcelonas ehemaliger Schlachthof *(escorxador)* aus dem 19. Jahrhundert wurde in den 1980er Jahren in diesen ungewöhnlichen Park umgewandelt – daher sein zweiter Name Parc de l'Escorxador. Er ist auf zwei Ebenen angelegt: Auf der unteren befinden sich mehrere Fußballplätze, getrennt durch Grünanlagen mit Palmen, Pinien, Eukalyptus und Blumen. Die obere gepflasterte Ebene wird von der 22 Meter hohen Skulptur *Dona i Ocell (Frau und Vogel)* dominiert, die Joan Miró 1983 schuf. In dem Park gibt es auch mehrere einladende Spielplätze für Kinder.

❷ Parc de l'Espanya Industrial

Plaça de Joan Peiró.
Ⓜ Sants-Estació.

Der Name dieses Parks von Luis Peña Ganchegui geht auf die Textilfabrik zurück, die sich auf diesem Gelände befand.
Der Park entstand 1986, als man in Barcelona mehr freie Flächen schuf. Es gibt Kanäle und einen See mit Ruderbootverleih, dessen Mitte eine klassizistische Neptunstatue ziert. Der See ist wie ein Amphitheater von aufsteigenden Sitzreihen umgeben. Eine Seite überblicken zehn futuristische Wachtürme, die als Aussichtsplattformen dienen.
Im Park sind Werke von zeitgenössischen Bildhauern zu sehen, darunter Andrés Nagel, dessen Metalldrache eine Kinderrutsche birgt.

❸ Camp Nou

Avinguda de Arístides Maillol.
Ⓒ 902 18 99 00. Ⓜ Maria Cristina, Collblanc. **Museum & Tour** ⬜ Ende März–Mitte Okt, Weihnachten, Ostern: tägl. 9.30–19.30 Uhr; Mitte Okt–Ende März: Mo–Sa 10–18.30, So 10–14.30 Uhr (an Feiertagen und Spieltagen verkürzte Zeiten). ⬤ 1., 6. Jan, 25. Dez und einige Feiertage. 🅿♿📷 durchs Stadion. 🆆 fcbarcelona.cat

Camp Nou, das größte Fußballstadion Europas, ist das Heimstadion des 1899 gegründeten Fußballvereins FC Barcelona (hier »Barça« genannt). Mit über 170 000 Mitgliedern

Wachtürme im Parc de l'Espanya Industrial

ist er einer der weltgrößten Fußballvereine. Die schwungvolle Stadionkonstruktion entstand 1957 nach Plänen von Francesc Mitjans. Das Stadion wurde 1982 erweitert, um nun 100 000 Besuchern Platz zu bieten.
Das Museum des FC Barcelona ist Teil der Erlebniswelt von Camp Nou und wirklich sehenswert: Auf zwei Etagen sind Andenken und Trophäen ausgestellt; außerdem gibt es einen Souvenirshop. Zu sehen sind Gemälde und Skulpturen berühmter Clubmitglieder, die für die Blau-Grana-Biennale in Auftrag gegeben wurden – eine Ausstellung, die 1985 und 1987 zu Ehren des Clubs stattfand. *Blaugrana* (blau-burgunderrot) sind Barças Vereinsfarben. Barças Flagge ist ein Symbol des katalanischen Nationalgefühls, seit Franco die katalanische Flagge verboten hatte.

Blick in den Camp Nou, das berühmte Stadion des FC Barcelona

Hotels und Restaurants in Barcelona *siehe Seiten 564f und 586–588*

❹ Reial Monestir de Santa Maria de Pedralbes

Baixada del Monestir 9. 📞 93 256 34 34. 🚇 Reina Elisenda. 🕐 Apr–Sep: Di–Fr 10–17 Uhr, Sa 10–19, So 10–20 Uhr; Okt–März: Di–Fr 10–14 Uhr, Sa, So 10–17 Uhr. 🚫 1. Jan, 1. Mai, 24. Juni, 25. Dez. 🎫 (bis 16 Jahre, So ab 15 Uhr, 1. So im Monat frei). 📞 nach Vereinbarung: 📞 93 256 21 22. 🌐 monestirpedralbes.bcn.cat

Nähert man sich dem Kloster von Pedralbes (offiziell: Reial Monestir de Santa Maria de Pedralbes) durch den Torbogen, scheint es, als sei es noch bewohnt. Dieser erste Eindruck wird durch den guten Zustand der möblierten Klosterzellen und Küchen, des Krankenzimmers und Refektoriums verstärkt. Aber die Nonnen des Klarissinnenordens zogen 1983 in ein Nachbargebäude um.

Elisenda de Montcada de Piños (1292–1364), die vierte Frau von Jaume II von Katalonien und Aragón, gründete das Kloster im Jahr 1326. Ihr Alabastergrab ist in die Mauer zwischen Kirche und Kloster eingelassen.

Der wichtigste Raum ist die Capella de Sant Miquel mit den Wandgemälden *Passion* und *Marienleben*. Beide malte Ferrer Bassa 1346, als Elisendas Nichte, Francesca Saportella, Äbtissin war.

Die Klostergebäude der Klausur umschließen den Kreuzgang. Hier liegen die

Madonna der Demut,
Monestir de Pedralbes

Schlafräume, der Speisesaal, der Kapitelsaal, eine Kapelle und die Tageszellen. Ausgestellt sind Gemälde des 16. und 17. Jahrhunderts sowie Möbel, liturgische Gewänder und Arbeiten aus Edelmetall.

❺ Torre de Collserola

Carretera de Vallvidrera al Tibidabo. 📞 93 211 79 42. 🚇 Peu del Funicular, dann Funicular de Vallvidrera und Bus 211. 🕐 Öffnungszeiten variieren stark (siehe Website). 🚫 1., 6. Jan, 25., 26. und 31. Dez. 🎫 ♿ 🌐 torredecollserola.com

Nervenkitzel pur bietet der Fernmeldeturm nahe dem Tibidabo *(siehe S. 182)*. Ein Lift mit Glaswänden erreicht in weniger als zwei Minuten die Spitze des 288 Meter hohen Bauwerks auf dem 445 Meter hohen Gipfel.

Der britische Architekt Norman Foster entwarf den Turm für die Olympischen Spiele 1992. Die nadelförmige Konstruktion steht auf einem Betonpfeiler und ist mit zwölf gewaltigen Stahlseilen verankert. Es gibt 13 Ebenen. Auf der obersten Etage bieten ein Observatorium mit einem Teleskop und eine Terrasse einen wunderschönen Blick auf Barcelona, das Meer und die Gebirgskette, zu der der Tibidabo gehört.

❻ Museu Blau

Plaça Leonardo da Vinci 4–5, Parc del Fòrum. 📞 93 256 60 02. 🕐 Di–Sa 10–19 Uhr, So, Feiertage 10–20 Uhr. 🚫 1. Jan, 1. Mai, 24. Juni, 25. Dez. 🎫 (1. So im Monat und jeden So nach 15 Uhr frei). ♿ 🌐 museublau.bcn.cat

Das Museum der Naturwissenschaften ist seit dem späten 19. Jahrhundert eine Institution in Barcelona: Es verfügt über drei Millionen Exponate aus Mineralogie, Paläontologie, Zoologie und Botanik. Nach seinem Umzug vom Parc de Ciutadella *(siehe S. 158f)* in das neue Gebäude der Schweizer Architekten Herzog & Meuron im Parc del Fòrum (Parque de los Auditorios) bietet es heute als Museu Blau seinen Besuchern auf zwei Etagen eine spannende Reise durch die ganze Geschichte des Lebens und der Erde. Alle modernen Museumstechniken werden dazu eingesetzt.

Daneben gibt es eine Mediathek, Wechselausstellungen und das »Science Nest«, eine Art Forschungslabor mit lebensnahen Bild-Ton-Effekten für Kinder bis zu sechs Jahren. Das Science Nest ist nur am Wochenende geöffnet, Anmeldung einen Tag zuvor ist obligatorisch.

FC Barcelona gegen Real Madrid

FC Barcelona

Real Madrid

»Més que un club« ist das Motto des FC Barcelona: »Mehr als ein Verein«. Mehr als alles andere ist der Club Symbol für den Kampf der Katalanen gegen die Regierung in Madrid. Die Liga nicht zu gewinnen, ist eine Sache, hinter Real Madrid zu landen eine Katastrophe. Jede Saison stellt sich die Frage: Welches der beiden Teams bekommt den Titel? 1941, zur Zeit des Franco-Regimes, gewann Barça zu Hause 3:0. Beim Rückspiel in Madrid wurde das Team so feindselig begrüßt, dass Polizei und Schiedsrichter Barça »baten«, Ärger zu vermeiden – man gab sich mit 1:11 geschlagen. Loyalität ist oberstes Gebot: Als Barça-Spieler sollte man nicht zu Real wechseln.

Karussell, Tibidabo

❼ Tibidabo

Plaça del Tibidabo 3–4. ☎ 93 211 79 42. � Av del Tibidabo, dann Tramvia Blau und Zahnradbahn; oder Peu del Funicular, dann Zahnradbahn und Bus 111; oder Bus T2A von Plaça Catalunya. **Freizeitpark** 🕐 wechselnde Zeiten (Website). ⬤ Okt–Apr: Mo–Fr. ♿ **Temple Expiatori del Sagrat Cor** ☎ 93 417 56 86. 🕐 tägl. 10–20 Uhr. ♿ 🆆 tibidabo.cat

Zum Gipfel des Tibidabo fährt Barcelonas letzte noch erhaltene Tram. Der von der Sicht auf die Stadt inspirierte lateinische Name *tibi dabo* (»ich werde dir geben«) spielt auf die Versuchung Christi durch den Satan an, der ihm auf einem Berg die Welt zu seinen Füßen anbot.

Der Freizeitpark öffnete 1908. Die Fahrgeschäfte wurden in den 1980er Jahren überholt. Faszinieren die alten Fahrgeschäfte allein mit ihrem Charme, so bieten die modernen schwindelerregende Erfahrungen. Die Lage auf 517 Meter Höhe verstärkt den Nervenkitzel. Im Park befindet sich das Museu d'Autòmats mit einer Sammlung von Musik- und Spielautomaten.

Den Tibidabo krönt der Temple Expiatori del Sagrat Cor, den Enric Sagnier 1902–1911 mit religiösem Eifer, aber wenig Geschmack entwarf. Ein Lift fährt zu einer riesigen Christusfigur. Eine kurze Busfahrt bringt Sie zum nächsten Aussichtspunkt, der Torre de Collserola *(siehe S. 181)*.

❽ CosmoCaixa

Carrer Isaac Newton 26. ☎ 93 212 60 50. 🚇 Avinguda del Tibidabo. 🚌 17, 22, 58, 73. 🕐 Di–So 10–20 Uhr (Juli, Aug: tägl.). ⬤ 1., 6. Jan, 25. Dez. 🎫 (1. So im Monat frei). 🎥 ♿ 🆆 obrasocial.lacaixa.es

Das Wissenschaftsmuseum lässt auf fünf unterirdischen Etagen Kinder wie Erwachsene naturwissenschaftliche Effekte spielerisch erfahren. Eine spiralförmige Treppe führt 30 Meter in die Tiefe. Als eines der modernsten und auch größten Häuser seiner Art behandelt es alle Formen von Leben und Intelligenz.

❾ Parc Güell

Carrer d'Olot. ☎ 902 20 03 02. 🚇 Lesseps. 🚌 24. 🕐 tägl. (Apr, Sep, Okt: 8–20.30 Uhr; Mai–Aug: 8–21.30 Uhr; Nov–Mitte Feb: 8.30–18.15 Uhr; Mitte Feb–März: 8.30–19 Uhr). ♿ 🎫 🎥 nur Tickets mit Zeitfenster. **Casa-Museu Gaudí** ☎ 93 219 38 11. 🕐 Apr–Sep: tägl. 9–20 Uhr; Okt–März: tägl. 10–18 Uhr. ⬤ 1. Jan. 🎫 🆆 parkguell.cat

Der von der UNESCO zum Welterbe erklärte Parc Güell ist Antoni Gaudís *(siehe S. 144f)* farbenprächtigste Schöpfung.

Im Jahr 1895 gab Graf Eusebi Güell den Auftrag, auf dem hierfür zur Verfügung gestellten, 20 Hektar großen Gelände eine Gartenstadt anzulegen. Das Projekt, das öffentliche Gebäude und 60 Wohnhäuser vorsah, wurde nur zum Teil verwirklicht. Der heutige Park wurde zwischen 1910 und 1914 fertiggestellt und 1922 eröffnet.

Besonders schön ist der Saal der 100 Säulen, eine höhlenartige Markthalle, deren Decke 84 mit Glas- und Keramikmosaiken verzierte Pfeiler tragen. Die von Keramik-Tieren gesäumte und von einem vielfarbigen Drachen bewachte Treppe führt zur Gran Plaça Circular, einer Freifläche mit Aussichtsplattform aus farbigen Mosaiken von Josep Jujol. An die Aussichtsplattform mit schönem Panoramablick ist die längste Bank der Welt (152 Meter) angepasst.

Die beiden mosaikverzierten Pavillons am Eingang schuf Gaudí selbst. Das Casa-Museu Gaudí hingegen, in dem Gaudí 1906–1926 lebte, entwarf Francesc Berenguer im Zuckerbäckerstil. Es zeigt einige von Gaudís Möbeln und andere Artefakte.

Mosaikverzierter Schornstein von Gaudí am Eingang des Parc Güell

Hotels und Restaurants in Barcelona *siehe Seiten 564f und 586–588*

Stadtplan

Alle Kartenverweise, die Sie im Barcelona-Teil bei Sehenswürdigkeiten, Läden und Veranstaltungsorten finden, beziehen sich auf diesen Teil des Buchs. Auch zu Hotels *(siehe S. 564f)*, Restaurants und Bars *(siehe S. 586–588)* finden Sie Verweise. Auf der unten stehenden Karte sind die Stadtteile Barcelonas eingezeichnet, die dieser Kartenteil abdeckt. Die in den Karten verwendeten Symbole für Sehenswürdigkeiten und andere Einrichtungen erklärt die Legende.

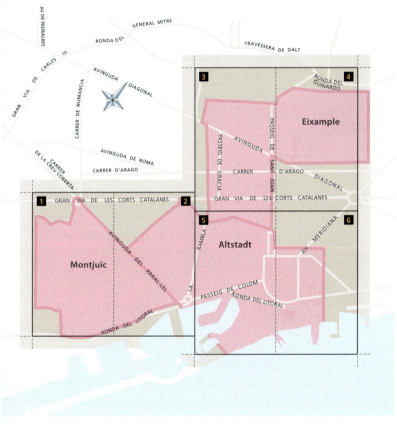

0 Kilometer   2

Legende

▧ Hauptsehenswürdigkeit	🚡 Standseilbahn
▧ Sehenswürdigkeit	🚊 Tram
▢ Anderes Gebäude	𝒊 Information
🚉 RENFE-Bahnhof	✚ Krankenhaus mit Ambulanz
🚊 FGC-Bahnhof	🏛 Polizei
✦ Metro-Station	✝ Kirche
🚌 Bus	═ Eisenbahn
🚠 Seilbahn	▨ Fußgängerzone

Maßstab der Karten

0 Meter   250

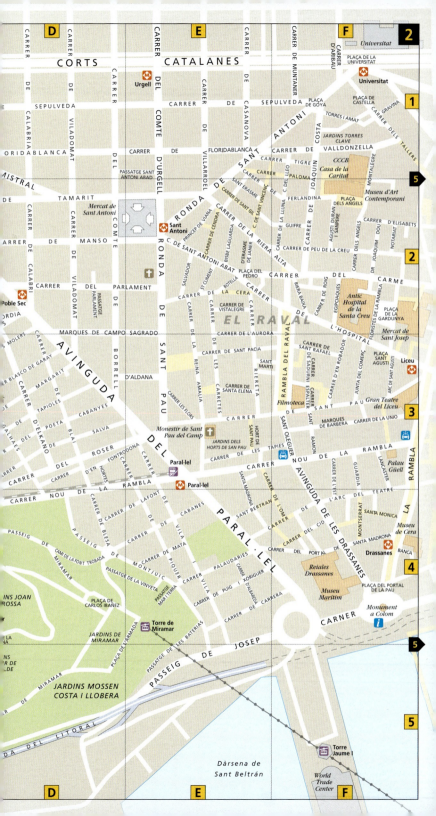

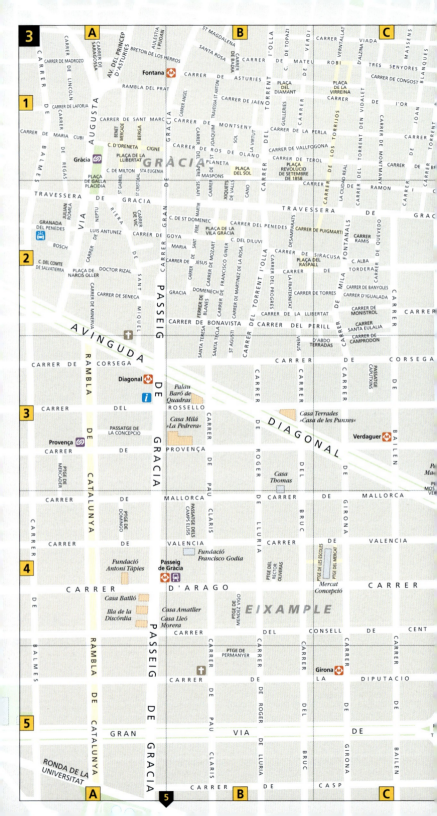

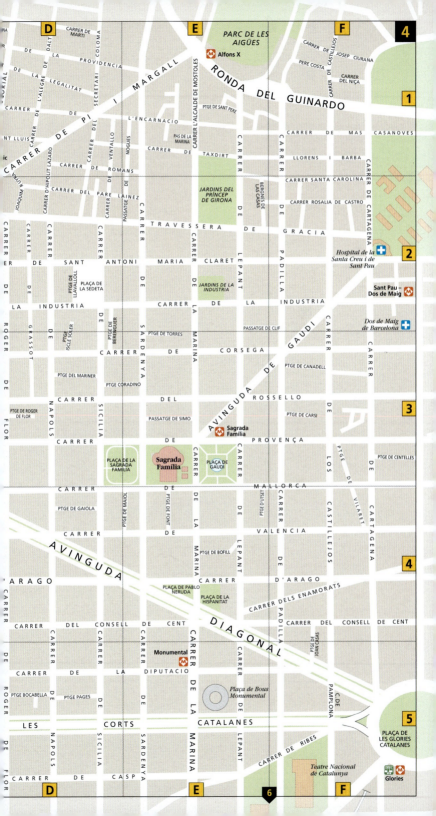

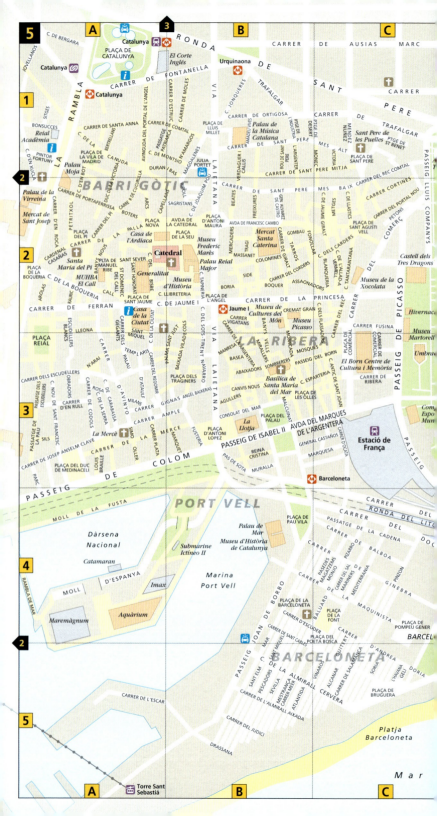

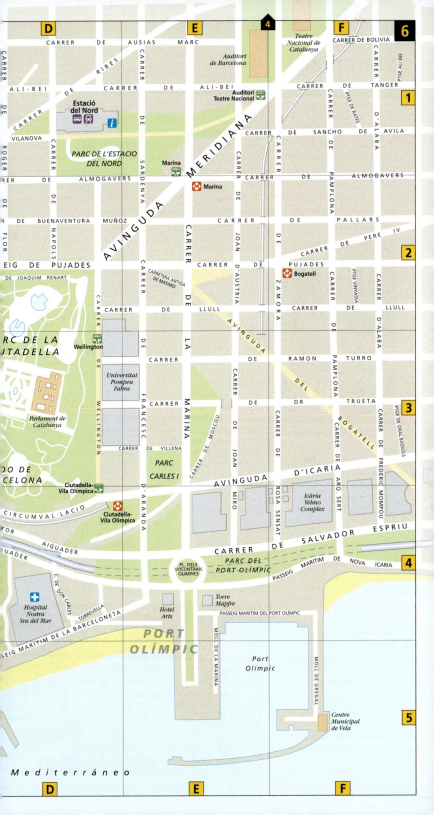

Shopping

Barcelona ist seit vielen Jahren eine absolute Top-Adresse in Sachen Shopping. Die wichtigen Einkaufsviertel sind klar voneinander zu unterscheiden: Passeig de Gràcia für schicke Designerläden, das Barri Gòtic für Antikes und Boutiquen, El Born für hochklassige Mode und El Raval für zahlreiche Märkte und Museumsläden. Obwohl dies kein starres Raster darstellt und sich die Schwerpunkte immer wieder mal verlagern, kann man sich mit dieser groben Einteilung gut orientieren. In Barcelona gibt es nicht weniger als 44 Lebensmittelmärkte – in praktisch jedem Viertel gleich mehrere – und zahlreiche Flohmärkte wie in Els Encants oder die Antiquitätenmesse in Sant Cugat. Am besten fahren Sie nicht mit dem eigenen Auto zu den Märkten – die meist zwischen engen Gassen liegen –, sondern mit öffentlichen Verkehrsmitteln oder mit dem Taxi.

Angebot der Patisserie Escribà

Märkte

Barcelona bietet eine Vielzahl an Märkten mit unterschiedlichstem Angebot. Lassen Sie sich keinesfalls **La Boqueria** an der Rambla entgehen, einen der schönsten Lebensmittelmärkte Europas. An der kleinen, quirligen Plaça del Pi verkaufen Händler jeden ersten und dritten Freitag, Samstag und Sonntag des Monats Käse, Honig und Süßigkeiten.

Am Sonntagvormittag lohnt sich ein Bummel über den Briefmarken- und Münzmarkt auf der Plaça Reial. Um Antiquitäten feilscht man donnerstags auf der Plaça Nova. Barcelonas größter Flohmarkt, **Encants Vells**, öffnet montags, mittwochs, freitags und samstags seine Pforten. Hier gibt es fast alles, auch Schmuck und Kleidung.

Zum Dezember gehört der Weihnachtsmarkt bei der Kathedrale, auf dem u. a. Weihnachtsbäume und -schmuck verkauft werden.

Delikatessen

Die Barceloner sind völlig zu Recht stolz auf ihr kulinarisches Erbe. In der Region produziert man erstklassiges Obst und Gemüse, schmackhaftes Fleisch und erstaunlich viele Käsesorten. Das Mittelmeer schenkt Katalonien frischen Fisch und Meeresfrüchte. Die Weinanbaugebiete Penedès und Priorat liefern regelmäßig beste Weine. Nicht weniger bekannt sind die regionalen *chocolatiers* und *patisseries* und ihre verführerischen Erzeugnisse.

La Boqueria, der bekannteste Lebensmittelmarkt der Stadt, lohnt natürlich immer einen Besuch, ruhiger können Sie in einem der wunderbaren Feinkostläden auswählen.

OlisOliva im Mercat Santa Caterina in El Born führt eine ausgezeichnete Auswahl edelster Olivenölpressungen sowie von Pflegeprodukten auf der Basis von Olivenöl. Gleich um die Ecke ist **La Botifarrería de Santa María**, bekannt für die *charcuterie* nach Hausmacherart, hier gibt es eine große Auswahl an Würsten, z. B. aus Schwein mit Tintenfisch, Rind mit Roter Bete oder Lamm mit Pilzen.

In der **Casa Gispert** bekommen Sie getrocknete Früchte und Nüsse sowie frisch gerösteten Kaffee. Die **Formatgeria La Seu** ist der einzige Käseladen in Spanien, der ausschließlich spanischen und katalanischen Käse verkauft. Alle Käsesorten kommen von kleinen Erzeugern.

Xocoa ist der trendigste *chocolatier* der Stadt, »in« sind derzeit Retro-Verpackungen und ausgefallene Formen wie Schokoladen-CDs und riesige Schlüssel. **Escribà Pastisseries** ist extravaganter, er kreiert wunderbare Torten, Kuchen, Gebäck und lebensgroße Modelle berühmter Persönlichkeiten. **Cacao Sampaka** hat eine erstaunliche Auswahl ungewöhnlicher Aromen im Angebot, von traditionellen Kräutern bis hin zu zarten

Verführerische Obststände in den Hallen von La Boqueria

Anchovis, schwarzen Oliven und intensiv duftendem Blauschimmelkäse.

Traditionellere spanische Süßigkeiten führt **Casa Colomina**, so z. B. *turrón*, eine katalanische Leckerei aus Nougat und Mandeln. **Caelum** bietet im Kloster hergestelltes Konfekt an, so *yemas* (aus gesüßtem Eidotter) und *mazapans* (aus Marzipan). Relativ neu ist **Papabubble**, ein riesiger Laden mit Holzpaneelen und Marmor, in dem Sie zum Teil auch zusehen können, wie die Süßigkeiten hergestellt werden.

Eine beachtliche Auswahl an verschiedensten Brotsorten hat **Bopan** bei der Rambla de Catalunya. Bopan ist zugleich ein Café, es gibt dunkles, süßes oder Ölbrot, eine internationale Auswahl an Backwaren aus Deutschland, Italien und Frankreich, auch arabische Brotspezialitäten.

In El Born bietet **Vila Viniteca** eine großartige Auswahl spanischer und katalanischer Weine an: von preiswerten, aber gut trinkbaren Tafelweinen bis hin zu kostbaren Tropfen aus international bekannten Anbauregionen wie Priorat in Katalonien oder Rioja in La Rioja, Baskenland und Navarra.

Man sollte Barcelona nicht verlassen, ohne eine Flasche herrlich perlenden *cava* mitzunehmen. Der wunderbar altmodische Lebensmittelladen **Colmado Múrria** verkauft eine breite Auswahl an Eingemachtem, Ölen und Köstlichkeiten. Zudem verfügt der Laden über ein riesiges Angebot von *cava*.

Kaufhäuser und Passagen

Die Filiale der landesweit präsenten Kaufhauskette **El Corte Inglés** an der Plaça de Catalunya ist ein Wahrzeichen Barcelonas. In dem weithin sichtbaren Gebäude findet man alles unter einem Dach, vom Adapter bis zum Schlüsseldienst. Weitere Filialen verteilen sich über das Stadtgebiet.

Sehr beliebt sind die in den 1980er Jahren gebauten *galerías* (Einkaufspassagen).

Loewe-Boutique in einem Haus des Architekten Domènech i Montaner

Bulevard Rosa am Passeig de Gràcia bietet Kleidung und Accessoires. Im Einkaufszentrum **L'Illa** an der Avinguda Diagonal sind bekannte Ketten und Einzelhandelsgeschäfte vertreten. Im täglich geöffneten **Maremagnum** am Hafen findet man ebenfalls viele bekannte Marken.

Street Fashion und Sportmode

Die spanischen Modehäuser **Zara** und **Mango** haben Filialen im ganzen Stadtgebiet, ihre Hauptläden residieren am Passeig de Gràcia. Hier findet man Basics, Alltagskleidung und modische Party-Outfits zu vernünftigen Preisen, es gibt auch Abteilungen für Herrenmode. **Desigual** ist für seine farbenfrohen Kreationen bekannt.

Massimo Dutti und **Adolfo Domínguez** bieten eher klassische Outfits, schicke Freizeitkleidung und Accessoires wie Krawatten und Gürtel. Für individuellere Mode gehen Sie besser in die kleinen Läden von El Born und im Barri Gòtic. Der Carrer d'Avinyó ist eine lebendige Straße mit Markt-Atmosphäre – dazu passen die kleinen Designerläden.

Custo Barcelona, einer der bekanntesten Designer aus Barcelona, hat drei Läden in der Altstadt, beide quellen über von seinen bunt bedruckten T-Shirts und den schief geschnittenen Mänteln und Röcken.

Nicht nur für Fußballfans interessant ist der offizielle Laden des FC Barcelona, die **Botiga del Barça**. Hier findet man neben allen erdenklichen Merchandising-Produkten auch T-Shirts, Hosen, Mützen und Pullover sowie Accessoires in den Vereinsfarben *blaugrana*.

Spanische und internationale Designer

Stylishe Damenbekleidung und Schuhe sowie Accessoires wie Taschen und Schmuck verkauft **Coquette**.

Im Barri Gòtic gibt es viele Läden, die ein Top-Angebot von Designermarken führen. Loft Avignon führt Mode für junge Männer, u. a. mit den Kollektionen von Dolce & Gabbana und Vivienne Westwood.

Die Avenida Diagonal und der Passeig de Gràcia sind die Straßen für Modebewusste. Hier sind die großen Labels zu Hause, z. B. Chanel, Carolina Herrera, Gucci und Hermès. **Loewe** hat sich mit Luxus-Lederwaren einen Namen gemacht, führt aber auch elegante Damenmode.

Bunte Outfits in einem Store von Custo Barcelona

Secondhand- und Vintage-Mode

Der Carrer Riera Baixa in El Raval beheimatet viele Secondhand-Läden. In einem alten Theater verkauft **Lailo** alles von Kostümen aus dem Liceu-Opernhaus über alte, exklusive Kleider bis hin zu Bademode aus den 1950er Jahren.

Im nahen Carrer Tallers findet man bei **Flamingos** eine riesige Auswahl an Vintage-Mode. Das Besondere: Man zahlt nach Gewicht der ausgewählten Kleidungsstücke, zudem lässt sich immer noch ein bisschen feilschen.

Schmuck, Taschen und Accessoires

Barcelona hat unzählige Läden, in denen sich das Outfit vervollkommnen lässt. **Joid'Art** bietet Silberschmuck sowohl von heimischen als auch von internationalen Designern zu guten Preisen. **Minu Madhu** ist eine Fundgrube für bestickte Jacken, Schals, Handtaschen mit Applikationen und handbemalte Seidentücher in vielen Farben.

Gut zu Barcelonas Straßenleben passen Demano-Handtaschen. Die Designs wurden in Zusammenarbeit mit heimischen Designern und dem Rathaus entwickelt; dahinter steckt der Gedanke, das PVC-Abfallmaterial der Banner und Plakate für Kulturereignisse wiederzuverwenden.

La Variété führt eine große Auswahl an Leinentaschen für den Sommer, **Visionario** verkauft topmoderne und überraschend günstige Sonnenbrillen.

Hüte und Schuhe

Lederschuhe der mallorquinischen Kultmarke **Camper** findet man in Barcelona in neun Filialen. Die in Barcelona ansässige Marke **Vialis** verkauft in ihren Läden schicke junge Schuhmode für Frauen. **La Manual Alpargatera** ist ein anderer Klassiker. Sardana-Tänzer (siehe S. 229) lieben ihn ebenso wie Berühmtheiten für seine handgefertigten Espadrilles und Strohhüte.

Cherry Heel hat mehrere Filialen in der Stadt, in denen man erlesene Schuhmode von Marken wie Casadei, Le Silla, Fratelli Rossetti, Gianmarco Lorenzi, Attilio Giusti Leombruni und Alberto Guardiani findet.

Die besten Designer-Sportschuhe bietet **Czar** im Born-Viertel: Puma, Paul Smith, Rizzo, Fluxa und Le Coq Sportif sind vertreten.

Der solide, alte Hutladen **Sombreria Obach** führt Klassiker von Baskenmützen über Stetsons und Trilbys bis hin zu handgeflochtenen Panamahüten.

Bücher und Musik

Als der Spezialist für Reiseliteratur in Spanien gilt **Altaïr**: Hier bekommt man Karten, Reiseführer und Bildbände rund um das Thema Reise. Die **Casa del Llibre** ist Barcelonas größter Buchladen für englischsprachige Literatur, auch hier gibt es Karten, Reiseführer, Magazine und Bildbände.

Der Einfluss von Barcelonas jährlichem Festival für elektronische Musik, Sonár, macht sich auch im Angebot der Läden bemerkbar. **Wah Wah Discos** und **Discos Revolver** vertreiben Clubsounds, aber auch rare Vinyl-Scheiben. Bei **FNAC** findet man populäre Bücher, CDs und DVDs.

Ausgefallenes und Schnickschnack

El Born und das Barri Gòtic sind Schatztruhen für alle Arten von Dingen. Bei **Sabater Hnos. Fábrica de Jabones** bekommen Sie handgemachte Seife in allen nur erdenklichen Formen und Düften – von traditionellem Lavendel bis hin zu Schokolade. Für kleine und große Urlaubsabenteuer führt La Condonería Kondome in allen Ausführungen, Farben, Formen und Geschmacksrichtungen. **Cereria Subirà** gibt es seit 1761, es ist Barcelonas ältester Laden, der Kerzen in allen Größen und Formen verkauft.

Arlequí Màscares hat sich auf Masken aller Art spezialisiert: handbemalte Papier-

maschee-Masken, italienische Commedia-dell'Arte-Masken, glänzende französische Partymasken und katalanische *gigantes* (»Riesenköpfe«).

Kunst und Antiquitäten

Kunstliebhaber und Antiquitätensammler werden in Barcelona leicht fündig. Auf dem Bulevard dels Antiquaris handeln mehr als 70 Läden mit alten Stücken. Es gibt Münzen und Alabasterstatuen, Blechtrommeln und Lüster des 19. Jahrhunderts.

Der Carrer del Call, das alte jüdische Viertel im Barri Gòtic, ist eine weitere Fundgrube für Sammler, mit plüschigen Läden wie **L'Arca**, wo es Brautkleider sowie alte Spitzen und Leinenstoffe gibt. **Heritage** führt in seinem edlen Sortiment u. a. Schmuck mit Halbedelsteinen sowie alte Seiden- und andere Stoffe. Gleich mehrere Läden gehören **Artur Ramón** am Carrer de la Palla, hier gibt es Glaswaren und Keramik sowie alte Gemälde.

Barcelonas älteste Kunstgalerie ist **Sala Parés**, die alte und zeitgenössische katalanische Künstler ausstellt. Bilder für den kleineren Geldbeutel gibt es in der **Boutique Galería Picasso**: Lithografien, Drucke und Poster.

Inneneinrichtung

Bei **L'Appartement** werden Möbel – von funkigen Lampen bis zu stylishen Sesseln – verkauft. **Zara Home** der Modemarke Zara bietet Möbel und Accessoires in vier Stilarten und zu gemäßigten Preisen: klassisch, Ethno, zeitgenössisch und Weiß. **Siesta** ist eine Mischung aus Laden und Kunstgalerie und führt vor allem zeitgenössische Objekte aus Keramik und Glas sowie Schmuck.

Wunderbar zum Stöbern eignet sich auch der Store von **Jaime Beriestain** – ein Mekka für alle, die schöne Möbel und Geschirr suchen. Außerdem gibt es hier eine Auswahl an Pflanzen und Schnittblumen. Sehr gemütlich ist es im Café-Restaurant.

Auf einen Blick

Märkte

La Boqueria
La Rambla 101.
Stadtplan 5 A2.

Encants Vells
Plaça de les Glóries Catalanes. **Stadtplan** 4 F5.

Delikatessen

Bopan
Rambla de Catalunya
119. **Stadtplan** 3 A3.
C 932 37 35 23.

**La Botifarrería de
Santa María**
Carrer Santa María 4.
Stadtplan 5 B3.
C 933 19 97 84.

Cacao Sampaka
Carrer Consell de Cent
292. **Stadtplan** 3 A4.
C 932 72 08 33.

Caelum
Carrer Palla 8. **Stadtplan**
5 A2. **C** 933 02 69 93.

Casa Colomina
Carrer Portaferrissa, 8.
Stadtplan 5 A2.
C 934 12 25 11.

Casa Gispert
Carrer Sombrerers 23.
Stadtplan 5 B3.
C 933 19 75 35.

Colmado Múrria
Carrer Roger de Llúria 85.
Stadtplan 3 B4.
C 932 15 57 89.

Escribà Pastisseries
La Rambla 83. **Stadtplan**
5 A1. **C** 933 01 60 27.

Formatgeria La Seu
Carrer Dagueria 16.
Stadtplan 5 B3.
C 934 12 65 48.

OlisOliva
Avinguda Francesc Cambó
153–155. **Stadtplan**
5 B2. **C** 932 68 11 47.

Papabubble
Carrer Ample 28.
Stadtplan 5 A3.
C 932 68 86 25.

Vila Viniteca
Carrer Agullers 7.
Stadtplan 5 B3.
C 902 32 77 77.

Xocoa
Carrer Vidriería 4.
Stadtplan 5 B2.
C 933 19 79 05.

Kaufhäuser und Passagen

Bulevard Rosa
Passeig de Gràcia 55.
Stadtplan 3 A4.
C 932 15 83 31.

El Corte Inglés
Plaça de Catalunya 14.
Stadtplan 5 B1.
C 933 06 38 00.

L'Illa
Avinguda Diagonal 557.
Stadtplan 5 A4.
C 934 44 00 00.

Maremàgnum
Moll d'Espanya 5.
Stadtplan 5 A4.
C 932 25 81 00.

Street Fashion und Sportmode

Adolfo Domínguez
Passeig de Gràcia 32.
Stadtplan 3 A4.
C 619 660 277.

Botiga del Barça
Ronda Universitat 37.
Stadtplan 5 A1.
C 933 18 64 77.

Custo Barcelona
Plaça de les Olles 7.
Stadtplan 5 B3.
C 932 68 78 93.

Desigual
Passeig de Gràcia 47.
Stadtplan 3 A4.
C 93 467 62 87.

Massimo Dutti
Portal de L'Angel 16.
Stadtplan 5 B3.
C 933 01 89 11.

Spanische und internationale Designer

Coquette
Carrer Rec 65.
Stadtplan 5 C3.
C 933 10 64 41.

Loewe
Passeig de Gràcia 35.
Stadtplan 3 A4.
C 933 19 29 76.

Secondhand- und Vintage-Mode

Flamingos
Carrer Tallers 31, El Raval.
Stadtplan 2 F1.
C 931 82 43 87.

Lailo

Carrer Riera Baixa 20.
Stadtplan 2 F2.
C 934 41 37 49.

Schmuck, Taschen und Accessoires

Joid'Art
Plaça Sta. María 7.
Stadtplan 5 B3.
C 933 10 10 87.

Minu Madhu
Carrer Sta. María 18.
Stadtplan 5 B3.
C 933 10 27 85.

La Variété
Carrer Pintor Fortuny 30.
Stadtplan 5 A1.
C 932 70 35 15.

Visionario
Rambla Catalunya 131.
Stadtplan 3 A3.
C 935 41 62 04.

Hüte und Schuhe

Camper
Carrer Elizabets 9.
Stadtplan 2 F2.
C 933 42 41 41.

Cherry Heel
Passeig del Born 36.
Stadtplan 3 C5.
C 932 95 62 64.

Czar
Passeig del Born 20.
Stadtplan 5 C3.
C 933 10 72 22.

**La Manual
Alpargatera**
Carrer Avinyó 7. **Stadtplan**
5 A3. **C** 933 01 01 72.

Sombrereria Obach
Carrer del Call 2. **Stadtplan**
5 A2. **C** 933 18 40 94.

Vialis
Carrer Vidriería 15.
Stadtplan 5 B3.
C 933 19 94 91.

Bücher und Musik

Altaïr
Gran Via 616. **Stadtplan**
3 A4. **C** 933 42 71 71.

Casa del Llibre
Passeig de Gràcia 62.
Stadtplan 3 A4.
C 932 72 34 80.

Discos Revolver
Carrer Tallers 11.
Stadtplan 5 A1.
C 934 12 62 48.

FNAC

Plaça de Catalunya 4.
Stadtplan 3 A4.
C 933 44 18 00.

Wah Wah Discos
Carrer Riera Baixa 14.
Stadtplan 2 F2.
C 934 42 37 03.

Ausgefallenes und Schnickschnack

Arlequí Màscares
Plaça St Josep Oriol 8.
Stadtplan 5 B3.
C 933 17 24 29.

Cereria Subirà
Baixada Llibreteria 7.
Stadtplan 5 A2.
C 933 15 26 06.

**Sabater Hnos.
Fábrica de Jabones**
Plaça Sant Felip Neri 1,
Barri Gòtic. **Stadtplan**
5 B2. **C** 933 01 98 32.

Kunst und Antiquitäten

L'Arca
Carrer Banys Nous 20.
Stadtplan 5 A2.
C 933 02 15 98.

Artur Ramon
Carrer Palla 23. **Stadtplan**
5 A2. **C** 932 59 70.

**Boutique Galería
Picasso**
Carrer Tapinería 10.
Stadtplan 5 B2.
C 933 10 49 57.

Heritage
Carrer Banys Nous 14.
Stadtplan 5 A2.
C 933 17 85 15.

Sala Parés
Carrer Petritxol 5. **Stadtplan**
5 A2. **C** 933 18 70 20.

Inneneinrichtung

L'Appartement
Carrer Enric Granados
44. **Stadtplan** 3 A4.
C 934 52 29 04.

Jaime Beriestain
Carrer Pau Claris 167.
Stadtplan 3 B3.
C 935 15 07 82.

Siesta
Ferlandina, 18. **Stadtplan**
2 F2. **C** 933 17 80 41.

Zara Home
Rambla de Catalunya 71.
Stadtplan 3 A4.
C 934 87 49 72.

Stadtplan Barcelona *siehe Seiten 183–189*

Unterhaltung

Barcelona bietet eine der spannendsten Entertainment-Szenen in ganz Europa. Alle erdenklichen Arten von Events finden an den verschiedensten Orten statt – vom prächtigen Opernhaus Liceu bis zum Palau de la Música, der im Stil des Modernisme erbaut ist, von kleinen freien Theatern bis zu skurrilen katalanischen Comedy-Shows, vom klassischen spanischen Drama bis zu Dragqueen-Shows. Auf den großen Boulevards wie La Rambla spielen Musiker Klassisches, Folk oder Jazz, Straßenkünstler locken mit Sketchen und Akrobatik. Der Festivalkalender Barcelonas ist voll mit international besetzten Veranstaltungen, zu denen man auch ohne monatelange Reservierung oft noch Karten bekommt. International bekannte Rock- und Popstars treten gerne in der Mittelmeermetropole auf – Tickets für solche Konzerte sind mitunter schwer zu ergattern.

Der großartige Innenraum des Palau de la Música Catalana

Information

Eine Übersicht bietet Barcelonas *Guía del Ocio*, der donnerstags erscheint. Der Freitagsausgabe von *La Vanguardia* liegt *Qué fem?* mit vielen Infos bei. Zudem gibt es eine katalanische Ausgabe von *Time Out*.

Festivals und Tickets

Die Spielzeit der Hauptveranstaltungsorte dauert von September bis Juni. Dazwischen finden nur begrenzt Veranstaltungen statt. Insgesamt spiegelt Barcelonas Unterhaltungsangebot sein reiches multikulturelles künstlerisches Erbe wider. Im Sommer findet das **Grec Festival de Barcelona** statt, ein internationales Open-Air-Festival mit Musik, Theater und Tanz.

Auch bei der **Festa de la Mercè** im September gibt es eine große Auswahl an Konzerten. Das **Festival del Sónar** im Juni ist eines der größten Festivals der elektronischen Musik in Europa, zu dem Künstler aus aller Welt strömen. Die Konzertreihe **Música als Parcs** präsentiert im Juni und Juli klassische Musik in wunderschöner Umgebung.

Karten kaufen Sie am besten am Veranstaltungsort oder im Internet. Für viele Theater gibt es aber auch Karten bei den Zweigstellen der Caixa de Catalunya oder den La-Caixa-Sparkassen sowie online bei **Ticketmaster**, für das Grec Festival in Fremdenverkehrsbüros und im Palau de la Virreina.

Theater und Tanz

Die meisten Theaterstücke werden auf Katalanisch oder Spanisch gespielt, alles andere ist die Ausnahme. Das Llantiol Teatre in El Raval spielt auch auf Englisch. Trotz der Sprachbarrieren lohnen viele Inszenierungen einen Besuch.

Theatergruppen wie »Els Comediants« und »La Cubana«, die im **Cafè-Teatre LLantiol** in El Raval auftreten, bieten eine interessante Mischung aus Theater, Musik, Pantomime und Elementen der spanischen Fiesta. Auf der Bühne des kleinen Llantiol wechselt das Programm wöchentlich zwischen Theater, Comedy, Zauberern und bunten Unterhaltungs-Shows, die man meist ohne Spanischkenntnisse versteht.

Ein ähnliches Programm bietet das **L'Antic Teatre** in La Ribera. In diesem Kulturzentrum mit Dachterrasse, Restaurant und Bar gastieren viele alternative Gruppen. Im Sommer werden Filme unter freiem Himmel gezeigt.

In der Gegend um La Rambla und Paral·lel befinden sich die konventionelleren Theaterbühnen der Stadt. Das **Teatre Tívoli** bringt exzellente Tanz- und Musikproduktionen auf die Bühne, häufig Konzerte internationaler Musikstars und Ensembles.

Das **Teatre Poliorama** an der Rambla hat sich auf Musicals, Opernproduktionen und gelegentliche Flamenco-Shows spezialisiert.

Bühnenshow in einem der vielen schrillen Clubs der Stadt

Die moderne Fassade des Teatre Nacional de Catalunya

Das **Teatre Apolo** ist die richtige Adresse für schwungvolle Musicals aus dem Londoner West End oder heimischer Produktionen.

Das Haupttheater der Stadt ist das **Teatre Nacional de Catalunya (TNC)**. In dem beeindruckenden Gebäude mit seinen vielen Säulen, das der katalanische Architekt Ricardo Bofill entwarf, arbeiten regelmäßig die wichtigsten Regisseure Spaniens. Gespielt werden die Inszenierungen ausschließlich auf Spanisch oder Katalanisch.

Wer die Avantgarde und Musik liebt, der ist im **Mercat de les Flors** richtig. Dieser ehemalige Blumenmarkt in Montjuïc veranstaltet kleine Filmfestivals, z.B. mit Filmen aus Asien (jeweils im Herbst). In der Gegend residieren auch Barcelonas Schauspielschule und das **Teatre Lliure**, die bekannteste und wohl beste unabhängige Bühne der Stadt.

Die Menschen in Barcelona lieben den zeitgenössischen Tanz; entsprechend viele Veranstaltungen gibt es in diesem Bereich. Das **Teatre Victòria** in der Avinguda del Paral·lel bietet Ballett und klassische Tanzchoreografien, ebenso wie die Oper **Gran Teatre del Liceu**.

Oper und klassische Musik

Oper und klassische Musik werden von vielen Katalanen geradezu fanatisch verehrt. Angesichts dieser Begeisterung verwundert es kaum, dass einige der größten Musiker des 20. Jahrhunderts aus Katalonien stammen, darunter der gefeierte Cellist Pablo Casals

(1876–1973) sowie die Opernsänger José Carreras und Montserrat Caballé, die beide in Barcelona geboren wurden.

Einige der weltweit schönsten Opern- und Konzerthäuser findet man in Barcelona. Das legendäre **Gran Teatre del Liceu** eröffnete erstmals im Jahr 1847. Seit über 150 Jahren gastieren hier die besten spanischen und internationalen Künstler, in dieser Zeit erlebte das Haus verheerende Brände und Bombenangriffe. 1994 brannte das Liceu zum dritten Mal aus, sofort machte man sich an die Restaurierung.

Immer wieder konnte das Theater berühmte Komponisten auf seiner Bühne begrüßen, darunter Puccini und Tschaikowsky sowie katalanische Meister wie Felip Pedrell, Vives und Enric Granados. Auch Sergei Djagilews *Ballets Russes* traten hier auf.

Allein die einzigartige Modernisme-Architektur des **Palau de la Música Catalana** *(siehe S. 156)* lohnt einen Besuch. Der Architekt Lluís Domènech i Montaner schuf hier einen Traum aus Fliesen, Plastiken und Buntglas. Ehrfurchtsvoll sitzt das Publikum in der herrlichen Konzerthalle und lauscht den renommiertesten Künstlern der klassischen Musik. Auch Jazz- und Gitarrenfestivals finden hier regelmäßig statt.

Sowohl das Gran Teatre del Liceu als auch der Palau de la Música Catalana können bei einer Führung besichtigt werden. Der Besuch einer Opernaufführung bzw. eines festlichen Konzerts ist freilich die schönste Art der Besichtigung.

Neben diesen beiden Musiktempeln hat sich das moderne **L'Auditori de Barcelona** erstaunlich schnell einen Platz in der Kunstwelt erkämpft. Mit seiner Erbauung kam man den veränderten Anforderungen an eine Konzerthalle nach, zudem benötigte die Stadt auch eine Halle für Mega-Musikevents. Anfänglich kamen vorwiegend klassische Musikstücke für Orchester zur Aufführung, heute kann man hier auch viele Pop- und Rockstars bejubeln.

In vielen Kirchen der Stadt kann man Chorgesang und andere Kirchenmusik hören. Am beliebtesten sind die Aufführungen in der **Església Santa Maria del Pi**, der Kathedrale an der Plaça del Pi und in der **Basílica Santa Maria del Mar**, vor allem in der Weihnachts- und Osterzeit.

Volles Haus im gigantischen Fußballstadion Camp Nou

Sport

Der unbestrittene König des katalanischen Sports ist der **FC Barcelona**, auch bekannt als »Barça«. Die Fußballmannschaft spielt in Europas größtem Stadion, dem Camp Nou *(siehe S. 180)*.

Die begehrten Tickets für die Heimspiele in der nationalen Liga *(La Liga)* oder im Pokal *(Copa del Rey)* sowie in der Champions League erhält man bei den Vorverkaufsstellen des Vereins, an Automaten der Sparkasse ServiCaixa und – am bequemsten – im Internet. Barcelona hat auch eine international erfolgreiche Basketball-Mannschaft.

Freizeitpark

Der Freizeitpark auf dem **Tibidabo** (siehe S. 182) hat an Sommerwochenenden bis in den Morgen hinein geöffnet. Besonderen Spaß macht es, mit der Straßen- oder Seilbahn dorthin zu fahren.

Film

Der neue spanische Film hat in den letzten Jahrzehnten einen gewaltigen Aufschwung erlebt: Regisseure wie Alejandro Amenábar (Das Meer in mir), die katalanische Autorin und Filmemacherin Isabel Coixet (Mein Leben ohne mich) und natürlich der Regie-Star Pedro Almodóvar (Sprich mit ihr; Die Haut, in der ich wohne; Julieta) feierten große Erfolge. Auch Woody Allen drehte seinen Film Vicky Cristina Barcelona (2008) in der Stadt. In Barcelona haben sich mehrere Festivals etabliert. Das größte Event ist das jährlich im Oktober stattfindende International Film Festival in der Mittelmeerstadt Sitges.

Zwar werden die meisten internationalen Filme spanisch oder katalanisch synchronisiert, es laufen aber auch oft Originalversionen.

Das **Icària Yelmo Cineplex** ist das größte Multiplex-Zentrum der Stadt – integriert in ein Freizeit- und Einkaufszentrum. Das **Floridablanca** an der Grenze zwischen El Raval und Eixample zeigt spannende europäische und internationale Produktionen. Im Stadtteil Gràcia veranstalten **Verdi** und **Verdi Park** gutes Programmkino mit ausländischen Filmen, manchmal im Rahmen von Festivals.

In den Sommermonaten werden im Park am Castell de Montjuïc (siehe S. 177) beliebte Filme auf einer großen Open-Air-Leinwand gezeigt. Vor der Vorführung spielt eine Band. Auch gastronomisch wird einiges geboten. Liegestühle für den ultimativen Kinogenuss können ausgeliehen werden.

Das **Méliès** zeigt in seinen zwei Sälen Kunst und Skurriles, alte Hollywood-Klassiker und Horrorfilme.

Das **Phenomena** hat sich auf Klassiker und Arthouse-Filme von Casablanca bis The Big Lebowski spezialisiert.

Am Montagabend und mittags am Wochenende gibt es reduzierte Eintrittspreise. Viele Kinos spielen ihre Filme auch zu Randzeiten, d. h. um Mitternacht oder früh am Morgen.

Live-Musik: Jazz, Rock und Blues

Welcher Musikstar auch immer auf Welttournee ist, ein Konzert in Barcelona gehört dazu. Das gilt für Bob Dylan und U2 ebenso wie für Lady Gaga oder Jazzensembles wie das Brad-Mehldau-Quartett. Hierher kommen sie alle, die alten Rock 'n' Roller, die Country- und Folkmusiker, die Hip-Hopper, Rapper, Groover und DJs aller Provenienz.

Im **Jamboree**, einem Keller an der Plaça Reial, gastieren Jazzgrößen aus aller Welt. Auch die sonntäglichen Jamsessions sind gut besucht.

Ein anderer guter Platz für Musik ist der **Jazz Sí Club**. Hierher zieht es die »Aficionados« des guten Jazz. Häufig kommen die Studenten einer nahe gelegenen Musikschule hier, um wirklich gute Jamsessions zu veranstalten. Im **Harlem Jazz Club** ist es zwar sehr eng und verraucht, dafür kann man aber hier neue und innovative Jazzcombos hören.

Eine der beiden Hauptbühnen für alle Rock- und Pop-Auftritte ist das **Bikini**. Der 1953 eröffnete Club entwickelte sich zum »Studio 54« Barcelonas. Dieser echte »Oldtimer« der Musikszene, der erst um Mitternacht aufmacht, ist noch immer sehr gut besucht, sowohl von guten Bands als auch von Zuhörern. Die andere (und wahrscheinlich wichtigste) Hauptbühne Barcelonas für Rock und Pop ist das **Razzmatazz**. Hier hört man beispielsweise Independent-Gruppen oder walisische Rapper. Die Clubabende im Razz Club erstrecken sich bis in den frühen Morgen – und gehen manchmal noch im benachbarten The Loft viele

Stunden weiter. Das Loft veranstaltet selbst Rock- und Jazzkonzerte an mehreren Abenden der Woche.

Zwei architektonisch interessante Gebäude dienen ebenfalls regelmäßig als Veranstaltungsorte für Konzerte: Im **Palau Sant Jordi** des Architekten Arata Isozaki kann man Disney on Ice genauso erleben wie ein Konzert der Rolling Stones oder von The Cure. Eine der beliebtesten unter den kleineren Locations ist die **Sala BeCool** mit vielen Live-Acts und Clubnächten mit Schwerpunkt auf Electronic-Music.

Wer es gerne altmodisch und mit Stil mag, der besucht das **Luz de Gas**: Schirmlämpchen stehen auf den Tischen dieses glitzernden Ballsaals mit Lüstern. Neben Konzerten ist die Location auch für ihre Clubnächte bekannt.

Deutlich schräger geht es im **El Cangrejo** zu. Der Club hat sich seit Jahrzehnten kaum verändert. Fotos und Poster erinnern an die spanische Sängerin und Schauspielerin Sara Montiel, einen Star der 1950er und 1960er Jahre. Hier lassen sich auch Dragqueens gerne blicken.

Flamenco

Neben dem Festival **Ciutat Flamenco** im Mai ist **El Tablao de Carmen** einer der besten Orte, um Flamenco zu erleben. Auf der Karte des schicken Restaurants im Poble Espanyol stehen spanische und katalanische Gerichte. Das Lokal ist benannt nach Carmen Amaya, einer berühmten Flamenco-Tänzerin, die 1929 vor König Alfonso XIII auftrat.

Etwas gemütlicher geht es im **Los Tarantos** an der Plaça Reial zu. Dieses Lokal bietet jeden Abend Live-Flamenco und lateinamerikanische Musik in guter Atmosphäre.

Auch im seit 1970 an der Rambla ansässigen **Tablao Cordobés** lässt sich mitunter authentisch vorgetragener Flamenco erleben. An den Tischen kann man auch speisen.

Auf einen Blick

Festivals

Festa de la Mercè
siehe S. 161.

Festival del Sónar
Palau de la Virreina.
W sonar.es

Grec Festival de Barcelona
C 010. Tickets über die Fremdenverkehrsbüros.
W grec.bcn.cat

Música als Parcs
C 010.
W bcn.es/parcsijardins

Tickets

Informationsbüro
Plaça de Catalunya.
Stadtplan 5 A1.
C 932 85 38 34.
W barcelonaturisme.com

Palau de la Virreina
La Rambla 99.
Stadtplan 5 A1.
C 933 16 10 00.

Ticketmaster
W ticketmaster.es

TelEntrada
C 902 10 12 12.
W telentrada.com

Theater und Tanz

L'Antic Teatre
Carrer Verdaguer i Callís 12. Stadtplan 5 B1.
C 933 15 23 54.

Café-Teatre Llantiol
Carrer Riereta 7.
Stadtplan 2 E2.
C 933 29 90 09.

Mercat de les Flors
Carrer de Lleida 59.
Stadtplan 1 B2.
C 934 26 18 75.
W mercatflors.cat

Teatre Apolo
Avinguda del Paral·lel 59. Stadtplan 1 B1.
C 934 41 90 07.
W teatreapolo.com

Teatre Lliure
Plaça Margarida Xirgu 1.
C 932 89 27 70.
W teatrelliure.com

Teatre Nacional de Catalunya (TNC)
Plaça de les Arts 1.
C 933 06 57 00.
W tnc.cat

Teatre Poliorama
La Rambla 115.
Stadtplan 5 A1.
C 933 17 75 99.
W teatrepoliorama.com

Teatre Tívoli
Carrer Casp 8–10.
Stadtplan 3 B5.
C 934 12 20 63.
W grupbalana.com

Teatre Victòria
Avinguda del Paral·lel 67–69. Stadtplan 1 B1.
C 933 29 91 89.
W teatrevictoria.com

Oper und klassische Musik

L'Auditori de Barcelona
Carrer de Lepant 150.
Stadtplan 4 E1.
C 932 47 93 00.
W auditori.cat

Basílica Santa Maria del Mar
Plaça de Santa Maria.
Stadtplan 5 B3.
C 933 10 23 90.

Església Santa Maria del Pi
Plaça del Pi.
Stadtplan 5 A2.
C 933 18 47 43.

Gran Teatre del Liceu
La Rambla 51–59.
Stadtplan 2 F3.
C 934 85 99 00.
W liceubarcelona.cat

Palau de la Música Catalana
Carrer Palau de la Música 4–6.
Stadtplan 5 B1.
C 902 44 28 82.
W palaumusica.org

Sport

FC Barcelona
Camp Nou, Avinguda Aristides Maillol.
C 934 96 36 00.
W fcbarcelona.cat

Freizeitpark

Tibidabo
Plaça del Tibidabo 3.
C 932 11 79 42.
W tibidabo.cat

Film

Icària Yelmo Cineplex
Carrer Salvador Espriu 61. Stadtplan 6 E4.
C 902 22 09 22.
W yelmocines.es

Méliès
Carrer Villarroel 102.
Stadtplan 2 E1.
C 934 51 00 51.
W cinesmelies.net

Phenomena
Carrer de Sant Antoni Maria Claret 168.
Stadtplan 4 F1.
C 932 52 77 43.
W phenomena experience.com

Renoir Floridablanca
Carrer Floridablanca 135. Stadtplan 1 C1.
C 934 26 33 37.
W cinesrenoir.com

Verdi
Carrer Verdi 32.
Stadtplan 3 B1.
C 932 38 78 00.
W cines-verdi.com

Verdi Park
Carrer Torrijos 49.
Stadtplan 3 C2.
C 932 38 78 00.
W cines-verdi.com

Live-Musik: Jazz, Rock und Blues

Bikini
Carrer Deu i Mata 105.
C 933 22 08 00.
W bikinibcn.com

El Cangrejo
Carrer Montserrat 9.
Stadtplan 2 F4.
C 933 01 29 78.

Harlem Jazz Club
Carrer Comtessa de Sobradiel 8.
C 933 10 07 55.
W harlemjazzclub.es

Jamboree
Plaça Reial 17.
Stadtplan 5 A3.
C 933 19 17 89.
W masimas.com

Jazz Sí Club
Carrer Requesens 2.
C 933 29 00 20.
W tallerdemusics.com

Luz de Gas
Carrer Muntaner 246.
Stadtplan 2 F1.
C 932 09 77 11.
W luzdegas.com

Palau Sant Jordi
Passeig Olímpic 5–7.
Stadtplan 1 B4.
C 934 26 20 89.

Razzmatazz
Carrer Pamplona 88.
Stadtplan 4 F5.
C 933 20 82 00.
W salarazzmatazz.com

Sala BeCool
Plaça Joan Llongueras 5.
C 933 62 04 13.
W salabecool.com

Flamenco

Ciutat Flamenco
W ciutatflamenco.com

Tablao Cordobés
La Rambla 35
Stadtplan 5 A2.
C 933 17 57 11.
W tablaocordobes.com

El Tablao de Carmen
Poble Espanyol,
Avinguda Francesc Ferrer i Guàrdia 13.
Stadtplan 1 B1.
C 933 25 68 95.
W tablaodecarmen.com

Los Tarantos
Plaça Reial 17. Stadtplan 5 A3. C 932 04 12 10.
W masimas.com/en/tarantos

Stadtplan Barcelona *siehe Seiten 183–189*

Nachtleben

In Barcelona kann man die ganze Nacht hindurch feiern. Das vielfältige Nachtleben bietet jedem etwas nach seinem Geschmack – vom altmodischen Ballsaal über Musikclubs bis hin zu Techno-Diskotheken. Jeder *barri* (Stadtviertel) bietet *seinen* Stil an Nachtleben. Im Sommer füllen sich die Restaurants, Cafés, Bars und Clubs am Hafen und am Strand mit Nachtschwärmern.

Nachtleben

Im warmen Sommer verwandeln sich die Strände der Stadt in Party-Meilen, wenn die *xiringuitos* (Strandbars) geöffnet haben. Auf der Strecke vom Platja de Sant Sebastià in Barceloneta bis nach Bogatell finden sich Dutzende von Strandpartys mit Menschen, die barfuß im Sand tanzen, trinken und feiern. Wer sich in Richtung Innenstadt bewegt (über Diagonal), der sieht die schicken Terrassencafés mit all den vielen Gästen. Dagegen finden die Partys im Barri Gòtic schlicht auf der Straße statt: Wer auch immer Lust hat, bleibt, trinkt und tanzt mit. Wer mag, kann auch mit den Einheimischen in El Raval feiern. Dieses Viertel ist schon lange nicht mehr gefährlich, sondern »Fun Area«. Daneben gibt es noch die sogenannten »Underground«-Bars, winzig kleine Bars, wo die Menschen bis in den frühen Morgen trinken. Der Stadtteil Gràcia ist stark von Studenten und den Bohemiens geprägt. Wer die alternative Szene sucht, der wird in Poble Sec kreisende Joints und Drum 'n' Base-Clubs finden.

Barcelonas Schwulenszene hat ihr Ausgehzentrum in Eixample Esquerra, das man auch »Gayxample« nennt. Hier finden sich viele Kneipen, die bis spät in die Nacht offen haben, Diskotheken, Saunen und Kabaretts für das anspruchsvolle internationale Gay-Publikum.

Barri Gòtic

Die Plaça Reial ist voller Gäste aus aller Welt, laut und ausgelassen. Wer etwas Besseres sucht, der sollte ins **Marula** Café gehen. Der kleine Club setzt den Schwerpunkt auf tanzbaren Funk und R & B. Auch eine Bühne für Live-Konzerte ist vorhanden. Das **Macarena** zählt zu den angesagtesten Clubs der Stadt. Hier legen regelmäßig bekannte DJs auf.

Jazz-Liebhaber sollten sich ein Konzert im **Jamboree**, einem der besten Jazzclubs Spaniens, ansehen. Nach dem Auftritten wird hier getanzt. **Café Royal** und **Ocaña** zählen zu den angesagtesten Treffpunkten für Nachtschwärmer. Neben Cocktails gibt es hier auch Tapas und eine Auswahl weiterer Gerichte.

El Raval

In Barcelona sind Designerclubs angesagt. Einer der stilvollsten Clubs ist das **Zentraus**, das in Rot, Weiß und Schwarz gehalten ist. Bis Mitternacht, wenn die DJs ihre Sessions beginnen, fungiert das Zentraus auch als Restaurant.

Wer mehr Abenteuerlust mitbringt, für den empfiehlt sich das **Moog** mit extrem hartem Techno – für Aficionados eben. Die Einrichtung zeugt von der industriellen Vergangenheit des Hauses und wirkt wie ein New Yorker Nightclub aus den 1990er Jahren. Aber das erstklassige Soundsystem wird Ihnen schon andere Gedanken in den Kopf blasen.

Das Restaurant **Gurú** ist ein ausgenommen cooler Laden, den riesige Buddha-Figuren und Video-Screens schmücken. Donnerstags bis samstags verwandelt sich das Restaurant nach Mitternacht in einen Tanzclub, in eine schicke, junge Großstadtszene drängt, um zu House und Techno bis zum Morgen zu feiern.

Port Vell und Port Olímpic

Neben all den Strandpartys gibt es in diesen Vierteln reichlich Nachtleben. Schon Port Olímpic ist nicht nur voller Boote, sondern bietet Bars in Hülle und Fülle. Direkt unter dem Hotel Arts befindet sich das **Catwalk**, einer der besten Clubs für Hip-Hop und Rhythm 'n' Blues.

Dem **C.D.L.C.**, gleich gegenüber dem Hotel Arts, gelingt es, Stars und Sternchen anzulocken. Auch das **Shôko** ist empfehlenswert.

Eixample

Eine der beliebtesten Diskotheken der katalanischen Metropole ist die **City Hall**. Auf mehreren Etagen kann man tanzen, trinken und entspannen. Jeder Abend ist Themenabend, von »Saturday Night Fever« bis zum sonntäglichen Chill-out.

Der **Sutton Club** gehört zu den smartesten Clubs in diesem Stadtviertel. Zu den Gästen zählen auch viele lokale Prominente.

Freunde des Salsa sollten sich unbedingt das **Antilla** ansehen, wo neben vielen Clubnächten mit Live-Musik und exotischen Drinks auch regelmäßig Salsa-Kurse angeboten werden.

Das **Dow Jones** ist gewissermaßen die Getränke-Börse der Stadt: Hier steigen bzw. fallen die Preise für die angebotenen Drinks während des Abends entsprechend der Nachfrage durch die Gäste.

Montjuïc

Die Mega-Clubs befinden sich nicht im Stadtzentrum, sondern außerhalb. Die wirklich großen Discos sind in Poble Espanyol, wo man bis in den Morgen hinein feiern kann. Die meisten von ihnen öffnen zumindest freitag- und samstagnachts. **La Terrazza** ist im Sommer das Zentrum der Rave-Partys. Der Name der Disco bezieht sich auf seine gigantische Terrasse. Das

Soundsystem von **The One** ist auf dem neuesten Stand der Technik und lockt internationale DJs an. Ebenfalls in Poble Espanyol angesiedelt hat sich **Upload**, ein weiterer Mega-Club, der Clubnächte mit Shows verbindet.

Poble Sec

Auch wenn »Sec« Trockenes verspricht – die Bars von Poble Sec bieten genügend Getränke. Das **Apolo** ist ein altmodischer Musikladen, aber mit interessanten DJs und Musikern. Hier spielen Folk-Musiker aus Marseille ebenso wie Keb Darge mit seinem vitalen Funk.

Das **Mau Mau** ist eine Kombination aus alternativem Club und Stadtteil-Kulturzentrum. Hier legen die neuesten DJs auf, spielen japanische Musiker

wie die Cinema Dub Monks, oder es gibt Filme und Multimedia-Installationen. Dabei passt sich das Mau Mau schnell den neuen Trends an.

Ganz anders präsentiert sich das **Tinta Roja**: Die Bar verströmt mit gedämmtem Licht und Samt viel Romantik. Am ersten Mittwoch im Monat steht die Bar ganz im Zeichen des alten spanischen Musikstils Milonga.

Gràcia und Tibidabo

Viele der engen Straßen des Viertels Gràcia werden von Bars und Cafés gesäumt, in denen man gute Cocktails bekommt. Für Clubs ist die Gegend weniger bekannt.

Bobby Gin ist eine der besten Adressen in Gràcia und bietet nach eigenem Bekunden

die besten Gin-Drinks in der Stadt. Spezialität ist Ginfonk. Einladend ist das **Eldorado** an der quirligen Plaça del Sol. Der Laden ist gleichzeitig Café, Bar, Club und veritable Spielhölle (mit Tischfußball und Flippern). Spanische Musik und Pop der 1980er Jahre dominieren in dieser für Gràcia so typischen entspannten Musikbar.

Das Elephant bietet besten House-Clubbing-Stil. Dazu gibt es Chill-out-Lounges, mehrere Tanzflächen, Wodkabars, nette Terrassen – aber alles zu teuren Preisen.

Das **Mirablau** bietet durch seine Fensterfront eine unvergleichlich schöne Aussicht auf die Stadt. Der Club liegt an der Haltestelle der Tramvia Blau auf halber Strecke hinauf zum Tibidabo.

Auf einen Blick

Barri Gòtic

Café Royal
Carrer Nou de Zurbano 3. Stadtplan 5 A3.
933 18 89 56.

Jamboree
Plaça Reial 17, Barri Gòtic. Stadtplan 5 A3.
93 319 17 89.
masimas.com

Macarena
Carrer Nou de Sant Francesc 5. Stadtplan 5 A3.
93 301 30 64.
macarenaclub.com

Marula Café
Carrer Escudellers 49, Barri Gòtic. Stadtplan 5 A3.
93 318 76 90.
marulacafe.com

Ocaña
Plaça Reial 13–15. Stadtplan 5 A3.
936 76 48 14.

El Raval

Gurú
Carrer Montserrat 9. Stadtplan 2 F4.
93 301 29 78.

Moog
Carrer L'Arc del Teatre 3, El Raval. Stadtplan 2 F4.
93 319 1789.
masimas.com

Zentraus
Rambla de Raval 41, El Raval. Stadtplan 2 F3.
93 443 80 78.
zentraus.cat

Port Vell und Port Olímpic

Catwalk
Carrer Ramon Trias Fargas 2–4, Port Olímpic. Stadtplan 6 E4.
93 224 07 40.
clubcatwalk.net

C.D.L.C.
Passeig Marítim 32, Port Olímpic. Stadtplan 6 E4.
93 224 04 70.
cdlcbarcelona.com

Shôko
Passeig Marítim 36, Port Olímpic. Stadtplan 6 E4.
93 225 92 00.
shoko.biz

Eixample

Antilla
Carrer d'Aragó 141–143.
93 451 45 64.
antillasalsa.com

City Hall
Rambla de Catalunya 2–4, Eixample. Stadtplan 3 A3.

93 233 33 33.
cityhallbarcelona.com

Dow Jones
Carrer Bruc 97. Stadtplan 3 B4.
93 420 35 48.

Sutton Club
Carrer Tuset 13.
667 43 27 59.
thesuttonclub.com

Montjuïc

The One
Poble Espanyol, Avinguda Francesc Ferrer i Guàrdia 13. Stadtplan 1 A2.
902 90 92 89.

La Terrrazza
Poble Espanyol, Avinguda Ferrer i Guàrdia 13. Stadtplan 1 A1.
93 272 49 80/ 687 969 825.
laterrrazza.com

Upload
Poble Espanyol, Avinguda Francesc Ferrer i Guàrdia 13. Stadtplan 1 B1.
932 28 98 08.
uploadbarcelona.com

Poble Sec

Apolo
Carrer Nou de la Rambla 113, Poble Sec. Stadtplan 2 D4.
93 441 40 01.
sala-apolo.com

Mau Mau
Carrer d'en Fontrodona 35, Poble Sec. Stadtplan 2 D3.
93 441 80 15.
maumaunderground.com

Tinta Roja
Carrer Creu dels Molers 17, Poble Sec. Stadtplan 2 D3.
93 443 32 43.
tintaroja.cat

Gràcia und Tibidabo

Bobby Gin
Carrer Francisco Giner 47, Gràcia. Stadtplan 3 B2.
93 368 18 92.
bobbygin.com

Eldorado
Plaça del Sol 4, Gràcia. Stadtplan 3 B1.

Mirablau
Plaça Doctor Andreu 1, Tibidabo.
93 418 58 79.
mirablaubcn.com

Stadtplan Barcelona *siehe Seiten 183–189*

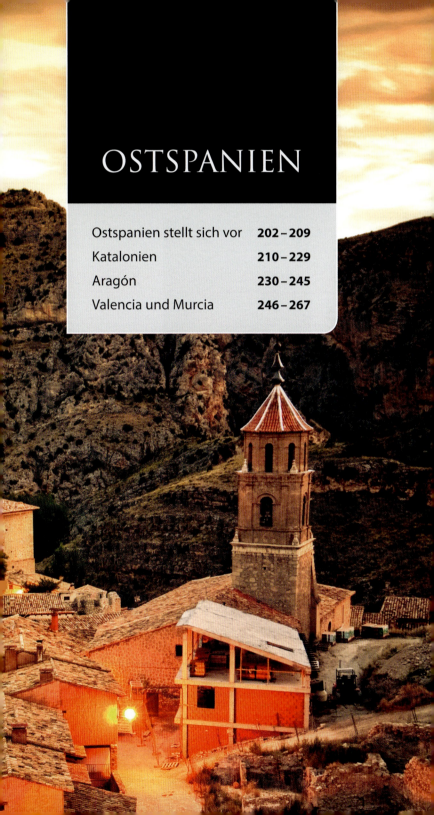

OSTSPANIEN

Ostspanien im Überblick

Ostspanien weist eine außerordentliche klimatische und landschaftliche Vielfalt auf – von den schneebedeckten Pyrenäengipfeln in Aragón bis zum sonnigen und winterwarmen Klima der Strände der Costa Blanca und Costa Cálida. Historische Sehenswürdigkeiten sind die alten Klöster in der Nähe von Barcelona, großartige römische Ruinen in Tarragona, Mudéjar-Kirchen in Aragón und die großen Kathedralen von Valencia und Murcia. Abseits überfüllter Strände locken oft schöne, wenig besuchte Landstriche.

Der Ordesa-Nationalpark
(siehe S. 236f) in den Pyrenäen bietet einige der dramatischsten Gebirgsland-schaften Spaniens und ausgezeichnete Wandergebiete.

Zaragoza *(siehe S. 240f)* besitzt zahlreiche eindrucksvolle Kirchen, vor allem die Kathedrale Basílica de Nuestra Señora del Pilar und die Iglesia de la Magdalena im Mudéjar-Stil.

Valencia *(siehe S. 254–257)*, Spaniens drittgrößte Stadt, hat einen alten Stadtkern mit altehrwürdigen Häusern und Monumenten, wie El Miguelete, den markanten Turm der Kathedrale. Valencia ist im März Schauplatz der berühmten Fallas.

0 Kilometer   50

Die Kathedrale von Murcia *(siehe S. 266)* hat Fassade und Glockenturm aus dem Barock und zwei reich geschmückte Seitenkapellen aus Neugotik und Renaissance. Im Museum der Kathedrale sind Altargemälde und andere interessante Exponate zu sehen.

Jaca

Almudévar

Gallur

Zaragoza

Calatayud

Aragón
Seiten 230–245

Calamocha

Montalbán

Alfambra

Teruel

Chelva

Requena   Va

**Valencia
und Murcia**
Seiten 246–262

Jumilla   Elda

Cieza   Elche
(Elx)

Caravaca de
la Cruz

Murcia

Alhama de Murcia

San Javier

Lorca

Mazarrón   Cartagena

Águillas

◄ Das idyllisch gelegene Städtchen Albarracín in den Bergen der Provinz Teruel *(siehe S. 245)*

Ordesa-Nationalpark

Puigcerdà

Pont de Suert

La Seu
d'Urgell

campo

Benabarre

Berga

Monzón

Girona

Vic

Katalonien
Seiten 210–229

Tàrrega

Manresa

Lleida

oz

Montblanc

Barcelona

Poblet

Sitges

Móra d'Ebre

Tarragona

ella

Tortosa

Benicarló

asim
ssim)

stelló
la
ana

Zur Orientierung

An der Costa Brava
(siehe S. 220f) südlich der
französischen Grenze wechseln sich Steilküsten, bewaldete Buchten und schöne
Strände ab. Das größte und
beliebteste Ferienzentrum an
der Küste ist Lloret de Mar.

Poblet *(siehe S. 226f)*,
umgeben von dreifachen
Mauern, ist eines der mittelalterlichen Zisterzienserklöster
Kataloniens. Es enthält ein
königliches Pantheon mit
skulptierten Sarkophagen von
sechs aragonischen Königen.

día
ndia)

vea
ia)

nidorm

Tarragona *(siehe
S. 228f)* war eine
der wichtigsten
Städte des römi-
schen Spanien.
Aus jener Zeit
überlebten ein
Amphitheater und ein Aquädukt.
Roger de Llúria, der große katalanische Fregattenkapitän aus
dem 13. Jahrhundert, überblickt den Strand.

Die Costa Blanca *(siehe S. 262–265)*
ist eine reizvolle Küste und ein
beliebtes Ferienziel. Calp liegt am Fuß
eines riesigen Felsens, des Penyal
d'Ifach. In La Vila Joiosa leuchtet eine
Häuserreihe in kräftigen Farben, um
für die Fischer auf See sichtbar zu sein.

Regionale Spezialitäten

Einige der besten Köche Spaniens sind Katalanen, darunter Carme Ruscalleda, deren Kreativität und Innovation atemberaubend sind. Moderne Lokale und traditionelle Landgasthöfe setzen auf Frisches aus der Region. Valencia bietet wie das angrenzende Murcia und Katalonien eine unglaubliche Vielfalt an Obst, Gemüse, Fisch, Fleisch und Wild, die auf bunten Märkten feilgeboten werden. Zur Paella mit ihren regionalen Varianten gehört immer Reis. In Aragón, im Landesinnern, gibt es herzhafte Landküche mit Gerichten, die noch an die arabische Okkupation von vor mehr als 1000 Jahren erinnern.

Reis aus Valencia

Fangfrischer Oktopus auf einem Fischmarkt

Katalonien

Die ungeheuer große Vielfalt frischer Erzeugnisse passt zur abwechslungsreichen Landschaft. Das Mittelmeer bietet alle Arten Fisch und Meeresfrüchte, die Ebenen im Landesinnern bringen Gemüse und Reis hervor, aus den Bergen stammen Fleisch, Wild und Waldpilze. Letztere werden besonders von den Katalanen geliebt. Hier kreieren die besten Köche in Top-Restaurants Köstlichkeiten, wobei selbst die gewagteste katalanische Küche eher einfach ist und sich auf die herrliche Frische der einheimischen Zutaten verlässt.

Aragón

Das bergige Aragón im Landesinnern bietet vor allem Fleisch – insbesondere Lamm, aber auch Rind, Hase und Freilandhühner, die meist gegrillt oder im Tontopf langsam gegart werden. Man bekommt hier herrliche Wurst- und Fleischwaren wie etwa Räucherwürste, die zum Teil auch mit Kräutern gewürzt sind und für die im bergigen Norden so beliebten Eintöpfe verwendet werden. In den zahlreichen Binnengewässern fängt man Flussforelle und

Artischocken   Zwiebeln   Auberginen   Stangensellerie   Kapern   Tomaten   Grüne Bohnen

Frisches Gemüse aus dem Osten Spaniens

Typische Gerichte Ostspaniens

Von der üppigen Mittelmeerküste bis hin zu den fruchtbaren Ebenen und kühlen Bergen gibt es ein reiches Angebot frischer Erzeugnisse. Ob deftige Eintöpfe aus Aragón und traditionelle Wurstwaren aus Murcia oder die berühmte Meeresfrüchte-Paella und andere Reisgerichte aus Valencia – diese Region bietet größte kulinarische Vielfalt. Im Frühjahr und Sommer bekommt man breite Bohnen, Spargel und viele andere Gemüse- und Obstsorten. Im Herbst und Winter folgt auf das jährliche Schweineschlachten die Zubereitung von Schinken und Räucherfleisch. Pilze sprießen auf schattigen Hügeln, Wildeintöpfe sorgen im Winter für Wärme. Fisch und Meeresfrüchte gibt es immer, ob als *zarzuela de mariscos* (deftiger Schalentier-Eintopf) oder, wie in Murcia sehr beliebt, als Seebrasse in Salzkruste.

Kandierte Früchte

Suquet de peix Katalanischer Eintopf mit frischem, festem Fisch, Tomaten, Knoblauch und gerösteten Mandeln.

Waldpilze im Überfluss kommen im Herbst auf die lokalen Märkte

Aal. Für den Besucher unerwartet groß sind die maurischen Einflüsse bei den köstlichen einheimischen Süßspeisen und Desserts, wie kandierte Früchte oder Guirlache aus Mandeln und Zucker.

Valencia

Das fruchtbare Valencia ist der »Obstgarten Spaniens«. Am bekanntesten sind seine Orangen. Von hier stammen aber auch viele weitere Obst- und Gemüsesorten, die in den einheimischen Rezepten zu Fisch, Berglamm, Hase und Schweinefleisch serviert werden. Im Frühjahr blühen die Kirsch- und Mandelbäume, im Herbst erblickt man allerorts riesige Reisfelder. Die Paella wurde in Valencia erfunden. Perfekt dafür geeignet ist der hiesige *bomba*-Reis.

Murcia

Das karge Murcia gleicht teilweise eher einer Wüste, wurde aber dank der von den Arabern vor mehr als eintausend Jahren eingeführten Bewässerungstechniken zu einer der größten Obst- und Gemü-

Ein *embutidos*-Erzeuger zeigt seine köstlichen Schinken

seanbauregionen Europas. Das bergige Hinterland ist für schmackhafte *embutidos* (Wurstspezialitäten) bekannt, insbesondere für *morcilla* (Blutwurst) und *chorizo* (pikante Wurst mit Paprikageschmack). Der exzellente Reis hat es zu einer eigenen DO-Bezeichnung gebracht. Entlang der Küste bekommen Sie so vielfältige Meeresfrüchte wie Seebrasse in Salzkruste gebacken oder Hummereintopf aus dem Mar Menor. Besonders deutlich schmeckt man das arabische Erbe in den mit Safran, Pinienkernen und feinen Gewürzen versehenen Desserts.

Auf der Speisekarte

Arroz Negro Reisgericht aus Valencia; Tintenfischtinte färbt es dunkel.

Caldero Murciano Reichhaltiger Fischeintopf mit Safran und viel Knoblauch.

Dorada a la Sal Seebrasse in Salzkruste gebacken, die den Fisch feucht und zart hält.

Fideuá Meeresfrüchte-Paella mit kleinen Nudeln statt Reis.

Guirlache Süßspeise aus Aragón mit ganzen, gerösteten Mandeln und Butterkaramell.

Migas con tropezón Mit Knoblauch, Schweinefleisch und scharfer Räucherwurst gebratene Brotwürfel.

Paella Spaniens Nationalgericht enthält Safran, runden *bomba*-Reis, Fleisch, Fisch und Meeresfrüchte.

Lentejas al estilo del Alto Aragón Mit Knoblauch, Schinken und schwarzer Wurst gegarte Linsen.

Crema Catalana Diese sehr beliebte Nachspeise ist eine Art Karamellpudding mit flambierter Zuckerkruste.

Die Weine Ostspaniens

Spaniens Ostküste bringt eine Vielzahl von Weinsorten hervor. Kataloniens Stolz ist das Anbaugebiet Penedès, Heimat des *cava* (Schaumwein nach der *méthode champenoise)* und verschiedener Qualitätsweine. In Aragón können die Cariñena-Weine gut sein, aus Somontano in den Pyrenäen kommen ebenfalls edle Weine. In Valencia und Murcia werden süffige Rot- und Weißweine sowie *rosados* (Roséweine) hergestellt. Besonders zu erwähnen sind die Rosés aus Utiel-Requena, die Moscatels aus Valencia und die kräftigen Rotweine aus Jumilla.

Cabernet-Sauvignon-Trauben

Das Kloster von Poblet und die Las-Murallas-Weinberge in Katalonien

VIÑAS DEL VERO

GRAN VOS

RESERVA 2004

In Somontano bauen die Viñas del Vero mit bemerkenswertem Erfolg internationale Rebsorten wie Chardonnay und Pinot Noir an.

0 Kilometer   100

Kleine Weinkunde: Ostspanien

Lage und Klima

Das Klima Ostspaniens variiert nach Höhenlage: Tiefe Gebiete sind heiß und trocken, Richtung Süden wird es immer heißer. Kataloniens Weingegenden haben an der Küste mediterranes Klima, das landeinwärts trockener wird. Im mittleren Penedès gedeihen wegen der Klimavielfalt viele verschiedene Trauben. Somontanos Höhenlage ist kühl und gemäßigt. In Valencia und Murcia kann es heiß werden.

Rebsorten

Die verbreitetsten roten Rebsorten, die auch in weiten Teilen Ostspaniens wachsen, sind Garnacha, Tempranillo – in Katalonien Ull de Llebre genannt –, Monastrell und Cariñena. In Bobal werden Rotweine und Rosés hergestellt. Die wichtigsten weißen Traubenarten Kataloniens sind Parellada, Macabeo und Xarel·lo (diese Sorten gehen vor allem in die *cava*-Herstellung), in Valencia überwiegen Merseguera- und Moscatel-Weine. In den Regionen im äußersten Südosten findet man manchmal Airén- und Pedro-Ximénez-Weine. Französische Rebsorten wie Chardonnay, Merlot, Cabernet Sauvignon und Sauvignon Blanc wachsen in Penedès, Costers del Segre und Somontano.

Gute Erzeuger

Somontano: Viñas del Vero, Viñedos del Altoaragón. **Alella:** Marqués de Alella, Parxet. **Penedès:** Codorníu, Conde de Caralt, Freixenet, Juvé y Camps, Masía Bach, René Barbier, Miguel Torres. **Costers del Segre:** Castell del Remei, Raimat. **Priorat:** Cellers Scala Dei, Masía Barril. **Valencia:** Vicente Gandia. **Utiel-Requena:** C. Augusto Egli. **Alicante:** Gutiérrez de la Vega. **Jumilla:** Asensio Carcelén (Sol y Luna), Bodegas Vitivino.

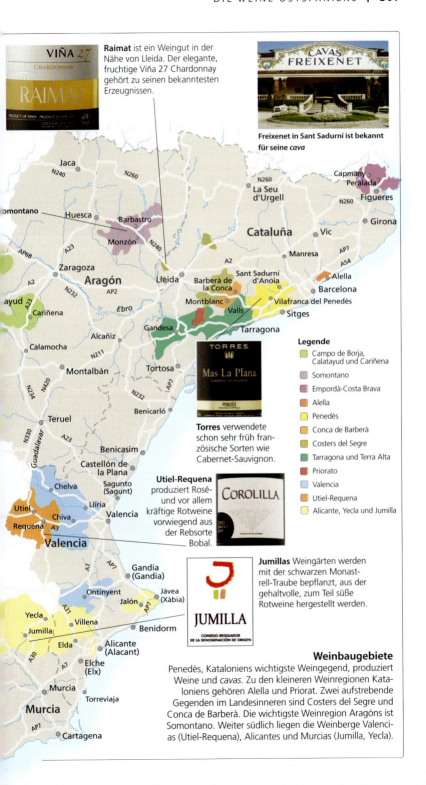

Raimat ist ein Weingut in der Nähe von Lleida. Der elegante, fruchtige Viña 27 Chardonnay gehört zu seinen bekanntesten Erzeugnissen.

Freixenet in Sant Sadurní ist bekannt für seine *cava*

Torres verwendete schon sehr früh französische Sorten wie Cabernet-Sauvignon.

Utiel-Requena produziert Rosé- und vor allem kräftige Rotweine vorwiegend aus der Rebsorte Bobal.

Jumillas Weingärten werden mit der schwarzen Monastrell-Traube bepflanzt, aus der gehaltvolle, zum Teil süße Rotweine hergestellt werden.

Legende

- Campo de Borja, Calatayud und Cariñena
- Somontano
- Empordà-Costa Brava
- Alella
- Penedès
- Conca de Barberà
- Costers del Segre
- Tarragona und Terra Alta
- Priorato
- Valencia
- Utiel-Requena
- Alicante, Yecla und Jumilla

Weinbaugebiete

Penedès, Kataloniens wichtigste Weingegend, produziert Weine und *cavas*. Zu den kleineren Weinregionen Kataloniens gehören Alella und Priorat. Zwei aufstrebende Gegenden im Landesinneren sind Costers del Segre und Conca de Barberà. Die wichtigste Weinregion Aragóns ist Somontano. Weiter südlich liegen die Weinberge Valencias (Utiel-Requena), Alicantes und Murcias (Jumilla, Yecla).

Blumen des Matorral

Der Matorral, ein Macchia-Gebiet voller wilder Blumen, ist die charakteristische Landschaft an Spaniens östlicher Mittelmeerküste. Dieser Vegetationstyp entstand als Folge der jahrhundertelangen Rodung der Wälder. Die einheimische Steineiche wurde als Bauholz gebraucht, Weide- und Ackerland entstanden. Die Pflanzen passen sich den extremen klimatischen Bedingungen an. Im Frühjahr überziehen Zistrosen und Ginsterblüten die Hügel. Die Luft ist erfüllt vom Summen der Insekten, die sich an Nektar und Pollen laben, es duftet nach Rosmarin, Lavendel und Thymian.

Der Blütenstand der Jahrhundertpflanze kann bis zu zehn Meter hoch werden.

Der Spanische Ginster trägt gelbe Blüten. Die schwarzen Samenkapseln platzen bei Trockenheit auf, und ihr Inhalt fällt auf den Boden.

Aleppo-Kiefer

Rosmarin

Das Brandkraut, ein attraktiver Strauch, der häufig in Gärten angepflanzt wird, hat dicke, von Büscheln leuchtend gelber Blüten umgebene Äste.

Beim Rosenknoblauch krönt ein rundes Büschel violetter oder pinkfarbener Blüten den Stängel. Im heißen Sommer überlebt die Zwiebel.

Exotische Einwanderer

Einigen Pflanzen aus der Neuen Welt gelang es, sich auf dem kargen Boden des Matorral anzusiedeln. Der Feigenkaktus, den Christoph Kolumbus eingeführt haben soll, trägt köstliche Früchte, die nur mit Handschuhen gepflückt werden können. Die schnell wachsende Jahrhundertpflanze aus Mexiko mit ihren stacheligen Blättern entwickelt ihren kräftigen Blütenstand erst nach zehn bis 15 Jahren und stirbt dann.

Feigenkaktus

Blütenstand der Jahrhundertpflanze

Der Gemeine Thymian, ein niedriges, aromatisches Kraut, wird vor allem für die Küche angebaut.

Die Spiegel-Ragwurz, eine kleine Orchidee, die auf Grasflächen wächst, unterscheidet sich durch den blauen, von Haaren umgebenen Fleck auf ihrer Lippe von anderen Orchideen.

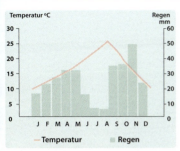

Klimatabelle

Die meisten Pflanzen des Matorral blühen im Frühjahr. Im heißen Sommer schützen sie sich durch dicke Blätter oder wachsartige Ausscheidungen vor Feuchtigkeitsverlust oder speichern Wasser in ihren Knollen.

Tierwelt des Matorral

Tiere sieht man im Matorral am besten frühmorgens, bevor es heiß wird. Unzählige, von Blume zu Blume fliegende Insekten stellen eine günstige Futterquelle für die Vögel dar. Kleinere Säugetiere wie Mäuse sind nur bei Nacht aktiv, wenn es kühler ist und wenige Feinde in der Nähe sind.

Steineichen sind in Ostspanien stark verbreitet. Die robusten, gummiartigen Blätter speichern Feuchtigkeit.

Der Erdbeerbaum ist ein immergrüner Strauch mit glänzenden, gezahnten Blättern. Seine essbare, erdbeerähnliche Frucht wird rot, wenn sie reif ist.

Treppennattern fressen kleine Säugetiere, Vögel und Insekten. Junge Schlangen erkennt man an der schwarzen, leiterartigen Musterung, die älteren Tiere haben nur zwei einfache Streifen.

Baumheide

Skorpione verstecken sich tagsüber. Werden sie erschreckt, erheben sie den Schwanz zu einer Drohgebärde über den Körper. Ihr Stich ist für kleine Tiere tödlich und kann beim Menschen Reizungen hervorrufen.

Die Provence-Grasmücke, ein Vogel mit dunklem Gefieder und hohem Schwanz, singt während der Balz Melodien. Die Männchen sind bunter als die Weibchen.

Die Graubehaarte Zistrose wächst an sonnigen Plätzen, hat faltige Blüten und gelbe Staubbeutel.

Die Schmalblättrige Zistrose sondert klebriges, aromatisches Harz ab, das in Parfüms verwendet wird.

Der Schwalbenschwanz ist eines der auffälligsten Insekten im Matorral. Ebenfalls stark verbreitet sind Bienen, Ameisen und Grashüpfer.

Der Sternklee ist eine niedrige Pflanze, deren Frucht zu einer sternförmigen Samenkapsel wird. Die Blüten sind rosa.

Katalonien

Lleida · Andorra · Girona · Provinz Barcelona · Tarragona

Katalonien, ein stolzer »Staat im Staat«, war unter den Grafen-Königen von Barcelona-Aragón eine der großen Seemächte im Mittelmeerraum. Es hat eine halbautonome Regierung und eine eigene Sprache, das Katalanische. Mittlerweile sind fast alle spanischsprachigen Namen und Schilder durch katalanische ersetzt.

Im heutigen Empúries an Kataloniens Costa Brava betraten die Römer Ende des 3. Jahrhunderts v. Chr. erstmals die Iberische Halbinsel. Sie hinterließen Baudenkmäler in und um Tarragona, der Hauptstadt ihrer großen Provinz Tarraconensis. Später wurde Barcelona die Hauptstadt der Region. Wirtschaftlich und kulturell kann es mit Spaniens Kapitale Madrid konkurrieren.

In den 1960er Jahren kam der Massentourismus an die Costa Brava. Neben quirligen Orten wie Lloret de Mar konnten an dieser landschaftlich schönen Küste ehemalige Fischerdörfer wie Cadaqués ihren ursprünglichen Charme weitgehend bewahren.

Das fruchtbare Landesinnere der Region bietet ein überaus reiches kulturelles Erbe. Katalonien besitzt wichtige Klöster wie Montserrat, sein geistiges Zentrum, und Poblet. Mittelalterliche Städte wie Montblanc, Besalú und Girona bieten viele Baudenkmäler und Museen.

Auf dem Land sind die Tiere in den Feuchtgebieten des Ebro-Deltas und die ertragreichen Weinberge des Penedès erwähnenswert, wo der Großteil des spanischen Schaumweins hergestellt wird. In den Hochpyrenäen findet man in den entlegenen Gebirgstälern noch seltene Schmetterlinge und kleine, versteckte Dörfer und Städtchen mit wunderschönen romanischen Kirchen.

Der Nationalpark Aigüestortes i Estany de Sant Maurici in den Zentralpyrenäen, Provinz Lleida

◀ Boote ankern in der Bucht von Tossa de Mar, Costa Brava *(siehe S. 220)*

Überblick: Katalonien

Katalonien umfasst einen langen Abschnitt der spanischen Pyrenäen, in deren grünen Tälern sich malerische Dörfer verbergen. Der Parc Nacional d'Aigüestortes und die Vall d'Aran sind Naturparadiese, Baqueira-Beret bietet guten Schnee. Sonnenanbeter können zwischen der felsigen Costa Brava und den Stränden der Costa Daurada wählen. In Tarragona sind viele römische Bauten erhalten, im Landesinneren liegen die Klöster Poblet und Santes Creus sowie die Weinberge in Penedès.

Abgelegene Landhäuser bei
La Seu d'Urgell

Legende

≡ Autobahn

— Schnellstraße

— Hauptstraße

⋯ Nebenstraße

— Panoramastraße

∙–∙ Eisenbahn (Hauptstrecke)

— Eisenbahn (Nebenstrecke)

▬ Staatsgrenze

▬ Regionalgrenze

△ Gipfel

In Katalonien unterwegs

Die Autobahn aus Frankreich passiert bei La Jonquera die spanische Grenze und folgt ab Barcelona über Tarragona bis Valencia der Küste. Ein Tunnel bei Puigcerdà führt in die katalanischen Zentralpyrenäen. Busse verbinden die meisten Städte. Die wichtigste Zugverbindung in Nord-Süd-Richtung folgt ab Blanes südwärts der Küste. Andere Linien führen von Barcelona über Vic, Lleida und Tortosa.

Weitere Zeichenerklärungen siehe hintere Umschlagklappe

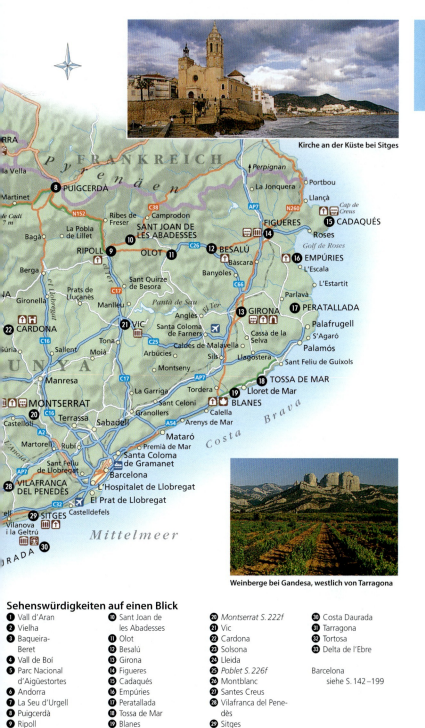

Kirche an der Küste bei Sitges

Weinberge bei Gandesa, westlich von Tarragona

Sehenswürdigkeiten auf einen Blick

Die Vall d'Aran, umgeben von den schneebedeckten Gipfeln der Pyrenäen

Schmetterlinge der Vall d'Aran

In den Bergen und Tälern der Pyrenäen findet man zahlreiche Schmetterlings- und Mottenarten. Besonders in der abgelegenen Vall d'Aran sind seltene Spezies zu Hause. Am besten kann man sie zwischen Mai und Juli beobachten.

Malven-Würfelfleckfalter
(Pyrgus malvae)

Schwarzer Apollo
(Parnassius mnemosyne)

Gelbwürfel-Dickkopf
(Carterocephalus palaemon)

❶ Vall d'Aran

Lleida. **Karte** O3. 🚌 Vielha.
🛈 Carrer Sarriulèra 10, Vielha, 973 64 01 10. 🕸 visitvaldaran.com

Was für eine Szenerie: Dieses »Tal der Täler« – *aran* heißt Tal – ist eine idyllische Oase aus Wäldern und blumenübersäten Wiesen inmitten hoher Berggipfel.

Der Río Garona, der hier entspringt und in Frankreich als Garonne bei Bordeaux mündet, formte das Tal. Bis 1924 die Straße über den Bonaigua-Pass gebaut wurde, war es fast den ganzen Winter vom übrigen Land abgeschnitten. Noch immer macht Schnee den Pass von November bis April unpassierbar, aber heute kann man das Tal leicht über den Vielha-Tunnel erreichen.

Da das Tal im Norden liegt, gleicht sein Klima dem der Atlantikküste. Die feuchte Luft und die schattigen Hänge schaffen ideale Voraussetzungen für seltene Blumen, darunter zahlreiche Narzissenarten, und Schmetterlinge.

Entlang dem Río Garona haben sich winzige Dörfer um romanische Kirchen angesiedelt, wie in **Bossòst**, **Salardú**, **Escunhau** und **Artiés**. Das Tal bietet ideale Voraussetzungen für sportliche Betätigungen wie Skifahren und Wandern.

❷ Vielha

Lleida. **Karte** O3. 🚠 5500. 🚌 🛈
Carrer Sarriulèra 10, 973 64 03 72.
🕑 Do. 🎉 Fiesta de Vielha (8. Sep), Feria de Vielha (8. Okt).

Der Hauptort der Vall d'Aran hat bemerkenswerte Relikte aus dem Mittelalter bewahrt. Die romanische Kirche **Sant Miquel** mit achteckigem Glockenturm birgt ein Holzkruzifix aus dem 12. Jahrhundert, den *Mig Aran Christ*, Teil eines verloren gegangenen Schnitzwerks, das eine Kreuzabnahme darstellte.

Das **Musèu dera Val d'Aran** zeigt Geschichte und Volkskunde des Tals.

🏛 **Musèu dera Val d'Aran**
Carrer Major 26. 📞 973 64 18 15. 🕐 Di–So.
⬤ Feiertage. 🚫 ♿

Mig Aran Christ (12. Jh.), Sant Miquel, Vielha

➌ Baqueira-Beret

Lleida. **Karte** O3. 🏔 100. 🚌
ℹ Baqueira-Beret, 973 63 90 25.
🎭 Romería de Nuestra Señora de
Montgarri (2. Juli). 🅦 baqueira.es

Das ausgedehnte Wintersport-
gebiet, eines der besten in
Spanien, ist auch bei der spanischen Königsfamilie sehr beliebt. Es bietet eine verlässliche
winterliche Schneedecke und
mehr als 100 Pisten in Höhen
zwischen 1520 und 2470 Metern. Bevor das Skifahren in
Mode kam, waren Baqueira
und Beret zwei getrennte
Bergdörfer, heute bilden sie
einen Wintersportort. In den
alten Thermalquellen erfri-
schen sich die Skifahrer.

➍ Vall de Boí

Lleida. **Karte** O3. 🚆 La Pobla de
Segur. 🚌 El Pont de Suert.
ℹ Barruera, 973 69 40 00.
🅦 vallboi.com

Das kleine Tal am Rand des
Parc Nacional d'Aigüestortes
sprenkeln Dörfer, die sich um
romanische Kirchen drängen.
Charakteristisch für diese Kir-
chen des 11. und 12. Jahrhun-
derts sind die hohen Glocken-
türme, wie der sechsstöckige
Turm der **Església de Santa
Eulàlia** in Erill-la-Vall.
Die beiden Kirchen in Taüll,
Sant Climent *(siehe S. 28)* und
Santa Maria, haben herrliche
Fresken – in Kopie. Die Originale wurden zwischen 1919
und 1923 ins Museu Nacional
d'Art de Catalunya in Barcelona *(siehe S. 176)* verbracht.
Vom Turm der Sant-Climent-
Kirche hat man eine großartige
Sicht auf die Umgebung.
Sehenswert sind auch die
Kirchen in **Coll** (feine Schmie-
dearbeiten), in **Barruera** und
in **Durro** (Glockenturm).
Am oberen Ende des Tals wird
das Dörfchen **Caldes de Boí**
wegen seiner Thermalquellen
und der nahen Skistation Boí-
Taüll geschätzt. Es bietet außerdem eine gute Ausgangsbasis für Erkundungen des Parc
Nacional d'Aigüestortes, dessen Eingang nur fünf Kilometer von hier entfernt ist.

**Der mächtige Turm von Sant
Climent in Taüll, Vall de Boí**

➎ Parc Nacional d'Aigüestortes

Lleida. **Karte** O3. 🚆 La Pobla de
Segur. 🚌 El Pont de Suert, La Pobla
de Segur. ℹ Boí, 973 69 61 89;
Espot, 973 62 40 36. 🅦 **parcs
naturals.gencat.cat/es/aiguestortes**

Die ursprüngliche Bergkulisse
von Kataloniens einzigem Nationalpark *(siehe S. 34f)* zählt
zu den großartigsten Pyrenäen-
landschaften.
Der Park erstreckt sich über
eine Fläche von 14 000 Hektar.
Sein Name, Parc Nacional
d'Aigüestortes i Estany de Sant
Maurici, stammt von dem See
(estany) Sant Maurici im Osten
und dem Gebiet von Aigüestortes (wörtlich: gewundene
Wasser) im Westen.

Der Hauptort ist Espot am
Ostrand des Parks. In Aigüestortes befinden sich zahlreiche
Wasserfälle und an die 150
glasklare Seen, die Gletscher in
grauer Vorzeit bis zu 50 Meter
tief in den Boden gruben.
Die schönste Kulisse entfaltet
sich um den Sant-Maurici-See
am Fuß der Serra dels Encan-
tats. Wanderwege führen auch
entlang der Seenkette in nördlicher Richtung zu den steilen
Gipfeln der Agulles d'Amitges.
In südlicher Richtung bietet der
Estany Negre, der höchstgelegene und tiefste Gebirgssee
des Parks, einen einzigartigen
Anblick.
Charakteristisch für den
Frühsommer in den tiefer gelegenen Tälern sind die vielen
pinkfarbenen und roten Rho-
dodendronblüten. Später im
Jahr blühen wilde Lilien in den
Wäldern aus Tannen, Buchen
und Weißbirken.
Im Felsgeröll der Berge und
auf den Wiesen leben Gämsen
(auch als Bergziegen bekannt),
an den Seen Biber und Fisch-
otter. Goldadler nisten auf
Felsvorsprüngen, in den Wäldern kann man Waldhühner
und Auerhähne entdecken. Im
Sommer ist Aigüestortes ein
beliebtes Wandergebiet, im
Winter bieten die schneebedeckten Berge ideale Voraussetzungen für den Skilanglauf.

Gebirgslandschaft im Parc Nacional d'Aigüestortes

Die katalanische Sprache

Das Katalanische *(català)* hat sich heute von dem unter Franco verhängten Verbot erholt und das Spanische in ganz Katalonien als Alltagssprache verdrängt. 11,5 Millionen Menschen sprechen die mit dem Provenzalischen verwandte romanische Sprache. Felipe V unterdrückte sie bereits 1717. Erst im 19. Jahrhundert wurde sie offiziell wieder anerkannt, als die Jocs Florals (mittelalterliche Dichterwettbewerbe) wieder auflebten. Eine führende Persönlichkeit dieser Bewegung war der Dichter Jacint Verdaguer (1845–1902).

Kataloniens Nationalemblem

❻ Andorra

Fürstentum Andorra. **Karte** P3. 🏛 78 000. 🚌 Andorra la Vella. ℹ️ Plaça de la Rotonda, Andorra la Vella, (00376) 89 11 90. 🌐 **andorra.ad**

Andorra nimmt 468 Quadratkilometer der Pyrenäen zwischen Frankreich und Spanien ein. 1993 feierte es seine Unabhängigkeit, im selben Jahr wurden die ersten demokratischen Wahlen abgehalten. Seit 1278 war es autonomer Feudalstaat unter der Hoheit des spanischen Bischofs von La Seu d'Urgell und des französischen Grafen von Foix (Rechtsnachfolger wurde der französische Staatspräsident). Beide sind bis heute formal die Staatsoberhäupter. Katalanisch ist die Amtssprache, aber auch Französisch und Spanisch werden gesprochen. Andorra gehört zum Euro-Währungsgebiet.

Andorra ist ein Steuer- und Einkaufsparadies, was die gut besuchten Geschäfte der Hauptstadt **Andorra la Vella** zeigen. Les Escaldes (nahe der Hauptstadt), Sant Julià de Lòria und El Pas de la Casa (die der spanischen und französischen Grenze nächsten Städte) sind heute ebenfalls Einkaufszentren.

Nur wenige Besucher entdecken das ländliche Andorra, das sich mit den anderen Teilen der Pyrenäen leicht messen kann. Wanderwege führen zum **Cercle de Pessons**, einem Seenbecken im Osten, vorbei an Kapellen wie **Sant Martí** in La Cortinada. Im Norden erstreckt sich das Sorteny-Tal mit seinen gemütlichen Gasthöfen.

❼ La Seu d'Urgell

Lleida. **Karte** P3. 🏛 12 000. 🚌 ℹ️ Carrer Major 8, 973 35 15 11. 🛍 Di, Sa. 🎉 Festa Major (Aug.).

Die Westgoten erhoben die Stadt im 6. Jahrhundert zum Bistum. Fehden zwischen den Bischöfen von Urgell und den Grafen von Foix führten zur Entstehung von Andorra im 13. Jahrhundert.

Die **Kathedrale** (12. Jh.) enthält eine Statue der hl. Maria von Urgell. Das **Museu Diocesà** zeigt Arbeiten und Schriften aus dem Mittelalter, darunter eine Abschrift (10. Jh.) der *Offenbarung der Apokalypse (siehe S. 114)* des Heiligen Beatus von Liébana.

🏛 Museu Diocesà
Plaça del Deganat. 📞 973 35 32 42. 🕐 tägl. ⬤ Feiertage. 🎫 ♿

Detail, Kathedrale in La Seu d'Urgell

❽ Puigcerdà

Girona. **Karte** P3. 🏛 9000. 🚉 🚌 ℹ️ Plaça Santa Maria, 972 88 05 42. 🛍 So. 🎉 Festa del Roser (Mitte Juli), Festa de l'Estany (3. So im Aug). 🌐 **puigcerda.cat**

Das katalanische Wort »puig« bedeutet Berg. Puigcerdà liegt, gemessen an den anderen Bergen, die bis zu 2900 Meter hoch aufragen, auf einer relativ kleinen Anhöhe, doch bietet es einen schönen Ausblick über das Cerdanya-Tal mit dem forellenreichen Río Segre.

Alfonso II gründete Puigcerdà 1177 nahe der französischen Grenze als Hauptstadt der Region Cerdanya, die Geschichte und Kultur mit der französischen Cerdagne teilt. Die spanische Enklave **Llívia** mit mittelalterlicher Apotheke liegt hinter der Grenze.

Cerdanya ist das größte Pyrenäental. Im 41 300 Hektar großen Naturreservat **Cadí-Moixeró** an seinem Rand ist eine Population von Gebirgsdohlen beheimatet.

Portal am Monestir de Santa Maria

❾ Ripoll

Girona. **Karte** P3. 🏛 11 000. 🚉 🚌 ℹ️ Plaça de l'Abat Oliba, 972 70 23 51. 🛍 Sa. 🎉 Festa Major (11./12. Mai). 🌐 **ripoll.cat/turisme**

Ripoll war einst winziger Stützpunkt und Basis für Angriffe gegen die Mauren. Heute ist der Ort vor allem wegen seines Klosters **Monestir de Santa Maria** von 888 bekannt. Die Stadt wird auch »Wiege Kataloniens« genannt, denn das Kloster war nicht nur Macht-, sondern auch Kulturzentrum von Guifré el Pelós, dem Gründer der 500-jährigen Dynastie des Hauses Barcelona. Er ist in dem Kloster begraben.

Ende des 12. Jahrhunderts erhielt das Westportal kunstvolle Skulpturen, die vielleicht schönsten romanischen Reliefs Spaniens. Sie stellen historische und biblische Szenen dar. Ansonsten überstand nur der zweistöckige Kreuzgang Kriege und antiklerikale Säuberungen. Der Rest stammt aus dem 19. Jahrhundert.

Hotels und Restaurants in Katalonien *siehe Seiten 565–567 und 588–590*

Die mittelalterliche Stadt Besalú am Ufer des Río Fluvià

⑩ Sant Joan de les Abadesses

Girona. **Karte** Q3. 🚠 3500. 🚌
🛈 Plaça de l'Abadia 9, 972 72 05 99.
🚪 So. 🎭 Festa Major (2. So im Sep).
🌐 santjoandelesabadesses.cat

Eine gotische Brücke (12. Jh.) führt über den Río Ter zu dem Marktstädtchen, dessen Hauptattraktion das gleichnamige **Kloster** ist. Guifré i Guinedella, der erste Graf von Barcelona, schenkte die Abtei aus dem Jahr 885 seiner Tochter, der ersten Äbtissin. Die Kirche schmückt nur ein großartiger Holzkalvarienberg, *Die Kreuzabnahme*, von 1150. Eine im Spanischen Bürgerkrieg verbrannte Figur wurde so kunstfertig ersetzt, dass man kaum sagen kann, welcher Teil davon neu ist. Das Museum des Klosters zeigt Altarbilder aus Barock und Renaissance.

Die Kreuzabnahme (12. Jh.), Kloster Sant Joan de les Abadesses

Umgebung: Im Norden liegt Campodron mit prächtigen Häusern und Läden, die hiesige Erzeugnisse verkaufen. Die Region ist vor allem für ihre *embutits* (Würste) bekannt.

⑪ Olot

Girona. **Karte** Q3. 🚠 34000. 🚌
🛈 Carrer Francesc Fàbregas 6, 972 26 01 41. 🚪 Mo. 🎭 Corpus Christi (Juni), Festa del Tura (8. Sep).
🌐 turismeolot.com

Die kleine Marktstadt liegt inmitten konischer Hügel erloschener Vulkane. Ein Erdbeben zerstörte die Stadt 1474 und löschte ihre mittelalterliche Vergangenheit aus. Die Textilindustrie der Stadt förderte im 18. Jahrhundert die Entstehung der »Oloter Schule« für Kunst: Stoffe wurden mit Zeichnungen bedruckt. 1783 entstand eine öffentliche Zeichenschule.

Viele ihrer Arbeiten, darunter Heiligenskulpturen und Gemälde wie *Les falgueres* von Joaquim Vayreda, zeigt das **Museu Comarcal de la Garrotxa** in einem Hospiz (18. Jh.). Auch Werke des Modernisme-Bildhauers Miquel Blay sind zu sehen. Seine Figuren stützen den Balkon des Hauses Nr. 38 am Passeig Miquel Blay.

🏛 **Museu Comarcal de la Garrotxa**
Carrer Hospici 8. 📞 972 27 11 66.
⬤ wegen Renovierung. 📷 ♿

⑫ Besalú

Girona. **Karte** Q3. 🚠 2400. 🚌
🛈 Carrer del Pont 1, 972 59 12 40.
🚪 Di. 🎭 Sant Vicenç (22. Jan), Festa Major (letztes Wochenende im Sep). 📷 🌐 besalu.cat

Besonders eindrucksvoll ist diese mittelalterliche Stadt, wenn man sich ihr über die befestigte Brücke über den Río Fluvià nähert. Besalú hat zwei großartige Kirchen: die romanische **Sant Vicenç** und **Sant Pere**, einziges Zeugnis eines Benediktinerklosters, das 948 gegründet und im Jahr 1835 abgerissen wurde.

1964 stieß man auf eine **Mikwe**, ein jüdisches Bad für rituelle Waschungen. Es wurde 1264 erbaut und ist eines von nur drei Bädern in Europa, die aus dieser Epoche erhalten sind. Im Süden bietet der See von **Banyoles** die ideale Umgebung für Wanderungen.

Wurstladen in der Bergstadt Campodron

Zentrum von Girona

① Església de Sant Pere de Galligants
② Banys Àrabs
③ Església de Sant Feliu
④ Kathedrale
⑤ Museu d'Art
⑥ Museu d'Història de Girona
⑦ Museu d'Història dels Jueus

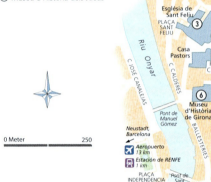

Zeichenerklärung siehe hintere Umschlagklappe

⑬ Girona

Girona. **Karte** Q4. 🗺 98 000. ✈
🚉 🚌 ℹ Rambla de la Llibertat 1,
972 01 00 01. 🗓 Di, Sa. 🎪 Sant
Narcís (Ende Okt). 🌐 girona.cat/
turisme

Am schönsten zeigt sich die
Stadt am Ufer des Riu Onyar
dort, wo sich pastellfarbene
Häuser im Wasser spiegeln.
Hinter ihnen, in der Altstadt,
beleben Läden und Straßencafés die Rambla de la Llibertat.
Die Häuser ersetzten im
19. Jahrhundert Teile der Stadtmauer, die französische Truppen während einer Belagerung
1809 beschädigten. Der übrige
Teil der Mauern, deren älteste

Abschnitte die Römer bauten,
ist meist unversehrt und bildet
jetzt den **Passeig Arqueològic**
um die Altstadt.
Der Rundgang beginnt im
Norden nahe der **Església de
Sant Pere de Galligants**, die die
archäologische Sammlung der
Stadt verwahrt. Von hier führt
eine Gasse durch das Nordtor,
wo Teile der römischen Grundmauern zu erkennen sind, in
den alten Teil der Stadt. Dieses
Tor lag auf der Via Augusta, die
ursprünglich von Tarragona
nach Rom führte. Der beliebteste Andachtsort Gironas ist
die **Església de Sant Feliu**, die
ab dem 14. Jahrhundert über
den Gräbern der Heiligen Felix

und Narcissus (Schutzheilige
der Stadt) entstand. Neben
dem Hochaltar sind in die
Apsidenwand acht römische
Sarkophage eingebettet.
Ihrem Namen zum Trotz
stammen die **Banys Àrabs**,
die arabischen Bäder, aus dem
12. Jahrhundert – sie entstanden also über 300 Jahre nach
dem Abzug der Mauren.

🏛 Museu d'Història
dels Jueus

Carrer de la Força 8. 📞 972 21 67
61. 🕐 tägl. ● 1., 6. Jan, 25., 26.
Dez. 🈲 🎫 🛗 🌐 girona.cat/call

In der Altstadt versteckt sich
das teilweise restaurierte frühere Judenviertel El Call. Das
Museum beleuchtet die Ge-
schichte der Juden Gironas,
die Ende des 15. Jahrhunderts
vertrieben wurden, nachdem
man sie zunächst in ein Getto
gezwungen hatte.

🏯 Kathedrale

🕐 Apr–Okt: tägl. 10–18.30 Uhr
(Juli, Aug: bis 19.30 Uhr); Nov–
März: 10–17.30 Uhr. 🈲 (So frei).
🌐 catedraldegirona.cat

Die Westfassade der Kathedrale ist reinster katalanischer Barock, der Rest ist gotisch. Der
einschiffige Innenraum (1416)
von Guillem Bofill ist das brei-

Bunte Häuserfront am Ufer des Riu Onyar in Girona

Hotels und Restaurants in Katalonien *siehe Seiten 565–567 und 588–590*

teste gotische Kirchenschiff der Christenheit. Hinter dem Altar steht der Marmorthron »Stuhl Karls des Großen« – benannt nach dem Frankenkönig, dessen Truppen Girona 785 einnahmen. Der Chor enthält ein wertvolles Altarbild (14. Jh.) – das schönste seiner Art in Katalonien. Das Museum zeigt romanische Kunst, eine illustrierte Abschrift der *Offenbarung der Apokalypse* von Beatus von Liébana (10. Jh.) und eine Statue des Katalanenkönigs Pere der Feierliche.

Glanzstück ist der Wandteppich *Die Schöpfung* mit Figuren aus dem 12. Jahrhundert.

Wandteppich *Die Schöpfung*

🏛 Museu d'Art

Pujada de la Catedral 12. 📞 972 20 38 34. ⏰ Di–So. ● 1., 6. Jan, 25., 26. Dez. 🅿 ♿ 🅰 nach Vereinbarung. 🌐 museuart.com

Im früheren Bischofspalast sind Werke von der Romanik bis ins 20. Jahrhundert zu sehen. Exponate aus Kirchen, die im Krieg zerstört wurden, lassen den vergangenen Reichtum der Stadt erahnen. Glanzpunkte sind Schnitzarbeiten (10. Jh.), ein silberverkleideter Altar aus der Kirche von Sant Pere de Rodes und ein Balken (12. Jh.) aus Cruïlles.

🏛 Museu d'Història de Girona

Carrer de la Força 27. 📞 972 22 22 29. ⏰ Di–Sa 10.30–18.30 Uhr (Okt–Apr: bis 17.30 Uhr), So 10.30–13.30 Uhr. 🅿 (1. So im Monat frei). 🌐 girona.cat/museuhistoria

Das Museum für Stadtgeschichte ist in einem früheren Kloster untergebracht. Teile des Friedhofs sind erhalten, ebenso Grabnischen von Mitgliedern des Kapuzinerordens, die dorthin umgebettet wurden.

⓮ Figueres

Girona. **Karte** Q3. 🗺 45.000. 🚉 🚌 ℹ Plaça de l'Escorxador 2, 972 50 31 55. 🏪 Do. 🎉 Santa Creu (3. Mai), San Pere (29. Juni). 🌐 visitfigueres.cat

Figueres liegt im Norden der Empordà-Ebene, die sich vom Golf von Roses landeinwärts erstreckt. Donnerstags bietet ein bunter Markt Obst und Gemüse der Region an.

Das **Museu del Joguet** zeigt im alten Hotel de Paris in der Rambla Spielzeug aus ganz Katalonien. Am unteren Ende der Rambla erinnert eine Statue an Narcís Monturiol i Estarriol (1819–1885), der das erste maschinell angetriebene U-Boot konstruierte.

Bekannter ist ein anderer Sohn der Stadt, Salvador Dalí, der 1974 das **Teatre-Museu Dalí** gründete. Das Museum im ehemaligen Stadttheater wird von einer Glaskuppel gekrönt. Nicht alle Werke sind von Dalí, aber das Ambiente, vom *Regentaxi* (ein von einem Springbrunnen besprühter Cadillac) bis zum Mae-West-Raum, dessen Möbel wie ein Gesicht

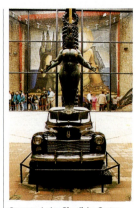

Regentaxi, eine Plastik im Garten des Teatre-Museu Dalí

angeordnet sind, ehrt den Meister, der hier – angemessen – beigesetzt ist.

🏛 Museu del Joguet

Carrer Sant Pere 1. 📞 972 50 45 85. ⏰ Mo–Sa 10–19, So 11–18 Uhr (Winter: kürzer). 🅿 ♿ 🌐 mjc.cat

🏛 Teatre-Museu Dalí

Plaça Gala-Salvador Dalí 5. 📞 972 67 75 00. ⏰ Juni–Sep: tägl.; Okt–Mai: Di–So. ● 1. Jan, 25. Dez. 🅿 🌐 salvador-dali.org

---

Dalí und seine Kunst

Salvador Dalí i Domènech wurde 1904 in Figueres geboren und gab seine erste Ausstellung mit 15 Jahren. Nach dem Studium an der Escuela de Bellas Artes in Madrid und kurzen Auseinandersetzungen mit Kubismus, Futurismus und metaphysischer Malerei entdeckte er 1929 den Surrealismus und wurde zu seinem bekanntesten Vertreter. Der umstrittene Selbstdarsteller wurde für seine halluzinatorischen Bilder wie *Frau-Tier-Symbiose* bekannt, die er als »handgemalte Traum-Fotografien« beschrieb. Er entwickelte sich zu einem der größten Künstler des 20. Jahrhunderts. Dalí betätigte sich auch als Schriftsteller und Filmemacher. Er starb 1989 in seiner Heimatstadt.

Deckengemälde in dem Raum Palast der Winde, Teatre-Museu Dalí

⓯ Cadaqués

Girona. **Karte** R3. 🏔 3000. 🚌
ℹ Carrer Cotxe 1, 972 25 83 15.
🛒 Mo. 🎉 Festa Major de Verano
(1. Wo im Sep), Santa Esperança
(18. Dez). 🌐 visitcadaques.org

Der auf dem Cap de Creus
gelegene hübsche Küstenort
mit der Barockkirche **Església
de Santa Maria** entwickelte
sich in den 1960er Jahren zum
»St-Tropez Spaniens«. Damals
kamen viele Besucher wegen
Salvador Dalí, der hier von
1930 und bis zu seinem Tod
1989 sechs Monate pro Jahr
lebte. Sein Haus ist heute als
Casa-Museu Salvador Dalí zugänglich. Aus einer Fischerhütte entstand durch zahlreiche
Umbauten ein großes Anwe-
sen voller Details aus der Hand
des Meisters.

🏛 **Casa-Museu Salvador Dalí**
Port Lligat. 📞 972 25 10 15. An-
meldung über Website obligatorisch.
🕐 tägl. ● Mo (Mitte Sep–Mitte
Juni); 1. Jan, 7. Jan–10. Feb, 25.
Dez. 🎫 🌐 salvador-dali.org

⓰ Empúries

Girona. **Karte** R3. 🚌 L'Escala. 📞
972 77 02 08. 🕐 Ostern; Juni–Sep:
tägl. 10–20 Uhr; Okt–Mitte Nov,
Mitte Feb–Mai: tägl. 10–18 Uhr;
Mitte Nov–Mitte Feb: Di–So 10–
17 Uhr. 🎫 Ruinen. 🌐 mac.cat

Das Ruinenfeld der griechisch-
römischen Stadt Empúries
(siehe S. 55) am Meer umfasst
drei Siedlungen (7.–3. Jh.
v. Chr.): die **alte Stadt** (Palaia-
polis), die **neue Stadt** (Neapo-
lis) und die 49 v. Chr. von Julius

**Ein freigelegter römischer Pfeiler im
Ruinenfeld von Empúries**

Caesar gegründete römische
Stadt. Die Griechen gründeten
ihre Stadt 600 v. Chr. als Handelshafen auf einer Insel, wo
heute Sant Martí de Empúries
liegt. Um 550 v. Chr. ersetzte
eine größere Siedlung auf
dem Festland, die die Griechen
Emporion (»Handelsplatz«)
nannten, die alte Stadt. 218
v. Chr. landeten die Römer in
Empúries und errichteten daneben ihre römische Siedlung.
Ein Museum zeigt Funde von
dieser Stätte, die besten Stücke befinden sich allerdings im
Museu Arqueològic in Barcelona *(siehe S. 176)*.

⓱ Peratallada

Girona. **Karte** R4. 🏔 200. ℹ Plaça
del Castell 3, 972 64 55 22. 🎉
Fira de les Herbes (letztes Wochenende im Apr bzw. 1. im Mai), Festa
Major (6./7. Aug), Mittelalter-Markt
(erstes Wochenende im Okt).
🌐 forallac.cat

Peratallada bildet zusammen
mit Pals und Palau das »Goldene Dreieck« mittelalterlicher
Dörfer in Katalonien. Hoch auf
einem Berg gelegen, bietet
sich hier ein herrlicher Blick
aufs Meer. Ein Gewirr von
Gassen führt zum Schloss und
zum Wach- und Aussichtsturm
aus dem 11. Jahrhundert. Die
alten Herrscher von Peratallada
haben sehr starke Verteidigungsmauern rund ums ganze
Dorf gezogen, die bis heute
jegliche Dorfvergrößerung
verhinderten – aber auch den
mittelalterlichen Charakter
erhielten.

Blick auf die Costa Brava südlich von Tossa de Mar

⓲ Tossa de Mar

Girona. **Karte** Q4. 🏔 5500. 🚌 ℹ
Avinguda Pelegrí 25, 972 34 01 08.
🛒 Do. 🎉 Festa Major d'Hivern
(22. Jan), Festa Major d'Estin (29.
Juni–2. Juli). 🌐 infotossa.com

Die einst römische Stadt Turis-
sa gehört zu den schönsten
Orten der Costa Brava. Die **Vila
Vella** (Altstadt) oberhalb der
modernen Stadt ist denkmal-
geschützt. Die mittelalterlichen
Mauern mit drei Türmen um-
geben Fischerhütten und die
Kirche (14. Jh.). Das **Museu
Municipal** zeigt archäologische
Funde und moderne Kunst.

🏛 **Museu Municipal**
Plaça Pintor Roig i Soler 1. 📞 972
34 07 09. 🕐 Juni–Sep: tägl. 🎫

⓳ Blanes

Girona. **Karte** Q4. 🏔 40000.
🚊 🚌 ℹ Plaça de Catalunya s/n,
972 33 03 48. 🛒 Mo. 🎉 El Bilar
(6. Apr), Santa Ana (Ende Juli).
🌐 visitblanes.net

Die Hafenstadt Blanes besitzt
einen der längsten Strände an
der Costa Brava. Hauptattraktion der Stadt ist der **Jardí Botànic Marimurtra**, ein 1928 ent-
worfener botanischer Garten
oberhalb der Klippen. Er beheimatet über 7000 mediterrane
und tropische Pflanzen, darunter afrikanische Sukkulenten.

🌿 **Jardí Botànic Marimurtra**
Passeig Carles Faust 9. 📞 972 33
08 26. 🕐 tägl. ● 1., 6. Jan, 24.,
25. Dez. 🎫 ♿ 🌐 marimurtra.cat

Costa Brava

Die »Wilde Küste« erstreckt sich etwa 200 Kilometer von Blanes in Richtung Norden bis zur Empordà-Region nahe der französischen Grenze. Piniengesäumte Sandbuchten, Strände und moderne Urlaubsorte wechseln sich hier ab. Die beliebtesten Orte – Lloret de Mar, Tossa de Mar und Platja d'Aro – liegen im Süden. Sant Feliu de Guíxols und Palamós werden ganzjährig besucht. Landeinwärts findet man alte Dörfer wie Peralada, Peratallada und Pals. Vor dem Tourismus-Boom in den 1960er Jahren lebte die Region vor allem vom Fischfang.

Cadaqués, nur über eine einzige steile Straße erreichbar, ist noch immer abgeschieden. Es hat viel künstlerisches Flair, die kleinen, steinigen Strände sind relativ leer.

Von L'Estartit sind die ehemaligen Piraten-Inseln Illes Medes gut zu erreichen; diese Taucherparadiese stehen unter Naturschutz.

Palamós ist eine lebhafte Hafenstadt mit modernen Hotels im Süden und abgeschiedenen Stränden und Buchten im Norden.

Platja d'Aro ist einer der beliebtesten Ferienorte an der Küste. Den Sandstrand säumen moderne Hotelanlagen.

Tossa de Mar bietet eine herrliche Strandbucht unterhalb der befestigten Altstadt.

Roses liegt am Ende einer langen Bucht. Sein Sandstrand, der längste der Costa Brava, ist ein Mekka für Wassersportler.

L'Escala ist ein kleiner, vor allem bei Katalanen beliebter Ort mit schönen Stränden und einem Hafen, in dem die Fischernetze in der Sonne trocknen.

Begur, ein Stück landeinwärts auf einem Hügel, bietet schöne Ausblicke auf die kleinen Buchten zu seinen Füßen.

Llafranc ist mit seinen weiß getünchten Häusern und der Promenade nach Calella einer der hübschesten Küstenorte.

Llançà
Port de la Selva — Cap de Creus
N260
Peralada — Parc Natural del Cap de Creus
Castelló d'Empúries — Cadaqués
C260 — Roses
Fortià — Empuriabrava
Parc Natural dels Aiguamolls de l'Empordà
C31
L'Escala
Punta del Milà
L'Estartit
Illes Medes
Torroella de Montgrí — Riu Ter
C31
Peratallada — Pals — Begur
C66
Palafrugell
C31 — Llafranc
Calella de Palafrugell
Palamós
C31 — Platja d'Aro
Llagostera — S'Agaró
C35 — Sant Feliu de Guíxols
C63 — Tossa de Mar
Tordera — Lloret de Mar
Blanes
Malgrat de Mar

0 Kilometer 10

Lloret de Mar hat mehr Hotels als jeder andere Küstenort. In der Nähe gibt es jedoch ruhige Strände wie etwa Santa Cristina.

⑳ Monestir de Montserrat

Der »zersägte Berg« *(mont serrat)*, dessen höchster Gipfel 1236 Meter erreicht, ist eine großartige Kulisse für den heiligsten Ort Kataloniens – das von Kapellen und Eremitenhöhlen umgebene Kloster von Montserrat. Eine Kapelle wurde erstmals im 9. Jahrhundert erwähnt, das Kloster selbst im 11. Jahrhundert gegründet. Die Franzosen zerstörten die Anlage 1811 während des Unabhängigkeitskriegs *(siehe S. 67)* und töteten die Mönche. Das 1844 wiederaufgebaute Kloster war unter Franco eine Bastion des katalanischen Widerstands. Heute leben Benediktinermönche hier. Besucher können der Schola täglich beim Gesang der *Salve Regina y Virolai* (der Hymne von Montserrat) um 13 Uhr in der Basilika zuhören (außer im Juli und August sowie in der Weihnachtszeit).

Kreuzweg
Der Pfad führt an 14 Statuen vorbei, die die Stationen des Kreuzes verkörpern. Er beginnt nahe der Plaça de l'Abat Oliba.

Außerdem

① **Seilbahn zum Heiligtum von Santa Cova**

② **Das Museum** zeigt eine Gemäldesammlung des 19. und 20. Jahrhunderts, darunter neben katalanischen Werken auch viele italienische und französische Arbeiten.

③ **Plaça de Santa Maria** Die zentralen Punkte des Platzes sind zwei Flügel des gotischen Kreuzgangs (1477). Die Klosterfassade entwarf Francesc Folguera.

④ **Gotischer Kreuzgang**

⑤ **Die Schwarze Madonna** (La Moreneta) thront hinter dem Hochaltar. Die Kugel in der rechten Hand der ansonsten von Glas geschützten Figur kann berührt werden.

⑥ **Die Zahnradbahn** (La Cremallera) wurde 2003 eröffnet. Sie folgt einer historischen Strecke von 1880.

⑦ **Seilbahn zur Station Aeri de Montserrat**

Blick auf Montserrat
Der Komplex umfasst Cafés und ein Hotel. Oberhalb des Klosters gibt es viele schöne Wanderpfade.

★ Basilikafassade
Agapit und Venanci Vallmitjana schufen die Skulpturen von Christus und den Aposteln auf der Neorenaissance-Fassade. Sie ersetzte 1900 die Fassade der ursprünglichen, 1592 geweihten Kirche.

Infobox

Information
Montserrat (Provinz Barcelona).
Karte P5. 📞 93 877 77 77.
Basilika ⭕ tägl. 7.30–20 Uhr.
🕑 tägl. ab 7.30 Uhr. 📷
Museum ⭕ Mo–Fr 10–17.45,
Sa, So 10–18.45 Uhr. 🚻 ♿
📷 🌐 montserratvisita.com

Anfahrt
🚉 Aeri de Montserrat, dann Seilbahn; Monistrol-Enllaç, dann Zahnradbahn La Cremallera.
🚌 ab Barcelona.

Innenraum der Basilika
Das Sanktuarium schmücken ein emaillierter Altar und Gemälde katalanischer Künstler.

Die Madonna von Montserrat
Die kleine Holzstatue La Moreneta (die Dunkle) ist die Seele Montserrats. Es heißt, der hl. Lukas habe sie gefertigt und Petrus habe sie 50 n. Chr. hierhergebracht. Die Mauren sollen sie Jahrhunderte später in der nahen Santa Cova, der Heiligen Höhle, versteckt haben. Den Rußspuren zufolge entstand die Statue jedoch um 1200. 1881 wurde die Madonna zur Schutzpatronin von Montserrat erklärt.

Die verrußte Madonna von Montserrat

Innenhof
Auf einer Seite des Hofs liegt das Baptisterium mit Skulpturen von Carles Collet. Pilger erreichen die Madonna über eine Tür auf der rechten Seite.

㉑ Vic

Barcelona. **Karte** Q4. 🚗 43 000. 🚉 🚌 ℹ️ Plaça del Pes, 938 86 20 91. 🍴 Di, Sa, So. 🎭 Mercat del Ram (Sa vor Ostern), Sant Miquel (28. Juni – 7. Juli), Música Viva (Mitte Sep), Mercat Medieval (Anfang Dez). 🌐 **victurisme.cat**

Am besten besucht man die kleine Provinzstadt an Markttagen, wenn auf der großen gotischen Plaça Major die ausgezeichneten hiesigen Würste *(embotits)* neben anderen Erzeugnissen der Umgebung angeboten werden.

Im 3. Jahrhundert v. Chr. war Vic Hauptstadt der Auseten. Später wurde sie von Römern kolonisiert – die Ruine eines römischen Tempels ist noch zu sehen. Im 6. Jahrhundert wurde die Stadt Bischofssitz. Im 11. Jahrhundert gab Abt Oliva den Bau des El-Cloquer-Turms in Auftrag, um den herum im 18. Jahrhundert die Kathedrale entstand. Wandmalereien von Josep Maria Sert (1876 –1945) mit biblischen Szenen schmücken den Innenraum.

Das **Museu Episcopal de Vic** neben der Kathedrale besitzt eine der schönsten romanischen Kunstsammlungen Kataloniens. Zu den vorwiegend religiösen Werken und Reliquien zählen Wandgemälde und Holzschnitzereien. Außerdem enthält die Sammlung Fresken des 11. und 12. Jahrhunderts und Altarbilder.

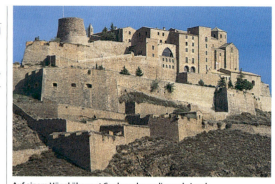

Auf einem Hügel überragt Cardona das umliegende Land

🏛 **Museu Episcopal de Vic**
Plaça Bisbe Oliba 3. 📞 938 86 93 60. 🕐 Di – Fr 10 –19 Uhr (Okt – März: 10 –13, 15 –18 Uhr), Sa 10 –19 Uhr, So 10 –14 Uhr. ⬤ 1., 6. Jan, Ostern, 25., 26. Dez. ♿ 📷 🎫 🌐 **museuepiscopalvic.com**

㉒ Cardona

Barcelona. **Karte** P4. 🚗 5000. 🚌 ℹ️ Avinguda Rastrillo, 938 69 27 98. 🍴 So. 🎭 Festa Major (vorletzter So im Sep). 🌐 **cardonaturisme.cat**

Die Burg (13. Jh.) aus rötlichem Stein, ehemals Sitz der Herzöge von Cardona, thront weithin sichtbar auf einem Hügel. Sie dient heute als wunderbarer *parador*. Neben der Burg liegt die **Església de Sant Vicenç** (11. Jh.), in der die Herzöge von Cardona ruhen.

Die Burg blickt auf die Muntanya de Sal am Río Cardener, dessen Salzvorkommen schon die Römer nutzten.

㉓ Solsona

Lleida. **Karte** P4. 🚗 9200. 🚌 ℹ️ Carretera de Bassella 1, 973 48 23 10. 🍴 Di, Fr. 🎭 Karneval (Feb), Corpus Christi (Mai/Juni), Festa Major (Anfang Sep). 🌐 **solsonaturisme.com**

Neun Türme und drei Tore blieben von der Befestigung Solsonas (11. Jh.) übrig. Die alte Stadt bietet herrschaftliche Häuser und eine Kathedrale. Das **Museu Diocesà i Comarcal** zeigt u. a. archäologische Funde, das **Museu del Ganivet** eine Messersammlung.

🏛 **Museu Diocesà i Comarcal**
Plaça Palau 1. 📞 973 48 21 01. 🕐 Di – So. ⬤ 1. Jan, 25., 26. Dez. ♿

🏛 **Museu del Ganivet**
Travesia Sant Josep de Casalanc 9. 📞 973 48 15 69. 🕐 Di – So. ⬤ 6. Jan, 25., 26. Dez. 📷 ♿

㉔ Lleida

Lleida. **Karte** O5. 🚗 138 000. 🚉 🚌 ℹ️ Carrer Major 31 bis, 973 70 03 19. 🍴 Do, Sa. 🎭 Sant Anastasi (11. Mai), Sant Miquel (29. Sep). 🌐 **lleidaturisme.cat**

Die Hauptstadt der einzigen Provinz Kataloniens ohne Zugang zum Meer überragt **La Suda**, eine 1149 den Mauren abgetrotzte, heute zerstörte Festung. Die alte Kathedrale **La Seu Villa** (1203) innerhalb der Festung wurde 1707 unter Felipe V zur Kaserne. Nach umfassender Renovierung beeindrucken die gotischen Fenster des Kreuzgangs. Ein Lift fährt von La Seu Vella

Altarbild aus dem 12. Jahrhundert, Museu Episcopal de Vic

Hotels und Restaurants in Katalonien *siehe Seiten 565 – 567 und 588 – 590*

hinab zur Plaça de Sant Joan in der Fußgängerzone um den Hügel. Hier stehen die neue Kathedrale und das Rathaus **Paeria** (13. Jh.).

㉕ Poblet

Siehe S. 226f.

㉖ Montblanc

Tarragona. **Karte** O5. 🗺 7500. 🏛 🚌 *i* Antiga Església de Sant Francesc, 977 86 17 33. 🛒 Di, Fr. 🎭 Setmana Medieval (Apr), Festa Major (8./9. Sep). **W** **montblancmedieval.org**

Von der mittelalterlichen Größe Montblancs zeugt die Stadtmauer. Am Tor **Sant Jordi** soll der hl. Georg den Drachen erschlagen haben. Das **Museu Comarcal de la Conca de Barberà** zeigt regionales Kunsthandwerk. Die Innenstadt steht unter Denkmalschutz.

🏛 **Museu Comarcal de la Conca de Barberà**
Carrer Josa 6. 📞 977 86 03 49. ⏰ Di–So, Feiertage. 🎭

㉗ Santes Creus

Tarragona. **Karte** O5. 🗺 150. 🚌 Plaça Jaume el Just (Monestir) s/n, 977 63 81 41. 🛒 Sa, So. 🎭 Sta Llúcia (13. Dez). **W** **larutadelcister.info**

Das schönste Kloster des »Zisterzienserdreiecks« befindet sich in Santes Creus. Die beiden anderen Klöster,

Vallbona de les Monges und Poblet *(siehe S. 226f)*, sind nicht weit entfernt. Das **Monestir de Santes Creus** gründete 1150 Ramón Berenguer IV *(siehe S. 58)* während der Rückeroberung Kataloniens. Den gotischen Kreuzgang schmücken Figuren, die erst unter Jaume II (1291–1327) erlaubt wurden. Sein Sarkophag steht in der Kirche (12. Jh.).

🏛 **Monestir de Santes Creus**
📞 977 63 83 29. ⏰ Di–So. ⬤ 1., 6. Jan, 25., 26. Dez. 🎭 🎞 ♿

㉘ Vilafranca del Penedès

Barcelona. **Karte** P5. 🗺 39 000. 🏛 🚌 *i* Carrer Cort 14, 93 818 12 54. 🛒 Sa. 🎭 Festa Major (29. Aug–2. Sep). **W** **turismevilafranca.cat**

Diese Marktstadt liegt in einem wichtigen Weinanbaugebiet der Region. Das **Vinseum** (Weinmuseum) dokumentiert die Geschichte des Weinhandels. Die Bodegas der Region veranstalten die beliebten Weinproben.

Acht Kilometer nördlich liegt **Sant Sadurní d'Anoia**, die Hauptstadt des spanischen Sekts *cava (siehe S. 580f).*

🏛 **Vinseum**
Plaça Jaume I. 📞 93 890 05 82. ⏰ Di–So, Feiertage. 🎭

Der *anxaneta* klettert zur Spitze des Turms der *castellers*

Kataloniens Feste

Menschentürme *(verschiedene Daten und Orte).* Die Provinz Tarragona ist berühmt für ihre *castellers*-Feste, bei denen Männerteams gegeneinander antreten und versuchen, den höchsten Menschenturm zu bilden. An der Spitze jedes bis zu sieben »Stockwerke« hohen Turms thront ein Junge, der *anxaneta. Castellers*-Feste finden in vielen Städten statt, so in Vilafranca del Penedès und in Valls.
Totentanz *(Gründonnerstag),* Verges (Girona). Als Skelette verkleidete Männer veranstalten einen Totentanz.
Hl. Georg *(23. Apr).* Am Tag des Nationalheiligen Kataloniens schenken sich Liebende eine Rose und ein Buch. Das Buch soll an Cervantes' Todestag am 23. April 1616 erinnern.
La Patum *(Fronleichnam, Mai/Juni),* Berga (Provinz Barcelona). Riesen, Teufel und Ungeheuer ziehen durch die Stadt.
Sommersonnenwende *(23. Juni).* Feiern in ganz Katalonien mit Feuerwerk und Freudenfeuern.

Umgeben von Pappeln und Haselnusssträuchern: Santes Creus

㉕ Monestir de Poblet

Das Kloster Santa Maria de Poblet ist eine Oase der Stille und Ruhestätte mehrerer Könige. Es war das erste und bedeutendste der drei als »Zisterzienserdreieck« *(siehe S. 225)* bekannten Klöster der Region. Nachdem Ramón Berenguer IV es von den Mauren zurückerobert hatte, half es, die Macht Kataloniens zu festigen. Während des Ersten Karlistenkrieges wurde die Abtei 1835 geplündert und durch Feuer schwer beschädigt. Die Restaurierung begann 1930. Die Mönche kehrten 1940 zurück.

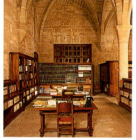

Bibliothek
Das gotische Skriptorium wurde im 17. Jahrhundert zur Bibliothek, als der Herzog von Cardona seine Büchersammlung spendete.

Außerdem

① **Königliches Tor**

② ④ **Museum**

③ **Weinkeller**

⑤ **Frühere Küche**

⑥ **Das Refektorium** (12. Jh.) ist eine gewölbte Halle mit achteckigem Brunnen und Kanzel.

⑦ **Zum Dormitorium** führt eine Treppe von der Kirche aus. Die 87 Meter lange Galerie stammt aus dem 13. Jahrhundert.

⑧ **Sant-Esteve-Kreuzgang**

⑨ **Kreuzgang des Sprechraums**

⑩ **Neue Sakristei**

⑪ **Die Abteikirche**, groß und schmucklos mit drei Schiffen, ist ein typisches Zisterziensergebäude.

⑫ **Barocke Kirchenfassade**

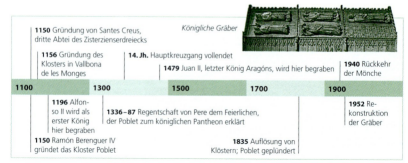

1150 Gründung von Santes Creus, dritte Abtei des Zisterzienserdreiecks		*Königliche Gräber*			
	1156 Gründung des Klosters in Vallbona de les Monges	**14. Jh.** Hauptkreuzgang vollendet			**1940** Rückkehr der Mönche
			1479 Juan II, letzter König Aragóns, wird hier begraben		
1100	**1300**	**1500**	**1700**	**1900**	
	1196 Alfonso II wird als erster König hier begraben	**1336–87** Regentschaft von Pere dem Feierlichen, der Poblet zum königlichen Pantheon erklärt			**1952** Rekonstruktion der Gräber
1150 Ramón Berenguer IV gründet das Kloster Poblet			**1835** Auflösung von Klöstern; Poblet geplündert		

Kapitelsaal
Der quadratische Raum mit Säulen hat Bankreihen für die Mönche. Den Boden bedecken Grabsteine der elf Äbte, die hier zwischen 1312 und 1623 starben.

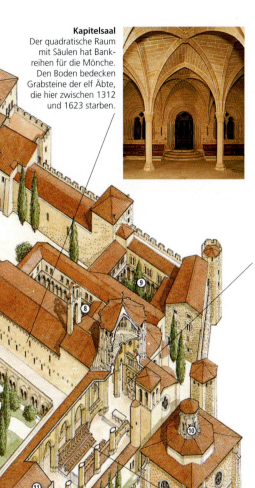

★ Hochaltar
Hinter dem steinernen Altar, getragen von romanischen Säulen, füllt ein Alabaster-Altarbild die Apsis. Damià Forment fertigte es 1527.

★ Königliche Gräber
1359 begann der Bau der Gräber im königlichen Pantheon, die 1952 von Frederic Marès rekonstruiert wurden.

★ Kreuzgang
Der gewölbte Kreuzgang aus dem 12. und 13. Jahrhundert bildete das Zentrum des Klosterlebens. Die Kapitelle sind mit schön gearbeiteten Voluten geschmückt.

Palmenstrand und Sonne: Uferpromenade in Sitges

㉙ Sitges

Barcelona. **Karte** P5. 🚠 29 000. 🚏
🚌 🛈 Plaça Eduard Maristany 2,
938 94 42 51. 🚢 Do. 🎭 Karneval
(Feb–März), Festa Major (22.–
27. Aug). 🌐 sitgestur.cat

Neun Strände stehen den Gästen von Sitges zur Verfügung.
Sitges ist bei Schwulen bekannt für seine Gastfreundschaft. Die Bars und Restaurants an der Uferpromenade
Passeig Marítim sind einladend. In Sitges lebte der Modernisme-Künstler Santiago
Rusiñol (1861–1931). Er stiftete seine Kunstsammlung dem
Museu del Cau Ferrat. Die
Kirche Sant Bartomeu i Santa
Tecla thront auf einem Felsen.

🏛 **Museu del Cau Ferrat**
Carrer Fonollar. 📞 938 94 03 64.
⭘ Di–So. 🎫 🖼

㉚ Costa Daurada

Tarragona. **Karte** PQ5. 🚉 🚌 Calafell, Sant Vicenç de Calders, Salou.
🛈 Tarragona, 977 23 03 12.
🌐 costadaurada.info

Die Küste der Provinz Tarragona mit ihren langen, feinsandigen Stränden ist als Costa
Daurada (»Goldene Küste«)
bekannt. **Vilanova i la Geltrú**
und **El Vendrell** sind zwei
noch aktive Häfen.
    Einen Besuch lohnt das
Museu Pau Casals in Sant
Salvador (El Vendrell), gewidmet dem berühmten Cellisten
Pau (Pablo) Casals.

Port Aventura, südlich von
Tarragona, ist einer der größten Freizeitparks Europas mit
verschiedensten Themenwelten. **Cambrils** und **Salou** weiter
südlich gelten als besonders
familienfreundliche Orte für
die Ferien.

🏛 **Museu Pau Casals**
Avinguda Palfuriana 67. 📞 977 68
42 76. ⭘ Di–So. 🖼

🎡 **Port Aventura**
Av. de l'Alcalde Pere Molas, km 2,
Vila-Seca, Tarragona. 📞 977 77 90
90. ⭘ Mitte März–6. Jan. 🎫 ♿

㉛ Tarragona

Tarragona. **Karte** O5. 🚠 130 000.
✈ 🚉 🚌 🛈 Carrer Major 39, 977
25 07 95. 🚢 Di, Do, So. 🎭 Sant
Magí (19. Aug), Santa Tecla
(23. Sep). 🌐 tarragonaturisme.cat

Tarragona ist heute ein Industriehafen, doch vieles ist noch
erhalten aus der Zeit, als es

Hauptstadt der römischen
Provinz Tarraconensis war. Hier
begann im 3. Jahrhundert
v. Chr. die Eroberung der Iberischen Halbinsel (siehe S. 54f).
    Die Rambla Nova endet an
der Felsenspitze Balcó de Europa, die das ausgedehnte Ruinenfeld des **Amfiteatre Romà**
überblickt. Hier befindet sich
auch die Ruine der Kirche
Santa Maria del Miracle aus
dem 12. Jahrhundert.
    Der nahe gelegene römische
Turm wurde im Mittelalter in
einen Palast umgewandelt. Die
Anlage **Pretori i Circ romans**
zeigt römische und mittelalterliche Funde und bietet Zugang
zu dem ausgegrabenen römischen Zirkus aus dem ersten
nachchristlichen Jahrhundert.
Das **Museu Nacional Arqueològic** neben dem Prätorium
zeigt Kataloniens wichtigste
Sammlung römischer Artefakte, darunter das Haupt
der Medusa. Zu den beein-

Überreste des römischen Amphitheaters von Tarragona

druckendsten Überresten der Stadt zählen gigantische prä-römische Steine, auf denen die römische Mauer errichtet wurde. Ein archäologischer Rundgang führt einen Kilometer an der Stadtmauer und ihren Türmen entlang.

Hinter der Stadtmauer erhebt sich die **Kathedrale** (12. Jh.) an der Stelle eines römischen Jupitertempels und einer späteren arabischen Moschee. Die jahrhundertelange Bautätigkeit führte zu der Stilmischung des Kirchenäußeren. 1434 schuf Pere Joan das Alabaster-Altarbild der heiligen Thekla im Inneren. Der Kreuzgang des 13. Jahrhunderts hat ein frühgotisches Gewölbe, aber das Tor ist romanisch.

Umgebung: Der **Aqüeducte de les Ferreres** liegt am Ausgang der Stadt (nahe der Autobahn A7). Er entstand im 2. Jahrhundert, um Wasser aus dem 30 Kilometer nördlich gelegenen Río Gaià zu befördern. Der **Arc de Berà**, ein Triumphbogen der Via Augusta aus dem 1. Jahrhundert n. Chr., steht 20 Kilometer nordöstlich von Tarragona an der N340.

Nahe bei Tarragona liegt **Reus**. Die Stadt hat nicht nur einen interessanten Flughafen für Flüge an die Costa Daurada, hier wurde auch Antoni Gaudí geboren. Frühe Modernisme-Gebäude der Stadt stammen von Gaudí. Die Psychiatrieklinik Pere Mata wurde von Domènech i Montaner erbaut, der auch das Hospital de la Santa Creu i de Sant Pau errichtete.

🏛 **Pretori i Circ romans**
Plaça del Rei. 📞 977 22 17 36.
🔵 Di–So. 📷

🏛 **Museu Nacional Arqueològic de Tarragona**
Plaça del Rei 5. 📞 977 23 62 09.
🔵 Di–So. 📷 (Besucher unter 18 u. über 65 Jahren frei). ♿ 🌐 **mnat.es**

㉜ Tortosa

Tarragona. **Karte** O6. 🗺 34 000.
📍 Rambla Felip Pedrell 3, 977 44 96 48. 🚌 Mo. 🎉 Nostra Senyora de la Cinta (Aug/Sep).
🌐 **tortosaturisme.cat**

Eine Burgruine und mittelalterliche Stadtmauern zeugen von der historischen Bedeutung Tortosas. Ihre Lage am Unterlauf des Ebro machte die Stadt schon für die Iberer strategisch interessant. Die Mauren herrschten hier vom 8. Jahrhundert bis 1148. Von ihrer Festung blieb nur die Burg übrig, die heute als *parador* dient. Die Fundamente einer 914 erbauten Moschee dienten als Basis für die Kathedrale, die 1347 begonnen wurde. Obwohl ihr Bau zwei Jahrhunderte dauerte, ist der Stil rein gotisch.

1938/39 wurde Tortosa in einer der erbittertsten Schlachten des Spanischen Bürgerkriegs zerstört. Damals bildete der Ebro die Frontlinie zwischen den gegnerischen Truppen.

Grabstein der früh-christlichen Nekropole

㉝ Delta de l'Ebre

Tarragona. **Karte** O6. 🚌 Aldea. 🚌 Deltebre, Aldea. 📍 Deltebre, 977 48 93 09. 🌐 **turismedeltebre.com**

Das Delta des Ebro ist ein wichtiges Reisanbaugebiet und eine Oase für die Tierwelt. Hier entstand das etwa 70 Quadratkilometer große Naturschutzgebiet **Parc Natural del Delta de l'Ebre**.

In Deltebre gibt es ein Info-Zentrum. Ein **Eco-Museu** mit einem Aquarium illustriert die Geschichte des Deltas.

Die wichtigsten Städte des Deltas sind **Amposta** und **Sant Carles de la Ràpita** – beide gute Ausgangspunkte zur Erkundung des Gebiets.

Die Fauna lässt sich am besten zwischen der Punta del Fangar im Norden und der Punta de la Banya im Süden beobachten. Bis auf die Illa de Buda sind alle Stellen per Auto erreichbar. Auf der Insel brüten Flamingos und andere Wasservögel. Man kann sie von Booten aus sehen, die ab Riumar und Deltebre verkehren.

🏛 **Eco-Museu**
Carrer Doctor Martí Buera 22.
📞 977 48 96 79. 🔵 Di–So. 🔵 1., 6. Jan, 25., 26. Dez. 📷 ♿ 🌐

Sardana

Kataloniens Nationaltanz ist recht kompliziert: Die Tänzer müssen ihre Schritte und Sprünge genau abzählen. Für die Musik sorgt die *cobla*, ein elfköpfiges Orchester mit einem leitenden Musiker, der eine dreilöchrige Flöte *(flabiol)* und eine kleine Trommel *(tambori)* spielt, fünf Holz- und fünf Blechbläsern. Die Sardana wird bei Festen und Zusammenkünften *(aplecs)* aufgeführt. In Barcelona wird sie samstags um 18.30 Uhr und sonntags um 12 Uhr auf der Plaça de Catedral sowie sonntagabends auf der Plaça de Sant Jaume getanzt.

Eine in Stein verewigte Gruppe von Sardana-Tänzern

Mehr über Katalonien? Vis-à-Vis Barcelona & Katalonien.

Aragón

Zaragoza · Huesca · Teruel

Aragón ist eine der am dünnsten besiedelten Regionen Spaniens. Es wird vom Ebro, einem der längsten Flüsse des Landes, geteilt und umfasst die unterschiedlichsten Landschaften – von schneebedeckten Gipfeln des Nationalparks Ordesa in den Pyrenäen bis zu weiten Ebenen. Stolz verweist die Region auf ihre großartigen Mudéjar-Bauwerke und gut erhaltenen mittelalterlichen Städte.

Vom 12. bis 15. Jahrhundert war Aragón ein mächtiges Königreich, oder genauer: ein Staatenbund, zu dem auch Katalonien gehörte. In seiner Blütezeit im 13. Jahrhundert herrschte es entlang dem Mittelmeer bis nach Sizilien. Durch die Heirat mit Isabel von Kastilien und León leitete Fernando II von Aragón 1469 die dauerhafte Einigung Spaniens ein.

Nach der Reconquista wurden muslimische Architekten und Handwerker hier toleranter behandelt als anderswo. Sie bauten weiterhin im charakteristischen Mudéjar-Stil, den kunstvoll verziertes Mauerwerk aus Ziegelsteinen und Keramikdekor auszeichnen. Kirchen in ganz Aragón sind in diesem Stil gehalten.

Herausragende Beispiele sind in Teruels Altstadt und in Zaragoza, Hauptstadt der *Comunidad autónoma* Aragón und Spaniens fünftgrößte Stadt, zu sehen.

Die höchsten Pyrenäengipfel liegen in der Provinz Huesca. Einige Sehenswürdigkeiten befinden sich in den Ausläufern der Pyrenäen, die die aragonische Route des Pilgerwegs nach Santiago de Compostela durchzieht. Äußerst imposant ist das im 9. Jahrhundert gegründete Benediktinerkloster San Juan de la Peña mit der Gruft der aragonesischen Könige.

Das Klima der Region Aragón ist so abwechslungsreich wie ihre Landschaft: Die Winter können lang und streng sein, die Sommer heiß.

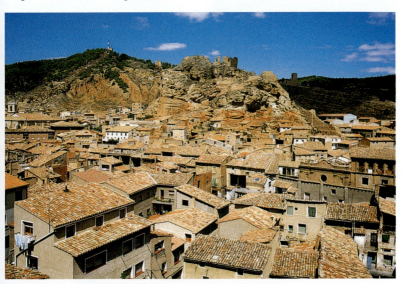

Blick auf die Dächer und die mittelalterliche Stadtmauer von Daroca *(siehe S. 242)*

◄ Prächtige maurische Arkaden in der Aljafería von Zaragoza *(siehe S. 241)*

Überblick: Aragón

Die Landschaften Aragóns reichen von den Hochpyrenäen nördlich von Huesca über die ausgedörrte Region um Zaragoza bis zu den bewaldeten Hügeln der Provinz Teruel. In der Altstadt von Teruel und Zaragoza findet man einige der interessantesten Mudéjar-Bauwerke Spaniens. Der Ordesa-Nationalpark bietet atemberaubende Berglandschaften, aber nur nach der Schneeschmelze im Frühjahr ist er überall zugänglich, und selbst dann in weiten Teilen nur zu Fuß. Los Valles weist weniger dramatische, aber ebenso sehenswerte Szenerien auf und ist ein beliebtes Urlaubsziel. Andere attraktive Orte sind das eindrucksvoll gelegene Castillo de Loarre, das Monasterio de San Juan de la Peña und die Wasserfälle des Monasterio de Piedra.

Puerto de Somport bei Panticosa

Sehenswürdigkeiten auf einen Blick

❶ Sos del Rey Católico
❷ Los Valles
❸ Puerto de Somport
❹ *Parque Nacional de Ordesa S. 236f*
❺ Benasque
❻ Aínsa
❼ Jaca
❽ Monasterio de San Juan de la Peña
❾ Agüero
❿ Castillo de Loarre
⓫ Huesca
⓬ Alquézar
⓭ Santuario de Torreciudad
⓮ Graus
⓯ Tarazona
⓰ Monasterio de Veruela

⓱ Zaragoza
⓲ Calatayud
⓳ Monasterio de Piedra
⓴ Daroca
㉑ Fuendetodos
㉒ Alcañiz
㉓ Valderrobres
㉔ Sierra de Gúdar
㉕ Mora de Rubielos
㉖ Teruel
㉗ Albarracín
㉘ Rincón de Ademuz

Weitere Zeichenerklärungen *siehe hintere Umschlagklappe*

↑ Lourdes

3 PUERTO DE SOMPORT

N330

JACA **7**

Sabiñánigo

Monte Perdido 3355 m △

Torla

4 PARQUE NAC. DE ORDESA

N260

Bielsa

Pico de Aneto 3404 m △

5 BENASQUE

MONASTERIO DE SAN JUAN DE LA PEÑA

Castejón de Sos

N260

Boltaña **6** AÍNSA

N230

Campo

Arguís

Sierra de Guara

10 CASTILLO LOARRE

N330

SANTUARIO DE TORRECIUDAD

Roda de Isábena

14 GRAUS

13

HUESCA **11** ALQUÉZAR **12**

Angüés

A22

Benabarre

Barbastro

Grañén

Huerto

Tardienta

Monzón

N230

Tamarite de Litera

Alcubierre

Sariñena

Binéfar

N240

A R A G Ó N

Ontiñena

Lleida, Barcelona →

N232

AP2

Fraga

NII

Pina de Ebro

Bujaraloz

Quinto

Ebro

Embalse de Mequinenza

Mequinenza

N211

Ichite

Escatrón

Fayón

Azaila

Caspe

Hijar

Maella

Martín

N232

22 ALCAÑIZ

Andorra

Valjunquera

Oliete

Calanda

N211

VALDERROBRES **23**

albán

Castellote

Ejulve

Monroyo

Guadalope

N232

Aliaga

Mirambel

arillas

Cantavieja

A DE GÚDAR

Peñarroya 2019 m

MORA DE RUBIELOS

Rubielos de Mora

0 Kilometer   20

In Aragón unterwegs

Autobahnen verbinden Zaragoza mit ganz Spanien, Nationalstraßen die wichtigsten Städte der Region untereinander und Teruel mit Valencia. Viele kleinere Straßen ermöglichen in den zentralen Regionen ein zügiges Vorankommen. Im Bergland können Viehherden, Eis im Winter oder Schmelzwasserfluten im Frühjahr die Fahrt verzögern. Zwischen Zaragoza und Madrid sowie Barcelona verkehrt der Hochgeschwindigkeitszug AVE, Zugverbindungen gibt es auch nach Valencia. Busse verkehren außer zwischen den größten Orten nur selten. Zaragoza hat einen kleinen internationalen Flughafen.

Legende

- ══ Autobahn
- ══ Autobahn (im Bau)
- ── Hauptstraße
- ── Nebenstraße
- ── Panoramastraße
- ▨▨▨ Eisenbahn (Hauptstrecke)
- ---- Eisenbahn (Nebenstrecke)
- ▧▧▧ Staatsgrenze
- ▨▨▨ Regionalgrenze
- △ Gipfel

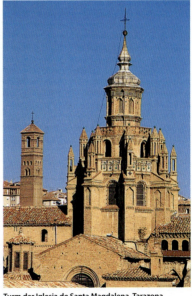

Turm der Iglesia de Santa Magdalena, Tarazona

Rathaus, Sos del Rey Católico

❶ Sos del Rey Católico

Zaragoza. **Karte** L3. 🏔 700. 🚌 🛈
Palacio de Sada, Plaza Hispanidad
s/n, 948 88 85 24 (Mo geschlossen).
🏛 Fr. 🎉 Fiesta Mayor (3. Woche
im Aug.). 📷 für Palacio de Sada.
🌐 oficinaturismososdelrey
catolico.com

Fernando von Aragón – der
Katholische König, dessen Heirat mit Isabel von Kastilien die
Einigung Spaniens *(siehe
S. 60f)* ermöglichte – wurde
1452 in dem kleinen Ort geboren, daher der ungewöhnliche Beiname des Städtchens.

Der **Palacio de Sada**, sein
Geburtsort, gehört zu den
prächtigsten Villen der Stadt.
Er krönt einen von gepflasterten Gassen umgebenen Platz.

An der höchsten Stelle des
Ortes thronen die Überreste
einer Burg und die **Iglesia de
San Esteban** mit sehenswer-
tem Taufbecken, Kapitellen
und Fresken (13. Jh.). Sowohl
Burg als auch Kirche bieten
schöne Ausblicke. **La Lonja**
(Warenbörse) mit gotischem
Gewölbe und das **Rathaus** des
16. Jahrhunderts flankieren
den angrenzenden Hauptplatz.

Umgebung: Die »Cinco Villas«
sind fünf kleine Städte, die Felipe V für ihre Loyalität im Spanischen Erbfolgekrieg *(siehe
S. 66)* auszeichnete. Sos del Rey
ist die attraktivste. Die anderen
sind Ejea de los Caballeros,
Tauste, Sádaba und **Uncastillo**.
Letztere liegt 20 Kilometer
südöstlich von Sos und besitzt
eine Festung sowie die romanische Kirche Iglesia de Santa
María.

❷ Los Valles

Huesca. **Karte** M3. 🚉 Jaca. 🚌 von
Jaca nach Hecho. 🛈 Museo de Arte
Contemporáneo, Lo Pallar d'Agus-
tin, Hecho (Juni–Sep), 974 37 55 05.

Die Täler von Ansó und Hecho,
die der Río Veral und Neben-
flüsse des Río Aragón formten,
lagen wegen mangelhafter
Straßen einst sehr isoliert. Ihre
Dörfer wahren traditionelle
Bräuche und den regionalen
Dialekt Cheso, der nur münd-
lich überliefert wird. Mittlerweile ziehen Kunsthandwerk
und Folklore viele Besucher an.
Die Pyrenäenausläufer und die
Pinienwälder über dem Tal sind
ideal zum Wandern, Fischen
und Skilanglauf.

Ansó liegt in dem hübschesten Tal der Gegend, das zu
einer schattigen Schlucht wird,
wo sich der Río Veral und die
Straße daneben zwischen Fels-
wänden und durch Tunnels
zwängen. Viele Häuser haben
schöne Natursteinfassaden
und steile Ziegelsteindächer.
In der gotischen Kirche aus
dem 16. Jahrhundert zeigt ein
Museum lokale Trachten.

Hecho präsentiert jedes Jahr
unter freiem Himmel moderne
Skulpturen. Exponate der vergangenen Jahre sind in der
ganzen Stadt verstreut. Das
idyllische **Siresa** mit seiner Kirche San Pedro (11. Jh.) liegt
nördlich von Hecho.

❸ Puerto de Somport

Huesca. **Karte** M3. 🚌 Somport,
Astun, Jaca. 🛈 Plaza Ayuntamiento
1, Canfranc, 974 37 31 41
(Sep–Juni: So, Mo geschlossen).

Der Somport-Pass an der französischen Grenze war lange
ein wichtiges Tor für Römer
und Mauren. Auch die Pilger
des Mittelalters überquerten
ihn auf dem Weg nach San-
tiago de Compostela. Die
raue Landschaft ist heute mit
Apartments gesprenkelt. **Astún**
ist ein moderner Ferienort,
El Formigal weiter östlich
ein elegantes Skizentrum.
Nichtskifahrer können die
Panticosa-Schlucht genießen.
Sallent de Gállego ist bei Bergsteigern und Anglern beliebt.

Ziegelsteindächer in Hecho mit den charakteristischen Schornsteinen

Raue Felsenlandschaft bei Benasque

❹ Parque Nacional de Ordesa

Siehe S. 236f.

❺ Benasque

Huesca. **Karte** N3. 🗻 2000. 🛈 Calle de San Pedro s/n, 974 55 12 89. 🚌 Di. 🎉 San Pedro (29. Juni), San Marcial (30. Juni).
🌐 turismobenasque.com

In der nordöstlichsten Ecke Aragóns, am Eingang des Esera-Tals, schmiegt sich Benasque in eine wilde Pyrenäenlandschaft. Es expandierte, um den wachsenden Fremdenverkehr aufzunehmen, doch durch behutsame Verwendung von Holz und Stein fügen sich die neuen Häuser harmonisch in das Ortsbild ein. Beachten Sie im alten Ortskern die Adelshäuser.

Die auffälligsten Gebäude in Benasque sind die **Iglesia de Santa María Mayor** aus dem 13. Jahrhundert und der **Palacio de los Condes de Ribagorza** mit seiner Renaissance-Fassade. Hinter dem Dorf erhebt sich das Maladeta-Massiv, dessen Skipisten und Wanderwege wunderschöne Ausblicke bieten. Mehrere Gipfel der Region, darunter **Posets** und **Aneto**, erreichen die 3000-Meter-Grenze.

Umgebung: Wanderer, Skifahrer und Bergsteiger – vom Anfänger bis zum Profi – haben in der Gegend um Benasque viele Möglichkeiten. Der Nachbarort **Aramón Cerler** wurde ebenfalls behutsam zu einem beliebten Wintersportzentrum ausgebaut.

In Castejón de Sos, 15 Kilometer südlich von Benasque, führt die Straße durch die malerische Felsenschlucht **Congosto de Ventamillo**.

❻ Aínsa

Huesca. **Karte** N3. 🗻 2000. 🚌 🛈 Plaza Castillo 1, 974 50 05 12. 🚌 Di. 🎉 San Sebastián (20. Jan), Fiesta Mayor (14. Sep).

Aínsa war im Mittelalter die Hauptstadt des Königreichs Sobrarbe und hat sich seinen Charme bewahrt. Arkaden säumen die gepflasterte Plaza Mayor. Auf einer Seite erhebt sich der Glockenturm der im Jahr 1181 geweihten **Iglesia de Santa María**, auf der anderen Seite steht die restaurierte Burg.

❼ Jaca

Huesca. **Karte** M3. 🗻 13000. 🚌 🚌 🛈 Plaza de San Pedro 11, 974 36 00 98. 🚌 Fr. 🎉 La Victoria (1. Fr im Mai), Santa Orosia y San Pedro (25. – 29. Juni). 🌐 jaca.es

Der Ort wurde bereits im 2. Jahrhundert gegründet. Im 8. Jahrhundert vertrieb die Stadt die Mauren – ein Ereignis, das das Fest La Victoria würdigt. 1035 wurde Jaca die Hauptstadt des Königreichs Aragón. Das Innere der **Kathedrale** (11. Jh.), einer der ältesten Spaniens, wurde stark verändert. Spuren ihres ehemaligen Glanzes sind am Südportal erhalten, dessen Reliefs biblische Szenen zeigen. Das dunkle Kirchenschiff und die Kapellen zieren Gewölbe und Skulpturen. Ein Museum für sakrale Kunst zeigt romanische und gotische Fresken und Skulpturen aus Kirchen der

Skulptur, Kathedrale von Jaca

Umgebung. Die Kirche steht in einem netten Viertel mit vielen Lokalen.

Sehenswert ist auch die **Zitadelle** aus dem 16. Jahrhundert, eine Festung, deren zur Stadt gewandte Seite Ecktürme schmücken. Die Stadt eignet sich gut als Ausgangspunkt für Ausflüge in die aragonischen Pyrenäen.

Die arkadengesäumte Plaza Mayor in Aínsa und die Iglesia de Santa María

❹ Parque Nacional de Ordesa

Der Parque Nacional de Ordesa y Monte Perdido vereinigt die dramatischsten Elemente der spanischen Pyrenäenlandschaft. In seinem Herzen schneiden vier glaziale Cañons – die Täler von Ordesa, Añisclo, Pineta und Escuaín – spektakuläre Felsschluchten in die Kalksteinmassive des Hochlands. Der Park kann weitgehend nur zu Fuß erkundet werden, im Herbst und Winter wegen des Schnees sogar ausschließlich mit entsprechender Bergsteigerausrüstung. Im Hochsommer dagegen bestätigen die Menschenmassen Ordesas wohlverdienten Ruf als Paradies für Wanderer und Naturliebhaber.

Valle de Ordesa
Der Río Arazas grub tiefe Schluchten in das Kalksteingebirge und schuf so natürliche Wanderwege.

Brecha de Rolando
El Taillón
3144 m
Gruta de Casteret
Mondarruego
2848 m
Valle de Ordesa
Cascada Torro botera
Torla-Ordesa
Biescas
Broto
Oto
Ara
Sarvisé
Jalle
Aínsa

Torla-Ordesa
Das Dorf am Eingang des Parks liegt unter den bedrohlichen Hängen des Mondarruego. Sein hübsches Zentrum mit gepflasterten Straßen und schiefergedeckten Häusern um die Kirche herum lässt viele Besucher verweilen.

Naturlandschaft Pyrenäen

Ordesa besitzt eine reichhaltige Flora und Fauna. Einige hier lebende Arten sind endemisch. Forellenschwärme durchziehen die Flüsse, die Wälder bieten verschiedensten Tierarten ausreichend Unterschlupf – darunter Otter, Murmeltiere und Auerhähne. Noch vor der Schneeschmelze sprießen auf den Hängen die ersten Pflanzen. Enzian und Orchideen wachsen im Schutz von Felsspalten, Edelweiß trotzt den kargsten Felsen. Weiter oben ist die Pyrenäengämse relativ häufig, der einzigartige Ordesa-Steinbock, auch Gebirgsziege genannt, ist allerdings seit dem Jahr 2000 ausgestorben. In den felsigen Gipfelregionen leben zahlreiche Raubvögel, darunter der stark bedrohte Bartgeier.

0 Kilometer   2

Legende
― Hauptstraße
═ Nebenstraße
--- Fußweg
― Staatsgrenze
― Nationalparkgrenze

Frühlingsenzian *(Gentiana verna)*

Hotels und Restaurants in Aragón siehe Seiten 567 und 590f

**Blick vom
Parador de Bielsa**
Der Parador am Fuß
des Monte Perdido
überblickt die Fels-
wände, die von
Wasserfällen
durchzogen sind.

Infobox

Information

🛈 Avenida Ordesa s/n,
Torla-Ordesa, 974 48 64 72
(ganzjährig außer Ausstel-
lungsbereich im Winter).

🌐 ordesa.net

Anfahrt

🚌 in Sabiñánigo nach Torla-
Ordesa umsteigen.

🚉 Sabiñánigo.

Parador de Biesla

Valle de Pineta

Cinca

Bielsa

Sierra de Las Tucas

...io de Góriz

...ado
...a de Caballo

Vellos

Cañón de Añisclo

Revilla

Escuaín

Gargantas de Escuaín

Bielsa

Tella

Nerin

Vellos

Bestué

Puértolas

Cola de Caballo
Der 70 Meter hohe »Pfer-
deschweif«-Wasserfall lädt
nahe dem nördlichen
Ende des Weges um
den Circo Soaso zu
einer Pause ein und gibt
einen Vorgeschmack auf
die Szenerie entlang
der Route.

Wanderer im Nationalpark Ordesa

Routeninfos

Die ausgeschilderten Wege sind mit
durchschnittlicher Kondition leicht
zu bewältigen. Wanderstiefel sind
ein Muss. In den Bergen kann eine
Kletterausrüstung notwendig sein,
daher sollte man sich im Besucherzentrum erkundigen und eine
detaillierte Karte mitführen. Das
Wetter kann schnell umschlagen.
Zu Beginn und Ende der Saison
kann es Schnee oder Eis geben, im
Notfall bieten *refugios* Schutz.

Cañón de Añisclo
Ein breiter Weg folgt dem baumgesäumten Lauf des wilden
Río Vellos durch die beeindruckende Kalksteinlandschaft der
steilen Schlucht.

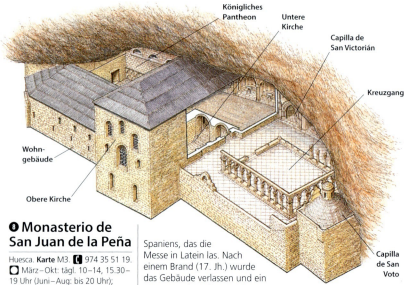

Königliches Pantheon

Untere Kirche

Capilla de San Victorián

Kreuzgang

Wohngebäude

Obere Kirche

Capilla de San Voto

❽ Monasterio de San Juan de la Peña

Huesca. **Karte** M3. 📞 974 35 51 19. ⭕ März–Okt: tägl. 10–14, 15.30–19 Uhr (Juni–Aug: bis 20 Uhr); Nov–Feb: tägl. 10–14 Uhr (Sa bis 17 Uhr). ⬤ 1. Jan, 25. Dez. 🅿️ 🎫 📷 💻 **monasteriosanjuan.com**

Das Kloster unter einer Felswand war früher ein Hüter des Heiligen Grals *(siehe S. 255)*. Im 11. Jahrhundert wurde es im Stil der Kluniazenser umgestaltet. Es war das erste Kloster

Spaniens, das die Messe in Latein las. Nach einem Brand (17. Jh.) wurde das Gebäude verlassen und ein neueres weiter oben am Berg bezogen, das Napoléons Truppen zerstörten. Nur die Barockfassade überlebte.

Die Kirche des alten Klosters ist zweistöckig. Die untere ist eine in den Fels gehaute Krypta des frühen 10. Jahrhunderts. Die Dreierapsis der oberen Kirche aus dem

11. Jahrhundert wurde in den Fels geschlagen. Das romanische Pantheon birgt die Gräber der Könige Aragóns. Der Kreuzgang, der den Felsüberhang als Decke nutzt, ist das Glanzstück von San Juan de la Peña. Die Kapitelle der Säulen zieren biblische Szenen.

❾ Agüero

Huesca. **Karte** M3. 🏠 150. ℹ️ San Jaime 1, 974 38 04 89. 🎉 San Blas (3. Feb), San Roque (16. Aug). 💻 **aguero.es**

Die malerische Lage des hübschen Dorfes lohnt einen kurzen Abstecher von der Hauptstraße: Es ist an einer Klippe erodierten Puddingsteins angesiedelt. Der wichtigste Grund für einen Besuch Agüeros ist die **Iglesia de San-**

tiago aus dem 12. Jahrhundert. Zu der romanischen Kirche führt ein langer, steiniger Weg direkt vor dem Dorf.

Die Säulenkapitelle des außergewöhnlichen dreischiffigen Bauwerks zieren Fantasietiere und Szenen aus dem Leben Jesu und der Jungfrau Maria. Die Steinmetzarbeiten am Eingang zeigen biblische Ereignisse, darunter Szenen der Epiphanie und die ekstatisch tanzende Salome. Die Fi-

guren mit ihren großen Augen werden demselben Steinmetzen zugeschrieben, der die herrlichen Kapitelle von San Juan de la Peña schuf.

❿ Castillo de Loarre

Loarre (Huesca). **Karte** M3. 📞 974 34 21 61. 🚌 Ayerbe. 🚌 ab Huesca. ⭕ tägl. 10–19 Uhr (Mitte Juni–Mitte Sep: bis 20 Uhr; Nov–Feb: bis 17.30 Uhr). ⬤ Nov–Feb: Mo; 1. Jan, 25. Dez. 🅿️ 🎫 💻 **castillodeloarre.es**

Die Wehrmauern der trutzigen Festung erheben sich majestätisch neben der Straße von Ayerbe. Sie ist so eng um einen Felsen erbaut, dass man sie nachts oder bei schlechter Sicht für eine natürliche Erhebung halten könnte. An klaren Tagen ist die Bergkulisse gewaltig und bietet eine herrliche Aussicht auf die Haine und

Das Dorf Agüero am Fuße einer beeindruckenden Felsformation

Hotels und Restaurants in Aragón *siehe Seiten 567 und 590f*

...tauseen des Ebro-Beckens. Innerhalb des Mauerrings steht ein im 11. Jahrhundert an der Stelle eines römischen Kastells erbauter Komplex. Er wurde später unter Sancho I von Aragón umgebaut, der hier eine Religionsgemeinschaft gründete und den Komplex dem Augustinerorden überließ.

Innerhalb der Mauern steht eine romanische Kirche mit einem Würfelfries, Alabasterfenstern und Säulenkapitellen. In ihrer Krypta ruht der heilige Demetrius.

Düstere Pfade, Eisenleitern und viele Treppen führen auf die Türme, den Bergfried und in die Kerker.

Altarbild von Damià Forment in der Kathedrale von Huesca

⑩ Huesca

Huesca. **Karte** M4. 🅰 52 000. 🚍
🚌 ℹ Plaza López Allué, 974 29 21 70. 🚆 Di, Do, Sa. 🎎 San Vicente (22. Jan), San Lorenzo (9.–15. Aug).
🌐 huescaturismo.com

Der im 1. Jahrhundert v. Chr. gegründete unabhängige Staat Osca (das heutige Huesca) hatte einen Senat und ein fortschrittliches Schulsystem. Vom 8. Jahrhundert an entwickelte sich die Gegend zu einer maurischen Hochburg. Pedro von Aragón nahm sie 1096 ein. Sie war Hauptstadt der Region, bis Zaragoza im Jahr 1118 diesen Titel erhielt.

Heute ist Huesca die Provinzhauptstadt. Die Altstadt hat eine gotische **Kathedrale**, deren Westseite eine Holzgalerie im Mudéjar-Stil überragt. Das Schiff bedeckt ein schmalrippiges Gewölbe mit goldenen Schlusssteinen. Herausragend ist ein Alabaster-Altarbild

Das herrliche Castillo de Loarre überragt die Umgebung

des Bildhauers Damià Forment. Die Kreuzigungsszenen auf dem Altarbild sind effektvoll beleuchtet.

Gegenüber der Kathedrale steht das Renaissance-**Rathaus**. Das Gemälde *Die Glocke von Huesca* (19. Jh.) im Inneren erinnert an das denkwürdigste Ereignis der Stadt: die Enthauptung einer Gruppe aufsässiger Adliger im 12. Jahrhundert auf Befehl von König Ramiro II. Das Massaker ereignete sich im Palacio de los Reyes de Aragón, in dem später die Universität residierte. Heute zeigt hier das **Museo de Huesca** archäologische Funde und eine Kunstsammlung.

🏛 Museo de Huesca

Plaza de la Universidad 1. ☎ 974 22 05 86. ◑ Di–Sa 10–14, 17–20, So 10–14 Uhr. ◉ 1., 6. Jan, 24., 25., 31. Dez. ♿

⑫ Alquézar

Huesca. **Karte** N4. 🅰 300. ℹ Calle Arrabal s/n, 974 31 89 40. 🎎 San Sebastián (20. Jan), San Ipolito (12. Aug). 📷

Das maurische Dorf liegt einzigartig schön. Sein bedeutendstes Bauwerk, die **Kollegiatskirche** (16. Jh.), beherrscht einen Berg, der über der Schlucht des Río Vero aufragt. Der Kreuzgang der Kirche hat mit biblischen Szenen verzierte Kapitelle. Nach der Rückeroberung Alquézars von den Mauren entstand nebenan eine Kapelle. Die nahen Ruinen des früheren Alkazar gaben dem Dorf seinen Namen.

⑬ Santuario de Torreciudad

Huesca. **Karte** N3. ☎ 974 30 40 25. 🚌 ab Barbastro bis El Grado. ◑ tägl. 10–14, 16–19 Uhr. ♿ 🌐 torreciudad.org

Das Heiligtum erinnert an die Hingabe des Gründers des katholischen Laienordens Opus Dei, San José María Escrivá de Belaguer, an die Jungfrau Maria. Von einem hohen Berg blickt es auf das Wasser des **Embalse de El Grado**. Die moderne Kirche aus rotem Backstein wurde 1975 geweiht.

Das Altarbild aus Alabaster mit seiner romanischen Muttergottes steht in krassem Kontrast zu dem funktionalen Kirchenschiff.

Umgebung: Die kleine Stadt **Barbastro**, 30 Kilometer weiter südlich, hat eine schöne Plaza Mayor und eine Kathedrale (16. Jh.) mit einem Altar von Damià Forment.

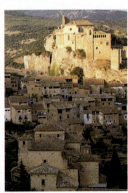

Die Ruinen der Burg von Alquézar, hoch über dem Dorf

Freskenverzierte Hausfassaden an der Plaza de España, Graus

⓮ Graus

Huesca. **Karte** N4. 🗺 3500. 🚌
ℹ️ Plaza Mayor 15, 974 54 08 74.
🛍 Mo. 🎭 San Antonio (19. Jan),
Santa Agneda (5. Feb), San Miguel
(29. Sep–1. Okt).
🌐 turismograus.com

Im Herzen von Graus' Altstadt
liegt die **Plaza de España**, umrahmt von Arkaden und mit
Fresken bemalten Häusern.
In einem lebte der Generalinquisitor (siehe S. 60) Tomás
de Torquemada. Das alte Viertel mit seinen engen Gassen
erkundet man am besten zu
Fuß. Bei Fiestas werden aragonische Tänze aufgeführt.

Umgebung: 20 Kilometer
nordöstlich von Graus liegt
Roda de Isábena, der kleinste
spanische Ort mit Kathedrale.
Das Gotteshaus von 1067
besitzt einen Kreuzgang
(12. Jh.), an den eine Kapelle
mit Fresken (13. Jh.) grenzt.
Nördlich von hier erstreckt sich
das Valle de Isábena.

⓯ Tarazona

Zaragoza. **Karte** L4. 🗺 11 000. 🚌
ℹ️ Plaza San Francisco 1, 976 64 00
74. 🛍 jeden 2. Do. 🎭 San Atilano
(27. Aug–1. Sep). 🌐 tarazona.es

Mudéjar-Türme überragen die
erdfarbenen Ziegeldächer der
alten Bischofsstadt. Das Äußere der **Kathedrale** am Rand der
Altstadt prägen durchbroche-
nes Mauerwerk und zahlreiche
Fialen. Sie enthält Kreuzgänge
mit maurischem Maßwerk und
gotische Gräber. In der Oberstadt jenseits des Flusses kann
man in einem Labyrinth aus
Gassen weitere Mudéjar-Kirchen entdecken. Sehenswert
sind die ehemalige Stierkampfarena – heute ein von Häusern
gesäumter Platz – und das
prächtige Renaissance-**Rathaus**, dessen Fassade Skulpturen mythischer Riesen und
ein Fries mit der Huldigung
Tarazonas durch Karl V. (siehe
S. 62f) zieren.

⓰ Monasterio de Veruela

Vera de Moncayo (Zaragoza). **Karte**
L4. 📞 976 64 90 25. 🚌 Vera de
Moncayo. 🕐 Mi–Mo. 🎭 🎭 nach
Vereinb. 🌐 turismodeborja.com

Das abgeschiedene Zisterzien-
serrefugium im Huecha-Tal
nahe der Sierra de Moncayo ist
eines der bedeutendsten Klöster Aragóns. Die im 12. Jahrhundert von französischen
Mönchen gegründete Abtei-
kirche ist romanisch-gotisch.
Den Boden der dreischiffigen
Kirche mit schönem Deckenge-
wölbe bedecken aragonische
Kacheln. Die Kapitelle der
Kreuzgänge schmücken Tier-
figuren, menschliche Köpfe
und gotisches Blattwerk (siehe
S. 28). Die schlichten Räume
bilden einen passenden Rahmen für die sommerlichen
Ausstellungen.

Umgebung: In den Bergen
westlich steigt der kleine
Parque Natural de Moncayo
bis auf 2315 Meter an. Dieses
Vogelparadies durchziehen
viele Bäche. Eine kurvenreiche
Straße voller Schlaglöcher
führt zu der Gipfelkapelle.

⓱ Zaragoza

Zaragoza. **Karte** M5. 🗺 664 000.
✈️ 🚉 🚌 ℹ️ Plaza del Pilar, 902
14 20 08. 🛍 Mi, So. 🎭 San Valero
(29. Jan), Cincomarzada (5. März),
San Jorge (23. Apr), Virgen del Pilar
(12. Okt). 🌐 turismodezaragoza.
es/ciudad/turismo

An der Stelle des heutigen
Zaragoza lag früher die keltiberische Siedlung Salduba,
doch die römische Siedlung
Cesaraugusta gab der Stadt
ihren Namen. Ihre Lage am
Ufer des Ebro führte zu ihrem
Aufstieg. Heute ist die Hauptstadt Aragóns Spaniens fünftgrößte Stadt. Als Gastgeber
der Expo 2008 realisierte Zaragoza einige wichtige städte-
bauliche Projekte.

Die im Unabhängigkeitskrieg
(siehe S. 66) stark zerstörte
Stadt wurde größtenteils wiederaufgebaut. Die Sehenswürdigkeiten gruppieren sich vor

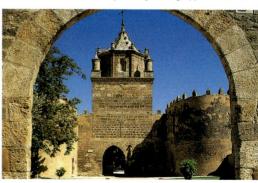

Eingang und Turm des Monasterio de Veruela

allem um die Plaza del Pilar. Am eindrucksvollsten ist die **Basílica de Nuestra Señora del Pilar**. Ihre elf Kuppeln sind mit bunten Ziegeln besetzt. Die Santa Capilla von Ventura Rodríguez enthält eine Madonnenstatue auf einem Pfeiler. Einige der Fresken der Basilika stammen von Goya.

Den nahe gelegenen Platz säumen das **Rathaus**, die **Lonja** (Börse) des 16. Jahrhunderts und der **Palacio Arzobispal**. Die Kathedrale **La Seo** am Ostende des Platzes vereint verschiedene Stile. Teile ihres Äußeren sind im Mudéjar-Stil gestaltet. Im Inneren beeindrucken ein gotisches Altarbild und flämische Wandteppiche.

In der Nähe sind der Mudéjar-Turm der **Iglesia de la Magdalena** und Reste des römischen Forums zu sehen. Teile der **römischen Stadtmauer** stehen auf der anderen Seite der Plaza del Pilar nahe dem **Mercado de Lanuza**.

Das **Museo Goya** zeigt die Sammlung eines Kunsthistorikers, den vor allem Goyas Arbeiten interessierten. Neben Werken anderer Epochen werden auch zeitgenössische gezeigt. Das **Museo de Zaragoza**

Kuppeln der Basílica de Nuestra Señora del Pilar

hat einen Goya-Raum und zeigt archäologische Fundstücke. Auch die von einem gigantischen Zeltdach geschützten Ruinen des **Teatro de Caesaraugusto** lohnen einen Besuch.

Das **Museo Pablo Gargallo** ist dem aragonischen Bildhauer gewidmet, der Anfang des 20. Jahrhunderts wirkte. Die **Aljafería**, eines der schönsten Gebäude Zaragozas, liegt an der verkehrsreichen Straße nach Bilbao. Der maurische Palast stammt aus dem 11. Jahrhundert. Ein mit Bogen geschmückter Innenhof umgibt den Garten und eine gut erhaltene Moschee.

Das **CaixaForum** organisiert in einem zeitgenössischen Bau der Architektin Carme Pinós Wechselausstellungen sowie Lesungen und andere Kulturevents.

🏛 **Museo Goya**
Calle Espoz y Mina 23. 📞 976 39 73 87. ⭕ Di–So. ♿

🏛 **Museo de Zaragoza**
Plaza de los Sitios 6.
📞 976 22 21 81. ⭕ Di–So. ♿

🏛 **Museo Pablo Gargallo**
Plaza de San Felipe 3.
📞 976 72 49 22. ⭕ Di–So.

🏛 **CaixaForum**
Avenida Anselmo Clavé 4.
📞 976 76 82 00. ⭕ tägl.

Zentrum vom Zaragoza

① Römische Stadtmauer
② Mercado de Lanuza
③ Museo Pablo Gargallo
④ Basílica de Nuestra
   Señora del Pilar
⑤ Museo Goya
⑥ Lonja
⑦ La Seo (Kathedrale)
⑧ Palacio Arzobispal

0 Meter   150

Zeichenerklärung *siehe hintere Umschlagklappe*

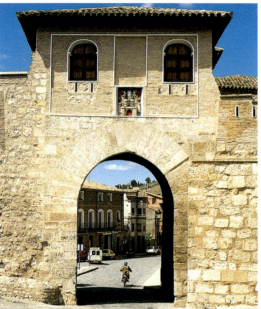

Tor in der mittelalterlichen Stadtmauer von Daroca

⑱ Calatayud

Zaragoza. **Karte** L5. 🚹 20 000. 🚉
🚌 🚹 Plaza España 1, 976 88 63
22. 🏛 Di. 🎉 San Roque (14.–
17. Aug), Virgen de la Peña (6.–
10. Sep). 🌐 calatayud.es/turismo

Die maurische Festung und die
Kirchtürme Calatayuds sind
schon von Weitem sichtbar.
Von der arabischen Burg
(8. Jh.) des Herrschers Ayub
sind nur Ruinen übrig. Die Kirche **Santa María la Mayor** hat
einen Mudéjar-Turm und eine
Platereskfassade. Die Kirche
San Juan Real (17. Jh.) birgt
Gemälde von Goya.

Östlich von Calatayud, nahe
Huérmeda, stehen die Ruinen
des römischen Bilbilis – Geburtsort des Dichters Martial.

⑲ Monasterio de Piedra

3 km südlich von Nuévalos. **Karte**
L5. 📞 976 87 07 00. 🚉 Calatayud.
🚌 von Zaragoza. 🕐 tägl. 🎟 🎟
📷 🌐 monasteriopiedra.com

Alfonso II von Aragón überließ
1194 eine maurische Burg den
Mönchen des Zisterzienser-
ordens, die an der Stelle ein
Kloster errichteten. Dieses
wurde im 19. Jahrhundert
stark beschädigt und später
wiederaufgebaut. Einige ursprüngliche Gebäude sind erhalten, darunter Kapitelsaal,
Refektorium und Gästehaus.

In den Kellern brannten die
Mönche Kräuterliköre. In der
Klosterküche soll zum ersten
Mal in Europa Trinkschokolade
aus Mexiko zubereitet worden
sein (siehe S. 63).

Der das Kloster umgebende
Park ist ein malerisches Natur-
schutzgebiet mit Grotten und
Wasserfällen. In einem Teil der
Klosteranlage ist heute ein
Hotel untergebracht.

⑳ Daroca

Zaragoza. **Karte** L5. 🚹 2100. 🚹
Calle Mayor 44, 976 80 01 29. 🏛
Do. 🎉 Santo Tomás (7. März). 🎉

Eine eindrucksvolle zinnen-
gekrönte Mauer aus dem Mittelalter zieht sich über vier
Kilometer um den alten maurischen Ort. Obwohl Teile der
Mauer zerfallen sind, bieten
die 114 Türme und Tore noch
einen stattlichen Anblick,
besonders wenn man von
Zaragoza kommt.

Die Kirche **Colegial de Santa
María** an der Plaza España enthält die *Sagrados Corporales*
der Reconquista *(siehe S. 58f)*.
Während eines Angriffs der
Mauren 1239 wickelten Priester die Hostien rasch in die Tücher, die sonst den Altar bedeckten. Als sie die Tücher
öffneten, waren sie wie durch
ein Wunder mit Blut befleckt.

Umgebung: Das von Landwirtschaft geprägte **Monreal del
Campo**, 43 Kilometer südlich
von Daroca, besitzt ein Safran-
museum. Rund 25 Kilometer
südwestlich von Daroca liegt
die **Laguna de Gallocanta**, ein
unberührter See.

㉑ Fuendetodos

Zaragoza. **Karte** M5. 🚹 130. 🚹
Calle Cortes de Aragón 7, 976 14
38 67. 🎉 San Roque (letzter Sa im
Mai), San Bartolomé (24. Aug).
🌐 fuendetodos.org

In dem Dorf wurde Francisco
de Goya geboren, einer der
berühmtesten spanischen Maler des späten 18. und frühen

Das Innere von Goyas Landhaus in Fuendetodos

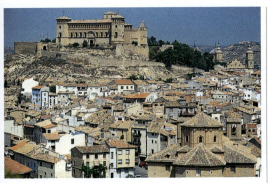

Burg-Parador oberhalb der Stadt Alcañiz

19. Jahrhunderts. Das Landhaus **Casa Natal de Goya** soll dem Maler gehört haben. Das Museum enthält einige persönliche Gegenstände des Malers. Im **Museo del Grabado** werden kleine Arbeiten von Goya gezeigt.

Umgebung: Belchite, 18 Kilometer östlich von Fuendetodos, war Schauplatz einer der fürchterlichsten Schlachten des Bürgerkriegs *(siehe S. 70f)* um die Kontrolle des strategisch wichtigen Ebro-Tals. Die Überreste der zerstörten Stadt sind Mahnmal zum Gedenken an die Schrecken des Krieges.

In **Cariñena**, 25 Kilometer westlich von Fuendetodos, bieten Bodegas den Rotwein an, für den die Region berühmt ist *(siehe S. 206)*.

🏛 **Casa Natal de Goya**
Calle Zuloaga 3. 📞 976 14 38 30.
🕐 Di–So 11–14, 16–19 Uhr. 🅿

㉒ Alcañiz

Teruel. **Karte** N5. 🚠 16 000. 🚌
ℹ Calle Mayor 1, 978 83 12 13.
🗓 Di. 🎪 Fiestas Patronales
(8.–13. Sep). 🆆 alcaniz.es

Zwei Bauwerke überragen die Stadt. Das eine ist das **Castillo Calatravos**, einst Sitz des Ordens von Calatrava und heute ein *parador* mit schönen Gästezimmern. In der Torre del Homenaje, dem ehemaligen Bergfried, zeigen Fresken des 14. Jahrhunderts die Einnahme Valencias durch Jaime I.

Das andere Bauwerk ist die **Iglesia de Santa María**. Die Kollegiatkirche an der Plaza de España hat einen gotischen Turm und eine Barockfassade. Am selben Platz liegen die mit einer Galerie und gotischem Zierbogen versehene **Lonja** (Warenbörse) und das **Rathaus** (16. Jh.), das sowohl eine Renaissance- als auch eine Fassade im Mudéjar-Stil besitzt.

Selbstbildnis von Goya

Francisco de Goya

Zu Beginn seiner Laufbahn arbeitete der im Jahr 1746 in Fuendetodos geborene Francisco de Goya für Teppichmanufakturen und stattete Kirchen wie Zaragozas Basílica del Pilar mit Fresken aus. 1799 wurde er Hofmaler Carlos' IV und porträtierte den König und seine Gattin María Luisa mit keineswegs schmeichelhafter Genauigkeit *(siehe S. 37)*. Der Einmarsch der Truppen Napoléons in Madrid 1808 *(siehe S. 66f)* und deren Gräueltaten, die er in dem Bild *Erschießung der Aufständischen* festhielt, hinterließen nachhaltige Spuren im Gemüt des Malers. Seine späteren Arbeiten durchziehen zynische Verzweiflung und Einsamkeit. Goya starb 1828 in Bordeaux.

Aragóns Fiestas

Las Tamboradas *(Gründonnerstag/Karfreitag)*, Provinz Teruel. In der Karwoche schlagen Mitglieder verschiedener Bruderschaften in langen Roben die Trommel zum Zeichen ihrer Trauer um Jesus. Die Fiesta beginnt in Híjar, einem Städtchen in der Provinz Teruel, mit dem »Brechen der Stunde« um Mitternacht am Gründonnerstag. In Calanda, Provinz Teruel, beginnen die Feiern am Karfreitagmittag. Der Trommelwirbel dauert Stunden.

Junge Trommlerin der Fiesta Las Tamboradas, Alcorija

Karneval *(Feb/März)*, Bielsa (Huesca). Die *trangas*, die Protagonisten, tragen Hörner auf dem Kopf, haben geschwärzte Gesichter und aus Kartoffeln geschnitzte Zähne. Sie verkörpern Fruchtbarkeit.
Romería de Santa Orosia *(25. Juni)*, Yebra de Basa (Huesca). Pilger in regionalen Trachten bringen den Kopf der hl. Orosia zu ihrem Schrein.
Día del Pilar *(12. Okt)*, Zaragoza. Aragóns Volkstanz, die *jota*, wird zu Ehren von Zaragozas Schutzpatronin, der Madonna des Pfeilers *(siehe S. 241)*, in der Stadt aufgeführt. Am Día del Pilar wird die von einem Blumenmeer umgebene Madonna mit einer Prozession aus Pappmascheeriesen und der *Ofrenda de flores* sowie einer Blumenschau und ausgelassenen Feiern geehrt.

Alcalá de la Selva wird von einem Kastell überragt

㉓ Valderrobres

Teruel. **Karte** N6. 🗺 2300. 🚌 🚃 🚊
Avenida Cortes de Aragón 7, 978
89 08 86. 🚗 Sa. 🎉 San Roque
(Mitte Aug). 🌐 valderrobres.es

An der Grenze zu Katalonien
überblickt das hübsche Städtchen den forellenreichen Río
Matarraña. Den Ort dominiert
das **Kastell**, das den aragonischen Königen als Palast diente. Die imposante gotische
Iglesia de Santa María la Mayor
unterhalb der Burg hat eine
Rosette im Stil der katalanischen Gotik. Am arkaden-
gesäumten Hauptplatz steht
das Rathaus aus dem späten
16. Jahrhundert.

Umgebung: Unweit von Valderrobres erhebt sich der Berg
La Caixa (1000 m).

🏰 **Castillo de Valderrobres**
📞 679 63 44 38. ⭕ Di–So
(Okt–Apr: Fr–So, Feiertage). 🎫📷
🌐 castillodevalderrobres.com

㉔ Sierra de Gúdar

Teruel. **Karte** M7. 🚌 Mora de Rubielos. 🚃 Alcalá de la Selva. 🚊 Calle
Diputación 2, Mora de Rubielos, 978
80 61 32. 🌐 sierradegudar.com

Die Hügelkette nordöstlich von
Teruel prägen Fichtenwälder
und Kalkspitzen, die aus
buschüberzogenen Berghän-
gen stoßen. Der höchste Punkt
ist der 2028 Meter hohe
Peñarroya.
 Valdelinares, Spaniens
höchstgelegenes Dorf, ist ein
Wintersportort. Die Zufahrts-
straßen blicken auf die umliegenden Berge. Eine schöne
Aussicht bieten **Linares de**

Mora und **Alcalá de la Selva**,
dessen Burg sich vor einer imposanten Felskulisse erhebt.
Die mit Muschelmotiven dekorierte Kirche birgt den Schrein
der Virgen de la Vega.

㉕ Mora de Rubielos

Teruel. **Karte** M7. 🗺 1500. 🚊
Calle Diputación 2, 978 80 61 32.
🚗 Mo, Fr. 🎉 San Miguel (28. Sep–
1. Okt). 🌐 moraderubielos.com

Das von einem Kastell be-
herrschte Mora de Rubielos
besitzt eine vorzüglich
erhaltene mittel-
alterliche Altstadt.
Die Kapellen der
Kollegiatskirche
zieren *azulejos* aus
Manises. In der
Nähe stellt ein
Brunnen eine
Gruppe spie-
lender Delfine
dar.

Umgebung: Rubielos de Mora,
13 Kilometer südöstlich, lohnt
sich allein wegen seiner schönen Stein- und Fachwerkhäuser. Zwischen den balkonver-
zierten Häusern befindet sich
ein Augustinerkonvent mit
gotischem Altarbild.

㉖ Teruel

Teruel. **Karte** M7. 🚉 36 000. 🚉
🚌 🚊 Plaza de los Amantes 6,
978 62 41 05. 🚗 Do. 🎉 Día del
Sermón de las Tortillas (Di der Osterwoche), La Vaquilla del Ángel (Mitte
Juli), Feria del Jamón (Mitte Sep).
🌐 turismo.teruel.es

Die Industriestadt hat im Lauf
der Zeit viele verzweifelte
Kämpfe erlebt. Es begann
mit den Römern, die das keltiberische Turba eroberten und
zivilisierten. Während der Reconquista war die Stadt eine
begehrte strategische Beute.
1171 eroberte Alfonso II Teruel
für das christliche Spanien zurück, doch viele Muslime blieben in der Stadt und schenk-
ten ihr die Mudéjar-Türme.
Erst 1502, auf dem Höhepunkt
der Inquisition *(siehe S. 278)*,
musste die letzte Moschee
schließen. Im Winter 1937 forderte die erbittertste Schlacht
des Bürgerkriegs *(siehe S. 70f)*
Tausende von Opfern.
 In der Altstadt liegt die Plaza
del Torico mit dem Denkmal
eines Stieres, des Emblems der
Stadt. Von hier kann man die

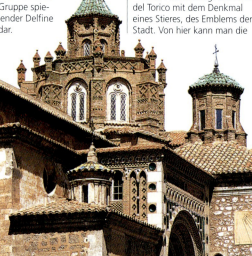

Mit Kacheln verzierte Türme und Dächer der Kathedrale von Teruel

Café mit Balkonen am Hauptplatz von Albarracín

fünf verbliebenen Mudéjar-Türme gut zu Fuß erreichen. Am eindrucksvollsten sind **San Salvador** und **San Martín** (12. Jh.). Letzteren schmücken Muster aus Ziegelsteinen sowie farbige Keramikteile.

Neben der **Iglesia de San Pedro** ruhen die Sarkophage der berühmten Liebenden von Teruel in einem 2005 erbauten Mausoleum. Mudéjar-Teile der **Kathedrale** sind die Kuppel aus Kacheln und der Turm (17. Jh.). An der prächtigen Kassettendecke stellen Szenen das mittelalterliche Leben dar.

Das **Museo Provincial** ist eines der besten Museen Aragóns. Es zeigt in einem herrschaftlichen Haus eine große Keramiksammlung, die die Tradition der hiesigen Keramikindustrie bezeugt. Nördlich des Zentrums ist der **Acueducto de los Arcos** (16. Jh.) zu sehen.

▥ Museo Provincial
Plaza Fray Anselmo Polanco 3.
☏ 978 60 01 50. **◷** Di–So. **♿**

㉗ Albarracín

Teruel. **Karte** L7. ▨ 1000. ▦ **ℹ**
Calle San Antonio 2, 978 71 02 62.
▧ Mi. ▨ Los Mayos (30. Apr/ 1. Mai), Fiestas Patronales (8.–17. Sep). **ⓦ** albarracin.es

Es ist offensichtlich, warum dieses malerische Städtchen eine internationale Auszeichnung für historischen Denkmalschutz erhielt. Ein Felsen über dem Río Guadalaviar bildet die perfekte Kulisse für

diese Siedlung aus zartrosa Gebäuden. Hinter dem Ort sind alte Befestigungsmauern und -türme erhalten.

Einen guten Blick auf die Stadt hat man unterhalb des **Palacio Episcopal**. Die von einem Glockenturm gekrönte **Kathedrale** (16. Jh.) enthält ein Renaissance-Altarbild aus Holz mit Szenen aus dem Leben des heiligen Petrus. Zum Kirchenschatz gehören Brüsseler Gobelins aus dem 16. Jahrhundert und emaillierte Kelche.

Einige Häuser mit robusten Pfeilern und Galerien weisen eine ungewöhnliche Zwei-Stufen-Struktur auf: Das Erdgeschoss ist aus Kalkstein, das vorspringende obere Stockwerk mit rötlicher Tonerde verputzt. Viele Häuser erhielten

wieder ihr mittelalterliches Aussehen. Die Höhlen von Navazo und Callejón bewahren prähistorische Felszeichnungen. Reproduktionen zeigt Teruels Museo Provincial.

Umgebung: In den bis zu 1935 Meter hohen **Montes Universales** entspringt der Tajo, einer der längsten Flüsse Spaniens. Die landwirtschaftlich genutzte, zuweilen auch felsige Gegend bedecken Pappeln, Wacholdersträucher und Kiefern. In **Cella**, 22 Kilometer nordöstlich von Albarracín, entspringt der Río Jiloca.

㉘ Rincón de Ademuz

Valencia. **Karte** L7. ▨ 2400.
▦ Ademuz. **ℹ** Fuente Vieja 10, Ademuz, 978 78 22 67. ▧ Mi. ▨ Fiestas de Agosto (15. Aug), Fiestas der Virgen del Rosario (Anfang Okt). **ⓦ** rincondeademuz.es

Die Enklave südlich von Teruel gehört zur Comunidad Valenciana (siehe S. 247), ist aber eine Insel zwischen Aragón und Kastilien-La Mancha. Wegen der isolierten Lage entwickelte sich die Wirtschaft kaum. Es hat aber dennoch seinen eigenen herben Charme und bietet einige mit roten Felsen übersäte Landstriche.

Die Liebenden von Teruel

Der Legende zufolge verliebten sich im Teruel des 13. Jahrhunderts zwei junge Leute, Diego de Marcilla und Isabel de Segura, und wollten heiraten. Isabel kam aus wohlhabendem Haus, Diego aber war arm, und so verweigerten ihre Eltern die Zustimmung. Sie gaben Diego jedoch fünf Jahre Zeit, um sein Glück zu versuchen und sich einen Namen zu machen. Nach dieser Zeit kehrte er als reicher Mann zurück, doch seine Braut hatte einen Adligen der Stadt geheiratet. Diego starb an gebrochenem Herzen – Isabel einen Tag später.

Isabel de Segura   **Diego de Marcilla**

Valencia und Murcia

Castellón · Valencia · Alicante · Murcia

Der mittlere Abschnitt der spanischen Mittelmeerküste ist vom Tourismus geprägt – die Strände der Costa Blanca, der Costa del Azahar und der Costa Cálida ziehen Millionen von Urlaubern an. Vor vielen Jahrhunderten machten die Mauren diese Gegend urbar. Die fruchtbaren Felder und Zitrushaine der Küstenebenen sind heute noch Spaniens Obst- und Gemüsegarten.

Bereits vor über 50 000 Jahren war das fruchtbare Land am Mittelmeer besiedelt. Griechen, Phönizier, Karthager und Römer lebten hier, bis die Mauren kamen, um mit den Produkten von Land und Meer zu handeln.

Die Provinzen Castellón, Valencia und Alicante, die die Comunidad Valenciana bilden, eroberte die katalanische Armee von den Mauren zurück. Aus dem gesprochenen Katalanisch der Truppen wurde das *valencià*, das weitverbreitet und auf Schildern zu sehen ist. Das weiter südlich gelegene Murcia ist eine der kleinsten autonomen Regionen Spaniens.

Der Großteil der Bevölkerung lebt an der Küste, an der historische Städte wie Valencia, Alicante und Cartagena neben Hochburgen des Massentourismus wie Benidorm und La Manga del Mar Menor liegen. In dem vom Fremdenverkehr weitgehend unberührten Landesinneren steigt das Land zu der Gebirgskette auf, die die Küste von der zentralen Hochebene trennt. Die Palette der Szenerien umfasst die malerischen Täler und Hügel des Maestrat nördlich von Castellón bis zum semiariden Gebiet um Lorca, südlich von Murcia.

Das warme Klima fördert fast ganzjährig Aktivitäten im Freien und quirlige Fiestas. Die berühmtesten sind die Fallas Valencias im Frühling, die Scheinschlachten zwischen Mauren und Christen in Alcoy (April) und die prunkvollen Osterprozessionen in Murcia und Lorca.

Bei Alcoy ziehen sich Terrassen mit Oliven- und Mandelbäumen die Hügel hinauf

◀ Ruhiger Strand von Peñíscola, Costa del Azahar *(siehe S. 251)*

Überblick: Valencia und Murcia

Die Küsten Valencias und Murcias sind wegen ihrer Strände und der Wassersportbedingungen beliebt. Zu den wichtigsten Urlaubszentren gehören Benidorm, Benicassim und La Manga del Mar Menor. Küstenstädte wie Peñíscola, Gandia, Denia, Alicante und Cartagena besitzen reizvolle Altstadtviertel und Burgen. Nicht weit vom Meer entfernt liegen malerische Naturschutzgebiete wie der Süßwassersee L'Albufera, die Salzpfannen von Santa Pola an der Costa Blanca und der beeindruckende Kalksteinfelsen Penyal d'Ifac.

Im Land bieten sich noch kaum entdeckte Landstriche wie El Maestrat und die Berge bei Alcoy an oder die wenig besuchten historischen Städte Játiva und Lorca. Die beiden Zentren der Region, Valencia und Murcia, sind vitale Universitätsstädte mit schönen Kathedralen und zahlreichen Museen.

Stellnetze im See L'Albufera

In Valencia und Murcia unterwegs

Die wichtigsten Straßen der Region sind die Autobahn A7 (von Alicante Richtung Norden gebührenpflichtig, bis auf die Umgehungsstraße von Valencia) und die N332 parallel zur Küste. Weitere Autobahnen verbinden Valencia mit Madrid (A3) und Alicante mit Madrid (N330). Die wichtigsten Bahnlinien führen von Alicante, Valencia und Murcia nach Madrid. Da das Bahnnetz ansonsten eher dürftig ist, ist man mit dem Bus oft schneller. Internationale Flughäfen gibt es in Alicante und Valencia.

Legende

≈ Autobahn
— Hauptstraße
= Nebenstraße
— Panoramastraße
▭ Eisenbahn (Hauptstrecke)
-- Eisenbahn (Nebenstrecke)
▨ Regionalgrenze
△ Gipfel

Weitere Zeichenerklärungen *siehe hintere Umschlagklappe*

Zitronenbäume in der Nähe von Denia

Sehenswürdigkeiten auf einen Blick

1. El Maestrat
2. Morella
3. Peñíscola
4. Costa del Azahar
5. Vilafamés
6. Castelló de la Plana
7. Onda
8. Coves de Sant Josep
9. Alto Turia
10. Sagunto (Sagunt)
11. Monasterio de El Puig
12. *Valencia S. 254–257*
13. L'Albufera
14. Játiva (Xàtiva)
15. Gandia (Gandía)
16. Denia (Dénia)
17. Jávea (Xàbia)
18. Penyal d'Ifac
19. Guadalest

20. Alcoy (Alcoi)
21. Benidorm
22. Novelda
23. Alicante (Alacant)
24. Illa de Tabarca
25. Elche (Elx)
26. Orihuela
27. Torrevieja
28. Murcia
29. Mar Menor
30. Cartagena
31. Costa Cálida
32. Lorca
33. Caravaca de la Cruz

0 Kilometer   25

Eine der zahlreichen Buchten an der zerklüfteten Küste von Jávea

Die unversehrte mittelalterliche Festungsmauer um die historische Felsenstadt Morella im Maestrat

❶ El Maestrat

Castellón u. Teruel. **Karte** N6.
🚌 Morella. ℹ️ Calle Mayor 15,
Cantavieja, 964 18 54 14.
🌐 turismomaestrazgo.com

Ritter des Templer- und des
Montesa-Ordens – *maestres*
(Meister) genannt – gaben der
Hochlandregion ihren Namen.
Um dieses Grenzgebiet zwischen Valencia und Aragón beherrschen zu können, errichteten sie Festungen an schwer
einzunehmenden Orten – oft
auf Felsenklippen. Die besterhaltene Siedlung ist der
Hauptort **Morella**. Nicht weit
davon liegt **Forcall**, dessen arkadenumgebenen Platz zwei

Torre de la Sacristía in dem
mittelalterlichen Dorf Mirambel

Herrenhäuser (16. Jh.) säumen.
Weiter südlich liegt **Ares del
Maestre** unterhalb eines
1318 Meter hohen Felsens.

Cantavieja, der wichtigste
Ort im aragonischen Teil des
Maestrat (hier El Maestrazgo
genannt), hat einen schönen,
arkadengesäumten Platz. Das
mittelalterliche **Mirambel** in
der Nähe ist von Mauern umgeben und sorgfältig saniert.

Mehrere düstere Schreine im
Maestrat ehren Maria, so auch
in der Höhle von **La Balma** bei
Zorita, die sich jenseits eines
Felsens öffnet.

Die meisten Gebiete beeindrucken durch ihre Szenerie:
Fruchtbare Täler inmitten
atemberaubender Felsen,
Adler und Geier kreisen über
kahlen Bergen. Da sich der
Fremdenverkehr nur langsam
entwickelt, gibt es wenige
Unterkünfte, die schlechten
Straßen sind oft kurvenreich.

❷ Morella

Castellón. **Karte** N6. 🏔️ 3000. 🚌
ℹ️ Plaza de San Miguel, 964 17 30
32. 🗓️ So. 🎉 Fiestas Patronales
(Mitte–Ende Aug).
🌐 morellaturistica.com

Hoch auf einem Felsen, gekrönt
von einer Burgruine, thront
Morella. Sechs Stadttore in den
unversehrten mittelalterlichen

Mauern führen in ein Labyrinth
von Gassen mit altehrwürdigen
Häusern. Die Hauptstraße säumen schattige Arkaden. Im
oberen Teil der Stadt erhebt
sich die **Basílica de Santa María
la Mayor**. Ihre einzigartige
hohe Empore ist über eine fein
gearbeitete Wendeltreppe zu
erreichen.

NESTA CASA OBRO SAN VICENTE FERRER EL PRODIGIOS/
ILAGRO DE LA RESURRECCION DE UN NIÑO QUE SU MADRE
ŊAJENADA HABIA DESCUARTIZADO Y GUISADO E
ESEQUIO AL SANTO (1414)

Morellas Wunder

In Morellas Calle de la Virgen markiert ein Schild das
Haus, in dem der hl. Vinzenz
Ferrer im 15. Jahrhundert ein
makabres Wunder getan haben soll. Eine Frau war so
betrübt darüber, ihm kein
Fleisch vorsetzen zu können,
dass sie ihren Sohn zerschnitt und in den Topf gab.
Als Vinzenz dies entdeckte,
setzte er den Jungen wieder
zusammen – bis auf einen
Finger, den die Mutter gegessen hatte, um zu prüfen,
ob das Essen gut sei.

❸ Peñíscola

Castellón. **Karte** N7. 🗺 7000. 🚌
ℹ Paseo Marítimo, 964 48 02 08.
🔷 Mo. 🎭 Fiestas Patronales
(2. Woche im Sep). 🌐 peniscola.es

Die befestigte Altstadt Peñíscolas ist um eine Burg auf
einer vom Meer umspülten
Halbinsel angelegt. Massive
Befestigungsmauern umschließen ein Labyrinth aus gewundenen Gassen und weißen
Häusern. Zugang gewähren
das Portal Fosc, das man über
eine Rampe von der Plaza del
Caudillo erreicht, und das Portal de Sant Pere an der Hafen-
seite. Peñíscola ist ein beliebtes
Ferienzentrum, wird aber auch
von Filmenthusiasten besucht:
1961 wurden hier einige Szenen für *El Cid* gedreht.

Der Templerorden errichtete
das **Castell del Papa Luna** im
13. Jahrhundert über einer
arabischen Festung. Das Temp-
lerkreuz ist über dem Tor ein-
graviert. Später war das Kastell
Sitz Pedro de Lunas, eines An-
wärters auf den päpstlichen
Stuhl. Er wurde als Benedikt
XIII. zum Papst gewählt, als
das Schisma Ende des 14. Jahrhunderts die katholische Kirche
spaltete. Obwohl das Konstan-
zer Konzil ihn 1414 absetzte,
beanspruchte er bis zu seinem
Tod, der ihn 1423 ereilte,
den Papsttitel.

🏠 **Castell del Papa Luna**
Calle Castillo. 📞 964 48 00 21.
🕐 tägl. 🔴 1., 6. Jan, 9. Sep, 9. Okt,
25. Dez. 🗓 📷

Peñíscolas Strand und Altstadt im
Licht der untergehenden Sonne

❹ Costa del Azahar

Castellón. **Karte** N7–8. 🚉 Castelló
de la Plana. 🚌 Castelló de la Plana.
ℹ Plaza de la Hierba s/n, Castelló
de la Plana, 964 35 86 88.
🌐 turismodecastellon.com

Die »Orangenblütenküste« der
Provinz Castellón verdankt
ihren Namen den Zitrushainen
der Küstenebene. Urlaubszentren sind Benicàssim, Oropesa
und Peñíscola, die außer modernen Hotelanlagen hübsche
Villen besitzen. Beliebt ist
zudem der Strand von Alcos-
sebre. Vinaròs, der nördlichste
Ort der Küste, und Benicarló
sind wichtige Fischereihäfen,
die die Restaurants mit Garnelen und Muscheln versorgen.

Skulptur im Museum von Vilafamés

❺ Vilafamés

Castellón. **Karte** N7. 🗺 2000. 🚌
ℹ Plaza del Ayuntamiento 2, 964
32 99 70. 🔷 Fr. 🎭 San Miguel
(Ende März), Patronales (Mitte Aug).

Der mittelalterliche Ort erstreckt sich vom Tal über einen
Felsenkamm. Die Gassen des
älteren, höheren Stadtteils säumen robuste Häuser. In einem
Herrenhaus (15. Jh.) zeigt das
**Museu d'Art Contemporani
de Vilafamés** zeitgenössische
Kunst. Die ältesten Arbeiten
datieren von 1959.

🏛 **Museu d'Art Contemporani
de Vilafamés**
Casa del Batlle, Calle Diputación 20.
📞 964 32 91 52. 🕐 Di–So. 📷
🌐 macvac.vilafames.es

Das Planetarium von Castelló
de la Plana

❻ Castelló de
la Plana

Castellón. **Karte** N7. 🗺 180 000.
🚉 🚌 ℹ Plaza de la Hierba s/n,
964 35 86 88. 🔷 Mo. 🎭 Fiesta de
la Magdalena (3. So in der Fastenzeit). 🌐 castellonturismo.com

Die ursprünglich auf einem
Hügel landeinwärts gegründete Hauptstadt der Provinz Castellón wurde im 13. Jahrhundert Richtung Küste verlagert.
Ihr Zentrum, die Plaza Mayor,
wird von Markthalle, Rathaus,
Kathedrale und **El Fadrí** gesäumt, einem 58 Meter hohen
achteckigen Glockenturm
(Bauzeit 1590 bis 1604).

Das **Museo de Bellas Artes**
zeigt archäologische Funde aus
dem Mittelpaläolithikum sowie
Gemälde des 14. bis 19. Jahrhunderts. Die meisten der älteren Werke stammen aus den
Klöstern der Umgebung. Diese
Arbeiten wurden im 19. Jahrhundert von staatlichen Behörden beschlagnahmt, darunter
Werke, die Francisco de Zurbarán zugeschrieben werden.

El Planetari erklärt den
Nachthimmel, das Sonnensys-
tem und die Nachbarplaneten.
Einige Räume sind Wechselausstellungen vorbehalten.
Außerdem gibt es eine Ausstellung über Holografie.

🏛 **Museo de Bellas Artes**
Avda Hermanos Bou 28. 📞 964 72
75 00. 🕐 Di–Sa 10–14, 16–20, So
10–14 Uhr. 📷 nach Vereinb. ♿ 📷

🔭 **El Planetari**
Paseo Marítimo 1, Grao. 📞 964 28
29 68. 🕐 Okt–Juni: Di–Fr 9.30–
14.45 (März–Juni, Okt: auch 16.30–
20 Uhr), Sa 10.30–14, 16.30–20,
So 10.30–14 Uhr; Juli–Sep: tägl.
9.30–14.30, 16.30–21 Uhr. 📷 ♿

❼ Onda

Castellón. **Karte** N7. ⛰ 25 000. 🚌
ℹ Calle la Cosa 2, 964 60 28 55.
📅 Do. 🎪 Feria del Santísimo
Salvador (5./6. Aug). 🌐 onda.es

Onda ist Standort der Keramikindustrie. Es wird von den Ruinen eines **Kastells** beherrscht,
das seine maurischen Gründer
»Kastell der dreihundert Türme« nannten. Im Kastell wurde ein Museum zur Geschichte
des Ortes eingerichtet.

Die Hauptattraktion Ondas
ist das naturwissenschaftliche
**Museo de Ciencias Naturales
El Carmen**, das zu dem Karme-
literkloster gehört. Mönche
legten die Sammlung 1952 an.
Zehn Jahre später ließen sie die
Öffentlichkeit zu. Die 10 000
Exemplare sind auf Tier- und Pflan-
zenwelt sind auf drei Etagen
verteilt und effektvoll beleuch-
tet. Zu den Exponaten gehören
große ausgestopfte Tiere,
Schmetterlinge und andere
Insekten, Muscheln, Fossilien,
Mineralien und grausig er-
scheinende anatomische
Präparate.

🏛 **Museo de Ciencias Naturales
El Carmen**
Carretera de Tales. 📞 964 60 07
30. 🕐 tägl. (Winter: nur Sa, So);
Details der Website entnehmen.
⬤ 20. Dez–7. Jan.
🌐 museodelcarmen.com

**Zwei präparierte Schmetterlinge im
Museo de Ciencias Naturales**

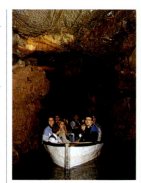

**Bootsfahrt durch die gewundenen
Coves de Sant Josep**

❽ Coves de Sant Josep

Vall d'Uixó (Castellón). **Karte** N7. 📞
964 69 05 76. 🚌 Vall d'Uixó. 🕐 tägl.
⬤ 1., 6. Jan, 25. Dez. 📷 🎫 obligatorisch. 🌐 riosubterraneo.com

Die Höhlen des hl. Josef wurden erstmals 1902 erforscht.
Der unterirdische Fluss, der sie
formte und immer noch durch-
fließt, ist auf 2,5 Kilometern
erkundet. Die Quelle wurde
jedoch noch nicht entdeckt.
Nur ein Teil der Strecke ist
für Besucher zugänglich.

Boote folgen dem Flusslauf.
Stellenweise muss man den
Kopf einziehen, um nicht an
niedrige Felsen zu stoßen. Hier
und da verbreitern sich die
Höhlen zu Kammern wie der
Sala de los Murciélagos. Die
Fledermäuse verließen die
Höhlen, als Flutlicht installiert
wurde. Die größte Tiefe
(12 Meter) erreicht der Lago
Azul. 250 Meter kann man in
der Galería Seca zu Fuß erkunden. Nach starken Regenfällen
sind die Höhlen oft gesperrt.

❾ Alto Turia

Valencia. **Karte** M8. 🚌 Chelva.
ℹ Plaza Mayor 1, Chelva, 962
10 01 65.

Die Hügel am oberen Lauf des
Río Turia in Valencia sind ein
beliebtes Ziel für Wanderer
und Tagesausflügler. Die Uhr
der Kirche im Hauptort **Chelva**
zeigt nicht nur die Stunde,
sondern auch Tag und Monat

an. Die Stadt wird vom **Pico
del Remedio** (1054 Meter)
überragt, von dessen Gipfel
man die Umgebung überblickt.
In einem Tal unweit von
Chelva führt eine unbefestigte Straße zu den Überresten
des römischen Aquädukts
Peña Cortada.

Das interessanteste Dorf in
Alto Turia, **Alpuente**, liegt
oberhalb einer Schlucht.
1031–89 war es die Haupt-
stadt einer *taifa*, eines maurischen Kleinkönigreichs. Dann
eroberte El Cid *(siehe S. 374)*
den Ort. Im 14. Jahrhundert
war die Stadt so bedeutend,
dass hier das Parlament des
Königreichs Valencia tagte. Das
Rathaus besteht aus einem
Turm, der über einem Tor aus
dem 14. Jahrhundert errichtet
wurde. Im 16. Jahrhundert kam
ein rechteckiges Zimmer hinzu.

Requena, im Süden, ist Valencias wichtigste Weinstadt.
Weiter südlich hat Valencias
anderer großer Fluss, der Júcar
(Xúquer), bei Cortes de Pallás
tiefe Schluchten auf seinem
Weg durch die **Muela de
Cortes** eingegraben. Diese
massive, wilde Hochebene
durchkreuzen eine kleine
Straße und ein einsamer
unbefestigter Weg.

La Tomatina

Höhepunkt der jährlichen
Fiesta von Buñol (Valencia)
ist eine klebrige Lebensmittel-
schlacht am letzten Mittwoch
im August, die Tausende von
Besuchern – in ihren ältesten
Kleidungsstücken – anlockt.
Der Stadtrat stellt Wagen-
ladungen reifer Tomaten zur
Verfügung. In Reichweite der
Kämpfer ist niemand sicher.
Begehrteste Zielscheiben sind
Fremde und Fotografen.

Die Schlacht datiert von
1944. Einige sagen, sie sei aus
einem Kampf unter Freunden
entstanden, andere glauben,
respektlose Bewohner hätten
während einer Prozession
Würdenträger mit Tomaten
beworfen. Das wachsende
Interesse bei nationaler und
internationaler Presse sorgt
für steigende Teilnehmer-
zahlen und Tomatenmengen.

Die Befestigungsanlagen von Sagunto wurden mehrfach erweitert

⑩ Sagunto (Sagunt)

Valencia. **Karte** N8. 🚶 66 000. 🚉
🚌 ℹ️ Plaza Cronista Chabret, 962
65 58 59. 🍽️ Mi. 🎭 Fallas (15.–
19. März), Fiestas (Juli/Aug.).
🌐 turismo.sagunto.es

Da es nahe der Kreuzung
zweier römischer Straßen lag,
spielte Sagunto (Sagunt) im
antiken Spanien eine wichtige
Rolle. 219 v. Chr. zerstörte
Hannibal das mit Rom verbün-
dete Saguntum. Dabei sollen
alle Bewohner ums Leben
gekommen sein, die letzten
gaben sich den Flammen hin,
um nicht Hannibal in die
Hände zu fallen. Damit begann
der Zweite Punische Krieg, ein
Desaster für die Karthager, das
zur römischen Besetzung der
Halbinsel führte (*siehe S. 54f*).
Einiges erinnert noch an die
Herrschaft Roms. Das **römische Theater** aus Kalkstein
wurde im 1. Jahrhundert auf
einem Hügel über der Stadt
errichtet. Die Regionalregierung veranlasste die umstrittene Restaurierung des Theaters
mit modernen Materialien,
sodass heute Konzerte, verschiedene Aufführungen und
das jährliche Theaterfestival
von Sagunto hier stattfinden.

Die Ruinen des **Castillo** auf
der Bergkuppe über Sagunto
markieren die ursprüngliche
Lage der Stadt. Ausgrabungen
legten Überreste verschiedener
Zivilisationen frei, darunter die
der Iberer, Karthager, Römer
und Mauren, die in Schichten
übereinanderliegen. Die Ruinen sind in sieben Abschnitte
eingeteilt. Den obersten bildet
La Ciudadela, der wichtigste
ist Armas.

🏰 Castillo de Sagunto
🕐 Di–So. 📞 962 66 62 01.

⑪ Monasterio de El Puig

El Puig (Valencia). **Karte** N8. 📞 961
47 02 00. 🚉 🚌 El Puig. 🕐 Di–Sa.
📷 📞 10, 11, 12, 16, 17 Uhr.
🌐 monasteriodelpuig.es.tl

König Jaime I von Aragón, der
die Stadt Valencia im 13. Jahrhundert von den Mauren zu-
rückeroberte, gründete dieses
Kloster.

Das Monasterio de El Puig
beherbergt heute 240 Gemälde aus dem 16. bis 18. Jahrhundert und das Museo de la
Imprenta y de la Obra Gráfica.
Das Museum erinnert an den
ersten Buchdruck in Spanien –
der im Jahr 1474 in Valencia
stattgefunden haben soll –
und erläutert die Entwicklung
der Druckerpresse. Zu den
Ausstellungsstücken zählen
Druckstöcke und eine Kopie
des kleinsten gedruckten
Buches der Welt.

Teilnehmer bewerfen sich beim alljährlichen Fest La Tomatina

⓬ Valencia

Spaniens drittgrößte Stadt liegt inmitten der Huerta, einer Ebene voller Obst- und Gemüseplantagen – eine der am intensivsten bewirtschafteten Regionen Europas. Dank des warmen Küstenklimas sind Valencias Straßen stets belebt, auch das Nachtleben sucht seinesgleichen. Im März werden beim Volksfest Las Fallas *(siehe S. 259)* riesige Pappmascheefiguren verbrannt. Valencia ist ein Handels- und Industriezentrum mit bedeutender Keramikproduktion. Fähren verbinden die Stadt mit den Balearen.

Blumen zu Ehren Valencias Schutzpatronin Virgen de los Desamparados

Überblick: Valencia

Valencia liegt an der Mündung des Río Turia. Das Zentrum und das alte Viertel El Carmen befinden sich am rechten Ufer. Die meisten Denkmäler sind von der Plaza del Ayuntamiento, dem dreieckigen Rathausplatz, zu Fuß zu erreichen.

Valencia wurde 138 v. Chr. von den Römern gegründet und später von den Mauren erobert. El Cid *(siehe S. 374)* nahm die Stadt 1096 ein, anschließend wieder die Mauren. Jaime I eroberte sie 1238 zurück und unterstellte sie der Krone von Aragón. Die drei großartigsten Bauten Valencias entstanden während seiner wirtschaftlichen und kulturellen Blütezeit im 14. und 15. Jahrhundert: die Torres de Serranos, ein Tor, das die Zerstörung der mittelalterlichen Stadtmauer im 19. Jahrhundert überstand, die Lonja und die Kathedrale.

🏛 Palau de la Generalitat

Plaza de Manises. 📞 96 386 34 61. 🔵 nur nach vorheriger Absprache.
Der heutige Sitz von Valencias Regionalregierung entstand zwischen 1482 und 1579 im gotischen Stil, wurde aber im 17. und 20. Jahrhundert erweitert. Er umschließt einen Steinpatio, von dem zwei Treppen zu prunkvollen Räumen hinaufführen.

Die größere der beiden Salas Doradas liegt im Zwischengeschoss und hat eine mehrfarbige Kassettendecke und einen Kachelboden. Das Parlamentszimmer schmücken Fresken.

🏛 Basílica de la Virgen de los Desamparados

Plaza de la Virgen. 📞 96 391 92 14. 🔵 Mo–Do 11–14, 17–20, So, Feiertage 10.30–14 Uhr.

In der Kirche (17. Jh.) thront die Statue der Schutzheiligen Valencias, die Madonna der Hilflosen, über einem Altar voller Blumen und Kerzen. Während der Fallas wird sie mit der *ofrenda* (Gabe), einer Blumenschau vor der Kirche, geehrt.

🏛 Kathedrale

Plaza de la Reina. 📞 96 391 81 27. 🔵 20. März–Okt: Mo–Sa 10–18.30 Uhr, So, Feiertage 14–18.30 Uhr; Nov–19. März: Mo–Sa 10–17.30 Uhr. 🎫 inkl. Eintritt zum Museum. **Museum** 🔵 wie oben. **Miguelete** 🔵 tägl. 🎫 🔵

Die 1262 errichtete Kathedrale wurde im Lauf der Jahrhunderte mehrfach verändert, sodass die drei Portale drei verschiedene Stile aufweisen. Das älteste ist die romanische Puerta del Palau. Den Haupteingang bildet das Barockportal Puerta de los Hierros aus dem 18. Jahrhundert.

Ein einzigartiges Gericht tagt donnerstags um 12 Uhr vor der Puerta de los Apóstoles: Seit etwa 1000 Jahren klärt das Wassergericht Streitkei-

Torre de Miguelete, der Glockenturm der Kathedrale

ten der Landwirte über die Bewässerung in der Huerta.

Ein Kelch aus Achat in der Kathedrale wird als Heiliger Gral verehrt. Er soll von Jerusalem über das Kloster San Juan de la Peña *(siehe S. 238)* nach Valencia gelangt sein. Der 68 Meter hohe Glockenturm der Kathedrale, die **Torre de Miguelete**, entstand zwischen 1380 und 1420 und ist Valencias Wahrzeichen.

La Lonja
Plaza del Mercado. 96 352 54 78. Di–So (Mitte März–Mitte Okt: tägl.).

In der 1498 eröffneten spätgotischen Halle – ursprünglich eine Warenbörse – finden heute Kulturevents statt. Die Außenmauern schmücken Wasserspeier und andere groteske Figuren. Die hohe Decke des Börsensaals besteht aus einem von anmutigen Säulen getragenen Sternengewölbe.

Mercado Central
Plaza del Mercado 6. 96 208 41 53. Mo–Sa 7–15 Uhr.

Das Jugendstil-Gebäude aus Eisen und Glas mit zwei Wetterfahnen – einem Papagei

Verschnörkeltes Toilettenschild an Valencias Mercado Central

und einem Schwertfisch – wurde 1928 eröffnet und gilt bis heute als eine der größten und schönsten Markthallen Europas. An rund 350 Ständen finden sich Lebensmittel aller Art.

Museo Nacional de Cerámica González Martí
C/ Poeta Querol 2. 96 308 54 29. Di–Sa 10–14, 16–20 Uhr, So 10–14 Uhr. 1. Jan, 1. Mai, 24., 25., 31. Dez. (Sa nachmittags und So frei).

Das Keramikmuseum ist in dem Palast (18. Jh.) des Marquis von Dos Aguas untergebracht – ein Traum aus Alabaster. Ignacio Vergara versah das Portal mit Reliefs. Zu den

Infobox

Information
Valencia. **Karte M8.** 786 000. Plaza del Ayuntamiento 1, 963 52 49 08. Mo–Sa. Las Fallas (15.–19. März). visitvalencia.com

Anfahrt
8 km SW. Calle Játiva 24, 902 32 03 20. Avenida Menéndez Pidal 13, 96 346 62 66. 96 393 95 00.

5000 Exponaten zählen prähistorische, griechische und römische Keramiken, Werke von Picasso und eine valencianische Küche.

Colegio del Patriarca
Calle Nave 1. 69 249 17 69. Mo–Sa. Aug. obligatorisch (11, 12, 12.30, 17, 18 Uhr).

Das Seminar entstand 1584. Bartolomé Matarana bemalte Wände und Decke der Kirche mit Fresken. Freitags wird in der Morgenmesse *Das letzte Abendmahl* von Francisco Ribalta herabgelassen, um die Kreuzigungsszene eines unbekannten deutschen Bildhauers aus dem 15. Jahrhundert zu enthüllen.

Zentrum von Valencia
1 Palau de la Generalitat
2 Basílica de la Virgen de los Desamparados
3 Kathedrale
4 La Lonja
5 Mercado Central
6 Museo Nacional de Cerámica González Martí
7 Colegio del Patriarca
8 Jardines del Río Turia
9 Museo de Bellas Artes
10 Torres de Serranos
11 Instituto Valenciano de Arte Moderno (IVAM)
12 Estación del Norte

0 Meter   250

Zeichenerklärung *siehe hintere Umschlagklappe*

Der Palau de la Música, Valencias renommierte Konzerthalle

Außerhalb des Zentrums

Das Stadtzentrum wird von der Gran Vía Marqués del Turia und der Gran Vía Ramón y Cajal begrenzt. Dahinter erstrecken sich die symmetrisch angelegten Vororte (19. Jh.).

Jenseits des Zentrums bietet sich die Metro an, eine Tramlinie fährt zu den Stränden von El Cabañal und La Malvarrosa. Das anlässlich des America's Cup 2007 entwickelte Hafengebiet bietet zahlreiche Bars und Restaurants.

🌀 Jardines del Río Turia

Wo einst der Río Turia verlief, entstand ein sechs Kilometer langer Streifen mit Grünanlagen, Sport- und Spielplätzen, den ein Dutzend Brücken überqueren. In exponierter Lage errichtete man in den 1980er Jahren die Konzerthalle des Palau de la Música. Kernstück des nahen Spielplatzes ist der riesige Gulliver, der mit Treppen und Rutschen bedeckt ist. Mit dem Jardín de Cabece-

Ausstellungsraum in Valencias Museo de Bellas Artes

ra wurde die ursprüngliche Flusslandschaft wiederhergestellt. Das einstige Flussbett fasst nun einen See mit Strand und einem Wald.

Die schönsten anderen Parks Valencias liegen in der Nähe der Flussufer. In dem größten, den Jardines del Real – von den Einheimischen Los Viveros genannt –, stand einst ein Königspalast. Im 1802 gegründeten Jardín Botánico wachsen 7000 Busch- und Baumarten.

🏛 Museo de Bellas Artes

Calle San Pío V 9. 🕿 96 387 03 00. 🕐 Di–So 10–20 Uhr. ● 1. Jan, 25. Dez. 🔙 🌀 nach Vereinbarung. 🌐 museobellasartesvalencia.gva.es

In dem früheren, zwischen 1683 und 1744 erbauten Seminar ist eine eindrucksvolle Sammlung mit 2000 Gemälden und Statuen des 14. bis 19. Jahrhunderts untergebracht.

Die valencianische Kunst des 14. und 15. Jahrhunderts vertreten riesige goldene Altarbilder von Alcanyis, Pere Nicolau und Maestro de Bonastre. Das erste Stockwerk zeigt ein Triptychon des flämischen Malers Hieronymus Bosch *(Die Passion)*, ein *Selbstbildnis* von Velázquez und Arbeiten von El Greco, Murillo, Ribalta, van Dyck und Juan de Juanes.

In der obersten Etage befinden sich neben sechs schönen Gemälden von Goya die Arbeiten dreier bedeutender valencianischer Maler des 19. und 20. Jahrhunderts: Ignacio Pinazo, Joaquín Sorolla und Antonio Muñoz Degrain.

🚩 Torres de Serranos

Plaza de los Fueros. 🕿 96 391 90 70. 🕐 Mo–Sa 9.30–19, So 9.30–15 Uhr. ● 1. Jan, 1. Mai, 25. Dez. 🌀 (So frei).

Das 1391 als Triumphbogen in der Stadtmauer errichtete Tor vereint Verteidigungs- und Zierelemente. Gotisches Maßwerk mildert den wehrhaften Charakter der beiden zinnengekrönten Türme.

🏛 Instituto Valenciano de Arte Moderno (IVAM)

C/ Guillén de Castro 118. 🕿 96 317 66 00. 🕐 Di–So 11–19.30 Uhr. 🌀 (So frei). 🔲 ▣ 🏠 🔙 🌐 ivam.es

Valencias Institut der modernen Kunst ist eines der angesehensten Häuser seiner Art in Spanien. Es präsentiert zeitgenössische Kunst, darunter auch Arbeiten von Julio González, einem spanischen Bildhauer des 20. Jahrhunderts. In erstklassigen Wechselausstellungen beleuchtet man alle zeitgenössischen Kunstströmungen. In einer der neun Galerien ist ein Stück der mittelalterlichen Stadtmauer zu sehen.

Prächtige Jugendstil-Säule in der Estación del Norte

🚉 Estación del Norte

Calle Xàtiva 24. 🕿 902 320 320 (RENFE). 🕐 tägl.

Valencias Hauptbahnhof entstand zwischen 1906 und 1917, seine Bauweise zeigt Einflüsse des österreichischen Jugendstils. Die Fassade zieren Blütenmotive. Wandbilder aus Kacheln und buntem Glas im Foyer und in der Cafeteria illustrieren das Alltagsleben in der *huerta* und in L'Albufera (siehe S. 258).

Hotels und Restaurants in Valencia und Murcia *siehe Seiten 567f und 591*

Das IMAX®-Kino in der Ciutat de les Arts i de les Ciències

🏛 Ciutat de les Arts i de les Ciències

Avenida Autovia del Saler 1–7.
📞 961 97 46 86. **Museum** ⬜ tägl.
10–19 Uhr (Sommer: bis 21 Uhr).
📷 🚫 💻 🏠 ♿ 🌐 cac.es

Das ehrgeizigste Projekt Valencias, die moderne Kunst- und Wissenschaftsstadt, liegt außerhalb des Stadtzentrums am Hafen. Hier entstanden um einen See herum fünf futuristische Gebäude, vier von ihnen entwarf Santiago Calatrava.

Der Palau de les Arts verfügt über eine Konzerthalle mit vier Bühnen, eine davon unter freiem Himmel. L'Hermisfèric auf der anderen Seite des Puente de Monteolivete gestaltete Calatrava wie einen Augapfel. Hier sind ein IMAX®-Kino und das Planetarium untergebracht.

Das Museu de les Ciències Príncipe Felipe nebenan, eine Konstruktion aus Glas und weißen Stahlbogen, birgt ein Wissenschaftsmuseum. Seine umfangreichen Ausstellungen begeistern vor allem Jugendliche. Über den Parkdecks erhebt sich L'Umbracle, eine gigantische Gartenpromenade aus luftigen Stahlbogen.

Ein weiterer Höhepunkt der »Stadt« ist L'Oceanogràfic. Das Aquarium wurde vom Architekten Felix Candela als eine Reihe von Lagunen und Pavillons gestaltet, die durch Brücken und unterirdische Gänge miteinander verbunden sind.

🏛 Museo de Historia de Valencia

C/ Valencia 42, Mislata. 📞 963 70
11 05. ⬜ Di–So. 🎨 (Sa, So frei).
♿ 🌐 mhv.valencia.es

Das Museum für Geschichte wurde in einer Zisterne (19. Jh.) eingerichtet, die einst die Stadt mit Wasser versorgte. Im Gewirr aus Ziegelwänden, Säulen und Bogen erlebt man die Geschichte der Stadt hautnah: von der römischen Besiedlung über die Wiederherstellung der Demokratie bis zur Gegenwart. In einer »Zeitmaschine« wird jeweils eine typische Alltagsszene jener Zeit auf einer riesigen Leinwand gezeigt.

El Cabañal und La Malvarrosa

Im Osten der Stadt säumt eine beliebte, zwei Kilometer lange Promenade die Strände von El Cabañal und La Malvarrosa.

Obwohl die beiden Fischerviertel in den 1960er und 1970er Jahren ziemlich sorglos ausgebaut wurden, sind noch einige malerische traditionelle Häuser zu sehen. Die Kacheln an ihren Außenwänden schützen die Innenräume im Sommer vor der Hitze. Das Licht von La Malvarrosa inspirierte den impressionistischen Maler Joaquín Sorolla *(siehe S. 309)*. Am Paseo de Neptuno findet man ausgezeichnete Restaurants. Im erneuerten Hafenbezirk gibt es zudem viele Hotels.

Umgebung: In der intensiv bewirtschafteten Huerta wachsen auf zahllosen Feldern Artischocken und *chufas*, Rohzutat der *horchata*. **Manises** ist für seine Keramiken bekannt, die Geschäfte und Fabriken verkaufen. Es gibt auch ein schönes Keramikmuseum.

Valencias Sommerspezialität

Im Sommer bieten die Bars und Cafés eine erfrischende Spezialität an, die in der Region einmalig ist. Die *horchata*, ein süßes, milchartiges Getränk, das meist aus der nahe gelegenen Stadt Alboraia kommt, besteht aus *chufas* (Erdmandeln). Zur halb gefrorenen *horchata* werden oft *fartons* (süße Brotstangen) oder *rosquilletas* (Keksstangen) gegessen. Die älteste *horchatería* im Zentrum ist Santa Catalina, nahe der Plaza de la Virgen.

Kacheln mit dem Bild einer *horchata*-Verkäuferin

Fischerboote am Ufer des Süßwassersees L'Albufera

⑬ L'Albufera

Valencia. 🚌 ℹ️ Carretera del Palmar, Racó de l'Olla, 96 386 80 50.
🌐 parquesnaturales.gva.es

Der Süßwassersee L'Albufera an der Küste südlich von Valencia ist eines der ornithologisch bedeutendsten Feuchtgebiete Ostspaniens. Er wird durch einen beweideten Eichenhain, die *dehesa*, vom Meer getrennt und ist von gitterförmigen Reisfeldern umgeben, die ein Drittel der spanischen Produktion liefern.

L'Albufera wird vom Río Turia gespeist und ist durch drei Kanäle, deren Wasserpegel durch Schleusentore kontrolliert werden, mit dem Meer verbunden. Der See, der eine Tiefe von 2,5 Metern erreicht, schrumpft durch natürliche Verschlammung und Neulandgewinnung – seit dem Mittelalter auf ein Zehntel des damaligen Umfangs.

Über 250 Vogelarten leben an den schilfbewachsenen Ufern und auf den sumpfigen Inseln, den *matas*. 1986 wurde L'Albufera zum Natur- und Vogelschutzgebiet erklärt. Viele Vögel sind vom Ufer aus mit dem Fernglas zu sehen.

Ein Besucherzentrum in Racó de l'Olla informiert über die Ökologie des Sees.

⑭ Játiva (Xàtiva)

Valencia. 🚶 29 000. 🚌 🚎 ℹ️ Albereda Jaume I 50, 96 227 33 46. 🚆 Di, Fr. 🎭 Las Fallas (16.–19. März), Fira de Agosto (14.–20. Aug). 🌐 xativaturismo.com

Entlang dem schmalen Bergkamm des Mont Vernissa verlaufen die Ruinen der einst bedeutenden, mit 30 Türmen bewehrten **Burg** Játivas. Sie wurde im Spanischen Erbfolgekrieg *(siehe S. 66)* bei einem Angriff Felipes V stark beschädigt. Der spanische König setzte auch die Stadt in Brand, wofür sie sich noch heute auf ihre Weise rächt: Im **Museo de Bellas Artes** hängt sein lebensgroßes Porträt mit dem Kopf nach unten.

In Játiva hängt das Porträt Felipes V verkehrt herum

Bis zu dem Angriff war Játiva die zweitgrößte Stadt des Königreichs Valencia. Vermutlich wurde sie von den Iberern gegründet. Die Mauren brachten Wohlstand. Im 12. Jahrhundert wurde hier das erste Papier Europas hergestellt. Sehenswert in der Altstadt sind ein früheres Hospital mit gotischer Fassade und ein gotischer Brunnen an der Plaça de la Trinidad. Die älteste Kirche Játivas, die **Ermita de San Feliú**, entstand um 1262. Sie enthält Ikonen aus dem 14. bis 16. Jahrhundert.

🏰 Castillo de Xàtiva
Carretera del Castell s/n. 📞 96 227 42 74. 🕐 Di–So. 🎟️

🏛️ Museo de Bellas Artes
Plaza Arzobispo Mayoral 2.
📞 96 228 24 55. 🕐 Di–So. 🎟️ ♿

⑮ Gandia (Gandía)

Valencia. 🚶 79 000. 🚌 🚎 ℹ️ Avinguda Marqués de Campo, 96 287 77 88. 🚆 Do, Sa. 🎭 Las Fallas (16.–19. März). 🌐 visitgandia.org

Rodrigo de Borja (der spätere Papst Alexander VI.) wurde 1485 Herzog von Gandia. Er gründete das Geschlecht der Borgia und war später mit Sohn Cesare und Tochter Lucrezia in Mord und Exzesse verwickelt. Urenkel Francisco wusch durch Beitritt zum Jesuitenorden den Familiennamen rein. Papst Klemens X. sprach ihn 1671 heilig. Der **Palau Ducal**, in dem Francisco geboren wurde und lebte, gehört den Jesuiten. Der gotische Innenhof steht in Kontrast zu den prächtigen Innenräumen, v. a. zur barocken Goldenen Galerie. Der Boden im Patio stellt die vier Elemente Erde, Luft, Feuer und Wasser dar.

Palau Ducal
Carrer Duc Alfons el Vell 1.
96 287 14 65. tägl.
palauducal.com

Prächtiger goldverzierter Innenraum des Palau Ducal, Gandia

⓰ Denia (Dénia)

Alicante. 44 500. Plaza Oculista Baigues 9, 96 642 23 67. Mo, Fr. Fiestas Patronales (Anfang Juli). denia.net

Die Stadt wurde als griechische Siedlung gegründet. Ihr Name kommt von der römischen Göttin Diana – Archäologen legten einen ihr geweihten Tempel frei. Im 11. Jahrhundert war Denia die Hauptstadt eines kurzlebigen maurischen Königreichs, das sich von Andalusien bis zu den Balearen erstreckte.

Heute ist Denia Fischer- und Urlaubsort. Das Zentrum liegt um einen Hügel, von dessen Gipfel eine **Burg**, ehemals eine arabische Festung, den Hafen überblickt. Das Portal de la Vila wurde im 17. Jahrhundert stark verändert. Der Palacio del Gobernador in der Burg ent-

hält ein archäologisches Museum, das die Entwicklung der Stadt bis zum 18. Jahrhundert zeigt. Nördlich des Hafens liegt der Strand Las Marinas, im Süden der felsige, weniger erschlossene Strand Las Rotas, an dem man schnorcheln kann.

Castillo de Denia
Carrer Sant Francesc. 96 642 06 56. tägl. 1. Jan, 25. Dez.

⓱ Jávea (Xàbia)

Alicante. 33 000. Plaza de la Iglesia 4, 96 579 43 56. Do. San Juan (24. Juni), Moros y Cristianos (3. Wochenende im Juli), Bous a la Mar (1. Wo. im Sep). xabia.org

Piraten und Schmuggler versteckten sich einst in den Höhlen, Buchten und auf den beiden Felseninseln, die den attraktiven Küstenstreifen von Jávea (Xàbia) prägen.

Das Stadtzentrum liegt landeinwärts auf einem Hügel an der Stelle einer früheren iberischen Siedlung. Viele Gebäude sind aus dem hiesigen Tosca-Sandstein erbaut. Die **Iglesia de San Bartolomé** (16. Jh.) ist befestigt und bot bei Angriffen Zuflucht. Durch die Öffnungen über dem Portal konnte geschossen werden.

Bei Cabo de San Antonio blicken Ruinen von Windmühlen (17./18. Jh.) auf das Meer. Dank des umsichtigen Stadtrats sind Jáveas Strände von mehrstöckigen Apartmentbauten verschont geblieben.

Eingang zur gotischen Iglesia de San Bartolomé in Jávea

Feierliche Verbrennung der Fallas am Sankt-Josephs-Tag

Valencias und Murcias Fiestas

Las Fallas (15.–19. März). Um den 15. März erscheinen an Kreuzungen und Plätzen riesige Pappmascheefiguren, die in der Nacht zum 20. März, dem Sankt-Josephs-Tag, feierlich verbrannt werden. Die fallas – jede kostet Tausende von Euro – stellen satirische Szenen dar. An einigen wird bis zu einem Jahr gebaut. Zur Fiesta ertönen Unmengen Knallkörper.

Karfreitag, Lorca (Murcia). Die »blaue« und die »weiße« Bruderschaft konkurrieren bei einer großen Prozession biblischer Charaktere in Pomp und Ausstattung.

Mauren und Christen (21.–24. Apr), Alcoy (Alicante). Zwei kostümierte Armeen marschieren in die Stadt, um sich zum Gedenken an die Reconquista Scheingefechte zu liefern.

Bous a la Mar (Anfang Juli), Denia (Alicante). Leute fliehen am Kai vor Stieren, bis der eine oder andere von ihnen ins Wasser fällt (siehe S. 43).

Misteri d'Elx (11. bis 15. Aug), Elche (Alicante). Mysterienspiel in der Iglesia de Santa María mit spektakulären Spezialeffekten.

La Tomatina (letzte Wo. im Aug), Buñol (Valencia). Tausende bewerfen einander mit reifen Tomaten (siehe S. 252f).

Costa Blanca

Die Costa Blanca ist ein besonderer Abschnitt der spanischen Mittelmeerküste: ruhiger als die Costa del Sol *(siehe S. 478f)* und mit milderen Wintern als die Costa Brava *(siehe S. 221)*. Alicantes internationaler Flughafen oder Bahnhof ist für die meisten Urlauber Ausgangs- und Endpunkt der Reise. Die langen Sandstrände zwischen Alicante und Altea sind mit Apartmentblöcken und Hotels bebaut. Nördlich von Altea unterbrechen Klippen und Buchten die schönen Strände. Zwischen Alicante und Torrevieja ist die Landschaft trockener und karger. Eine Ausnahme bilden die bewaldeten Sanddünen von Guardamar del Segura.

Gandia ist der südlichste Ort der Costa de Valencia, deren ausgedehnte, flach ins Wasser abfallende Sandstrände vor allem bei den Spaniern beliebt sind.

Denias Strand Las Marinas ist ein flacher, von Hotelanlagen gesäumter Sandstreifen. Der felsige Strand Les Rotes bietet gute Schnorchelmöglichkeiten.

Jáveas beliebtester Strand heißt El Arenal. Die Küste prägen Klippen und Schluchten.

Alteas weiße, ursprüngliche Altstadt thront auf einem Hügel. Unterhalb erstreckt sich ein langer Kiesstrand.

Santa Pola hat einen bedeutenden Fischereihafen. Seine Sandstrände sind sehr beliebt.

Benidorms lebhaftester Strand, Levante, gilt als einer der zehn schönsten weltweit. Weiter vom Zentrum entfernt liegt der Strand Poniente.

Platja de Sant Joan besitzt einen langen Sandstrand, der über die parallel verlaufende Straße und Schmalspurbahn gut zu erreichen ist.

Die Illa de Tabarcas lockt mit landschaftlicher Schönheit und klarem Wasser nicht nur Schnorchler an.

Guardamar del Segura besitzt einen der ruhigsten Strände der Küste. Er ist gesäumt von windgepeitschten Sanddünen mit duftenden Pinien.

Torrevieja ist mit seinen geschwungenen Sandstränden im Süden bei Pauschalurlaubern beliebt. In den letzten Jahren hat der Ort stark expandiert.

Alicantes Stadtzentrum liegt gleich am beliebten Strand Postiguet. In der Nähe verlaufen Sandstrände wie La Albufereta und Sant Joan.

Map labels: El Grau · Gandia (Gandía) · Platja d'Oliva · Oliva · N332 · AP7 · Pego · Ondara · Gata de Gorgos · Denia (Dénia) · Cap de Sant Antoni · Jávea (Xàbia) · Cap Martí · Cap de la Nau · Benissa · Moraira · AP7 · N332 · Calpe (Calp) · Polop · Altea · Finestrat · Albir · Benidorm · AP7 · N332 · Villajoyosa · Busot · Coveta Fumà · CV800 · El Campello · Mutxamel · Sant Joan d'Alacant · Platja de Sant Joan · AP7 · A70 · A31 · Alicante (Alacant) · Cap de las Huertas · Torrellano · N332 · Els Arenals del Sol · Elche (Elx) · Santa Pola · Platja del Pinet · Illa de Tabarca · Guardamar del Segura · N332 · La Mata · Torrevieja

0 Kilometer 20

◀ Brennende Drachen aus Papiermaschee bei den Fallas von Valencia *(siehe S. 259)*

⑱ Penyal d'Ifac

Alicante, Calpe. **Karte** N10.  Calpe. Calpe. *i* Calle Illa de Formentera s/n, Calpe, 96 583 69 20 (Juli, Aug: Zugang eingeschränkt).

Von Weitem gesehen, steigt der Penyal d'Ifac (Peñón de Ifach) scheinbar direkt aus dem Meer. Der 332 Meter hohe Kalkstein, eine der spektakulärsten Sehenswürdigkeiten der Costa Blanca, scheint unbezwingbar. Ein 1918 erbauter Tunnel führt jedoch zu den sanften Hängen der Seeseite.

Der Rundgang, der vor dem Besucherzentrum oberhalb des Hafens von Calpe beginnt, dauert etwa zwei Stunden. Er führt über mit Wacholder und Fächerpalmen bewachsene Hänge, unterhalb brechen sich die Wellen an den Felsen. Von Weg und Gipfel aus blickt man weit über die Costa Blanca – an klaren Tagen sogar bis Ibiza (*siehe S. 514–516*).

Auf dem Penyal d'Ifac gedeihen 300 teilweise seltene Wildpflanzenarten. Zugvögeln dient er als Orientierungspunkt, die Salzflächen zu seinen Füßen fungieren als Habitate. Der Fels war bis 1987 in Privatbesitz, dann erwarb ihn die Regionalregierung und machte ihn zum Naturschutzgebiet. Das alte Städtchen Calpe ist für seine Strände bekannt.

⑲ Guadalest

Alicante. **Karte** N9. 250. *i* Avenida de Alicante, 96 588 52 98. Fiestas de San Gregorio (1. Juniwoche), Virgen de la Asunción (14.–17. Aug). **guadalest.es**

Obwohl täglich Busladungen mit Ausflüglern aus Benidorm kommen, präsentiert sich das Bergdorf Castell de Guadalest relativ ursprünglich, vor allem weil sein älterer Teil nur zu Fuß und über einen Eingang zu erreichen ist: einen ansteigenden Tunnel durch einen Fels, den die Burgruinen und ein markanter Glockenturm krönen.

Guadalest wurde von den Mauren gegründet, die auf Terrassen an den umliegenden Berghängen Getreide pflanzten. Die Anlagen werden noch mit den von den Mauren gebauten Gräben bewässert.

Das **Kastell** bietet herrliche Sicht auf die umliegenden Berge. Man erreicht es nur durch die Casa Orduña.

Das **Museo de Microminiaturas** zeigt eine winzige, auf ein Reiskorn gemalte Version von Goyas *Fusilamiento 3 de Mayo*, seine *Nackte Maja* auf dem Flügel einer Fliege und die Skulptur eines Kamels, das durch ein Nadelöhr geht.

🏛 **Museo de Microminiaturas** Calle de la Iglesia 5. 96 588 50 62. tägl. 10–21 Uhr (Winter: bis 18 Uhr). **miniaturasguadalest.com**

Hoch auf einem Felsen thront der Glockenturm von Guadalest

⑳ Alcoy (Alcoi)

Alicante. **Karte** M9. 59 000. Plaça d'Espanya, 14, 965 53 71 55. Mi, Sa. Mercado Medieval (Mitte–Ende März), Moros y Cristianos (22.–24. Apr). **alcoiturisme.com**

Die Industriestadt liegt am Zusammenfluss dreier Flüsse. Alcoy ist bekannt für die jährliche Scheinschlacht zwischen Mauren und Christen (*siehe S. 259*) und *peladillas*, mit Zucker umhüllte Mandeln. Auf den Hängen oberhalb liegt **Font Roja**, ein Naturschutzgebiet mit einer hoch aufragenden Marienstatue.

Umgebung: Die **Sierra de Mariola** nördlich von Alcoy ist bekannt für ihren Kräuterreichtum. Den Gipfel des Mont Cabrer (1390 Meter) erreicht man gut über das Dorf **Agres**, vorbei an den Resten zweier *neveras* – Gruben, in denen Eis für das Frischhalten von Fisch und Fleisch lagerte.

Die Stierkampfarena von **Bocairent**, zehn Kilometer westlich von Agres, wurde 1813 aus Felsgestein gehauen. Ein nahe gelegener Fels ist von den **Covetes dels Moros** durchzogen. Ihrem Namen zum Trotz ist ihr Ursprung unbekannt.

Der großartige Kalkfelsen Penyal d'Ifac

㉑ Benidorm

Alicante. **Karte** N10. ⛰ 73 000. 🚉
🚌 🛈 Plaza de Canalejas 1, El Tor-
rejó, 96 585 13 11. 🛥 Mi, So.
🎭 Las Fallas (16.–19. März), Virgen
del Carmen (16. Juli), Moros y Cristianos (Ende Sep/Anf. Okt), Fiestas
Patronales (2. Wo im Nov).
🌐 visitbenidorm.es

Mit seiner Skyline aus Wolken-
kratzern, die die zwei Stadtstrände überschatten, hat das
berühmte Ferienzentrum
nichts mehr von dem kleinen
Fischerdorf, das es noch in den
1950er Jahren war.

Benidorm bietet mehr Über-
nachtungsmöglichkeiten als
jeder andere Ferienort der
Mittelmeerküste, aber seit den
1980er Jahren, als sein Name
ein Synonym für jugendliche
Bierseligkeit war, hat sich das
Publikum gewandelt. Der
Parque de l'Aigüera ist sympto-
matisch für den Imagewechsel
der letzten Jahre. Heute kommen eher ältere Urlauber aus
Nordspanien als Jugendliche
aus England. Trotzdem sind
Sonne und Clubs weiterhin die
Hauptattraktionen.

Ein Park auf einem Fels-
vorsprung zwischen Playa
Levante und Playa Poniente,
dem **Balcón del Mediterráneo**,
endet in einer Wasserfontäne.
Von hier überblickt man die
Stadt. Zur Illa de Benidorm,

**Haupttreppe in der Casa Museo
Modernista, Novelda**

einer keilförmigen Insel nicht
weit vor der Küste, fährt eine
Fähre vom Hafen aus. Die Insel
wurde in ein Naturschutz-
gebiet für die dort lebenden
Seevögel umgewandelt.

Umgebung: Villajoyosa (La
Vila Joiosa) weiter südlich ist
älter als Benidorm. Sehenswert
sind die bunten Häuser auf
einem Felsplateau über dem
Meer. Man sagt, ihre Farben
seien so leuchtend, damit die
Fischer ihre Häuser vom Meer
aus erkennen können.

Der ältere Teil von **Altea**,
nördlich von Benidorm, erstreckt sich auf einem Hügel
oberhalb moderner Strand-
häuser. Über dem Gewirr weißer Häuser, Gassen und Treppen erhebt sich die blaue
Kuppel einer Kirche.

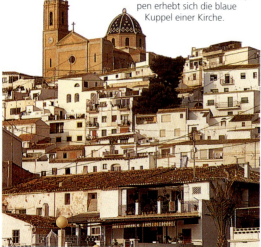

Die Altstadt von Altea wird von einer kuppelgekrönten Kirche überragt

㉒ Novelda

Alicante. **Karte** M10. ⛰ 27 000. 🚉
🚌 🛈 Carrer Mayor 6, 96 560 92 28
🛥 Mi, Sa. 🎭 Santa María Magda-
lena (19.–25. Juli). 🌐 novelda.es

Kennzeichen der Industriestadt
sind Marmorfabriken. Hauptattraktion ist aber die **Casa
Museo Modernista**, ein Jugend-
stil-Haus von 1903. Eine hiesige Bank bewahrte es 1970 vor
dem Abbruch. Seine drei Etagen sind mit Stilmöbeln eingerichtet, man findet kaum eine
gerade Linie oder funktionale
Form. Die Wände sind mit ver-
spielten Motiven dekoriert.

Umgebung: Das Rathaus von
Villena birgt einen Schatz mit
Objekten der Bronzezeit, den
Tesoro de Villena (siehe S. 52f).

🏛 **Casa Museo Modernista**
Calle Mayor 24. 📞 965 60 02 37.
🕐 Di–Fr 11–14, 17–19 Uhr (Fr bis
18 Uhr), Sa 11–14 Uhr. 📷

🏛 **Tesoro de Villena**
Plaza de Santiago 1. 📞 965 80 11
50. 🕐 Di–So vormittags. 📷 ♿
🌐 museovillena.com

㉓ Alicante (Alacant)

Alicante. **Karte** M10. ⛰ 332 000.
✈ 🚉 🚌 🛈 Rambla Méndez
Núñez 41, 965 20 00 00. 🛥 Do,
Sa. 🎭 Hogueras (20.–24. Juni).
🌐 alicanteturismo.com

Die Hafenstadt Alicante (Alacant) – heute die wichtigste
Stadt an der Costa Blanca –
wurde um einen Naturhafen
herum angelegt. Griechen
und Römer siedelten hier. Im
8. Jahrhundert gründeten die
Mauren eine Stadt am Fuß des
Mont Benacantil. Seinen Gipfel
nimmt heute das **Castillo de
Santa Bárbara** ein, das größtenteils im 16. Jahrhundert
entstand.

Zentrum der Stadt ist die
palmenbestandene **Explanada
de España** parallel zum Hafen.
Im **Rathaus** (ayuntamiento) aus
dem 18. Jahrhundert ist der
Salón Azul sehenswert. Eine
Metallplatte an der Marmortreppe zum Salón ist Referenz-
punkt für alle Höhenmessun-
gen in Spanien. Die Sammlung

Yachten im Hafen von Alicante an der Explanada de España

des **Museo de Arte Contem-poráneo (MACA)** trug Eusebio Sempere (1923–1985) zusammen. Sie enthält u. a. Bilder von Dalí, Miró und Picasso. Die Exponatanordnung wechselt alle vier Monate.

Castillo de Santa Bárbara
Playa del Postiguet. (96 592 77 15. ○ tägl. (nur für Aufzug).
W castillodesantabarbara.com

Rathaus
Plaza del Ayuntamiento 1. (96 514 91 00. ○ Mo–Fr 9–14 Uhr.

Museo de Arte Contemporáneo (MACA)
Plaza Santa María 3. (96 521 31 56. ○ Di–Sa 10–20 Uhr, So 10–14 Uhr. ● 1., 6. Jan, 1. Mai, 25. Dez.

㉔ Illa de Tabarca

Alicante. **Karte** M10. von Santa Pola/Alicante. Santa Pola, 966 692 276.

Die kleine flache Insel, die man am besten von Santa Pola erreicht, gliedert sich in zwei Teile: *el campo* (das Land), ein steiniges, baumloses Gebiet, und die von Mauern umgebene Siedlung, in die drei Tore führen. Carlos III ließ den Ort im 18. Jahrhundert anlegen, um Piraten abzuschrecken.

Tabarca ist ideal zum Schwimmen und Schnorcheln und im Sommer oft voll.

Seit Langem lebt Santa Pola von Fisch und Salz. Ausgrabungen legten hier eine römische Anlage frei, die dem Einsalzen von Fischen diente. Außerhalb der Stadt befinden sich einige Salzpfannen.

㉕ Elche (Elx)

Alicante. **Karte** M10. 227 000.
Plaza Parque 3, 96 665 81 96. ○ Mo, Sa. Misteri d'Elx (11.–15. Aug). W visitelche.com

Den Wald aus 300 000 Palmen, der Elche (Elx) auf drei Seiten umgibt, sollen die Phönizier um 300 v. Chr. angelegt haben. Ein Teil davon, der **Huerto del Cura**, ist Privatgrund. Einige Palmen – darunter eine, deren Stamm sich in acht Arme teilt – sind bedeutenden Persönlichkeiten gewidmet, wie der Kaiserin Elisabeth von Österreich, die die Stadt 1894 besuchte.

Als erste Siedlung in diesem Gebiet entstand um 5000 v. Chr. La Alcudia, wo 1897 *La Dama de Elche* entdeckt wurde, die iberische Büste einer Priesterin (5. Jh. v. Chr.). Das Original befindet sich heute in Madrid.

Die Barockkirche **Basílica de Santa María** mit blauer Kuppel entstand im 17. Jahrhundert, um die **Misteri d'Elx** *(siehe S. 45)* aufzunehmen. Der gotische Turm **La Calahorra** nebenan ist Teil der Verteidigungsmauern.

Die Uhr auf dem Dach gleich neben dem Rathaus hat zwei mechanische Figuren (16. Jh.), die die Uhrzeit anzeigen.

Huerto del Cura
Porta de la Morera 49.
(96 545 19 36. ○ tägl.
W jardin.huertodelcura.com

La Calahorra
Calle Uberna 14. (96 665 82 43. ○ Di–Sa 10–14, 15–18, So 10–14 Uhr.

㉖ Orihuela

Alicante. **Karte** M11. 86 000.
Plaza Teniente Linares, 965 30 27 47. ○ Di. Moros y Cristianos (10.–17. Juli).
W orihuelaturistica.es

Im 15. Jahrhundert war Orihuela so wohlhabend, dass Fernando und Isabel auf dem Weg zur Schlacht gegen die Mauren hier Geld sammelten. In der gotischen **Kathedrale** mit romanischem Kreuzgang hängt Velázquez' *Versuchung des hl. Thomas von Aquin.* Ein Prozessionsfloß im **Museo San Juan de Dios** trägt die Figur eines weiblichen Teufels, *La diablesa* (17. Jh.).

Museo San Juan de Dios
Calle del Hospital. (96 674 31 54.
○ Di–So.

La diablesa, Orihuela

㉗ Torrevieja

Alicante. **Karte** M11. 102 000.
Paseo Vista Alegre, 96 570 34 33. ○ Fr. Habaneras (22.–30. Juli). W turismodetorrevieja.com

Torrevieja expandierte in den 1980er Jahren, als unzählige Europäer hier Immobilien erwarben. Vor dem Tourismus sorgte Meersalz für Einkommen. Die Salinen sind die produktivsten Europas und weltweit die zweitwichtigsten Anlagen. Torrevieja veranstaltet ein Habanera-Festival zu Ehren jenes Tanzlieds, das die Salzexporteure von Kuba mit zurückbrachten.

Capilla del Junterón, Murcia

28 Murcia

Murcia. **Karte** M11. 🏔 439 000. 🚂
🚌 🛈 Plaza de Belluga, Ayuntamiento, 968 35 86 00. 🚢 Do.
🎭 Semana Santa (Osterwoche).
🌐 turismodemurcia.es

Die Universitäts- und Hauptstadt der Region am Río Segura wurde 825 von den Mauren
gegründet, die die umliegende
fruchtbare Ebene geschickt
bewässerten.

Die Fußgängerzone Calle de
la Trapería, die die Kathedrale
mit dem früheren Marktplatz,
der Plaza Santo Domingo, verbindet, ist die wichtigste Straße der Stadt. Hier befindet sich
auch ein Herrenclub von 1847,
das **Casino**. In das Casino führt
ein arabischer Patio, der den
königlichen Gemächern der
Alhambra nachempfunden ist.
Den Ballraum mit Parkett-
boden erhellen fünf Kron-
leuchter. Ein Gemälde an der
Decke der Damentoilette stellt
die Göttin Selene dar.

Der Bau der **Kathedrale** begann 1394 über den Grund-
mauern von Murcias Moschee.
Sie wurde 1467 geweiht. Der
Turm entstand vom 16. bis
18. Jahrhundert. Die barocke
Hauptfassade schuf der Architekt Jaime Bort zwischen 1739
und 1754.

Schmuckstücke der Kathe-
drale sind zwei reich dekorierte
Kapellen. Die erste, die spätgotische Capilla de los Vélez,
wurde zwischen 1490 und
1507 errichtet, die zweite, die
Renaissance-Kapelle Capilla
del Junterón, zu Beginn des
16. Jahrhunderts.

Das **Museum der Kathedrale**
zeigt gotische Altarbilder, das
Relief eines römischen Sarko-
phags und Spaniens drittgrößte Monstranz.

Francisco Salzillo (1707 bis
1783), einer der größten Bildhauer Spaniens, wurde in Murcia geboren. In einem Museum
in der **Iglesia de Jesús** (17. Jh.)
befinden sich neun seiner
pasos, Skulpturen auf Sockeln.
Sie werden am Morgen des
Karfreitags durch die Straßen
getragen und wirken so lebendig, dass ein Bildhauerkollege
zu einem Mann, der einen
paso trug, scherzhaft gesagt
haben soll: »Setz ihn ab, er
geht von alleine weiter.«

Das **Museo Etnológico de la
Huerta de Murcia** steht etwa
sieben Kilometer außerhalb
von Murcia neben einem großen Wasserrad – einer Kopie
des ursprünglichen Rads
(15. Jh.). Die drei Räume zeigen Gegenstände aus Land-
wirtschaft und Haushalt und
ein traditionelles, strohgedeck-
tes Bauernhaus *(barraca)*.

🏛 **Casino**
Calle Trapería 18. 📞 968 21 53 99.
🕐 tägl. 10.30–19.30 Uhr. 🚫 ♿ 🚻

🏛 **Museo Etnológico**
de la Huerta de Murcia
Avda Principe, Alcantarilla. 📞 968
89 38 66. 🕐 Di–So. ⚫ Aug. ♿

29 Mar Menor

Murcia. **Karte** M11. ✈ San Javier.
🚂 bis Cartagena, dann Bus. 🚌 La
Manga. 🛈 La Manga, 968 14 61
36. 🌐 marmenor.net

Das lang gestreckte, hoch
gelegene Ferienzentrum La

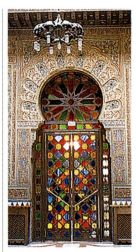

Patio des Casinos in Murcia

Manga entstand auf einer
langen, schmalen Landzunge,
die das Mittelmeer vom Mar
Menor, dem »Kleinen Meer«,
trennt. Mar Menor, eine große
Lagune, kann im Sommer bis
zu fünf Grad wärmer sein als
das Mittelmeer. Der hohe Mi-
neraliengehalt zog in den frühen 1920er Jahren Urlauber
an, die Liegekuren machten.
Sie logierten in den älteren
Orten Santiago de la Ribera
und Los Alcázares, an deren
Stränden noch hölzerne Molen
zu sehen sind. Sowohl von La
Manga als auch von Santiago
de la Ribera fahren Fähren zur
Isla Perdiguera, eine der fünf
Inseln im Mar Menor. Die alten
Salzgärten von Lo Pagán in der
Nähe von San Pedro del Pina-
tar werden heute im Naturpark
Clablanque geschützt. Hier findet man auch einsame Dünen
und Strände.

Der Ferienort Los Alcázares am Rand von Mar Menor

Hotels und Restaurants in Valencia und Murcia *siehe Seiten 567f und 591*

ılick auf die Kuppeln und Turmspitzen des Rathauses von Cartagena

⓾ Cartagena

/lurcia. **Karte** M11. 216 000. an Javier. Palacio :onsistorial, Plaza del Ayuntamiento , 968 12 89 55. Mi. Sema-a Santa (Osterwoche), Cartagine-es y Romanos (letzte 2 Wochen im ep). **cartagenaturismo.es**

)ie Karthager gründeten die ›rste Siedlung an Cartagenas laturhafen 223 v. Chr. und ›annten sie Quart Hadas. lach der Eroberung durch die ›ömer 209 v. Chr. wurde sie in :arthago Nova umbenannt.

Zwar schwand die Bedeu-ung der Stadt im Mittelalter, loch im 18. Jahrhundert wur-le sie zum Flottenstützpunkt.

Vom Park, der die Ruinen les **Castillo de la Concepción** ›mgibt, lassen sich das römi-che Theater und das **Museo lel Teatro Romano** einsehen.

Das Rathaus gegenüber ›ildet den Endpunkt der von chönen Häusern geprägten :alle Mayor. Ausgrabungen ›egten eine römische Straße ›nd die 589/90 errichtete **/luralla Bizantina** frei. Das **/luseo Nacional de Arqueolo-ıía Subacuática** zeigt römische ›nd griechische Amphoren.

Museo del Teatro Romano
laza del Ayuntamiento 9.
968 52 51 49.
teatroromanocartagena.org

Muralla Bizantina
:alle Doctor Tapia Martínez.
968 50 79 66. Di–Sa.

Museo Nacional de ›rqueología Subacuática
aseo Alfonso XII. 968 12 11 66.
Di–So. (Sa nachm., So frei).

㉛ Costa Cálida

Murcia. **Karte** M11. Murcia. Murcia. Plaza Antonio Cortijos, Águilas, 968 49 32 85. **murciaturistica.es**

Die beliebtesten Urlaubs-zentren an Murcias »Warmer Küste« liegen am Mar Menor. Zwischen Cabo de Palos und Cabo Tinoso gibt es schmale Strände neben den Klippen. Die südlichen Orte sind relativ ruhig. In Puerto de Mazarrón gibt es mehrere schöne Strände, im nahe gelegenen Bolnuevo formte der Wind seltsame Felsen. Der Ort Águilas ist der südlichste Punkt der Küste, an der Grenze zu Andalusien.

㉜ Lorca

Murcia. **Karte** L11. 93 000. Plaza de España 7, 968 44 19 14. Do. Semana Santa (Osterwoche), Feria (3. Woche im Sep), Día de San Clemente (23. Nov). **lorcaturismo.es**

Das Land um Lorca ist eine wahre Oase in einer der trockensten Regionen Europas. Lorca war eine wichtige Station an der Via Heraclea, wie der römische Kilometerstein an der Plaza San Vicente bezeugt.

In den Kriegen zwischen Mauren und Christen vom 13. bis zum 15. Jahrhundert war Lorca Frontstadt zwischen Al-Andalus und dem kastilischen Territorium von Murcia. Aus jener Zeit stammt das Kastell, von dessen 35 Türmen zwei überdauerten. Nach dem Fall Granadas verlor die Stadt an Bedeutung, die Mauern wurden niedergerissen. 2011 richtete ein Erdbeben schwere Schäden in Lorca an, vor allem an der Burg, die nun aber restauriert ist und als Parador dient.

Lorcas Zentrum bildet die Plaza de España. Eine Seite flankiert die 1533–1704 erbaute Kirche **Colegiata de San Patricio**. Am Kopf des Platzes befindet sich das Rathaus. Es bestand ursprünglich aus zwei Gebäuden, die später durch einen Bogen über die Straße verbunden wurden.

㉝ Caravaca de la Cruz

Murcia. **Karte** L10. 26 000. Calle de las Monjas 17, 968 70 24 24. Mo, 3. So im Monat (Kunsthandwerk). Vera Cruz (1.–5. Mai). **caravaca.org**

Caravaca de la Cruz hat viele alte Kirchen, berühmt ist das großartige Kastell mit dem **Santuario de la Vera Cruz**. An dieser Stelle soll 1231 – zwölf Jahre bevor die Christen einfielen – wie durch ein Wunder ein doppelarmiges Kreuz erschienen sein. Höhepunkt der Fiesta hier ist das Rennen der »Weinpferde«, das an den Widerstand gegen die Mauren erinnert. Das Kreuz wurde in Wein getaucht, den die Verteidiger tranken, woraufhin sie erstarkten.

Umgebung: **Moratalla** liegt etwas nördlich in den Ausläufern des Gebirges, das Murcias Westgrenze bildet. Ein Labyrinth aus steilen Gassen und Häusern in leuchtenden Farben verläuft unterhalb einer Burg (15. Jh.). In **Cehegín**, östlich von Caravaca, sind Teile des Stadtkerns (16./17. Jh.) erhalten.

Römischer Kilometerstein mit dem hl. Vinzenz, Lorca

MADRID

Madrid im Überblick

Die Hauptstadt Spaniens liegt fast genau im geografischen Mittelpunkt des Landes und ist zugleich zentraler Knotenpunkt des Straßen- und Schienennetzes. Aufgrund der Entfernung vom Meer und der relativen Höhenlage (667 Meter ü. d. M.) herrscht in der Drei-Millionen-Stadt Kontinentalklima mit heißen Sommern und kalten Wintern. Hauptsehenswürdigkeiten sind drei weltberühmte Kunstmuseen, ein Königspalast und herrliche Plätze. Die Stadt wird von der kleinen Provinz Comunidad de Madrid umschlossen, zu der die Sierra de Guadarrama und der grandiose Palast El Escorial gehören.

Der Palacio Real *(S. 280f)* beherrscht den westlichen Teil der Altstadt. Das monumentale Schloss der ersten Bourbonenkönige (hier der Thronsaal) ist äußerst prunkvoll ausgestattet.

PLAZA DE ESPAÑA

GRAN VÍA

PLAZA DEL CALLAO

GRA

CALLE DE BAILÉN

Altstadt
Seiten 272–285

PUERTA DEL SOL

PLAZA MAYOR

CALLE DE SEGOVIA

C

Die Plaza Mayor *(siehe S. 277)*, der imposante Hauptplatz der Altstadt, war einst der Ort von Stierkämpfen und Gerichtsprozessen der Inquisition *(siehe S. 278)* sowie öffentlicher Hinrichtungen. In der Mitte des Platzes erhebt sich ein Reiterstandbild Felipes III.

Provinz Madrid
Seiten 330–337

Buitrago del Lozoya

El Escorial

Torrelodones

Alcobendas

MADRID
siehe oben

Alcalá de Henares

Alcorcón

Getafe

Aranjuez

0 Kilometer   25

El Escorial *(siehe S. 334f)*, der mächtige, architektonisch äußerst strenge Klosterpalast Felipes II, enthält prächtig ausgestattete Räume mit herausragenden Kunstwerken. In den Marmorsarkophagen des Pantheons ruhen fast alle spanischen Monarchen seit Carlos I (1500–1558).

◀ **Palacio de Cibeles – prachtvoller Palast an der Plaza de Cibeles** *(siehe S. 290)*

Das Museo Thyssen-Bornemisza *(siehe S. 292f)*, eine der bedeutendsten privaten Kunstsammlungen der Welt, wurde 1993 an den spanischen Staat verkauft. In dem Palast (18. Jh.) sind Werke von Tizian, Rubens, Goya, van Gogh und Picasso zu bewundern.

0 Meter   500

Zur Orientierung

Die Plaza de Cibeles *(siehe S. 290)*, einen der schönsten Plätze der Stadt, säumen prächtige Bauten, darunter die Staatsbank (Banco de España) und der Palacio de Cibeles (früher Palacio de Comunicaciones, seit 2007 Sitz der Stadtverwaltung) mit seiner skulpturengeschmückten Fassade.

PLAZA DE COLÓN

PASEO DE RECOLETOS

PLAZA DE CIBELES   CALLE DE   ALCALÁ

Madrid der Bourbonen
Seiten 286–303

PLAZA DE CANOVAS DEL CASTILLO

PASEO DEL PRADO

ATOCHA

Im Parque del Retiro *(siehe S. 301)* gibt es baumbestandene Spazierwege, einen großen Bootsteich und mehrere imposante Denkmäler – der ideale Ort für eine kurze Pause zwischen dem Besuch der großen Kunstmuseen.

Das Museo del Prado *(siehe S. 296–299)* zählt zu den bedeutendsten Kunstmuseen der Welt und beherbergt u. a. herrliche Gemälde von Velázquez und Goya, deren Standbilder die Haupteingänge schmücken.

Das Museo Reina Sofía *(siehe S. 302f)* betritt man über gläserne Außenaufzüge. Höhepunkt der herausragenden Sammlung neuerer spanischer Kunst ist *Guernica*, Picassos Darstellung des Bürgerkriegs.

GOYA

Altstadt

Als Felipe II Madrid 1561 zur Hauptstadt des spanischen Reichs erkor, war es ein unbedeutendes kastilisches Städtchen. In den folgenden Jahren entwickelte es sich zum Zentrum eines mächtigen Imperiums.

Der Stadtchronik zufolge wuchs die Stadt um eine maurische Festung herum, die Mohammed ben Abd al-Rahman am Río Manzanares gegründet hatte. Zwischen 1083 und 1086 fiel Mayrit, wie die Stadt auf Arabisch hieß, an Alfonso VI von Kastilien. Schmale Straßen und mittelalterliche Kirchen entstanden neben dem arabischen *alcázar*, der im 15. Jahrhundert einem gotischen Palast weichen musste. Als dieser im Jahr 1734 niederbrannte, ersetzten die Bourbonen ihn durch den heutigen Palacio Real.

Die Bevölkerung, bei der Ernennung zur Hauptstadt nicht einmal 20 000 zählend, hatte sich bis zum Ende des 16. Jahrhunderts mehr als verdreifacht. Nach den damals regierenden Habsburgern wurde die Stadt des 16. Jahrhunderts auch »Madrid der Österreicher« genannt. In jener Zeit entstanden viele der schönsten Klöster, Kirchen und Paläste. Im 17. Jahrhundert kam die weitläufige, prächtig gestaltete Plaza Mayor hinzu, die Puerta del Sol wurde zum Herzen und Verkehrsknotenpunkt nicht nur Madrids, sondern ganz Spaniens.

Sehenswürdigkeiten auf einen Blick

Historisches Gebäude
❾ Palacio Real *S. 280f*

Museum
⓮ Real Academia de Bellas Artes

Kirchen und Klöster
❷ Colegiata de San Isidro
❺ Iglesia de San Nicolás de Bari
❼ Catedral de la Almudena
❿ Monasterio de la Encarnación
⓭ Monasterio de las Descalzas Reales

Straßen, Plätze und Parks
❶ Puerta del Sol
❸ Plaza de la Villa
❹ Plaza Mayor
❻ Plaza de Oriente
❽ Campo del Moro
⓫ Plaza de España
⓬ Gran Vía

Restaurants in diesem Stadtteil
siehe S. 591f

Stadtplan *3, 4, 7*

◀ Brunnen auf dem Campo del Moro *(siehe S. 279)*   Zeichenerklärung *siehe hintere Umschlagklappe*

Im Detail: Altstadt

Das pulsierende Herz des alten Madrid liegt zwischen der Plaza de la Villa und der Puerta del Sol. Die Gegend ist reich an Geschichte und Sehenswürdigkeiten. Auf der zentralen Plaza Mayor, einem architektonischen Juwel und Vermächtnis der Habsburger *(siehe S. 62 – 65),* fanden die Prozesse und öffentlichen Hinrichtungen der Inquisition *(siehe S. 278)* statt. Einen Besuch verdienen auch die Colegiata de San Isidro und der Palacio de Santa Cruz. Erholen Sie sich zwischendurch in einem der malerischen Straßencafés, oder bummeln Sie über den Mercado de San Miguel.

❹ ★ **Plaza Mayor**
Dieser wunderschöne Platz aus dem 17. Jahrhundert gilt gemeinhin als Kern der Altstadt. Unter den Arkaden der umgebenden Häuser reihen sich Cafés und Geschäfte aneinander.

Der Mercado de San Miguel bietet in einem stilvollen Gebäude (19. Jh.) mit schmiedeeisernen Säulen vor allem Lebensmittel und Haushaltswaren.

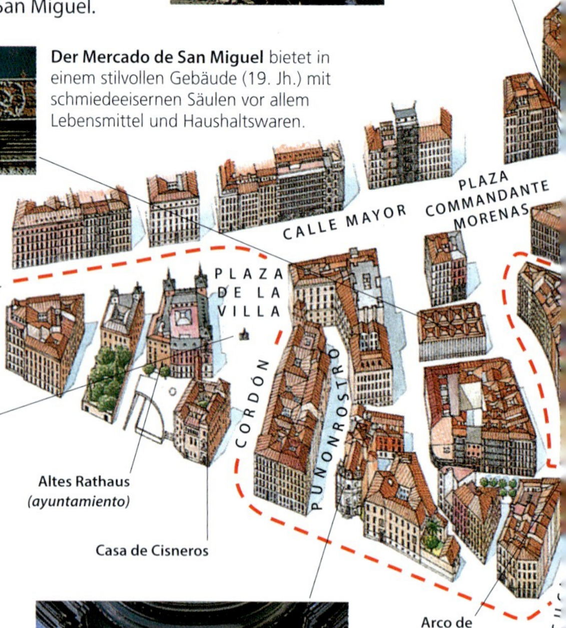

Zum Palacio Real

PLAZA DE LA VILLA

CALLE MAYOR

PLAZA COMMANDANTE MORENAS

CORDÓN

PUÑONROSTRO

Altes Rathaus *(ayuntamiento)*

Casa de Cisneros

Arco de Cuchilleros

❸ ★ **Plaza de la Villa**
Die massive Torre de los Lujanes (15. Jh.) ist das älteste erhaltene Gebäude an diesem Platz.

0 Meter   100

Die Basílica Pontificia de San Miguel (18. Jh.), ein imposantes Gotteshaus mit prächtiger Fassade und lichtem Innenraum, entstand (in Spanien die Ausnahme) im Stil des italienischen Barock.

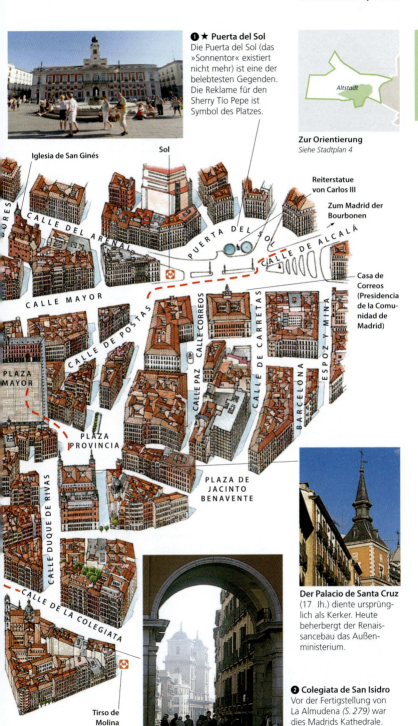

❶ ★ Puerta del Sol
Die Puerta del Sol (das »Sonnentor« existiert nicht mehr) ist eine der belebtesten Gegenden. Die Reklame für den Sherry Tío Pepe ist Symbol des Platzes.

Zur Orientierung
Siehe Stadtplan 4

Iglesia de San Ginés

Sol

Reiterstatue von Carlos III

Zum Madrid der Bourbonen

CALLE DEL ARENAL

PUERTA DEL SOL

CALLE DE ALCALÁ

Casa de Correos (Presidencia de la Comunidad de Madrid)

CALLE MAYOR

CALLE DE POSTAS

CALLE CORREOS

CALLE PAZ

CALLE DE CARRETAS

BARCELONA

ESPOZ Y MINA

PLAZA MAYOR

PLAZA PROVINCIA

PLAZA DE JACINTO BENAVENTE

CALLE DUQUE DE RIVAS

CALLE DE LA COLEGIATA

Tirso de Molina

Der Palacio de Santa Cruz
(17. Jh.) diente ursprünglich als Kerker. Heute beherbergt der Renaissancebau das Außenministerium.

❷ Colegiata de San Isidro
Vor der Fertigstellung von La Almudena (*S. 279*) war dies Madrids Kathedrale. Sie trägt den Namen des Stadtheiligen, eines Bauern aus dem 12. Jahrhundert.

Legende
— Routenempfehlung

Stadtplan Madrid *siehe Seiten 311–319*

Kilometer null, Knotenpunkt von Spaniens Straßennetz, Puerta del Sol

❶ Puerta del Sol

Stadtplan 4 F2. 🅼 Sol.

Verkehrsstau, Hupen und Pfiffe der Polizei waren lange charakteristisch für die Puerta del Sol, das Zentrum der Altstadt.

Heute ist der Platz bei deutlich reduziertem Verkehrsaufkommen einer der beliebtesten Treffpunkte Madrids. Er markiert die Stelle, an der einst ein Torhaus und ein Kastell den östlichen Zugang zur Stadt sicherten. Beide sind längst verschwunden. Gegen Ende des 19. Jahrhunderts entstand hier der heutige halbrunde Platz, auf dem ein imposantes Reiterstandbild von Carlos III thront. Die gerade Südseite dominiert ein Backsteinbau, der anfangs die Madrider Hauptpost beherbergte. Er wurde nach 1760 unter Carlos III errichtet und 1847 Sitz des Innenministeriums. Der Glockenturm kam 1866 dazu. Zur Zeit Francos *(siehe S. 70f)* war das Polizeigefängnis im Keller des

Gebäudes Schauplatz vieler Menschenrechtsverletzungen. 1963 stürzte Julián Grimau, ein Mitglied der verbotenen kommunistischen Partei des Landes, aus einem der oberen Fenster des Baus – angeblich ein Unfall. Wie durch ein Wunder überlebte er, wurde jedoch kurz darauf hingerichtet. Heute hat hier die Regionalregierung Madrids ihren Sitz. Zu Silvester strömen die Madrilenen auf den Platz und essen, einem alten Brauch entsprechend, bei jedem Glockenschlag eine Traube – das soll für das neue Jahr Glück und Gesundheit bringen. Vor dem Gebäude ist eine Platte in den Boden eingelassen, die den Kilometer null des spanischen Straßennetzes markiert. In dem im Halbrund errichteten Gebäude auf der gegenüberliegenden Seite des Platzes befinden sich Geschäfte und Cafés. An der Ostseite des Platzes steht eine Bronzestatue des Symbols von Madrid: ein Bär mit einem *madroño* (Erdbeerbaum). Unübersehbar ist auch der 2009 eröffnete Zugang aus Glas und Metall zur Metro- und Cercanías-Station.

Die Puerta del Sol erlebte viele historische Ereignisse. Am 2. Mai 1808 begann hier der Aufstand gegen die französische Besatzung, die Menschenmenge kam jedoch gegen die Truppen nicht an *(siehe S. 67)*. 1912 wurde der liberale Premierminister José Canalejas auf dem Platz ermordet. 1931 wurde vom Balkon des Innenministeriums aus die Zweite Republik *(siehe S. 69)* ausgerufen.

Bronzebär und Madrider Erdbeerbaum, Puerta del Sol

❷ Colegiata de San Isidro

Calle Toledo 37. **Stadtplan** 4 E3. 🅲 91 369 20 37. 🅼 La Latina, Tirso de Molina. 🕐 tägl. 7.30–13, 18–21 Uhr.

San Isidro wurde Mitte des 17. Jahrhunderts im Stil des spanischen Barock *(siehe S. 29)* für die Jesuiten errichtet. Bis zur Fertigstellung der Kathedrale La Almudena *(siehe S. 279)* diente das Gotteshaus als Hauptkirche Madrids. Nach der Vertreibung der Jesuiten aus Spanien (1767) wurde Ventura Rodríguez beauftragt, den Innenraum neu zu gestalten. Die Kirche wurde dem Schutzpatron Madrids geweiht, 1769 überführte man die Gebeine des Heiligen aus der Iglesia de San Andrés hierher. Unter Fernando VII (1814–1833) fiel San Isidro wieder an die Jesuiten.

Altar in der Colegiata de San Isidro

❸ Plaza de la Villa

Stadtplan 4 D3. 🅼 Ópera, Sol.

Die bereits häufig restaurierte Plaza de la Villa mit ihren historischen Bauten zählt zu den schönsten Plätzen Madrids. Das älteste Gebäude ist die Torre de los Lujanes (frühes 15. Jh.) mit ihrem gotischen Portal und den hufeisenförmigen Bogen im Mudéjar-Stil. François I von Frankreich wurde nach seiner Niederlage in der Schlacht von Pavia 1525 hier gefangen gehalten. Die Casa de Cisneros wurde 1537 für den Neffen des Kardinals Cisneros errichtet, den Gründer der Universität von Alcalá

Portal der Torre de los Lujanes

(siehe S. 336f). Die platereske Hauptfassade zur Calle del Sacramento ist ein wunderschönes Beispiel für diesen spätgotischen Schmuckstil *(siehe S. 28)*.

Eine Brücke verbindet die Casa de Cisneros mit dem früheren Rathaus, das Juan Gómez de Mora, der Architekt der Plaza Mayor, nach 1640 entwarf. Es greift die Steildächer mit Mansardenfenstern, Ecktürmen und strengen Fassaden der Casa de Cisneros auf. Bis zur Fertigstellung mehr als 30 Jahre später kamen dann noch die üppigen Barockportale hinzu. Juan de Villanueva, der Baumeister des Prado *(siehe S. 296–299)*, setzte später einen Balkon davor, damit die königliche Familie die Fronleichnamsprozession bequem von oben beobachten konnte.

❹ Plaza Mayor

Stadtplan 4 E3. 🚇 Opera, Sol, Tirso de Molina.

Den wundervollen rechteckigen Platz säumen imposante Häuser mit Portikus, Balkonen und steilen Schieferdächern mit Mansardenfenstern. In seiner architektonischen Geschlossenheit wirkt er sehr kastilisch. Er wurde als Bühne für bedeutende Ereignisse konzipiert und war Schauplatz von Stierkämpfen, Hinrichtungen und Prozessen der Inquisition *(siehe S. 278)*, denen Bürger wie auch die Monarchen beiwohnten.

Die erste öffentliche Feier auf der Plaza Mayor war die Seligsprechung des Madrider Schutzpatrons Isidor 1621. Im selben Jahr wurde Rodrigo Calderón, Minister Felipes III, hier hingerichtet. Der bei der Bevölkerung verhasste Politiker schritt mit solcher Würde in den Tod, dass man in Spanien noch heute die Redewendung »stolz wie Rodrigo auf dem Schafott« kennt. Die grandiosesten Feierlichkeiten fanden 1760 bei der Ankunft Carlos' III aus Italien statt.

Der Bau an dem Platz begann 1617, nach zwei Jahren hatten stattliche Gebäude eine Armensiedlung ersetzt. Juan de Herrera hatte den Umbau des Platzes geleitet, ab 1617 setzte Juan Gómez de Mora die Arbeiten fort. Nach dem Brand von 1790 leitete Juan de Villanueva den Wiederaufbau

der Plaza. Auffälligster Teil der Arkadenbauten ist die Casa de la Panadería. Hier residiert heute die Zentrale des Fremdenverkehrsamts.

Das Reiterstandbild in der Mitte der Plaza Mayor stellt Felipe III dar, den Bauherrn des Platzes. Die Statue – von Giovanni de Bologna begonnen und von dessen Schüler Pietro Tacca 1616 fertiggestellt – wurde 1848 von der Casa de Campo *(siehe S. 306)* hierhersetzt. Heute säumen Cafés den Platz, sonntags findet ein Sammlermarkt statt. Auf der Südseite führt die Calle de Toledo zum berühmten Flohmarkt Rastro *(siehe S. 306)*. Über die Treppe an der südwestlichen Ecke gelangt man durch den Arco de Cuchilleros zur Calle de Cuchilleros, in der *mesones* (traditionelle Lokale) auf Gäste warten.

Allegorische Fresken an der Casa de la Panadería, Plaza Mayor

Stadtplan Madrid *siehe Seiten 311–319*

Spanische Inquisition

Als Begründer der spanischen Inquisition gelten die Katholischen Könige Fernando und Isabel. Die Monarchen wollten durch diese Verfahren die Reinerhaltung des katholischen Glaubens in Spanien durchsetzen wollten. Angeklagt waren protestantische Ketzer und »falsche Konvertiten«, die vom jüdischen oder muslimischen zum katholischen Glauben übergetreten waren. Seit 1478 war die Inquisition in Spanien eine staatliche Einrichtung unter einem Großinquisitor. Inquisitionsprozesse liefen offiziell ähnlich wie Gerichtsverfahren ab, jedoch erfuhr der Angeklagte weder die genauen Anklagepunkte, noch durfte er einen Rechtsbeistand haben. Folterungen, um Geständnisse zu erzwingen, waren an der Tagesordnung. Das Urteil lautete meist Kerker oder Tod auf dem Scheiterhaufen, durch Enthauptung oder Hängen.

Ein Häretiker vor dem Monarchen: letzte Chance zum Widerruf und zur Konvertierung.

Ein Verurteilter, der den roten *sanbenito* tragen muss, wird abgeführt.

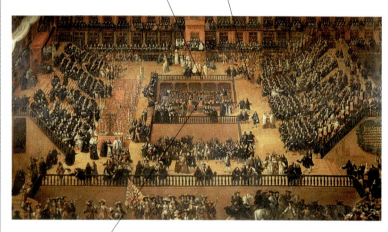

Wer kein Geständnis ablegte, wurde öffentlich verurteilt und noch am selben Abend hingerichtet.

Autodafé auf der Plaza Mayor
Das Gemälde Francisco Rizis (1683) zeigt ein Ketzergericht oder Autodafé – wörtlich »Glaubensakt« – auf Madrids Hauptplatz am 30. Juni 1680. Anders als im übrigen Europa war die Inquisition in Spanien staatlich. Den Vorsitz führte der Monarch (hier Carlos II mit Gemahlin).

Folterungen wurden oft angewandt, um den Angeklagten ein Geständnis abzupressen. Die Darstellung aus dem frühen 19. Jahrhundert zeigt einen Folterknecht bei der Arbeit.

Goyas *Geißlerprozession* (um 1812) verdeutlicht den bleibenden Einfluss der Inquisition. Die hohen konischen Hüte der reuigen Sünder gleichen jenen, die Ketzer bei den Inquisitionsprozessen tragen mussten. Sie sind bis heute bei Osterprozessionen *(siehe S. 42)* in ganz Spanien zu sehen.

❺ Iglesia de San Nicolás de Bari

Plaza de San Nicolás 1. **Stadtplan** 3
C2. 📞 91 559 40 64. 🚇 Ópera.
🕐 Mo 8.30–13, 17.30–20.30 Uhr,
Di–Sa 8.30–9.30, 18.30–20.30,
So, Feiertage 10–13.45, 18.30–
20.45 Uhr.

Der Backsteinturm der urkund-
lich erstmals im Jahr 1202 er-
wähnten Kirche gilt als ältester
erhaltener Sakralbau Madrids.
Er stammt vermutlich aus dem
12. Jahrhundert, ist im Mudéjar-Stil errichtet und könnte
einst als Minarett einer maurischen Moschee gedient haben.

❻ Plaza de Oriente

Stadtplan 3 C2. 🚇 Ópera.

Um vom Schloss aus einen
schöneren Ausblick zu haben,
ließ Joseph Bonaparte während seiner Regierungszeit
(siehe S. 67) die Gebäude östlich des Palacio Real *(siehe
S. 280f)* abreißen und diesen
Platz anlegen. Auf dem der
Plaza de Oriente zugewandten
Balkon des Schlosses nahmen
nach ihm noch viele Könige
und Diktatoren die Huldigung
der Massen entgegen. Die
zahlreichen Statuen ehemaliger Regenten sollten eigentlich
das Dach des Palasts schmücken, erwiesen sich jedoch als
zu schwer. Das Reiterstandbild
Felipes IV in der Mitte des
Platzes schuf Pietro Tacca. Dem

Felipe IV – Reiterstandbild von
Pietro Tacca, Plaza de Oriente

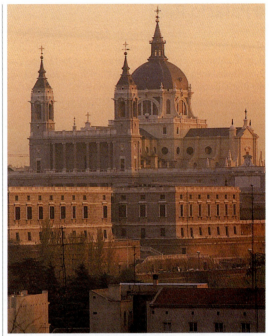

Blick auf die Catedral de la Almudena und den Palacio Real

Schloss gegenüber erhebt sich
das eindrucksvolle Teatro Real
oder Teatro de la Ópera, das
Isabel II 1850 eröffnete.

❼ Catedral de la Almudena

Calle Bailén 8–10. **Stadtplan** 3 C2.
📞 91 542 22 00. 🚇 Ópera.
🕐 tägl. 9–20.30 Uhr (Juli, Aug:
10–21 Uhr). **Museum, Kuppel**
🕐 Mo–Sa 10–14.30 Uhr. 🖼 ♿
🌐 catedraldelaalmudena.es

Die 1879 begonnenen Arbeiten an La Almudena gingen
nur zäh voran. Erst nach über
100-jähriger Bauzeit konnte
Madrids neue Kathedrale geweiht werden. Die Krypta ziert
ein Bildnis der Virgen de la
Almudena (16. Jh.). Die neugotische, grauweiße Fassade
ähnelt der des Palacio Real.
2004 heirateten in der Kathedrale Prinz Felipe (heute König
Felipe VI) und Letizia Ortiz.

Ein Stück die Calle Mayor
hinunter sind archäologische
Ausgrabungsarbeiten an den
Überresten von Madrids Stadtmauern im Gange.

❽ Campo del Moro

Stadtplan 3 A2. 📞 91 454 87 00.
🚇 Príncipe Pío. 🕐 Apr–Sep:
tägl. 10–20 Uhr; Okt–März:
tägl. 10–18 Uhr. ⬤ 1., 6. Jan, 1.,
15. Mai, 12. Okt, 9. Nov, 24., 25.,
31. Dez. 🌐 patrimonionacional.es

Von diesem hübschen Park,
der vom Ufer des Río Manzanares steil aufsteigt, bietet sich
eine herrliche Aussicht auf den
Palacio Real *(siehe S. 280f)*.

Die Anlage blickt auf eine
bewegte Geschichte zurück.
Im Jahr 1109 lagerte hier eine
maurische Armee – daher der
Name. Später fanden an derselben Stelle Ritterturniere
statt, im 19. Jahrhundert
nutzten Adelige den Park zum
Spielen. Etwa um diese Zeit
wurde er im Stil eines englischen Gartens angelegt – mit
Wiesen und Waldflächen, Fuß-
wegen, Brunnen, Statuen und
Staffagebauten.

1931, während der Zweiten
Republik *(siehe S. 69)*, wurde
der Park der Öffentlichkeit zugänglich, unter Franco wieder
geschlossen und im Jahr 1978
erneut geöffnet.

Stadtplan Madrid *siehe Seiten 311–319*

❾ Palacio Real

Madrids riesiges Schloss wurde als Repräsentativbau geplant. Nachdem eine jahrhundertealte Festung hoch über dem Río Manzanares 1734 abgebrannt war, ließ Felipe V an ihrer Stelle einen königlichen Palast errichten. 26 Jahre – die Regierungszeit zweier Bourbonenherrscher – dauerten die Bauarbeiten. Die opulente Ausstattung spiegelt den Geschmack von Carlos III und Carlos IV wider. Bis zur Abdankung Alfonsos XIII 1931 war das Schloss Wohnsitz der königlichen Familie. Der heutige Monarch Felipe VI lebt in dem bescheideneren Schlösschen La Zarzuela vor der Stadt und nutzt den Palacio Real nur zu Staatsempfängen.

★ Speisesaal
Der prächtige Raum wurde 1879 ausgestattet. Die Kronleuchter, Deckengemälde und Wandteppiche erinnern an die grandiosen Feste der Bourbonenkönige.

★ Porzellanzimmer
Wände und Decke dieses Raums ließ Carlos III vollständig mit Porzellanplatten aus der Buen-Retiro-Manufaktur auskleiden. In Weiß- und Grüntönen gehalten, zeigen sie Putten und Kranzornamente.

Erster Stock

Im Säulensaal, in dem festliche Bankette stattfanden, sind Bronzen aus dem 16. Jahrhundert und Büsten römischer Kaiser zu bewundern.

★ Gasparini-Salon
Üppige Rokoko-Chinoiserien zieren diesen Raum, benannt nach dem neapolitanischen Stuckateur. Im Vorraum sind das Deckengemälde, ein prächtiger Lüster und Goyas Bildnis Carlos' IV zu bewundern.

Legende
- ⬜ Ausstellungsräume
- ⬜ Eingangsbereich
- 🟨 Gemächer von Carlos III
- ⬜ Schlosskapelle
- ⬜ Gemächer von Carlos IV

Hotels und Restaurants in Madrid *siehe Seiten 568f und 591–593*

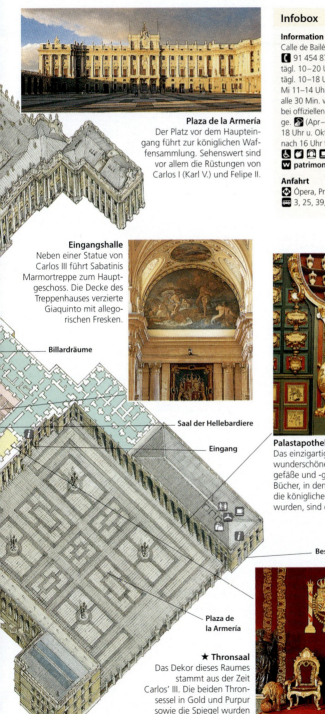

Plaza de la Armería
Der Platz vor dem Haupteingang führt zur königlichen Waffensammlung. Sehenswert sind vor allem die Rüstungen von Carlos I (Karl V.) und Felipe II.

Eingangshalle
Neben einer Statue von Carlos III führt Sabatinis Marmortreppe zum Hauptgeschoss. Die Decke des Treppenhauses verzierte Giaquinto mit allegorischen Fresken.

— Billardräume

— Saal der Hellebardiere

— Eingang

— Besucherzentrum

— Plaza de la Armería

Waffen-sammlung

Infobox

Information
Calle de Bailén. **Stadtplan** 3 C2.
📞 91 454 87 00. ⏰ Apr–Sep: tägl. 10–20 Uhr; Okt–März: tägl. 10–18 Uhr. **Wachablösung** Mi 11–14 Uhr (Wachwechsel alle 30 Min. vor dem Palast). ⬤ bei offiziellen Anlässen; Feiertage. 🎫 (Apr–Sep: Mi, Do nach 18 Uhr u. Okt–März: Mi, Do nach 16 Uhr für EU-Bürger frei).
♿ 🎫 📷 🖥
🔲 patrimonionacional.es

Anfahrt
🚇 Ópera, Principe Pio.
🚌 3, 25, 39, 148.

Palastapotheke
Das einzigartige Museum zeigt wunderschöne alte Apothekengefäße und -geräte. Auch die Bücher, in denen Rezepturen für die königliche Familie notiert wurden, sind erhalten.

★ Thronsaal
Das Dekor dieses Raumes stammt aus der Zeit Carlos' III. Die beiden Thronsessel in Gold und Purpur sowie die Spiegel wurden in der königlichen Glashütte La Granja gefertigt.

Eingang zum Convento de la Encarnación

⑩ Monasterio de la Encarnación

Plaza de la Encarnación 1. **Stadtplan** 4 D1. 🕿 91 454 88 00. Ⓜ Ópera, Santo Domingo. 🕐 Di–Sa 10–14, 16–18.30 Uhr, So 10–15 Uhr. ⬤ 1., 6. Jan, Ostern, 1. Mai, 27. Juli, 9. Sep, 9. Nov, 24., 25., 31. Dez. 🔲 (Mi, Do nach 16 Uhr frei für EU-Bürger). ♿ 📷 Ⓦ patrimonionacional.es

Den Augustinerkonvent plante der Architekt Juan Gómez de Mora, der auch die Plaza Mayor (siehe S. 277) entwarf, 1611 für Margarete von Österreich, die Gemahlin von Felipe III.

Das Kloster selbst, in dem nach wie vor Nonnen wohnen, erinnert mit seinen blauweißen Talavera-Fliesen und Bildnissen königlicher Gönner an ein altes Schloss.

Im Inneren befindet sich eine Kunstsammlung des 17. Jahrhunderts mit Werken von José de Rivera und Vicente Carducho sowie kolorierten Holzstatuen, darunter Cristo Yacente (Liegender Christus) von Gregorio Fernández.

Hauptattraktion des Konvents ist die Reliquienkapelle mit der von Carducho gemalten Kassettendecke. Neben Schädeln und Gebeinen mehrerer Heiliger soll eine Phiole das eingetrocknete Blut des heiligen Pantaleon enthalten. Angeblich verflüssigt es sich an jedem 27. Juli, dem Todestag des Heiligen. Sollte dieses »Wunder« ausbleiben, heißt

es, stehe Madrid eine furchtbare Katastrophe bevor. Die Kirche baute Ventura Rodríguez 1767 nach einem Brand wieder auf.

⑪ Plaza de España

Stadtplan 1 C5. Ⓜ Plaza de España.

Die Plaza de España liegt unweit der Jardines Sabatini und des Palacio Real (siehe S. 280f), sie ist einer der belebtesten Flecken Madrids. Im 18. und 19. Jahrhundert befand sich hier wegen der Nähe zum Palast auch eine Kaserne.

Sein heutiges Aussehen erhielt der Platz unter Franco (siehe S. 70f), als an seiner Nordseite das Edificio España (1948) errichtet wurde. Diesem gegenüber ragt die Torre de Madrid (1957) – von den Einheimischen liebevoll »La Jirafa« (die Giraffe) genannt – empor, die kurze Zeit den Titel des höchsten Betonbaus der Welt führen durfte. Der unumstrittenste schönste Teil der Anlage ist jedoch ihr Zentrum, das von

einem 1928 hier aufgestellten massiven Steinobelisken markiert wird. Davor erinnert ein Denkmal an den Dichter Miguel de Cervantes (siehe S. 337), dessen Romanfigur Don Quijote (siehe S. 398f) auf der treuen Rosinante reitet, während der pummelige Sancho Pansa auf seinem Esel neben ihm hertrottet. Zu seiner Linken sieht man Don Quijotes Angebetete, Dulcinea.

⑫ Gran Vía

Stadtplan 2 D5. Ⓜ Plaza de España, Santo Domingo, Callao, Gran Vía.

Die Gran Vía, eine der Hauptverkehrsadern der Stadt, wurde 1910 eingeweiht. Zwischen Planung und Eröffnung lagen mehrere Jahrzehnte, da zum Bau der »Großen Straße« zwischen Calle de Alcalá und Plaza de España viele Gebäude abgerissen und kleinere Straßen verlegt werden mussten. Der Straßenbau war so chaotisch, dass man daraus eine komische Oper machte – eine

Obelisk und Cervantes-Denkmal auf der Plaza de España

**Die Gran Vía säumen zahlreiche
Bauten aus den 1930er Jahren**

Zarzuela, wie die Kunstform der Stadt heißt *(siehe S. 324)*.

Heute bildet die Gran Vía die Hauptschlagader Madrids und ist – nach dringend nötigen Restaurierungsarbeiten – zu einem architektonischen Vorzeigeobjekt geworden.

Die interessantesten Gebäude gruppieren sich zur Calle de Alcalá hin um die korinthischen Säulen, Statuen und die Kuppel des Edificio Metrópolis *(siehe S. 288)*.

Ein Tempel mit Jugendstil-Mosaiken krönt die Hausnummer 1 der Gran Vía. Die meisten Gebäude hier tragen in den oberen Etagen kolonnadengeschmückte Galerien, Zeuge des katalanischen und aragonischen Erbes. Eine weitere Gemeinsamkeit sind die schmiedeeisernen Balkone und Steinmetzarbeiten. Beachten Sie die merkwürdigen Karyatiden von Nr. 12. In diesem Teil der Gran Vía liegen viele alte Läden.

An der verkehrsreichen Kreuzung Red de San Luis steht das Telefónica-Gebäude, der erste Wolkenkratzer der Stadt, der 1929 für Furore sorgte. Ab hier gibt es viele Kinos, Souvenirgeschäfte und Cafés.

Ein weiteres bemerkenswertes Jugendstil-Gebäude aus den 1930er Jahren, der Kinopalast Capitol mit Bingosaal, steht gegenüber der Metro-Station Callao, Ecke Calle Jacometrezo.

⓭ Monasterio de las Descalzas Reales

Plaza de las Descalzas 3. **Stadtplan** 4 E2. 🕻 91 454 88 00. Ⓜ Sol, Callao. ⭘ Di–Sa 10–14, 16–18.30 Uhr, So, Feiertage 10–15 Uhr. ◉ 1., 6. Jan, Ostern, 1. Mai, 9. Sep, 9. Nov, 24., 25., 31. Dez. 🎫 📷 (Mi, Do nach 16 Uhr für EU-Bürger frei). 🆆 patrimonionacional.es

Madrids bemerkenswertester Sakralbau – eines der wenigen erhaltenen Gebäude aus dem 16. Jahrhundert – besticht allein durch seine gediegene Fassade aus rotem Backstein und Granit.

Um 1560 verwandelte Doña Juana, die Schwester von Felipe II, den mittelalterlichen Palast in ein Konvent für Damen aus dem Hochadel. Der noblen Herkunft der Nonnen hat das Kloster überaus reiche Kunstschätze zu verdanken.

Im Treppenhaus blicken Felipe IV und seine Familie von einem gemalten Balkon herab; das Deckenfresko stammt von Claudio Coello. Die Stufen führen zu einem kleinen Kreuzgang, dessen Kapellen mit Kunstgegenständen ehemaliger Nonnen gefüllt sind. Die Hauptkapelle birgt das Grab von Doña Juana.

In der Sala de Tapices sind einige Wandteppiche zu be-

Kapelle im Monasterio de las Descalzas Reales

wundern, darunter einer, der 1627 für Felipes II Tochter Isabel Clara Eugenia gewebt wurde. Ein anderer, *Triumph der Eucharistie*, basiert auf Skizzen von Rubens. Das Kloster besitzt auch Gemälde von Brueghel, Tizian und Zurbarán.

Fray Pedro Machado (Zurbarán)

⓮ Real Academia de Bellas Artes

Calle Alcalá 13. **Stadtplan** 7 A2. 🕻 91 524 08 64. Ⓜ Banco de España, Gran Via, Sevilla, Sol. ⭘ Di–So 10–15 Uhr. ◉ 1., 6. Jan, 1., 30. Mai, 9. Nov, 24., 25., 31. Dez. 🎫 (Mi frei). 📷 ♿ 🆆 realacade miabellasartessanfernando.com

Schüler der königlichen Kunstakademie, die Churriguera im 18. Jahrhundert errichtete, waren spätere Meister wie Dalí und Picasso. In der Academia hängen Werke von Raffael und Tizian. Sehr gut repräsentiert sind spanische Künstler des 16. bis 19. Jahrhunderts, darunter Ribera, Murillo, El Greco und Velázquez. Ein Glanzpunkt der Sammlung ist Zurbaráns *Fray Pedro Machado*, ein typisches Beispiel für die Mönchsdarstellungen des Malers.

Goya, seinerzeit selbst Direktor der Akademie, ist ein eigener Raum gewidmet, in dem auch ein Bildnis des Manuel Godoy *(siehe S. 66)*, *Die Geißlerprozession (siehe S. 278)*, das bedrückende *Irrenhaus* und ein Selbstporträt von 1815 hängen.

Madrid der Bourbonen

stlich der Altstadt erstreckte sich einst der dyllische Bezirk Prado (»Wiese«), in dem die eldfrüchte für den Markt der Stadt wuchsen. m 16. Jahrhundert entstand hier ein Kloster, as die Habsburger später zu einem (nicht rhaltenen) Schloss ausbauten *(siehe S. 301)*. er ehemalige Schlossgarten ist heute als veitläufiger Parque del Retiro der Öffentchkeit zugänglich.

Die Bourbonenherrscher erweiterten die Stadt in diese Richtung und bauten um den Paseo del Prado prächtige Plätze mit Brunnen, einen Triumphbogen und das spätere Museo del Prado, eines der bedeutendsten Kunstmuseen der Welt. Weitere Attraktionen sind das Museo Nacional Centro de Arte Reina Sofía, das moderne spanische und internationale Kunst zeigt.

ehenswürdigkeiten auf einen Blick

istorische Gebäude

1 Hotel Ritz
2 Real Academia de la Historia
3 Teatro Español
4 Ateneo de Madrid
5 Congreso de los Diputados
6 Café Gijón
2 Estación de Atocha

luseen und Sammlungen

Museo Thyssen-Bornemisza S. 292f
Biblioteca Nacional de España
7 Museo Nacional de Artes Decorativas
8 Salón de Reinos
10 Museo del Prado S. 296–299
Casa Museo Lope de Vega
9 Museo Arqueológico Nacional
23 Museo Reina Sofía S. 302f

Denkmal

Puerta de Alcalá

Kirche

Iglesia de San Jerónimo el Real

Straßen, Plätze und Parks

2 Plaza de Cánovas del Castillo
4 Plaza de Cibeles
17 Plaza de Colón
18 Calle de Serrano
20 Parque del Retiro
21 Real Jardín Botánico

Stadtplan *5, 6, 7, 8*

Restaurants in diesem Stadtteil

siehe S. 592f

◀ **Denkmal für die Opfer der Anschläge von 2004, Parque del Retiro** *(siehe S. 301)*

Zeichenerklärung
siehe hintere Umschlagklappe

Im Detail: Paseo del Prado

Ende des 18. Jahrhunderts, noch bevor die großen Museen und Luxushotels eröffneten, wurde der Paseo del Prado angelegt. Er entwickelte sich bald zur Flaniermeile Madrids. Heute kennt man den Paseo vor allem seiner Museen und Kunstgalerien wegen. Die berühmtesten sind das Museo del Prado (direkt südlich der Plaza de Cánovas del Castillo) und das Museo Thyssen-Bornemisza, die beide herrliche Sammlungen besitzen. Weitere hier zur Regierungszeit Carlos' III entstandene Wahrzeichen Madrids sind die Puerta de Alcalá, die Fuente de Neptuno und die Fuente de Cibeles.

Den Paseo del Prado ließ Carlos III ähnlich der Piazza Navona in Rom anlegen, um ein Zentrum der Wissenschaften und Künste zu schaffen.

Das Edificio Metrópolis *(siehe S. 285)* entstand 1910 an der Ecke von Gran Vía und Calle de Alcalá. Die Fassade wirkt sehr pariserisch.

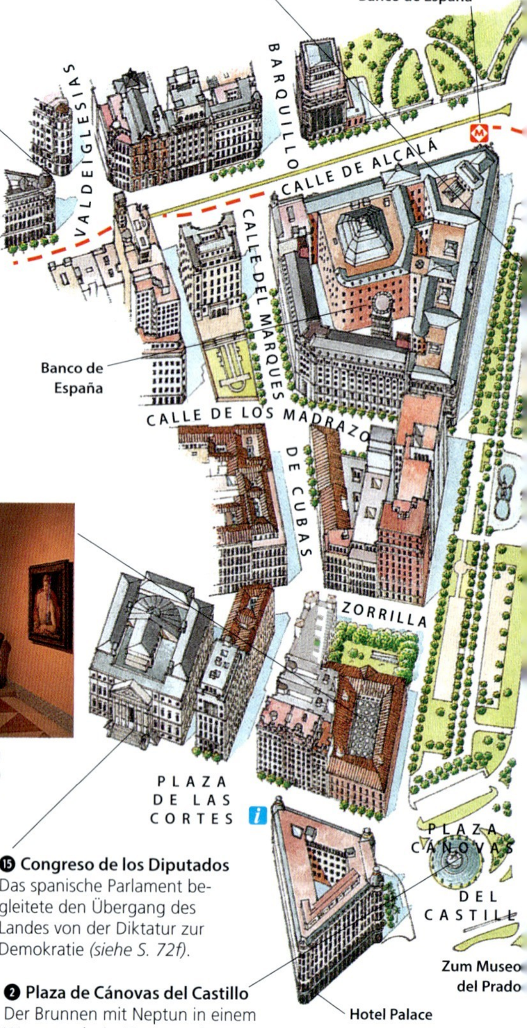

Banco de España

CALLE DE ALCALÁ

VALDEIGLESIAS

BARQUILLO

CALLE DEL MARQUES

CALLE DE LOS MADRAZO

DE CUBAS

ZORRILLA

❸ ★ **Museo Thyssen-Bornemisza**
Der Palacio de Villahermosa (1806) beherbergt diese exzellente Kunstsammlung.

❶⑤ **Congreso de los Diputados**
Das spanische Parlament begleitete den Übergang des Landes von der Diktatur zur Demokratie *(siehe S. 72f)*.

PLAZA DE LAS CORTES

PLAZA CÁNOVAS DEL CASTILLO

❷ **Plaza de Cánovas del Castillo**
Der Brunnen mit Neptun in einem Wagen steht im Zentrum des großen Platzes.

Zum Museo del Prado

Hotel Palace

0 Meter   100

❺ ★ Puerta de Alcalá
Wenn das einstige Stadt-
tor nachts mit Flutlicht
angestrahlt wird, leuchtet
der helle Granit.

Palacio de Linares

Palacio de Cibeles (Rathaus)

Zur Orientierung
Siehe Stadtplan 7, 8

Altstadt · Madrid der Bourbonen

❹ ★ Plaza de Cibeles
Eine Statue der Göttin Kybele
ziert den Brunnen auf diesem
Platz.

❼ Museo Nacional de Artes Decorativas
Das Museum nahe dem Par-
que del Retiro wurde 1912 als
Ausstellungsraum für Keramiken und Design gegründet.

❽ Salón de Reinos
Als Teil des riesigen Palacio
del Buen Retiro wird das
Gebäude als Erweiterung
des Prado dienen.

Casón del Buen Retiro
(siehe S. 297)

❶ Hotel Ritz
Das im Stil der Belle Époque
möblierte Ritz zählt zu den
vornehmsten Hoteladressen
Spaniens.

Das Monumento del Dos de Mayo erinnert an den
Befreiungskampf gegen
Frankreich *(siehe S. 67)*.

Legende

— Routenempfehlung

Stadtplan Madrid *siehe Seiten 311–319*

❶ Hotel Ritz

Plaza de la Lealtad 5. **Stadtplan** 7 C2. 🕿 91 701 67 67. Ⓜ Banco de España. ✉ ♿ 🅦 ritz.es

Das Ritz, nur einen Katzensprung vom Prado entfernt, gilt als Spaniens nobelstes Hotel. Es war eines der neuen Luxushotels, die Alfonso XIII anlässlich seiner Hochzeit im Jahr 1906 in Auftrag gegeben hatte, um seine Gäste angemessen unterbringen zu können. Alle Zimmer sind mit Teppichen aus der Real Fábrica de Tapices *(siehe S. 310)* ausgestattet. In den öffentlichen Bereichen ist korrekte Kleidung erwünscht.

Mit Beginn des Bürgerkriegs *(siehe S. 70f)* wurde das Hotel zu einem Lazarett umfunktioniert; hier erlag der Anarchistenführer Durruti 1936 seinen Verletzungen.

Die Fuente de Neptuno

❷ Plaza de Cánovas del Castillo

Stadtplan 7 C3. Ⓜ Banco de España.

Antonio Cánovas del Castillo (1828–1897), nach dem dieser Platz benannt ist, zählte zu den führenden Staatsmännern Spaniens *(siehe S. 68)*.

Der Platz wird geprägt von der Fuente de Neptuno, in deren Mitte der Meeresgott auf seinem zweispännigen Wagen steht. Ventura Rodríguez entwarf den Neptunbrunnen 1780 im Auftrag von Carlos III, der sich das Ziel gesetzt hatte, den Osten Madrids aufzuwerten.

Besucher bewundern die Werke im Museo Thyssen-Bornemisza

❸ Museo Thyssen-Bornemisza

Siehe S. 292f.

❹ Plaza de Cibeles

Stadtplan 7 C1. Ⓜ Banco de España. **Casa de América** 🕿 91 595 48 00. 🕐 Mo–Fr 9–15, 16–20 Uhr. ⬤ Aug. 📷 Sa, So 11, 12, 13 Uhr. 🅦 casamerica.es

Die Plaza de Cibeles ist zweifellos eine der bekanntesten und schönsten Sehenswürdigkeiten der spanischen Hauptstadt.

Im Zentrum der Verkehrsinsel am Schnittpunkt des Paseo del Prado mit der Calle de Alcalá steht die Fuente de Cibeles mit der Göttin Kybele, die auf einem Wagen thront. Die Entwürfe zu dem im Jahr 1782 aufgestellten Brunnen fertigten José Hermosilla und Ventura Rodríguez an.

Das eindrucksvollste Gebäude an dem Platz ist der **Palacio de Cibeles**, dessen Fassade an den Zuckerbäckerstil erinnert. Er entstand 1905–17 an der Stelle einer ehemaligen Grünanlage. Seit November 2007 dient der Prachtbau als Rathaus von Madrid, zudem ist hier das Kulturzentrum CentroCentro untergebracht.

An der Nordostseite des Platzes erhebt sich die Fassade des Palacio de Linares, den sich der Marquis von Linares nach der Rückkehr der Bourbonenfürsten 1875 errichten ließ. Das Gebäude stand kurz vor dem Abriss, als man es zur Casa de América umwandelte, in der regelmäßig Kunstausstellungen zu sehen sind. Genießen Sie einen Drink im schönen Le Cabrera *(siehe S. 593)*.

Die nordwestliche Ecke der Plaza de Cibeles wird vom ehemaligen Palacio de Buenavista markiert, den prächtige Parks umgeben und in dem heute das Verteidigungsministerium untergebracht ist. Der Palast wurde 1777 von der Herzogin von Alba in Auftrag gegeben, die hier einen Familiensitz einrichten wollte, doch verzögerten Brände die Bauarbeiten.

Den gesamten Block auf der gegenüberliegenden Seite nimmt die 1884–91 errichtete Banco de España ein. Dieses Gebäude zeigt deutlich den Einfluss der venezianischen Renaissance. Schmiedeeisernes Zierwerk schmückt Dach und Fenster. Längst überfällige Restaurierungsarbeiten gaben der Bank ihren alten Glanz zurück.

Die Fuente de Cibeles, dahinter der Palacio de Linares

Puerta de Alcalá auf der Plaza de la Independencia

❺ Puerta de Alcalá

Stadtplan 8 D1. 🚇 Retiro.

Der Triumphbogen ist das größte der Monumente, mit denen Carlos III den Osten Madrids aufwerten wollte. Er entstand nach Entwürfen von Francesco Sabatini (1722–1797) an der Stelle einer kleineren Barockpforte, die Felipe III zum Empfang seiner Gemahlin, Margarete von Österreich, hatte errichten lassen.

Die Bauarbeiten begannen 1769 und dauerten neun Jahre. Der klassizistische, fünfbogige Bau besteht aus Granit und weist ein imposantes Giebelfeld und jede Menge Skulpturenschmuck auf.

Noch Mitte des 19. Jahrhunderts stellte der Triumphbogen gleichzeitig die Ostgrenze der Stadt dar. Heute steht er an der verkehrsreichen Plaza de la Independencia und wird nachts angestrahlt.

❻ Biblioteca Nacional de España

Paseo de Recoletos 20–22. **Stadtplan** 6 D5. 📞 91 580 78 00. 🕐 Mo–Fr 9–21, Sa 9–14 Uhr. ⬤ Feiertage. 🎫 Di, Fr 17 Uhr, Sa 12 Uhr. 🚹 🌐 bne.es

Felipe V gründete die spanische Nationalbibliothek im Jahr 1712. Seither sind Drucker verpflichtet, ein Exemplar jedes in Spanien gedruckten Buchtitels an die Bibliothek zu senden.

Der Bestand umfasst heute rund 26 Millionen Publikationen sowie eine große Zahl an Karten, Partituren und Tonaufnahmen. Zu den Preziosen des Hauses gehören eine Erstausgabe des *Don Quijote* sowie zwei Handschriften von Leonardo da Vinci.

Das Museum beleuchtet die Geschichte der Bibliothek sowie die Entwicklung des Lesens und Schreibens.

❼ Museo Nacional de Artes Decorativas

Calle Montalbán 12. **Stadtplan** 8 D2. 📞 91 532 64 99. 🚇 Retiro, Banco de España. 🕐 Di–Sa 9.30–15 (Sep–Juni auch Do 17–20 Uhr), So 10–15 Uhr. ⬤ Feiertage. 🎫 (Do nachm., So frei). 🎫 So (außer Juli, Aug). 🌐 mnartesdecorativas.mcu.es

Zur Sammlung des Kunstgewerbemuseums in einem Palast des 19. Jahrhunderts gehören Keramiken, Möbel und Kunstobjekte. Die meisten Stücke stammen aus Spanien, einige sind aus phönizischer Zeit.

Sehenswert ist die Küche eines Herrenhauses (18. Jh.), deren Fliesen die damalige Hauswirtschaft illustrieren. Beachtung verdienen auch die wunderschönen Keramiken aus Talavera de la Reina *(siehe S. 390)* sowie die Schmuckstücke aus dem Fernen Osten.

❽ Salón de Reinos

Calle Méndez Núñez 1. **Stadtplan** 8 D2. 🚇 Retiro, Banco de España. ⬤ wegen Renovierung bis 2019.

Der Salón de Reinos (Saal der Königreiche) ist einer von zwei erhaltenen Teilen des Palacio del Buen Retiro aus dem 17. Jahrhundert. Der Salón hat seinen Namen von den Wappen der 24 Königreiche der spanischen Monarchie, die als Dekor die Innenräume schmücken. Unter Felipe IV wurde er für Empfänge genutzt.

Fassade des Salón de Reinos

❸ Museo Thyssen-Bornemisza

Den Grundstock dieses wunderbaren Museums bildet die Sammlung des Barons Heinrich Thyssen-Bornemisza und seines Sohnes Hans Heinrich, der die Kunstwerke 1992 in den Madrider Palacio de Villahermosa bringen ließ und sie im darauffolgenden Jahr dem Staat verkaufte. Die in den 1920er Jahren begonnene Kollektion illustriert die Geschichte der abendländischen Kunst von den Anfängen bis ins 20. Jahrhundert (Expressionismus und Pop-Art). Unter den rund 1000 Gemälden befinden sich Meisterwerke von Tizian, Goya, van Gogh und Picasso. Auch Thyssens Sammlung hauptsächlich impressionistischer Werke ist seit 2004 hier zu sehen. Das Museum gilt als eine der bedeutendsten Gemäldesammlungen der Welt.

★ *Madonna im Dornbusch* (um 1450)
Das winzige Tafelbild schuf der Brügger Maler Peter Christus. Der Buchstabe »A« in den Ästen steht für »Ave Maria«.

Hotel Room (1931)
Edward Hoppers Gemälde ist eine Studie urbaner Isolation. Die Koffer und der Fahrplan lassen die Einsamkeit jedoch befristet erscheinen.

Legende
- ☐ Erdgeschoss
- ☐ Erster Stock
- ☐ Zweiter Stock
- ☐ Wechselausstellungen
- ☐ Keine Ausstellungsfläche

Kurzführer
Die Ausstellungsräume gruppieren sich um einen Innenhof. Der Rundgang beginnt in der obersten Etage mit Werken früher italienischer Meister bis zum 17. Jahrhundert. Im ersten Stock werden u. a. niederländische Maler (17. Jh.) und deutsche Expressionisten präsentiert. Das Erdgeschoss ist der Malerei des 20. Jahrhunderts gewidmet.

★ *Harlekin mit Spiegel*
Das Harlekinmotiv taucht bei Picasso häufig auf. Dieses Gemälde aus dem Jahr 1923, das manchmal als Selbstporträt bezeichnet wird, ist typisch für Picassos klassische Periode.

Bildnis des Barons H. H. Thyssen-Bornemisza
Lucian Freud (1922–2011) porträtierte den Baron vor dem Hintergrund eines Bildes von Watteau.

Hotels und Restaurants in Madrid *siehe Seiten 568f und 591–593*

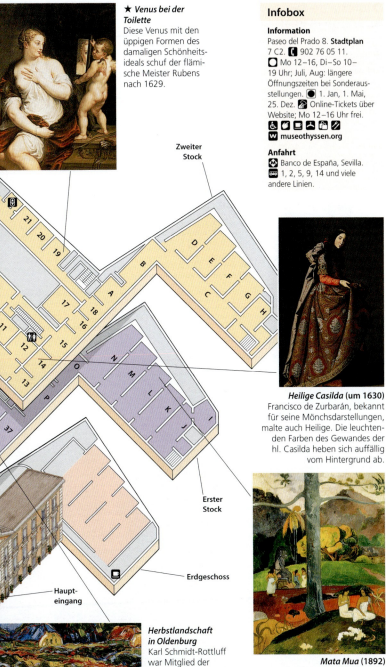

★ *Venus bei der Toilette*
Diese Venus mit den üppigen Formen des damaligen Schönheitsideals schuf der flämische Meister Rubens nach 1629.

Infobox

Information
Paseo del Prado 8. **Stadtplan** 7 C2. ☎ 902 76 05 11. ⊙ Mo 12–16, Di–So 10–19 Uhr; Juli, Aug: längere Öffnungszeiten bei Sonderausstellungen. ● 1. Jan, 1. Mai, 25. Dez. ☑ Online-Tickets über Website; Mo 12–16 Uhr frei. ♿ 🛍 📷 ⛔ 📷 ✏ ⓦ museothyssen.org

Anfahrt
🚇 Banco de España, Sevilla.
🚌 1, 2, 5, 9, 14 und viele andere Linien.

Zweiter Stock

Heilige Casilda (**um 1630**)
Francisco de Zurbarán, bekannt für seine Mönchsdarstellungen, malte auch Heilige. Die leuchtenden Farben des Gewandes der hl. Casilda heben sich auffällig vom Hintergrund ab.

Erster Stock

Erdgeschoss

Haupteingang

Herbstlandschaft in Oldenburg
Karl Schmidt-Rottluff war Mitglied der Künstlergemeinschaft »Die Brücke«, die 1905 in Dresden gegründet wurde. Zwei Jahre später malte er diese Landschaft.

Mata Mua (**1892**)
Gaugin malte das Bild während seines Aufenthalts auf den Marquesas-Inseln. Die farbenprächtige Darstellung des Insellebens gilt als eines seiner Hauptwerke.

Stadtplan Madrid *siehe Seiten 311–319*

❾ Iglesia de San Jerónimo el Real

Calle del Moreto 4. **Stadtplan** 8 D3. 91 420 30 78. Banco de España. Okt–März: Mo–Sa 9.30–14.30, 17.30–20 Uhr; Apr–Sep: Mo–Sa 9.30–14.30, 18–20 Uhr.

San Jerónimo wurde im 16. Jahrhundert für Königin Isabel errichtet und im 17. Jahrhundert an den Palacio del Buen Retiro angegliedert. Ursprünglich gehörte das Gotteshaus zu einem Hieronymitenkloster, von dem jedoch nur Ruinen erhalten sind. Kreuzgang und Teile des Atriums wurden in ein neues Gebäude des Prado integriert.

1906 fand hier die Trauung von Alfonso XIII und Victoria Eugenia von Battenberg statt. 1975 wurde hier Juan Carlos I zum König gekrönt.

Castizos **beim San-Isidro-Fest**

Madrids Fiestas

San Isidro *(15. Mai)*. Die Festlichkeiten um den 15. Mai ehren den hl. Isidor, einen Bauern aus dem 12. Jahrhundert, der zum Schutzpatron der Stadt wurde. Jeden Tag findet eine *corrida* (Stierkampf) statt; wer solch blutige Spektakel nicht mag, geht zu Open-Air-Konzerten und Kunstausstellungen. Viele Leute tragen die Madrider Tracht *(castizo)*.

Passionsspiel *(Ostersamstag)*, Chinchón. Auf der malerischen Plaza Mayor des Ortes wird ein Passionsspiel aufgeführt.

Dos de Mayo *(2. Mai)*. Vier Feiertage erinnern an das Jahr 1808, als sich Madrid gegen Napoléons Truppen erhob *(siehe S. 67)*.

Silvester. Das ganze Land blickt auf die Puerta del Sol *(siehe S. 276)*, an der um Mitternacht Massen zusammenkommen und bei jedem Glockenschlag eine Traube essen.

❿ Museo del Prado

Siehe S. 296–299.

⓫ Casa Museo Lope de Vega

Calle de Cervantes 11. **Stadtplan** 7 B3. 91 429 92 16. Antón Martín, Sevilla. Di–So 10–18 Uhr (nur nach Voranmeldung). Feiertage. obligatorisch. **casamuseolopedevega.org**

Félix Lope de Vega, führender Literat des Goldenen Zeitalters *(siehe S. 38)*, zog 1610 in diesen Bau, in dem er mehr als zwei Drittel seiner rund 1500 Stücke schrieb. Das 1935 restaurierte und mit Originalmöbeln ausgestattete Haus vermittelt einen guten Einblick in das kastilische Leben im frühen 17. Jahrhundert. Im Herzen des Gebäudes befindet sich eine Kapelle, deren einziges Fenster sich zum Schlafzimmer des Schriftstellers öffnet. Der Garten wurde mit Blumen und Obstbäumen bepflanzt, die Lope de Vega in seinen Büchern erwähnt. Er starb hier 1635.

Porträt von Félix Lope de Vega

Der große Maler Goya blickt auf den Prado

Die prächtige Fassade des Teatro Español

⑫ Real Academia de la Historia

Calle León 21. **Stadtplan** 7 A3. 📞 91 429 06 11. Ⓜ Antón Martín. 🅿 ⬤ für Besucher. 🌐 **rah.es**

Die Königliche Akademie für Geschichte ist in einem klassizistischen Gebäude untergebracht, das Juan de Villanueva 1788 entwarf. Die Lage im Dichterviertel (Barrio de las Letras) ist passend.

1898 wurde der Intellektuelle und Literat Marcelino Menéndez y Pelayo Direktor der Akademie und lebte hier, bis er 1912 starb. Die Bibliothek umfasst mehr als 200 000 Bände und Handschriften. Leider ist sie für Besucher nicht zugänglich.

⑬ Teatro Español

Calle del Príncipe 25. **Stadtplan** 7 A3. 📞 91 360 14 80. Ⓜ Sol, Sevilla. ⬤ Di–So ab 19 Uhr zu Aufführungen. 🅿 ♿ 🌐 **teatroespanol.es**

Schon 1583 wurde an dieser Stelle im Corral del Príncipe (dem offenen Innenhof einer Bruderschaft) Theater gespielt. Viele Stücke von Lope de Rueda und Calderón de la Barca erlebten hier ihre Uraufführung. 1802 wurde der Corral del Príncipe durch das Teatro Español ersetzt, das heute als eines der schönsten Theater Madrids die Plaza Santa Ana dominiert. Die klassizistische Fassade, auf der die Namen großer spanischer Dramatiker vermerkt sind, hat Juan de Villanueva entworfen.

⑭ Ateneo de Madrid

Calle del Prado 21. **Stadtplan** 7 B3. 📞 91 429 17 50. Ⓜ Antón Martín, Sevilla. ⬤ nach Vereinbarung: Mo–Fr 10–13 Uhr; **Bibliothek** Mo–Do 9–19.45, Fr 9–18.45 Uhr. ♿ 🌐 **ateneodemadrid.com**

Mit seinem Treppenhaus, den getäfelten Wänden und den vielen Mitgliederporträts erinnert der Sitz der 1835 gegründeten liberalen Gesellschaft an einen britischen Herrenclub. Neben Schriftstellern und anderen spanischen Intellektuellen gehören auch viele bedeutende Sozialisten dem Ateneo an, das – stets Pfeiler liberalen Gedankenguts – zur Zeit der Diktatur verboten war.

Fassadendetail am Ateneo de Madrid

⑮ Congreso de los Diputados

Plaza de las Cortes. **Stadtplan** 7 B2. 📞 91 390 65 25. Ⓜ Sevilla. ⬤ Sep–Juli: Mo–Do 9–14.30, 16–18.30, Fr 9–13.30 Uhr nach Anmeldung. 🅿 ♿ 🌐 **congreso.es**

Das eindrucksvolle Gebäude (Mitte 19. Jh.) beherbergt das spanische Parlament (»Cortes«) und fällt durch klassizistische Säulen und Tympana auf. Bronzelöwen bewachen den Eingang. 1981 hielten Oberst Tejero und über 200 Soldaten der Guardia Civil hier die Abgeordneten gefangen. Das Scheitern dieses Putschversuchs *(siehe S. 72)* galt als untrügliches Zeichen dafür, dass die Demokratie in Spanien endgültig Fuß gefasst hatte.

Bronzelöwe vor dem Parlament

⑯ Café Gijón

Paseo de Recoletos 21. **Stadtplan** 5 C5. 📞 91 521 54 25. Ⓜ Banco de España. ⬤ tägl. 7.30–13.30 Uhr. ♿ 🌐 **cafegijon.com**

In Madrids lebhaften Kaffeehäusern *(siehe S. 324f)* spielte sich seit der Zeit um 1900 bis zum Ausbruch des Bürgerkriegs ein Großteil des kulturellen Lebens der Stadt ab. Das Gijón hat als Einziges dieser geradezu legendären Literatencafés überlebt. Zwischen den schmiedeeisernen, cremeweiß lackierten Säulen treffen sich auch heute noch die Intellektuellen Madrids, um an altehrwürdigen marmornen Bistrotischen in Ruhe die politische und kulturelle Lage zu erörtern oder einfach nur einen Kaffee zu genießen.

Stadtplan Madrid *siehe Seiten 311–319*

⑩ Museo del Prado

Der Prado birgt einige der bedeutendsten Kunstschätze der Welt. Herausragend ist die Sammlung spanischer Meister, die den Zeitraum vom 12. bis zum 19. Jahrhundert nahezu lückenlos abdeckt. Juan de Villanueva entwarf den klassizistischen Bau 1785 im Auftrag Carlos' III, 1819 wurde das Museum eröffnet. Seit einigen Jahren sind umfassende Umbaumaßnahmen im Gang. In dem von Rafael Moneo gestalteten Gebäude mit Teilen des Jerónimos-Klosters sind Wechselausstellungen zu sehen. Der Casón del Buen Retiro dient nun als Forschungs- und Ausbildungszentrum des Prado.

★ **Velázquez-Sammlung**
Der Triumph des Bacchus (1629), Velázquez' erste mythologische Szene, zeigt Bacchus, den Gott des Weines, in einer Gruppe betrunkener Männer.

Zweiter Stock

Das Martyrium des hl. Philipp (um 1639)
Das Bild zeigt deutlich den Einfluss von Caravaggios Hell-Dunkel-Malerei auf den Maler José de Ribera.

Anbetung der Hirten (1612–14)
El Grecos Spätwerk zeigt den typischen Stil des großen Malers. Das ursprünglich für seine eigene Grabkapelle gedachte Bild entstand in seiner manieristischen Periode.

Erster Stock

Tickets

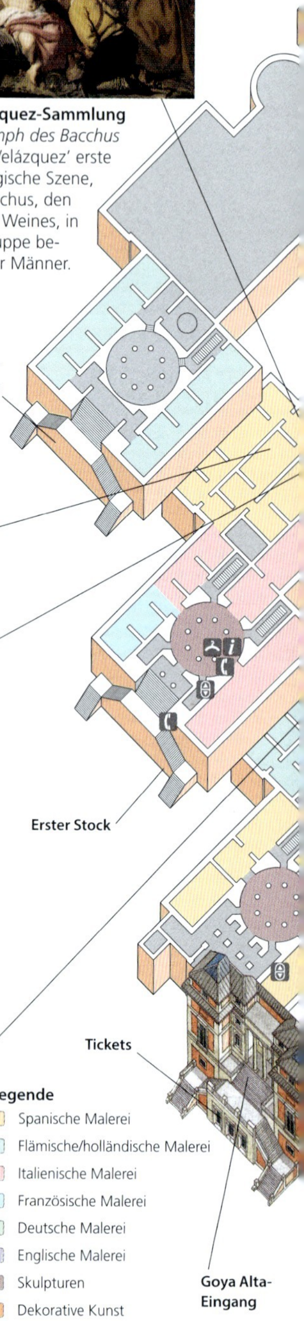

Legende

🟨	Spanische Malerei
🟦	Flämische/holländische Malerei
🟥	Italienische Malerei
🟦	Französische Malerei
🟩	Deutsche Malerei
🟪	Englische Malerei
⬜	Skulpturen
🟧	Dekorative Kunst
⬜	Keine Ausstellungsfläche

Goya Alta-Eingang

Der Garten der Lüste (um 1505)
Hieronymus Bosch, einer der Lieblingsmaler Felipes II, ist im Prado mit mehreren Werken vertreten. Dieses Triptychon zeigt den Weg vom Paradies zur Hölle.

Hotels und Restaurants in Madrid *siehe Seiten 568f und 591–593*

Die drei Grazien (um 1635)
Das Bild, eine der letzten Arbeiten von Rubens, gehörte zur Privatsammlung des flämischen Meisters. Die drei Frauen sind Töchter von Zeus, Allegorien der Liebe, Freude und Festlichkeit.

Infobox

Information
Paseo del Prado. **Stadtplan** 7 C3. 913 30 28 00.
Mo–Sa 10–20, So, Feiertage 10–19 Uhr (letzter Einlass 30 Min. vor Schließung).
1. Jan, 1. Mai, 25. Dez.
(frei: Mo–Sa ab 18, So ab 17 Uhr).
museodelprado.es

Anfahrt
Atocha, Banco de España.
10, 14, 19, 27, 34, 37, 45.

Erdgeschoss

★ Goya-Sammlung
Wegen der *Bekleideten Maja* und der *Nackten Maja* (beide um 1800) musste sich Goya vor der Inquisition verantworten.

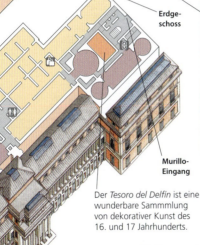

Murillo-Eingang

Der *Tesoro del Delfín* ist eine wunderbare Sammmlung von dekorativer Kunst des 16. und 17 Jahrhunderts.

Kurzführer
Die Dauerausstellung des Prado erstreckt sich über die drei Stockwerke des Villanueva-Gebäudes, wobei aufgrund fortdauernder Renovierung immer wieder mit temporärer Änderung der Hängung zu rechnen ist. Die Sammlung des Prado erreicht man über den Eingang »Goya Alta«, die Wechselausstellungen über den Jerónimos-Eingang.

Velázquez-Eingang

Verkündigung (um 1427)
Fra Angelicos Bild ist ein Meisterwerk der Frührenaissance, charakterisiert durch Architektur und Perspektive des Innenraums.

Casón del Buen Retiro
Jerónimos-Kloster
Unterirdischer Gang
Villanueva-Gebäude
CALLE DE MORETO
CALLE DE FELIPE IV
Jerónimos-Eingang
PASEO DEL PRADO

Prado-Umgestaltung
Das Jerónimos-Gebäude präsentiert Wechselausstellungen und Renaissance-Skulpturen. Zuletzt wird der *Salón de Reinos (siehe S. 291)* dem Prado angegliedert.

■ Museumsgebäude

Überblick: Museo del Prado

Fast alle Kunstschätze des Prado stammen aus den königlichen Sammlungen. Der Reichtum an ausländischen Werken belegt die historische Macht der spanischen Krone *(siehe S. 62–67)*. Die Niederlande und Teile Italiens etwa standen jahrhundertelang unter spanischer Vorherrschaft. Der Prado verdient mehrere Besuche; ist Ihr Zeitplan begrenzt, sollten Sie zumindest die Werke der großartigen spanischen Maler des 17. Jahrhunderts besichtigen.

Saturn verschlingt seine Kinder (1820–23), Francisco de Goya

Der heilige Dominikus von Silos von Bartolomé Bermejo

Spanische Malerei

Bis ins 19. Jahrhundert hinein konzentrierte sich die spanische Malerei auf religiöse und höfische Inhalte. Dies bedeutete eine gewisse Einschränkung, eröffnete Spaniens Kunst aber auch neue Entfaltungsmöglichkeiten.

Das frühe Mittelalter ist im Prado eher spärlich repräsentiert, doch gibt es einige besonders aussagekräftige Werke, wie den Freskenzyklus aus der Eremitage de la Cruz von Maderuelo, den romanische Schwere und eine gewisse Stärke prägen.

Bartolomé Bermejo und Fernando Gallego vertreten die spanische Gotik. Ihr realistischer Zugriff orientiert sich an flämischen Meistern.

Anfänge der Renaissance sind in den Arbeiten von Malern wie Pedro de Berruguete aus Paredes de Nava erkennbar, dessen *Autodafé* zugleich abstößt und fasziniert. *Die heilige Katharina* von Fernando Yáñez de la Almedina zeigt unverkennbar den Einfluss Leonardo da Vincis, für den Yáñez wohl gearbeitet hat.

Was wir heute als typisch spanischen Stil bezeichnen – emotionsgeladene, düster erscheinende Szenen –, kommt erstmals im 16. Jahrhundert in den Arbeiten der spanischen Manieristen zum Ausdruck. Pedro Machucas ergreifende *Kreuzabnahme* und die Madonnenfiguren von Luis de Morales (»El Divino«) zeigen dies prägnant.

Morales' manieristische Überlängung der Figuren führte Domenikos Theotokopoulos, besser bekannt als El Greco *(siehe S. 395)*, fort. Obwohl die meisten Bilder in El Grecos Wahlheimat Toledo *(siehe S. 394–396)* blieben, besitzt der Prado einige Meisterwerke aus seiner Hand, darunter den berühmten *Edelmann*.

Ihre Blüte erreichte die spanische Malerei im 17. Jahrhundert. José de Ribera, viele Jahre im damals spanischen Neapel ansässig, griff Caravaggios revolutionäre Hell-Dunkel-Malerei *(chiaroscuro)* auf, was seinen Werken eine eigene Realität verlieh. Ähnlich arbeitete Francisco Ribalta, dessen *Christus umarmt den heiligen Bernhard* hier hängt. Natürlich ist auch Zurbarán, einer der eigenwilligsten Maler der Epoche, mit wichtigen Werken vertreten.

Der zweifellos bedeutendste Maler des Goldenen Zeitalters *(siehe S. 64f)* war jedoch Diego Velázquez, der Hofmaler Felipes IV. Rund 30 Jahre arbeitete Velázquez für den spanischen König und schuf in dieser Zeit Porträts der Königsfamilie, aber auch religiöse Bilder und Gemälde mythologischen Inhalts. Sein wohl bekanntestes Werk ist *Las Meninas (siehe S. 36f)*.

Ein anderer großer spanischer Maler, Goya, prägte die Kunst des 18. Jahrhunderts. Zunächst auf Teppichkartons spezialisiert, stieg er bald zum Hofmaler auf. Später fing er in Darstellungen wie *Der 3. Mai in Madrid (siehe S. 66f)* die Gräuel des Krieges ein und schuf zuletzt eine Serie düsterer Schreckensvisionen.

Stillleben mit vier Vasen (um 1658–64) von Francisco de Zurbarán

Flämische und holländische Malerei

Die langjährige politische Bindung der Niederlande an Spanien *(siehe S. 64f)* führte auf der Iberischen Halbinsel zu einer Welle der Bewunderung für flämische Maler. Viele bedeutende Werke hängen heute im Prado, darunter *Die heilige Barbara* von Robert Campin und Rogier van der Weydens *Kreuzabnahme*. Besonderes Augenmerk gilt Hieronymus Boschs Visionen, die Felipe II sammelte. Der Prado besitzt viele seiner wichtigen Werke, wie *Der Garten der Lüste, Die Versuchungen des heiligen Antonius* und *Der Heuwagen. Der Triumph des Todes* von Pieter Brueghel d. Ä. ist eines der Werke des 16. Jahrhunderts.

Von Rubens sind fast 100 Gemälde zu bewundern, darunter die *Anbetung der Könige*. Das bemerkenswerteste holländische Bild stammt von Rembrandt: *Artemisia*, ein Porträt der Gattin des Meisters. Weitere flämische und holländische Maler im Prado sind Anton van Dyck und Jacob Jordaens, einer der besten Porträtmaler des 17. Jahrhunderts.

Italienische Malerei

Botticellis drei Tafelbilder zur *Geschichte des Nastagio Onesti*, nach Szenen von Boccaccios *Dekameron*, bilden den Höhepunkt der riesigen Sammlung italienischer Meister, um die so manches Museum den Prado beneidet. Die berühmten Tafelbilder wurden von

David besiegt Goliath (um 1600) von **Caravaggio**

zwei reichen florentinischen Familien in Auftrag gegeben und erzählen die dunkle, grausame Geschichte eines Ritters.

Von Raffael stammen eine wunderbare *Kreuztragung* und die idyllische *Heilige Familie mit dem Lamm. Die Fußwaschung* von Tintoretto belegt die Brillanz schon des jungen Malers bei der Darstellung der Perspektive, es zählt zu den bedeutendsten Werken der Sammlung Felipes IV.

Caravaggios Einfluss auf die spanische Malerei war immens. Vor allem seine Lichtführung, wie in *David besiegt Goliath* zu sehen, beeindruckte. Mit schönen Arbeiten vertreten sind die venezianischen Künstler Veronese und Tizian, der eine Weile als Hofmaler Carlos' I arbeitete. Kaum ein Bild verdeutlicht das Drama der Habsburger Herrschaft treffender als sein *Karl V. nach der Schlacht bei Mühlberg*. Ausgestellt sind auch Werke von Giordano und Tiepolo, dem Meister des italienischen Rokoko.

Die Kreuzabnahme (um 1435) von Rogier van der Weyden

Französische Malerei

Hochzeiten zwischen dem französischen und spanischen Hochadel im 17. Jahrhundert sowie die mit Felipe V *(siehe S. 66f)* begründete Bourbonenherrschaft brachten Spanien die französische Kunst nahe. Im Prado hängen acht Nicolas Poussin zugeschriebene herrliche Bilder, darunter *St. Cecilia* und *Landschaft mit dem heiligen Hieronymus.*

Beachtung verdienen auch Claude Lorrains *Einschiffung der heiligen Paola im Hafen von Ostia* sowie einige ausgezeichnete Bilder von Antoine Watteau und Jean Ranc. *Philipp V.* ist das Werk des Porträtmalers Louis-Michel van Loo.

Die heilige Cecilia (1627 – 28) von **Nicolas Poussin**

Deutsche Malerei

Deutsche Meister sind im Prado nicht sonderlich gut vertreten, doch findet man einige schöne Arbeiten von Albrecht Dürer, darunter seine klassischen Darstellungen von Adam und Eva. Dürers Selbstbildnis, das er mit 26 Jahren malte, ist zweifellos der Höhepunkt der kleinen, wiewohl feinen Sammlung deutscher Meister im Prado. Von Lucas Cranach gibt es Jagdbilder, von Hans Baldung ein Diptychon und von Anton Raphael Mengs (der am häufigsten vertreten ist) Porträts der königlichen Familie.

Römisches Mosaik im Museo
Arqueológico Nacional

⑰ Plaza de Colón

Stadtplan 6 D5. Ⓜ Serrano, Colón.
**Teatro Fernán Gómez Centro de
Arte** ☎ 91 436 25 40.
🅦 teatrofernangomez.com

Den großen, nach Christoph
Kolumbus (spanisch: Colón)
benannten Platz säumten
einstmals schöne Villen vor-
nehmlich des 19. Jahrhunderts.
Heute wird er von mächtigen
Bürotürmen aus den 1970er
Jahren überragt.

Im Palacio de Bibliotecas y
Museos an der Südseite sind
die Nationalbibliothek und das
Museo Arqueológico Nacional
untergebracht. Die dem
Paseo de la Castellana
gegenüberliegende Seite
prägen die unübersehbaren
Wolkenkratzer der
Heron Corporation.

Das eigentliche Wahr-
zeichen des Platzes sind
allerdings die beiden Denkmäler, die an den Entde-
cker der Neuen Welt er-
innern. Das ältere (und
schönere) ist eine neugo-
tische Säule aus dem Jahr
1885, die ein nach Westen
deutender Kolumbus krönt.
Am Sockel illustrieren Tafeln die bedeutendsten
Erlebnisse des Seefahrers.
Auf der anderen Seite des
Platzes steht das zweite,
modernere Monument
– vier große Zement-
blöcke mit Zitaten über
Kolumbus' Reise nach
Amerika *(siehe S. 61)*.

Unter dem belebten
Verkehrsknotenpunkt
erstreckt sich seit
1977 das weitläufige

Teatro Fernán Gómez
Centro de Arte. Die frü-
her als Centro Cultural
de la Villa bekannte Ein-
richtung trägt heute den
Namen des berühmten
Schauspielers und Autors
Fernán Gómez, der im
Jahr 2007 in Madrid
verstarb. Zu dem Kunst-
zentrum gehören auch
Ausstellungs- und Vor-
tragsräume, ein Café
sowie das Teatro Fernán
Gómez. Hier kann man
interessante Tanz- und Musikaufführungen erleben.

⑱ Calle de Serrano

Stadtplan 8 D1. Ⓜ Serrano.

Madrids vornehmste und beste
Einkaufsstraße ist nach Francisco Serrano y Domínguez,
einem Politiker des 19. Jahrhunderts, benannt. Sie verläuft
von der Plaza de la Independencia im Stadtteil Salamanca
nordwärts zur Plaza de la
República de Ecuador im
Stadtteil El Viso. In den schönen alten Wohnhäusern zu
beiden Seiten haben sich
noble Geschäfte eingemietet
(siehe S. 320–322). Mehrere Top-Couturiers Spa-
niens, darunter Adolfo
Domínguez und Purificación
García, haben ihre Bouti-
quen im nördlichen Teil der
Straße in der Nähe des ABC
Serrano *(siehe S. 321)* und
des Museo Lázaro Galdiano
(siehe S. 309). An der Calle
de José Ortega y Gasset
liegen Filialen von Mode-
machern wie Versace,
Gucci, Escada, Armani
und Chanel.

Weiter die Calle de
Serrano hinunter, unweit
der Metro-Station Serra-
no, findet man zwei Filia-
len von El Corte Inglés.
In der Calle de Claudio
Coello, die parallel zur
Calle de Serrano ver-
läuft, residieren altein-
gesessene, exklusive
Antiquitätengeschäf-
te, die die vornehme
Gesellschaft der
Gegend bedienen.

Kolumbus-Denkmal,
Plaza de Colón

⑲ Museo Arqueológico Nacional

Calle Serrano 13. **Stadtplan** 6 D5.
☎ 91 577 79 12. Ⓜ Serrano.
🚌 1, 9, 19, 51, 74. ⏰ Di–Sa
9.30–20, So 9.30–15 Uhr. ⏺
1., 6. Jan, 1. Mai, 24., 25., 31. Dez.
🅦 man.es

Das Archäologische Museum
wurde bis 2013 umfassend
renoviert und neu geordnet.
Viele Hundert Ausstellungsstücke aus vorgeschichtlicher Zeit
bis zum 19. Jahrhundert machen dieses 1867 von Isabel II
gegründete Museum zu einem
der sehenswertesten der
Stadt. Die Sammlung präsentiert vorwiegend Material, das
bei Ausgrabungen in Spanien
entdeckt wurde, doch sind
auch ägyptische, altgriechi-
sche und etruskische Artefakte
ausgestellt.

Zu den ältesten prähistorischen Funden gehören eine
Sammlung über die altandalu-
sische Kultur von El Argar *(siehe S. 52)* und antiker Schmuck
aus der Römersiedlung Numantia bei Soria *(siehe S. 381)*. Die
spanische Geschichte zwischen
römischer und Mudéjar-Periode
ist ein weiterer Schwerpunkt.
Dazu kommen Stücke iberi-
scher Kulturen, darunter die
beiden Skulpturen *Dama de
Elche (siehe S. 52)* und *Dama
de Baza*. Die römische Zeit ist
mit herrlichen Mosaiken vertreten; *Mönche und Jahreszeiten* aus Hellín (Albacete) ist nur
eines davon. Zu den schönsten
Stücken der westgotischen
Epoche zählt der sogenannte
Guarrazar-Schatz, eine Sammlung goldener Votivkronen
(7. Jh.) aus der Provinz Toledo.
Aus der islamischen Periode
stammen Keramiken (u. a. aus
Medina Azahara in Andalu-
sien), Bronze- und Metall-
gegenstände.

Unter den romanischen Ex-
ponaten findet man ein Elfenbeinkruzifix, das 1063 für Fernando I von Kastilien und León
und seine Gemahlin Doña San-
cha geschnitzt wurde, sowie
eine *Muttergottes mit Kind* aus
Sahagún.

⓴ Parque del Retiro

Stadtplan 8 E3. 📞 91 530 00 41. 🚇 Retiro, Ibiza, Atocha. ⏰ 6– 22 Uhr (Apr–Okt: bis 24 Uhr). ♿

Der Park in Madrids Nobelviertel Jerónimos ist nach dem königlichen Palastkomplex Felipes IV benannt, von dem jedoch lediglich der Casón del Buen Retiro und der Salón de Reinos (siehe S. 291) erhalten sind. Seit dem Jahr 1632 diente die Anlage als Privatpark der königlichen Familie und war Schauplatz von Ritterturnieren, Stierkämpfen und nachgestellten Seeschlachten. Im 18. Jahrhundert wurden zunächst Teile des Parks der Öffentlichkeit zugänglich gemacht, und 1869 fielen auch die letzten Schranken. Heute zählt der Parque del Retiro zu den beliebtesten Erholungsgebieten Madrids.

Vom Nordeingang führt eine schöne Allee zum Bootsteich, der auf einer Seite von der monumentalen Denkmalanlage für Alfonso XII (halbkreisförmige Säulenhalle und Reiterstandbild) aus dem Jahr 1901 überragt wird. Am gegenüberliegenden Ufer unterhalten Porträtmaler und Wahrsagerinnen das Publikum.

Südlich vom See stehen zwei höchst dekorative Bauten: der klassizistische Palacio de Velázquez (roter Backstein) und der Palacio de Cristal, die Velázquez Bosco 1883 bzw. 1887 errichtete.

Standbild des Bourbonenkönigs Carlos III im Real Jardín Botánico

⓵ Real Jardín Botánico

Plaza de Murillo 2. **Stadtplan** 8 D4. 📞 91 420 30 17. 🚇 Atocha, Banco de España. ⏰ tägl. 10 Uhr–Abenddämmerung. ⬤ 1. Jan, 25. Dez. 📷 ♿ 🌐 rjb.csic.es

Südlich vom Prado (siehe S. 296–299) verläuft der Königliche Botanische Garten. Seine Anlage wurde von Carlos III initiiert und 1781 von dem Botaniker Gómez Ortega und Juan de Villanueva, dem Architekten des Prado, realisiert. Während der Aufklärung erwachte reges Interesse an Pflanzen aus Südamerika und von den Philippinen. Bis heute bieten die sorgfältig gepflegten Beete einen faszinierenden Überblick über die Flora zahlreicher Regionen.

⓶ Estación de Atocha

Plaza del Emperador Carlos V. **Stadtplan** 8 D5. 📞 902 32 03 20. 🚇 Atocha RENFE. ⏰ tägl. 5–1 Uhr. ♿ 🌐 renfe.com

Die erste Madrider Bahnstrecke für Züge von Atocha nach Aranjuez wurde 1851 eingeweiht. 40 Jahre später entstand ein neuer Bahnhof, der in den 1980er Jahren einen Anbau erhielt. Im alten Teil, einer Glasund Eisenkonstruktion, befindet sich ein Palmengarten. Die Hochgeschwindigkeitszüge (AVE) u. a. nach Córdoba, Sevilla, Toledo, Málaga, Segovia und Barcelona werden in der neuen Halle abgefertigt. Das Landwirtschaftsministerium gegenüber ist mit Kuppeln und Statuen verziert (19. Jh.).

Eingang zum Bahnhof Estación de Atocha

Der monumentale Denkmalkomplex für Alfonso XII im Parque del Retiro

㉓ Museo Reina Sofía

Höhepunkt des Museums (offiziell: Museo Nacional Centro de Arte Reina Sofía) für die Kunst des 20. Jahrhunderts ist Picassos *Guernica*. Daneben finden sich hier bedeutende Werke von Künstlern wie Miró und Dalí. Die Sammlung ist im ehemaligen Stadtkrankenhaus (18. Jh.) untergebracht. Der Erweiterungsbau von Jean Nouvel (2005) vergrößerte die Ausstellungsfläche beträchtlich. Hier finden sich Räume für Wechselausstellungen, ein Café und einen Museumsladen.

Porträt II (1938)
Joan Mirós Werk enthält Elemente des Surrealismus, obwohl es mehr als zehn Jahre nach seiner surrealistischen Periode entstand.

Nouvel-Anbau

★ **Dame in Blau** (1901)
Picasso trennte sich von diesem Bild, nachdem es bei einem Wettbewerb nur lobend erwähnt wurde. Jahrzehnte später wurde es wiederentdeckt und vom Staat erworben.

Landschaft bei Cadaqués
Salvador Dalí stammte aus Figueres in Katalonien, besuchte jedoch öfter die Stadt Cadaqués an der Costa Brava *(siehe S. 221)*, wo er im Sommer 1923 auch diese Landschaft malte.

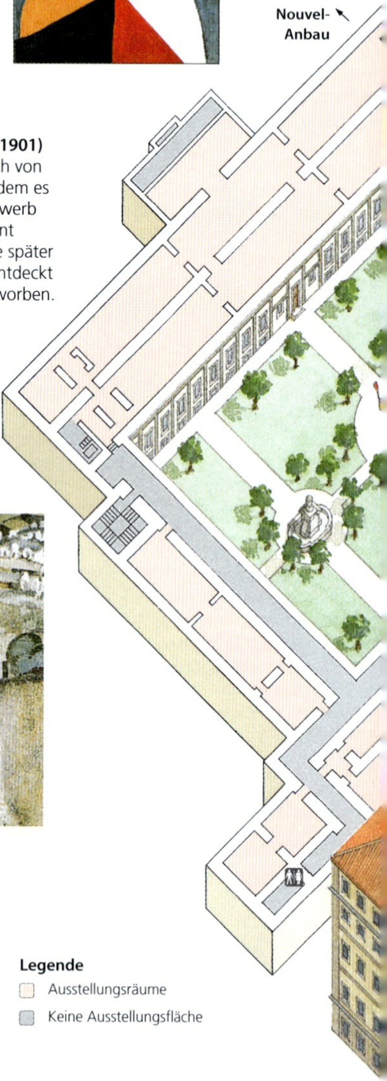

Legende

 Ausstellungsräume

☐ Keine Ausstellungsfläche

Unfall
Alfonso Ponce de Leóns Bild von 1936 nahm seinen Tod bei einem Verkehrsunfall im selben Jahr vorweg.

Hotels und Restaurants in Madrid *siehe Seiten 568f und 591–593*

★ *La Tertulia del Café de Pombo* (1920)
José Gutiérrez Solana zeigt ein Intellektuellen-
treffen *(tertulia)* in einem Madrider Café, das
heute nicht mehr existiert.

Infobox

Information
Calle Santa Isabel 52. **Stadtplan**
7 C5. 91 774 10 00.
Mo, Mi–Sa 10–21 Uhr,
So 10–19 Uhr. 1., 6. Jan,
1. Mai, 9. Nov, 24., 25., 31. Dez.
(Mo, Mi–Sa ab 19 Uhr, So
ab 13.30 Uhr frei).
museoreinasofia.es

Anfahrt
Atocha. 6, 14, 19, 27,
45, 55, 86.

Kurzführer
*Die Dauerausstellung ist im
Sabatini-Gebäude unterge-
bracht. Der Themenschwer-
punkt Colección 1 zeigt Arbeiten aus der Zeit von 1900 bis
1945, darunter Werke des Kubismus und des Surrealismus;
Colección 2 (4. Stock) umfasst
die Zeit von 1945 bis 1968 mit
Pop-Art, Minimalismus und
weiteren Richtungen. Colección
3 im Nouvel-Gebäude zeigt
Werke aus der Zeit von 1962
bis 1982.*

Glasaufzug

Eingang

Besucher vor dem monumentalen *Guernica*

★ Guernica
Picasso erhielt 1936 von der spanischen
Regierung den Auftrag, für die Weltausstellung in Paris 1937 ein Bild zu malen.
Nach dem Bombenangriff, den deutsche
Flugzeuge für die spanischen Nationalisten auf Gernika-Lumo *(siehe S.122f)* flo-
gen, änderte Picasso sein Konzept und
schuf dieses ergreifende Werk als Protest gegen den Bürgerkrieg. Bis 1981
hing das Bild in New York, da Picasso
nach der Machtübernahme Francos festgelegt hatte, es nur einem demokratisch
regierten Spanien zu überlassen.

Toki-Egin (Homenaje a San Juan de la Cruz) (1990)
Die in der Skulptur von Eduardo Chillida verarbeiteten Materialien (Holz, Eisen und Stahl) sollen Stärke ausdrücken.

Stadtplan Madrid *siehe Seiten 311–319*

Abstecher

Ein Teil der Sehenswürdigkeiten Madrids, darunter hochinteressante, aber wenig bekannte Museen, liegt abseits des Zentrums. Der verkehrsreiche Paseo de la Castellana, die Hauptachse der modernen Stadtviertel, wird von Bürohochhäusern gesäumt und unterstreicht die Rolle Madrids als dynamisches Wirtschafts- und Verwaltungszentrum. La Castellana grenzt an den Barrio de Salamanca, ein Nobelviertel mit exklusiven Boutiquen, das nach seinem Gründer, dem Marquis von Salamanca, benannt ist. In der Umgebung der Altstadt, vor allem in Malasaña und La Latina, ist die Atmosphäre allerdings authentischer. Sonntags drängen sich die Schnäppchenjäger in den engen alten Gassen auf dem Flohmarkt El Rastro. Wer Ruhe und Erholung von der Stadthektik sucht, findet sie westlich der Altstadt, jenseits des Río Manzanares, in dem weitläufigen Erholungsgebiet Casa de Campo mit seinen Pinienwäldern, einem Bootsteich, Vergnügungspark und Zoo.

Sehenswürdigkeiten auf einen Blick

Historische Gebäude
- **6** Templo de Debod
- **9** Palacio de Liria
- **16** Real Fábrica de Tapices

Kloster
- **5** Ermita de San Antonio de la Florida

Museen und Sammlungen
- **7** Museo de América
- **8** Museo Cerralbo
- **11** Museo de Historia de Madrid
- **12** Museo Sorolla
- **13** Museo Lázaro Galdiano

Straßen, Plätze und Parks
- **1** El Rastro
- **2** La Latina
- **3** Plaza de la Paja
- **4** Casa de Campo
- **10** Malasaña
- **14** Paseo de la Castellana
- **15** Plaza de Toros de Las Ventas
- **17** Parque de El Capricho

Legende
- ▦ Madrid Zentrum
- ▢ Parks und Freiflächen
- ▬ Autobahn
- ▬ Hauptstraße
- ⋯ Nebenstraße

0 Kilometer — 2

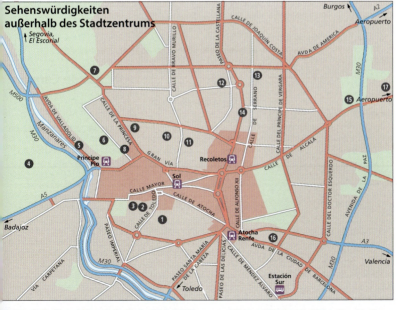

◀ **Fassade der Plaza de Toros de Las Ventas** *(siehe S. 310)*   **Zeichenerklärung** *siehe hintere Umschlagklappe*

❶ El Rastro

Calle Ribera de Curtidores. **Stadtplan** 4 E4. 🚇 La Latina, Tirso de Molina. 🕐 So, Feiertage 10–15 Uhr.

Madrids legendärer Flohmarkt
(siehe S. 320f), der sich von der
Plaza de Cascorro zum Río
Manzanares hin erstreckt, hat
seine Wurzeln im Mittelalter.
Das dichteste Gedränge
herrscht entlang der Calle
Ribera de Curtidores, der
»Gerberstraße«, an der einst
die Schlachthöfe und Gerbe-
reien der Stadt lagen.

Obwohl viele den Nieder-
gang des Rastro beklagen,
strömen außer Besuchern der
Stadt auch unzählige Madrilenen hierher, um mit den Ver-
käufern um Möbel, Bücher,
Bilder, Lederwaren oder Se-
condhand-Mode zu feilschen.
Das schier unerschöpfliche
Angebot von Trödel aller Art
macht einen Besuch des Rastro
zu einer lohnenden Beschäfti-
gung an einem Sonntag.

Die Calle de Embajadores,
die zweite Hauptstraße des
Marktes, führt an der staubigen Barockfassade der Iglesia
de San Cayetano vorbei, die
nach Entwürfen von José
Churriguera und Pedro de
Ribera entstand. Das im Bürgerkrieg ausgebrannte Kir-
cheninnere wurde inzwischen
sorgfältig restauriert.

Ein Stück weiter die Straße
hinunter liegt die ehemalige
Fábrica de Tabacos, die 1809
gegründet wurde und heute
als La Tabacalera ein großes
Kulturzentrum ist.

**Händler mit buntem Angebot auf
dem Flohmarkt El Rastro**

❷ La Latina

Stadtplan 4 D4. 🚇 La Latina.

Der Stadtteil La Latina bildet
zusammen mit dem benach-
barten Lavapiés das Herz des
alten *castizo*-Viertels, in dem
die Kultur der traditionellen
Arbeiterklasse – der echten
Madrilenen – noch am lebendigsten ist.

La Latina erstreckt sich von
der Plaza Puerta de Moros südwärts bis zu den Straßen, in
denen der Rastro stattfindet.
Zu beiden Seiten der steilen
Gassen von La Latina stehen
hohe, schmale Häuser, die
überraschend gut in Schuss
sind. Rund um die Plaza del
Humilladero gibt es eine Reihe
altmodischer Bars und Cafés.
Leider sind die östlich von La
Latina liegenden Straßen des
Viertels Lavapiés inzwischen
bevorzugtes Revier von
Taschendieben.

**In den traditionellen Bars wird auch
Wein verkauft**

❸ Plaza de la Paja

Stadtplan 4 D3. 🚇 La Latina.

Rund um die Plaza de la Paja
(wörtlich: »Strohplatz«), dem
Zentrum der mittelalterlichen
Stadt, hat sich das traditionelle
Flair der Stadt erhalten. Trotz
der Lage in einem ärmlichen
Viertel gibt es hier viele inter-
essante Gebäude.

Auf dem Weg die Calle de
Segovia hinauf bietet sich
nach links durch die Calle Príncipe Anglona ein wunderbarer
Blick auf den Mudéjar-Turm
der Iglesia de San Pedro
(14. Jh.). Jenseits des Brunnens

In San Francisco el Grande

findet die Plaza de la Paja an
der Steinmauer der Capilla del
Obispo ein abruptes Ende. Die
Bischofskapelle, die ursprünglich zum angrenzenden Palacio
Vargas gehörte, birgt ein herrliches platereskes Altarbild von
Francisco Giralte. Zur Linken
erhebt sich die barocke Kuppel
der Iglesia de San Andrés.

Eine Reihe kleinerer Plätze
führt zur Plaza Puerta de
Moros, deren Name an die
muslimische Gemeinde erinnert, die einst in diesem Bezirk
lebte. Hält man sich rechts, gelangt man zu der auffälligen
Kirche San Francisco el Grande, in deren Innenraum ein
Bild von Goya und seinem
Schwager Francisco Bayeu
hängt. Das Chorgestühl
stammt aus dem Kloster Santa
María de El Paular *(siehe
S. 332f)*.

❹ Casa de Campo

Paseo Puerta del Angel 1. 📞 91
469 60 02. 🚇 Batán, Lago, Príncipe
Pío, Casa de Campo. 🕐 tägl. 9–
21 Uhr. 🅿 für Pkw. 🌐 **madrid.es**

Das einstige königliche Jagdrevier südwestlich von Madrid
ist mehr als 1500 Hektar groß
und als Naherholungsgebiet
beliebt. Zu seinen Attraktionen
gehören ein Bootsteich, ein
Zoo und ein Vergnügungs-
park – der Parque de Atraccio-
nes. Sportbegeisterte können
im Pool schwimmen oder auf
dem Joggingpfad ihre Kondition testen. Im Sommer ist der
Park des Öfteren Schauplatz
von Rockkonzerten.

Der ägyptische Tempel von Debod mit zwei Toren

Der mit Reliefarbeiten geschmückte Tempel steht hinter zwei erhaltenen von ursprünglich drei Toren am Ufer des Río Manzanares im Parque del Oeste. Der Park bietet einen weiten Panoramablick über die Casa de Campo bis zum Guadarrama-Gebirge.

Er liegt an der Stelle der alten Kaserne Cuartel de la Montaña, die zu Anfang des Bürgerkriegs 1936 von den Volkstruppen gestürmt wurde.

Ein Stück westlich, hinter der Hügelkuppe, hat man einen Rosengarten angelegt.

❼ Museo de América

Avenida de los Reyes Católicos 6.
📞 91 549 26 41. 🚇 Moncloa. 🕐 Di–Sa 9.30–15 Uhr (Do bis 19 Uhr), So 10–15 Uhr. ⬤ einige Feiertage. 🎫 (So frei). ♿ ✆
🔲 museodeamerica.mcu.es

Das Museum besitzt eine einzigartige Sammlung zur Geschichte der spanischen Kolonisation Amerikas. Viele der Exponate, zum Teil aus prähistorischer Zeit, brachten Seefahrer und Eroberer aus der Neuen Welt nach Spanien.

Die Artefakte sind im ersten und zweiten Stock des Museums zu besichtigen. Frühen Kulturen und Religionen sind jeweils eigene Räume gewidmet. Eine weitere Ausstellung illustriert die Reisen der ersten Atlantik-Seefahrer.

Höhepunkte der Sammlung sind der *Códice trocortesiano* (1250–1500), einer von nur drei erhaltenen rituellen Kalendern der Maya, mit Hieroglyphen und Szenen aus dem Alltagsleben, die Nachbildung eines Goldschatzes (500–1000 n. Chr.) des ausgerotteten indigenen Volks der Quimbaya und eine interessante Sammlung zeitgenössischer Gebrauchsgegenstände aus den ehemaligen spanischen Kolonien.

❺ Ermita de San Antonio de la Florida

Glorieta San Antonio de la Florida 5.
📞 91 542 07 22. 🚇 Príncipe Pío. 🕐 Ende Juni–15. Sep: Di–Fr 9.30–13.45, 14.45–19.15, Sa, So 9.30–19.30 Uhr (sonst: Di–So 9.30–20 Uhr). ⬤ Feiertage. 🎫 🚫 ♿
🔲 madrid.es/ermita

Für Goya-Fans ist der Besuch in der Einsiedelei aus der Zeit Carlos' IV ein Muss. Die heutige Kirche ist dem heiligen Antonius geweiht und nach dem Weideland La Florida benannt, auf dem der erste ihrer beiden Vorgängerbauten stand.

In nur vier Monaten schuf Goya 1798 in der Kuppel ein Fresko, das die Auferstehung eines Ermordeten zeigt, der vor Gericht die Unschuld des fälschlicherweise angeklagten Vaters von Antonius bezeugen will. Die dargestellten Personen sind realistisch gezeichnete Menschen des späten 18. Jahrhunderts. Viele Kunstkritiker halten das Fresko für eines der bedeutendsten Werke Goyas.

1919 wurden die sterblichen Überreste Goyas aus Bordeaux, wo er 1828 im Exil gestorben war *(siehe S. 243)*, in die Kapelle überführt.

❻ Templo de Debod

Paseo de Pintor Rosales. **Stadtplan** 1 B5. 📞 91 366 74 15. 🚇 Ventura Rodríguez, Plaza de España. 🕐 Apr–Sep: Di–Fr 10–14, 18–20 Uhr, Sa, So 9.30–20 Uhr; Okt–März: Di–Fr 10–14, 16–18 Uhr, Sa, So 9.30–20 Uhr. ⬤ Feiertage.
🔲 esmadrid.es

Der Tempel aus dem 2. Jahrhundert v. Chr. wurde beim Bau des Assuan-Staudammes abgetragen und ist ein Geschenk Ägyptens aus dem Jahr 1970.

Teil des Goldschatzes der Quimbaya

Stadtplan Madrid *siehe Seiten 311–319*

❽ Museo Cerralbo

Calle Ventura Rodríguez 17. **Stadt-
plan** 1 C5. 📞 91 547 36 46. 🚇
Plaza de España, Ventura Rodríguez.
🕐 Di–Sa 9.30–15 Uhr (Do auch
17–20 Uhr), So 10–15 Uhr.
⬤ Feiertage. 🎫 (Do 17–20 Uhr,
Sa ab 14 Uhr, So frei). 📷 📷
🌐 museocerralbo.mcu.es

Dieses Herrenhaus aus dem
19. Jahrhundert unweit der
Plaza de España beherbergt
die Kunst- und Kuriositäten-
sammlung des Marquis von
Cerralbo, der seine Besitztümer
1922 dem Staat unter der Voraussetzung vermachte, dass
die Ausstellungsstücke so arrangiert blieben wie zu Lebzei-
ten. Die Objekte reichen von
iberischer Keramik bis zu Mar-
morbüsten (18. Jh.). Ein Highlight ist El Grecos *Heiliger
Franz von Assisi in Verzückung*.
Außerdem sind Gemälde von
Ribera, Zurbarán, Alonso Cano
und Goya zu sehen.
   Im Zentrum des Hauptge-
schosses sind europäische und
japanische Waffen ausgestellt.
Hier erstreckt sich der spiegel-
verkleidete Ballsaal.

❾ Palacio de Liria

Calle la Princesa 20. 📞 91 548 15
50. 🚇 Ventura Rodríguez. 🕐 nur
nach schriftlicher Voranmeldung
(auch Website). 🎫 obligatorisch.
✉ 🌐 fundacioncasadealba.com

Ventura Rodríguez vollendete
diesen prächtigen Palast im
Jahr 1780. Der einstige Wohnsitz der Herzöge von Alba ist
bis heute im Besitz der Familie
und kann nur nach Voran-
meldung besichtigt werden.
   Im Inneren befindet sich die
Kunst- und Wandteppich-
sammlung der Albas. Neben
Rubens, Tizian und Rembrandt
sind vor allem spanische
Künstler vertreten, darunter
El Greco, Zurbarán und Velázquez. Versäumen Sie nicht
Goyas Ganzfigurenporträt
(1795) der Herzogin von Alba.
   Hinter dem Palast erbaute
Pedro de Ribera 1720 den
Cuartel del Conde-Duque, die
ehemalige Kaserne des Gra-
fen-Herzogs Olivares (Minister
unter Felipe IV) mit einer
barocken Fassade. Der Ge-
bäudekomplex beherbergt
heute ein Kulturzentrum.

Blick über die Dächer Malasañas

❿ Malasaña

Stadtplan 2 F5. 🚇 Tribunal, Bilbao.

Dieses Viertel mit seinen verwinkelten Gassen bewahrt bis
heute das Flair des alten Madrid. Bis vor einigen Jahren war
Malasaña Zentrum der *movida*
des wilden Nachtlebens, das
nach Francos Tod auflebte.
   Die Calle San Andrés führt
zur Plaza del Dos de Mayo mit
einem Denkmal für zwei Offi-
ziere, die hier 1808 beim Aufstand gegen Frankreich *(siehe
S. 67)* die Stellung hielten.
   An der Calle de la Puebla
steht die Iglesia de San Antonio de los Alemanes. Felipe III hatte die Kirche im
17. Jahrhundert als Hospital
für portugiesische Einwanderer
gegründet. Die Wände des
Kircheninneren schmückte Giordano im 18. Jahrhundert mit
Fresken. Das benachbarte Viertel Conde Duque ist für seine
Kunstszene bekannt.

⓫ Museo de Historia de Madrid

Calle de Fuencarral 78. **Stadtplan** 5
A4. 📞 91 701 18 63. 🚇 Tribunal.
🕐 Di–So 10–20 Uhr. ⬤ 1. Jan,
1. Mai, 24., 25., 31. Dez ♿
🌐 madrid.es/museodehistoria

Das historische Museum im
ehemaligen Hospiz des heiligen Ferdinand verdient allein
schon wegen des barocken
Portals von Pedro de Ribera
einen Besuch. Das Untergeschoss widmet sich der Ar-

Das imposante Treppenhaus des Museo Cerralbo

Hotels und Restaurants in Madrid *siehe Seiten 568f und 591–593*

häologie, in den oberen Etagen illustrieren Stadtansichten,
Gemälde und Modelle der Entwicklung Madrids. Höhepunkt
der Sammlung ist eine Ansicht
aus der Vogelperspektive von
1656. Es existiert auch ein
Stadtmodell von León Gil de
Palacio aus dem Jahr 1830.

Unter den jüngeren Aus-
stellungsstücken befindet sich
die Rekonstruktion des Ar-
beitszimmers von Ramón
Gómez de la Serna (1888–
1963), einem Mitglied des Lite-
ratenzirkels im Café de Pombo
(siehe S. 303).

Sorollas ehemaliges Atelier im heutigen Museo Sorolla

Barockfassade des Museo de
Historia von Pedro de Ribera

🔟 Museo Sorolla

Paseo del General Martínez Campos
37. **Stadtplan** 5 C1. 📞 91 310 15
84. 🚇 Rubén Darío, Iglesia, Gregorio Marañón. ⭕ Di–Sa 9.30–20,
So, Feiertage 10–15 Uhr. ⬤ einige
Feiertage. 🎫 (Sa ab 14 Uhr, So frei).
🌐 museosorolla.mcu.es

Die Villa des aus Valencia
stammenden impressionistischen Malers Joaquín Sorolla
bewahrt seit dem Tod des
Meisters im Jahr 1923 ihren
Wohncharakter.

Von Sorolla, der insbesondere für seine virtuos beleuch-
teten Strandszenen bekannt
ist, gibt es auch folkloristische
Porträts zu bewundern, die
Menschen aus den verschiedenen Regionen Spaniens zeigen.
Ausgestellt sind darüber hinaus Einrichtungs- und Kunstgegenstände aus der Samm-
lung des Künstlers, darunter
Kacheln und Keramiken. Das

1910 errichtete Haus umgibt
ein andalusischer Garten, den
Sorolla entwarf.

🔟 Museo Lázaro Galdiano

Calle Serrano 122. **Stadtplan** 6 E1.
📞 91 561 60 84. 🚇 Rubén Da-
río, Gregorio Marañón. ⭕ Di–
Sa 10–16.30, So 10–15 Uhr.
⬤ Feiertage. 🎫 (letzte
Stunde frei). 🎫 nach
Vereinbarung.
🌐 flg.es

Der Finanzier
und Schrift-
steller José Láza-
ro Galdiano ver-
machte seine
Privatsammlung 1947
dem Staat. Im Zentrum
seines ehemaligen
Wohnhauses, das damit
öffentlich zugänglich

Taschenuhr
Carlos' I

wurde und eines der sehenswertesten Kunstmuseen Ma-
drids beherbergt, befindet sich
eine riesige, über zwei Stockwerke reichende Halle. Zu der
Sammlung gehören Stücke
von erlesener Schönheit – Porträts von Goya ebenso wie
kostbare Taschenuhren, darunter auch die, die Carlos I
auf der Jagd zu tragen
pflegte. Besondere Be-
achtung verdienen das
Limousiner Email
und ein *Heiland*,
der Leonardo
da Vinci zuge-
schrieben wird.
Kunstliebhaber
sollten auch die Ge-
mälde von Constable,
Turner, Gainsborough
und Reynolds sowie Ma-
drazo, Zurbarán, Ribera,
Murillo und El Greco
nicht versäumen.

Plakat für Almodóvars *Frauen am
Rande des Nervenzusammenbruchs*

La Movida

Francos Tod (1975) läutete
eine Epoche persönlicher
und künstlerischer Freiheit
ein, die bis Ende der 1980er
Jahre anhielt. Die Jugend
feierte ausgelassen und
wirkte befreit. Das Phä-
nomen, das am ausgepräg-
testen in Madrid auftrat,
ging als *la movida* (die Bewegung) in die Geschichte
ein. Obwohl einige Kritiker
ihr eine ernste intellektuelle
Basis absprachen, sind die
kulturellen Spuren bis heute
präsent. Der Filmregisseur
Pedro Almodóvar sei hierfür
stellvertretend genannt.

Stadtplan Madrid *siehe Seiten 311–319*

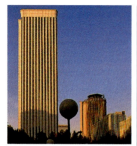
Die Torre de Picasso überragt den Paseo de la Castellana

⑭ Paseo de la Castellana

Ⓜ Santiago Bernabéu, Cuzco, Plaza de Castilla, Gregorio Marañón, Colón.

Die Hauptverkehrsader durch den östlichen Teil Madrids lässt sich in mehrere Streckenabschnitte gliedern. Ganz im Süden beginnt sie als Paseo del Prado *(siehe S. 288f)* am Nordende an der Estación de Atocha *(siehe S. 301)*. Der älteste Teil der Straße datiert aus der Regierungszeit Carlos' III. An der Plaza de Cibeles wird der Boulevard zum Paseo de Recoletos.

Die Plaza de Colón markiert den Anfang des Paseo de la Castellana, dessen Cafés zum Treffpunkt der Jugend Madrids geworden sind. Das graue Gebäude der Nuevos Ministerios wurde unter Franco errichtet. Ein Stück weiter erhebt sich die Torre Picasso *(siehe S. 29)*, mit 157 Metern eines der höchsten Gebäude Spaniens. Wesentlich nachhaltiger bestimmt jedoch die mächtige Puerta de Europa (114 m) das Bild des Paseo.

⑮ Plaza de Toros de Las Ventas

Calle de Alcalá 237. Ⓒ 91 354 22 00. Ⓜ Ventas. Ⓞ nur für Stierkämpfe und Konzerte. 📷 🎫 nach Vereinbarung (91 024 28 44). **Museo Taurino** Ⓒ 91 725 18 57. Ⓞ tägl. 10–17.30 Uhr. Ⓦ lasventastour.com

Auch wer das blutige Schauspiel der *corrida* als Tierquälerei verabscheut, wird Las Ventas eine gewisse Großartigkeit nicht absprechen können. Hinter den Hufeisenbogen der Galerien des 1929 im Neo-Mudejár-Stil vollendeten Baus finden von Mai bis Oktober Stierkämpfe statt. Vor der Arena erinnern Denkmäler an zwei berühmte Matadoren: Antonio Bienvenida und José Cubero.

Neben der Arena dokumentiert das Museo Taurino die Geschichte des Stierkampfs. Hier sehen Sie Büsten und Porträts großer Toreros sowie die Köpfe einiger in Las Ventas erlegter Stiere und können auch die Utensilien des Stierkämpfer-»Handwerks« aus der Nähe begutachten. Für manche Liebhaber ist der Höhepunkt der Sammlung gewiss der blutgetränkte *traje de luces*, den der legendäre Manolete während seines letzten Stierkampfs 1947 in Linares trug. Die Arena wird auch immer wieder für Rockkonzerte genutzt.

⑯ Real Fábrica de Tapices

Calle Fuenterrabía 2. Ⓒ 91 434 05 50. Ⓜ Menéndez Pelayo. Ⓞ Mo–Fr 10–14 Uhr (letzte Führung 13.30 Uhr). ⬤ Feiertage, Aug. 📷 🎫 obligatorisch. Ⓦ realfabricadetapices.com

Die königliche Teppichmanufaktur, 1721 von Felipe V gegründet, ist als einzige von mehreren Fabriken aus der Zeit der Bourbonenherrscher erhalten. 1889 wurde sie in das heutige Gebäude gleich südlich des Parque del Retiro verlegt.

Interessenten können bei der Arbeit an den handgeknüpften Wandteppichen zusehen, deren Herstellung sich kaum verändert hat. Viele der meist für die Bourbonenschlösser gefertigten Teppiche entstanden nach Vorlagen (Kartons) von Goya und seinem Schwager Francisco Bayeu. Einige Teppichkartons sind hier ausgestellt, andere im Museo del Prado *(siehe S. 296–299)*, in El Pardo *(siehe S. 336)* und El Escorial *(siehe S. 334f)*. Heute werden in den Werkstätten vorwiegend Restaurierungsarbeiten ausgeführt.

⑰ Parque de El Capricho

Paseo de la Alameda de Osuna s/n. Ⓒ 915 88 01 14. Ⓜ El Capricho. Ⓞ Sa, So 9–21 Uhr (Okt–März: bis 18.30 Uhr).

Dieser weniger bekannte, abgelegene Park ist ein einzigartiges wie schönes Beispiel eines Landschaftsgartens in Spanien. Seine Existenz verdankt sich der Laune einer Herzogin des späten 18. Jahrhunderts. Der Park wurde im romantischen Stil mit italienischen und französischen Einflüssen angelegt. Der Pflanzenbestand ist beeindruckend, vor allem im Frühling, wenn die Fliederhaine und die Rosensträucher erblühen. Ein künstlicher Kanal mündet in einen von Enten und Schwänen bevölkerten See. Ein Bootshaus mit Reetdach, bekannt als Casa de Cañas, das Casino de Baile (Tanzsaal) und ein kleiner Palast sowie ein Bunker aus der Zeit des Spanischen Bürgerkriegs sind nur einige der Orte, die man hier entdecken kann.

Plaza de Toros de Las Ventas, die legendäre Stierkampfarena Madrids

Stadtplan

Hinter den in Madrid genannten Sehenswürdigkeiten, Läden und Unterhaltungsangeboten auf den vorherigen und den folgenden Seiten finden Sie Angaben, die auf diesen Teil des Buches verweisen. Auch zu Hotels *(siehe S. 568f)*, Restaurants

und Bars *(siehe S. 591–593)* finden sich Hinweise. Auf der unten stehenden Karte sind die Stadtteile Madrids eingezeichnet, die der Stadtplan abdeckt. Die Symbole für Sehenswürdigkeiten und andere Einrichtungen erklärt die Legende.

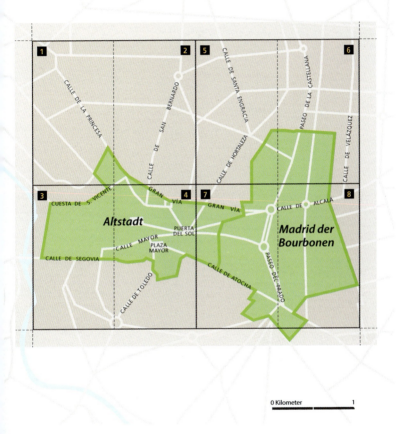

0 Kilometer   1

Legende

- Hauptsehenswürdigkeit
- Sehenswürdigkeit
- Anderes Gebäude
- Bahnhof
- Metro-Station
- *i* Information
- Krankenhaus mit Ambulanz
- Polizei
- Kirche

- Kloster
- Fußgängerzone
- Eisenbahn

Maßstab der Karten

0 Meter   250

Mehr über Madrid? Vis-à-Vis Madrid.

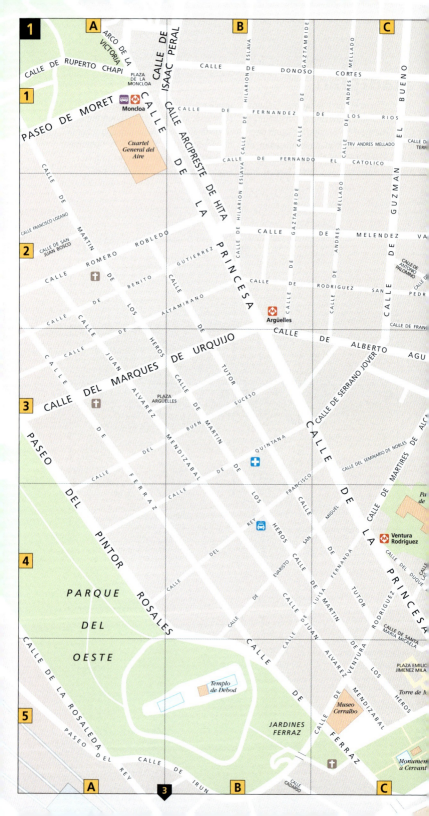

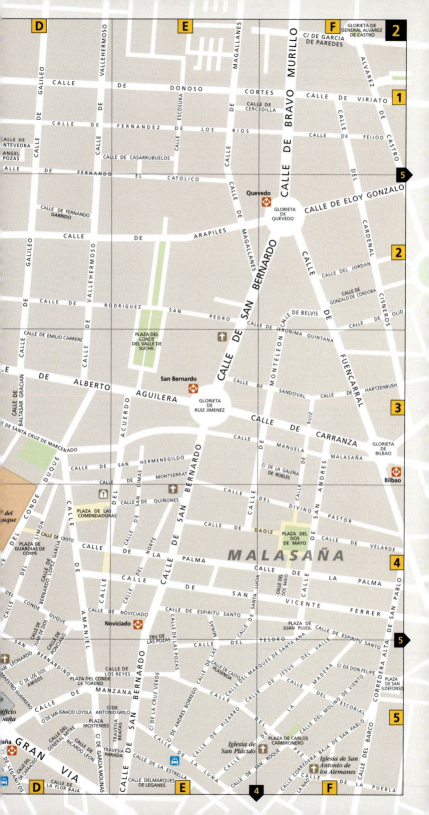

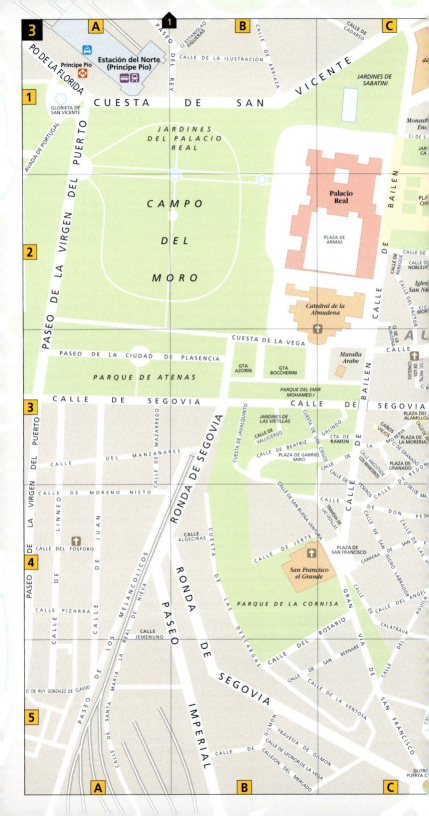

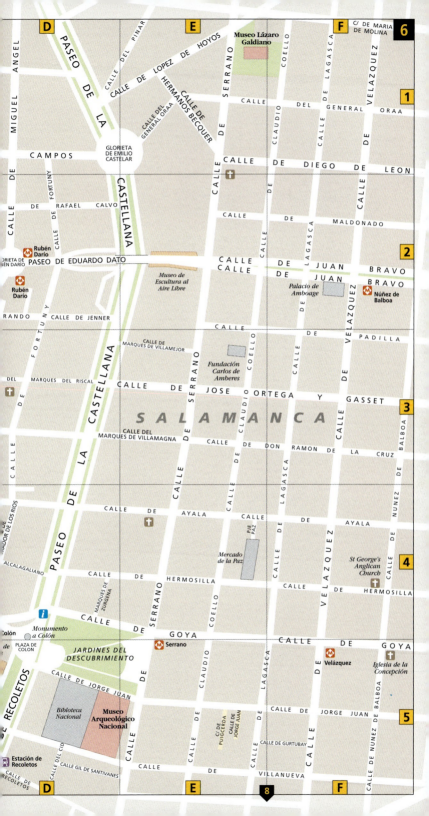

Shopping

Madrid ist ein Shopping-Paradies, in dem große Designhäuser mit kleinen Läden konkurrieren. Hier findet man mehr traditionsreiche unabhängige Familienbetriebe als in den meisten anderen europäischen Hauptstädten. Es wird Ihnen nicht schwerfallen, ein originelles Geschenk von Ihrer Madrid-Reise mitzubringen. Es gibt zwei Haupt-einkaufsgebiete in der Stadt – die beliebte Fußgängerzone um Preciados und Plaza del Sol sowie die Gegend um die Calle de la Princesa. Im Salamanca-Viertel residieren einige Designerhäuser und gute Antiquitätenhändler, in Chueca findet man die allerneueste Mode. Besuchen Sie auch die vielen Märkte der Stadt, es lohnt sich!

Öffnungszeiten

Die meisten Läden in Madrid öffnen montags bis freitags von 10 bis 14 und von 17 bis 20.30 Uhr, größere haben meist auch mittags und bis 22 Uhr geöffnet. Kleinere Läden schließen samstagnachmittags. Kaufhäuser und Shopping-Zentren dürfen auch sonntags öffnen. Sonntags sind viele der Läden in der Innenstadt, vor allem rund um die Plaza del Sol, geöffnet. Viele Läden bleiben im August geschlossen. Supermärkte sind teilweise bis spätabends geöffnet.

Delikatessen

Madrid ist ein Paradies für Gourmet-Shopping. Duftender Safran, reifer Schafskäse oder fruchtiges Olivenöl Virgen Extra geben alle ein gutes Geschenk ab. Spanien hat eine lange Tradition an Produkten vom Schwein, seien es ganze Schinken oder Würste aller Art. Teuerster Schinken ist der Ibérico vom iberischen Schwein. In der Altstadt Madrids, im **Museo del Jamón**, finden Sie eine unglaubliche Anzahl spanischer Schinken- und Käsesorten. **La Chinata** ist für seine riesige Auswahl an Olivenölen und Delikatessen bekannt. Das Kaufhaus El Corte Inglés hat eine eigene Delikatessenabteilung sowie einen Supermarkt für Grundnahrungsmittel. Kleine Delikatessenläden finden Sie in beinahe jedem Viertel. Besuchen Sie in Salamanca die **Mantequerías Bravo**. Berühmt für frische Produkte, darunter auch essbare Blumen, ist **Gold Gourmet**.

Eine Flasche guten Wein finden Sie in der **Bodega Santa Cecilia**, einem Laden mit spanischen und internationalen Weinen. Das **Lavinia** in Salamanca ist mit über 1500 Weinsorten angeblich Europas größtes Weingeschäft. Für ein authentisches *madrileño*-Souvenir gehen Sie ins **La Violeta**, berühmt für seine köstlichen Veilchenbonbons.

Märkte

Auf der Straße einzukaufen, gehört in Madrid einfach dazu. Auf einem der zahlreichen Flohmärkte für Antiquitäten, Handwerkserzeugnisse oder Secondhand-Kleidung lässt sich immer ein Schnäppchen machen. Manche Märkte drehen sich nur um ein Produkt, so am Sonntagmorgen der Markt für Briefmarken, Postkarten und Münzen unter den Bogen der Plaza Mayor oder der täglich geöffnete Büchermarkt an der Cuesta de Moyano am Ausgang *Atocha* des Paseo de Prado. Ein Muss ist der Flohmarkt El Rastro *(siehe S. 306)* am Sonntag. Hier findet man eine riesige Auswahl von Antiquitäten bis zu trendigen Kleidern und vor allem eine ganz besondere Atmo-

Spezialitäten vom Museo del Jamón sind immer delikat

Kurioses und Sammelwürdiges – Antiquitätenladen am Rastro

sphäre. Mittags wird es voll, Schnäppchenjäger drängeln, während es andere in eine der vielen Bars des Viertels La Latina zieht, um einen sonntäglichen Aperitif zu sich zu nehmen. Achtung, es gibt hier auch Taschendiebe!

Gemälde und andere Kunst finden Sie auf dem Künstlermarkt an der Plaza del Conde de Barajas in der Nähe der Plaza Mayor, der am Sonntagmorgen von einer Kunstvereinigung organisiert wird.

Der Lebensmittelmarkt Mercado de San Miguel an der Plaza San Miguel ist klein, die Händler halten aber ein herrliches Angebot an Delikatessen bereit. Weitere lohnenswerte Märkte mit großem Angebot sind der Mercado San Antón in Chueca und der Mercado de San Ildefonso in Malasaña. Platea an der Plaza de Colón ist ein riesiges, schickes Gastro-Event über mehrere Etagen.

Messen und Volksfeste
Der Februar ist Madrids »Kunstmonat« mit Messen für zeitgenössische Kunst wie ARCO, JustMad und Art Madrid. Ob Sie kaufen oder nur schauen wollen, hier erfahren Sie die neuesten Trends der Kunstwelt.

In der Woche vor Madrids Fiesta de San Isidro (siehe S. 44), die am 15. Mai beginnt, können Sie töpferne Waren und Krüge auf der Feria de la Cerámica auf der Plaza de las Comendadores (im Malasaña-Viertel) kaufen. Die Feria del Libro im Mai/Juni ist eine beeindruckende Buchmesse

unter freiem Himmel. Hunderte Buden werden dafür im Parque del Retiro aufgestellt, in denen Buchhändler und Verleger zwei Wochen lang ihre Erzeugnisse präsentieren.

Im Dezember findet die Feria de Artesanos auf der Plaza de España statt. Hier finden Sie alle Arten Kunsthandwerk, ideal für das Weihnachts-Shopping. Die Plaza Mayor steht im Dezember ganz im Zeichen des traditionellen Weihnachtsmarkts: Auf dem Mercado de Artículos Navideños finden Sie mit Sicherheit ein kleines Weihnachtsgeschenk.

Kunst und Antiquitäten
Die Kunstgalerien und Antiquitätenläden Madrids liegen in so bekannten Straßen wie Serrano, Velázquez, Jorge Juan und Claudio Coello sowie um die Plaza Alonso Martínez und in der Calle Doctor Fouquet hinter dem Museo Reina Sofía. Für spanische Spitzenkunst besuchen Sie **Juana de Aizpuru**, eine der Top-Galerien Madrids für zeitgenössische Kunst.

Antik-Shops finden Sie auch auf dem Flohmarkt El Rastro, hauptsächlich entlang der Calle de la Ribera de Curtidores. **Antigüedades Palacios** verkauft Sammlerstücke wie Möbel, Gemälde und Keramik. An Wochenenden bietet die Künstlerkooperative **La Turmix** Workshops und Ausstellungen.

Wertvolle Antiquitäten wie lackierte Möbel des 18. Jahrhunderts oder frühe spanische Gemälde kauft man am besten bei **Coll & Cortés**, **Portuondo**,

Cotanda, **Codosero** und **Theotokopoulos**. Preiswerteres gibt es in den Straßen um den Prado, in Santa Catalina und in der Cervantes bei der Plaza de Santa Ana. Im kunstinteressierten Madrid werden außerdem viele Versteigerungen von Kunst und von Antiquitäten abgehalten, u. a. durch renommierte Firmen wie Durán, Goya, Segre, Ansorena und Alcalá.

Kaufhäuser und Einkaufszentren
Viele der besten Einkaufszentren oder centros comerciales befinden sich in den verlockenden (aber auch teuren) Shopping-Malls im eleganten Viertel Salamanca. **El Jardín de Serrano** z. B. ist eine Spitzengalleria in zwei restaurierten Palästen aus dem 19. Jahrhundert. Hier finden Sie Mode, Schmuck, Geschenke und Accessoires. **ABC Serrano** bietet eine Vielzahl an Läden von Möbeln über Kleidung bis zu Geschenken.

Wenn Sie eine größere und günstigere Auswahl suchen, gehen Sie in die riesige **La Vaguada** im Norden Madrids oder zu **El Corte Inglés**, einer nationalen Institution mit Niederlassungen in der ganzen Stadt, mit Reisebüro und Schuhreparatur. Preisgünstiges finden Sie auch in den Shops, Restaurants und Kinos im **Príncipe Pío**-Center in einem ehemaligen Bahnhof mit originaler Stahldachkonstruktion.

Stand mit alten Postern auf dem Trödelmarkt El Rastro

Mode

Die spanischen Ladenketten **Zara** und **Bimba y Lola** sind zu einem internationalen Phänomen geworden. Sie bieten bequeme wie schicke Damenbekleidung zu günstigen Preisen, Zara auch Herren- und Kinderbekleidung. Filialen beider Häuser finden Sie in der ganzen Stadt. Teurer wird es bei bekannten spanischen Designern wie z. B. **Purificación García**. Sie haben ihren eigenen Laden in der spanischen Hauptstadt, meistens im Viertel Salamanca.

Sollten Sie das Ungewöhnliche mit Original-Look suchen, versuchen Sie die Kreationen von **Ágatha Ruiz de la Prada** (für Kinder und Erwachsene). Der Minimalist Antonio Pernas hat sich auf den eher klassischen Stil spezialisiert.

Hochqualitative Designermode für Männer finden Sie bei **Roberto Verino**, **Custo Barcelona** oder **Adolfo Domínguez**. Hier bekommen Sie freilich auch Damenbekleidung. Eine beliebte Kette mit preiswerter Kleidung für Frauen und Männer ist **Springfield**. Ganz oben angesiedelt ist **Loewe**, wo Sie eine Seidenkrawatte mit spanischem Motiv wählen können; immer ein gutes Geschenk!

In den quirligen Vierteln Chueca und Malasaña residieren an fast jeder Ecke Hersteller günstiger Streetwear, lokale Designer und Secondhand-Läden. Manche Outlet-Läden hier bieten internationale Qualitätsmarken zu deutlich reduzierten Preisen an. Vintage-Ware findet man im Store von **Magpie**.

Schuhe und Lederwaren

Madrid ist *die* Stadt für Schuhfetischisten. Sie finden hier jede Art Schuh, von der traditionellen *espadrilla* im **Antigua Casa Crespo** bis zu den beliebten Modellen der mallorquinischen Marke **Camper**. Eleganteres Schuhwerk verkauft **Farrutx**. Wenn Sie trendige Flip-Flops mögen, ab zu **Malababa**! Bravo führt beste nationale und internationale

Marken. Schicke Schuhe und Handtaschen führt **Cristina Castañer**. Klassische Looks bietet **Meermin**. Für den preiswerten Einkauf sollte man durch die Läden der Calle de Fuencarral bummeln.

In Spanien werden erstklassige Lederwaren produziert. Ultimative Ledermode, vor allem Taschen, bietet das Prestigelabel **Loewe**, dessen Produkte in der ganzen Welt verkauft werden. Eine andere beeindruckende, wenn auch vergleichsweise günstige nationale Marke ist **Salvador Bachiller**. Hier finden Sie Qualitätsleder und exklusiv entworfene Taschen, Koffer, Brieftaschen und andere Lederaccessoires.

Schmuck

In der Calle Serrano und der Gran Vía finden Sie sowohl kleine Läden voller Gold, Ketten und Armbänder wie auch die großen Juweliermarken. Überall in Madrid gibt es sowohl voll synthetische wie auch mit natürlichen Materialien hergestellte Majorica-Perlen, sogar im Kaufhaus El Corte Inglés.

Tous ist unter der Jugend wegen seines allgegenwärtigen Teddy-Logos sehr beliebt. Suchen Sie eher originales Design? Dann gehen Sie zum Juwelier **Joaquín Berao** in der Calle Lagasca. Sein Laden ist eher eine Galerie für geschmackvolle Kunststücke. Beliebt sind auch **Aristocrazy** und das Atelier von **Andrés Gallardo**. In den Museumsläden bekommen Sie ebenfalls gut gestalteten Schmuck. Achten Sie auf Stücke von Verili, die in den großen Museen angeboten werden.

Kunsthandwerk und Design

Traditionelle Handwerksstücke wie Webtaschen oder -leinen gibt es in Madrid selten, meist handelt es sich um asiatische Importware. Schöne und preiswerte Keramik gibt es fast überall, die farbenfrohesten Stücke stammen meist aus Marokko. Eine große Auswahl

an Keramik finden Sie im **Cántaro** nahe der Plaza de España. Hier gibt es alle regionalen Stile und auch sogenannte »ausgestorbene« Waren im traditionellen Stil, die nirgendwo sonst noch zu erwerben sind.

Viele Läden um die Puerta del Sol verkaufen bestickte Tischdecken und Schals, authentische Stücke können allerdings ziemlich teuer sein. Das kleine Label **peSeta** stellt individuelle Stofftaschen her.

An der Plaza Mayor, gleich beim Arco de Cuchilleros, finden Sie **El Arco Artesanía** mit einem breit gefächerten Angebot an spanischem Kunsthandwerk wie z. B. Töpferwaren, Leder-, Glas- und Metallarbeiten.

Für schöne Dekorationen ist auch **El Moderno** eine sehr gute Option. Hier finden Sie Objekte von Designern aus Spanien und anderen Ländern Europas.

Bücher und Musik

Die Handelskette **FNAC** bietet eine gute Auswahl an Büchern und Zeitschriften in verschiedenen Sprachen. Machado und die **Casa del Libro** sind die größten Buchhandlungen der Stadt und führen auch ein Sortiment fremdsprachiger Titel. Die deutschsprachige Buchhandlung **Librería Alemana** findet man in der Calle Príncipe Vergara.

Booksellers bietet englische Klassiker und aktuelle Titel in englischer Sprache. An den Secondhand-Buchständen des Mercado del Libro nahe am Parque del Retiro finden Sie immer etwas Gutes, sei es ein Paperback oder eine seltene Edition. Kunstbücher führt **Gaudí**, unweit Chueca.

Für alle Musikwünsche: Gehen Sie zu FNAC oder in eine Filiale von El Corte Inglés, entweder in der Calle de Preciados oder am Paseo de la Castellana.

Für Liebhaber des spanischen Tanzes: **El Flamenco Vive** in der Calle del Conde führt ein riesiges Sortiment an Büchern, Gitarren und CDs.

Auf einen Blick

Delikatessen

Bodega Santa Cecilia
Calle Blasco de Garay 74.
Stadtplan 2 D1.
914 45 52 83.

La Chinata
Calle Mayor 44.
Stadtplan 4 D2.
911 52 20 08.

Gold Gourmet
Calle de José Ortega y
Gasset 85–89. **Stadtplan**
6 F3. 915 76 14 03.

Lavinia
Calle de José Ortega y
Gasset 16. **Stadtplan**
6 F3. 914 26 06 04.

Mantequerías Bravo
Calle Ayala 24. **Stadtplan**
6 E4. 915 75 80 72.

Museo del Jamón
Carrera de San Jerónimo
6. **Stadtplan** 7 A2.
915 21 03 46.

La Violeta
Plaza Canalejas 6.
Stadtplan 7 A2.
915 22 55 22.

Kunst und Antiquitäten

Alcocer Anticuarios
Calle de Santa Catalina
5. **Stadtplan** 7 B2.
914 29 79 19.

Antigüedades Palacios
Plaza General Vara del
Rey 14. **Stadtplan** 4 E4.
915 27 31 70.

Codosero
Calle de Lagasca 36.
Stadtplan 6 F5.
914 31 58 11.

Coll & Cortés
Calle de Justiniano 3.
Stadtplan 5 B4.
913 10 05 82.

Cotanda
Calle de Lagasca 96.
Stadtplan 6 F2.
917 81 30 01.

Juana de Aizpuru
Calle Barquillo 44.
Stadtplan 5 B5.
913 10 55 61.

María Gracia Cavestany
Calle Ayala 6. **Stadtplan**
6 E4. 915 77 76 32.

Portuondo
Calle Castelló 85.
616 79 22 95.

Theotokopoulos
Calle Alcalá 97. **Stadtplan**
8 F1. 915 75 84 66.

La Turmix
Calle López Silva 4.
Stadtplan 4 D4.
687 93 29 19.

Kaufhäuser und Einkaufszentren

ABC Serrano
Calle Serrano 61.
Stadtplan 6 E2.
915 77 50 31.
abcserrano.com

El Corte Inglés
Calle Preciados 1–3.
Stadtplan 4 F2.
913 79 80 00.
elcorteingles.es
Mehrere Filialen.

El Jardín de Serrano
Calle Goya 6–8.
Stadtplan 6 E4. 915
77 00 12.
jardindeserrano.es

Príncipe Pío
Paseo de la Florida 2.
Stadtplan 3 A1.
917 58 00 40.
ccprincipepio.com

La Vaguada
Avda Monforte de Lemos
36. 917 30 10 00.
enlavaguada.com

Mode

Adolfo Domínguez
Calle Serrano 96.
Stadtplan 6 E2.
915 76 70 53.

Ágatha Ruiz de la Prada
Calle Serrano 27.
Stadtplan 6 E4.
913 19 05 01.

Bimba y Lola
Calle Serrano 22.
Stadtplan 6 E5.
915 76 11 03.
Mehrere Filialen.

Custo Barcelona
Calle Fuencarral 29.
Stadtplan 5 A5.
913 60 46 36.
custo-barcelona.com

Loewe
Calle Serrano 34.
Stadtplan 6 E4.
915 77 60 56.

Loewe
Calle Velarde 3. **Stadtplan**
2 F1. 914 48 31 04.

Purificación García
Calle Serrano 28.
Stadtplan 6 E5.
914 35 80 13.

Roberto Verino
Calle Serrano 33.
Stadtplan 6 E4.
914 26 04 75.

Springfield
Calle Fuencarral 107.
Stadtplan 2 F3.
914 47 59 94.
Mehrere Filialen.

Zara
Gran Vía 34. **Stadtplan** 4
F1. 915 21 12 83.

Schuhe und Lederwaren

Antigua Casa Crespo
Calle del Divino Pastor
29. **Stadtplan** 2 F4.
915 21 56 54.

Bravo
Calle Serrano 42.
Stadtplan 6 E4. 914
35 27 29.
Mehrere Filialen.

Camper
Calle Fuencarral 42.
Stadtplan 5 A5.
915 31 23 47.
camper.es

Carmina
Calle de Claudio Coello
73. **Stadtplan** 6 E3.
915 76 40 90.

Cristina Castañer
Calle Claudio Coello 51.
Stadtplan 6 E2.
915 78 18 90.
castaner.com

Farrutx
Calle de Claudio Coello
22. **Stadtplan** 6 E3.
916 40 20 11.

Malababa
Calle Santa Teresa 5.
Stadtplan 5 B4.
912 03 59 51.

Meermin
Calle de Claudio
Coello 20. **Stadtplan** 6
E5. 914 31 21 17.

Pretty Ballerinas
Calle de Lagasca 30.
Stadtplan 6 F4.
914 31 95 09.

Salvador Bachiller
Gran Vía 65.
Stadtplan 2 D5.
915 59 83 21.

Schmuck

Andrés Gallardo
Conde de Romanones 5,
Patio. 911 56 91 10.
andresgallardo.es

Aristocrazy
Calle Serrano 46. **Stadtplan** 6 E4. 914 35 11
38. aristocrazy.com

Joaquín Berao
Calle Lagasca 44.
Stadtplan 6 E5.
915 77 28 28.

Tous
Calle Serrano 46.
Stadtplan 6 E4.
914 31 92 42.

Kunsthandwerk und Design

El Arco Artesanía
Plaza Mayor 9.
Stadtplan 4 E3.
913 65 26 80.
artesaniaelarco.com

Cántaro
Calle de la Flor Baja 8.
Stadtplan 2 D5.
915 47 95 14.

El Moderno
La Corredera Baja de
San Pablo 19. **Stadtplan**
2 F5. 913 48 39 94.

peSeta
Calle Huertas 37.
Stadtplan 7 B3.
910 52 59 71.

Bücher und Musik

Booksellers
Calle Fernández de la
Hoz 40. 914 42 79 59.

Casa del Libro
Gran Vía 29. **Stadtplan** 4
F1. 902 02 64 02.
casadellibro.com

El Flamenco Vive
Calle del Conde de
Lemos 7. **Stadtplan** 4 D2.
915 47 39 17.

FNAC
Calle Preciados 28.
Stadtplan 4 E1. 902
10 06 32. fnac.es

Gaudí
Calle Argensola 13.
Stadtplan 5 C4.
913 08 18 29.

Machado
Calle Marqués de Casa
Riera 2. **Stadtplan** 7 B2.
913 10 17 05.

Stadtplan Madrid *siehe Seiten 311–319*

Unterhaltung

Kunst und Unterhaltung spielen in der Hauptstadt Spaniens eine wichtige Rolle. Die Madrider Museen und Theaterhäuser zählen zu den wichtigsten ihrer Art weltweit. Hier gastieren regelmäßig die besten internationalen Tanz-, Musik- und Theaterensembles. Während des ganzen Jahres gibt es Kunstmessen sowie Musik- und Filmfestivals. Das pulsierende Nachtleben der Stadt ist legendär, es gibt zahllose Cafés, Clubs und Bars sowie über das ganze Jahr verteilt rauschende Straßenfeste. Auch der traditionelle Flamenco, der Stierkampf und Madrids Version der Operette, die *zarzuela*, sind prächtig und ziehen die Besucher immer in ihren Bann. Fußball ist eine Leidenschaft, Real Madrid wird hochverehrt. Zwischen Fiesta und Fußball gibt es in Madrid immer Grund zum Feiern!

Teatro Real in Madrid *(siehe S. 326)*

Information

Madrids Veranstaltungsführer sind nur auf Spanisch erhältlich. Der *Guía del Ocio* kommt freitags heraus und ist an jedem Kiosk erhältlich. Drei Tageszeitungen haben am Freitag ebenfalls Veranstaltungsbeilagen: *El Mundo*, *ABC* und *El País* (mit *Guía del Ocio*).

Das englischsprachige Monatsmagazin *InMadrid* (www.inmadrid.com) informiert über kulturelle Veranstaltungen und über die neuesten Bars und Clubs. Es ist in Buch- und Schallplattenläden sowie im Informationszentrum des Flughafens **Barajas** erhältlich.

Informationen zu kommenden Events erhalten Sie auch in einem der Fremdenverkehrsbüros, in denen man in der Regel zumindest auch Englisch spricht. *Es Madrid* ist eine kostenlose Broschüre.

Tickets

Es ist immer irgendetwas los in Madrids Theatern und Stadien, aber die kulturelle Hochsaison ist in den Monaten September bis Juni. Im Mai gibt es die Fiesta de San Isidro und das Festival de Otoño a Primavera, ein Musik-, Theater- und Tanzfestival von Oktober bis Juni. Diese Veranstaltungen ziehen auch international große Namen an. Tickets unter **Entradas.com** oder **Ticketea.com**.

Im Juli und August ist Madrid Gastgeber der Veranos de la Villa, ein buntes Programm mit Kunstausstellungen, Jazz, Opern, Flamenco und Kino an vielen Stätten der Stadt.

Tickets gibt es auch bei **FNAC** und **El Corte Inglés** oder auf den jeweiligen Websites. Es finden sich außerdem viele andere Anbieter im Netz, die Tickets für die Veranstaltungen offerieren.

Cafés und Bars

Madrids soziales Leben findet in den Bars, Cafés und auf den Terrassen statt. Entspannen Sie sich, und beobachten Sie die Leute! Besonders beliebt für das *terraceo* (eine Runde über die Terrassen machen) sind die Plaza de Santa Ana, Paja Chueca und Dos de Mayo. Viele verbringen den ganzen Abend damit, über den Paseo de Recoletos und Rosales zu bummeln, um hier und da einzukehren.

Madrid hat noch viele seiner Traditionscafés. **El Espejo** ist ein Fixpunkt und exzellenter Treffpunkt mit wundervollem Ambiente vom Anfang des 20. Jahrhunderts. Das **Café del Círculo de Bellas Artes** in einem früheren Theater eignet sich ideal für einen Kaffee oder einen Snack nach einem langen Kulturtag in Madrid – sofern man das geringe symbolische Eintrittsgeld bezahlen will. Besuchen Sie unbedingt auch den legendären Literatentreffpunkt **Café Gijón** *(siehe S. 295).*

Mamá Framboise und **Pomme Sucre** nahe Plaza Alonso Martínez sind gute Adressen für feine Kuchen.

Abends sollten Sie unbedingt in einer *taberna* einkehren und eine *ración* bestellen, die

Café Gijón – traditionsreicher Treffpunkt der Literaturszene *(siehe S. 295)*

Das berühmte Literatencafé Gijón

etwas substanziellere Version der Tapas, und dazu ein Glas guten Wein. Machen Sie eine Tour durch die vielen *tabernas* wie z.B. **Taberna Antonio Sánchez**. Die **Bodega La Ardosa** ist bei Urlaubern und Einheimischen gleichermaßen beliebt. Die **Taberna Maceiras** ist wegen ihrer guten Weine aus Galicien und anderer Spezialitäten bekannt. Jeder Besucher der Stadt hat irgendwann seine Lieblings-*taberna*.

Stierkampf
Obwohl der Stierkampf *(siehe S. 40f)* überaus kontrovers diskutiert wird, hat er in der spanischen Metropole noch viele Anhänger. Die **Plaza de Toros de Las Ventas** ist die wichtigste Arena der Welt; hier gibt es jeden Sonntag von März bis Oktober *corridas*. Im Mai, während der Fiesta de San Isidro, gibt es sogar jeden Tag *corridas*, an denen viele der wichtigsten Kämpfer teilnehmen.

Das Ticketbüro **Las Ventas** ist freitags von 10 bis 14 und von 17 bis 19 Uhr geöffnet. Hier können Sie auch die über die Website **Taquilla Toros** erworbenen Tickets bis zu zwei Stunden vor dem jeweiligen Kampf abholen.

Fußball
Madrid ist stolz auf das Team von **Real Madrid** *(siehe S. 181)*, die Spieler sind in Spanien Berühmtheiten. Mit 80 000 Zuschauerplätzen ist das Stadion Santiago Bernabéu eines der größten des Fußballsports. Tickets können Sie per Telefon bestellen oder auf der Internet-Seite des Vereins.

Wenn Sie das Stadion besichtigen wollen, können Sie an den Führungen zwischen 7 und 22.30 Uhr teilnehmen

(Termine wechseln; nicht an Spieltagen). Tickets bekommen Sie ohne Vorbestellung am Schalter oder über die Website des Clubs.

Real Madrids Rivale **Atlético de Madrid** ist im Stadion Vicente Calderón zu Hause.

Tanz
Die Tanz-Szene der Stadt hat sich enorm entwickelt. Internationale Kompanien und lokale Künstler treten regelmäßig in der Stadt auf. Madrid ist die Heimat von Spaniens Ballet Nacional de España sowie der – zeitgenössischeren – Compañía Nacional de Danza, die viele Jahre vom Tänzer und Choreografen Nacho Duato geleitet wurde. Víctor Ullates Ballet de la Comunidad de Madrid hingegen bietet eher einen Mix aus klassischem und Avantgarde-Tanz.

Im April können Sie Madrids reiche Tanztradition während des alljährlichen Festivals En Danza am besten erfahren. Dann stellen sich hier heimische, aber auch internationale Tänzer vor.

Die wichtigsten Aufführungsorte für klassische Ballettvorstellungen sind heute die **Teatros del Canal** und das **Teatro Real**, in dem sonst Opern gespielt werden. Kleinere Spielstätten wie **La Casa Encendida** und das Cuarta Pared bieten teilweise alternative Tanz-Performances.

Details finden Sie am besten in den Veranstaltungshinweisen oder auf den Websites der jeweiligen Spielorte.

Flamenco
Obwohl der Flamenco aus Andalusien stammt *(siehe S. 428f)*, wird Madrid oft als seine geistige Heimat angesehen. Hier treten regelmäßig die Top-Flamenco-Tänzer und -Musiker auf. Die Szene ist vital, man erlebt hier alle Interpretationsformen der Kunst, von traditionell bis innovativ, dargeboten von Tänzern wie Joaquín Cortés. Alljährlich im Juni findet das das große Festival Suma Flamenca statt.

Die meisten *tablaos* (Flamenco-Lokale) bieten Speisen und Getränke zur Show. Manche Shows sind nur mit Gesang und ohne den bekannten rhythmischen Tanz.

Café de Chinitas und **Corral de la Morería** sind die älteren und besseren *tablaos* in der Stadt. Kenner besuchen auch **La Taberna de Mister Pinkleton** und **Casa Patas**.

Flamenco-Bars wie das **Cardamomo** sind voller junger Leute, hier erfährt man viel über Passion und Geist des Flamenco. Zwei Bars, die regelmäßig spontane Aufführungen bieten, sind das stimmungsvolle **Candela** und **Las Tablas**. Solche Lokale sind Treffpunkt von Flamenco-*aficionados*, die vor dieser Kunst auch von Fremden und Besuchern Respekt erwarten.

Obwohl man in den Bars viel Spaß haben kann und es eine gute Art ist, die Kunst des Flamenco kennenzulernen: Die besten Gruppen, Sänger und Spieler gastieren üblicherweise in den städtischen Theatern.

Flamenco-Tänzer im Casa Patas

Klassische Musik, Oper und Zarzuela

Das **Auditorio Nacional de Música** ist die Heimat des spanischen Nationalorchesters, des Orquesta Nacional, sowie des Nationalchors, des Coro Nacional de España. In den zwei Konzertsälen gastieren außerdem viele hochrangige Tourneekünstler.

Das **Teatro Real** ist Sitz des berühmten Opernhauses von Madrid. Hier hat auch das Orquesta Sinfónica de Madrid, Spaniens ältestes Orchester mit mehr als 100-jähriger Geschichte, seine Heimat. Im wunderbaren Real können Sie internationale und nationale Opernaufführungen der Spitzenklasse erleben. Tickets können bis zu zwei Wochen im Voraus telefonisch oder auf der Website vorbestellt werden. Holen Sie die Karten spätestens eine halbe Stunde vor Beginn ab.

Das **Teatro Monumental** ist Hauptspielstätte des Orquesta Sinfónica y Coro de RTVE (Chor und Orchester des spanischen Fernsehens und Rundfunks). Im Kulturzentrum **Conde Duque** werden klassische Konzerte und andere Veranstaltungen aufgeführt. Klassisches erklingt auch jeden Sonntagvormittag in der **Fundación Juan March**.

Wenn Sie ein typisches *madrileño*-Event erleben wollen, gehen Sie in eine Operette bzw. *zarzuela*. Die Ursprünge dieser Form des musikalischen Dramas mit Sozialsatire lassen sich in das Madrid des frühen 17. Jahrhunderts zurückverfolgen. Mit sowohl gesprochenen wie auch gesungenen und getanzten Passagen ist die *zarzuela* komisch, frivol und manchmal sogar romantisch.

Die besten Produktionen gibt es im **Teatro de la Zarzuela**, aber auch andere Theater bieten *zarzuela*-Aufführungen. Details finden Sie in den Veranstaltungshinweisen.

Das CaixaForum im Madrider »Goldenen Kunstdreieck« bietet neben Ausstellungen auch Konzerte mit klassischer und zeitgenössischer Musik.

Rock, Jazz und Weltmusik

Madrids Musikszene ist voller Leben und Energie. In vielen Veranstaltungsorten treten sowohl internationale Popstars wie auch lokale Bands auf. Madrids Multikulti-Mix hat eine Explosion von lateinamerikanischen und afrikanischen Rhythmen hervorgerufen, genauso wie die spannende Mischung beider Musikrichtungen mit bekannteren spanischen Sounds. Die 1980er Jahre haben hier während der *movida (siehe S. 309)* den spanischen Pop hervorgebracht. Bis heute ist Madrid neben Barcelona die wichtigste Stadt der spanischen Musikszene.

In der Rockmusik-Szene hat die **Sala La Riviera** unweit des Rio Manzanares einen wohlverdienten guten Ruf. Hier spielten internationale Stars wie Bob Dylan oder Patti Smith neben vielen anderen. Das **Honky Tonk** im Viertel Chamberi bietet einige der besten Rock 'n' Roll-Konzerte in der Stadt. Achten Sie auf jeden Fall auch auf Veranstaltungsplakate, manche Konzerte sind sogar kostenlos.

Das **Siroco** hat sich der Entdeckung von alternativen und neuen Bands verschrieben. In diesem Club finden viele Live-Konzerte statt.

Versäumen Sie nicht das elegante Jugendstil-**Café Central**, einer der besten Jazzclubs Europas. Beliebt ist auch das lebendige **Junco** für Jazz und Blues.

Musiker aus der ganzen Welt und unterschiedlichster Stilrichtungen treten im legendären **El Sol** auf. Es war einer der wichtigsten Clubs der *Movida Madrileña (siehe S. 309)* und pflegt bis heute den Underground der 1980er Jahren.

Es gibt viele andere Spielstätten in der Stadt mit täglicher Live-Musik. Am besten informieren Sie sich in den wöchentlichen Veranstaltungshinweisen. Viele Konzerte werden außerdem per Plakat angekündigt. Achten Sie auch auf Aushänge und andere Konzert-Hinweise.

Theater

Die Stadt hat eine lange Theatertradition, die bis in das Goldene Zeitalter des 17. Jahrhunderts zurückreicht. Autoren wie Lope de Vega und Calderón de la Barca haben Werke geschaffen, die noch heute begeistern.

Eines der bekanntesten Theater der Stadt ist das **Teatro de la Comedia**. Es ist die traditionelle Heimat der Compañía Nacional de Teatro Clásico, die klassische Stücke spanischer Autoren wie Calderón de la Barca, Tirso de Molina und Lope de Vega zur Aufführung bringt. Über ein großes Repertoire an klassischen Stücken verfügt auch **El Pavón Teatro Kamikaze**.

Ein weiteres, hoch angesehenes Theaterhaus ist das **Teatro María Guerrero**, das modernes spanisches Drama ebenso wie ausländische Stücke spielt.

Für zeitgenössisches und alternatives Theater bietet Madrid eine ganze Palette an Spielstätten, z. B. **Cuarta Pared** und **Círculo de Bellas Artes**.

Musicals werden im **Teatro Nuevo Apolo, Teatro Lope de Vega** und im **Teatro Calderón** gezeigt. Häuser wie **Teatro La Latina** und **Teatro Muñoz Seca** haben sich auf Comedy spezialisiert.

Zwischen Oktober und Juni treten viele internationale Künstler während des Festival de Otoño a Primavera auf.

Kino

Das spanische Kino *(siehe S. 196)* hat in den letzten Jahren viel internationalen Ruhm erworben. Wer die Sprache versteht, erfährt in den spanischen Filmen viel über das Land. Gehen Sie in eines der großartigen Kinos an der Gran Vía, wie z. B. das **Capitol**, in dem seit der Geburt des Kinos Filme gezeigt werden.

Nichtspanische Filme in Originalversion zeigen **Verdi, Ideal, Golem** und **Renoir**. Zeiten entnehmen Sie bitte den Zeitungen und Veranstaltungsblättern. Tickets sind billiger am *día del espectador* (meistens montags oder mittwochs).

Auf einen Blick

Information

Comunidad de Madrid Tourist Office
Calle Duque de Medina-celli 2. **Stadtplan** 7 B3.
(914 29 49 51.

Madrid Information
Plaza Mayor 27.
Stadtplan 4 E3.
(914 54 44 10.

Tickets

El Corte Inglés
(902 40 02 22.
w elcorteingles.com

Entradas.com
(902 48 84 88.

FNAC
(902 10 06 32.
w fnac.es

Ticketea
w ticketea.com

Cafés und Bars

Bodega La Ardosa
Calle Colón 13.
Stadtplan 5 A5.
(915 21 49 79.

Café del Círculo de Bellas Artes
Calle Alcalá 42.
Stadtplan 4 E3.
(677 45 84 48.

Café Gijón
Paseo de Recoletos 21.
Stadtplan 7 C1.
(915 21 54 25.

El Espejo
Paseo Recoletos 31.
Stadtplan 6 D5.
(913 08 23 47.

Mamá Framboise
Calle Fernando VI 23.
Stadtplan 5 B5.
(913 91 43 64.

Pomme Sucre
Calle Barquillo 49.
Stadtplan 5 B5.
(913 08 31 85.

Taberna Antonio Sánchez
Calle de Mesón de Paredes 13. **Stadtplan** 4 F5. **(** 915 39 78 26.

Taberna Maceiras
Calle Huertas 66.
Stadtplan 7 B3.
(914 29 58 18.

Stierkampf

Taquilla Toros
w taquillatoros.com

Las Ventas
Calle Alcalá 237.
(913 56 22 00.
w las-ventas.com

Fußball

Atlético de Madrid
Estadio Vicente Calderón, Paseo de la Virgen del Puerto 67.
(902 26 04 03.
w atleticodemadrid.com

Real Madrid
Estadio Santiago Bernabéu, Calle Concha Espina 1. **(** 913 98 43 00. **w** realmadrid.com

Tanz

La Casa Encendida
Ronda de Valencia 2.
(902 43 03 22.

Teatros del Canal
Calle Cea Bermúdez 1.
Stadtplan 3 B1.
(913 08 99 99.

Flamenco

Café de Chinitas
Calle Torija 7. **Stadtplan** 4 D1. **(** 915 47 15 02.

Candela
Calle Olmo 2. **Stadtplan** 7 A4. **(** 914 67 33 82.

Cardamomo
Calle Echegaray 15.
Stadtplan 7 A2.
(918 05 10 38.

Casa Patas
Calle Cañizares 10.
Stadtplan 7 A3.
(913 69 04 96.

Corral de la Morería
Calle de la Morería 17.
Stadtplan 3 C3.
(913 65 11 37.

La Taberna de Mister Pinkleton
Calle de los Cuchilleros 7. **Stadtplan** 4 E3.
(913 64 02 63.
w latabernade misterpinkleton.com

Las Tablas
Plaza España 9.
Stadtplan 1 C5.
(915 42 05 20.

Klassische Musik, Oper und Zarzuela

Auditorio Nacional de Música
Calle del Príncipe de Vergara 146. **(** 913 37 01 40. **w** auditorio nacional.mcu.es

Centro Cultural Conde Duque
Calle del Conde Duque 11. **Stadtplan** 2 D4.
(913 18 47 00.

Fundación Juan March
Calle Castelló 77. **(** 914 35 42 40. **w** march.es

Teatro Caser Calderón
Calle Atocha 18.
Stadtplan 4 F3.
(914 29 40 85.

Teatro de la Zarzuela
Calle de los Jovellanos 4.
Stadtplan 7 B2. **(** 915 24 54 00. **w** teatrodela zarzuela.mcu.es

Teatro Monumental
Calle Atocha 65.
Stadtplan 7 A3.
(914 29 12 81.

Teatro Real
Plaza de Isabel II.
Stadtplan 4 D2.
(902 24 48 48.
w teatro-real.com

Rock, Jazz und Weltmusik

Café Central
Plaza del Ángel 10. **Stadt-plan** 7 A3. **(** 913 69 41 43. **w** cafecentral madrid.com

El Sol
Calle Jardines 3.
Stadtplan 7 A1.
(915 32 64 90.
w elsolmad.com

Honky Tonk
Calle de Covarrubias 24.
Stadtplan 5 B3.
(914 45 61 91.

Junco
Plaza Santa Barbara 10.
Stadtplan 5 B4.
w en.eljunco.com

Sala La Riviera
Paseo Virgen del Puerto s/n. **(** 913 65 24 15.

Siroco

Calle de San Dimas 3.
Stadtplan 2 E4.
(915 93 30 70.

Theater

La Latina
Plaza de la Cebada 2.
Stadtplan 4 D4.
(913 65 28 35.

Lope de Vega
Gran Vía 57. **Stadtplan** 4 E1. **(** 915 47 20 11.

El Pavón Teatro Kamikaze
Calle de Embajadores 9.
Stadtplan 4 E4.
(910 51 33 31.

Teatro de la Comedia
Calle Príncipe 14.
Stadtplan 7 A2.
(915 21 49 31.

Teatro Español
Calle Príncipe 25.
Stadtplan 7 A2.
(913 60 14 84.

Teatro María Guerrero
Calle de Tamayo y Baus 4. **Stadtplan** 5 C5.
(913 10 29 49.

Teatro Muñoz Seca
Plaza del Carmen 1.
Stadtplan 4 F1.
(915 23 21 28.

Teatro Nuevo Apolo
Plaza Tirso de Molina 1.
Stadtplan 4 F3.
(913 69 06 37.

Kino

Capitol
Gran Vía 41. **Stadtplan** 4 E1. **(** 915 22 22 29.

Golem
Calle de Martín de los Heros 14. **Stadtplan** 1 A1. **(** 915 59 38 36.

Ideal
Calle del Doctor Cortezo 6. **Stadtplan** 4 F3.
(913 69 10 53.

Renoir
Calle de Martín de los Heros 12. **Stadtplan** 1 C5. **(** 915 42 27 02.

Verdi
Calle Bravo Murillo 28.
(914 47 39 30.

Stadtplan Madrid siehe Seiten 311–319

Nachtleben

Madrids Ruf als Stadt, die niemals schläft, gilt unverändert. Madrids Partymenschen werden wegen ihrer nächtlichen Ausflüge in Spanien *gatos* (Katzen) genannt. Besonders intensiv wird das Nachtleben in einigen bestimmten Distrikten zelebriert, jeder mit seiner eigenen Atmosphäre und zahlreichen Plätzen, an denen Sie das finden werden, was man in Madrid besonders gut kann: *la marcha* (Party machen). Starten Sie in Huertas, dann geht es bis in die frühen Morgenstunden durch Malasaña, Bilbao, Lavapiés und Chueca. Zum Tanzen braucht es keinen Club: Madrileños lieben ihre DJs und Live-Musik in kleineren, *pubs* genannten Läden – es wird einfach alles geboten *(siehe S. 326)*. Donnerstags bis sonntags ist es sehr voll. Es kann allerdings ziemlich spät werden – vor Mitternacht ist für *gatos* nichts los.

Santa Ana und Huertas

Mit vielen Tapas-Bars, Cafés und Terrassen ist das traditionsreiche, gleichwohl junge Viertel Huertas perfekt für den Start in eine wilde Nacht. Die Atmosphäre wird bestimmt von einer Mischung aller Altersklassen und Nationalitäten. Wenn Sie an einem Ort bleiben wollen, dann hier!

Beginnen Sie an der Plaza de Santa Ana in einer der vielen Bars. Das schicke **Viva Madrid** in der Calle Manuel Fernández y González ist sowohl bei *Madrileños* wie auch Ausländern beliebt. **Cardamomo** ist eine bekannte *taberna* und ein Muss für eine gelungene Nacht. Hier gibt es schöne bunte Kacheln an den Wänden und mindestens einmal wöchentlich Flamenco.

Für Tanzvergnügte sind die Haus-DJs des **Joy Madrid Discoteque** zu empfehlen oder der extravagante Palacio Gaviria bei Sol, der in seinem barocken Dekor wiedererstrahlt. Unweit Atocha findet sich das spektakuläre **Kapital**, ein Musiktempel auf sieben Etagen, in dem Sie alle Musikstile hören können. Genießen Sie auch den Blick von der Dachbar auf den Himmel über Madrid! **Sol y Sombra** ist ebenfalls ein beliebter Club mit Live-Soul und R&B. Um am Türsteher vorbeizukommen, sollte man entsprechend gekleidet sein.

Traditionell endet die Nacht mit heißer Schokolade und *churros* (Fettgebäck) in den Cafés an der Plaza del Sol. Die **Chocolatería San Ginés** hat die ganze Nacht geöffnet. Nach dieser kalorienreichen Sättigung bietet sich der **Independance Club** zum Abtanzen an, wo freitags und samstags vor einer wilden Mischung aus Heteros und Schwulen House und Electronica bis 6 Uhr morgens gespielt wird.

Alonso Martínez und Bilbao

Eine der lebendigsten Gegenden der Stadt. Hier finden Sie Hunderte von Kneipen, die Musik spielen, von R&B bis zu spanischem Pop.

Starten Sie in einer der Bars um die Plaza de Santa Bárbara, wie z. B. die großartige **Cervecería Santa Bárbara**. Gönnen Sie sich eine *caña* (Glas Bier), und starten Sie in die Nacht! Gehen Sie später (nachdem Sie in der Schlange gestanden haben) ins glamouröse **Alegoría**. Hier finden Sie eklektisches Dekor, Popmusik zum Tanzen bis spät in die Nacht und schöne Menschen. Eine Alternative ist das Pachá, eine von Madrids bekanntesten Diskotheken. Live-Musik gibt es z. B. im **Clamores**, einem von Madrids vielen Jazz-Tempeln. In Vierteln wie Huertas ist am meisten während der Wochentage los.

Argüelles und Moncloa

Studenten lieben diese Gegend, denn sie ist nicht sehr weit entfernt von einer der großen Universitäten Madrids. Die berühmten »Keller von Argüelles« sind große, doppelstöckige Innenhöfe mit vielen Bars und Diskotheken. Hier ist die jugendliche Atmosphäre frisch und lebendig!

Moncloa ist ein anderes beliebtes Viertel mit nicht mehr ganz so jungem Publikum. Hier gibt es mehrere Lokale mit spanischem Pop und anderer Musik, wie z. B. das **Lasal**, in dem zu besonderen Gelegenheiten auch Live-Konzerte stattfinden.

Chueca

Im Chueca-Viertel ist Madrids Gay-Szene zu Hause. Hier leben viele Homosexuelle, und es gibt viele trendige Bars und Clubs, in denen Homos und Heteros zusammen feiern. Tatsächlich unterscheidet sich Chueca von anderen *gay communities* der Welt durch die *mezcla*, den toleranten Homo-/Hetero-Mix.

Herz des Viertels ist die Plaza de Chueca. Im Sommer sind die Terrassen voller Besucher. Gleich nebenan finden Sie gemischte Bars wie das **Acuarela**, dessen Einrichtung sehenswert ist. Die Gay Pride Week Ende Juni findet hauptsächlich in dieser Gegend statt, aber auch in vielen anderen Gay-Bars Madrids.

Malasaña

Malasaña war das Zentrum von *la movida* im Madrid der 1980er Jahre *(siehe S. 309)*. Der alternative Touch zieht auch heute viele junge Lebenskünstler an.

Zentrum dieses kosmopolitischen Viertels ist der Platz Dos de Mayo. Die Atmosphäre dieser Gegend verändert sich gerade rasant in Richtung Design. Gehen Sie in die Bars **La Huida**, **El Circo de las Tapas** oder **Kike Keller**. **Bar & Co** ist für Malasaña typisch, es spielen wöchentlich lokale Bands.

Hier können Sie sich um 3 Uhr morgens nach einer rasanten Tour ausruhen.

Tupperware ist eine Rock-Bar mit Ultra-Pop-Dekor, in der Garage, Indie und Popmusik gespielt werden. Sehenswert!

Lavapiés

Früher war hier das jüdische Viertel von Madrid. Heute finden Sie in den engen Straßen von Lavapiés eine außergewöhnliche Mischung von Rassen und Kulturen. In diesem faszinierenden Viertel sitzt man nach alter Tradition der Vorfahren in den warmen Sommernächten gerne draußen vor der Tür. Gehen Sie nur einmal auf die Terrassen der Calle de Argumosa! Lavapiés bietet eine große kulturelle und künstlerische Vielfalt an Musik, Tanz und Theater und ein spannendes Nachtleben.

Im **La Escalera de Jacob** gibt es Konzerte und Performances.

Die wunderbar exzentrische Bar **El Gato Verde** veranstaltet Ausstellungen und bietet gelegentlich Live-Musik.

La Latina

Immer noch das beste Viertel der Stadt für gemütliche Lokale und Tapas-Bars – La Latina ist besonders am Sonntag nach einem Spaziergang über den Rastro-Flohmarkt zu empfehlen. Exzellente Cocktails gibt es im **Delic**. Für Kulturelles trifft man sich im **Anti Café**, in dem Sie DJs, Lesungen, Theater und sonntags Jazz geboten bekommen. Beste spanische Weine bietet Corazón Loco mit Top-Qualität zu angemessenen Preisen. Eine andere gute Bar ist die **Taberna del Tempranillo**, die eine gute Auswahl spanischer Weine, Käse und Schinken hat. In der Bar María Pandora können Sie Champagner und *cavas* umgeben von Bücherregalen und Anti-

quitäten genießen. Danach können Sie bis spät in die Nacht im **Berlín Cabaret** tanzen, einem modernen Nachtclub mit mitreißendem 1930er-Jahre-Cabaret.

Azca

Die Skyline von Azca wird von den höchsten Gebäuden der Stadt gebildet, definitiv eines der modernsten Viertel der Stadt nahe dem Paseo de la Castellana und dem Stadion Santiago Bernabéu. Dieses Finanzviertel hat eine ganze Menge hübscher Bars und Clubs in den Kelleretagen.

Wer den unwiderstehlichen Drang fühlt zu tanzen, findet entlang der Avenida de Brasil einige große, leider oftmals überfüllte Clubs.

In der Gegend von Chamartín hat sich eine weitere Hardcore-Clubszene etabliert, die allerdings erst spät in der Nacht richtig erwacht.

Auf einen Blick

Bars, Clubs und Cafés

El 2D
Calle Velarde 24.
Stadtplan 2 F4.
☎ 914 48 64 72.

Acuarela
Calle Gravina 10.
Stadtplan 5 B5.
☎ 915 22 21 43.

Alegoría
Calle Villanueva 2.
Stadtplan 6 D5.
☎ 915 77 27 85.

Anti Café
Calle Unión 2.
Stadtplan 4 D2.
☎ 915 41 76 57.

Bar & Co
Calle Barco 34.
Stadtplan 2 F5.
☎ 915 31 77 54.

Berlín Cabaret
Costanilla de San Pedro 11.
☎ 913 66 20 34.

Cardamomo
Calle de Echegaray 15.
Stadtplan 7 A3.
☎ 918 05 10 38.

Cervecería Santa Bárbara
Plaza de Santa Bárbara 8. ☎ 913 19 04 49.

Chocolatería San Ginés
Pasadizo de San Ginés, Calle Arenal 11.
Stadtplan 4 E2.
☎ 913 65 65 46.

Clamores
Calle Alburquerque 14.
Stadtplan 5 A3.
☎ 914 45 54 80.

Circo
Calle Corredera Baja de San Pablo 21.
Stadtplan 2 F5.

Delic
Plaza de La Paja s/n.
Stadtplan 4 D3.
☎ 913 64 54 50.

La Escalera de Jacob
Calle de Lavapiés 11.
Stadtplan 4 F4.
☎ 625 72 17 45.

El Gato Verde
Calle Torrecilla del Leál 15. **Stadtplan** 7 A4.
☎ 693 82 98 97.

La Huida
Calle Colón 11.
Stadtplan 5 A5.
☎ 600 87 05 09.

Independance Club
Plaza de Callao 4.
Stadtplan 4 E1.
☎ 600 87 05 09.

Joy Madrid Discoteque
Calle Arenal 11.
Stadtplan 4 E2.
☎ 913 66 54 39.

Junco
Plaza de Santa Bárbara 10. **Stadtplan** 5 B4.
☎ 913 19 20 81.

Kapital
Calle Atocha 125.
Stadtplan 7 C4.
☎ 914 20 29 06.

Kike Keller
Calle Corredera Baja de San Pablo 17. **Stadtplan** 2 F5. ☎ 915 22 87 67.

Lasal
Calle Guzmán el Bueno 98. ☎ 686 41 09 90.

María Pandora
Plaza Gabriel Miró 1.
Stadtplan 3 B3.
☎ 910 42 82 13.

Sol y Sombra
Calle de Echegaray 18.
Stadtplan 7 A3.
☎ 619 23 58 02.

Taberna Almendro 13
Calle Almendro 13.
Stadtplan 4 D3.
☎ 913 65 42 52.

Taberna del Tempranillo
Calle de la Cava Baja 38.
☎ 913 64 15 32.

Teatro Barceló
Calle de Barceló 11.
Stadtplan 5 A4.
☎ 914 47 01 28.

Tupperware
Calle Corredera Alta de San Pablo 26.
☎ 625 52 35 61.

La Victoria
Calle Santa Isabel 40.
Stadtplan 7 B4.
☎ 915 28 64 57.

Viva Madrid
Calle Manuel Fernández González 7.
☎ 914 20 35 96.

Stadtplan Madrid *siehe Seiten 311–319*

Provinz Madrid

Die Comunidad de Madrid erstreckt sich auf der Hochebene von Neukastilien. Die Sierras im Norden der Provinz sind im Winter als Ski-, im Sommer als herrliches Wandergebiet beliebt. In den westlichen Ausläufern dieses Gebirges liegt El Escorial, die berühmte Klosterfestung, von der aus Felipe II sein riesiges Reich regierte. Francos Denkmal für die Kriegsopfer im Valle de los Caídos steht nicht weit davon. Fast am Stadtrand liegt das kleinere Königsschloss El Pardo, südlich der Metropole ist der Sommerpalast Aranjuez (18. Jh.) von einem weitläufigen Park umgeben. Zu den historischen Städten der Region gehören Alcalá de Henares mit Universitätsgebäuden aus der Renaissance sowie Chinchón mit seinem arkadengeschmückten Marktplatz und malerischen Tavernen.

Sehenswürdigkeiten auf einen Blick

Städte

- Buitrago del Lozoya
- Manzanares el Real
- Alcalá de Henares
- Chinchón

Historische Gebäude

- Monasterio de Santa María de El Paular
- Santa Cruz del Valle de los Caídos
- *El Escorial S. 334f*
- Palacio de El Pardo
- Palacio Real de Aranjuez

Bergregionen

- Sierra Norte
- Sierra Centro de Guadarrama

Legende

- Stadt Madrid
- Provinz Madrid
- Autobahn
- Hauptstraße
- Nebenstraße

0 Kilometer 25

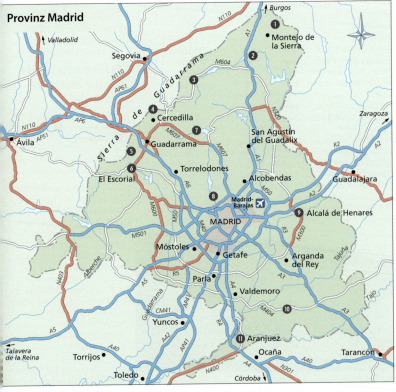

Provinz Madrid

◄ In der Sierra Centro de Guadarrama *(siehe S. 333)*

Zeichenerklärung *siehe hintere Umschlagklappe*

Das Dorf Montejo de la Sierra in der Sierra Norte

❶ Sierra Norte

Madrid. **Karte** H6. 🚌 Montejo de la Sierra. 🛈 Calle Real 64, Montejo, 91 869 70 58. 🌐 **sierradelrincon.org**

Schwarze Schieferdächer prägen das Bild der Dörfer der landschaftlich schönsten Gegend der Provinz, die früher Sierra Pobre (»armes Gebirge«) genannt wurde.

In **Montejo de la Sierra**, dem größten Ort der Region, organisiert das örtliche Fremdenverkehrsbüro Ausflüge und vermittelt Unterkünfte *(siehe S. 559)* im Naturschutzgebiet **Hayedo de Montejo de la Sierra**, einem der südlichsten Buchenwälder *(siehe S. 84)* Europas. Von Montejo aus können Sie zu Dörfern wie **La Hiruela** und **Puebla de la Sierra** fahren, beide in wunderschönen Wandergebieten gelegen.

Die trockeneren Südhänge fallen zum **Embalse de Puentes Viejas** hin ab, einem Stausee, an dessen künstlich aufgeschütteten Stränden sich jede Menge Chalets drängen. An der Ostflanke der Sierra findet

man das Dorf **Patones**, das so abgelegen ist, dass es sowohl den maurischen als auch den napoleonischen Besatzungstruppen entging.

❷ Buitrago del Lozoya

Madrid. **Karte** H6. 🏔 2000. 🚌 🛈 Calle Tahona 19, 91 868 16 15. 🛒 Sa. 🎉 La Asunción y San Roque (15./16. Aug), Cristo de los Esclavos (14./15. Sep).

Malerisch über einer Flussbiegung des Río Lozoya gelegen, wurde der von den Römern gegründete Ort später von den Arabern befestigt und entwickelte sich im Mittelalter zu einem Marktflecken. Von dem Mudéjar-Kastell (14. Jh.) stehen nur mehr Ruinen, doch haben Torhaus, Bogen und Teile der arabischen Stadtmauer überdauert. Das Kastell wird derzeit restauriert und ist nicht zugänglich.

Der alte Stadtkern innerhalb des Befestigungsrings hat seinen altertümlichen Charme

bewahrt. Die Kirche **Santa María del Castillo** (14./15. Jh.) weist einen Mudéjar-Turm auf ihre Decke stammt aus dem alten Hospital. Im **Rathaus** vor Buitrago wird ein Prozessionskreuz aus dem 16. Jahrhundert aufbewahrt. Das Untergeschoss beherbergt das kleine **Museo Picasso**, in dem Zeichnungen und Keramiken aus der Sammlung Eugenio Arias' ausgestellt sind.

🏛 **Museo Picasso**
Plaza de Picasso 1.
📞 91 868 00 56. ⭕ Di–So.
🌐 madrid.org/museopicasso

Altarbild im Monasterio de Santa María de El Paular

❸ Monasterio de Santa María de El Paular

Südwestlich von Rascafría an der M604. **Karte** H6. 📞 91 869 19 58. 🚌 Rascafría. ⭕ tägl. 11–13.30, 16–19 Uhr (Nov–Mitte Apr bis 18 Uhr). 👁 obligatorisch. ⬤ Feiertage. 🌐 monasteriopaular.com

Das 1390 als erstes Kartäuserkloster Kastiliens gegründete Monasterio de Santa María de El Paular steht an der Stelle eines Jagdschlösschens. Als Minister Mendizábal 1836 den Verkauf der Kirchenschätze befahl *(siehe S. 67)*, wurde das Kloster aufgegeben. In den 1950er Jahren kaufte der spanische Staat den Besitz und ließ ihn restaurieren. Der Komplex besteht aus einem Benediktinerkloster, einer Kirche und einem Hotel.

Das Alabaster-Altarbild, ein Werk flämischer Künstler aus dem 15. Jahrhundert, illustriert

Buitrago del Lozoya am Ufer des Río Lozoya

Hotels und Restaurants in der Provinz Madrid *siehe Seiten 569 und 593f*

zenen aus dem Leben Christi.
en üppig barock ausgestatte-
n *camarín* (Heiligennische)
nter dem Altar entwarf
ancisco de Hurtado 1718.
Sonntags versammeln sich
e Mönche zu gregoriani-
:hen Gesängen. Wenn sie Zeit
aben, führen sie Sie auch
ern zu dem Mudéjar-Ge-
ölbe und der doppelten
onnenuhr.

Das Klosterhotel bietet sich
s Ausgangspunkt für Ausflü-
e nach **Rascafría** und **Lozoya**
1. Im Südwesten erstreckt
:h das Naturschutzgebiet
agunas de Peñalara.

● Sierra Centro
le Guadarrama

adrid. **Karte** GH6. 🚉 Puerto de
avacerrada, Cercedilla. 🚌 Nava-
rrada, Cercedilla. 🛈 Cuartel 1,
avacerrada, Cercedilla, 918 42 85
. 🌐 **sierraguadarrama.info**

er zentrale Teil der Sierra
e Guadarrama lag bis ins
). Jahrhundert hinein sehr
geschieden, erst in den
)20er Jahren fuhren Züge
erher. Heute sind die Hänge
egrünt und mit Chalets über-
t. Dörfer wie **Navacerrada**
id **Cercedilla** wurden zu
intren des Ski-, Kletter- und
eitsports. Für Wanderer wur-
en Wege ausgewiesen.

Das **Valle de Fuenfría**, ein
aturreservat mit unberührten
'aldgebieten, erreicht man
n besten über Cercedilla.
holungsuchende finden
er ein Stück der alten Römer-
raße sowie mehrere Pick-
ckplätze und markierte
anderwege.

Das gigantische Mahnmal im Valle de los Caídos

❺ Santa Cruz del Valle de los Caídos

Nördlich von El Escorial an der
M600. **Karte** G6. 📞 91 890 54 11.
🚌 ab El Escorial. ⭕ **Krypta** Di–So
10–18 Uhr (Apr–Sep: bis 19 Uhr).
⬤ Feiertage. 🎟 (Mi, Do ab 16 Uhr
frei). 🌐 **valledeloscaidos.es**

General Franco ließ das Kreuz
im Tal der Gefallenen als
Mahnmal für die Opfer des
Bürgerkriegs *(siehe S. 70f)* errichten. Das riesige Monument
überragt 13 Kilometer nördlich
von El Escorial *(siehe S. 334f)*
das umliegende Land. Viele
Spanier fühlen sich bei seinem
Anblick an die traurigen Jahre
der Diktatur erinnert.

Das 150 Meter hohe Kreuz
erhebt sich über einer gewaltigen Basilika, die Gefangene
mehr als 20 Jahre lang aus
dem Fels schlugen, wobei
viele starben. Neben dem
Hochaltar der Basilika befinden
sich der schmucklose Grabstein Francos und – gegenüber
– das Denkmal für José Antonio Primo de Rivera, den Gründer der Partei Falange Española. Nicht sichtbar sind die
Gräber, die an die 40 000 Gefallenen erinnern.

Eine Standseilbahn verbindet
die Basilika mit der Basis des
Kreuzes. Die direkte Umgebung des Kreuzes ist aus
Sicherheitsgründen nicht
zugänglich.

r Navacerrada-Pass in der Sierra de Guadarrama

⬤ El Escorial

Die imposante klösterliche Königsresidenz Felipes II erhebt sich nordwestlich von Madrid vor den Ausläufern der Sierra de Guadarrama. Sie wurde 1563 – 84 zu Ehren des heiligen Laurentius errichtet und präsentiert sich in einer in Spanien bis dato unbekannten architektonischen Strenge, die sich im Inneren – mehr Mausoleum und Ort der Selbstentäußerung denn prunkvolle Residenz – fortsetzt. Der künstlerische Reichtum des Escorial konzentriert sich folglich auch auf Museen, Kapitelsäle, Kirche, Pantheon der Könige und Bibliothek. Die Gemächer des Königs sind dagegen überraschend schmucklos.

★ Pantheon der Könige
In diesem Marmormausoleum ruhen die meisten spanischen Könige.

Außerdem

① **Patio de los Reyes**

② **Das Kolleg Alfonsos XII,** ein Internat, wurde 1875 von Mönchen gegründet.

③ **Bourbonentrakt**

④ **Architekturmuseum**

⑤ **Sala de Batallas**

⑥ **Das Altarbild** der Basilika ist Blickfang der riesigen, üppig geschmückten Kirche. Die Kapelle enthält eine von Cellini gefertigte Skulptur der Kreuzigung.

⑦ **Die königlichen Gemächer** im Obergeschoss des Palasts verdeutlichen, in welch büßerisch-schlichter Strenge Felipe II lebte. Sein Schlafzimmer bietet direkten Sichtkontakt zum Hauptaltar der Basilika.

⑧ **Im Patio de los Evangelistas** steht ein Tempel von Herrera. Der Jardín de los Frailes lädt zu einem Spaziergang ein.

⑨ **Das Kloster** wurde 1567 gegründet und befindet sich seit 1885 im Besitz des Augustinerordens.

Haupteingang

Eingang nur zur Basilika

★ Bibliothek
Unter den mehr als 40 000 Bänden befindet sich auch die Privatsammlung Felipes II. Ausgestellt sind zudem kostbare Handschriften, u. a. ein Gedicht von Alfonso X. Die herrlichen Deckenfresken (16. Jh.) schuf Tibaldi.

Hotels und Restaurants in der Provinz Madrid *siehe Seiten 569 und 593f*

★ Pinakothek

Im Untergeschoss des Privatpalasts Felipes II hängen flämische, italienische und spanische Gemälde, darunter Rogier van der Weydens (1399–1464) *Golgatha*.

Infobox

Information

Avda de Juan de Borbón y Battemberg. **Karte** G6.

📞 91 890 59 03. ⏰ Apr–Sep: Di–So 10–20 Uhr; Okt–März: Di–So 10–18 Uhr. ⬤ 1., 6. Jan, 1. Mai, 9. Sep, 24., 25., 31 Dez. 🎫 (Mi, Do ab drei Stunden vor Schließung für EU-Bürger frei). 🕐 Di–Fr 10, Sa 19, So 10, 11, 12, 13, 19 Uhr. 📱 💻 📷

🌐 **patrimonionacional.es**

Anfahrt

🚆 C8 von Atocha, Chamartín und Sol.

🚌 661, 664 von Moncloa.

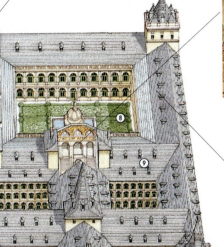

Die Glorie der spanischen Monarchie
Das herrliche Fresko von Luca Giordano über der Haupttreppe zeigt Carlos I (Karl V.) und Felipe II.

Kapitelsäle
Hier ist der Altar Carlos' I zu sehen. Engel und Regenten bevölkern die Deckenfresken.

Architektur von El Escorial

Nach dem Tod des ersten Bauleiters Juan Bautista de Toledo 1567 übernahm Juan de Herrera die Arbeiten. Der nüchterne Stil der klösterlichen Residenz wird *desornamentado* (ungeschmückt) genannt.

Felsvorsprung von La Pedriza, unweit Manzanares el Real

❼ Manzanares el Real

Madrid. **Karte** H6. 🚠 8000. 🚌 ℹ Calle del Cura, 918 53 00 09. 🍴 Di, Fr. 🎭 Fiesta de Verano (Anfang Aug), Cristo de la Nave (14. Sep). 🌐 manzanareselreal.org

Aus der Ferne gesehen, wird die Stadt von einer Burg aus dem 15. Jahrhundert dominiert, deren Ecktürme zwar mit militärischen Elementen ausgestattet sind, die jedoch primär als Wohnschloss der Herzöge von Infantado diente. Am Fuß des Schlosses steht eine Kirche mit Renaissance-Portikus und grazilen Kapitellen. Jenseits der Stadt, am Rand der Ausläufer der Sierra de Guadarrama, liegt **La Pedriza**, Teil eines sehenswerten Naturschutzgebiets und Paradies für Bergsteiger.

Umgebung: Colmenar Viejo, 17 Kilometer südöstlich von Manzanares, verfügt über eine herrliche Mudéjar-Kirche.

❽ Palacio de El Pardo

El Pardo, nordwestlich von Madrid an der A6. **Karte** H7. 📞 91 376 15 00. 🚌 601 von Moncloa. ⊙ Apr–Sep: tägl. 10–20 Uhr; Okt–März: tägl. 10–18 Uhr. ⊙ bei Besuchen der Königsfamilie, Feiertage. 🎭 (Mi, Do ab 17 Uhr für EU-Bürger frei, Okt–März ab 15 Uhr). 🌐 patrimonionacional.es

Das auf den Fundamenten eines königlichen Jagdpavillons errichtete Schloss liegt inmitten eines Parks vor den Toren Madrids. Eine Führung zeigt Besuchern den Habsburger Trakt und den im 18. Jahrhundert von Francesco Sabatini in identischer Form hinzugefügten Anbau. Im Inneren dominieren Gold, Fresken und Wandteppiche, die vielfach nach Entwürfen Goyas gewebt wurden (siehe S. 310). Heute dient der Palast als Gästehaus für Staatsoberhäupter. Rund um das Schloss und das Städtchen El Pardo erstreckt sich der ehemalige königliche Wildpark mit majestätischen alten Steineichen.

Fassade des Colegio de San Ildefonso in Alcalá de Henares

❾ Alcalá de Henares

Madrid. **Karte** H7. 🚠 204 000. 🚌 🚌 ℹ Plaza de los Santos Niños s/n, 918 81 06 34. 🍴 Mo, Mi. 🎭 Feria de Alcalá (Ende Aug). 📷 Stadtführungen (Sa, So). 🌐 turismoalcala.es

Im Herzen einer modernen Industriestadt stößt der Besucher auf eine der ältesten Lehranstalten Spaniens. Die 1499 von

Prächtige Wandteppiche (18. Jh.) im Palacio de El Pardo

Hotels und Restaurants in der Provinz Madrid *siehe Seiten 569 und 593f*

Kardinal Cisneros gegründete **Universität** von Alcalá entwickelte sich zu einer der wichtigsten europäischen Bildungsstätten des 16. Jahrhunderts. Am Institut **San Ildefonso** studierte Lope de Vega *(siehe S. 294)*. 1517 erschien in Alcalá die erste mehrsprachige Bibel Europas.

Weitere Sehenswürdigkeiten sind die Kathedrale und das **Casa-Museo de Cervantes**, das umgewandelte Geburtshaus des Dichters. Der **Palacio de Laredo** beherbergt sehenswerte Dekorationen, die im Rahmen einer Führung besichtigt werden können.

Die malerische Plaza Mayor von Chinchón

🏛 **Casa-Museo de Cervantes**
Calle Mayor 48. 📞 91 889 96 54. 🕐 Di–So 10–18 Uhr. ⬤ Feiertage.

⑩ Chinchón

Madrid. **Karte** H7. 🚗 5500. 🚌 ℹ️ Plaza Mayor 6, 91 893 53 23. 🏨 Sa. 🎭 Semana Santa (Osterwoche), San Roque (12.–18. Aug). 🌐 **ciudad-chinchon.com**

Chinchón ist vielleicht der malerischste Ort der Provinz Madrid. Die arkadengesäumte **Plaza Mayor** wirkt fast wie eine Theaterkulisse. Zur Osterprozession *(siehe S. 294)* und während der Stierkämpfe im August erwacht der Platz zum Leben. In der Pfarrkirche (16. Jh.) hängt ein Altarbild von Goya, dessen Bruder hier Priester war. Unweit davon ist in einem Augustinerkloster aus dem 18. Jahrhundert ein

Parador mit Garten untergebracht. Die Reste eines Kastells (15. Jh.) sind auf einem Hügel westlich der Stadt erhalten. Die Burg selbst ist nicht zugänglich, doch bietet die Anlage einen schönen Blick über die Gegend.

Chinchón ist ein beliebtes Wochenendziel der Madrilenen, die in den Tavernen exzellente *chorizo*-Wurst und den für den Ort typischen Anis *(siehe S. 581)* genießen.

⑪ Palacio Real de Aranjuez

Plaza de Parejas, Aranjuez. **Karte** H7. 📞 91 891 07 40. 🚗 🚌 🕐 Di–So 10–20 Uhr (Okt–März: bis 18 Uhr). ⬤ Feiertage. 🎭 (Mi, Do ab 17 Uhr für EU-Bürger frei, Okt–März ab 15 Uhr). ♿ 🌐 **patrimonionacional.es**

Die königliche Sommerresidenz entstand aus einer mittelalterlichen Jagdhütte neben einem natürlichen Wehr am Zusammenfluss von Tajo und Jarama. Das heutige Landschloss wurde im 18. Jahrhundert von den Habsburgern erbaut und von

den Bourbonen neu ausgestattet. Bei einer Führung erhält man Einblick in prunkvolle Barockräume, darunter das Porzellanzimmer, den Spiegelsaal und den Rauchsalon. Ein Ausflug nach Aranjuez lohnt allein der Gartenanlage wegen, die Joaquín Rodrigo zu seinem *Concierto de Aranjuez* inspirierte. Der Parterregarten und der Inselgarten stammen noch aus der Zeit des ersten Palasts aus dem 16. Jahrhundert.

Zwischen Schloss und Tajo liegt der Prinzengarten mit Skulpturen, Brunnen und teils exotischen Bäumen. Hier steht am Tajo auch die Casa de Marinos, ein Museum mit Hofbarkassen und historischen Navigationsgeräten. Am anderen Ende des Parks ließ Carlos IV an der Stelle eines alten Bauernhauses das Schlösschen Casa del Labrador errichten.

Die Restaurants der Ortschaft sind für die hervorragende Qualität ihrer Spargel und Erdbeeren berühmt. Im Sommer verkehrt zwischen Madrid und Aranjuez ein historischer Zug, der ursprünglich zum Transport der Erdbeeren diente.

Miguel de Cervantes

Miguel de Cervantes Saavedra, Spaniens bekanntester Autor, kam im Jahr 1547 in Alcalá de Henares zur Welt. Während der Seeschlacht von Lepanto (1571) gefangen genommen, verbrachte Cervantes mehr als fünf Jahre in der Türkei. 1605 veröffentlichte der mittlerweile fast 60-Jährige den ersten der zwei Teile seines *Don Quijote (siehe S. 399)*. Bis zu seinem Tod am 23. April 1616 lebte er in Madrid und schrieb die Novellensammlung *Novelas ejemplares* (»Beispielhafte Novellen«) sowie Theaterstücke.

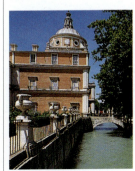
Ein herrlicher Park umgibt das königliche Schloss in Aranjuez

ZENTRAL-SPANIEN

Zentralspanien im Überblick

Die ausgedehnte Hochebene, die Meseta, besteht zum Großteil aus Weizenfeldern und staubig-trockenen Ebenen, hat aber doch viele herrliche Plätze zu bieten. Die Gebirge, Wälder und Seen sind wildreich. In den Städten und Dörfern ist die vielseitige Geschichte der Region präsent – die römischen Ruinen von Mérida, die mittelalterlichen Herrenhäuser von Cáceres, die gotischen Kathedralen von Burgos, León und Toledo, die Renaissance-Pracht von Salamanca sowie ungezählte Schlösser und Burgen.

Zur Orientierung

Die Kathedrale von León *(siehe S. 358f)* wurde im 14. Jahrhundert im gotischen Stil vollendet. Neben den herrlichen Buntglasfenstern ist das Chorgestühl sehenswert, das Szenen aus der Bibel und dem Alltagsleben darstellt.

Salamanca *(siehe S. 362–365)* empfängt den Besucher mit herrlichen Plateresk- und Renaissance-Bauten. Die Fassade der Universität setzt sich aus unzähligen Details zusammen. Beeindruckend sind auch die Alte und Neue Kathedrale (sie stehen Seite an Seite) sowie die aus Sandstein erbaute Plaza Mayor.

Das Museo Nacional de Arte Romano in Mérida *(siehe S. 414)* birgt römische Schätze. Die Stadt hat ein gut erhaltenes Amphitheater.

Kastilien und
Seiten 350–3

Cistie
Ponferrada
Leó
Astorga
Puebla de Sanabria
Benavente
Zamora
Torde
Salamanca
Ciudad Rodrigo
Béjar
Plasencia
Ta de
Navalmoral de la Mata
Cáceres
Trujillo

Extremadura
Seiten 404–417

Herrera Du
Badajoz
Mérida
Zafra
Llerena

0 Kilometer 50

◀ **Die traditionsreiche Stadt Toledo in Kastilien-La Mancha** *(siehe S. 392–397)*

Die Kathedrale von Burgos *(siehe S. 376f)*, das Werk herausragender mittelalterlicher Baumeister und Künstler, birgt Kunstschätze vieler verschiedener Epochen. Dieses Barockfresko mit der Marienkrönung ziert die Kuppel über der Sakristei.

Segovia *(siehe S. 368f)* thront auf einem Felshügel, der zwei Flüsse trennt. Hauptsehenswürdigkeiten sind der Alcázar *(siehe S. 348f)* – eine Burg wie aus dem Märchen – und der römische Aquädukt (1. Jh. n. Chr.), der etwa 30 Meter hoch über einen Platz führt.

Oña

Burgos

.encia

Peñafiel
d

Aranda de
Duero

Soria

Medinaceli

Sigüenza

Maranchón

Segovia

Madrid

Guadalajara

Madrid

Getafe

Cañaveras

Aranjuez

Tarancón

Cuenca

Toledo

**Kastilien-
La Mancha**
Seiten 382–403

Alarcón

Consuegra

San Clemente

Tomelloso

Ciudad
Real

Manzanares

Albacete

Almagro

Valdepeñas

Puertollano

Hellín

Cuencas Altstadt *(siehe S. 388f)* thront auf einem Felsen über zwei Schluchten. Eines der malerischen »hängenden Häuser« beherbergt ein Museum für abstrakte Kunst.

Die Kathedrale von Toledo *(siehe S. 396f)* ist wegen des Skulpturenschmucks berühmt. Toledos architektonischer Reichtum basiert auf einer Mischung jüdischer, christlicher und maurischer Einflüsse.

Regionale Spezialitäten

Madrid ist für seine extremen Temperaturen berüchtigt – »neun Monate Winter, drei Monate Hölle« nennen die Einheimischen das Klima. Auch die umliegenden Regionen leiden darunter. Die Küche entspricht der winterlichen Kälte ebenso wie der dürren Landschaft. Es gibt viel Fleisch als Braten und im Eintopf, in wärmenden Suppen mit Bohnen und Hülsenfrüchten. Räucherschinken, scharfe Würste und pikante Käsesorten passen ausgezeichnet zu den kräftigen Weinen. Der beste Schinken kommt aus der Extremadura, wo schwarzfüßige Schweine *(patanegra)* zwischen den Eichen nach Futter suchen.

Manchego-Käse

Beliebte Tapas: Ein Küchenchef bereitet *gambas al ajillo* zu

Madrid

Wie es sich für Spaniens Hauptstadt gehört, bieten die Restaurants von Madrid Gerichte aus allen Winkeln des Landes. Die Stadt ist kurioserweise besonders für Meeresfrüchte berühmt – sie werden täglich eingeflogen. Madrileños verzehren alle Teile eines

Tieres, getreu dem Motto: »Alles, was da kreucht und fleucht, kommt in den Topf.« Auf Madrider Speisekarten findet man daher auch Hirn, Ohren, Schweinsfüße und *callos a la Madrileña* (Kutteln). Eintöpfe wie *cocido Madrileño* halten einen im Winter warm. Der *tapeo* – eine Tour durch Tapas-Bars, die jeweils eigene Spezialitäten bieten – ist ein Ritual in dieser Metropole.

Kastilien und León

Die Hochebene von Kastilien und León ist im Sommer sengender Hitze, im Winter dagegen klirrender Kälte ausgesetzt. Köstliche Bratengerichte werden in *asadores* (Grillhäusern) serviert. Am beliebtesten ist *cochinillo* (Milchferkel). Schwein, Huhn, Wild und Lamm sind ebenfalls populär. Mit Hülsenfrüchten werden sie zu herzhaften

Pinto-Bohnen   Weiße Bohnen   Kichererbsen   Kidneybohnen

Schwarze Bohnen

Armuña-Linsen

Bohnen und Hülsenfrüchte – unerlässlich in der Küche Zentralspaniens

Typische Gerichte Zentralspaniens

Die Küche des spanischen Hinterlandes bietet Suppen und Eintöpfe sowie traditionell hergestellte Schinken, Wurstspezialitäten und Käse. Dazu gibt es Bohnen und Hülsenfrüchte, aromatisches Obst und Gemüse. Die winterliche Kälte auf den Hochplateaus von Kastilien und León bekämpfen Einheimische mit saftigen Braten. Der Schinken aus der Extremadura ist wohl der beste des Landes. Im Land von Don Quijote geht nichts über ein Glas kräftigen Wein und ein Stück Manchego. Hier gibt es kaum Nobelrestaurants mit moderner Küche, dafür bieten einladende, altmodische Gasthöfe schmackhafte Hausmannskost. Eine Ausnahme ist natürlich Madrid: Hier bekommen Sie alles bis hin zu exzellenten Meeresfrüchten, die im Landesinnern ansonsten Mangelware sind.

Frische Feigen

Cocido Madrileño Dieser herzhafte Braten wird in Etappen gegessen: erst die Brühe, dann das Gemüse und zuletzt das Fleisch.

Aus den Stempelfäden der Krokusblüten gewinnt man Safran

Suppen oder Eintöpfen verarbeitet, denen *embutidos* (Wurstspezialitäten) zusätzlichen Geschmack verleihen. Außerdem produziert die Region köstlichen Käse, wie den weichen Burgos, der mit Honig, *membrillo* (Quittengelee) oder Nüssen als Dessert dient. Die kräftigen Weine der Region bieten eine gute Ergänzung zu den starken Aromen der Küche.

Kastilien-La Mancha

Das Land von Don Quijote ist flach und staubig. In den Gasthöfen und Tavernen wird traditionell gekocht. Es gibt viele deftige Suppen, gehaltvolle Kasserollen und einfach gegrilltes Fleisch, Geflügel und Wild aus der Region. Das *gazpacho Manchego* ist, anders als sein kalter gemüselastiger Namensvetter aus Andalusien, ein deftiger Eintopf mit jeder verfügbaren Fleischsorte. Dazu gibt es

meist *pisto* aus diversem frischem Gemüse der Gegend. Die Araber brachten seinerzeit Safran hierher, der bis heute um Consuegra angebaut wird. Der arabische Einfluss macht sich auch in Marzipansüßigkeiten und in der duftenden Süßspeise *alajú* aus Cuenca bemerkbar.

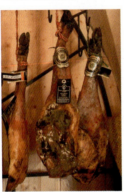

Köstliche Schinken der Region in einem Fachgeschäft

Extremadura

Nur wenige Besucher verschlägt es in die wilde Extremadura, in der die Zeit vielerorts stehen geblieben ist. Endlose Felder mit vereinzelten Steineichen bieten Nahrung für schwarzfüßige Schweine, die sich von Eicheln ernähren. Sie liefern teuren spanischen Schinken *(jamón ibérico)*. Dank der langen Jagdtradition stehen Rebhuhn, Hase und Wildschwein auf der Speisekarte, aber auch viele Flussfische. Neben köstlichen Käsesorten gibt es hier aromatischen Honig und herrliches Obst, insbesondere Kirschen, Pfirsiche und Feigen.

Auf der Speisekarte

Chocolate con Churros
Typisch spanisches Frühstück aus Madrid – heiße Schokolade mit frittierten Teigstreifen zum Eintunken.

Cochinillo Spezialität aus Segovia: 21 Tage altes Ferkel, dessen Fleisch auf der Zunge zergeht.

Gazpacho Manchego Dieser reichhaltige Eintopf, auch *galiano* genannt, wird aus Hase und Rebhuhn zubereitet.

Macarraca Extremadurischer Tomatensalat mit Peperoni, Zwiebeln und Knoblauch.

Tortilla de Patata Einfaches Kartoffelomelett, das in ganz Spanien serviert wird.

Albóndigas de la Abuela »Großmutters Fleischklöße«: deftige Landkost aus der kastilischen Hochebene.

Migas Extremeñas Mit Peperoni, Schweinefleisch und Chorizo oder Räucherwurst gegarte Brotstücke.

Yemas Köstliche Nachspeise aus der Gegend von Ávila, die mit Zitrone, Eigelb und Zucker gebacken wird.

Die Weine Zentralspaniens

Fast alle Weine Zentralspaniens stammen von den kleinen erlesenen Weinbergen im Nordwesten von Kastilien und León oder aber aus den riesigen Anbaugebieten von La Mancha und Valdepeñas. Ribera del Duero hat mit seinen aromareichen, feinen Rotweinen und in jüngster Zeit auch mit leichteren, fruchtigen Sorten den Sprung an die Spitze der spanischen Weinregionen geschafft. In Rueda wird aus Verdejo-Trauben guter Weißwein gekeltert. La Mancha und Valdepeñas liefern große Mengen weißen Tischweins und liebliche, fruchtige Rote.

Weinlese in Rueda

Ein artesischer Brunnen bewässert Rebstöcke in La Mancha

Aus Toro stammen die vollmundigen Rotweine der Rebsorte Tempranillo.

Kleine Weinkunde: Zentralspanien

Lage und Klima Ribera del Duero, Rueda und Toro liegen sehr hoch; heiße Sommer mit kühlen Nächten und kalte Winter bestimmen hier das Klima. Wegen des ausgeprägten Temperaturunterschieds zwischen Tag und Nacht behalten die Trauben ihre Fruchtsäure. La Mancha und Valdepeñas, beides besonders heiße und trockene Regionen, leiden zunehmend unter Wassermangel.

Rebsorten

Tempranillo-Trauben – je nach Region auch Tinto Fino, Tinto del Toro und Cencibel genannt – liefern nahezu alle guten zentralspanischen Rotweine. In manchen Gebieten wird auch Cabernet Sauvignon angebaut; einige Weine aus Ribera del Duero sind Verschnitte mit dieser Sorte. Aus Verdejo, Viura und Sauvignon Blanc wird weißer Rueda gekeltert. In den Weinbaugebieten von Valdepeñas und La Mancha herrschen die weißen Airén-Reben vor.

Gute Erzeuger
Toro: Fariña (Gran Colegiata). **Rueda:** Álvarez y Diez, Los Curros, Marqués de Riscal, Sanz. **Ribera del Duero:** Alejandro Fernández (Pesquera), Boada, Hermanos Pérez Pascuas (Viña Pedrosa), Ismael Arroyo (Valsotillo), Vega Sicilia, Victor Balbás. **Méntrida:** Marqués de Griñón. **La Mancha:** Fermín Ayuso Roig (Estola), Vinícola de Castilla (Castillo de Alhambra). **Valdepeñas:** Casa de la Viña, Félix Solís, Luis Megía (Marqués de Gastañaga), Los Llanos.

Villafranca del Bierzo
Cacabelos
Ponferrad
A6
A52
Benaver
Zamor
Duero
Salaman
A62
Ciudad Rodrigo
Coria
Plas
A66
Extremadura
Cáceres
Tr

Die traditionellen *tinajas* dienen noch heute der Weinherstellung

0 Kilometer   100

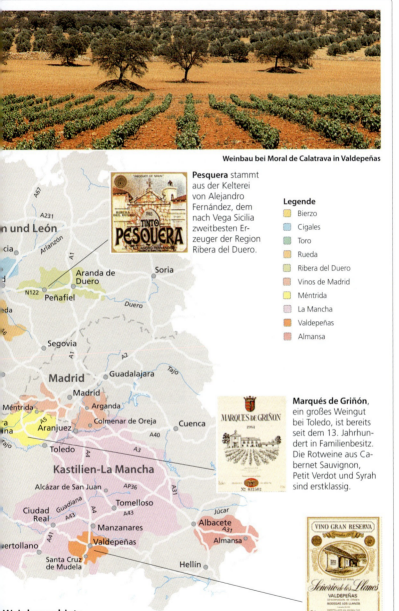

Weinbau bei Moral de Calatrava in Valdepeñas

Pesquera stammt aus der Kelterei von Alejandro Fernández, dem nach Vega Sicilia zweitbesten Erzeuger der Region Ribera del Duero.

Legende

- 🟨 Bierzo
- 🟦 Cigales
- 🟩 Toro
- 🟧 Rueda
- 🟢 Ribera del Duero
- 🟥 Vinos de Madrid
- 🟡 Méntrida
- 🟪 La Mancha
- 🟧 Valdepeñas
- 🟥 Almansa

Marqués de Griñón, ein großes Weingut bei Toledo, ist bereits seit dem 13. Jahrhundert in Familienbesitz. Die Rotweine aus Cabernet Sauvignon, Petit Verdot und Syrah sind erstklassig.

Señorio de los Llanos kommt aus Valdepeñas. Die sehr guten Rotweine aus Tempranillo-Reben reifen meist in Eichenfässern.

Weinbaugebiete

Die Anbaugebiete Ribera del Duero, Toro und Rueda erstrecken sich auf entlegenen Hochplateaus zu beiden Seiten des Río Duero. Nordwestlich davon liegt abgeschieden die Region Bierzo, deren Weine denen des benachbarten Valdeorras in Galicien ähneln. Auch rund um Madrid wird Wein angebaut. Die meisten Weine Zentralspaniens werden in La Mancha, dem weltweit größten zusammenhängenden Anbaugebiet, erzeugt. Aus der kleineren Enklave Valdepeñas kommen vor allem einfache, milde Weine für jeden Anlass.

Die Vögel Zentralspaniens

Vielfältige Lebensräume machen Zentralspanien zur Heimat einer ebenso reichen wie bunten Vogelwelt. Auf den Kirchtürmen vieler Dörfer nisten Weißstörche. Reiher und Taucher bevölkern die Feuchtgebiete, mit etwas Glück erspäht man bei einem Waldspaziergang das auffällige Federkleid eines Wiedehopfs. In den Ebenen brüten Trappen und Kraniche, während sich selten gewordene Greifvögel wie Kaiseradler, Wanderfalke und Geier in die gebirgigen Regionen zurückgezogen haben. Abholzung, profitorientierte Bodennutzung und Jagd fordern ihren Tribut: Heute sind fast 160 Vogelarten akut vom Aussterben bedroht.

Zugvogelrouten
— Kraniche
— Störche
— Greifvögel
— Kleinvogelarten

Sumpfland und Feuchtwiesen
In Feuchtgebieten wie den Lagunas de Ruidera *(siehe S. 401)* am Rand der La-Mancha-Ebene finden zahllose Wasservögel Nahrung. Manche benutzen die Region nur als Rastplatz, um auszuruhen, zu fressen und Energien für den Weiterflug zu tanken, andere verbringen das ganze Jahr in Spanien.

Wälder und Strauchland
Im Lebensraum Wald, wie im Parque Nacional de Cabañeros *(siehe S. 391)*, gibt es noch relativ viele Vogelarten, von denen die meisten das ganze Jahr über hier bleiben, zumal an Nahrung, Nist- und Balzplätzen kein Mangel herrscht. Seltene Spezies wie das Blaukehlchen beobachtet man frühmorgens.

Seidenreiher sind elegante Flieger mit schneeweißem Federkleid. Ihre Lieblingsspeise sind Schnecken, Frösche und Fische.

Racken leben bevorzugt in Wäldern. Sie nisten in Baumstümpfen oder verlassenen Spechthöhlen. Sie ernähren sich von Heuschrecken, Grillen und Käfern.

Löffelenten seihen mit ihrem schaufelförmigen Schnabel kleinste Nahrungsteilchen aus dem Wasser. Das Männchen ist bunt gefiedert, das Weibchen braun.

Wiedehopfe erkennt man an ihrem auffälligen Gefieder und dem Schopf, den sie bei Gefahr aufrichten. Sie leben von Insekten am Boden.

Störche

In Spanien brüten sowohl der Weiß- als auch der (seltenere) Schwarzstorch. Man erkennt sie im Flug an ihrem langsamen, gleichmäßigen Flügelschlag. Der Paarung geht ein imposantes Balzgehabe, Flügelschlagen und Schnabelklappern, voraus. Die großen Nester – häufig auf Dachfirsten, Hausgiebeln, Türmen und Schornsteinen – werden aus Ästen und Zweigen gebaut und mit Gras ausgepolstert. Auf dem recht abwechslungsreichen Speisezettel der Störche stehen vor allem Insekten, Fische und Amphibien. Mittlerweile sind Störche insbesondere durch die Trockenlegung von Feuchtgebieten und den verstärkten Einsatz von Insektiziden akut bedroht.

Der bedrohte Schwarzstorch

Horst auf einem Klosterdach

Felder und Wiesen

Mit dem Rückgang natürlicher Grünflächen – große Gebiete werden zu Getreidefeldern umgewandelt – schrumpft auch der Lebensraum vieler Vogelarten wie Trappen und Lerchen immer weiter.

Kraniche vollführen elegante Balztänze und wirken auch im Flug überaus ästhetisch. Als Allesfresser ernähren sie sich von Amphibien, Schalentieren, Insekten und Pflanzen.

Großtrappen nisten in flachen Erdmulden in Wiesen und Feldern. Rund die Hälfte der gesamten Population lebt in Spanien.

Bergland und Hochplateaus

Die meisten großen Greifvögel haben sich in die Gebirge und Hochebenen Zentralspaniens zurückgezogen. Dank ihrer gigantischen Flügelspannweite können Adler und Geier auf den warmen Luftströmungen ihre Kreise ziehen, während sie nach Beutetieren und Aas Ausschau halten.

Kaiseradler (mit einer Flügelspannweite von knapp 2,5 Metern) sind extrem bedroht. In ganz Spanien gibt es keine 300 Paare mehr.

Gänsegeier nisten in Bäumen und auf Felsvorsprüngen; häufig benutzen sie Jahr für Jahr denselben Platz. Ihre Flügelspannweite kann mehr als zwei Meter betragen.

Kastilische Burgen

Die historische Landschaft Kastilien (heute Teil von Kastilien und León) verdankt ihren Namen dem Wort *castillo* – Burg. Im 10. und 11. Jahrhundert war diese Region heftig umkämpftes Gebiet zwischen Mauren und Christen. Beide Seiten wandten große Mühe auf, wehrhafte Burgen zu errichten sowie Dörfer und Städte zu befestigen. Die meisten heutigen Kastelle entstanden freilich erst nach der Befriedung als herrschaftliche Wohnsitze. Nachdem Fernando und Isabel *(siehe S. 60f)* Ende des 15. Jahrhunderts den Bau neuer Festungen verboten hatten, wurden viele existierende zu komfortablen Schlössern umgebaut.

Castillo de Coca *(siehe S. 369)* ist ein typische Mudéjar-Burg

Castillo de la Mota *(siehe S. 370)* in Medina del Campo war ursprünglich eine maurische Festung, die nach 1440 umgebaut wurde und später an Fernando und Isabel fiel. Die quadratische Torre del Homenaje trägt Maschikulis; Doppeltürmchen krönen die Ecken. Die Ziegelburg umgibt eine mächtige Ringmauer.

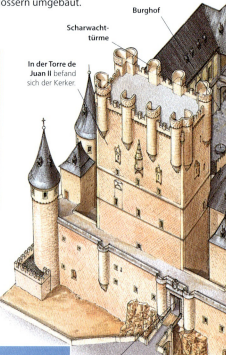

Burghof

Scharwacht-türme

In der Torre de Juan II befand sich der Kerker.

Die Barbakane (Vorwerk) trägt über dem Tor das Wappen der Katholischen Könige. Zu dem Vorbau gehören Fallgitter und die Wachräume.

Die Burg von Belmonte *(siehe S. 398)* ließ der Marquis von Villena im 15. Jahrhundert errichten. Der spätgotische Bau beruht auf einem elaborierten Grundriss: Drei rechteckige Bauten umschließen einen dreieckigen Burghof.

Alcázar von Segovia

Der Grundriss des Schlosses von Segovia (siehe S. 368) basiert auf der Form des Felsrückens, auf dem es steht. Die meisten Teile der im 12. Jahrhundert begonnenen Burg entstanden 1410–55. 1862 richtete ein Brand große Schäden an. Hinter den Mauern der Festung verbergen sich prächtige Räume.

Die Torre del Homenaje hat spitzhelmbekrönte Erkertürme, untypisch für spanische Burgen.

Ringmauer

Der Königssaal ist im gotischen Stil gehalten.

Die Sala de las Piñas verdankt ihren Namen dem goldenen Pinienzapfenmotiv der Decke.

Sala de la Galería

Die Sala del Trono präsentiert sich mit prachtvollem Stuck und Mudéjar-Decke.

Glossar der Burgarchitektur

Alcázar: Maurische Burg, die als Herrscherresidenz diente.

Scharwachtturm: Erkerartiges Türmchen auf einer Wehrmauer.

Schießscharten: Schmale Öffnungen, aus denen Handschusswaffen in vielen Winkeln feuern können.

Barbakane: Dem Festungstor vorgelagertes Außenwerk, das die Zufahrt schützt.

Maschikulis: Wehrgänge mit Wurfschachtreihen (Gussöffnungen), aus denen heißes Öl oder Geschosse auf den Feind herabgefeuert wurden.

Torre del Homenaje: Oft über einem quadratischen Grundriss errichteter Bergfried oder Wohnturm der Burganlage, in dem die Familie des Edelmanns lebte.

Die Burg von Peñafiel *(siehe S. 371)* wird wegen der lang gestreckten Form oft mit einem Schlachtschiff verglichen. Schon seit dem 10. Jahrhundert bewacht ein Kastell von diesem Bergrücken aus das Duero-Tal; der heutige Bau stammt aus dem 15. Jahrhundert.

Burgen von Kastilien und León

Einige der schönsten erhaltenen spanischen Kastelle sind zu besichtigen, manche wurden auch zu luxuriösen Paradores umgebaut.

Kastilien und León

*León · Zamora · Salamanca · Ávila · Segovia
Valladolid · Palencia · Burgos · Soria*

Romantische Wehrburgen und weite ockergelbe Ebenen
prägen das Landschaftsbild im Herzen der Iberischen
Halbinsel. Über Jahrhunderte hinweg haben die zentral-
spanischen Provinzen Sprache, Religion und Kultur des
Landes beeinflusst. In den zahlreichen historischen
Städten sind herrliche Baudenkmäler bewahrt.

Die Territorien der einst rivalisierenden
mittelalterlichen Königreiche Kastilien und
León im Norden der spanischen Zentral-
ebene bilden heute die größte *comunidad
autónoma* des Landes.

Schon 1037 wurden Kastilien und León
unter Fernando I erstmals geeint, doch
fand der offizielle Zusammenschluss erst
im frühen 13. Jahrhundert statt, nachdem
die Region während der Reconquista eine
führende Rolle gespielt hatte. El Cid, der
legendäre Held der christlichen Rückeroberung Spaniens, wurde in der Nähe
von Burgos geboren.

Der Wollhandel und die Reichtümer aus
der Neuen Welt brachten Wohlstand und
finanzierten die vielen Kunstschätze und
architektonischen Meisterwerke von Kastilien und León. Burgos besitzt eine prächtige Kathedrale, diejenige von León hat
grandiose Buntglasfenster. Salamanca ist
die älteste Universitätsstadt der Halbinsel
und kann gleich zwei beeindruckende
Kathedralen vorweisen. Der Aquädukt in
Segovia ist das größte Römerbauwerk, der
Alcázar der Stadt die meistfotografierte
Burg Spaniens. Ávila wird von einer intak-
ten Stadtmauer umschlossen, in Valladolid, dem Verwaltungszentrum der Region, gibt es in einem Prachtbau aus dem
15. Jahrhundert eine schöne Skulpturen-
sammlung zu bewundern.

Neben den historisch bedeutenden
Städten ist der abwechslungsreiche Landstrich von kleineren, aber nicht minder attraktiven Ortschaften durchsetzt, in denen
die typische Architektur der Region überdauert hat.

Getreidefelder und Weinbaugebiete bedecken die fruchtbare Tierra de Campos, Provinz Palencia

◀ Blick auf die gotische Kathedrale von Segovia *(siehe S. 368)*

Überblick: Kastilien und León

Die Region im nördlichen Teil der zentralspanischen Hochebene bietet außerordentlich vielfältige Sehenswürdigkeiten: die mächtigen Kathedralen von Burgos und León, Alcázar und Aquädukt von Segovia, die mittelalterlichen Stadtmauern von Ávila und das Kloster Santo Domingo de Silos sind die bekanntesten. Historische Orte wie Ciudad Rodrigo, Covarrubias, Pedraza de la Sierra und Zamora verdienen einen Abstecher. Auch an landschaftlichen Reizen herrscht, vor allem in der Sierra de Francia, der Sierra de Béjar und der Sierra de Gredos, kein Mangel.

Sehenswürdigkeiten auf einen Blick

1 El Bierzo
2 Villafranca del Bierzo
3 Ponferrada
4 Puebla de Sanabria
5 Astorga
6 Cueva de Valporquero
7 *León S. 357–359*
8 Zamora
9 Ciudad Rodrigo
11 *Salamanca S. 362–365*
12 Sierra de Gredos
13 Ávila
14 La Granja de San Ildefonso
15 Segovia
16 Pedraza de la Sierra
17 Sepúlveda
18 Castillo de Coca
19 Medina del Campo
20 Tordesillas
21 Valladolid
22 Medina de Rioseco
23 Palencia
24 Frómista
25 Aguilar de Campoo
26 Briviesca
27 Covarrubias
28 *Burgos S. 374f*
29 Lerma
30 Monasterio de
   Santo Domingo de Silos
31 Peñaranda de Duero
32 El Burgo de Osma
33 Soria
34 Medinaceli

Tour

10 Sierra de Francia und
   Sierra de Béjar

0 Kilometer   50

Weitere Zeichenerklärungen *siehe hintere Umschlagklappe*

In Kastilien und León unterwegs

Madrid ist ein guter Ausgangspunkt für Touren nach Kastilien und León. Alle größeren Städte verbindet das öffentliche Schienennetz, doch Busse sind meist schneller. Um die kleineren Orte zu besuchen, sollte man einen Wagen mieten. Autobahnen und Hauptverkehrsstraßen sind leider stark von Lkws befahren. Nehmen Sie deshalb die meist gut ausgebauten Nebenstraßen, auf denen Sie auch die Landschaft besser genießen können.

Sonnenblumenfeld in der Provinz Burgos

Legende

	Autobahn
	Autobahn (im Bau)
	Hauptstraße
	Nebenstraße
	Panoramastraße
	Eisenbahn (Hauptstrecke)
	Eisenbahn (Nebenstrecke)
	Staatsgrenze
	Regionalgrenze
△	Gipfel

Burg von Peñaranda de Duero

❶ El Bierzo

León. **Karte** D3. 🚉 Ponferrada. 🚌 Ponferrada. 🛈 C/ Gil y Carrasco, Ponferrada, 987 42 42 36. 🌐 turismodelbierzo.es

Die Region Bierzo im Nordwesten der Provinz León war einst das Bett eines urzeitlichen Sees. In geschützter, sonnenverwöhnter Lage gedeihen auf dem fruchtbaren Land vielerlei Früchte und auch Wein. Lange wurden hier Bodenschätze gefördert. Rund um die beiden größten Städte, Ponferrada und Villafranca del Bierzo, gibt es schöne Wanderwege.

Im östlichen Teil können Sie dem alten Pilgerweg nach Santiago *(siehe S. 86f)* folgen, der durch die **Montes de León** an der Kirche und der Brücke von Molinaseca vorbeiführt. Biegen Sie im Dorf El Acebo der Ausschilderung Richtung **Herrería de Compludo** folgend zu einer Eisenhütte des 7. Jahrhunderts ab. Die Anlage ist noch immer funktionstüchtig.

Der **Lago de Carucedo**, südwestlich von Ponferrada, ist ein künstlicher See aus der Römerzeit, der als Nebenprodukt einer Goldmine entstand. Sklaven legten damals ein kompliziertes System von Kanälen und Waschrinnen an, in dem aus Millionen Tonnen Erde des Hügellandes Las Médulas mühsam Gold gewaschen wurde.

Palloza in der Sierra de Ancares

Zwischen dem 1. und 4. Jahrhundert n. Chr. förderte man hier schätzungsweise 500 Tonnen des Edelmetalls. Die antiken Schächte liegen inmitten einer eindrucksvoll verwitterten, schluchtendurchzogenen Felslandschaft mit verkrüppelten Kastanienbäumen. Bei Orellán führt ein steiler, steiniger Weg zu einem wunderbaren Aussichtspunkt, aber auch von **Las Médulas** aus, einem Dorf südlich des Sees, bieten sich schöne Panoramablicke.

Nördlich der Schnellstraße N-VI (A-6) erstreckt sich die Sierra de Ancares, deren zu runden Kuppen verwittertes Schiefergebirge die Grenze zu Galicien und Asturien markiert. Ein Teil dieser Landschaft wurde als **Reserva Nacional**

de los Ancares Leoneses zum Naturschutzgebiet. In der Heide und den dazugehörigen Eichen- und Birkenwäldern leben Rotwild, Wölfe, Braunbären und Auerhühner.

In einigen abgeschiedenen Dörfern in den Hügeln stößt man zuweilen auf *pallozas*, primitive, strohgedeckte Steinhütten aus vorrömischer Zeit. Besonders schöne Beispiele dieser Behausungen stehen in **Campo del Agua**.

🏛 **Herrería de Compludo**
Compludo. 📞 661 25 07 56. ⬤ Mi–So, Feiertage. 🔲

🏞 **Las Médulas**
📞 987 42 07 08. 🕐 tägl. 11–14, 16–20 Uhr (Okt–März: bis 18 Uhr). ⬤ Feiertage. 🔲🔲

❷ Villafranca del Bierzo

León. **Karte** D3. 🏠 3500. 🚌 🛈 Avenida Diez Ovelar 10, 987 54 00 28. 🗓 Di. 🎉 Santo Tirso (28. Jan), Frühlingsfest (1. Mai), Fiesta del Cristo (14. Sep). 🌐 villafrancadelbierzo.org

Stattliche Häuser säumen die Straßen dieses hübschen Städtchens am Jakobsweg. Die imposante Burg mit ihren vier Rundtürmen datiert aus dem frühen 16. Jahrhundert und ist noch bewohnt. Unweit der Plaza Mayor stehen mehrere

Zerklüftete Hügellandschaft um die antike Goldmine bei Las Médulas

Hotels und Restaurants in Kastilien und León *siehe Seiten 569f und 594f*

indrucksvolle Kirchen und
Klöster. Besonders sehenswert
ist das skulpturengeschmückte
Nordportal der schlichten romanischen **Iglesia de Santiago**.
An der Puerta del Perdón
konnten Pilger, die die be-
schwerliche Strecke durch das
galicische Hügelland nicht
mehr bewältigen konnten und
deshalb hier ihre Wallfahrt ab-
brachen, Dispens erbitten.
  Kosten Sie auch die hiesige
Spezialität: in *aguardiente* ein-
gelegte Kirschen.

Umgebung: Einen wunderschönen Blick über El Bierzo
genießt man von **Corullón** aus.
Das südlich gelegene Dorf mit
seinen grauen Steinhäusern
überschaut das fruchtbare Tal
des Río Burbia, in dem gute
Weine gedeihen *(siehe S. 82f)*.
Zwei Kirchen, San Miguel
(11. Jh.) und die romanische
San Esteban, verdienen einen
Besuch. Unten im Tal bei
Carracedo del Monasterio
locken die malerischen Überreste einer 990 gegründeten
Benediktinerabtei.

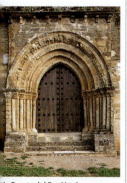

Die Puerta del Perdón der
Iglesia de Santiago in Villafranca

Ponferrada

León. **Karte** D3. 🚗 69 000. 🚉 🚌
🛈 Calle Gil y Carrasco 4, 987 42
2 36. 🗓 Mi, Sa. 🎭 Virgen de la
Encina (8. Sep). 🌐 ponferrada.org

Eine mit Eisen verstärkte
Brücke *(pons ferrata)*, die Wall-
fahrern auf dem Jakobsweg
das Vorankommen erleichtern
sollte, gab diesem Ort, der sich
aufgrund von Eisen- und Koh-
levorkommen zu einer blühen-

Die mächtige Templerburg von Ponferrada

den Stadt entwickelte, seinen
Namen. Die meisten Sehenswürdigkeiten drängen sich in
der verwinkelten Altstadt. Die
majestätische **Burg** von Ponferrada (12.–14. Jh.) wurde
von Tempelrittern errichtet, um
den Pilgerweg nach Santiago
zu sichern. Am Hauptplatz stehen das barocke **Rathaus** und
ein hoher Uhrturm, der eines
der Tore der ursprünglichen
Stadtmauer krönt. Unweit
davon erhebt sich die **Basílica
de la Virgen de la Encina** (Renaissance). Die ältere **Iglesia de
Santo Tomás de las Ollas** dagegen liegt ein wenig außerhalb
der Stadt. Romanische und
barocke Stilelemente machen
das kleine mozarabische
Gotteshaus sehenswert. In der
Apsis aus dem 10. Jahrhundert
sind herrliche Hufeisenbogen
zu bewundern. Den Schlüssel
für die Kirche erhalten Sie
im Nachbarhaus.

Umgebung: Eine schöne Strecke durch das idyllische **Valle
de Silencio** folgt dem Lauf
eines pappelgesäumten Stro-
mes südlich von Ponferrada
durch mehrere urtümliche Dörfer. In dem letzten und schönsten der Kette, **Peñalba de Santiago**, steht eine mozarabische
Kirche (10. Jh.) mit maurischen
Hufeisenbogen über dem Dop-
pelportal.

❹ Puebla de Sanabria

Zamora. **Karte** D4. 🚗 1500. 🚉
🚌 🛈 Muralla Mariquillo, 980 62
07 34. 🗓 Fr. 🎭 Candelas (Feb),
Las Victorias (8./9. Sep).
🌐 pueblasanabria.com

Dieses malerische alte Dorf
liegt jenseits der Ginster- und
Eichenwälder der Sierra de la
Culebra in der Provinz Zamora.
Eine steile gepflasterte Straße
windet sich an Stein- und
Schieferhäusern mit wappen-
geschmückten Wänden und
weit vorspringenden Dächern
vorbei auf die Hügelkuppe mit
einer Burg, dem Castillo de los
Condes de Benavente, und
einer Kirche, der Iglesia de
Nuestra Señora del Azogue.
  Der Ort ist Ausgangspunkt
für Besucher des größten spanischen Gletschersees, **Lago de
Sanabria**, der zu einem Naturpark gehört. Wandern, Angeln
und einige Wassersportarten
sind erlaubt.
  Ausschilderungen weisen
den Weg nach Ribadelago am
Seeufer, schönere Panoramen
genießt man jedoch von der
Straße nach **San Martín de
Castañeda** aus, wo im restaurierten Kloster ein kleines
Besucherzentrum eingerichtet
wurde. Die Dorfbewohner bewahren stolz ihre Traditionen.

Pfarrkirche (12. Jh.) und Burg (15. Jh.) von Puebla de Sanabria

Schiff der Kathedrale in Astorga

❺ Astorga

León. **Karte** E3. 👥 12 000. 🚗 🚌
ℹ️ Plaza Eduardo de Castro 5. 📞
987 61 82 22. 🛥 Di. 🎭 Astures
y Romanos (Ende Juni), Santa Marta
(Ende Aug). 🆆 ayuntamiento
deastorga.com

Die Römerstadt Asturica
Augusta war ein strategisch
wichtiger Ort an der Vía de
la Plata und entwickelte sich
später zu einer bedeutenden
Pilgerstation am Jakobsweg
(siehe S. 86f).

Die beiden Hauptattraktionen Astorgas, die Kathedrale
und der Palacio Episcopal,
liegen in der Oberstadt. Die
Kathedrale (15.–18. Jh.) weist
wegen ihrer langen Bau-
geschichte viele unterschiedliche Stilrichtungen auf – von
einer gotischen Apsis bis hin
zu den barocken Türmen und
den plateresken Portalen. Das
vergoldete Altarbild von Gas-

par Becerra gilt als ein Meisterwerk der spanischen Renaissance. Glanzpunkte unter den
vielen Schätzen des Kirchen-
museums sind ein geschnitztes
Kästchen von Alfonso III aus
dem 10. Jahrhundert, der
juwelenbesetzte Reliquienschrein mit einem Splitter des
Kreuzes Christi und eine mit
riesigen Smaragden ge-
schmückte silberne Monstranz.

Bei dem der Kathedrale
gegenüberliegenden »Mär-
chenschloss« mit vielen Türmchen und pseudogotischen
Fenstern handelt es sich um
den **Palacio Episcopal**, den
Antoni Gaudí *(siehe S. 168)*
Ende des 19. Jahrhun-
derts entwarf, nach-
dem der Vorgänger-
bau 1887 den Flammen
zum Opfer gefallen
war. Die bizarre Ar-
chitektur und die
horrenden Kosten
schockierten die Diözese
derart, dass kein nachfol-
gender Bischof mehr darin
wohnte. Heute beherbergt
der Palast ein Museum zur
Geschichte des Jakobs-
wegs. Funde aus der
Römerzeit, darunter
Münzen und Fragmente
von Mosaiken, die an der Plaza
Romana zutage gefördert wurden, belegen die Bedeutung
der antiken Siedlung.

Reliquiar, Astorga

🏛 Palacio Episcopal
Plaza Eduardo de Castro. 📞 987 61
68 82. 🔲 Di–So. ⬤ So nachmittags, Feiertage. 🎟

❻ Cueva de Valporquero

León. **Karte** F3. 📞 987 57 64 08.
🔲 März–Mitte Mai, Okt–Dez:
Do–So 10–17 Uhr; Mitte Mai–Sep
tägl. 10–18 Uhr. 🎟 🎟 obligatorisch. 🆆 cuevadevalporquero.es

Die Tropfsteinhöhle – genau
genommen handelt es sich um
eine große Grotte mit drei Ein-
gängen – liegt direkt unter
dem Dorf Valporquero de Torío
im Norden der Provinz León.
Die Höhle entstand vor fünf
bis 25 Millionen Jahren. Aufgrund von Witterungsbedin-
gungen ist sie von Dezem-
ber bis Mitte März nicht
zugänglich.

Bei einer Führung
durch die drei Kilo-
meter lange unterirdi-
sche Wunderwelt
sieht man zum Teil
riesige Räume mit
herrlichen Kalk-
steinformationen. Eisen-
und Schwefeloxide haben
den Tropfsteinen verschiedene Schattierungen von
Rot- und Grautönen ver-
liehen. Eine Fläche von
über 5500 Quadratme-
tern und eine Höhe von
mehr als 20 Metern
machen die Gran Rotonda
zweifellos zur imposantesten
Grotte des unterirdischen
Höhlensystems.

Da es in den Höhlen sehr
kühl und der Boden häufig
rutschig ist, empfehlen sich
warme Kleidung und festes
Schuhwerk.

Beleuchtete Stalaktiten in der prächtigen Cueva de Valporquero

Hotels und Restaurants in Kastilien und León *siehe Seiten 569f und 594f*

❼ León

León. **Karte** F3. 🔼 131 000. 🚉
🚌 ℹ Plaza Regla 2, 987 23 70 82.
🗓 Mi, Sa. 🎭 San Juan und San
Pedro (21.–29. Juni), San Froilán
(5. Okt). 🆆 turismoleon.org

Die Gründung der Stadt geht
auf ein Lager der VII. römischen Legion zurück. Im Mittelalter wurde León Hauptstadt
des gleichnamigen Königreichs
und spielte eine zentrale Rolle
während der Reconquista
(siehe S. 58f).

Das neben der **Kathedrale**
(siehe S. 358f) bedeutendste
Bauwerk der Stadt ist die
Colegiata de San Isidoro. Ein
eigener Eingang führt zum
romanischen **Panteón Real**.
Das Mausoleum der Königs-
familie, in dem mehr als
20 Monarchen ruhen, schmücken Kapitelle und Fresken des
12. Jahrhunderts, die biblische
und mythische Themen sowie
Szenen aus dem Alltag des
Mittelalters zeigen.

Die Gassen des malerischen
Viertels rund um die Plaza
Mayor säumen Bars, Cafés und
Kirchen. Zwei gut erhaltene
Gebäude sind in der Nähe der
Plaza de Santo Domingo: der
Palacio de los Guzmanes mit
elegantem, arkadenverziertem
Renaissance-Patio und Antoni
Gaudís **Casa de Botines**, die
eine Bank beherbergt.

Das **Hostal de San Marcos**
am Ufer des Flusses ist ein Bil-
derbuchexempel spanischer

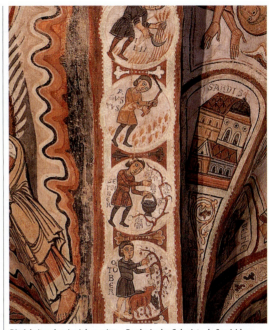

Die Arbeiten der vier Jahreszeiten – Fresko in der Colegiata de San Isidoro

Renaissance (siehe S. 29). Es
wurde im 12. Jahrhundert als
Hospiz für Pilger auf dem
Weg nach Santiago gegründet
und 1513 als Sitz der Ritter
von Santiago neu errichtet. Die
Haupthalle ziert eine Kassettendecke aus dem 16. Jahrhundert. Heute dient der
Bau als Parador.

Das **Museo de León** unweit
des Convento de San Marcos
besitzt in seiner Sammlung ein

berühmtes Elfenbeinkruzifix,
den *Cristo de Carrizo* aus dem
11. Jahrhundert. Das **Museo de
Arte Contemporáneo** (MUSAC)
in der Avenida de los Reyes Leoneses ist weithin sichtbar und
bietet interessante Ausstellungen zeitgenössischer Kunst.

Umgebung: 30 Kilometer östlich von León liegt die **Iglesia
de San Miguel de Escalada**
(10. Jh.), eines der schönsten
Beispiele mozarabischer Kirchenarchitektur. Beachten Sie
die westgotischen Reliefs und
die Hufeisenbogen, die auf
Kapitellen ruhen. In **Sahagún**,
60 Kilometer südöstlich von
León, stehen die Mudéjar-Kirchen San Tirso und San Lorenzo. Bei **Valencia de Don Juan**,
40 Kilometer südlich von León,
überblicken die Ruinen einer
Burg den Río Esla.

🏛 **Museo de León**
Plaza Santo Domingo 8. 📞 987 23
64 05. 🕐 Di–So. 🎫 (Sa, So frei).
🆆 museodeleon.com

🏛 **MUSAC**
Avenida de los Reyes Leoneses 24.
📞 987 09 00 00. 🕐 Di–So. ♿ 🎫
🎫 (So ab 17 Uhr frei). 🆆 musac.es

Maragatos

Astorga ist auch die
Hauptstadt der Maraga-
tos, deren Herkunft nicht
genau geklärt ist, die jedoch angeblich von Ber-
bern abstammen. Da sie
meist unter sich bleiben,
haben sich ihre Sitten und
Bräuche über Jahrhunder-
te hinweg erhalten. Die
Maragatos üben ihre traditionelle Tätigkeit als Fuhr-
leute heute nicht mehr
aus, ihr Lebensstil hat sich
der Gegenwart angepasst.
An Festtagen kann man
gleichwohl ihre malerische
Tracht bewundern.

**Maragatos in ihrer
traditionellen Tracht**

Kathedrale von León

Die Baumeister der Kathedrale waren sichtlich von der französischen Kirchenarchitektur ihrer Zeit beeinflusst. Der heutige Bau, ein Paradebeispiel der spanischen Gotik *(siehe S. 28)* aus goldbeigem Sandstein, steht an der Stelle des Palasts von König Ordoño II (10. Jh.). Das Anfang des 13. Jahrhunderts begonnene Gotteshaus war nach 100 Jahren vollendet. Es umfasst ein schmales, hohes Langhaus mit riesigen Buntglasfenstern. Die Schönheit der imposanten Fassade, die sieben Jahrhunderte überstand, ist heute gefährdet, da Umweltgifte den weichen Stein angreifen.

Kathedralmuseum
Pedro de Campañas *Anbetung der Könige* zählt zu den herrlichen Kunstwerken dieses Museums.

Außerdem

① **Die Fensterrose** der Westfassade aus dem 14. Jahrhundert zeigt die Jungfrau mit dem Kind, umgeben von zwölf Engeln.

② **Der Silberschrein** stammt aus dem 16. Jahrhundert.

③ **Den Kreuzgang** (13./14. Jh.) schmückte Nicolás Francés mit gotischen Fresken aus.

④ **Zum Hauptaltar** gehören fünf Bildtafeln des gotischen Meisters Nicolás Francés.

⑤ **Hinter dem Chor** mit seinem prachtvollen Chorgestühl (15. Jh.) beginnt der vergoldete Retrochor in Form eines Triumphbogens.

Eingang

★ **Relief**
Die einzigartigen, bestens erhaltenen gotischen Reliefarbeiten (13. Jh.) an der Portada de la Virgen Blanca stellen Szenen des Jüngsten Gerichts dar.

Hotels und Restaurants in Kastilien und León *siehe Seiten 569f und 594f*

Innenraum

Die Kathedrale hat den Grundriss eines lateinischen Kreuzes. Das hohe Langhaus misst 90 mal 40 Meter. Am besten kommen die herrlichen Buntglasfenster bei Sonnenschein zur Geltung.

Infobox

Information

Plaza de Regla.

☎ 987 87 57 70.

🕐 Mo–Sa 9.30–13.30, 16–19 Uhr, So 9.30–14 Uhr (Öffnungszeiten können je nach Monat abweichen, Details siehe Website). ✝ tägl. 9, 12, 13, 18 Uhr, So auch 11, 14 Uhr. 🚫 ♿ **Museum** 🕐 tägl., Details siehe Website. 📷 🚫

🌐 catedraldeleon.org

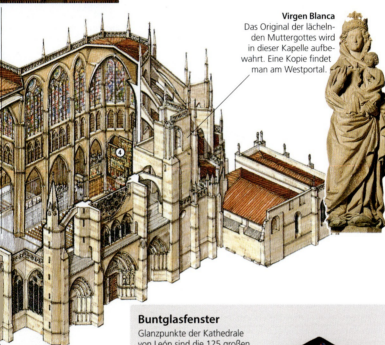

Virgen Blanca

Das Original der lächelnden Muttergottes wird in dieser Kapelle aufbewahrt. Eine Kopie findet man am Westportal.

④

★ Buntglasfenster
Die Fenster auf einer Fläche von 1900 Quadratmetern machen die Kathedrale zu einer Symphonie aus Licht und Stein.

Buntglasfenster

Glanzpunkte der Kathedrale von León sind die 125 großen und 57 kleineren Buntglasfenster, die zwischen dem 13. und 20. Jahrhundert entstanden und eine ungeheure Themenvielfalt – von Fabelwesen bis zu Pflanzenmotiven – abdecken oder Heilige und Gestalten aus der Bibel zeigen. Einige enthüllen faszinierende Details über das Leben im Mittelalter. *La caceria* (Nordwand) etwa beschreibt eine Jagdszene, die Fensterrose in der Capilla del Nacimiento zeigt Pilger am Jakobsgrab in Santiago de Compostela *(siehe S. 96f)*.

Fenster der Kathedrale

❽ Zamora

Zamora. **Karte** E5. 🖼 65 000. 🚉
🚌 ℹ Plaza de Arias Gonzalo,
980 53 36 94. 🏛 Di. 🎭 Semana
Santa (Osterwoche), San Pedro (23.–
29. Juni). 🌐 zamoraturismo.com

Nur noch wenig erinnert daran, dass Zamora – in der Römerzeit an der Vía de la Plata gelegen – während der Reconquista heftig umkämpft war. Die Stadt ist seither deutlich gewachsen, doch sind in der Altstadt eine Reihe romanischer Kirchen erhalten.

Zwischen den Überresten der **Stadtmauer**, 893 unter Alfonso III erbaut, steht der Portillo de la Traición, durch den 1072 der Mörder von Sancho II kam. Ein Palast des 16. Jahrhunderts mit Renaissance-Innenhof beherbergt heute einen **Parador** (siehe S. 570).

Zwei weitere erhaltene Paläste, der **Palacio de los Momos** und der **Palacio del Cordón**, haben reich verzierte Fassaden und Fenster.

Das bedeutendste Bauwerk Zamoras ist die romanische **Kathedrale** (12. Jh.), die jedoch viele gotische Elemente enthält. Unter der sofort ins Auge fallenden Kuppel gibt es prächtige Ziergitter und Mudéjar-Kanzeln. Das Chorgestühl schnitzte Juan de Bruselas im 15. Jahrhundert. Die allegorischen Nonnen- und Mönchs-

darstellungen auf den Miserikordien und Armlehnen waren für die damalige Zeit sehr gewagt. Das Museum neben dem schmucklosen Kreuzgang birgt außer dem Kirchenschatz eine Sammlung flämischer Gobelins (15./16. Jh.).

Mehrere Kirchen – die schönsten sind die **Iglesia de San Ildefonso** und die **Iglesia de la Magdalena** – illustrieren die für Zamora charakteristische Architektur mit aufwendigen Bogen und Portalen.

Bei der Fiesta in der Osterwoche ziehen *pasos* (Festwagen) durch die Straßen von Zamora. Das restliche Jahr über sind die *pasos* im **Museo de Semana Santa** zu bewundern.

Umgebung: Die westgotische Kirche (7. Jh.) von **San Pedro de la Nave**, 23 Kilometer nordwestlich von Zamora, ist eine der ältesten Kirchen Spaniens. Ihre Kapitelle und Friese tragen schönen Skulpturenschmuck. **Toro** liegt 30 Kilometer östlich

Friedvolle Landschaft umgibt die Colegiata de Santa María in Toro

❿ Sierra de Francia und Sierra de Béjar

Die Schieferlandschaft am Westrand der Sierra de Gredos *(siehe S. 366)* wird von schmalen, kurvenreichen Straßen durchzogen, die durch malerische Kastanien-, Mandelbaum- und Olivenhaine sowie idyllische Dörfer führen. Schon von Weitem erkennt man den höchsten Berg der Kette, die 1732 Meter hohe Peña de Francia. Von ihrem Gipfel, aber auch schon von höher gelegenen Aussichtspunkten aus bietet sich ein atemberaubender Panoramablick.

① **La Peña de Francia**
Das Dominikanerkloster (15. Jh.) auf dem Gipfel birgt eine geschwärzte byzantinische Madonnenstatue von 1890.

② **La Alberca**
In dem viel besuchten Bergdorf können Sie Honig, Schinken und Kunsthandwerk kaufen. Zu Mariä Himmelfahrt führen die Dorfbewohner ein Historienspiel auf.

③ **Las Batuecas**
Die Straße von La Alberca schlängelt sich in ein grünes Tal hinab und führt an dem Kloster vorbei, in dem Luis Buñuel den Film *Land ohne Brot* drehte.

Legende
▬▬ Routenempfehlung
═══ Andere Straße

Der Gipfel von La Peña de Francia

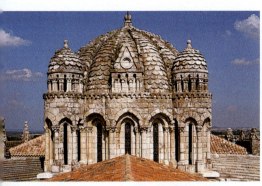

Schuppenförmige Steinplatten auf der Kuppel der Kathedrale, Zamora

von Zamora im Herzen einer Weingegend *(siehe S. 344f)*. Höhepunkt der romanischen **Colegiata de Santa María** sind das Westportal und das spanisch-flämische Gemälde *La virgen de la mosca* (16. Jh.). 1476 errangen die Truppen Isabels I *(siehe S. 60f)* bei Toro einen bedeutenden Sieg über die Portugiesen und sicherten dadurch ihren Anspruch auf den kastilischen Thron.

⑨ Ciudad Rodrigo

Salamanca. **Karte** D6. 🀫 13 000. 🚌 🚍 ℹ️ Plaza Mayor 27, 923 49 84 00. 🏛️ Di, Sa. 🎭 San Sebastián (20. Jan), Carnaval del Toro (Faschings-zeit), Osterwoche, Charrada (Mitte Juli). 🌐 aytociudadrodrigo.es

Trotz ihrer abgeschiedenen Lage in den westlichen Marschen lohnt diese malerische befestigte Stadt einen Abstecher. In der Burg bietet heute

ein luxuriöser **Parador** einen herrlichen Blick über die Landschaft des Río Águeda. Ihre Blütezeit erlebte Ciudad Rodrigo im 15. und 16. Jahrhundert. Während des Unabhängigkeitskriegs leistete die Stadt zwei Jahre lang Widerstand, bevor sie in die Hände des Herzogs von Wellington fiel.

Wie die meisten Häuser der reizvollen Altstadt ist auch die **Kathedrale** (montagnachm. geschlossen) aus gelbem Stein erbaut. An einigen Stellen sind noch Spuren des Granatfeuers aus der Zeit der Belagerung zu erkennen. Die Portale tragen reichen Skulpturenschmuck, im Inneren sind der Kreuzgang (eine Vielfalt architektonischer Stile) und das Chorgestühl von Rodrigo Alemán sehenswert. Hauptattraktion der angrenzenden **Capilla de Cerralbo** (nur im Sommer zugänglich) ist das Altarbild des 17. Jahrhunderts. Südlich der Kapelle liegt die arkadengesäumte Plaza del Buen Alcalde.

④ Miranda del Castañar
An den schmalen Gassen des reizvollen befestigten Bergdorfs stehen alte Häuser mit vorragenden Dächern.

0 Kilometer — 5

SA205 ✈ Salamanca

SA225 • Miranda del Castañar • Santibáñez de la Sierra

Cepeda • Cristóbal

...nal • Alagón

• Sotoserrano

Sangusin SA220

La Calzada de Béjar

⑤ Béjar
Die alte Textilstadt liegt auf dem Kamm der Sierra de Béjar. Von der Straße aus sieht man die alten Tuchfabriken und Webereien (19. Jh.).

Salamanca

A66 (E803) ⑤ Béjar

⑥ Candelario

Routeninfos

Länge: 72 km.
Rasten: In Candelario, Miranda del Castañar und La Alberca gibt es gute Restaurants; die Orte sind bekannt für Schinken und Würste. Im Sommer können Sie in der *hospedería* des Klosters von La Peña de Francia Erfrischungen kaufen.

⑥ Candelario
Neben den steilen, gepflasterten Straßen verlaufen tiefe Rinnen, damit das Schmelz-wasser der umliegenden Berge abfließen kann, ohne Schaden anzurichten.

Zeichenerklärung *siehe hintere Umschlagklappe*

⑪ Im Detail: Salamanca

Die alte Universitätsstadt ist ein wahres Schmuck-
kästchen der Renaissance-Architektur und des
Platereskstils. Hannibal eroberte die Siedlung
217 v.Chr. Jahrhunderte später hinterließen bedeutende Künstler wie die Brüder Churriguera *(siehe
S. 29)* hier ihre Spuren – u.a. in den wunderbaren
goldgelben Bauten um die Plaza Mayor. Weitere
Sehenswürdigkeiten sind die zwei Kathedralen und
die im 13. Jahrhundert gegründete Universität, eine
von Europas ältesten und angesehensten.

Die Casa de las Conchas,
heute eine Bibliothek, erkennt
man sofort an ihrer Fassade
mit Kammmuschelmuster.

Der Palacio de Monterrey ist
ein Haus im Renaissancestil.

Casa de las
Convento de   Muertes
las Úrsulas

Palacio de
Fonseca

CALLE DE LA COMPAÑIA

★ **Universität**
Das Medaillon in der Mitte
der kunstvollen Fassade
stellt die Katholischen
Könige dar.

CALLE DE SERRANOS

CALLE DE LOS LIBREROS

★ **Catedral Vieja und
Catedral Nueva**
Trotz unterschiedlicher
Baustile harmonieren die
aneinandergrenzenden
Kathedralen. Dieses far-
benprächtige Altarbild
(1445) befindet sich in
der Alten Kathedrale.

CALLE VERACRUZ

Puente Romano
Die Römerbrücke über den Río Tormes
aus dem 1. Jahrhundert n.Chr. hat
noch 15 der ursprünglich 26 Bogen.

PASEO

0 Meter   100

Museo Art Nouveau y
Art Déco de la Casa Lis

Hotels und Restaurants in Kastilien und León *siehe Seiten 569f und 594f*

★ Plaza Mayor
An der Ostseite eines der großartigsten Plätze Spaniens (18. Jh.) steht der Königliche Pavillon mit einer Büste Felipes V, der die Plaza Mayor anlegen ließ.

Infobox

Information
Salamanca. **Karte** E6.
🏛 149 000. 🛈 Plaza Mayor 19, 902 30 20 02. 🚌 So.
🎭 San Juan de Sahagún (10.–12. Juni), Virgen de la Vega (8.–15. Sep).
W salamanca.es

Anfahrt
✈ 15 km östlich des Zentrums.
🚉 Paseo de la Estación, 902 32 03 20. 🚌 Avenida de Filiberto Villalobos 71, 923 23 67 17.

Legende
— Routenempfehlung

PLAZA MAYOR

PLAZA ...RILLO

CALLE DE SAN PABLO

CALLE DEL CONSUELO

GRAN VIA

PLAZA DEL CONCILIO DE TRENTO

ARROYO SANTO DOMINGO

...CTOR ESPERABÉ

Torre del Clavero
Die Ecktürmchen des im 15. Jahrhundert erbauten Turms schmücken Mudéjar-Gitter und die Wappen ihrer Gründer.

Iglesia-Convento de San Esteban
Die platereske Fassade der Kirche des Dominikanerklosters ist reich an Reliefs. In dem Fries über dem Portal reihen sich Medaillons und Wappen.

Convento de las Dueñas
Die Kapitelle des Kreuzgangs zeigen Dämonen, Schädel und verzerrte Gesichter, die mit der strengen Schönheit der Muttergottes kontrastieren.

Weitere Zeichenerklärungen *siehe hintere Umschlagklappe*

Überblick: Salamanca

Die meisten Baudenkmäler Salamancas konzentrieren sich im Stadtkern, der sich gut zu Fuß erkunden lässt. Universität, Plaza Mayor und die Kathedralen können Sie nicht verfehlen.

🔼 Catedral Vieja und Catedral Nueva

☎ 923 28 11 23. ⊙ tägl. 10–20 Uhr (Okt–März: bis 18 Uhr). 🅆 catedralsalamanca.org

Hier ersetzte die Neue Kathedrale (16. bis 18. Jh.) nicht die Alte, stattdessen wurde sie direkt daneben errichtet. Der 1513 begonnene Bau vereinigt verschiedene Stilrichtungen, vorwiegend ist er aber gotisch mit Renaissance- und Barockelementen, die Westfassade dagegen spätgotisch. Die romanische Alte Kathedrale (12./13. Jh.) betritt man durch die Neue. Die 53 Tafeln ihres Altarbilds hat Nicolás Florentino gemalt. Der Altar umrahmt eine mit Limousiner Email verzierte Statue (12. Jh.) der Virgen de la Vega, Schutzpatronin von Salamanca. Die Fresken des Chorgewölbes, ebenfalls von Florentino, zeigen Szenen aus dem Jüngsten Gericht.

Die Capilla de Anaya des 15. Jahrhunderts birgt das Alabastergrab (15. Jh.) des Erzbischofs Diego de Anaya.

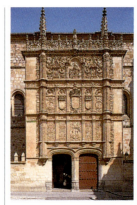

Fassade der Universität von Salamanca zum Patio de las Escuelas

🔲 Universidad

Calle Libreros. ☎ 923 29 44 00. ⊙ tägl. ● 1., 6 Jan, 25. Dez und bei offiziellen Anlässen. 🗺 🅆 usal.es

Die Universität wurde 1218 von Alfonso IX gegründet. Ihre extravagante Fassade aus dem 16. Jahrhundert zum Patio de las Escuelas hin gilt als Musterbeispiel für den platteresken Stil *(siehe S. 29)*. Gegenüber erinnert ein Standbild an Luis de León, der hier Theologie las. Sein Hörsaal ist originalgetreu erhalten. Im Escuelas-Menores-Gebäude ist das riesige Tierkreisfresko *Der Himmel von Salamanca* zu bewundern.

🔲 Plaza Mayor

Diesen herrlichen Barockplatz, einen der schönsten Spaniens, ließ Felipe V anlegen, um der Stadt für ihre Unterstützung im Spanischen Erbfolgekrieg *(siehe S. 66)* zu danken. Er wurde 1729 von den Brüdern Churriguera entworfen und diente einst als Schauplatz für Stierkämpfe. Zu dem arkadengeschmückten Häuserkomplex gehört der Königliche Pavillon, von dem aus die Herrscherfamilie die Ereignisse auf dem Platz verfolgte. In der Abenddämmerung scheint der goldgelbe Sandstein der Bauten von innen heraus zu leuchten.

Salamancas Plaza Mayor, einer der schönsten Barockplätze Spaniens

🔼 Iglesia-Convento de San Esteban

Plaza del Concilio de Trento s/n. ☎ 923 21 50 00. ⊙ tägl. 10–14, 16–18 Uhr. ● Feiertage. 🗺

Die Kirche (16. Jh.) des Dominikanerklosters verdankt ihre Berühmtheit der harmonischen platteresken Fassade. Das Relief über dem Portal, das die Steinigung des hl. Stephan zeigt, wurde 1610 von Juan Antonio Ceroni vollendet. Darüber zieht sich ein mit Kindern und Pferden geschmückter Fries.

Im Inneren der einschiffigen Kirche verdienen der Hauptaltar mit rankenumwundenen vergoldeten Säulen (1693, von José Churriguera) sowie eines der letzten Gemälde von Claudio Coello Beachtung.

Der zweigeschossige plattereske Claustro de los Reyes wurde 1591 fertiggestellt; an den Kapitellen des Kreuzgangs sind die Köpfe der Propheten zu bewundern.

Die Doppelkathedrale von Salamanca beherrscht das Stadtbild

Hotels und Restaurants in Kastilien und León *siehe Seiten 569f und 594f*

Muschelreliefs schmücken die Wände der Casa de las Conchas

Casa de las Conchas

Calle de la Compañía 2. 923 26
93 17. Mo–Sa. **Bibliothek**
Mo–Fr 9–21, Sa 9–14 Uhr.

Das »Haus der Muscheln«
verdankt seinen Namen den
Sandsteinmuscheln an seiner
Fassade. Sie sind ein Symbol
des Ordens von Santiago, und
einer ihrer Ritter, Rodrigo Arias
Maldonado, gab das Haus,
das heute eine Bibliothek beherbergt, auch Anfang des
16. Jahrhunderts in Auftrag.

Convento de las Dueñas

Plaza del Concilio de Trento 1.
923 21 54 42. Mo–Sa
10.30–12.45, 16.30–18.45 Uhr.
Feiertage.

Hauptattraktion des Dominika-
nerinnenklosters ist der zweigeschossige Kreuzgang, dessen Gartenanlage in krassem
Widerspruch zu den grotesken
Fabeltieren an den Kapitellen
steht. Ein maurischer Bogen ist
mit Kacheln geschmückt.

Museo Art Nouveau y Art Déco de la Casa Lis

Calle Gibraltar 14. 923 12 14 25.
Di–Sa. (Do nachm. frei).

Die Kunstsammlung in einem
Gebäude des 19. Jahrhunderts
umfasst Gemälde, Schmuck
und Möbel aus ganz Europa.
Porzellan, Limousiner Email
und Glasarbeiten von Lalique
sind eigene Räume gewidmet.

Colegio de los Irlandeses

Calle de Fonseca 4. 923 29 45
70. tägl.

Der Erzbischof von Toledo, Alfonso de Fonseca, baute den
Renaissance-Palast 1521, das
Wappen der Familie Fonseca
über dem Haupteingang er-
innert daran. Sein Name geht
auf das Seminar für irische
Priester des späten 16. Jahrhunderts zurück. Der italienisch gestaltete Innenhof hat
eine Kapelle und eine umlau-
fende Galerie im ersten Stock.
Im Gebäude sind heute Ver-
waltungs- und Universitäts-
büros untergebracht.

Convento de las Úrsulas

Calle de las Úrsulas 2. 923 21 98
77. Di–So. letzter So im
Monat.

Die Kirche des Ursulinen-
klosters birgt das Grabmal
des Erzbischofs Alfonso de
Fonseca (16. Jh.). Das Museum
zeigt Gemälde, u. a. von Luis
de Morales.

Casa de las Muertes

Calle Bordadores. für Besucher.
Das »Haus der Toten« ist nach
den auffälligen kleinen Toten-
schädeln an der Fassade benannt. Daneben findet man
aber auch Grotesken und an-

Totenkopf an der Fassade der
Casa de las Muertes

dere Figuren sowie ein Gesims
mit wappentragenden Put-
ten – ein Schulbeispiel des
frühplatereske Stils.

Im Nachbarhaus starb der
Literat und Philosoph Miguel
de Unamuno (1864–1936). Im
Casa Museo de Unamuno,
neben der Universität, erfährt
man mehr über sein Leben.

Torre del Clavero

Plaza de Colón. für Besucher.
Der im Jahr 1480 erbaute Turm
gehörte zu der einstigen befestigten Stadtresidenz des
Schlüsselmeisters (clavero)
des Alcántara-Ordens.

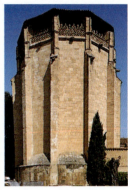

Turm der Casa de las Muertes

Umgebung: Folgt man dem
Lauf des Río Tormes in nord-
westlicher Richtung, gelangt
man über die Festungsstadt
Ledesma zu den Arribes del
Duero, mehreren Stauseen.

Die Stadt **Alba de Tormes**,
20 Kilometer östlich von Salamanca, wird von der **Torre de
la Armería** beherrscht, dem
einzigen erhaltenen Teil der
Burg der Herzöge von Alba.
Die **Iglesia de San Juan**
(12. Jh.) wurde im romanischen Stil erbaut. Die heilige
Teresa von Ávila (siehe S. 367)
gründete 1571 die **Iglesia-
Convento de las Madres
Carmelitas**, in der sie später
auch begraben wurde.

Die 1227 gegründete Burg
von **Buen Amor**, 27 Kilometer
nördlich, wurde später zu
einem Schloss umgebaut, in
dem die Katholischen Könige
während der Kämpfe gegen
Juana (siehe S. 60) wohnten.

⑫ Sierra de Gredos

Ávila. **Karte** F7. 🚌 Navarredonda.
ℹ️ Navarrendonda, Calle del Río
s/n, 920 34 80 01.
🌐 gredosturismo.com

Der Gebirgszug westlich von
Madrid ist die Heimat vieler
Wildtiere, vor allem von Stein-
böcken und Greifvögeln. Einige Teile sind als Ski-, Wander-
oder Jagdgebiete ausgewiesen.
Obwohl die Region schon früh
für den Fremdenverkehr erschlossen wurde – 1928 eröffnete in Navarredonda de
Gredos der erste Parador Spaniens –, gibt es hier noch viele
traditionelle Dörfer.

Auf den fruchtbaren und
geschützten Südhängen des
Gebirges gedeihen Apfel- und
Olivenbäume, während seine
unwirtliche Nordflanke vorwiegend Granitfelder und
Strauchwerk trägt.

Als einzige größere Straße
durchquert die N502 das
Gebirge via Puerto del Pico
(einen 1352 Meter hohen Pass)
in Richtung Arenas de San
Pedro, der größten Stadt der
Sierra. Die Strecke führt an der
Burg von **Mombeltrán** (14. Jh.)
vorbei.

Nahe Ramacastañas, südlich
der Stadt Arenas de San Pedro,
liegen die Kalksteinhöhlen der
Cuevas del Águila.

Rings um den höchsten Gipfel des Gebirges, den 2592
Meter hohen Pico Almanzor,
finden in der **Reserva Nacional
de Gredos** gefährdete Wildtie-

Die Toros de Guisando bei El Tiemblo in der Sierra de Gredos

re Schutz. Unweit von El Tiemblo, im Osten, stehen die **Toros
de Guisando**, vier Stierskulptu-
ren vermutlich keltischen Ursprungs *(siehe S. 52f)*.

⑬ Ávila

Ávila. **Karte** G6. 🚆 59 000. 🚗 🚌
ℹ️ Avda de Madrid 39, 920 40 00
00. **Stadtmauer** ⏰ Di–So (Sommer: auch Mo). 🎭 🎉 Fr.
🎭 San Segundo (2. Mai),
Santa Teresa (15. Okt).
🌐 avilaturismo.com

Mit 1131 Metern ist Ávila
de los Caballeros (»der
Ritter«) die höchstgele-
gene Provinzhauptstadt
Spaniens und aufgrund
verschneiter Zufahrts-
straßen im Winter
manchmal von der Au-
ßenwelt abgeschnitten.

Die Altstadt umschlie-
ßen die besterhaltenen
**mittelalterlichen Be-
festigungsmauern** Europas.
Besonders gut sieht man sie
vom Aussichtspunkt Los Cua-

Tuna in Ávila

tro Postes (an der Straße nach
Salamanca, der Stelle, an der
die junge, von zu Hause fort-
gelaufene hl. Teresa von ihrem
Onkel aufgegriffen wurde. Die
über zwei Kilometer lange
Stadtmauer aus dem 11. Jahrhundert ist mit 88 Türmen bestückt, auf denen oft Störche
nisten. An drei Seiten fällt das
Terrain hinter der Befestigung steil ab,
was die Stadt
praktisch unein-
nehmbar machte.
Nur die Ostseite ist
relativ flach und wur-
de deshalb verstärkt.
Diesen (ältesten) Teil
der Mauer bewacht
das eindrucksvollste
der neun Stadttore,
Puerta de San Vicente.
Auch die Apsis der
Kathedrale bildet ein
Stück Befestigungswall.
Beinahe martialisch
wirkt das (unvollendete) Äußere des Gotteshauses, das Darstellungen wilder Tiere und
ebenso wild aussehender

Die perfekt erhaltene, mit 88 zylindrischen Türmen bestückte Stadtmauer (11. Jh.) von Ávila

Hotels und Restaurants in Kastilien und León *siehe Seiten 569f und 594f*

Männer zieren. Im Inneren, einer Mischung aus Romanik und Gotik, fällt das rot-weiß gesprenkelte Gestein ins Auge. Attraktionen sind der aufwendige Retrochor und das Grab eines Bischofs (15. Jh.), der wegen seiner dunklen Hautfarbe El Tostado genannt wurde.

Viele Kirchen und Klöster Ávilas stehen in Verbindung mit der hl. Teresa, die hier geboren wurde. Der **Convento de Santa Teresa** entstand an der Stelle ihres Elternhauses. Im **Monasterio de la Encarnación** (außerhalb der Stadtmauer) verbrachte sie mehr als 20 Jahre. Auch ein Gebäck, *yemas de Santa Teresa*, ist nach ihr benannt.

Die **Basílica de San Vicente**, ebenfalls östlich des befestigten Stadtkerns gelegen, gilt als bedeutendste romanische Kirche Ávilas. Im 11. Jahrhundert begonnen, weist sie viele spä-

Schloss und Schlosspark von La Granja de San Ildefonso

ter hinzugefügte gotische Elemente auf. Ihr Westportal wird häufig mit dem Pórtico da Gloria der Kathedrale von Santiago *(siehe S. 96)* verglichen. Das Grab des hl. Vinzenz und seiner Schwestern beschreibt ihren Märtyrertod in grausigen Details. Auch die romanisch-gotische **Iglesia de San Pedro** verdient einen Besuch.

Das **Real Monasterio de Santo Tomás** außerhalb des Stadtzentrums hat drei Kreuzgänge. Der schönste ist der mittlere; der letzte führt zu einem kleinen Museum. In der Kirche ruht Prinz Juan, der einzige Sohn der Katholischen Könige Fernando und Isabel, in der Sakristei Tomás de Torquemada, der erste spanische Großinquisitor *(siehe S. 60)*.

Manchmal sieht man in Ávila *tunas*, traditionell gekleidete Studenten, die musizierend und singend durch die Straßen ziehen.

Kreuzgang des Real Monasterio de Santo Tomás in Ávila

❶ La Granja de San Ildefonso

Segovia. **Karte** G6. 📞 921 47 00 19. 🚌 von Madrid oder Segovia. 🕐 Di– So 10–20 Uhr (Okt–März: bis 18 Uhr). **Park** 🕐 Sommer: 10–20 Uhr (Juli, Aug: bis 21 Uhr); Winter: 10–18 Uhr. ⬤ 1., 6., 23. Jan, 1. Mai, 24., 25., 31. Dez. 🎟 (Mi, Do ab 17 Uhr für EU-Bürger frei, Okt–März: ab 15 Uhr). 🎫 ⓦ webdelagranja.com

Das von Felipe V 1720 in Auftrag gegebene Lustschloss am Rand der Sierra de Guadarrama steht an der Stelle des früheren Convento de los Jerónimos.

Während einer Führung bekommt man eindrucksvolle, mit kostbaren Kunstschätzen und klassischen Fresken ausgestattete Räume zu sehen, in denen Marmor, Gold und Samt das Bild bestimmen. Von den Decken hängen riesige Kristalllüster aus der örtlichen Glasmanufaktur. Die Kirche präsentiert sich in hochbarocker Üppigkeit, im königlichen Mausoleum ruhen Felipe V und seine Gemahlin.

Der Park steht im Zeichen von stattlichen Kastanienbäumen, Formbüschen und einer Reihe von Teichen. Jedes Jahr werden am 30. Mai, 25. Juli sowie am 25. August die spektakulären Wasserspiele abgehalten. Vier Fontänen sprudeln mittwochs, samstags und sonntags um 17.30 Uhr.

Auch die Real Fábrica de Cristales de La Granja (Königliche Glasmanufaktur) lohnt einen Besuch.

Die heilige Teresa

Teresa de Cepeda y Ahumada (1515–1582) gilt als eine der bedeutendsten Ordenserneuerinnen der katholischen Kirche. Siebenjährig lief sie von zu Hause fort, um bei den Mauren den Märtyrertod zu suchen, wurde aber von ihrem Onkel kurz hinter der Stadt aufgegriffen. Mit 19 wurde sie Nonne, lehnte sich aber gegen den Orden auf und gründete 1562 ein eigenes Kloster. Später bereiste sie ganz Spanien und gründete eine Reihe weiterer Klöster für die Anhänger ihres Ordens der Unbeschuhten Karmeliten. Ihr Grab befindet sich in Alba de Tormes bei Salamanca *(siehe S. 365)*.

Die hl. Teresa: Statue im Kathedralmuseum

Zentrum von Segovia
① Iglesia de San Juan de los Caballeros
② Aquädukt
③ Casa de los Picos
④ Iglesia de San Martín
⑤ San Miguel
⑥ Kathedrale
⑦ Alcázar

0 Meter 100

Zeichenerklärung *siehe hintere Umschlagklappe*

⑮ Segovia

Segovia. **Karte** G6. 53 000.
Plaza del Azoguejo 1,
921 46 67 20. Do, Sa. San
Pedro (29. Juni), San Frutos (25. Okt).
turismodesegovia.com

Die Altstadt von Segovia liegt malerisch auf einem Felsrücken zwischen zwei Flüssen – Río Eresma und Río Clamores – und erinnert an ein gestrandetes Schiff: Der Alcázar bildet den Bug, die Türme der Kathedrale ragen wie Masten in den Himmel, der Aquädukt wird als Ruder nachgezogen. Vom Tal aus bietet die Stadt gerade bei Sonnenuntergang ein geradezu magisches Bild.

Der **Aquädukt**, der bis ins 19. Jahrhundert hinein die Wasserversorgung regelte, wurde im 1. Jahrhundert n. Chr. von den Römern angelegt, die das antike Segobriga in einen überregional bedeutenden Militärstützpunkt verwandelten.

1678 geweiht, ist die 1525 begonnene **Kathedrale** die letzte große gotische Kirche Spaniens. Ihr Vorgängerbau wurde 1520 beim Aufstand kastilischer Städte *(siehe S. 62)* zerstört, der Kreuzgang blieb jedoch unbeschadet und wurde am neuen Standort wiederaufgebaut. Fialen, Strebebogen, Turm und Kup-

pel fügen sich zu einer imposanten Silhouette, der Innenraum besticht durch helle Leichtigkeit. Kunstvoll geschwungene Gitter umgeben die Seitenkapellen. Der Kapitelsaal birgt kostbare Brüsseler Gobelins (17. Jh.).

Wie die Inkarnation eines Märchenschlosses erhebt sich der **Alcázar** *(siehe S. 348f)* mit seinen Türmchen und Zinnen am westlichen Ende der Stadt. Der heutige Bau datiert zum größten Teil aus dem 19. Jahrhundert. Zu den interessantesten Kirchen zählen die romanische **San Juan de los Caballeros** mit ihrem außerge-

wöhnlich schönen Portikus, **San Martín** mit beeindruckenden Arkaden und Kapitellen sowie **San Miguel**, in der Isabel zur Königin von Kastilien gekrönt wurde. In die Stadtmauer integriert ist die **Casa de los Picos**, deren Fassade rautenförmig behauene Steine schmücken.

Umgebung: Der Palast von **Riofrío**, elf Kilometer südwestlich, befindet sich in einem Wildpark. Isabel Farnese ließ ihn im Jahr 1752 als Jagdschloss anlegen. Er ist herrlich eingerichtet und beherbergt ein Jagdmuseum.

Die grandiose gotische Kathedrale von Segovia

Segovias Aquädukt

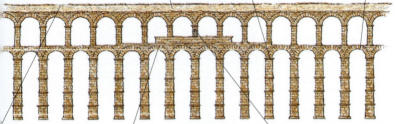

Wasserrinne

Granitblöcke, ohne Mörtel aufeinandergesetzt

Die Pfeiler erreichen eine Höhe von 29 Metern.

Das Wasser aus dem Río Frío wurde durch eine Reihe von Filterbecken geleitet.

Zwei Bogenreihen – Gesamtlänge 728 Meter – gleichen die Bodenunebenheiten aus und sorgen für Gefälle.

Eine Madonnenstatue steht heute an der Stelle einer Inschrift, die sich auf den Bau des Aquädukts bezog.

Segovias trutziger Alcázar überragt die Stadt

🏠 Alcázar de Segovia
Plaza de la Reina Victoria Eugenia.
📞 921 46 07 59. 🕐 tägl. 10–19.30 Uhr (Okt–März: bis 18.30 Uhr). 🚫 1., 6. Jan, 25. Dez. 🎫 ♿
📷 🌐 alcazardesegovia.com

🏛 Palacio de Riofrío
📞 921 47 00 19. 🕐 Di–So. 🎫
(Mi, Do ab 15 Uhr für EU-Bürger frei). 🌐 patrimonionacional.es

⓰ Pedraza de la Sierra
Segovia. **Karte** H6. 🚹 500. 🛈
Calle Real 3, 921 50 86 66 (Mi–So).
🎪 Nuestra Señora la Virgen del Carrascal (8. Sep). 🌐 pedraza.info

Das aristokratische Städtchen überblickt das umliegende Hügelland aus erhabener Lage. Innerhalb der alten Befestigungsmauer führen Gassen an schmucken Häusern vorbei zur arkadengesäumten **Plaza Mayor** *(siehe S. 31)*. In der **Burg** lebte der baskische Maler Ignacio Zuloaga (1870–1945).

Das Burgmuseum zeigt einige seiner Werke. Am Wochenende strömen Madrilenen in die Restaurants von Pedraza an der Plaza Mayor.

Umgebung: Hauptattraktion von **Turégano**, 30 Kilometer westlich, ist eine große Burg mit integrierter Kirche aus dem 15. Jahrhundert.

⓱ Sepúlveda
Segovia. **Karte** H5. 🚹 1300. 🛈
Plaza del Trigo 6, 921 54 04 25 (Juli–Sep: Di–So; Okt–Juni: Mi–So).
🎪 Mi. 🎪 Los Toros (letzte Woche im Aug). 🌐 turismodesegovia.com

In herrlicher Lage über dem Río Duratón bietet das befestigte Städtchen Panoramablicke auf die Sierra de Guadarrama. Die **Iglesia del Salvador** stammt aus dem 11. Jahrhundert und besitzt eine der ältesten Vorhallen Spaniens.

Umgebung: Sieben Kilometer westlich von Sepúlveda schlängelt sich der Río Duratón im **Parque Natural de las Hoces del Duratón** durch Schluchten.
   Ayllón, 45 Kilometer nordöstlich von Sepúlveda gelegen, ist wegen seiner von wunderschönen Arkadengängen umrahmten Plaza Mayor und dem plateresken Palacio de Juan de Contreras (1497) berühmt.
   In **Tiermes**, 65 Kilometer östlich, werden iberische und römische Ruinen freigelegt. Die Funde sind im Museo Numantino in Soria *(siehe S. 381)* ausgestellt.

⓲ Castillo de Coca
Coca (Segovia). **Karte** G5. 📞 617 57 35 54. 🕐 tägl. 🚫 15 Tage im Jan, 1. Di im Monat. 🎫 📷

Die im späten 15. Jahrhundert für die Familie Fonseca errichtete Burg von Coca *(siehe S. 348)* zählt zu den eindrucksvollsten Kastellen der Provinz. Eine Vielzahl von Zinnen und Gefechtstürmen, ein Burggraben und drei Ringmauern bilden ein Paradestück der Mudéjar-Festungsarchitektur, gleichwohl wurde die Burg vorwiegend zu Wohnzwecken genutzt. Heute beherbergt der Bau eine Schule und eine Sammlung romanischer Schnitzarbeiten.

Umgebung: In der Burg **Arévalo** in Ávila aus dem 14. Jahrhundert, 26 Kilometer südwestlich, verlebte Isabel I ihre Kindheit. An der Plaza de la Villa sind noch einige überaus schöne Fachwerkhäuser erhalten.

Der mächtige Bergfried des Castillo de Coca (15. Jh.)

⓳ Medina del Campo

Valladolid. **Karte** F5. 🗺 22 000. 🚃
🚌 ℹ Plaza Mayor 48, 983 81 13
57. 🍴 So. 🎎 San Antolín (1. –
8. Sep). 🆆 medinadelcampo.es

Medina kam im Mittelalter
durch seine Märkte zu Reichtum und ist auch heute noch
ein landwirtschaftliches Zentrum. Das mit Mudéjar-Elemen-
ten verbrämte gotische **Castillo
de la Mota** *(siehe S. 348)* war
ursprünglich eine maurische
Burg, wurde aber 1440 völlig
umgestaltet. Isabel I und ihre
Tochter Juana die Wahnsinnige
hielten sich längere Zeit hier
auf. Später diente es als Kerker
(Cesare Borja wurde 1506 – 08
hier gefangen gehalten). An
einer Ecke der Plaza Mayor
steht das Haus, in dem Isabel
1504 starb.

Umgebung: Rund 25 Kilometer südlich von Medina
del Campo erheben sich die
Stadtmauern von **Madrigal de
las Altas Torres**. Der Ort hat
seinen Namen von den unzähligen Bastionen, die die Stadtmauern gliederten. Nur 23
sind erhalten. Innerhalb des
Mauerrings steht das Monasterio de las Agustinas (bis 1527
Palast), in dem Isabel 1451
geboren wurde.

🏰 Castillo de la Mota
📞 983 81 00 63. 🕐 tägl. (Führungen: Di – Sa). 🎫 obligatorisch für Innenräume. 🆆 castillodelamota.es

⓴ Tordesillas

Valladolid. **Karte** F5. 🗺 9000. 🚌
ℹ Casas del Tratado, 983 77 10 67
(Di – So). 🍴 Di. 🎎 Fiestas de la
Peña (Mitte Sep). 🆆 tordesillas.net

In dem schmucken Städtchen
wurde im Jahr 1494 der ge-
schichtsträchtige Vertrag geschlossen, der die Aufteilung
der Neuen Welt zwischen Spanien und Portugal regeln sollte
(siehe S. 61).
   Hauptattraktion des Ortes ist
der 1350 unter Alfonso XI erbaute **Monasterio de Santa
Clara**. Sein Sohn Pedro der
Grausame schenkte den Palast
seiner Geliebten, María de Pa-

Das Castillo de la Mota in Medina del Campo

dilla, die aus Andalusien
stammte und den Bau im maurischen Stil mit prachtvollen
Bogen und Bädern ausstatten
ließ. Besonders sehenswert
sind der Patio und die Hauptkapelle. Später zogen die
Schwestern des Klarissenor-
dens ein. Juana die Wahnsinnige lebte nach dem Tod ihres
Ehemanns 46 Jahre hier. Ihre
Orgel ist zu besichtigen.
   Die **Iglesia de San Antolín**
in der Altstadt beherbergt
heute ein Kunstmuseum, in
dem Gemälde sowie kunstvolle
liturgische Gegenstände zu
sehen sind.

🏛 Monasterio de Santa Clara
📞 983 77 00 71. 🕐 Di – So. 🎫
(Mi, Do nachm. für EU-Bürger frei).
🆆 patrimonionacional.es

🏛 Iglesia de San Antolín
Calle Postigo. 📞 983 77 09 80.
🕐 Di – So. 🎫

**Maurischer Innenhof im Monasterio
de Santa Clara, Tordesillas**

㉑ Valladolid

Valladolid. **Karte** G5. 🗺 306 000.
🚃 🚌 ℹ Avenida Acera de Recoletos, 983 21 93 10. 🍴 Mi, Sa, So.
🎎 Osterwoche, San Pedro Regala-
do (13. Mai), Virgen de San Lorenzo
(8. Sep). 🆆 info.valladolid.es

Valladolid – die arabische
Gründung Belad-Walid (»Land
des Statthalters«) – liegt am
Zusammenfluss des Río Esgue-
va und des Río Pisuerga. Trotz
fortschreitender Industrialisie-
rung sind hier wunderschöne
Kunstwerke und Bauten im Stil
der Renaissance erhalten.
   Fernando und Isabel *(siehe
S. 60f)* wurden 1469 im Palacio
Vivero getraut und machten
Valladolid nach der Reconquista zur Hauptstadt ihres Reiches. Kolumbus starb hier
1506. 1527 erblickte Felipe II
im Palacio de los Pimentel das
Licht der Welt. Auch José Zorrilla, dessen gleichnamiges
Stück *(siehe S. 39)* Don Juan
berühmt machte, wurde in
Valladolid geboren.
   Die **Universität** datiert aus
dem 15. Jahrhundert. Die
Barockfassade *(siehe S. 29)*
wurde 1715 von Narciso Tomé
begonnen, der später den
gewaltigen *Transparente* der
Kathedrale von Toledo schuf
(siehe S. 397).
   Bemerkenswerte Sakral-
bauten sind die **Iglesia de San
Pablo** mit einer spektakulären
platteresken Fassade, **Santa
María la Antigua** mit einer

romanischen Glockenstube und die **Iglesia de Las Angustias**, in der Juan de Junis wunderbare *Jungfrau mit dem Dolche* zu bewundern ist.

🏠 Casa de Cervantes

Calle del Rastro s/n. 📞 983 30 88 10. 🕐 Di–Sa 9.30–15, So 10–15 Uhr. ⬤ Feiertage. 📷 (So frei).
🌐 **museocasacervantes.mcu.es**

In diesem Haus lebte Miguel de Cervantes Saavedra, Schöpfer des *Don Quijote (siehe S. 38f)*, von 1603 bis 1606. Die restaurierten Zimmer enthalten zum Teil Originalmobiliar.

🏛 Kathedrale

Calle Arribas 1. 📞 983 30 43 62. ⬤ Mo. 📷 (Okt–Juni: Do frei). 📷 nach Vereinbarung.
🌐 **catedral-valladolid.co**

1580 begann Juan de Herrera, Lieblingsarchitekt Felipes II, mit dem Bau der bis heute unvollendeten Kathedrale. Die churrigureske *(siehe S. 29)* Fassade steht im Widerspruch zum Innenraum, dessen Kargheit einzig durch Juan de Junis Altarbild aufgelockert wird. Auch das Museo Diocesano besitzt diverse Kostbarkeiten.

🏛 Museo Nacional de Escultura

Cadenas de San Gregorio 1–3. 📞 983 25 03 75. 🕐 Di–So. ⬤ Feiertage. 📷 (Sa ab 16 Uhr, So frei).
🌐 **museoescultura.mcu.es**

Das Museum ist im namensgebenden Colegio de San Gregorio sowie im Palacio de Villena, in der Casa del Sol und in der Iglesia de San Benito el Viejo untergebracht. Es zeigt

Fassadendetail des Colegio de San Gregorio, Valladolid

Antonio Moros *Kalvarienberg*, Museo Nacional de Escultura

vorwiegend bemalte religiöse Holzbildwerke (13.–18. Jh.). Die ergreifende Darstellung der *Grablegung Jesu* von Juan de Juni, Gregorio Fernández' *Ruhender Christus*, ein Altarbild von Alonso Berruguete sowie ein Chorgestühl von Diego de Siloé und anderen Künstlern sind die berühmtesten Werke des Museums.

Auch das Gebäude verdient Beachtung, vor allem das platereske *(siehe S. 29)* Treppenhaus, die Kapelle von Juan Guas und der innere Säulenhof. Die Fassade, ein Meisterwerk des isabellinischen Stils *(siehe S. 28)*, präsentiert eine Zusammenstellung von nackten Kindern in Dornbüschen, behaarten Wilden und seltsamen Fabelwesen.

🏛 Patio Herreriano Museo de Arte Contemporáneo Español

Calle Jorge Guillén 6. 📞 983 36 27 71. 🕐 Di–So. 📷 ♿
🌐 **museopatioherreriano.org**

Diese Privatsammlung zeitgenössischer spanischer Kunst wurde im Jahr 2002 im früheren Kloster San Benito eröffnet. Mehr als 800 Arbeiten von 200 spanischen Künstlern sind hier zu sehen, darunter Werke von Miró, Chillida, Tàpies und Barceló.

Umgebung: In dem Kastell von **Simancas**, 15 Kilometer südwestlich von Valladolid, ließ Carlos I das spanische Nationalarchiv einrichten.

Die Kirche in **Wamba**, 20 Kilometer westlich von Valladolid, birgt das Grab des Westgotenkönigs Rekkeswinth.

Eine ungewöhnlich lang gestreckte, gut erhaltene Burg aus dem 15. Jahrhundert überblickt den reizenden Weinort **Peñafiel**, 55 Kilometer östlich von Valladolid *(siehe S. 349)*.

㉒ Medina de Rioseco

Valladolid. **Karte** F4. 🏔 5000. 🚌
ℹ️ Paseo de San Francisco, 983 72 03 19. 🛒 Mi. 🎭 Osterwoche; San Juan (24. Juni), Virgen del Castillviejo (8. Sep).
🌐 **medinaderioseco.com**

Wie Medina del Campo kam auch diese Stadt im Mittelalter durch Wollhandel zu Reichtum und konnte es sich leisten, ihre Kirchen von namhaften Künstlern ausschmücken zu lassen. Die Schnitzereien und das Sterngewölbe in der **Iglesia de Santa María de Mediavilla** zeugen davon. Ihre Capilla de los Benavente besticht durch eine farbenprächtige Stuckdecke (1554) mit Jerónimo del Corral und ein Altarbild von Juan de Juni. Die riesige Monstranz der Schatzkammer schuf Antonio de Arfe 1585.

Im Innenraum der **Iglesia de Santiago** errichteten die Brüder Churriguera *(siehe S. 29)* ein dreiteiliges Altarbild.

Die typisch kastilischen Häuser an der Calle de la Rúa, der Hauptstraße der Stadt, besitzen malerische Laubengänge.

Altarbild von Juan de Juni, Iglesia de Santa María de Mediavilla

Fiestas in Kastilien und León

El Colacho *(So nach Fronleichnam, Mai/Juni)*, Castrillo de Murcia (Burgos). Die in den vergangenen zwölf Monaten geborenen Babys werden in ihren Sonntagsstaat gesteckt und auf Matratzen auf die Straße gelegt. Vor den Augen der besorgten Eltern springt sodann El Colacho – ein in ein leuchtend rot-gelbes Kostüm gekleideter Mann – über die Kinder, um sie von Krankheiten zu befreien; er soll den Teufel darstellen, der vor dem Abendmahl flieht. Der Brauch geht auf das Jahr 1621 zurück.

El Colacho beim Sprung über Babys in Castrillo de Murcia

Tag der heiligen Agatha *(So vor oder nach dem 5. Feb.)*, Zamarramala (Segovia). Jedes Jahr werden zwei Frauen zu Bürgermeisterinnen gewählt, die an jenem Tag regieren und eine das männliche Geschlecht repräsentierende Strohpuppe verbrennen. Agatha ist Schutzheilige der verheirateten Frauen.
Karfreitag, Valladolid. Die Prozession, bei der Figuren durch die Straßen getragen werden, zählt zu den prächtigsten in Spanien.
Feuerlauf *(23. Juni)*, San Pedro Manrique (Soria). Einige Männer laufen barfuß über Glut. Angeblich schaffen es nur Einheimische – die anderen holen sich Brandblasen.

Der herrliche Retrochor der Kathedrale von Palencia

㉓ Palencia

Palencia. **Karte** G4. 🚹 81 000. 🚌 🚆 **ℹ** Calle Mayor 31, 979 70 65 23. 🏛 Di, Mi. 🎎 Virgen de la Calle (2. Feb). 📷 **W palenciaturismo.es**

Im Mittelalter war Palencia Residenzstadt und zugleich Sitz der ältesten Universität Spaniens (1208 gegründet). Infolge ihrer Beteiligung am gescheiterten Aufstand der kastilischen Städte *(siehe S. 62)* verlor die Stadt nach und nach an Bedeutung. Trotz beträchtlicher Expansion – dank Kohle und Weizen – konnte der beinahe dörfliche Charme des alten Stadtkerns bei der alten Steinbrücke über den Río Carrión bewahrt werden.

Hauptsehenswürdigkeit der Stadt ist die **Kathedrale**, »La Bella Desconocida« genannt, mit herrlichen Kunstwerken, von denen viele der Großzügigkeit des Bischofs Fonseca zu verdanken sind. Beachten Sie auch den Retrochor (von Gil de Siloé und Simon von Köln) und die Altarbilder. Das Altarbild über dem Hochaltar schuf Philippe de Bigarny Anfang des 16. Jahrhunderts. Die Bildtafeln stammen von Juan de Flandes, dem Hofmaler Isabels I. In der Kapelle hinter dem Hochaltar verdienen Valmasedas Altarbild (1529) und das Grabmal der Doña Urraca von Navarra Beachtung. Unter dem Retrochor führt eine platereske *(siehe S. 29)* Treppe zu der sehenswerten westgotischen Krypta hinab.

Umgebung: In **Baños de Cerrato**, 13 Kilometer südlich, steht die westgotische Iglesia de San Juan Bautista, das angeblich älteste erhaltene Gotteshaus Spaniens (661 gegründet). Ihr Inneres schmücken die typischen Kapitelle und Hufeisenbogen.

㉔ Frómista

Palencia. **Karte** G4. 🚹 820. 🚌 🚆 **ℹ** Barrio del Canal s/n, 672 14 69 94. 🏛 Fr. 🎎 San Telmo (Woche nach Ostern). **W fromista.es**

Die Stadt am Jakobsweg *(siehe S. 86f)* besitzt eine der reinsten romanischen Kirchen Spaniens: Die **Iglesia de San Martín** (1066) wurde dank einer Restaurierung 1904 ein wahres Schmuckstück romanischer Baukunst. Die Existenz heidnischer und römischer Motive deutet auf vorchristliche Ursprünge des Gotteshauses hin. Die romanische **Iglesia de San Pedro** besitzt bemerkenswerte Skulpturen im Stil von Renaissance und Gotik.

Umgebung: Auch **Carrión de los Condes**, 20 Kilometer nordwestlich, liegt am Jakobsweg. Der Fries am Portal der Iglesia de Santiago zeigt interessanterweise keine religiösen Motive, sondern örtliche Kunsthandwerker. An der Fassade der Iglesia de Santa María del Camino aus dem 12. Jahrhundert sind Stiere abgebildet. Im Hotel des Monasterio de San Zoilo (schöner gotischer Kreuzgang) finden anspruchslose Reisende ein Obdach.

Innenraum der Iglesia de San Juan Bautista in Baños de Cerrato

Posada des Monasterio de Santa María la Real, Aguilar de Campoo

In **Gañinas**, 40 Kilometer nordwestlich, befindet sich die Römervilla **La Olmeda** mit Mosaiken, darunter eine Jagdszene mit Löwen und Tigern. Das archäologische Museum in der Iglesia de San Padro in Saldaña zeigt weitere Funde.

Villa Romana La Olmeda
Pedrosa de la Vega. 979 11 99 97. Di–So. 1., 6. Jan, 24., 25., 31. Dez. gilt auch für Museum.

Aguilar de Campoo

Palencia. **Karte** G3. 7500. Paseo Cascajera 10, 979 12 36 41 (Mo, Di, So nachm. geschlossen). Di. San Juan y San Pedro (23.–29. Juni), Virgen del Llano (1. So im Sep). aguilardecampoo.com

Zwischen der zentralspanischen Hochebene und den üppig grünen Ausläufern des Kantabrischen Gebirges liegt die Festungsstadt Aguilar de Campoo. Auf einer Seite ihres Hauptplatzes erhebt sich der Glockenturm der **Colegiata de Miguel**, der Grabeskirche der Grafen von Aguilar.

Eine Besichtigung verdienen auch die **Ermita de Santa Cecilia** und das restaurierte romanisch-gotische **Monasterio de Santa María la Real**. Hier lädt eine *posada* zum Übernachten ein.

Umgebung: Sieben Kilometer südlich ist in **Olleros de Pisuerga** eine Höhlenkirche zu bewundern. Der schöne Parador in **Cervera de Pisuerga**, 25 Kilometer nordwestlich von Aguilar, bietet Panoramablicke über die **Reserva Nacional de Fuentes Carrionas**, eine malerische, zerklüftete Berglandschaft mit dem 2540 Meter hohen Gipfel des Curavacas.

Briviesca

Burgos. **Karte** H3. 8000. Calle Santa María Encimera 1, 947 59 39 39. 1. Sa im Monat. Feria de San José (19. März), Santa Casilda (9. Mai). turismo.briviesca.es

Im Nordosten der Provinz Burgos liegt das ummauerte Städtchen mit einem arkadengeschmückten Hauptplatz und edlen Villen. Wichtigster Sakralbau ist der **Convento de Santa Clara** mit einem reich verzierten Retabel aus Walnussholz (16. Jh.). 1387 ernannte Juan I von Aragón in der Stadt seinen Sohn Enrique zum Prinzen von Asturien. Das Santuario de Santa Casilda zeigt eine Sammlung von Votivobjekten.

Umgebung: Das Benediktinerkloster San Salvador in **Oña**, 26 Kilometer nördlich, wurde 1011 gegründet.

Frías, 20 Kilometer weiter nordöstlich auf einer Hügelkuppe, besitzt eine Felsenburg und gepflasterte Gassen mit mittelalterlichen Häusern. Die Brücke über den Ebro trägt einen Torturm.

In **Medina de Pomar**, 53 Kilometer nördlich von Oña, steht die Burg (15. Jh.) der Familie Velasco, die heute als Museum dient. Zu besichtigen sind zudem die Ruinen eines Palasts mit schönem Mudéjar-Stuck und arabischen Inschriften.

Die mittelalterliche Brücke, die den Ebro bei Frías überspannt, mit ihrem zentralen Torturm

Flämisches Triptychon in der Kollegiatskirche von Covarrubias

❷ Covarrubias

Burgos. **Karte H4.** 🗺 600. 🚌 🛈 Calle del Monseñor Vargas, 947 40 64 61 (Di–So; Mo–Mi im Winter). 🎭 Di. 🎉 San Cosme und San Damián (26./27. Sep).

Die Ortschaft am Río Arlanza ist nach den rötlichen Höhlen am Stadtrand benannt. Ihre malerische Altstadt mit idyllischen Fachwerkbauten ist von mittelalterlichen Mauern umschlossen. In der **Kollegiatskirche** wird die bedeutsame Geschichte der Stadt lebendig, denn hier erinnert das Grab von Fernán González an den ersten Grafen von Kastilien. Durch den Zusammenschluss mehrerer Lehnsgüter im Kampf gegen die Mauren legte er im 10. Jahrhundert den Grundstein zum Aufstieg Kastiliens und damit zu der Rolle des Königreichs bei der Einigung Spaniens. Das Kirchenmuseum birgt u. a. eine Orgel aus dem 17. Jahrhundert sowie das flämische Triptychon *Anbetung der Könige,* das der Schule von Gil de Siloé zugeschrieben wird.

Umgebung: Ein Stück weit ostwärts den Río Arlanza hinab liegen die Ruinen des romanischen Klosters **San Pedro de Arlanza** aus dem 11. Jahrhundert. In **Quintanilla de las Viñas**, 23 Kilometer nördlich von Covarrubias, steht eine westgotische Kirche (7. Jh.): Die Reliefs an den Säulen sind vermutlich heidnischen Ursprungs.

❷ Burgos

Burgos. **Karte H4.** 🗺 177 000. 🚆 🚌 🛈 Plaza de Alonso Martínez 7, 947 20 31 25. 🎭 Mi, Fr, Sa, So. 🎉 San Lesmes (30. Jan), Pedro und San Pablo (29. Juni). 🌐 turismoburgos.org

Die 884 gegründete Stadt blickt auf eine bewegte Geschichte zurück. Von 1073 bis 1492 war sie Hauptstadt der vereinigten Königreiche Kastilien und León (dann fiel diese Ehre an Valladolid). Im 15. und 16. Jahrhundert kam Burgos durch den Wollhandel zu Wohlstand, womit Kunst und Architektur in der Stadt finanziert werden konnten. Weniger gern erinnert man sich an die Zeit des Bürgerkriegs, als Franco 1937 hier sein Hauptquartier einrichtete.

Die strategische Lage an der direkten Verbindungslinie zwischen Madrid und Frankreich sowie am Jakobsweg *(siehe S. 86f)* lassen den Besucherstrom nicht abreißen.

Über die Brücke Santa María erreicht man die Altstadt durch den **Arco de Santa María**, einen mit imposanten Statuen geschmückten Torbogen. Die Hauptbrücke zur Stadt ist jedoch der Puente de San Pablo, an dem ein Standbild des Nationalhelden El Cid den Besucher willkommen heißt. Nur einen Katzensprung von der Brücke entfernt steht die **Casa del Cordón** aus dem 15. Jahrhundert, über deren Portal ein Franziskanerwappen prangt und die heute eine Bank beherbergt. Hier begrüßten 1497 die Katholischen Könige Kolumbus nach seiner Rückkehr von der zweiten Amerikareise.

Die Türme der **Kathedrale** *(siehe S. 376f)* eignen sich ausgezeichnet als Orientierungshilfe, da sie von fast jedem Punkt der Stadt sichtbar sind. Auf dem dahinterliegenden Hügel steht die **Iglesia de San Nicolás** mit einem herrlichen Altarbild von Simon von Köln (1505). Die Alabasterschnitzereien illustrieren Szenen aus dem Leben des heiligen Nikolaus. Weitere bemerkenswerte Kirchen sind die **Iglesia de San Lorenzo** mit ihrer herrlichen Barockdecke und die **Iglesia de San Esteban** mit dem Museo del Retalbo. In der **Iglesia de Santa Águeda** schwor König Alfonso VI El Cid, an der Ermordung seines Bruders Sancho II *(siehe S. 360)* nicht beteiligt gewesen zu sein.

Die reich geschmückte Front des Arco de Santa María in Burgos

El Cid (ca. 1043–1099)

Rodrigo Díaz de Vivar, Sohn einer adligen Familie aus Vivar del Cid, nördlich von Burgos, trat in die Dienste Fernandos I, wurde dann aber in den Bruderzwist zwischen Sancho II und Alfonso VI verwickelt und musste Kastilien verlassen. Er kämpfte für die Mauren, wechselte dann die Seiten und eroberte 1094 für die Christen Valencia, wo er bis zu seinem Tod lebte. Wegen seiner Heldenhaftigkeit erhielt er den Namen El Cid (vom arabischen *sidi* = Herr), unsterblich jedoch machte ihn das anonyme Gedicht *El Cantar de Mío Cid* (1180), das ihn als romantischen Helden der Reconquista preist *(siehe S. 58f)*. El Cid und seine Frau Jimena ruhen in der Kathedrale von Burgos.

Reiterstandbild von El Cid

Zentrum von Burgos

① Iglesia de San Esteban
② Iglesia de San Nicolás
③ Iglesia de Santa Águeda
④ Kathedrale
⑤ Iglesia de San Lorenzo
⑥ Arco de Santa María
⑦ Casa del Cordón
⑧ Museo de Burgos
⑨ Museo de la Evolución Humana

0 Meter   150

Zeichenerklärung
siehe hintere Umschlagklappe

Am gegenüberliegenden Flussufer ist in der Casa de Miranda die archäologische Abteilung des **Museo de Burgos** mit Funden aus der Römersiedlung Clunia untergebracht. Ganz in der Nähe beherbergt die Casa de Angulo die Abteilung Kunst. Zu den Schätzen der Sammlung zählen Gil de Siloés Grabmal für Juan de Padilla und ein kostbares emailverziertes Elfenbeinkästchen maurischen Ursprungs. Das **Museo de la Evolución Humana** zeigt bis zu 780 000 Jahre alte Fossilien aus der Sierra de Atapuerca. Mit dem hier angebotenen Kombiticket hat man auch Zutritt zu den **Yacimientos de la Sierra de Atapuerca**, einer Grabungsstätte mit Europas frühester Siedlung. Ein Bus bringt Besucher zur Stätte.

Etwas außerhalb lohnen zwei Klöster einen Besuch: Das **Real Monasterio de Huelgas** westlich der Stadt wurde 1187 von Alfonso VIII als Zisterzienserkloster gegründet. Die Anlage war seit je reich ausgestattet und nahm nur Nonnen aus allerhöchsten Kreisen auf. Einer der interessantesten Teile ist das Museo de Ricas Telas, in dem kostbare mittelalterliche Textilien gezeigt werden. In der Capilla de Santiago steht eine Holzfigur des Apostels Jakob. Er hält ein Schwert, mit dem die kastilischen Prinzen zu Rittern geschlagen wurden.

Östlich von Burgos liegt die **Cartuja de Miraflores**, ein Kartäuserkloster des 15. Jahrhunderts, in dessen Kirche Juan II und Isabel von Portugal (die Eltern von Isabel der Katholischen) sowie Prinz Alfonso (ihr Bruder) beigesetzt sind. Beide Grabmäler werden Gil de Siloé zugeschrieben, von dem auch das mehrfarbige Altarbild stammt.

Gil de Siloés Grabmal für Juan de Padilla in der Casa de Angulo

Altarbild von Gil de Siloé in der Cartuja de Miraflores

🏛 **Museo de Burgos**
Calle Miranda, 13. 📞 947 26 58 75. ⏰ Di–So. 🎫 (Sa, So frei). ♿ teilweise. 🌐 museodeburgos.com

🏛 **Museo de la Evolución Humana**
Paseo Sierra de Atapuerca. 📞 902 02 42 46. ⏰ Di–So. 🎫 (Ticket gilt auch für Yacimientos de Atapuerca und Transport).

🏛 **Real Monasterio de Huelgas**
Calle de los Compases. 📞 947 20 16 30. ⏰ Di–So. ⬤ einige Feiertage. 🎫 🎫 (Mi, Do nachm. frei).

🏛 **Cartuja de Miraflores**
Carretera Burgos–Cardeña, km 3. 📞 947 26 34 25. ⏰ tägl.

Burgos: Kathedrale

Spaniens drittgrößte Kathedrale wurde unter Fernando III 1221 von Bischof Mauricio geweiht. Das auf dem Grundriss eines lateinischen Kreuzes errichtete Gotteshaus (84 x 59 m) nahm im Lauf dreier Jahrhunderte Gestalt an. Generationen bedeutender europäischer Baumeister und Künstler wirkten an dem fast rein gotischen Bauwerk mit. Als Erstes wuchsen Langhaus und Kreuzgänge, während die schlanken Türme und die reich ausgestatteten Seitenkapellen erst in der letzten Bauphase entstanden. Die Architektur trägt dem ansteigenden Terrain Rechnung und passt sich ihm durch kunstvolle Treppenanlagen an.

Westfassade
Die filigranen Türme überragen die figurengeschmückte Balustrade, die frühe kastilische Könige zeigt.

★ Goldene Treppe
Die Renaissance-Doppeltreppe (1519–1522) von Diego de Siloé führt vom Langhaus zu einer stets verschlossenen hohen Tür.

Außerdem

① **Die Capilla de la Presentación** ist eine Grabkapelle mit einem sternförmigen Gewölbe.

② **Capilla de Santa Tecla**

③ **Grab von El Cid**

④ **Capilla de Santa Ana**: Gil de Siloé schuf das Altarbild (1490) der Kapelle, auf dem die Muttergottes mit dem hl. Joachim zu sehen ist.

⑤ **Laterne**

⑥ **Capilla de San Juan Bautista und Museum**

⑦ **Bildungszentrum**

⑧ **Capilla de la Visitación**

⑨ **Besucherzentrum**

⑩ **Capilla del Santisímo Cristo**

Puerta de Santa María

Hotels und Restaurants in Kastilien und León *siehe Seiten 569f und 594f*

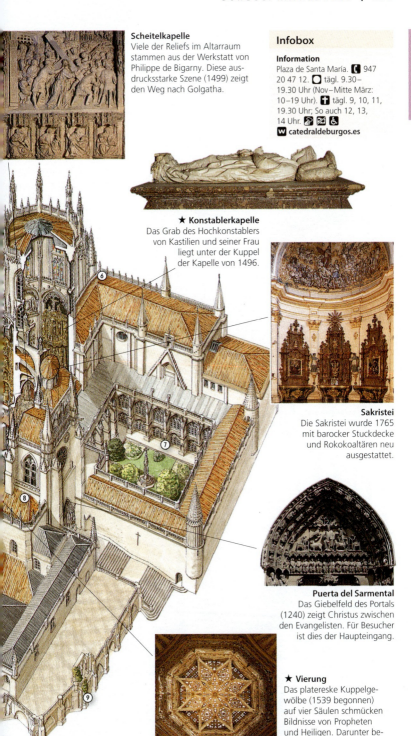

Scheitelkapelle
Viele der Reliefs im Altarraum stammen aus der Werkstatt von Philippe de Bigarny. Diese ausdrucksstarke Szene (1499) zeigt den Weg nach Golgatha.

Infobox

Information
Plaza de Santa María. 947 20 47 12. tägl. 9.30–19.30 Uhr (Nov–Mitte März: 10–19 Uhr). tägl. 9, 10, 11, 19.30 Uhr; So auch 12, 13, 14 Uhr. catedraldeburgos.es

★ Konstablerkapelle
Das Grab des Hochkonstablers von Kastilien und seiner Frau liegt unter der Kuppel der Kapelle von 1496.

Sakristei
Die Sakristei wurde 1765 mit barocker Stuckdecke und Rokokoaltären neu ausgestattet.

Puerta del Sarmental
Das Giebelfeld des Portals (1240) zeigt Christus zwischen den Evangelisten. Für Besucher ist dies der Haupteingang.

★ Vierung
Das platereske Kuppelgewölbe (1539 begonnen) auf vier Säulen schmücken Bildnisse von Propheten und Heiligen. Darunter befindet sich das Grab von El Cid und seiner Frau.

㉙ Lerma

Burgos. **Karte** H4. 🏔 3000. 🚉 🚌
ℹ Calle Audiencia 6, 947 17 70
02. ⛴ Mi. 🎭 Nuestra Señora de la
Natividad (8. Sep). 🌐 citlerma.com

Ihren architektonischen Glanz
verdankt diese Stadt in erster
Linie dem Herzog von Lerma
(siehe S. 64), Günstling und
1598–1618 auch Minister
Felipes III, der Unsummen des
neuen Reichtums aus Übersee
zur Verschönerung seiner Stadt
ausgab. Sämtliche Gebäude
sind im klassizistischen Stil gebaut. Den Höhepunkt bildet
der **Palacio Ducal** (1605), dessen Wuchtigkeit im Gegensatz
zu den malerischen Häusern
steht. Er wurde zu einem
Parador umgebaut.

Vom Wehrgang beim **Con-
vento de Santa Clara** und von
der **Colegiata de San Pedro**
(mit einer Bronzestatue des
Onkels des Herzogs) bieten
sich schöne Aussichten über
den Río Arlanza.

**Eine der engen Gassen in der
Altstadt von Lerma**

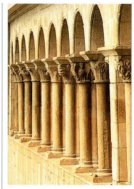

**Kreuzgang des Monasterio de
Santo Domingo de Silos**

㉚ Monasterio de Santo Domingo de Silos

Santo Domingo de Silos (Burgos).
Karte H4. 📞 947 39 00 49. 🚌 von
Burgos. 🕐 Di–So 10–13 Uhr (So
ab 12 Uhr), 16.30–18 Uhr (So ab
16 Uhr). ⏺ Feiertage. 📷 ✝
Mo–Sa 9, 19 Uhr, So 11, 19 Uhr.
🌐 abadiadesilos.es

Als Abt von Silos ließ der heilige Dominikus 1041 das von
den Mauren zerstörte westgotische Kloster wieder-
aufbauen. Dieser Ort der
Besinnung schenkte seither
unzähligen Menschen Ruhe
und inspirierte viele Künstler.

Heute kommen meist Be-
sucher, um den Kreuzgang zu
bewundern. Die Kapitelle sind
reich mit Mustern geschmückt.
Einige zeigen merkwürdige
Fabeltiere. Die Eckpfeiler zieren
Szenen aus der Bibel, die
Decke ist im maurischen Stil
kassettiert. Die sterblichen

Überreste des hl. Dominikus
ruhen in einer Urne in der
Nordgalerie. In der Klosterapotheke reihen sich Gefäße
aus Talavera de la Reina (siehe
S. 390).

In Ventura Rodríguez' klassizistischer Kirche werden
regelmäßig gregorianische
Choräle gesungen. Männliche
Gäste finden im Kloster ein
einfaches Quartier.

Umgebung: Direkt südlich
erstreckt sich die wildroman-
tische **Garganta de la Yecla**,
in der ein Pfad in ein enges
Flussbett führt. Im Nordosten
ragen die Gipfel des Naturschutzgebiets der **Sierra de la
Demanda** in den Himmel.

**Die Burg (15. Jh.) von Peñaranda
de Duero**

㉛ Peñaranda de Duero

Burgos. **Karte** H5. 🏔 580. 🚌 ℹ
Calle Trinquete 7. 📞 947 55 20 63.
⛴ Fr. 🎭 Santiago (25. Juli),
Santa Ana (26. Juli), Virgen de
los Remedios (8. Sep).
🌐 penarandadeduero.es

Die Burg von Peñaranda wurde
während der Reconquista
(siehe S. 58f) erbaut, nachdem
die Mauren vertrieben worden
waren. Sie bietet einen herrlichen Blick über eines der
malerischsten Dörfer Altkastili-
ens, dessen Häuser sich um
eine hohe Kirche gruppieren.
Am Hauptplatz stehen Fachwerkhäuser mit Arkaden. Eindrucksvoll ist der **Palacio de
Avellaneda**, dessen Portal
mit Marmorskulpturen ge-
schmückt ist. Auch der Patio

Gregorianischer Choral

Mehrmals täglich kommen die
Mönche von Santo Domingo de
Silos zusammen, um im Chor liturgische Gesänge anzustimmen. Die
Form geht auf die frühesten Christen, der Name auf Papst Gregor I.
zurück, der um 600 eine Neuord-
nung der Liturgie vornahm. Trotz
ihrer Einfachheit erfreuen sich
gregorianische Choräle beim heutigen Publikum großer Beliebtheit.
1994 landete der Mönchschor
sogar einen weltweiten Über-
raschungshit.

**Handschrift (11. Jh.) eines
gregorianischen Chorals**

◀ **Ruinen des Klosters San Juan de Duero, Soria** (siehe S. 381)

Ringmauer und Festungstürme der Burg von Berlanga de Duero

st wunderschön. In der Calle de la Botica zeigt eine Apotheke aus dem 17. Jahrhundert alte Gefäße.

Umgebung: In der Altstadt von **Aranda de Duero**, 21 Kilometer westlich, weist die **Iglesia de Santa María** eine isabellinische Fassade *(siehe S. 28)* auf.

🏛 **Palacio de Avellaneda**
Plaza Condes de Miranda 1. 📞 947 55 20 13. 🅾 Di–So 10–14, 16–20 Uhr. 🎟 obligatorisch (alle 30 Min.).

🌀 El Burgo de Osma

Soria. **Karte** J5. 🚹 5000. 🚌 **i** Plaza Mayor 9, 975 36 01 16 (Winter: Mi geschlossen). 🅾 Sa. 🎭 Virgen del Espino und San Roque (14.–19. Aug). 🌐 burgodeosma.com

Hauptattraktion des Dorfes ist die **Kathedrale**. Mit dem vorwiegend gotischen Gotteshaus (1232) harmonieren Renaissance-Anbauten und ein barocker Turm von 1739. Im Inneren locken ein Altarbild von Juan de Juni, eine weiße Marmorkanzel und das Grabmal des Kirchengründers, des heiligen Pedro von Osma. Das Museum zeigt Handschriften.
    Arkadengeschmückte Häuser säumen die Straßen und die Plaza Mayor. Auf dem barocken Hospital de San Agustín nisten noch Störche.

Umgebung: Bei **Gormaz**, 15 Kilometer südlich, überblickt eine mächtige Burg mit 28 Türmen den Duero. Mittelalterliche Festungen stehen auch in **Berlanga de Duero**,

24 Kilometer südöstlich, und in **Calatañazor**, 28 Kilometer nordöstlich von El Burgo de Osma, wo der Maurenführer al-Mansur im Jahr 1002 fiel.

🌀 Soria

Soria. **Karte** K4. 🚹 40000. 🚗 🚌 **i** Calle Medinaceli 2, 975 21 20 52. 🅾 Do. 🎭 San Juan (24. Juni). 🌐 sorianitelaimaginas.com

Der moderne Parador der kleinsten Provinzhauptstadt von Kastilien und León ist nach dem Dichter Antonio Machado (1875–1939, *siehe S. 39)* benannt, der die Stadt und ihrer Umgebung mit einigen Gedichten ein literarisches Denkmal setzte. Interessant sind der imposante **Palacio de los Condes de Gómara** und die attraktive **Concatedral de San Pedro** (beide 16. Jh.).
    Das ausgezeichnete **Museo Numantino** gegenüber dem Stadtpark zeigt Funde aus den römischen Siedlungen Numantia und Tiermes *(siehe S. 369)*. Die Ruinen des Klosters **San Juan de Duero** mit einem

Kreuzgang aus dem 13. Jahrhundert liegen jenseits des Flusses Duero.

Umgebung: Nördlich der Stadt befinden sich die Ruinen von **Numantia**, dessen keltiberische Einwohner sich 133 v. Chr. den Römern widersetzten und schließlich ihre Stadt anzündeten und Massenselbstmord begingen *(siehe S. 54)*. Nordwestlich erstreckt sich die Sierra de Urbión mit der **Laguna Negra de Urbión**.

🏛 **Museo Numantino**
Paseo del Espolón 8. 📞 975 22 13 97. 🅾 Di–So. 🎟 (Sa, So frei). ♿

🌀 Medinaceli

Soria. **Karte** K5. 🚹 800. 🚗 🚌 **i** Campo San Nicolás, 975 32 63 47. 🎭 Beato Julián de San Agustín (28. Aug), Cuerpos Santos (13. Nov). 🌐 medinaceli.es

Vom römischen Ocilis hoch über dem Río Jalón ist nur ein Triumphbogen (1. Jh. n. Chr.) erhalten. Er ist der einzige dreibogige Spaniens und diente als Vorlage für das Symbol, das an den Straßen auf antike Bauwerke hinweist.

Umgebung: Östlich liegen die roten Felsen der Jalón-Schlucht. An der Straße Madrid–Zaragoza sind in dem 1179 gegründeten Zisterzienserkloster **Santa María de Huerta** ein gotischer Kreuzgang und ein Refektorium zu bewundern.

🏛 **Monasterio de Santa María de Huerta**
📞 975 32 70 02. 🅾 tägl. ● 24. Aug. ♿ ♿
🌐 monasteriohuerta.org

Schmuckbogen im Kreuzgang des Klosters San Juan de Duero

Hotels und Restaurants in Kastilien und León siehe Seiten 569f und 594f

Kastilien-La Mancha

uadalajara · Cuenca · Toledo · Albacete iudad Real

er einsamen Weite von La Mancha, den Windmühlen nd mittelalterlichen Burgen vor ockerbraunen Ebenen erhalf Cervantes mit seinem Don Quijote zu Weltruhm. er endlose Horizont des Landstrichs gehört zum klassichen Bild Spaniens, doch ist die Region nur spärlich beucht. Dabei bietet sie auch imposante Gebirge, tiefe chluchten und traditionsreiche Städte.

Vie der Name Kastilien vermuten lässt, t diese Region reich an Kastellen – der rsprung von *castilla* wird im arabischen *ashtāla* vermutet. Die meisten dieser urgen entstanden zwischen dem 9. nd 12. Jahrhundert, als die Christen die Mauren bekämpften. Andere markieren en Grenzverlauf zwischen den Königeichen Aragón und Kastilien. Zu den eindrucksvollsten zählen Sigüenza, Belmonte, Alarcón, Molina de Aragón und Calatrava a Nueva.

Toledo, die mächtige Hauptstadt der Westgoten, besitzt herausragende Museen. Das einzigartige architektonische und künstlerische Erbe beruht auf der Verschmelzung von maurischer, christlicher und jüdischer Kultur mit Einflüssen des Mittelalters und der Renaissance.

Die Häuser von Cuenca kleben atemberaubend an den Wänden zweier Schluchten. Villanueva de los Infantes, Chinchilla, Alcaraz und Almagro sind Gründungen aus dem 16. bis 18. Jahrhundert. Ocaña und Tembleque locken mit einer wunderschönen Plaza Mayor.

Das Flachland von La Mancha bietet herrliche Naturschätze, die zwei Nationalparks – Tablas de Daimiel und Cabañeros – hüten. Rings um die Ebenen steigt das Gelände zu Hochlandschaften an: den Olivenhainen von Alcarria, dem Kalkgebirge von Cuenca und den Gipfeln der Sierra de Alcaraz. La Mancha ist eines der größten Weinbaugebiete der Welt. Wenn im Herbst der kostbare Safrankrokus blüht, leuchten die Felder um Consuegra und Albacete.

Windmühlen bei Campo de Criptana in der Ebene von La Mancha

◀ Eines der »hängenden Häuser« über der Huécar-Schlucht in Cuenca, Kastilien-La Mancha *(siehe S. 388f)*

Überblick: Kastilien-La Mancha

Wichtigste Attraktion der Region ist Toledo. Weniger bekannte Orte wie Almagro, Oropesa, Alcaraz und Guadalajara sind ebenso reich an historischem Charme. In Sigüenza, Calatrava, Belmonte und Alarcón zeugen mittelalterliche Burgen von der kriegerischen Vergangenheit der Region. Orte wie El Toboso und Campo de Criptana kennt man aus den Abenteuern Don Quijotes *(siehe S. 399)*. Das Hochland der Serranía de Cuenca, La Alcarria und die Sierra de Alcaraz sorgen für landschaftliche Abwechslung. Im Feuchtgebiet des Nationalparks Tablas de Daimiel nisten über 200 Vogelarten.

Sehenswürdigkeiten auf einen Blick

1. Atienza
2. Sigüenza
3. Molina de Aragón
4. La Alcarria
5. Guadalajara
6. Serranía de Cuenca
7. *Cuenca S. 388f*
8. Segóbriga
9. Monasterio de Uclés
10. Illescas
11. Talavera de la Reina
12. Oropesa
13. Montes de Toledo
14. *Toledo S. 392–397*
15. Tembleque
16. Consuegra
17. Campo de Criptana
18. El Toboso
19. Belmonte
20. Alarcón
21. Alcalá del Júcar
22. Albacete
24. Alcaraz
25. Lagunas de Ruidera
26. Villanueva de los Infantes
27. Valdepeñas
28. Viso del Marqués
29. Calatrava la Nueva
30. Almagro
31. Tablas de Daimiel
32. Valle de Alcudia

Tour

23. Sierra de Alcaraz

Montes de Toledo

Rinder auf den Ebenen von La Mancha

Legende

≈ Autobahn
━ Hauptstraße
═ Nebenstraße
━ Panoramastraße
▪▪▪ Eisenbahn (Hauptstrecke)
─ Eisenbahn (Nebenstrecke)
▬ Regionalgrenze
△ Gipfel

In Kastilien-La Mancha unterwegs

Kastilien-La Mancha erkundet man am besten mit dem Auto. Von Madrid führen gut ausgebaute Schnellstraßen in die Region. Der AVE fährt von Madrid nach Sevilla, Toledo und Albacete (über Cuenca). Die übrigen öffentlichen Verkehrsmittel sind deutlich langsamer und fahren seltener.

Das Dorf Alcalá del Júcar

Weitere Zeichenerklärungen *siehe hintere Umschlagklappe*

❶ Atienza

Guadalajara. **Karte** J5. 🖼 500.
ℹ️ Héctor Vázquez 2, 949 39 92
93. 🚌 Fr. 🎭 La Caballada
(Pfingstsonntag).
🌐 turismocastillalamancha.es

Hoch über dem Tal, zu dessen
Schutz im 12. Jahrhundert hier
eine Burg entstand, kann man
in Atienza mittelalterlichen
Spuren folgen. Das **Museo de
San Gil** in der gleichnamigen
Kirche zeigt sakrale Kunst. Die
Iglesia de Santa María del Rey,
am Fuß des Hügels, besitzt ein
prächtiges Barockaltarbild.

Umgebung: In **Campisábalos**,
westlich gelegen, steht eine
romanische Kirche aus dem
12. Jahrhundert. Noch weiter
westlich liegt das Naturschutzgebiet **Hayedo de Tejera Negra**.

🏛 Museo de San Gil
Calle San Gil. 📞 949 39 90 41.
⭕ Sa, So; wochentags nach
Vereinbarung. ♿

❷ Sigüenza

Guadalajara. **Karte** K6. 🖼 5000.
🚉 🚌 Calle Serrano Sanz 9,
949 34 70 07. 🚌 Sa. 🎭 San Vicente (22. Jan), San Juan (24. Juni),
Fiestas Patronales (Mitte Aug).
🌐 siguenza.es

Ein Alcázar dominiert die klei-
ne Bischofsstadt über dem Río
Henares. In der romanischen
Kathedrale – der Kreuzgang ist
gotisch-plateresk – liegt in der
Capilla del Doncel *(doncel =
Edelknabe)* das Wandnischen-
grab von Martín Vázquez de
Arce, dem Knappen Isabels

Grabmal von El Doncel in der Kathedrale von Sigüenza

(siehe S. 60), der 1486 beim
Kampf gegen die Mauren fiel.
Die Sakristeidecke verzierte
Alonso de Covarrubias.

❸ Molina de Aragón

Guadalajara. **Karte** L6. 🖼 4000. 🚌
ℹ️ Plaza de España 1, 949 83 20
98. 🚌 Do. 🎭 Día del Carmen
(16. Juli), Ferias (30. Aug–5. Sep).
🌐 turismomolinaaltotajo.com

Das mittelalterliche Herz der
Stadt erstreckt sich am Fuß
eines Hügels neben dem
Río Gallo. Während der Reconquista war die maurische Stadt
heftig umkämpft. 1129 fiel sie
an Alfonso I von Aragón. Viele
Monumente wurden während
des Krieges zerstört. Sehenswert sind die erhaltenen sieben Türme der Festung des
11. Jahrhunderts sowie die
romanisch-gotische **Iglesia
de Santa Clara**.

Umgebung: Westlich von
Molina liegt die Kapelle **Virge
de la Hoz** in einer idyllischen
Schlucht. Südwestlich beginn
der Naturpark **Parque Natura
del Alto Tajo**.

**Arabische Festung über dem alten
Ortskern von Molina de Aragón**

❹ La Alcarria

Guadalajara. **Karte** J6. 🚌 Guadala
jara. ℹ️ Plaza del Deán 5, Pastrana
949 37 06 72. 🌐 turismo
castillalamancha.es

Noch immer atmet dieser
Landstrich mit seinen Olivenhainen östlich von Guadalajar
jene Atmosphäre, die Camilo
José Cela *(siehe S. 39)* in sein
Reise in die Alcarria (1948)
schildern. Auf der Fahrt durc
die Hügellandschaft gewinnt
man den Eindruck, dass sich
seither wenig im spanischen
Landleben verändert hat.
   Drei riesige aneinander-
grenzende Stauseen bilden da
Mar de Castilla. Der erste ent
stand 1946, an seinen Ufern

Olivenhaine in La Alcarria in der Provinz Guadalajara

sind seither jede Menge
Ferienhäuser aus dem Boden
gestampft worden.

Pastrana, 54 Kilometer südöstlich von Guadalajara, ist
eines der malerischsten historischen Städtchen der Alcarria.
Es wuchs um den **Palacio
Mendoza** herum und war im
17. Jahrhundert reicher als die
Provinzhauptstadt. In der **Iglesia Colegiata de la Asunción**
sind flämische Gobelins (15. Jh.)
und ein Gemälde aus der
Schule von El Greco zu sehen.

Brihuega, 34 Kilometer
nordöstlich von Guadalajara,
präsentiert sich mit einem
hübschen Stadtkern.

❺ Guadalajara

Guadalajara. **Karte** J6. 🖼 85 000.
🚌 🚍 ℹ Glorieta de la Aviación
Militar Española s/n, 949 88 70 99.
🛒 Di, Sa. 🎉 Virgen de la Antigua
(Sep). 🌐 guadalajara.es

Obwohl die moderne Stadt ihr
historisches Erbe fast gänzlich
überdeckt, hat die Pracht der
Renaissance doch an einigen
Stellen überlebt. Der **Palacio
de los Duques del Infantado**
wurde zwischen dem 14. und
17. Jahrhundert erbaut. Er ist
ein Musterbeispiel für die Mu-
déjar-Gotik *(siehe S. 28)*. Die
Hauptfassade und der Patio
sind reich verziert. Heute beherbergt er das Museo Provincial. Sehenswert sind die Kirchen **Iglesia de Santiago** (mit
einer platoresken Kapelle von
Alonso de Covarrubias) und

Fassadendetail des Palacio de los Duques del Infantado

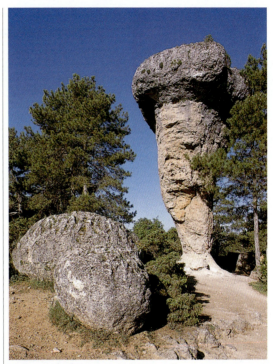

Bizarre Gesteinsformationen in Ciudad Encantada

Iglesia de San Francisco (15. Jh.),
die Grabeskirche der Familie
Mendoza, die nicht zugänglich
ist. Die Kathedrale steht an der
Stelle einer Moschee.

Umgebung: In **Lupiana**, 13 Kilometer östlich von Guadalajara, befindet sich das im
14. Jahrhundert gegründete
Monasterio de San Bartolomé.

🏛 **Palacio de los Duques
del Infantado**
Plaza de los Caídos en la Guerra Civil
13. 📞 949 21 33 01. ⏰ tägl.;
Museum Di–So. ♿

❻ Serranía de Cuenca

Cuenca. **Karte** KL7. 🚌 Cuenca.
ℹ Calle Alfonso VIII 2, Cuenca,
969 24 10 51.

Nördlich und östlich von Cuenca erstreckt sich die weite Serranía, ein gebirgiger Landstrich
mit Wäldern, Weiden und tiefen Schluchten. Hauptattraktionen sind **Ciudad Encantada**
(»verzauberte Stadt«), wo der

Kalkstein zu bizarren Formen
verwittert ist, und die moos-
verhangenen Wasserfälle des
Nacimiento del Río Cuervo.

Bei Villalba de la Sierra hat
der Río Júcar eine Schlucht in
das Land eingeschnitten, die
man von dem Aussichtspunkt
Ventana del Diablo am besten
bestaunen kann.

Zwischen Beteta und Priego
(durch Keramik und Rohrge-
flecht bekannt) hat der Río
Guadiela eine weitere atemberaubende Schlucht in den Fels
gegraben, die **Hoz de Beteta**.
Vom Kloster **San Miguel de
las Victorias** bietet sich ein
schöner Blick. Über eine
schmale Straße erreicht man
einen beliebten Kurort aus
dem 18. Jahrhundert, **Solán
de Cabras**.

Cañete, im verlasseneren
Südosten der Region, ist ein
hübsches Festungsstädtchen
mit sehenswerter Kirche mit
Gemälden (16. Jh.). Südöstlich von Cañete liegen die
gespenstischen Ruinen der
verlassenen Stadt **Moya**.

❼ Im Detail: Cuenca

Die malerische Altstadt von Cuenca drängt sich auf einem steilen Felsrücken, der zu beiden Seiten fast senkrecht zu den Flüssen Júcar und Huécar abfällt. Um die engen Gassen der maurischen Siedlung herum wuchs während der Gotik und der Renaissance eine Stadt, die mit Woll- und Tuchhandel Reichtum erlangte. Hauptsehenswürdigkeit ist die gotisch-normannische Kathedrale. Berühmter aber sind die »hängenden Häuser«, deren Holzbalkone regelrecht über dem Abgrund schweben. In einem wurde das Museum für abstrakte Kunst eingerichtet.

Die Häuser an der Plaza de la Merced bilden einen reizvollen Gegensatz zu dem modernen Museo de las Ciencias

Museo de las Ciencias

CALLE DE SANTA MARÍA
CALLE MOSEN DIEGO DE VALERA
CALLE DE ALFONSO VIII

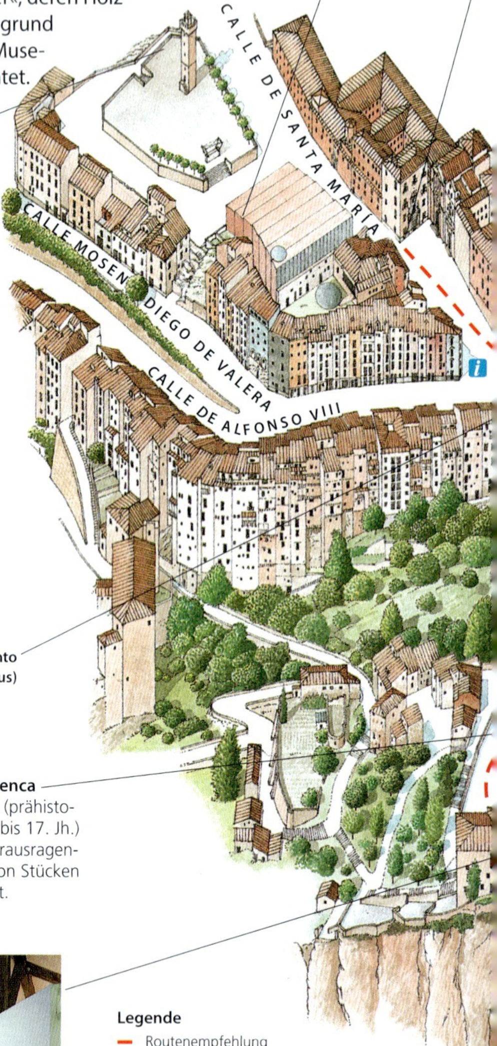

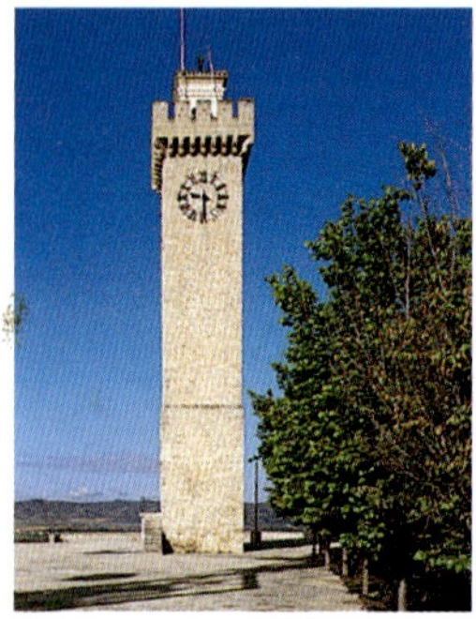

Torre Mangana
Der einstige Wachturm am höchsten Punkt der Stadt ist Überbleibsel einer arabischen Festung. Der Panoramablick lohnt den Aufstieg.

Ayuntamiento (Rathaus)

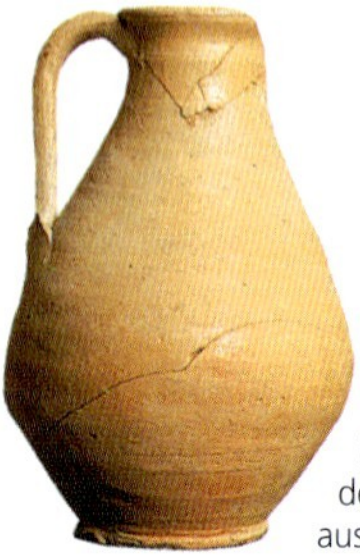

Museo de Cuenca
Das Museum (prähistorische Funde bis 17. Jh.) besitzt eine herausragende Sammlung von Stücken aus der Römerzeit.

Legende
— Routenempfehlung

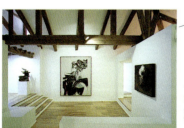

★ Museo de Arte Abstracto
In einem der »hängenden Häuser« präsentiert das Museum für abstrakte Kunst Werke bekannter Künstler, darunter Antoni Tàpies und Eduardo Chillida.

Hotels und Restaurants in Kastilien-La Mancha *siehe Seiten 570f und 595–597*

Plaza Mayor
In den Arkaden im Herzen der Altstadt befinden sich Cafés und Boutiquen. Das barocke Rathaus (18. Jh.) schließt den malerischen Platz im Süden ab.

Infobox

Information
Cuenca. **Karte** K7. ⬚ 55 000.
🛈 Calle Alfonso VIII 2, 969 24 10 51. 🖴 Di.
Museo Diocesano ◯ Di–So.
🖼 **Museo de Arte Abstracto**
◯ Di–So. ✦
Museo de las Ciencias
◯ Di–So. ✦ ✉
Museo de Cuenca ◯ Di–So.
🖼 🌐 turismo.cuenca.es

Anfahrt
🚉 Calle Mariano Catalina, 902 32 03 20. 🚌 Calle Fermín Caballero 20, 969 22 70 87.

Die Iglesia de San Miguel klebt am Abhang der Júcar-Schlucht. Hauptattraktion der gotischen Kirche ist die Mudéjar-Decke.

0 Meter 50

PLAZA MAYOR

SEVERO CATALINA

CALLE DE SAN PEDRO

CALLE DE JULIÁN ROMERO

DE OBISPO VALERO

Zum Parador de Cuenca

★ »Hängende Häuser«
Die reizvollen *casas colgadas* (14. Jh.) dienten einst als Sommerresidenz der königlichen Familie.

Museo Diocesano
Zum Kirchenschatz im Palacio Episcopal gehören Gemälde von El Greco.

★ Kathedrale
Glanzpunkte des Gotteshauses (12.–16. Jh.) sind Altar, Kapitelsaal und Seitenkapellen.

Weitere Zeichenerklärungen *siehe hintere Umschlagklappe*

Überreste eines Römerhauses in Segóbriga

❽ Segóbriga

Saelices (Cuenca), CM-310, km 58. **Karte** J8. ☎ 629 75 22 57. ⏱ Di–So 10–15, 16–19.30 Uhr (Okt–März: 10–18 Uhr). **Museum** ⦿ 1. Jan, 24., 25., 31. Dez. ♿ ⛔ nach Vereinb. 🆆 segóbriga.org

Die Ruinenstadt römischen Ursprungs liegt nicht weit von Saelices entfernt in einer noch relativ unberührten Landschaft an der A3. Die Römer betrieben hier bereits Land- und Forstwirtschaft sowie Bergbau.
Im Amphitheater (1. Jh.), das bis zu 2000 Menschen Platz bietet, finden Freiluftaufführungen statt. Zu Segóbriga gehörten darüber hinaus eine Nekropole, ein Dianatempel und Thermen. Die Steinbrüche, aus denen die Stadt errichtet wurde, sind zu besichtigen. Ein Museum vor Ort informiert über die Grabungsarbeiten. Die schönsten Funde wurden jedoch in das Museo de Cuenca (siehe S. 388) verbracht.

❾ Monasterio de Uclés

Uclés (Cuenca). **Karte** J7. ☎ 969 13 50 58. ⏱ tägl. 10–19 Uhr (Juni–Aug: bis 20 Uhr; Nov–Feb: bis 18 Uhr). ⦿ 1., 6. Jan, 25. Dez. ♿ 🆆 monasterioucles.com

Die imposante Klosterresidenz dieses Dorfes südlich der Alcarria erinnert in manchem an den Escorial (siehe S. 334f) und wird deshalb scherzhaft auch »El Escorial de La Mancha« genannt. Die einst uneinnehmbare Festung Uclés avancierte dank zentraler Lage 1174 zum

Sitz des Ordens von Santiago. Der Klosterbau wurde im Stil der Renaissance errichtet, erhielt jedoch mancherlei barocken Zierrat. Beachten Sie die schönen Schnitzarbeiten an Decke und Treppenhaus.

❿ Illescas

Toledo. **Karte** H7. ⛰ 25 000. 🚉 🚌 ℹ Plaza del Mercado 14, 925 51 10 51. ⏱ Do. 🎭 Fiesta de Milagro (11. März), Virgen de la Caridad (31. Aug). 🆆 illescas.es

Die Kleinstadt liegt direkt an der Autobahn A42, zu Zeiten Felipes II war Illescas königliche Sommerresidenz. Historische Bausubstanz ist kaum erhalten, doch man kann das **Hospital de la Caridad** unweit der Iglesia de Santa María (12./13. Jh.) besichtigen, das eine interessante Kunstsammlung beherbergt. Zu fünf

herausragenden Spätwerken von El Greco (siehe S. 395) gehören Geburt Christi, Verkündigung und Marienkrönung.

🏥 **Hospital de la Caridad**
Calle Cardenal Cisneros 2. ☎ 925 54 00 35. ⏱ Mo–Sa. ♿ ♿

⓫ Talavera de la Reina

Toledo. **Karte** F8. ⛰ 89 000. 🚌 🚕 ℹ Calle Ronda del Cañillo 22, 925 82 63 22. ⏱ Mi, 1. Sa im Monat. 🎭 Las Mondas (Sa nach Ostern), Feria de San Isidro (15.–18. Mai), Virgen del Prado (8. Sep), Feria de San Mateo (20.–23. Sep). 🆆 talavera.org

Die Überreste einer Brücke (15. Jh.) markieren den Eingang zum ältesten Teil der Stadt. An den Ruinen der maurischen und mittelalterlichen Stadtmauer vorbei führt ein Weg zur **Kollegiatskirche** mit einem Kreuzgang und einem Glockenturm (18. Jh.).
Die Keramikwerkstätten der Stadt stellen noch heute die blau-gelben azulejos (Fliesen) her, wie sie bereits im 16. Jahrhundert gefertigt wurden.

Keramikarbeit aus Talavera

Originale azulejos sind in der **Basílica de Nuestra Señora del Prado** zu sehen, deren Wände zum Teil vollständig mit Fliesen (16.–19. Jh.) verkleidet sind. Das **Museo Ruiz de Luna** in einem alten Kloster zeigt die Keramiksammlung und eigene Arbeiten von Juan Ruiz de Luna.

Teil eines Keramikfrieses in der Ermita del Virgen del Prado, Talavera

Traditionelle Stickerei in Lagartera, unweit von Oropesa

⑫ Oropesa

Toledo. **Karte** F8. ⛰ 3000. 🚌 ℹ️
Calle Hospital 10, 925 43 02 01. 📧
Mo, Do. 🎉 Virgen de Peñitas (8.–
10. Sep), Beato Alonso de Orozco
(19. Sep). 🌐 oropesadetoledo.es

Auf Schritt und Tritt begegnet
man in Oropesas Altstadt den
Spuren von Mittelalter und
Renaissance. Die Ruta Monumental beginnt bei der **Burg**
aus dem 15. Jahrhundert am
höchsten Punkt des Ortes. Im
16. Jahrhundert ließ die mächtige und einflussreiche Familie
Álvarez das Kastell um einen
Anbau erweitern, dessen Entwürfe von Juan de Herrera, der
am Bau des Escorial beteiligt
war *(siehe S. 334f)*, stammen
sollen. Ein Großteil der Burg
wurde zu einem Parador
umgebaut.

Die Ruta Monumental führt
weiter an einer Reihe von
Kirchen, einem Kloster und
einem kleinen Keramikmuseum vorbei zum Rathaus, das
die Plaza Mayor dominiert.

Umgebung: In der Gegend um
Oropesa wird schönes Kunsthandwerk hergestellt. **Lagartera**, direkt westlich der Stadt,
ist für Stickerei und Spitzen berühmt. In **El Puente del Arzobispo**, zwölf Kilometer südlich,
werden bemalte Keramiken
und *espartos* (Flechtarbeiten)
gefertigt. **Ciudad de Vascos**,
etwas weiter südöstlich gelegen, bietet inmitten herrlicher
Landschaft die Überreste
einer arabischen Siedlung
aus dem 10. Jahrhundert.

⑬ Montes de Toledo

Toledo. **Karte** G8. 🚌 Pueblo Nuevo
del Bullaque. ℹ️ Parque Nacional de
Cabañeros, 926 78 32 97. 📧
🌐 turismocabaneros.com

Südwestlich von Toledo zieht
sich ein niederer Gebirgszug in
Richtung Extremadura. Im
Mittelalter gehörte diese rund
1000 Quadratkilometer große
Region den Bischöfen und
Königen.

Der **Parque Nacional de
Cabañeros** *(siehe S. 35)* umfasst Wald- und Weideflächen,
auf denen heute noch Schafe
grasen. Den besten Zugang
zum Nationalpark hat man in
Pueblo Nuevo del Bullaque,
Ausgangspunkt vierstündiger
Landrover-Ausflugstouren,
während derer Sie mit etwas
Glück Wildschweine, Hirsche
und Kaiseradler sehen können.
Auf den Schafweiden stehen
chozos, spitz zulaufende
Schutzhütten für die Schäfer.

In den östlichen Ausläufern
der Montes de Toledo liegt
Orgaz, in dessen Pfarrkirche
Werke von El Greco hängen.
Die umliegenden Dörfer **Los
Yébenes** und **Ventas con Peña
Aguilera** sind für exzellente
Lederwaren und Wildspezia-
litäten bekannt.

Die kleine Kirche **Santa
María de Melque** soll aus dem
8. Jahrhundert datieren. Nicht
weit davon steht die Templerburg **Montalbán**, eine mächtige, aber verfallene Festung aus
dem 12. Jahrhundert. Auch in
Guadamur gibt es ein sehens-
wertes Kastell.

**Ein *chozo* (Schäferhütte) im
Parque Nacional de Cabañeros**

Fiestas in Kastilien-La Mancha

La Endiablada *(2./3. Feb)*,
Almonacid del Marquesado
(Cuenca). Zu Beginn des
zweitägigen »Hexenfests«
versammeln sich als Teufel
verkleidete Männer im Haus
des *diablo mayor*, des
Hexenmeisters. Sie haben
Glocken auf den Rücken ge-
schnallt. Bei der Prozession
begleiten sie die Statue der
Virgen de la Candelaria und
des heiligen Blasius und
tanzen neben den Festwa-
gen herum. Dabei hallt das
Läuten der Glocken durch
das ganze Dorf.

**Einer der »Teufel« bei der
Fiesta La Endiablada**

**Romería del Cristo del
Sahúco** *(Pfingsten, Mai/
Juni)*, Peñas de San Pedro
(Albacete). In Weiß gekleidete Männer tragen einen
Sarg mit einer Christus-
figur 15 Kilometer weit
von seinem Heiligtum in
den Ort.
La Caballada *(Anfang
Juni)*, Atienza (Guadala-
jara). Reiter folgen dem
Weg der Maultiere von
Atienza, die im 12. Jahr-
hundert König Alfonso VIII
von Kastilien vor seinem
Onkel Fernando II
retteten.
Fronleichnam *(Mai/Juni)*,
Toledo. Bei einer der eindrucksvollsten Fronleich-
namsprozessionen Spani-
ens *(siehe S. 42)* wird die
Monstranz *(siehe S. 396)*
feierlich durch die Straßen
getragen.

⑭ Im Detail: Toledo

Die mächtigen Befestigungsmauern dieser altehrwürdigen Stadt am Tajo schützen ein reiches historisches Erbe. An der Stelle des heutigen Alcázar hatten die Römer eine Festung errichtet. Die Westgoten machten Toledo im 6. Jahrhundert zu ihrer Hauptstadt und hinterließen mehrere Kirchen. Im Mittelalter entwickelte sich die Stadt zu einem Schmelztiegel der Kulturen: Juden, Christen und Mauren lebten friedlich zusammen. Zu dieser Zeit entstand die Kathedrale. Im 16. Jahrhundert zog El Greco nach Toledo, noch heute ist sein Name unlösbar mit dem der Stadt verknüpft.

Die Iglesia de San Román, ursprünglich ein gotischer Bau, beherbergt heute ein Museum für westgotische Kunst.

Puerta de Valmardón

★ Iglesia de Santo Tomé
In der Kirche mit dem wunderschönen Mudéjar-Turm hängt El Grecos *Begräbnis des Grafen von Orgaz (siehe S. 36).*

Zu Sinagoga de Santa María la Blanca und Monasterio de San Juan de los Reyes

Zu Sinagoga del Tránsito und Museo del Greco

CARDENAL LORENZANA

CALLE DE SAN ROMÁN

CALLE DE ALFONSO X

CALLE DE ALFONSO XII

CALLE DE LA TRINIDAD

Erzbischöfliches Palais
Der riesige Palast (16. Jh.) im strengen Stil der Renaissance grenzt an drei Straßen und beeindruckt mit Fassadendetails.

0 Meter   100

e Puerta del l besteht aus einem mauri- n Bogen und zwei Türmen.

Ermita del Cristo de la Luz
Die ehemalige kleine Moschee datiert aus der Zeit um das Jahr 1000.

Estación de Autobuses und Estación de RENFE

Infobox

Information
Toledo. **Karte** G8. 🅿 84 000.
ℹ Plaza del Consistorio 1, 925 25 40 30. 🚐 Di. 🎭 Ostern, Corpus Christi (Mai/Juni), Virgen del Sagrario (15. Aug). **Iglesia de San Román** ◯ Di–So. 🖼 🌐 turismo.toledo.es

Anfahrt
🚉 Paseo de la Rosa, 902 32 03 20. 🚌 Avenida de Castilla-La Mancha, 925 21 58 50.

ILERITOS

PLAZA DE ZOCODOVER

CALLE DEL COMERCIO

HOMBRE DE PALO

CUESTA DE CARLOS V

SIXTO RAMÓN PARRO

ENAL CISNEROS

★ Museo de Santa Cruz
Zu der bedeutendsten Kunstsammlung der Stadt gehören auch flämische Wandteppiche, darunter dieser Tierkreiszeichen-Gobelin (15. Jh.).

Die Plaza de Zocodover
verdankt ihren Namen dem Markt, der hier zu maurischen Zeiten stattfand. Von vielen Cafés und Geschäften gesäumt, ist sie das Herz der Stadt.

★ Kathedrale
Der heutige gotische Bau, an der Stelle einer westgotischen Basilika und einer Moschee, zählt zu den größten Kathedralen des Christentums *(siehe S. 396f)*. An dem Hochaltarretabel (1504) arbeiteten mehrere Künstler.

Alcázar
Im Zentralhof der Festung, in der das Museo del Ejército residiert, steht eine Kopie der Statue *Carlos V y el Furor.*

Legende
— Routenempfehlung

Weitere Zeichenerklärungen *siehe hintere Umschlagklappe*

Majestätisch erhebt sich die Kathedrale von Toledo über den Dächern der mittelalterlichen Stadt

Überblick: Toledo

Toledo ist von Madrid aus gut mit Bahn, Bus oder Auto zu erreichen, die Stadt selbst erkundet man besser zu Fuß. Um alle Sehenswürdigkeiten zu sehen, braucht man wenigstens zwei Tage. Für Altstadt und jüdisches Viertel reicht notfalls auch ein Vormittag. Wegen des Besucherandrangs am Wochenende kommt man möglichst wochentags.

🏰 Alcázar

Calle de la Union s/n. ☎ 925 23 88 00. **Museo del Ejército** ⏰ Do–Di 10–17 Uhr. 🎫 (So frei). 🌐 **museo. ejercito.es**

Der befestigte Palast von Carlos I (Karl V.) steht an der Stelle älterer Kastelle aus römischer, westgotischer und maurischer Zeit. Dreimal brannte der Bau nieder, 1936 zerstörten ihn die Republikaner nach einer 70-tägigen Belagerung vollständig. Heute beherbergt der nach Originalplänen restaurierte Bau das **Museo del Ejército**. Das wichtigste Waffenmuseum Spaniens wurde nach Umzug von Madrid 2010 im Alcázar wiedereröffnet.

Mehr als 100 000 Bücher (16.–19. Jh.) und über 1000 Handschriften beherbergt die Bibliothek *Borbón-Lorenzana*, die jedoch der Öffentlichkeit nicht zugänglich ist.

🏛 Museo de Santa Cruz

Calle Miguel de Cervantes 3. ☎ 925 22 14 02. ⏰ Mo–Sa 10–18.30, So 10–14 Uhr. 🌐 **patrimoniohistoricoclm.es**

Das Museum befindet sich in einem Hospital des 16. Jahrhunderts. Die vier Haupttrakte des Renaissancebaus (beachten Sie Hauptportal, Treppenhaus und Kreuzgang) über dem Grundriss eines griechischen Kreuzes sind den schönen Künsten gewidmet – mit den Schwerpunkten Mittelalter und Renaissance. Unter den Arbeiten El Grecos findet man eines seiner letzten Bilder, *La Asunción Oballe* (1613). Im Museum werden zwei für Tole-

La Asunción Oballe (1613) von El Greco im Museo de Santa Cruz

do typische Handwerkszweige vorgestellt: Rüstungen und Damaszener Schwerter. Tauschierarbeiten, bei denen geschwärzter Stahl mit Goldintarsien verziert wird, werden bis heute in der Stadt hergestellt.

⛪ Iglesia de Santo Tomé

Plaza del Conde 4. ☎ 925 25 60 98 ⏰ tägl. 10–18.45 Uhr (Winter: bis 17.45 Uhr). 🎫 🌐 **santotome.org**

Die meisten Besucher kommen, um El Grecos *Begräbnis des Grafen von Orgaz (siehe S. 36)* zu bewundern. Der Graf, ein bedeutender Kirchenmäzen, stiftete einen Großteil der Baukosten des heutigen Gotteshauses aus dem 14. Jahrhundert. Das Gemälde, das ein Gemeindepriester zur Erinnerung an Orgaz in Auftrag gab, zeigt die Heiligen Augustinus und Stephan, die zu seiner Bestattung erscheinen, um den Leichnam mit in den Himmel zu nehmen. Obwohl das Gemälde nie restauriert wurde, besitzt es eine faszinierende Leuchtkraft. Im Vordergrund hat der Maler angeblich seinen Sohn, sich selbst sowie Cervantes abgebildet. Die Kirche, die vermutlich aus dem 11. Jahrhundert datiert, weist einen herrlichen Mudéjar-Turm auf.

In der Nähe verkauft die **Pastelería Santo Tomé** feines selbst gemachtes Marzipan.

Sinagoga de Santa María la Blanca

Calle de los Reyes Católicos 4. ☎ 25 22 72 57. ⏱ tägl. ● 1. Jan, 4. Dez vorm.; 25. Dez; 31. Dez nachmittags. ◢ ♿

Die älteste und größte der ursprünglichen Synagogen Toledos datiert aus dem 12. Jahrhundert. Nach der Vertreibung der Juden wurde sie 1405 San Vicente Ferrer übertragen. Gelungene Restaurierungsarbeiten lassen den einstigen Glanz des Gotteshauses erahnen: Kapitelle und Friese heben sich vor Hufeisenbogen und Stuckdekorationen ab. Die Hauptkapelle birgt einen plateresken Altar. 1391 setzte hier ein Pogrom der religiösen Toleranz der Stadt ein Ende.

Mudéjar-Bogen in der Sinagoga de Santa María la Blanca

Sinagoga del Tránsito, Museo Sefardí

C/ Samuel Leví. ☎ 925 22 36 65. ⏱ Di–So. ● Feiertage. ◢ (Sa nachm., So frei). 🌐 museosefardi.mcu.es

Hinter der schlichten Fassade der ehemaligen Synagoge (im 14. Jh. vom jüdischen Schatzmeister Pedros des Grausamen errichtet) verbirgt sich das prächtigste Mudéjar-Gotteshaus der Stadt. Beachtung verdienen der ornamentale Fries mit seinen islamischen, gotischen und hebräischen Motiven sowie die Kassettendecke.

In der Synagoge wurde ein Museum für spanisch-jüdische Kultur eingerichtet. Ausgestellt sind Handschriften und Kultobjekte aus der Zeit vor und nach der Vertreibung der Juden aus Spanien zum Ende des 15. Jahrhunderts.

Kunstvolle Decke im Monasterio de San Juan de los Reyes

Monasterio de San Juan de los Reyes

Calle Reyes Católicos 17. ☎ 925 22 38 02. ⏱ tägl. ● 1. Jan, 25. Dez. ◢ ♿ nur Erdgeschoss. 🌐 sanjuandelosreyes.org

Das Kloster vereint verschiedene Architekturstile in sich. Die Katholischen Könige ließen es 1476 aus Anlass ihres Sieges über die Portugiesen bei Toro *(siehe S. 361)* errichten. Ursprünglich sollte es auch ihre Grabstätte werden, doch wurden sie schließlich in Granada beigesetzt. Der isabellinische Hauptteil der Kirche nach Plänen von Juan Guas wurde 1496 vollendet. 1808 wurde der Bau von napoleonischen Truppen beschädigt. Beachten Sie den gotischen Kreuzgang (1510) mit Maßwerkarkaden, Vorhangbogen und Mudéjar-Decke. Unweit der Kirche stehen Reste der Ummauerung des jüdischen Viertels.

Museo del Greco

Paseo del Tránsito. ☎ 925 21 69 67. ⏱ Di–So. ● Mo, So nachm. ◢ (Sa nachm., So frei). ♿ 🌐 museodelgreco.mcu.es

Das Anwesen im jüdischen Viertel liegt unweit des einstigen Wohnhauses von El Greco. Es enthält zahlreiche Werke des großen Künstlers, darunter die berühmte *Ansicht von Toledo* und *Christus mit den Aposteln.* Im Erdgeschoss befinden sich eine Hauskapelle mit schöner Mudéjar-Decke und eine Gemäldesammlung mit Werken anderer spanischer Künstler wie Luis Tristán, einem Schüler El Grecos.

Iglesia de Santiago del Arrabal

Calle Real del Arrabal. ☎ 925 22 06 36. ⏱ nur bei Gottesdiensten.

Eines der schönsten Mudéjar-Monumente der Stadt erkennt man am minarettartigen Turm, der aus dem 12. Jahrhundert stammen soll. Die Kirche selbst wurde später erbaut. Beachten Sie die Holzdecke, die reich verzierte Mudéjar-Kanzel und das platereske Altarbild, die im schlichten Innenraum wunderbar zur Geltung kommen.

Puerta Antigua de Bisagra

Durch das Tor sollen Alfonso VI und El Cid bei der Wiedereroberung Toledos 1085 in die Stadt eingezogen sein. Als einziges Tor hat es seine ursprüngliche Wehrarchitektur bewahrt. Das arabische Torhaus über den mächtigen Türmen stammt aus dem 12. Jahrhundert.

El Greco

Der 1541 auf Kreta geborene El Greco (»der Grieche«) kam 1577 nach Toledo, um das Altarbild des Konvents Santo Domingo el Antiguo zu gestalten. Die Stadt gefiel ihm so gut, dass er blieb und auch andere Kirchen ausschmückte. Obwohl er seine Lehrjahre in Italien bei Meistern wie Tintoretto verbracht hatte, ist sein Name heute untrennbar mit seiner Wahlheimat verbunden. Er starb 1614 in Toledo.

Domenikos Theotokopulos, bekannt als El Greco

Kathedrale von Toledo

Glanz und Pracht dieser monumentalen Kathedrale spiegeln ihre Bedeutung als geistliches Zentrum und Sitz des Erzbischofs für ganz Spanien wider. Noch heute wird hier die mozarabische Messe gelesen, deren Ursprung auf die westgotische Ära zurückgeht. Bereits im 7. Jahrhundert stand an dieser Stelle ein Gotteshaus. Die Arbeiten am heutigen Bau begannen 1226, die letzten Gewölbe waren 1493 fertiggestellt. Die lange Bauzeit erklärt die uneinheitliche, gleichwohl faszinierende Architektur: die Außenfassade in reinster französischer Frühgotik, das Innere in vollendeter spanischer Spätgotik.

★ **Sakristei**
El Grecos *Entkleidung Christi* über dem Marmoraltar wurde extra für die Kathedrale gemalt. Auch Werke von Tizian, van Dyck und Goya sind hier zu sehen.

Blick auf die Kathedrale
Der gotische Turm am Westende des Langhauses dominiert das Stadtbild. Den schönsten Blick auf Kathedrale und Altstadt bietet der Parador.

Außerdem

① **Die Puerta del Mollete** an der Westfassade bildet den Haupteingang zur Kathedrale. Vor diesem Portal wurde *mollete* (Milchbrot) an die Armen verteilt.

② **Im Glockenturm** hängt die schwere Glocke *La gorda* (»die Fette«).

③ **Der Kreuzgang** auf zwei Etagen entstand im 14. Jahrhundert an der Stelle des jüdischen Marktes.

④ **Capilla de Santiago**

⑤ **Die Capilla de San Ildefonso** birgt das prachtvolle platereske Grabmal des Bischofs Alonso Carrillo de Albornoz.

⑥ **Puerta de los Leones**

⑦ **Die Puerta del Perdón** trägt ein Tympanon mit biblischen Motiven.

⑧ **In der Capilla Mozárabe** gibt es ein herrliches Renaissance-Gitter (1524) von Juan Francés.

Monstranz
Die Schatzkammer birgt die über drei Meter hohe gotische Monstranz (16. Jh.), die bei der Fronleichnamsprozession *(siehe S. 391)* durch die Straßen getragen wird.

Hotels und Restaurants in Kastilien-La Mancha *siehe Seiten 570f und 595–597*

★ Transparente
Das hochbarocke Altarbild aus Marmor, Jaspis und Bronze von Narciso Tomé wird von einer durchbrochenen Lichtkuppel erhellt.

Infobox

Information
Calle Cardenal Cisneros 1.
📞 925 22 22 41.
🕐 Mo–Sa 10–18.30 Uhr, So 14–18.30 Uhr.
⬤ 1. Jan, 25. Dez.
✝ Mo–Sa 8, 10, 10.30, 17.30, 18.30 Uhr, So 8, 9, 11, 12, 13, 17.30, 18.30 Uhr (katholisch); Mo–Sa 9, So 9.45 Uhr (mozarabisch).
Chor, Schatzkammer, Sakristei, Kapitelsaal 🕐 wie oben.
📷 ✉ ♿ 🚻
ⓦ catedralprimada.es

Kapitelsaal
Über den Wandfresken von Juan de Borgoña (16. Jh.) spannt sich eine mehrfarbige Mudéjar-Decke.

★ Hochaltarretabel
Das hochgotische Retabel, eines der schönsten Spaniens, zeigt Szenen aus dem Leben Jesu.

Eingang

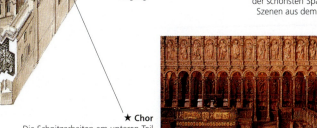

★ Chor
Die Schnitzarbeiten am unteren Teil zeigen die Eroberung Granadas, die oberen Alabastersitze Gestalten aus dem Alten Testament.

Windmühlen, gängiges Klischee von La Mancha, auf einem Höhenzug über Consuegra

⓫ Tembleque

Toledo. **Karte** H8. 🏛 2500. 🅸 Plaza Mayor 1, 925 14 55 53. 🚌 Mi. 🎭 Jesús de Nazareno (23.–27. Aug).
🆆 turismocastillalamancha.es

Die Plaza Mayor stammt aus dem 17. Jahrhundert und steht im Zeichen des roten Kreuzes des Hospitaliterordens, der einst in der Stadt herrschte.

Umgebung: Die Häuser des Städtchens **Ocaña**, 32 Kilometer nördlich von Tembleque gelegen, gruppieren sich um eine riesige, elegante Plaza Mayor (18. Jh.) – nach Madrid und Salamanca der größte Hauptplatz Spaniens.

⓰ Consuegra

Toledo. **Karte** H8. 🏛 11 000. 🚌 🅸 Avda Castilla-La Mancha s/n, 925 59 31 18. 🚌 Sa. 🎭 Consuegra Medieval (Mitte Aug), La Rosa de Azafrán (letztes Wochenende im Okt).

Elf Windmühlen (siehe S. 31) und eine restaurierte Burg überblicken die Ebenen von La Mancha. Eine Windmühle funktioniert noch und wird jeden Herbst wieder in Aktion versetzt, wenn die Einheimischen die Safranernte (siehe S. 343) feiern. Zu den Festlichkeiten gehört auch ein Wettkampf der Safranpflücker.

Umgebung: Etwa vier Kilometer in Richtung **Urda** steht ein römischer Damm. In **Puerto Lápice**, 23 Kilometer südlich von Consuegra an der A4, liegt die Schenke, in der sich Don Quijote vom durchtriebenen Wirt zum »fahrenden Ritter« schlagen ließ.

⓱ Campo de Criptana

Ciudad Real. **Karte** J8. 🏛 15 000. 🚌 🅸 Calle Rocinante 39, 926 56 22 31. 🚌 Di. 🎭 Virgen de Criptana (Ostermontag), Cristos de Villejos (1. Do im Aug), Feria (23.–28. Aug).
🆆 campodecriptana.es

Zehn von ursprünglich 32 Windmühlen krönen den Hügelkamm der Stadt, drei stammen aus dem 16. Jahrhundert. In einer ist das örtliche Fremdenverkehrsbüro untergebracht, in drei weiteren sind Museen eingerichtet.

Umgebung: Weitere Windmühlen stehen bei **Alcázar de San Juan** und **Mota del Cuervo**, wo man Manchego kaufen kann (siehe S. 343).

⓲ El Toboso

Toledo. **Karte** J8. 🏛 2000. 🅸 Calle Daoíz y Velarde s/n, 925 56 82 26 (Di–So). 🚌 Mi. 🎭 Karneval (Ende Jan), Jornadas Cervantinas (23. Apr), San Agustín (27.–30. Aug).
🆆 eltoboso.es

El Toboso genießt das seltene Privileg, in Cervantes' Roman Don Quijote namentlich er-

wähnt zu werden: Der Autor wählte es als den Geburtsort von Dulcinea, Don Quijotes Angebeteter. Die **Casa de Dulcinea**, das Haus von Doña Ana Martínez Zarco, auf der die Romanfigur angeblich basiert, wurde im Stil des 16. Jahrhunderts möbliert.

Die französische Armee soll sich im Unabhängigkeitskrieg (siehe S. 67) geweigert haben, das Dorf anzugreifen – aus Respekt vor seiner Geschichte.

🏛 **Casa de Dulcinea**
📞 925 19 72 88. 🕐 Di–So.
🎫 (Sa, So frei). ♿

⓳ Belmonte

Cuenca. **Karte** K8. 🏛 2000. 🚌 🅸 Avenida Luis Pinedo, 627 406 680. 🚌 Mo. 🎭 San Bartolomé (24. Aug), Virgen de Gracia (Sep).
🆆 turismocastillalamancha.es

Das eindrucksvolle **Castillo** von Belmonte (siehe S. 348), eine der besterhaltenen Burgen der Region, erbaute der Marquis von Villena, dem Enrique IV 1456 die Stadt übereignet hatte. Das Innere schmücken Kassettendecken und Mudéjar-Stuckarbeiten. Die **Kollegiats-**

Die erstklassig erhaltene Burg (15. Jh.) von Belmonte

kirche ist berühmt wegen der reich geschmückten Kapellen und des gotischen Chorgestühls, das für die Kathedrale von Cuenca *(siehe S. 389)* geschnitzt wurde. Außerdem sind ein Renaissance-Retabel und das Taufbecken zu sehen, an dem Luis de León (1527–1591) getauft wurde.

Umgebung: Unter der Herrschaft des Marquis von Villena florierten auch zwei Nachbardörfer: Die Kirche in **Villaescusa de Haro**, sieben Kilometer nordöstlich, hat ein herrliches Retabel (16. Jh.). Den Mittelpunkt von **San Clemente**, 40 Kilometer südöstlich, bilden zwei Renaissance-Hauptplätze. Die Iglesia de Santiago Apóstol birgt ein gotisches Alabasterkreuz.

Die Kalkklippen von Alcalá del Júcar sind von Tunnels durchzogen

Castillo de Belmonte
967 81 00 40. Di–So.

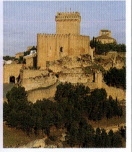

Die Burg von Alarcón, heute ein stilvoller Parador

❷ Alarcón

Cuenca. **Karte** K8. 200.
Calle Posadas 6, 969 33 03 01.
San Sebastián (20. Jan), Fiesta del Emigrante (Aug), Cristo de la Fe (14. Sep). descubrealarcon.es

Von einem Felshügel aus bewacht das befestigte Alarcón eine Biegung des Río Júcar. Angesichts der Festungsanlagen hat man das Gefühl, auf das Filmset eines mittelalterlichen Epos geraten zu sein.

Das Dorf wurde im 8. Jahrhundert gegründet. Während der Reconquista *(siehe S. 58f)* entwickelte es sich zu einem strategischen Militärstützpunkt. 1184 wurde es durch Alfonso VIII von den Mauren zurückerobert. Später gehörte es zum Machtbereich des Marquis von Villena. Alarcón war einst von mächtigen Mauern umgeben. Die kleine **Burg** wurde zu einem eleganten Parador mit authentisch mittelalterlichem Flair umgebaut.

Die **Iglesia de Santa María** (Renaissance) hat einen schönen Portikus und ein Altarbild der Berruguete-Schule. Die **Iglesia de Santísima Trinidad** ist gotisch-plateresk.

❷ Alcalá del Júcar

Albacete. **Karte** L9. 1500.
Avda de los Robles 1, 967 47 30 90.
So. San Lorenzo (7.–15. Aug). alcaladeljucar.net

Auf seinem Verlauf durch die Kalkhügel nordöstlich von Albacete hat der Río Júcar eine tiefe Schlucht, die Hoz de Júcar, geschaffen. Mit dem Auto kann man der eindrucksvollen Schlucht auf einer Länge von 40 Kilometern folgen. Das Städtchen Alcalá del Júcar erstreckt sich entlang einem Felsabhang am Rand der Schlucht – ein Labyrinth aus steilen Gassen und Treppen. Die Häuser am höchsten Punkt des Ortes – am Fuß der Burg – sind teilweise in den weichen Stein hineingehauen.

Umgebung: Im Westen führt die Schlucht an Obstplantagen vorbei zu der barocken **Ermita de San Lorenzo**. Ein Stück weiter liegt das malerische Dorf **Jorquera**, das im Mittelalter kurze Zeit autonom war, als es sich der Herrschaft der Krone widersetzte. Zu besichtigen sind der arabische Befestigungswall und eine Schildsammlung in der Casa del Corregidor.

Don Quijote und La Mancha

Cervantes *(siehe S. 337)* verschweigt den Geburtsort seines Helden, nennt aber einige Stationen des Werdegangs: Zum »Ritter« geschlagen wird Don Quijote in einer Schenke in Puerto Lápice. Die Dame seines Herzens lebt in El Toboso. Die Windmühlen, die ihm als Riesen erscheinen, stehen bei Campo de Criptana. Ein anderes Abenteuer besteht der Ritter in der Cueva de Montesinos *(siehe S. 401)*.

Don-Quijote-Illustration aus dem 19. Jahrhundert

⓲ Albacete

Albacete. **Karte** L9. 🏔 172.000. 🚌
🚌 🛈 Plaza del Altozano, 967 63
00 04. 🎪 Di. 🎭 Virgen de los Llanos (8. Sep). 🅦 albacete.es

Die wenig bekannte Provinzhauptstadt bietet ihren Besuchern einiges. Hauptattraktion
ist das **Museo de Albacete**,
dessen Exponate von iberischen
Skulpturen über römische
Bernsteinarbeiten und Elfen-
beinpuppen bis hin zu zeitgenössischen Gemälden reichen.
Mit dem Bau der **Kathedrale**
wurde 1515 begonnen.

Albacete ist auch für seine
Dolche und Messer berühmt,
die seit maurischen Zeiten hier
gefertigt werden. Im September findet eine Landwirt-
schaftsschau statt.

🏛 Museo de Albacete
Parque Abelardo Sánchez.
☎ 967 22 83 07. 🕐 Di–So. ♿
🅦 patrimoniohistoricoclm.es

Umgebung: **Chinchilla de
Monte Aragón**, 16 Kilometer
südöstlich, hat eine sehenswerte Altstadt. Über der Stadt
thronen die romantischen
Ruinen einer Burg aus dem
15. Jahrhundert.

Almansa, 73 Kilometer östlich von Albacete, wird von
einem imposanten maurischen
Kastell beherrscht.

⓴ Alcaraz

Albacete. **Karte** K10. 🏔 1500.
🛈 Calle Mayor 3, 967 38 09 60.
🎪 Mi. 🎭 Canto de Los Mayos
(30. Apr–1. Mai), Romería Virgen de
Cortes (26. Aug, 8. Sep), Feria
(4.–9. Sep). 🅦 alcaraz.es

Der einstige strategische Stützpunkt der Araber und Christen
verlor nach der Reconquista an
Bedeutung, florierte jedoch
später dank seiner Teppichmanufaktur. An der Plaza Mayor
im Renaissancestil stehen die

Das Kastell Chinchilla de Monte Aragón überragt die Stadt

⓳ Tour: Sierra de Alcaraz

Tiefe Schluchten und fruchtbare Täler prägen
die Landschaft an der Grenze zwischen den
Ebenen von La Mancha und den Gebirgs-
zügen Sierra de Segura und Sierra de Alcaraz.
Ein Fleckchen von besonderem Reiz ist die
Quelle des Río Mundo. In Riópar, unweit
davon an einen Hang gedrängt, steht eine
Kirche aus dem 15. Jahrhundert. Weitere ma-
lerische Dörfer sind Letur, Ayna, Yeste und
Liétor, deren enge, gewundene Steilgassen
und alte Handwerksbetriebe an maurische
Ursprünge erinnern.

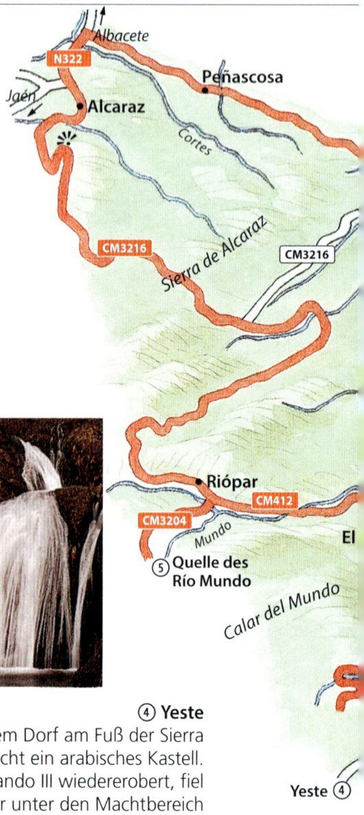

⑤ **Quelle des Río Mundo**
Der Fluss entspringt als Wasserfall in
der Cueva de Los Chorros und
stürzt über eine steile Kante in ein
schäumendes Felsenbecken.

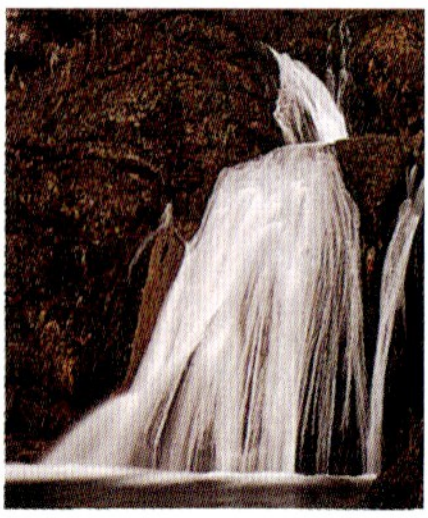

0 Kilometer   5

Legende
▬▬ Routenempfehlung
══ Andere Straße

④ **Yeste**
Über diesem Dorf am Fuß der Sierra
de Ardal wacht ein arabisches Kastell.
Unter Fernando III wiedererobert, fiel
es später unter den Machtbereich
des Ordens von Santiago.

»Zwillingstürme« **Tardón** und **Trinidad** sowie die ehemalige Handelsbörse, die platereske **Lonja del Corregidor**. Um den Platz gruppieren sich traditionelle Häuser. Vor den Toren der Stadt liegen die Burgruinen und der Bogen eines gotischen Aquädukts. Alcaraz bietet sich als Ausgangspunkt für Exkursionen in die Sierra de Alcaraz und die Sierra de Segura an.

Die »Zwillingstürme« Tardón und Trinidad in Alcaraz

㉕ Lagunas de Ruidera

Ciudad Real. **Karte** J9. 🚌 Avenida Castilla la Mancha 47, Ruidera. 🛈 Ruidera, Mi–So (Juli, Aug: tägl.), 926 52 81 16. 🌐 **lagunasderuidera.es**

Im Volksmund werden sie »Spiegel von La Mancha« genannt: Auf 39 Kilometer Länge reihen sich 15 zusammenhängende Seen des Parque Natural de las Lagunas de Ruidera. Ihren Namen verdanken sie einer Episode des *Don Quijote* (siehe S. 399), in der ein Zauberer eine gewisse Frau Ruidera mit ihren Töchtern und Nichten in Seen verwandelt hat.

Obwohl der sinkende Grundwasserspiegel von La Mancha auch hier seinen Tribut fordert, verdienen die Seen schon ihrer vielfältigen Vogelwelt wegen einen Besuch. Zunehmende Bebauung der Ufer und rücksichtsloser Tourismus vertrieben zahlreiche Vogelarten. Mit

Einer der Seen im Parque Natural de las Lagunas de Ruidera

etwas Glück lassen sich jedoch Trappen, Reiher und Enten beobachten. Bei einem der Seen, der Laguna de San Pedro, liegt die **Cueva de Montesinos**, eine Grotte, in der Don Quijote ein Abenteuer bestehen musste. Im Nordwesten schließen die Seen an den Stausee Embalse de Peñarroya an, der von einer imposanten Burg überragt wird.

---

① **Ayna**
Das Dorf Ayna liegt in einer Schlucht des Río Mundo. Der Mirador del Diablo bietet einen herrlichen Panoramablick über das Umland.

Ausläufer der Sierra de Alcaraz

② **Liétor**
Ein Besuch in diesem Dorf lohnt sich wegen der gotischen Ermita de Belén und der Iglesia de Santiago (mit Trompe-l'Œil-Altarbild).

Routeninfos

Länge: 280 km.
Rasten: In allen genannten Dörfern gibt es ordentliche Gaststätten. Alternativ dazu bieten sich verschiedene Picknickplätze an.

③ **Letur**
Zu dem vielleicht malerischsten Städtchen der Region gehört ein schmuckes, weiß getünchtes Judenviertel.

(Kartenbeschriftungen) El Griego · garra · Mundo · ① Ayna · El Ginete · Liétor · Hellín · CM3213 · Hellín · ...inicos · CM412 · CM412 · CM412 · Elche de la Sierra · CM3206 · CM3228 · Juan Quílez · Letur · ③ · CM3217 · Férez · Casas del Collado · Murcia

❷⁶ Villanueva de los Infantes

Ciudad Real. **Karte** J9. 🚹 6000. 🚌
ℹ️ Calle Cervantes 16, 926 36 13
21. 🚍 Fr. 🎭 Cruz de Mayo (2./3.
Mai), Ferias (Ende Aug), Fiesta del
Pimiento (1. Woche im Sep).
🌐 villanuevadelosinfantes.es

Die Altstadt von Villanueva
rund um die klassizistische
Plaza Mayor zählt zu den
schönsten von La Mancha.
Viele Gebäude schmücken
Holzbalkone. Hinter der
Renaissance-Fassade der
Iglesia de San Andrés ver-
bergen sich ein barockes
Altarbild und das mittlerweile
leere Grab des Schriftstellers
Francisco de Quevedo, der im
Convento de los Domínicos
lebte und starb.

Umgebung: Das Dorf **San
Carlos del Valle**, 39 Kilometer
nordwestlich, wartet mit
einem Platz aus dem 18. Jahrhundert und schönen Häusern
aus rostrotem Stein auf.

❷⁷ Valdepeñas

Ciudad Real. **Karte** J9. 🚹 31000.
🚉 🚌 ℹ️ Plaza de España, 926 31
25 52. 🚍 Do. 🎭 Weinernte
(1.–8. Sep). 🌐 valdepenas.es

Valdepeñas ist die Hauptstadt
der riesigen Weinregion von La
Mancha, deren Weinberge gigantische Mengen Rotwein er-
zeugen *(siehe S. 344f)*. Im September steht die Stadt ganz im
Zeichen des örtlichen Wein-

fests. In der Umgebung der
Plaza de España liegen die
Iglesia de la Asunción und das
Stadtmuseum.

In Valdepeñas gibt es über
30 Bodegas, zehn von ihnen
können besichtigt werden.
Eine der Bodegas beherbergt
zudem das **Museo del Vino**, in
dem die verschiedenen Pro-
duktionsschritte der Wein-
erzeugung illustriert werden.

🏛️ Museo del Vino
Calle Princesa 39. 📞 926 32 11 11.
⭕ Di–So. 🅿️

Innenhof des Palacio del Viso in
Viso del Marqués

❷⁸ Viso del Marqués

Ciudad Real. **Karte** H10. 🚹 2500.
🚌 ℹ️ Calle Real 39, 926 33 68 15.
🚍 Di. 🎭 San Andrés (2. So im
Mai), Feria (24.–28. Juli).
🌐 visodelmarques.es

Ein prächtiger Renaissancebau,
der **Palacio del Viso**, begrüßt
den Besucher in diesem Dorf.
Der Palast wurde 1564 für den

Marquis von Santa Cruz errichtet, den Admiral der Flotte, die
1571 bei Lepanto gegen die
Türken siegte *(siehe S. 63)*. Einige Räume sind mit Fresken
im italienischen Stil geschmückt,
wunderschön ist der klassizistische Patio.

Umgebung: Etwa 25 Kilometer
nordöstlich steht in **Las Virtu-
des** die älteste Stierkampfarena Spaniens. Die rechteckige
Anlage wurde 1641 neben
einer Kirche des 14. Jahrhunderts (mit churriguereskem
Altarbild) errichtet.

🏠 Palacio del Viso
Plaza del Pradillo 12. 📞 926 33 75
18. ⭕ Di–So. 🔴 Feiertage. 🅿️ 📷

❷⁹ Calatrava la Nueva

Ciudad Real. Aldea del Rey. **Karte**
H10. 📞 926 69 31 19. ⭕ Di–So.
🅿️ 🌐 castillodecalatrava.com

Zu den romantisch auf einer
Anhöhe gelegenen Ruinen
der Ordensburg von Calatrava
la Nueva führt ein Stück der
ursprünglichen mittelalterlichen Straße.

Das Kastell wurde 1217 von
den Calatrava-Rittern *(siehe
S. 58)* gegründet und avancierte zum Hauptsitz des Ordens.
Zwei Patios und eine dreischif-
fige Kirche (sie wurde restauriert und schmückt sich mit
einer herrlichen Fensterrose)
zeugen von der einstigen
Grandeur der riesigen Anlage.

Weinberge, so weit man blickt – Valdepeñas ist das größte zusammenhängende Weinbaugebiet der Welt

Hotels und Restaurants in Kastilien-La Mancha *siehe Seiten 570f und 595–597*

Die Ordensburg von Calatrava la Nueva überblickt La Mancha

Nach der Reconquista wurde der Bau als Kloster genutzt, 1802 nach einem Brand jedoch nicht wiederaufgebaut. Gegenüber der Burg befinden sich die Ruinen der maurischen Festung **Salvatierra**, die der Calatrava-Orden im 12. Jahrhundert eroberte.

⓿ Almagro

Ciudad Real. **Karte** H9. 🚠 9000. 🚉 💬 🅸 Ejido de Calatrava 1, 926 86 07 17. 🚌 Mi. 🎭 Virgen de las Nieves (5. Aug), San Bartolomé (23./24. Aug). 🆆 ciudad-almagro.com

Almagro war während der Reconquista hart umkämpft, bis die Calatrava-Ritter den Ort eroberten und südwestlich davon eine Ordensburg errichteten. Das reiche architektonische Erbe der Altstadt geht teilweise auf die Fugger zurück, die sich im 16. Jahrhundert als Bankherren im benachbarten Almadén ansiedelten.

Hauptattraktion ist die wunderschöne Plaza Mayor mit ihren einzigartigen Laubengängen und den typischen grünen Balkonreihen an den Häusern. Auf einer Seite wird sie vom **Corral de Comedias** begrenzt, einem Komödienhof, in dem man im Juli ein Theaterfestival veranstaltet. Weitere Sehenswürdigkeiten sind das Renaissance-Lagerhaus der Fugger, die einstige Universität und das in einen Parador umgestaltete Kloster.

Umgebung: 82 Kilometer nordwestlich von Almagro liegt die Stadt **Ciudad Real**, die Alfonso X der Weise 1255 gründete. Hauptsehenswürdigkeiten sind die Kathedrale, die Iglesia de San Pedro und die Puerta de Toledo.

Besucherweg im Parque Nacional de Las Tablas de Daimiel

⓿ Tablas de Daimiel

Ciudad Real. **Karte** H9. 🚌 Daimiel. 🅸 Daimiel, Calle Santa Teresa s/n, 926 26 06 39. 🎫 vorab reservieren. 🆆 lastablasdedaimiel.com

Das Feuchtland der Tablas de Daimiel, nordöstlich von Ciudad Real, ist Nahrungs- und Nistgebiet vieler Wasser- und Zugvögel. Obwohl das Gebiet seit 1971 als Nationalpark unter Schutz steht, war ihr Lebensraum lange bedroht, da die Gewässer mit sinkendem Grundwasserspiegel langsam austrockneten. Diese Gefahr ist derzeit gebannt.

Naturfreunden wurden markierte Wanderwege zugänglich gemacht. Zu den hier brüten-den Vogelarten gehören Seetaucher und Wildenten. Auch Säugetiere wie Otter und Rotfüchse sind hier heimisch.

⓿ Valle de Alcudia

Ciudad Real. **Karte** G10. 🚌 Fuencaliente. 🅸 Plaza Mayor 41, 926 47 02 88.

Der grüne Landstrich südlich der Sierra Morena zählt zu den unberührtesten Regionen Spaniens und wird vorwiegend als Weideland genutzt. Im Herbst grasen hier die Schafherden, aus deren Milch der Käse hergestellt wird, dem das Tal seine Berühmtheit verdankt.

In dem Bergdorf **Fuencaliente** locken im Sommer Thermalbäder. Weiter nördlich gibt es in **Almadén** bedeutende Quecksilberminen mit angeschlossenem Museum. **Chillón**, nordwestlich, besitzt eine spätgotische Kirche.

Einsames Gehöft im fruchtbaren Valle de Alcudia

Extremadura

Cáceres · Badajoz

Die Extremadura, »das Land jenseits des Duero«, scheint fernab der modernen Zivilisation zu liegen. Grüne Gebirgs- und sanfte Hügellandschaften, weitläufige Wälder und Seen sind die Heimat seltener Tiere und Pflanzen. Die Städte, in denen im Winter noch Störche nisten, besitzen einen eher herben Charme. Viele Dörfer der Region sind stark landwirtschaftlich geprägt.

Von der Extremadura aus eroberten berühmte Konquistadoren die Neue Welt. Das Gold und die anderen Edelmetalle, die sie von dort zurückbrachten, floss meist in kirchliche Institutionen. Das Kloster in Guadalupe im östlichen Teil der Region kam in dieser Zeit zu großem Reichtum.

Die Extremadura birgt UNESCO-Welterbestätten wie Mérida, wo einige römische Bauten sehr gut erhalten sind, und die Altstadt von Cáceres, deren antike Stadtmauern, Gassen und Adelspaläste die Jahrhunderte nahezu unbeschadet überstanden. Auch an anderen Orten der Region scheint die Moderne geradezu spurlos vorübergegangen zu sein:

In Trujillo, Zafra und Jerez de los Caballeros sind ganze Stadtteile aus Mittelalter oder Renaissance erhalten. Plasencia, Coria und Badajoz bieten prachtvolle Kathedralen. In Cancho Roano befinden sich die Ruinen eines Tempels, in Alcántara eine Brücke, die die Römer über den Tajo schlugen. Burgen und Wälle in Alburquerque und Olivenza zeugen von blutigen Grenzkämpfen zwischen Spanien und Portugal.

Die etwas abgelegen wirkende Region bietet Urlaubern neben architektonisch wie kunsthistorisch spannenden Sehenswürdigkeiten auch eine eindrucksvolle Natur mit vielfältigen Landschaften sowie besondere kulinarische Genüsse.

Blick über die Dächer der Altstadt von Cáceres *(siehe S. 412f)*

◀ Weite Extremadura – die bevölkerungsärmste Region Spaniens

Überblick: Extremadura

Naturfreunde und Besucher, die abseits der Touristenpfade das »alte Spanien« kennenlernen möchten, kommen hier auf ihre Kosten. Die Gebirgslandschaften im Norden locken mit Panoramastraßen, Wanderwegen und im Nationalpark Monfragüe mit außergewöhnlicher Flora und Fauna. In Mérida findet man gut erhaltene Römerbauten. Nicht zu vergessen die Altstadt von Cáceres mit dem historischen Judenviertel sowie die Klöster Guadalupe und Yuste. Weiter im Süden bietet die Architektur von Jerez de los Caballeros und anderen Templerstädten der Sierra Morena Einblick in die Vergangenheit. Die stimmungsvollen Kleinstädte Coria, Zafra und Llerena eignen sich als Ausgangspunkte für Ausflüge.

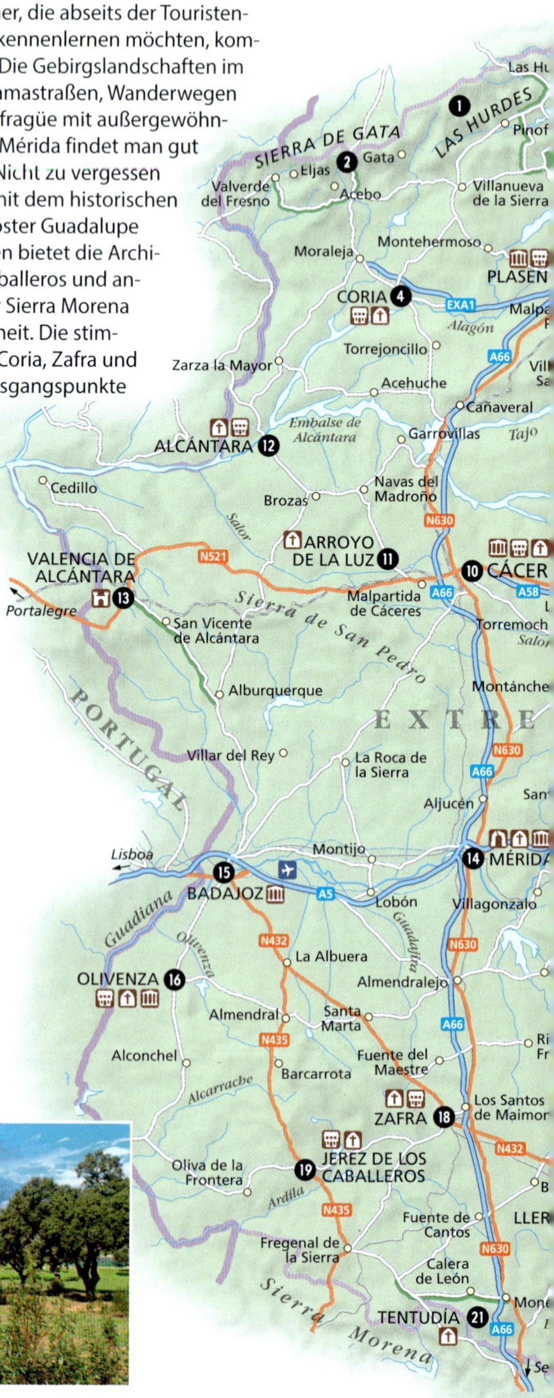

Sehenswürdigkeiten auf einen Blick

1 Las Hurdes
2 Sierra de Gata
3 Hervás
4 Coria
5 Plasencia
6 Monasterio de Yuste
7 Parque Nacional de Monfragüe
8 Guadalupe
9 Trujillo
10 *Cáceres S. 412f*
11 Arroyo de la Luz
12 Alcántara
13 Valencia de Alcántara
14 Mérida
15 Badajoz
16 Olivenza
17 Cancho Roano
18 Zafra
19 Jerez de los Caballeros
20 Llerena
21 Tentudía

Landschaft bei Alburquerque

Blick über das Dorf Garganta la Olla

Legende

- ━━ Autobahn
- ━━ Hauptstraße
- ┅┅ Nebenstraße
- ━━ Panoramastraße
- ⊷⊷ Eisenbahn (Hauptstrecke)
- ──── Eisenbahn (Nebenstrecke)
- ▰▰▰ Staatsgrenze
- ▰▰▰ Regionalgrenze
- △ Gipfel

In der Extremadura unterwegs

Der einzige Flughafen der Region Extremadura liegt in Badajoz, die Hauptbahnstrecke verläuft von Madrid nach Cáceres, Mérida und Badajoz. Am besten erkundet man die Region mit dem Auto. Die A5 verbindet Madrid und Badajoz, die N630 Plasencia und Mérida. Öffentliche Fernbusse verkehren vergleichsweise selten, einige Gegenden sind nicht einmal an das Busnetz angeschlossen.

Map labels:

Ávila
...os de Montemayor
...RVÁS
MONASTERIO DE YUSTE
6 Cuacos de Yuste
Jaraiz de la Vera
Talayuela
Navalmoral de la Mata
Madrid
A1
A5
...ejada
RQUE NACIONAL MONFRAGÜE
Embalse de Valdecañas
Tajo
Jaraicejo
Castañar de Ibor
Almonte
Sierra de Villuercas
...RUJILLO
Madroñera
GUADALUPE
8
Alía
Sierra de Guadalupe
Logrosán
Zorita
EX102
Embalse de García de Sola
N502
Castilblanco
Embalse de Cijara
Herrera del Duque
U R A
...das
Navalvillar de Pela
N430
Guadiana
Embalse de Orellana
N430
Ciudad Real
Villanueva de la Serena
Puebla de Alcocer
...n Benito
Embalse de Zújar
...ampanario
Embalse de La Serena
Castuera
Cabeza del Buey
...CHO ...ANO
17 Zalamea de la Serena
Helechal
Zújar
Peraleda del Zaucejo
...nga
N432
Azuaga
Córdoba

0 Kilometer 25

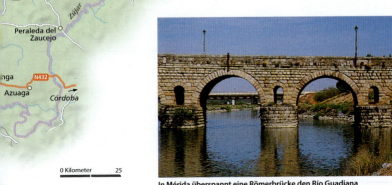

In Mérida überspannt eine Römerbrücke den Río Guadiana

Weitere Zeichenerklärungen *siehe hintere Umschlagklappe*

Flussschleife des Alagón in Las Hurdes

❶ Las Hurdes

Cáceres. **Karte** DE7. 🚌 Pinofranqueado, Caminomorisco, Nuñomoral. 🅸 Caminomorisco, 927 43 53 29. 🆆 todohurdes.com

Im Dokumentarfilm *Land ohne Brot* fing Luis Buñuel 1932 die bittere Not dieser einsamen Berggegend ein, in der es nichts als Felsen und Ziegen gibt. Die größte Armut schwand, als in den 1950er Jahren Straßen gebaut wurden – die Schieferhänge, Flussbetten und ein Teil des Elends jedoch blieben.

Die Gegend ist bei Wanderern sehr beliebt. Von Pinofranqueado und Vegas de Coria führen kurvenreiche Straßen zu malerischen »**schwarzen Dörfern**« wie Batuequilla, Fragosa und El Gasco. Weiter unten, an der Straße EX-204, wurden Campingplätze eingerichtet. Umliegende Gasthöfe bieten traditionelle Gerichte.

❷ Sierra de Gata

Cáceres. **Karte** D7. 🚌 Cáceres. 🅸 San Martín de Trevejo, 927 51 45 85. 🆆 sierradegata.org

Rund 40 Dörfer liegen verstreut zwischen den Olivenhainen, Obstplantagen und Feldern dieser Gegend, in der traditionelle Handwerkszweige – vor allem die Spitzenklöppelei – für ländlichen Charme sorgen. In Valverde de Fresno und Eljas wird noch der regionale Dialekt Chapurriau gesprochen, während **Gata** und **Villamiel** romantische Burgruinen bieten. Die alten Granithäuser tragen das Familienwappen eingemeißelt über der Tür, viele haben die typischen Außentreppen.

Wappen an einer Fassade in Acebo

❸ Hervás

Cáceres. **Karte** E7. 🗺 4200. 🅸 Calle Braulio Navas 6, 927 47 36 18. 🚌 Sa. 🎉 Las Ferias Cristo de la Salud (14.–16. Sep). 🆆 turismodehervas.com

Hervás am oberen Ende des Valle de Ambroz verdankt seine Bekanntheit vor allem dem mittelalterlich anmutenden Judenviertel mit weiß getünchten Fachwerkhäusern. Die Gässchen erstrecken sich bis zum Río Ambroz. Neben dem Hauptplatz zeigt das **Museo Pérez Comendador-Leroux** Skulpturen des Bildhauers.

Die nächste Ortschaft in Richtung Béjar-Pass ist **Baños de Montemayor**, dessen Name sich von den schwefelhaltigen Quellen herleitet, die schon die Römer schätzten und die besichtigt werden können. In **Cáparra** stehen an der Vía de la Plata *(siehe S. 356)* vier Triumphbogen aus der Römerzeit.

🏛 **Museo Pérez Comendador-Leroux**
Calle Asensio Neila 5. 📞 927 48 16 55. 🕐 Di–Fr; Sa, So nur nachmittags. 🖼

Spitzenklöpplerin in einem Dorf der Sierra de Gata

Hotels und Restaurants in Extremadura *siehe Seiten 571 und 597*

(15. bis 16. Jh.) birgt eine Barockorgel und geschnitztes Chorgestühl. Zur romanischen **Catedral Vieja** gehört ein Museum mit einer wertvollen Bibel (14. Jh.) und Werken von Ribera.

Im ehemaligen Hospital (14. Jh.) zeigt das **Museo Etnográfico y Textil Pérez Enciso** Kunsthandwerk und Trachten.

Das Jerte-Tal lockt mit der **Garganta de los Infiernos**, einem Naturreservat mit donnernden Wasserfällen.

🏛 **Museo Etnográfico y Textil Pérez Enciso**
Plaza del Marqués de la Puebla.
📞 927 42 18 43. ⏰ Mo–So
(Winter: Mi–So).

Antike Stadtmauer und Olivenhaine im Valle del Ambroz

❹ Coria

Cáceres. **Karte** D7. 🏠 13000. 🚌
ℹ Plaza de San Pedro 1, 927 50 80
00. 🛒 Do. 🎉 Día de la Virgen
(2. Mo im Mai), San Juan (23.–
29. Juni). 🌐 turismo.coria.org

Größter Stolz des befestigten Städtchens über dem Río Alagón sind die **Kathedrale** mit platereskem Skulpturenschmuck und der **Convento de la Madre de Dios** (16. Jh.) mit Renaissance-Kreuzgang. Zu der teils maurischen, teils mittelalterlichen Wehrmauer gehören ein Kastell und vier Tore, von denen zwei aus römischer Zeit stammen. Wenn während der Fiesta de San Juan im Juni Stiere durch die Stadt laufen, werden die Tore geschlossen. Unterhalb der Altstadt überspannt der **Puente Seco**, eine Römerbrücke, den Fluss.

❺ Plasencia

Cáceres. **Karte** E7. 🏠 41000. 🚉
🚌 ℹ Santa Clara 4, 927 42 38 43.
🛒 Di. 🎉 Ferias (6.–8. Juni).
🌐 plasencia.es

Wie stumme Zeugen kriegerischer Vergangenheit wachen die Mauern von Plasencia über einer Biegung des Río Jerte. Heute ist Plasencia vor allem für seinen Wochenmarkt bekannt, der seit dem 12. Jahrhundert dienstags auf der Plaza Mayor abgehalten wird. Nur einen Katzensprung entfernt stehen, Rücken an Rücken, die beiden Kathedralen der Stadt. Die **Catedral Nueva**

❻ Monasterio de Yuste

Cuacos de Yuste (Cáceres). **Karte** E7.
📞 927 17 21 97. ⏰ Di–So 10–20
Uhr (Okt–März: bis 18 Uhr). 🎟 (Mi,
Do nachm. für EU-Bürger frei). ♿
🌐 patrimonionacional.es

Das Hieronymitenkloster Yuste, in das sich Carlos I *(siehe S. 63)* 1556 zurückzog und in dem er zwei Jahre später starb, liegt im La-Vera-Tal. Die gotischplaterestken Kreuzgänge des Klosters und der Palast sind zu besichtigen. Eine einspurige Straße führt in das Dorf **Garganta la Olla** mit Fachwerkhäusern und der tiefblauen, in früheren Zeiten als Bordell genutzten Casa de las Muñecas.

Casa de las Muñecas (»Haus der Puppen«) in Garganta la Olla

Carantoña beim Fest des heiligen Sebastian in Aceúche

Fiestas in der Extremadura

Carantoñas *(20.–21. Jan)*, Acehúche (Cáceres). Beim Fest des heiligen Sebastian machen in Tierhäute gehüllte und mit grotesken Gesichtslarven maskierte *carantoñas* die Straßen unsicher. Ihre Furcht einflößende Maskierung soll die wilden Tiere darstellen, die den Heiligen unversehrt ließen.

Pero Palo *(Karneval, Feb/ März)*, Villanueva de la Vera (Cáceres). Ein altes Ritual, bei dem der »Teufel« (eine bekleidete Holzfigur) durch die Straßen getragen und anschließend vernichtet wird – bis auf den Kopf, den man im folgenden Jahr wieder verwendet.

Los Empalaos *(Gründonnerstag)*, Valverde de la Vera (Cáceres). Halb nackte Männer, deren ausgestreckte Arme mit dicken Seilen an kleine Baumstämme gebunden sind, ziehen büßend in einer Prozession durch die Stadt.

La Encamisá *(7./8. Dez)*, Torrejoncillo (Cáceres). Weiß gekleidete Reiter paradieren durch die Stadt, abends gibt es ein Feuerwerk.

Los Escobazos *(7. Dez)*, Jarandilla de la Vera (Cáceres). Am Abend erhellen Freudenfeuer die Straßen, und in Brand gesteckte Besen dienen als Fackeln.

❼ Parque Nacional de Monfragüe

Cáceres. **Karte** E8. 🚌 Villarreal de San Carlos. 🅸 Villarreal de San Carlos, 927 19 91 34.
🆆 magrama.gob.es

Südlich von Plasencia fällt das Hügelland sanft zu den Tälern der Flüsse Tajo und Tiétar ab. Rund 178 Quadratkilometer dieses weitgehend unberührten Landstrichs sind unter Naturschutz gestellt, um neben den wilden Olivenbäumen, Kork- und Steineichen vor allem die Vogelwelt Spaniens (siehe S. 346f) zu schützen.

Hier brüten selten gewordene Vögel wie Schwarzflügel-Gleitaar, Mönchsgeier und Schwarzstorch. Auch Säugetiere fanden hier Zuflucht, und

Vogelbeobachtung im Parque Nacional de Monfragüe

so streifen heute wieder Luchs, Rotwild und Wildschweine durch das Unterholz.

Im Dorf **Villareal de San Carlos**, im 18. Jahrhundert als Militärstützpunkt gegründet, gibt

es Parkplätze und ein Informationszentrum. Am besten besucht man den 2007 gegründeten Nationalpark im September, wenn hier viele Zugvögel Station machen.

❽ Guadalupe

Cáceres. **Karte** F8. 🗻 2000. 🚌
🅸 Plaza Santa María de Guadalupe, 927 15 41 28. **Monasterio** 📞 927 36 70 00. 🕐 tägl. 📷 🎫 obligatorisch. 🅿 Mi. 🎉 Cruz de Mayo (3. Mai), La Virgen y Día de la Comunidad (8. Sep).
🆆 monasterioguadalupe.com

Der Ort Guadalupe wuchs um das 1340 gegründete **Hieronymitenkloster** gleichen Namens herum. Am Hauptplatz werden handgefertigte Keramiken und Kupferkessel als Souvenirs verkauft, beides traditionelle Handwerkszweige der Mönche.

Die zinnengeschmückten Türme des Monasterio de Guadalupe, das sich in ein bewaldetes Tal schmiegt, verleihen der Klosteranlage das Flair eines Märchenschlosses. Die

Legende berichtet, dass ein Schäfer hier Anfang des 14. Jahrhunderts eine Holztafel mit einer Madonna entdeckte. Unter dem Patronat der Krone erlangte das Kloster Reichtum und Macht und entwickelte sich zu einem Zentrum der Medizin – mit drei Hospitälern, einer Apotheke und einer der größten Bibliotheken Spaniens.

Die hospedería des 16. Jahrhunderts wurde durch ein Feuer zerstört. Im Nachbau (20. Jh.) führen die Mönche ein Gästehaus, das alte Hospital beherbergt einen Parador. Auf dem Parkplatz erinnert eine Plakette daran, dass hier 1402 die erste wissenschaftliche Autopsie erfolgte.

Zur Zeit der Eroberung der Neuen Welt genoss das Kloster höchstes Ansehen. Hier wurden Menschen getauft, die

Kolumbus aus der Karibik verschleppt hatte. 1808 plünderten Napoléons Truppen Guadalupe. Die von Franziskanermönchen restaurierte Anlage zieht heute als lebendiges Zentrum des katholischen Glaubens alljährlich Tausende von Pilgern an.

Die Führung beginnt in den Museen mit illuminierten Handschriften, Gewändern und religiösen Kunstwerken, führt zum Chor und der barocken Sakristei, die wegen der Mönchsbildnisse Zurbaráns auch »Sixtinische Kapelle Spaniens« genannt wird. Gläubige küssen das Kleid der Madonna im camarín (Kammer) hinter dem Altar. Zuletzt sieht man den gotischen Kreuzgang (16. Jh.), dessen Hufeisenbogen einen Tempel umgeben. Die Kirche, deren Gitter (16. Jh.) zum Teil aus den Ketten befreiter Sklaven besteht, kann separat besichtigt werden.

Umgebung: Die Gebirgszüge der **Sierra de las Villuercas** und **Los Ibores**, in denen einst die Mönche Kräuter sammelten, bieten sich zum Wandern an. Südwärts gelangt man in die Ebene von **La Serena**, in der Vögel brüten (siehe S. 346f), und zu dem **Cíjara**-Stausee in einem Wildreservat.

Das Monasterio de Guadalupe überblickt den gleichnamigen Ort

Trujillo

Cáceres. **Karte** E8. 🗺 9500. 🚌
🛈 Calle Tiendas 3, 927 32 05 10.
🗓 Do. 🎭 Chiviri (Ostersonntag),
Feria del Queso (Mai).
🌐 turismotrujillo.com

Die Plaza Mayor dieses mittelalterlichen Städtchens zählt zu
den schönsten Plätzen ganz
Spaniens. Die **Iglesia de Santa
María la Mayor** in einer der
engen, winkeligen Gassen
birgt interessante Sarkophage.

Die **Islamische Festung** auf
dem Hügelrücken widerstand
zur Zeit der Reconquista *(siehe
S. 58f)* christlichen Angriffen,
fiel 1232 dann aber doch an
Fernando III. Die Aussicht von
hier oben ist herrlich.

Trujillo ist vor allem als Heimat der Konquistadoren be-

**Statue von Francisco Pizarro auf
dem Hauptplatz in Trujillo**

kannt – Francisco Pizarro, dem
Eroberer Perus *(siehe S. 62)*,
wurde auf dem Hauptplatz ein
imposantes Denkmal gesetzt.
Sein Bruder Hernando Pizarro
errichtete den Palacio del

Marqués de la Conquista, der
wie so viele andere Adelshäuser und Klöster mit Gold aus
der Neuen Welt finanziert
wurde. An einem Erkerfenster
prangen steinerne Bildnisse der
beiden Brüder und ihrer Inka-
frauen. Der erhabene **Palacio
de Juan Pizarro de Orellana**
(16. Jh.) wurde für Francisco
de Orellana, den Entdecker des
Amazonas, errichtet.

Ende April/Anfang Mai
macht eine berühmte Käse-
messe Trujillo zum Treffpunkt
der Gourmets.

🏰 **Islamische Festung**
Paseo Ruiz de Mendoza 8. 🕐 tägl.

🏛 **Palacio de Juan Pizarro
de Orellana**
Plaza de Don Juan Tena. 📞 927 32
11 58. 🕐 tägl. 10–18 Uhr.

Kloster von Guadalupe

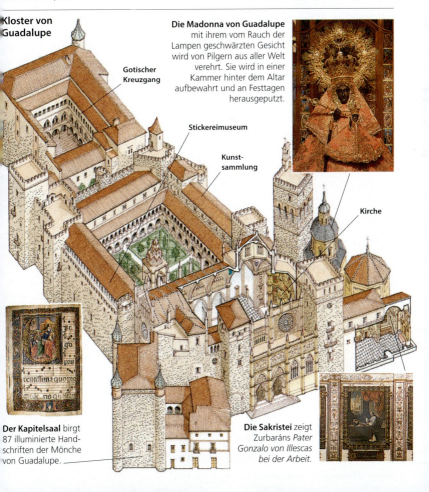

Die Madonna von Guadalupe
mit ihrem vom Rauch der
Lampen geschwärzten Gesicht
wird von Pilgern aus aller Welt
verehrt. Sie wird in einer
Kammer hinter dem Altar
aufbewahrt und an Festtagen
herausgeputzt.

Gotischer Kreuzgang

Stickereimuseum

Kunst-sammlung

Kirche

Der Kapitelsaal birgt
87 illuminierte Hand-
schriften der Mönche
von Guadalupe.

Die Sakristei zeigt
Zurbaráns *Pater
Gonzalo von Illescas
bei der Arbeit.*

⑩ Im Detail: Cáceres

Der Aufschwung begann für Cáceres nach der Eroberung durch Alfonso IX von León im Jahr 1229. Die nunmehr freie Handelsstadt lockte Kaufleute und später auch Adlige an, die sich in der Pracht ihrer strengen, mit Wachtürmen bewehrten Paläste gegenseitig zu übertreffen suchten. Auf Geheiß der Katholischen Könige *(siehe S. 60f)* mussten viele Turmbauten 1476 gestutzt werden. Die heutige Renaissance-Stadt datiert aus dem späten 15. und frühen 16. Jahrhundert – danach setzte der wirtschaftliche Niedergang ein. 1949 erklärte die UNESCO Cáceres als erste spanische Stadt zum Welterbe.

★ Casa de los Golfines de Abajo
Die heraldisch verzierte Fassade dieses Stadtpalasts (16. Jh.) präsentiert den Schild der Golfines, einer der führenden Familien.

Casa y Torre de Carvajal
Zu dem typischen Renaissancebau gehören ein arabischer Rundturm (13. Jh.) und ein idyllischer Garten mit Patio.

★ Iglesia de Santa María
Hauptattraktionen der Kirche gegenüber dem Bischofspalast sind das aus Zedernholz geschnitzte Retabel und der *Cristo negro*, ein schwarzes Kruzifix (15. Jh.).

PÍAS DE ROCO

CALLE DE LA AMARGURA

CUESTA DEL MARQUÉS

CALLE OBRAS

PLAZA DE SANTA MARÍA

PLAZA MAYOR

Die Torre de Bujaco
aus dem 12. Jahrhundert bietet eine wunderschöne Aussicht.

Arco de la Estrella
Das niedrige Stadttor entwarf Manuel Churriguera 1726. Es öffnet sich von der Plaza Mayor zur Altstadt. An seiner Seite ragt ein mächtiger Wehrturm aus dem 15. Jahrhundert in den Himmel.

0 Meter — 50

Legende
— Routenempfehlung

Barrio de San Antonio

Das alte Judenviertel mit den typischen weiß getünchten Häusern erhielt seinen Namen von der benachbarten Einsiedelei San Antonio.

Infobox

Information

Cáceres. **Karte** D8. ⛰ 96 000. 🛈 Calle Tiendas 1, 927 11 12 22. 🏛 Mi. 🎭 San Jorge (23. Apr), San Fernando (30. Mai). **Museo de Cáceres** ⬛ Di–So. 🌐 ayto-caceres.es/turismo

Anfahrt

🚌 Juan Pablo II, 6, 902 43 23 43. 🚏 Calle de Túnez 1, 927 23 25 50.

★ **Museo de Cáceres**
Das Museum in der Casa de las Veletas präsentiert archäologische Funde und zeitgenössische Kunst.

Im Convento de San Pablo
stellen Nonnen die regionale Spezialität her: *yemas*, kandierte Eidotter.

Casa y Torre de las Cigüeñas
Das »Storchenhaus« durfte nach 1476 seinen Wehrturm behalten, da der Besitzer ein treuer Offizier Isabels war. Heute gehört es dem spanischen Militär.

M O N J A

C A L L E   A N C H A

DE ALDANA

P U E R T A   D E   M É R I D A

A D A R V E   P A D R E   R O S A L Í O

Die Iglesia de San Mateo, zwischen dem 14. und 17. Jahrhundert erbaut, zählt zu den ältesten Kirchen in Cáceres.

Casa del Sol (Casa de los Solis)
Ein Sonnenmotiv *(sol)*, Emblem der Familie Solis, schmückt die Fassade des eleganten Renaissance-Gebäudes.

⓫ Arroyo de la Luz

Cáceres. **Karte** D8. 🚠 6500. 🚌 ℹ️ Plaza de la Constitución 21, 927 27 04 37 (Mi–So). 🚪 Do. 🎭 Día de la Luz (Ostermontag), Fiestas (15. Aug). 🌐 **arroyodelaluz.es**

Die Kleinstadt birgt einen der kostbarsten Kunstschätze der Extremadura: Der Flügelaltar der **Iglesia de la Asunción** (1565) zeigt 20 Gemälde von Luis de Morales, wegen seines mystischen Realismus nicht grundlos »El Divino« genannt.

Umgebung: In dieser Gegend leben noch viele Weißstörche (siehe S. 347). Besonders groß ist ihre Zahl im **Los Barruecos Natural Park**, wo sie ihre Nester auf mächtigen Felsnadeln bauen. Das Areal bietet einige schöne Picknickplätze.

Flügelaltar der Iglesia de la Asunción in Arroyo de la Luz

⓬ Alcántara

Cáceres. **Karte** D8. 🚠 1500. 🚌 ℹ️ Avenida de Mérida 21, 927 39 08 65. 🚪 Di. 🎭 Theaterfestival (Aug), San Pedro (18./19. Okt). 🌐 **turismoalcantara.es**

Alcántara hat zwei Sehenswürdigkeiten: die **Römerbrücke**, 71 Meter hoch über dem Tajo mit Triumphbogen und kleinem Tempel, und die Überreste des **Convento de San Benito**, der im 16. Jahrhundert Hauptsitz der Ritter des Alcántara-Ordens war und später von Napoléon geplündert wurde. Ihre Schätze liegen in der **Iglesia de Santa María de Almocovar**.

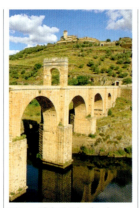

Römerzeitliche Brücke über den Tajo in Alcántara

⓭ Valencia de Alcántara

Cáceres. **Karte** C8. 🚠 6000. 🚌 🚌 ℹ️ Calle de Hernán Cortés, 927 58 21 84. 🚪 Mo. 🎭 San Isidro (15. Mai), San Bartolomé (24. Aug).

Orangenbäume und Brunnen verleihen dem gotischen Teil der Hügelstadt noble Eleganz. Im nahen **Castillo de Piedrabuena**, das einst Ritter des Alcántara-Ordens aufnahm und sich heute in Privatbesitz befindet, ist eine Jugendherberge untergebracht. Vor den Toren der Stadt liegen ca. 40 Dolmen.

Umgebung: Im Südosten thront **Alburquerque** auf einem Felsrücken. Sein Bergfried bietet eine herrliche Aussicht. Unterhalb erstreckt sich die Altstadt mit der Iglesia de Santa María del Mercado aus dem 15. Jahrhundert.

Megalithgrab vor den Toren von Valencia de Alcántara

⓮ Mérida

Badajoz. **Karte** C8. 🚠 59000. 🚉 🚌 ℹ️ Calle José Álvarez Sáez de Buruaga, 924 33 07 22. 🚪 Di. 🎭 Osterwoche, Theaterfestival (Juli/Aug), Feria (1.–5. Sep). 🌐 **turismomerida.org**

Die 25 v. Chr. von Augustus gegrundete Stadt Augusta Emerita entwickelte sich zum kulturellen und wirtschaftlichen Zentrum Lusitanias, der westlichsten Provinz Roms, verlor unter den Mauren jedoch an Bedeutung. Heute ist die Hauptstadt der Extremadura kaum bevölkerungsreicher als zu ihrer Blütezeit vor 2000 Jahren. Wegen ihrer römischen Bauten wurde sie von der UNESCO zum Welterbe erklärt.

Am schönsten gestaltet sich die Zufahrt von Westen her über die moderne Hängebrücke über den Río Guadiana, die zum einstigen Eingang der römischen Stadt und zur arabischen Festung führt.

Im Herzen der Stadt liegt das **römische Theater** (siehe S. 54f) eines der besterhaltenen überhaupt und im Sommer Schauplatz des Theaterfestivals von Mérida. Zu der Anlage gehört auch ein **Amphitheater** mit Park. Gleich daneben stehen die Reste einer römischen Villa.

Gegenüber der **Casa del Anfiteatro** erhebt sich Rafael Moneos weitläufiges **Museo Nacional de Arte Romano**. Neben der Haupthalle, deren Bogen den Acueducto de los Milagros nachahmen, ist eine römische Straße zu begutach-

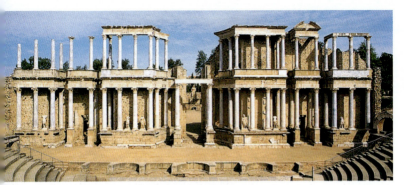

Im römischen Theater in Mérida kommen heute noch klassische Dramen zur Aufführung

en. Nicht weit vom Museum egen weitere Baudenkmäler römischen Ursprungs, darunter zwei Villen mit chönen Mosaiken und ein Zirkus.

Die **Iglesia de Santa Eulalia** aus dem 3. Jahrhundert erinnert an die Stadtheilige, die zur Römerzeit hier den Märtyrertod erlitt. Beim Stadtkern tehen der **Dianatempel** (1. Jh. n. Chr.) und der **Trajansbogen**.

Skulptur von Kaiser Augustus

Im Convento de Santa Clara, nahe dem Hauptplatz, informiert das **Museo de Arte Visigodo** über westgotische Kunst. Vom **Puente Romano** bietet sich ein eindrucksvoller Blick auf die Mauern der **Alcazaba**, eines der ältesten maurischen Gebäude Spaniens (835 n. Chr.), das auf den Grundmauern einer römischen Anlage entstand und eine Zisterne umfasst.

Die **Casa del Mithraeo** östlich der Stadt ist mit Fresken und Mosaiken geschmückt.

Der Acueducto de los Milagros mit seinen Ziegel- und Granitpfeilern verläuft neben der N630 Richtung Cáceres.

🏛 **Museo Nacional de Arte Romano**
Calle José Ramón Mélida. 📞 924 31 16 90. 🔵 Di–So. ⬤ Feiertage. 🎫 (Sa nachm., So vorm. frei). ♿
🌐 **mecd.gob.es/mnromano**

🏛 **Museo de Arte Visigodo**
Calle Sta Julia. 📞 924 30 01 16. 🔵 Di–So. ⬤ Feiertage.

Zentrum von Mérida

1. Iglesia de Santa Eulalia
2. Museo Nacional de Arte Romano
3. Casa del Anfiteatro
4. Amphitheater
5. Römisches Theater
6. Casa del Mithraeo
7. Alcazaba
8. Puente Romano
9. Museo de Arte Visigodo
10. Arco de Trajano
11. Templo de Diana

0 Meter   250

⓯ Badajoz

Badajoz. **Karte** D8. 🏛 152 000. ✈
🚉 🚌 ℹ Paseo de S. Juan s/n, 924
22 49 81. 🛍 Di, So. 🎭 Karneval
(Feb/März). 🌐 **turismobadajoz.es**

Badajoz war über Jahrhunderte wiederholt Schauplatz von Kriegen, heute ist die Stadt eine Karnevalshochburg.

In der Alcazaba ist das **Museo Arqueológico** untergebracht, dessen Exponate zum Teil bis in die Altsteinzeit zurückreichen. Die Kathedrale (13.–18. Jh.) über der prachtvollen Plaza Alta hat einen sehenswerten Kreuzgang.

In der Calle Museo ist das Museo Extremeño e Iberoamericano de Arte Contemporáneo (MEIAC) beheimatet.

🏛 **Museo Arqueológico**
Plaza José Álvarez Sáez de Buruaga.
📞 924 00 19 08. 🕐 Di–So.

⓰ Olivenza

Badajoz. **Karte** C10. 🏛 12 000.
ℹ Plaza de Santa María del Castillo 15, 924 49 01 51. 🛍 Sa. 🎭 Muñecas de San Juan (23. Juni).

Das Städtchen war bis 1801 portugiesische Enklave. Olivenza strahlt den Charme einer bunten Stil- und Völkermischung aus. Eine Ringmauer umgibt das alte Kastell (heute **Museo Etnográfico González Santana**) sowie drei Kirchen: In **Santa María del Castillo** findet man einen Stammbaum der Jungfrau Maria. **Santa María Magdalena** gilt mit ihren gedrehten Arkadensäulen als gutes Beispiel für den manue-

Innenraum von Santa María Magdalena in Olivenza

linischen Stil des 16. Jahrhunderts, die **Santa Casa de Misericordia** zieren Friese aus blau-weißen *azulejos* (Fliesen).

Neben dem Hauptplatz verkauft die Konditorei in der **Casa Fuentes** *pécula mécula*, Sahnetorte.

🏛 **Museo Etnográfico González Santana**
Plaza de Santa María. 📞 924 49 02 22. 🕐 Di–So. 🎭 ♿
🌐 **elmuseodeolivenza.com**

⓱ Cancho Roano

Zalamea de la Serena, EX-114 (Carretera Zalamea–Quintana), km 3. **Karte** E10. 📞 629 23 52 79. 🕐 tägl. (außer So nachm.). ● Feiertage.

Das Palastheiligtum, das man heute der Kultur von Tartessos *(siehe S. 53)* zuordnet, wurde erst 1978 entdeckt. Bei Ausgrabungsarbeiten wurde ein kleiner, dreimal wiederaufgebauter Tempel freigelegt, der von einem Burggraben umgeben ist. Jeder Tempel war größer und prächtiger als sein Vorgängerbau. Im 6. Jahrhundert v. Chr. wurden sie dem Feuer übergeben, damit sie nicht in Feindeshand fielen.

Die meisten Fundstücke, darunter Schmuck, Keramiken und Möbel, sind im Archäologischen Museum von Badajoz ausgestellt.

Umgebung: Neben der Kirche im Nachbarort **Zalamea de la Serena** steht ein riesiger römischer Grabstein. Ende August ist die Stadt Schauplatz einer Freiluftaufführung von Calderón de la Barcas Drama *Der Richter von Zalamea* (um 1640 *siehe S. 38*), dessen Handlung auf einer wahren Begebenheit beruhen soll. Feinschmecker schätzen die *torta de la Serena*, den hiesigen Schafskäse.

Spuren der antiken Kultur von Tartessos in Cancho Roano

⓲ Zafra

Badajoz. **Karte** D10. 🏛 17 000. 🚉
🚌 ℹ Plaza de España 8, 924 55 10 36. 🛍 So, letzter Sa im Monat. 🎭 San Miguel (Sep/Okt). 🌐 **visitazafra.com**

Im Herzen dieser anmutigen Stadt, die wegen ihres andalusischen Ambientes den Beinamen »kleines Sevilla« trägt, liegen zwei arkadengesäumte Plätze. Die ältere **Plaza Chica** war früher der Marktplatz des Städtchens. Sie geht in die größere **Plaza Grande** mit der **Iglesia de la Candelaria** (mit Zurbarán-

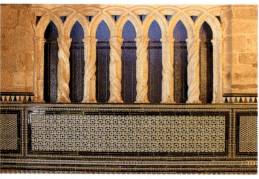

Der prächtig gekachelte Kreuzgang der Kathedrale von Badajoz

Hotels und Restaurants in Extremadura *siehe Seiten 571 und 597*

Zurbarán-Altarbild in der Iglesia de la Candelaria in Zafra

Altarbild) über. An der Calle Sevilla stehen der Convento de Santa Clara und der **Alcázar de los Duques de Feria** (mit einem Patio im Stil von Juan de Herrera), der nun ein einladender Parador ist.

⑲ Jerez de los Caballeros

Badajoz. **Karte** D10. 🏔 10000. 🚌 ℹ Plaza de San Agustín 1, 924 73 03 72. 🛒 Mi. 🎉 Osterwoche, Feria del Jamón (Mai). 🌐 **jerezcaballeros.es**

Die Hügelstadt Jerez, deren Silhouette von drei Barocktürmen durchbrochen wird, zählt zu den malerischsten Flecken der Extremadura und besitzt zugleich historische Bedeutung, wurde hier doch Vasco Núñez de Balboa, der Entdecker des Pazifiks, geboren. In der **Torre Sangrienta** wurden im Jahr 1312 einige Tempelritter hingerichtet. Die Altstadt drängt sich um drei Kirchen:

San Bartolomé mit einer mit *azulejos* (Fliesen) dekorierten Fassade, **San Miguel**, deren Backsteinturm die Plaza de España beherrscht, und **Santa María de la Encarnación**.

Umgebung: Fregenal de la Sierra, 25 Kilometer südlich, ist ein reizvolles altes Städtchen mit Stierkampfarena. Diese befindet sich innerhalb eines Schlosses (13. Jh.). Der Palacio de Condes de Torrepilares (Calle Iglesias de Santa Ana) ist ebenfalls sehenswert.

⑳ Llerena

Badajoz. **Karte** E10. 🏔 6000. 🚉 🚌 ℹ Calle Aurora 3, 924 87 05 51. 🛒 Do. 🎉 Nuestra Señora de la Granada (1.–15. Aug). 🌐 **llerena.org**

Llerena, das Tor der Extremadura zu Andalusien, setzt sich aus Mudéjar- und Barockbauten zusammen. An dem palmengesäumten Hauptplatz steht die weiß getünchte, mit

Renaissance-Bogen geschmückte Kirche **Nuestra Señora de la Granada**, deren Innenraum ihre einstige Bedeutung als Sitz der Inquisition *(siehe S. 278)* widerspiegelt. Den Platz selbst schmückt ein Brunnen von Zurbarán, der 15 Jahre in Llerena lebte. Auch der **Convento de Santa Clara** (14. Jh.) lohnt einen Besuch.

Umgebung: In **Azuaga**, 30 Kilometer östlich von Llerena, verdient die Iglesia de la Consolación einen Abstecher allein wegen ihrer Kacheln.

㉑ Tentudía

Badajoz. **Karte** E10. 🚌 Calera de León. ℹ Plaza de España 12, Calera de León, 924 584 084. **Monasterio** ⭕ Di–So. 🎨 📷 🌐 **turismoextremadura.com**

In den bewaldeten Hängen von Tentudía, wo die Sierra Morena nach Andalusien hineinreicht, markieren Festungsstädchen und von mittelalterlichen Ritterorden gegründete Kirchen den Grenzverlauf. Das **Monasterio de Tentudía** des Ordens von Santiago aus dem 13. Jahrhundert hat einen Mudéjar-Kreuzgang und ein Retabel mit Fliesen aus Sevilla.

In **Calera de León**, sechs Kilometer nördlich, erinnert ein zum Teil verfallenes Kloster des Ordens von Santiago an die Renaissance. Zu der Anlage gehören eine gotische Kirche und ein Kreuzgang.

Arena in Fregenal de la Sierra

SÜDSPANIEN

Südspanien im Überblick

Die weitläufige Region Andalusien erstreckt sich über den Süden Spaniens. Ihre Landschaft reicht vom trockenen Almería im Osten zum Feuchtgebiet des Doñana-Nationalparks im Westen und von den schneebedeckten Gipfeln der Sierra Nevada zu den goldenen Stränden der Costa del Sol. Drei Städte im Landesinneren teilen sich Spaniens grandioseste Denkmäler maurischer Kultur: Granada, Córdoba und Sevilla, die Hauptstadt Andalusiens mit 700 000 Einwohnern. Zwischen ihnen liegen viele andere historische Orte, Naturreservate und die Rebflächen um Jerez de la Frontera, Heimat des Sherrys.

Die Mezquita von Córdoba *(siehe S. 486f)* besticht durch zahllose Hufeisenbogen und den herrlich ornamentierten Mihrab (Gebetsnische).

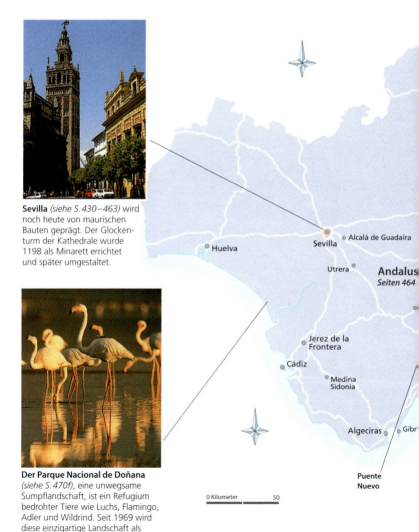

Sevilla *(siehe S. 430–463)* wird noch heute von maurischen Bauten geprägt. Der Glockenturm der Kathedrale wurde 1198 als Minarett errichtet und später umgestaltet.

Huelva

Sevilla
Alcalá de Guadaira

Utrera

Andalus
Seiten 464

Jerez de la
Frontera

Cádiz

Medina
Sidonia

Algeciras
Gibr

Puente
Nuevo

0 Kilometer   50

Der Parque Nacional de Doñana *(siehe S. 470f)*, eine unwegsame Sumpflandschaft, ist ein Refugium bedrohter Tiere wie Luchs, Flamingo, Adler und Wildrind. Seit 1969 wird diese einzigartige Landschaft als Nationalpark geschützt.

◄ Herrliche *azulejos*, maurische Keramikfliesen, im Real Alcázar von Sevilla *(siehe S. 446f)*

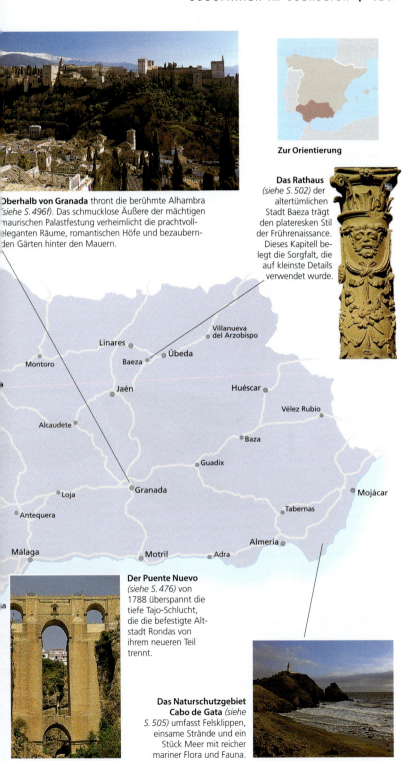

Zur Orientierung

Oberhalb von Granada thront die berühmte Alhambra *(siehe S. 496f)*. Das schmucklose Äußere der mächtigen maurischen Palastfestung verheimlicht die prachtvoll-eleganten Räume, romantischen Höfe und bezaubernden Gärten hinter den Mauern.

Das Rathaus *(siehe S. 502)* der altertümlichen Stadt Baeza trägt den plateresken Stil der Frührenaissance. Dieses Kapitell belegt die Sorgfalt, die auf kleinste Details verwendet wurde.

Villanueva del Arzobispo

Linares

Montoro

Baeza

Übeda

Jaén

Huéscar

Vélez Rubio

Alcaudete

Baza

Guadix

Loja

Granada

Mojácar

Antequera

Tabernas

Málaga

Motril

Adra

Almería

Der Puente Nuevo *(siehe S. 476)* von 1788 überspannt die tiefe Tajo-Schlucht, die die befestigte Altstadt Rondas von ihrem neueren Teil trennt.

Das Naturschutzgebiet Cabo de Gata *(siehe S. 505)* umfasst Felsklippen, einsame Strände und ein Stück Meer mit reicher mariner Flora und Fauna.

Regionale Spezialitäten

Andalusien grenzt auf der einen Seite ans Mittelmeer und auf der anderen an den Atlantik. Das Landesinnere ist von Bergen und Hügelketten mit endlosen Olivenhainen und Sonnenblumenfeldern gekennzeichnet. Die Küche ist so abwechslungsreich wie die Landschaft und bietet eine Vielfalt an Meeresfrüchten, Fleisch- und Wildgerichte sowie Obst und Gemüse. Das *tapeo* (Tapas-Bar-Tour) ist hier ein Muss. An der Küste, besonders der Costa del Sol, wie auch am Festland entstanden immer mehr Restaurants mit internationaler Küche, in anderen Gebieten wird aber immer noch traditionell gekocht.

Oliven und Olivenöl

Köstliche Auswahl an Tapas in einer typischen Bar

albóndigas (Fleischklöße) des Viertels. Zu den Tapas trinkt man ein Glas gekühlten Sherry oder kaltes Bier vom Fass *(una caña)*. Früher waren Tapas umsonst, aber diese Tradition ist heute weitgehend ausgestorben.

Seafood
Bei der langen Küste verwundert es nicht, dass Südspanien jedwede Art von Fisch und Seafood wie Kabeljau, Seehecht, Garnelen, Krebse, Venusmuscheln, Schwertmuscheln, Oktopus, Tintenfisch, Seezunge und Thunfisch bietet. In fast jedem Badeort bekommen Sie *pescaíto frito*. Es wird aus dem Fang des Tages zubereitet. In Cádiz wird es in einer Papiertüte serviert. Im Sanlúcar müssen Sie die *langostinos* (Riesengarnelen) probieren.

Tapas
Das *tapeo*, also die Tapas-Tour, ist fester Bestandteil des Alltags in Andalusien. Jede Bar hat ihre eigene Spezialität. Eine ist zum Beispiel für hausgemachte *croquetas* (mit Schinken oder Kabeljau gefüllte Kroketten) berühmt, die andere serviert hervorragende Schinken, wieder eine andere macht die besten

Jamón ibérico *Morcilla* mit Zwiebeln *Morcilla* mit Reis *Salchichón ibérico bellot* *Chorizo rosario picant* *Lo... embucha...*

Eine Auswahl von *embutidos* (Wurstwaren)

Typische Gerichte Südspaniens

Andalusien steht für vieles, was als typisch spanisch gilt – die feurigen Rhythmen des Flamenco, die weißen Dörfer und die Stierkämpfe. Nicht zu vergessen die Tapas, mit denen man in Andalusien eine ganze Mahlzeit bestreiten kann. Die meisten Bars bieten eine exzellente Auswahl davon. Unbedingt probieren sollten Sie die zarten Schinken aus Jabugo und Trevélez oder frisch gebratenen Fisch mit viel Zitronensaft. Eiskalter Sherry (der Name leitet sich von Jerez ab, wo der meiste Sherry hergestellt wird) ist in der sengenden Sommerhitze eine köstliche Erfrischung und das Getränk bei Fiestas im Süden. Das beliebteste Fleisch ist Rind, zumal als geschmorter Ochsenschwanz, aber es gibt in dieser Region auch Ente, Schweinefleisch und Lamm, das mit Lorbeer gewürzt wird.

Granatäpfel

Gazpacho Die gekühlte Suppe enthält Olivenöl, Gurken, reife Tomaten, Knoblauch, Zwiebeln und roten Paprika.

Ein andalusischer Gemüseverkäufer präsentiert seine frische Ware

Fleisch und Wild

Rind wird in Andalusien sehr geschätzt. Weite Felder voller glänzender Stiere (von denen manche dem Stierkampf geweiht sind, die meisten aber der Fleischgewinnung dienen), so weit das Auge reicht,

Großes Angebot an Garnelen und Sardinen auf dem Fischmarkt

prägen die Landschaft. Eines der beliebtesten Gerichte ist *rabo de toro* (Ochsenschwanz). Die berühmten Schinken aus Jabugo (im Südwesten) und Trevélez (bei Granada) gehören zu den besten Spaniens, ihr Fleisch stammt von frei laufenden, mit Eicheln genährten Schweinen. Diverse Wurstspezialitäten werden nach alten, über Jahrhunderte unveränderten Rezepten hergestellt. In den wilden Sierras gibt es viel Wild sowie Lamm und Hase.

Obst und Gemüse

Olivenhaine bedecken die weiten, andalusischen Felder und Hügel. Die besten Öle werden ähnlich hoch gehandelt wie erlesene Weine. Olivenöl wird in der andalusischen Küche großzügig verwendet. Das typische Frühstück im Süden besteht aus geröstetem, mit dünnen Tomatenscheiben belegtem und mit Olivenöl beträufeltem Landbrot. Das heiße Klima bietet ideale Bedingungen für Obst und Gemüse, wie etwa Orangen, Pfirsiche und Mangos sowie Tomaten, Spargel, Auberginen und Artischocken. Der *gazpacho*, eine gekühlte Tomatensuppe, ist ein Klassiker, genauso wie der mit hart gekochtem Ei und Schinken garnierte *salmorejo*.

Auf der Speisekarte

Chocos con habas Kabeljau mit Bohnen, Weißwein und viel Lorbeerblättern.

Pato a la sevillana Saftige Ente wird mit Zwiebeln, Lauch, Karotten, Lorbeer und einem Schuss Sherry zubereitet – eine Spezialität aus Sevilla.

Rabo de toro Dieser andalusische Klassiker besteht aus Ochsenschwanz mit Gemüse, Lorbeer und Sherry und wird langsam gegart.

Salmorejo cordobés Cremiger Tomatendip, mit Brotkrumen angedickt.

Torta de camarones Köstliches, mit ganzen Shrimps gefülltes Schmalzgebäck.

Tortilla del Sacromonte Spezialität aus Granada: ein Omelett mit Innereien wie Hirn oder Niere sowie Peperoni und Erbsen.

Huevos a la flamenca Im Tontopf mit Gemüse, geräuchertem Schinken und Chorizo gebackene Eier.

Pescaíto frito Die kleinen, im Teigmantel frittierten Fische und Meeresfrüchte sind besonders an der Küste beliebt.

Tocino de cielo Der Name dieses cremigen Puddingdesserts mit Karamell bedeutet »Himmelsspeckchen«.

Die Weine Südspaniens

Andalusien ist ein Land schwerer Weine, der bekannteste ist der Sherry (Jerez). Hier trinkt man den leichteren Fino- und den Manzanilla-Sherry (jeweils nur 15,5 Prozent Alkohol) gekühlt als Tafelwein – besonders zu Tapas *(siehe S. 578f)*. Die älteren, schwereren, aber doch trockenen Amontillado- und Oloroso-Sherrys passen gut zu Serrano-Schinken *(siehe S. 578)*. Die Region produziert auch »normale« Weine sowie den Madeira-artigen Dessertwein Málaga.

Arbeit in den Weinstöcken, Jerez

Tío Pepe ist ein Fino aus Jerez mit besonders schöner Bernsteinfarbe und appetitanregendem Bouquet.

Weinbaugebiete

Die Weinregion Jerez (»Sherry« ist die englische Version des Ortsnamens) erstreckt sich zwischen den Städten Jerez, Sanlúcar und El Puerto de Santa María. Südlich der Anbaugebiete Montilla-Moriles wachsen die Reben für Málaga.

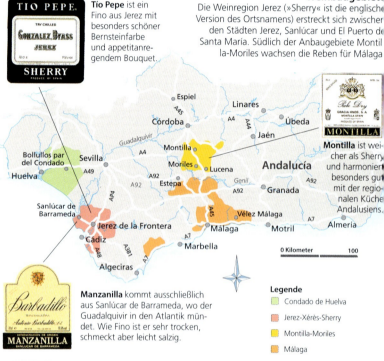

Montilla ist weicher als Sherry und harmoniert besonders gut mit der regionalen Küche Andalusiens.

Manzanilla kommt ausschließlich aus Sanlúcar de Barrameda, wo der Guadalquivir in den Atlantik mündet. Wie Fino ist er sehr trocken, schmeckt aber leicht salzig.

Legende
- Condado de Huelva
- Jerez-Xérès-Sherry
- Montilla-Moriles
- Málaga

0 Kilometer 100

Kleine Weinkunde: Südspanien

Lage und Klima
Jerez ist eine der sonnigsten Gegenden Europas, doch mildern Meereswinde die Hitze. Der beste Boden ist die kalkige Albariza. In Montilla ist der Boden lehmhaltiger.

Rebsorten
Der beste trockene Sherry wird aus Palomino-Trauben gekeltert. Pedro Ximénez (Haupttrebe für Montilla und Málaga) ist süßer. In Málaga gedeiht auch Muskateller.

Gute Erzeuger
Condado de Huelva: Manuel Sauci Salas (Riodiel), A. Villarán (Pedro Ximénez Villarán). **Jerez:** Barbadillo (Solear), Blázquez (Carta Blanca), Caballero (Puerto), Garvey (San Patricio), González Byass (Alfonso, Tío Pepe), Hidalgo (La Gitana, Napoleón), Lustau, Osborne (Quinta), Pedro Domecq (La Ina), Sandeman. **Montilla-Moriles:** Alvear (C.B., Festival), Gracia Hermanos, Pérez Barquero, Tomás García. **Málaga:** Scholtz Hermanos, López Hermanos.

Sherry-Herstellung

Sherrys sind Verschnittweine. Am häufigsten verwendet werden die Rebsorten Palomino (für trockenen Sherry) und Pedro Ximénez (für ein volleres Aroma mit mehr Süße).

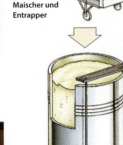

Trocknen: Pedro-Ximénez-Trauben werden vor der Weiterverarbeitung in der Sonne getrocknet, wodurch der Zuckergehalt steigt.

Maischer und Entrapper

Weinlese: In den ersten drei Septemberwochen wird geerntet. Um die Frische zu erhalten, werden Palomino-Trauben sofort gepresst.

Entrappen und Pressen: In Edelstahlpressen werden die Trauben von Stielen befreit und gemaischt.

Fermentier-bottich aus Edelstahl

Flor, eine Hefeart, kann sich beim Gärungsprozess an der Oberfläche junger Weine bilden. Es verhindert das Oxidieren und trägt zum typischen Geschmack bei.

Anreicherung: Um den Alkoholgehalt von rund elf Prozent auf 18 Prozent bei Olorosos und 15,5 Prozent bei Finos zu erhöhen, wird Weindestillat beigemischt.

Das *solera*-System

Die jüngste *solera* enthält neuen Wein.

Sherry wird von der ältesten *solera* (Unterlage) abgefüllt.

Das fertige Produkt

Das *solera*-System bürgt für gleichbleibende Qualität. Der Wein der jüngsten *solera* mischt sich mit Wein früherer Jahrgänge und nimmt dessen charakteristischen Geschmack an.

Maurische Architektur

Die maurische Baukunst erreichte ihre erste Blüte in der mächtigen Kalifenstadt Córdoba. In jener Epoche erhielt die Mezquita die wesentlichen Stilmerkmale – reich verzierte Bogen, prunkvoller Stuck und (wegen des strikten Bilderverbots) ornamentale Kalligrafie. Die Almohaden führten einen reineren islamischen Stil ein, wie er an La Giralda *(siehe S. 442f)* zu sehen ist; die Nasriden errichteten die grandiose Alhambra *(siehe S. 496f)*. Die kunstfertigen *mudéjares (siehe S. 59)* schufen herrliche Bauten wie den Palast Pedros I im Real Alcázar *(siehe S. 446f)* in Sevilla.

Reflexionen im Wasser waren eir beliebter Kunstgriff maurischer Architekten.

Maurische Kuppeln waren wie viele Bauten dieses Stils äußerlich unscheinbar, im Inneren jedoch flächendeckend verziert. Unser Beispiel (in der Mezquita, *siehe S. 486f)* ist mit farbenprächtigen floralen Mosaiken geschmückt.

Wehrmauer

Maurische Parks waren oft um Becken oder künstliche Wasserläufe angelegt.

Präkalifenzeit 711–929	Kalifenzeit 929–1031	Almoraviden- und Almohaden-Zeit 1091–1248	Nasriden-Zeit um 1238–1492
	1031–91 Taifa-Periode *(siehe S. 57f)*		um 1350 Alhambra

700	800	900	1000	1100	1200	1300	1400
	785 Baubeginn Mezquita in Córdoba			1184 Baubeginn La Giralda in Sevilla		um 1350 Palacio Pedro I	
		936 Baubeginn Medina Azahara bei Córdoba			Mudéjar-Stil nach 1215		

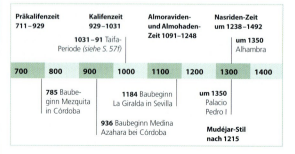

Azulejos *(siehe S. 444)*, be und glasifizierte Keramikfl verzieren, wie hier im Rea cázar *(S. 446f)*, die Wänd

Maurische Bogenformen

Der maurische Bogen entwickelte sich aus dem Hufeisenbogen der westgotischen Kirchenarchitektur. In abgewandelter Form setzten die Mauren ihn bei wegweisenden Bauten wie der Mezquita ein. Spätere Bogen tragen filigranere Ornamentik und weichen zunehmend von der ursprünglichen Hufeisenform ab.

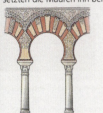

Kalifen-Bogen, Medina Azahara *(siehe S. 483)*

Almohaden-Bogen, Real Alcázar *(siehe S. 446f)*

Mudéjar-Bogen, Real Alcázar *(siehe S. 446f)*

Nasriden-Bogen, Alhambra *(siehe S. 496f)*

Maurischer Palast

Die Herrenhäuser der Mauren waren auf Komfort und Wohnkultur angelegt. Unser (frei erfundenes) Beispiel zeigt, wie Raum, Licht, Wasser und Ornamentik in perfekter Harmonie kombiniert wurden.

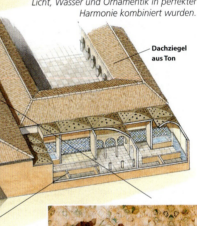

Arkadengänge um die Innenhöfe spenden Schatten.

Dachziegel aus Ton

In der Vorhalle wurden ungebetene Gäste abgewiesen.

Maurische Bäder verfügten wie römische Thermen über Fußbodenheizung, Dampfbäder und Becken.

Brunnen kühlten die eleganten Innenhöfe und dienten der Entspannung. Das Bild zeigt den Patio de los Leones in der Alhambra *(siehe S. 497)*.

Faszinierende Stuckarbeiten sind typisch für den Nasriden-Stil. Die wunderbare Sala de los Abencerrajes in der Alhambra *(siehe S. 497)* besteht aus den denkbar schlichtesten Materialien, gilt aber dennoch als eines der grandiosesten Monumente aus der Maurenzeit.

Flamenco

Flamenco ist mehr als nur ein Tanz, er ist kraftvoller künstlerischer Ausdruck von Freude und Leid. Obwohl er in ganz Spanien getanzt wird, ist er doch eine einzigartige andalusische Kunstform, die die Zigeuner schufen. Es existieren viele Arten des *cante* (Liedes), aber keine festgelegte Choreografie. Die Tänzer improvisieren eine Reihe von Grundbewegungen, dem Rhythmus der Gitarre und ihrem Gefühl folgend. Der Flamenco schien nach 1960 fast ganz vergessen, lebt aber dank ernsthaften Interesses und der Entwicklung neuer Tanzformen wieder auf.

Sevillana, ein Volkstanz mit starkem Flamenco-Einfluss, wird von den Andalusiern in Kneipen und zu Hause getanzt.

In einem *tablao* (Flamenco-Club) ist neben Tänzern, Gitarristen und Sängern immer auch eine Person, die klatscht, auf der Bühne.

Die Herkunft des Flamenco ist schwer zu ergründen. Vielleicht waren es Zigeuner, die ihre indisch geprägte Kultur mit der bestehenden maurischen und der andalusischen Folklore sowie jüdischer und christlicher Musik mischten. Schon im frühen Mittelalter gab es Zigeuner in Andalusien, aber erst im 18. Jahrhundert entwickelte sich der Flamenco.

Spanische Gitarre

Die Gitarre spielt eine wichtige Rolle im Flamenco und begleitet den Sänger. Die Flamenco-Gitarre entwickelte sich aus der klassischen Gitarre, die in Spanien im 19. Jahrhundert aufkam. Sie ist leicht und flach, mit einer Platte als Verstärkung unterhalb des Schalllochs, auf der der Rhythmus geschlagen wird. Heute spielen Flamenco-Gitarristen oft solo. Paco de Lucía, wohl der bekannteste, begleitete Sänger und Tänzer, bevor er 1968 sein Solodebüt gab. Sein einfallsreicher Stil, der traditionelles Gitarrenspiel mit lateinamerikanischen Klängen sowie Jazz- und Rockelementen mischte, beeinflusste viele Musiker anderer Stilrichtungen, wie die Gruppe Ketama, die Flamenco-Blues spielt.

Klassische Gitarre

Paco de Lucía (1947–2014)

Der Gesang ist ein wesentlicher Bestandteil des Flamenco, Sänger treten oft solo auf. Camarón de la Isla (1950–1992), ein bei Cádiz geborener *gitano*, war einer der bekanntesten zeitgenössischen *cantaores* (Flamenco-Sänger). Er begann als Sänger des ausdrucksstarken *cante jondo* (wörtlich: »tiefes Lied«), aus dem er einen vom Rock inspirierten Stil schuf.

Flamenco

In Madrid gibt es einige ausgezeichnete *tablaos (siehe S. 325)*. In Granada sind die alten Sacromonte-Höhlen *(siehe S. 495)* beliebt. In Sevilla finden Sie im Barrio de Santa Cruz *(siehe S. 462f)* mehrere empfehlenswerte *tablaos*.

Die stolze, graziöse Haltung der *bailaora* verrät gezügelte Leidenschaft.

Eine raue Stimme ist typisch für den Sänger.

Die *bailaora* (Tänzerin) ist bekannt für ihre feurigen und kraftvollen Bewegungen. Eva Yerbabuena und Sara Baras sind für ihren hocheleganten, sehr eigenen Stil berühmt. Beide leiten ihre eigene Flamenco-Gruppe. Ein weiterer Star ist Juana Amaya.

Das traditionelle gepunktete Kleid

Der *bailaor* (Tänzer) spielt eine weniger wichtige Rolle als die *bailaora*. Viele, wie Antonio Canales, wurden jedoch sehr bekannt. Durch seine originellen Fußbewegungen setzte er neue Impulse.

Flamenco-Clubs

Heutzutage kommt es selten zu einem spontanen Tanz in einem tablao, *doch wenn die Tänzer und Sänger in Stimmung sind, erlebt man eine eindrucksvolle Show. Künstler mit* duende *(»magischem Geist«) ernten anerkennende Olé-Rufe.*

Flamenco-Rhythmus

Den unverkennbaren Rhythmus des Flamenco prägt die Gitarre. Genauso wichtig ist jedoch der Takt, der durch Händeklatschen und das Fußstampfen der Tänzerin in hochhackigen Schuhen erzeugt wird. Die *bailaoras* schlagen den Rhythmus auch mit Kastagnetten. Lucero Tena (geb. 1938) wurde durch ihre Kastagnettensolos berühmt. Graziöse Handbewegungen drücken die Gefühle der Tänzerin aus – Leid, Schmerz oder Freude. Wie die restlichen Körperbewegungen sind auch sie nicht festgelegt und bei jeder Tänzerin anders.

Hölzerne Kastagnetten

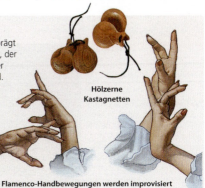

Flamenco-Handbewegungen werden improvisiert

Sevilla im Überblick

Die Hauptstadt der Region Andalusien verfügt über ein reiches kulturelles Erbe. Bauwerke aus maurischer Zeit prägen das Stadtbild, einige wurden umgestaltet oder erweitert. Das Zentrum Sevillas befindet sich am östlichen Ufer des Guadalquivir, die meisten Sehenswürdigkeiten liegen in Gehentfernung. Zu den größten Attraktionen gehören die Kathedrale mit ihrem Glockenturm La Giralda, der Real Alcázar und das Museo de Bellas Artes. Auch die Casa de Pilatos und die Plaza de Toros de la Maestranza sind wichtige Anziehungspunkte. Sevilla rühmt sich zudem vieler exzellenter Restaurants.

Das Museo de Bellas Artes *(siehe S. 436)* ist nach Madrids Prado zweitwichtigstes Kunstmuseum Spaniens.

Die Iglesia de la Magdalena *(siehe S. 436)* ist ein Juwel des Barock, ihr Innenraum ist meisterhaft ausgestaltet.

CALLE ALFON

CALLE TORNEO

CALLE SAN PABLO

El Arenal
Seiten 432–437

CALLE ADRIAN

PASEO DE CRISTÓBAL COL

Guadalquivir

Die Plaza de Toros de la Maestranza *(siehe S. 436)*, die berühmte Stierkampfarena Sevillas, entstand ab 1761 im Stil des Barock. Ein Museum präsentiert Kostüme der Toreros sowie Plakate, Fotos und Porträts, die sich dieser spanischen Tradition widmen.

Der Torre del Oro *(siehe S. 437)* aus dem 13. Jahrhundert bezieht seinen Namen »goldener Turm« von den vergoldeten *azulejos*, die früher die Wände schmückten. Zwischen ihm und seinem Zwillingsturm am gegenüberliegenden Flussufer war eine Metallkette gespannt, die feindliche Schiffe aufhalten konnte.

Sevilla

Zur Orientierung

0 Meter 300

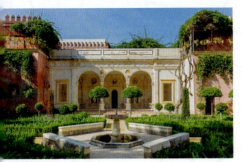

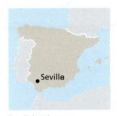

Die Casa de Pilatos *(siehe S. 444)* bietet als einer der eindrucksvollsten Paläste der Stadt einen Mix aus Renaissance, Mudéjar-Stil und Barock. Das 1529 vom Marquis von Tarifa in Auftrag gegebene Anwesen verfügt über einen aufwendig gestalteten Patio.

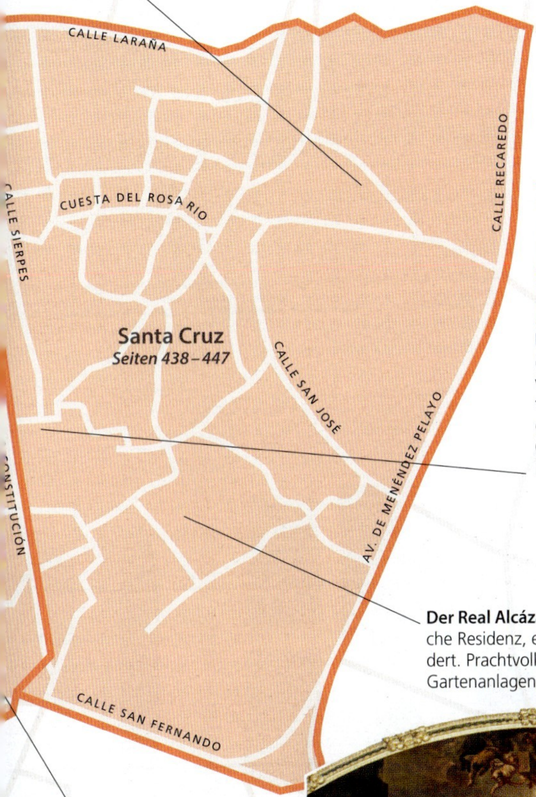

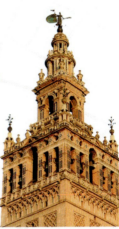

CALLE LARAÑA
CALLE RECAREDO
CUESTA DEL ROSARIO
CALLE SIERPES
Santa Cruz
Seiten 438–447
CALLE SAN JOSÉ
AV. DE MENÉNDEZ PELAYO
CONSTITUCIÓN
CALLE SAN FERNANDO

Kathedrale und La Giralda *(siehe S. 442f)* bilden ein überwältigendes Ensemble. Das Gotteshaus wurde im 15. Jahrhundert an der Stelle einer Moschee (12. Jh.) errichtet, deren Minarett heute als Glockenturm dient.

Der Real Alcázar *(siehe S. 446f)*, eine königliche Residenz, entstand ab dem 14. Jahrhundert. Prachtvolle maurische Salons, Patios und Gartenanlagen prägen dieses Schmuckstück.

Das Hospital de la Caridad *(siehe S. 437)* ist ein wunderbares Beispiel des Sevillaner Barocks. Gemälde renommierter Künstler wie Juan de Valdés Leal und Murillo schmücken die Wände, die beeindruckenden Bilder zeigen biblische Szenen.

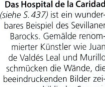

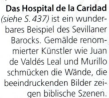

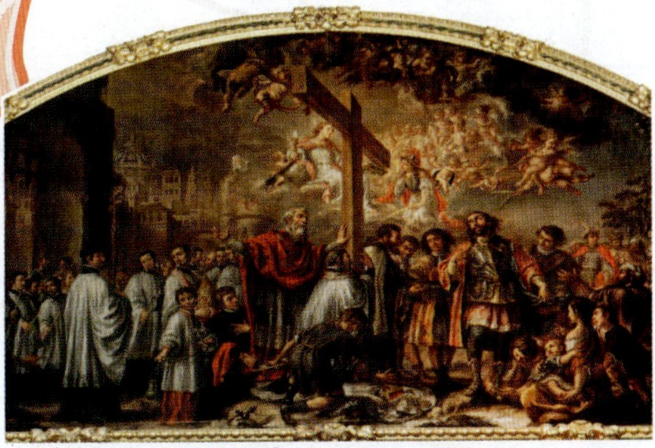

El Arenal

El Arenal grenzt an den Guadalquivir und wird von der maurischen Torre del Oro aus dem 13. Jahrhundert bewacht. Früher diente das Viertel als Arsenal und Werft. Heute dominiert das weiße Rund der Stierkampfarena, die Plaza de Toros de la Maestranza, den Stadtteil, in der die Sevillaner seit über 200 Jahren ihre *corridas* feiern. In der Stierkampfsaison im Sommer sind die Bars und Bodegas der angrenzenden Straßen besonders gut besucht.

Der Guadalquivir, einstmals Mittelpunkt des städtischen Lebens, verlor im 17. Jahrhundert durch Verschlammung an Bedeutung. Die Stadtmauern von El Arenal wurden zu einem berüchtigten Treff der Unterwelt. Anfang der 1920er Jahre wurde der Fluss zum Kanal umgebaut. Anlässlich der Expo '92 wurde er wieder in seinen früheren befahrbaren Zustand zurückversetzt. Am Ostufer entstand eine baumgesäumte Promenade mit Blick über das Wasser auf Triana und die Isla de la Cartuja *(siehe S. 450)*.

Das Hospital de la Caridad bezeugt die Affinität der Stadt zum Barock. Die Kirche ist voller Murillo-Bilder. Alles über die Schule von Sevilla erfahren Sie im renovierten Museo de Bellas Artes weiter nördlich. Die Kunstsammlung zeigt Werke von Zurbarán, Murillo und Valdés Leal.

Sehenswürdigkeiten auf einen Blick

Historische Gebäude
❸ Plaza de Toros de la Maestranza
❹ Hospital del la Caridad
❺ Torre del Oro

Museum
❶ Museo de Bellas Artes
Kirche
❷ Iglesia de la Magdalena

Restaurants in diesem Stadtteil
siehe S. 597

Stadtplan *1, 3, 5*

0 Meter ———— 500

◀ Saal V des Museo de Bellas Artes, Sevilla *(siehe S. 436)*   Zeichenerklärung *siehe hintere Umschlagklappe*

Im Detail: El Arenal

Früher befand sich hier Sevillas Hafen, in El Arenal lagen aber auch Waffenfabriken und das Artillerie-hauptquartier. Heute bestimmt die Stierkampf-arena, die Plaza de Toros de la Maestranza, das Bild der Stadt. Das Viertel ist ein Hotspot für Nacht-schwärmer, vor allem in der Stierkampfsaison *(siehe S. 436)* sind die Bars und Restaurants über-füllt. Das Flussufer beherrscht eines der bekann-testen Gebäude Sevillas, die maurische Torre del Oro. Die lange baumbestandene Promenade Paseo de Cristóbal Colón lädt zu einem romanti-schen Spaziergang am Guadalquivir ein.

❸ ★ Plaza de Toros de la Maestranza
Die Stierkampfarena des 18. Jahrhunderts – eine der ältesten Spaniens – hat eine herrliche Barockfassade.

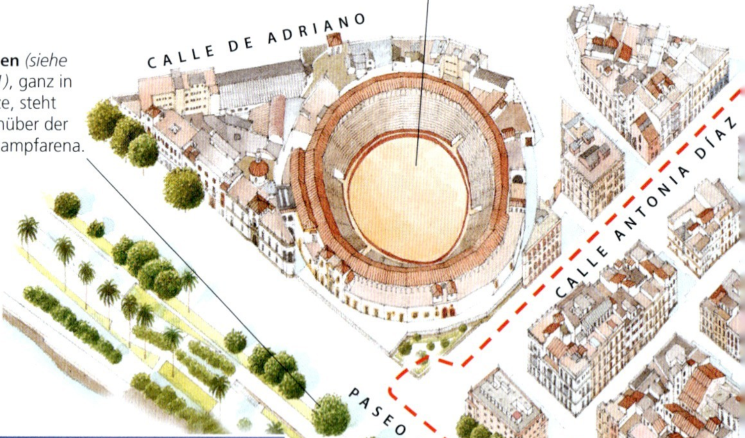

Carmen *(siehe S. 451)*, ganz in Bronze, steht gegenüber der Stierkampfarena.

CALLE DE ADRIANO

CALLE ANTONIA DÍAZ

PASEO DE CRISTÓBAL COLÓN

Das Teatro de la Maestranza, Konzertsaal und Opernhaus, eröffnete 1991 und ist die Heimat des Orquesta Sinfónica de Sevilla. Hier treten auch internationale Opern-ensembles und Tanzgruppen auf.

Paseo Alcalde Marqués de Contadero

0 Meter   100

Der Guadalquivir verursachte früher katastro-phale Überschwemmungen. 1947 wurde ein Wehr erbaut. Heute genießen Besucher ruhige Bootsfahrten von der Torre del Oro aus.

Hotels und Restaurants in Sevilla *siehe Seiten 571f und 597f*

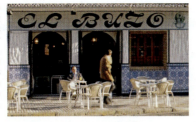

El Buzo (»Der Taucher«) ist eine der Tapas-Bars und *freidurías* an oder nahe der Calle Arfe. Im nahe gelegenen Mesón Cinco Jotas gibt es köstlichen spanischen Schinken *(siehe S. 468)*.

EL BUZO

El Arenal
Santa Cruz

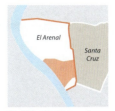

Zur Orientierung
Siehe Stadtplan 3

El Postigo ist ein Kunsthandwerksmarkt.

GARCÍA VINUESA
Zur Kathedrale
ARFE
AVENIDA DE LA CONSTITUCIÓN
TOMÁS DE IBARRA
OS DE MAYO
TEMPRADO
CALLE SANTANDER
Zum Real Alcázar
Maestranza de Artillería

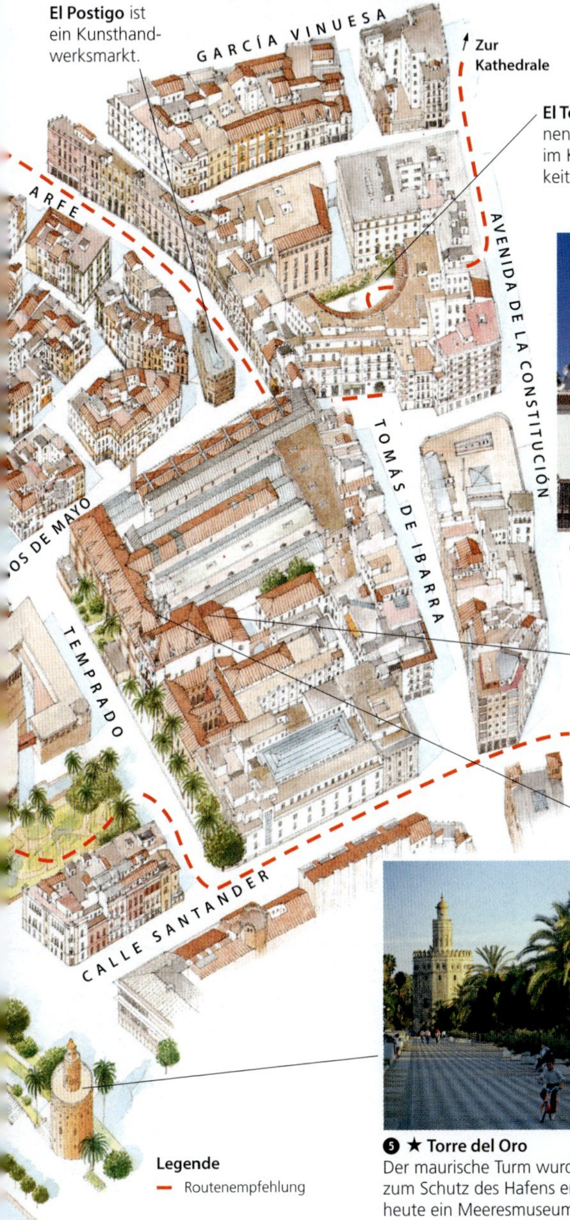

El Torno, an der abgeschiedenen Plaza de Cabildo, verkauft im Kloster hergestellte Süßigkeiten.

4 ★ Hospital de la Caridad
Die Wände der barocken Hospitalkirche schmücken Gemälde von Bartolomé Esteban Murillo und Juan de Valdés Leal.

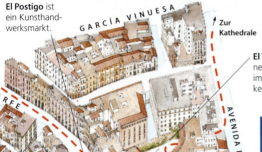

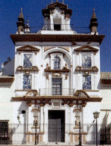

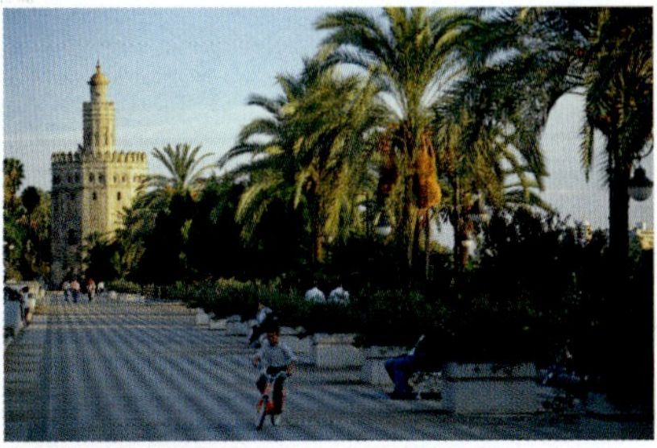

5 ★ Torre del Oro
Der maurische Turm wurde im 13. Jahrhundert zum Schutz des Hafens erbaut. Er beherbergt heute ein Meeresmuseum.

Legende
– Routenempfehlung

Stadtplan Sevilla *siehe Seiten 453–459*

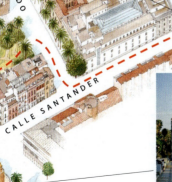

Madonna mit Kind in der barocken Iglesia de la Magdalena

❶ Museo de Bellas Artes

Plaza del Museo 9. **Stadtplan** 1 B5. 95 554 29 42. C5, 6, 13, 14, 27, 32, 43. Di–Sa 9–20, So 9–15 Uhr (Mitte Juni–Mitte Sep: Di–So 9–15.30 Uhr). (für EU-Bürger frei). **museodebellas artesdesevilla.es**

Der Convento de la Merced Calzada wurde zu einem der besten Kunstmuseen Spaniens umgestaltet. Das 1612 von Juan de Oviedo fertiggestellte Gebäude gruppiert sich um drei Innenhöfe. Den größten, den Patio Mayor, baute Leonardo de Figueroa 1724 um. Die barocke Kuppel der Klosterkirche bemalte Domingo Martínez.

Die Sammlung spanischer Malerei und Skulpturen, vom Mittelalter bis zur Moderne, konzentriert sich auf Werke der Künstler aus der Schule von Sevilla. Eines der bekanntesten Werke Murillos befindet sich in der Klosterkirche: Angeblich soll der Künstler *La servilleta*, eine Jungfrau mit Kind (1665–68), auf einer Serviette *(servilleta)* gemalt haben. Eine eigene Galerie ist den religiösen Bildern von Juan de Valdés vorbehalten, darunter *La inmaculada* (1672). Im Mu-

seum hängen außerdem Werke von Francisco de Zurbarán, wie *Der heilige Hugo im Refektorium* (1655), das für das Kloster auf der Isla de la Cartuja *(siehe S. 452)* entstand.

❷ Iglesia de la Magdalena

Calle Bailén 5. **Stadtplan** 3 B1. 95 422 96 03. Plaza Nueva. 3, 21, 40, 41, 43, C5. Zeiten bitte der Website entnehmen. Mo–Sa 8, So 9, 10.30, 20.15 Uhr (je nach Monat weitere Gottesdienste). **rpmagdalena.org**

Die Barockkirche von Leonardo de Figueroa wurde 1709 fertiggestellt. In ihrer südwestlichen Ecke befindet sich die Capilla de la Quinta Angustia, ein Überrest der früheren Kirche. In dieser Kapelle mit drei Mudéjar-Kuppeln wurde Bartolomé Murillo 1618 getauft.

Das damalige Taufbecken steht heute im Baptisterium. Die Westfassade schmückt ein Glockenfries. Zu den bemerkenswerten religiösen Werken der Kirche zählen Francisco de Zurbaráns *Heiliger Dominikus in Soria* in der Capilla Sacramental (rechts vom Südportal) und Fresken von Lucas Valdés über dem Hochaltar. An der

Der heilige Hieronymus im Museo de Bellas Artes

Wand des nördlichen Querschiffs befindet sich das Fresko eines mittelalterlichen Autodafés *(siehe S. 278).*

❸ Plaza de Toros de la Maestranza

Paseo de Cristóbal Colón 12. **Stadtplan** 3 B2. 954 21 03 15. Puerta Jerez. Archivo de Indias. 3, 21, 40, 41, C5. tägl. 9.30 21 Uhr (Nov–März: bis 19 Uhr). Karfreitag, 25. Dez; bei Stierkämpfen: bis 15 Uhr. **realmaestranza.com**

Die berühmte Stierkampfarena Sevillas (1761–1881), ist wohl die prächtigste Spaniens. Die arkadengesäumte Arena bietet 14 000 Zuschauern Platz. Führungen durch das Gebäude beginnen am Haupteingang. Zur Westseite öffnet sich die Puerta del Príncipe, durch die das Publikum die Matadoren auf den Schultern hinausträgt.

Hinter der *enfermería* (Ambulanz) zeigt ein Museum Porträts, Plakate und Kostüme, darunter auch ein Cape von Pablo Picasso. Der Rundgang führt weiter zur Kapelle, in der die Toreros um Erfolg beten, dann zu den Stallungen der Pferde der *picadores*.

Die Stierkampfsaison beginnt Ostersonntag und dauert bis Oktober. *Corridas* finden meist am Sonntagabend statt. Karten verkauft die *taquilla* (Vorverkaufsstelle) an der Arena.

Ein Stückchen weiter befindet sich das Teatro de la Maestranza. Das schmucklose Opernhaus, entworfen von Luis Marín de Terán und Aurelio de Pozo, eröffnete 1991. Eisenfragmente der Munitionsfabriken aus dem 19. Jahrhundert, die vorher an dieser Stelle standen, zieren dem Fluss zugewandte Seite.

Die Arena der Plaza de Toros de la Maestranza

Finis gloriae mundi von Juan de Valdés Leal, Hospital de la Caridad

❹ Hospital de la Caridad

Calle Temprado 3. **Stadtplan** 3 B2.
📞 95 422 32 32. 🚇 🚋 Puerta
Jerez. 🚌 3, 21, 40, 41, C4, C5.
🕐 tägl. 9.30–13.30, 15.30–
19.30 Uhr. 🖼️ ✉️

Das Krankenhaus von 1674 dient noch heute alten und gebrechlichen Menschen als Zufluchtsstätte. Im Garten erinnert eine Statue an den Gründer Miguel de Mañara, dessen ungezügeltes Leben vor seinem Eintritt in eine Bruderschaft der Figur des Don Juan Pate gestanden haben soll. Die Fassade mit ihren weiß getünchten Wänden, dem rötlichen Mauerwerk und den gerahmten *azulejos* ist ein gutes Beispiel Sevillaner Barocks.

Im Inneren befinden sich zwei Patios mit holländischen Kacheln aus dem 18. Jahrhundert und Brunnen mit Statuen, die Nächstenliebe und Barmherzigkeit darstellen. Am nördlichen Ende führt rechts ein Durchgang zu einem zweiten Innenhof mit einem Torbogen (13. Jh.), der aus der städtischen Schiffswerft stammt. Zwischen Rosenstauden verbirgt sich eine Büste Mañaras.

Im Inneren sind, obwohl Marschall Soult einige der besten Werke von hier während der französischen Besatzung 1808–14 *(siehe S. 66f)* plünderte, mehrere Originale

führender Maler des 17. Jahrhunderts zu sehen: über dem Eingang das schaurige *Finis gloriae mundi* von Juan de Valdés Leal, gegenüber sein düsteres *In ictu oculi*. Andere Werke stammen von Murillo, darunter *Der heilige Johannes, einen Kranken tragend*, Porträts von Jesus und *Der heilige Johannes der Täufer als Knabe*.

❺ Torre del Oro

Paseo de Cristóbal Colón. **Stadtplan** 3 B2. 📞 95 422 24 19. 🚇 🚋 Puerta Jerez. 🚌 3, 6, 21, 40, 41, C3, C4. 🕐 Di–Fr 10–14, Sa, So 11–14 Uhr. ⚫ Aug. 🎫 (für EU-Bürger frei). ✉️

Unter den Mauren war der Turm Teil des Verteidigungsrings und Verbindung zum Real Alcázar *(siehe S. 446f)*. Er wurde 1220 als Wachposten gebaut, mit einem Zwillingsturm auf der gegenüberliegenden Flussseite. Eine Metallkette zwischen den Türmen konnte feindliche Schiffe stoppen. 1760 kam der Turmaufsatz hinzu. Das »Gold« im Namen der Torre del Oro kommt von den vergoldeten *azulejos*, die einst die Wände zierten, oder von Schätzen, die hier ausgeladen wurden. Der Turm diente später als Lager und Gefängnis – heute residiert hier ein Meeresmuseum.

Die Torre del Oro der Almohaden

Stadtplan Sevilla *siehe Seiten 453–459*

Sevillas Fiestas

Feria de Abril *(2 Wochen nach Ostern)*. Das Leben der Stadt spielt sich eine Woche lang auf dem Festplatz am Fluss ab. Hier treffen sich Vereine, Gewerkschaften und Nachbarschaftsgruppen in *casetas* (Festzelten), um zu trinken und zum nicht enden wollenden, ansteckenden Rhythmus der Sevillanas zu tanzen. (Oft handelt es sich um geschlossene Gesellschaften.) Ab 13 Uhr stellen Scharen eleganter Reiter und Damen mit *mantillas* in offenen Kutschen ihre stolze Schönheit zur Schau. Nachmittags finden in der Arena oftmals Stierkämpfe statt.

Karwoche *(März/Apr)*. Über 100 vergoldete *pasos* (Wagen mit religiösen Darstellungen) fahren zwischen Palmsonntag und Ostern durch die Straßen. Oft stimmt die Menge spontan *saetas* zum Lobe Christi oder Mariens an. Am frühen Karfreitag, wenn Statuen der Virgen de la Macarena und der Virgen de la Esperanza Triana aus den Kirchen getragen werden, erreicht das Fest seinen Höhepunkt.

Fronleichnam *(Mai/Juni)*. Vor dem Hauptaltar der Kathedrale tanzen *seises*, Jungen in aufwendig gearbeiteten, barocken Kostümen *(siehe S. 443)*.

Prozession in der Karwoche

Santa Cruz

Das alte jüdische Viertel Sevillas, der Barrio de Santa Cruz, ist mit seinen weiß getünchten Gassen und Innenhöfen der malerischste Bezirk der Stadt. Viele Sehenswürdigkeiten der Hauptstadt Andalusiens findet man hier: die gotische Kathedrale mit dem Turm La Giralda, den Real Alcázar mit königlichem Palast und den Parks Pedros I und Carlos' I sowie das Archivo General de Indias, das die Erforschung und Eroberung Südamerikas sowie Spaniens wechselvolle Kolonialgeschichte im Allgemeinen dokumentiert.

Nordöstlich dieser Monumente breitet sich ein Labyrinth von Straßen und Gassen aus. Bartolomé Esteban Murillo, Künstler des Goldenen Zeitalters, lebte im 17. Jahrhundert hier. Sein Zeitgenosse Juan de Valdés Leal schmückte das Hospital de los Venerables mit herrlichen Fresken aus.

Weiter nördlich liegt eine der belebtesten Einkaufsstraßen Sevillas, die Calle Sierpes. Um sie herum gruppieren sich Marktplätze wie die Plaza del Salvador, Kulisse für einige von Cervantes' Geschichten. Fassaden und Innenräume des Rathauses und der Casa de Pilatos, eines Juwels andalusischer Architektur, zeugen vom großen Reichtum, der während des 16. Jahrhunderts aus der Neuen Welt in die Stadt floss und der viele Kunstwerke finanzierte.

Sehenswürdigkeiten auf einen Blick

Historische Gebäude
- ② Ayuntamiento
- ④ Casa de Pilatos
- ⑤ Hospital de los Venerables
- ⑥ Archivo General de Indias
- ⑦ *Real Alcázar S. 446f*

Kirche
- ① *Kathedrale und La Giralda S. 442f*

Straße
- ③ Calle Sierpes

Restaurants in diesem Stadtteil
siehe S. 597f

Stadtplan *1–6*

0 Meter — 500

 ◀ **Eines der Wahrzeichen Sevillas: La Giralda** *(siehe S. 442)*   **Zeichenerklärung** *siehe hintere Umschlagklappe*

Im Detail: Santa Cruz

Am romantischsten und kompaktesten ist Sevilla im Labyrinth enger Straßen rund um die Kathedrale und den Real Alcázar. Neben Souvenirläden, Tapas-Bars und umherwandernden Gitarrenspielern erwarten den Spaziergänger malerische Gässchen, versteckte Plätze und blumengeschmückte Innenhöfe. Im früheren jüdischen Getto bilden die restaurierten Gebäude mit Fenstergittern eine harmonische Mischung aus gehobener Wohngegend und Urlauberhotels. Gute Bars und Restaurants lohnen abends einen Besuch des Viertels.

Die Plaza Virgen de los Reyes wird oft von Pferdekutschen gesäumt. Ihr Zentrum bildet ein Brunnen von José Lafita (frühes 20. Jh.).

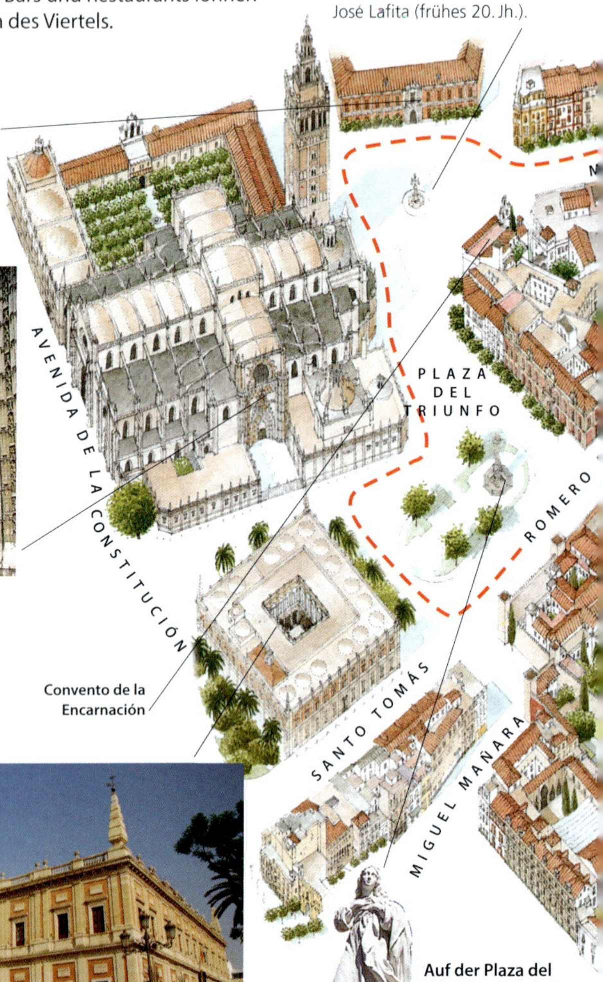

Der Palacio Arzobispal, der erzbischöfliche Palast (18. Jh.), wird noch heute von der Kirche genutzt.

❶ ★ Kathedrale und La Giralda
Kathedrale und Turm sind zweifellos die beliebtesten Sehenswürdigkeiten Sevillas.

AVENIDA DE LA CONSTITUCIÓN

PLAZA DEL TRIUNFO

ROMERO

SANTO TOMÁS

MIGUEL MAÑARA

Convento de la Encarnación

❻ Archivo General de Indias
Das im 16. Jahrhundert als Börse erbaute Archivo General de Indias sammelt Dokumente über die spanische Kolonisation des amerikanischen Kontinents.

Auf der Plaza del Triunfo erinnert eine barocke Säule an das große Erdbeben von 1755. In der Mitte steht eine moderne Statue der Jungfrau Maria (Unbefleckte Empfängnis).

Hotels und Restaurants in Sevilla siehe Seiten 571f und 597f

Die Calle Mateos Gago wird von Orangenbäumen beschattet und ist voller Souvenirläden, Cafés und Tapas-Bars. Die Bar Giralda in Nr. 2, deren Kellergewölbe Überreste eines maurischen Badehauses sind, bietet eine große Auswahl an Tapas.

El Arenal
Santa Cruz

Zur Orientierung
Siehe Stadtplan 3, 4

Die Plaza Santa Cruz schmückt ein prächtiges Eisenkreuz von 1692.

MESÓN DEL MORO

SANTA TERESA

XIMÉNEZ ENCISO

DRIGO

JAMERDANA

REINOSO

LOPE DE RUEDA

PLAZA

STA CRUZ

GLORIA

JUSTINO DE NEVE

PL DOÑA ELVIRA

SUSONA

PIMIENTA

CALLEJÓN DE AGUA

VIDA

❺ ★ Hospital de los Venerables
Zum Heim für Priester im Ruhestand (17. Jh.) gehört eine renovierte Barockkirche.

Callejón del Agua heißt eine weiß getünchte Passage mit Blick in bezaubernde Innenhöfe. Sie wird »Wasserstraße« genannt, weil hier einst die Wasserleitung zum Real Alcázar verlief.

0 Meter   50

❼ ★ Real Alcázar
Sevillas königliche Paläste vereinen auf ideale Weise ausgezeichnete Mudéjar-Arbeiten *(siehe S. 446f)*, Handwerkskunst und Landschaftsgärtnerei.

Legende
— Routenempfehlung

Stadtplan Sevilla *siehe Seiten 453–459*

❶ Santa Cruz: Kathedrale und La Giralda

Die Kathedrale von Sevilla besetzt den Platz einer Moschee, die die Almohaden Ende des 12. Jahrhunderts erbauten. Der Glockenturm La Giralda und der Patio de los Naranjos sind Reste jenes maurischen Baus. Die Arbeiten an Europas größter christlicher Kathedrale begannen im Jahr 1401 und dauerten über ein Jahrhundert. Besucher können die Kathedrale, die Kunstwerke der Kapellen und der Sakristei bewundern oder La Giralda hinaufsteigen und den herrlichen Blick über die Stadt genießen.

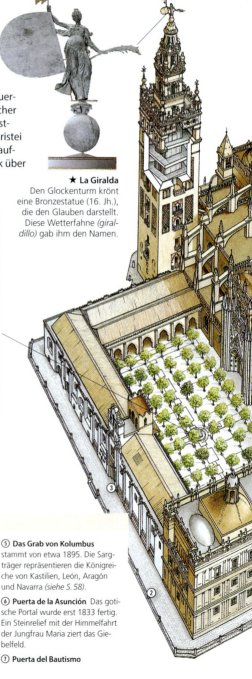

★ **La Giralda**
Den Glockenturm krönt eine Bronzestatue (16. Jh.), die den Glauben darstellt. Diese Wetterfahne *(giraldillo)* gab ihm den Namen.

★ **Patio de los Naranjos**
Zur Zeit der Mauren wuschen Gläubige vor dem Gebet Hände und Füße im Brunnen unter den Orangenbäumen.

Außerdem

① **Die Iglesia del Sagrario**, eine Kapelle aus dem 17. Jahrhundert, ist die Gemeindekirche.

② **Römische Säulen** aus Itálica *(siehe S. 482)* säumen die Kathedrale auf allen Seiten.

③ **Puerta del Perdón** (Ausgang)

④ **Die Sacristía Mayor** beherbergt viele Kunstwerke, auch Gemälde von Murillo.

⑤ **Das Grab von Kolumbus** stammt von etwa 1895. Die Sargträger repräsentieren die Königreiche von Kastilien, León, Aragón und Navarra *(siehe S. 58).*

⑥ **Puerta de la Asunción** Das gotische Portal wurde erst 1833 fertig. Ein Steinrelief mit der Himmelfahrt der Jungfrau Maria ziert das Giebelfeld.

⑦ **Puerta del Bautismo**

Hotels und Restaurants in Sevilla *siehe Seiten 571f und 597f*

Retablo Mayor

Santa María de la Sede, die Schutzheilige der Kathedrale, sitzt auf dem Hochaltar unter einem goldenen Wasserfall. Die 44 vergoldeten Tafeln des Retabels schufen spanische und flämische Bildhauer 1482–1564.

Infobox

Information
Avenida de la Constitución.
Stadtplan 3 C2.
☎ 902 09 96 92.
Kathedrale und La Giralda
◯ Mo 11–15.30, Di–Sa 11–17, So 14.30–18.30 Uhr. 🖼 🔊
Mo nachm. ✝ tägl. 8.30, 9.30, 12.30, 20 Uhr (Mo–Sa auch 9 Uhr, So auch 11.30, 19 Uhr).
🌐 **catedraldesevilla.es**

Anfahrt
🚇 Puerta Jerez. 🚌 Archivo de Indias. 🚌 C3, C4, C5, 5, 41.

Haupteingang

★ Capilla Mayor

Monumentale Eisengitter aus den Jahren 1518–32 umgeben die Hauptkapelle, die der überwältigende Retablo Mayor beherrscht.

Der Bau von La Giralda

Der Turm wurde 1198 als Minarett erbaut. Im 15. Jahrhundert ersetzten christliche Symbole die Bronzekugeln. 1557 wurde ein neuer Turm geplant, 1568 aber die verzierte Version von Hernán Ruiz verwirklicht.

1198

1400

1557 (Plan)

1568

Stadtplan Sevilla *siehe Seiten 453–459*

Der Brunnen aus Genua im Patio Principal der Casa de Pilatos

❷ Ayuntamiento

Plaza Nueva 1. **Stadtplan** 3 C1.
📞 95 647 12 32. 🚋 Plaza Nueva.
🕐 Mo–Do 16.30 und 19.30 Uhr;
Sa ab 10 Uhr (nach Vereinbarung).
⬤ Aug. 📷 ♿ obligatorisch.

Sevillas Rathaus steht zwischen der Plaza de San Francisco, auf der einst Autodafés (öffentliche Ketzerprozesse) stattfanden, und der Plaza Nueva.

Es wurde 1527–1534 erbaut. Die der Plaza de San Francisco zugewandte Seite ist im plateresken Stil *(siehe S. 29)* des Architekten Diego de Riaño gehalten. Die Westseite präsentiert sich neoklassizistisch (1891). Prächtige Decken sind im Vestibül und in der unteren Casa Consistorial erhalten. Hier hängt Velázquez' Gemälde *Der hl. Ildefons erhält das Messgewand*. In der oberen Casa Consistorial findet man eine Kassettendecke sowie Werke von Zurbarán und Valdés Leal.

❸ Calle Sierpes

Stadtplan 3 C1. 🚋 C5, 10, 11, 12, 13, 14, 27, 32, 40, 41, 43. **Palacio de Lebrija** Calle Cuna 8. 📞 95 422 78 02. 🚋 Plaza Nueva. 🕐 Mo–Fr 10.30–19.30, Sa 10–14, 16–18, So 10–14 Uhr; Juli, Aug: Mo–Fr 9– 15 Uhr, Sa 10–14 Uhr. ⬤ Juli, Aug: So. 📷 🌐 palaciodelebrija.com

Sevillas größte Fußgängerzone, die »Straße der Schlangen«, beginnt an der Nordseite der Plaza de San Francisco. Alteingesessene Läden verkaufen Hüte, Fächer, *mantillas*, Bekleidung und Souvenirs. Die Parallelstraßen Calle de la Cuna und Calle Velázquez Tetuán laden gleichfalls zum Bummel ein. Auf halber Strecke in nördlicher Richtung führt die Calle Jovellanos auf der linken Seite zur Capillita de San José aus dem 17. Jahrhundert. An der Kreuzung zur Calle Pedro Caravaca liegt der Real Círculo de Labradores, ein 1856 gegründeter Privatclub.

Gegenüber, mit dem Eingang in der Calle de la Cuna, befindet sich der **Palacio de Lebrija** aus dem 15. Jahrhundert. Zu den Schätzen der Familie Lebrija gehören ein römisches Mosaik aus Itálica *(siehe S. 482)* und eine Azulejos-Sammlung. Am Ende der Straße sollten Sie die Patisserie La Campana besuchen.

❹ Casa de Pilatos

Plaza de Pilatos 1. **Stadtplan** 4 D1.
📞 95 422 52 98. 🚋 C3, C4, C5, 21, 24, 27. 🕐 tägl. 9–18 Uhr (Juli, Aug: bis 19 Uhr). 📷 ♿ Erdgeschoss.
📷 🌐 fundacionmedinaceli.org

Beeindruckt von Architektur und Dekor der Renaissance in Italien sowie dem Heiligen Land, erbaute der erste Marquis von Tarifa die Casa de Pilatos. Ihren Namen erhielt sie von der vermuteten Ähnlichkeit mit dem Haus des Pontius Pilatus in Jerusalem. Die heutige Residenz der Herzöge von Medinaceli ist einer der schönsten Paläste von Sevilla.

Besucher treten durch ein Marmorportal ein, das der Herzog 1529 in Auftrag gab. Die Hofpassage führt in den Patio Principal im Mudéjar-Stil, der mit *azulejos* und Gipsmustern geschmückt ist. In den Ecken stehen drei römische Statuen: Minerva, eine tanzende Muse und Ceres. Eine griechische Statue aus Athen stammt aus dem 5. Jahrhundert v. Chr. Zentrum des Patio ist ein Brunnen aus Genua. Rechts, durch den Salón del Pretorio mit seinen Kassettendecken und Einlegearbeiten, gelangt man in den Corredor de Zaquizamí. Zu den Antiqui-

Azulejos

Farbige *azulejos*, Wandfliesen, sind charakteristisch für Sevilla. Die Mauren brachten diese Kunst nach Spanien. Sie schufen für Palastwände fantastische Mosaiken mit geometrischen Mustern. Das Wort *azulejo* stammt vom arabischen Wort für »kleiner Stein«. Neue Techniken kamen im 16. Jahrhundert auf. Die Massenherstellung dehnte die Verwendung von *azulejos* auf Geschäftsfassaden und Werbewände aus.

Azulejo-Werbung für Studebaker-Autos (1924), Calle Tetuán

Fresko von Juan de Valdés Leal im Hospital de los Venerables

täten der angrenzenden Räume zählen ein Basrelief von Leda und dem Schwan sowie zwei römische Reliefs zum Gedenken an die Schlacht von Actium 31 v. Chr.

Zurück im Patio Principal, gehen Sie rechts durch den Salón de Descanso de los Jueces in die mit Rippengewölbe verzierte gotische Kapelle mit Mudéjar-Stuckarbeiten. Auf dem Altar steht die Kopie der Skulptur *Guter Hirte* (4. Jh.) aus dem Vatikan. Links kommen Sie durch den Gabinete de Pilatos mit dem Springbrunnen zum Jardín Grande. Vom Haupthof führt hinter der Ceres-Statue eine Treppe in den ersten Stock. Das Dach bildet eine *media naranja* (halbe Orange), eine Halbkuppel von 1537. Einige Räume besitzen Mudéjar-Decken und zeigen Porträts und Antiquitäten.

❺ Hospital de los Venerables

Plaza de los Venerables 8. **Stadtplan** 3 C2. 📞 95 456 26 96. 🚇 Archivo de Indias. ◯ tägl. 10–18 Uhr. ⬤ 1. Jan, Karfreitag, 25. Dez. 🎫 (Di 14–18 Uhr frei). ♿ 📷

Das Gebäude im Herzen des Barrio de Santa Cruz wurde 1675 begonnen und 20 Jahre später von Leonardo de Figueroa fertiggestellt. Es dient heute als Heim für pensionierte Priester. Die oberen Stockwerke wie auch das Krankenhaus und der Keller werden heute als Ausstellungsflächen des Centro Velázquez genutzt.

In barocker Pracht erstrahlt die Hospitalkirche mit Fresken von Juan de Valdés Leal und Lucas Valdés, seinem Sohn. Daneben sind Pedro Roldáns Skulpturen der Heiligen Petrus und Ferdinand am Ostportal

sehenswert sowie auf dem Retabel des Hauptaltars *Die Apotheose des heiligen Ferdinand* von Lucas Valdés (oben Mitte). Der Fries rät (in Griechisch), »Gott zu fürchten« und die Priester zu ehren«.

Das Trompe-l'Œil-Gemälde *Der Triumph des Kreuzes* von Juan de Valdés Leal schmückt die Decke der Sakristei.

❻ Archivo General de Indias

Avda de la Constitución 3. **Stadtplan** 3 C2. 📞 95 450 05 28. 🚌 C5, Puerta Jerez. 🚇 Archivo de Indias. ◯ Mo–Sa 9.30–17 Uhr (Mitte Juni–Mitte Sep: bis 14 Uhr), So, Feiertage 10–14 Uhr. 📷

Das Archiv verdeutlicht Sevillas bedeutende Rolle bei der Kolonisation und Ausbeutung der Neuen Welt. Juan de Herrera, der am Bau des Escorial *(siehe S. 334f)* beteiligt war, entwarf zwischen 1584 und 1598 das Gebäude. 1785 ließ Carlos III alle spanischen Dokumente über die »indischen Kolonien« unter einem Dach zusammenbringen. Zu den 86 Millionen handgeschriebener Seiten und 8000 Landkarten und Zeichnungen zählen Briefe von Kolumbus, Cortés und Cervantes sowie die Korrespondenz Felipes II. Viele der Dokumente sind mittlerweile digitalisiert und via Internet zugänglich.

Die Bibliothek im ersten Stock zeigt Zeichnungen, Landkarten und Faksimiles.

Fassade des Archivo General de Indias von Juan de Herrera

Stadtplan Sevilla *siehe Seiten 453–459*

❼ Real Alcázar

Pedro I befahl 1364 den Bau einer königlichen Residenz inmitten des Palasts der Almohaden-Herrscher *(siehe S. 58)*. Handwerker aus Granada und Toledo schufen ein Schmuckstück aus Mudéjar-Innenhöfen und Sälen: den Palacio Pedro I, der den Mittelpunkt von Sevillas Real Alcázar bildet. Spätere Monarchen fügten ihre eigenen Erweiterungen an: Isabel I *(siehe S. 60)* entsandte Seeleute zur Erforschung der Neuen Welt aus ihrer Casa de la Contratación, Carlos I (Kaiser Karl V., *siehe S. 62)* residierte in prachtvollen, reich verzierten Wohnräumen. 2014 war die Anlage Drehort für die TV-Serie *Game of Thrones*.

Gärten des Real Alcázar
Die mit terrassenförmigen Beeten, Brunnen und Pavillons angelegten Gärten bieten Zuflucht vor der Hitze und Geschäftigkeit Sevillas.

★ **Räume Karls V.**
Wandbehänge und kunstvolle *azulejos* zieren die gewölbten Hallen der Wohnräume und die Kapelle Karls V.

Grundriss des Real Alcázar

Der Komplex diente spanischen Königen fast 700 Jahre lang als Residenz. Noch heute lebt die königliche Familie im Obergeschoss.

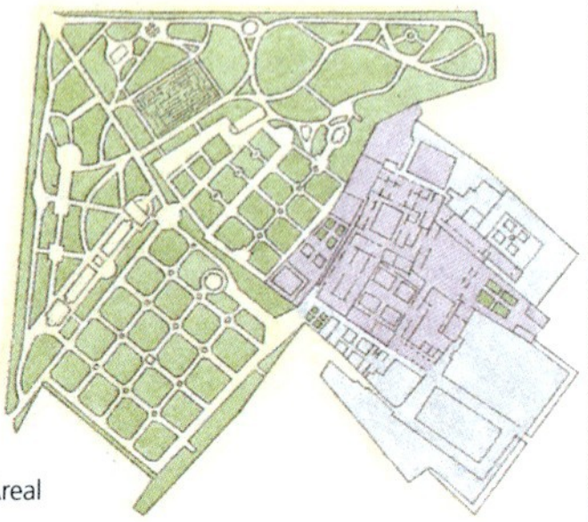

Legende
▢ Beschriebenes Areal
▢ Park

★ **Patio de las Doncellas**
Den »Hof der Jungfrauen« schmückten die besten Handwerker Granadas.

Hotels und Restaurants in Sevilla *siehe Seiten 571f und 597f*

★ **Salón de Embajadores**
Die Kuppel (1427) besteht aus geschnitztem, vergoldetem und geflochtenem Holz.

Infobox

Information
Patio de Banderas. **Stadtplan** 3 C2. 📞 95 450 23 24. ⏰ tägl. 9.30–19 Uhr (Okt–März: bis 17 Uhr); Abendöffnungen mit Vorführung: siehe Website. 📷 🌐 alcazarsevilla.org

Anfahrt
🚇 Puerta Jerez. 🚌 C5. 🏛 Archivo de Indias.

Hufeisenbogen
Azulejos und Stuckarbeiten verschönern den Salón de Embajadores, den drei symmetrisch angeordnete Bogengänge in Hufeisenform zieren.

Puerta del León (Eingang)

Außerdem

① **Der Patio del Crucero** liegt über den alten Bädern.

② **Jardín de Troya**

③ **Der Patio de las Muñecas**, der »Hof der Puppen«, und die Schlafgemächer bildeten das Herz des Palasts. Der Name des Patio kommt von zwei winzigen Gesichtern in einem seiner Torbogen.

④ **Casa de la Contratación**

⑤ **Die Fassade** des Palacio Pedro I ist ein Musterbeispiel des Mudéjar-Stils.

⑥ **Im Patio de la Montería** traf sich der Hof vor Jagdausflügen.

Patio del Yeso
Der »Stuckhof«, ein Garten mit Blumenbeeten, enthält noch Teile des Alcázars der Almohaden aus dem 12. Jahrhundert.

Stadtplan Sevilla siehe Seiten 453–459

bstecher

Sevillas Norden, La Macarena, ist eine Mischung aus verfallenen Barock- und Mudéjar-Kirchen und traditionellen Tapas-Bars. Die Basílica de la Macarena ist ein Ort der Anbetung der in Sevilla sehr verehrten Virgen de la Esperanza Macarena. Von den vielen Klöstern und Kirchen bietet nur der Convento de Santa Paula die seltene Gelegenheit, hinter die Mauern einer abgeschlossenen Gemeinschaft zu blicken.

Das Gebiet südlich der Stadtmitte bestimmt der weite grüne Parque María Luisa. Ein Großteil der Anlage befindet sich an der Stelle, an der einst der barocke Palacio de San Telmo stand. Viele der historischen Gebäude wurden für die ibero-amerikanische Ausstellung von 1929 errichtet. Das elegante Fünf-Sterne-Hotel Alfonso XIII und die sichelförmige Plaza de España bezeugen das Aufleben andalusischen Stolzes. Die nahe Königliche Tabakfabrik erinnert an die Zigeunerin Carmen: Hinter ihren Mauern schuftete die fiktive Heldin der Oper. Heute ist die Fabrik Teil von Sevillas Universität. Jenseits des Flusses finden Sie weitere Sehenswürdigkeiten.

Die gepflasterten Straßen und Keramikgeschäfte im Stadtteil Triana vermitteln das Lebensgefühl des alten Sevilla; das Monasterio de Santa María de las Cuevas nördlich von Triana diente im 15. Jahrhundert als Kartäuserkloster. Kolumbus wohnte hier. Nicht umsonst wurde dieses Gebiet, die Isla de la Cartuja, als Ausstellungsort für die Expo '92 gewählt. Beliebte Attraktionen des Geländes sind der Vergnügungspark Isla Mágica, Teatro Central und Torre Sevilla.

Sehenswürdigkeiten auf einen Blick

Kirchen und Klöster

❶ Basílica de la Macarena
❷ Convento de Santa Paula
❸ Iglesia de San Pedro

Gebäude

❹ Metropol Parasol
❺ Palacio de las Dueñas
❻ Palacio de San Telmo
❼ Universidad
❿ Torre Sevilla
⓬ Cámara Oscura
(Torre de los Perdigones)

Historische Gebiete

❽ Parque María Luisa
❾ Triana
⓫ Isla de la Cartuja

Restaurants

siehe S. 598

Legende

Stadtzentrum

Park, Freifläche

Hauptstraße

Nebenstraße

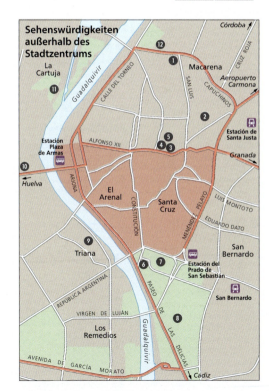

◀ **Plaza de España, Parque María Luisa, Sevilla** *(siehe S. 450f)*   **Zeichenerklärung** *siehe hintere Umschlagklappe*

Johannes der Täufer von Montañés
im Convento de Santa Paula

❶ Basílica de la Macarena

Calle Bécquer 1. **Stadtplan** 2 D3.
📞 954 90 18 00. 🚌 C1, C2, C3,
C4, C5, 2, 10, 13, 14. ⏱ tägl.
9–14, 17–21 Uhr (So, Feiertage ab
9.30 Uhr). ⚫ Karfreitag. 🎫 für
Museum.

Gómez Millán erbaute die Kirche 1949 im neubarocken Stil
als neue Heimat für die Virgen
de la Esperanza Macarena. Sie
grenzt an die Iglesia de San Gil
(13. Jh.), in der sich die Statue
bis 1936 befand. Die Statue,
die zwischen einem Wasserfall
aus Gold und Silber über dem
Hauptaltar steht, wird Luisa
Roldán (1656–1703) zuge-
schrieben. Rafael Rodríguez
Hernández schuf 1982 die
Wandgemälde.
   Die Prozessionsgewänder
und Juwelen der Jungfrau sind
im Museum in der Schatzkammer zu sehen.

❷ Convento de Santa Paula

Calle Santa Paula 11. **Stadtplan** 2
E5. 📞 95 453 63 30. 🚌 C1, C2,
C3, C4, C5, 10, 11. ⏱ Di–So
10–13 Uhr. 🎫 🎫

In dem 1475 gegründeten
Kloster leben noch heute Nonnen. Ein Museum zeigt religiöse Kunstgegenstände und Bilder. Ein geschnitztes Holzdach
(1623) behütet das Hauptschiff
der Klosterkirche. Zu den Statuen der Kirche zählen Johannes der Prediger und Johannes
der Täufer aus der Werkstatt
von Juan Martínez Montañés.

❸ Iglesia de San Pedro

Plaza San Pedro. **Stadtplan** 2 D5.
📞 954 21 68 58. 🚌 10, 11, 12,
15, 16, 20, 24, 27, 32, C5. ⏱ Mo–
Sa 8.30–13, 19–20 Uhr (So ab
9.30 Uhr). ♿

Die Kirche weist die für Sevilla
typische Architekturmischung
auf. Das Gewölbe des Turms,
gekrönt von einem barocken
Glockenstuhl, hat Mudéjar-
Elemente. Das barocke Hauptportal fügte 1613 Diego de
Quesada hinzu. Diego Velázquez, der Maler des Goldenen
Zeitalters *(siehe S. 36f)*, wurde
1599 hier getauft.
   Im Inneren sind eine Holzdecke und das Westportal im
Mudéjar-Stil sehenswert. Das
Gewölbe einer der Kapellen
zieren Flechtmuster.
   Vor der Kirche liegt ein arka-
dengesäumter Innenhof mit
Fresken (17. Jh.) von Francisco
de Herrera.

❹ Metropol Parasol

Plaza de la Encarnación. **Stadtplan** 2
D5. 📞 606 635 214. 🚌 C5, 10,
11, 12, 15, 16, 20, 24, 27, 32. **Aus-
sichtsdach** ⏱ So–Do 10–23, Fr, Sa
10–23.30 Uhr. 🎫 **Museum** ⏱ Di–
Sa 10–19.30 Uhr, So 10–13.30 Uhr.
🎫 ♿ 🌐 setasdesevilla.com

Die ultramoderne Holzkon-
struktion, auch *Las Setas* (»die
Pilze«) genannt, wurde 2011
fertiggestellt. Vom begehbaren
Dach hat man eine herrliche
Aussicht. Unter dem Dach findet man ein archäologisches
Museum, einen Markt, mehrere Bars und ein Restaurant.

❺ Palacio de las Dueñas

Calle Dueñas 5. **Stadtplan** 2 D5.
🚌 C5, 10, 11, 12, 15, 16, 20, 24,
27, 32. 📞 95 421 48 28. ⏱ tägl.
10–19.15 Uhr (Okt–März: bis
17.15 Uhr). ⚫ 1., 6. Jan, 25. Dez.
🎫 (Mo ab 16 Uhr frei).

Der im 15. Jahrhundert im Stil
der Renaissance mit Elementen
aus Mudéjar-Stil und Gotik erbaute Palast ist eine Residenz
der Herzöge von Alba. Das Anwesen ist eine Oase der Ruhe.
Das Innere zieren Stilmöbel,
ein Raum widmet sich der
Feria de Abril *(siehe S. 437)*.

❻ Palacio de San Telmo

Avenida de Roma. **Stadtplan** 3 C3.
📞 955 00 10 10. 🚇 🚋 Puerta de
Jerez. 🚌 C3, C4, C5, 3, 5, 6, 41.
⏱ Do, Sa, So nach Vereinbarung.
♿ 🎫

Der Palast von 1682 ist nach
dem Schutzheiligen der Seeleute benannt und diente als
Ausbildungsstätte für Schiffs-
führer, Navigatoren und Offi-
ziere. Im Jahr 1849 wurde der
Palast zum Wohnsitz der Her-

❽ Parque María Luisa

Stadtplan 4 D4. 🚇 🚋 Prado de San
Sebastián. **Museo Arqueológico** 📞
955 12 06 32. ⏱ Di–Sa 9–19.30,
So 9–14.30 Uhr (Mitte Juni–Mitte
Sep: Di–So 9–14.30 Uhr). ⚫ 1., 6.
Jan, 1. Mai, 24., 25., 31. Dez. 🎫
(für EU-Bürger frei). 🎫 **Museo de
Artes y Costumbres Populares** 📞
955 54 29 51. ⏱ wie oben. 🎫 🎫

Prinzessin María Luisa
spendete 1893 einen
Teil des Palacio de San
Telmo der Stadt zur
Errichtung dieses Parks.

**Die Plaza de
España** legte
Aníbal
González
wie ein
Theater an.

**Die Glorieta
de Bécquer** ist
eine Laube mit Skulptu-
ren, die die Phasen der
Liebe darstellen – eine
Ehrung des Poeten
Gustavo Adolfo Bécquer.

zöge von Monpensier. Bis 1893 gehörte zu dem Anwesen auch der Parque María Luisa. Jetzt residiert hier die Junta de Andalucía.

Herausragend ist das Portal, das Leonardo de Figueroa entwarf und 1734 fertigstellte. Die ionischen Säulen umgeben allegorische Figuren der Kunst und Wissenschaft. Der heilige Telmo mit Schiff und Seekarte wird flankiert von den schwerttragenden Heiligen Ferdinand und Hermenegildo mit Kreuz.

Hauptattraktion im bekanntesten Hotel Sevillas, dem luxuriösen Alfonso XIII aus den 1920er Jahren, ist der Innenhof mit Brunnen. Auch Nicht-Hotelgäste haben Zutritt zu Bar und Restaurant.

❼ Universidad

Calle San Fernando 4. **Stadtplan 3** C3. 📞 95 455 11 23. 🚇 Puerta de Jerez. 🚍 Puerta de Jerez oder Prado de San Sebastián. 🚌 C1, C2, C3, C4, 5, 21, 22, 25, 26, 28, 29, 30, 31, 34, 37, 38. ⏰ Mo–Fr 8–20.30 Uhr. ⏺ Feiertage. 🎫 Sep–Juli: Mo–Do 11 Uhr (gratis). 🌐 us.es

Die frühere Real Fábrica de Tabacos ist nun Teil von Sevillas Universität. Im 19. Jahrhundert rollten hier 10 000 *cigarreras* (Zigarrenmacherinnen) drei Viertel aller europäischen Zigarren. Die *cigarreras* inspirierten den französischen Autor Prosper Mérimée zur Erschaffung seiner Novelle *Carmen*.

Das Gebäude (1728–71) ist das drittgrößte Spaniens. Was-

Barockbrunnen in einem der Höfe der Universität

sergräben und Wachtürme bezeugen die Bedeutung, die das lukrative königliche Tabakmonopol innehatte.

Jean Forestier, der Direktor des Bois de Boulogne in Paris, gestaltete ihn als grünen Standort für die ibero-amerikanische Ausstellung von 1929. Bestechend sind die lokalen Szenen auf bemalten Keramikfliesen auf der Plaza de España sowie die Plaza de América, beides Werke von Aníbal González.

Der Pabellón Mudéjar im Museo de Artes y Costumbres Populares zeigt traditionelle andalusische Volkskunst.

Das Museo Arqueológico im Pabellón de las Bellas Artes ist der römischen Zeit gewidmet und präsentiert Statuen und zahlreiche andere Funde aus Itálica *(siehe S. 482)*.

Fuente de los Leones

Plaza de América

Museo Arqueológico

Pabellón Real

Die Isleta de los Patos ruht in einem See mit Enten und Schwänen.

Museo de Artes y Costumbres Populares

Stadtplan Sevilla *siehe Seiten 453–459*

Fliesen zieren das Centro Cerámica Triana, ein Museum für Tonwaren

❾ Triana

Stadtplan 3 A2. Plaza de Cuba, Parque de los Príncipes. C1, C2, C3.

Das einstige Zigeunerquartier Sevillas ist nach dem römischen Kaiser Trajan benannt. Triana ist noch heute im Wesentlichen ein von Arbeiterfamilien bewohnter Bezirk mit blumengeschmückten Straßen. Schon seit Jahrhunderten ist er wegen seiner Töpferwaren berühmt, auch der Flamenco blickt hier auf eine lange Tradition zurück.

Einen Besuch lohnt das Centro Cerámica Triana (Calle Antillano Campos 14), das in der früheren Werkstatt Cerámica Santa Ana eingerichtet wurde. Zu den hier gezeigten Objekten gehören neben Fliesen in vielen Variationen auch Werkzeug des Töpferhandwerks und Brennöfen. Die ältesten Öfen datieren aus dem 16. Jahrhundert.

Am besten nähert man sich Triana über den Puente de Isabel II, der zur Plaza del Altozano führt. Das **Museo de la Inquisición** im Castillo de San Jorge zeigt beeindruckende Bilddokumente und erläutert die Geschichte der Menschenrechte. Die Calle Rodrigo de Triana in der Nähe ist für die Gegend mit ihren weißen und ockerfarbenen Häusern charakteristisch. Sie ist nach dem Seemann benannt, der auf Kolumbus' Reise 1492 als Erster die Neue Welt erblickte.

Die restaurierte Iglesia de Santa Ana (13. Jh.) ist die beliebteste Kirche Trianas. Das »Zigeunerbecken« in der Taufkapelle soll die Begabung für den Flamenco an die Kinder weitergeben

❿ Torre Sevilla

Calle Gonzalo Jiménez de Quesada 2. **Stadtplan** 1 A5. C1, C2, 6, 43.

Der 40 Stockwerke hohe Turm wurde vom argentinischen Architekten César Pelli errichtet. Mit einer Höhe von 180,5 Metern ist der 2016 fertiggestellte Turm das höchste Gebäude in Andalusien. Von oben bietet sich eine fantastische Sicht über die Stadt und den Guadalquivir. In den obersten 13 Etagen des Turms wurde das Hotel Eurostars Torre Sevilla eingerichtet, zudem gibt es viele Büros. Dem Gebäude ist ein Shopping-Center mit rund 80 Stores angegliedert.

⓫ Isla de la Cartuja

Stadtplan 1 B3. caac.es C1, C2. **Monasterio de Santa María de las Cuevas** Di–So. Centro Andaluz de Arte Contemporáneo 95 503 70 70. Di–Sa 11–21, So 11–15 Uhr. 1., 6. Jan, 1. Mai, 24., 25., 31. Dez. **Isla Mágica** 902 16 17 16. Apr: Sa, So; Mai: Do, Sa, So; Juni, Juli: Di–So; Aug–Mitte Sep: tägl; Mitte Sep–Okt: Sa, So (genaue Zeiten siehe Website). Nov–Mitte Apr. islamagica.es

Das Areal der Expo '92 (siehe S. 72f) wurde in einen Komplex mit Ausstellungshallen, Museen und Freizeitarealen umgestaltet. Herzstück ist das Monasterio de Santa María de las Cuevas aus dem 15. Jahrhundert, in dem bis 1836 Mönche wohnten. Heute zeigt hier das Centro Andaluz de Arte Contemporáneo andalusische, spanische und internationale Kunst. Auf der Terrasse des Café finden sonntags Jam-Sessions statt.

Der Lago de España gehört heute zum Vergnügungspark Isla Mágica. Hier werden die Fahrten der großen Entdecker, die im 16. Jahrhundert von Sevilla zu ihren Reisen aufbrachen, thematisiert.

⓬ Cámara Oscura

Torre de los Perdigones, Calle Resolana. **Stadtplan** 2 D3. C1, C2, C3, C4, C5, 2, 13, 14. 679 09 10 73. tägl. 10–17 Uhr. obligatorisch (alle 30 Minuten).

Die Cámara Oscura in der 45 Meter hohen Torre de los Perdigones bietet einen einzigartigen wie fantastischen Blick auf die Umgebung.

Haupteingang des Kartäuserklosters Monasterio de Santa María de las Cuevas, gegründet 1400

Hotels und Restaurants in Sevilla *siehe Seiten 571f und 597f*

Stadtplan

Hinter allen in Sevilla genannten Sehenswürdigkeiten finden Sie Angaben, die auf diesen Teil des Buches verweisen. Kartenangaben stehen auch bei Sevillas Hotels *(siehe S. 571f)*, Restaurants und Tapas-Bars *(siehe S. 597f)*. Die unten stehende Karte zeigt die Stadtteile, die der Stadtplan auf den folgenden Seiten abdeckt. Die Symbole für Sehenswürdigkeiten und andere Einrichtungen erklärt die Legende.

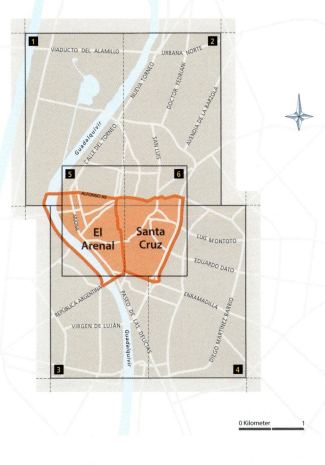

Legende

 Hauptsehenswürdigkeit

Sehenswürdigkeit

Anderes Gebäude

🚉 Bahnhof

Ⓜ Metro-Station

🚊 Metrocentro-Tramhaltestelle

🚌 Bus

⚓ Bootsanlegestelle

ℹ️ Information

➕ Krankenhaus mit Ambulanz

🚓 Polizei

✝ Kirche

🏠 Kloster

═ Eisenbahn

Fußgängerzone

Maßstab der Karten

0 Meter   250

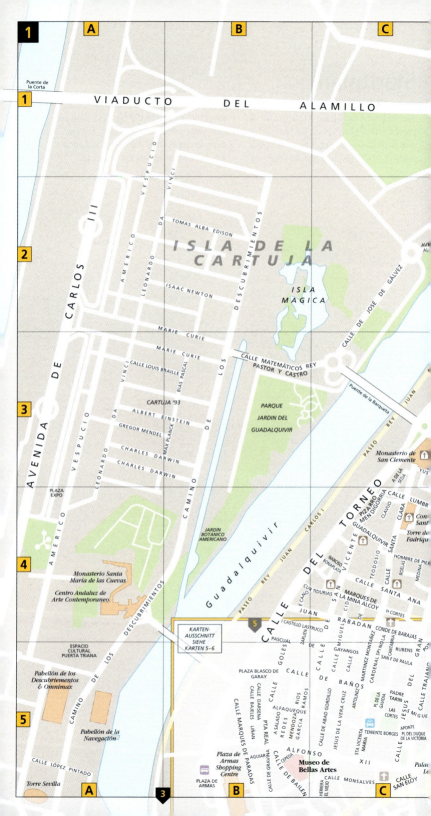

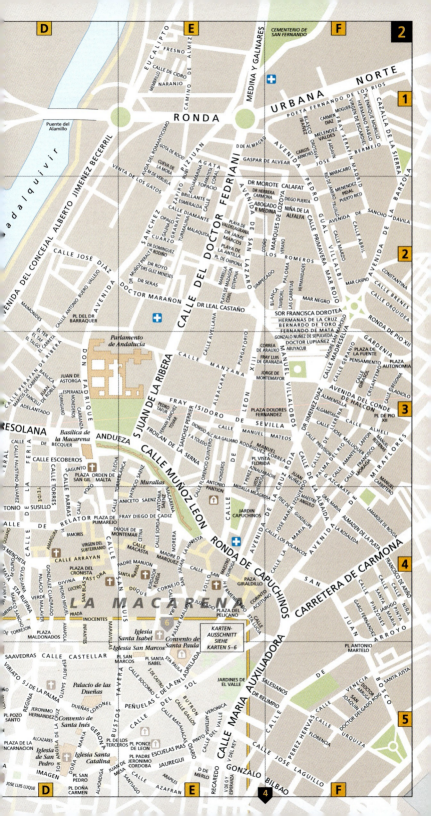

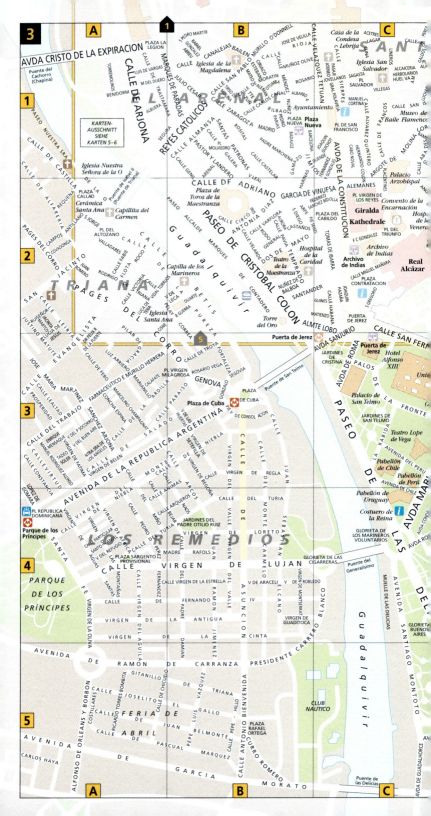

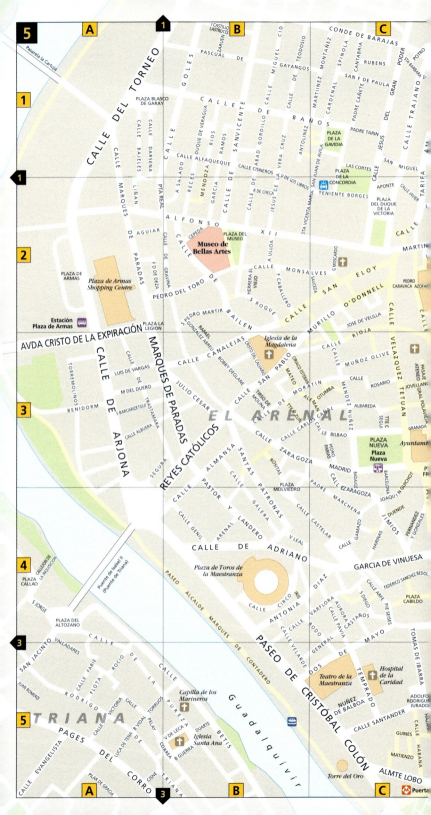

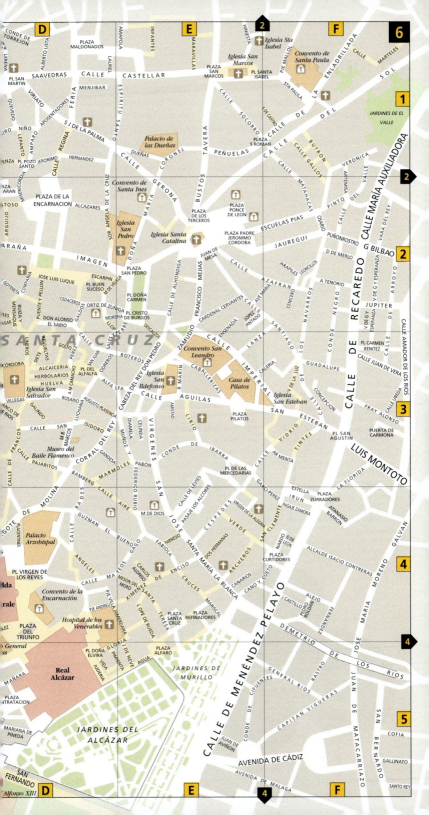

Shopping

Shopping in Sevilla ist eine ausgesprochen angenehme Sache, vor allem, wenn Sie das in typisch spanischer Manier tun. Hier passt sich der Einkaufsbummel dem Klima und der Siesta an und wird von vielen ausgiebigen Kaffeepausen, Tapas und dem Nachmittagstee unterbrochen. Sevilla verfügt über eine gute Mischung aus Handelsketten und individuellen Läden. Die Shopping-Möglichkeiten in der Stadt sind so vielfältig wie ihre Bewohner.

Das Haupteinkaufsviertel schlängelt sich durch Calle Tetuán und Calle Sierpes. Es reicht bis zur Plaza Nueva und hinüber zur Plaza Alfalfa, wo man alles von der neuesten Mode bis hin zu einzigartigem spanischem Kunsthandwerk erwerben kann. Noch Ausgefalleneres kann man beim Bummel durch Amor de Dios Richtung Alameda de Hércules entdecken. Hier gibt es wunderbare Läden zum Staunen und Stöbern.

Fachgeschäfte

In den Straßen von Calle Cuna, Calle Francos und Calle Lineros befinden sich zahlreiche Läden, die den Geist des Flamenco atmen. Die **Lina Boutique** bietet makellos gestaltete, einzigartige Kleider und Accessoires. **Roberto Garrudo** verkauft Flamenco-Schuhe. Schöne handgemachte Stolen und reich verzierte Spitzen-*mantillas* (Schleier) findet man bei **Juan Foronda**. Handgemachte *sombreros* (Hüte) und geschmackvolle Accessoires für Männer bekommen Sie bei **Maquedano**. Eine große Auswahl an Lederwaren und Mode erwartet Sie bei **El Caballo**.

Devotionalien für die geistliche Erbauung zur Semana Santa kauft man in der **Casa Rodríguez**. Bei **Poster Félix** finden Sie unter anderem eine große Auswahl an historischen Plakaten – von Festivals bis zu Stierkämpfen.

Fächer für jeden Anlass bei Díaz, Calle Sierpes, Sevilla

Kaufhäuser und Galerías

Spaniens große Kaufhauskette **El Corte Inglés** ist im Zentrum Sevillas zweimal vertreten – an der Plaza Duque de la Victoria und der Plaza Magdalena. Die größere Filiale Plaza Duque bietet Kleidung, Schuhe, Kosmetika, Sportartikel, einen Gourmetmarkt und einen Supermarkt, der Anbau bietet Musik, Bücher und Künstlerbedarf. Im Outlet Plaza Magdalena gibt es Küchengeräte, Porzellan, Haushaltsgeräte und einen Supermarkt. Der ehemalige Bahnhof Plaza de Armas ist das einzige Einkaufszentrum im Herzen der Stadt, mit Läden, Restaurants, Bars, Nachtclub, Kino und Supermarkt. Nervión Plaza ist das größte Shopping-Center in Zentrumsnähe und besteht aus vielen Shops, Restaurants, Bars, einem Kino und einem Kaufhaus. Ein weiteres gibt es im Torre

Sevilla. Alle Shopping-Center sind montags bis samstags von 10 bis 22 Uhr geöffnet, mitunter haben sie auch verlängerte Öffnungszeiten.

Märkte

Eine erstaunliche Auswahl einzigartiger Dinge findet man auf den bunten Märkten im Freien. Accessoires und Kleidung bekommt man auf den von donnerstags bis samstags geöffneten Märkten der Plaza Duque de la Victoria und Plaza Magdalena.

Auf den Märkten von Plaza Encarnación, El Arenal und Calle Feria (montag- bis samstagvormittags) bekommt man regionale Erzeugnisse, Fisch, Fleisch und Käse. Der Donnerstagsmarkt in der Calle Feria ist auf Trödel spezialisiert. Auf der Plaza del Cabildo werden sonntags Briefmarken, Münzen und andere Sammlerobjekte angeboten. Der Malermarkt der Plaza del Museo, ebenfalls sonntags zwischen 9 und 14 Uhr, bietet Gemälde heimischer Künstler.

Handgemacht: elegante *sombreros*

Antiquitäten und Kunsthandwerk

Es gibt in der ganzen Stadt Antiquitätengeschäfte, vor allem im Barrio Santa Cruz und in Alfalfa.

Antigüedades El Museo führt klassisch spanische Möbel. Handgemachtes findet man bei **El Postigo**, einem Kunsthandwerkszentrum. **Sevillarte** verkauft einzigartige Gemälde, Keramik und Gebrauchsgegenstände im andalusischen Stil. Sevillas Keramiktradition kann man im Triana-Viertel bewundern, das noch einige Töpfereien betreibt. Weitere Keramikläden finden Sie in der Calle Sierpes und der Calle Tetuán.

Delikatessen

Zu **Latas y Botellas** geht, wer Spezialitäten aus Sevilla sucht oder ein Picknick plant. Der Delikatessenladen im El Corte Inglés bietet Exquisites für den verwöhnten Gaumen sowie einen großen Weinkeller. Lebensmittel bekommen Sie einen Stock tiefer im Supermarkt. Kleine Lebensmittelläden gibt es überall. Nachts einkaufen kann man im **SuperCor** täglich von 20 bis 2 Uhr.

Mode

Die Läden in der Calle Tetuán und Calle Sierpes bieten eine aufregende Vielfalt neuester Mode. Exklusive Damenmode und -accessoires bietet **Aurora Gaviño**. **Loewe** ist bekannt für klassische Konfektionslinien, Reisegepäck und Accessoires für Männer und Frauen, während man in den Filialen der Modekette **Zara** die neuesten Trends findet. **Adolfo Domínguez** fertigt anspruchsvolle Mode für Damen wie Herren. Einzigartige Accessoires lassen sich im Viertel Alfalfa entdecken. Hier bieten einige Läden Schmuck, Handtaschen und vieles mehr an. **Esmeralda** hat die größte Auswahl. Die aktuellste Babykleidung gibt es bei **Larrana**.

Die betuchten Bewohner Sevillas erfreuen sich der riesigen Auswahl an Schuhgeschäften in der Gegend, insbesondere in der »Schuhstraße« Calle Córdoba.

Bücher, Musik und Souvenirs

Versteckt in den zahlreichen Winkeln der Stadt befinden sich diverse Buchläden. Die größte Auswahl in verschiede-

Spanisches Kunstplakat

nen Sprachen gibt es jedoch bei **Casa del Libro**. Musikliebhaber suchen regionale Klänge wie Flamenco, Rock Andaluz und Semana Santa im **FNAC** mit einem beeindruckenden Sortiment an CDs, DVDs, Büchern und Noten. Eine große Auswahl an Musikinstrumenten und Zubehör hat man bei **Sevilla Musical**.

Entlang der Avenida de la Constitución, der Calle Mateos de Gago und im Barrio Santa Cruz gibt es zahlreiche Souvenirshops.

Auf einen Blick

Fachgeschäfte

Antigua Casa Rodríguez
Calle Alcaicería de la Loza 10. **Stadtplan** 3 C1, 6 D3. ☎ 954 21 24 27.

El Caballo
Calle Antonia Díaz 7. **Stadtplan** 3 B2, 5 B4. ☎ 955 12 55 02.

Juan Foronda
Calle Sierpes 79. **Stadtplan** 3 C1, 5 C3.

Lina Boutique
Calle Lineros 17. **Stadtplan** 3 C1. ☎ 954 21 24 23.

Maquedano
Calle Sierpes 40. **Stadtplan** 3 C1. ☎ 954 56 47 71.

Poster Félix
Avenida de la Constitución 26. **Stadtplan** 3 C2. ☎ 954 218 026.

Roberto Garrudo
Calle Córdoba 9. **Stadtplan** 6 D3. ☎ 954 21 84 19.

Kaufhäuser und Galerías

El Corte Inglés
Plaza Duque de la Victoria 8, 13B. **Stadtplan** 1 C5, 5 C2. ☎ 954 59 70 00.

Antiquitäten und Kunsthandwerk

Antigüedades El Museo
Plaza del Museo 4. **Stadtplan** 1 C5, 5 B2. ☎ 954 56 01 28.

El Postigo
Calle Arfe s/n. **Stadtplan** 5 C4. ☎ 954 56 00 13.

Sevillarte
Calle Sierpes 66. **Stadtplan** 3 C1.

Delikatessen

Latas y Botellas
Calle Regina 15. **Stadtplan** 6 D1. ☎ 954 29 31 22.

SuperCor
Avenida Carlos V 16. **Stadtplan** 4 D3.

Mode

Adolfo Domínguez
Calle Puente y Pellón 11. **Stadtplan** 6 D2.

Aurora Gaviño
Calle Álvarez Quintero 16. **Stadtplan** 6 D3. ☎ 954 22 54 94.

Esmeralda
Calle Alcaicería de la Loza 26. **Stadtplan** 3 C1, 6 D3. ☎ 954 22 55 11.

Larrana
Calle Blanca de los Ríos 4. **Stadtplan** 3 C1, 6 D3. ☎ 954 21 52 80.

Loewe
Plaza Nueva 12. **Stadtplan** 3 B1, 5 C3. ☎ 954 22 52 53.

Zara
Calle Rioja 10. **Stadtplan** 5 C2. ☎ 954 21 10 58.

Bücher, Musik und Souvenirs

Casa del Libro
Calle Velázquez Tetuán 8. **Stadtplan** 3 C1, 5 C3. ☎ 902 02 64 10.

FNAC
Avenida de la Constitución 8. **Stadtplan** 3 C1, 5 C4. ☎ 902 10 06 32.

Sevilla Musical
Calle Cardinal Spinola 3. **Stadtplan** 5 C1. ☎ 954 91 57 55.

Stadtplan Sevilla siehe Seiten 453–459

Unterhaltung

Sevilla gilt als Stadt voller Vitalität und Feierlaune, was durch die beiden Frühlingsfeste Semana Santa und Feria de Abril *(siehe S. 437)* unterstrichen wird. Das ganze Jahr finden hier Kulturevents statt. Das Teatro de la Maestranza und das Teatro Lope de Vega sind zusammen mit einigen unabhängigen Veranstaltungsorten Schauplatz von Tanz-, Musik-, Theater- und Kunstfestivals. Das wichtigste Flamenco-Festival der Welt, die Bienal de Flamenco, findet natürlich in Sevilla statt. Die Stadt verfügt über sehr viele Nachtlokale, die von den eher ruhigen Läden um die Kathedrale bis zu den belebten Bars der Calle Betis und des Viertels Alfalfa reichen. Sportfans sollten sich unbedingt ein Lokalderby zwischen den Fußballclubs Real Betis und Sevilla FC anschauen.

Der Fußballclub Real Betis wird auch auf *azulejos* verehrt

Spielpläne und Tickets

Die Kultursaison Sevillas beginnt meist im September und dauert bis Juni/Juli. Von April bis zum Sommerende kann man auch auf der Straße und auf Open-Air-Bühnen Vorstellungen erleben. Das wichtigste Event der Stadt, die Bienal de Flamenco, findet alle zwei Jahre (gerade Jahreszahlen) im Herbst statt. Daneben gibt es zahlreiche andere Kulturveranstaltungen, die einen Besuch lohnen, etwa das Festival Internacional de Artes Escénicas. Tickets für große Sportevents, Oper, Konzerte und Festivals sollten vorab gebucht werden – Details erfahren Sie in den Informationsbüros der Stadt. Da Fußball auch in Sevilla sehr populär ist, sollte man Tickets für Spiele rechtzeitig buchen.

Information

Der monatliche Veranstaltungskalender *El Giraldillo* (www.elegirhoy.com) hat die Rubriken Film, Musik, Theater, Clubs, Kunst, Sport, Bücher, Schwulenszene, Reise etc. Das vierzehntägige *La Teatral* setzt nur auf Theater und Tanz.

Flamenco

Flamenco umfasst ein breites Spektrum an Tanz-, Gesangs- und Musikstilen. Im **Los Gallos** kann man vorzügliche Shows erleben. So richtig authentisch geht es im **La Anselma** zu, das im Viertel Triana liegt. Dort leben auch die meisten *gitanos* der andalusischen Metropole. **La Carbonería** ist eine nette Bar, in der täglich Amateurtänzer kostenlose Flamenco-Auftritte haben.

Halb professionelle einheimische Künstler sind in der traditionsreichen **Casa de la Memoria** im Viertel Santa Cruz mit verschiedenen Shows täglich zu bewundern. Da der Raum recht klein ist, sollte man vorab reservieren oder zumindest möglichst früh kommen, um einen Platz zu ergattern. Den beliebten andalusischen Volkstanz, die *Sevillana*, kann man in einigen Bars in der Calle Betis sogar mittanzen. Das sehenswerte **Museo del Baile Flamenco** illustriert alle Aspekte dieser einzigartigen Kunstform, außerdem kann man hier auch Aufführungen erleben.

Musik und Tanz

Sevilla ist eine Stadt der Oper und als solche Schauplatz von Bizets *Carmen*, Rossinis *Barbier von Sevilla* und Mozarts *Don Giovanni* und *Figaro*.

Angesehene internationale Opernensembles gastieren im eleganten **Teatro de la Maestranza** von Dezember bis Mai. Das Opernhaus entstand zur Expo '92. Es ist das Stammhaus des Real Orquesta Sinfónica de Sevilla, das hohes Ansehen genießt. Auf dem Spielplan des Theaters stehen aber auch Kammermusik und symphonische Konzerte.

Packende Flamenco-Darbietung im Los Gallos

Die stimmgewaltige Sängerin Rosario Flores wird nicht nur in Sevilla verehrt

Klassische Musik gibt es außerdem in den Sälen des **Teatro Lope de Vega** und des **Conservatorio Superior de Música Manuel Castillo**. Besonders bekannt sind das **Maestranza** und das **Teatro Central**, wo unterschiedlichste nationale und internationale klassische wie moderne Tanzvorführungen stattfinden. Die Sala Endanza widmet sich eher kleineren Produktionen.

Rock, Jazz und Blues

Nur selten kommen internationale Rockstars nach Sevilla, denn die berühmtesten Namen treten in Barcelona und Madrid auf. Große Konzerte finden im **Estadio Olímpico** und im **FIBES Palacio de Exposiciones y Congresos de Sevilla** statt. Einige der beliebtesten Gruppen und Sänger des Flamenco-Pop wie etwa Manuel Carrasco, Merche und David Bisbal, stammen aus Andalusien. Das **Café Naima** und das **Sala Luxuria** bieten Jazz und Rock. Darüber hinaus gibt es weitere Lokale mit musikalischem Schwerpunkt auf Jazz und Blues.

Nachtleben

Sevillas Nachtleben bietet unzählige Möglichkeiten. Die Calle Betis liegt auf der Seite von Triana und hat viele Bars, Restaurants und Clubs. Eine der beliebtesten Gegenden ist Alameda de Hércules mit der **Bar 1987** und dem **Café Central**. **Las Columnas** ist die traditionsreichste Tapas-Bar im Barrio de Santa Cruz, in der **Bar Garlochi** nimmt man den ersten Drink. **La Terraza** im Eme Catedral Hotel ist derzeit sehr angesagt – Reservierung wird empfohlen. Die Straßen um die Plaza de la Alfalfa und die Calle Arfe in El Arenal quellen über von Nachtschwärmern. Das **Antique** in Isla de la Cartuja ist bei spanischen Promis beliebt, die hier bis zum Morgengrauen auf dem weitläufigen Areal abtanzen.

Stierkampf

Die Arena La Maestranza genießt bei Freunden des Stierkampfes Kultstatus. Hier finden während der Feria de Abril einige der wichtigsten Stierkämpfe Spaniens statt. Die Saison dauert von April bis Oktober. Will man einen Platz im *sombra* (Schatten) oder einen berühmten *matador* sehen, muss man vorab buchen. Tickets gibt es am *taquilla* (Ticketschalter) der Arena.

Vergnügungspark

Auf der **Isla Mágica** *(siehe S. 452)*, dem Themenpark auf der Isla de la Cartuja, begibt man sich in acht Stationen auf eine Zeitreise – von der Mundo Maya über Amazonia und El Dorado bis La Metrópolis de España. Die Attraktion eignet sich für Kinder jeden Alters. Mehr als 400 Arten von Meereslebewesen sieht man im **Acuario de Sevilla**.

Auf einen Blick

Flamenco

La Anselma
Calle Pages del Corro 49.
Stadtplan 3 A2, 5 A5.

La Carbonería
Calle Céspedes 21a.
Stadtplan 6 E3.
📞 954 21 44 60.

Casa de la Memoria
Calle Cuna 6. **Stadtplan**
6 D2. 📞 954 56 06 70.
🌐 casadelamemoria.es

Los Gallos
Plaza de Santa Cruz 11.
Stadtplan 4 D2, 6 E4.
📞 954 21 69 81.
🌐 tablaolosgallos.com

Museo del Baile Flamenco
Calle Manuel Rojas Marcos 3. **Stadtplan** 3 C1,
6 D3. 📞 954 34 03 11.
🌐 museoflamenco.com

Musik und Tanz

Conservatorio Superior de Música Manuel Castillo
Calle Baños 48. **Stadtplan**
5 B1. 📞 677 90 37 62.

Teatro Central
Av José Gálvez s/n, Isla de la Cartuja. **Stadtplan**
1 C2. 📞 955 54 21 55.

Teatro de la Maestranza
Paseo de Colón 22.
Stadtplan 3 B2, 5 C5.
📞 954 22 33 44.

Teatro Lope de Vega
Avenida María Luisa s/n.
Stadtplan 3 C3.
📞 955 47 28 28.

Rock, Jazz und Blues

Café Naima
Calle Trajano 47.
Stadtplan 1 C5.

Estadio Olímpico
Isla de la Cartuja, s/n.
Stadtplan 1 B1.
📞 954 48 94 00.
🌐 eosevilla.com

FIBES
Avenida Alcalde Luis Uruñuela 1. 📞 954 47 87 00. 🌐 fibes.es

Sala Luxuria
Avenida Torneo 43.
Stadtplan 1 B4.
📞 954 37 01 88.

Nachtleben

Antique
Matemáticos Rey Pastor y Castro s/n. **Stadtplan**
1 B3. 📞 954 46 22 07.

Bar 1987
Alameda de Hércules 93.
Stadtplan 2 D4.
📞 672 66 44 55.

Bar Garlochi
Calle Boteros 26.
Stadtplan 3 C1, 6 E3.

Café Central
Plaza Alameda de Hércules 64. **Stadtplan**
2 D4. 📞 645 77 01 32.

Las Columnas
Calle Rodrigo Caro 1.
Stadtplan 3 C2, 6 E4.

La Terraza
Calle Alemanes 27.
Stadtplan 3 C2, 6 D4.
📞 954 56 00 00.

Vergnügungspark

Acuario de Sevilla
Muelle de las Delicias, Area Sur, Puerto de Sevilla. **Stadtplan** 5 C5.
📞 955 44 15 41.
🌐 acuariosevilla.es

Stadtplan Sevilla *siehe Seiten 453–459*

Andalusien

*Huelva · Cádiz · Málaga · Gibraltar · Sevilla
Córdoba · Granada · Almería · Jaén*

Alle Klischees über Spanien lassen sich in Andalusien finden: Stierkampf, Strände, Flamenco, weiße Dörfer, Höhlenwohnungen, Fiestas, Prozessionen, Tapas und Sherry – alles gibt es im Überfluss. Doch zu dieser Gegend gehören auch Kunst und Architektur, Naturschutzgebiete und eine gelassene Lebensart.

Die acht Provinzen Andalusiens erstrecken sich im Süden Spaniens von den Wüsten Almerías bis zur portugiesischen Grenze. Einer der längsten Flüsse Spaniens, der Guadalquivir, teilt die Region. Der Pass Desfiladero de Despeñaperros verbindet Andalusien mit der zentralen Hochebene. Die höchsten Gipfel der spanischen Halbinsel erheben sich in der Sierra Nevada.

Verschiedene Eroberer hinterließen in Andalusien ihre Spuren. Die Römer bauten in der Provinz, die sie Baetica nannten, Städte wie die Hauptstadt Córdoba und das gut erhaltene Itálica bei Sevilla. Gerade in Andalusien hielten sich die Mauren am längsten und schufen beeindruckende Gebäude: die Mezquita in Córdoba und die großartige Alhambra in Granada. Am meisten besucht sind die großen Städte und die Costa del Sol mit Gibraltar im Westen – einer geografischen und historischen Besonderheit.

In versteckten Winkeln verbergen sich weitere Attraktionen. In der Provinz Huelva an der Grenze zu Portugal erinnert vieles an den großen Entdecker Christoph Kolumbus, der 1492 hier in See stach. Filmregisseure nutzen die stimmungsvolle Landschaft im trockenen Hinterland Almerías, das an den Wilden Westen oder Arabien erinnert. Zwischen den unzähligen Olivenbäumen der Provinz Jaén verbergen sich die sehenswerten Renaissance-Dörfer Úbeda und Baeza.

Blick vom Castillo de Santa Catalina auf die Stadt Jaén inmitten von Olivenhainen

◀ **Die beliebte Uferpromenade von Marbella, Costa del Sol** *(siehe S. 479)*

Überblick: Andalusien

Andalusien ist Spaniens abwechslungsreichste Region. Bei Tabernas lockt Wüstenlandschaft, an der Costa del Sol Wassersport, Skifahren in der Sierra Nevada und in Jerez der Sherry. Das riesige Doñana-Naturschutzgebiet wimmelt von Vogelarten, Cazorla ist ein zerklüftetes Kalksteinmassiv. Granada und Córdoba haben ein reiches maurisches Erbe, Úbeda und Baeza sind Perlen der Renaissance. Ronda ist nur einer von vielen bildhübschen Orten.

Legende

- ═══ Autobahn
- ═══ Hauptstraße
- ═══ Nebenstraße
- ═══ Panoramastraße
- ═══ Eisenbahn (Hauptstrecke)
- ─── Eisenbahn (Nebenstrecke)
- ▬▬▬ Staatsgrenze
- ▬▬▬ Regionalgrenze
- △ Gipfel

Der schicke Yachthafen von Sotogrande

In Andalusien unterwegs

Andalusien hat ein modernes Straßennetz. Die A4 ab Madrid verläuft entlang dem Guadalquivir-Tal nach Córdoba, Sevilla und Cádiz. Der schnelle AVE-Zug verbindet Sevilla, Córdoba und Málaga mit Madrid. Die meisten großen Städte haben Zuganschluss, doch mitunter etwas unregelmäßig. Busse fahren in die meisten Gebiete. Für abgelegene Gegenden ist ein Auto notwendig. Málaga, Sevilla, Jerez und Gibraltar sind die Hauptflughäfen.

Blick auf Granadas
prachtvolle Alhambra

Sehenswürdigkeiten auf einen Blick

1 Sierra de Aracena
2 Huelva
3 Monasterio de la Rábida
4 Palos de la Frontera
5 El Rocío
6 *Parque Nacional de Doñana S. 470f*
7 Sanlúcar de Barrameda
8 Jerez de la Frontera
9 Cádiz
10 Costa de la Luz
11 Arcos de la Frontera
13 *Ronda S. 476f*
14 Algeciras
15 Gibraltar
16 Marbella
17 Málaga
18 Garganta del Chorro
19 El Torcal
20 Antequera

21 Osuna
22 Carmona
23 Itálica
24 Sierra Morena
25 Palma del Río
26 Écija
27 Medina Azahara
28 *Córdoba S. 484–487*
29 Montilla
30 Priego de Córdoba
31 Montefrío
32 Nerja
33 Almuñécar
34 Lanjarón
36 Laujar de Andarax
37 Sierra Nevada
38 *Granada S. 492–498*
39 Castillo de La Calahorra
40 Guadix
41 Jaén

42 Andújar
43 Cástulo
44 *Baeza S. 502f*
45 Úbeda
46 Parque Natural de Cazorla
47 Vélez Blanco
48 Mojácar
49 Tabernas
50 Almería
51 Parque Natural de Cabo de Gata
Sevilla siehe S. 430–463

Touren
12 Pueblos blancos
35 Las Alpujarras

Der berühmte *jamón ibérico* in einer Bar in Jabugo, Sierra de Aracena

❶ Sierra de Aracena

Huelva. **Karte** D11. 🅿 El Repilado.
🚌 Aracena. 🛈 Calle Pozo de la
Nieve s/n, Aracena, 663 93 78 76.
📅 Sa.

Die Bergkette ist eine der abgelegensten Ecken Andalusiens.
Oberhalb von Aracena thronen
die Ruinen einer mauri-
schen Festung. Der
Berg ist durchlöchert
von Höhlen; in einer,
der **Gruta de las Mara-
villas**, ruht in einer
Stalaktitenkammer ein
See. **Jabugo** produziert
einzigartigen geräu-
cherten Schinken,
jamón ibérico oder *pata
negra (siehe S. 423)*.
    In den Minas de
Riotinto werden seit
phönizischer Zeit
Eisen, Kupfer und Silber abge-
baut. Das **Museo Minero** im
Dorf präsentiert die Geschichte
der Minengesellschaft.

*Bronzekrug, Museo
Provincial, Huelva*

🐾 Gruta de las Maravillas
Pozo de la Nieve. 📞 663 93 78 76
(Infos zu aktuellen Öffnungszeiten).
🕐 10–13.30, 15–18 Uhr. 🅿 🎫

🏛 Museo Minero
Plaza del Museo. 📞 959 59 00 25.
🕐 tägl. ⬤ 1., 6. Jan, 25. Dez. 🅿
♿ 🌐 parquemineroderiotinto.es

❷ Huelva

Huelva. **Karte** D12. 🔺 149.000. 🅿
🚌 🛈 C/ Jesús Nazareno 21, 959
65 02 00. 📅 Fr. 🎭 Las Columbinas
(3. Aug).

Das von den Phöniziern als
Onuba gegründete Huelva
erlebte seine besten Tage als

römischer Hafen. Das große
Erdbeben von Lissabon zerstörte auch Huelva 1755 fast
völlig. Heute dehnt sich um
den Kai am Río Odiel eine
Industriestadt aus.
    Kolumbus' Reise in die Neue
Welt *(siehe S. 60)* von Palos de
la Frontera über die Mündung
des Río Odiel feiert das
Museo Provincial, das
auch die Geschichte der
Minen von Riotinto doku-
mentiert. Östlich des Zentrums sind die Bungalows
im Barrio Reina Victoria
ein bizarres Beispiel für
englischen Pseudo-
Tudor-Stil. Die Minen-
gesellschaft legte sie um
1900 für ihre Arbeiter
an. Südlich der Stadt,
bei Punta del Sebo,
dominiert die Kolum-
bus-Statue (1929) von Gertru-
de Vanderbilt Whitney die
Mündung des Odiel.

Umgebung: Nahe Huelva
bieten drei Urlaubsorte einladende Sandstände: **Punta
Umbria**, auf einem Kap in der
Nähe der Feuchtgebiete der
Marismas del Odiel, **Isla Cristina**, ein Fischereihafen mit
zahlreichen guten Fisch-
restaurants, und **Mazagón**
mit seinen langen Dünen.
    Die Gegend östlich von
Huelva, **El Condado**, produziert die besten Weine Andalusiens. Bollulos del Condado
besitzt die größte Weinbau-
kooperative der Region. In
Niebla überlebte eine römische
Brücke. Die Stadtmauern und
das **Castillo de los Guzmanes**
sind maurisch.

🏛 Museo Provincial
Alameda Sundheim 13. 📞 959 65
04 24. 🕐 Di–So. ♿

🏰 Castillo de los Guzmanes
Calle Campo Castillo, Niebla.
📞 959 36 22 70. 🕐 tägl.

❸ Monasterio de la Rábida

Huelva. **Karte** D12. 🚌 von Huelva. 📞
959 35 04 11. 🕐 Di–So. ♿ 🎫
📷 🌐 monasteriodelarabida.com

Rund fünf Kilometer südwestlich von Palos de la Frontera
liegt das Franziskanerkloster
Monasterio de la Rábida aus
dem 15. Jahrhundert.
    1491 suchte Kolumbus hier
Zuflucht, nachdem die Katholischen Könige seine Indien-
Pläne zurückgewiesen hatten.
Der Prior Juan Pérez nutzte
seinen Einfluss als Beichtvater
Isabels, um die Entscheidung
rückgängig zu machen.
    Die Fresken (1930) von Da-
niel Vázquez Díaz im Inneren
preisen Leben und Entdeckun-
gen des Forschers. Sehenswert
sind auch die Mudéjar-Kreuz-
gänge, die Gärten und der
erleuchtete Kapitelsaal.

Fresken im Monasterio de la Rábida erläutern Kolumbus' Leben

❹ Palos de la Frontera

Huelva. **Karte** D12. 🗺 10 000. 🚌
ℹ Calle de Cristóbal Colón 24,
959 49 64 64. 🚍 Sa. 🎭 Santa
María de la Rábida (3., 16. Aug).

Von Palos aus, der Heimatstadt
zweier seiner Kapitäne, der
Brüder Martín und Vicente
Pinzón, stach Kolumbus am
3. August 1492 in See. Das
ehemalige Haus von Martín
Pinzón, dessen Statue heute
auf dem Hauptplatz steht, die
**Casa Museo de Martín Alonso
Pinzón**, ist ein Museum.
   Durch das Portal der **Iglesia
de San Jorge** (15. Jh.) schritt
Kolumbus nach der Messe,
um an Bord der *Santa María*
zu gehen. Das Pier ist heute
verlassen und versandet.

Umgebung: Das weiße **Mo-
guer**, acht Kilometer nordöstlich, birgt Schätze wie die
Klause der Nuestra Señora de
Montemayor (16. Jh.) und das
klassizistische Rathaus. Im **Convento de Santa Clara** ist das sehenswerte Museo Diocesano
de Arte Sacro untergebracht.

🏛 **Casa Museo de
Martín Alonso Pinzón**
Calle de Cristóbal Colón 24. 📞 959
35 01 00. 🕐 Mo–Fr 10–14 Uhr.

⛪ **Convento de Santa Clara**
Plaza de las Monjas. 📞 959 37 01
07. 🕐 Di–So. ⬤ Feiertage. 🎭 📷

❺ El Rocío

Huelva. **Karte** D12. 🗺 2500. 🚌
ℹ Avenida de la Canaliega, 959 44
38 08. 🎭 Romería (Mai/Juni).

El Rocío am Rand des Parque
Nacional de Doñana *(siehe
S. 470f)* ist bekannt wegen der
alljährlichen *romería*, zu der
fast eine Million Menschen
kommen. Viele Pilger reisen
von weit her an, einige auf
geschmückten Ochsenkarren,
um die Statue der heiligen
Jungfrau in der **Iglesia de
Nuestra Señora del Rocío** zu
sehen, die seit 1280 Wunder-
heilungen vollbringen soll.
Am Montagmorgen kämpfen
Männer darum, die Statue
während der Prozession tragen
zu dürfen. Die Menge klettert
auf den Wagen, um das Abbild
zu berühren.

**Menschen folgen der Jungfrau
in El Rocío**

Andalusiens Fiestas
Karneval *(Feb/März)*,
Cádiz. Die ganze Stadt kos-
tümiert sich für den wohl
längsten und buntesten
Karneval Europas. Chöre
proben monatelang satiri-
sche Lieder über Trends,
Prominente und Politiker.
**Romería de la Virgen de
la Cabeza** *(letzter So im
Apr)*, Andújar (Jaén). Wall-
fahrt zu einem Heiligtum in
der Sierra Morena.
Día de la Cruz *(1. Wo. im
Mai)*, Granada und Cór-
doba. Nachbarschafts-
gruppen wetteifern um
das bunteste blumenge-
schmückte Kreuz auf vielen
Plätzen und an Straßen-
ecken.
Festival de los Patios
(Mitte Mai), Córdoba. In
blumengeschmückten
Innenhöfen wird öffentlich
Flamenco präsentiert.
El Rocío *(Mai/Juni)*.
Mehr als 70 Pilgerbruder-
schaften kommen nach
El Rocío, um die Virgen del
Rocío zu ehren.
Las Colombinas *(3. Aug)*,
Huelva. Das Fest zum
Gedenken an Kolumbus'
Reise widmet sich jedes
Jahr der Musik und
dem Tanz eines anderen
lateinamerikanischen
Landes.
**Exaltación al Río
Guadalquivir** *(Mitte Aug)*,
Sanlúcar de la Barrameda
(Cádiz). Pferderennen am
Strand an der Mündung
des Río Guadalquivir.

Iglesia de Nuestra Señora del Rocío, El Rocío

❻ Parque Nacional de Doñana

Der Doñana-Nationalpark zählt zu den großartigsten Feuchtgebieten Europas. Zusammen mit den angrenzenden Schutzgebieten erstreckt er sich über 54 000 Hektar Sumpf und Dünen. Einst war das Gebiet ein Jagdrevier *(coto)* im Besitz der Herzöge von Medina Sidonia. Da sich das Land nie zur menschlichen Besiedlung eignete, konnte hier das Tierleben gedeihen. 1969 wurde es offiziell geschützt. Zusätzlich zu zahlreichen einheimischen Tierarten machen hier im Winter, wenn der Sumpf nach der Dürre wieder überflutet wird, Tausende von Zugvögeln Rast.

Sträucher
Lavendel, Sonnenröschen und andere niedrige Sträucher bedecken die Dünen.

Baumwacholder
Diese Wacholderart *(Juniperus oxycedrus)* wächst im Dünengürtel, dabei gräbt sie ihre Wurzeln tief in den Sand.

Palacio del Acebrón

El R

La Rocina

H612

El Acebuche

Matalascañas

Palacio de Doñar

Laguna de Santa Olaya

Dünen der Küste
Sanft gerundete Wanderdünen von bis zu 30 Metern Höhe mit vom Wind erzeugten Rippenmustern werden vom vorherrschenden Atlantikwind ständig die Küste entlanggeweht.

Monte de Doñana, das Waldland hinter den Dünen, bietet Luchsen, Hirschen und Wildschweinen Schutz.

Im Park
Die Besucherzahl wird streng überwacht, um Auswirkungen auf die Umwelt zu begrenzen. Die einzige Möglichkeit, Wild zu beobachten, besteht im Rahmen offiziell geführter Tagestouren.

Legende
- Marschland
- Dünen
- ••• Parque Nacional de Doñana
- ••• Parque Natural de Doñana
- ▬ Straße

Hotels und Restaurants in Andalusien *siehe Seiten 572–574 und 598–602*

Wild

Dam- *(Dama dama)* und Rothirsche *(Cervus elaphus)* streifen durch den Park. Im Spätsommer tragen die Hirsche erbitterte Kämpfe um die Kühe aus.

Wilde Rinder nutzen die Marschen als Wasserlöcher.

Infobox

Information
Huelva und Sevilla. **Karte** D12. **Randgebiete** ⭕ tägl. ● 1., 6. Jan, Pfingsten, 25. Dez. ℹ **La Rocina** 📞 959 43 95 69. ℹ **Palacio del Acebrón** Ausstellung »Mensch und Doñana«. ℹ **El Acebuche** Besucherzentrum, Ausstellung, Café und Laden. 📞 959 43 04 32. **Individuelle Fußwege** La Rocina und Charco de la Boca (3,5 km); El Acebrón von Palacio del Acebrón (1,5 km); Laguna del Acebuche von Acebuche (1,5 km). **Parkbereich** ⭕ Mai–Mitte Sep: Mo–Sa; Mitte Sep–Apr: Di–So. Nur Führungen. Jeeps von El Acebuche um 8.30, 15, 17 Uhr. Reservierung nötig 📞 959 43 04 32. 🖥 🌐 reddeparquesnacionales. mma.es

Kaiseradler

Der Kaiseradler *(Aquila adalberti)* ist einer der seltensten Vögel in Doñana.

José Antonio Valverde ℹ

Marisma de Hinojos

Marisma Gallega

Río Guadiamar

Río Guadalquivir

Sanlúcar de Barrameda ℹ

Fábrica de Hielo

0 Kilometer 5

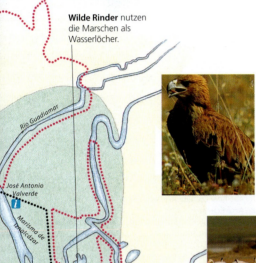

Flamingo

Während der Wintermonate versorgen die Salzseen und Sümpfe den schönen roten Flamingo *(Phoenicopterus ruber)* mit seiner Hauptnahrung, den Schalentieren.

Letzte Zuflucht der Luchse

Der Luchs ist eines der seltensten Säugetiere Europas. In Doñana leben etwa 30 Paare des Pardelluchses *(Lynx pardinus)*, auch Iberischer Luchs genannt. Diese Art hat ein gelbbraunes Fell mit dunkelbraunen Tupfen und spitze Ohren mit schwarzen Pinseln. Das Leben der scheuen, nachtaktiven Tiere, die gern im Gebüsch bleiben, wird noch erforscht. Ihre Nahrung sind Kaninchen, Enten, manchmal ein Kitz.

Wer einen Luchs sehen will, braucht Geduld

Weitere Zeichenerklärungen *siehe hintere Umschlagklappe*

❼ Sanlúcar de Barrameda

Cádiz. **Karte** D13. 🚹 67 000. 🚌
ℹ️ Calle Calzada Duquesa Isabel
s/n, 956 36 61 10. 🕐 Mi. 🎭
Exaltación al Río Guadalquivir und
Pferderennen (Mitte Aug).

Den Fischerhafen an der
Mündung des Guadalquivir
überragt eine maurische **Burg**.
1498 startete Kolumbus von
hier zu seiner dritten Reise,
1519 segelte Magalhães von
hier um die Welt.

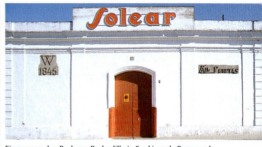

Eingang zu den Bodegas Barbadillo in Sanlúcar de Barrameda

Sanlúcar ist wegen seines
trockenen Manzanilla-Sherrys
bekannt, den auch die **Bodegas Barbadillo** herstellen. Vom
Kai aus fahren Boote über den
Fluss zum Parque Nacional de
Doñana *(siehe S. 470f)*.

Umgebung: Der Urlaubsort
Chipiona an der Küste hat
einen schönen Strand. **Lebrija**
im Landesinneren wird von
Stadtmauern umgeben und
öffnet sich auf Weinberge. Die
Iglesia de Santa María de la
Oliva ist eine umgebaute Al-
mohaden-Moschee aus dem
12. Jahrhundert.

🏛 Bodegas Barbadillo
Calle Luis de Eguilaz 11. 📞 956 38
55 21. 🕐 Di–Sa. 🎭 📷 ♿

❽ Jerez de la Frontera

Cádiz. **Karte** E13. 🚹 212 000. ✈️
🚉 🚌 ℹ️ Plaza del Arenal, 956 33
88 74. 🕐 Mo. 🎭 Weinlese (Sep).
🌐 turismojerez.com

In Jerez, der Hauptstadt des
Sherrys *(siehe S. 424f)*, stehen
einige Bodegas Besuchern
offen, darunter **González
Byass** und **Pedro Domecq**.

Die Stadt ist auch bekannt
für die **Real Escuela Andaluza
de Arte Ecuestre**. Die Reit-
schule veranstaltet donnerstags Dressurvorführungen.
Manchmal kann man auch bei
der eigentlichen Dressur der
Pferde zuschauen.

Der nahe gelegene **Palacio
del Tiempo** besitzt eine der
größten Uhrensammlungen

Europas. Der **Palacio de Pen-
martín** (18. Jh.) beherbergt das
Centro Andaluz de Flamenco,
das eine gute Einführung in
diese Musik- und Tanztradition
bietet *(siehe S. 428f)*. Der **Alcázar** (11. Jh.) umfasst eine gut
erhaltene Moschee, die als Kirche dient. Gleich nördlich steht
die **Kathedrale**.

Umgebung: Die **Cartuja Santa
María de la Defensión** gilt als
eines der schönsten Klöster
Spaniens. Der Hafen von **El Puerto de Santa María** exportiert
große Mengen Sherry. Sie können viele Bodegas besuchen,
so auch **Osborne** und **Terry**.
Die Stadt verfügt auch über
ein Schloss (13. Jh.) und eine
schöne Stierkampfarena.

🎭 Real Escuela Andaluza de Arte Ecuestre
Duque de Abrantes. 📞 956 31 96
35 (nach Vereinbarung). 🕐 Mo–Fr.
🎭 ♿ 🌐 realescuela.org

🏛 Palacio del Tiempo
Calle Cervantes 3. 📞 956 18 21 00.
🕐 Di–So. 🎭 ♿

🎭 Palacio de Penmartín
Plaza de San Juan 1. 📞 956 90 21
34. 🕐 Mo–Fr. 🔴 Feiertage.

🏰 Alcázar
Alameda Vieja. 📞 956 14 99 55.
🕐 tägl. 🔴 1., 6. Jan, 25. Dez. 🎭
♿ 📷

🏛 Sherry-Bodegas
🕐 tel. erfragen. 🎭
González Byass Calle Manuel María
González 12, Jerez. 📞 956 35 70
00. **Pedro Domecq** Calle San Ildefonso 3, Jerez. 📞 956 15 15 00.
Sandeman Calle/ Pizarro 10, Jerez.
📞 956 31 29 95. **Osborne** Calle de
los Moros, Puerto de Santa María.
📞 956 86 91 00. **Terry** Calle San
Ildefonso 3, Jerez. 📞 956 15 15 52.

Real Escuela Andaluza de Arte Ecuestre, Jerez de la Frontera

Hotels und Restaurants in Andalusien *siehe Seiten 572–574 und 598–602*

❾ Cádiz

Das aus der Bucht von Cádiz herausragende, fast ganz von Wasser umgebene Cádiz bezeichnet sich gerne als Europas älteste Stadt. Der Sage nach war Herkules der Gründer, doch die Geschichte belegt die Gründung der Stadt Gadir durch die Phönizier 1100 v. Chr. Nach der Besatzung durch Karthager, Römer und Mauren florierte die Stadt nach der Reconquista dank der Schätze aus der Neuen Welt. 1587 wurde sie im Kampf um das Welthandelsmonopol von Francis Drake geplündert. Cádiz war kurz Spaniens Hauptstadt, als 1812 die erste Verfassung des Landes hier verkündet wurde *(siehe S. 67)*.

Infobox

Information
Cádiz. **Karte** D13. 🗺 120 000.
ℹ Paseo de Canalejas s/n,
956 24 10 01. 🚌 Mo.
🎭 Karneval (Feb/ März).
🌐 turismo.cadiz.es

Anfahrt
🚉 Plaza de Sevilla, 902 24 05
05. 🚌 Plaza de la Hispanidad,
956 80 70 59.

Römische Marmorstatue (2. Jh. v. Chr.)
im Museo de Cádiz

Überblick: Cádiz

Eines der schönsten Erlebnisse in Cádiz ist ein Spaziergang durch das Hafenviertel mit seinen gepflegten Gärten und offenen Plätzen. In der Altstadt bieten viele Gässchen ein reiches Markt- und Straßenleben.
Der Karneval *(siehe S. 469)* ist der Stolz der »Capital Cultural Iberoamericana« (2012).

⛪ Kathedrale

Die als Catedral Nueva (Neue Kathedrale) bekannte barockklassizistische Kirche mit der Kuppel aus gelben Kacheln ist eine der größten Spaniens. In der Krypta befindet sich das Grab des Komponisten Manuel de Falla (1876–1946). Die Schätze der Kathedrale bewahrt die Casa de la Contaduría hinter dem Museum.

🏛 Museo de Cádiz

Plaza de Mina. 📞 856 10 50 34.
⏰ Di–Sa 9–20 Uhr (Juni–Mitte-Sep: 9–15 Uhr), So, Feiertage 10–17 Uhr. ♿

Im Erdgeschoss wird die Geschichte von Cádiz dokumentiert. Im ersten Stock sind Werke von Rubens, Zurbarán, Murillo und zeitgenössischer Künstler zu sehen. Im dritten Stock werden Puppen gezeigt.

🏛 Torre Tavira

Calle Marqués del Real Tesoro 10.
📞 956 21 29 10. ⏰ tägl. ⚫
1. Jan, 25. Dez. 📷 📷

Der ehemalige Wachturm aus dem 18. Jahrhundert wurde nun in eine Camera obscura umgebaut. Von oben hat man einen herrlichen Blick.

⛪ Oratorio de San Felipe Neri

Calle Santa Inés s/n. 📞 956 80 70 18. ⏰ Di–Fr 10.30–14, 16.30–20, Sa 10.30–14, So 10–13 Uhr.

Die Kirche ist ein Symbol der Freiheitsbewegung seit 1812, als Napoléon Spanien einnehmen wollte. Eine hier versammelte provisorische Regierung versuchte, Spaniens erste konstitutionelle Monarchie zu begründen, und verkündete eine freiheitliche Verfassung.

Kathedrale von Cádiz

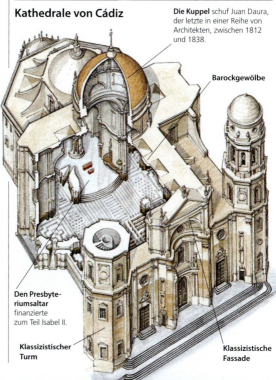

Die Kuppel schuf Juan Daura, der letzte in einer Reihe von Architekten, zwischen 1812 und 1838.

Barockgewölbe

Den Presbyteriumsaltar finanzierte zum Teil Isabel II.

Klassizistischer Turm

Klassizistische Fassade

Fischerboote in Zahara de los Atunes an der Costa de la Luz

⑩ Costa de la Luz

Cádiz. **Karte** D13/14. 🚉 Cádiz. 🚌 Cádiz, Tarifa. 🛈 Paseo de la Alameda s/n, Tarifa, 956 68 09 93.

Die Costa de la Luz (Küste des Lichts) zwischen Cádiz und Tarifa an Spaniens Südspitze ist ein wilder, windgepeitschter Küstenstreifen und erstrahlt in hellem, klarem Licht. Von der Sierra del Cabrito westlich von Algericas kann man jenseits der Meerenge von Gibraltar die Silhouette Tangers und das marokkanische Festland mit dem roten Rifgebirge sehen.

Tarifa ist nach einem maurischen Kommandeur aus dem 8. Jahrhundert, Tarif ben Maluk, benannt, der hier mit seinen Streitkräften während der maurischen Eroberung (siehe S. 56f) landete. 1292 verteidigte der legendäre Held Guzmán Tarifa und seine Burg aus dem 10. Jahrhundert während der Belagerung durch die Mauren.

Heute ist Tarifa das Mekka der Wind- und Kitesurfer Europas. Der Küstenwind treibt auf den Hügeln viele Windkraftwerke an.

Abseits der A7, am Ende einer langen, schmalen Straße durch Wildnis mit Kakteen, Sonnenblumen und Korkbäumen, liegt **Zahara de los Atunes**, ein ruhiger Ferienort mit ein paar Hotels.

Conil de la Frontera im Westen ist besser erschlossen. Admiral Nelson besiegte 1805 eine spanisch-französische Flotte vor **Cabo de Trafalgar**, fiel aber im Kampf.

⑫ Tour: Pueblos blancos

Anstatt sich in den Ebenen Andalusiens niederzulassen, in denen sie Räubern zum Opfer gefallen wären, zogen es manche Andalusier vor, in befestigten Städten und Dörfern in den Bergen zu leben. *Pueblos blancos* (weiße Dörfer) heißen sie, weil sie in maurischer Tradition weiß getüncht sind *(siehe S. 30)*. Bei einem Besuch dieser Bauerndörfer begegnet man vielen Spuren der Vergangenheit.

⑨ Jimena de la Frontera
Inmitten von Hügeln, auf denen wilde Bullen zwischen Kork- und Olivenbäumen weiden, liegt der Ort mit der Ruine einer maurischen Burg.

② Ubrique
Das Dorf am Rand der Sierra de Ubrique ist für seine Ledererzeugnisse bekannt.

① Arcos de la Frontera
siehe S. 475

Sevilla
Arcos de la Frontera
Cádiz, Jerez
A372
Embalse los Huro
Charco de los Hurones
CA5221
0 Kilometer   10
CA503
La Sauceda

Legende
🟥 Routenempfehlung
🟰 Andere Straße

Routeninfos

Länge: 205 km.
Rasten: Überall finden Sie Plätze zum Ausruhen. Ronda bietet die meisten Hotels und Restaurants *(siehe S. 601)*. In Arcos de la Frontera gibt es einen Parador *(siehe S. 572)*.

⑧ Gaucín
Von hier öffnen sich einmalige Ausblicke über Mittelmeer, Atlantik, den Felsen von Gibraltar und über die Straße von Gibraltar auf das Rifgebirge Nordafrikas.

⑪ Arcos de la Frontera

Cádiz. **Karte** E13. 🗠 31 000. 🚌
ℹ️ C/ Cuesta de Belén 5, 956 70 22
64. 🍴 Fr. 🎠 Toro del Domingo de
Resurrección (Ostern), Velada de
Nuestra Señora de las Nieves
(4.–6. Aug), Semana Santa, Feria de
San Miguel (Ende Sep).

Der Legende nach gründete
ein Sohn Noahs Arcos, tatsächlich waren es wohl die Iberer.
Der Name Arcobriga stammt
aus römischer Zeit. Unter den
Kalifen von Córdoba *(siehe
S. 56f)* war Arcos ein maurischer Stützpunkt. Labyrinth-
artig windet sich die Altstadt
um eine zerfallene Burg. Auf
der Plaza de España in der
Oberstadt befinden sich ein
Parador *(siehe S. 572)* und die
spätgotische Mudéjar-Kirche
Iglesia de Santa María de la

Asunción. Die gotische **Iglesia
de San Pedro** steht auf einem
Klippenrand am Río Guadale-
te. Der **Palacio del Mayorazgo**
verfügt über eine prunkvolle
Renaissance-Fassade. Das
Rathaus hat eine schöne
Mudéjar-Decke.

Umgebung: Im 15. Jahrhundert wurde der Familie Guzmán das Herzogtum von
Medina Sidonia zugesprochen,
einer weißen Stadt auf einem
kegelförmigen Berg südwestlich von Arcos de la Frontera.
Investitionen in Amerika brachten Wohlstand, und so wurde
Medina Sidonia einer der wichtigsten Herzogssitze Spaniens.
Die gotische Iglesia de Santa
María la Coronada ist eines der
schönsten Gebäude der Stadt
und zeigt religiöse Kunst aus
der Renaissance.

Iglesia de Santa María de la
Asunción in Arcos de la Frontera

🏛 **Palacio del Mayorazgo**
Calle San Pedro 2. 📞 956 70 30 13.
⭘ Mo–Fr 8–14 Uhr. ♿

🏛 **Ayuntamiento**
Plaza del Cabildo. ⭘ Mo–Fr.

③ Zahara de la Sierra
Das schöne *pueblo blanco*,
das unter Denkmalschutz
steht, erstreckt sich unterhalb einer Burgruine.

④ Grazalema
Dieser Ort in der Sierra
de Grazalema ist der
regenreichste Spaniens.

⑤ Ronda la Vieja
Die Überreste der
römischen Stadt
Acinipo, inklusive
eines Theaters,
lohnen den Besuch.

⑥ Setenil
Einige Straßen dieses
außergewöhnlichen
Dorfes führen entlang einer
Schlucht führen unter
Felsvorsprüngen hin-
durch. Die Schlucht
wurde vom Río Trejo
aus dem Tuffstein
gegraben.

Ronda ⑦
siehe S. 476f

⓭ Im Detail: Ronda

Rondas Lage ist höchst spektakulär: Es thront auf einem Felsvorsprung über einer senkrecht abfallenden Kalksteinklippe. Die fast uneinnehmbare Stadt war eine der letzten maurischen Bastionen und fiel erst 1485 an die Christen. Auf der Südseite liegt ein *pueblo blanco (siehe S. 474f)* mit gepflasterten Gassen, Fenstergittern und weißen Häusern. Die meisten historischen Sehenswürdigkeiten befinden sich in diesem Stadtteil. In El Mercadillo, dem jüngeren Stadtteil, ist eine der ältesten Stierkampfarenen Spaniens erhalten.

★ Puente Nuevo
Die beeindruckende Neue Brücke (18. Jh.) über die 100 Meter tiefe Tajo-Schlucht verbindet das alte mit dem neuen Ronda.

Der Convento de Santo Domingo war das hiesige Hauptquartier der Inquisition *(siehe S. 278)*.

Nach El Mercadillo zur Plaza de Toros, dem Parador und zum Fremdenverkehrsbüro

Casa del Rey Moro
Von der Villa (18. Jh.) auf den Grundmauern eines maurischen Palasts führen 365 Stufen zum Fluss hinunter.

Mirador El Campillo (Aussichtspunkt)

★ Palacio Mondragón
Große Teile des Palasts wurden nach der Reconquista *(siehe S. 58f)* wiederaufgebaut, den Arkadenhof zieren noch die maurischen Mosaiken und Stuckarbeiten.

0 Meter   100

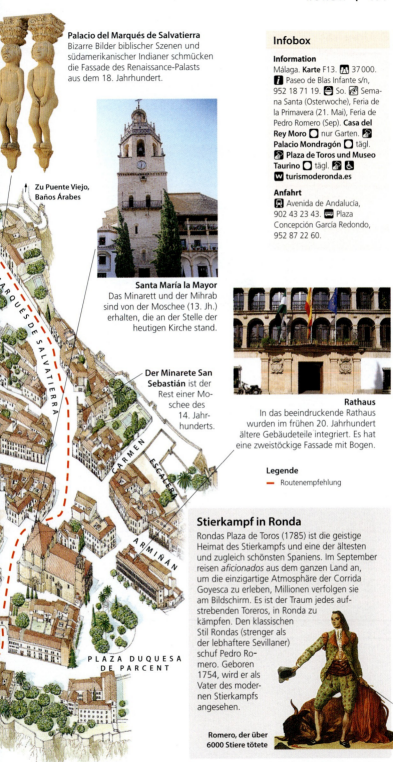

Palacio del Marqués de Salvatierra
Bizarre Bilder biblischer Szenen und südamerikanischer Indianer schmücken die Fassade des Renaissance-Palasts aus dem 18. Jahrhundert.

Zu Puente Viejo, Baños Árabes

Santa María la Mayor
Das Minarett und der Mihrab sind von der Moschee (13. Jh.) erhalten, die an der Stelle der heutigen Kirche stand.

Der Minarete San Sebastián ist der Rest einer Moschee des 14. Jahrhunderts.

MARQUÉS DE SALVATIERRA

CARMEN

ESCALERA

ARMIÑÁN

PLAZA DUQUESA DE PARCENT

Infobox

Information
Málaga. **Karte** F13. 🗺 37 000.
📋 Paseo de Blas Infante s/n, 952 18 71 19. 🚌 So. 🎭 Semana Santa (Osterwoche), Feria de la Primavera (21. Mai), Feria de Pedro Romero (Sep). **Casa del Rey Moro** ⬜ nur Garten. 🏛
Palacio Mondragón ⬜ tägl. 🏛
Plaza de Toros und Museo Taurino ⬜ tägl. 🏛 ♿
🌐 turismoderonda.es

Anfahrt
🚉 Avenida de Andalucía, 902 43 23 43. 🚌 Plaza Concepción García Redondo, 952 87 22 60.

Rathaus
In das beeindruckende Rathaus wurden im frühen 20. Jahrhundert ältere Gebäudeteile integriert. Es hat eine zweistöckige Fassade mit Bogen.

Legende
— Routenempfehlung

Stierkampf in Ronda

Rondas Plaza de Toros (1785) ist die geistige Heimat des Stierkampfs und eine der ältesten und zugleich schönsten Spaniens. Im September reisen *aficionados* aus dem ganzen Land an, um die einzigartige Atmosphäre der Corrida Goyesca zu erleben, Millionen verfolgen sie am Bildschirm. Es ist der Traum jedes aufstrebenden Toreros, in Ronda zu kämpfen. Den klassischen Stil Rondas (strenger als der lebhafte Sevillaner) schuf Pedro Romero. Geboren 1754, wird er als Vater des modernen Stierkampfs angesehen.

Romero, der über 6000 Stiere tötete

⑭ Algeciras

Cádiz. **Karte** E14. 🖼 117 000. 🚌
ℹ️ Calle Juan de la Cierva s/n, 670
94 90 47. 🚢 Di. 🎉 Feria Real
(24. Juni – 2. Juli).

Von der Industriestadt Algeciras blickt man über die Bucht auf das 14 Kilometer entfernte Gibraltar. Der Fischereihafen der Stadt ist das Tor für Fähren von Europa nach Nordafrika, besonders nach Tanger und zu Spaniens afrikanischen Enklaven Ceuta und Melilla.

⑮ Gibraltar

Britische Kronkolonie. **Karte** F14.
🖼 35 000. ℹ️ 13 John Mackintosh Square, (+350) 20 04 50 00.
🎉 Nat Day (10. Sep).
🌐 visitgibraltar.gi

Die hohe Landspitze von Gibraltar wurde Großbritannien 1713 im Vertrag von Utrecht

(*siehe S. 66*) »auf ewig« überschrieben. Heute kommen etwa vier Millionen Menschen jährlich über die Grenze bei La Línea de la Concepción.

Viele Attraktionen Gibraltars hängen mit der militärstrategischen Bedeutung zusammen. Das Verlies einer maurischen

Die Höhle des hl. Michael diente im Zweiten Weltkrieg als Lazarett

Burg (8. Jh.) auf halbem Wege zu dem Felsen war bis 2010 ein Gefängnis. 80 Kilometer lange **Belagerungstunnels** beherbergen Lagerräume und Kasernen. In der **Höhle des heiligen Michael**, die im Zweiten Weltkrieg als Lazarett diente, finden Konzerte statt.

In der **Affenhöhle** beim Europa Point an der Südspitze Gibraltars leben Affen. Solange sie dort hausen, soll der Fels, so sagt man, britisch bleiben. Eine Drahtseilbahn fährt zur 450 Meter hohen **Felsspitze**. Das **Gibraltar Museum** erklärt die Geschichte der Kolonie.

🏰 Burg, Tunnels, Höhle des hl. Michael, Affenhöhle
Oberer Fels. 📞 (+350) 20 04 59 57.
🕐 tägl. ● 1. Jan, 25. Dez. ♿

🏛 **Gibraltar Museum**
18 Bombhouse Lane.
📞 (+350) 20 07 42 89. 🕐 Mo–Sa.
● Feiertage. ♿

Costa del Sol

Bei durchschnittlich 300 Sonnentagen pro Jahr bietet die abwechslungsreiche Costa del Sol zwischen Gibraltar und Málaga eine Vielzahl an Freizeitmöglichkeiten am Strand und im Wasser. Abgesehen von Marbellas Eleganz und Luxus gibt es allerdings auch viel Massentourismus. Mehr als 30 der besten Golfclubs Europas liegen landeinwärts.

Esteponas stille Abende sind beliebt bei Familien mit Kleinkindern. Hinter den großen Hotels liegen von Orangenbäumen beschattete Plätze.

Puerto Banús ist Marbellas pompösester Yachthafen. Die teuren Geschäfte, Restaurants und das glitzernde Nachtleben passen zum Reichtum der Kundschaft.

Die Marina in Sotogrande, einem exklusiven Ferienort mit Luxusvillen, bietet viele Fischrestaurants.

San Pedro de Alcántara ist ein stiller Ferienort mit schicken Anlagen und modernem Yachthafen.

Yachten und Motorboote im Hafen von Marbella, wo sich im Sommer der internationale Jetset vergnügt

❸ Marbella

Málaga. **Karte** F13. 🖾 140 000. 🚍
🛈 Glorieta de la Fontanilla, Paseo
Marítimo, 952 76 87 60. 🖨 Mo.
🎭 San Bernabé (Juni).
🌐 **marbellaexclusive.com**

Marbella ist einer der exklusivsten Ferienorte Europas. Mitglieder der Königshäuser und

Filmstars zeigen sich hier gerne.
In der Altstadt mit den sauberen Gassen, Plätzen, schicken
Läden und Restaurants ist die
**Iglesia de Nuestra Señora de la
Encarnación** sehenswert.

Das **Museo del Grabado
Español Contemporáneo**
zeigt einige weniger bekannte
Werke von Pablo Picasso. Das

Nachtleben von Marbella bedarf einer prallen Brieftasche,
Strände jedoch kosten keinen
Eintritt.

🏛 **Museo del Grabado
Español Contemporáneo**
Calle Hospital Bazán. 📞 95 276 57
41. 🔵 Mo, Sa 9–14, Di–Fr 9–19
Uhr. 🔴 Feiertage. 🎫 🌐 **mgec.es**

Marbella ist der eleganteste Ferienort der Costa del Sol. Die Playa
de Don Carlos gilt als der schönste
der 29 Strände.

A46 A45
A357
El Chaparral
A7
Málaga
El Palo A7
La Capellania Rincón de
la Victoria
A355
AP7 Torremolinos
Benalmádena
Costa
Marbella Torreblanca
AP7 Fuengirola
A7 Punta de
Cabopino Cala de Calaburra
Mijas

Rincón de la Victoria, ein
unverdorbener Familienstrand, ist bekannt für seine
Sardinen am Spieß.

Torremolinos, die Ferienmetropole
aus Hochhäusern, ist heute weniger
plump als früher. Große Summen
wurden in neue Plätze, eine Promenade, Grünanlagen und in die Verschönerung des Strandes mit seinem goldenen Sand investiert.

Cabopino, an einem
wenig überlaufenen
Küstenstreifen, ist ein
breiter, sandiger FKK-Strand neben einem
modernen Yachthafen.

Benalmádena Costa wird fast nur
von Pauschalurlaubern besucht.
Hinter den felsigen Stränden und
dem Yachthafen befindet sich eine
Fülle von Attraktionen.

0 Kilometer 10

Fuengirolas Fischereihafen ist
in vollem Betrieb, wie diese
Kisten voller frischer Fische bezeugen, obwohl der Ort eher
für seine Pauschalurlauber,
meist Engländer, bekannt ist.
Im Hintergrund erheben sich
steile ockerfarbene Berge.

Hauptfassade der 1588 geweihten Kathedrale von Málaga

⑰ Málaga

Málaga. **Karte** G13. 566.000. Plaza de la Marina 11, 951 92 60 20. So. Karneval (Feb/März), Feria (2. Sa–3. So im Aug). **malagaturismo.com**

Málaga, Andalusiens zweitgrößte Stadt, ist heute wie unter den Phöniziern, den Römern und Mauren ein florierender Hafen. Im 19. Jahrhundert, als der Dessertwein Málaga (siehe S. 424) in ganz Europa beliebt war, erlebte er eine weitere Blüte, doch 1876 verwüstete die Reblaus die Weinberge.

1528 begann Diego de Siloé den Bau der **Kathedrale**. Der halb fertige zweite Turm, dessen Errichtung 1765 wegen Geldmangels unterbrochen wurde, verlieh ihr den Kosenamen La Manquita (»die Einarmige«).

Das **Museo Picasso** zeigt Werke des von hier stammenden Künstlers. Sehenswert ist auch die Casa Natal de Picasso. Das Museo Carmen Thyssen versammelt zahlreiche Werke spanischer Künstler. Das **Centre Pompidou Málaga** präsentiert zeitgenössische Kunst.

Die **Alcazaba** (siehe S. 56f) entstand zwischen dem 8. und 11. Jahrhundert. Neben dem Eingang wurde ein römisches Amphitheater freigelegt. Das Museo de Málaga versammelt die umfangreichen Sammlungen des Museo Arqueológico und des Museo de Bellas Artes.

Auf den Hügeln hinter der Alcazaba thronen die Ruinen des maurischen **Castillo de Gibralfaro** (14. Jh.).

Umgebung: Im **Parque Natural de los Montes de Málaga** im Nordosten von Málaga wachsen Lavendel und Wildkräuter. Hier leben Adler und Wildschweine. Es gibt eine Reihe markierter Wanderwege. Die C345 führt in nördlicher Richtung zu einer Weinkellerei aus der Zeit um das Jahr 1845.

Museo Picasso
Calle San Agustín 8. 95 212 76 00. Di–So 10–20 Uhr (Fr, Sa bis 21 Uhr). 1. Jan, 25. Dez.

Centre Pompidou Málaga
Pasaje Doctor Carillo Casaux s/n, Muelle Uno. 951 92 62 00. Mi–Mo.

⑱ Garganta del Chorro

Málaga. **Karte** F13. El Chorro. Parque Ardeles. Plaza Fuente de Arriba 15, El Chorro, 952 49 61 00.

Entlang dem fruchtbaren Guadalhorce-Tal, kurz hinter El Chorro, liegt eines der geologischen Wunder Andalusiens. Die Garganta del Chorro ist eine teilweise nur 10 Meter breite Schlucht, die der Fluss 180 Meter tief in den Kalkstein gegraben hat. Flussabwärts trübt ein Wasserkraftwerk das Landschaftsbild.

Den besten Eindruck von den Ausmaßen der Schlucht gibt der **Camino del Rey**. Diese entlang dem Felsen verlaufende Weganlage führt zu einer Brücke über die Schlucht (Infos zum Zugang finden Sie unter www.caminitodelrey.info).

Umgebung: Álora, ein weißes Dorf (siehe S. 474f), liegt zwölf Kilometer das Tal hinab und wird von einer maurischen Burg und einer Kirche aus dem 18. Jahrhundert überragt.

Über die MA441 von Álora aus erreicht man das Dorf **Carratraca**. Im 19. und Anfang des 20. Jahrhunderts kam man wegen der schwefelhaltigen Quellen hierher. Heute ist der Ruhm Carratracas verblasst. Zwar rauschen immer noch 700 Liter pro Minute aus der Quelle, doch die Anlagen sind menschenleer.

Die Garganta del Chorro, die Schlucht des Guadalhorce

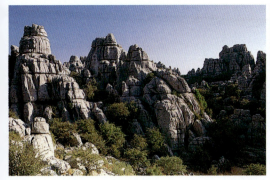

Verwitterte Kalksteinformationen in El Torcal

⑲ El Torcal

Málaga. **Karte** G13. 🚗 Antequera. 🚌 Antequera. ℹ️ Antequera, 95 270 25 05. **Parque Natural del Torcal** 📞 95 224 33 24. ⏰ tägl. 10–17 Uhr (Apr–Sep: bis 19 Uhr). 🌐 torcaldeantequera.com

Der Parque Natural del Torcal mit seinen wettergeprägten Kalksteinhügeln, die zu bizarren Formen und Höhlen verwitterten, ist sehr beliebt. Am Besucherzentrum beginnen Wanderwege. Gelbe Markierungen kennzeichnen Wanderungen bis zu zwei Stunden, rote dauern länger. Forscher kommen wegen der Füchse, Wiesel, Adler und Geier. Auch seltene Pflanzen genießen hier Schutz.

⑳ Antequera

Málaga. **Karte** G12. 🏛️ 37 000. 🚗 🚌 ℹ️ Plaza de San Sebastián 7, 95 270 25 05. 🛍️ Di. 🎭 Ferias (Ende Mai & Mitte Aug). 🌐 turismo.antequera.es

Die geschäftige Handelsstadt war unter den Römern und Mauren zur Verteidigung Granadas strategisch bedeutsam.
  Von den vielen Kirchen ist die **Iglesia de Nuestra Señora del Carmen** mit ihrem riesigen Altarbild sehenswert. Am anderen Ende der Stadt liegt die **Plaza de Toros** (19. Jh.) mit einem Stierkampfmuseum.
  Auf dem Berg entstand im 13. Jahrhundert auf den Grundmauern einer römischen Festung eine **Burg**. Der Arco de los Gigantes (16. Jh.) führt auf die Burgmauern. Einen herrli-

chen Rundblick bietet die Torre del Papabellotas am besterhaltenen Teilstück der Mauer.
  In der Stadt am Fuß des Berges beherbergt der **Palacio de Nájera** das Stadtmuseum mit der Bronzestatue eines römischen Knaben.
  Die massiven **Dolmen** etwas außerhalb der Stadt, vielleicht Grabkammern von Stammesführern, datieren von 2500– 2000 v. Chr.

Umgebung: Die **Laguna de la Fuente de Piedra**, nördlich von Antequera, ist voller Vögel. Auch Flamingoschwärme kommen nach dem Winteraufenthalt in Westafrika hierher zum Brüten. Von der N334 aus führt eine Straße zum Aussichtspunkt am See. In Fuente de Piedra gibt es ein Besucherzentrum.
  26 Kilometer nordöstlich von Antequera (über die A-92) liegt **Archidona** mit der acht-

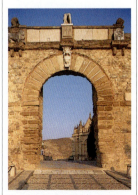

Der beeindruckende Arco de los Gigantes (16. Jh.), Antequera

eckigen Plaza Ochavada des 18. Jahrhunderts in französischem Stil, die aber auch andalusische Züge trägt.

🎟️ Plaza de Toros
Carretera de Sevilla. 📞 952 70 81 42. ⏰ Di–So. **Museo Taurino** ⏰ Sa, So, Feiertage.

🏛️ Palacio de Nájera
Coso Viejo. 📞 95 270 83 00. ⏰ Di–So. 🎨

Palacio del Marqués de la Gomera in Osuna, 1770 vollendet

㉑ Osuna

Sevilla. **Karte** F12. 🏛️ 18 000. 🚗 🚌 ℹ️ Calle Sevilla 37, 95 481 57 32. 🛍️ Mo. 🎭 San Alcadio (12. Jan), Virgen de la Consolación (8. Sep). 🌐 turismosuna.es

Osuna war einst eine wichtige römische Garnisonsstadt. Unter den mächtigen Herzögen von Osuna erlangte sie im 16. Jahrhundert Ruhm. Um 1530 begann man mit dem Bau der Kirche **Colegiata de Santa María** mit barockem Altarretabel und Bildern von José de Ribera. Es folgte die **Universität**, ein strenges Gebäude mit einem hübschen Innenhof. Schöne Villen wie der **Palacio del Marqués de la Gomera** spiegeln die ehemalige Bedeutung der Stadt wider.

Umgebung: Das im Osten gelegene **Estepa** ist wegen seines Gebäcks bekannt, *polvorones* und *mantecados*. Die Iglesia del Carmen ziert eine schwarz-weiße Barockfassade.

Grab von Servilia in der römischen Nekropole Carmona

❷ Carmona

Sevilla. **Karte** E12. 👥 28 000. 🚍
ℹ️ Alcázar de la Puerta de Sevilla,
95 419 09 55. 🚌 Mo, Do. 🎭 Feria
(Mai), Fiestas Patronales (8.–16. Sep).
🌐 turismo.carmona.org

Carmona ist die erste größere
Stadt östlich von Sevilla an der
A4. Ihre Altstadt thront auf
einem Hügel über den Vor-
orten, die sich in die Ebene erstrecken. Jenseits der **Puerta
de Sevilla**, eines Tores der
maurischen Stadtmauer, liegen
Villen, Mudejár-Kirchen, Plätze
und Gassen.

Die Plaza de San Fernando
wirkt mit der Renais-
sance-
Fassade des
alten **Rathauses**
sehr würdevoll. Im
Hof des heutigen Rat-
hauses (18. Jh.), etwas
abseits des Platzes,
befinden sich römi-
sche Mosaiken. In der Nähe
entstand die schönste Kirche
Carmonas, die **Iglesia de Santa
María la Mayor**, im 15. Jahrhundert über einer Moschee,
deren Hof noch steht. Die Ruinen des **Alcázar del Rey Pedro**,
einst ein Palast Pedros I, bekannt als Pedro der Grausame,
beherrschen das Stadtbild. Einige Teile fungieren als Parador *(siehe S. 572)*.

Außerhalb von Carmona
liegt die **Necrópolis Romana**,
Reste eines römischen Friedhofs. Ein Museum zeigt Gegenstände aus den Gräbern,
darunter Statuen und Juwelen.

**Römisches Mosaik
aus Itálica**

🏛️ **Ayuntamiento**
Calle Salvador 2. 📞 95 414 00 11.
🕐 Mo–Fr. ● Feiertage.

🏛️ **Necrópolis Romana**
Avenida Jorge Bonsor 9. 📞 600 14
36 32. 🕐 Di–So. ● 1. Jan, 1. Mai,
25. Dez.

❸ Itálica

Avenida de Extremadura 2, Santi-
ponce. **Karte** E12. 📞 95 512 38
47. 🚌 von Sevilla. 🕐 Di–Sa
9–17.30, So 9–15.30 Uhr Uhr
(Apr–Mitte Juni: Di–Sa 9–19.30,
So 9–15.30 Uhr; Mitte Juni–Mitte
Sep: Di–So 9–14.30 Uhr). 🎭

Scipio Africanus gründete Itálica 206 v. Chr. als eine der ersten römischen Städte Spaniens *(siehe S. 54f)*. Im
2. und 3. Jahrhun-
dert n. Chr. war
Itálica zu einer be-
deutenden Metro-
pole aufgestiegen.
Kaiser Hadrian wurde
hier geboren und
regierte von 138–117 v. Chr.
Er ließ Tempel und andere
prächtige Gebäude errichten.
Archäologen vermuten, dass
der wechselnde Verlauf des
Río Guadalquivir in maurischer
Zeit Itálicas Ende bedeutete.

Neben dem zerfallenen **Amphitheater**, das 25 000 Menschen Platz bot, sind Fundstücke der Ausgrabungsstätte zu
sehen. Weitere Schätze zeigt
das Museo Arqueológico in
Sevilla *(siehe S. 451)*. Besucher
können sich frei in Itálicas Straßen bewegen. Von den Tem-
peln und Bädern der Stadt
blieb wenig erhalten. Einige

besser erhaltene römische
Überreste können im Dorf **San-
tiponce**, ganz in der Nähe der
Stätte, besichtigt werden.

❷ Sierra Morena

Sevilla und Córdoba. **Karte** DE11.
🚉 Cazalla, Constantina. 🚌 Constantina, Cazalla. ℹ️ Constantina
(Sevilla): 95 588 12 97; Cazalla (Sevilla): 95 488 35 62; Córdoba: 95
764 11 40; El Robledo: 95 588 95 93.

Die Sierra Morena mit ihren
Eichen- und Kiefernwäldern
erstreckt sich im Norden der
Provinzen Sevilla und Córdoba
und bildet die natürliche Grenze zwischen Andalusien und
den Ebenen von Extremadura
und La Mancha. Kleinere Bergketten in der Sierra haben eigene Namen.

Lope de Vega *(siehe S. 294)*
verewigte **Fuente Obejuna**,
nördlich von Córdoba, in seinem Schauspiel über einen
Aufruhr von 1476 gegen den
örtlichen Feudalherrn. Die
Iglesia de San Juan Bautista
in **Hinojosa del Duque** zeigt
Einflüsse aus Gotik und Renaissance. **Belalcázar** dominiert der
riesige Turm einer Burgruine
(15. Jh.). Auf den Kirchtürmen
des Plateaus des **Valle de los
Pedroches**, östlich von Belalcázar, nisten Störche.

In **Cazalla de la Sierra**, der
wichtigsten Stadt der Sierra
Morena, trifft sich an den Wochenenden Sevillas Jugend.

Constantina, im Osten, ist
friedlicher und bietet einen
ausgezeichneten Blick über
die Landschaft.

**Eine Kuh grast in der Sierra Morena
nördlich von Sevilla**

㉕ Palma del Río

Córdoba. **Karte** F11. 🗺 21 000. 🚍
ℹ️ Plaza Mayor de Andalucía
s/n, 957 64 43 70. 🏛 Di. 🎭 Ferias
(19.–21. Mai, 18.–20. Aug).
palmadelrio.es

Die Römer gründeten hier, an
der Straße zwischen Córdoba
und Itálica, vor fast 2000 Jahren einen Stützpunkt.
Reste der Stadtmauer
(12. Jh.) zeigen den
Verlauf der Stadtgren-
ze unter den Almo-
haden *(siehe S. 58)*
an. Die Barockkir-
che **Iglesia de la
Asunción** stammt
aus dem 18. Jahr-
hundert. Das
**Monasterio de
San Francisco**
dient heute als
Hotel *(siehe
S. 574)*, die
Gäste speisen im
Refektorium
(15. Jh.) der
Franziskaner-
mönche. In
Palma del Río wurde El Cordobés geboren, einer der
bekanntesten Toreros Spaniens. Seine Biografie zeichnet
ein Bild des städtischen Lebens
und der Armut nach dem Spanischen Bürgerkrieg.

**Umgebung: Almodóvar del
Río** besitzt eine der dramatischsten Silhouetten in Südspanien. Die teilweise aus dem
8. Jahrhundert stammende
maurische Burg thront auf
einem Berg oberhalb der
weißen Stadt mit ihren
Baumwollfeldern.

🏰 **Castillo de Almodóvar del Río**
🕐 957 63 40 55. 🕐 tägl. 🎫
🔴 1. Jan, 25. Dez.

㉖ Écija

Sevilla. **Karte** F12. 🗺 40 000. 🚌
ℹ️ Calle Elvira 1-A, Palacio de Bena-
mejí, 95 590 29 33. 🏛 Do. 🎭 Feria
(21.–24. Sep). 🌐 **turismoecija.com**

Écija erhielt den Beinamen
»Bratpfanne Andalusiens«
wegen des sengend heißen
Klimas. In der glühenden Hitze

spenden die Palmen an der
Plaza de España wohltuenden
Schatten. Hier kann man gut
entspannen.

Von Écijas elf barocken
Kirchtürmen sind viele mit
kunstvollen *azulejos (siehe
S. 444)* geschmückt. Das
Panorama der Stadt mit den
Kirchtürmen ist überwältigend.
Die **Iglesia de Santa María** an
der Plaza de España ist am
reichsten verziert. Ihre Konkur-
rentin, die **Iglesia de San Juan**,
besitzt einen in leuchtenden
Farben bemalten Glockenturm.

Der barocke **Palacio de Peñaflor** lohnt einen Besuch. Sein
Marmoreingang wird von majestätischen Säulen gekrönt,
ein schmiedeeiserner Balkon
läuft die Fassade entlang.

🏛 **Palacio de Peñaflor**
Calle Emilio Castelar 26. 🕐 95 483
02 73. 🔴 wegen Renovierung.

㉗ Medina Azahara

Ctra Palma del Río, km 5,5, Córdoba. **Karte** F11. 🕐 957 10 49 33.
🚌 Córdoba. 🕐 Di–Sa 9–20, So
9–18 Uhr (Mitte Juni–Mitte Sep:
Di–Sa 9–15, So 9–18 Uhr; Mitte
Sep–März: Di–So 9–18 Uhr).
🎫 für EU-Bürger frei.

Der einst herrliche Palast entstand im 10. Jahrhundert für
den Kalifen Abd al-Rahman III.
Das Baumaterial wurde aus
Nordafrika und Andalusien

**Detail der Holzschnitzerei in der
Haupthalle von Medina Azahara**

herbeigeschafft. Der Palast
erstreckte sich über drei Ge-
schosse und umfasste eine
Moschee, die Residenz des
Kalifen und einen Park *(siehe
S. 426f)*. Es heißt, dass Teiche
mit Quecksilber den nötigen
Glanz erzeugten.

Leider war die Pracht von
kurzer Dauer. Berber plünderten den Palast 1010. Heute
vermitteln die erhaltenen Reste
nur noch eine schwache Ah-
nung der einstigen Pracht.

Seit 2009 zeigt das **Museo
de Madinat al-Zahra** (2012
»Europäisches Museum des
Jahres«) zahlreiche, zum Teil
erstklassig restaurierte Exponate aus Medina Azahara.

🏛 **Museo de Madinat al-Zahra**
🕐 957 10 36 28. 🕐 wie Medina
Azahara (siehe oben).

Trompe-l'Œil-Malerei an der Fassade des Palacio de Peñaflor, Écija

㉘ Im Detail: Córdoba

Córdobas Herzstück ist das alte jüdische Viertel westlich der Mezquita. Es scheint, als habe sich seit dem 10. Jahrhundert, als Córdoba eine der bedeutendsten Städte der westlichen Welt war, wenig verändert. Schmiedeeiserne Arbeiten schmücken die Gassen, die zu schmal für Autos sind. Silberschmiede arbeiten in ihren Werkstätten. Die meisten Sehenswürdigkeiten befinden sich hier, das moderne Stadtleben spielt sich einige Straßen weiter, um die Plaza de Tendillas, ab. An der Ostseite liegt die arkadengesäumte Plaza de la Corredera mit täglichem Markt.

Synagoge
Hebräische Schriftzeichen bedecken die Wände der Synagoge aus dem 14. Jahrhundert.

Capilla de San Bartolomé
Die Kirche wurde 1399–1410 im Mudéjar-Stil errichtet. Ihr Innenraum ist mit Stuck- und Fliesenelemeten ausgekleidet.

Die Casa de Sefarad
im Herzen des alten jüdischen Viertels zeigt Ausstellungen zur spanisch-jüdischen Geschichte.

★ Alcázar de los Reyes Cristianos
Die Wasserterrassen und Springbrunnen des 14. Jahrhunderts verleihen dem von den Katholischen Königen *(siehe S. 60f)* angelegten Park eine ruhige Atmosphäre.

0 Meter   100

Legende
— Routenempfehlung

Der Callejón de las Flores, dessen bunte Geranien sich von den weiß gestrichenen Wänden abheben, führt zu einem kleinen Gässchen.

Infobox

Information
Córdoba. **Karte** F11.
326 000. Plaza del Triunfo s/n, 957 201 774. Di, Fr, So. Semana Santa (Osterwoche), Festival de los Patios (5.–11. Mai), Feria (Ende Mai).
Sinagoge Di–So.
Casa de Sefarad tägl.
Alcázar de los Reyes Cristianos Di–So.
turismodecordoba.org

Anfahrt
Glorieta de las Tres Culturas, 902 43 23 43. Glorieta de las Tres Culturas, 957 40 40 40.

Palacio Episcopal

Puerta del Puente

Der Puente Romano überspannt den Río Guadalquivir. An seinem Südende ist in der Torre de Calahorra ein Museum eingerichtet.

★ **Mezquita**
Die Mauern der großen Moschee *(siehe S. 486f)* verbergen harmonische Bogen, Säulen und einen Mihrab.

Detail an einem frühchristlichen Sarkophag, Museo Arqueológico

Überblick: Córdoba

Córdoba liegt in einer scharfen Biegung des Guadalquivir. Eine römische Brücke überspannt den Fluss und verbindet die Torre de la Calahorra (14. Jh.) mit der Altstadt. Die Plaza de los Capuchinos beeindruckt mit ihrem von schmiedeeisernen Lampen umgebenen Steinkreuz besonders abends.

🏛 Museo de Bellas Artes
Plaza del Potro 2. 957 10 36 59.
Di–So 10–20.30, So 10–17 Uhr. (für EU-Bürger frei).
Exponate in dem ehemaligen Krankenhaus sind Skulpturen des hiesigen Künstlers Mateo Inurria (1867–1924) sowie Arbeiten von Valdés Leal, Zurbarán und Murillo.

🏛 Museo Arqueológico
Plaza Jerónimo Páez 7.
957 35 55 17. Di–So.
In einer Renaissance-Villa sind Funde aus einem römischen Theater sowie Exponate aus der Maurenzeit Spaniens zu sehen.

🏛 Palacio de Viana
Plaza Don Gome 2. 957 49 67 41. Di–Sa 10–19, So 10–15 Uhr.
Das Haus der Familie Viana aus dem 17. Jahrhundert enthält Möbel, Wandteppiche, Gemälde und Porzellan.

🏛 Museo Romero de Torres
Plaza del Potro 1. 957 49 19 09.
Di–So. (Fr frei).
In dem Haus wurde der bekannte Maler Julio Romero de Torres (1874–1930) geboren, der den Geist Córdobas in seinen Bildern einfing.

Córdoba: Mezquita

Córdobas große Moschee aus dem 12. Jahrhundert verkörperte die Macht des Islam auf der Iberischen Halbinsel. Abd al-Rahman I. *(siehe S. 56)* erbaute die ursprüngliche Moschee 785–787. Im Lauf der Jahrhunderte ergab sich eine Mischung vieler architektonischer Stile. Einige der großzügigsten Anbauten fügte im 10. Jahrhundert al-Hakam II. hinzu, so auch den Mihrab (Gebetsnische) und die *maqsura* (Platz des Kalifen). Im 16. Jahrhundert entstand im Herzen der wiedergeweihten Moschee eine Kathedrale.

Patio de los Naranjos
Orangenbäume wachsen in dem Hof, in dem sich Gläubige vor dem Gebet wuschen.

Außerdem

① **Die Puerta de San Esteban** öffnet sich in einer Wand einer westgotischen Kirche.

② **Die Puerta del Perdón**, das Mudéjar-Portal, entstand 1377 unter christlicher Herrschaft. Hier wurden Büßer begnadigt.

③ **Torre del Alminar**, der 93 Meter hohe Glockenturm, war ursprünglich ein Minarett, das lediglich ummantelt wurde. Stufen führen zur Spitze hinauf.

④ **Capilla Mayor**

⑤ **Den Chor der Kathedrale** schnitzte Pedro Duque Cornejo 1758 im churrigueresken Stil.

⑥ **Capilla Real**

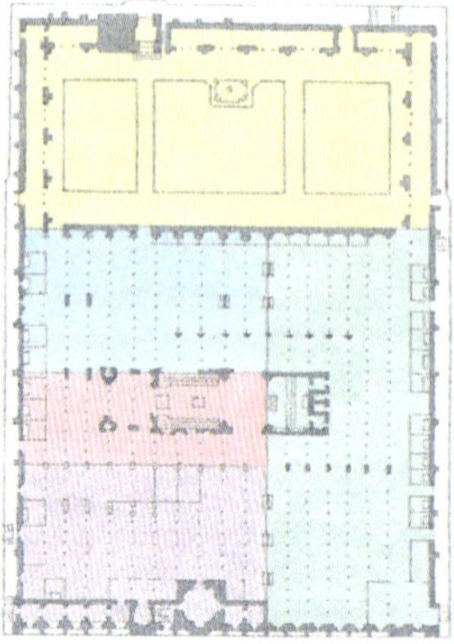

Anbauten der Mezquita

Abd al-Rahman I. errichtete die ursprüngliche Moschee. Anbauten fügten Abd al-Rahman II., al-Hakam II. und al-Mansur hinzu – insgesamt 23 000 Quadratmeter Fläche.

Legende

☐ Moschee von Abd al-Rahman I.

☐ Anbau von Abd al-Rahman II.

☐ Anbau von al-Hakam II.

☐ Anbau von al-Mansur

☐ Patio de los Naranjos

Hotels und Restaurants in Andalusien *siehe Seiten 572–574 und 598–602*

Kathedrale

Ein Teil der Moschee fiel 1523 dem Bau der Kathedrale zum Opfer. Mitglieder der Familie Hernán Ruiz entwarfen einen Großteil in Anlehnung an italienische Kuppeln.

Infobox

Information

Calle Torrijos s/n. ☎ 699 34 11 42. ○ März–Okt: Mo–Sa 10–19, So 8.30–11.30, 15–19 Uhr; Nov–Feb: Mo–Sa 8.30–18, So 8.30–11.30, 15–18 Uhr. ◪ ✝ Mo–Sa 9.30, So, Feiertage 10.30, 13 Uhr. Ⓦ **mezquitadecordoba.org**

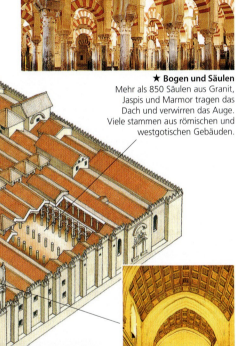

★ Bogen und Säulen

Mehr als 850 Säulen aus Granit, Jaspis und Marmor tragen das Dach und verwirren das Auge. Viele stammen aus römischen und westgotischen Gebäuden.

★ Mihrab

Die Gebetsnische hütete eine vergoldete Kopie des Koran. Die abgewetzten Steinplatten zeigen, wo die Pilger sie siebenmal auf den Knien umrundeten.

★ Capilla de Villaviciosa

1371 erbauten Mudéjar-Handwerker *(siehe S. 59)* die erste christliche Kapelle in der Moschee. Ihre Bogen sind überwältigend.

Barockstatue der Fuente del Rey
in Priego de Córdoba

㉙ Montilla

Córdoba. **Karte** F12. 🚠 24.000. 🚏
🚌 ℹ️ Capitán Alonso de Vargas 3,
957 65 23 54. 🚩 Fr. 🍷 Weinlese
(Ende Aug.). Ⓦ **montillaturismo.es**

Montilla ist das Zentrum einer
Weinregion, die köstlichen
weißen Fino produziert *(siehe
S. 424)*. Anders als Sherry wird
er nicht mit Alkohol verstärkt.
Bodegas wie **Alvear** und **Pérez
Barquero** veranstalten nach
Absprache Führungen.

Der **Convento de Santa Clara**
im Mudéjar-Stil stammt von
1512. Die Stadtbibliothek in
der **Casa del Inca** verdankt
ihren Namen Garcilaso de la
Vega, der dort lebte und über
die Inkas schrieb (16. Jh.).

Umgebung: In **Aguilar de la
Frontera**, zehn Kilometer südlich, beeindruckt die achtseiti-
ge Plaza de San José (1810),
auch einige herrschaftliche
Häuser sind sehenswert.
Baena, 42 Kilometer östlich
von Montilla, schätzten schon
die Römer wegen des Olivenöls. Auf der Plaza de la Constitución steht die Casa del
Monto (18. Jh.). Während der
Osterwoche sind die Straßen
gefüllt mit Trommlern.

🏛️ **Bodega Alvear**
Avenida María Auxiliadora 1. 📞 957
65 01 00. 🕐 Mo–Fr. 🎫 12.30 Uhr.

🏛️ **Bodega Pérez Barquero**
Avenida de Andalucía 27. 📞 957
65 05 00. 🕐 Mo–Fr. ● Aug. ♿

㉚ Priego de Córdoba

Córdoba. **Karte** G12. 🚠 23.000.
🚌 ℹ️ Plaza de la Constitución 3,
957 70 06 25. 🚩 Sa.
🎪 Feria Real (1.–5. Sep).
Ⓦ **turismodepriego.com**

Priego de Córdobas Anspruch,
Hauptstadt des Córdoba-Ba-
rock zu sein, gründet auf den
Arbeiten von Holzschnitzern,
Schmieden und Vergoldern
in den Häusern und Kirchen
des 18. Jahrhunderts, die der
Reichtum einer florierenden
Seidenindustrie finanzierte.

Im mittelalterlichen Viertel
Barrio de la Villa steht die
restaurierte maurische Fes-
tung. Jerónimo Sánchez de
Rueda baute die gotische
Iglesia de la Asunción in der
Nähe im Barockstil um. Ihr
Glanzpunkt ist die Sakristei,
die Francisco Javier Pedrajas
1784 schuf. Der
Hauptaltar ist pla-
teresk *(siehe S. 29)*.

Jeden Samstag
um Mitternacht mar-
schiert die Bruder-
schaft der Barock-
kirche **Iglesia de la
Aurora** durch die
Straßen und singt
Lieder zu Ehren
der Jungfrau.

Viele der Villen ent-
lang der Calle del Río
wurden von Seiden-
händlern gebaut. Am Ende
der Straße steht der barocke
Springbrunnen **Fuente del
Rey**. Aus 139 Fontänen fließt
Wasser in drei mit Statuen
geschmückte Becken.

La Asunción, Priego
de Córdoba

Umgebung: Zuheros, auf
einem Felsen in den Kalksteinhügeln nordwestlich von Priego, ist eines der hübschesten
Dörfer Andalusiens. **Rute**, im
Südwesten, ist für seinen Anis
bekannt *(siehe S. 581)*.

Die Ruinen eines Kastells und
einer Kirche überblicken **Alcalá
la Real** östlich von Priego. Auf
dem Hauptplatz stehen zwei
Renaissance-Bauten: die Fuente de Carlos V und der Palacio
Abacia.

㉛ Montefrío

Granada. **Karte** G12. 🚠 6000. 🚌
ℹ️ Plaza de España 1, 958 33 60
04. 🚩 Mo. 🎪 Fiesta patronal
(14.–18. Aug.).

Nähert man sich Montefrío
von Süden, hat man einen
schönen Blick auf die Ziegeldächer und weiß getünchten
Häuser, die sich an
einen Felsen klam-
mern. Die Stadt
überragen die Reste
der maurischen Fes-
tungsanlagen und
die gotische **Iglesia
de la Villa** (16. Jh.),
die Diego de Siloé
zugeschrieben wird.
Ventura Rodríguez
(1717–1785) entwarf
die klassizistische **Iglesia de la Encarnación**
im Zentrum, erkenn-
bar an ihrer Kuppel. Montefrío
ist für seine *chorizo* bekannt.

Umgebung: Santa Fé wurde
Ende des 15. Jahrhunderts von
den Katholischen Königen er-

Fässer mit Montilla, einem sherryartigen Wein

Die Burg oberhalb des Seebads Almuñécar an der Costa Tropical

baut, deren Armee während der Belagerung Granadas hier kampierte. Es war 1492 Schauplatz der formalen Kapitulation der Mauren *(siehe S. 60f)*. Das in Stein gemeißelte Haupt eines Mauren schmückt die Turmspitze der Pfarrkirche.

Alhama de Granada, oberhalb einer Schlucht, nannten die Mauren *al-hamma* (heiße Quelle). Die Bäder sind im Hotel Balneario zu sehen, nahe der Stelle, an der das Wasser aus der Erde sprudelt.

Loja, am Río Genil bei der Los-Infiernos-Schlucht, heißt wegen der quellengespeisten Brunnen »Stadt des Wassers«.

㉜ Nerja

Málaga. **Karte** G13. 23 000.
Calle Carmen 1, 95 252 15 31.
So. Feria (9.–12. Okt).
nerja.org

Der beliebte Ferienort auf einer Klippe oberhalb sandiger Buchten liegt am Fuß der Sierra de Almijara. Vom Vorgebirge **El Balcón de Europa** aus überblickt man die gesamte Küste. Entlang der Küste führt eine von Cafés und Restaurants gesäumte Promenade.

Östlich der Stadt liegen die **Cuevas de Nerja**, eine Reihe riesiger, 1959 entdeckter Höhlen, deren Wandgemälde etwa 20 000 Jahre alt sein dürften. Nur wenige der kathedralengroßen Räume sind der Öffentlichkeit zugänglich. Einer von ihnen wurde in ein imposantes Auditorium umgewandelt, das mehrere Hundert Menschen fasst. Hier finden auch Konzerte statt.

Umgebung: In **Vélez-Málaga** beherrschen die Ruinen der Fortaleza de Belén, einer maurischen Festung auf einer Felsnase, das mittelalterliche Viertel San Sebastián.

Cuevas de Nerja
Carretera de las Cuevas de Nerja.
95 252 95 20. tägl.
1. Jan, 15. Mai.

㉝ Almuñécar

Granada. **Karte** H13. 27 000.
Avda Europa, 958 63 11 25.
Fr, 1. Sa im Monat. Virgen de la Antigua (15. Aug).
almunecar.info

Der beliebte Ferienort Almuñécar liegt an der Costa Tropical, die ihren Namen von den hier wachsenden tropischen Früchten herleitet. Im Hinterland steigen die Berge auf mehr als 2000 Meter an. Hier gründeten die Phönizier ihre Siedlung Sexi. Auch Überreste eines römischen Aquädukts sind zu sehen.

Die maurische **Burg** oberhalb der Altstadt wurde im 16. Jahrhundert umgebaut. Unterhalb erstreckt sich der **Parque Loro Sexi** mit seiner artenreichen Vogelwelt. Das **Museo Arqueológico** zeigt phönizische Artefakte.

Umgebung: Die antike Stadt Salobreña liegt inmitten von Zuckerrohrfeldern. Von den Phöniziern befestigte Straßen führen zur restaurierten arabischen Burg hinauf. Von dort aus blickt man auf die Sierra Nevada *(siehe S. 491)*.

Parque Loro Sexi
Calle Bikini s/n, Plaza Abderramán.
958 63 56 17. tägl.
parquelorosexi.almunecar.es

Museo Arqueológico Cueva de Siete Palacios
Calle Cueva de Siete Palacios s/n.
650 02 75 84. Di–So.

Castillo de Salobreña
Calle Andrés Segovia. 958 61 03 14. tägl. Feiertage.

Eine der vielen sandigen Buchten von Nerja

Die majestätischen Gipfel der Sierra Nevada, die bis zu 3000 Meter hoch aufragen

㉞ Lanjarón

Granada. **Karte** H13. 🏔 4000. 🚌
ℹ Avenida de Madrid s/n, 958 77 04
62. 🏠 Di, Fr. 🎉 San Juan (24. Juni).

Unzählige klare, schnee-
gespeiste Quellen plätschern
die Hänge der Sierra Nevada
hinab. In Lanjarón, an der Südseite der riesigen Kette, sind es
so viele, dass sich die Stadt

zum Kurort entwickelte. Von
Juni bis Oktober strömen Besucher mit allerlei Leiden herbei.
Das abgefüllte Wasser wird in
ganz Spanien verkauft.

In der Nacht zum 24. Juni,
dem Día de San Juan, beginnt
ein großes Fest, das erst in den
frühen Morgenstunden mit
einer lärmenden Wasser-
schlacht endet.

Lanjarón liegt an der Grenze
zu Las Alpujarras, einem weitgehend ursprünglichen, malerischen Hochlandgebiet, in
dem steile, terrassenförmige
Hänge und tief eingeschnit-
tene Täler abgelegene, weiß
getünchte Dörfer verbergen.
Die Straßen zu und von Lanjarón winden sich schwindel-
erregend um die Hänge.

㉟ Tour: Las Alpujarras

Die fruchtbaren Hochlandtäler der Alpujarras mit
ihren Kastanien-, Walnuss- und Pappelbäumen liegen
an den Südhängen der Sierra Nevada. Die Architektur
der weißen Dörfer – dichte Gruppen ungleichmäßig
geformter Häuser mit hohen Schornsteinen auf flachen grauen Dächern – ist einzigartig in Spanien.
Spezialitäten der Region sind der in der kalten Luft
von Trevélez getrocknete Schinken und die farbenfrohen, handgewebten Teppiche.

④ **Trevélez**
Trevélez, im Schatten des Mulhacén,
Spaniens höchstem Berg, ist berühmt
für seinen getrockneten Schinken.

② **Poqueira-Tal**
Die drei hübschen Dörfer
Capileira, Bubión und
Pampaneira sind sehr typisch.

▲ *Mulhacén*
3478 m

Trevélez ④

Poqueira

A4132

Juvile

Poqueira-Tal
②
③ ● **Pórtugos**
● **Fuente Agria**
● **Pitres**

A348
Lanjarón,
Granada
① **Orgiva**

Guadalfeo

A4130

A348#

Sierra de la Contrav

① **Orgiva**
Die größte Stadt der Gegend
hat eine Barockkirche an der
Hauptstraße und donners-
tags einen quirligen Markt.

③ **Fuente Agria**
Die Menschen kommen zu der Quelle, um das eisenhaltige Wasser mit
natürlicher Kohlensäure zu trinken.

㊱ Laujar de Andarax

Almería. **Karte** K12. 🗻 2000. 🚌
ℹ️ Carretera AL–5402 Láujar–Berja, km 1, 950 51 41 49. 🕒 3. und 17. jeden Monats. 🎭 San Vicente (22. Jan), San Marcos (25. Apr), Virgen de la Salud (19. Sep).

Laujar in den Ausläufern der Sierra Nevada blickt südwärts über das Andarax-Tal zur Sierra de Gádor hinüber.

Ein Enkel Noahs soll Laujar de Andarax gegründet haben. Im 16. Jahrhundert hatte Abén Humeya (1520– 1659), ein Führer des Maurenaufstands, hier seinen Stützpunkt. Christliche Truppen schlugen die Revolte nieder, Abén Humeya wurde ermordet.

In der Kirche **La Encarnación** (17. Jh.) steht eine Statue der heiligen Jungfrau von Alonso Cano. Der Brunnen neben dem barocken **Rathaus** enthält eine Inschrift des 1877 in Laujar geborenen Dichters Francisco Villespesa: »Sechs Brunnen hat mein Dorf/Wer ihre Wasser trinkt/Wird sie nie vergessen/So himmlisch ist ihr Geschmack.«

El Nacimiento, ein Park im Osten Laujars, eignet sich für ein Picknick mit einem der Rotweine der Region.

Ohanes, ein rund 20 Kilometer östlich von Laujar oberhalb des Andarax-Tales gelegenes Gebirgsstädtchen mit steilen Straßen und weiß getünchten Häusern, ist für seine Weintrauben bekannt.

Gemälde in der Iglesia de la Encarnación

㊲ Sierra Nevada

Granada. **Karte** J12. 🚌 von Granada. ℹ️ Plaza de Andalucía, Cetursa Sierra Nevada, 958 24 91 11.
🌐 **sierranevadaski.es**

Vierzehn über 3000 Meter hohe Gipfel krönen die Berge der Sierra Nevada. Der Schnee bleibt bis Juli liegen und beginnt dann wieder im Spätherbst zu fallen. Eine der höchsten Straßen Europas, die A395, führt an **Solynieve** vorbei, einem beliebten Skiort in 2100 Meter Höhe, und um die beiden höchsten Gipfel, den **Pico Veleta** (3398 Meter) und den **Pico Mulhacén** (3478 Meter).

Ihre Höhe und ihre Nähe zum Mittelmeer erklären die Vielfalt von Flora und Fauna der Sierra Nevada, wie Adler und einige seltene Schmetterlingsarten bezeugen.

In den Bergen bieten zahlreiche Hütten den Kletterern und Bergsteigern Schutz.

---

⑥ Yegen
Eine Tafel markiert das Haus, in dem der britische Autor Gerald Brenan in den 1920er Jahren lebte.

↑ La Calahorra

⑧ Puerto de la Ragua
Dieser Pass, der über die Berge nach Guadix führt, ist etwa 2000 Meter hoch und im Winter häufig eingeschneit.

⑦ Válor
Hier wurde Abén Humeya, Führer eines Maurenaufstands (16. Jh.), geboren. Mitte September wird zur Erinnerung daran eine Schlacht zwischen Mauren und Christen inszeniert.

⑤ Cádiar
Während des Dorffests im Oktober gibt es kostenlos Wein vom Fass.

Routeninfos

Länge: 85 km.
Rasten: Bars und Restaurants findet man in Orgiva (siehe S. 601), Capileira, Bubión (siehe S. 599) und Trevélez, gute Hotels in Trevélez, Orgiva (siehe S. 573) und Bubión. In Orgiva ist die letzte Tankstelle vor Cádiar.

Legende
▬ Routenempfehlung
= Andere Straße
▲ Gipfel

⑧ Puerto de la Raguna
A5402
Alcolea
AL4401
A4130
⑦ Válor
⑥ Yegen
• Yátor
Ugíjar
Cherín
A348#
ádiar
A348#
Ugíjar
Macha
rra de la Contraviesa

0 Kilometer 5

㊳ Granada

Der Gitarrist Andrés Segovia (1893–1987) beschrieb Granada als »Ort der Träume, an dem der Herr den Samen der Musik in meine Seele einpflanzte«. Die im 8. Jahrhundert erstmals von den Mauren eingenommene Stadt erlebte ihr Goldenes Zeitalter unter der Nasriden-Dynastie *(siehe S. 58)* von 1238 bis 1492, als Künstler, Kaufleute, Gelehrte und Wissenschaftler sie zu einem Kulturzentrum von internationalem Ruf machten. Als Granada 1492 an die Katholischen Könige fiel und die Mauren vertrieben waren *(siehe S. 60f)*, erblühte es im Glanz der Renaissance. Im 19. Jahrhundert verfiel es zeitweilig. Heute erstrahlt Granada in neuem Glanz als eine vitale Kulturstadt mit Menschen aus vielen Nationen.

Eingang zum maurischen Mihrab im Palacio de la Madraza

Fassade von Granadas Kathedrale

Überblick: Granada

Im Stadtzentrum um die Kathedrale, einem Labyrinth enger Gassen, liegt die Alcaicería, eine Rekonstruktion des maurischen Basars, der 1843 abbrannte. Granadas zwei Hauptplätze sind die Plaza Bib-Rambla nahe der Kathedrale und die Plaza Nueva. Von hier führt die Cuesta de Gomérez zu Alhambra und Generalife. Den Hügel gegenüber nimmt das Viertel Albaicín ein.

Die Kirchen Iglesia de San Juan de Dios mit unglaublichem Reichtum an barockem Schmuck und die Renaissance-Kirche Iglesia de San Jerónimo lohnen den Besuch.

🏛 Kathedrale
Calle Gran Vía 5. 📞 958 22 29 59. 🕐 tägl. 🈁
Auf Befehl der Katholischen Könige begannen 1523 die Arbeiten an der gotischen Kathedrale nach Plänen von Enrique de Egas. Der Renaissance-Meister Diego de Siloé führte den Bau fort und entwarf auch die Fassade und die Capilla Mayor. Unter ihrer Kuppel zeigen Glasfenster (16. Jh.) Juan del Campos *Passion*. Die Westfront schuf der Barockkünstler Alonso Cano. Sein Grab ist in der Kathedrale zu sehen.

🏛 Capilla Real
Calle Oficios 3. 📞 958 22 92 39. 🕐 tägl. 🔴 1. Jan, Karfreitag, 25. Dez.
Diese Kapelle wurde zwischen 1506 und 1521 von Enrique de Egas für die Katholischen Könige gebaut. Eine prächtige *reja* (Gitter) des Meisters Bartolomé de Jaén umschließt den Hochaltar und die Carrara-Marmorfiguren von Fernando und Isabel, ihrer Tochter Juana der Wahnsinnigen und deren Gatten Felipe des Schönen. Ihre Särge stehen in der Krypta. Die Sakristei enthält u. a. Gemälde von Botticelli und van der Weyden.

🏛 Palacio de la Madraza
Calle Oficios 14. 📞 958 24 34 84. 🕐 Mo–Fr 8–20 Uhr.
Die Fassade der einst arabischen Universität, des späteren Rathauses, datiert aus dem 18. Jahrhundert. Sehenswert ist der maurische Saal mit Mihrab (Gebetsnische).

🏛 Corral del Carbón
Calle Mariana Pineda. 📞 958 57 51 31. 🕐 Mo–Fr 10.30–13.30, 17–20, Sa 10.30–14 Uhr. 🔴 Feiertage.
Der von einer Galerie umgebene Hof stammt aus maurischer Zeit. Die Christen machten ihn zum Freilufttheater. Heute dient er als Kulturzentrum.

🏛 Casa de los Tiros
Calle Pavaneras 19. 📞 958 22 06 29. 🕐 Di–Sa 9–15.30 Uhr (Mitte Sep–Mai: Di–Sa 10–20.30 Uhr), So, Feiertage 10–17 Uhr. 🔴 1. Jan, 1. Mai, 25. Dez. 🌐 juntade andalucia.es/cultura/museos

Der burgartige Palast entstand im 16. Jahrhundert im Mudé-

Gitter von Bartolomé de Jaén, das den Altar der Capilla Real umgibt

Kuppel im Altarraum des Monasterio de la Cartuja

ar-Stil. Er gehörte der Familie,
der nach dem Fall Granadas
der Generalife zufiel. Ihnen
gehörte auch ein Schwert von
Boabdil, das, wie die Statuen
von Merkur, Herkules und
Jason, in die Fassade gemeißelt
wurde. Der Palast verdankt
seinen Namen Musketen –
auf Spanisch *tiro*, was
»Schuss« bedeutet.

Alhambra und Generalife
Siehe S. 496–498.

El Bañuelo
Carrera del Darro 31. 958 22 97
38. Di–Sa 10–14 Uhr.
Die Bäder aus Backstein stammen aus dem 11. Jahrhundert.
Die Säulen krönen römische
und arabische Kapitelle.

Centro Cultural CajaGRANADA
Avenida de la Ciencia 2. 958 22
22 57. Di–Sa 8.30–14 Uhr (Do–
Sa auch 16–19 Uhr), So 11–14 Uhr.
memoriadeandalucia.com

Infobox

Information
Granada. **Karte** H12. 238 000.
Plaza del Carmen s/n, 958 24
82 80. Sa, So. Semana
Santa (Ostern), Día de la Cruz
(3. Mai), Corpus Christi (Mai/
Juni). granadatur.com

Anfahrt
18 km westlich des Zentrums
(über A-92G). Avenida Anda-
luces, 902 24 02 02. Carretera de Jaén, 902 42 22 42.

Das Kulturzentrum umfasst
Ausstellungsräume, ein Thea-
ter, ein Restaurant und das
Museo Memoria de Andalucía.

Monasterio de la Cartuja
Paseo de la Cartuja. 958 16 19
32. tägl.
Das Kloster wurde 1516 au-
ßerhalb Granadas gegründet.
Die Kuppel entwarf Antonio
Palomino, die churriguereske
(siehe S. 29) Sakristei Luis de
Arévalo und Luis Caballo.

Zentrum von Granada
① Kathedrale
② Capilla Real
③ Palacio de la Madraza
④ Corral del Carbón
⑤ Casa de los Tiros
⑥ Alhambra
⑦ El Bañuelo
⑧ Centro Cultural
CajaGRANADA

Im Detail: Albaicín

Die maurische Geschichte Granadas ist in diesem Stadtviertel am Hang gegenüber der Alhambra am gegen-
wärtigsten. Im 13. Jahrhundert entstand hier erstmals
eine Festung. Die Gläubigen strömten in mehr als
30 Moscheen, an deren Standorten später Kirchen gebaut
wurden. Die Kopfsteinpflastergassen säumen Villen mit
maurischen Verzierungen und durch hohe Mauern abgeschiedene Gärten. Schön ist ein Spaziergang in der
jasmindurchtränkten Abendluft zum Mirador de San
Nicolás. Bei Sonnenuntergang lohnt sich ein Blick auf
das Dächerlabyrinth der Alhambra.

Straße im Albaicín
Die steilen gewundenen
Straßen des Albaicin ähneln
einem Labyrinth. Viele Straßennamen beginnen mit
cuesta, was »Hang« be-
deutet.

**Real
Chancillería**
Der 1530 von
den Katholi-
schen Königen
erbaute Ge-
richtshof hat
eine schöne
Renaissance-
Fassade.

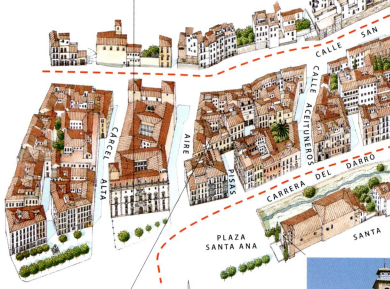

In der Casa de los Pisas zeigt das
Museo San Juan de Dios viele Kunstwerke. Einige zeigen den hl. Johannes von Gott, der hier 1550 starb.

0 Meter   50

★ Iglesia de Santa Ana
Diese Ziegelsteinkirche im
Mudéjar-Stil (16. Jh.) steht
am Ende der Plaza Nueva.
Sie hat eine Kassetten-
decke und ein elegantes
platereskes Portal.

★ **Museo Arqueológico**
Zu den plateresken Verzierungen an der Fassade des Museums gehört dieses Relief zweier Schilder mit heraldischen Emblemen der Nasriden-Könige Granadas, die 1492 von den Katholischen Königen besiegt wurden *(siehe S. 60f).*

Carrera del Darro
Die Straße entlang dem Río Darro führt an alten Brücken und restaurierten Häuserfassaden vorbei.

Legende
— Routenempfehlung

Zum Mirador de San Nicolás ↖

Nach Sacromonte →

Der Convento de Santa Catalina
wurde 1521 gegründet.

★ **El Bañuelo**
Sternförmige Öffnungen in den Gewölben lassen Licht in die maurischen Bäder aus dem 11. Jahrhundert.

Sacromonte

In den Höhlen an diesem Hang lebten früher die Zigeuner Granadas. Reisende konnten dort spontane Flamenco-Vorführungen erleben. Die meisten Zigeuner sind inzwischen weggezogen, aber abends werden für Besucher noch immer stimmungsvolle Flamenco-Shows von unterschiedlicher Qualität veranstaltet *(siehe S. 428f).* Auf der Hügelspitze steht die Abadía del Sacromonte, eine Benediktinerabtei, in der die Asche des heiligen Cecilio, des Schutzpatrons Granadas, aufbewahrt wird.

Blick auf Abadía del Sacromonte

Granada: Alhambra

Die zauberhafte Harmonie von Raum, Licht, Wasser und Dekor charakterisiert dieses eindrucksvolle Bauwerk, das unter Ismail I., Jussuf I. und Mohammed V., Kalifen der Nasriden-Dynastie in Granada, entstand. Um ihre schwindende Macht zu verdecken, schufen sie ihre Vorstellung eines Paradieses auf Erden. Verwendet wurde einfaches, aber hervorragend bearbeitetes Material (Gips, Holz und Fliesen). Um den Verfall der Alhambra aufzuhalten, wurden umfangreiche Restaurierungen vorgenommen. Bis heute fasziniert die filigrane Kunstfertigkeit dieses UNESCO-Welterbes.

★ Salón de Embajadores
Die Decke des zwischen 1334 und 1354 gebauten Thronsaals stellt die sieben Himmel des muslimischen Kosmos dar.

★ Patio de Arrayanes
Der Teich inmitten von Myrte und prachtvollen Arkaden reflektiert Licht in die ihn umgebenden Hallen.

Eingang

Außerdem

① **Patio de Machuca**

② **Im Patio del Mexuar**, dem 1365 fertiggestellten Sitzungssaal, hörte der regierende Sultan die Bitten seiner Untertanen an und hielt Versammlungen mit seinen Ministern ab.

③ **Sala de la Barca**

④ **Washington Irvings Wohnung**

⑤ **Jardín de Lindaraja**

⑥ **Baños Reales**

⑦ **Die Sala de las Dos Hermanas** mit ihrer wabenartigen Kuppel gilt als bedeutendstes Beispiel der spanisch-islamischen Kultur.

⑧ **In der Sala de los Reyes**, einem großen Festsaal, wurden extravagante Feste gefeiert.

Schöne Deckengemälde auf Leder (14. Jh.) zeigen Jagd- und Rittergeschichten.

⑨ **Puerta de la Rawda**

⑩ **Der Palast Karls V.** (1526) birgt einzigartige spanisch-islamische Kunstwerke. Glanzpunkt der Sammlung ist die Alhambra-Vase.

Hotels und Restaurants in Andalusien *siehe Seiten 572–574 und 598–602*

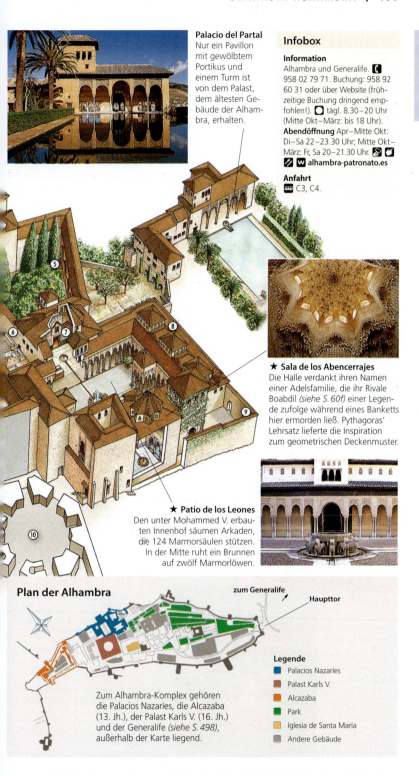

Palacio del Partal
Nur ein Pavillon mit gewölbtem Portikus und einem Turm ist von dem Palast, dem ältesten Gebäude der Alhambra, erhalten.

Infobox

Information
Alhambra und Generalife. 958 02 79 71. Buchung: 958 92 60 31 oder über Website (frühzeitige Buchung dringend empfohlen!). ☐ tägl. 8.30–20 Uhr (Mitte Okt–März: bis 18 Uhr). **Abendöffnung** Apr–Mitte Okt: Di–Sa 22–23.30 Uhr; Mitte Okt–März: Fr, Sa 20–21.30 Uhr. ✐ ✎ alhambra-patronato.es

Anfahrt
🚌 C3, C4.

★ **Sala de los Abencerrajes**
Die Halle verdankt ihren Namen einer Adelsfamilie, die ihr Rivale Boabdil *(siehe S. 60f)* einer Legende zufolge während eines Banketts hier ermorden ließ. Pythagoras' Lehrsatz lieferte die Inspiration zum geometrischen Deckenmuster.

★ **Patio de los Leones**
Den unter Mohammed V. erbauten Innenhof säumen Arkaden, die 124 Marmorsäulen stützen. In der Mitte ruht ein Brunnen auf zwölf Marmorlöwen.

Plan der Alhambra

zum Generalife

Haupttor

Zum Alhambra-Komplex gehören die Palacios Nazaríes, die Alcazaba (13. Jh.), der Palast Karls V. (16. Jh.) und der Generalife *(siehe S. 498)*, außerhalb der Karte liegend.

Legende
- 🟦 Palacios Nazaríes
- 🟥 Palast Karls V.
- 🟧 Alcazaba
- 🟩 Park
- 🟨 Iglesia de Santa María
- ⬜ Andere Gebäude

Granada: Generalife

Von der Nordseite der Alhambra führt ein Fußweg
zum Generalife, dem Landgut der Nasriden-Könige.
Hier genossen sie, dem Himmel ein wenig näher, die
Ruhe hoch über der Stadt. Der Name Generalife oder
Yannat al-Arif hat verschiedene Bedeutungen, die
schönste ist vielleicht »Garten des erhabenen Paradieses«. Der Park aus dem 13. Jahrhundert wurde im
Lauf der Jahre verändert. Früher erstreckten sich hier
Obstgärten und Weiden. Der Palast bildet einen
großartigen Hintergrund für das jährlich stattfindende Musik- und Tanzfestival *(siehe S. 45)*.

Der Patio de la Acequia ist ein ab-
geschlossener orientalischer Garten
um einen langen zentralen Teich.
Wasserfontänen zu beiden Seiten
bilden anmutige Bogen.

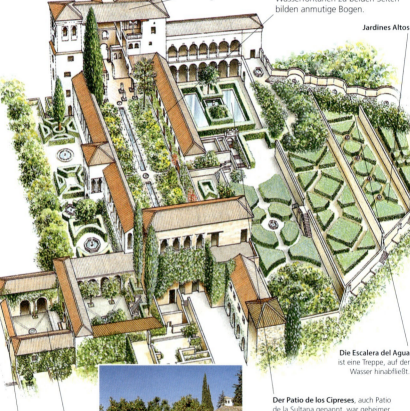

Sala Regia

Jardines Altos

Die Escalera del Agua
ist eine Treppe, auf der
Wasser hinabfließt.

Der Patio de los Cipreses, auch Patio
de la Sultana genannt, war geheimer
Treffpunkt von Soraja, Ehefrau von Sultan Abu-l-Hasan, und deren Liebhaber,
dem Oberhaupt der Abencerragen.

Eingang

Der Patio de Polo
ist der Hof, in dem
Palastbesucher, die
zu Pferd kamen,
ihre Rosse fest-
banden.

Der Patio del Generalife liegt vor
dem Eingang zum Palast. Der Weg
von der Alhambra zum Generalife-
Park führt durch die Jardines Bajos,
ehe man den maurischen Innenhof
mit seinem geometrischen Teich
durchquert.

Hotels und Restaurants in Andalusien *siehe Seiten 572–574 und 598–602*

Das düstere Äußere des Schlosses oberhalb von La Calahorra

㊴ Castillo de La Calahorra

La Calahorra (Granada). **Karte** J12.
📞 958 67 70 98. 🚌 Guadix.
🕐 Mi 10–13, 16–18 Uhr. ♿

Massive Mauern und Ecktürme umrahmen das Schloss oberhalb von La Calahorra. Rodrigo de Mendoza ließ es für seine Braut bauen. Die Arbeiten wurden 1509–1512 von italienischen Architekten und Handwerkern ausgeführt. Den zweistöckigen Renaissance-Hof zieren Arkaden und eine Treppe aus Carrara-Marmor.

㊵ Guadix

Granada. **Karte** J12. 🏛 19 000. 🚉
🚌 ℹ Plaza de la Constitución s/n,
958 66 28 04. 🛒 Sa. 🎉 Fiesta und
Feria (31. Aug–5. Sep). 🌐 guadix.es

Das Troglodytenviertel ist mit seinen seit 2000 Jahren bewohnten Höhlen Highlight der Stadt. **Centro de Interpretación Cuevas de Guadix** und **Cueva Museo de Alfarería la Alcazaba** zeigen, wie die Menschen dort einst lebten.

Diego de Siloé begann die **Kathedrale** 1594, Gaspar Cayón und Vicente de Acero vollendeten sie 1701–96. Das Kathedralmuseum zeigt Reliquien des hl. Torcuato, Gründer des ersten christlichen Bistums Spaniens. Nahe der maurischen **Alcazaba** steht die Mudéjar-Kirche **Iglesia de Santiago**.

🏛 **Centro de Interpretación Cuevas de Guadix**
Plaza de Ermita Nueva s/n. 📞 958
66 55 69. 🕐 Mo–Sa. ♿

🏛 **Cueva Museo de Alfarería la Alcazaba**
Calle San Miguel 57. 📞 958 66 47
67. 🕐 tägl. ♿

㊶ Jaén

Karte H11. 🏛 116 000. 🚉 🚌
ℹ Calle Maestra 8, 953 19 04 55.
🛒 Do. 🎉 Nuestra Señora de la Capilla (11. Juni), San Lucas (18. Okt), Romería de Santa Catalina (25. Nov). 🌐 turjaen.org

Die Mauren nannten Jaén wegen seiner strategischen Lage zwischen Andalusien und Kastilien Geen, »Zwischenstation für Karawanen«. Seine Bergfestung wurde als **Castillo de Santa Catalina** wiedererbaut, nachdem sie 1246 auf Befehl Fernandos III zerstört worden war. Teile davon werden heute als Parador (siehe S. 573) genutzt.

Jaéns **Kathedrale** entwarf Andrés de Vandelvira (siehe S. 500f) im 16. Jahrhundert. Zu den Erweiterungen gehören zwei Türme (17. Jh.), die die Westfront flankieren.

Der **Palacio Villardompardo** beherbergt ein Kunstgewerbemuseum und bietet zugleich Zugang zu den **Baños Árabes**, den Bädern Alis, eines maurischen Anführers (11. Jh.). In den Bädern mit hufeisenförmigen Bogen und Decken stehen zwei alte Bottiche. In einer Seitengasse findet man die **Capilla de San Andrés**, eine von Gu-

tiérrez González, Schatzmeister Papst Leos X., gegründete Kapelle im Mudéjar-Stil (16. Jh.). Glanzstück ist ein Lettner des Meisters Bartolomé de Jaén.

Das **Real Monasterio de Santa Clara** (13. Jh.) hat einen wunderschönen Kreuzgang (spätes 16. Jh.). In der Kirche mit Kassettendecke ist ein Bambusbild Christi aus Ecuador zu sehen.

Das **Museo Provincial** zeigt römische Mosaike und Skulpturen sowie iberische, griechische und römische Keramiken.

🏰 **Castillo de Santa Catalina**
Carretera al Castillo. 📞 953 12 07 33.
🕐 tägl. ⬤ 1. Jan, 24., 25., 31. Dez.

🏛 **Palacio Villardompardo**
Plaza Santa Luisa de Marillac.
📞 953 24 80 68. 🕐 Di–So.
⬤ Feiertage.

🏛 **Museo Provincial**
Paseo de la Estación 27. 📞 953 10
13 66. 🕐 Di–So. ⬤ 1. Jan, 1. Mai,
25. Dez.

Hufeisenbogen tragen die Kuppel der Baños Árabes, Jaén

Getünchte Höhlenwohnungen im Troglodytenviertel von Guadix

Eine römische Brücke überspannt in Andújar den Guadalquivir

⏱ Andújar

Jaén. **Karte G11.** 🗺 39 000. 🚗🚌
ℹ Plaza Santa María, Torre del
Reloj, 953 50 49 59. 🎭 Di.
🎪 Romería (letzter So im Apr).

Andújar liegt auf dem Gelände
der historischen iberischen
Stadt Iliturgi. Die Römer
bauten die 15-bogige Brücke
über den Guadalquivir.

Am Hauptplatz steht die go-
tische **Iglesia de San Miguel**
mit Gemälden von Alonso
Cano. Die **Iglesia de Santa
María la Mayor** hat einen Mu-
déjar-Turm. Innen ist El Grecos
Christus am Ölberg (um 1605)
zu sehen. Im April findet eine
Wallfahrt zum **Santuario de la
Virgen de la Cabeza** statt.

Umgebung: Das Castillo de
Burgalimar in **Baños de la
Encina**, im Jahr 968 unter
Kalif al-Hakam II. erbaut, hat
15 Türme und Wälle. Weiter
nördlich führen Straße und
Bahnlinie durch eine Schlucht
in den östlichen Teil der Sierra
Morena, den **Desfiladero de
Despeñaperros**.

⏱ Cástulo

Jaén. **Archäologische Stätte** Carretera Linares – Torreblascopedro (JV-
3003), km 3,3. 📞 600 143 464.
🕐 Di–So. ⏺ 1., 6. Jan, 24., 25.,
31. Dez. 🏛 **Museo Monográfico**
Calle General Echagüe 2, Linares.
📞 953 106 074. 🕐 siehe oben.
🌐 **juntade andalucia.es/
cultura/museos/CACS**

Die Ursprünge der antiken
Stadt Cástulo reichen bis ins
3. Jahrtausend v. Chr zurück.
Die meisten erhaltenen Bauten
– u. a. eine Nekropole, ein System zur Wasserversorgung,
Wohngebäude und religiöse
Kultstätten – stammen allerdings aus römischer Zeit.

Das Museo Monográfico
dokumentiert die Historie von
Cástulo und Umgebung an-
hand von eindrucksvollen Ausstellungen.

⏱ Baeza

Siehe S. 502f.

⏱ Úbeda

Jaén. **Karte H11.** 🗺 35 000. 🚌
ℹ Palacio Marqués de Contadero,
Calle Baja del Marqués 4, 953 77 92
04. 🛍 Fr. 🎪 San Miguel (28. Sep).
🌐 **turismodeubeda.com**

Úbeda verdankt seine zahlreichen großartigen Renaissance-
Bauten dem Mäzenatentum
einiger einflussreicher Spanier
des 16. Jahrhunderts. Dazu gehörten Staatssekretär Francisco
de los Cobos und sein Groß-

Zentrum von Úbeda

① Hospital de Santiago
② Museo Arqueológico
③ Iglesia de San Pablo
④ Capilla del Salvador
⑤ Parador de Úbeda
⑥ Palacio de las Cadenas
⑦ Santa María de los
   Reales Alcázares

Zeichenerklärung *siehe hintere Umschlagklappe*

neffe Juan Vázquez de Molina, nach dem der wichtigste Platz Úbedas benannt ist. Die Altstadt liegt innerhalb der maurischen Stadtmauer von 852. Seit 2003 steht Úbeda zusammen mit Baeza auf der Welterbe-Liste der UNESCO.

Das um 1562 auf Anordnung des Bischofs von Jaén erbaute **Hospital de Santiago** entwarf Andrés de Vandelvira. Die Fassade flankieren quadratische Türme, deren einer eine blau-weiß gefliste Spitze hat.

Das **Museo Arqueológico** in der Casa Mudéjar (15. Jh.) zeigt Artefakte vom Neolithikum bis zur maurischen Zeit.

Die Apsis der **Iglesia de San Pablo** entstammt dem 13. Jahrhundert, eine von Vandelvira erbaute und von einem plateresken, 1537 vollendeten Turm gekrönte Kapelle dem 16. Jahrhundert.

An der **Plaza de Vázquez de Molina** steht ein Denkmal des Dichters und Mystikers Johannes vom Kreuz (1542–1591). Die **Capilla del Salvador** entwarfen die Architekten Diego de Siloé, Andrés de Vandelvira und Esteban Jamete als Privatkapelle für Francisco de los Cobos (16. Jh.). Dahinter befinden sich Cobos' Palast mit Renaissance-Fassade und das Hospital de los Honrados Viejos. Von dort folgt die Redonda de Miradores der Stadtmauer.

Auf der Plaza Vázquez de Molina steht auch Úbedas

Castillo de la Yedra oberhalb von Cazorla

Parador aus dem 16. Jahrhundert. Die Residenz von Fernando Ortega Salido, Kaplan der Capilla del Salvador, wurde im 17. Jahrhundert umgebaut.

Úbedas Rathaus ist im **Palacio de las Cadenas** untergebracht, das Vandelvira für Vázquez de Molina erbaute. Sein Name rührt von den Eisenketten *(cadenas)* her, die an den Säulen des Haupteingangs befestigt waren.

Auf dem Platz stehen auch die Kirche **Santa María de los Reales Alcázares** (13. Jh.) und das Bischofsgefängnis **Cárcel del Obispo**, in das verurteilte Nonnen gesperrt wurden.

🏛 **Hospital de Santiago**
Calle Obispo Cobos. 📞 953 75 08 42. ⏰ Mo–Fr 8–14.30, 16–21 Uhr, Sa, So 10–14.30, 16–22 Uhr.

🏛 **Museo Arqueológico**
Casa Mudéjar, Calle Cervantes 6. 📞 953 10 86 23. ⏰ Di–Si. ♿

㊻ Parque Natural de Cazorla

Jaén. **Karte** JK12. 🚌 Cazorla. ℹ️ Plaza de Santa María, 953 71 01 02. 🌐 sierrasdecazorlaseguraylas villas.es

Besuchern, die zum ersten Mal hierher kommen, nimmt der 210 000 Hektar große Park mit seinen bewaldeten, bis zu 2000 Meter hohen Bergen und seiner reichen Fauna schier den Atem.

Zum Parque Natural de Cazorla, Segura y Las Villas gelangt man über Cazorla, dessen maurisches **Castillo de la Yedra** ein Folkloremuseum beherbergt. Von Cazorla führt die Straße unterhalb der Burgruinen von **La Iruela** zu einem Pass und wieder hinab zu einer Kreuzung (El Empalme del Valle) und schließlich in das Tal des Río Guadalquivir. Straßen verlaufen zur Flussquelle und dem ruhigen modernen Parador.

Die Hauptstraße durch den Park folgt dem Flussverlauf. Das Informationszentrum in Torre del Vinagre liegt 17 Kilometer von der Kreuzung entfernt.

Umgebung: In **Segura de la Sierra**, 30 Kilometer von der Nordspitze des Naturparks entfernt, gibt es ein maurisches Kastell und eine in den Fels gehauene Stierkampfarena.

🏰 **Castillo de la Yedra**
📞 953 10 14 02. ⏰ Di–So. ⏱ 1. Jan, 17. Sep, 24., 25., 31. Dez. 🎫 (für EU-Bürger frei).

Cazorlas Tierwelt

In diesem Naturpark leben über 100 Vogelarten wie Steinadler und Gänsegeier. Außer den Pyrenäen ist Cazorla das einzige Gebiet Spaniens, in dem der Lämmergeier lebt. Zu den Säugetieren gehören Otter – morgens und abends aktiv –, Mufflons, Wildschweine und ein kleiner Restbestand von Pyrenäensteinböcken. Rotwild wurde 1952 wieder eingeführt. Die durch den Kalkstein begünstigte Pflanzenwelt umfasst einige endemische Arten wie etwa *Viola cazorlensis*.

Wildschweine ernähren sich u. a. von Wurzeln, Schnecken und Pilzen

Hotels und Restaurants in Andalusien *siehe Seiten 572–574 und 598–602*

⓭ Im Detail: Baeza

Die kleine Stadt inmitten fruchtbarer Olivenhaine ist überaus reich an Renaissance-Architektur. Von den Römern Beatia genannt, später Hauptstadt eines maurischen Lehens, zeigt ihr Wappen ein »königliches Nest von Habichten«. Baeza wurde 1226 von Fernando III erobert – die erste Stadt Andalusiens, die endgültig von den Mauren zurückgewonnen wurde – und dann von kastilischen Rittern besiedelt. Es folgte eine Ära mittelalterlichen Glanzes mit Höhepunkt im 16. Jahrhundert, als Andrés de Vandelvira großartige Gebäude errichten ließ. Das Altstadt-Ensemble von Baeza steht seit 2003 als UNESCO-Welterbe unter Schutz.

★ Palacio de Jabalquinto
Eine isabellinische Prunkfassade, flankiert von kunstvollen Pfeilern, bildet die Vorderseite des gotischen Palasts.

Legende
— Routenempfehlung

PLAZA SANTA CRUZ

SAN FELIP

BEATO AVILA

COMPAÑÍA

ROMA

BARBACANA

Antigua Universidad
Das Renaissance- und Barockgebäude diente 1542–1825 als eine der ersten Universitäten Spaniens.

Die Torre de los Aliatares
bauten die Mauren vor 1000 Jahren.

nach ↑ Úbeda

MERCADERIAS

PLAZA DE ESPANA

PASEO DE LA CONSTITUCIÓ

PASEO DE TUNDIDORES

O. NARVAEZ

GASPAR BECERRA

Casas Consistoriales Bajas

Rathaus
Das Rathaus, früher Gefängnis und Gerichtshof, ist ein ehrwürdiger plateresker Bau *(siehe S. 29)*. Die Wappen von Felipe II, Juan de Borja und der Stadt Baeza schmücken seine obere Fassade.

La Alhóndiga, die alte Getreidebörse, hat imposante dreistöckige Bogen an der Vorderseite.

Hotels und Restaurants in Andalusien *siehe Seiten 572–574 und 598–602*

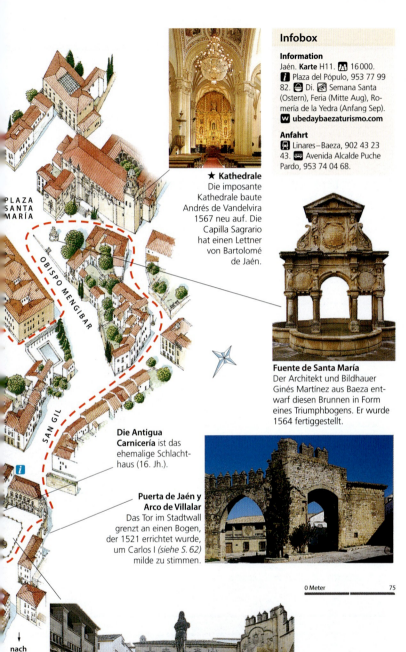

★ Kathedrale
Die imposante Kathedrale baute Andrés de Vandelvira 1567 neu auf. Die Capilla Sagrario hat einen Lettner von Bartolomé de Jaén.

PLAZA SANTA MARÍA

OBISPO MENGIBAR

SAN GIL

Die Antigua Carnicería ist das ehemalige Schlachthaus (16. Jh.).

Puerta de Jaén y Arco de Villalar
Das Tor im Stadtwall grenzt an einen Bogen, der 1521 errichtet wurde, um Carlos I *(siehe S. 62)* milde zu stimmen.

↓ nach Jaén

Fuente de Santa María
Der Architekt und Bildhauer Ginés Martínez aus Baeza entwarf diesen Brunnen in Form eines Triumphbogens. Er wurde 1564 fertiggestellt.

0 Meter   75

★ Plaza del Pópulo
In der Casa del Pópulo, einem platteresken Palast, ist das Fremdenverkehrsbüro untergebracht. Den Mittelpunkt des Platzes bildet die Fuente de los Leones mit einer von Löwen flankierten Statue.

Infobox

Information
Jaén. **Karte H11.** 16 000.
Plaza del Pópulo, 953 77 99 82. Di. Semana Santa (Ostern), Feria (Mitte Aug), Romería de la Yedra (Anfang Sep).
ubedaybaezaturismo.com

Anfahrt
Linares–Baeza, 902 43 23 43. Avenida Alcalde Puche Pardo, 953 74 04 68.

Zeichenerklärung *siehe hintere Umschlagklappe*

Renaissance-Kastell mit Blick auf das Dorf Vélez Blanco

🔲 Vélez Blanco

Almería. **Karte** K11. 🔲 2000. 🚌 Vélez Rubio. 🛈 Calle Marqués de los Vélez, 950 41 53 54. 🔲 Mi. 🔲 Cristo de la Yedra (2. So im Aug).

Glanzstück des Dorfes ist das 1506–1513 vom ersten Marquis von Los Vélez erbaute mächtige **Castillo de Vélez Blanco**. Sein Renaissance-Interieur ist im Metropolitan Museum in New York ausgestellt, die Rekonstruktion eines der Innenhöfe ist vor Ort zu sehen.

Die **Cueva de los Letreros**, unweit von Vélez Blanco, enthält Zeichnungen von etwa 4000 v. Chr. Eines zeigt den Indalo, nun Symbol Almerías, eine Figur, die einen Regenbogen hält und als Gottheit mit magischen Kräften galt.

🔲 Cueva de los Letreros
Camino de la Cueva de los Letreros.
🔲 694 46 71 36. 🔲 Mi, Sa, So. 🔲

🔲 Mojácar

Almería. **Karte** L12. 🔲 8000. 🚌
🛈 Plaza del Frontón 1, 950 61 50 25. 🔲 Mi, So. 🔲 Moros y Cristianos (2. Wochenende im Juni), San Agustín (28. Aug). 🔲 **mojacar.es**

Aus der Ferne schimmert Mojácar mit seinen weißen, kaskadenartig an einem hohen Kamm liegenden Häusern wie das Trugbild einer maurischen Zitadelle.

Nach dem Bürgerkrieg *(siehe S. 70f)* verfiel das Dorf, da viele Einwohner auswanderten. Im Zuge des Fremdenverkehrs kam das Dorf in den 1960er Jahren zu neuem Wohlstand. Das alte Tor in den Mauern ist erhalten, ansonsten wurde das Dorf völlig neu aufgebaut mit Ferienanlagen entlang den Sandstränden. Die Küste südlich von Mojácar ist die am wenigsten bebaute Spaniens mit kleinen Urlaubsorten und Dörfern.

🔲 Tabernas

Almería. **Karte** K12. 🔲 3000. 🚌
🛈 Carretera Nacional 340, km 464, 950 52 50 30. 🔲 Mi. 🔲 Virgen de las Angustias (11.–15. Aug).

Tabernas liegt in Europas einziger Wüste. Die maurische Festung dominiert die unwirtliche Landschaft. Von Kakteen gesprenkelte Hügel und trockene Flussbetten bildeten den Hintergrund zu Italowestern wie *Für eine Handvoll Dollar*. Die zwei Filmsets **Mini-Hollywood** und **Fort Bravo**, 1,5 bzw. vier Kilometer von Tabernas entfernt, sind zu besichtigen.

In einem Solarenergie-Forschungszentrum in der Nähe folgen Hunderte von Sonnenspiegeln dem Kurs der Sonne.

Umgebung: Sorbas liegt am Rand der tiefen Kluft des Río de Aguas. Es gibt zwei bemerkenswerte Gebäude: die Iglesia de Santa María (16. Jh.) und eine Villa (17. Jh.), die Sommersitz des Herzogs von Alba gewesen sein soll.

Nicht weit entfernt erstreckt sich das Naturschutzgebiet **Yesos de Sorbas**, eine von Höhlensystemen durchlöcherte Karstlandschaft, deren Erkundung allerdings genehmigt werden muss.

🔲 Mini-Hollywood
Ctra N340. 🔲 902 53 35 32.
🔲 tägl. (Nov–Ostern: Sa, So). 🔲
🔲 **oasysparquetematico.com**

🔲 Fort Bravo Texas Hollywood
Ctra N340, Tabernas. 🔲 902 07 08 14. 🔲 tägl. 🔲 🔲 **fortbravo.es**

Die Wüstenlandschaft um Tabernas erinnert an den Wilden Westen

Für ein paar Dollar mehr von Sergio Leone

Italowestern

Zwei Wildwest-Städte liegen abseits der N340 westlich von Tabernas. Hier können Besucher Filmszenen nacherleben oder Stuntmen bei Banküberfällen und Schlägereien beobachten. Die Poblados del Oeste wurden während der 1960er und 1970er Jahre gebaut, als günstige Preise und ewiger Sonnenschein Almería zum idealen Drehort für Italowestern machten. Sergio Leone, Regisseur von *Zwei glorreiche Halunken*, ließ mitten in der Wüste eine Ranch errichten. Noch heute werden hier gelegentlich Werbespots und TV-Serien gedreht. Auch Regisseur Steven Spielberg hat die Kulissen schon genutzt.

Die Alcazaba (10. Jh.) dominiert Almerías Altstadt

⑳ Almería

Almería. **Karte** K13. 🚶 189000.
✈ 🚌 🚆 Estación Intermodal. ℹ
Plaza de la Constitución s/n, 950 21
05 38. 🗓 Di, Fr, Sa. 🎉 Feria (letzte
Woche im Aug). 🌐 **turismo
dealmeria.org**

Almerías **Alcazaba** von 995 ist
die größte maurische Festung
Spaniens. Sie ist Zeuge des
Goldenen Zeitalters unter dem
Kalifat von Córdoba *(siehe
S. 56f)*, als im Hafen der Stadt
Brokat, Seide und Baumwolle
umgeschlagen wurden.

Während der Reconquista
hielt die Alcazaba zwei großen
Belagerungen stand, bevor sie
1489 an die Armeen der Katholischen Könige fiel *(siehe
S. 60f)*. Die Torre del Homenaje, die während ihrer Herrschaft entstand, zeigt das königliche Wappen. Zur Alcazaba
gehören auch eine Mudé-
jar-Kapelle und Gärten.

In **La Chanca**, dem alten
Fischer- und Zigeunerviertel
neben der Alcazaba, leben
Familien in Höhlen mit hell
gestrichenen Fassaden und
modernem Interieur.

Bunt bemalter Eingang zu einer
Zigeunerhöhle, La Chanca

Almería wurde oft von Berbern aus Nordafrika geplündert. Deswegen ähnelt die **Kathedrale** mit ihren vier Türmen,
dicken Mauern und kleinen
Fenstern eher einer Burg als
einer Andachtsstätte. Ursprünglich stand hier eine Moschee,
die ein Erdbeben 1522 zerstörte. Die Arbeiten am heutigen
Gebäude wurden im Jahr 1524
unter Leitung von Diego de
Siloé aufgenommen, der das
Mittelschiff und den Hochaltar
in gotischem Stil entwarf. Die
Renaissance-Fassade und die
geschnitzten Chorstühle stammen von Juan de Orea.

Spuren der wichtigsten Moschee des maurischen Almería
sind im **Templo San Juan** zu
sehen. An der **Plaza Vieja**
(17. Jh.) ragt das 1899 erbaute
Rathaus mit seiner creme- und
pinkfarbenen Fassade auf. In
der Calle Real zeigt das Museo
del Aceite de Oliva Castillo de
Tabernas (Tel. 950 27 28 88)
die hohe Kunst der Olivenöl-
herstellung.

Umgebung: Eines von Europas
bedeutendsten Beispielen einer
Siedlung aus der Kupferzeit
findet man in **Los Millares**
nahe Gádor, 17 Kilometer
nördlich von Almería. Etwa um
2500 v. Chr. siedelten in dieser
Befestigungsanlage vermutlich
an die 2000 Menschen.

🏠 **Alcazaba**
Calle Almanzor. 📞 950 80 10 08.
🔓 Di–So. 🔴 1. Jan, 25. Dez. 📷
🌐 **museosdeandalucia.es**

🏠 **Los Millares**
Santa Fé de Mondújar. 📞 677 90 34
04. 🔓 Mi–So. 🔴 1., 6. Jan, 25. Dez.

㉑ Parque Natural de Cabo de Gata

Almería. **Karte** K13. 🚌 San José.
ℹ Centro de Visitantes de las Amo-
laderas, Carretera Alp-202, km 7
(Retamar–Pujaire), 950 16 04 35.
🔓 tägl.

Steile Klippen aus Vulkangestein, Sanddünen, Salz-
ebenen und abgeschiedene
Buchten charakterisieren den
29000 Hektar großen Parque
Natural de Cabo de Gata. Innerhalb seiner Grenzen liegen
ein paar Fischerdörfer und der
kleine Urlaubsort San José an
einer schönen sandigen Bucht.
Der Leuchtturm am Ende des
Kaps ist vom Dorf Cabo de
Gata per Auto zu erreichen. Im
Park lockt ein zwei Kilometer
breiter Streifen Meeresgrund
mit maritimer Flora und Fauna
Taucher und Schnorchler an.

Die Dünen und Salzpfannen
zwischen dem Kap und der
Playa de San Miguel sind
Lebensraum des stachligen
Judendorns. Tausende von
Vögeln rasten hier auf ihrem
Weg von und nach Afrika; zu
den rund 170 Vogelarten ge-
hören Flamingos, Gänsegeier
und Dupont-Lerchen.

Umgebung: Inmitten von
Zitrusbäumen liegt am Rand
der Sierra de Alhamilla **Níjar**,
das für Töpferwaren und *jara-
pas* bekannt ist. Die karge
Ebene zwischen Níjar und
dem Meer wird mithilfe von
Gewächshäusern bebaut.

Die dunklen Vulkanfelsen beim
Cabo de Gata, östlich von Almería

SPANIENS INSELN

Spaniens Inseln im Überblick

Die beiden Inselgruppen Spaniens liegen in zwei Meeren – die Balearen im Mittelmeer und die Kanaren im Atlantik vor Westafrikas Küste. Das warme Klima, das saubere Wasser und die schönen Strände locken zahllose Pauschalurlauber an. Die Inseln haben jedoch mehr zu bieten als Hotelsilos, Fast-Food-Restaurants und Clubs. Auf den Balearen gibt es beschauliche Dörfer, bewaldete Hügel, Höhlen und prähistorische Monumente. Die Vulkanlandschaften der Kanaren sind unvergleichlich – hier wurden vier Nationalparks *(siehe S. 34f)* eingerichtet.

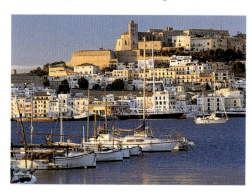

Ibiza *(siehe S. 514–516)* ist die vitalste Baleareninsel. Die wichtigsten Urlaubsorte, Ibiza-Stadt und Sant Antoni, bieten vor allem Nachtleben und hervorragende Badestrände.

Eivissa (Ibiza)

Ibiza

Formentera

Kanarische Inseln
Seiten 532–555

Teneriffa *(siehe S. 538–543)*, die größte Kanareninsel, wird vom Vulkangipfel des Teide überragt und ist im Norden fruchtbar und im Süden trocken. Die Strände der Insel sind von Natur aus schwarz, aber viele werden mit weißem Sand aus der Sahara künstlich aufgehellt.

Santa Cruz de La Palma

La Palma

La Gomera *(siehe S. 537)* erkundet man am besten mit dem Auto. Der Torre del Conde steht in San Sebastián.

La Gomera

San Sebastián de La Gomera

Los Cristianos

Tenerife

Santa Cr de Tener

Valverde

El Hierro

0 Kilometer   50

◄ Der idyllische Hafen von Fornells, Menorca *(siehe S. 526–531)*

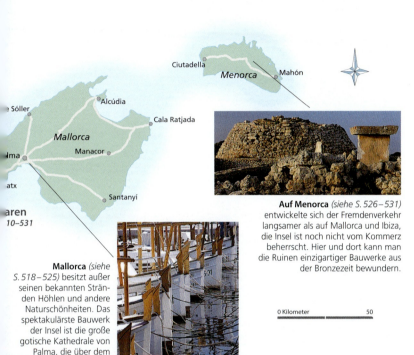

Ciutadella

Menorca Mahón

e Sóller

Alcúdia

Cala Ratjada

Mallorca

Manacor

lma

atx

Santanyi

aren
10–531

Auf Menorca *(siehe S. 526–531)*
entwickelte sich der Fremdenverkehr
langsamer als auf Mallorca und Ibiza,
die Insel ist noch nicht vom Kommerz
beherrscht. Hier und dort kann man
die Ruinen einzigartiger Bauwerke aus
der Bronzezeit bewundern.

0 Kilometer   50

Mallorca *(siehe
S. 518–525)* besitzt außer
seinen bekannten Strän-
den Höhlen und andere
Naturschönheiten. Das
spektakulärste Bauwerk
der Insel ist die große
gotische Kathedrale von
Palma, die über dem
alten Hafen emporragt.

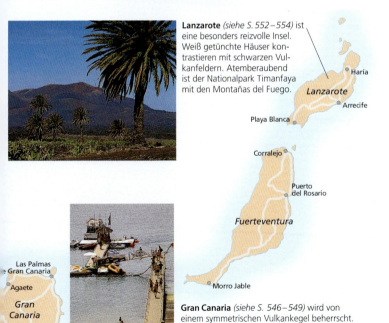

Lanzarote *(siehe S. 552–554)* ist
eine besonders reizvolle Insel.
Weiß getünchte Häuser kontrastieren mit schwarzen Vul-
kanfeldern. Atemberaubend
ist der Nationalpark Timanfaya
mit den Montañas del Fuego.

Haría

Lanzarote

Arrecife

Playa Blanca

Corralejo

Puerto
del Rosario

Fuerteventura

Las Palmas
e Gran Canaria

Agaete

*Gran
Canaria*

alomas

Morro Jable

Gran Canaria *(siehe S. 546–549)* wird von
einem symmetrischen Vulkankegel beherrscht.
Im Hauptort Las Palmas gibt es interessante
Museen und Monumente. Maspalomas an der
Südküste ist eines der größten Ferienzentren
Spaniens.

Balearen

Ibiza · Formentera · Mallorca · Menorca

Elegante Urlaubsorte mit reizvollen Buchten und Stränden sowie ein angenehm warmes Klima ließen den Fremdenverkehr an den Küsten der Balearen zur Haupteinnahmequelle werden. Im Landesinneren geht es nach wie vor ruhig zu. Der Besucher kann unter einer Vielzahl von Sehenswürdigkeiten wählen: bewaldete Hügel, weiße Dörfer, Klöster, Höhlen und prähistorische Monumente.

Aufgrund ihrer exponierten Lage im Mittelmeer zogen die Balearen nacheinander Phönizier, Griechen, Karthager, Römer, Mauren und Türken an. Im 13. Jahrhundert brachten katalanische Siedler ihre Sprache auf die Inselgruppe; ein Dialekt davon ist noch weitverbreitet.

Die Inseln bieten für jeden etwas – für pauschalreisende Sonnensucher, die sich in den großen Ferienzentren vergnügen, wie für Naturfreunde, die das stille Hinterland auf Wanderungen erkunden. Auf Mallorca, der größten Insel, hat der Fremdenverkehr seit Langem Fuß gefasst.

In der Nähe des Hafens der Inselhauptstadt Palma thront die mächtige gotische Kathedrale. Prähistorische Monumente *(siehe S. 531)* übersäen die grüne Landschaft Menorcas, die Städte sind voller vornehmer historischer Villen. Die Küste Ibizas weist unzählige Felsbuchten auf, im bergigen Hinterland erstrahlen weiße Bauernhäuser und rustikale Kirchen.

Das relativ unerschlossene Formentera kennt keine Hektik. Die anderen Eilande sind größtenteils unbewohnt. Die kleine Insel Cabrera vor Mallorca ist heute ein Nationalpark.

Blick durch das Fenster eines traditionellen, weiß getünchten Bauernhauses auf Ibiza

◄ Kristallklares türkisfarbenes Meer in der Cala Salada, Ibiza *(siehe S. 514 – 516)*

Überblick: Balearen

Obwohl die Balearen oft mit Pauschaltourismus assoziiert werden, sind sie abwechslungsreich genug, um jedem etwas zu bieten. Wen die betriebsamen Küstenorte und Strände nicht locken, der kann die Landschaft und die alten Viertel von Palma, Ibiza, Maó und Ciutadella relativ ungestört erkunden. Mallorca ist bei Weitem die kulturell reichste Insel – mit hervorragender moderner und traditioneller Kunst und interessanten Museen. Menorca hütet Schätze aus der Jungsteinzeit und seine reizvolle neokoloniale Architektur. Ibiza erfrischt mit hellem, impressionistischem Licht und rustikalen Bauernhäusern; seine Clubs gehören zu den wildesten Europas. Formentera – für viele die attraktivste Insel – lockt mit kristallklarem Wasser, weißen Stränden, unverdorbener Landschaft und vollkommener Ruhe.

Poblat des Pescadors in dem Urlaubsort Binibeca

Morgenstimmung am Port de Pollença auf Menorca

Auf den Balearen unterwegs

Fast alle Besucher kommen mit dem Flugzeug. Mallorca, Menorca und Ibiza besitzen Flugverbindungen zu den größeren europäischen Städten sowie nach Madrid, Barcelona und Valencia. Einige Fluggesellschaften fliegen vom Flughafen Son Sant Joan in Palma die meisten anderen spanischen Städte an. Man kann auch von Barcelona, Valencia oder Denia mit dem Schiff anreisen. Zwischen den Inseln verkehren regelmäßig die Fähren der Trasmediterránea und der Iscomar. Mallorca ist die einzige Insel mit Eisenbahnnetz; von Palma fahren Züge nach Inca, Sóller, Sa Pobla und Manacor. Die Qualität der Straßen ist unterschiedlich. Am besten kommt man mit dem Auto voran. Formentera ist ideal zum Radfahren.

Hotels und Restaurants auf den Balearen siehe Seiten 574f und 602–604

Sehenswürdigkeiten auf einen Blick

① Sant Antoni de Portmany
② Sant Josep de sa Talaia
③ Ibiza (Eivissa)
④ Els Amunts
⑤ Santa Eulària des Riu
⑥ Formentera
⑦ Andratx
⑧ La Granja
⑨ Valldemossa
⑩ Alfàbia
⑪ Sóller
⑫ Santuari de Lluc

⑬ Pollença
⑭ *Palma S. 522 – 525*
⑮ Puig de Randa
⑯ Capocorb Vell
⑰ Cabrera
⑱ Felanitx
⑲ Coves del Drac
⑳ Ciutadella
㉑ Ferreries
㉒ Es Mercadal
㉓ Maó
㉔ Cales Coves

Friedlicher Spaziergang an Ibizas Strand Sant Miquel

Legende

⎯ Autobahn
⎯ Hauptstraße
⎯ Nebenstraße
⎯ Panoramastraße
⎯ Eisenbahn
△ Gipfel

Die Felsenküste bei den Coves d'Artà auf Mallorca

Weitere Zeichenerklärungen *siehe hintere Umschlagklappe*

Ibiza

Die kleine, der spanischen Küste am nächsten gelegene Insel mit 140 000 Einwohnern war bis in die 1960er Jahre praktisch unbekannt. Dann tauchte sie in den internationalen Ferienkatalogen auf. Dennoch strahlt Ibiza (Eivissa) noch immer einen eigenartigen Zauber aus und bewahrt seinen ursprünglichen Charakter. Im Norden wechseln sich Mandel-, Oliven- und Feigenhaine mit bewaldeten Hügeln ab. Die Stadt Ibiza besitzt noch das Flair eines spanischen Provinzstädtchens der 1950er Jahre, zugleich ist sie als Paradies für Pauschalurlauber, Hippie-Refugium und Glamourzentrum längst zum Mythos geworden.

Bäuerin auf Ibiza

Der geschäftige Hafen von Sant Antoni de Portmany

❶ Sant Antoni de Portmany

Baleares. **Karte** P9. ⛰ 22 000. 🚌
🛳 ℹ Passeig de Ses Fonts, 971 34 33 63. 🎉 Sant Antoni (17. Jan), Sant Bartolomé (24. Aug). **W** ibiza.travel

Ibizas zweitgrößte Stadt nannten die Römer wegen des großen natürlichen Hafens Portus Magnus. Aus dem Fischerdorf wurde ein wild wuchernder Urlaubsort, der als völlig kommerzialisiert berüchtigt war. Vor Kurzem erfuhr Sant Antoni eine deutliche Aufwertung. Dennoch verschwindet die Pfarrkirche Sant Antoni (14. Jh.) in einem Meer moderner Hotelklötze.

Nördlich von Sant Antoni, an der Straße nach Cala Salada, befindet sich die Kapelle **Santa Agnès**, eine frühchristliche Kirche (nicht zu verwechseln mit dem gleichnamigen Dorf). Als diese katakombenähnliche Kapelle 1907 entdeckt wurde, fand man noch maurische Waffen und Keramikscherben darin.

❷ Sant Josep de sa Talaia

Baleares. **Karte** P9. ⛰ 1500.
ℹ Plaça Església s/n, 971 80 16 27. 🎉 Sant Josep (19. März). **W** ibiza.travel

Das Dorf Sant Josep, Verwaltungszentrum des Südwestens der Insel, liegt im Schatten von Ibizas höchstem Berg. Der 475 Meter hohe Sa Talaiassa bietet einen Rundblick über die ganze Insel bis zum Eiland **Es**

Die Salzseen von Ses Salines, ein Paradies für Vögel

Vedrá, das wie eine klotzige Pyramide aus dem Meer ragt. Den besten Blick auf den gigantischen Felsen hat man von der Küstenstraße zur Bucht von Cala d'Hort, wo es gute Restaurants und einen ruhigen Strand gibt.

Umgebung: Früher war die Salzgewinnung aus den Salzfeldern bei **Ses Salines** im Südosten der Insel Ibizas Hauptindustrie. Ein großer Teil des Salzes geht zu den Faröer Inseln und nach Skandinavien, um Fisch einzulegen. Die phönizische Siedlung **Sa Caleta** zählt zum UNESCO-Welterbe. Ses Salines ist auch ein Refugium für Vögel. **Es Cavallet**, drei Kilometer östlich, bietet einen schönen Strand.

❸ Ibiza (Eivissa)

Baleares. **Karte** P9. ⛰ 50 000. ✈
🚌 🛳 ℹ O.I.T. La Cúria, Plaça de la Catedral, 971 39 92 32. 🍴 Mo–Sa. 🎉 San Juan Bautista (24. Juni), Fiestas Patronales (1.–8. Aug). **W** ibiza.travel

Die Altstadt von Ibiza (Eivissa), auch Dalt Vila oder Oberstadt genannt, konzentriert sich auf eine Miniaturzitadelle, die Öffnung einer fast kreisrunden Bucht bewacht. Das **Portal de Ses Taules**, ein monumentales Tor im Norden der Stadtmauer (16. Jh.), trägt das Wappen des Königreichs Aragón, zu dem die Balearen im Mittelalter gehörten *(siehe S. 231)*.

Innerhalb des Mauerrings steht die **Església de Santo**

Domingo (16. Jh.) mit drei Kuppeln aus roten Ziegeln. Das barocke Innere mit seinem Tonnengewölbe und den Fresken wurde unlängst restauriert. Kunstwerke von Erwin Bechtold, Barry Flanagan und anderen Künstlern, die mit Ibiza verbunden sind, zeigt das **Museu d'Art Contemporani**.

Die **Kathedrale** wurde im 13. Jahrhundert in katalanischer Gotik errichtet und im 18. Jahrhundert umgebaut. Das Museu Diocesà der Kathedrale beherbergt interessante Kunstwerke.

Den Karthagern galt der Boden Ibizas als heilig. Für sie war es eine Ehre, in der Nekropole von **Puig des Molins** bestattet zu werden, in der 4000 Grabstätten vermutet werden. Das **Museu Arqueològic** befindet sich hier.

Jesús, drei Kilometer nördlich an einer Straßenkreuzung, lohnt einen Besuch wegen

Nebenstraße in Sa Penya, einem Viertel von Ibiza-Stadt

seiner Kirche (16. Jh.). Sie war ursprünglich Teil eines Franziskanerklosters und besitzt ein Altarbild von Rodrigo de Osona dem Jüngeren (16. Jh.).

🏛 Museu d'Art Contemporani
Ronda Narcís Puget s/n.
📞 971 30 27 23. **⏰** Di–So.
⬤ Feiertage. ♿ ♿

🏛 Necrópolis Púnica del Puig des Molins
Via Romana 31. **📞** 971 30 17 71.
⏰ Di–So. **⬤** Feiertage. **W** maef.es

❹ Els Amunts

Baleares. **Karte** P9. 🚌 Sant Miquel.
ℹ Els Amunts Interpretation Centre, Carretera Sant Llorenç s/n, Sant Joan de Labritja, 971 32 51 41.

Els Amunts ist das Hochland Nordibizas, das sich von Sant Antoni an der Westküste bis Sant Vicenç im Nordosten erstreckt. Das Gebiet um den Es Fornás (450 Meter) ist recht unwegsam und daher relativ

unberührt. Einige Aussichtspunkte blicken auf die abwechslungsreiche Landschaft. Mit Kiefernwäldern bedeckte Hügel bieten fruchtbaren Tälern Schutz, auf deren roter Erde Oliven, Mandeln und Feigen gedeihen, hie und da auch Wein. Urlauber konzentrieren sich auf Orte wie Port de Sant Miquel, Portinatx und Sant Vicenç; landeinwärts geben Dörfer wie Sant Joan und Santa Agnès Einblick in die ländliche Vergangenheit Ibizas.

Architektonische Glanzstücke Nordibizas sind schöne weiße Kirchen, wie die in **Sant Miquel**, wo im Sommer jeden Donnerstag Volkstänze Ibizas aufgeführt werden. Außerhalb von Sant Llorenç befindet sich das stille befestigte Dörfchen **Balàfia** mit seinen Flachdachhäusern, weiß getünchten Gassen und einem Wehrturm, der zur Zeit der Korsarenüberfälle als Festung diente.

Ein Blick über den Hafen auf Ibizas Oberstadt

Ibizas Nachtleben

Das einzigartige sommerliche Nachtleben von Ibiza-Stadt findet hauptsächlich in zwei Gegenden statt: in der Calle de la Virgen im alten Hafenviertel mit Bars, Boutiquen und Restaurants sowie in den Mega-Diskotheken des Umlands – Ku Privilege, Pachá, Amnesia und Es Paradis. Wenn die letzten Clubs gegen 7 Uhr morgens schließen, öffnet Space, der verrückteste Club von allen. Ibiza galt lange als Mekka der Reichen und Berühmten. Die Stars scheinen den Rückzug angetreten zu haben, aber im Restaurant Heart Ibiza kann man ab und zu ein paar Prominente erspähen, die sich am nächsten Tag vielleicht am Strand von Ses Salines sonnen.

Schaumparty im Amnesia

Bezaubernde Küstenlandschaft bei La Mola, Formentera

❺ Santa Eulària des Riu

Baleares. **Karte** P9. 🏔 36 000. 🚌
🚌 ℹ Carrer Marià Riquer Wallis 4,
971 33 07 28. 🛒 Mi, Sa. 🎉 Fiesta
(12. Feb), Cala Llonga (14.–15. Aug).
🌐 santaeulaliaibiza.travel

Obwohl Santa Eulària des Riu
(Santa Eulalia del Río) auf den
Tourismus eingestellt ist, hat
die Stadt weit mehr Charakter
als viele andere spanische
Urlaubsorte.

Die Kirche des 16. Jahrhunderts und die Altstadt wurden
auf dem **Puig de Missa** errichtet, so war der Ort in Kriegs-
zeiten leicht zu verteidigen.

Neben der Kirche befindet
sich das **Museu Etnogràfic** für
Volkskunst in einem alten Bauernhaus. Unter den Exponaten
finden sich Trachten, landwirtschaftliche Geräte, Spielzeug
und eine Olivenpresse. Faszinierende alte Fotos belegen
die drastischen Veränderungen

Das Kuppeldach der Kirche von
Santa Eulària des Riu (16. Jh.)

Ibizas der letzten 60 Jahre.
Zwei Kunsthandwerksmärkte,
Punta Arabí (Mi) und Las Dalias
(Sa), laden zum Bummel ein.

🏛 **Museu Etnogràfic**
Can Ros, Puig de Missa. 📞 971 33
28 45. ⭕ Mo–Sa. 🔴 Mitte
Dez–Mitte Jan. 📷 📸

❻ Formentera

Baleares. **Karte** P9. 🏔 11 000. 🚢
von Ibiza. ℹ C/ de Calpe s/n,
La Savina, 971 32 20 57. 🛒 So.
🎉 Fiesta Sant Jaume (25. Juli).
🌐 formentera.es

Eine einstündige Fahrt mit dem
Schiff bringt Sie von Ibizas
Hafen zu der vergleichsweise
unberührten Insel mit blauem
Wasser und gemächlicher Le-
bensart. Von La Savina, wo das
Schiff andockt, fahren Busse in
andere Teile der Insel. Sie kön-
nen sich auch in einem der
Läden vor Ort ein Auto,
Moped oder Fahrrad mieten.

Sant Francesc Xavier, For-
menteras kleiner Hauptort,
liegt vier Kilometer südlich von
La Savina und bietet Einkaufs-
und Unterhaltungsmöglich-
keiten sowie auf dem Hauptplatz eine hübsche Kirche
des 18. Jahrhunderts und ein
Folkloremuseum.

Von Sant Francesc führt eine
Straße neun Kilometer nach
Süden zum Cap de Barbaria
mit einem Leuchtturm (18. Jh.).

Abgesehen von dem kleinen
Plateau von **La Mola**, das das
östliche Ende der Insel ein-
nimmt, ist Formentera flach.

Von dem Fischerort Es Caló
windet sich die Straße am Restaurant Es Mirador vorbei – mit
Ausblick über den Westen –
nach Nostra Senyora del Pilar
de la Mola auf dem Gipfel des
Plateaus. Drei Kilometer weiter
östlich steht auf dem höchsten
Punkt der Insel ein Leuchtturm,
Far de la Mola. In der Nähe erinnert ein Denkmal an Jules
Verne (1828–1905), der seinen Roman *Hector Servadac*
auf Formentera spielen ließ.

Obwohl viele violette Stra-
ßenschilder auf Orte von kultu-
rellem Interesse verweisen, ist
ein Abstecher dorthin meist
enttäuschend. Sehenswert ist
jedoch das megalithische Grab
von **Ca Na Costa** (2000 v. Chr.)
in der Nähe von Sant Francesc,
das einzige dieser Art auf den
Balearen. Dieser Kreis aufrech-
ter Steinplatten stammt aus
der Zeit vor den Karthagern
(siehe S. 52f).

Überwältigend ist die zarte
Schönheit der Insel mit unver-
dorbenen Küstenstrichen –
mehr als 60 Prozent der Insel-
fläche sind geschützt.

Die hübschesten Strände
sind Migjorn und Cala Saona,
beide südwestlich von Sant
Francesc. Illetes und Llevant
heißen zwei Strände beider-
seits einer langen, sandigen
Landzunge weit oben im
Norden der Insel. Zwischen
Formentera und Ibiza liegt
die Insel **Espalmador**. Dort erwarten Sie natürliche Quellen,
herrliche Strände und ein
Leuchtturm.

Hotels und Restaurants auf den Balearen *siehe Seiten 574f und 602–604*

Regionale Spezialitäten

Die Inselgruppe der Balearen liegt an antiken Handelsrouten und war über Jahrtausende umkämpft. Alle Besatzungsmächte – unter anderem Araber, Katalanen, Franzosen und Briten – haben Spuren hinterlassen und die heimische Küche geprägt. Meeresfrüchte, besonders Hummer und Krabben, sind nach wie vor die wichtigsten Zutaten. Die Inseln sind für Feingebäck und Süßspeisen wie etwa die mallorquinische *ensaimada* und den typischen *flaó* von Ibiza bekannt. Wurst *(embutits)* und Käse gehören zu den Spezialitäten.

Saftige Orangen

Auf Menorca dient die cremige Knoblauchsauce *all i oli* als köstliche Beigabe zu Fisch und Fleisch. Außerdem produziert die Insel den feinen Käse *formatge de Maó*.

Ibiza und Formentera

Auch auf Ibiza und der kleineren Insel Formentera ist Fisch stark vertreten, etwa in den *calders* (Eintöpfe) wie *borrida de rajada* (Rochen mit Kartoffeln, Eiern und Pastis) und *guisat de peix*. Fleisch ist hier meist vom Schwein. Probieren Sie *cocarrois*, mit Fleisch, Fisch oder Gemüse gefüllte Teigtaschen, oder *formatjades*, mit Weichkäse gefüllte Backwaren mit Zimt. Zu den Desserts gehören Leckereien wie *gató* (Mandelkuchen mit Eis) und *flaó*, der aus Streichkäse, Eiern und Minze besteht.

Frische Meeresfrüchte aus dem Mittelmeer

Mallorca und Menorca

Fisch prägt die Küche der Balearen. Menorca ist für *Caldereta de llagosta* (Hummereintopf) bekannt, ein einfaches Fischergericht, das heute allerdings als teure Delikatesse gilt.

Klassisch mallorquinisch ist *pa amb oli*, eine Scheibe geröstetes Landbrot, die mit Knoblauch eingerieben und mit Olivenöl beträufelt wird.

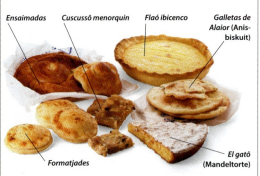

Ensaimadas **Cuscussó menorquin** **Flaó ibicenco** **Galletas de Alaior (Anisbiskuit)**

Formatjades **El gató (Mandeltorte)**

Verführerische Auswahl der balearischen Patisserie

Typische Gerichte der Balearen

Fisch und Meeresfrüchte sind auf den Balearen und insbesondere an deren Küsten allgegenwärtig. Am besten genießt man sie einfach gegrillt, aber auch die langsam gegarten Eintöpfe, die vor Aroma nur so strotzen, sind wunderbar. In den Regionen des Hinterlandes gibt es Berglamm und Zicklein, aber auch Schweinefleisch, das für *embutits* wie die scharfe mallorquinische *sobrasada* verwendet wird. Dazu schmeckt *pa amb oli* besonders gut. Die Landwirtschaft, die auch viel Obst und Gemüse erzeugt, ist vom Fremdenverkehr weitgehend unbehelligt geblieben. Mallorca baut sogar seinen eigenen kräftigen Wein an, der besonders gut um das Dorf Binissalem gedeiht. Auf Menorca dagegen hat man sich aufgrund der langen britischen Besatzung auf Gin verlegt.

All i oli

Tumbet de peix Ein deftiger Fischauflauf mit Peperoni, Auberginen und hart gekochtem Ei in Scheiben.

Mallorca

Mallorca (875 000 Einwohner) wird seiner Vielseitigkeit wegen oft mit einem Kontinent verglichen. Keine andere europäische Insel verfügt über eine so facettenreiche Landschaft, von fruchtbaren Ebenen im Landesinneren bis zu fast alpinen Bergen in der Sierra Tramuntana. Das milde Klima und die schönen Strände machten Mallorca zum Urlaubsparadies, aber es hat auch kulturell einiges zu bieten. Glanzpunkt ist die Kathedrale von Palma *(siehe S. 524f)*. Mallorcas Zauber liegt auch in seinem Charme als arbeitsame Insel: Der Getreide- und Obstanbau auf den küstenfernen Ebenen und die Weinberge um Binissalem sind für die Wirtschaft der Insel von größter Bedeutung.

Terrassierter Orangenhain in der Sierra Tramuntana

❼ Andratx

Baleares. **Karte** Q8. 🚠 12 000. 🚌 ℹ️ Avenida de la Cúria 1, 971 62 80 00. 🗓️ Mi. 🎭 San Pedro (29. Juni). 🌐 andratx.cat

Die kleine Stadt liegt inmitten eines Tales voller Mandelhaine im Schatten des 1026 Meter hohen Puig de Galatzó. Die ockerfarbenen Häuser mit den weißen Fensterläden und die alten Wachtürme hoch auf dem Hügel machen Andratx zu einem attraktiven Ort.

Die Straße nach Südwesten führt zum fünf Kilometer entfernten **Port d'Andratx**. In der fast abgeschlossenen Bucht dümpeln reihenweise teure Yachten, die umliegenden Berge sind übersät von luxuriösen Feriendomizilen. Früher diente Port d'Andratx hauptsächlich als Fischereihafen und als Hafen für Andratx, aber seit den frühen 1960er Jahren ist es ein exklusiver Urlaubsort für die Reichen und Berühmten. Besucher von Port d'Andratx

sollten das ursprüngliche Mallorca vergessen und den eleganten Ferienort genießen, wie er ist.

❽ La Granja

Carretera de Banyalbufar km 1,5, Esporles. **Karte** Q8. 📞 971 61 00 32. 🚌 🕐 tägl. **Dressurpferde-Show** Feb–Okt: Mi, Fr ab 16 Uhr. 🎭 ♿ 🌐 lagranja.net

La Granja ist ein Landgut in der Nähe von Esporles. Das ehemalige Zisterzienserkloster gehört der Familie Seguí, die das weitgehend original belassene Haus (18. Jh.) als »lebendiges Museum des traditionellen Mallorca« unterhält. Pfauen stolzieren im Park, Schinken hängen zum Trocknen in der Küche, im Ballsaal ertönt *Die Hochzeit des Figaro*. Die leicht chaotische Atmosphäre verleiht dem Ort viel Charme.

❾ Valldemossa

Baleares. **Karte** Q8. 🚠 2000. 🚌 ℹ️ Avenida Palma 7, 971 61 20 19. 🎭 So. 🎭 Santa Catalina Thomás (28. Juli), San Bartolomé (24. Aug).

Das nette Städtchen in den Bergen ist untrennbar mit dem Namen George Sand verbunden, der französischen Schriftstellerin, die im Winter 1838/39 hier lebte und später in *Winter auf Mallorca* wenig Nettes über die Insel schrieb.

Beliebter ist hier der polnische Komponist Frédéric Chopin (1810–1849), der mit ihr in der **Real Cartuja de Jesús de Nazaret** wohnte. In »Chopins Zelle« neben dem Haupthof des Klosters schrieb er einige seiner Werke.

Büste Frédéric Chopins, Valldemossa

Das Klavier, an dem er komponierte, ist noch zu sehen.

Die Klosterapotheke (17. Jh.) zeigt Rezepturen wie »pulverisierte Tiernägel«. Im Kreuzgang werden Werke von Tàpies, Miró und dem hiesigen Künstler Juli Ramis (1909–1990) gezeigt. Hier ist auch Picassos Serie *Das Begräbnis des Grafen von Orgaz* zu sehen, zu der ihn El Grecos gleichnamiges Gemälde inspirierte *(siehe S. 36)*.

🏛️ **Real Cartuja de Jesús de Nazaret**
Plaça de la Cartuja de Valldemossa.
📞 971 61 29 86. 🕐 tägl. ⬤ 1. Jan, 25. Dez; Dez, Jan: So. 🎭 ♿ 🌐 cartujavalldemossa.com

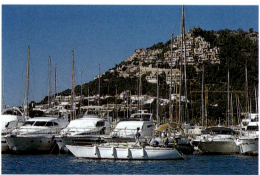

Blick über den Hafen Port d'Andratx

Hotels und Restaurants auf den Balearen *siehe Seiten 574f und 602–604*

⑩ Alfàbia

Carretera de Sóller, km 17. **Karte** Q8. 📞 971 61 31 23. 📷 ⚪ Mo–Sa 9.30–18.30 Uhr (im Winter kürzer). ⚫ Dez.–Feb. 🅿️ W **jardinesdealfabia.com**

Nur wenige private Anwesen auf Mallorca sind öffentlich zugänglich – was Alfàbia umso interessanter macht. Haus und Garten sind Beispiele für einen typischen mallorquinischen Adelssitz maurischen Stils. Von der ursprünglichen Architektur (14. Jh.) ist wenig erhalten, nur die Mudéjar-Inschrift an der Decke der Eingangshalle, die spanisch-arabischen Brunnen und die alte Pergola. Der wunderschöne Garten wurde im 19. Jahrhundert angelegt.

⑪ Sóller

Baleares. **Karte** Q7. 🏔 14000. 🚌 🚂 ⓘ Plaça d'Espanya 15, 971 63 80 08. 🚢 Sa. 🎭 Sa Fira & Es Firó (2. Woche im Mai). W **visitsoller.com**

Das Städtchen Sóller liegt an einer Panoramastraße zwischen Palua und dem einladenden Fischerdorf Port de Sóller (fünf Kilometer nördlich). Der Ort erlangte mit den Produkten seiner Olivenhaine und Gärten an den Hängen der Sierra Tramuntana Wohlstand. Im 19. Jahrhundert tauschte Sóller Orangen und Wein gegen französische Waren – daher das französische Flair.

Das liebenswerteste Wahrzeichen Sóllers ist die altmodische Schmalspurbahn mit den museumsreifen Holzwagen. Sie fährt von Palma nach Sóller. Der Bahnhof befindet sich an der Plaça Espanya.

Umgebung: Von Sóller windet sich eine Straße entlang der atemberaubenden Küste südlich nach **Deià** (Deyá). Hier wohnte ab 1929 der englische Romancier Robert von Ranke Graves (1895–1985). Sein Grab befindet sich auf dem kleinen Friedhof. Das von dem Archäologen William Waldren betreute **Museu Arqueològic** bietet einen Einblick in das prähistorische Mallorca. Vor

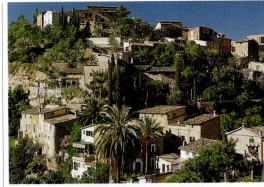

Auf dem Hang von Deià drängen sich Häuser und Bäume

dem Dorf liegt **Son Marroig**, der Besitz des österreichischen Erzherzogs Ludwig Salvator (1847 bis 1915), der die Balearen in einigen Büchern beschrieb. Einige seiner Besitztümer werden ausgestellt.

🏛 **Museu Arqueològic**
Carrer Teix 4, Es Clot Deià. 📞 971 63 90 01. ⚪ Di, Do, So. 🅿️

La-Moreneta-Statue im Santuari de Lluc

⑫ Santuari de Lluc

Plaça dels Peregrins 1, Escorca. **Karte** Q7. 🚌 von Palma. 📞 971 87 15 25. ⚪ So–Fr. 🅿️ nur Museum. W **lluc.net**

Die altehrwürdige Institution hoch in den Bergen der Sierra Tramuntana in dem entlegenen Dorf Lluc halten viele für das spirituelle Zentrum Mallorcas. Das Santuari de Lluc entstand größtenteils im 17. und 18. Jahrhundert an der Stelle eines alten Heiligtums. Die barocke Klosterkirche verfügt

über eine imposante Fassade mit der Steinfigur La Moreneta, der schwarzen Madonna von Lluc, die ein junger Hirte im 13. Jahrhundert auf einem Berg gefunden haben soll. Der Schulchor Els Blauets (»Die Blauen«) tritt oft bei Messen auf (www.escolaniallluc.es).

Am Camí dels Misteris, dem gepflasterten Fußweg zum Gipfel, sieht man bronzene Basreliefs von Pere Llimona. Beim Hauptplatz Plaça des Pelegrins gibt es ein Café, eine Bar, eine Apotheke und einen Laden. Das Museum im ersten Stock zeigt Bilder mallorquinischer Künstler und mittelalterliche Handschriften. Zum Kloster gehört auch ein Gästehaus.

Von Lluc führt eine 23 Kilometer lange Serpentinenstraße zur Küste und zur Felsbucht von **Sa Calobra**. Von hier sind es zu Fuß fünf Minuten die Küste entlang zur Schlucht Torrent de Pareis.

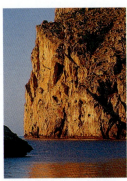

Bei Sa Calobra ragen steile Klippen aus dem Meer

Mehr über Mallorca? Vis-à-Vis Mallorca

Kreuzgang des Convent de Santo Domingo in Pollença

⓭ Pollença

Baleares. **Karte** R7. 🏔 16 000. 🚌
🛈 Carrer Guillem Cifre de Colonya
s/n,, 971 53 50 77. 🚢 So. 🎨 Sant
Antoni (17. Jan), La Patrona (2.
Aug). 🆆 pollensa.com

Obwohl Pollença einer der beliebtesten Urlaubsorte der Insel ist, wirkt es noch relativ unverfälscht. Die Steinhäuser und gewundenen Gassen liegen malerisch am Rand des fruchtbaren Ackerlands. Die Bars und Cafés an der hübschen Plaça Major besuchen hauptsächlich Einheimische.

Pollenças schönste Gotteshäuser sind die Kirche **Parròquia de Nostra Senyora dels Angels** (18. Jh.) und das Convent de Santo Domingo, in dem das **Museu de Pollença** archäologische Fundstücke zeigt. Im Kloster findet im Juli und September Pollenças Festival der klassischen Musik statt. Die Kapelle auf **El Calvari** er-

reicht man über eine Straße oder 365 Stufen.

Der nahe Pollença gelegene Küstenort Port de Pollença ist ein attraktives Feriendomizil an einer schönen Bucht.

Umgebung: Mauern aus dem 14. Jahrhundert mit zwei Toren umgeben **Alcúdia**, zehn Kilometer östlich. Das **Museu Monográfico de Pollentia** zeigt Statuen, Schmuck und andere Stücke aus der römischen Siedlung Pollentia, 1,5 Kilometer südlich von Alcúdia.

🏛 **Museu de Pollença**
Carrer Guillem Cife de Colonya 33.
📞 971 53 11 66. 🔲 Di–So. 🎨

🏛 **Museu Monografico de Pollentia**
Carrer San Jaume 30, Alcúdia.
📞 971 54 70 04. 🔲 Di–So. 🎨

⓮ Palma

Siehe S. 522–525.

⓯ Puig de Randa

7 km nordöstlich von Llucmajor. **Karte** R8. 🚌 nach Llucmajor, dann Taxi. 🛈 Carrer Constitución 1, Llucmajor, 971 66 91 62.

Inmitten einer fruchtbaren Ebene erhebt sich der 543 Meter hohe Puig de Randa. Hier hat Mallorcas größter Sohn, der Theologe und Mystiker Ramón Llull (13. Jh.), in einer Einsiedelei gelebt und wohl auch die theologisch-philosophische Abhandlung *Ars magna* verfasst.

Auf dem Weg zum Gipfel passiert man die Klöster Santuari de Sant Honorat (14. Jh.) und Santuari de Nostra Senyora de Gràcia. Letzteres drängt sich auf einem Felsvorsprung unterhalb einer Klippe. Die Kapelle aus dem 15. Jahrhundert schmücken Fliesen aus Valencia. Von hier aus hat man einen großartigen Blick über die Ebene.

Auf dem Berggipfel erinnert das **Santuari de Cura** an die Zeit, die Llull auf dem Puig de Randa verbrachte. Ein kleines Museum in einem ehemaligen Schulhaus aus dem 16. Jahrhundert bewahrt einige seiner Handschriften auf.

Der Philosoph Ramón Llull

⓰ Capocorb Vell

C/ Llucmajor–Cap Blanc, km 23. **Karte** Q8. 📞 971 18 01 55. 🚌 El Arenal. 🔲 Fr–Mi 10–17 Uhr. 🎨 🆆 talaiotscapocorbvell.com

Mallorca hat nicht so viele megalithische Zeugnisse wie Menorca, aber dieses *talayot*-Dorf *(siehe S. 531)* im steinigen Flachland der Südküste ist unbedingt sehenswert – vor allem an einem ruhigen Tag, wenn man ungestört umherwandern kann. Die Siedlung, die auf etwa 1000 v. Chr. zurückgeht, bestand aus fünf *talayots* (turmähnliche Steinbauten mit Holzdächern) und weiteren 28 kleineren Gebäuden. Über ihre Bewohner und die Bedeutung einiger Räume, wie etwa des unterirdischen Stollens, ist wenig bekannt. Die Kammer diente vielleicht zur Durchführung magischer Rituale.

Der Zauber des Ortes liegt zum Teil an seiner Umgebung: Felder, Obstbäume und Bruchsteinmauern sind die ideale Kulisse für die Ruinen. In der Nähe gibt es eine Snackbar, ansonsten ist der Ort unerschlossen.

Ein *talayot* in Capocorb Vell

⑰ Cabrera

Baleares. **Karte R9.** 🚢 von Colònia Sant Jordi. 🛈 Carrer Gabriel Roca s/n, Colònia Sant Jordi, 971 65 60 73.

Vor den Stränden Es Trenc und Sa Ràpita an der Südküste zeichnet sich am Horizont die Insel Cabrera ab. Sie ist die größte des gleichnamigen Archipels und liegt 18 Kilometer entfernt vom südlichsten Punkt Mallorcas. Hier sind seltene Pflanzen, Reptilien und Seevögel beheimatet, so auch der Eleonorenfalke. Die Gewässer sind für die Meereslebewesen wichtig, daher wurde der Archipel zum Nationalpark erklärt *(siehe S. 34f)*. Cabrera war jahrhundertelang Militärstützpunkt, aber nie bewohnt. Auf der Insel steht eine Burg aus dem 14. Jahrhundert.

Straße in Felanitx

⑱ Felanitx

Baleares. **Karte R8.** 🗻 10.000. 🚌 🛈 Avenida Cala Marçal, Portocolom 15, 971 82 60 84. 🚢 So. 🎉 Sant Joan Pelós (24. Juni).

In dem geschäftigen Städtchen kamen der Renaissance-Architekt Guillem Sagrera (1380–1456) und der Maler Miquel Barceló (geb. 1957) zur Welt. Besucher kommen hauptsächlich wegen der eindrucksvollen Fassade der **Esglesia de Sant Miquel** (13. Jh.), der köstlichen *sobrassada de porc negre* (Wurst aus dem Fleisch des hiesigen schwarzen Schweins) und der Fiestas, vor allem Sant Joan Pelós *(siehe S. 527)*.

Etwa fünf Kilometer südöstlich gründeten die Mauren das **Castell de Santueri**. Die Könige von Aragón, die damals Mallorca beherrschten, bauten es im 14. Jahrhundert neu auf. Obwohl nur noch eine Ruine steht, lohnt sich ein Umweg wegen des Ausblicks über die Ebene.

⑲ Coves del Drac

1,5 km südlich von Porto Cristo. 🚌 von Porto Cristo. 📞 971 82 07 53. 🕐 tägl. ⛔ 1. Jan, 25. Dez. 🎫 🌐 cuevasdeldrach.com

Mallorca hat unzählige Höhlen – von Erdlöchern bis zu kathedralenähnlichen Hallen. In die vier großen Kammern der **Coves del Drac** führt eine Treppe, die in der Höhle »Dianas Bad« endet. Eine andere Kammer birgt, 29 Meter unter der Erde, den 177 Meter langen See Martel. Musik erklingt von den Booten, die ihn durchfahren. Ebenso schön sind die beiden anderen Höhlen, die »Theater der Feen« und »Verzauberte Stadt« genannt werden.

Umgebung: Die **Coves dels Hams** heißen so, weil einige ihrer Stalaktiten wie Haken – mallorquinisch *hams* – aussehen. Die Höhlen sind 500 Meter lang und enthalten das »Meer von Venedig«, einen unterirdischen See, auf dem Musiker in einem kleinen Boot ihre Runden ziehen.

Der Eingang zu den **Coves d'Artà**, nahe Capdepera, liegt 40 Meter über dem Meeresspiegel und bietet eine herrliche Aussicht. Die Hauptattraktion der Höhle ist ein 22 Meter hoher Stalagmit.

🎫 **Coves dels Hams**
11 km von Manacor Richtung Porto Cristo. 📞 971 82 09 88. 🕐 tägl. 🎫 🌐 cuevasdelshams.com

🎫 **Coves d'Artà**
Carretera Coves s/n, Canyamel. 📞 971 84 12 93. 🕐 tägl. 🎫 🌐 cuevasdearta.com

Ein großartig beleuchteter Stalaktit in den Coves d'Artà

Mehr über Mallorca? Vis-à-Vis Mallorca

⑭ Im Detail: Palma

Auf einer Insel, deren Name synonym ist mit Massentourismus, überrascht der kulturelle Reichtum ihrer Hauptstadt. Schon unter den Mauren war Palma eine wohlhabende Stadt mit Brunnen und schattig-kühlen Innenhöfen. Jaime I schrieb nach ihrer Eroberung 1229: »Sie schien mir die schönste Stadt … die wir je gesehen haben.« An Palmas früheren Reichtum erinnern die prächtigen Kirchen, die stattlichen öffentlichen Gebäude und edlen Herrenhäuser der Altstadt. Zentrum ist der Passeig des Born, dessen Cafés eine Spezialität Mallorcas servieren: *ensaimada*, eine Hefeschnecke, bestäubt mit Puderzucker.

Plaça del Marqués de Palmer

Das CaixaForum Palma, einst Grandhotel, ist heute Kulturzentrum.

Der Forn des Teatre, ein alter Bäckerladen, ist für *ensaimadas* und *gató* (Mandelkuchen) berühmt.

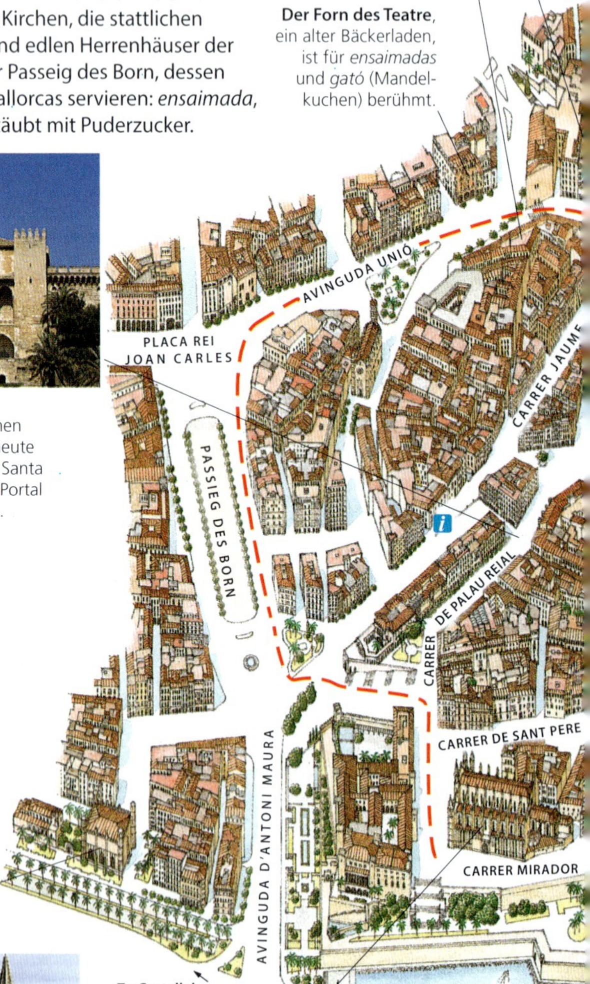

Palau Reial de l'Almudaina
In dem ehemaligen maurischen Königspalast befinden sich heute ein Museum, die Capella de Santa Ana mit ihrem romanischen Portal und der gotische Saal *(tinell)*.

Legende
 Routenempfehlung

La Llotja heißt die elegante Börse (15. Jh.) mit ihren hohen Fenstern und dem feinen Maßwerk.

AVINGUDA UNIO

PLACA REI JOAN CARLES

PASSIEG DES BORN

CARRER JAUME

CARRER DE PALAU REIAL

CARRER DE SANT PERE

CARRER MIRADOR

AVINGUDA D'ANTONI MAURA

Zu Castell de Bellver und Fundació Pilar i Joan Miró

Parc de la Mar

★ Kathedrale
Palmas große gotische, aus dem goldfarbenen Santanyí-Kalkstein errichtete Kathedrale ragt über dem Hafenviertel empor.

Weitere Zeichenerkläru *siehe hintere Umschlagk*

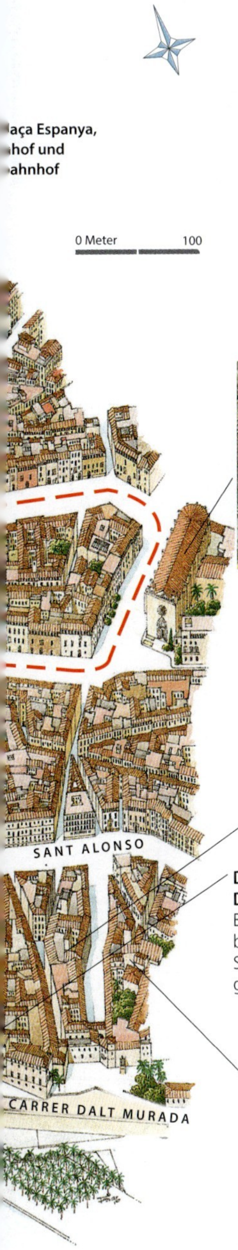

laça Espanya,
hof und
ahnhof

0 Meter — 100

Infobox

Information
Baleares. **Karte** Q8. 🗺 400 000.
ℹ Plaça d'Espanya, 902 102
365. 🚌 Sa. 🚢 San Sebastián
(20. Jan).
Museu de Mallorca ◯ Di–So.
Banys Àrabs ◯ tägl. 🏛 **Palau
de l'Almudaina** ◯ Di–So. 🏛
🌐 palma.cat

Anfahrt
✈ 9 km östl. 🚆 Plaça Espanya,
971 75 20 51. 🚌 Plaça Espanya,
Calle Eusebi Estada, 971 17 77
77. 🚢 Muelle de Peraires, 971
70 73 00 (Trasmediterránea).

Ein Blick auf die geschwungenen
Mauern des Castell de Bellver

🏛 Castell de Bellver
Carrer Camilo José Cela 17. 🕿 971
73 50 65. ◯ Di–So. 🏛
Fünf Kilometer von der Stadtmitte entfernt erhebt sich auf
113 Meter Höhe Palmas gotische Burg. Ihren Bau ordnete
Jaime II während des kurzlebigen Königreichs von Mallorca
(1276–1349) an. Sie war als
Sommerresidenz geplant, diente aber bald als Gefängnis,
was sie bis 1915 blieb.

🏛 Fundació Pilar i Joan Miró
Carrer Joan de Saridakis 29. 🕿 971
70 14 20. ◯ Di–Sa 10–18 Uhr
(Mitte Mai–Mitte Sep: bis 19 Uhr),
So 10–15 Uhr. 🏛 (Sa frei). ♿ 🏛
🌐 miro.palmademallorca.es

Als Joan Miró 1983 starb, verwandelte seine Witwe sein
Atelier und den Garten in ein
Kunstzentrum. Die »Alabaster-
festung« ist ein beeindruckendes Beispiel moderner Architektur, entworfen von dem
navarresischen Architekten
Rafael Moneo. Neben Mirós
Atelier im Originalzustand gibt
es eine ständige Sammlung
seiner Werke sowie Werkstatt,
Bibliothek und Hörsaal.

🐟 Palma Aquarium
Carrer Manuela de los Herreros i
Sorà 21. 🕿 902 70 29 02. ◯ tägl.
🏛 🌐 palmaaquarium.com
Das Aquarium liegt außerhalb
von Palma. Es präsentiert Flora
und Fauna des Mittelmeers
sowie des Pazifischen, Indischen und Atlantischen Ozeans. In dem riesigen Meer-
wasserbecken tummeln sich
Vertreter von 700 Arten.

★ **Basílica de Sant Francesc**
Kirche und Kloster des heiligen
Franziskus sind gotisch, Altarbild und
Fensterrose barock.

SANT ALONSO

**Das Museu
Diocesà** im
Bischofspalast
beherbergt eine
Sammlung reli-
giöser Kunst.

Museu de Mallorca
Das Museum zeigt
lokale Geschichte,
Kunst, Architektur und
diese Statue eines
antiken Kriegers.

CARRER DALT MURADA

Banys Àrabs
Die Bäder (10. Jh.) mit ihren
gut erhaltenen Bogen erinnern
an die maurische Vergangenheit der Balearen.

Mehr über Palma? Vis-à-Vis Mallorca

Die Kathedrale von Palma

Als Jaime I von Aragón auf seinem Weg zur Eroberung Mallorcas 1229 in einen Sturm geriet, schwor er – der Legende nach –, Gott eine große Kirche zu errichten, wenn dieser ihn errette. In den folgenden Jahren wurde die alte Moschee von Medina Mayurqa abgerissen, der Architekt Guillem Sagrera (1380–1456) entwarf eine Kathedrale. 1587 wurde der letzte Stein gesetzt. Inzwischen wurde sie mehrfach umgebaut, vor allem Anfang des 20. Jahrhunderts, als Antoni Gaudí *(siehe S. 144f)* das Innere umgestaltete. Heute ist die Kathedrale von Palma, »Sa Seu«, eines der faszinierendsten Bauwerke Spaniens, das große Ausmaße mit gotischer Eleganz paart.

Glockenturm
In dem mächtigen Turm (1389) hängen neun Glocken, deren größte N'Eloi, »Lobpreisung«, heißt.

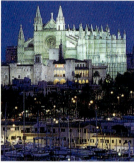

Palmas Kathedrale
Der Standort der Kathedrale ist einmalig. Der Bau scheint über dem alten Hafen der Stadt zu schweben.

Außerdem

① **Portal Major**

② **Turm aus dem 19. Jahrhundert**

③ **Strebebogen**

④ **Das Kathedralmuseum** birgt Preziosen wie die exzellent präsentierte Sammlung im Alten Kapitelsaal mit einem Reliquiar des Wahren Kreuzes (15. Jh.) aus Gold, verziert mit Edelsteinen und Perlen.

⑤ **Die große Orgel** wurde 1795 mit einer neugotischen Windlade gebaut. Gabriel Blancafort restaurierte sie 1993.

⑥ **Die Capella Reial**, die Königskapelle, gestaltete Antoni Gaudí zwischen 1904 und 1914 neu.

⑦ **Chorgestühl**

⑧ **Portal del Mirador**

Eingang zum Kathedralmuseum

★ **Große Fensterrose**
Die größte von sieben
Fensterrosen blickt wie
ein riesiges Auge auf
den Hochaltar. Das
Buntglasfenster von
1370 wurde im
16. Jahrhundert
umgestaltet. Es hat
einen Durchmesser
von über elf Metern.

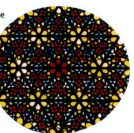

Infobox

Information
Plaça Almonia s/n.
📞 902 02 24 45.
🕐 Mo–Fr 10–15.15 Uhr
(Apr, Mai, Okt: bis 17.15 Uhr,
Juni–Sep: bis 18.15 Uhr),
Sa 10–14.15 Uhr.
⚫ So, Feiertage.
✝ Mo–Fr 9, Sa 9, 19, So 9,
10.30, 12, 13, 19 Uhr. ♿
🔲 catedraldemallorca.org

Capella de la Trinitat
Die kleine Kapelle entstand 1329
als Mausoleum für Jaime II und
Jaime III von Aragón und enthält die Alabastergräber der
beiden Könige.

Bischofsthron
Der aus Carrara-Marmor
gehauene Stuhl (1269)
steht in einer gotischen
gewölbten Nische.

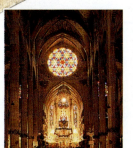

Schiff
Die 44 Meter hohe Decke tragen 14 schlanke Säulen. Mit
einer Breite von über 19 Metern gehört es zu den breites-
ten Kirchenschiffen der Welt.

★ **Baldachin**
Gaudís bizarrer, schmiedeeiserner Baldachin über dem
Altar enthält Lampen, Gobelins
und ein buntes Kruzifix.

Mehr über Mallorca? Vis-à-Vis Mallorca.

Menorca

Menorca (95 000 Einwohner) ist am weitesten vom Festland entfernt und weist viele Eigenarten auf. Die Küsten sind weniger verbaut als die in vielen anderen Teilen Spaniens. Die Landschaft ist noch grün, auf den Wiesen weiden Kühe. In den alten Städten Maó – der Hauptstadt der Insel – und Ciutadella sind zahlreiche vornehme historische Gebäude und schöne Plätze erhalten. Auf Menorca erinnert vieles an die fernere Geschichte: Auffällige Steinbauten aus der Bronzezeit bieten interessante Einblicke in die prähistorische Vergangenheit der Insel. Die Bewohner Menorcas haben eine Vorliebe für ihren einheimischen Gin (ginebra), während in allen anderen Teilen Spaniens vorzugsweise Wein getrunken wird.

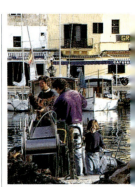

Fischer flicken ihre Netze im Hafen von Ciutadella

Ciutadellas Strandpromenade in der Abenddämmerung

⑳ Ciutadella

Baleares. **Karte** S7. ⬛ 29 000. 🚌
🚌 ℹ Plaça des Born, 971 48 41 55. 🗓 Fr, Sa. 🎏 Sant Joan (23.– 24. Jun). 🌐 menorca.es

Ciutadellas einschneidendstes Jahr war 1558, als die Türken unter Barbarossa die Stadt eroberten, ein Blutbad anrichteten und 3495 Einwohner auf die Sklavenmärkte Konstantinopels verschleppten. Von Ciutadellas bedeutendsten öffentlichen Gebäuden überstand nur die katalanisch-gotische **Església Catedral de Menorca** den Angriff unversehrt. Gemälde, Ornamente und Schätze raubten erst die republikanischen Extremisten im Spanischen Bürgerkrieg.

Die nahe gelegene **Plaça des Born** wurde als Paradeplatz für maurische Truppen angelegt und von 1558 an im Renaissancestil umgebaut. Mit ihren freundlichen Cafés und Schatten spendenden Palmen zählt sie zu den eindrucksvollsten Plätzen Spaniens. Ihr Zentrum bildet ein Obelisk, der an das »Any de sa desgràcia« (Jahr des Unglücks) erinnert.

Die historische Plaça des Born im Zentrum von Ciutadella

Den Platz umgeben das gotische **Rathaus**, das **Teatre Municipal des Born** (19. Jh.) und eine Reihe Patrizierhäuser mit italianisierenden Fassaden. Das prächtigste ist der **Palau de Torre-Saura** aus dem frühen 19. Jahrhundert. Vom nördlichen Ende des Platzes aus genießt man eine schöne Aussicht über den kleinen geschützten Hafen Ciutadellas.

Geht man an der Kathedrale vorbei den Carrer Major des Born entlang, gelangt man zu **Ses Voltes**, einer von Arkaden gesäumten Gasse. Rechts führt der Carrer del Seminari zur barocken **Església dels Socors** und zum **Museu Diocesà** mit einer Sammlung von Sakralgegenständen.

Die schmalen Straßen der Altstadt säumen viele imposante Paläste, darunter der **Palau Salort** (frühes 19. Jh.) am Carrer Major des Born, der allerdings nicht zugänglich ist. Der reizende Jugendstil-**Markt** (1895) in der Nähe hat grün bemalte Eisenteile.

Aus seiner Ruhe erwacht Ciutadella alljährlich im Juni zur Fiesta de Sant Joan, einem spektakulären rituellen Reiterwettkampf. Dann fließt der lokale Gin (ginebra) in Strömen, und die Stadt feiert eine ganze Woche lang.

🏛 **Museu Diocesà**
Carrer del Seminari 7. 📞 971 48 12 97. 🕐 Mai–Okt: Di–Sa. 🚫♿📷

🏛 **Palau Salort**
Carrer Major des Born 9. ⬤ für Besucher.

㉑ Ferreries

Baleares. **Karte** S7. 🗻 4500. 🚌
ℹ Carrer Sant Bartomeu 55, 971
37 30 03. 🕑 Di, Fr, Sa. 🎪 Sant
Bartomeu (23.–25. Aug).

Ferreries liegt an einem Hügel
zwischen Ciutadella und Es
Mercadal. Mit dem Bau einer
Verbindungsstraße erfuhr der
Ort einen wahren Boom. Die
Kirche San Bartomeu stammt
von 1770.

Die Bucht von **Santa Galdana**, zehn Kilometer südlich,
wird wegen ihrer Schönheit
geschätzt. Man kann vom
Strand entlang dem Flussbett
des Barranc d'Algendar landeinwärts wandern.

Innenhof des Santuari del Toro

㉒ Es Mercadal

Baleares. **Karte** S7. 🗻 5000. 🚌
ℹ Carrer Major 16, 971 37 50 02.
🕑 So. 🎪 Sant Martí (3. So im Juli).

Das Städtchen Es Mercadal gehört neben Alaior und Ferreries
bereits zu den größeren Orten
an der Hauptstraße zwischen
Maó und Ciutadella. Es Mercadal selbst ist nicht besonders

interessant, aber von hier sind
drei Sehenswürdigkeiten gut
zu erreichen.

El Toro, drei Kilometer östlich, ist Menorcas höchster
Berg (350 Meter). Auf seinem
Gipfel thront das Nonnen-
kloster Santuari del Toro
(1670). El Toro gilt als spiritu-
elles Zentrum der Insel.

Das Fischerdorf **Fornells**
etwa zehn Kilometer nördlich
von Es Mercadal gleicht im
Sommer St-Tropez. Im Hafen
drängen sich neben Fischer-
booten schnittige Yachten,
spanische Jetsetter bevölkern
die Bar Palma. Fornells' kulinarische Spezialität ist die – meist
teure – *caldereta de llagosta*
(Hummerkasserolle), deren
Qualität jedoch variiert.

Die teilweise unbefestigte
Straße zum **Cap de Cavalleria**,
13 Kilometer nördlich von Es
Mercadal, führt durch eine der
schönsten Landschaften der
Balearen. Das felsige Vorgebirge wird oft vom Tramontana,
einem rauen Nordwind, ge-
peitscht. Am westlichen Rand
der Halbinsel liegen die Ruinen
von Sanisera, einem phönizischen Dorf, das Plinius im
1. Jahrhundert n. Chr. erwähn-
te. Die Straße führt zu einer
Landspitze mit einem Leuchtturm und 90 Meter hohen
Klippen, über denen Wander-
falken und Seeadler kreisen.

An der Küste liegt weiter
westlich eine Reihe ziemlich
unberührter Strände, die allerdings schwer zugänglich sind.
Die schönsten davon sind Cala
Pregona, Cala del Pilar und
La Vall d'Algaiarens.

**Reiterkunst bei
der Fiesta in
Sant Lluís**

Fiestas der Balearen

Sant Antoni Abat *(16.–
17. Jan)*, Mallorca. Das schöne Fest wird auf ganz Mallorca und in Sant Antoni,
Ibiza, mit bunten ausgelassenen Paraden und Tier-
segnungen gefeiert.
Sant Joan *(24. Juni)*, Ciutadella (Menorca). Das Pferd
spielt bei Menorcas Festen
eine Hauptrolle. Auf Ciutadellas Straßen und Plätzen
veranstalten am 24. Juni,
dem Tag des hl. Johannes
des Täufers, elegant kostümierte Reiter mittelalterliche
Reiterspiele. Die Fiesta erreicht ihren Höhepunkt,
wenn die Pferde sich auf-
bäumen und jubelnde Men-
schen sich herandrängen,
um sie mit ihren Händen
aufzuhalten. Ähnlich verläuft
das jährlich Ende August
stattfindende Reiterfest in
Sant Lluís, bei dem viele
Einheimische durch die
Straßen reiten.
Sant Joan Pelós *(24. Juni)*,
Felanitx (Mallorca). Bei dieser
Fiesta wird ein Mann, der
Johannes den Täufer ver-
körpern soll, in Schaffelle
gekleidet.
Romería de Sant Marçal
(30. Juni), Sa Cabeneta
(Mallorca). Bei dieser Fiesta
verkauft ein Markt *siurells*,
mallorquinische Pfeifen.
Madonna des Meeres
(16. Juli), Formentera.
Eine Bootsprozession
ehrt die Virgen del Carmen,
die Schutzpatronin der
Fischer.

Ein stiller Strandabschnitt von Santa Galdana

Maó erstreckt sich vom Hafen einen steilen Hügel hinauf

㉓ Maó

Baleares. **Karte** S7. 👥 28 000. ✈
🚌 🚢 ℹ Plaça Constitució s/n,
971 36 37 90. 🗓 Di, Sa. 🎉 Festa
de Sant Antoni (17. Jan), Festes de
Gràcia (7.–8. Sep).

Die elegante Stadt Maó, auf
Spanisch Mahón, gab angeblich der Mayonnaise ihren
Namen. Dreimal besetzten die
Briten sie im 18. Jahrhundert,
das koloniale Erbe ist in den
georgianischen Häusern mit
ihren dunkelgrünen Fensterläden und den Schiebefenstern
allgegenwärtig.

Maós Hafen gehört zu den
schönsten des Mittelmeers.
Die Straße vom Hafen zur
Oberstadt führt zur ehemaligen Karmeliterkirche **Església
del Carme**, in deren Kreuzgang
ein Markt stattfindet. Dahinter
zeigt die **Col·lecció Hernández
Mora-Hernández de Sanz** menorquinische Kunst und Antiquitäten. Die Kirche Santa
María mit der großen Orgel
von 1810 überragt die nahe
gelegene Plaça Constitució.
Die Uhr an der klassizistischen
Fassade des **Rathauses** nebenan stiftete Sir Richard Kane
(1662–1736), der erste britische Gouverneur Menorcas.

Am Ende des Carrer Isabel II
erhebt sich die **Església de
Sant Francesc** mit romanischem Portal und barocker
Fassade. Das **Museu de Menorca** ist täglich außer montags
geöffnet. Zwei Minuten zu
Fuß weiter nach Süden kommt
der Hauptplatz der Stadt, die
Plaça de S'Esplanada. Dahinter
präsentiert das **Ateneu de Maó**
lokale Keramiken und Landkarten. Es besitzt auch eine
Bibliothek. Bevor man sich
hier umsieht, sollte man sich
eine Genehmigung besorgen.
Das Herrenhaus an der Nordseite des Hafens ist als **Sant
Antoni** oder Goldenes Gehöft
bekannt. Als Maós schönstes

Beispiel für eine Architektur
im palladianischen Stil hat es
eine geschwungene, dunkel-
rot gestrichene Fassade und
weiße Bogen im traditionellen
menorquinischen Stil. In diesem Haus, in dem der britische Admiral Nelson gewohnt
haben soll, befinden sich eine
Sammlung von Nelsoniana und
eine schöne Bibliothek, die
aber nicht für die Öffentlichkeit zugänglich ist.

🏛 **Col·lecció Hernández
Mora-Hernández de Sanz**
Carrer Anuncivay 2. 📞 971 35
65 23. 🕐 tägl. 10–13.30,
18–20 Uhr (So nur vormittags).

🏛 **Ateneu de Maó**
Carrer Rovellada de Dalt 25. 📞 971
36 05 53. ⬤ So, Feiertage.

㉔ Cales Coves

Baleares S7. 🚌 Sant Climent,
dann 25 Min. zu Fuß.
📞 Maó, 971 36 37 90.

Zu beiden Seiten einer schönen Bucht sieht man die Cales
Coves – bis zu neun Meter
lange neolithische Bauten in
der Felswand. Die Höhlen sind
seit prähistorischer Zeit bewohnt, heute von Menschen,
die alternativ leben wollen.
Einige der Höhlen sind mit
Eingangstür und Kamin ausgestattet.

Etwa 17 Kilometer weiter
südöstlich liegt an der Küste
Binibeca, ein Urlaubsdorf, das
in einem an das alte Menorca
erinnernden Stil erbaut ist.
Das Gewirr weißer Häuser
und enger Gässchen des
Poblat de Pescadors, der
Imitation eines Fischerdorfs,
wirkt ziemlich authentisch.

**Moderne Skulpturen an einer Höhle
von Cales Coves**

Prähistorisches Menorca

Menorca ist reich an prähistorischen Monumenten, mitunter wirkt es wie ein riesiges Freiluftmuseum. Die meisten Monumente schufen die Menschen der *talayot*-Kultur, die von 2000 bis 1000 v. Chr. hier lebten; ihr Name bezieht sich auf die Steintürme, die die Landschaft prägen. Hunderte Dörfer und Bauten aus der Bronzezeit sind über die Insel verstreut. Sie sind meist zugänglich und gewähren unschätzbare Einblicke in das Leben der frühen Balearenbewohner.

Ein großer *talayot* in der Siedlung Trepucó

Baustile

Die alten Steinbauten, die auf Menorca und – in geringerem Umfang – auch auf Mallorca zu finden sind, kann man in drei Gruppen unterteilen: taulas, talayots *und* navetas.

Taulas sind zwei in T-Form übereinanderliegende Steinplatten. Sie könnten als Opferaltar oder Dachstütze gedient haben.

Talayots sind runde oder rechtwinkelige Bauten, die vielleicht als Treffpunkte oder Häuser genutzt wurden.

Navetas sehen aus wie umgedrehte Boote und dienten wohl als Wohnung und als Grabstätte. Auf Menorca sind mindestens zehn erhalten.

Eine spektakuläre, drei Meter hohe *taula* bei Talatí de Dalt

Auf Menorca gibt es schätzungsweise 1600 megalithische Fundorte. Hier sind die interessantesten angegeben. Reste von *talayots* findet man auf der ganzen Insel, überwiegend auf dem Land und im flachen, fruchtbaren Süden.

Kanarische Inseln

*La Palma · El Hierro · La Gomera · Tenerife
Gran Canaria · Fuerteventura · Lanzarote*

Die Kanaren liegen westlich von Marokko am Rand der Tropen. Sie bekommen viel Sonnenschein ab, den der Passatwind angenehm temperiert. Ihre Landschaft umfasst Lavawüsten, Urwälder, Sanddünen und Vulkangipfel, während die alten Städte auf den Hauptinseln vom Kolonialstil geprägt sind.

Der Kanarische Archipel besteht aus sieben Inseln und einem halben Dutzend Eilanden. Sie sind die Spitzen Hunderter von Vulkanen, deren erste vor 14 Millionen Jahren aus dem Meer auftauchten. Der Teneguía auf La Palma war zuletzt 1971 aktiv. Seit Herbst 2011 wird im Meeresgebiet vor El Hierro verstärkte vulkanische Tätigkeit beobachtet.

Als Seefahrer im 14. und 15. Jahrhundert die Inseln entdeckten und für Spanien reklamierten, lebten hier Guanchen in jungsteinzeitlicher Kultur. Über das Volk ist bis heute wenig bekannt. Die Inseln sind in zwei Provinzen unterteilt. Die vier westlichen bilden die Provinz Santa Cruz de Tenerife und sind bergig. Am bekanntesten ist Teneriffas ruhender Vulkan Teide. Die Inseln La Palma, El Hierro und La Gomera, wo Kolumbus haltmachte, sind noch weitgehend vom Massentourismus verschont.

Die östlichen Inseln gehören zur Provinz Las Palmas. Das bewaldete Gran Canaria ist die größte Insel, ihre Hauptstadt Las Palmas de Gran Canaria ein bezaubernder Kolonialort. Das flache Lanzarote gleicht einer Mondlandschaft. Fuerteventura lockt mit lang gestreckten, unberührten Stränden.

Geschütztes Sanddünengebiet bei Maspalomas, neben der überlaufenen Playa del Inglés, Gran Canaria

◀ Der einladende feinsandige Küstenstreifen Playa de Las Teresitas, Teneriffa *(siehe S. 538 – 543)*

Überblick: Westliche Kanaren

Von allen Kanarischen Inseln hat Teneriffa die vielfältigsten Urlaubsangebote. Auf den kleinen, westlich gelegenen Inseln La Palma, La Gomera und El Hierro der Provinz Santa Cruz de Tenerife geht es wesentlich ruhiger zu. Doch immer mehr Besucher entdecken diese friedlichen grünen Paradiese, um zu wandern und die Natur zu genießen. Alle drei Inseln verfügen über komfortable Hotels, einschließlich Paradores. Aber im Vergleich zu Gran Canaria und den östlichen Inseln gibt es hier kaum sandige Badestrände und praktisch keine Unterhaltungsangebote oder organisierten Rundreisen.

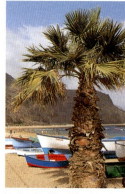

Las Teresitas' künstlicher Strand, Santa Cruz de Tenerife

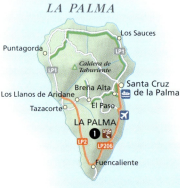

Sehenswürdigkeiten auf einen Blick

1. La Palma
2. El Hierro
3. La Gomera
4. Los Cristianos
5. *Parque Nacional del Teide S. 542f*
6. Puerto de la Cruz
7. La Orotava
8. Candelaria
9. La Laguna
10. Montes de Anaga
11. Santa Cruz de Tenerife

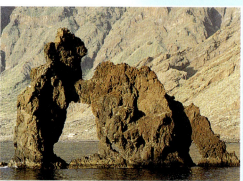

Roque Bonanza an der felsigen Ostküste von El Hierro

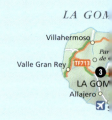

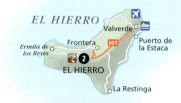

Legende

- Autobahn
- Hauptstraße
- Nebenstraße
- Panoramastraße
- △ Gipfel

Weitere Zeichenerklärungen *siehe hintere Umschlagklappe*

Terrassierte Hänge im grünen Valle Gran Rey vergrößern die Anbauflächen im Westen von La Gomera

0 Kilometer   25

TENERIFE

MONTES
DE ANAGA

Playa de Las Teresitas

LA LAGUNA   10

Tacoronte   9

TF5

SANTA CRUZ DE TENERIFE   11

PUERTO DE LA CRUZ

El Rosario

6

Buenavista   Garachico
del Norte   7

LA OROTAVA

nta de Teno   TF82   TF24   TF1

CANDELARIA   8

TF21

Güimar

Pico del Teide
3718 m △

PARQUE NACIONAL
5   **DEL TEIDE**

TF38   Parador de
Cañadas del Teide

Guia   TF28

Punta de Abona

Vilaflor

TF21   Granadilla
Adeje   de Abona

ebastián   Arona

Playa de las
Américas

LOS CRISTIANOS   4   TF1   El Médano

Punta de la Rasca   Punta Roja

Costa del
Silencio

Die wilde Landschaft von Punta de Teno, Teneriffa

Auf den westlichen Kanaren unterwegs

Vom spanischen Festland gibt es Flüge *(siehe S. 626)* und Fähren *(siehe S. 627)* zu den Kanaren. Der Transport zu den kleineren Inseln erfolgt von Teneriffa aus. La Gomera ist von Los Cristianos mit Fähre, Tragflügelboot oder mit dem Flugzeug von Gran Canaria oder Teneriffa zu erreichen. Flugplätze auf La Palma und El Hierro werden von Teneriffas Flughafen Los Rodeos aus angeflogen. Wer keine organisierte Reise bucht, braucht zur Erkundung der Insel ein Auto. Die Straßen sind befestigt, aber in den Bergen muss man vorsichtig fahren.

❶ La Palma

Santa Cruz de Tenerife. 🚠 83 000.
✈ 🚢 Santa Cruz de la Palma.
ℹ Plaza de la Constitución s/n,
Santa Cruz de la Palma, 922 41 21
06. Ⓦ visitlapalma.es

Bei einer Fläche von 708 Quadratkilometern erreicht La Palma eine Höhe von 2426 Metern und ist damit die steilste Insel der Welt. Sie liegt am nordwestlichen Rand des Archipels und hat ein kühles, feuchtes Klima mit üppiger Vegetation. Das bergige Innere bedecken Wälder aus Kiefer, Lorbeer und Riesenfarn.

Die Mitte der Insel dominiert die **Caldera de Taburiente**, ein über acht Kilometer breiter Vulkankrater. Wegen ihrer botanischen und geologischen Bedeutung wurde die Gegend zum Nationalpark erklärt *(siehe S. 34f)*. Auf dem Gipfel steht das internationale Observatorium für Astrophysik. Einige

Der Parque Nacional de la Caldera de Taburiente, La Palma

Straßen in schwindelerregender Höhe bieten Ausblicke auf die Krater La Cumbrecita und Roque de los Muchachos.

Santa Cruz de la Palma, wichtigste Stadt und Hafen der Insel, ist ein eleganter Ort mit balkongeschmückten Häusern, schönen Kirchen und Gebäuden des 16. Jahrhunderts. An der gepflasterten Calle O'Daly, nach einem irischen Händler benannt, befinden sich die Iglesia El Salvador mit einer prächtigen Mudéjar-Kassettendecke und das Rathaus in einem Kardinalpalast. Am Rand der Plaza Alameda steht ein Modell von Kolumbus' Flaggschiff *Santa María* in Originalgröße.

Die Serpentinenstraße südwestlich von Santa Cruz windet sich über die Las-Cumbres-Berge nach Breña Alta und **El Paso** im Herzen der Insel, das für seine Seidenproduktion und seine handgerollten Zi-

Pastellfarbene Fassaden und Holzbalkone in Santa Cruz, La Palma

garren bekannt ist. Im Süden La Palmas erinnert Lava vom Teneguía in den Mandelhainen und Weinbergen daran, dass er noch vor Kurzem aktiv war *(siehe S. 555)*.

Krater auf El Hierro, dem westlichsten Teil Spaniens

❷ El Hierro

Santa Cruz de Tenerife. 🚠 11 000.
✈ 🚢 Puerto de la Estaca. ℹ Calle
Doctor Quintero 4, Valverde, 922 55
03 02. Ⓦ elhierro.travel

Da El Hierro keine Sandstrände hat, bleiben der Insel die Auswirkungen des Massentourismus erspart. Stattdessen erfreut sie sich des Interesses von Naturforschern und -liebhabern. Ihre hügelige Landschaft sowie die ungewöhnliche Tier- und Pflanzenwelt machen ihren Reiz aus. El Hierro ist die kleinste der Kanareninseln und der westlichste Punkt Spaniens.

Valverde, der Hauptort der Insel, erhebt sich landeinwärts in 600 Meter Höhe. Kanarische

La Gomeras Pfeifsprache

Die Kommunikationsprobleme der zerklüfteten Insel La Gomera löst die Sprache El Silbo. Das System durchdringender Pfeifgeräusche wurde wohl entwickelt, weil diese über große Entfernungen von einem Tal zum nächsten dringen. Über die Entstehung von El Silbo ist nichts bekannt, aber angeblich erfanden die Guanchen die Sprache *(siehe S. 551)*. Nur wenige junge Inselbewohner wenden sie heute noch an. El Silbo wäre vielleicht schon ausgestorben, würde sie nicht interessierten Besuchern im Parador von Las Rosas vorgeführt.

Kommunikation mittels Pfeifsprache

Kiefern und windschiefe Wacholderbäume bedecken ihr bergiges Inneres. Ein bewaldeter, leicht gekrümmter Kamm durchzieht die Insel in Ost-West-Richtung und markiert den Rand eines Vulkans. Der Krater bildet die Senke El Golfo.

Der Wallfahrtsort **Ermita de los Reyes** ganz im Westen ist Ausgangspunkt der größten Fiesta der Insel, die alle vier Jahre im Juli abgehalten wird.

Das türkisblaue Wasser vor der Südküste ist bei Sporttauchern beliebt, die sich im Fischernest **La Restinga** einquartieren.

❾ La Gomera

Santa Cruz de Tenerife. 🏔 22 000.
🚆 🚢 ℹ Calle Real 32, San Sebastián de La Gomera, 922 14 15 12.
🌐 lagomera.travel

La Gomera ist die am leichtesten zugängliche und frequentierteste der westlichen Inseln. Die Flüge gehen nach Teneriffa oder Gran Canaria; von Los Cristianos auf Teneriffa braucht das Tragflügelboot 40 Minuten (die Fähre 90 Minuten). Viele Leute kommen nur für einen Tag und machen eine Busrundreise. Andere mieten einen Wagen und erkunden die Insel auf eigene Faust – ein schönes, aber anstrengendes Erlebnis, denn das Terrain ist uneben und das Hochplateau von vielen Schluchten durchzogen. Man muss sich also auf unzählige gefährliche Haarnadelkurven gefasst machen.

Terrassierte Berghänge im fruchtbaren Valle Gran Rey, La Gomera

Man sollte die Insel lieber in Ruhe durchstreifen – am besten zu Fuß. Die Landschaft ist grandios. Felsgipfel ragen über steilen, farnbewachsenen Hängen empor, auf terrassierten Berghängen wachsen glänzende Palmen und üppig blühende Kletterpflanzen. Der schönste Teil, der **Parque Nacional de Garajonay**, steht auf der UNESCO-Liste des Welterbes.

An der Ostküste liegen an einer kleinen Bucht die weißen Häuser von **San Sebastián**, La Gomeras Hauptstadt und Fährstation. Einige Plätze im Ort erinnern daran, dass Kolumbus vor Beginn seiner Reisen hier seine Wasservorräte auffüllte. Auf einem Brunnen im Zollhaus stehen sogar die Worte: »Mit diesem Wasser wurde Amerika getauft.« In der Iglesia de la Asunción soll er gebetet haben.

Im Süden liegt die **Playa de Santiago**, das einzige Urlaubszentrum der Insel, mit grauem Kiesstrand. Das fruchtbare Tal **Valle Gran Rey** im äußersten Westen ist voller Palmen und Terrassen. Hier versuchen sich Ausländer in alternativem Lebensstil. Im Norden schlängeln sich kleine Straßen um Dörfer und führen hin und wieder hinunter zu kurzen, steinigen Stränden. **Las Rosas** ist beliebt bei Reisegruppen, die mit dem Bus unterwegs sind. Hier kann man sich im Restaurant mit schönem Panoramablick von der Fahrt erholen.

Die Straße zur Küste führt von Las Rosas durch **Vallehermoso** im Schatten des riesigen **Roque de Cano**, einer erstarrten Lavamasse. In einiger Entfernung von der Nordküste erheben sich **Los Órganos**, eine faszinierende Felsformation aus kristallisierten Basaltsäulen, die an Orgelpfeifen erinnern.

Windschiefe Wacholderbäume auf El Hierro

Teneriffa

In der Sprache der Guanchen bedeutet *tenerife* »Schnee-berg« – ein Tribut an den ruhenden Vulkan Teide, Spaniens höchsten Berg. Die größte Insel der Kanaren ist eine fast dreieckige Landmasse, die sich von allen Seiten steil zu dem wolkenumhüllten Gipfel erhebt, der die Insel in zwei Klimazonen teilt: Der Norden ist feucht mit üppiger Vegetation, der Süden sonnig und trocken. Teneriffa (888 000 Einwohner) bietet die breiteste Palette an Attraktionen. Außer der grandiosen Vulkanlandschaft gibt es zahlreiche Wassersportmöglichkeiten und ein vitales Nachtleben. Die meisten Strände der Insel bedeckt schwarzer Lavasand, die Wasserqualität ist ausgezeichnet. Die Urlauberzentren sind Konglomerate von Hotel- und Apartmentbauten, die viel Rummel und wenig Ruhe bieten.

Bananen im Norden Teneriffas

❹ Los Cristianos

Santa Cruz de Tenerife. 🚗 21 000.
🚌 🚢 ℹ️ Paseo Playa de las Vistas 1, 922 78 70 11. 🚢 So.
📅 Fiesta del Carmen (1. So im Sep).
🌐 webtenerife.com

Das alte Fischerdorf Los Cristianos an Teneriffas Südküste hat sich längst zu einer Stadt entwickelt, die sich am Fuß kahler Hügel entlangzieht. Fähren und Tragflügelboote fahren vom Hafen aus nach La Gomera und El Hierro *(siehe S. 536f)*.

Im Norden liegt Teneriffas größte Siedlung, die moderne **Playa de las Américas** mit viel Sonne und Vergnügung.

Ein kurzer Abstecher ins Landesinnere führt zum deutlich älteren **Adeje** und zum **Barranco del Infierno**, einer wilden Schlucht mit einem schönen Wasserfall.

Die **Costa del Silencio**, weiter östlich, bildet einen angenehmen Kontrast zu den meisten anderen Urlauberorten, wo Bungalowsiedlungen die alten Fischerdörfer bedrängen. Im Hafen von Los Abrigos reiht sich ein Fischrestaurant an das andere.

Noch weiter östlich liegt im Schatten des alten Vulkankegels **El Médano**, dessen Strände Windsurfer schätzen.

❺ Parque Nacional del Teide

Siehe S. 542f.

❻ Puerto de la Cruz

Santa Cruz de Tenerife. 🚗 32 000.
🚌 ℹ️ Calle Puerto Viejo 13, 922 38 87 77. 🚢 Sa. 📅 Karneval (Feb/März), Fiesta del Carmen (2. So im Juli). 🌐 webtenerife.com

Puerto de la Cruz, der älteste Urlaubsort der Kanaren, machte erstmals 1706 von sich reden, als ein Vulkanausbruch den früheren Haupthafen Garachico zerstörte. Später kam die vornehme englische Gesellschaft. Die älteren Gebäude um die Plaza del Charco de los Camerones und den Puerto Pesquero prägen die Stadt.

Den Complejo Costa Martiánez gestaltete der Architekt César Manrique *(siehe S. 552).* Für den Mangel an schönen Stränden entschädigen Meerwasserpools und Palmen. Sehenswert ist der Botanische Garten **Loro Parque** mit seinen Papageien und Delfinen.

Der **Jardín de Orquídeas** östlich der Stadt ist die älteste Gartenanlage Teneriffas und die größte Orchideensammlung der Insel. Attraktion von **Icod de los Vinos** ist ein uralter Drachenbaum.

🦜 **Loro Parque**
Avenida Loro Parque. 📞 922 37 38 41. 🕐 tägl. 🌐 loroparque.com

🌸 **Jardín de Orquídeas**
Camino Sitio Litre s/n. 📞 922 38 24 17. 🕐 tägl. 🌐 jardindeorquideas.com

Drachenbäume

Auf den Kanarischen Inseln gedeihen viele ungewöhnliche Pflanzen, die seltsamste ist der Drachenbaum *(Dracaena draco)*. Das Urgewächs erinnert an einen Kaktus mit geschwollenen Zweigen, aus denen Büschel mit dornigen Blättern wachsen. Wird der Stamm eingeschnitten, scheidet er einen rötlichen Saft aus, dem man magische Kräfte zuschrieb. Da Drachenbäume keine Jahresringe haben, ist ihr Alter unbekannt. Einige Exemplare sollen Jahrhunderte alt sein. Das ehrwürdigste überlebt bei Icod de los Vinos.

Künstlicher See im Complejo Costa Martiánez, Puerto de la Cruz

Hotels und Restaurants auf den Kanarischen Inseln *siehe Seiten 575 und 604f*

● La Orotava

Santa Cruz de Tenerife. 🚠 41 000.
🚌 ℹ️ Calle Calvario 4, 922 32
30 41. 🎭 Karneval (Feb/März),
Corpus Christi (Mai/Juni), Romería
San Isidro Labrador (Juni).
🌐 webtenerife.com

Nahe Puerto de la Cruz liegt
La Orotava in den Bergen über
dem Orotava-Tal. Die Stadt ist
ein beliebtes Ausflugsziel bei
Einheimischen wie Urlaubern.
Sein alter Teil drängt sich um
die barocke **Iglesia de Nuestra
Señora de la Concepción**. Der
Kuppelbau mit Zwillingstürmen wurde im 18. Jahrhundert
errichtet; die Vorgängerkirche
war zu Beginn desselben Jahrhunderts bei einem Erdbeben
zerstört worden.

An den umliegenden Stra-
ßen und Plätzen stehen viele
Kirchen, Klöster und Patrizierhäuser. In den **Casas de los
Balcones** und der **Casa del Tu-
rista** in der Calle San Francisco
werden Kunsthandwerk und
lokale Delikatessen verkauft.

**Nuestra Señora de la Candelaria,
Schutzpatronin der Kanaren**

● Candelaria

Santa Cruz de Tenerife. 🚠 26 000.
🚌 ℹ️ Avenida de la Constitución
7, 922 03 22 30. 🎭 Sa, So.
🎭 Nuestra Señora de la Candelaria
(14.–15. Aug). 🌐 webtenerife.com

Die Küstenstadt ist berühmt
für die **Nuestra Señora de la
Candelaria**, die Schutzpatronin
der Kanaren, deren Bildnis in
einer modernen Kirche auf
dem Hauptplatz zu sehen ist.
Das grelle Madonnenbildnis
wurde wohl schon vor der

Statue eines Guanchenhäuptlings in Candelaria

Christianisierung des Archipels
an einen seiner Strände ge-
spült und seither verehrt. 1826
nahm eine Flutwelle es mit,
weshalb heute nur eine Replik
zu sehen ist. Die Strandpromenade flankieren Steinfiguren
von Guanchenhäuptlingen.

● La Laguna

Santa Cruz de Tenerife. 🚠 153 000.
🚌 ℹ️ Calle de la Carrera 7, 922 63
11 94. 🎭 tägl. 🎭 San Benito
(15. Juli), Santísimo Cristo de la Laguna (14. Sep). 🌐 webtenerife.com

Die Universitäts- und frühere
Hauptstadt der Insel ist der
zweitgrößte Ort Teneriffas und
seit 1999 UNESCO-Welterbe.

Die Altstadt erkundet man
am besten zu Fuß, um die
schönen Plätze, historischen
Gebäude und Museen zu ge-
nießen. Die meisten Sehenswürdigkeiten liegen zwischen
**Iglesia de Nuestra Señora de la
Concepción** (1502) und Plaza
del Adelantado, die Rathaus,
ein Kloster und **Palacio de
Nava** flankieren.

● Montes de Anaga

Santa Cruz de Tenerife. 🚌 Santa
Cruz de Tenerife, La Laguna.

Ein kühles, feuchtes Klima
hält die zerklüfteten Berge
nördlich von Santa Cruz grün
und üppig. Es gibt eine Un-
menge interessanter Vogel-
und Pflanzenarten, darunter
Kakteen, Lorbeerbäume und
Baumheide. Wandern ist sehr
beliebt, das Fremdenver-
kehrsbüro hat entsprechende
Karten. Eine steile Straße mit
Wegweisern führt vom Dorf
San Andrés an dem schönen,
künstlichen Strand Las Teresitas vorbei. An klaren Tagen
bieten die Wege wunderbare
Ausblicke, vor allem von den
Aussichtspunkten Pico del
Inglés und Bailadero.

Durch die Lorbeerwälder des
Monte de las Mercedes und
das Tal von Tejina kommt man
erst nach **Valle de Guerra** mit
Ethnographischem Museum,
dann nach **Tacoronte** mit Kirchen, Volkskundemuseum und
einer gemütlichen Bodega.

Mehr über Teneriffa? Vis-à-Vis Teneriffa.

Fiestas der Kanaren

Karneval *(Feb/März)*, Santa Cruz de Tenerife. Das große Straßenfest mit extravaganten Kostümen und lateinamerikanischen Rhythmen ist eines der schönsten Europas, ein Konkurrent des Karnevals in Rio de Janeiro. Das Franco-Regime verbot die Karnevalsfeiern wegen ihrer Respektlosigkeiten und Frivolitäten. Sie beginnen mit der Wahl einer Königin des Festes und erreichen ihren Höhepunkt am Karnevalsdienstag mit dem großen Umzug. Aschermittwoch wird eine riesige Sardinenfigur »zu Grabe getragen« *(entierro de la sardina)*. Auch Lanzarote und Gran Canaria feiern Karneval.

Farbenprächtiges Karnevalstreiben auf Teneriffa

Fronleichnam *(Mai/Juni)*, La Orotava (Teneriffa). Die Straßen der Stadt sind mit Blütenteppichen in auffallenden Mustern ausgelegt, die Plaza del Ayuntamiento bedecken Straßenbilder aus verschiedenfarbigem Vulkansand.
La Bajada de la Virgen de las Nieves *(Juli, alle fünf Jahre: 2020, 2025…)*, Santa Cruz de la Palma. Alljährlich seit dem Jahr 1676.
Romería de la Virgen de la Candelaria *(15. Aug)*, Candelaria (Teneriffa). Tausende von Pilgern ehren die Patronin der Kanaren.
Fiesta del Charco *(7.–11. Sep)*, San Nicolás de Tolentino (Gran Canaria). Die Menschen springen in einen Salzwasserteich, um Meeräschen zu fangen.

Große Schiffe im stark frequentierten Hafen von Santa Cruz de Tenerife

⓫ Santa Cruz de Tenerife

Santa Cruz de Tenerife. 🚶 204 000.
🚌 🚢 ℹ️ Plaza de España, 922 28 12 87. 🚘 So. 🎭 Karneval (Feb/März), Día de la Cruz (3. Mai).
🅦 webtenerife.com

Teneriffas Hauptstadt ist ein für die ganze Region der Kanarischen Inseln bedeutender Tiefwasserhafen, da hier auch große Schiffe andocken können. Ihr reizvollster Strand, **Las Teresitas**, liegt acht Kilometer weiter nordöstlich. Für die künstliche Anlage wurden Millionen Tonnen goldfarbenen Saharasands eingeführt, vor der Küste entstand ein künstliches Riff. Im Schatten von Palmen, im Schutz von Bergen und bisher ohne Hotelklötze, vereinigt Las Teresitas alles, was die Natur Teneriffa geschenkt hat.

Santa Cruz hat viele schöne historische Bauten. Das Herz der Stadt schlägt rund um die **Plaza de España** in Hafennähe. Gleich daneben liegt die Calle de Castillo, die wichtigste Einkaufsstraße. Sehenswerte Kirchen sind die **Iglesia de Nuestra Señora de la Concepción**, die in Teilen aus dem 15. Jahrhundert stammt, und die barocke **Iglesia de San Francisco**.

Das **Museo de la Naturaleza y el Hombre** im Palacio Insular zeigt u. a. Guanchenmumien. Hier ist auch die Kanone zu sehen, welche Admiral Nelson während eines erfolglosen Angriffs auf die Stadt (Ende 18. Jh.) den Arm abgerissen haben soll.

Das **Museo de Bellas Artes** präsentiert Werke Alter Meister und moderne Arbeiten, **TEA – Tenerife Espacio de las Artes** Ausstellungen zur Fotokunst. Moderne Skulpturen schmücken den **Parque Municipal García Sanabria** (1926).

Am **Mercado de Nuestra Señora de África** bieten die Stände im Freien Haushaltswaren an, in der Halle findet man Hühner, Kräuter, Gewürze und Blumen. Ein Besuch der Stadt lohnt sich vor allem zum farbenprächtigen Karneval.

🏛️ **Museo de la Naturaleza y el Hombre**
Calle Fuentes Morales s/n.
☎️ 922 53 58 16. 🕐 tägl. 🚻 ♿

🏛️ **Museo de Bellas Artes**
Calle José Murphy 12.
☎️ 922 24 43 58. 🕐 Di–So.

🏛️ **Tenerife Espacio de las Artes**
Avenida de San Sebastián 102.
🕐 Di–So. 🅦 teatenerife.es

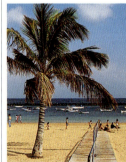

Der Strand von Las Teresitas bei Santa Cruz

Regionale Spezialitäten

Früchte und Gemüsesorten, die im subtropischen Klima der Kanaren gedeihen, und ungewöhnliche Fische aus heimischen Gewässern haben zu einer eigenen Kochtradition geführt, die sich sehr von der auf der Iberischen Halbinsel unterscheidet. Zubereitungsarten der ursprünglichen Bewohner haben in Standardgerichten wie *gofio* (Maisgericht) überlebt. Spanische, portugiesische und nordafrikanische Einflüsse haben die lokale Küche geprägt. Es gibt einige ungewöhnliche Delikatessen wie den Papageienfisch mit seinem süßen Fleisch sowie tropische Früchte.

Mais von den Kanaren

Fisch trocknet in der Sonne

Fisch und Fleisch
Die Kanaren bieten eine ungeheure Vielfalt an Meeresfrüchten. Delikatessen wie *lapas* (Napfschnecken) bekommt man nur in den Sommermonaten. Meist werden sie gegrillt serviert (*a la plancha*). Weitere ungewöhnliche Fische sind Wrackbarsch, Riffbarsch und Papageienfisch. Wie auch weniger ausgefallene Fischarten werden sie meist gebraten, in der Salzkruste gebacken oder in der Sonne getrocknet und anschließend weiterverarbeitet oder aber eingelagert. Als Fleisch gibt es Schwein, Zicklein und Rind, das man gern auf Guanchenart zubereitet.

Obst und Gemüse
Das milde, stabile Klima auf den Kanaren ist ideal für den Anbau tropischer Früchte wie Ananas, Bananen oder Mangos. Exotische Gemüsesorten gedeihen hier ebenfalls, aber auch Kartoffeln und Tomaten. Hier wachsen Kartoffelsorten, die andernorts unbekannt sind und in traditionsreichen einheimischen Leibgerichten wie *papas arrugadas* (»faltige Kartoffeln«) auftauchen. Sie werden mit Schale in sehr salzigem Wasser, manchmal auch Meerwasser, gekocht und mit *mojo verde* gereicht.

Datteln · Bananen · Ananas · Papayas · Mangos · Guaven

Saftig-reife Früchte von den Kanarischen Inseln

Typische Gerichte der Kanaren

Die Griechen nannten die Kanaren auch »die glücklichen Inseln«. Was einheimische Erzeugnisse betrifft, sind sie tatsächlich gesegnet. Egal, was Sie hier essen, man wird Ihnen *mojo*-Sauce vorsetzen. Diese aromatische Erfindung der Kanaren begleitet fast jedes Gericht und taucht in unzähligen Varianten auf. Die Hauptarten sind die mit Peperoni und Paprika gewürzte rote Picón und die grüne *verde* mit Petersilie und Koriander. Das kanarische Grundgericht *gofio* (gebratene Polenta) gibt es zum Frühstück und zu Speisen wie *gofio de almendras*, einem Mandeldessert. Die Inseln sind außerdem für Gebäck wie das mit Honig bestrichene *bienmesabes* (was »es schmeckt mir« heißt) und traditionelle Käsesorten berühmt.

Mandeln

Sopa de pescados tinerfeña
Die Suppe aus Teneriffa besteht aus Barsch, Kartoffeln, Safran und Kreuzkümmel.

❺ Parque Nacional del Teide

Der Teide ist mit 3718 Metern der höchste Berg auf spanischem Staatsgebiet. Er thront inmitten einer wilden Vulkanlandschaft über Teneriffa. Vor etwa 180 000 Jahren explodierte ein größerer Nachbarkegel, verwüstete Las Cañadas und hinterließ einen 16 Kilometer breiten Krater – und den kleineren Teide an seinem Nordrand. Das vulkanische Material bildet eine Wildnis von mineralienhaltigem Felsgestein, erkalteten Lavaströmen und Aschebetten. Durch das Plateau von Las Cañadas führt eine einzige Straße vorbei an Parador, Seilbahn und Besucherzentrum.

Vulkanische Landschaften
Die achtminütige Fahrt mit der Seilbahn endet 163 Meter unter dem Gipfel. Der Weg durch das vulkanische Geröll bietet großartige Ausblicke.

Los Roques de García
Diese bizarr geformten Lavafelsen in der Nähe des Parador gehören zu den meistfotografierten im Park. Die Felsen Los Azulejos schimmern wegen ihrer Kupfereinlagerungen blaugrün.

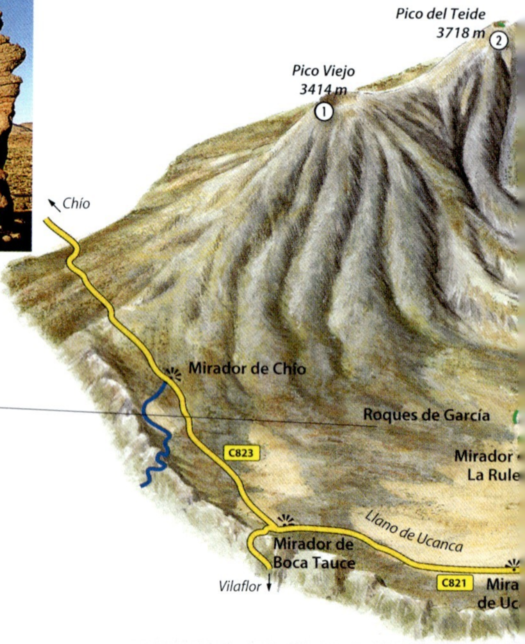

Pico del Teide
3718 m
②

Pico Viejo
3414 m
①

↖ *Chío*

☼ **Mirador de Chío**

Roques de García

C823

Mirador La Rule

Llano de Ucanca

☼ **Mirador de Boca Tauce**

Vilaflor ↓

C821

Mira de Uc

Zeichenerklärung *siehe hintere Umschlagklappe*

Legende

━━━ Befestigte Straße

━━ Piste

╌╌ Wanderweg

0 Kilometer   2

Außerdem

① **Der Pico Viejo**, auch Montaña Chahorra genannt, brach zuletzt im 18. Jahrhundert aus.

② **Der Pico del Teide**, Spaniens höchster Berg, ist immer noch vulkanisch aktiv.

③ **Im Besucherzentrum** illustrieren ein Videofilm und eine Ausstellung die Anfänge des Parks.

Wildblumen

Im unwirtlichen Ödland von Las Cañadas wachsen seltene und schöne Pflanzen, von denen viele einmalig sind. Am auffallendsten ist das hohe *Echium wildpretii*, eine Natternkopfart, deren rote Türme im Sommer bis zu drei Meter hoch aufragen. Außerdem gedeihen hier der Teide-Ginster, das einzigartige Teide-Gänseblümchen und eine besondere Veilchenart. Die Pflanzen lassen sich am besten in den Monaten Mai und Juni studieren. Abbildungen im Besucherzentrum erleichtern ihre Identifizierung. Nehmen Sie keine Pflanzen mit: Sie sind geschützt und dürfen weder ausgegraben noch gepflückt werden.

La Caldera de Las Cañadas

Ein Kranz zerklüfteter Felsen bildet an den Seiten der riesigen *caldera* eine Art Tortenrand. Der eingestürzte und stark erodierte Vulkankrater *(siehe S. 555)* hat einen Kreisumfang von 45 Kilometern bei einem Maximaldurchmesser von 16 Kilometern.

Infobox

Information

922 92 23 71. **Besucherzentrum El Portillo u. Seilbahn** (nordöstlich des Parks/ C821). tägl. 9–14 Uhr. 1. Jan, 25. Dez. reservasparquesnacionales.es

Anfahrt

348 ab Puerto de la Cruz; 342 ab Playa de las Américas.

Santa Cruz de Tenerife

P i El Portillo

3

C821

~~ugio de Altavista~~

Mirador de San José

Mirador del Tabonal Negro

Las Cañadas

~~ador de~~ ~~adas del~~ ~~le~~

Las Cañadas

Die flachen Ebenen der sieben *cañadas* (kleine Sandplateaus) entstanden durch den Einsturz alter Krater. Mehrere Blumenarten konnten in dieser staubigen Ödnis heimisch werden.

Parador

Die Berghütte Parador de Cañadas del Teide steht inmitten einer surrealen Landschaft und ist eine hervorragende Ausgangsbasis für Erkundungen des Parks.

Kanarischer Senf *(Descurainia bourgeauana)*

Teide-Schöterich *(Erysimum scoparium)*

Teide-Veilchen *(Viola cheiranthifolia)*

Teide-Natternkopf *(Echium wildpretii)*

Mehr über den Teide? Vis-à-Vis Teneriffa

Überblick: Östliche Kanaren

Die östliche Provinz Las Palmas umfasst die Inseln Gran Canaria, Lanzarote und Fuerteventura. Gemein sind ihnen eine aufsehenerregende Landschaft, viel Sonne und wunderschöne Sandstrände – gleichwohl hat jede Insel ihre eigene Atmosphäre. Gran Canaria besitzt die einzige wirkliche Großstadt, Las Palmas de Gran Canaria. Sie verfügt auch über das größte Urlaubszentrum, Maspalomas, dessen Playa del Inglés ein Symbol für Massentourismus ist. Die weißen Strände Fuerteventuras sind vergleichsweise unerschlossen. Zwischen ihren Sanddünen sind noch ruhige Plätzchen zu finden. Lanzarote hat ebenfalls schöne Strände, das Landesinnere dominiert eine Vulkanlandschaft, die sich ideal für Ausflüge eignet.

Corralejos Strand im Norden von Fuerteventura

Der Yachthafen in Puerto Rico, im Süden von Gran Canaria

Auf den östlichen Kanaren unterwegs

Die meisten Leute kommen vom Festland mit dem Flugzeug *(siehe S. 626)*. Eine Alternative ist die Seereise von Cádiz *(siehe S. 627)*. Es gibt Flüge zwischen allen Inseln, vorwiegend aber von Gran Canaria aus, sowie Fähren. Taxis und öffentliche Transportmittel sind in den Urlaubsorten gut, aber für weite Strecken teuer. Autos können meist an Flug- und Fährhäfen gemietet werden. Das Straßennetz ist modern. Auf Gran Canaria kann starker Verkehr herrschen. Für entlegenere Strände ist ein Fahrzeug mit Vierradantrieb nötig.

Legende

– Autobahn
– Hauptstraße
= Nebenstraße
– Panoramastraße
△ Gipfel

Sehenswürdigkeiten auf einen Blick

⑫ Puerto de Mogán
⑬ Puerto Rico
⑭ Maspalomas
⑮ Agaete
⑯ Tafira
⑰ Las Palmas de
Gran Canaria
⑲ Península de Jandía
⑳ Betancuria
㉑ Caleta de Fuste
㉒ Puerto del Rosario
㉓ Corralejo
㉔ Playa Blanca
㉕ Parque Nacional
de Timanfaya

㉖ Puerto del Carmen
㉗ Arrecife
㉘ Costa Teguise
㉙ Teguise
㉚ Haría
㉛ Jameos del Agua

Tour

⑱ Cruz de Tejeda

Isla Alegranza

Isla de Montaña Clara

Isla Graciosa

Orzola

JAMEOS DEL AGUA ㉛
HARÍA ㉚

Tinajo

Mozaga
San
Bartolomé
Yaiza
Tias
LZ2
Salinas de Janubio

PARQUE NACIONAL
DE TIMANFAYA ㉕

Teguise ㉙ TEGUISE

COSTA
TEGUISE ㉘

ARRECIFE
㉗

PUERTO
DEL CARMEN
㉖

PLAYA BLANCA ㉔
*Playa del
Papagayo*

LANZAROTE

*Isla de
los Lobos*

CORRALEJO ㉓

FV1

La Oliva

Tindaya

PUERTO DEL ROSARIO
㉒

BETANCURIA ㉚
Antigua

Páxara

CALETA DE FUSTE
㉑

Tuineje
FV2

Gran Tarajal

Tarajalejo

0 Kilometer   25

PENÍNSULA DE JANDÍA
FV2
⑲

FUERTEVENTURA

Morro Jable

Vulkane der Montañas de Fuego im Parque Nacional de Timanfaya

Mehr über die Kanaren? Vis-à-Vis Kanarische Inseln.

Gran Canaria

Mit über drei Millionen Urlaubern im Jahr ist Gran Canaria (847 000 Einwohner) die beliebteste Insel der Kanaren. Sie bietet eine große landschaftliche und klimatische Vielfalt sowie ein breites Angebot an Ferienorten und Attraktionen. Gewundene Straßen folgen dem steilen, zerklüfteten Terrain, das im Hinterland zu einem symmetrischen Kegel ansteigt. Die Hauptstadt Las Palmas ist die bevölkerungsreichste der Kanaren, Maspalomas/Playa del Inglés im Süden eines der größten Urlaubszentren Spaniens. Obwohl sich in beiden Orten Hoteltürme und Villenanlagen drängen, finden sich in der unmittelbaren Umgebung sehenswerte Naturschönheiten.

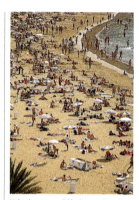

Urlauber am goldfarbenen Sandstrand von Puerto Rico

⑫ Puerto de Mogán

Las Palmas. 🚠 1500. 🛈 Centro Comercial de Puerto Rico, Fase 2, Puerto Rico, 928 56 11 38. 🚢 Fr. 🎣 Virgen del Carmen (Juli). 🅦 grancanaria.com

Die moderne Anlage am Ende des Tales von Mogán ist eine der attraktivsten der Insel – nach der Betonwüste von Playa del Inglés geradezu eine Idylle. Der dorfähnliche Komplex hübscher weißer Häuschen ist um einen kleinen Fischerhafen gebaut, ein ähnliches Hotel um einen Yachthafen herum. Die Boutiquen, Bars und Restaurants haben eine nette Atmosphäre.

Der Sandstrand im Schutz der Klippen reicht nicht für alle; deshalb sollte man einen Wagen mieten, um nach Maspalomas ausweichen zu können. Es gibt eine Fähre zu den anderen Ferienzentren.

Sonnenanbeter in Puerto Rico

⑬ Puerto Rico

Las Palmas. 🚠 4000. 🛈 Centro Comercial de Puerto Rico, 928 56 11 38. 🎣 Maria de Auxiliadora (Mai), San Antonio (13. Juni), Carmen (16. Juli).

Zwischen den kahlen Felsen westlich von Maspalomas

Blumenbogen verzieren eine Apartmenthäuserzeile in Puerto de Mogán

schießt ein Apartmentsilo nach dem anderen aus dem Boden. Der Ort ist überlaufen, besitzt aber einen der reizvollsten Strände der Insel mit importiertem Sand und großem Wassersportangebot. Hier kann man segeln, tauchen und surfen lernen oder sich einfach nur in der Sonne aalen, denn Puerto Rico hält den spanischen Sonnenscheindauer-Rekord.

⑭ Maspalomas

Las Palmas. 🚠 35 000. 🚌 🛈 Centro Comercial Anexo II, Playa del Inglés, 928 76 84 09. 🚢 Mi, Sa. 🎣 Santiago (25. Juli), San Bartolomé (24. Aug). 🅦 turismo.maspalomas.com

Wer vom Flughafen in Las Palmas über die Schnellstraße in dieses pulsierende Urlaubermekka kommt, erkennt nicht sofort, dass es sich eigentlich um drei verschiedene Orte handelt. **San Agustín**, am weitesten östlich, ist verglichen mit den beiden anderen ruhig. Es hat dunkelsandige Strände im Schutz niedriger Klippen und ein Casino.

Die nächste Ausfahrt führt nach **Playa del Inglés**, dem größten Ort: ein Dreieck, das in einen riesigen Gürtel mit goldenem Sand hineinragt. Die gigantischen Wohnblocks wuchsen seit Ende der 1950er Jahre hoch. Viele Hotels bieten zwar keinen Meeresblick, die meisten aber ein großes Gelände und Swimmingpools. Nachts zucken und blitzen die

Hotels und Restaurants auf den Kanarischen Inseln *siehe Seiten 575 und 604f*

Lichtreklamen der zahllosen Diskotheken und Restaurants.

Westlich von Playa del Inglés geht der Strand in die **Dunas de Maspalomas** über. Als Kontrast zu den Urlauberzentren sind sie Naturschutzgebiet, in dem seit einigen Jahren nicht mehr gebaut werden darf. Den westlichen, von einem Leuchtturm markierten Rand der Dünen nimmt ein Ensemble von Luxushotels ein. Hinter den Dünen liegt ein Golfplatz inmitten von Bungalows.

Alles ist auf Pauschalurlauber eingestellt: Wassersport, Ausflüge und Fast Food. Seifenkistenrennen, Kamelsafaris und Rummelplätze lockern das Strandleben auf. Im **Palmitos Park** leben exotische Vögel in subtropischen Gärten, **Sioux City** vermittelt den Gästen ein echtes Western-Feeling.

🦜 **Palmitos Park**
Barranco de los Palmitos.
📞 928 79 70 70. 🕐 tägl. 🅿️ ♿
🌐 palmitospark.es

🤠 **Sioux City**
Barranco del Águila s/n.
📞 928 76 25 73. 🕐 Di–So. 🅿️ ♿
🌐 siouxcitypark.es

⑮ Agaete

Las Palmas. 🚶 5500. ℹ️ Avenida Nuestra Señora de las Nieves 1, 928 55 43 82. 🎉 Fiesta de las Nieves (5. Aug). 🌐 agaete.es

Die wolkenreichere Nordseite der Insel ist viel grüner und üppiger als der trockene Süden, auf den meisten Küstenhängen gedeihen Bananen. Agaete, ein Gewirr von weißen

Steiniger Strand und steile Klippen an der Nordostküste bei Agaete

Häusern rund um eine schöne Felsenbucht an der Nordwestküste, entwickelt sich zu einem kleinen Ferienort. Jeden August feiert es die Fiesta de la Rama, ein Regenzauberritual der Guanchen *(siehe S. 551)*. Mit Zweigen geschmückte Dorfbewohner ziehen von den Hügeln oberhalb der Stadt zur Küste hinunter, waten ins Wasser und peitschen das Meer, um Regen zu erbitten.

Sehenswert in Agaete sind die kleine **Ermita de las Nieves** mit schönem flämischem Triptychon (16. Jh.) und Modellschiffen sowie der nahe gelegene **Huerto de las Flores**, ein botanischer Garten.

Umgebung: Ein kurzer Abstecher ins Inselinnere entlang dem Barranco de Agaete führt durch ein fruchtbares Tal mit Papaya-, Mango- und Zitruspflanzungen. Nördlich von Agaete liegen die Städte Guía und Gáldar. Ihre beiden Pfarrkirchen schmücken Statuen des berühmten Bildhauers José Luján Pérez (18. Jh.).

In der Nähe, in Richtung Nordküste, ist **Cenobio de Valerón** eines der interessantesten Zeugnisse der Guanchenkultur: Die Felswand ist unterhalb eines Basaltbogens von fast 300 Höhlen durchlöchert. Es waren wohl Verstecke von Guanchenpriesterinnen, gemeinschaftliche Getreidespeicher oder eine Art Bunker.

🌿 **Huerto de las Flores**
Calle Huertas. 📞 680 70 02 01.
🕐 Di–Sa. 🅿️ ♿ 📷

Kilometerlange, vom Wind modellierte Dünen bei Maspalomas

⑯ Tafira

Las Palmas. 🚹 23 000. 🚌 ℹ Calle Triana 93, Las Palmas, 928 21 96 00. San Francisco (Okt).
🌐 grancanaria.com

Die Hügel südwestlich von Las Palmas waren lange Zeit begehrte Wohngebiete. Die Patriziervillen Tafiras bewahren noch ihr koloniales Flair. Im 1952 gegründeten **Jardín Canario** wachsen Pflanzen aus allen Gegenden der Kanaren in ihrem natürlichen Habitat.

Nahe La Atalaya liegt die **Caldera de la Bandama**, ein 1000 Meter hoher Vulkankrater. Vom Mirador de Bandama blickt man in die etwa 200 Meter tiefe grüne Senke. Einige der bewohnten Höhlen im **Barranco de Guayadeque**, einem im Süden gelegenen Tal mit rötlichen Felsen, wurden Ende des 15. Jahrhunderts gegraben.

🌿 **Jardín Canario**
Carretera de Dragonal, km 7, Tafira. 📞 928 21 95 80. ⏰ tägl. ⏺ 1. Jan, Karfreitag. ♿
🌐 jardincanario.org

⑰ Las Palmas de Gran Canaria

Las Palmas. 🚹 380 000. 🚌 ℹ Calle Triana 93, 928 21 96 00. Karneval (Feb/März).
🌐 grancanaria.com

Las Palmas ist die größte Stadt der Kanarischen Inseln. Die quirlige Hafen- und Industriestadt steuern jeden Monat etwa 1000 Schiffe an. Der

Palmen in herrlicher Umgebung im Jardín Canario, Tafira

Glanz der Tage, als im Winter wohlhabende Erholungsuchende auf die Insel kamen und Luxusliner den Hafen ansteuerten, ist verblichen. Ein Besuch lohnt sich dennoch.

Die um eine Landenge gebaute Stadt dehnt sich in alle Richtungen aus und ist etwas unübersichtlich. Das moderne Hafengebiet, Puerto de la Luz, nimmt die Ostseite des Isthmus ein, der zur ehemaligen Insel La Isleta führt, dem Viertel der Seeleute und Soldaten. Auf der anderen Seite liegt die übervölkerte, drei Kilometer lange **Playa de las Canteras**. Die Promenade dahinter säumen Hotels, Bars und Restaurants.

Das Stadtzentrum zieht sich die Küste entlang. Eine genüssliche Tour beginnt im **Parque Santa Catalina** nahe dem Hafen. In dem schattigen Park findet man Cafés und Zeitungskioske. Der Parque Doramas

Bronzehund, Plaza Santa Ana

und das Hotel Santa Catalina liegen im grünen Wohnviertel Ciudad Jardín.

Pueblo Canario ist eine Urlaubsenklave, in der man Volkstänze sehen und in den Kunstgewerbeläden und Galerien stöbern kann. Der Barrio Vegueta am Stadtrand ist ein stimmungsvolles Viertel aus der Zeit der spanischen Eroberung. In seinem Herzen steht die **Catedral de Santa Ana**, die 1500 begonnen wurde. Das **Museo Diocesano de Arte Sacro** nebenan zeigt Sakralgegenstände. Den Platz davor hüten Hundefiguren aus Bronze.

In der Gouverneursresidenz **Casa de Colón** (15. Jh.) in der Nähe wohnte Christoph Kolumbus. Ein Museum zeigt Karten, Schiffsmodelle und Tagebuchauszüge des Entdeckers.

Mit der früheren Geschichte befasst sich dagegen das **Museo Canario**. Hier werden Mumien, Schädel, Keramiken und Schmuck der Guanchen aufbewahrt.

🏛 **Museo Diocesano de Arte Sacro**
Calle Espíritu Santo 20.
📞 928 31 49 89. ⏰ Mo–Sa. 📷

🏠 **Casa de Colón**
Calle Colón 1. 📞 928 31 23 73.
⏰ tägl. ⏺ 1. Jan, 24., 25., 31. Dez. 📷

🏛 **Museo Canario**
Calle Doctor Verneau 2. 📞 928 33 68 00. ⏰ tägl. ⏺ 1. Jan, 25. Dez. 📷 🌐 elmuseocanario.com

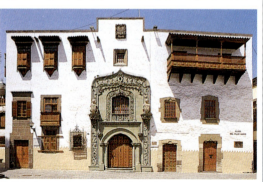

Die Kolumbus gewidmete Casa de Colón, Las Palmas

Hotels und Restaurants auf den Kanarischen Inseln *siehe Seiten 575 und 604f*

⓲ Tour: Cruz de Tejeda

Das bergige Hinterland der Insel eignet sich für Ausflüge. Von Maspalomas fährt man durch Schluchten mit Felsen und Kakteen; mit zunehmender Höhe wird die Landschaft fruchtbarer. Im zentralen Hochland schlängeln sich steile Straßen an Felsen, an Höhlen und Dörfern vorbei zu Aussichtspunkten, von denen aus man den Teide *(siehe S. 542f)*, das Wahrzeichen der Nachbarinsel Teneriffa, sehen kann. Im Norden sind die Hänge grüner; dort wachsen Zitrusfrüchte und Eukalyptusbäume.

Weiße Bauernhäuser

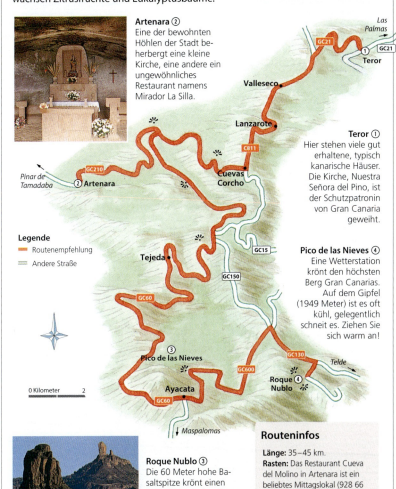

Artenara ②
Eine der bewohnten Höhlen der Stadt beherbergt eine kleine Kirche, eine andere ein ungewöhnliches Restaurant namens Mirador La Silla.

Teror ①
Hier stehen viele gut erhaltene, typisch kanarische Häuser. Die Kirche, Nuestra Señora del Pino, ist der Schutzpatronin von Gran Canaria geweiht.

Pico de las Nieves ④
Eine Wetterstation krönt den höchsten Berg Gran Canarias. Auf dem Gipfel (1949 Meter) ist es oft kühl, gelegentlich schneit es. Ziehen Sie sich warm an!

Legende

— Routenempfehlung
= Andere Straße

Las Palmas
Pinar de Tamadaba
Artenara
Valleseco
Lanzarote
Cuevas Corcho
Tejeda
Pico de las Nieves
Ayacata
Roque Nublo
Telde
Maspalomas
Teror
GC21
GC210
C811
GC15
GC150
GC60
GC130
GC600

0 Kilometer 2

Roque Nublo ③
Die 60 Meter hohe Basaltspitze krönt einen 1700 Meter hohen Berg. Wie der nahe Roque Bentayga war der Gipfel den Guanchen heilig. Der Aufstieg ist sehr beschwerlich.

Routeninfos

Länge: 35–45 km.
Rasten: Das Restaurant Cueva del Molino in Artenara ist ein beliebtes Mittagslokal (928 66 62 27, Mo geschlossen).
Hinweis: Die schmalen Straßen bieten wenige Ausweichstellen. Nebel und Wolken können sehr plötzlich auftreten.

Fuerteventura

Das nur 100 Kilometer von Marokkos Atlantikküste entfernte Fuerteventura ist ständigem Wind ausgesetzt. Die zweitgrößte Kanarische Insel nach Teneriffa ist spärlich bevölkert: Es gibt mehr Ziegen als Einwohner (107 000). Sie war einst dicht bewaldet, aber Siedler vom europäischen Festland schlugen das Holz für den Schiffbau. Trockenes Klima und die Ziegen reduzierten die Vegetation zu verdorrtem Gestrüpp. Wasser muss vom Festland herantransportiert werden. Einzige bedeutsame Einnahmequelle ist der Fremdenverkehr, aber verglichen mit den anderen Hauptinseln steckt die Tourismusindustrie Fuerteventuras noch in den Anfängen. Doch Tausende Sonnenanbeter pilgern zu den vielen schönen Stränden. Vor allem bei Wassersport- und Naturfreunden ist die Insel sehr beliebt.

Eine Ziegenherde in der Nähe des Flughafens von Fuerteventura

⓳ Península de Jandía

Las Palmas. 🚌 Costa Calma, Morro Jable. ⛴ Tragflügelboot von Gran Canaria. 🛈 Centro Comercial Cosmo, Bajo, 928 54 07 76.

Schöne weiße Sandstrände ziehen sich an der länglichen Halbinsel Jandía im Süden Fuerteventuras entlang. *Urbanizaciones* (Wohnanlagen) nehmen nunmehr einen Großteil der geschützten Ostküste der Halbinsel (Sotavento) ein.

Die **Costa Calma** bietet die besten Strände, deren sandige Abschnitte sich mit Klippen und kleinen Buchten abwechseln. Das Fischerdorf **Morro Jable**, heute von Neubauten fast erdrückt, liegt am südlichen Ende eines breiten Strandes. Dahinter führt eine Schlaglochpiste zum Leuchtturm von Punta de Jandía.

Einsame Sandflächen, zugänglich nur mit Fahrzeugen mit Vierradantrieb, säumen die westliche, dem Wind zugewandte Küste (Barlovento), sind aber selbst für hartgesottene Strandliebhaber zu ungemütlich. Die schöne subtropische Meeresflora und -fauna locken Taucher an.

Von 1938 bis etwa 1960 gehörte Jandía einem deutschen Unternehmer. Die Einheimischen durften die Halbinsel nicht betreten, so blühten Gerüchte über Spione, U-Boote und Nazi-Stützpunkte, die heute noch kursieren.

⓴ Betancuria

Las Palmas. ⛰ 1500. 🚌 🛈 Calle Amador Rodríguez s/n, 928 54 96 04. 🎭 San Buenaventura (14. Juli), Romería de La Peña (3. Sa im Sep).

Landeinwärts bilden zerklüftete Gipfel erloschener Vulkane, unterbrochen von weiten Ebenen, eine Landschaft von herber Schönheit. Im Tiefland trifft man hin und wieder auf einfache Dörfer und stillgelegte Windmühlen. Gelegentlich gedeihen Feldfrüchte oder Palmen. Einen scharfen Kontrast dazu bilden die öden Hügel, die aus der Ferne braungrau wirken. Bei näherem Hinsehen aber schimmern die Felsen in

Das goldglänzende Innere der Iglesia Santa María in Betancuria

einer erstaunlichen Palette von Mauve-, Rosa- und Ockerfarben. Der Farbenreichtum entfaltet sich am besten bei Sonnenuntergang.

Betancuria liegt im Herzen der Insel in einer Talsenke und ist nach dem Franzosen Jean de Béthencourt benannt, der im 15. Jahrhundert Fuerteventura eroberte und die Hauptstadt hierher verlegte, um den vielen Piratenangriffen zu entkommen. Diese Oase ist das schönste Dorf der Insel. Die **Iglesia de Santa María** besitzt vergoldete Altäre, verzierte Balken und Reliquien. Das **Museo Arqueológico** zeigt Artefakte aus der Region.

Umgebung: Pájara, im Süden, besitzt eine Kirche (17. Jh.) mit einer merkwürdig dekorierten Tür; deren Schlangen und andere seltsame Tiere lassen aztekischen Einfluss vermuten. Beide Seitenschiffe enthalten Statuen: eine strahlende Muttergottes mit Kind in Weiß und Silber und eine schwarze Virgen de los Dolores.

La Oliva, im Norden, war bis ins 19. Jahrhundert Militärhauptquartier der Spanier. Das Herrenhaus Casa de los Coroneles verfügt über eine prächtige Fassade, zahllose Fenster und Kassettendecken. Die Kirche und das Künstlerzentrum mit Werken kanarischer Künstler lohnen ebenfalls einen Besuch.

🏛 **Museo Arqueológico**
Calle Roberto Roldán. 📞 928 85 14 00. 🕐 Di–Sa 10–18 Uhr. ♿

Hotels und Restaurants auf den Kanarischen Inseln *siehe Seiten 575 und 604f*

㉑ Caleta de Fuste

Las Palmas. 🚹 1500. 🚌 ℹ️ Calle Juan Ramón Soto Morales 10, El Castillo, 928 16 32 86. 🛥️ Sa. 🎉 Día del Carmen (16. Juli), Nuestra Señora de Antigua (8. Sep).

Südlich von Puerto del Rosario, etwa auf halbem Weg zur Ostküste, liegt dieses Ensemble niedrig gebauter Urlaubszentren für Selbstversorger an einer hufeisenförmigen Bucht mit weichem Sand. Die größte Anlage, El Castillo, ist nach einem im 18. Jahrhundert in Hafennähe erbauten Wachturm benannt.

Hier gibt es viele Wassersportmöglichkeiten, Tauch- und Surfschulen sowie den Pueblo Majorero, ein reizvolles, um einen zentralen Platz am Strand gelegenes »Dorf« mit Geschäften und Restaurants. Caleta de Fuste gehört zu den besten Urlaubsorten auf Fuerteventura.

Fischerboote am Strand der Isla de los Lobos vor Corralejo

㉒ Puerto del Rosario

Las Palmas. 🚹 28000. ✈️ 🚌 🛥️ ℹ️ Avenida Reyes de España, 928 53 08 44. 🎉 El Rosario (7. Okt). 🌐 turismo-puertodelrosario.org

Fuerteventuras Hauptstadt wurde 1797 gegründet. Ursprünglich hieß es Puerto de Cabras, nach einer Schlucht in der Nähe, in der früher Ziegen getränkt wurden. 1957 bekam es im Zuge einer Imageverbesserung einen neuen Namen. Puerto del Rosario ist der einzige große Hafen Fuerteventuras und daher Stützpunkt der Fischindustrie und des Fährverkehrs. Auch das spanische Militär unterhält einen Stützpunkt in der Stadt.

㉓ Corralejo

Las Palmas. 🚹 13000. 🚌 ℹ️ Avenida Marítima 16, 928 86 62 35. 🛥️ Mo, Fr. 🎉 Día del Carmen (16. Juli). 🌐 corralejograndesplayas.com

Das expandierende Fischerdorf gehört (neben der Halbinsel Jandía) zu den bedeutendsten Urlaubsorten der Insel. Seine Hauptattraktion ist der herrliche Dünengürtel, der sich nach Süden erstreckt und teilweise an die Sahara erinnert. Viel zu spät wurde er zum Naturschutzgebiet erklärt – zwei Hotels verschandeln schon den Strand.

Der Rest des Ortes besteht hauptsächlich aus Ferienapartments und Hotels und dehnt sich vom Stadtzentrum aus. In der Hafengegend gibt es viele Fischrestaurants und eine Fährverbindung zum 40 Minuten entfernten Lanzarote.

Der Küste vorgelagert ist die Isla de los Lobos, benannt nach den bis ins 16. Jahrhundert hier lebenden Mönchsrobben (lobos marinos). Sporttaucher, Schnorchler, Fischer und Surfer genießen das klare Wasser. Kleine Schiffe mit Glasboden bringen Ausflügler zum Grillen und Baden hierher.

Die Guanchen

Als im späten 14. Jahrhundert die ersten Europäer auf den Kanarischen Inseln landeten, trafen sie auf hochgewachsene, hellhäutige Menschen, die in Höhlen und kleinen Siedlungen an den Rändern unfruchtbarer Lavafelder lebten. Guanchen nannte man ursprünglich einen auf Teneriffa beheimateten Stamm, aber später wurden alle Stämme der Inseln so genannt. Die Herkunft der Guanchen ist bis heute ungeklärt; wahrscheinlich waren sie Berber, die im 1. oder 2. Jahrhundert v. Chr. aus Nordafrika hierherkamen.

Schon 100 Jahre nach der Ankunft der Europäer waren die Guanchen von den gnadenlosen Eroberern unterworfen und praktisch ausgelöscht. Von ihrer Kultur ist wenig erhalten geblieben.

Überbleibsel der Guanchen finden sich an vielen Orten: Verschiedene Museen zeigen Mumien, Körbe, Artefakte aus Stein und Knochen. In Candelaria auf Teneriffa erinnern Statuen an Guanchenhäuptlinge (siehe S. 539).

Gefäß, um gofio (siehe S. 541) zu lagern

Guanchenkorb

Lanzarote

Die östlichste der Kanarischen Inseln kennt praktisch keine Bäume und ist teilweise auf Entsalzungsanlagen angewiesen. Der Formen- und Farbenreichtum der Vulkanlandschaften macht Lanzarote (143 000 Einwohner) für viele Besucher zur reizvollsten Insel des Archipels. Die Einheimischen sind stolz, die Auswüchse des Tourismus weitgehend verhindert zu haben: Es gibt keine Reklametafeln, keine Überlandleitungen und keine Hochhäuser. Ihr Erscheinungsbild verdankt die Insel zum großen Teil dem Künstler César Manrique. Lohnenswert ist der Besuch des vulkanischen Timanfaya-Nationalparks.

Windturbinen nutzen Lanzarotes Winde zur Stromerzeugung

㉔ Playa Blanca

Las Palmas. 🚹 12 000. 🚌 ⛴ 🚹 Calle Limones s/n, 928 51 90 18. 🎉 Nuestra Señora del Carmen (16. Juli). 🆆 turismolanzarote.com

Die Ursprünge des früheren Fischerdorfs werden in der Gegend um den Hafen besonders deutlich. Der seit Jahren expandierende, aber angeneh-

Der Strand Las Coloradas bei Playa Blanca, Lanzarote

me, familienfreundliche Ort hat sich viel Charakter bewahrt. Cafés, Restaurants, Geschäfte, Bars und mehrere große Hotels verteilen sich über den Ort. Nachts geht es selten laut zu. Wer hierherkommt, möchte einen angenehmen Strandurlaub und nicht organisiertes Vergnügen. In der Nähe der Stadt gibt es einige schöne Sandstrände, aber die meisten liegen versteckt um die östlichen Landspitzen herum, wo

das klare, warme Wasser in den Felsenbuchten auch zum Nacktbaden verlockt. **Playa Papagayo** ist der bekannteste Strand, aber wer beharrlich Ausschau hält, kann vielleicht einen Platz ganz für sich allein erobern. Für die unbefestigten Straßen, die zu den Stränden führen, ist ein Fahrzeug mit Vierradantrieb ratsam.

Das **Museo Atlántico**, ein Unterwassermuseum, verbindet Kunst und Tierschutz. Der für seine Installationen bekannte Künstler Jason deCaires Taylor schuf hier ein künstliches Riff, in dem sich viele Meeresbewohner tummeln.

🏛 **Museo Atlántico** Puerto Marina Rubicón, Calle el Berrugo 2. 📞 928 51 73 88. ⏰ Mo–Fr 10–17 Uhr. 🚹 🆆 cactlanzarote.com/cact/museo-atlantico

㉕ Parque Nacional de Timanfaya

Las Palmas Yaiza. 🚹 Carretera LZ-67 Yaiza–Tinajo, km 11,5, Mancha Blanca, 928 11 80 42. ⏰ tägl. 🚹 🆆 reservasparquesnacionales.es

Zwischen 1730 und 1736 erlebte Lanzarote einige Vulkanausbrüche. Die Lava begrub elf Dörfer sowie 200 Quadratkilometer von Lanzarotes fruchtbarstem Land. Wie durch ein Wunder forderte die Katastrophe keine Menschenleben, veranlasste aber viele Inselbewohner zur Auswanderung.

Heute bilden die Vulkane, die die Insel verwüsteten, eine ihrer Hauptattraktionen: Sie

César Manrique (1919–1992)

Der Held der Insel war gelernter Kunstmaler. Ehe César Manrique im Jahr 1968 nach Lanzarote zurückkehrte, hatte er einige Zeit in Festlandspanien und in New York verbracht. Er kämpfte für Tradition und Umwelt, setzte durch, dass Neubauten nur eine bestimmte Höhe erreichen durften, und gab die Farben vor. Dutzende von Urlaubsorten profitierten von seinem Engagement.

César Manrique, 1992

Hotels und Restaurants auf den Kanarischen Inseln *siehe Seiten 575 und 604f*

Wie eine Mondlandschaft: Parque Nacional de Timanfaya

heißen treffend **Montañas del Fuego** (»Feuerberge«) und sind Teil des vor allem geologisch interessanten Parque Nacional de Timanfaya. Der Eingang liegt nördlich des Dorfes Yaiza. Hier kann man per Kamel die Vulkanhänge hinaufreiten und über den Park blicken. Danach zahlt man die Eintrittsgebür und fährt durch eine stille Landschaft aus unfruchtbarer Lavaasche, die dräuende rotschwarze Vulkankegel überragen. Schließlich erreicht man **Islote de Hilario**. Man kann das Auto am Restaurant El Diablo lassen. Busse fahren von hier (30-minütige Tour) durch die mondähnliche Wüstenlandschaft.

In Islote de Hilario demonstrieren Führer, dass der Vulkan nicht erloschen ist, sondern nur ruht: In eine Spalte gestecktes Reisig entzündet sich sofort, und Wasser, das in ein versenktes Rohr gegossen wird, zischt als heißer Dampf heraus.

Die Straße von Yaiza zur Küste führt zu den **Salinas de Janubio**, wo aus einem alten Vulkankrater Salz gewonnen wird. In der Nähe sind die heißen Quellen von **Los Hervideros**, weiter im Norden liegt bei **El Golfo** eine mysteriöse smaragdgrüne Lagune.

㉖ Puerto del Carmen

Las Palmas. 🗺 15 000. 🚌 ⛴
🛈 Avenida de las Playas, 928 51 05 42. 🎭 Nuestra Señora del Carmen (16. Juli). 🌐 puertodelcarmen.com

Über 60 Prozent von Lanzarotes Besuchern bleiben in diesem Ort, der sich über mehrere Kilometer an der Küste entlangzieht. Die Küstenstraße führt an den Stätten der Ferienindustrie vorbei. Die Gebäudereihen wirken jedoch nicht störend. Überall ist der lange Strand Playa Blanca leicht erreichbar. Außerhalb liegt die Playa de los Pocillos.

Fünf Kilometer nördlich liegt das ruhige Dorf Tías. In dem Museum **A Casa José Saramago** verbrachte der portugiesische Literatur-Nobelpreisträger (1922–2010) die letzten 18 Jahre seines Lebens quasi im Exil, nachdem die Behörden seines Landes seine Arbeit als blasphemisch bewertet hatten.

㉗ Arrecife

Las Palmas. 🗺 58 000. 🛫 🚌
🛈 Calle Triana 38, 928 81 17 62.
🎭 San Ginés (25. Aug).
🌐 turismolanzarote.com

Arrecife mit seinen modernen Häusern und belebten Straßen ist das Handels- und Verwaltungszentrum der Insel. Trotz des modernen Ambientes bewahren die palmengesäumten Promenaden, der schöne Strand und zwei kleine historische Forts ihren Charme. Im von César Manrique restaurierten **Castillo de San José** (18. Jh.) ist ein Museum für zeitgenössische Kunst untergebracht. Das **Castillo San Gabriel** liegt vor Lanzarote. Man erreicht es über die Puente de las Bolas und einen langen gepflasterten Weg. Von hier hat man einen wunderbaren Blick auf die Umgebung.

🏛 **Castillo de San José**
Puerto de Naos. 📞 928 80 28 84.
⏰ tägl. ⛔ 1. Jan, 25. Dez.

🏛 **Castillo San Gabriel**
Puerto de Naos. 📞 928 80 28 84.
⏰ Mo–Fr 9–13 Uhr.

㉘ Costa Teguise

8,5 km nördlich von Arrecife. 🚌
🛈 Avenida Islas Canarias, Junto Pueblo Marinero, 928 59 25 42.
🌐 turismolanzarote.com

Der weitgehend von einem Bergbaukonzern finanzierte Ferienort verwandelte den trockenen Landstrich nördlich von Arrecife in ein Konglomerat von Apartments, Clubs und Hotels. Der Gegensatz zwischen dem alten Teguise, der früheren Hauptstadt, und der neuen Costa Teguise ist krass. Künstliches Grün und kitschige Lampen säumen die Boulevards. Villen flankieren die Sandstrände. Die reichlich fließenden Gelder konnten die Zielgruppe, Gäste aus dem Jetset, anlocken. Auch König Felipe VI hat hier eine Villa.

Sonnenschirme am Strand, Puerto del Carmen

Die Iglesia de San Miguel auf dem Hauptplatz von Teguise

㉙ Teguise

Las Palmas. 🚐 21 000. 🚌 👤 Plaza de la Constitución, 928 84 53 98. 🗓 So. 🎉 Día del Carmen (16. Juli), Las Nieves (5. Aug).
🌐 turismolanzarote.com

Teguise, bis 1852 Inselhauptstadt, ist ein Ort mit kopfsteingepflasterten Straßen. Seine Patrizierhäuser gruppieren sich um die **Iglesia de San Miguel**. Sonntags gibt es einen Markt und Volkstänze. Vor den Toren Teguises dokumentiert das **Museo de la Piratería** in der Burg Santa Bárbara die Geschichte der kanarischen Auswanderer nach Südamerika.

Umgebung: Die Hauptstraße südlich von Teguise führt durch die faszinierende Landschaft von **La Geria**. In die schwarze Vulkanasche wurden sichelförmige Mulden geschaufelt, die Feuchtigkeit speichern und so Weintrauben und andere Früchte gedeihen lassen. **Mozaga**, eines der wichtigsten Dörfer der Gegend, ist ein Zentrum der hiesigen Weinproduktion. Manriques *(siehe S. 552)* Monumento al Campesino nahe Mozaga ist den Bauern von Lanzarote gewidmet.

Auf halbem Weg zwischen Teguise und Arrecife zeigt die **Fundación César Manrique** das ehemalige Haus des Künstlers mit fünf Lavahöhlen und einigen seiner Werke.

🏛 **Museo de la Piratería**
Montaña de Guanapay. 📞 928 84 50 01. 🕐 tägl. ⚫ 1., 6. Jan, 25. Dez.
🌐 museodelapirateria.com

🏛 **Fundación César Manrique**
Taro de Tahíche. 📞 928 84 31 38.
🕐 tägl. 10–18 Uhr ⚫ 1. Jan. 🌐 fcmanrique.org

㉚ Haría

Las Palmas. 🚐 1200. 🚌 👤 Plaza de la Constitución 1, 928 83 52 51. 🗓 Sa. 🎉 San Juan (24. Juni).
🌐 turismolanzarote.com

Palmen und weiße Häuserwürfel charakterisieren diesen malerischen Ort, Ausgangspunkt für Ausflüge zur Nordspitze der Insel. Die Straße nach Norden bietet unvergessliche Ausblicke auf windgepeitschte Klippen und den Monte Corona (609 Meter).

Umgebung: Manriques **Mirador del Río** blickt auf La Graciosa und Alegranza, die nördlichste der Kanarischen Inseln. **Orzola** ist ein hübsches Fischernest mit guten Fischrestaurants; von hier fahren Boote nach La Graciosa. Im Süden liegen die Feigenkakteenplantagen von Mala. Aus den Koschenille-Läusen, die von den Pflanzen leben, wird der Farbstoff Karmin gewonnen. Im Kakteengarten **Jardín de Cactus** schuf Manrique ein Restaurant.

🌵 **Mirador del Río**
Haría. 📞 928 52 65 48. 🕐 tägl. 🎨

🌵 **Jardín de Cactus**
Guatiza. 📞 928 52 93 97. 🕐 tägl. 🎨

Swimmingpool auf den Höhlen von Jameos del Agua

㉛ Jameos del Agua

Las Palmas. 📞 928 84 80 20.
🕐 tägl. 🎨

Ein Ausbruch des Vulkans Monte Corona bildete an der Nordostküste die Lavahöhlen Jameos del Agua. César Manrique verwandelte sie von 1965 bis 1968 in eine fantastische unterirdische Anlage mit Restaurant, Nachtclub, palmengesäumtem Swimmingpool, Oleander- und Kakteengärten. Stufen führen zu einer seichten Meerwasserlagune, in der eine seltene Krabbenart lebt. Die Ausstellungen über Vulkanologie und kanarische Fauna und Flora sind sehenswert. Hier werden auch regelmäßig Volkstänze aufgeführt. Zur Anlage gehört zudem ein Konzertsaal.

Umgebung: Eine weitere beliebte Attraktion ist die nahe gelegene **Cueva de los Verdes**, ein sechs Kilometer langer unterirdischer Gang aus erstarrter Lava. Führungen durch die Höhlen sind möglich.

🌵 **Cueva de los Verdes**
Haría. 📞 928 84 84 84.
🕐 tägl. 🎨

Vulkanasche wurde in La Geria zu Mulden ausgehoben

Hotels und Restaurants auf den Kanarischen Inseln *siehe Seiten 575 und 604f*

Vulkanische Inseln

Die vulkanische Aktivität, die die Kanaren schuf, formte vielgestaltige Landschaften: von einzelnen Lavaformationen bis zu riesigen Vulkanen mit klaffenden Kratern. Die Inseln befinden sich in unterschiedlichen Phasen ihrer Entwicklung. Teneriffa, Lanzarote, El Hierro und La Palma sind noch vulkanisch aktiv, wie die Rauchschwaden in Lanzarotes Montañas de Fuego zeigen *(siehe S. 552)*. Die letzte Eruption ereignete sich 1971 auf La Palma.

Ursprung der Inseln
Die Kanaren liegen über Falten in der Erdkruste, die unter den Ozeanen dünner ist als unter den Kontinenten. Steigt Magma (geschmolzenes Gestein) durch diese Spalten nach oben, bilden sich Vulkane.

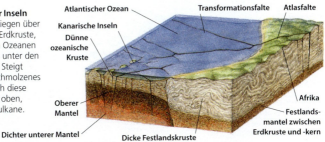

Atlantischer Ozean — Transformationsfalte — Atlasfalte
Kanarische Inseln
Dünne ozeanische Kruste
Oberer Mantel
Afrika
Festlandsmantel zwischen Erdkruste und -kern
Dichter unterer Mantel — Dicke Festlandskruste

Entstehung der Inseln

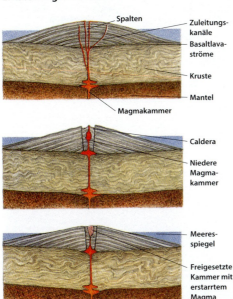

Spalten — Zuleitungskanäle
Basaltlavaströme
Kruste
Mantel
Magmakammer

Caldera
Niedere Magmakammer

Meeresspiegel
Freigesetzte Kammer mit erstarrtem Magma

1 **Lanzarote, El Hierro und La Palma** sind breite, sanft abfallende Schildvulkane auf dem Ozeanboden. Sie bestehen aus Basalt, geformt aus heißem, dichtem Magma. Die flexible Kruste wird durch das Gewicht der Inseln nach unten gedrückt.

2 **Eine explosive Eruption** kann die Magmakammer leeren; das dadurch ungestützte Dach bricht unter dem Gewicht des Vulkans darüber zusammen und bildet eine Mulde, *caldera*, wie Las Cañadas auf Teneriffa. In dieser Phase treten dicke Lavaströme aus.

3 **Hören die Eruptionen auf**, erodiert der Vulkan durch Meer, Wind und Regen. Gran Canarias wichtigster Vulkan ist in der Frühphase der Erosion, Fuerteventuras Vulkan ist schon weitgehend erodiert und gibt Kammern mit erstarrtem Magma frei.

Stricklava bei La Restinga, El Hierro

Der Krater Pico Viejo neben dem Teide, Teneriffa *(S. 542f)*

ZU GAST IN SPANIEN

Hotels

Zu luxuriösen Hotels umgebaute mittelalterliche Schlösser und in einladende Jugendherbergen verwandelte Herrenhäuser belegen die Vielfalt von Spaniens Unterkünften. Urlauber haben die Wahl zwischen rund 10 000 Einrichtungen mit mehr als einer Million Betten. Eine Suite in einem ehemaligen Königspalast gehört zur Spitzenkategorie. Ihr folgen feudale Strandhotels an der Costa del Sol sowie auf den Balearen und Kanaren. Gäste können auch auf Bauernhöfen, in Villen oder Häusern mit Selbstverpflegung wohnen. Für Preisbewusste gibt es Pensionen, *casas rurales* und Campingplätze, für Bergsteiger Hütten mit tollem Ausblick. Einige der besten Hotels des Landes sind, nach Ausstattung und Preiskategorien unterschieden, auf den Seiten 562 – 575 aufgeführt.

Eingang zur Taberna del Alabardero in Sevilla *(siehe S. 571)*

Hotelklassifikation und -ausstattung

Die regionalen Fremdenverkehrsbehörden prüfen die spanischen Hotels und klassifizieren sie mittels Sternen. Hotels (erkennbar durch ein H auf einer Tafel beim Eingang) haben einen bis fünf Sterne. Herbergen (Hs) und Pensionen (P) haben ein bis drei Sterne, bieten weniger Komfort, sind aber auch billiger.

Die Sterne verdeutlichen eher den Umfang der vorhandenen Ausstattung – beispielsweise Klimaanlage oder Lift – als die Qualität des Service.

Die meisten Hotels verfügen über ein oder mehrere Restaurants, die auch für Nicht-Hotelgäste zugänglich sind. *Hotelresidencias* (HR) und *hostalresidencias* (HsR) besitzen keinen Speiseraum, einige bieten aber Frühstück an. Zu Spaniens größten Hotelketten zählen **Meliá Hotels International**, **Grupo Riu** und **NH**. Viele Veranstalter reservieren Zimmer in Spaniens großen Hotelketten.

Paradores

Paradores sind staatliche Hotels mit drei bis fünf Sternen. Spaniens erster Parador öffnete 1928 in der Sierra de Gredos. Inzwischen gibt es auf dem Festland und den Inseln ein weitgespanntes Netz mit insgesamt 94 Häusern. Sie liegen nahe beieinander, sodass die Reise von einem zum anderen nie länger als einen Tag dauert. Die schönsten Paradores sind in ehemaligen Schlössern, Klöstern oder Burgen eingerichtet und liegen in beeindruckender Landschaft oder in Städten von historischem Interesse. Daneben gibt es einige wenige Neubauten.

Ein Parador ist nicht unbedingt das beste Hotel am Platz, bietet aber Komfort auf verlässlichem Niveau. Die Gästezimmer sind in der Regel geräumig und bequem.

Wenn Sie in der Hochsaison reisen oder in einem kleineren Parador übernachten möchten, ist eine Reservierung ratsam. Die Buchung kann über die Zentrale in Madrid, über einen Reiseveranstalter oder im Internet vorgenommen werden.

Preise

Das Gesetz verlangt, dass alle Hotels ihre Preise an der Rezeption und in jedem Raum aushängen. Als Faustregel gilt: Je mehr Sterne, desto teurer. Ein Doppelzimmer in einem preiswerten Ein-Stern-Hotel kann nur 35 Euro pro Nacht kosten, ein Fünf-Sterne-Hotel mindestens 275 Euro – mehr als 350 Euro pro Nacht sind aber eher die Ausnahme.

Die Preise variieren je nach Zimmer, Region und Saison. Eine Suite oder ein großes Zimmer, eines mit Aussicht oder Balkon kann sehr teuer sein. Hotels auf dem Land oder in Vororten sind meist preiswerter als im Stadtzentrum. Die Preise auf den Seiten 562 bis 575 gelten für die Zwischen- und Hochsaison. Hochsaison ist im Juli und August sowie um Ostern und Weihnachten, in manchen Gebieten von April bis Oktober; auf den Kanaren ist im Winter Hochsaison.

Jaéns Parador: moderner Anbau einer mittelalterlichen Burg

◄ Elegante Treppe zum Restaurant des Hotels Cleopatra Palace, Teneriffa

Viele Stadthotels berechnen während der Fiestas erhöhte Preise; dazu zählen die Feria de Abril in Sevilla *(siehe S. 435)*, Los Sanfermines in Pamplona *(siehe S. 136)*, der Karneval in Santa Cruz de Tenerife und in vielen Teilen die Osterwoche *(siehe S. 42)*.

Die meisten Hotels nennen Preise pro Zimmer und Essen pro Person, jeweils ohne Mehrwertsteuer (IVA), die derzeit zehn Prozent, auf den Kanarischen Inseln fünf Prozent beträgt.

Schicker Salon im Hotel Arts, Barcelona *(siehe S. 565)*

Reservierung

Eine Reservierung ist außerhalb der Saison in ländlichen Gebieten oder Kleinstädten unnötig, aber in der Hochsaison sollte ein Zimmer im bevorzugten Hotel telefonisch, per Internet, E-Mail oder über einen Reiseveranstalter gebucht werden. Dies gilt auch für Sonderwünsche: Zimmer mit getrennten Betten (ein französisches Bett im Doppelzimmer ist die Norm), im Erdgeschoss oder abgewandt von der Hauptstraße.

Da Ferienhotels oft von Herbst bis Frühling schließen, sollte man sich vor einer Reise vergewissern, dass die gewünschten Hotels zu dieser Jahreszeit geöffnet sind.

In der Regel wird für die Reservierung keine Anzahlung verlangt, doch bei einem Aufenthalt von mehreren Tagen oder in der Hauptsaison kann eine Anzahlung von 20 bis 25 Prozent anfallen. Zahlen Sie diese per Kreditkarte oder Girokonto innerhalb Spaniens, sonst per Kreditkarte oder (SEPA-)Überweisung. Eine Stornierung sollte spätestens eine Woche vor dem gebuchten Zeitraum erfolgen, sonst geht Ihre Anzahlung unter Umständen ganz oder teilweise verloren.

Die meisten Hotels reservieren in umsatzstarken Zeiten nur bis 20 Uhr. Kommen Sie später, sollten Sie dies dem Hotel mitteilen.

Bei der Anmeldung müssen Sie den Personalausweis oder den Reisepass vorlegen. Sie erhalten den Ausweis zurück, nachdem die Angaben registriert worden sind.

Bei der Abreise müssen Sie Ihr Zimmer in der Regel bis zum Mittag geräumt haben.

Bezahlung

Heutzutage akzeptieren praktisch alle Hotels die Bezahlung mit Kreditkarte. In Spanien ist Barzahlung von Hotelzimmern sogar eher ungewöhnlich. Einige große Hotels bitten bei der Ankunft um eine Kreditkartenvollmacht als Sicherheit. Diese sollte nach erfolgter Zahlung bei Ihrer Abreise wieder aufgelöst werden.

Auch die Bezahlung per Debitkarte (EC-Karte bzw. girocard) ist in vielen Hotels möglich. In kleineren Ortschaften oder auf dem Land muss mitunter noch bar bezahlt werden. Informieren Sie sich vorab.

Weitläufige Strandanlage eines Hotels auf Lanzarote

Casas rurales

Hierbei handelt es sich um Landhäuser, die einige Gäste aufnehmen. Am häufigsten gibt es sie in Asturien, Navarra, Aragón und Katalonien (wo sie *cases de pagès* heißen). Auch in Kantabrien (dort *casonas*), Galicien und Andalusien sind sie beliebt. Der Stil der *casas rurales* reicht vom Schloss bis hin zum kleinen, abgelegenen Bauernhaus. Manche bieten Zimmer mit Frühstück, andere Abendessen oder Vollpension, die meisten basieren auf Selbstversorgung.

Erwarten Sie in einer *casa rural* anstatt Hotelservice und üppiger Ausstattung freundliche Aufnahme und gutes Essen zu vernünftigen Preisen.

Sie können die Unterkunft in einer *casa rural* direkt oder über einen der Regionalverbände buchen: **RAAR** in Andalusien, **Ruralia** in Asturien, **Turismo Verde** in Aragón, **Ruralverd** in Katalonien und **AGATUR** in Galicien.

Agroturisme Biniatram auf Menorca *(siehe S. 574f)*

Selbstverpflegung

Eine Alternative zu (teureren) Hotels sind Apartments, in denen sich die Gäste selbst versorgen. Ob am Festland oder auf den Inseln: Entlang den spanischen Küsten gibt es ein überaus großes Angebot an Ferienwohnungen und -häusern, die man in der Regel wochenweise mieten kann. In landschaftlich schönen Gebieten sind viele *casas rurales* (Bauernhöfe und Landhäuser) auch tageweise zu mieten. Nähere Informationen hierzu erhalten Sie von regionalen Veranstaltern *(siehe S. 559)*, die auch Buchungen entgegennehmen. Reiseveranstalter bieten eine ganze Reihe von Unterkünften mit Selbstverpflegung an.

Die Preise für solche Quartiere können stark variieren. Sie richten sich insbesondere nach Lage, Art der Unterkunft und Saison. Ein Haus für vier Personen mit Swimmingpool ist im Inland häufig schon für rund 350 Euro pro Woche zu finden, an der Küste ab 1200 Euro pro Woche.

Relativ neu, aber recht beliebt sind Apartmenthotels, die man in Andalusien *villa turística* nennt. Bei ihnen ergänzen sich die Vorteile von Hotels und Ferienwohnungen. Hier hat der Gast die Wahl zwischen Selbstverpflegung (jede Wohnung ist mit eigener Küche ausgestattet) und Restaurant.

Ähnlich funktionieren Feriendörfer für spezielle Interessengruppen. Das Dorf Aínsa in der

Campingplatz Miami Platja bei Tarragona, Katalonien

Bergsportgegend von Aragón *(siehe S. 567)* ist ein gutes Beispiel. Es bietet eine Mischung aus Camping und Herberge mit Restaurants und Bars.

Auch Online-Portale wie **Airbnb** bieten in allen Landesteilen schöne, sehr gut ausgestattete Unterkünfte für Selbstversorger.

Jugendherbergen und Berghütten

Für die Unterkunft in *albergues juveniles* (Jugendherbergen) braucht man in Spanien einen Ausweis des Deutschen Jugendherbergswerks oder einen internationalen Ausweis, der in jeder Herberge zu erwerben ist. Die Preise pro Person für Unterkunft und Frühstück sind günstiger als in Hotels.

Reservierungen lassen sich direkt bei der jeweiligen Jugendherberge oder aber über das **Red Española de Albergues Juveniles** (das spanische Jugendherbergswerk) vornehmen. Eine Altersgrenze gibt es nicht.

In abgelegeneren Gegenden können Bergsteiger in *refugios* (Berghütten) Schutz und Unterkunft finden; sie sind mit Schlafsaal, Kochvorrichtung und Heizung ausgestattet. Manche haben sechs, andere bis zu 50 Betten.

Die *refugios* sind auf Karten in großem Maßstab von Bergregionen und Nationalparks eingezeichnet, sie werden von den regionalen Bergsteigerverbänden verwaltet und gehören normalerweise bestimmten Clubs. Deren Adressen erhält man von der **Federación Española de Deportes de Montaña y Escalada** (FEDME) sowie dem örtlichen Fremdenverkehrsbüro.

Klöster

Wer Stille und Askese liebt, ist in einem der 150 spanischen Klöster richtig. Gäste sind, vor allem bei den Benediktiner- und Zisterzienserorden, willkommen. Melden Sie sich telefonisch oder schriftlich an. Die Zimmerpreise sind gering – ein Kloster ist kein Hotel. Einige bieten Telefon oder Fernseher. Manchmal werden die Gäste gebeten, ihre Zimmer selbst aufzuräumen, die strengen Essenszeiten einzuhalten und beim Abwasch zu helfen. Einige Klöster nehmen nur Männer, andere nur Frauen auf.

Camping

In Spanien gibt es etwa 1200 Campingplätze. Die meisten liegen an der Küste, einige auch in herrlicher Landschaft und außerhalb der großen Städte. Die meisten Plätze

Rustikale Jugendherberge am Cazorla-Naturschutzgebiet, Jaén

haben Strom und fließendes Wasser, viele bieten zudem Waschsalons, Spielplätze, Restaurants, Läden und einen Swimmingpool.

Ein auch in Spanien aktueller Trend ist *Glamping* (eine Wortschöpfung aus »glamorous« und »camping«): Camping für Anspruchsvolle mit entsprechend luxuriös ausgestatteten Lodges und Plätzen. Ein führender Anbieter solcher Einrichtungen ist **Glamping Hub**.

Es ist empfehlenswert, einen Campingausweis mitzunehmen, der bei der Anmeldung die Funktion des Reisepasses übernimmt und eine Haftpflichtversicherung beinhaltet. Turespaña veröffentlicht jedes Jahr die *Guía oficial de campings*. Informationen über Campingplätze erhält man bei der **Federación Española de Empresarios de Campings y Parques de Vacaciones** (Verband der Betreiber von Campingplätzen und Feriendörfern), die auch Reservierungen vornimmt. »Wildes« Campen ist in Spanien verboten.

Behinderte Reisende

Hotels beraten Rollstuhlfahrer bei der Planung ihres Aufenthalts, das Personal ist in der Regel hilfsbereit. Immer mehr Hotels und Jugendherbergen sind behindertengerecht ausgestattet.

Die Organisation **COCEMFE** (Confederación Coordinadora Estatal de Minusválidos Físicos de España) unterhält ein Hotel für Behindertengruppen in Madrid.

COCEMFE und Viajes 2000 *(siehe S. 617)* beraten Gäste mit besonderen Bedürfnissen bei der Hotelsuche. In Deutschland organisiert der **BSK** (Bundesverband Selbsthilfe Körperbehinderter) spezielle Reisen für Behinderte.

Weitere Informationen

Turespaña listet auf seiner Website praktisch alle Pensionen, Herbergen und Hotels mit Anzahl der Sterne, Preis und Angabe der Ausstattung auf. Die Buchung erfolgt dann jeweils über die angegebene Website der Unterkunft.

Eingang zum schicken Hotel Alma, Barcelona

Hotelkategorien

Die Hotelauswahl *(siehe S. 562–575)* umfasst Häuser aller Kategorien und Arten, von einfachen Pensionen über Boutique-Hotels bis hin zu Luxushotels. Die Einträge sind nach Gebieten gegliedert, die den Kapiteln dieses Buchs entsprechen, innerhalb dieser nach Städten und Preiskategorien gelistet und in Hotelkategorien eingeteilt. Hotels mit spezieller Ausstattung oder besonderem Design werden in der Hotelauswahl als **Vis-à-Vis-Tipp** hervorgehoben.

Auf einen Blick

Hotelketten

Grupo Riu
📞 902 40 05 02.
🌐 riu.com

Meliá Hotels International
📞 912 76 47 47.
🌐 melia.com

NH-Hoteles
📞 913 98 44 38.
🌐 nh-hotels.com

Paradores

Central de Reservas
Calle José Abascal 2, 28003 Madrid.
📞 902 54 79 79.
🌐 parador.es

Casa rurales

AGATUR
Recinto Ferial, Apdo 26, Silleda, 36540 Pontevedra. 📞 986 57 70 00.
🌐 agatur.org

RAAR
Calle Sagunto 8, 04004 Almería.
📞 902 44 22 33.
🌐 raar.es

Ruralia
📞 902 10 70 70.
🌐 ruralia.com

Ruralverd
Carrer del Pi 11, Principal 8, 08002 Barcelona.
📞 93 304 37 74.
🌐 ruralverd.es

Turismo Verde
C/ Miguel Servet 12, 22002 Huesca.
📞 974 24 09 41.
🌐 turismoverde.es

Jugendherbergen

Red Española de Albergues Juveniles
Calle Marqués de Riscal 16, 28010 Madrid.
📞 91 308 46 75.
🌐 reaj.com

Selbstverpflegung

Airbnb
🌐 airbnb.de

Berghütten

FEDME
📞 93 426 42 67.
🌐 fedme.es

Camping

Federación Española de Empresarios de Campings
📞 91 448 12 34.
🌐 fedcamping.com

Glamping Hub
🌐 glampinghub.com

Behinderte Reisende

Bundesverband Selbsthilfe Körperbehinderter e.V.
Altkrautheimer Straße 20, 74238 Krautheim.
📞 (06294) 428 10.
🌐 bsk-ev.org

COCEMFE
📞 91 744 36 00.
🌐 cocemfe.es

Weitere Informationen

Spanische Fremdenverkehrsbüros
🌐 spain.info

Deutschland
Lichtensteinallee 1, 10787 Berlin.
📞 (030) 882 65 43.

Myliusstr. 14, 60323 Frankfurt am Main.
📞 (069) 72 50 33.

Postfach 15 19 40, 80336 München.
📞 (089) 53 07 46 11.

Österreich
Walfischgasse 8, 1010 Wien.
📞 (01) 512 95 80 11.

Schweiz
Seefeldstr. 19, 8008 Zürich.
📞 (044) 253 60 50.

Hotels

Galicien

BAIONA: Parador de Baiona €€
Historisch   K B4
Rua Arquitecto Jesús Valverde, 36300
☎ 986 35 50 00
🌐 parador.es
Die mittelalterliche Festung ist spektakulär nahe der Altstadt gelegen und an drei Seiten vom Meer umgeben.

CAMBADOS:
Parador de Cambados €€
Historisch   K B3
Paseo Calzada s/n, 36630
☎ 986 54 22 50
🌐 parador.es
Das elegante Herrenhaus aus dem 17. Jahrhundert ist ideal für Ausflüge zu den Rías Baixas.

LA CORUÑA: Hotel Meliá
Maria Pita €
Zimmer mit Aussicht   K B2
Avenida Pedro Barrié de la Maza 1, 15003
☎ 981 20 50 00
🌐 melia.com
Familienfreundliches Hotel mit gutem Service, Kinderclub, Familiensuiten und perfekter Strandlage.

LA CORUÑA:
Hotel Hesperia Finisterre €€
Luxus   K B2
Paseo del Parrote 2–4, 15001
☎ 981 20 54 00
🌐 hesperia.com
Hotel mit Fünf-Sterne-Ausstattung, Hafenblick, exzellenter Lage für Ausflüge in die Umgebung.

LA GUARDIA: Hotel Convento
de San Benito
Historisch   K B4
Plaza San Benito s/n, 36780
☎ 986 61 11 66
🌐 hotelsanbenito.es
Freundliches Hotel in einem restaurierten Kloster mit Seeblick. Alle Zimmer sind mit Stilmöbeln bestückt. Ein Highlight für Leseratten ist die Bibliothek mit alten Büchern und Manuskripten.

LUGO: Hotel Rústico Vila
do Val €
Boutique   K C2
Plaza Santa Maria 2, 27770, Ferreira Do Valadouro
☎ 982 57 16 53
🌐 hotelviladoval.com
Charmantes, rustikales Hotel, 20 Minuten von der Küste entfernt. Die Unterkunft ist ein idealer Standort für die Erkundung der schönen Umgebung.

Hotelkategorien *siehe Seite 561*

OURENSE: Monasterio de
Santo Estevo €
Historisch   K C3
Monasterio de Santo Estevo s/n, 32162
☎ 988 01 01 10
🌐 parador.es
Moderner Komfort in einer schönen mittelalterlichen Anlage, die früher ein Kloster beherbergte. Die hügelige Umgebung zieht viele Wanderer an.

PONTEVEDRA: Balneario de
Mondariz €€
Luxus   K B3
Avenida Enrique Peinador s/n, 36890
☎ 986 65 61 56
🌐 balneariomondariz.es
Das in einem alten Steinhaus untergebrachte Hotel verfügt über ein zu Recht berühmtes Spa. Weitere Pluspunkte sind das Kinderangebot und der Golfplatz. Zu den Gästen zählen auch viele Künstler.

RIBADEO: Hotel Rolle €
Historisch
Calle Ingeniero Schulz 9, 27700
☎ 982 12 06 70
🌐 hotelrolle.com
Historisches Haus mit charmanten Zimmern und gutem Service.

SANTIAGO DE COMPOSTELA:
San Miguel Hotel
Gastronómico €
Zimmer mit Aussicht
Plaza de San Miguel dos Agros 9, 15704
☎ 981 55 57 79
🌐 sanmiguelsantiago.com
Schicke Zimmer mit Blick auf die Altstadt und Top-Restaurant. Der geschmackvoll begrünte Innenhof ist sehr idyllisch.

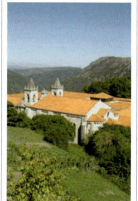
Das herrlich gelegene Monasterio de Santo Estevo in Ourense

Preiskategorien
Die Preise beziehen sich auf ein Doppelzimmer pro Nacht, inklusive Service und Mehrwertsteuer (IVA).

€	unter 130 Euro
€€	130–240 Euro
€€€	über 240 Euro

SANTIAGO DE COMPOSTELA:
San Francisco Hotel
Monumento €€
Historisch   K B2
Campillo San Franciso 3, 15705
☎ 981 58 16 34
🌐 sanfranciscohm.com
Elegantes, modernes Hotel in einem historischen Kloster mit Hallenbad.

SANXENXO: Hotel Carlos
I Silgar €€
Luxus   K B3
Calle Vigo s/n, 36960
☎ 986 72 70 36
🌐 hotelcarlos.es
Spa-Einrichtungen, geräumige Zimmer, Uferlage am Meer und tadelloser Service machen dieses Hotel zu einem Favoriten.

Vis-à-Vis-Tipp
VIGO: Gran Hotel Nagari €€
Boutique   K B3
Plaza de Compostela 21, 36201
☎ 986 21 11 11
🌐 granhotelnagari.com
Elegantes Luxushotel mit großen, schön gestalteten Zimmern und umfassender moderner Ausstattung. Das Spa bietet zur Entspannung eine Unzahl von Anwendungen.

Asturien und
Kantabrien

CABRANES:
Hostería de Torazo €€€
Luxus   K F2
Plaza de la Sierra 1, Torazo, 33535
☎ 985 89 80 99
🌐 hosteriadetorazo.com
Modernes Hotel mit sehr komfortablen Zimmern, exzellentem Restaurant und opulentem Spa in einem hübschen Dorf.

CANGAS DE ONÍS: Parador de
Cangas de Onís €
Historisch   K F2
Villanueva de Cangas, 33550
☎ 985 84 94 02
🌐 parador.es
Parador mit heimeligem Ambiente in einem Kloster aus dem 8. Jahrhundert am Fluss Sella.

COLUNGA: Palacio de Libardón €
Historisch K F2
Lugar Barrio de Arriba 197, 33325
📞 605 81 63 87
🌐 palaciodelibardon.com
Charmant restaurierter, freundlicher *palacio*, exzellentes Essen und toller Bergblick. Jedes Zimmer ist individuell gestaltet.

CUDILLERO: Hotel Casona Selgas €
Historisch K E1
Avenida Selgas s/n, 33154
📞 985 59 05 48
🌐 hotelcasonaselgas.com
Kleiner Familienbetrieb mit exzellentem, freundlichem Service. Das Flair in dem typisch asturischen Haus ist sehr stimmungsvoll.

Vis-à-Vis-Tipp

FUENTE DÉ: Parador de Fuente Dé €
Historisch K G2
Barrio Espinama s/n, 39588
📞 942 73 66 51
🌐 parador.es
Dieser Parador bietet den üblichen hohen Standard und sämtliche Annehmlichkeiten. Besonders ist jedoch seine fantastische Lage in den Picos de Europa, die erkundet und bewundert werden können.

GIJÓN: Hotel Hernán Cortes €
Historisch K F1
Fernandez Vallin 5, 33205
📞 985 34 60 00
🌐 hotelhernancortes.es
Komfortable Zimmer in einem historischen Casino, zentrale Lage nahe Strand, Bars, Läden.

LLANES: Hotel Rural Cuartamenteru €
Zimmer mit Aussicht K G2
Barrio Anteji s/n, Poo de Llanes, 33509
📞 985 40 32 76
🌐 cuartamenteru.com
Hotel in ruhiger Lage mit Bergblick. Nur von März bis Oktober geöffnet.

MIESES: Posada el Bosque €
Boutique K G2
Ctra Monastero de St. Toribio, 39586
📞 942 73 01 27
🌐 posadaelbosque.com
Bezauberndes Berghotel – ideal für romantische Ferien.

OVIEDO: Castillo del Bosque La Zoreda €€
Luxus K E2
Bosque de La Zoreda s/n, 33170, La Manjoya
📞 985 96 33 33
🌐 castillodelbosquedelazoreda.com

Minimalistisches Design im Hotel Miró, Bilbao

Fünf-Sterne-Luxushotel in einem Schloss aus dem 20. Jahrhundert mit schönem Park.

PECHÓN: Hotel Tinas €€
Boutique K G2
Barrio Quintana 64, 39594
📞 942 71 73 36
🌐 tinasdepechon.com
Elegantes Hotel in Strandnähe. Alle Zimmer mit Küchenzeile.

RIBADESELLA: Hotel Villa Rosario I €€
Historisch K F2
Dionisio Ruizsánchez 6, 33560
📞 985 86 00 90
🌐 hotelvillarosario.com
Renoviertes Schloss am Strand in Ribadesella mit See- und Bergblick, exzellente Ausstattung.

SAN VICENTE DE LA BARQUERA: Hotel Villa de San Vicente €
Boutique K G2
Calle Fuente Nueva 1, 39540
📞 942 71 21 38
🌐 hotelvsvicente.com
Sauber, gemütlich und ruhig, mit schönem Blick auf die Burg.

SANTANDER: Hostal Jardin Secreto €
Pension K H2
Calle Cardenal Cisneros 37, 39007
📞 942 07 07 14
🌐 jardinsecretosantander.com
Einfache, aber hübsch dekorierte Zimmer. Schöner Garten.

SANTILLANA DEL MAR: Hotel Casa del Marqués €€
Historisch K G2
Calle del Cantón 26, 39330
📞 942 81 88 88
🌐 hotelcasadelmarques.com
Das 500 Jahre alte ehemalige Haus des ersten Marqués de Santillana del Mar ist heute ein Hotel.

Baskenland, Navarra und La Rioja

ANGUIANO: Abadía de Valvanera €
Historisch K K3
Ctra LR-435, km 24.6, Monasterio de Valvanera
📞 941 37 70 44
🌐 abadiavalvanera.com
Einfache, dezente Zimmer in einer alten Benediktinerabtei in der Sierra de la Demanda.

BERA: Hotel Churrut €
Historisch K L2
Plaza de los Fueros 2, 31780
📞 948 62 55 40
🌐 hotelchurrut.com
Gemütlich und schick, in einem Haus aus dem 17. Jahrhundert.

BILBAO: Hotel Carlton €€
Historisch K J2
Plaza de Federico Moyúa 2, 48009
📞 944 16 22 00
🌐 hotelcarlton.es
Das elegante Hotel von 1926 ist ein Wahrzeichen der Stadt. Klassisch eingerichtete Zimmer.

BILBAO: Hotel Miró €€
Modern K J2
Alameda Mazarredo 77, 48009
📞 946 61 18 80
🌐 mirohotelbilbao.com
Das von Antonio Miró designte minimalistische Luxushotel blickt auf das Guggenheim Museum.

BRIÑAS: Hospedería Señorío de Briñas €
Historisch K J3
Calle Señorío de Briñas 5, 26290
📞 941 30 42 24
🌐 hotelesconencantodelarioja.com
Historisches Schloss in einem ländlichen Weingebiet, samt Weinkeller der Familie.

K = Karte *Extrakarte zum Herausnehmen*

DONAMARÍA:
Donmaria'ko Benta €
Gasthof K L2
Barrio Ventas 4, 31750
☎ 948 45 07 08
🌐 **donamariako.com**
Familienbetriebenes Hotel in einem Haus aus dem 19. Jahrhundert mit traditionellem Restaurant und Gartenblick.

Vis-à-Vis-Tipp
ELCIEGO: Hotel Marqués de Riscal €€€
Boutique K K3
Calle Torrea 1, 01340
☎ 945 18 08 80
🌐 **hotel-marquesderiscal.com**
Das Hotel verbindet Avantgarde-Design mit einer fantastischen Lage im baskischen Weinland. Verwöhnen Sie sich im Spa, entspannen Sie in der Bar, oder gehen Sie auf Weintour.

GETARIA: Hotel Rural Gaintza €
B&B
Calle San Prudentzio Auzoa 26, 20808
☎ 943 14 00 32
🌐 **txakoligaintza.com**
Elegant-moderne Zimmer in einer traditionsreichen Bodega.

HARO: Los Agustinos €€
Historisch K J3
Calle San Agustín 2, 26200
☎ 941 31 13 08
🌐 **hotellosagustinos.com**
Die Zimmer des Hotels in einem 1373 gegründeten ehemaligen Kloster liegen rund um einen Kreuzgang mit Glasdach.

HONDARRIBIA: Parador de Hondarribia €€€
Historisch K L2
Plaza de Armas 14, 20280
☎ 943 64 55 00
🌐 **parador.es**
Parador in einer Burg (10. Jh.) mit Original-Artefakten, Höfen und Terrassen sowie bester Aussicht.

LAGUARDIA: Hospedería Los Parajes €€
Boutique K K3
Calle Mayor 46–48, 01300
☎ 945 62 11 30
🌐 **hospederiadelosparajes.com**
Elegantes Hotel, in einem Haus aus dem 15. Jahrhundert, mit Spa samt *hammam*, individuelle Zimmer.

LEKEITIO: Hotel Zubieta €€
Historisch
Atea s/n, 48280
☎ 946 84 30 30
🌐 **hotelzubieta.com**
Reizende Zimmer in einem Landsitz des 17. Jahrhunderts am Stadtrand mit Blick auf den ruhigen Garten.

LOGROÑO: Hotel Calle Mayor €
Historisch K K3
Marqués de San Nicolás 71, 26001
☎ 941 23 23 68
🌐 **hotelcallemayor.com**
Stadthotel in einem Herrenhaus aus dem 16. Jahrhundert, modernes Design in alten Gemäuern.

MUNDAKA: Atalaya Hotel €
Historisch K K2
Itxaropen Kalea 1, 48360
☎ 946 17 70 00
🌐 **atalayahotel.es**
Zimmer mit Garten- oder Meerblick, erste Adresse für Surfer und Sonnenhungrige.

OLITE: Parador de Olite €
Historisch K L3
Plaza de Teobaldos 2, 31390
☎ 948 74 00 00
🌐 **parador.es**
Parador in einer denkmalgeschützten Burg aus dem 15. Jahrhundert, klassische Interieurs.

PAMPLONA: Pamplona Catedral Hotel €
Boutique
Calle Dos de Mayo 4, 31001
☎ 948 22 66 88
🌐 **pamplonacatedralhotel.com**
Design-Zimmer in einem alten Kloster im Stadtzentrum.

PAMPLONA: Gran Hotel La Perla €€€
Historisch K L3
Plaza del Castillo 1, 31001
☎ 948 22 30 00
🌐 **granhotellaperla.com**
Das La Perla von 1881 war Ernest Hemingways Lieblingshotel in Pamplona. Die Zimmer sind nach historischen Themen gestaltet.

RONCESVALLES: Hotel Roncesvalles €
Historisch K L2
Plaza Mayor s/n, 31650
☎ 948 76 01 05
🌐 **hotelroncesvalles.com**
Schickes Hotel in einem ehemaligen mittelalterlichen Hospiz, hier übernachten viele Jakobspilger.

SAN SEBASTIÁN: Aida €
B&B
Calle Iztueta 9, 20001
☎ 943 32 78 00
🌐 **pensionesconencanto.com**
Die Pension in einem schönen Altbau bietet gemütliche Zimmer und Studios mit Kochnische.

SAN SEBASTIÁN: Hotel Maria Cristina €€€
Luxus K K2
Paseo República Argentina 4, 20004
☎ 943 43 76 00
🌐 **hotel-mariacristina.com**
Fünf-Sterne-Hotel im Stil der Belle Époque mit Blick auf den Fluss.

SANTO DOMINGO DE LA CALZADA: Parador de Santo Domingo €
Historisch K J3
Plaza del Santo 3, 26250
☎ 941 34 03 00
🌐 **parador.es**
Der Parador residiert in einem ehemaligen Hospiz für Jakobspilger aus dem 12. Jahrhundert.

VITORIA: La Casa de los Arquillos €
Historisch K K3
Dalle de Los Arquillos 1–2, 01001
☎ 945 15 12 59
🌐 **lacasadelosarquillos.com**
Das Hotel im Gebäude einer ehemaligen Schneiderei aus dem 18. Jahrhundert ist hell und luftig.

Barcelona
Altstadt
Bonic Barcelona €
Boutique SP 5 A3
Josep Anselm Clavé 9, 08002
☎ 626 05 34 34
🌐 **bonic-barcelona.com**
Charmantes kleines B&B im Barri Gòtic mit freundlichem Personal und netten Extras.

Lässige Eleganz im Hotel Marqués de Riscal in Elciego

Hotel Banys Orientals €
Boutique SP 5 B3
Carrer Argenteria 37, 08003
☎ 932 68 84 60
🌐 hotelbanysorientals.com
Stilvolles Hotel mit geräumigen Zimmern in einem restaurierten historischen Gebäude.

Duquesa de Cardona €€
Boutique SP 5 A3
Passeig de Colom 12, 08002
☎ 932 68 90 90
🌐 hduquesadecardona.com
Dezentes Hotel mit Stil und grandioser Dachterrasse mit Blick auf Port Vell.

Hotel Barcelona Catedral €€
Boutique SP 5 A2
Carrer Capellans 4, 08002
☎ 933 04 22 55
🌐 barcelonacatedral.com
Elegante Zimmer, eine tolle Dachterrasse mit Pool und effizienter Service.

Hotel Espanya €€
Historisch SP 2 F3
Sant Pau 9–11, 08001
☎ 935 50 00 00
🌐 hotelespanya.com
Schönes Haus von 1859, großartiges Restaurant und schöne Bar mit eindrucksvollen Wandbildern von Lluís Domènech i Montaner.

Hotel Yurbban €€
Boutique SP 5 B1
Carrer Trafalgar 30, 08010
☎ 932 68 07 27
🌐 yurbban.com
Design-Zimmer, einladende Dachterrasse und Pool. Täglich wird als besonderer Service eine gute Auswahl an Weinen und Käsesorten offeriert.

Vis-à-Vis-Tipp

Hotel Mercer €€€
Luxus SP 5 B3
Carrer Lledó 7, 08002
☎ 933 10 74 80
🌐 mercerbarcelona.com
Das exklusive, behagliche Hotel residiert in einem opulenten historischen Herrenhaus mit römischen Mauerresten. Hinter der historischen Fassade locken modernes Design und eine Dachterrasse mit Pool.

Hotel Neri €€€
Boutique SP 5 A2
Sant Sever 5, 08002
☎ 933 04 06 55
🌐 hotelneri.com
Ein bezauberndes Hotel in einem Schloss aus dem 18. Jahrhundert mit exzellentem Restaurant.

Elegante Dachterrasse mit Pool des **Hotel Mercer, Barcelona**

Ohla €€€
Luxus SP 5 B1
Via Laietana 49, 08003
☎ 933 41 50 50
🌐 ohlahotel.com
Prächtiges Fünf-Sterne-Hotel mit Sterne-Restaurant. Weitere Highlights sind der Pool, die Sonnenterrasse und die Tapas-Bar

Eixample

Hostal L'Antic Espai €
B&B SP 3 B5
Gran Via 660, 08010
☎ 933 04 19 45
Freundliches B&B mit einfachen Zimmern und stimmungsvollem Interieur. Frühstück auf der Terrasse zwischen Blumen.

Hotel Actual €€
Boutique SP 3 B3
Rosselló 238, 08008
☎ 935 52 05 50
🌐 hotelactual.com
Minimalistische Zimmer in einfarbigem Dekor. Für die Lage gutes Preis-Leistungs-Verhältnis.

Hotel Jazz €€
Boutique
Pelai 3, 08001
☎ 935 52 96 96
🌐 hoteljazz.com
Großzügig geschnittene, moderne Zimmer, Pool und Terrasse auf dem Dach. Das Personal ist mehr als aufmerksam.

Vis-à-Vis-Tipp

Alma €€€
Boutique SP 3 B4
Mallorca 271, 08008
☎ 932 16 44 90
🌐 almabarcelona.com
Das elegante Alma besticht vor allem mit exzellentem Service, minimalistischem Design, sehr hübschem Patio und Dachterrasse sowie seinem Spa-Bereich und Pool.

Hotel Omm €€€
Luxus SP 3 B3
Rosselló 265, 08008
☎ 934 45 40 00
🌐 hotelomm.es
Topmodernes Hotel mit ganz speziellem Flair. Zu den Annehmlichkeiten gehören das exzellente Restaurant sowie der Club und das Spa.

Mandarin Oriental Hotel €€€
Luxus SP 3 A4
Passeig de Gràcia 38–40, 08007
☎ 931 51 88 88
🌐 mandarinoriental.com
Fünf-Sterne-Hotel mit opulentem, weiß-goldenem Dekor und exzellentem Sterne-Restaurant.

Abstecher

ABaC €€€
Luxus
Avinguda Tibidabo 1, 08022
☎ 933 19 66 00
🌐 abacbarcelona.com
Sehr schickes Hotel mit einem der besten Restaurants Spaniens (zwei Michelin-Sterne).

Vis-à-Vis-Tipp

Hotel Arts €€€
Luxus SP 6 E4
Carrer de la Marina 19–21, 08005
☎ 932 21 10 00
🌐 hotelartsbarcelona.com
Das Luxushotel in einem gläsernen Wolkenkratzer direkt beim Strand bietet ein Six Senses Spa im 42. Stock, mehrere erstklassige Restaurants und Bars, einen exzellenten Service sowie eine hervorragende Sammlung zeitgenössischer Kunst.

Katalonien

BEGUR: Hotel Aiguaclara €€
Boutique K R4
Sant Miquel 2, 17255
☎ 972 62 29 05
🌐 hotelaiguaclara.com
Kleines Hotel mit reizenden Zimmern in einem hübschen Dorf. Zur Ausstattung gehören auch ein Garten, ein gutes Restaurant und kleine Ecken zum Lesen und Relaxen.

BORREDÀ: El Querol Vell €€
Historisch
Carrer Manresa 75, 08619
☎ 938 23 98 10
🌐 elquerolvell.com
Wunderbar gelegener Hof mit reizenden Zimmern, schönem Garten und gutem Restaurant.

Elegante, moderne Fassade des Ciutat de Girona, Girona

CADAQUÉS: Hotel Llané Petit €
Boutique   K R3
Platja Llane Petit s/n, 17488
972 25 10 20
llanepetit.com
Reizendes Strandhotel am Stadtrand mit frischem blau-weißem Dekor in den Zimmern.

CARDONA: Hotel Bremon €€
Historisch   K P4
Cambres 15, 08261
938 68 49 02
hotelbremon.com
Hotel in einem schick umgebauten Kloster, elegante Apartments und Zimmer, schönes Restaurant.

DELTEBRE: Delta Hotel €
Boutique   K O6
Avinguda del Canal, Camí de la Illeta s/n, 43580
977 48 00 46
deltahotel.net
Bezauberndes Landhotel in Familienbesitz, ideal für Ausflüge in das schöne Ebro-Delta.

FIGUERES: Hotel Duran €€
Lausaca 5, 17600
Pujada del Castell 14, 17600
972 50 12 50
hotelduran.com
Ein sehr gemütliches Hotel mit bequemen Zimmern und gutem Restaurant, in dem Dalí gerne aß.

GIRONA: Ciutat de Girona €
Boutique   K Q4
Nord 2, 17001
972 48 30 38
hotelciutatdegirona.com
Elegantes Hotel mit hohen Zimmern und gutem Restaurant.

GRANOLLERS: Fonda Europa €€
Historisch   K Q4
Anselm Clavé 1, 08402
938 70 03 12
hotelfondaeuropa.com
Klassischer, alteingesessener Gasthof mit schönen Zimmern und schickem katalanischem Restaurant.

LLAFRANC: El Far de Sant Sebastià €€
Boutique   K R4
Muntanya de Sant Sebastià, 17211
972 30 16 39
hotelelfar.com
Hotel auf einer Klippe an einem schönen Abschnitt der Costa Brava. Das Restaurant ist sehr zu empfehlen.

LLORET DE MAR: Sant Pere del Bosc Hotel & Spa €€€
Luxus   K Q4
Paratge Sant Pere del Bosc s/n, 17310
972 36 16 36
santperedelboschotel.com
Opulente Suiten, spektakuläres Spa, Modernisme-Villa. Zum nächsten Strand sind es etwa fünf Kilometer.

MONTBLANC: Fonda Cal Blasi €
Historisch   K O5
Carrer Alenyá 11, 43400
977 86 13 36
santperedelboschotel.com
Gemütliches Hotel, in einem alten Haus (19. Jh.). Rustikal eingerichtete Zimmer, exzellentes Lokal.

MONTSENY: Hotel Can Cuch €€
Historisch   K Q4
Can Cuch de Muntanya 35, 08445
931 03 39 80
hotelcancuch.com
Wunderschöne *masia* (Bauernhaus) in den Hügeln mit wundervollen Ausblicken.

MONTSERRAT: Abat Cisneros €€
Historisch   K P5
Plaça de Montserrat s/n, 08199
938 77 77 01
Komfortable Zimmer, fantastischer Bergblick, Restaurant mit katalanischer Küche.

OLOT: Les Cols Pavellons €€
Luxus   K Q3
Avinguda de les Cols 2, 17800
699 813 817
lescolspavellons.com
Umwerfendes Hotel mit gläsernen Pavillons im Garten und preisgekröntem Restaurant.

Vis-à-Vis-Tipp

PLATJA D'ARO: Silken Park Hotel San Jorge   €€
Boutique   K R4
Avenida Andorra 28, 17250
972 65 23 11
hoteles-silken.com
Das elegante Hotel bietet in herrlicher Lage auf einer Klippe an der Costa Brava schöne Zimmer mit Balkon und Meerblick. Eine Treppe führt hinunter zu einer kleinen Bucht, die Felsen und Kiefern säumen.

SANTA CRISTINA D'ARO: Mas Tapiolas €€€
Boutique   K R4
Carretera C65, km 7, Veinat de Solius s/n, 17246
932 83 70 17
hotelmastapiolas.es
Schönes Hotel in einem Bauernhaus aus dem 18. Jahrhundert, eine kurze Fahrt vom Strand entfernt. Lauschiger Garten, gutes Restaurant.

SITGES: Hotel Galeon €
Boutique   K P5
Sant Francesc 46, 08870
938 94 13 79
hotelsitges.com
Freundliches Hotel, mit gemütlichen Zimmern, teilweise mit Meerblick von der Terrasse. Der kleine Pool wird von Palmen beschattet.

TARRAGONA: Hotel Pigal €
B&B   K O5
Carrer Cardenal Cervantes 6, 43004
977 50 68 18
hotelpigal.com
Hotel in zentraler Lage mit einfachen, aber tadellos möblierten Zimmern. Hervorragendes Preis-Leistungs-Verhältnis.

TORRENT: Mas de Torrent Hotel & Spa €€€
Historisch   K R4
Afueras de Torrent, 17123
902 55 03 21
hotelmastorrent.com
Sehr gut ausgestattetes Hotel in einer *masia* (Bauernhaus) mit eleganten Zimmern, gutem Service, exzellentem Restaurant.

TOSSA DE MAR: Hotel Cap d'Or €
Boutique   K Q4
Passeig del Mar 1, 17320
972 34 00 81
hotelcapdor.com
Kleines Hotel in einem weiß getünchten Haus aus dem 18. Jahrhundert direkt am Meer.

Elegante Einrichtung im Mas de Torrent Hotel & Spa, Torrent

VIC: Parador de Vic-Sau   €€
Boutique   K Q4
Paraje el Bac de Sau. Ctra de Tavèrnoles, Bv 5213, km 10, 08500
📞 938 12 23 23
Der Parador steht in idyllischer Waldlage an einem hübschen See. Reizende Anlage, Pool.

VIELHA: Hotel El Ciervo   €€
Historisch   K O3
Plaça de Sant Orenc 3, 25530
📞 973 64 01 65
🌐 hotelelciervo.net
Familienbetrieb mit rustikalen Zimmern und netter Lounge (im Winter mit Kaminfeuer).

Cottage im Landhausstil im B&B Barosse, Barós

Aragón

AÍNSA: Los Siete Reyes   €
Boutique   K N3
Plaza Mayor s/n, 22330
📞 974 50 06 81
🌐 lossietereyes.com
Ein stimmungsvolles Haus. Zimmer mit Aussicht auf Aínsas Hauptplatz oder die Pyrenäen.

ALQUÉZAR: Casa Alodia   €
Boutique   K N4
Calle San Gregorio; Calle Arrabal s/n, 22145
📞 626 35 18 16
🌐 casa-alodia.com
Hotel mit zwei Gebäuden: San Gregorio für Familien, Arrabal für romantische Auszeiten.

BARÓS: Barosse   €
B&B   M3
Calle Estiras 4, 22712
📞 974 36 05 82
🌐 barosse.com
Fünf schöne Zimmer, täglich wechselnde Speisekarte.

Vis-à-Vis-Tipp

CALACEITE: Hotel Cresol   €
Boutique   K N6
Calle Santa Bárbara 16, 44610
📞 609 90 81 90
🌐 hotelcresol.com
Gasthof in einer umgebauten Olivenmühle mit hochwertig möblierten Zimmern, zeitgenössischer Kunst und einem traditionellen Ambiente – perfekter Mix aus Alt und Neu.

FUENTESPALDA:
Mas de la Serra   €€
Gasthof   K N6
Mas de la Serra, 44587
📞 976 36 90 98
🌐 masdelaserra.com
Ein renoviertes Bauernhaus inmitten von Mandelplantagen. Großartige Aussicht.

MIRAMBEL: Las Moradas del Temple   €€
Boutique
Calle Agustín Pastor 15, 44141
📞 964 17 82 70
🌐 lasmoradasdeltemple.es
Romantisches Hotel in historischem Anwesen mitten in Mirambels Altstadt.

SALLENT DE GALLEGO:
Hotel Valle de Izas   €
Boutique   K M3
Calle Francia 26, 22640
📞 974 48 85 08
🌐 hotelvalledeizas.com
Einladendes Dorfhotel mit gemütlichen, traditionell dekorierten Zimmern.

ZARAGOZA: Hotel Sauce   €
Boutique   K M5
Calle Espoz y Mina 33, 50003
📞 976 20 50 50
🌐 hotelsauce.com
Zentral gelegenes Hotel mit schönen Zimmern. Zum Frühstück gibt es hausgemachte Kuchen.

Valencia und Murcia

ALICANTE: Amerigo   €€
Boutique   K M10
Calle Rafael Altamira 11, 03002
📞 965 14 65 70
🌐 hospes.es
Elegantes, stilvolles Hotel in einem umgebauten Dominikanerkloster mit Spa, schicker Bar und Restaurant. Haustiere sind willkommen.

BOCAIRENT: Hotel L'Estació   €€
Historisch
Parc de l'Estació s/n, 46880
📞 962 35 00 00
🌐 hotelestacio.com
Landgasthof in einem früheren Bahnhof des 19. Jahrhunderts. Die Gärten garantieren einen entspannten Aufenthalt.

CALPE: Gran Hotel Sol y Mar   €
Luxus   K N10
Calle Benidorm 3, 03710
📞 965 87 50 55
🌐 granhotelsolymar.com
Reizendes, modernes Hotel nahe der Stadt und dem Strand, zur Anlage gehört ein Spa. Nur für Gäste über 16 Jahre.

CARTAGENA: La Manga Club
Príncipe Felipe   €€
Luxus   K M11
La Manga Club, 30389
📞 968 17 55 77
🌐 lamangaclub.com
Das exklusive Hotel im Stil eines spanischen Dorfes ist bei Prominenten beliebt. Vielfältiges Sport- und Unterhaltungsangebot, gut ausgestattetes Spa.

DENIA: Rosa   €
Boutique   K N9
Calle Congre 3, Las Marinas, 03700
📞 965 78 15 73
🌐 hotelrosadenia.com
Freundliches Hotel im Stil eines mediterranen Dorfes am Meer. Modern eingerichtete Zimmer.

ELX: Hotel Huerto del Cura   €
Gasthof   K M10
Puerta de la Morera 14, 03203
📞 966 61 00 11
🌐 hotelhuertodelcura.com
Das Hotel in einem grünen Palmenhain bietet seinen Gästen Bungalows (zum Teil mit Holzdecken) und einen Pool.

Vis-à-Vis-Tipp

FORTUNA: Balneario Leana   €
Historisch   K M10
Calle Balneario, 30630
📞 902 44 44 10
🌐 leana.es
Stimmungsvolles Kurhotel von 1860 und Murcias ältestes Hotel. Altmodisches Flair und Modernisme-Elemente.

K = Karte *Extrakarte zum Herausnehmen*

Elegant eingerichtetes Zimmer im Hostal Gala, Madrid

LA VILA JOÍOSA:
Hotel Montiboli €€
Luxus   K N10
Partida Montiboli, 03570
📞 965 89 02 50
W montiboli.com
Hübsches Hotel in spektakulärer Klippenlage mit tollem Meerblick, zwei Pools, Spa und Gourmet-Restaurant.

MURCIA: Arco de San Juan €
Historisch   K M11
Plaza de Ceballos 10, 30003
📞 968 21 04 55
W arcosanjuan.com
Schön umgebautes Schloss nahe der Kathedrale mit großen Zimmern, kombinierten Stil- und modernen Möbeln.

ORIHUELA: Hotel Palacio
Tudemir €
Luxus/Boutique   K M11
Calle Alfonso XIII 1, 0330
📞 966 73 80 10
W hotelpalaciotudemir.com
Schloss aus dem 18. Jahrhundert, restauriert mit modernen Details. Gäste schätzen den Spa-Bereich und das Gourmet-Restaurant.

PEÑÍSCOLA:
Hostería del Mar €€
Historisch   K N7
Avinguda Papa Luna 18, 12598
📞 964 48 06 00
W hosteriadelmar.net
Strandhotel mit moderner Ausstattung und schönem Garten. Die meisten Zimmer verfügen über einen Balkon. Im Sommer Mindestaufenthalt eine Woche mit Halbpension.

VALENCIA: Hostal Venecia €
Historisch   K M8
Plaza del Ayuntamiento 3, 46002
📞 963 52 42 67
W hotelvenecia.com
Gut geführtes Hotel im Zentrum mit praktischen, modernen Zimmern (einige mit Balkon) und aufmerksamem Service.

VALENCIA: SH Inglés
Boutique €
Boutique   K M8
Calle Marqués de Dos Aguas 6, 46002
📞 963 94 02 51
W inglesboutique.com
Sehr hübsche Zimmer und Suiten mit erstklassiger Ausstattung in einem schön renovierten Schloss (18. Jh.).

VILAFAMÉS:
El Jardin Vertical €€
Historisch   K N7
Carrer Nou 15, 12192
📞 964 32 99 38
W eljardinvertical.com
Haus (17. Jh.) zwischen Oliven- und Mandelhainen. Der perfekte Standort für erholsamen Urlaub.

XÀBIA: Hotel Jávea €
Boutique   K N9
Carrer Pio X 5, 03730
📞 965 79 54 61
W hotel-javea.com
Nettes Hotel mit ansprechenden Zimmern und toller Aussicht.

XÀTIVA: Hostería Mont Sant €
Historisch   K M9
Subida al Castillo de Xàtiva s/n, 46800
📞 962 27 50 81
W mont-sant.com
Schönes Herrenhaus mit Zitrusgarten, Spa und Restaurant.

Madrid
Altstadt
Abracadabra B&B €
B&B   SP 3 C4
Calle Bailén 39, 28005
📞 911 30 18 51
W abracadabrasuites.com
Gemütliches, schön möbliertes B&B im Herzen der Metropole. Hartholzböden, dezente Farben und marokkanische Akzente tragen zum Charme bei.

Vis-à-Vis-Tipp
Hostal Gala €
Boutique   SP 4 E1
Calle de los Ángeles 15, 28013
📞 91 541 96 92
W hostalgala.com
Das Hostal im Zentrum bietet elegante, erschwingliche Zimmer und Apartments, meist mit Balkon und Blick auf einen hübschen Platz. Das Gala überzeugt zudem mit freundlichem Service, Power-Duschen und anderen Extras.

Hotel Plaza Mayor €
Historisch   SP 4 E3
Calle Atocha 2, 28012
📞 91 360 06 06
W h-plazamayor.com
Nahe der Plaza Mayor gelegenes, elegantes, modernes Haus mit Steinmauern und Parkettböden. Insgesamt ein sehr stimmungsvoller Ort.

Mayerling Hotel €
Boutique   SP 4 F3
Calle del Conde Ramanones 6, 28012
📞 91 420 15 80
W mayerlinghotel.com
Designer-Hotel mit hellen, minimalistisch designten Zimmern. Fast ein Schnäppchen.

Posada del León de Oro €
Historisch   SP 4 E3
Calle Cava Baja 12, 28005
📞 91 119 14 94
W posadadelleondeoro.com
Gasthof mit Restaurant aus dem 19. Jahrhundert, elegante Zimmer, traditioneller Patio.

Hotel Liabeny €€
Boutique   SP 4 F1
Calle de la Salud 3, 28013
📞 91 531 90 00
W liabeny.es
Das zentrale Hotel bietet für seinen Preis zahlreiche Annehmlichkeiten wie Sauna und Restaurant.

Casa de Madrid €€€
Luxus   SP 4 D2
Calle Arrieta 2, 28013
📞 91 559 57 91
W casademadrid.com
Exquisit, die wenigen Zimmer sind mit Antiquitäten möbliert.

Madrid der Bourbonen
Hotel One Shot Prado 23 €€
Boutique   SP 7 B3
Calle del Prado 23, 28014
📞 91 420 40 01
W hoteloneshotprado23.com
Schicke Zimmer mit Holzböden, einige haben auch einen Balkon.

Hotel Único €€
Boutique SP 6 E3
Calle Claudio Coello 67, 28001
☎ 91 781 01 73
w unicohotelmadrid.com
Reizendes Boutique-Hotel mit
eleganten Zimmern und mit
Michelin-Stern prämiertem Restaurant. Aufmerksamer Service.

Me Madrid Reina Victoria €€
Luxus SP 7 A3
Plaza de Santa Ana 14, 28012
☎ 912 76 47 47
w memadrid.com
Schickes Hotel mit umwerfenden
Zimmern und Suiten, Dachbar
und beliebtem Restaurant.

Hotel Hospes Puerta Alcalá €€€
Boutique SP 8 D1
Plaza de la Independencia 3, 28001
☎ 91 432 29 11
w hospes.com
Hotel beim Parque del Retiro in
einem Haus aus dem 19. Jahrhundert mit herrlichem Spa und
Gourmetrestaurant.

Vis-à-Vis-Tipp

Ritz €€€
Luxus SP 7 C2
Plaza de la Lealtad 5, 28014
☎ 91 701 67 67
w mandarinoriental.com/
ritzmadrid
In einem Garten beim Prado
bietet das Belle-Époque-Hotel
vergoldetes Dekor und das
Flair einer vergangenen Ära –
hier ist in öffentlichen Bereichen angemessene Kleidung
Pflicht. Hinzu kommen ein
exzellenter Service und eine
Bar, in der einst Dalí, Lorca und
andere Größen Hof hielten.

Abstecher

Artrip Hotel €€
Boutique
Calle Valencia 11, 28012
☎ 91 539 32 82
w artriphotel.com
Modernes Hotel mit Ziegelwänden und hohen Decken.

Clement Barajas Hotel €€
Boutique
Avenida General 43, 28042
☎ 91 746 03 30
w clementhoteles.com
Hotel mit hellen Zimmern, beque-
mer regelmäßiger Shuttlebus zum
Barajas Airport.

Silken Puerta América €€€
Luxus
Avenida de América 41, 28002
☎ 91 744 54 00
w hoteles-silken.com

Jede Etage des spektakulären
Hotels wurde von einem anderen
Star-Architekten entworfen.
Dachterrasse mit Bar.

Provinz Madrid

CHINCHÓN: Condesa de Chinchón €
Boutique K H7
Calle de los Huertos 26, 28370
☎ 918 93 54 00
w condesadechinchon.com
Schönes, kleines, modernes Hotel
mit exzellentem Restaurant.

SAN LORENZO DE EL ESCORIAL: Hotel Posada Don Jaime €
Historisch K G6
Calle San Antón 24, 28200
☎ 918 96 52 18
w posadadonjaime.es
Traditionell dekorierte Zimmer,
hübsche Terrasse mit Blumen und
ein Pool machen den Aufenthalt
angenehm.

Kastilien und León

AMPUDIA: Casa del Abad €
Boutique K F4
Plaza Francisco Martín
Gromaz 12, 34191
☎ 979 76 80 08
w casadelabad.com
Hotel in einer ehemaligen Abtei
(17. Jh.) mit zahlreichen Original-
elementen.

ÁVILA: Hostel Puerta del Alcázar €
Boutique K G6
Calle San Segundo 38, 05001
☎ 920 21 10 74
w puertadelalcazar.com
Hotel an der Stadtmauer. Von der
Terrasse hat man einen schönen
Blick auf die Kathedrale.

Nobles Salon-Dekor im Madrider Hotel Ritz

ÁVILA: Palacio de los Velada €€
Historisch K G6
Plaza de la Catedral 10, 05001
☎ 920 25 51 00
w veladahoteles.com
Der restaurierte Palast des
16. Jahrhunderts unweit der Kathedrale bietet neben schönen
Zimmern ein Top-Restaurant.

BURGOHONDO: Posada Real El Linar del Zaire €
Boutique K F7
Carretera Ávila – Casavieja 42B,
05113
☎ 920 28 40 91
w ellinardelzaire.com
Gut gelegen für Ausflüge in das
Valle del Alberche. In der Nähe
kann man Kanu fahren und Golf
spielen.

BURGOS: Torre Berrueza €
Boutique K H4
Calle Nuño Rasura 5, 09560,
Espinosa de los Monteros
☎ 610 34 23 04
w torreberrueza.es
Hotel in einem Turm aus dem
Mittelalter mit Restaurant mit
traditioneller Küche.

BURGOS: NH Collection Palacio de Burgos €€€
Historisch K H4
Calle de la Merced 13, 09002
☎ 947 47 99 00
w nh-collection.com/es/hotel/
nh-collection-palacio-de-burgos
Zentral gelegenes Haus (16. Jh.)
mit exquisiten Zimmern und
Gourmetrestaurant.

CANDELADA: El Mirlo Blanco €
Boutique K F7
Carretera Candelada a Madrigal de
la Vera, km 2,1, 05480
☎ 902 10 40 00
w el-mirlo-blanco.com
Ländliches Hotel inmitten grüner,
fruchtbarer Landschaft. Sauna,
Jacuzzi und Massagen.

CIRCO DE GREDOS: Refugio Laguna Grande €
Gasthof K F7
Laguna de Gredos s/n, 05634
☎ 920 20 75 76
w refugiolagunagrandede
gredos.es
Einfache Unterkunft mit Schlafsaal und herrlicher Aussicht auf
die umliegenden Berge. Ideal für
preisbewusste Urlauber.

LEÓN: NH Collection Plaza Mayor €
Luxus K F3
Plaza Mayor 15–17, 24003
☎ 987 34 43 57
w nh-hotels.com
Historisches Ambiente, modernes
Design, komfortable Zimmer.

LUYEGO: Hostería Camino €
Boutique K E3
Calle Nuestra Señora de los
Remedios 25, 24717
☎ 987 60 17 57
🌐 hosteriacamino.com
Reizendes Hotel mit Innenhöfen
am Camino de Santiago.

MEDINACELI: Hotel Medina
Salim €
Boutique K K5
Calle Barranco 15, 42240
☎ 975 32 69 74
🌐 hotelmedinasalim.com
Modernes Haus, integriert Teile
der Stadtmauer, schöner Blick.
Gut ausgestattetes Spa.

PEDRAZA: Hospedería de
Santo Domingo €
Gasthof KH6
Calle Matadero 3, 40172
☎ 921 50 99 71
🌐 hospederiadesantodomingo.
com
Das Hotel im Jüdischen Viertel
bietet eine großartige Aussicht
auf die Sierra de Guadarrama
und den Aquädukt.

PONFERRADA: Hotel Aroi
Bierzo Plaza €
Boutique K D3
Plaza del Ayuntamiento 4, 24001
☎ 987 40 90 01
🌐 aroihoteles.com
Ansprechende Zimmer in guter
Lage und zwei Restaurants mit
regionalen Spezialitäten.

PUEBLA DE SANABRIA:
Posada de las Misas €
Boutique K D4
Plaza Mayor 13, 49300
☎ 980 62 03 58
🌐 posadadelasmisas.com
Schön gelegenes Hotel mit Biblio-
thek und Kunstsammlung.

Vis-à-Vis-Tipp

SALAMANCA: Hotel Rector €€
Boutique K E6
Paseo Rector Esperabé 10, 37008
☎ 923 21 84 82
🌐 hotelrector.com
Das Hotel in der ehemaligen
Residenz einer der vornehmsten Familien Salamancas verströmt individuelle Eleganz.
Die Zimmer werden zweimal
täglich gesäubert.

SALAMANCA: NH Puerto de
la Catedral €€
Luxus K E6
Plaza Juan XXIII 5, 37008
☎ 923 28 08 29
🌐 nh-hotels.com
Elegantes Kettenhotel, moderne,
gut ausgestattete Zimmer.

Blick in eines der eleganten Zimmer
im Hotel Rector, Salamanca

SANTA MARÍA DE MAVE:
El Convento de Mave €
Historisch K G3
Calle Monasterio s/n, 34402
☎ 979 12 36 11
🌐 elconventodemave.com
Topmodern renoviert, in einem
Kloster aus dem 12. Jahrhundert.
Fahrradverleih.

SEGOVIA: Hotel Don Felipe €
Historisch K G6
Calle de Daoiz 7, 40001
☎ 921 46 60 95
🌐 hoteldonfelipe.es
Freundliches Hotel in einem Herrenhaus mit moderner Ausstattung und ruhigem Garten.

SOMAÉN: Posada Real de
Santa Quiteria €€
Historisch K K5
Barrio Alto 8, 42257
☎ 975 32 03 93
🌐 posadasantaquiteria.com
Reizendes Landhotel mit schön
eingerichteten Zimmern.

SORIA:
Hostería Solar de Tejada €
Boutique K K4
Calle Claustrilla 1, 42002
☎ 975 23 00 53
🌐 hosteriasolardetejada.es
Hotel im Herzen der Altstadt mit
einladenden Gästezimmern und
schönem Flair.

TOLBANOS: Molino de los
Gamusinos €€
Boutique K G6
Camino del Molino s/n, 05289
☎ 920 22 77 14
🌐 losgamusinos.com
Das Hotel ist ideal gelegen für
Ausflüge in die Umgebung.

VALLADOLID: Meliá Recoletos €
Boutique K G5
Calle Acera de Recoletos 13, 47004
☎ 902 14 44 40
🌐 melia.com

Das angenehm ruhige Hotel ist
sehr zentral gelegen. Gemütliche
Gartenterrasse.

ZAMORA: Parador de Zamora €€
Luxus K E5
Plaza de Viriato 5, 49001
☎ 980 51 44 97
🌐 parador.es
Parador in einem mittelalterlichen
Palast mit Rüstungen und Wand-
teppichen.

Kastilien-La Mancha

ALARCÓN:
Parador de Alarcón €€€
Luxus K K8
Avda Amigos de los Castillos 3,
16214
☎ 969 33 03 15
🌐 parador.es
Mittelalterliche Burg (8. Jh.) in
spektakulärer Lage und mit Blick
auf den Fluss Júcar.

ALBACETE: Hotel Santa Isabel €€
Luxus K L9
Avenida Gregorio Arcos s/n, 02007
☎ 967 26 46 80
🌐 hotelsantaisabelalbacete.com
Umwerfendes modernes Hotel
mit Oldtimer-Sammlung in der
Garage. Kostenloses WLAN.

ALMADÉN: Plaza de Toros
de Almadén €
Historisch K F10
Plaza Waldo Ferrer s/n,13400
☎ 926 26 43 33
🌐 hotelplazadetoros.com
Komfortabel-rustikale Gästezimmer in einer früheren Stierkampfarena – einmalig schön!

ALMAGRO: Hotel Casa Grande
Almagro €
Boutique K H9
Calle Federico Relimpio 10, 13270
☎ 671 49 62 88
🌐 casagrandealmagro.com
In einem Haus des 16. Jahrhunderts, nahe der Plaza Mayor und
dem mittelalterlichen Theater.

ALMONACID DE TOLEDO:
Villa Nazules €
Modern K G8
Ctra Almonacid a Chueca s/n, 45190
☎ 925 59 03 80
🌐 villanazules.com
Das Vier-Sterne-Hotel lockt mit
exzellentem Spa und Wellness.

CUENCA: Convento del Giraldo €
Historisch K K7
Calle San Pedro 12, 16001
☎ 969 23 27 00
🌐 hotelconventodelgiraldo.com
Modernes Hotel in einem schönen Gebäude (17. Jh.).

Hotelkategorien *siehe Seite 561* **Preiskategorien** *siehe Seite 562*

CUENCA: Parador de Cuenca €€
Historisch   K K7
Subida San Pablo s/n, 16001
☎ 969 23 23 20
🌐 parador.es
Hotel in einem ehemaligen Kloster an der Hoz del Huécar, nahe Cuencas hängenden Häusern.

Vis-à-Vis-Tipp

SIGÜENZA: Molino de Alcuneza €€
Historisch   K K6
Ctra Alboreca km 0,5, 19264
☎ 949 39 15 01
🌐 molinodealcuneza.com
Das idyllische Hotel in einer Mühle aus dem 14. Jahrhundert ist gut gelegen, um das mittelalterliche Sigüenza zu erkunden. Es bietet zudem ein modernes Spa mit *hammam*.

TALAVERA DE LA REINA: Be Live City Center Talavera
Boutique   K F8
Avenida de Toledo s/n, 45600
☎ 925 72 72 00
🌐 belivehotels.com
Zentral gelegenes Vier-Sterne-Hotel mit eleganten Zimmern mit schöner Aussicht auf die Stadt.

TOLEDO: Hotel Santa Isabel €
Boutique   K G8
Calle Santa Isabel 24, 45002
☎ 925 25 31 20
🌐 hotelsantaisabeltoledo.com
Zwei-Sterne-Hotel in einer Adelsresidenz des 14. Jahrhunderts. Die Dachterrasse ist ein beliebter Treffpunkt.

TOLEDO: Parador de Toledo €€
Luxus   K G8
Cerro del Emperador s/n, 45002
☎ 925 22 18 50
🌐 parador.es
Parador auf einem Hügel, herrlicher Blick, exzellentes Restaurant, schöner Pool.

VALDEPEÑAS: Veracruz Plaza €
Boutique   K H10
Plaza Veracruz s/n, 13300
☎ 926 31 30 00
🌐 hotelveracruzplaza.com
Verlockend mit hervorragendem Spa samt türkischem Bad und einem großen Angebot an wohltuenden Anwendungen.

VILLANUEVA DE LOS INFANTES: La Morada de Juan de Vargas €
Boutique   K J9
Calle Cervantes 3, 13320
☎ 926 36 17 69
🌐 lamoradadevargas.com
Charmantes Haus aus dem 16. Jahrhundert mit individuell gestalteten Zimmern.

YESTE: Balneario de Tus €
Historisch   K K10
Ctra Yeste–Tus, km 13, 02485
☎ 967 43 68 17
🌐 balneariodetus.com
Hier kurte man schon in römischer Zeit. Heute locken zahlreiche Behandlungsarten.

Extremadura

ALANGE: Gran Hotel Aqualange €
Zimmer mit Aussicht   K D9
Paseo de las Huertas 3, 06840
☎ 924 36 56 08
🌐 balneariodealange.com
Entspannung pur neben den römischen Thermen. Nur Mitte März bis Oktober geöffnet.

BADAJOZ: NH Gran Hotel Casino de Extremadura
Luxus   K D9
Avda A. Díaz Ambrona 11, 06006
☎ 924 28 44 02
🌐 nh-hotels.com
Topmodernes Hotel in ruhiger Lage mit umfassender Ausstattung und Blick auf die Stadt.

CÁCERES: Sercotel Extremadura Hotel €
Luxus   K D8
Avda Virgen de Guadalupe 28, 10001
☎ 927 62 96 39
🌐 extremadurahotel.com
Hotel in ruhiger Umgebung nahe dem Stadtzentrum.

JARANDILLA DE LA VERA: Parador de Jarandilla de la Vera €€
Historisch   K E7
Avda García Prieto 1, 10450
☎ 927 56 01 17
🌐 parador.es
In dem Palast des 14. Jahrhunderts in guter Lage zu Yuste und La Vera residierte einst Karl V.

MÉRIDA: Hotel Adealba €
Boutique   K D9
Romero Leal 18, 06800
☎ 924 38 83 08
🌐 hoteladealba.com

Modernes Hotel in einem Stadthaus aus dem 19. Jahrhundert in Gehweite zu den römischen Sehenswürdigkeiten. Spa und Restaurant.

TRUJILLO: Eurostars Palacio de Santa Marta €
Historisch   K E8
Ballesteros 6, 10200
☎ 927 65 91 90
🌐 eurostarshotels.com
Hotel mit modernem Komfort in einem Schloss aus dem 16. Jahrhundert direkt am Hauptplatz.

Vis-à-Vis-Tipp

ZAFRA: Casa Palacio Conde de La Corte €€
Boutique   K D10
Plaza del Pilar Redondo 2, 06300
☎ 924 56 33 11
🌐 vivedespacio.com/ condedelacorte
Ehemalige Residenz des Conde de La Corte de la Berrona (19. Jh.), elegant renoviert. Traditioneller Dekor und moderne Ausstattung garantieren einen unvergesslichen Aufenthalt.

Sevilla

El Arenal

Hispano Luz Confort €
B&B   SP 3 C2
Calle Miguel Mañara 4, 41004
☎ 955 63 80 79
🌐 hotelhispanoluzsevilla.com
Geradezu heiter eingerichtete Zimmer in diesem Hostel nahe dem Alcázar. Auf der Dachterrasse ist es sehr gemütlich.

Taberna del Alabardero €€
Historisch   SP 5 B3
Calle Zaragoza 20, 41001
☎ 954 50 27 21
🌐 tabernadelalabardero.es
Alle Zimmer haben Bäder mit Hydromassage. Das Restaurant verwöhnt mit typisch andalusischer Küche.

Der gemütliche zentrale Patio der Taberna del Alabardero, Sevilla

SP = Stadtplan Sevilla *siehe Seiten 451–457*   K = Karte *Extrakarte zum Herausnehmen*

Santa Cruz

Vis-à-Vis-Tipp

Casa Numero Siete €€
Boutique SP 6 E3
Calle Virgenes 7, 41004
📞 954 22 15 81
ⓦ casanumero7.com
Luxus pur in einer Residenz
(19. Jh.) in der stimmungsvollen Altstadt. Das kleine Hotel
ist mit Antiquitäten und Familienerbstücken eingerichtet.
Entspannen Sie in der eleganten Lobby, und genießen Sie
den dezenten, freundlichen
Service.

Alfonso XIII €€€
Historisch SP 3 C3
Calle San Fernando 2, 41004
📞 954 91 70 00
ⓦ hotel-alfonsoxiii-seville.com
Ein königliches Hotel mit opulenter Möblierung, Kristallleuchtern
und Marmorsäulen. Das Fitness-Center ist hervorragend bestückt.
Auch Sauna und Pool zählen zum
Inventar. Die Terrasse ist ideal für
einen Cocktail.

Las Casas del Rey de Baeza €€€
Boutique SP 6 E2
*Plaza Jesús de la Redención 2,
41003*
📞 954 56 14 96
ⓦ hospes.com
Elegantes Hotel mit schick eingerichteten Zimmern, hübschem
offenem Patio, Spa und Dachterrasse mit Pool.

EME Catedral Hotel €€€
Luxus SP 6 D4
Calle Alemanes 27, 41004
📞 954 56 00 00
ⓦ emecatedralhotel.com
Vier exzellente Restaurants, eine
Cocktailbar, eine Dachterrasse mit
Pool, fabelhafte Ausblicke und
ein Spa sind Markenzeichen des
zentral gelegenen Hotels.

Abstecher

Patio de la Alameda €
Boutique SP 2 D4
Alameda de Hércules 56, 41002
📞 954 90 49 99
ⓦ patiodelaalameda.com
Nette Zimmer (Badezimmer mit
Mosaikfliesen) rund um Patios.
Dachterrasse mit wunderbarem
Blick über die Umgebung.

Casa Sacristia de Santa Ana €€
Historisch SP 2 D4
Alameda de Hércules 22, 41002
📞 954 91 57 22
ⓦ hotelsacristia.com

Das Hotel befindet sich in einer
komplett umgestalteten Sakristei
aus dem 18. Jahrhundert. Zimmer
mit Stilmöbeln und Holz- bzw.
Marmorböden, das Restaurant ist
sehr zu empfehlen.

Andalusien

ARACENA: Finca Buen Vino €€
Boutique K D14
Carretera N-433, km 95, 21208
📞 959 12 40 34
ⓦ fincabuenvino.com
Auf einem Hügel gelegenes Gästehaus mit individuell möblierten
Zimmern sowie einigen Hütten
für Selbstversorger. Berühmt sind
die hier angebotenen Kochkurse.

**ARCOS DE LA FRONTERA:
Casa Grande** €
Historisch K E13
Calle Maldonado 10, 11360
📞 956 70 39 30
ⓦ lacasagrande.net
Leuchtend weiß getünchte Residenz aus dem 18. Jahrhundert
mit herrlichem Blick auf das Umland und exzellentem Frühstück.
Auch einige Familienzimmer sind
verfügbar.

**ARCOS DE LA FRONTERA:
Parador de Arcos
de la Frontera** €€
Historisch K E13
Plaza del Cabildo, 11630
📞 956 70 05 00
ⓦ parador.es
Große Zimmer, teils mit Whirlpool, traditionelle Brunnen, Terrasse mit bester Aussicht und
gefliese Patios zählen zu den
Highlights. Das Restaurant bietet
auch vegetarische und glutenfreie
Optionen.

CÁDIZ: Hotel Playa Victoria €€
Boutique K D13
Glorieta Ingeniero La Cierva 4, 11010
📞 956 20 51 00
ⓦ palafoxhoteles.com

Umweltfreundliches Hotel an
der Uferfront mit topmoderner
Möblierung. Pool (Juni–Sep),
direkter Strandzugang.

CAÑOS DE MECA: La Breña €€
Boutique K E14
Avenida Trafalgar 4, 11149
📞 956 43 73 68
ⓦ hotelbrena.com
Einfache, große Zimmer mit fantastischem Meerblick, exzellente
Strandlage. Im Sommer ist der
Pool zugänglich.

Vis-à-Vis-Tipp

**CARMONA:
Parador de Carmona** €€
Luxus K E12
Calle Alcazar s/n, 41410
📞 954 14 10 10
ⓦ parador.es
Der Parador in einer maurischen Festung ist fantastisch
auf einem Hügel gelegen und
prächtig mit Wandteppichen
und Antiquitäten ausgestattet.
Die hübschen Zimmer sind
elegant und komfortabel. Mit
Pool und freundlichem, zuvorkommendem Service.

**CASTELLAR DE LA FRONTERA:
Casa Convento La Almoraima** €
Historisch K E14
*Carretera Algeciras–Ronda s/n,
Finca la Almoraima, 11350*
📞 956 69 30 50
ⓦ laaloraimahotel.com
Modernes Hotel in einem ehemaligen Kloster. Pool (nur in der
warmen Jahreszeit).

**CAZORLA:
Molino la Farraga** €
Historisch K J11
Camino de la Hoz, 23470
📞 953 72 12 49
ⓦ molinolafarraga.com
Makellose Zimmer in einer rund
200 Jahre alten Mühle mit schöner Umgebung. Der botanische
Garten lädt zum Flanieren.

Blick von der Dachterrasse des Casa Grande, Arcos de la Frontera

CAZORLA: Parador de Cazorla €
Luxus   K J11
Calle Sierra de Cazorla s/n, 23470
📞 953 72 70 75
🌐 **parador.es**
Der Parador im Parque Natural de Cazorla ist ideal für Naturfreunde. Große Zimmer. In der Lobby sind ausgestopfte Tiere ausgestellt. Von Januar bis Mitte Februar geschlossen.

CÓRDOBA: Hotel Maestre €
Gasthof   K F11
Calle Romero Barros 4–6, 17003
📞 957 47 24 10
🌐 **hotelmaestre.com**
Ein klassisches Hotel mit wunderschön arrangiertem Blumenschmuck im Patio, einfachen Zimmern und Apartments.

CÓRDOBA: Hospes Palacio de Bailio €€€
Boutique   K F11
Calle Ramírez de las Casas Deza 10–12, 14001
📞 957 49 89 93
🌐 **hospes.com**
Schön renoviertes Schloss aus dem 17. Jahrhundert mit eleganten Möbeln und Garten. Zu den zahlreichen Annehmlichkeiten gehören ein bestens ausgestattetes Spa und ein Pool.

GIBRALTAR: Rock Hotel €€
Historisch   K F14
Europa Road 3, 30339
📞 956 77 30 00
🌐 **rockhotelgibraltar.com**
Ein 70 Jahre altes gemütliches Hotel im Kolonialstil. Die vornehm eingerichteten Zimmer betonen das nostalgische Flair.

GRANADA: Posada del Toro €
Gasthof   K H12
Calle Elvira 25, 18010
📞 958 22 73 33
🌐 **posadadeltoro.com**
Der Gasthof aus dem 19. Jahrhundert bietet Charme und Komfort auf allen Zimmern.

GRANADA: Parador de Granada €€€
Luxus   K H12
Calle Real de la Alhambra, 18009
📞 958 22 12 40
🌐 **parador.es**
Der Parador ist einer der beliebtesten in ganz Spanien und oft ausgebucht. Unschlagbare Lage auf dem Gelände der Alhambra.

GRAZALEMA: Hotel Fuerte Grazalema €
Gasthof   K F13
Baldio de los Alamillos, Carretera A372, km 53, 11610
📞 956 13 30 00
🌐 **fuertehoteles.com**

Zimmer mit Holzdecke und Himmelbett im La Bobadilla, Loja

Komfortables Landhotel im Parque Natural Sierra de Grazalema, ideal für Outdoor-Fans. Zu den Gästen des Hauses gehören auch viele Familien.

JAÉN: Parador de Jaén €€
Historisch   K H11
Castillo de Santa Catalina s/n, 23002
📞 953 23 00 00
🌐 **parador.es**
Parador mit traditionellem arabischem Dekor, opulenten Zimmern und wundervollen Panoramablicken. Genießen Sie auch die idyllischen Gärten.

LOJA: La Bobadilla €€€
Luxus   K G12
Carretera Salinas – Villanueva de Tapia (A-333), km 65,5, Finca Bobadillo, 18300
📞 958 32 18 61
🌐 **barcelolabobadilla.com**
In diesem Nobelhotel sind alle Zimmer individuell gestaltet. Das Sportangebot ist groß: Außen- und Innenpools, Fitness-Center und zahlreiche Aktivitäten.

MÁLAGA: Salles Hotel €€
Luxus   K G13
Calle Marmoles 6, 29007
📞 952 07 02 16
🌐 **salleshotel.com**
Gut ausgestattetes Hotel im Herzen von Málaga, mit Dachpool. Auch Familienzimmer stehen zur Auswahl.

MARBELLA: Marbella Club Hotel €€€
Luxus   K F13
Bulevar Príncipe Alfonso von Hohenlohe, 29600
📞 952 82 22 11
🌐 **marbellaclub.com**
Luxus-Strandhotel mit üppigem Garten, Pools, Weltklasse-Golfplatz und Spa. Kinderanimation mit Musikzimmer und Tanzstudio.

MAZAGÓN: Parador de Mazagón €€
Luxus   K D12
Carretera San Juan-Matalascañas, km 30, 21120
📞 959 53 63 00
🌐 **parador.es**
Bequemer Parador mit Innen- und Außenpool in einem schönen Kiefernwald. Der Blick reicht bis zu einem Strand.

MIJAS: Hotel Hacienda Puerta del Sol €
Luxus   K G13
Crta. Fuengirola-Mijas, km 4, 29650
📞 952 48 64 00
🌐 **hhpuertadelsol.es**
Elegantes Hotel mit Tennisplätzen, Fitness-Center, Pool und Hallenbad. Auch Familien kommen gern hierher.

MONACHIL: La Almunia del Valle €€
Boutique   K H12
Camino de la Umbría, 18193
📞 958 30 80 10
🌐 **laalmuniadelvalle.com**
Freundliches Hotel mit Garten und schönem Pool hoch in der Sierra Nevada.

NERJA: El Carabeo €
Boutique   K G13
Calle Hernando de Carabeo 34, 29780
📞 952 52 54 44
🌐 **hotelcarabeo.com**
Zimmer mit Terrassen, von denen man in den Garten oder auf das Meer blickt. Kunst und Antiquitäten, Bücher in der Lobby. Restaurant und Pool.

OJÉN: Posada del Angel €
Gasthof   K F13
Calle de los Mesones 21, 29610
📞 952 88 18 08
🌐 **laposadadelangel.net**
Hotel mit traditionellen andalusischen Anklängen in den individuell gestalteten Zimmern.

ORGIVA: Taray Botánico €
Zimmer mit Aussicht   K H13
Carretera A-348 Tablete-Abuñol, 18400
📞 958 78 45 25
🌐 **hoteltaray.com**
Hübsches weiß getünchtes Landhotel mit Oliven- und Orangenbäumen im Garten und behindertengerechter Ausstattung.

PALMA DEL RÍO: Monasterio de San Francisco €
Historisch   K F11
Avenida del Pio XII 35, 14700
📞 957 71 01 83
🌐 **intergrouphoteles.com**
Umgebautes Franziskanerkloster (15. Jh.) mit schönen Gärten.

K = Karte *Extrakarte zum Herausnehmen*

Spektakulär und luxuriös – Belmond
La Residencia in Deià, Mallorca

**PECHINA: Hotel Balneario de
Sierra de Alhamilla** €
Historisch K12
Calle Los Baños s/n, 04259
📞 950 31 74 13
🌐 **balneariosierraalhamilla.es**
Das schön renovierte Kurhotel
aus dem 18. Jahrhundert bietet
ein Thermalbad samt Unter-
wasserdüsen.

**PRIEGO DE CÓRDOBA:
Casa Olea** €
Boutique K F11
Ctra CO-231/CO-7204, Zamoranos
📞 696 748 209
🌐 **casaolea.com**
Der andalusische *cortijo* (Bauernhaus) in den Bergen verwöhnt
mit luxuriösen Betten und Boden-
heizung. Im Winter lodert in der
Lounge ein Kaminfeuer.

**PUERTO DE SANTA MARÍA:
Monasterio de San Miguel** €
Historisch K D13
*Calle Virgen de los Milagros 27,
11500*
📞 954 54 04 40
🌐 **monasteriosanmiguelhotel.com**
Das ehemalige Kapuzinerkloster
bietet einfache Zimmer, einen
großen Garten und Gemein-
schaftsräume zur Kontemplation.

SAN JOSÉ: Cortijo el Sotillo €€
Historisch K K13
Carretera San José, 04118
📞 950 61 11 00
🌐 **cortijoelsotillo.es**
Bauernhaus aus dem 18. Jahr-
hundert im Parque Natural de
Cabo de Gata. Gutes Restaurant.

**SANLÚCAR LA MAYOR:
Exe Gran Hotel Solucar** €
Gasthof K K13
*Carretera Nac. Sevilla–Huelva A472
s/n, Sanlúcar la Mayor, 41800*
📞 955 70 34 08
🌐 **exegranhotelsolucar.com**
Lichtdurchflutete Zimmer. Frühstück im Innenhof am Pool.

TARIFA: Hurricane Hotel €€
Boutique K E14
Carretera N-340, km 78, 11380
📞 956 68 49 19
🌐 **hotelhurricane.com**
Das Hurricane ist ein legeres
Hotel im maurischen Stil mit
üppigem Garten, zwei Pools,
Fitness-Center und Sauna.

ÚBEDA: Zenit El Postigo €
Gasthof K H11
Calle El Postigo 5, 23400
📞 953 75 00 00
🌐 **zenithoteles.com**
Komfortabler Gasthof mit gemüt-
lichem Kaminfeuer im Winter und
erfrischendem Pool im Sommer.

**VEJER DE LA FRONTERA:
La Casa del Califa** €€
Boutique K E14
Plaza de España 16, 11150
📞 956 44 77 30
🌐 **califavejer.com**
Hotel mit komfortablen Zimmern,
Terrasse mit herrlicher Aussicht
und einem Spielezimmer.

Balearen

**FORMENTERA, ES CALÓ:
Hotel Entre Pinos** €€
Modern K P9
Carretera La Mola, km 12,3, 07872
📞 971 32 70 19
🌐 **hotelentrepinos.es**
Legerer Familienbetrieb nahe
zwei wunderbaren Stränden mit
Pool und Spa.

**FORMENTERA, LA SAVINA:
Hostal La Savina** €€
Modern K P9
Avenida Mediterránea 20–40, 07870
📞 971 32 22 79
🌐 **hostal-lasavina.com**
Das charmante Hotel am Strand
verfügt über einfache Zimmer,
punktet aber mit schönem
Meerblick.

**IBIZA, IBIZA-STADT:
Mirador de Dalt Vila** €€€
Historisch K P9
Plaza España 4, 07800
📞 971 30 30 45
🌐 **hotelmiradoribiza.com**
Hotel in einem Schloss (19. Jh.)
mit eleganten Zimmern, Pool und
Restaurant.

**IBIZA, PORTINATX:
Sandos El Greco** €€
Luxus K P9
Cala Portinatx s/n, 07810
📞 971 32 05 70
🌐 **sandos.com**
All-inclusive-Resort in großartiger
Lage in der Cala Portinatx. Was-
serpark, Pool, Büfettrestaurant.

**IBIZA, SANT JOAN DE LABRITJA:
The Giri Residence** €€€
Boutique K P9
Calle Principal 3–5, 07810
📞 971 33 33 45
🌐 **thegiri.com**
Das schicke Hotel verbindet ma-
rokkanische Interieurs mit locke-
rem mediterranen Ambiente.
November bis April geschlossen.

**MALLORCA, DEIÀ:
Belmond La Residencia** €€€
Luxus K Q8
Son Canals s/n, 07179
📞 971 63 90 11
🌐 **belmond.com**
Bekanntes Hotel in zwei Herren-
häusern mit Skulpturengarten.
November bis März geschlossen.

**MALLORCA, PALMA:
Hotel Feliz** €€
Boutique K Q8
Avinguda Joan Miró 74, 07015
📞 971 28 88 47
🌐 **hotelfeliz.com**
Hotel am Hafen mit stilvoll eingerichteten Zimmern, Dachterrasse
mit Meerblick und Restaurant.

**MALLORCA, POLLENÇA:
Hotel Posada de Lluc** €
Boutique K R7
Roser Vell 11, 07460
📞 971 53 52 20
🌐 **posadalluc.com**
Hotel in einem alten Haus mit
Steinmauern und Deckenbalken.
Fahrradverleih.

Vis-à-Vis-Tipp

**MALLORCA, POLLENÇA:
Son Brull** €€€
Boutique K R7
*Carretera Palma–Pollença PM
220, km 49,8, 07460*
📞 971 53 53 53
🌐 **sonbrull.com**
Das elegante Kurhotel residiert
in einem alten umgebauten
Gehöft. Alle Zimmer sind geschmackvoll und leicht marokkanisch inspiriert gestaltet. Das
Restaurant ist exzellent.

**MALLORCA, PORTIXOL:
Portixol** €€€
Boutique K Q8
Calle Sirena, 07006
📞 971 27 18 00
🌐 **portixol.com**
Eines der elegantesten Hotels der
Insel, skandinavisch angehaucht.

**MENORCA, CALA MORELL:
Agroturisme Biniatram** €
Boutique K S7
Carretera Cala Morell, km 1, 07760
📞 971 38 31 13
🌐 **biniatram.com**

Hotelkategorien *siehe Seite 561* **Preiskategorien** *siehe Seite 562*

Landhaus mit ansprechenden Zimmern, bestens ausgestatteten Apartments und einem Pool.

MENORCA, ES CASTELL:
Sant Joan de Binissaida €€€
Boutique K S7
Cami de Binissaida 108, 07720
☎ 971 35 55 98
Ⓦ binissaida.com
Idyllisches Landhotel in einem Bauernhaus aus dem 18. Jahrhundert. Pool und Restaurant.

MENORCA, MAHÓN:
Hostal La Isla €€
Boutique K S7
Santa Caterina 4, 07701
☎ 971 36 64 92
Ⓦ hostal-laisla.com
Gästehaus in Familienbesitz mit komfortablen Zimmern, gutem Service. Lunchpakete auf Anfrage.

Kanarische Inseln

EL HIERRO, SABINOSA:
Balneario Pozo de la Salud €
Modern
El Pozo de la Salud s/n, 38911
☎ 922 55 95 61
Hier entspannt man beim Rauschen des Atlantischen Ozeans. Moderne Zimmer, gutes Spa.

EL HIERRO, VALVERDE:
Parador de El Hierro €€
Luxus
Las Playas 15, 38910
☎ 922 55 80 36
Ⓦ parador.es
Ruhiges, modernes Hotel mit Garten, Zimmer teils mit Meerblick. Fitness-Center und Pool.

FUERTEVENTURA, CORRALEJO:
Gran Hotel Atlantis Bahia Real
Luxus €€€
Avenida Grandes Playas s/n, 35660
☎ 928 53 71 53
Ⓦ bahiarealresort.com
Fünf-Sterne-Hotel an der Uferfront, herrlicher Blick auf die Isla de Lobos und Lanzarote. Zwei Pools mitten in den wunderschönen Gärten und sechs Restaurants – hier wird man verwöhnt.

FUERTEVENTURA, VILLAVERDE:
Hotel Rural Mahoh €
Boutique
Sitio de Juan Bello, 35660
☎ 928 86 80 50
Ⓦ mahoh.com
Landhotel in einem alten Gebäude, das aus Vulkangestein und Holz errichtet wurde. Pool, Reitstunden, Spielezimmer, Bücherecke mit Lesestoff in mehreren Sprachen, gutes Frühstück.

Vis-à-Vis-Tipp
GRAN CANARIA, ARGUINEGUÍN:
Radisson Blu Resort €€
Luxus
Barranco de la Verga s/n, 35120
☎ 928 15 06 06
Ⓦ radissonblu.com
In dem hocheleganten Hotel auf einer Klippe genießt man einen fantastischen Blick auf den Atlantik von den Zimmern, Restaurants und Pools und entspannt am Strand oder im schönen Spa des Hotels.

GRAN CANARIA, MARZAGAN:
Hotel El Mondalón €
Boutique
Carretera de los Hoyos GC-801, 35017
☎ 928 35 57 58
Ⓦ hotelruralmondalon.es
Ein Landhotel mit Spielezimmer, beheiztem Pool mit Wasserfall und Spielplatz für Kinder.

LA GOMERA, PLAYA DE SANTIAGO: Jardín Tecina €€
Luxus
Lomada de Tecina s/n, 38811
☎ 922 14 58 50
Ⓦ jardin-tecina.com
Das günstig zum Flughafen gelegene Hotel gefällt mit großem, üppigem Garten, Pool und Fitness-Center. Alle Zimmer haben eine Terrasse mit Aussicht.

LA GOMERA, SAN SEBASTIÁN:
Parador de la Gomera €€
Luxus
Cerro de la Horca s/n, 38800
☎ 922 87 11 00
Ⓦ parador.es
Traditionelles kanarisches Gebäude mit Pool und spektakulärem Blick auf das benachbarte Teneriffa mit dem Pico del Teide.

LA PALMA, BREÑA BAJA:
Hacienda San Jorge €
Boutique
Playa de Los Cancajos 22, 38712
☎ 922 18 10 66
Ⓦ hsanjorge.com

Hier locken Los Cancajos' schwarzer Sandstrand und der wie ein See angelegte Meerwasserpool.

LA PALMA, TAZACORTE:
Hotel Hacienda de Abajo €€€
Boutique
Calle Miguel de Unamuno 11, 38770
☎ 922 40 60 00
Ⓦ hotelhaciendadeabajo.com
Das Hotel residiert in einer aufwendig renovierten, mit Antiquitäten möblierten Zuckerplantage.

LANZAROTE, ARRIETA:
Finca de Arrieta €
Boutique
Calle Diseminado Tabayesco 34, 35542
☎ 928 82 67 20
Ⓦ lanzaroteretreats.com
Das Öko-Resort bietet allen modernen Komfort in Unterkünften von der Jurte bis zur Villa.

LANZAROTE, COSTA TEGUISE:
Sands Beach Resort €
Zimmer mit Aussicht
Avenida Islas Canarias 18, 35508
☎ 928 59 58 20
Ⓦ sandsbeach.eu
Die ansprechende, weitläufige Anlage bietet ihren Gästen mehrere Selbstversorger-Apartments und Spa. Kinderanimation.

TENERIFFA, GARACHICO:
Hotel San Roque €€
Historisch
Calle Esteban de Ponte 32, 38450
☎ 922 13 34 35
Ⓦ hotelsanroque.com
Hübsch renoviertes Herrenhaus aus dem 18. Jahrhundert mit elegant möblierten Zimmern.

TENERIFFA, PUERTO DE LA CRUZ: Hotel Botanico €€
Luxus
Avenida Richard J. Yeoward 1, 38400
☎ 922 38 14 00
Ⓦ hotelbotanico.com
Fünf-Sterne-Hotel mit Luxussuiten, Restaurants, Freizeitangeboten und Oriental Spa Garden.

Agroturisme Biniatram, Cala Morell, Menorca

K = Karte *Extrakarte zum Herausnehmen*

Restaurants

Essen bedeutet in Spanien nicht nur Nahrungsaufnahme, sondern ist auch ein gesellschaftliches Ereignis. Oft bevölkern ganze Familien mitsamt Kindern bis spätabends die Restaurants. Auch für das Mittagessen nimmt man sich in der Regel reichlich Zeit.

Die spanische Küche weist starke regionale Unterschiede auf. Tavernen und Tapas-Bars servieren meist typische Gerichte der Region.

Selbstverständlich gibt es in Spanien, speziell im Baskenland, auch viele Gourmetrestaurants mit renommierten Spitzenköchen.

Die Restaurants auf den Seiten 582–605 wurden wegen ihrer Küche und Atmosphäre ausgewählt. Die Seiten 578–581 zeigen einige Tapas und Drinks. Jedes der fünf regionalen Kapitel enthält Tipps für die besten Gerichte und Weine der jeweiligen Region.

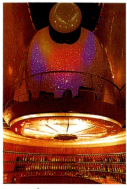

Torres de Ávila, eine beliebte Szene-Bar in Barcelona

Restaurants und Bars

Den kleinen Hunger zwischendurch stillt man in einer Bar oder einem Café. In manchen bis spät in die Nacht geöffneten Bars gibt es keine Mahlzeiten bzw. Tapas.

Bar-restaurantes, ventas, posadas, mesones und *fondas* – Bezeichnungen für verschiedene Restauranttypen – sind oft Familienbetriebe, die meist gutes, preiswertes Essen bieten. Strandbars nennt man *chiringuitos*; sie sind nur im Sommer geöffnet.

Die meisten Urlauberrestaurants bieten nur Mittag- und Abendessen an und haben einen Ruhetag pro Woche. An gesetzlichen Feiertagen ist kein Betrieb.

Essenszeiten

Manche Spanier nehmen das Frühstück *(desayunos)* zu Hause ein. Es besteht aus Keksen oder Toast mit Olivenöl oder Butter und Schinken mit *café con leche* (Milchkaffee). Zwischen 10 und 11 Uhr folgt

eine zweite Ration, z. B. in einem Café: ein kleiner Snack mit einem *bocadillo* (Sandwich) mit Wurst, Schinken oder Käse oder einer *tortilla de patatas* (Kartoffelomelett). Dazu trinkt man Fruchtsaft, Kaffee oder Bier. Gegen 13 Uhr machen Spanier für ein Bier oder eine *copa* (ein Glas) Wein mit ein paar Tapas einen Stopp in ihrer Stammbar. Die *comida* (Mittagessen) beginnt keinesfalls vor 13 Uhr, meist sogar erst um 14 Uhr oder noch später; sie ist die Hauptmahlzeit des Tages.

Zwischen 17.30 und 18 Uhr füllen sich die Cafés, die *salones de té* (Teestuben) und die *pastelerías* (Konditoreien) zur *merienda* (Nachmittagstee) mit Sandwich, Kuchen und Tee oder Saft. Snacks wie *churros* kann man an Ständen kaufen.

Gegen 21 Uhr stürmen die Spanier in die Bars, um Tapas mit Sherry, Wein oder Bier zu essen. *La cena* (Abendessen)

Dekor einer Bar in Barcelona

gibt es nicht vor 22 Uhr. Manche Restaurants servieren aber – aus Rücksicht auf Urlauber – das Abendessen früher. Im Sommer dehnen viele spanische (Groß-)Familien mit ihren Kindern das Abendessen oft bis Mitternacht aus – besonders am Wochenende. Dabei geht es manchmal auch etwas lauter zu.

Etikette

Krawatte und Jackett sind in Stadtrestaurants meist nicht nötig, obwohl sich die Spanier gern gut kleiden. Tagsüber wird in Strandclubs auch legere Kleidung toleriert, der Herr sollte wenigstens Shorts und T-Shirt tragen. Ein Bikini ist nicht unbedingt die optimale Kleidung in einem Lokal.

Speisekarte

Neben Tapas sind die *platos combinados* (Fleisch oder Fisch mit Gemüse und Pommes frites) sowie die *menús del día* preiswerte, einfache Menüs.

Stilvolle Tapas-Bar: Comerç 24 in Barcelona

Speisen unter freiem Himmel in einer legeren Strandbar

Die meisten Restaurants – nicht alle – bieten ein mehrgängiges *menú del día* (Tagesmenü) zum Festpreis an. Änderungswünsche sind hierbei nur in geringem Umfang möglich. In einigen Gourmetrestaurants gibt es ein *menú de degustación* mit einer repräsentativen Auswahl der Kochkünste.

Die spanische Bezeichnung für Speisekarte ist *la carta*. Sie beginnt mit *sopas* (Suppen), *ensaladas* (Salaten), *entremeses* (Vorspeisen), *huevos y tortillas* (Eiern und Omeletts) und *verduras y legumbres* (Gemüse).

Hauptgerichte sind *pescados y mariscos* (Fische und Meeresfrüchte) und *carnes y aves* (Fleisch und Geflügel). Tafeln an der Wand zeigen die Tagesspezialitäten. Paella und andere Reisgerichte können auch als erster Gang serviert werden.

Desserts heißen auf Spanisch *postres*. Frische Früchte bekommt man überall, ansonsten ist die Auswahl beschränkt. Bessere Restaurants haben zumindest eine kleine Auswahl, dazu gehören meist *natillas* (Eiercreme) und *flan* (Karamellpudding). Gourmetrestaurants bieten meist mehrere raffinierte *postres* an.

Großstädte wie Madrid bieten auch vegetarische Restaurants. Kinder sind überall willkommen und erhalten auf Anfrage kleinere Portionen.

Weinauswahl

Trockene Weine schmecken zu Schalentieren, Schinken, Oliven, Suppen und Vorspeisen. Für den Hauptgang empfehlen sich Weine aus Ribera del Duero, La Rioja, Navarra oder Penedès. In vielen Bars erhält man Weine aus der Region. Als Digestif gibt es Oloroso-Weine *(siehe S. 581)*.

Preise und Rechnung

Bei Bestellungen à la carte weicht mitunter der tatsächliche Preis von dem auf der Karte ab – speziell bei Meeresfrüchten, Fisch oder *jamón ibérico (siehe S. 466)* –, da der Preis saisonal variiert.

Wenn teure Fischarten wie Seezunge oder Schwertfisch billig angeboten werden, handelt es sich meist um Tiefkühlware. Spezialitäten wie Garnelen, Langusten und Krabben werden dem Gast nach Gewicht berechnet.

La cuenta (die Rechnung) beinhaltet den Service, die Mehrwertsteuer von zehn Prozent wird auf den Kartenpreis aufgeschlagen. Die Kellner erhalten in der Regel mindestens fünf Prozent Trinkgeld. Debit- und Kreditkarten werden fast immer akzeptiert (nicht jedoch in kleinen Bars, Cafés, Pubs oder Bodegas). An der Eingangstür des Lokals prangen meist die Aufkleber der akzeptierten Kartenunternehmen.

Rauchen

Seit 2011 hat Spanien eines der europaweit strengsten Nichtrauchergesetze. In Bars und Restaurants ist Rauchen genauso verboten wie in allen öffentlichen Gebäuden, vor Schulen und Krankenhäusern. Raucherkabinen in den Flughäfen wurden abgeschafft.

Behinderte Reisende

Die meisten Restaurants sind nicht auf Rollstuhlfahrer eingerichtet. Wenn Sie Hilfe benötigen, sollten Sie vorher anrufen.

Restaurantkategorien

Die auf den Seiten 582–605 aufgeführten Restaurants wurden nach Qualität, Lage und Preis-Leistungs-Verhältnis ausgewählt. Die Bandbreite reicht hierbei von schlichten Tapas-Bars bis hin zu Fischrestaurants mit wunderbarem Meeresblick und modern-mediterraner Küchenkunst oder rustikalen Traditionsgaststätten mit regional geprägtem Speiseangebot. Bei jedem der vorgestellten Restaurants wird eine Typisierung nach Stil bzw. vorherrschender Küche vorgenommen (z. B. Tapas, Regional, Mediterran, Traditionell), was die Auswahl erleichtern soll.

Restaurants mit besonderem Charakter oder Charme werden als **Vis-à-Vis-Tipp** hervorgehoben. Sie überzeugen z. B. durch überaus kreative Küche oder durch spezielles Ambiente.

Beeindruckendes Weinangebot im El Serbal *(siehe S. 584)*

Tapas

Tapas, in Nordspanien *pinchos* genannt, sind kleine Leckereien aller Art. Sie stammen aus Andalusien, wo man sie
im 19. Jahrhundert gratis zu Sherry und anderen Ge-
tränken servierte. Damals bedeckte der Wirt das Glas
zum Schutz vor Fliegen mit einer Untertasse, einer *tapa*.
Heute zahlt man für den Genuss. Tapas werden in den verschiedensten Variationen angeboten – von köstlichen appetitanregenden Spezialitäten, beispielsweise (kaltem) Fleisch oder Käse, über
verschiedene Meeresfrüchte bis hin zu warmen Tapas mit Gemüse.

Auswahl grüner Oliven

Patatas bravas, in
Fett gebratene
Kartoffeln mit
pikanter To-
matensauce.

**Almendras
fritas** sind
geröstete und
gesalzene
Mandeln.

Calamares fritos sind
Tintenfischringe und
-tentakel, die mit Mehl bestäubt
und dann in Olivenöl gebraten
werden. Darüber gibt man ein
paar Spritzer Zitronensaft.

Albóndigas (Fleischbäll-
chen) sind herzhafte
Köstlichkeiten in würziger
Tomatensauce.

Banderillas sind
auf Zahnstocher
gespießte
bunte Appe-
tithappen. Sie
schmecken
frisch am besten.

Jamón serrano ist geräu-
cherter Schinken, gut ab-
gehangen in gebirgiger
(*serrano*) Luft.

An der Tapas-Theke

Almejas Venusmuscheln

Berenjenas horneadas
Gebratene Auberginen

Boquerones Sardellen

Boquerones al natural
Sardellen in Knoblauch und
Olivenöl

Buñuelos de bacalao
Gebackene Kabeljau-Bällchen

Butifarra Katalanische Wurst

Calabazín rebozado
Panierte Zucchini

Calamares a la romana
Gebratene Tintenfischringe

Callos Kutteln

Caracoles Schnecken

Champiñones al ajillo Gebratene
Pilze in Weißwein und Knoblauch

Chistorra Würzige Wurst

Chopitos Gebackener
Tintenfisch

Chorizo al vino Chorizo, in
Rotwein gegart

Chorizo diablo Chorizo, mit
Brandy flambiert

Costillas Gebratene
Rippchen

Criadillas Stierhoden

Croquetas Kroketten

Empanada Teigtasche mit
Gemüse-/Fisch- oder Fleischfüllung

Gambas pil pil Mit viel Knoblauch
gebratene Garnelen

Garotes Seeigel, serviert mit Brot
und Knoblauch oder Zwiebeln

Longaniza roja Würzige rote
Hartwurst aus Aragón (Longaniza
blanca ist milder)

Magro Schweinefleisch in
Paprika-Tomaten-Sauce

Manitas de cerdo Eintopf

Mejillones Miesmuscheln

Tapas-Bars

Jedes Dorf Spaniens hat seine Stammbar, in der sich die Einwohner gern auf ein paar Tapas treffen, um Neuigkeiten auszutauschen oder zu plaudern. In größeren Orten zieht man meist von Bar zu Bar, um die jeweiligen Spezialitäten zu probieren. Eine Tapa ist eine einzelne Portion, eine *ración* besteht aus zwei oder drei Portionen. Tapas isst man in der Regel im Stehen am Tresen oder an einem kleinen Tisch. In Nordspanien genießt man die Häppchen als *pincho*, serviert auf einer Scheibe Weißbrot.

Gäste wählen aus dem Tapas-Angebot

Chorizo, eine pikante Wurst mit Knoblauch und Paprika, wird meist kalt gegessen, kann aber auch warm serviert werden.

Salpicón de mariscos ist eine kalte Salatplatte mit edlen Meeresfrüchten und einer würzigen Vinaigrette.

Gambas a la plancha sind äußerst wohlschmeckende gegrillte Garnelen.

Tortilla española ist ein sehr beliebtes dickes Eieromelett mit Kartoffeln und Zwiebeln.

Queso manchego ist ein Schafskäse aus La Mancha.

Pollo al ajillo besteht aus kleinen Hähnchenstücken (meist vom Schlegel) und einer appetitanregenden Knoblauchsauce.

Merluza a la romana Gebackener Seehecht

Morcilla Blutwurst

Muslitos del mar Kroketten aus Krabbenfleisch

Orejas de cerdo Schweineohren

Pa amb tomàquet Weißbrot mit Olivenöl und Tomaten

Paella Reisgericht mit Fleisch, Meeresfrüchten und Gemüse

Pan de ajo Knoblauchbrot

Patatas a lo pobre Kartoffelstücke, sautiert mit Paprika

Patatas alioli Kartoffelstücke in Knoblauchmayonnaise

Patatas bravas Kartoffelstücke mit pikanter Tomatensauce

Pescaditos Gebratene Fischhappen

Pimientos rellenos Gefüllte Paprikaschoten

Pinchos morunos Schweinespieß

Pulpitos Baby-Oktopus

Quesos Eine Auswahl von spanischem Käse

Rabo de toro Ochsenschwanz

Revueltos Rührei mit Fisch oder Gemüse

Sepia a la plancha Gegrillter Tintenfisch

Sesos Lamm- oder Kalbshirn

Tortilla riojana Omelett aus Schinken, Wurst und Paprika

Truita de patates Katalanischer Name für Tortilla española

Verdura a la plancha Gegrillte Gemüse

Xató Salat aus Stockfisch, Thunfisch und Romescosauce

Getränke

Spanien ist eines der größten Weinbauländer. Viele Qualitätsweine werden hier produziert, beispielsweise Rotweine in La Rioja und Sherry in Andalusien. Bars und Cafés führen nahezu alle Getränkesorten – alkoholische und nichtalkoholische. Die Spanier sind große Kaffeetrinker. Im Sommer bekommt man, zusätzlich zu *cervezas* (verschiedenen Biersorten), zahlreiche Erfrischungsgetränke. Brandy und Liköre wie Anis trinkt man als Aperitif und Digestif. Beliebt ist auch ein Sherry – angenehm gekühlt natürlich.

Entspannen bei einem Drink in einem Straßencafé in Sevilla

Heiße Schokolade

Teller mit *churros* (Fettgebäck)

Café con leche

Kamille

Lindenblüte

Heiße Getränke

Café con leche ist halb Milch, halb Kaffee, *café cortado* ein Espresso mit Milch, *café solo* schwarzer Kaffee. Heiße Schokolade wird meist mit *churros* (Fettgebäck) serviert. Auch Kräutertees, vor allem *manzanilla* (Kamille) und *tila* (Lindenblüten), bekommt man fast überall.

Kalte Getränke

In den meisten spanischen Städten kann man bedenkenlos das Leitungswasser trinken, die Einheimischen bevorzugen jedoch Mineralwasser. Es gibt stille Wässer *(sin gas)* und mit Kohlensäure *(con gas)*. Neben zahlreichen Softdrinks gibt es ausgesprochene Durstlöscher wie *horchata (siehe S. 257)*, eine süße Mandelmilch, oder auch *leche merengada* (Eismilch mit Zitrone und Zimt). *Gaseosa* ist eine Limonade, die pur oder mit Wein vermischt getrunken wird. Wie überall auf der Welt ist natürlich *zumo de naranja natural* (frisch gepresster Orangensaft) beliebt und begehrt.

Verschiedene Mineralwassersorten

Horchata, Erdmandelmilch

Spanische Weine

Seit der Römerzeit wird in Spanien Wein produziert. Dementsprechend vielfältig ist die Auswahl. Mit am berühmtesten ist der Wein aus La Rioja. Das Hauptqualitätskriterium ist die *denominación de origen* (DO), d. h., diese Weine haben eine verbindliche Herkunftsgarantie. Die Kategorie *vino de la tierra* ist bereits weniger streng (über 60 Prozent der Trauben stammen aus der jeweiligen Region). Ein *Reserva* dagegen reift wenigstens drei Jahre im Fass und in der Flasche. Für weitere Informationen schlagen Sie bitte auf folgenden Seiten nach: Nordspanien *(siehe S. 82f)*, Ostspanien *(siehe S. 206f)*, Zentralspanien *(siehe S. 344f)* und Südspanien *(siehe S. 424f)*.

Penedès-Weißwein

Rioja-Rotwein

Sekt *(cava)*

Spirituosen und Liköre

Der spanische Weinbrand, der hauptsächlich aus den Sherry-Bodegas in Jerez stammt, wird *coñac* genannt. Die meisten Bodegas bieten drei Preisklassen an. Magno ist ein guter Mittelklasse-Weinbrand, zur gehobenen Kategorie gehören Lepanto und Larios. *Anís*, mit Anissamen verfeinert, ist ein beliebter Likör. *Pacharán*, aus Anis und Schlehen hergestellt, schmeckt süßlich. Licor 43 ist ein Vanillelikör, Ponche ein Kräuterbrandy.

Anís   *Pacharán*   *Licor 43*   *Ponche*

Sherry und Wermut

Sherry kommt aus den *bodegas* in Jerez de la Frontera (Andalusien), aus Sanlúcar de Barrameda und El Puerto de Santa María *(siehe S. 424f)*. Unter anderem Namen werden ähnliche Getränke in Montilla produziert. Pale fino ist trocken und leicht und daher ideal als Aperitif. Der bernsteinfarbene Amontillado hat einen erdigen Geschmack, der Oloroso ist schwer und rau. In den letzten Jahren wurde Wermut *(vermut)* sehr beliebt, in Städten eröffnen immer mehr Wermut-Bars.

Zwei Sherry-Marken

Bier

Die meisten spanischen Biere *(cervezas)* sind Flaschenbiere, Bier vom Fass gibt es aber immer öfter. Beliebt sind San Miguel, Cruzcampo und Estrella. Wenn Sie ein Glas Bier wollen, bestellen Sie *una caña*. Alkoholfreies Bier *(cerveza sin alcohol)* gibt es in fast allen Bars.

Flaschenbiere

Rotwein und Fruchtsaft

Mix-Getränke

Der von Urlaubern geschätzte Sangría ist ein erfrischender Mix aus Rotwein, Weinbrand, Orangen- oder Pfirsichsaft und/oder -stücken sowie Zucker. Mit *gaseosa* (Limonade) verdünnter Rotwein heißt *tinto de verano*. Beliebt ist auch Agua de Valencia, ein Mix aus *cava* (Schaumwein) und Orangensaft. Jugendliche ziehen meist Cuba Libre (Cola mit einem Schuss Rum) oder Gin Tonic vor.

Sangría

Das Weinetikett

Das Weinetikett gibt viele Hinweise auf die Qualität des Weines. Es enthält neben dem Weinnamen auch Angaben zum Hersteller und den Jahrgang. Die Ursprungsbezeichnung – *denominación de origen* (DO) – ist auch ein Hinweis auf die Güte. Der Jahrgang des Weines *(cosecha)* sollte ausgewiesen sein. *Crianza* und *reserva* bedeuten, dass der Wein mindestens zwei Jahre alt ist und in Eichenfässern gelagert wurde. Tafelwein *(vino de mesa)* kann *tinto* (rot), *blanco* (weiß) oder *rosado* (rosé) sein. *Cava* ist Schaumwein, der nach der traditionellen Methode in Flaschengärung hergestellt wird.

Name des Weines   Markenzeichen

Füllmenge

Erzeugerabfüllung

Denominación de origen, Ursprungsbezeichnung des Weines

Jahrgang   Herkunftsregion

Restaurants

Galicien

BAIONA: Tapería San Xoán €
Tapas **K** B4
Rúa San Xoán 19, 36300
(Pontevedra)
C 628 89 62 40 ⏺ Di
Bar und Restaurant mit einer exzellenten Auswahl an Tapas. Preisgünstig und gut besucht.

BETANZOS: La Taberna 1931 €
Traditionell **K** C2
Travesia Progreso 6,
C 981 97 05 13 ⏺ Di
Zentral gelegenes, beliebtes Restaurant mit hausgemachter galicischer Küche (Spezialität ist *tortilla*). Das Lokal ist zu den Hauptzeiten sehr gut besucht.

BETANZOS: Vega Comer y Picar €
Traditionell **K** C2
Calle los Ángeles 3, 153000
C 981 77 32 54
Gute regionale Küche. Empfehlenswerte Tortillas, die Spezialität der Stadt.

Vis-à-Vis-Tipp

CAMBADOS: Yayo
Daporta €€€
Gourmet **K** B3
Calle del Hospital 7, 36630
C 986 52 60 62 ⏺ Mo; So abends, 14.–28. Nov
Im Yayo Daporta genießt man Haute Cuisine in eleganter, behaglicher Atmosphäre in einem Haus aus dem 16. Jahrhundert. Für die makellose innovative Küche werden nur die besten, frischesten Zutaten verwendet, die Weine wählen die Gäste in der Bodega. Das Lokal ist zu Recht ein Sterne-Restaurant.

Eleganter Speiseraum im Yayo Daporta, Cambados

CEDEIRA: Vila Vella Cedeira €€
Traditionell **K** C1
Paseo Arriba da Ponte 19, 15350
C 981 48 07 64 ⏺ Mo
Große Auswahl an köstlichen *pintxos* an der Tapas-Bar sowie wunderbare Fischgerichte im gemütlichen Restaurant.

FISTERRA: O Centolo €€
Seafood **K** A2
Avenida del Puerto s/n, 15155
C 981 74 04 52
Genießen Sie frischesten Fisch und dazu die wunderbare Aussicht auf den Hafen, besonders bei Sonnenuntergang. Auch eine preiswerte Tapas-Bar ist im Haus.

LA CORUÑA: Cúrcuma €
Tapas **K** B2
Marconi 4, 15002
C 646 14 66 42 ⏺ Mo, So
Kleine, beliebte, preisgünstige Tapas-Bar – reservieren Sie vorab.

LA CORUÑA:
Restaurante Comer y Picar €
Tapas **K** B2
Comandante Fontanes 1, 15003
C 981 28 52 20
⏺ Mo; So abends
Beim Strand von Riazor. Spezialitäten sind *zamburiñas* (Jakobsmuscheln) und *pulpo* (Oktopus).

LA CORUÑA: Domus €€
Modern **K** B2
Calle Ángel Rebollo s/n, 15002
C 981 20 11 36
Ein wunderschönes Restaurant mit spektakulärem Meerblick und freundlichem Service.

LA CORUÑA: Taberna Gaioso €€
Gourmet **K** B2
Plaza España 15, 15001
C 981 21 33 55
⏺ Mo, So nachmittags
Der elegante Speiseraum und die Bar passen perfekt zur Küche. Tapas und à la carte.

LUGO: Taberna do Labrego €
Traditionell **K** C2
Camino Real 32, 27372, Pacios-
Begonte
C 982 39 82 62 ⏺ Mo
Ein Geheimtipp: Hier serviert man preiswerte galicische Küche sowie exzellente Gin Tonics.

LUGO: Paprica €€
Mediterran **K** C2
Calle Noreas 10, 27001
C 982 25 58 24
⏺ Mo; So nachmittags
Behagliches, preisgünstiges Restaurant mit schöner, moderner Ausstattung, innovative Küche.

MALPICA: As Garzas €€€
Gourmet **K** B2
Porto Barizo, 15113
C 981 72 17 65
Das Sterne-Restaurant mit den riesigen Fenstern überzeugt mit modern variierter traditioneller spanischer Küche. Strandlage.

O GROVE:
Marisquerias Solaina €€€
Seafood **K** B3
Avenida Beiramar s/n, 36980
C 986 73 29 69 ⏺ Di
Erstklassiges Seafood zu günstigen Preisen. Dazu passt perfekt ein Glas Weißwein.

ORTIGUEIRA: Club Naútico €€
Mediterran **K** C1
Puerto Deportivo s/n, 15330
C 629 84 02 76 ⏺ Mo
Feines Seafood in elegantem Ambiente mit Blick auf die Marina.

OURENSE: A Taberna €
Traditionell **K** C3
Calle Julio Prieto Nespereira 32,
32005
C 988 24 33 32 ⏺ Mo
Das auf angenehme Weise altmodische Restaurant überzeugt mit exzellenter regionaler Küche. Ein kleiner Feinkostladen gehört zum Lokal.

OURENSE: La Table €
Französisch **K** C3
Plaza de la Capela 29, O Pereiro de
Aguiar, 32710
C 988 25 96 77 ⏺ Mo
Das kleine, erstklassige Restaurant serviert köstliche französische Gerichte. Tadelloser Service.

PONTEVEDRA: Restaurante
Mare e Monti €
Italienisch **K** B3
Rúa Eduardo Pondal 83
C 886 21 48 94 ⏺ Mo
Das hübsche Restaurant serviert auf Stein gebackene Pizzen und traditionelle Pastagerichte.

RIBADEO: Casa Villaronta €
Seafood **K** D1
Calle de San Francisco 9, 27700
C 982 12 86 09
Der angeblich beste *pulpo* (Oktopus) der Welt ist auf alle Fälle sehr gut. Auch andere Speisen überzeugen.

SAN SALVADOR DE POIO:
Casa Solla €€€
Gourmet K B3
Avda de Sineiro 7, 36005
📞 986 87 28 84 ⬤ Mo, Do, So abends, Mitte Dez–Anfang Jan, Karwoche
Eines der besten Restaurants in ganz Spanien. Innovative Küche, abgeschiedene Lage.

SANTA COMBA:
Fogón Retiro da Costiña €€€
Gourmet K B2
Avda de Santiago 12, 15840
📞 981 88 02 44
Der kreative Chefkoch zaubert aus traditionellen Gerichten Haute Cuisine. Dazu passen perfekt die Weine aus der Bodega.

SANTIAGO DE COMPOSTELA:
Abastos 2.0 €
Modern K B2
Plaza de Abastos s/n, Casetas 13, 15704
📞 654 01 59 37 ⬤ Mo, So
Traditionelle Küche in köstlichen modernen Variationen aus frischen Produkten der Region.

SANTIAGO DE COMPOSTELA:
O Dezaseis €
Tapas K B2
Calle de San Pedro 16, 15703
📞 981 57 76 33 ⬤ So
Rustikale, gleichwohl stilvolle Bar mit einer guten Auswahl stets frischer Tapas sowie einem empfehlenswerten *menú del día*.

SANTIAGO DE COMPOSTELA:
O Gato Negro €
Seafood K B2
Rúa Raina s/n, 15702
📞 981 58 31 05
⬤ Mo, So nachmittags
Die typische Seafood-Bar mit Restaurant serviert tolle Tapas und *raciones* (Hauptgerichte).

SANTIAGO DE COMPOSTELA:
Casa Marcelo €
Fusion K B2
Rúa Hortas 1, 15705
📞 981 55 85 80 ⬤ Mo, So
Reizendes Restaurant mit offener Küche, in der asiatische Fusion-Köstlichkeiten zubereitet werden.

SANXENXO: La Taberna de Rotilio
€€
Traditionell K B3
Avda del Puerto 7-9, 36960
📞 986 72 02 00 ⬤ Mo, So abends, Nov–Mitte März
Regionale Klassiker, großzügige Portionen, freundlicher Service.

VERÍN: Casa Zapatillas €
Traditionell K C4
Avenida Luis Espada 34, 32600
📞 988 41 07 29

Stilvoller Gastraum des El Corral del Indianu, Arriondas

Klassische spanische Küche, großartige Tapas und eine phänomenale Auswahl von feinen galicischen Weinen.

VIGO: Tapas Areal €
Tapas K B3
Calle de México 36, 36204
📞 986 41 86 43
Sehr beliebtes Lokal mit großer Auswahl an Tapas und hervorragenden Desserts.

VIGO: La Trastienda del Cuatro €
Modern K B3
Pablo Morillo 4, 36201
📞 986 11 58 81
Die Küche bietet einen gelungenen Mix aus Tradition und Moderne. Gute Weinauswahl.

VIVEIRO: Restaurante Nito €€
Traditionell K C1
Hotel Ego, Playa de Area 1, 27850
📞 982 56 09 87
Das Restaurant des Hotel Ego bietet köstliches Seafood und einen herrlichen Blick.

Asturien und Kantabrien

AMPUERO: Restaurante Solana
€€
Traditionell K H2
La Bien Aparecida No 11, 39849
📞 942 67 67 18 ⬤ Mo, So abends, zwei Wochen im Nov
Das auf einem Hügel gelegene Sterne-Restaurant überzeugt mit kreativer Küche und einem herrlichen Blick.

ARRIONDAS: El Corral del Indianu
€€
Modern K F2
Avda de Europa 14, 33540
📞 985 84 10 72 ⬤ Do
Der mit einem Michelin-Stern prämierte Küchenchef José Antonio Campoviejo bietet ein zwölfgängiges *menú de degustación*.

Vis-à-Vis-Tipp
ARRIONDAS: Casa Marcial €€
Gourmet K F2
La Salgar 10, Parres, 33540
📞 985 84 09 91 ⬤ Mo
Der berühmte Koch Nacho Manzano wuchs in der auf dem Land gelegenen Casa Marcial auf – heute führt er hier ein Sterne-Restaurant. Seine kreative Küche bietet modern variierte spanische Klassiker. Zum Genuss tragen eine beeindruckende Weinauswahl und ein elegantes Ambiente bei.

CANGAS DE ONÍS:
Sidrería Los Ramos €
Traditionell K F2
La Venta s/n, 33550
📞 608 14 59 97 ⬤ Jan–Feb
Köstliche, regionale Hausmacherküche bietet dieses bei Einheimischen beliebte Restaurant.

CASTRO URDIALES:
La Arboleda €
Seafood K J2
Calle Ardigales 48, 39700
📞 942 87 19 93
Neben frischem Seafood überzeugt das Restaurant auch durch seine Fleischgerichte. Reservieren Sie frühzeitig.

CUDILLERO: Bar Casa Julio €
Traditionell K E1
Plaza de la Marina 7
📞 617 43 82 54
Beliebtes Lokal mit bewährten Gerichten. Schon seit Langem ein Favorit der Einheimischen.

GIJÓN: Sidrería La Galana €
Tapas K F1
Plaza Mayor 10, 33201
📞 985 17 24 29
Das Lokal liegt großartig an der Plaza Mayor in der Altstadt. Es bietet exzellente Tapas und eine lebhafte Atmosphäre.

K = Karte *Extrakarte zum Herausnehmen*

GIJÓN: Ciudadela €€
Mediterran K F1
Calle Capua 7, 33202
☎ 985 34 77 32
◉ Mo; So mittags
Restaurant mit elegantem Speise-
raum und Bar im vorderen Teil.
Schön präsentierte Gerichte.

LAREDO: La Marina Company €
Seafood K H2
Calle Zamanillo, 39770
☎ 942 60 63 35
Einfache, gute traditionelle Gerichte, sehr günstige Festpreisme-
nüs. In der Altstadt gelegen.

LASTRES: El Barrigón de Bertín €€
Gourmet K F1
Calle San José, 33330
☎ 985 85 04 45 ◉ Di
Der vielfach ausgezeichnete
Chefkoch serviert klassische asturische Küche – Haute Cuisine aus
den besten, frischesten Zutaten
der Region.

LLANES: Sidrería El Rubiu €
Traditionell K G2
Lugar Vidiago, s/n, 33597
☎ 985 41 14 18
Hier serviert man herzhafte asturische Küche, besonders lecker ist
die *fabada* (Bohneneintopf).

NOJA: Restaurante Sambal €€
Gourmet K H2
Calle el Arenal, 39180
☎ 942 63 15 31 ◉ Nov–Feb
Gourmetküche, herrlicher Blick,
bei schönem Wetter von der Terrasse. Exzellente Weinauswahl.

NOREÑA: Sidrería Casa El Sastre €
Traditionell K E2
Calle de Fray Ramón 27, 33180
☎ 985 74 12 52
Hier gibt es regionale Hausma-
cherkost und köstliche Desserts.
Dazu schmeckt Cidre aus der
Region vorzüglich.

OVIEDO: Taberna Salcedo €
Traditionell K E2
Bermúdez de Castro 38, 33011
☎ 984 28 37 49
So viele einheimische Gäste können sich nicht täuschen: Das sehr
beliebte Lokal überzeugt mit klassischen Gerichten, die mit Pfiff
zubereitet werden. Auch die
Weinauswahl ist großartig.

OVIEDO: Casa Fermín €€€
Traditionell K E2
Calle de San Francisco 8, 33003
☎ 985 21 64 52 ◉ So
Die Casa Fermín ist seit Langem
berühmt für ihre exzellente
Küche, die die Preise rechtfertigt.
Moderne Einrichtung.

Speisen mit Aussicht: Annua in San Vicente de la Barquera

POTES: Casa Cayo €
Traditionell K G2
Calle Cantabra, 6, 39570
☎ 942 73 01 50
Herzhafte regionale Küche, per-
fekt nach einer Bergwanderung.
Der Weinkeller hält viele Über-
raschungen bereit.

RIBADESELLA: Restaurante Güeyu Mar €€€
Seafood K F2
Playa de Vega 84, 33560
☎ 985 86 08 63
Schönes Seafood-Restaurant mit
vielen Grillgerichten. Der Strand-
blick von der Terrasse ist sehr eindrucksvoll.

SAN VICENTE DE LA BARQUERA: Annua €€€
Gourmet K G2
Paseo de la Barquera s/n, 39540
☎ 942 71 50 50
Das Sterne-Restaurant überzeugt
mit atemberaubendem Meerblick,
fantastischer Küche und exzellenter Weinauswahl.

SANTA EULALIA DE OSCOS: Mesón La Cerca €
Traditionell K D2
La Cerca, 33776
☎ 985 62 60 41
Malerisch, mit Tischen unter
einem *horreo* (Speicher auf Pfeilern). Fantastische Empanadas.

SANTANDER: Marcello €
Italienisch K H2
Calle Floranes 29, 39010
☎ 942 37 30 07 ◉ Mo
Speisen Sie wie in Italien. Zur
Auswahl stehen authentische
Gerichte. Entspanntes Ambiente.

SANTANDER: La Bombi €€
Traditionell K H2
Calle de Casimiro Sáinz 15, 39003
☎ 942 21 30 28
Wunderbar zubereitete nordspa-
nische Küche, die man in einem
schönen, modern eingerichteten
Gastraum genießt.

SANTANDER: Cañadio €€
Tapas K H2
Calle de Gómez Oreña, 15, 39003
☎ 942 31 41 49 ◉ So
Schickes Restaurant mit großer
Auswahl an exzellenten Tapas
und entspannter Atmosphäre.

SANTANDER: El Marucho €€
Seafood K H2
Calle de Tetuán 21, 39004,
☎ 942 27 30 07 ◉ Di
Die einfache, rustikale Bar mit
Restaurant bietet fangfrisches
Seafood, eine lebhafte Atmo-
sphäre und gute Preise.

SANTILLANA DEL MAR: Los Blasones €
Traditionell K G2
Plaza de la Gandara, 8, 39330
☎ 942 81 80 70 ◉ Do im Winter, Nov–März
Authentische regionale Küche aus
Zutaten der Umgebung. Char-
mant und rustikal.

SANTILLANA DEL MAR: Casa Uzquiza €
Traditionell K G2
Calle del Escultor Jesús Otero 5, 39330
☎ 942 84 03 56 ◉ Mo
Genießen Sie köstliche Küche der
Region. Die Steinwände schaffen
heimeliges Flair. Bei schönem Wet-
ter speist man auf der Terrasse.

SOMO: La Alberuca €
Traditionell K H2
Calle Jorganes 1, 39140
☎ 942 51 05 04
Das kleine Restaurant bietet mit
die beste Küche in Somo.

VILLAVICIOSA: El Verano €€
Seafood K F2
Calle Agüero 3, 33300
☎ 985 89 24 65
Das unprätentiöse Restaurant im
Dörfchen Agüero, etwa acht Kilometer außerhalb von Villaviciosa,
ist in ganz Asturien für sein hervorragendes Seafood bekannt.

Baskenland, Navarra und La Rioja

AOIZ: Beti Jai €
Traditionell K L3
Calle de Santa Águeda 2, 31430
☎ 948 33 60 52 ⬤ So abends
Das Restaurant eines baskischen Landhotels serviert innovativ variierte klassische navarrische Küche.

CINTRUÉNIGO: Maher €€
Gourmet K L4
Calle Ribera 19, 31592
☎ 948 81 11 50 ⬤ So abends; Mo; Mitte Dez–Mitte Jan
Die spannende Küche des Restaurants lebt von den saisonalen Produkten aus der Umgebung von Ribera.

ESTELLA: Navarra €€
Traditionell K K3
Calle Gustavo de Maeztu, 31200
☎ 948 55 00 40 ⬤ Mo; Jan
In einem alten navarrischen Haus mit mittelalterlichem Dekor schmecken Spezialitäten wie Lamm und Spargel.

EZCARAY: El Rincón del Vino €
Traditionell K J3
Calle Jesús Nazareno 2, 26280
☎ 941 35 43 75 ⬤ Winter: Mo–Do abends; Sep–Juni: Mi
Hier locken Spanferkel und andere Grillspezialitäten am Wochenende sowie nebenan im Weinladen viele Sorten aus La Rioja.

EZCARAY: El Portal de Echaurren €€
Modern K J3
Calle Padre José García 19
☎ 941 354 047 ⬤ So abends; März–Juli: Mo, Di
Das seinerzeit erste Sterne-Restaurant in La Rioja gehört zu einem Hotel und serviert köstliches Seafood.

HARO: Las Duelas €
Modern K J3
Calle San Agustín 2, 26200
☎ 941 30 44 63

Das Lokal serviert in einem Kloster eine breite, ausgewogene Auswahl an kreativen und traditionellen Gerichten aus La Rioja.

LOGROÑO: Bar Soriano €
Tapas K K3
Travesia del Laurel 2, 26001
☎ 941 22 88 07 ⬤ Mi
Jede Tapas-Bar in dieser beliebten Straße hat ihre Spezialität: Im Soriano sind es saftige champis (Pilze), als pintxo serviert.

LOGROÑO: Mesón Egües €
Traditionell K K3
Calle de la Campa 3, 26005
☎ 941 22 86 03 ⬤ So
Aus allerbesten Spezialitäten werden hier einfache, herzhafte Grillgerichte zubereitet. Empfehlenswerte chuletas (Koteletts).

OLITE: Casa Zanito €€
Traditionell K L3
Rúa Mayor 16, 31390
☎ 948 740 002 ⬤ Mo, Di; 18. Dez–24. Jan
Reizendes Hotelrestaurant im mittelalterlichen Olite, empfehlenswertes Fixpreismenü Labrit.

PAMPLONA: Ansoleaga 33 €
Gourmet K L3
Florencio de Ansoleaga 33, 31001
☎ 948 044 860
Genießen Sie navarrische Küche und zugleich den Blick vom Speiseraum auf die Altstadt.

PAMPLONA: Café Bar Gaucho €
Pintxos K L3
Calle de Espoz y Mina 7, 31002
☎ 948 22 50 73
Klein, lebhaft und eine der besten pintxo-Bars in Pamplona. Große Auswahl an leckeren Gerichten, nur Barbezahlung.

PAMPLONA: Europa €€
Traditionell K L3
Espoz y Mina 11, 31002
☎ 948 22 18 00 ⬤ So
Eine Spezialität des Restaurants im reizenden Hotel Europa in der Altstadt ist die Schokoladenmousse mit Orangenconfit.

SAN SEBASTIÁN: La Fábrica €
Modern K K2
Calle Puerto 17, 20003
☎ 943 43 21 10
Das Restaurant mitten in der Altstadt und nahe am Hafen ist in einer früheren Brauerei untergebracht. Kosten Sie den Barsch.

SAN SEBASTIÁN: Zeruko €
Pintxos K K2
Pescaderia 10 (Altstadt)
☎ 943 423 451 ⬤ Mo
Mit seinen kreativen pintxos ist das schicke Zeruko ein extrem beliebtes Ziel in der Stadt.

Vis-à-Vis-Tipp

SAN SEBASTIÁN: Akelarre €€€
Modern K K2
Padre Orkolaga 56, 20008
☎ 943 31 12 09 ⬤ Mo; Jan–Juni: Di; Feb, Anfang Okt.
In dem berühmten Restaurant zelebriert man innovative Küche mit baskischen Wurzeln. Der Gastraum mit dem weiten Blick über den Atlantik bietet die perfekte Kulisse für ein unvergessliches kulinarisches Erlebnis. Das Beste der Saison ist im menú de degustación zusammengestellt.

SAN SEBASTIÁN: Arzak €€€
Modern K K2
Alcalde José Elósegui 273, 20015
☎ 943 278 465 ⬤ So, Mo; Mitte Juni–Anfang Juli
Gönnen Sie sich einen Hochgenuss in dem berühmten baskischen Restaurant des legendären Kochkünstlers Juan Mari Arzak und dessen Tochter Elena. Drei Michelin-Sterne sprechen eine deutliche Sprache.

SAN VICENTE DE LA SONSIERRA: Casa Toni €
Traditionell K K3
Zumalacárregui 27, 26338
☎ 941 33 40 01
⬤ Mo; Di–Do, So abends; zwei Wochen im Juli, Sep
In der Casa Toni schmeckt modern variierte, traditionelle Küche aus La Rioja. Empfehlenswert ist das viergängige Menü El Rocio.

SANTO DOMINGO DE LA CALZADA: Los Caballeros €
Traditionell K J3
Calle Mayor 58, 26250
☎ 941 34 27 89 ⬤ So abends
Kabeljau ist die Spezialität des rustikal eingerichteten Restaurants, das in einem historischen Gebäude nahe der Kathedrale untergebracht ist. Aber die Speisekarte ist lang.

Speiseraum mit Atlantikblick, Akelarre, San Sebastián

TAFALLA: Túbal €€€
Traditionell K L3
Plaza de Navarra 4, 31300
948 70 08 52 ● Mo; Di–Do,
So abends
Gemüse aus dem Garten des Res-
taurants spielt bei vielen Gerich-
ten eine große Rolle. Balkone mit
Blick auf den Platz.

TUDELA: Restaurante 33 €
Gourmet K L4
Calle Pablo Sarasate 70
948 82 76 06 ● So–Mi
abends
Preisgekröntes Restaurant mit
köstlicher Küche. Die meisten
Produkte kommen aus dem Garten des Lokals.

**URDÁNIZ: El Molino de
Urdániz** €€€
Gourmet K L2
*Ctra Francia por Zubiri (NA-135)
km 16,5, 31698*
948 30 41 09 ● Mo;
Di, Mi, So abends
In dem rustikalen Steinhaus ser-
viert man traditionelle Gerichte
der Pyrenäen, die auf modernste
Weise mit raffinierten Aromen
zubereitet werden.

VIANA: Borgia €€
Gourmet K K3
Calle Serapio Urra 1, 31230
948 64 57 81
Modernes Dekor und hochwertige, authentische Speisen. Eine
Spezialität im Borgia sind Steaks,
z. B. Rindsbäckchen mit Blut-
orangensauce.

VITORIA: El Clarete €
Modern K K3
Cercas Bajas 18, 01001
945 26 38 74
● Mi, So; Mitte–Ende Aug
Zutiefst traditionelle baskische
Küche, innovativ zubereitet.
Verwöhnen Sie sich z. B. mit
marmitako (Thunfischeintopf) mit
Hummer oder Spanferkel mit
Mangocreme.

VITORIA: Zaldiarán €€
Modern K K3
Avda Gasteiz 21, 01008
945 13 48 22 ● Di
Vitorias wohl bestes Restaurant
lockt mit kreativer, technisch per-
fekt zubereiteter Küche, deren
Gerichte raffiniert schmecken.

Barcelona
Altstadt
La Báscula €
Vegetarisch SP 5 C3
Flassaders 30, 08003
933 19 98 66

Das reizende Café in einer ehemaligen Schokoladenfabrik serviert vegetarische und vegane
Gerichte und köstliches Gebäck.

Bodega la Plata €
Tapas SP 5 A3
Mercé 28, 08002
933 15 10 09
Die kleine, altmodische *bodega*
serviert Wein vom Fass und dazu
eine kleine Auswahl an Tapas. Besonders lecker sind die gebratenen Sardinen.

Vis-à-Vis-Tipp
Café de L'Acadèmia €
Modern SP 5 B3
Lledó 1, Plaça Sant Just, 08002
933 19 82 53 ● Sa & So;
drei Wochen im Aug
Das alteingesessene Café de
L'Acadèmia serviert frisch zubereitete, moderne katalanische Küche in einem Speiseraum mit Ziegeldekor und
Blick auf einen bezaubernden
gotischen Platz. Die häufig
wechselnde Karte bietet, was
marktfrisch erhältlich ist.

Can Culleretes €
Traditionell SP 5 A3
Quintana 5, 08002
933 17 30 22 ● Mo, So
abends; Mitte Juli–Mitte Aug
Can Culleretes ist Barcelonas ältestes Restaurant und eine erste
Adresse für Klassiker wie *botifarra
amb seques* (Landwurst mit Bohnen) und Meeresfrüchteeintopf.

Kaiku €
Mediterran SP 5 B3
Plaça del Mar 1, 08003
932 21 90 82 ● Mo, So
abends; Aug; Winter: abends

Altmodischer Charme und moderne
Tapas im Suculent, Barcelona

Das schlicht wirkende Restaurant
serviert fantastische Gerichte mit
geräuchertem Reis und Gemüse
aus dem eigenen Garten sowie
eine exzellente Dessertplatte.

La Paradeta €
Seafood SP 5 C3
Comercial 7, 08009
932 68 19 39 ● Mo
Fish and Chips à la Barcelona.
Hier sieht man, wie der Fisch
zubereitet wird.

Lo de Flor €
Mediterran SP 2 E2
Carretes 18, 08001
934 42 38 53 ● mittags; Di;
zwei Wochen im Aug
Romantisches rustikales Restaurant mit minimalistischem Dekor
und kleiner, guter Weinauswahl.

Mam i Teca €
Modern SP 2 F2
Carrer de la Lluna 4, 08001
934 41 33 35 ● Di, Sa mittags
Das winzige Lokal serviert katalanische Gerichte aus regionalen,
organisch erzeugten Produkten.

Quimet i Quimet €
Tapas SP 2 D3
Poeta Cabanyes 25, 08004
934 42 31 42 ● So; Sa
abends
Die kleine Tapas-Bar serviert Köst-
liches wie Käse und *canapés*.
Keine Sitzplätze.

Senyor Parellada €
Mediterran SP 5 B3
Argenteria 37, 08003
933 10 50 94
Lässig-elegantes Restaurant, mo-
derne Küche in einem schönen
Haus aus dem 19. Jahrhundert.

Vis-à-Vis-Tipp
Suculent €
Tapas SP 2 F3
Rambla de Raval 43, 08001
934 43 65 79
● Mo; So abends
Die alte *bodega* wurde von
drei Starköchen in eine schicke
Gastrobar umgewandelt, ohne
ihren Originalcharakter zu verdecken. Das Suculent bietet
kreative Tapas, Platten mit
Käse und Räucherschinken
sowie gehaltvollere Gerichte
wie Lammkoteletts mit Reis.

Teresa Carles €
Vegetarisch SP 5 A1
Carrer de Jovellanos 2, 08001
933 17 18 29
Der elegante Familienbetrieb
zählt zu den besten vegetarischen
Restaurants der Stadt.

Bunte Einrichtung im Dos Palillos, Barcelona

Zim
Tapas   €   SP 5 B2
Carrer Daqueria 20, 08002
☎ 934 12 65 48   ◉ So
Die winzige Bar serviert erlesene
Weine per Glas und einfache
Tapas sowie feinsten katalani-
schen Käse.

Gravin
Italienisch   €€   SP 5 B3
Rera Palau 3–5, 08003
☎ 932 68 46 28 ◉ Mo, Di mittags
Raffinierte apulische Küche in
einem eleganten Gastraum mit
Ziegelwänden und Fliesenboden.

La Mar Salada
Mediterran   €€   SP 5 B5
Passatge Joan Borbó 58–59, 08003
☎ 932 21 21 27   ◉ Di
Hell, modern, mit hervorragendem Mittagsmenü. Seafood-Fans
verwöhnen sich hier mit Gerichten wie Kabeljau in Knoblauchöl
mit Honig und Spinat.

Pla
Fusion   €€   SP 5 F2
Bellafila 5,08002
☎ 934 12 65 52   ◉ mittags
Das zuverlässig gute Restaurant
in einer versteckten engen Straße
bietet feine Fusion-Küche in elegantem Ambiente.

Dos Palillos
Tapas   €€€   SP 2 F2
Elisabets 9, 08001
☎ 933 04 05 13◉ Mo, So; Di, Mi
mittags
Todschicke, aber lässige Tapas-Bar
und ein Sterne-Restaurant mit
asiatischen Fusion-Tapas.

Koy Shunka
Japanisch   €€€   SP 5 B3
Carrer Copons 7, 08002
☎ 934 12 79 39   ◉ Mo;
So abends; Aug
Das herausragende japanische
Sterne-Restaurant überrascht mit
einer spannenden Karte.

Eixample

Bar Calders
Café   €   SP 2 D2
Parlament 25, 08015
☎ 933 29 93 49
Die hübsche Terrasse des Cafés ist
perfekt für einen vermut, köstliche Tapas, Hummus und Salate.

Bardeni
Modern   €€   SP 3 C4
València 454, 08013
☎ 934 88 09 77   ◉ So
Chefkoch Dani Lechuga zaubert
phänomenale Tapas und andere
Gerichte wie etwa Blutwurst-
kroketten oder Steaks.

Boca Grande
Seafood   €€   SP 3 A3
Passatge de la Concepció 12,
08003
☎ 934 67 51 49
Das schicke Restaurant serviert
köstliches, frisches Seafood in
spektakulärem Ambiente mit
hübscher Terrasse, Austernbar,
Weinkeller und Cocktailbar.

Fábrica Moritz
Tapas   €€   SP 2 E1
Ronda de Sant Antoni 41, 08011
☎ 934 26 00 50
Die riesige Bar mit Restaurant residiert in einem prächtigen, schön
renovierten Jugendstilhaus.

Ikibana
Fusion   €€   SP 2 D2
Avinguda del Paral·lel 148, 08015
☎ 934 24 46 48
Umwerfende Einrichtung und
japanisch-brasilianische Fusion-
Küche – das Ikibana zählt zu Bar-
celonas schicksten Restaurants.

Petit Comitè
Modern   €€   SP 3 A3
Passatge de la Concepció 13, 08008
☎ 936 33 76 27   ◉ Mo
Sehr beliebtes Restaurant mit mo-
dernem Dekor und kulinarischen
Kreationen von Nandu Jubany.

Tapas 24
Tapas   €€   SP 3 A5
Diputació 269, 08007
☎ 934 88 09 77   ◉ So
Breite Auswahl an üblichen und
innovativen Tapas von Chefkoch
Carles Abellan.

Tickets
Tapas   €€   SP 1 C2
Avinguda Paral·lel 164, 08015
◉ mittags (außer Sa); Mo, So
Fantasievolle Tapas und bunte
Jahrmarkt-Einrichtung – ein wirk-
lich fröhliches Ess-Erlebnis.

Vis-à-Vis-Tipp

La Xalada
Mediterran   €€   SP 2 D2
Carrer del Parlament 1, 08013
☎ 936 76 03 30
◉ Mo, Di; Mi mittags
La Xalada ist eines der angesagtesten Lokale im Carrer del
Parlament und serviert katalanische Gerichte mit eigenstän-
digem modernem Touch unter
Verwendung saisonaler Produkte. Die schöne Terrasse
bietet nur wenige Tische, der
Innenraum mit vergoldeten
Säulen ist jedoch ausgesprochen reizvoll gestaltet und
einladend.

Moments
Modern   €€€   SP 3 A5
Passatge de Gràcia 38–40, 08007
☎ 931 51 87 81
Das von Raül Balam geführte Res-
taurant serviert köstliche, fanta-
sievolle und mit zwei Michelin-
Sternen ausgezeichnete Küche.

Abstecher

Casa de Tapes Cañota
Tapas   €   SP 1 B2
Lleida 7, 08004
☎ 933 25 91 71   ◉ Mo, So
abends; Mitte Aug–Anfang Sep
Das große, gut besuchte Lokal
serviert Gourmet-Tapas, z. B. safti-
ges Rindfleisch mit Knoblauch.

Vis-à-Vis-Tipp

Gut
Mediterran   €   SP 3 B2
Carrer del Perill 13, Gràcia,
08012
☎ 931 86 63 60
Man sollte zeitig kommen, um
in dem charmanten Restaurant
einen Platz zu ergattern. Hier
serviert man gesunde, vorwiegend vegetarische sowie glutenfreie Speisen, die täglich
frisch je nach Marktangebot
zubereitet werden.

Cafè Godot €€
Mediterran SP 3 B2
Carrer de Sant Domènec 19, Gràcia, 08012
☎ 933 68 20 36
Das stilvolle, moderne Café bietet zeitgemäße Bistro-Küche und am Wochenende tollen Brunch.

Kuai Momos €€
Tapas SP 3 B2
Carrer Martinez de la Rosa 71, Gràcia, 08012
☎ 932 18 53 27 ⏺ So
Schickes Restaurant mit asiatischen Tapas wie *gyoza* (Dumplings), Salaten und guten Reisgerichten.

Wagokoro €€
Japanisch SP 3 A1
Regàs 35, 08006
☎ 935 01 93 40 ⏺ So–Di;
eine Woche im Aug
In den schlichten Gastraum des Restaurants serviert das freundliche katalanisch-japanische Besitzerpaar hervorragende authentische japanische Küche.

ABaC €€€
Modern
Avinguda Tibidabo 1, 08022
☎ 933 19 66 00 ⏺ So, Mo
Genießen Sie außergewöhnliche Küche von Jordi Cruz, der 2004 mit 25 Jahren zu Spaniens jüngstem Sterne-Koch aufstieg. Mit seinen Kreationen im ABaC erkochte er sich zwei »Orden«.

Botafumeiro €€€
Seafood SP 3 A2
Gran de Gràcia 81, 08012
☎ 932 18 42 30
In dem großen, beliebten Traditionsrestaurant servieren Kellner in weißer Schürze Platten mit fangfrischen Meeresfrüchten an dicht besetzten Tischen.

Katalonien

ANGLÈS: Aliança 191 €€
Modern K O3
Carrer Jacint Verdaguer 3, 17160
☎ 972 42 01 56 ⏺ Mo;
Di, Mi, So abends
Café, Tapas-Bar und Restaurant in einer farbenprächtigen Villa. Fantastische kreative Küche in wunderbarer Atmosphäre.

ARTIES: Casa Irene €€
Traditionell K O3
Carrer Major 3, 25599
☎ 973 64 43 64 ⏺ Mo
Das elegante Restaurant in einem traditionellen Steinhaus bietet hochwertige Küche – perfekt nach einem Tag auf der Skipiste.

Tische vor dem malerischen Ausblick im El Motel, Figueres

BANYOLES: Ca L'Arpa €€€
Modern K Q4
Passatge Industria 5, 17820
☎ 972 57 23 53 ⏺ Mo, Di
mittags; So abends
In der hübschen Altstadt von Banyoles serviert dieses Restaurant eines noblen Hotels moderne katalanische Küche.

BEGUR: Fonda Caner €€
Traditionell K R4
Pi i Ralló 10, 17255
☎ 972 62 23 91 ⏺ Nov–März
Das traditionelle Restaurant verströmt in Begurs Altstadt reichlich altmodischen Charme. Hier bestimmt saisonale Bioküche die Tageskarte.

BEGUR: Restaurant Rostei €€
Mediterran K R4
Concepció Pi 8, 17255
☎ 972 62 42 15 ⏺ Sommer: Mo;
Di–Sa mittags; Winter: So–Do;
Fr, Sa mittags
Das romantische Restaurant in Begurs Altstadt serviert köstlichen Fisch und Meeresfrüchte sowie fantastische Desserts.

BESALÚ: Cúria Reial €€
Traditionell K Q3
Plaça de la Llibertat 14, 17850
☎ 972 59 02 63 ⏺ Di
Unter Steingewölbe schmeckt hier katalanische Küche. Empfehlenswert: Ente mit *foie gras*.

CADAQUÉS: Compartir €€€
Modern K R3
Riera Sant Vicenç s/n, 17488
☎ 972 25 84 82
Drei katalanische Top-Köche kreieren hier Gerichte wie mit Orange, Oliven und Minze marinierte Sardinen oder Spargel mit einem pikanten Schaum.

CALDES D'ESTRAC: Marola €€
Seafood K Q4
Passatge dels Anglesos 6, 08393
☎ 937 91 32 00 ⏺ Di

Schlichtes, aber reizendes Lokal am Strand, perfekt für frisches Seafood und Paella.

CAMBRILS: Can Bosch €€€
Seafood K O5
Rambla Jaume I 19, 43850
☎ 977 36 00 19 ⏺ Mo, So
abends; Ende Dez–Jan
In dem seit 1984 gefeierten Sterne-Restaurant mit Blick auf den Hafen von Cambrils kann man in köstlichem Seafood schwelgen.

ESCUNHAU: El Niu €
Traditionell K O3
Deth Pònt 1, 25539
☎ 973 64 14 06 ⏺ So abends;
Ende Juni–Ende Juli
Der traditionelle Berggasthof mit knisterndem Kaminfeuer präsentiert u. a. schmackhafte gegrillte Fleischgerichte. Im Speisesaal dominieren Jagdtrophäen.

FIGUERES: El Motel €€€
Traditionell K Q3
Avinguda Salvador Dalí 170, 17600
☎ 972 50 05 62
Das elegante Restaurant genießt einen guten Ruf wegen seiner feinen regionalen Küche und seiner großen Weinauswahl.

GARRAF: La Cúpula €€
Seafood K P5
Platja de Garraf, 08871
☎ 936 32 00 15 ⏺ Mo, Di; So,
Mi, Do abends
Das herrlich hoch auf einer Klippe gelegene La Cúpula ist das perfekte Restaurant für ein Seafood-Mittagessen.

GIRONA: Divinum €€
Tapas K Q4
Albereda 7, 17004
☎ 872 08 02 18 ⏺ So;
Mo abends
Das elegante, moderne Tapas-Restaurant Divinum bietet eine breite Auswahl an leckeren Tapas und exzellenten Weinen.

Vis-à-Vis-Tipp

GIRONA: El Celler de Can Roca €€€
Modern   K Q4
Carrer de Can Sunyer 48, 17007
☎ 972 22 21 57 ⬤ So & Mo;
Ostern, eine Woche im Aug
Die Brüder Roca führen dieses
Sterne-Restaurant. In diesem
Tempel der Molekularküche ist
Joan der Chefkoch, Jordi der
Herr der Desserts und Josep
der Sommelier. Hier erwarten
Sie innovative Gerichte wie ka-
ramellisierte Oliven an einem
Bonsaibäumchen und Austern
mit geliertem Champagner.
Reservieren Sie mindestens elf
Monate vorab.

HORTA DE SANT JOAN: Mas del Cigarrer €
Traditionell   K N6
Carrera Horta de Sant Joan a Bot s/n, 43596
☎ 977 43 51 53 ⬤ Mitte Sep–
Juni; So, Mo; Di–Do abends
Berühmt für seine *calçots* (Früh-
lingszwiebeln) und *cargolades*
(Schnecken).

L'AMETLLA DE MAR: L'Alguer €€
Seafood   K O6
Trafalgar 21, 43860
☎ 977 45 61 24 ⬤ Mo;
Mitte Dez–Mitte Jan
Ein Restaurant direkt am Ufer mit
deckenhohen Fenstern – hier
schmeckt frisches Seafood.

L'ESPLUGA DE FRANCOLÍ: Hostal del Senglar €€
Traditionell   K O5
Plaça Montserrat Canals 1, 43440
☎ 977 87 04 11 ⬤ Mo
Das Lokal serviert exzellente gegrillte Fleischgerichte und herzhafte Landküche.

LLAGOSTERA: Els Tinars €€€
Modern   K Q4
Carretera de Sant Feliu a Girona km 7, 17240
☎ 972 83 06 26 ⬤ Mo, So abends
Erstklassige moderne Küche mit
Betonung auf saisonale Produkte.
Günstige Fixpreismenüs sowohl
mittags als auch abends.

LLEIDA: L'Estel de la Mercè €€
Modern   K O5
Carrer Cardenal Cisneros 30, 25002
☎ 973 28 80 08 ⬤ Mo, So abends
Hotelrestaurant mit frischer kata-
lanischer Küche und Tapas-Bar.

PERELADA: Cal Sacristà €€
Traditionell   K Q3
Rodona 2, 17491
☎ 972 53 83 01 ⬤ Di, Mo
abends; drei Wochen im Feb, Nov

Frische, leckere katalanische
Küche in einem schön renovierten
ehemaligen Kloster.

RIPOLL: Reccapolis €€
Traditionell   K P3
Carretera de Sant Joan 68, 17500
☎ 972 70 21 06 ⬤ Mi, So–Do
abends; Mitte Aug–Mitte Sep
Köstliche Landküche in einem
schönen, alten Haus. Exzellente
Mittagsmenüs.

ROSES: Rafa's €€
Seafood   K R3
Carrer Sant Sebastià 56, 17480
☎ 972 25 40 03 ⬤ So, Mo;
Dez–Mitte Jan
Lässiges, fröhliches, beliebtes Sea-
food-Restaurant mit hervor-
ragenden Fischgerichten.

ROSES: Els Brancs €€€
Modern   K R3
Av. de José Díaz Pacheco 26, 17480
☎ 972 25 62 00 ⬤ mittags; Mo;
Okt–März
Das preisgekrönte Restaurant bie-
tet kreative katalanische Küche
und eine Terrasse mit herrlichem
Blick auf den Sonnenuntergang
über der Bucht von Roses.

SANT CARLES DE LA RÀPITA: Miami Can Pons €€
Seafood   K O6
Passatge Marítim 18–20, 43540
☎ 977 74 05 51 ⬤ So
Klassisches Strandrestaurant im
Hotel Miami Mar. Aufmerksamer
Service, exzellente Preise.

SANT FELIU DE GUÍXOLS: Cau Del Pescador €€
Seafood   K Q4
Carrer Sant Domènec 11, 17220
☎ 972 32 40 52 ⬤ Di
Spezialität des schicken, einla-
denden Restaurants in einer alten
Fischerhütte ist der wunderbare
Fischeintopf *suquet*.

SANT FELIU DE GUÍXOLS: Villa Más €€€
Traditionell   K Q4
Passatge de Sant Pol 95, 17220
☎ 972 82 25 26 ⬤ Mo außer
Juni–Aug; Anfang Dez–Anfang Jan
In einer schönen Villa aus dem
19. Jahrhundert am Strand Sant
Pol, herausragende katalanische
Küche, exzellente Weinauswahl.

SANT FRUITÓS DE BAGES: L'Ó €€€
Modern   K P4
Camí de Sant Benet de Bages, 08272
☎ 938 75 94 29 ⬤ So abends
Minimalistisch eingerichtet in
einem mittelalterlichen Kloster,
innovative katalanische Küche
von Sterne-Koch Jordi Llobet.

SANT JOAN DE LES ABADESSES: La Teulería €€
Traditionell   K Q3
Carretera C-38, km 1,5, 17860
☎ 972 72 05 07 ⬤ Mi; So
abends; letzte Woche im Aug
Das elegante Restaurant serviert
regionale Gerichte wie gebratenes Ripollès-Lamm.

SANT POL DE MAR: Sant Pau €€€
Modern   K Q4
Carrer Nou 10, 08395
☎ 937 60 06 62 ⬤ So, Mo, Do
mittags; drei Wochen im Mai, Nov
In diesem absoluten Spitzenres-
taurant regiert Carme Ruscalleda,
einer der besten Köche der Welt.

SANT SADURNÍ D'ANOIA: La Cava d'en Sergi €€
Modern   K P5
Carrer de València 17, 08770
☎ 938 91 16 16 ⬤ Mo, So
abends (ganztägig am letzten So
eines Monats); 3 Wochen im Aug
Das elegante Restaurant bietet
modern variierte katalanische
Klassiker und eine großartige
Auswahl von Weinen der Region.

SANTA CRISTINA D'ARO: Can Roquet €€
Mediterran   K Q4
Plaça de l'Església, Romanyà de la Selva, 17246
☎ 972 83 30 81
Moderne französische und katalanische Küche mit herrlicher Atmosphäre und Aussicht.

SITGES: Cinnamon €
Fusion   K P5
Passatge de Pujades 2, Vallpineda, 08750
☎ 938 94 71 66 ⬤ Di; So, Mo
abends
Köstliche asiatische Fusion-Küche
in einem hübschen alten Bauernhaus.

Helles Holz dominiert im luxuriösen
El Celler de Can Roca, Girona

SP = Stadtplan Barcelona *siehe Seiten 183–189* K = Karte *Extrakarte zum Herausnehmen*

SITGES: El Pou
Tapas   €   K P5
Sant Pau 5, 08770
📞 931 28 99 21   ⬤ Di; Mo, Mi,
Do mittags im Winter
Das freundliche Lokal in der Altstadt bietet eine große Auswahl klassischer und moderner Tapas.

TARRAGONA: La Cuineta
Mediterran   €   K O5
Baixada del Patriarca 2, 43003
📞 977 22 61 01   ⬤ mittags; So
Das hübsche kleine Restaurant in der Altstadt serviert frische mediterrane Gerichte. Sehr gutes Mittagsmenü für 15 Euro.

TARRAGONA: Aq
Modern   €€   K O5
Carrer de les Coques 7, 43003
📞 977 21 59 54   ⬤ So, Mo
Ana Ruiz serviert in diesem schicken Restaurant aufregende moderne Küche. Preiswertes Mittagsmenü.

TARRAGONA: Sol-Ric
Mediterran   €€   K O5
Avinguda Vía Augusta 227, 43007
📞 977 23 20 32   ⬤ Mo, So abends
Elegantes Ambiente, großartige Sommerterrasse, göttliches Seafood und regionale Küche.

TARRAGONA: Les Coques
Traditionell   €€€   K O5
Carrer Sant Llorenç 15, 43003
📞 977 22 83 00   ⬤ So
Das alteingesessene beliebte Restaurant serviert raffiniert zubereitete regionale Gerichte.

VALLGORGUINA:
Can Barrina
Traditionell   €€   K Q4
Carretera de Palautordera E, 08469
📞 938 47 30 65
Das schöne Landhotel mit Restaurant im Parc Natural del Mont-

Tische im Freien des Restaurants Canteré in Hecho

seny überzeugt mit köstlicher katalanischer Küche und schöner Aussicht.

VIC: D. O. Vic
Modern   €€   K Q4
Sant Miquel de Sants 16, 08500
📞 938 83 23 96   ⬤ Mo, Di; Mi, So abends; zwei Wochen im Aug
Das kleine, minimalistische Lokal serviert herausragende, kreativ zubereitete katalanische Küche.

Aragón

AÍNSA: Restaurante Bodegón de Mallacán
Traditionell   €   K N3
Plaza Mayor 6, 22330
📞 974 50 09 77
Das Restaurant des Hotels Posada Real bietet einen Hauch Mittelalter und köstliches, in Rotwein mariniertes Wildschwein.

AÍNSA: Callizo
Modern   €€   K N3
Plaza Mayor, 22330
📞 974 50 03 85
Raffinierte, wunderbar präsentierte Speisen in elegantem Ambiente am Hauptplatz der Stadt.

ALBARRACÍN: Rincón del Chorro
Traditionell   €   K L7
Calle Chorro 15, 44100
📞 978 71 01 12   ⬤ Mo, So abends; Winter: Mo–Do, Fr–So abends
In diesem Restaurant gilt es, Riesenportionen zu bezwingen. Besonders beliebt ist der Ochsenschwanzeintopf.

ANCILES: Restaurante Ansils
Traditionell   €   K N3
Calle General Ferraz 6, 22469
📞 974 55 11 50   ⬤ Mai, Juni, Okt, Nov: Mo–Fr
In einem malerischen Dorf in den Pyrenäen schmeckt in diesem topmodern designten Restaurant Küche des Valle de Benasque.

CALATAYUD: Mesón de La Dolores
Traditionell   €   K L5
Calle Sancho y Gil 4, 50300
📞 976 88 90 55
In diesem Hotelrestaurant genießt man um moderne Einflüsse bereicherte traditionelle Gerichte.

DARACO: Restaurante Ruejo
Modern   €   K N6
Calle Mayor 88, 50360
📞 976 54 50 71
Zu den Spezialitäten der innovativen Küche des eleganten Res-

taurants gehören Oktopussalat Honigeis und viele weitere Köstlichkeiten.

ESQUEDAS: Venta del Sotón
Traditionell   €€   K M4
Ctra A-132 Huesca–Puente la Reina, km 14, 22810
📞 974 27 02 41   ⬤ Mo; Di mittags (Juli–Okt); So–Mi abends; drei Wochen im Nov
Empfehlenswert ist in dem Restaurant mit Efeukleid, Schieferdach und rundem Pyrenäenkamin das Verkostungsmenü.

FRAGA: Billauba
Traditionell   €€   K N5
Avda de Aragón 41E, 22520
📞 974 47 41 67   ⬤ So; Mo–Do abends; eine Woche im Jan, zwei Wochen im Aug
Das Restaurant serviert saisonale Küche aus frischen Zutaten.

GRAUS: Restaurante El Criticón
Traditionell   €   K N4
Hotel Palacio del Obispo, Plaza Coreche, 222430
📞 974 54 59 00   ⬤ So–Do abends
Dieser Tempel der klassischen spanischen Küche heißt nach einem Buch von Baltasar Gracián, der in Graus lebte.

HECHO: Restaurante Canteré
Modern   €   K M3
Calle Aire 1, 22720
📞 974 37 52 14   ⬤ Mi; Do–So abends
Nach einem Aperitif in der Bar im Erdgeschoss locken die saisonalen Themenmenüs des Spitzenrestaurants im Obergeschoss.

Vis-à-Vis-Tipp

HUESCA: El Origen
Modern   €   K M4
Plaza de la Justicia 4, 22001
📞 974 22 97 45
Alt und Neu verbindet dieses zentral gelegene Restaurant samt Spielplatz für Kinder. Hier schmecken aragonische Küche sowie Gerichte aus anderen Teilen Spaniens, die auch Vegetarier glücklich machen. Besonders empfehlenswert ist das Verkostungsmenü.

JACA: La Tasca de Ana
Tapas   €   K M3
Calle Ramiro I 3, 22700
📞 974 36 47 26   ⬤ zwei Wochen im Mai, Sep; Winter: Mo–Fr mittags
In diesem preisgünstigen Lokal servieren flinke Kellner eine Vielzahl von Tapas.

Restaurantkategorien *siehe Seite 577* **Preiskategorien** *siehe Seite 582*

Moderne Eleganz im Saboya 21, Tarazona

SOS DEL REY CATÓLICO:
La Cocina del Principal €€
Traditionell K L3
*Calle Fernando El Católico 13,
50680*
📞 948 88 83 48 ⏺ Mo
Klassische spanische Fleischgerichte sowie frisches Gemüse und
Obst aus der Region.

TARAZONA: Saboya 21 €€
Traditionell K L4
Calle Marrodán 34, 50500
📞 976 64 35 15 ⏺ Mo; Sa–Do
abends
Eleganz kennzeichnet sowohl den
Gastraum als auch die Speisen.
Hier schmecken Seafood, Fleisch-
und Gemüsegerichte.

TERUEL: Restaurante Yain €
Traditionell K M7
Plaza de la Judería 9, 44001
📞 978 62 40 76 ⏺ Mo, So; Di–
Do abends
Das Restaurant im jüdischen
Viertel ist stolz auf seine Sommeliers. Der Name des Lokals ist
das hebräische Wort für »Wein«.

TERUEL: Restaurante Rufino €€
Traditionell K M7
Calle Ronda Ambeles 36, 44001
📞 978 60 55 26 ⏺ So, Mo
abends
Das kleine, schicke Restaurant ist
auf Trüffelgerichte spezialisiert
und immer sehr gut besucht.

ZARAGOZA: Palomeque €
Tapas K M5
Calle Agustín Palomeque 11, 50004
📞 976 21 40 82 ⏺ So
Im Palomeque schmecken Tapas
am Morgen und herzhafte Gerichte mittags und abends. Alle
Speisen werden mit großer
Kunstfertigkeit präsentiert.

ZARAGOZA: La Rinconada de Lorenzo €€
Modern K M5
Calle La Salle 3, 50006
📞 976 55 51 08

Tapas und traditionelle Gerichte
in altehrwürdigem Ambiente.

ZARAGOZA: El Chalet €€€
Modern K M5
*Calle Santa Teresa de Jesús 25,
50006*
📞 976 56 91 04 ⏺ Mo, So
abends
Nahe dem Stadion von Real Zaragoza bietet das El Chalet in
einem zweistöckigen Landhaus
mit beeindruckendem Glasvordach köstliche, kreative Speisen.

Valencia und Murcia

ALICANTE: Rincón Gallego €
Seafood K M10
Plaza del Ayuntamiento 7, 03002
📞 965 14 00 14 ⏺ Mo
Das galicische Restaurant serviert
erstklassige Tapas und regionale
Gerichte wie *pulpo a la gallega*
(gedünsteter Oktopus) und *percebes* (Entenmuscheln).

BENIMANTELL: L'Obrer €
Traditionell K N9
Ctra de Alcoi 25, 03516
📞 965 88 50 88 ⏺ So; abends
(außer Fr, Sa in Aug)
Das elegante hübsche Restaurant
serviert spanische Klassiker.

CARAVACA DE LA CRUZ:
El Casón de los Reyes €
Traditionell K L10
Ctra Granada 11, 30400
📞 968 72 22 47
Einladendes Lokal mit guten
Tapas, regionalen Speisen und
preiswertem Mittagsmenü.

FORCALL: Mesón de la Villa €
Traditionell K N6
Plaza Mayor 8, 12310
📞 964 17 11 25 ⏺ Mo
In den Kellergewölben (16. Jh.)
unterhalb des Rathauses locken
preisgünstige Gerichte, hausgemachte Desserts und gute Weine.

LORCA: Paredes €
Traditionell K L11
Calle de Granada 588, 30817
📞 626 277 725 ⏺ So; Di–Do
abends
Das kleine, freundliche Restaurant
serviert leckere spanische Küche.

Vis-à-Vis-Tipp

MORELLA: Casa Roque €
Fusion K N6
Calle Cuesta de San Juan 1, 12300
📞 964 16 03 36 ⏺ Mo (außer
Aug); Di–Do, So abends
Das weithin beliebte Restaurant residiert in einem alten
Herrenhaus, das hoch in der
wilden Region Maestrat in
Castellón gelegen ist. Unter
der breiten Auswahl an Gerichten finden sich leckere
Spezialitäten wie Steaks mit
Trüffeln in Blätterteig. Empfehlenswert sind das exzellente
menú de degustación und das
preiswerte Tagesmenü.

ONDARA: Casa Pepa €€€
Traditionell K M10
Partida de Pamís 7–30, 03760
📞 965 76 66 06 ⏺ Mo; Di, So
abends; Juli, Aug
Genießen Sie raffinierte Sterne-
Küche in einer Villa inmitten von
Orangen- und Olivenbäumen.

VALENCIA: L'Estimat €€
Seafood K M8
*Passeig de Neptú 16, Playa de las
Arenas*
📞 963 71 10 18 ⏺ Di; Mo, So
abends
Das vielleicht beste Fischrestaurant an der ganzen Uferfront von
Valencia bietet eine Menüs und
Gerichte à la carte.

VALENCIA: La Salita €€
Modern
Calle Séneca 12, 46021
📞 963 81 75 16 ⏺ So
Wunderbar präsentierte zeitgenössische Küche von Begoña
Rodrigo, der alle zwei Wochen
neue Gerichte mit besten regionalen Produkten kocht.

Madrid
Altstadt

La Bola €
Traditionell SP 4 D1
Calle de la Bola 5, 28013
📞 915 47 69 30
Cocido (Eintopf) vom Holzkohlegrill wird hier seit 1870 zubereitet. In altehrwürdiger Atmosphäre genießt man klassische Speisen
aus Kastilien.

Das bunte, lässige Delic, Madrid

Casa Lucas   €
Modern   SP 4 E3
Calle Cava Baja 30, 28005
☎ 913 65 08 04   ⬤ Mi abends
Urgemütliche Weinbar mit Tapas
für jeden Geschmack (u. a. *tuna
tataki* mit Thunfisch, Zwiebeln,
Sojasauce und Apfelkompott).

Casa Revuelta   €
Tapas   SP 4 E3
*Calle Latoneros 3 (bei der Plaza
Puerta Cerrada), 28005*
☎ 915 21 45 16   ⬤ Mo; So
abends
Das alteingesessene Lokal mit
dem bunten Fliesendekor serviert
leckere Gerichte der Region.

La Ciudad Invisible   €
Café   SP 4 E1
Costanilla de los Ángeles 7, 28013
☎ 915 42 25 40
Schick, aber angenehm zwanglos
sowie ideal zum Schmökern ist
diese Café-Bar in einer Reise-
buchhandlung mit regelmäßig
wechselnden Kunstausstellungen.
Hier schmecken leichte Gerichte,
Tapas und auch die Weine.

Vis-à-Vis-Tipp

Delic   €
Café   SP 3 C3
Costanilla de San Andrés 14
☎ 913 64 54 50   ⬤ Mo
Das Delic liegt ideal an einem
hübschen Platz für ein gemütliches Frühstück oder einen
Imbiss wie Lauchtarte oder japanische Teigtaschen. Nachmittags schmecken zum Tee
oder Kaffee Kuchen, Muffins
und Brownies, abends locken
Cocktails und gelegentlich
Live-Konzerte.

Emma y Julia   €
Italienisch   SP 4 E3
Calle Cava Baja 19, 28005
☎ 913 66 10 23   ⬤ Mo; Di
mittags

Künstler und sogar Mitglieder der
königlichen Familie verkehren in
dem beliebten Restaurant, das als
erstes Lokal in der Stadt glutenfreie Speisen anbot. Gute Pizza.

La Gastroteca de Santiago   €
Modern   SP 4 D2
Plaza de Santiago 1, 28013
☎ 915 48 07 07
Aufwendig komponierte Gerichte
und eine exzellente Weinkarte.
Die Nachspeisen sind ebenfalls
himmlisch. Tolle Atmosphäre,
wunderbare Terrasse.

Naïa   €
Modern   SP 4 D3
Plaza de la Paja 3, 28005
☎ 913 66 27 83   ⬤ Mo
Das schicke, zwanglose Bistro im
Herzen der Altstadt ist beliebt in
der Madrider Künstlerszene.

El Abrazo de Vergara   €€
Modern   SP 4 D2
Calle Vergara 10, 28013
☎ 915 42 00 62   ⬤ Mo; So
abends
Spezialitäten des modernen Restaurants sind Gourmet-Tapas und
mediterrane Gerichte mit innovativem Touch.

Casa Jacinto   €€
Traditionell   SP 4 D1
Calle Reloj 20, 28013
☎ 915 42 67 25   ⬤ Mo; So
abends
Versteckt hinter einer schlichten
Fassade serviert die Casa Jacinto
Madrids besten *cocido madrileño*
(Kichererbseneintopf) und haus-
gemachte Desserts. Sehr gute
Weinkarte.

Casa Lucio   €€
Traditionell   SP 4 E3
Calle Cava Baja 35, 28005
☎ 913 65 32 52
Die *huevos estrellados* (gebratene
Eier) sind in dem 1974 eröffneten
Lokal die Spezialität. Große Aus-
wahl an spanischen Weinen.

Julián de Tolosa   €€
Spanisch   SP 4 D3
Calle Cava Baja 18, 28005
☎ 913 65 82 10   ⬤ So abends
Das schöne Restaurant mit Ziegelwänden ist berühmt für seine riesigen, saftigen Steaks vom Holzkohlegrill. Auf der Speisekarte
findet man zahlreiche baskische
Spezialitäten.

Botín   €€€
Traditionell   SP 4 E3
Calle Cuchilleros 17, 28005
☎ 913 66 42 17
Im Guinness-Buch der Rekorde
wird das Botín als ältestes Restaurant der Welt geführt. In seinen
rustikalen Gasträumen wird u. a.
zu Recht hochgelobtes, köstliches
cochinillo (Spanferkel) serviert.

Dstage   €€€
Luxus   SP 5 B5
Calle Regueros 8, 28004
☎ 917 02 15 86
Küchenchef Diego Guerrero hat
für seine erstaunlichen Kreationen zahlreiche Auszeichnungen
erhalten. Wählen Sie aus mehreren 12-gängigen, kunstvoll prä-
sentierten *menús de degustación*.

La Terraza del Casino   €€€
Modern   SP 7 A2
Calle Alcalá 15, 28014
☎ 915 32 12 75   ⬤ Mo, So
Hier beeindrucken die umwerfende
Einrichtung, eine herrliche Terrasse
und natürlich die aufregende Kochkunst des mit Preisen ausgezeichneten Chefkochs.

Madrid der Bourbonen

Café del Círculo de Bellas Artes €
Café   SP 7 B2
*Calle Marqués de Casa Riera 2,
28014*
☎ 913 60 54 00
In dem Art-déco-Café in einem
schönen Kulturzentrum schmeckt
vom Kaffee über das Mittagessen
bis zum abendlichen Cocktail einfach alles.

Café Gijón   €
Café   SP 6 D5
Paseo de Recoletos 21, 28004
☎ 915 21 54 25
Das 1887 gegründete berühmte
Literatencafé serviert spanische
Klassiker im holzgetäfelten
Gastraum oder auf der großen
Terrasse.

La Casa del Abuelo   €
Tapas   SP 7 A2
Calle Victoria 12, 28012
☎ 910 00 01 33
Die La Casa del Abuelo (Groß-
vaterhaus) ist seit Jahrhunderten
im Besitz derselben Familie. Ihre

Spezialitäten sind köstliche Garnelen, serviert in einem Süßwein der Region, und leckere Tapas.

Cien Llaves €
Traditionell SP 7 C1
Paseo de Recoletos 2, 28001
915 77 59 55 Mo, Di abends; So
Wunderbares Restaurant mit einer in Madrid einzigartigen Terrasse und fast magischer Atmosphäre. Schon der *gazpacho* ist ein Genuss.

Lateral Gastrobar €
Tapas SP 7 A3
Plaza de Santa Ana 12, 28012
914 20 15 82
Eine der besten und schicksten Terrassen Madrids serviert facettenreiche *pintxos* aus erstklassigen Produkten und fantasievollen Rezepten.

Ainhoa €€
Baskisch SP 5 C5
Calle Bárbara de Braganza 12, 28004
913 08 27 26 Mo, So abends; Aug
Das klassisch baskische Restaurant nahe dem Paseo de Recoletos serviert Spezialitäten der Region im Nordosten Spaniens. Zur Wochenmitte locken abends günstige Menüs.

Bar Tomate €€
Mediterran SP 5 C4
Calle Fernando el Santo 26, 28010
917 02 38 70
Das Restaurant im schicken Loft-Stil und Holztischen veredelt marktfrische Zutaten beispielsweise zu Thunfischtatar mit Guacamole oder Seehecht mit Oliven und Tomaten.

Estado Puro €€
Tapas SP 7 A3
Calle San Sebastián 2 (im Hotel NH Palacio de Tepa), 28012
913 89 64 90
In dem superschicken Restaurant zaubert der hochgelobte Chefkoch Paco Roncero Gourmet-Tapas, indem er klassische Rezepte wie *buñuelos de bacalao* (Kabeljaubällchen) auf wunderbare Weise gleichsam neu erfindet.

Taberna del Chato €€
Tapas SP 4 F3
Calle Cruz 35, 28012
915 23 16 29 Mo–Fr mittags
Ein bei Einheimischen beliebtes Restaurant dank exquisiter Weine und Gourmet-Tapas. Das Angebot reicht von Schinkenkroketten bis zu *nidos de langostinos* (Garnelennester).

Palacio Cibeles €€€
Modern SP 7 C1
Plaza Cibeles 1, 6. Etage, 28014
915 23 14 54
Im neogotischen Rathaus von Madrid, ehemals ein spektakuläres Postamt, lockt dieses moderne Restaurant im 6. Stock mit großartiger Aussicht und ebensolcher Küche.

Abstecher

Bodegas La Ardosa €
Tapas SP 5 F5
Calle Colón 13, 28004
915 21 49 79
Die altmodische Tapas-Bar serviert auch Klassiker wie *salmorejo cordobés* ((eine besondere Variante des *gazpacho*).

Naif Madrid €
International SP 5 A5
Calle San Joaquín 16, 28004
910 07 20 71
Das beliebte Restaurant im Loft-Stil lockt mit leckeren Gourmet-Burgern, ausgefallenen Sandwiches und fantasievollen Salaten. Gute Option für Mittagessen, Nachmittagskaffee und Cocktails am Abend.

La Pescadería €
Modern SP 4 F1
Calle de la Ballesta 32, 28004
915 23 90 51
Schicke, gleichwohl einladende Atmosphäre. Probieren Sie Lachstatar, Baby-Kalmar und das Thunfisch-*millefeuille*.

Le Patron €€
International SP 2 F5
Calle del Barco 27, 28004
91 70 46 811 Mo; So abends
Das Restaurant im Stadtteil Malasaña überzeugt mit einem gelungenen Mix aus traditioneller französischer Küche und spanischen Gerichten im Tapas-Stil. Das lichtdurchflutete Innere prägen Möbel verschiedener Stile und gerahmte Poster.

La Tasquita de Enfrente €€
Modern SP 4 F1
Calle Ballesta 6, 28004
915 32 54 49
Hier gibt es keine Speisekarte, die Küche richtet sich nach den frischesten regionalen Produkten auf dem Markt – und zaubert daraus modern variierte, authentische spanische Gerichte. Die Weine werden für die Gäste für jedes Gericht passend ausgewählt.

Santceloni €€€
Modern
Paseo de la Castellana 57, 28046
912 10 88 40
In dem preisgekrönten spektakulären Restaurant wird das Erbe des großartigen, leider verstorbenen Santi Santamaria gepflegt – mit klassischer spanischer Küche, die fantasievoll neu interpretiert wird. Der Service ist geradezu beispielhaft.

Provinz Madrid

ALCALÁ DE HENARES:
Hostería del Estudiante €€
Traditionell K J6
Calle Colegios 3, 28801
918 88 03 30 Mo, Di; So abends
Die regionalen Spezialitäten des Hauses sind legendär. Probieren Sie etwa *migas* (mit Knoblauch gebratenes altes Brot) und *duelos y quebrantos* (Gericht der Mancha mit Rühreiern, *chorizo* und Schinken). Das Restaurant befindet sich in einem Gebäude aus dem 16. Jahrhundert.

Vis-à-Vis-Tipp

ARANJUEZ: Casa José €€€
Modern K H7
Calle Abastos 32
918 91 14 88
Das bezaubernde Restaurant in einer wunderschön restaurierten Villa lockt mit raffinierten Gerichten wie Lauch mit Brokkolischaum und Seeanemone oder mariniertem Zackenbarsch. So weit wie möglich werden Produkte aus der Region verarbeitet. Die Weinauswahl umfasst über 250 Sorten, darunter auch Boutique-Weine.

Stilvoll und elegant: Speiseraum der Bar Tomate, Madrid

CHINCHÓN: Mesón Cuevas del Vino €
Traditionell   K H7
Calle Benito Hortelano 13, 28370
☎ 918 94 02 06   ● So abends
Das rustikale Restaurant in einer umgebauten Mühle aus dem 17. Jahrhundert serviert klassische spanische Küche.

NAVACERRADA: El Rumba €
Modern   K G6
Plaza del Doctor Gereda 1, 28491
☎ 918 56 04 05   ● Mo
& Di; Mi, Do, So abends
Das El Rumba ist bekannt für seine Fleischgerichte vom Holzkohlegrill und moderne Kreationen wie Jakobsmuscheln mit *salmorejo* (kalte Suppe).

SAN LORENZO DE EL ESCORIAL: Casa Zaca €€
Traditionell   K G6
Calle Embajadores 6, San Ildefonso
☎ 921 47 00 87   ● Mo; Di–Fr abends
In einem ehemaligen Postgasthof kocht heute die eleganteste Restaurant der Stadt spanische Klassiker wie *cocido* (Kichererbseneintopf), *callos* (Rinderkutteln) und köstlichen Lammeintopf.

SAN LORENZO DEL ESCORIAL: Montia €€€
Modern
Calle Calvario 4, 28200
☎ 911 33 69 88   ● Mo
Mit einem Michelin-Stern prämiertes Restaurant mit zeitgemäß-innovativer Küche.

TOLEDO: La Abadía €
Traditionell   K G8
Plaza de San Nicolas 3, 45002
☎ 925 25 11 40
Das Restaurant in einem Haus aus dem 16. Jahrhundert serviert u. a. Tapas. Auf der Getränkekarte finden sich viele internationale Biersorten.

TOLEDO: Adolfo €€
Modern   K G8
Calle Hombre de Palo 7, 45001
☎ 925 22 73 21
Unter der kunstvollen Decke des Adolfo schmecken raffinierte Versionen von typischen Gerichten aus Toledo und dazu exzellente Weine.

Kastilien und León

AMPUDIA: El Arambol de Casa del Abad €
Traditionell   K F4
Plaza Francisco Martin Gromaz 12, 34191
☎ 979 76 80 08

Verwöhnen Sie sich wie ein mittelalterlicher Mönch mit gehaltvollen Gerichten im alten Weinkeller von San Miguel de Ampudias Residenz.

ARANDA DE DUERO: Mesón El Pastor €
Traditionell   K H5
Plaza de la Virgencilla 11, 09400
☎ 947 50 04 28   ● Di mittags
Der Stolz des Restaurants ist ein aus Ziegeln gemauerter Holzofen, in dem die regionale Spezialität *lechazo asado* (Milchlammbraten) zubereitet wird.

ARÉVALO: Asador Siboney €
Traditionell   K G6
Calle Figones 4, 05200
☎ 920 30 15 23   ● abends
Das Grillrestaurant residiert in einem Haus im Kolonialstil mit vielen Kunstwerken. Die Spezialität ist *cochinillo* (Spanferkel).

ASTORGA: Las Termas €
Regional   K E3
Calle Santiago 1, 24700
☎ 987 60 22 12   ● Mo
Die Portionen im Las Termas sind beachtlich. Spezialität des Hauses ist *cocido maragato* (Eintopf mit Kohl, Kichererbsen und sieben Fleischsorten).

ATAPUERCA: Comosapiens €
Traditionell   K H3
Camino de Santiago 24–26, 09199
☎ 947 43 05 01   ● Mi
Das Lokal in einem umgebauten Strohspeicher serviert Gerichte aus Kastilien und León.

ÁVILA: Alcaravea €
Traditionell   K G6
Plaza Catedral 15, 05001
☎ 920 22 66 00   ● So abends
Das Alcaravea serviert regionale Küche, deren Rezepte seit Generationen weitergegeben werden.

Rustikales Ambiente im Mesón Cuevas del Vino, Chinchón

BENAVENTE: El Ermitaño €
Traditionell   K E4
Carretera Benavente-León km 1, 49600
☎ 980 63 22 13   ● Mo
Die Portionen in diesem abgelegenen, mit Michelin-Stern ausgezeichneten Restaurant sind so groß, dass man kaum das Geschirr sehen kann.

BURGOS: Cardamomo Vegetariano €
Vegetarisch   K H4
Calle Jesús Maria Ordoño 3, 09004
☎ 947 05 21 52   ● Mo, So
Burgos ist zwar für seinen Käse berühmt, die Küche dieses Restaurants ist jedoch nahezu vegan.

BURGOS: La Favorita €
Pinchos   K H4
Calle Avellanos 8, 09003
☎ 947 20 59 49
Hier schmecken leckere Snacks, darunter eine Vielzahl von vegetarischen Optionen.

CANEDO: Prada a Tope-Palacio de Canedo €
Traditionell   K E6
Calle La Iglesia s/n, 24546
☎ 987 56 33 66
Hier gibt es Herzhaftes für Hungrige, beispielsweise in Wein marinierte Chorizos.

CARRIÓN DE LOS CONDES: La Corte €€
Traditionell   K G4
Calle Santa Maria 36, 34120
☎ 979 88 01 38   ● Fr (außer Aug); Mitte Okt–Mitte Apr
In dem Restaurant einer Herberge stärken sich Pilger auf dem Camino de Santiago mit kräftiger kastilischer Küche. Morgens, mittags und abends geöffnet.

COVARRUBIAS: Casa Galín €
Traditionell   K H4
Plaza Doña Urraca 4, 09346
☎ 974 40 65 52 ● Di, So abends
Hier genießt man *sopa castellana* (Knoblauchsuppe) und *olla podrida* (Eintopf mit Schweinefleisch und Bohnen).

EL BURGO DE OSMA: Virrey Palafox €
Traditionell   K J5
Calle Universidad 7, 42300
☎ 975 34 13 11   ● Mo, So
Spezialität des eleganten Hotelrestaurants ist Spanferkelbraten.

GUIJUELO: El Pernil Ibérico €
Traditionell   K E6
Calle Chinarral 62, 37770
☎ 923 58 14 02
Die Taverne ist auf kalte Speisen spezialisiert, die man auch mitnehmen kann.

Elegant eingedeckte Tische im El Rincón de Antonio, Zamora

LEÓN: La Gitana €
Traditionell   K F4
Calle de las Carnicerías 7, 24003
☎ 987 21 51 71   ● Do
Ein legeres Lokal im autofreien
Viertel Húmedo – hier darf man
die Sauce mit Brot auftunken.

LEÓN: Cocinandos €€
Modern   K F3
Calle Campanillas 1, 24008
☎ 987 07 13 78   ● Mo, So
Das Sterne-Restaurant vereint
perfekt Stil und Können in seinen
raffinierten Variationen von traditionellen kastilischen Gerichten.

LEÓN: Delirios €€
Modern   K F3
Calle Ave María 2, 24007, León
☎ 987 23 76 99   ● Mo, So
abends (ganztägig So im Sommer)
Das zentral bei der Kathedrale
gelegene Restaurant ist ein Tempel der modernen Kochkunst.

PALENCIA: Asador La Encina €
Traditionell   K G4
Calle de Casañe 2, 34002
☎ 979 71 09 36
Das Grillrestaurant bereitet gute
tortillas de patata (Kartoffelome-
letts) und einfache Gerichte zu.

PALENCIA: La Traserilla €€
Traditionell   K G4
Calle de San Marcos 12, 34001
☎ 979 74 54 21
Modernes Design in altem Ambiente, Fleisch- und Gemüsegerichte bietet das auch Casa de Comi-
das (Haus der Speisen) genannte
Restaurant.

SALAMANCA:
La Cocina de Toño €
Modern   K E6
Calle de la Gran Vía 20, 37001
☎ 923 26 39 77   ● Mo; So
abends
Das Sterne-Restaurant verwöhnt
mit baskisch inspirierter kastilischer Nouveau Cuisine.

SALAMANCA: iPan iVino €
Tapas
Calle Felipe Espino 10, 37002
☎ 923 26 86 77
Die quirlige Weinbar bedient mit
stets frischen, einfallreichen Tapas
ein treues Stammpublikum und
hat die wohl beste Weinkarte
der Stadt.

SALAMANCA: Zazu Bistro €€
Mediterran   K E6
Plaza de la Libertad 8, 37002
☎ 923 26 16 90
Das Nobelbistro serviert mediterrane Küche mit Betonung auf
klassischen italienischen und
französischen Gerichten. Dazu
schmecken passende Weine.

SEGOVIA: El Bernardino €
Traditionell   K G6
Calle Cervantes 3, 40001
☎ 921 46 24 77
Das elegante, 1939 eröffnete
Grillrestaurant verströmt mit
Deckenbalken und Holzboden
historisches Flair.

SEGOVIA: Cueva de
San Esteban €
Traditionell   K G6
Calle de Valdeláguila 15, 40001
☎ 921 46 09 82
In dem durch und durch traditionellen Restaurant hängt sogar ein
jamón von der Decke. Das Spanferkel vom Grill ist die Spezialität
des Hauses.

SEGOVIA: Restaurante José
María €€
Traditionell   K G6
Calle Cronista Lecea 11, 40001
☎ 921 46 11 11
Chefkoch José María Ruiz Benito
kombiniert Gerichte aus Segovia
mit innovativer Küche.

SIGÜENZA: El Doncel €€
Modern   K K6
Paseo de la Alameda 3
☎ 949 39 00 01

Eine Villa des 18. Jahrhunderts ist
die Kulisse für aufregende Küche.
Große Weinauswahl.

SORIA: Baluarte €
Modern   K K4
Calle Caballeros 14, 42002
☎ 975 21 36 58
Vor allem während der Pilz- und
Trüffelsaison sind die Kreationen
des mit Michelin-Stern prämier-
ten Lokals zum Niederknien gut.

TORDESILLAS: Bar-Restaurante
Figón €
Traditionell   K F5
Plaza Pepe Zorita 22, 47100
☎ 983 77 13 98   ● Mi abends
In dem legeren Lokal ist Oktopus-
salat eine beliebte Wahl aus dem
großen Angebot an Gerichten.

VALLADOLID: La Parrilla
de San Lorenzo €
Traditionell   K G5
Calle Pedro Niño 1, 47001
☎ 983 33 50 88
Das Grillrestaurant in einem Kloster lockt mit Antiquitäten und
traditionellen Gerichten, deren
Rezepte über Generationen weitergegeben wurden.

Vis-à-Vis-Tipp
ZAMORA: El Rincón de
Antonio €€
Regionalküche   K E5
Calle de la Rúa de los Francos
6, 49001
☎ 980 53 53 70
Im mittelalterlichen Zamora
bereitet dieses Restaurant in
einem Herrenhaus aus dem
19. Jahrhundert aus regionalen Zutaten traditionelle Gerichte aus Zamora zu. Die Bar
bietet zudem kleine Tapas und
der Keller 800 Weine sowie
Sektsorten und Spirituosen.

Kastilien-La Mancha

Vis-à-Vis-Tipp
ALBACETE: Álvarez €
Regionalküche   K L9
Calle Carmen 42, 02001
☎ 967 21 82 69
Wer in Kastilien-La Mancha
aufwuchs, dem bietet dieses
Restaurant ein nostalgisches
kulinarisches Erlebnis. Hier
kocht man so wie einst die
Mama: Kroketten mit ver-
schiedenen Füllungen, cordero
asado (Lammbraten) und zum
Nachtisch Ricotta-Mandel-
Flan.

K = Karte Extrakarte zum Herausnehmen

ALBACETE: Nuestro Bar €
Traditionell K L9
Calle Alcalde Conangla 102, 02002
☎ 967 24 33 73
Teils Bar, teils Restaurant, teils Museum – zum Dekor gehören traditionelle landwirtschaftliche Geräte und Küchenutensilien.

**ALBACETE: Restaurante
Don Gil** €€
Modern K L9
Calle Baños 2, 02004
☎ 967 23 97 85 ● Mo
Das Restaurant am Mercado de Villacerrada ist bei den Einheimischen sehr beliebt.

ALCOCER: Casa Goyo €
Traditionell K K7
Calle Mayor, 44, 19125
☎ 949 35 50 03 ● Mo
Das rustikale Restaurant des Hostal España serviert riesige Portionen – kommen Sie also hungrig.

ALMAGRO: El Corregidor €
Regional K H9
Calle de Jerónimo Ceballos 2, 13270
☎ 926 86 06 48
Mehrere Speiseräume gruppieren sich um den Patio eines Palastes des 18. Jahrhunderts. Klassische regionale Küche.

**CIUDAD REAL:
Pago del Vicario** €€
Traditionell K G9
Ctra Ciudad Real–Porzuna, km 16, 13196
☎ 926 66 60 27
Exzellente Fusion-Küche mit Blick auf die Lagerhallen und die Weinberge. Das auf den Punkt gegarte Lamm harmoniert bestens mit den Weinen einer der besten *bodegas* der Region.

CUENCA: Raff €
Tapas K K7
Calle Federico García Lorca 3, 16004
☎ 969 69 08 55

Das stilvoll-zeitgenössische Ambiente kontrastiert aufs Beste mit den angebotenen traditionellen Tapas und *raciónes*.

CUENCA: El Secreto €
Traditionell K K7
Calle Alfonso VIII, 81, 16001
☎ 678 61 13 01 ● Di abends; Mi
Das Restaurant lockt mit Gerichten à la carte, köstlichen Tapas und speziellen Fixpreismenüs für Vegetarier.

CUENCA: Figón de Huécar €€
Spanisch K K7
Calle Julián Romero 6, 16001
☎ 696 24 00 62 ● Mo
Das einstige Wohnhaus eines bekannten einheimischen Sängers bietet eine spektakuläre Aussicht auf die Huécar-Schlucht. Die Terrasse ist nachts beleuchtet.

**GUADALAJARA: Amparito
Roca** €€
Modern K J6
Calle de Toledo 19, 19002
☎ 949 21 46 39 ● So abends
Fliesenboden, Holzwände und Blumen auf jedem Tisch – in diesem experimentellen Restaurant wird essen zum Erlebnis.

ILLESCAS: El Bohío €€€
Modern K H7
Avenida Castilla-La Mancha 81, 45200
☎ 925 51 11 26
Küchenchef Pepe Rodríguez hat sich mit seinen traditionsbewussten, einfallsreichen Speisen einen Michelin-Stern erarbeitet.

**MARCHAMALO:
Restaurante Las Llaves** €€
Modern K J6
Plaza Mayor 16, 19180
☎ 949 25 04 85 ● Mo
Ein prächtiges Tor führt zu dem eleganten Restaurant in einem Haus aus dem 16. Jahrhundert. Hier liebt man z. B. *foie gras*.

OCAÑA: Restaurante Palio €€
Traditionell K H8
Calle Mayor 12, 45300
☎ 925 13 00 45 ● So–Mi abends
In diesem Restaurant pflegt man die Liebe zum Detail und backt z. B. Brot aus Biomehl.

OROPESA: Tierra €€€
Modern K F8
Calle de la Oropesa 9, 45572
☎ 925 45 75 34
Das mit einem Michelin-Stern prämierte Restaurant verweist schon mit seinem Namen auf Kultur und Küche der Region.

**SAN PEDRO: Restaurante
Montecristo** €
Traditionell K K9
Paseo de la Libertad, 14, 03360 (Albacete)
☎ 967 36 44 55 ● Di
Rotes Fleisch und frischer Fisch dominieren die Speisekarte in diesem renommierten Restaurant am Flussufer.

**TALAVERA DE LA REINA:
Taberna Mingote** €
Tapas K F8
Plaza Federico García Lorca 5, 45600
☎ 925 82 56 33
Mit seinen kleinen Tischen ist die Atmosphäre des Lokals auch an Tagen mit wenigen Gästen lebhaft. Das Tapas-Angebot wechselt während der Woche.

**TALAVERA DE LA REINA:
Penalty** €€
Seafood K F8
Calle de la Cabeza del Moro 5, 45600
☎ 925 81 53 44 ● Mo
Das Penalty pflegt beste Qualität – das Seafood wird aus Galicien geliefert, das für seinen Fisch und seine Meeresfrüchte berühmt ist.

**TARANCÓN: Restaurante
Finca La Estacada** €€
Traditionell K J7
Carretera N-400, km 103, 16400
☎ 969 32 71 88
Das Restaurant in einem Luxuskomplex mit Hotel, Spa und Weingarten bietet einen herrlichen Blick über die Rebstöcke, von denen seine Weine stammen.

TOLEDO: Casa Aurelio €
Traditionell K G8
Plaza del Ayuntamiento 8, 45002
☎ 925 22 77 16 ● Di
Eine Institution in Toledo. Hier genießt man Köstlichkeiten wie *crêpe de bacalao con crema de cigala* und *pâté de sardinas* (Kabeljau-Crêpe mit Hummercreme und Sardinenpaste).

Rustikal elegant: Restaurante Hospedería, Finca La Estacada, Tarancón

Restaurantkategorien *siehe Seite 577* **Preiskategorien** *siehe Seite 582*

TOLEDO: Madre Tierra €
Vegetarisch K G8
Bajada de Triperia 2, 45001
☎ 925 22 35 71 ● Di, Mo
abends
Genießen Sie Obst (und Gemüse)
von Mutter Erde in Toledos ers-
tem vegetarischem Restaurant
sowie die große Auswahl an Tees
und Weinen.

TOLEDO: Restaurante Locum €€
Traditionell K G8
Calle de Locum 6, 45001
☎ 925 22 32 35 ● Di
Das nahe der Kathedrale gelege-
ne Restaurant serviert bekannte
Klassiker wie etwa *rabo del toro*
(Ochsenschwanzeintopf).

TOLEDO: Adolfo €€€
Modern K G8
Calle del Hombre de Palo 7, 45001
☎ 925 22 73 21 ● So abends
Von der hübschen Dachterrasse
öffnet sich ein Panoramablick
über die Stadt. Der Wein stammt
aus dem eigenen Weingarten.

VALDEPEÑAS:
La Fonda de Alberto €
Modern K H10
Calle del Cristo 67, 13300
☎ 926 31 61 76 ● Mo
Kalte Suppen und Salate sind die
Spezialitäten im Sommer, deftige
Fleischgerichte im Winter. Wein-
karte mit über 300 Positionen.

VALDEPEÑAS: Venta del Comendador de la Villa de Valdepeñas €
Traditionell K H10
Calle de Bernardo Balbuena 2,
13300
☎ 926 31 22 26
Hier schmeckt es wie bei Groß-
mutter: feine Brote mit Thymian,
Rosmarin und Minze. Gute, zentrale Lage.

Extremadura

ALANGE: Mesón Trinidad €
Traditionell K D9
Encomienda 51, 06840
☎ 924 36 50 66 ● Di
Der freundliche Familienbetrieb
serviert authentische regionale
Gerichte. Den spektakulären Blick
auf die Burg gibt es gratis dazu.

CÁCERES: El Figón de Eustaquio €
Traditionell K D8
Plaza de San Juan 12–14, 10003
☎ 927 24 43 62 ● 1.–15. Juli
Das alteingesessene und überzeugt altmodische Restaurant serviert seit 1947 leckere Gerichte
aus der Region.

CÁCERES: Torre de Sande €
Modern K D8
Calle de los Condes 3, 10003
☎ 927 21 11 47 ● Mo, Di
Modernes Restaurant am historischen Hauptplatz mit Tapas und
regionalen Gerichten.

CÁCERES: Atrio €€€
Traditionell K D8
Plaza de San Mateo 1, 10003
☎ 927 24 29 28
Das Sterne-Restaurant gehört zu
den besten in Spanien. Hier bietet
man moderne Küche und erstklassigen Service.

GUADALUPE: Hospedería del Real Monasterio €
Regional K F8
Plaza de Juan Carlos I s/n, 10140
☎ 927 36 70 00
Das Lokal in einem Franziskaner-
kloster wird für sein Lamm vom
Grill geschätzt.

MÉRIDA: Ilunion Mérida Palace €
Traditionell K D9
Plaza España 19, 06800
☎ 924 38 38 00
Das Hotelrestaurant in einem
Schloss aus dem 16. Jahrhundert
bietet elegantes Speisen in ent-
spannter Atmosphäre.

TRUJILLO: Corral del Rey €
Traditionell K E8
Plazuela Corral del Rey 2 (Plaza Mayor), 10200
☎ 927 32 30 71 ● Winter: So,
Mi abends; Sommer: ganztägig So
Spezialitäten des Restaurants
nahe dem Hauptplatz sind gegrill-
tes Fleisch und Fisch. Große
Wein- und Zigarrenauswahl.

TRUJILLO: La Troya €
Traditionell K E8
Plaza Mayor 10, 10200
☎ 927 32 13 64
Das Restaurant in einem Haus aus
dem 16. Jahrhundert am Hauptplatz serviert typisch spanische
Gerichte in mächtigen Portionen,
z. B. leckeren Lammeintopf.

ZAFRA: Ramirez €
Traditionell K D10
Avda San Miguel, 18, 06300 Zafra
☎ 924 55 51 38
Das zentrale Lokal bietet mittags
in lebhafter und abends in ruhiger Atmosphäre eine breite Auswahl an regionalen Gerichten.

ZAFRA: Parador €€
Traditionell K D10
Plaza Corazón de María 7, 06300
☎ 924 55 45 40
Genießen Sie das Ambiente des
Schlosses aus dem 15. Jahrhun-
dert ebenso wie die Tapas und
Gerichte à la carte.

Ansprechendes Interieur des Restaurante Palio, Ocaña

Sevilla
El Arenal

Bodeguita Casablanca €
Tapas SP 3 C2
Calle Adolfo Rodríguez Jurado 12, 41002
☎ 954 22 41 14 ● So; Sa abends
Der Familienbetrieb ist mit seinem
schnörkellosen Dekor mit Fliesen
und Tischen aus Fässern bei den
Einheimischen beliebt.

La Brunilda Tapas €
Tapas SP 3 B1
Calle Galera 5, 41001
☎ 954 22 04 81 ● So abends
In der hellen, modernen Bar locken exzellente Tapas, z. B. Och-
senlende mit Thymiankartoffeln
oder Hühnchenbrust mit Polenta
und Wildpilzen.

Santa Cruz

Casa Plácido €
Tapas SP 3 C2
Mesón del Moro 5, 41004
☎ 954 56 39 71 ● Do
Die Tapas-Bar in der Altstadt gibt
sich traditionell mit Fliesen, Stier-
kampfplakaten und Schinken, die
von der Decke hängen. Fino vom
Fass, exzellente Tortillas.

Vis-à-Vis-Tipp

La Quinta Braseria €
Modern SP 6 D2
Plaza Padre Jeronimo de Cordoba 11, 41003
☎ 954 60 00 16 ● Mo; So
abends
Das Restaurant überzeugt mit
exzellent zubereiteten Gerichten und sehr kompetentem
Personal. Ein gelungener Ein-
stieg sind *croquetas de pollo
y trufa negra* (Kroketten mit
Geflügel und schwarzem Trüf-
fel), gefolgt von einem saftigen Fleischgericht vom Grill.
Reservierung empfohlen.

SP = Stadtplan Sevilla *siehe Seiten 451–457* **K** = Karte *Extrakarte zum Herausnehmen*

Casa Robles   €€
Traditionell   SP 3 C1
Calle Alvarez Quintero 58, 41001
📞 954 56 32 72
Das preisgekrönte Restaurant serviert in einem umwerfenden Ambiente mit Gemälden, Statuen und bunten Fliesen eine große Auswahl an Seafood und hausgemachten Desserts. Genießen Sie zum Essen die Aussicht auf die Kathedrale und einen Tropfen aus Sevillas bestem Weinkeller.

Doña Elvira   €€
Traditionell   SP 3 C2
Plaza de Doña Elvira 6, 41004
📞 954 22 73 88
Spezialitäten des traditionellen, seit Langem geschätzten Restaurants mit Tischen im Freien auf der wunderbaren Terrasse sind die exzellenten Gazpachos und Paellas. Auch die Auswahl an Fleischgerichten und Seafood ist groß.

Abstecher

Bar Antojo   €
Fusion   SP 1 C3
Calatrava 44, 41002
📞 955 42 53 37
Eine ungewöhnliche Bar mit zusammengewürfeltem Mobiliar, Bücherregalen und lässiger Atmosphäre. Hier bietet die Küche kreativ variierte regionale und internationale Fusion-Gerichte.

Con Tenedor   €
Traditionell   SP 2 E4
Calle San Luis 50, 41003
📞 954 91 63 33.   ● Mo–Do
mittags
Das preisgünstige Restaurant bietet freundlichen Service und traditionelle Gerichte aus marktfrischen Zutaten sowie sehenswerte Kunstausstellungen. Dienstagabends steht Live-Musik auf dem Programm.

Eslava   €
Seafood   SP 1 C4
Calle Eslava 3, 41002
📞 954 90 65 68   ● Mo; So
abends
Das schnörkellose Lokal ist äußerst populär, lockt es doch mit kreativer andalusischer Küche, erstklassigem Seafood und Salaten sowie fantasievollen Tapas.

Mesón Guadalquivir   €
Traditionell   SP 4 E3
Calle Camilo José Cela 1, 41018
📞 954 92 41 39   ● So
Traditionelles Restaurant mit hochwertiger andalusischer Küche, die ihren Preis mehr als wert ist. Spezialitäten sind u. a. *chipirón a la plancha* (frisch gegrillter Tintenfisch mit Reis) und hausgemachtes Zitronensorbet.

Torre de los Perdigones   €
Fusion   SP 2 D3
Calle Resolana s/n, 41009
📞 954 90 93 53
Das in einem Park gelegene Restaurant serviert u. a. *arroz marinero* (Reis mit Seafood) und *merluza al cava* (Seehecht in Weinsauce).

Vis-à-Vis-Tipp

Vega 10   €
Fusion   SP 3 B3
Rosario Vega 10, 41011
📞 954 28 46 85   ● So
Die Bar fungiert auch als Galerie für Künstler der Region. Hier serviert man interessante Fusion-Küche, darunter Leckeres wie Hummus, Falafel, Ceviche und sogar spanische Gerichte. Üppiges Weinangebot.

Abades Triana   €€€
Seafood   SP 3 B3
Calle Betis 69, 41010
📞 954 28 64 59

Das Seafood-Restaurant Abades Triana in Sevilla

Legendäres Restaurant am Fluss mit herrlicher Aussicht und – im rundum verglasten Pavillon El Cubo – einem Glasboden. Köstliche internationale Küche sowie exquisite Verkostungsmenüs.

Andalusien

ALGECIRAS: La Cabaña   €
Traditionell   K E14
Avda Agua Marina 5, 11203
📞 956 66 73 79   ● Mo
Das freundliche traditionelle Restaurant mit Terrasse serviert u. a. Oktopus im galicischen Stil und Steaks vom Holzkohlegrill.

ALGECIRAS: Maridaje   €
Tapas   K E14
Calle Buen Aire 9, 11201
📞 646 48 64 087   ● So
Schickes Restaurant mit vorzüglichen Tapas. Kosten Sie *surtido de atun* mit Thunfisch in verschiedenen Zubereitungen. Auch die Weinauswahl überzeugt. Keine Reservierung, deshalb sollten Sie rechtzeitig kommen.

ALMERÍA: Casa Sevilla   €
Seafood   K K13
Calle Rueda López, 04004
📞 950 27 29 12   ● So
Das ungezwungene Familienrestaurant bietet frische Seafood-Gerichte wie *bacalao sobre arroz meloso de hongos* (Kabeljau-Tempura mit cremigem Pilzreis). Einmal im Monat wird eine Weinverkostung veranstaltet.

ALMERÍA: Rincón de Juan Pedro   €
Traditionell   K K13
Calle Federico Castro 2, 04130
📞 950 27 81 67
Extragroße Portionen regionaltypischer Tapas. Hier schmecken kräftige Schinken, Chorizos und Käse sowie lokale Spezialitäten wie *trigo a la cortijera* (Weizeneintopf).

ALMERÍA: Club de Mar   €€
Seafood   K K13
Playa de Almadrabillas 1, 04007
📞 950 23 50 48   ● Di
Das Nobelrestaurant in Almerías elegantem Yachtclub lockt mit Terrasse, köstlicher Bouillabaisse und leckeren Fischplatten. Keine Kreditkarten.

ALMERÍA: Valentín   €€
Seafood   K K13
Calle Tenor Iribarne 19, 04001
📞 950 26 44 75   ● Mo; Sep
Die beliebte, zentral gelegene *marisquería* (Meeresfrüchtelokal) verwendet nur frischeste Zutaten.

Vis-à-Vis-Tipp

ALMONTE: Aires de Doñana (La Choza del Rocío) €
Traditionell   K D12
Avda de la Canaliega 1
📞 959 44 22 89.   ⬤ Mo
Die *choza* (strohgedeckte Hütte) ist typisch für den Doñana-Nationalpark. Das geschmackvoll traditionell gestaltete Restaurant mit Terrasse bietet einen herrlichen Blick auf die Wälder und Gewässer des Parks sowie kreative andalusische Küche mit Spezialitäten wie *revuelto marismeño* (Rühreier mit Kräutern der Region).

ALMONTE: El Tamborilero €
Traditionell   K D12
Calle Unamuno 15
📞 959 40 69 55   ⬤ So, 1.–15. Juli
In der ehemaligen Bodega mit traditionellem Dekor darf man in der Küche selbst aussuchen.

ALMUÑECAR: El Chaleco €
Traditionell   K H13
Avenida de la Costa del Sol, 37, 18690
📞 958 63 24 02   ⬤ Mo, So mittags
Das Restaurant serviert schmackhafte Fleisch- und Fischgerichte. Probieren Sie eines der Degustationsmenüs. Gute Auswahl an edlen Tropfen und hausgemachten Desserts.

ANTEQUERA: Caserío de San Benito €
Traditionell   K G12
Autovía A-45, Salida 86, Dirección Málaga–Córdoba s/n, 29200
📞 952 111 103 ⬤ Fr abends; Sa
Das charmante Landhaus mit einer Sammlung von Antiquitäten im Innenhof ist eine gute Wahl für eine Rast bei einer langen Autofahrt. Essen Sie auf der Terrasse oder in einem der Speiseräume und genießen Sie die regionale Küche.

BAEZA: Casa Juanito €€
Traditionell   K H11
Avenida del Alcalde Puché Pardo 57, 23440
📞 953 74 00 40
Der gemütliche Familienbetrieb in der schönen Altstadt serviert neben Köstlichkeiten wie *cabrito con habas* (Ziege mit Saubohnen) auch hausgemachte Desserts.

BAEZA: Palacio de Gallego Restaurante & Boutique €€
Traditionell   K H11
Calle Santa Catalina 5, 23440
📞 667 76 01 84   ⬤ Di

Verlockende Tapas im Molino de la Romera, Carmona

Die Lage im ruhigen Innenhof eines historischen Gebäudes nahe der Kathedrale könnte kaum besser sein. Palacio de Gallego bietet eine durchdachte Auswahl an Fleisch- und Fischgerichten, Sie können beim Grillen zusehen. Dazu gibt es Weine aus allen Regionen Spaniens. Lassen Sie noch Platz für ein Dessert.

BENALMADENA: La Fuente €
Traditionell   K G13
Plaza de España 9, 29639
📞 952 56 94 66. ⬤ Mo; Di–So mittags
Spezialität des Restaurants mit Tischen im Freien sind Garnelen in einer milden Chili-Ingwer-Koriander-Butter mit Reis.

BUBIÓN: Teide €
Traditionell   K H13
Calle Carretera s/n,18412
📞 958 76 30 37 ⬤ 2. Julihälfte
Elegantes Restaurant in einem Dorf in den Alpujarras. Einfache Klassiker wie *migas* (frittiertes Brot mit Knoblauch) und *choto asado* (Zickleinbraten).

CÁDIZ: Balandro €
Seafood   K D13
Alameda Apodaca 22, 11004
📞 956 22 09 92 ⬤ Mo, So abends
Das Restaurant in einem umgebauten Herrenhaus aus dem 18. Jahrhundert an der Bucht von Cádiz serviert exzellentes Seafood, aber auch Fleischgerichte.

CÁDIZ: Freiduría Cervecería Las Flores €
Seafood   K D13
Plaza Topete 4, 11001
📞 956 22 61 12
Spezialitäten des bodenständigen Restaurants sind Fisch und Meeresfrüchte – fangfrisch.

CÁDIZ: Ventorillo del Chato €
Seafood   K D13
Vía Augusta Julia, 11011
📞 956 25 00 25 ⬤ So abends (ganztägig So im Aug)
Spezialität des Gasthofs aus dem 18. Jahrhundert ist frischer Fisch. Hier schmecken z. B. *corvino al vapor* (gedämpfter Zackenbarsch) oder *pasta negra fresca y frutos del mar* (schwarze Pasta mit Seafood).

CARBONERAS: El Cabo €
Seafood   K L12
Paseo Marítimo 67, 04140.
📞 950 13 06 24.   ⬤ Mo
Das freundliche Strandlokal nahe dem Nationalpark Cabo de Gata lockt mit ideenreichem Seafood, darunter auch Tintenfisch mit Spinat und Nüssen.

CARMONA: Goya €
Traditionell   K E12
Calle Prim 2, 41410
📞 954 14 30 60
Ein typisches sevillanisches Lokal nahe dem Hauptplatz. In der angegliederten Tapas-Bar gibt es eine leckere *tortilla*.

CARMONA: Molino de la Romera €
Traditionell   K E12
Calle Sor Ángela de la Cruz 8, 41410
📞 954 14 20 00   ⬤ Mo
Stimmungsvolles Lokal in einer Mühle aus dem 15. Jahrhundert mit regionaler Küche. Zu den Spezialitäten des Hauses gehört Wildbret in Rotwein.

CARMONA: Parador Alcázar del Rey Don Pedro €
Traditionell   K E12
Calle del Alcazar s/n, 41410
📞 954 14 10 10
Traditionelles Restaurant mit Patio und Antiquitäten im Speiseraum mit schöner Gewölbedecke.

CAZORLA: Mesón Leandro €
Traditionell   K J11
Calle Hoz 3, 23470
📞 953 72 06 32 ⬤ Mi, 2. Junihälfte
Erstklassiges Restaurant an der Grenze zum Nationalpark, bekannt für seine Fleischgerichte. Probieren Sie *carne a la piedra* (Fleisch aus dem Steinofen).

CÓRDOBA: Horno San Luis €
Modern   K F11
Calle Cardenal Gonzalez, 14003
📞 665 05 37 83
Das Restaurant mit vielen Nischen und mehreren Speiseräumen erstreckt sich über zwei Stockwerke. Lassen Sie sich von der einfachen Speisekarte nicht täuschen – hier zu essen ist ein Genuss.

CÓRDOBA: Regadera €
Traditionell K F11
Ronda Isasa 10, 14003
📞 957 10 14 00 ⬤ Mo
In nächster Nähe zum Flussufer serviert das hübsche Lokal ein exzellentes, günstiges Tagesmenü.

CÓRDOBA: San Miguel €
Traditionell K F11
Plaza San Miguel 1, 14002
📞 957 47 01 66 ⬤ So
Hier schmecken regionale Spezialitäten wie *jamón ibérico, pisto* (Gemüseeintopf) und *manitas de cerdo* (Schweinefüßchen).

CÓRDOBA: Casa Pepe de La Judería €€
Traditionell K F11
Calle Romero 1, 14008.
📞 957 20 07 44 ⬤ So
Seit 1928 isst man in diesem beliebten Lokal im Gastraum oder im blumengeschmückten Patio. Genießen Sie das traditionsreiche Gericht *flamenquin* (Schweinelende mit iberischem Schinken).

CÓRDOBA: La Almudaina €€
Traditionell K F11
Jardines de los Santos Mártires 1, 14004
📞 957 47 43 42 ⬤ So abends
Das luxuriöse Restaurant im ehemaligen Bischofspalast serviert traditionelle Gerichte wie *solomillo al foie* (Filet mit *foie gras*).

EL ROCÍO: Restaurante Toruño €€
Traditionell K D12
Plaza Acebuchal 22, 21750
📞 959 44 24 22
Freundliches Restaurant mit hübscher Terrasse und herrlichem Ausblick auf die Feuchtgebiete.

FUENGIROLA: Vegetalia €
Vegetarisch K F13
Calle Santa Isabel 8, Los Boliches 29640
📞 952 58 60 31 ⬤ So, Juli, Aug
Vegetarisches Restaurant in finnischem Besitz mit preiswertem Mittagsbüfett und köstlichen, hausgemachten Desserts.

GERENA: Casa Salvi Tapas €
Tapas K E11
Miguel de Cervantes 46, 41860
📞 955 78 32 72
Hier verwöhnt man mit einer riesigen Auswahl an leckeren, kreativen, innovativen Tapas und Gerichten. Exzellente Fleischgerichte, vielfältiges Seafood, frisches Gemüse, Wild der Saison.

GIBRALTAR: The Waterfront €€
International K F14
Queensway Quay, Marina Bay
📞 350 2004 5666 ⬤ Di

Malerische Aussicht im Rib Room, Gibraltar

Das romantische Restaurant bietet eine schöne Aussicht auf den Sonnenuntergang und eine breite Auswahl an Gerichten – Hühnchen, Fisch und Gemüse. Donnerstag ist Steakabend.

GIBRALTAR: Rib Room €€€
Traditionell K F14
Rock Hotel, Europa Road
📞 350 2007 3000
Das berühmte Hotelrestaurant serviert moderne, iberisch und marokkanisch inspirierte britische Küche.

GRANADA: Antigua Bodega Castañeda €
Traditionell K H12
Calle Elvira 5, 18010
📞 958 22 97 06
Eine typische Tapas-Bar mit Fässern, Deckenbalken und bunten Fliesen. Hier schmecken Serrano-Schinken aus Trevélez, Tintenfisch, Sardinen und dazu ein gekühlter Fino.

GRANADA: Carmen del San Miguel €
Traditionell K H12
Plaza Torres Bermejas 3, 18009.
📞 958 22 67 23 ⬤ So abends; ganztägig So im Sommer
Hübsches Restaurant mit Blick auf die Alhambra, Klassiker wie Kaninchen und Wachtel.

GRANADA: Chikito €
Traditionell K H12
Plaza del Campillo 9, 18009
📞 958 22 33 64 ⬤ Mi
Die hübsche Tapas-Bar mit Restaurant serviert Spezialitäten wie dicke Bohnen mit Schinken oder Tortilla Sacromonte mit Mark, Hirn, Kräutern und Hoden.

Vis-à-Vis-Tipp

GRANADA: Mirador de Morayma €
Traditionell K H12
Calle Pianista Gracia Carrillo 2, 18010.
📞 958 22 82 90 ⬤ So abends
Nur wenige Restaurants bieten eine solche Traumkombination aus idyllischem Ambiente und exzellenter Küche. Neben dem Patio eines Privathauses im Albaicín hat man einen herrlichen Blick über die Stadt. Lecker sind der *remojón* (Kabeljau-Orangen-Salat mit Oliven) und *salmorejo* (kalte, dickflüssige Suppe).

GRANADA: Ruta del Veleta €
Traditionell K H12
Ctra Sierra Nevada 136, km 5,4, Cenes de la Vega, 18190
📞 958 48 61 34 ⬤ So abends
Das beliebte Lokal an der alten Straße in die Sierra Nevada bietet typisches Dekor der Alpujarras und Herzhaftes wie Kitzbraten, Wildbret, Fisch, Meeresfrüchte.

HUELVA: Azabache €
Traditionell K D12
Calle Vazquez Lopez 22, 21001
📞 959 25 75 28 ⬤ Sa abends, So
Ein abwechslungsreiches Angebot an Gerichten aus besten Zutaten. Neben traditionellen Speisen stehen auch modernere Versionen auf der Karte. Fischliebhaber und Vegetarier haben reiche Auswahl. Auch die Weinkarte ist lang.

JABUGO: Mesón Cinco Jotas €
Traditionell K D10
Ctra San Juan del Puerto, 21290
📞 959 12 10 71 ⬤ Mo
Unprätentiöses Restaurant im Heimatort des iberischen Jabugo-Schinkens, der im Haus geräuchert wird. Lecker ist auch der Kabeljau mit Garnelen und Oliven.

JAÉN: Taberna Don Sancho €
Traditionell K H11
Avda de Andalucía 17, 23005
📞 953 26 40 21
Die freundliche, lebhafte Taberna serviert ideenreich variierte traditionelle Gerichte der Region. Kosten Sie Kabeljau mit Blaubeeren.

JAÉN: Casa San Antonio €€
Traditionell K H11
Calle Fermin Palma 3, 23008
📞 953 27 02 62 ⬤ Mo; So abends; Aug
Elegantes Restaurant mit modernem Dekor und modern variierten traditionellen Gerichten. Regelmäßig wechselnde Karte.

JEREZ DE LA FRONTERA: Reino de León Gastrobar €
Fusion K E13
Calle Latorre 8, 11402
📞 956 32 29 15
Das schicke Lokal serviert Gerichte wie etwa Zackenbarschfilet mit Champagnercreme oder *holjadre de solomillo de cerdo* (Schweinelende mit Pfeffersauce).

LA LÍNEA: La Marina €
Seafood K F14
Paseo Marítimo, La Atunara s/n, 11300
📞 956 17 15 31 ⬤ Mo
Großes Lokal an der Uferfront mit grandiosem Blick auf die Bucht und Gibraltar und köstlichen *chirlas marinera* (Venusmuscheln).

LA RINCONADA: El Pela €
Traditionell K E12
Plaza de Rodríguez Montes 2, 41300
📞 954 79 70 39 ⬤ Mi
Das sevillanische Restaurant serviert u. a. *arroz negro* (Reis mit Tintenfischtinte) und zum Frühstück die lokale Brotspezialität *pan prieto de la Algaba*.

LOS BARRIOS: Mesón El Copo €€
Seafood K E14
Calle La Almadraba 2 (Palmones), 11369
📞 956 67 77 10 ⬤ So
Das Top-Fischlokal am Strand serviert fangfrische *urta* (Dorade) und hausgemachte Desserts.

MÁLAGA: Antigua Casa de la Guardia €
Traditionell K G13
Alameda Principal 18, 29015.
📞 952 21 46 80 ⬤ So
Die Spezialität der Weinbar des 19. Jahrhunderts ist ein dunkler, vollmundiger Pedro Ximénez direkt vom Fass.

MÁLAGA: Café de Paris €
Fusion K G13
Calle Velez Málaga s/n, 29016
📞 952 22 50 43 ⬤ Mo abends; So
Das elegante Restaurant serviert moderne spanisch-mediterrane Gerichte wie schwarze Trüffeln und *arroz au parmesan*. Exzellentes Verkostungsmenü.

MÁLAGA: Mesón Cortijo de Pepe €
Traditionell K G13
Plaza de la Merced 2, 29012
📞 952 22 40 71 ⬤ Di
Die typisch andalusische Tapas-Bar an dem bekannten Platz serviert in nächster Nähe zu Picassos Geburtshaus gute Tintenfisch- und Garnelengerichte.

Vis-à-Vis-Tipp

MÁLAGA: El Tintero II €
Seafood K G13
Playa del Dedo s/n (El Palo), 29018
📞 952 20 68 26
Das wohl lauteste Restaurant an der Costa del Sol ist dennoch einen Besuch wert – wegen der Strandlage, dem weiten Blick über das Meer und der großartigen Auswahl an Fischgerichten. Beim Bestellen deutet man einfach auf die gewünschten Gerichte, die die Kellner lautstark ausrufen. Außer Hummer kosten alle Speisen ungefähr gleich. Beim Bezahlen werden einfach die Teller gezählt.

MÁLAGA: Mesón Astorga €
Traditionell K G13
Calle Gerona 11, 29006.
📞 952 34 25 63 ⬤ So
Das klassische malegesische Restaurant serviert Gerichte aus frischesten Zutaten, z.B. gebratene Aubergine mit Zuckerrohrhonig.

MARBELLA: Altamirano €
Seafood K F13
Plaza Altamirano 3, 29601.
📞 952 82 49 32 ⬤ Mi, Anfang Jan–Mitte Feb
Das preisgünstige Familienrestaurant mit Tischen im Garten serviert Seafood-Spezialitäten wie *fritura malagueño* (Fischplatte) und *besugo a la brasa* (gegrillte Dorade).

MARBELLA: Paco Jiménez €€€
Gourmet K F13
Plaza de Naranjos 11, 29601
📞 952 77 36 10 ⬤ Mo; mittags
Für ein besonders sinnliches Erlebnis sollten Sie einen Tisch auf dem Balkon reservieren. Von dort genießen Sie einen fantastischen Blick auf die von Orangenbäumen flankierte Plaza de Naranjos. Lassen Sie sich dazu eines der vielen vorzüglichen Seafood-Gerichte schmecken

MARBELLA: Skina €€€
Fusion K F13
Calle Aduar 12, 29601.
📞 952 76 52 77 ⬤ So, Mo, Anfang Dez, Anfang Jan–Anfang Feb
Das schicke, gemütliche Altstadtlokal bietet eine bunte Auswahl an Gerichten, von Kaninchenterrine bis zu Seezunge mit Tomate und Artischocken sowie ein herausragendes Verkostungsmenü.

ORGIVA: Teteria Baraka €
Marokkanisch K H13
Calle Estacion 12, 18400
📞 958 78 58 94 ⬤ Do abends
Das Restaurant und Teehaus unter einem Dach verströmt eine einladende Atmosphäre. Zur Auswahl stehen zahlreiche vegetarische Gerichte und frisch gepresste Obstsäfte. Viele junge Einheimische zählen zu den Gästen. Alkohol wird nicht ausgeschenkt.

OSUNA: El Mesón del Duque €
Traditionell K F12
Plaza de la Duquesa 1, 41640
📞 954 81 28 45 ⬤ Mi
Andalusische Klassiker finden sich hier auf der Karte. Sehr beliebt sind die hausgemachten Fleischbällchen. Nehmen Sie am besten auf der Terrasse Platz.

OSUNA: Doña Guadalupe €€
Traditionell K F12
Plaza de Guadalupe 6-8, 41640
📞 954 81 05 58 ⬤ Mo, So abends, zwei Wochen im Aug
Der Familienbetrieb serviert auch auf der Terrasse klassische regionale Gerichte wie *faisán con arroz* (Fasan mit Wildreis).

PALMA DEL RÍO: El Refectorio (Monasterio de San Francisco) €€
Traditionell K F11
Avda Pío XII 35, 14700
📞 957 71 01 83
Im einstigen Refektorium eines Klosters (15. Jh.) serviert man Klassisches, z. B. Wildbret (im Winter). Im Sommer bietet der von Kerzen erhellte Patio eine traumhafte Kulisse.

Speiseraum des Chikito in Granada *(siehe S. 600)*

K = Karte *Extrakarte zum Herausnehmen*

PUERTO DE SANTA MARÍA:
Pantalán G €€
Seafood K D13
Avenida de la Libertad s/n, Puerto Sherry, 11500
📞 956 87 18 65 🔴 So mittags
Das Restaurant am Hafen bietet eine große Auswahl an Seafood, aber auch Fleisch- und Gemüsegerichte werden angeboten. Auch die Weinkarte überzeugt.

RONDA: Pedro Romero €
Traditionell K F13
Calle Virgen de la Paz 18, 29400
📞 952 87 11 10
Das nach einem Matador aus dem 17. Jahrhundert benannte Restaurant serviert exzellenten *rabo de toro* (geschmorten Ochsenschwanz) und *perdiz con alubias* (Rebhuhn mit Feuerbohnen).

RONDA: Tragatapas €
Traditionell K F13
Calle Nueva 4, 29400
📞 952 87 72 09
Das gemütliche Lokal im Zentrum lockt mit feinen Tapas, z. B. Spargel und Ziegenkäse, marinierter Lachs und sautierte Pilze.

RONDA: Puerta Grande Ronda €€
Traditionell K F13
Calle Nueva 10, 29400
📞 952 87 92 00 🔴 Di; abends
Hier genießt man interessante Interpretationen andalusischer Gerichte. Versuchen Sie eine der Paellas oder Rehbraten mit Himbeer- oder Blaubeersauce.

ROQUETAS DE MAR:
Alejandro €€€
Seafood K K13
Avda Antonio Machado 32, 04740
📞 950 32 24 08 🔴 Mo; So abends
Spezialität des mit einem Michelin-Stern prämierten Restaurants sind Seafood-Fusion-Gerichte. Gönnen Sie sich ein *menú de degustación con marisco* (Meeresfrüchte-Verkostungsmenü).

SANLÚCAR DE BARRAMEDA:
Casa Bigote €
Seafood K D13
Calle Bajo de Guía 10, 11540
📞 956 36 26 96 🔴 So
Am Rand der Guadalquivir-Mündung serviert dieses hauptsächlich traditionelle Restaurant frisches Seafood und Schinken aus der Region. Empfehlenswert sind u. a. der *lomo de atún* (Thunfischsteak) und die *langostinos* (Riesengarnelen).

TORREMOLINOS: Frutos €
Traditionell K G13
Avenida de la Riviera 80, 29620
📞 952 38 15 40 🔴 So abends

Das noble Traditionslokal an der Costa del Sol serviert erstklassige traditionelle Gerichte wie *judiones a la Granja* (weiße Bohnen im kastilischen Stil), Spanferkelbraten und frischen Fisch. Sehenswerter Weinkeller.

TORREMOLINOS: Nuevo Lanjarón €
Traditionell K G13
Calle Europa 10, 29620
📞 952 38 87 74 🔴 Mo
Das alteingesessene Lokal bietet wahrscheinlich das beste Preis-Leistungs-Verhältnis an der Costa del Sol. Im Altstadtviertel Calvario serviert es in einem hübschen weiß-gelben Haus verschiedene preiswerte Menüs mit guten Fisch- und Fleischgerichten. Empfehlenswert sind u. a. der *estofado de ternera* (Kalbfleischeintopf) und der hausgemachte Flan. Großartiger Service.

TORREMOLINOS:
Yate El Cordobés €
Seafood K G13
Paseo Marítimo s/n (Bajondillo) 29620
📞 952 38 49 56
Das Restaurant ist direkt an der Playa El Bajondillo gelegen und lockt mit leckeren regionalen Seafood-Gerichten, wie *espetos de sardinas* (Sardinen vom Holzkohlegrill), sowie hausgemachten Desserts.

ÚBEDA: El Seco €
Traditionell K H11
Calle Corazón de Jesús 8, 23400
📞 953 79 14 52
Der Familienbetrieb in Úbeda serviert in seinem gemütlichen Speiseraum hausgemachte Gerichte wie *bacalao El Seco* (Kabeljau in Sahnesauce) und *paletilla de cordero al horno* (im Ofen gebratene Lammschulter).

Vis-à-Vis-Tipp

ÚBEDA: Parador Condestable Davalos €€
Traditionell K H11
Plaza Vázquez de Molina, 23400
📞 953 75 03 45
Wer in Úbeda stilvoll essen gehen möchte, sollte in der Altstadt dieses umwerfende luxuriöse Restaurant in einem noblen Parador aus dem 16. Jahrhundert aufsuchen. Das Ambiente ist historisch, das Dekor traditionell und die Atmosphäre gemütlich. Köstliche Spezialitäten sind u. a. der fantastische *ajo blanco* (kalte Mandel-Knoblauch-Suppe) und großartige Wildgerichte.

Strandlokal Yate El Cordobés in Torremolinos

VERA: Terrazza Carmona €€
Traditionell K L12
Calle del Mar 1, 04620
📞 950 39 07 60 🔴 Mo
Das mehrfach preisgekrönte Restaurant serviert regionale Gerichte, z. B. Wildschwein mit Oliven. Nehmen Sie zum Nachtisch eine *tarta borracha* (betrunkene Torte).

Balearen

Vis-à-Vis-Tipp

FORMENTERA, CALÓ DE SANT AGUSTÍ: Es Caló €€
Seafood K P9
Carrer Vicari Joan Marí 14, Es Caló de Sant Agustí
📞 971 32 73 11 🔴 Nov–Mitte Apr
Das Lokal am Meer serviert frischesten Fisch, Paella und Fleischgerichte. Eine Sünde wert sind der *bogavante frito con huevos de payés* (gebratener Hummer mit Eiern), *chuletón de ternera a la piedra* (Riesensteak für zwei Personen) und die Desserts.

FORMENTERA, SAN FERRÁN:
Blue Bar €
Café K P9
Platja Es Migjorn Gran s/n
📞 971 18 70 11 🔴 Mitte Okt–Apr
Eine der letzten Hippie-Strandbars aus den 1960er Jahren. Hier gibt es gute Salate, Pasta-, Fisch- und vegetarische Gerichte.

FORMENTERA, EL PILAR DE LA MOLA: Pequeña Isla €€
Traditionell K P9
Avda El Pilar, 101 El Pilar de la Mola
📞 666 75 81 90 🔴 Dez–Feb

Das Dorflokal serviert Fischeintopf, Lammbraten und sonstige regionale Gerichte.

IBIZA, IBIZA-STADT:
Sa Nansa €€
Seafood K P9
Avda 8 de Agosto 27, 07800
📞 971 31 87 50 🔴 Mo
Hier bekommt man fantastisches Seafood – gegrillt, gekocht oder in Form von köstlichen Reis- oder Nudelgerichten. Der Gastraum mit dem schönen Holzboden ist einladend und hell.

IBIZA, IBIZA-STADT:
El Olivo Mio €€€
Französisch K P9
Plaça de la Vila 9, 07800
📞 971 30 06 80
🔴 Mitte Okt–Mitte Apr
Das beliebte Restaurant mit der herrlichen Terrasse zum Platz hin serviert ibizenkisch-französische Küche mit einem Hauch *nueva cocina*. 2016 wurde das Lokal mit neuem Konzept eröffnet.

IBIZA, SAN ANTONIO:
Villa Mercedes €€€
Mediterran K P9
Passeig de la Mar, Puerto de San Antonio
📞 971 348 543 🔴 Jan, Feb
Weitläufiges romantisches Restaurant mit hübscher Gartenterrasse und Lounge im marokkanischen Stil. Jeden Abend Live-Musik.

IBIZA, SAN CARLOS:
Anita's Bar €
Tapas K P9
Lugar Barri San Carlos s/n, 07850
📞 971 33 50 90
Anita's Bar in einem alten Steinhaus in schöner Lage in San Carlos ist seit Jahren eine Institution in Ibizas Szene. Neben den schmackhaften Tapas ist das Huhn vom Grill sehr beliebt.

Vis-à-Vis-Tipp
IBIZA, SAN LORENZO:
La Paloma €€
Mediterran K P9
Carrer Can Pou 4, 07812
📞 971 32 55 43 🔴 abends
Das mit Enthusiasmus von zwei Familien geführte La Paloma ist ein bildhübsches Gartenrestaurant in einer renovierten Finca. Inmitten von Obstgärten schmecken hier hausgemachte Gerichte aus regionalen Biozutaten. Die Küche bietet eine kleine Auswahl italienisch inspirierter Gerichte, die mit großer Sorgfalt zubereitet werden.

IBIZA, SANT CARLES:
El Bigotes €
Seafood K P9
Cala Mastella, Sant Carles, 07850
📞 650 79 76 33 🔴 Nov–März; abends
An einer Bucht mit glasklarem Wasser serviert das El Bigotes frischen Fisch in einem schlichten, rustikalen Ambiente.

Vis-à-Vis-Tipp
MALLORCA, LLOSETA:
Santi Taura €€
Spanisch K Q8
Carrer Joan Carles I 48, 07360
📞 656 73 82 14
🔴 Mo, Di; So abends
Der Chefkoch Santi Taura zaubert in diesem eleganten Restaurant neue Variationen von alten balearischen Rezepten. Bei Verkostungsmenüs lernt man auch die Geschichte der Gerichte kennen.

MALLORCA, PALMA: Café
L' Antiquari €
Tapas K Q8
Carrer Arabí 5, 07003
📞 871 57 23 13 🔴 So
Ein zwangloses Lokal mit ziemlich schrägem Dekor, freundlicher Hippie-Atmosphäre und guten Brunches.

MALLORCA, PALMA: Club
Nautico Cala Gamba €
Seafood K Q8
Passeig Cala Gamba s/n, 07007
📞 971 26 23 72 🔴 Mo
Seefahrerdekor und große Fenster mit Blick auf die Marina prägen das Ambiente. Die Küche serviert mit Vorliebe vor Ort gefangenen Fisch.

MALLORCA, PALMA: Gran Café
Cappuccino €
Café K Q8
Carrer de Sant Miquel, 53, 07002
📞 971 71 97 64 🔴 So
Eine schicke, zentrale Adresse für Morgenkaffee, leichte Mittagessen und abendliche Drinks.

MALLORCA, PALMA: Forn de Sant Joan
€€
Mediterran K Q8
Carrer Sant Joan 4, 07012
📞 971 72 84 22
Eines der besten, kreativsten Restaurants in Palma. Probieren Sie Spanferkel mit Apfelkompott, aber lassen Sie Platz für eines der verführerischen Desserts.

Vis-à-Vis-Tipp
MALLORCA, PALMA:
Marc Fosh €€€
Modern K Q8
Carrer de la Missió 7A, 07003
📞 971 72 01 14 🔴 So
Der Brite Marc Fosh hat sich einen wohlverdienten Ruf als einer der besten Köche der Insel erkocht, und hier zeigt er seine ganze Kunst. Im absolut angesagten Hotel Convent de la Missió zaubert er seine originelle Küche aus Zutaten der Region.

MALLORCA, PORTIXOL:
Can Punta €
Griechisch K Q8
Carrer Vicari Joaquim Fuster 105, 07006
📞 971 27 43 34 🔴 Di
Das freundliche Restaurant an der Uferfront serviert griechisch inspirierte Salate und Tapas in herrlich entspannter Atmosphäre.

Das exklusive Marc Fosh in Palma, Mallorca

K = **Karte** *Extrakarte zum Herausnehmen*

MALLORCA, PORTIXOL:
Fibonacci Pan €
Café K Q8
Calle Vicari Joaquim Fuster 95,
07006
☏ 971 24 99 61
Die Bäckerei im skandinavischen
Stil serviert leckere Sandwiches,
saftige Kuchen, luftige Croissants
sowie frische Salate und stärken-
de Suppen.

MENORCA, ALAIOR: Es Forn de
Torre Solí Nou €
Grill K S7
Urb. Torre Soli Nou, 07730
☏ 971 37 28 98
Spezialitäten des Restaurants sind
Fleisch und Geflügel vom Grill.
Die besten Tische stehen auf der
luftigen Terrasse.

MENORCA, CIUTADELLA:
Es Tastet €
Mediterran K S7
Calle Carnisseria 9, 07760
☏ 971 38 47 97 ● So mittags
Das wunderbare Lokal serviert
Frühstück, Tapas, Fisch- und
Pastagerichte aus frischesten
Zutaten.

MENORCA, CIUTADELLA:
Cas Ferrer de Sa Font €€
Regional K S7
Carrer del Portal de la Font 16,
07760
☏ 971 48 07 84 ● Apr, Mai,
Sep, Okt; So abends; Juni–
Aug: So abends; Nov–März
Das Restaurant in drei Räumen
in einem Herrenhaus (17. Jh.)
serviert Gerichte der Insel.

MENORCA, ES CASTELL:
Son Granot €
Traditionell K S7
Carretera Sant Felip, 07720
☏ 971 35 55 55 ● So (Mitte
Juli–Mitte Sep)

Eingedeckter Tisch im Son Granot in
Es Castell, Menorca

Das Restaurant in einem Landhotel auf einem Hügel serviert traditionelle menorquinische Küche.
Zu den Klassikern gehört Spanferkel mit Melone.

MENORCA, FERRERIES:
Mesón El Gallo €
Traditionell K S7
Ctra Cala Santa Galdana, km 1,5,
07750
☏ 971 37 30 39 ● Mo;
Nov–Mai
Spezialitäten des Hauses sind
Hühnchen-Paella und Steak mit
mallorquinischem Käse.

Vis-à-Vis-Tipp
MENORCA, MAHÓN:
Ses Forquilles €
Tapas K S7
Rovellada de Dalt 20, 07703
☏ 971 35 27 11 ● So
Das freundliche Lokal serviert
kreative Gourmet-Tapas und
Vorspeisen aus den besten
Produkten der Region. Ta-
pas-Bar im Erdgeschoss, Res-
taurant darüber.

MENORCA, SA MESQUIDA:
Cap Roig €€
Seafood K S7
Carretera Sa Mesquida 13, 07701
☏ 971 18 83 83 ● Mo; Mitte
Okt–Ostern
Das nach seiner Spezialität, *cap*
roig (Skorpionfisch), benannte
Restaurant serviert *caldereta de*
llagosta (Hummereintopf).

Kanarische Inseln

EL HIERRO, LA RESTINGA:
Restaurante El Refugio €
Seafood
Calle La Lapa 2, 38911
☏ 922 55 70 29 ● Mo
Das Familienrestaurant serviert in
rustikalem Ambiente fangfrischen
Fisch und Meeresfrüchte – direkt
vom Boot.

EL HIERRO, VALVERDE:
La Mirada Profunda €
Modern
Calle Santiago 25, 38900
☏ 922 55 17 87 ● Mo abends
Barcelonas Avantgarde-Küche
wird hier mit lokalen Weinen
kombiniert.

EL HIERRO, VALVERDE:
Tasca El Secreto €
Tapas
Calle Quintero Ramos 2, 38900
☏ 922 55 06 58 ● So
Farbenprächtiges Restaurant im
Vintage-Stil. Neben traditionellen

Tapas und anderen Gerichten gibt
es auch moderne Varianten. Sehr
zu empfehlen ist das wechselnde
Tagesmenü

FUERTEVENTURA, EL COTILLO:
La Vaca Azul €€
Seafood
Calle Requena 9, 35660
☏ 928 53 86 85
Fuerteventuras berühmte »Blaue
Kuh« serviert eher Surf als Turf –
die meisten Spezialitäten auf den
Tellern stammen aus dem Atlanti-
schen Ozean. Toller Meerblick
von der Terrasse.

FUERTEVENTURA, MORRO DE
JABLE: La Laja €
Seafood
Avenida Tomás Grau Gurrea 1,
35625
☏ 928 54 20 54
Frischer kann Fisch kaum sein als
in diesem Lokal an der Küste.
Vegetarier können zwischen Reis-
und Pastagerichten wählen. Sehr
schöne Terrasse.

GRAN CANARIA, ARTENARA:
Restaurante Mirador La Cilla €
Regional
Camino de la Cilla 9, 35350
☏ 609 16 39 44
Ein Tunnel führt zu einer Sonnenterrasse mit Panoramablick auf
die umgebende Bergwelt. Hier
werden kanarische Spezialitäten
serviert.

GRAN CANARIA, BAÑADEROS:
Terraza El Puertillo €
Seafood
Paseo Marítimo El Puertillo 12, 35414
☏ 928 62 70 28
Im Strandlokal der Hormigas fühlt
man sich bei großartiger Paella
oder köstlichem Seafood wie ein
Familienmitglied.

GRAN CANARIA,
EL MADROÑAL: Casa Martell €
Regional
Carretera del Centro, km 18,2,
35308
☏ 928 64 24 83
Die leckeren Spezialitäten der
Casa Martell stehen auf keiner
Speisekarte. Hier verwendet man
besonders gern Biogemüse aus
eigenem Anbau.

GRAN CANARIA, LAS PALMAS:
Samsara €
Fusion
Centro Comercial La Charca,
Avenida del Oasis 30, 35100
☏ 928 14 27 36 ● Mo
Das elegante Restaurant kom-
biniert traditionelle spanische
Grundzutaten wie *solomillo*
(Steak) und *cordero* (Lamm) u. a.
mit Curry und Teriyaki.

GRAN CANARIA, LAS PALMAS:
Tres Jolie Las Palmas €
Italienisch
Calle Mendizabal, 24 Vegueta, 35100
☎ 928 96 50 86 ⬤ Mo–Mi abends; So
Authentisch italienische Küche im Herzen von Las Palmas. Große Auswahl an Pasta-, Fleisch-, Fisch- und Gemüsegerichten. Eine sehr gute Wahl ist das Tagesmenü.

Vis-à-Vis-Tipp

LA GOMERA, LAS HAYAS:
Restaurante La Montaña-
Casa Efigenia €
Vegetarisch
Crta Las Hayas–Arure, Las Hayas, 38869
☎ 922 80 42 48
Eukalyptusbäume säumen den Eingang zu diesem hochgelobten Restaurant in einem Feriendorf auf dem Land. Traditionell wird man hier von Chefin Efigenia mit dem einzigen Hauptgericht des Restaurants herzlich empfangen: kräftiger Gemüseeintopf mit *gofio* (geröstetes Getreide). Dazu schmecken frische Salate und pikante Käsecreme *almogrote*.

LA GOMERA, SAN SEBASTIÁN DE LA GOMERA: Restaurante El Charcón €€
Traditionell
Playa de la Cueva, 38800
☎ 922 14 18 98 ⬤ Mo
In dem kleinen Restaurant in einer Naturhöhle isst man Fisch frisch vom Boot und Gemüse frisch vom Feld.

LA PALMA: La Casa del Volcán €
Traditionell
Calle de los Volcanes 23, 38740, Fuencaliente
☎ 922 44 44 27 ⬤ Mo
Käse aus der Region, Ziege und Kaninchen sind einige Fixpunkte auf der Karte dieses traditionellen, auf kanarische Küche spezialisierten Restaurants.

LA PALMA, GARAFÍA:
Restaurante Briesta €
Traditionell
Carretera General Las Tricias, km 6, 38787
☎ 922 40 02 10 ⬤ Di, Mi
Eine spezielle Atmosphäre: Durch das charmante, von einer Familie betriebene Restaurant wächst ein Baum. Im Winter lässt man sich sein Essen gemütlich am Kamin schmecken. Zur Auswahl stehen insbesondere Fleischgerichte, sehr gefragt sind Lamm und Kaninchen.

Tische auf der Terrasse des Rincón de Juan Carlos, Teneriffa

LA PALMA, SANTA CRUZ DE LA PALMA: Restaurante Parrilla Las Nieves €
Traditionell
Plaza de las Nieves 2, 38700, Santa Cruz de la Palma
☎ 922 41 66 00
Mischen Sie sich unter die Einheimischen in diesem Restaurant, in dem Touristen durch Abwesenheit glänzen. Das Tagesmenü bietet die Möglichkeit, authentische kanarische Küche zu erleben.

LANZAROTE, LA GERIA:
Bodega El Chupadero €
Traditionell
La Geria 3, 35570
☎ 928 17 31 15 ⬤ Mo
Das rustikale Lokal einer Bodega in Lanzarotes vulkanischer Weinregion serviert einfache, herzhafte Küche. Keine Kreditkarten.

LANZAROTE, NAZARET:
Lagomar €
Modern
Calle Los Loros 2, 35259
☎ 928 84 56 65 ⬤ Mo; mittags
Das Restaurant in einem atemberaubenden Haus in den Klippen serviert exzellente kreative Küche mit Gerichten wie Schweinesteak auf Süßkartoffel-Parmentier mit Paprikasauce.

LANZAROTE, TEGUISE:
La Cantina €
Tapas
Calle León y Castillo 8, 35530
☎ 928 84 55 36
Im malerischen Teguise, einst die Hauptstadt der Insel, bietet dieses Restaurant Tapas, einen Feinkostladen und dazu eine Kunstgalerie.

LANZAROTE, TIMANFAYA:
Restaurante El Diablo €
Traditionell
Charco Prieto s/n, 35560
☎ 928 84 00 57 ⬤ abends

Im Restaurante El Diablo erwartet die Gäste ein wirklich einzigartiges kulinarisches Erlebnis: Das Essen wird hier direkt über einem aktiven Vulkan gegrillt, aus dem Schwefelschwaden aufsteigen.

TENERIFFA, COSTA ADEJE:
El Molino Blanco €€
International
Avenida Austria 5, 38660
☎ 922 79 62 82
Die Karte ist zwar fleischlastig, doch stellt man hier auch Vegetarier zufrieden. Nach Sonnenuntergang verwandelt sich das Restaurant in ein Musiklokal.

TENERIFFA, EL SAUZAL:
Terrazas del Sauzal €€
International
Pasaje Sierva de Dios 9, 38360
☎ 922 57 14 91 ⬤ Mo, Di
Das Restaurant bietet internationale Küche, sehr reizvoll ist die Lage in einem 10 000 Quadratmeter großen Garten.

TENERIFFA, LOS GIGANTES:
El Rincón de Juan Carlos €€
Modern
Acantilado de Los Gigantes, Pasaje Jacaranda, 2, 38683
☎ 922 86 80 40 ⬤ Mo, So
Juan Carlos Padrón ist Teneriffas einziger berühmter Koch. Zusammen mit seinem Bruder Jonathan, einem bekannten Konditor, kreiert er faszinierende Verkostungsmenüs. Hier locken herausragende Küche und exzellente Weine.

TENERIFFA, PUERTO DE LA CRUZ: Tambo €
Seafood
Calle Añaterve 1, Punta Brava, 38400
☎ 922 37 62 62 ⬤ So
Hier dominieren Meeresfrüchte, besonders lecker sind die Muscheln und der Tintenfisch.

K = **Karte** *Extrakarte zum Herausnehmen*

Shopping

Einkaufen in Spanien ist in der Regel ein wahres Vergnügen, besonders wenn man die lauten und hektischen Haupteinkaufsstraßen meidet und stattdessen die kleinen Gassen und Nebenstraßen durchstreift, in denen man sich auch mal in ein Café zurückziehen kann. Beim Kauf in kleineren Familienbetrieben wird man Sie gerne individuell beraten. Hier ist es auch durchaus üblich zu handeln. Auf dem Markt bekommt man die frischesten Produkte der Region. Qualitätsweine gibt es in fast jedem Lebensmittelladen. Was die Lederwarenmode angeht, nimmt Spanien in Europa eine führende Rolle ein. Schuhe oder Taschen erhält man hier zu relativ erschwinglichen Preisen.

Frische Produkte auf dem Markt von Pollença, Mallorca

Öffnungszeiten

Läden öffnen normalerweise nicht vor 10 Uhr morgens und schließen gegen 14 Uhr. Nach der Siesta geht es von 17 bis 20 Uhr weiter. Bäckereien und Bars öffnen meist gegen acht Uhr morgens. Supermärkte, Kaufhäuser und Läden in Einkaufspassagen sind ganztägig geöffnet.

Märkte auf dem Land finden nur vormittags statt. In manchen Gegenden dürfen sonntags nur Bäckereien, *pastelerías* und Kioske geöffnet haben. In den Urlaubsorten haben sonntags meistens alle Läden geöffnet.

Bezahlung

Die bargeldlose Bezahlung mit Debit- oder Kreditkarte wird auch in Spanien fast überall bevorzugt, ob in Läden oder im Restaurant, an der Tankstelle oder beim Ticketkauf. Auf Bezahlung mit Bargeld bestehen nur kleine Bars und manche Läden. Details zu den in Spanien gültigen Mehrwertsteuersätzen finden Sie auf der Seite 616.

Supermärkte und Kaufhäuser

Große Supermärkte (*hipermercados*) liegen meist außerhalb des Stadtzentrums. Folgen Sie den Schildern, die zum *centro comercial* (Gewerbegebiet) weisen. Die größten Ketten sind Alcampo, Hipercor und Carrefour. Spaniens größte Kaufhauskette ist El Corte Inglés mit Filialen in allen größeren Städten.

Sonderverkäufe (*rebajas*) werden in den Schaufenstern angepriesen. Abgesehen von Sommer- und Winterschlussverkäufen wird das ganze Jahr über immer wieder mit *rebajas*-Aktionen der Verkauf angekurbelt.

Fachgeschäfte

Fachgeschäfte sind oftmals Familienbetriebe. *Panaderías* (auch *hornos*) sind Bäckereien, die Brot, Brötchen und *bollos* (Milchbrötchen) verkaufen. Kuchen und Gebäck erhält man in *pastelerías*, manchmal auch Schokolade und Eis.

Frisches Fleisch kauft man am besten in der *carnicería*, Aufschnitt hingegen holt man in der *charcutería*, die meist auch Käse verkauft. *Charcuterías* liegen häufig in der Nähe von Markthallen.

Pescaderías verkaufen Fisch und Schalentiere, obwohl man die besten Fische direkt auf dem Markt bekommt.

Früchte und Gemüse der Saison gibt es in der *frutería* oder in der *verdulería*.

Eisenwarengeschäfte heißen in Spanien *ferreterías*, Buchhandlungen *librerías* und Schreibwarenläden *papelerías*.

Regalos (Geschenke) packt man auf Wunsch hübsch ein. In einer *floristería* arrangiert man Ihnen die Blumen gern.

Märkte

Einen täglichen Markt (*mercado*) – der nicht selten in einer alten Markthalle abgehalten wird – hat jede größere Stadt. In der Regel ist er von 9 bis 14 Uhr und 17 bis 20 Uhr ge-

Handbemalte Keramik in Toledo

Shopping in Barcelona siehe S. 190–193; **in Madrid** siehe S. 320–323; **in Sevilla** siehe S. 460f

öffnet. Kleinere Städte haben einen oder zwei Markttage pro Woche. Dieses Buch nennt die Markttage aller beschriebenen Städte.

Auf den Märkten erhält man die frischesten Waren, angefangen von Obst bis hin zu Pilzen und Wildbret. Auch Artikel wie Blumen, Eisenwaren und Kleider werden hier häufig angeboten.

Antiquitäten- und Flohmärkte *(rastros)* gibt es überall. Der größte findet in Madrid *(siehe S. 306)* statt.

Stilbewusst: Filiale des Schuhherstellers Camper in Madrid

Regionale Produkte

Regionale Produkte weisen in Spanien meist eine bessere Qualität auf, wenn man sie dort kauft, wo sie hergestellt werden. In Burgos etwa die *morcilla* (Blutwurst), in Guijuelo (Extremadura) die scharfe *chorizo*-Wurst, in Andalusien Oliven und Olivenöl oder in Galicien Käse.

In Katalonien sind *rovellons* (Pilze) und scharfe Paprika saisonale Delikatessen, in Galicien *pimientos de Padrón*.

Bestimmte Kunstfertigkeiten wie die filigranen andalusischen Eisenarbeiten oder *azulejos* (Keramikfliesen) gehen zurück auf die Zeit der Mauren. Paterna und Manises nahe Valencia sowie Talavera und Reina in Kastilien-La Mancha sind Städte, die für Keramik bekannt sind.

Spitzenklöppelei gibt es in Dörfern in der Sierra de Gata (Extremadura) und an der Costa do Morte (Galicien).

Der Geigenbau und das Schnitzen von Holzschuhen sind kantabrische Spezialitäten. Spanische Handwerksprodukte wie Gitarren, Fächer oder Flamenco-Schuhe werden in allen größeren Städten angeboten.

Wein und andere Getränke

Weine bekommt man in Lebensmittelläden und Supermärkten, aber nur die kleinen

Körbe werden überall verkauft

und größeren Weinhändler repräsentieren den wahren Reichtum der Anbaugebiete. Lokalen Wein bekommt man literweise im Dorfladen oder in *bodegas*. Man kann ihn auch vom Erzeuger vor Ort beziehen, doch sollten Sie vor dem Besuch immer einen Termin vereinbaren und niemals unangemeldet auf dem Gut erscheinen. Die bekanntesten Weingegenden Spaniens sind La Rioja und Navarra *(siehe S. 82f)*, Penedès, wo u. a. *cava* (Schaumwein) hergestellt wird *(siehe S. 206f)*, Valdepeñas und Ribera del Duero *(siehe S. 344f)* sowie Jerez, die Sherry-Region *(siehe S. 424f)*.

Unter den vielen spanischen Likören ist der *pacharán (siehe S. 581)*, der aus Schlehen gewonnen wird, und der *licor de bellota* aus Eicheln zu empfehlen.

Haushalts- und Küchenwaren

Kaufhäuser haben zwar meist eine breit gefächerte Auswahl an Haushaltswaren, die *ferreterías* (Eisenwarenhandlungen) aber führen authentischere Artikel. Traditionelle Töpferwaren wie die *cazuelas* (Tonplatten), die im Backofen und auf dem Herd benutzt werden können, sind billig. Paella-Pfannen wurden lange nur aus Eisen oder Email hergestellt, mittlerweile sind aber auch Pfannen aus rostfreiem Stahl erhältlich oder mit einer Beschichtung, die das Anbrennen verhindert.

Tischtücher von Marktständen weisen in der Regel eine gute Qualität auf. Wen spanisches Lampendesign interessiert, der sollte sich einmal in einer *tienda de iluminación* umsehen. Beliebt sind auch traditionelle schmiedeeiserne Produkte wie Türbeschläge und Kerzenleuchter.

Schuhe und Bekleidung

In den größeren Städten ist die Auswahl an Bekleidungsläden besser, aber schicke spanische Designermode ist auch in kleineren Orten zu finden.

Falls Sie ein Kleidungsstück kaufen, bei dem etwas geändert werden muss, ist es üblich, dass der Laden dies von einer Näherin gegen einen geringen Aufpreis erledigen lässt. Meist dauert das nicht länger als zwei Werktage.

Lederschuhe und -artikel sind vergleichsweise billig, aber die Unterschiede, was Qualität und Preise angeht, sind zum Teil beachtlich. In mittelgroßen Läden ist es üblich, dass sich der Kunde etwas aus dem Schaufenster aussucht und dem Verkäufer die Codenummer mitteilt sowie die Größe *(talla)*. Wenn Sie einen hochwertigen modischen Ganzlederschuh suchen, halten Sie Ausschau nach *cuero*. Lederkleidung ist ebenfalls von guter Qualität und in der Regel geschmackvoll geschnitten.

In vielen Urlaubsorten veranstalten Lederverkäufer eigene Modeschauen, bei denen man jedoch Angebot, Qualität und selbstverständlich die Preise skeptisch betrachten sollte – manches bekommt man zu Hause günstiger.

Unterhaltung

Spanien ist für seine traditionsreichen regionalen Kulturen berühmt. Wo immer Sie sich aufhalten: Irgendwo in der Nähe ist bestimmt eine Fiesta oder eine Straßenfeier im Gange. Offizielle Unterhaltungsprogramme ausfindig zu machen, ist daher nicht immer nötig. Wer abends in größeren Städten und in den Tourismuszentren ausgehen möchte, hat die Qual der Wahl. Von deftigem Varieté bis hin zu Flamenco und anspruchsvollen Kulturveranstaltungen ist alles geboten. Die größte Auswahl hat man natürlich in Madrid, Barcelona und, in etwas geringerem Umfang, in Sevilla. Kleinere Städte müssen sich aber nicht verstecken. Besonders in Badeorten ist im Sommer einiges los. Weitere Informationen zu alljährlichen Veranstaltungen in ganz Spanien finden Sie auf den Seiten 42–47.

Vorbereitungen für eine Dressur-Vorführung in Jerez

Traditionelle Musik und Tanz

Das musikalische Erbe Spaniens ist von Instrumenten, Musikstilen und Tanzformen der Regionen geprägt. Das *txistu*, ein Blasinstrument, ist im Baskenland, in Galicien und Asturien zusammen mit der *gaita* (Dudelsack) zu hören, während sich Valencia seiner Blaskapellen rühmt.

Der Flamenco ist in Andalusien zu Hause. Aragóns Rhythmus entstammt dem Volkstanz *jota*. Die berühmte *sardana (siehe S. 229)* Kataloniens wird von *flabiol* (Flöte), *tabal* (Trommel) und *gralla* (Oboenart) begleitet.

Jazz, Rock und Pop

Casting-Shows im Fernsehen prägen auch die spanische Popindustrie, wobei viele talentierten Bands den internationalen Durchbruch deswegen verfehlen, weil sie auf Spanisch singen. Die spanische Musikszene ist von Einflüssen aus Südamerika und Afrika sowie von Flamenco-Elementen durchdrungen.

Das Festival de Benicàssim bei Castelló de la Plana (Juli) und das Sónar Festival in Barcelona (Juni) sind weltbekannt. Internationale Stars der Pop- und Rockmusik treten in Stadthallen und Stierkampfarenen, aber auch in Clubs auf. Der spanische Musikkanal Radio 3 sendet eine eklektische Mischung aus spanischer und internationaler Musik.

Flamenco

Flamenco *(siehe S. 428f)* ist eine traditionelle Kunstform aus Gesang, Musik und Tanz. Er stammt aus Andalusien, wird aber auch in anderen Regionen Spaniens gepflegt. Als höchst vielfältige Kunstform gibt es Flamenco in Form von spontanen Aufführungen, aber auch als internationale Events in Konzertsälen.

Bedenken Sie, dass viele Shows touristisch zugeschnitten sind. Wenn Sie echten Flamenco erleben wollen, sollten Sie sich an kleinere Aufführungen in einem Flamenco-Club halten, etwa in den Provinzen Sevilla und Jerez.

Alle drei Jahre im Herbst findet in Córdoba der Concurso Nacional de Arte Flamenco, der nationale Flamenco-Wettbewerb und das wohl prestigeträchtigste Festival dieser Tanz- und Musikkunst, statt, das nächste Mal im Jahr 2019.

Klassische Musik, Oper und Ballett

Opern, klassische Musik und Ballett kann man in größeren Städten in zum Teil imposanten Konzertsälen erleben. Am bekanntesten sind das Auditorio Nacional de Música und das Teatro Real in Madrid *(siehe S. 326)*, der Palau de la Música in Valencia *(siehe S. 256)*, das Teatro de la Maestranza in Sevilla *(siehe S. 462)* sowie das Gran Teatre del Liceu und L'Auditori in Barcelona *(siehe S. 195)*.

Einen eher ungewöhnlichen Rahmen für Aufführungen bieten Spaniens Höhlen, etwa in

Palau de la Música, Valencia

Unterhaltung in Barcelona *siehe S. 194–197;* **in Madrid** *siehe S. 324–329;* **in Sevilla** *siehe S. 462f*

Blick auf die Bühne des römischen Theaters in Mérida, Extremadura

Nerja *(siehe S. 489)*, Drac *(siehe S. 521)* und die Cuevas del Canelobre bei Alicante. In vielen Klöstern Spaniens kann man Sakralmusik hören. Montserrat *(siehe S. 222f)* ist für seinen Knabenchor bekannt. Gregorianische Gesänge sind im Kloster Leyre *(siehe S. 139)* Teil der Liturgie.

Theater
Spanien verfügt über ein großes Theaterrepertoire. Auch wenn man kein Spanisch spricht, lohnt allein das Theatergebäude den Besuch einer Aufführung.

Der Corral de Comedias in Almagro *(siehe S. 403)* aus dem 17. Jahrhundert ist perfekt erhalten. Das Römertheater von Mérida *(siehe S. 54f und S. 414f)* dient als herrliche Kulisse für das jährliche Theaterfestival.

Kino
In den letzten Jahrzehnten hat Spaniens blühende Filmszene auch internationale Beachtung gefunden. Jährlich produziert das Land um die 100 neue Filme von Regisseuren wie Pedro Almodóvar und Alejandro Amenábar.

Fast alle fremdsprachigen Filme werden synchronisiert, aber in einigen Kinos in Universitätsstädten und Gegenden mit vielen Ausländern werden Filme auch im Original gezeigt. In San Sebastián findet im September ein renommiertes internationales Filmfestival *(siehe S. 127)* statt. Das Filmfestival in Sitges ist im Oktober Publikumsmagnet.

Eine Erfahrung für sich sind die Open-Air-Kinos einiger Badeorte – vergessen Sie den Mückenschutz nicht!

Nachtleben
Spaniens beeindruckendes Nachtleben beginnt später als in den meisten Ländern. Hier macht man sich frühestens ab 23 Uhr auf den Weg ins Vergnügen. Den ersten Teil des Abends verbringt man eher in Kneipen oder *bares de copas*: spärlich möblierten Läden, in denen laute Musik wummert. Erst danach geht es in die Clubs und Discos, die häufig etwas außerhalb liegen.

In Urlaubsorten wie Lloret de Mar an der Costa Brava, Maspalomas auf Gran Canaria, Torremolinos an der Costa del Sol und Benidorm an der Costa Blanca gibt es zum Dinner oftmals auch Tanzshows.

Sportveranstaltungen
Fußball ist der Lieblingssport der Spanier. Dabei dreht sich alles um die beiden Top-Mannschaften Real Madrid und FC Barcelona. Sehr beliebt sind auch Clubs wie Sevilla FC, Atlético de Madrid, FC Valencia und Real Zaragoza. Radfahren, Tennis, Basketball und Golf sind ebenfalls populär.

Stierkampf
Auch wenn das Spektakel seit langer Zeit sehr umstritten ist: Eine authentische Darbietung von Spaniens immer noch beliebtem Traditionssport *(siehe S. 40f)* erlebt man am besten in einer großen Arena wie in Madrid *(siehe S. 310)*, Sevilla *(siehe S. 436)* oder Ronda. Die *corrida* beginnt nachmittags gegen 17 Uhr. Kaufen Sie Tickets nur am Kartenschalter der Arena.

Spaß für Kinder
Die größten Themenparks Spaniens sind Port Aventura an der Costa Daurada bei Barcelona *(siehe S. 228)*, Terra Mítica bei Benidorm und Parque Warner in Madrid. Die Cowboys von Fort Bravo *(siehe S. 504)* und die Pferde von Jerez *(siehe S. 472)* sind für Kinder ebenfalls interessant.

Achterbahn in Port Aventura an der Costa Daurada

Sport und Aktivurlaub

Geografisch gesehen, ist Spanien eines der vielseitigsten Länder Europas. Gebirgszüge, Wälder und Flüsse laden zu Touren und Sportferien ein. Die Möglichkeiten für sportliche Aktivitäten sind beinahe unbegrenzt und reichen von Segeln auf dem Mittelmeer oder Surfen auf dem Atlantik über Klettern in den Pyrenäen oder Wandern durch die Ebenen von Kastilien bis hin zu Skifahren in der Sierra Nevada oder Wasserskifahren vor der Küste Mallorcas. Wer sich auf eine Aktivität konzentrieren möchte, sollte Spezialferien buchen, wie sie viele international operierende und regionale Veranstalter anbieten. Auch in Spanien werden Wochenendarrangements mit Aktivitäten von Yoga bis Reiten bei Urlaubern immer beliebter. In den Informationsbüros vor Ort erfahren Sie Näheres dazu. Reisen in der Hauptsaison sollten frühzeitig gebucht werden.

Wandern und Trekking

In Spanien gibt es aufregende Angebote wie etwa einwöchige Wandertouren durch die Pyrenäen oder ruhige Spaziergänge an der Küste. Beachten Sie die breiten, gut markierten GR (*Grandes Recorridos*, also Langstrecken) – Wege, die ganz Spanien durchziehen. Manche absolvieren nur eine Teilstrecke eines GR-Weges, es gibt aber Langstrecken-Trecker, die so das ganze Land durchqueren.

Fast acht Prozent der Gesamtfläche Spaniens sind Naturschutzgebiete. In den zahllosen Naturparks und den 15 Nationalparks liegen die beliebtesten und schönsten Wandergebiete. Dazu gehören der Parque Nacional de Ordesa y Monte Perdido von Aragón *(siehe S. 236f)*, Kataloniens Parque Nacional d'Aigüestortes i Estany de Sant Maurici *(siehe S. 215)* und der Parque Nacional de los Picos de Europa in Asturien *(siehe S. 112f)*. Details zu Wanderwegen in den Parks erhalten Sie beim **spanischen Umweltministerium**. Informationen zu allen anderen Wanderwegen gibt die **Federación Española de Deportes de Montaña y Escalada**.

Flugsport

Den besten Eindruck von Spaniens Landschaft bekommt man aus der Vogelperspektive. Man hat dabei die Wahl zwischen Ballonfahren, Fallschirmspringen, Gleitschirm- und Drachenfliegen. Eines der bekanntesten Unternehmen für Ballonfahrten ist **Globus Kon-Tiki**, das zunächst in Katalonien begann und inzwischen im ganzen Land vertreten ist. **Glovento Sur** ist in Südspanien ansässig. Eine Fahrt kostet wenigstens 165 Euro pro Person.

Für alle, die es den Vögeln nachtun möchten, sind Gleitschirm- und Drachenfliegen interessante Optionen. Informationen zu Schulen und Ausstattern in ganz Spanien gibt die **Real Federación Aeronáutica Española**.

Den ultimativen Adrenalinkick verspricht jedoch das Fallschirmspringen. Zu den renommierten Anbietern von Kursen und Tandemsprüngen gehören **Skydive Empuriabrava** in Katalonien und **Skydive Lillo** bei Toledo. Ein einfacher Tandemsprung (Sprung im Zweierpack mit einem qualifizierten Trainer) kostet zwischen 220 und 320 Euro.

Wassersport

Da Spanien fast vollkommen von Wasser umgeben ist, erstaunt es wenig, dass der Segelsport hier sehr beliebt ist. Die renommiertesten Yachthäfen liegen in den etablierten Ferienorten wie Palma de Mallorca und Marbella. 2007 und 2010 war das Meeresgebiet vor Valencia Schauplatz der wichtigen Segelregatta America's Cup. Liegeplätze für Yachten und Segelboote in einer erstklassigen Marina sind allerdings sehr teuer und zudem rar. Billiger und praktischer ist es, ein Segelboot tage- oder wochenweise zu mieten oder sich zu einem halb- oder ganztägigen Segeltörn anzumelden. In den meisten Küstenorten gibt es einen Hafen, in dem man Boote gegen Vorlage eines Segelscheines chartern kann. Näheres dazu erfahren Sie bei der **Real Federación Española de Vela**.

Gerätetauchen kann man an der ganzen Küste und vor fast allen Inseln Spaniens. Die schönsten Gebiete für Unter-

Mit dem Gleitschirm über das Vall d'Aran in den östlichen Pyrenäen

Wildwassertour in den spanischen Pyrenäen

wasserexpeditionen liegen jedoch um die Kanarischen Inseln. Direkt vor der Insel El Hierro bietet das warme, ruhige Wasser des Mar de las Calmas bunte Korallen und Dutzende von Fischarten. Im Mittelmeer sind die Balearen oder die Illes Medes, sieben winzige Inseln vor der Costa Brava, empfehlenswert, sie bieten die größte Artenvielfalt im ganzen Mittelmeer. Hinweise zu Verleihern in der Gegend gibt **Estació Nàutica**, das Informationsbüro der Illes Medes. Die besten Surfplätze vor dem spanischen Festland liegen an der baskischen Küste (besonders bei Zarautz und Mundaka) und bei Tarifa an der Costa de la Luz. Zum Wellenreiten sind Lanzarote und Fuerteventura zu empfehlen. Windsurfen geht besonders gut bei El Médano (Teneriffa). Das **Surf Center Playa Sur** in El Médano informiert über Gerätevermie-

tung. Immer größerer Beliebtheit erfreut sich das Kajakfahren auf dem Meer. In vielen Mittelmeerbadeorten kann man Kajaks mieten. Da es sehr billig ist und wenige Vorkenntnisse erfordert, ist das Kajakfahren besonders für Segelneulinge geeignet, die gerne Zeit auf dem Wasser verbringen möchten.

Abenteuersport

Als Europas bergreichstes Land nach der Schweiz ist Spanien ein Kletterparadies. In den Pyrenäen von Aragón und Katalonien findet man zahlreiche herausfordernde Felswände. Beliebt sind auch der Montserrat in Katalonien, der Parque Natural de los Cañones y Sierra de Guara in Aragón, die Sierra Nevada in Andalusien und die Picos de Europa in Asturien. Weitere Informationen erhalten Sie bei der **Federación Española de Deportes de Montaña y Escalada**.

Falls Bergklettern Ihnen nicht aufregend genug ist, wäre da noch das *barranquismo* (Canyoning), eine spannende Abenteuersportart, bei der Sie abwechselnd wandern, klettern und sich abseilen und so Canyons, Klippen und Flüsse erkunden.

Unbestrittene Hochburg des Canyoning ist der Parque Natural de la Sierra y los Cañones de Guara, ein Naturschutzgebiet in Zentral-Aragón, das über eine Vielzahl nasser und trockener Canyons verfügt. Neoprenanzug und erfahrene Führer – für Neulinge ein abso-

lutes Muss – finden Sie bei Ausstattern wie **Camping Lecina** für ca. 50 Euro pro Person. Die meisten Anbieter und Unterkünfte liegen bei und im hübschen Ort Alquezar.

Wildwasser-Rafting ist eine aufregende Möglichkeit, Flüsse zu erkunden. Spanien ist zwar nicht gerade für seine reißenden Ströme bekannt, bietet aber durchaus ein paar gute Stellen in der Noguera Pallaresa in Katalonien, in der Carasa in Asturien oder im Miño in Galicien. Die beste Zeit zum Raften sind der Spätfrühling und der Frühsommer, wenn die Schneeschmelze die Flüsse anschwellen lässt und reißende Stromschnellen erzeugt.

Kletterer im Parque Nacional de Ordesa, Aragón

Angeln

Entlang Spaniens gesamter Küste ist Hochseefischen möglich. Mit Ausnahme einiger Schutzgebiete ist das Fischen im Mittelmeer und Atlantik freigegeben. In Flüssen und Seen vor allem in Asturien, Rioja und Kastilien und León gibt es Forellen. Besonders anspruchsvoll ist das Fischen in den Flüssen der Pyrenäen.

In sogenannten *sin muerte* (fangen und freilassen)-Gebieten braucht man eine Saison- oder Tageskarte. Da nur wenige Unternehmen Touren anbieten, sollten Sie Ihre eigene Ausrüstung mitbringen. Nähere Informationen zu Fischgebieten und Vorschriften erhalten Sie bei der **Federación Española de Pesca y Casting**.

Windsurfen vor der Küste von Tarifa an der Costa de la Luz

Fahrradfahren

Radfahren und Mountainbike-Touren sind in Spanien sehr beliebt. Helme sind zwar keine Pflicht, aber besonders auf den gefährlichen Schnellstraßen dringend zu empfehlen, da die Autofahrer hier nicht gewohnt sind, die Straße mit Radfahrern zu teilen und die Unfallrate entsprechend hoch ist. Nützliche Informationen und Tipps für die Planung einer sicheren Radtour gibt die **Real Federación Española de Ciclismo**.

Spanien bietet unzählige Möglichkeiten für Mountainbiker. Sie dürfen sogar einige Wanderwege befahren, die mit »BTT« (Bici Todo Terreno, also Geländefahrräder) bezeichnet sind. In Katalonien gibt es zahlreiche Centros BTT (www.centrosbtt.es), die Radfahrer über Strecken und Bedingungen informieren. In Regionen ohne solchen Service liegen Karten und Streckeninformationen in den Informationsbüros aus.

Eine wunderbare Option für ungeübte Fahrer sind die *Vías Verdes*. Diese flachen Langstrecken verlaufen auf stillgelegten Bahnstrecken und sind ideal für alle, die ohne große Anstrengung eine wunderbare Aussicht genießen wollen. Viele dieser *Vías Verdes* führen durch historische Städte, die zu interessanten Zwischenstopps einladen. Details über diese Routen erfahren Sie bei der **Fundación de los Ferrocarriles Españoles**.

Golf

Golf ist in ganz Spanien ein populärer Sport, wobei man aber die meisten Plätze an der Küste und in den Feriengebieten findet. Es gibt zu viele bedeutende Golfplätze, als dass man einzelne hervorheben könnte. Detaillierte Auskünfte erteilt die **Real Federación Española de Golf**.

Das ganze Jahr über Golf spielen kann man auf Teneriffa, das am südlichen Ende der Insel sechs erstklassige Plätze, darunter auch den wunderbar gelegenen Platz Golf Las Américas, bietet.

Skifahren und Wintersport

Das bergige Gelände Spaniens bietet hervorragende Skigebiete, die zudem oftmals preisgünstiger sind als die in den Alpen und anderen Gegenden Europas. Zu den besten Skigebieten zählen die Sierra Nevada in Granada und Baqueira-Beret im Val d'Aran. Auch in der Sierra de Guadarrama, nördlich von Madrid, sowie in einigen anderen hochgelegenen Gebieten kann man gut Ski fahren.

Details erfahren Sie bei der **Real Federación Española de Deportes de Invierno** sowie über: www.atudem.es

Vogelbeobachtung

Das milde Klima Spaniens lockt zahlreiche Vogelarten an. Im Winter sind Vögel aus Nordeuropa hier, während im Frühling die Mittelmeerarten herkommen, um zu nisten. Naturparks dienen nicht zuletzt dem Schutz von Spaniens Vogelwelt. Am besten kann man sie in der Extremadura im Parque Nacional Monfragüe beobachten. Großen Greifvögeln kann man hier zusehen, wie sie Beute schlagen. Weitere hervorragende Orte, um Vögel in ihrem natürlichen Lebensraum zu bewundern, sind Andalusiens Parque Nacional de Doñana, das Guadalquivir-Delta, die Laguna de Fuente de Piedra und das Delta de l'Ebre in Südkatalonien.

Kur und Wellness

Kur- und Wellnessbäder, sogenannte *balnearios,* haben in Spanien eine lange Tradition. Bereits die alten Römer nutzten die wohltuende Wirkung des mineralreichen Wassers entlang dem Mittelmeer und im Landesinnern. Beliebt sind auch die Tagesbäder, die insbesondere in Städten und Badeorten diverse Beauty- und Wohlfühlbehandlungen anbieten. Auf der Website der **Asociación Nacional de Estaciones Termales** (Nationaler Thermalbad-Verband) finden Sie Details zu anerkannten Kurbädern im ganzen Land.

FKK

Spezielle Strandabschnitte für Nacktbadende gibt es auch in Spanien. Die örtlichen Informationsbüros nennen Ihnen Strände in der Nähe. Sie können sich aber auch in die offizielle Website der **Federación Española de Naturismo** (FEN) einloggen, die eine umfassende Liste aller Strände anbietet.

Themenferien

Ein Wochenendkurs oder ein einwöchiger Spezialurlaub bietet die Möglichkeit, sich ganz einem Hobby zu widmen oder auch ein neues Hobby aufzunehmen.

In Spanien, einem Land mit vielseitigen regionalen Küchen und herausragenden Weinbaugebieten, sind kulinarische Ferien beliebter denn je. Immer mehr Anbieter von Touren in die Weinregionen und Ausflüge zur Oliven- oder Traubenernte sind in den letzten Jahren auf den Markt gekommen.

Wer anspruchsvollere, maßgeschneiderte Reisen in die Weinregionen Spaniens unternehmen möchte, sollte sich an die Madrider Firma **Cellar Tours** wenden. Tägliche Kochkurse sowie tiefe Einblicke in die spanische Kochkunst und Kultur kann man im Rahmen von Kochferien beispielsweise in Priorat bei **Catacurian** oder in Málaga bei **Cooking Holiday Spain** erleben.

Die wunderbare Landschaft Spaniens lädt aber auch zu vielfältigen künstlerischen Aktivitäten ein. Die ländliche Ruhe kann man besonders gut bei Malferien genießen. Firmen wie Authentic Adventures bieten mehrtägige Ferien für alle künstlerischen Niveaus an. Dazu gehört intensiver Unterricht bei einem erfahrenen Maler ebenso wie das selbstständige Üben. Häufig werden auch Bildhauerei- und Zeichenkurse angeboten.

Eine weitere Möglichkeit ist der sogenannte Aktivurlaub. Das angenehme Klima Spaniens lädt zum Wandern, Radfahren, Wasserskifahren und Reiten ein. Der Reiseanbieter **On Foot in Spain** bietet eine

Vielzahl an Wanderurlauben in Nordspanien an, während **Switchbacks Mountain Bike Vacations** Radferien in Andalusien für alle Niveaus und jedes Alter anbietet.

Für Wassersportfans bietet Xtreme Gene Wasserski-Urlaub an. **Fantasia Adventure Holidays** ist auf Reiterferien in Südspanien spezialisiert.

Ideal zum Entspannen könnten Yoga- und Meditationsferi-

en sein, die ohne jedes esoterische Klimbim auskommen und wirkliche Erholung ermöglichen. Um dem Alltagsstress zu entkommen, gibt es eine ganze Reihe von seriösen Anbietern, wie etwa **Kaliyoga**, das in wunderbarer Umgebung Yogakurse anbietet. Gesundes Essen und jede Menge freie Zeit zum Wandern oder Meditieren tragen zum Wohlfühlfaktor eines Yogaurlaubs bei.

Aktivurlaub ist auch eine wunderbare Gelegenheit, Spanisch zu lernen. Sprachreisen gibt es in vielen Teilen Spaniens. Und wo könnte man eine Sprache besser lernen als im Land selbst? Darüber hinaus erhält man auf Sprachreisen für einige Zeit tiefe Einblicke in die spanische Lebensart. Das **Instituto Cervantes** verfügt über Informationen zu Schulen und Kursen in Spanien.

Auf einen Blick

Wandern und Trekking

Federación Española de Deportes de Montaña y Escalada
Calle Floridablanca 84, Barcelona. ☎ 93 426 42 67. 🌐 fedme.es

Ministerio de Medio Ambiente
Pl Infanta Isabel I, Madrid. ☎ 91 597 65 77. 🌐 mma.es

Flugsport

Glovento Sur
Placeta Nevot 4, 1°A, Granada. ☎ 958 29 03 16. 🌐 gloventosur.com

Globus Kon-Tiki
Aeródrom Odena – Igualada, Barcelona. ☎ 93 515 60 60. 🌐 globuskontiki.com

Real Federación Aeronáutica Española
Calle Arlabán 7, 3a Planta, Oficinas 38–39. ☎ 91 508 29 50. 🌐 rfae.org

Skydive Empuriabrava
Sector Aeroclub s/n, Empuriabrava, Costa Brava, Katalonien. ☎ 972 45 01 11. 🌐 skydiveempuriabrava.com

Skydive Lillo
Aeródromo Don Quijote, Lillo. ☎ 902 36 62 09. 🌐 skydivelillo.com

Wassersport

Estació Nàutica
C/ de la Platja 10–12, L'Estartit. ☎ 972 75 06 99. 🌐 enestartit.com

Real Federación Española de Vela
C/ Luis de Salazar 9, Madrid. ☎ 91 519 50 08. 🌐 rfev.es

Surf Center Playa Sur
El Médano, Tenerife. ☎ 922 17 66 88. 🌐 surfcenter.eu

Xtreme Gene
Xtreme Gene Watersports Complex, Embalse de la Breña, 14720 Almodovar. ☎ 957 05 70 10. 🌐 xtreme-gene.com

Abenteuersport

Camping Lecina
Lecina, Sierra de Guara. ☎ 974 31 83 86. 🌐 campinglecina.com

Angeln

Federación Española de Pesca y Casting
Madrid. ☎ 91 532 83 52. 🌐 fepyc.es

Fahrradfahren

Fundación de los Ferrocarriles Españoles
🌐 viasverdes.com

Real Federación Española de Ciclismo
Madrid. ☎ 91 540 08 41. 🌐 rfec.com

Golf

Golf Las Américas
Playa de las Américas, Tenerife. ☎ 922 75 20 05. 🌐 golflasamericas.com

Real Federación Española de Golf
C/ Arroyo del Monte 5, Madrid. ☎ 91 555 26 82. 🌐 rfegolf.es

Skifahren und Wintersport

Real Federación Española de Deportes de Invierno
☎ 91 376 99 30. 🌐 rfedi.es

Kur und Wellness

Asociación Nacional de Estaciones Termales
☎ 902 11 76 22. 🌐 balnearios.org

FKK

Federación Española de Naturismo (FEN)
🌐 naturismo.org

Themenferien

Catacurian
Gratallops 43737, Tarragona. ☎ 977 82 53 41. 🌐 catacurian.com

Cellar Tours
Calle Zurbano 45, 1°, Madrid. ☎ 91 143 65 53. 🌐 cellartours.com

Cooking Holiday Spain
Urb. Torremar, C/ Roma 9, Benalmádena, Málaga. ☎ 637 80 27 43. 🌐 cookingholidayspain.com

Fantasia Adventure Holidays
C/ Luis Braille P21, 3A, Barbate, Cádiz. ☎ 610 94 36 85. 🌐 fantasiaadventureholidays.com

Instituto Cervantes
C/ Alcalá 49, 28014 Madrid. ☎ 91 436 76 00. 🌐 cervantes.es

Instituto Cervantes Berlin
Rosenstr. 18–19, 10178 Berlin. ☎ (030) 257 61 80. 🌐 cervantes.de

Kaliyoga
Órgiva, Granada. ☎ 958 78 44 96. 🌐 kaliyoga.com

On Foot in Spain
Rosalia de Castro 29, Teo, La Coruña. ☎ 686 99 40 62. 🌐 onfootinspain.com

Switchbacks Mountain Bike Vacations
Barrio La Ermita s/n, Bubión, Granada. ☎ 660 62 33 05. 🌐 switch-backs.com

GRUND-INFORMATIONEN

Praktische Hinweise

Spanien bietet vielfältige Küstenregionen und einzigartige Landstriche im Hinterland mit einem riesigen Freizeitangebot sowie ein überaus reiches kulturelles Erbe. Fremdenverkehrsbüros (oficina de turismo) gibt es in nahezu jeder Ortschaft, auch regionale Informationsstellen und Gaststättenverzeich-

nisse findet man überall. Sie geben nützliche Hinweise auf Feste und Aktivitäten vor Ort und in der Region. Auch die entsprechenden Internet-Seiten sind informativ und stets aktuell. Spanier sind in der Regel ausgesprochen hilfsbereit. Sie zeigen Ihnen gerne ein gutes Restaurant oder eine nette Bar.

Entspannung pur an einem sommerlichen Strand in Spanien

Information

Alle größeren Städte und Orte haben oficinas de turismo. Diese verteilen Stadtpläne, Hotel- und Gaststättenverzeichnisse sowie Broschüren über Sehenswürdigkeiten.

Nationale Fremdenverkehrsbüros gibt es in so gut wie allen größeren Städten. Hier kann man oft auch eine Hotelzimmerreservierung vornehmen lassen oder aber sich nach aktuell freien Hotelzimmern erkundigen – gerade in der Hochsaison ein nicht zu unterschätzender Service.

Informieren Sie sich vor der Reise beim **Spanischen Fremdenverkehrsamt** in Ihrem Heimatland. Auch im Internet finden Sie umfassende Informationen auf Deutsch (siehe S. 619).

Beste Reisezeit

Im August ist in Spanien traditionell Ferienzeit. Viele Läden bleiben dann den ganzen Monat geschlossen. Auch das Verkehrsaufkommen zu Beginn und zum Ende der Ferienzeit ist nicht zu unterschätzen. Bei der Reiseplanung sollte man auch auf örtliche fiestas achten: Sie lohnen oft einen Besuch, allerdings bleiben währenddessen viele Läden geschlossen.

Einreise und Zoll

Spanien wendet als Mitgliedsstaat der Europäischen Union das Schengen-Abkommen an, Grenzkontrollen werden nur noch ausnahmsweise durchgeführt. Bürger aus EU-Staaten und der Schweiz benötigen für die Einreise lediglich einen gültigen Personalausweis oder Reisepass. Auch jedes mitreisende Kind benötigt ein eigenes Ausweisdokument mit Lichtbild.

Für Bürger aus anderen EU-Ländern gibt es bei der Einreise nach Spanien keine Mengenbeschränkungen für Waren, sofern sie dem persönlichen Bedarf dienen.

Der EU-Heimtierausweis mit einer gültigen Tollwut-

Impfbescheinigung ist bei Reisen in EU-Länder für Hunde und Katzen vorgeschrieben. Den Pass erhalten Sie bei Ihrem Tierarzt.

Mehrwertsteuererstattung

Bürger aus Nicht-EU-Staaten haben Anspruch auf Erstattung der Mehrwertsteuer für Waren, die sie in Spanien gekauft haben. Auch in den Duty-free-Shops können sie zollfrei einkaufen.

Der normale Mehrwertsteuersatz in Spanien – auf Spanisch: Impuesto sobre el Valor Añadido (IVA) – beträgt 21 Prozent. Der reduzierte Satz von zehn Prozent gilt u. a. in Hotels und Restaurants sowie für Tickets des öffentlichen Verkehrs. Bücher, Zeitungen und Zeitschriften sowie Grundnahrungsmittel und Medikamente werden mit vier Prozent besteuert.

Zeichen für steuerfreien Einkauf

Botschaften und Konsulate

Bei Verlust des Reisepasses bzw. des Personalausweises oder in sonstigen Ausnahmesituationen benachrichtigen Sie unverzüglich die Botschaft oder ein Konsulat Ihres Landes (siehe S. 619).

In den großen Städten Spaniens gibt es außerdem ein Ausländeramt (Departamento de Extranjeros) im Rathaus, in dem Ihnen in vielen Fällen weitergeholfen werden kann. Auch Dolmetscher stehen zumindest in den Großstädten in der Regel immer zur Verfügung.

OFICINA DE TURISMO

Logo eines Fremdenverkehrsbüros mit dem markanten »i«

◀ Der Yachthafen von Gijón (Xixón; siehe S. 109) im Abendlicht

Etikette

Spanier grüßen sich immer und plaudern gern miteinander – auch dann, wenn sich die Personen kaum oder gar nicht kennen, wie an Haltestellen, in Cafés oder Aufzügen. Männer schütteln sich die Hände, wenn sie einander vorstellen und wann immer sie sich treffen. Frauen geben sich einen Begrüßungskuss auf die Wangen, Freunde oder Familienmitglieder küssen oder umarmen sich kurz. Auch der (eher flüchtige) Wangenkuss bei der Begrüßung ist unter gut befreundeten Männern heute durchaus üblich. Als Ausländer sollte man hier freilich angemessene Zurückhaltung üben.

Zweisprachiges Verkehrsschild (auf Baskisch und Spanisch)

Sprache

Spaniens Hauptsprache ist Spanisch (castellano, Kastilisch). Es gibt aber drei Regionen mit eigenen Sprachen: Katalonien (català, Katalanisch), Galicien (galego, Galicisch) und das Baskenland (euskara, Baskisch).

In allen drei Regionen stehen sich Spanisch und die jeweilige Sprache mittlerweile gleichberechtigt gegenüber, die Regionalsprache ist immer auch (neben dem Spanischen) Amtssprache.

In Valencia und auf den Balearen spricht man katalanische Varianten (Dialekte). Mit Deutsch, Englisch und einigen Brocken Spanisch kommt man fast überall durch.

Eintrittspreise

Für einige Denkmäler und Museen ist der Eintritt für Spanier und Bürger der Europäischen Union frei – was in diesem Buch bei den jeweiligen Sehenswürdigkeiten ausdrücklich vermerkt ist. Ansonsten variiert die Höhe des Eintrittspreises je nach Region und Bedeutung der Sehenswürdigkeit. Einige Museen gewähren sonntags oder am späten Nachmittag kostenlosen Eintritt. Genaueres erfahren Sie auch auf der Website der einzelnen Häuser.

Für einige wenige Sehenswürdigkeiten wie z. B. die Alhambra in Granada (siehe S. 496f) ist der Erwerb eines Tickets ausschließlich über das Internet möglich. Diese (durchaus bequeme) Buchungsmöglichkeit sollte man zur Sicherheit so früh wie möglich in Anspruch nehmen.

Öffnungszeiten

Die meisten Denkmäler und Museen haben montags geschlossen. An den anderen Tagen haben sie von 10 bis 14 Uhr geöffnet, schließen von 14 bis 17 Uhr und sind von 17 bis 20 Uhr wieder geöffnet. Auch Kirchen sind in der Regel – zusätzlich zu den Gottesdienstzeiten – zu diesen Zeiten zugänglich. Die meisten Museen und Sammlungen kosten Eintritt.

In kleineren Städten sind Kirchen, Burgen und andere Sehenswürdigkeiten nur begrenzt oder gar nicht geöffnet. Man kann sich aber den Schlüssel bei einem Verwalter/Küster in der Nachbarschaft holen (Trinkgeld!), im Rathaus oder in der Bar des Ortes.

Trinkgeld und Preise

In Spanien wird der Umgang mit Trinkgeld wesentlich entspannter gesehen als beispielsweise in Deutschland oder Österreich. Bezahlt man in Cafés und Bars einen Espresso oder ein Glas Bier, lässt man bestenfalls ein paar Cent als Trinkgeld liegen bzw. das Wechselgeld,

COCEMFE-Schild: Rollstuhlzugang

aufgerundet auf den nächsthöheren Euro-Betrag. In Restaurants sind fünf bis zehn Prozent Trinkgeld üblich, abhängig von der Qualität des Service und des Essens. Beachten Sie, dass auf den Speisekarten die Preise meist ohne Mehrwertsteuer (IVA) in Höhe von zehn Prozent angegeben werden. In diesem Fall wird sie auf den Gesamtrechnungsbetrag aufgeschlagen. Gleiches gilt für Hotelpreise, bei denen es ebenfalls zehn Prozent Mehrwertsteuer hinzukommen.

Beschwerdebuch

Wenn Sie mit dem Service nicht zufrieden sind, verlangen Sie nach dem Libro des Reclamaciones. Das offizielle Beschwerdebuch wird regelmäßig von der Kommunalbehörde inspiziert. Benutzen Sie es aber nur bei wirklich gravierenden Vorfällen oder außergewöhnlich schlechtem Service.

Behinderte Reisende

Spaniens nationale Behinderten-Hilfsorganisation, die Confederación Coordinadora Estatal de Minusválidos Físcios de España (COCEMFE), publiziert regelmäßig ein Informationsheft (siehe S. 561), das Behinderten den Urlaub in Spanien erleichtern soll.

Auch die örtlichen Fremdenverkehrsbüros sind bei der Vermittlung behindertengerechter Einrichtungen in der Regel sehr behilflich. Die spanische Reiseagentur **Viajes 2000** hat sich auf Reisen für Behinderte spezialisiert. In Deutschland organisiert der **Bundesverband Selbsthilfe Körperbehinderter e.V.** Reisen (alle Adressen auf S. 561).

Generell haben es behinderte Reisende in Großstädten aufgrund der modernen Infrastruktur wesentlich leichter als im ländlichen Raum, wobei die Spanier im Umgang mit Behinderten gemeinhin eine erfreuliche Selbstverständlichkeit an den Tag legen und sehr hilfsbereit sind.

Kinder beim Spielen an der Küste von Cala Gracio, Ibiza

Mit Kindern reisen

Spanien ist ein ausgesprochen kinderfreundliches Land. Als ausländischer Urlauber ist man immer wieder überrascht, wie selbstverständlich mit Kindern in Bars, Restaurants und Hotels umgegangen wird. Allerdings gibt es mittlerweile auch in Spanien Hotels, in denen Jugendliche unter 16 Jahren nicht erwünscht sind, weshalb man bei der Buchung im Zweifelsfall explizit auf das Alter der Kinder hinweisen sollte.

Vor allem bei Reisen in den Sommermonaten sollte man einige Vorsichtsmaßnahmen einhalten. So sollten Kinder (und nicht nur sie) in den heißesten Stunden des Tages zwischen 12 und 15 Uhr niemals ohne ausreichenden Sonnenschutz im Freien sein. Am besten halten sie sich zu dieser Zeit im Schatten auf. Auch auf genügend Flüssigkeitsaufnahme sollte man achten.

Alle großen Krankenhäuser Spaniens haben eine Abteilung für Kindermedizin. Das Personal in spanischen Apotheken ist bestens geschult und hilft bei kleineren Problemen.

Altes Straßenschild

Senioren

Nicht zuletzt aufgrund der Bevölkerungsentwicklung hat sich das Reiseangebot für Senioren auch in Spanien enorm entwickelt, das gilt sowohl für Aktivurlauber als auch für Erholungsuchende.

Im ganzen Land findet man heute Kureinrichtungen mit unterschiedlichsten Angeboten (www.balnearios.org). Auf Senioren zugeschnittene Wandertouren decken das gesamte Wegenetz des Landes ab (www.viasverdes.com).

Einige größere Hotels bieten Vergünstigungen zu allen Jahreszeiten für Senioren an.

Schwule und lesbische Reisende

Zwischen ländlichen Gebieten und Großstädten in Spanien gibt es doch erhebliche Unterschiede hinsichtlich der Einstellung gegenüber schwulen und lesbischen Urlaubern. In den Metropolen gibt es vitale schwul-lesbische Szenen, vor allem in Madrid und Barcelona, wo viele Hotels, Restaurants und Bars explizit auf Lesben bzw. Schwule ausgerichtet sind. Die Federación Estatal de Lesbianas, Gais, Trans y Bisexuales (FELGTB) (www.felgtb.org) liefert hierzu viele nützliche Informationen.

Die Gay-Pride-Veranstaltungen sind mittlerweile Großereignisse. Seit 2005 können homosexuelle Paare in Spanien heiraten und Kinder adoptieren. Homosexuelle genießen die gleichen Rechte wie Heterosexuelle.

Preisgünstig reisen

Reisende mit begrenztem Budget sollten nach *hostales* oder *pensiones* Ausschau halten, die einfache, aber in der Regel saubere Zimmer zu einem Bruchteil der regulären Hotelpreise anbieten (www.hostelworld.com).

In vielen spanischen Restaurants gibt es ein *menú del día*. Es umfasst drei Gänge sowie ein Glas Wein oder Wasser für wenig Geld. Auch Tapas bzw. *pinchos* sind meist preiswert und durchaus sättigend.

Die Preise für Zugfahrten sind in Spanien vergleichsweise günstig (siehe S. 628f). Gerade auf den wichtigsten Strecken variieren die Fahrpreise zum Teil erheblich, je nach Wochentag, Tageszeit und Zugtyp (www.renfe.es).

Am billigsten und nicht unbedingt langsamer sind Busverbindungen, zumal das spanische Busnetz sehr gut ausgebaut ist. Verschiedene Busunternehmen bedienen verschiedene Regionen Spaniens, weshalb man Verbindungen und Preise genau prüfen sollte (www.alsa.es).

Unterhaltung zum Nulltarif bieten die vielen *fiestas* Spaniens, vor allem die *fiesta mayor* vieler Regionen und Städte mit ihren Umzügen sowie Tanz- und Musikaufführungen (siehe S. 42–47).

Hostal-Reklame für preiswerte Unterkünfte

Studenten

Inhaber des internationalen Studentenausweises (ISIC) erhalten in nahezu allen spanischen Museen und Sammlungen sowie in öffentlichen Verkehrsmitteln und bei zahlreichen Sehenswürdigkeiten und Veranstaltungen überall im Land ermäßigten Eintritt (www.isic.de). Nähere Informationen mit Tipps für Studenten erteilen die Organisationen **Injuve** und **inforjoven**. Hier findet man auch Ratschläge für Studenten- und Urlaubsreisen sowie für längere Aufenthalte in Spanien.

ISIC-Studentenkarte

Zeit

In Spanien gilt dieselbe Zeit wie in Mitteleuropa. Das bedeutet, dass im Sommer auch die Uhren auf Mitteleuropäische Sommerzeit (MESZ) eingestellt werden. Auf den Kanarischen Inseln orientiert man sich dagegen an der Greenwich Mean Time (GMT), die gegenüber der Mitteleuropäischen Zeit (MEZ) eine Stunde zurückliegt. Im Sommer gilt auch hier die Sommerzeit.

La manaña (der Morgen) dauert in Spanien bis 14 Uhr, und *el mediodía* (die Mittagszeit) geht bis 16 Uhr. *La tarde* ist der Nachmittag und der Abend. *La noche* (die Nacht) beginnt nicht vor 21 Uhr, und *la madrugada* nennt man die Stunden von Mitternacht bis Tagesanbruch.

In Katalonien gelten folgende Einteilungen: *El matí* (Morgen) dauert bis 13 Uhr, die *migdia* (Mittagszeit) bis gegen 16 Uhr. *La tarda* umfasst den Nachmittag und *el vespe* den Abend. *La nit* steht für die Nacht.

Umweltbewusst reisen

Nach Jahrzehnten exzessiven Bauens, wobei vor allem Spaniens Küsten mit zum Teil hässlichen Betonkonstruktionen überzogen wurden, hat man sich seit Kurzem eine gemäßigtere Vorgehensweise auferlegt. Zahlreiche Gesetze schränken Lage und Höhe neuer Gebäude an den Küsten ein. Gerade weil der Tourismus ein so bedeutender Wirtschaftsfaktor in Spanien ist, wird er nun deutlich besser reguliert.

Casas rurales sind private Unterkünfte in ländlichen Regionen, die wenige Gäste in einer familiären Atmosphäre beherbergen. Sie kommen dem Ideal des »grünen Tourismus« am nächsten. Unter www.ecoturismorural.com findet man Informationen. Das *Blue-Flag-Programm* der unabhängigen Organisation FEE listet 550 Strände und 97 Häfen in Spanien, die strengen Umweltschutz-Kriterien genügen.

Spanien-Reisende können den nachhaltigen Tourismus am einfachsten dadurch unterstützen, dass sie regionale Unternehmen und Einrichtungen nutzen, sowohl in den Städten als auch auf dem Land. Überall findet man zum Teil alteingesessene Familienbetriebe und kleine Wochenmärkte mit regionalen Erzeugnissen und Produkten.

In vielen spanischen Museen und Sammlungen zahlen Studenten weniger

Sicherheit und Gesundheit

Wie in den meisten europäischen Ländern ist es auch in Spanien auf dem Lande relativ sicher, in Großstädten und in den touristischen Hochburgen muss man mit Kriminalität rechnen. Tragen Sie Geld, Kreditkarten und Wertgegenstände am Körper, lassen Sie nichts im Auto liegen. Wenn Sie krank sind, fragen Sie zunächst einen der gut ausgebildeten spanischen Apotheker. Mit der europäischen Notrufnummer 112 können Sie schnell Hilfe holen. Bei Dokumentenverlust wenden Sie sich an Ihr Konsulat oder an die Polizei.

Polizei

Es gibt drei Arten von Polizei in Spanien: Die *Guardia Civil* (die Nationalpolizei) ist hauptsächlich für ländliche Gegenden zuständig. Ihre Uniform ist olivgrün. Sie fungiert auch als Verkehrspolizei.

Die *Policía Nacional* hat blaue Uniformen und ist in Kleinstädten mit mehr als 30 000 Einwohnern stationiert. Sie arbeitet im Baskenland mit regionalen Sicherheitskräften, der *Ertzaintza*, und in Katalonien mit den *Mossos d'Esquadra* zusammen, die man an ihren roten und blauen Kappen erkennt.

Die Beamten der *Policía Local*, auch *Policía Municipal* oder *Guardia Urbana* genannt, sind blau gekleidet. Die Einheit operiert unabhängig in allen Städten und hat zudem eine eigene Verkehrsabteilung. Alle drei Polizeien sind im Falle eines Falles für Sie zuständig.

Persönliche Sicherheit

Gewaltkriminalität ist zwar in Spanien nicht an der Tagesordnung und betrifft selten Touristen, doch sollten Sie nachts dunkle Gegenden meiden. Dies gilt vor allem für Großstädte. So sollte man z. B. die Randgebiete des Barri El Raval in Barcelona nachts nicht unbedingt allein durchstreifen.

Taschen und Kameras sollten Sie stets dicht am Körper tragen.

Diebstahl

Urlaubsversicherungen springen ein, wenn Sie bestohlen wurden. Besser ist es, größtmögliche Vorsicht an den Tag zu legen.

Tragen Sie möglichst kein Bargeld mit sich herum, sondern benutzen Sie Kreditkarten. Bewahren Sie niemals zwei Kreditkarten zusammen auf, und lassen Sie Taschen nie unbeaufsichtigt stehen! Das gilt auch für die Handtasche auf dem Tisch im Café. Auch in Zügen und Metros sollten Sie gerade beim Ein- und Aussteigen Vorsicht walten lassen: Taschendiebe nutzen das Gedränge, um unbemerkt Uhren und Geldbörsen zu stehlen.

Auch Besucher von Sehenswürdigkeiten wie der Sagrada Família oder der Kathedrale von Palma sollten sich vor Trickdieben hüten. Beliebt ist etwa der Trick mit Wechselgeld: Sie werden um Wechselgeld gebeten, und während Sie in Ihrer Börse suchen, zieht Ihnen der Dieb unbemerkt mehrere Banknoten aus eben dieser Börse.

Falls Sie bestohlen worden sind, erstatten Sie unbedingt innerhalb von 24 Stunden Anzeige. Dies ist Voraussetzung, damit die Versicherung zahlt. Lassen Sie sich auf keinen Fall eine Kopie der *denuncia* (Strafanzeige) aushändigen. Falls Ihr Reisepass oder Personalausweis verloren gegangen ist, melden Sie dies unverzüglich bei Ihrem Konsulat oder der Botschaft.

Schild einer Notaufnahme des Roten Kreuzes

Notfall

Die europäische Notrufnummer 112 gilt landesweit in Spanien. Wählen Sie die Nummer, wenn Sie Hilfe brauchen. Fragen Sie dort nach der *policía* (Polizei), den *bomberos* (Feuerwehr) oder einer *ambulancia* (Krankenwagen) bzw. einem *médico de urgencia* (Notarzt). Daneben gelten die regionalen Nummern der einzelnen Notdienste, die Sie vor Ort im Telefonbuch finden. Nur die *Policía Nacional* hat eine landesweit gültige Notrufnummer.

Apotheken

Spanische Apotheker verfügen über ein breites medizinisches Fachwissen. Sie sind kompetente Ratgeber und ersetzen in vielen Fällen den Arzt. Wenn

Guardia Civil

Policía Nacional

Policía Local

kein wirklicher Notfall vorliegt, sollte man daher immer zuerst einen *farmacéutico* fragen.

Das Apothekenzeichen ist ein grünes Leuchtkreuz. In Städten gibt es einen Nachtdienst. Die nächstgelegene dienstbereite Apotheke wird in einem Leuchtkasten am Eingang angezeigt.

Zeichen für Apotheke

Medizinische Versorgung
Alle Bürger aus EU-Staaten haben in Spanien aufgrund des europäischen Sozialversicherungsabkommens Krankenversicherungsschutz. Die Krankenversicherungskarte, die Sie als Kassenpatient besitzen, gilt gleichzeitig als Europäische Versicherungskarte (EHIC – European Health Insurance Card). Mit ihr können Sie in ganz Spanien zum Arzt gehen. Allerdings sind nicht alle medizinischen Untersuchungen und Behandlungen durch die Versicherungskarte abgedeckt. Es kann vorkommen, dass Sie spezielle Leistungen selbst bezahlen müssen. Daher lohnt sich zusätzlich eine private Reisekrankenversicherung. Hierbei müssen Sie die Behandlungskosten eventuell auslegen und später die Belege beim Versicherungsträger in Ihrem Heimatland einreichen.

Privatpatienten (und natürlich auch Kassenpatienten) können in ihrem Hotel oder in einer Apotheke nach Namen und Telefonnummer von Ärzten fragen, die Privatpatienten behandeln und möglicherweise auch Deutsch sprechen. Vor allem in den Urlaubszentren findet man in der Regel immer einen Arzt, der Deutsch oder Englisch spricht. Dies gilt auch für viele Krankenhäuser.

Rechtsbeistand
Manche Haftpflichtpolicen gelten auch im Ausland – aber nicht alle. Für das Auto besorgt man sich vor Reiseantritt die bewährte »Grüne Karte«, die in allen europäischen Ländern gilt.

Im Schadensfall können Sie sich an das *Colegio de Abogados* (Anwaltskammer) in jeder größeren Stadt wenden.

Wenn Sie einen Übersetzer benötigen, suchen Sie am besten in den *Páginas Amarillas* (Gelben Seiten) unter den Stichworten *Traductores* oder *Intérpretes*. Nur die *Traductores – Intérpretes jurados* sind bevollmächtigt, beglaubigte Übersetzungen anzufertigen.

Öffentliche Toiletten
Öffentliche Toilettenhäuschen sind in Spanien rar. Geschäfte, Bars, Restaurants und Hotels sind meist die einzigen Möglichkeiten für eine Erleichterung. Auch auf Autobahnrastplätzen gibt es Toiletten. Manchmal müssen Sie allerdings in der Bar nach dem Schlüssel *(la llave)* fragen. Die spanische Bezeichnung für Toiletten lautet *los servicios*. Empfehlenswert ist es, Toilettenpapier mitzunehmen. Als nützlich haben sich auch Desinfektionstücher erwiesen, zumal viele öffentliche Toiletten nicht unbedingt in bestem Zustand sind.

Gefahren im Freien
Spanien wird fast jeden Sommer von Waldbränden heimgesucht, die manchmal allerdings gezielt gelegt werden, um Bauland zu schaffen. Entzünden Sie im Wald oder in trockenen Gegenden niemals ein offenes Feuer. Die Strafen bei Zuwiderhandlung sind ausgesprochen hoch.

Streifenwagen der *Policía Nacional*, der spanischen Stadtpolizei

Streifenwagen der in Kleinstädten vertretenen *Policía Local*

Krankenwagen in Madrid

Größte Vorsicht sollte man auch beim Wegwerfen von Zigaretten walten lassen – schon die kleinste Glut kann größten Schaden verursachen. Auch weggeworfene Flaschen können Feuer auslösen (Brennglaseffekt!). Das Schild *Coto de caza* bezeichnet ein »Jagdrevier«, in dem man die markierten Wege nicht verlassen darf. *Toro bravo* heißt »Kampfstier« – halten Sie sich fern! Das Schild *Camino particular* weist auf einen Privatweg hin.

Auf einen Blick

Notrufnummern

Europäische Notrufnummer
☎ 112 (kostenlos).

Policía Nacional
☎ 091, 092 oder 112.

Feuerwehr (Bomberos)
☎ 080, 081 oder 112.

Ambulanz (Cruz Roja)
☎ 902 22 22 92 (Madrid). Diese Nummer gilt landesweit für das Rote Kreuz. In einem Notfall wählen Sie immer zuerst die 112; weitere Nummern im örtlichen Telefonbuch.

Banken und Währung

Sie dürfen nach Spanien so viele Devisen mitnehmen, wie Sie möchten, sollten aber Summen höher als 10 000 Euro beim Zoll anmelden. Seit der Einführung des Euro ist für die meisten Urlauber jeglicher Geldwechsel weggefallen. Aus welchem Land Sie auch kommen, mit einer girocard bzw. EC-Karte (electronic cash) oder der Kreditkarte können Sie an jedem Geldautomaten Bargeld abheben. Kreditkarten werden fast überall akzeptiert.

Geldautomat: 24 Stunden verfügbar

Öffnungszeiten
Die meisten Banken Spaniens haben an Werktagen von 8 bis 14 Uhr geöffnet. Einige öffnen auch samstags bis 13 Uhr. Die Filialen großer Banken im Zentrum von Großstädten haben inzwischen verlängerte Schalterzeiten an Wochentagen. Fast jede Bank bietet einen oder mehrere Geldautomaten – natürlich 24 Stunden täglich.

Geldwechsel
Für alle Bürger aus Euro-Staaten hat sich der Geldwechsel erledigt. Fremdwährungen in bar kann man bei Banken und in Wechselstuben umtauschen.

Kredit- und Debitkarten
Die wenigsten Probleme hat man mit einer Kreditkarte, sei es **MasterCard**, **Visa**, **Diners Club** oder **American Express**. Sie werden in den meisten Läden und Restaurants akzeptiert. Bei Banken kann man Geld mit der Kreditkarte in Verbindung mit einer gültigen PIN abheben. Die hierbei anfallenden Gebühren sind allerdings höher als bei Verwendung einer Debitkarte.

Wenn Sie mit der Kreditkarte in einem Laden oder Lokal bezahlen, wird sie in ein Lesegerät eingeführt, den ausgegebenen Beleg müssen Sie unterschreiben. Manchmal müssen Sie jedoch auch Ihre Geheimzahl (PIN) eingeben. Zudem muss in Spanien bei Zahlung mit Kreditkarte meist ein Ausweis vorgelegt werden.

Die bekannteste Debitkarte ist die girocard (früher EC-Karte). Es gibt sie in zwei Ausführungen: mit Maestro-Logo und mit V PAY-Logo. Beide Karten funktionieren gleichermaßen in Spanien.

Mit Ihrer girocard bzw. EC-Karte können Sie nicht nur Geld »ziehen«, sondern auch direkt bezahlen. Einige Systeme akzeptieren z. T. auch schon die Geldkarte. Etwas Bargeld für die Bezahlung kleiner Beträge sollte man freilich immer dabeihaben, zumal bei Reisen durch entlegene Landesteile.

Reiseschecks finden heutzutage auch in Spanien kaum mehr Verwendung.

Geldautomaten
Mit Kredit- und Debitkarten können Sie rund um die Uhr an Geldautomaten Geld abheben (bis zu Ihrem jeweiligen Tageslimit). Fast alle Maschinen akzeptieren auch MasterCard- oder Visa-Karten (allerdings nur, wenn die Kreditkarte mit einer PIN gekoppelt ist).

Die meisten Geldautomaten bieten die Anweisungen in mehreren Sprachen (Spanisch, Deutsch, Englisch). Die Gebühren für eine Abhebung betragen etwa fünf Euro, diese Gebühr ist von Bank zu Bank unterschiedlich.

An den Geldautomaten von ServiCaixa können Sie auch Tickets für Theater, Konzert oder Kino kaufen. An den Geldautomaten dieser Sparkasse können Sie außerdem

BBVA

Logo von BBVA, Banco Bilbao Vizcaya Argentaria

das Guthaben Ihres Prepaid-Handys nachladen.

Innerhalb des einheitlichen Euro-Zahlungsverkehrsraums (SEPA) können Sie kostengünstig SEPA-Überweisungen tätigen. Dazu brauchen Sie natürlich auch IBAN (International Bank Account Number) und BIC (Bankleitzahl) des Empfängers.

Wenn Ihre Kredit- oder Debitkarte gestohlen wurde, rufen Sie unbedingt sofort eine Notrufnummer *(siehe unten)* zur Sperrung der Karte an. Damit ist Ihre Haftung begrenzt.

Auf einen Blick

Kartenverlust

Allg. Notrufnummer
☎ +49 116 116.
🌐 116116.eu

American Express
☎ +49 (0)69 97 97 20 00.
🌐 americanexpress.com

Diners Club
☎ 902 40 11 12.
🌐 dinersclub.com

MasterCard
☎ 900 97 12 31.
🌐 mastercard.com

Visa
☎ 900 99 11 24.
🌐 visa.com

girocard
☎ +49 (0)69 74 09 87.

Geldanweisung

Correos
🌐 correos.es

Western Union
🌐 westernunion.com

Währung

Die europäische Gemeinschaftswährung Euro (€) gilt in 19 EU-Staaten: Belgien, Deutschland, Estland, Finnland, Frankreich, Griechenland, Irland, Italien, Lettland, Litauen, Luxemburg, Malta, Niederlande, Österreich, Portugal, Slowakei, Slowenien, Spanien und in der Republik Zypern.

Alte spanische Peseten sind ungültig, können aber bei der Banco de España unbefristet umgetauscht werden (www.bde.es).

Alle Euroscheine sind einheitlich gestaltet, bei Münzen prägt jedes Land individuelle Rückseiten. Seit 2004 kann jeder Eurostaat einmal im Jahr eine Zwei-Euro-Gedenkmünze bedeutender Attraktionen herausgeben.

Euro-Banknoten

Die Euro-Scheine wurden vom Österreicher Robert Kalina (1. Serie ab 2002) und dem Deutschen Reinhold Gerstetter (2. Serie ab 2013, sog. Europa-Serie) entworfen und zeigen Baustile, eine Europakarte und die EU-Flagge. Auf der Vorderseite sind Fenster oder Tore abgebildet, auf der Rückseite Brücken.

5-Euro-Schein
(Baustil: Klassik)

10-Euro-Schein (Baustil: Romanik)

20-Euro-Schein
(Baustil: Gotik)

Alter 50-Euro-Schein
(Baustil: Renaissance)

100-Euro-Schein (Baustil: Barock und Rokoko)

200-Euro-Schein
(Baustil: Eisen- und Glasarchitektur)

500-Euro-Schein (Baustil: Moderne Architektur des 20. Jh.)

2-Euro-Münze

1-Euro-Münze

50-Cent-Münze

20-Cent-Münze

10-Cent-Münze

Euro-Münzen

Die einheitlichen Vorderseiten entwarf der Belgier Luc Luycx. Die Rückseiten der spanischen Münzen zeigen die Kathedrale von Santiago de Compostela (1, 2, 5 ct), Miguel de Cervantes (10, 20, 50 ct) und den ehemaligen König Juan Carlos I bzw. Felipe VI (1, 2 €).

5-Cent-Münze

2-Cent-Münze

1-Cent-Münze

Kommunikation

Größte spanische Telekommunikationsgesellschaft ist Telefónica, die in Spanien als Movistar firmiert. Öffentliche Telefone verschwinden allmählich aus dem Alltag. Die Spanier sind begeisterte Handy-Benutzer, entsprechend hervorragend ausgebaut ist das landesweite Mobilfunknetz, es funktioniert auch in abgelegenen Regionen. Die Dichte der kostenlosen WLAN-(WiFi-)Hotspots ist in den Städten sehr hoch. Briefe kann man bei allen Postämtern *(correos)* aufgeben. Hier und in Tabakläden *(estancos)* sind Briefmarken erhältlich.

Telefonieren
Auch in Spanien verschwinden angesichts der fortschreitenden Verbreitung von Handys öffentliche Telefone allmählich aus dem Alltag. Einige Telefonzellen *(cabinas telefónicas)* sind noch zu finden, zudem können Sie manchmal auch Telefone in Bars benutzen. Telefonkarten bekommt man in Tabakläden *(estancos)* und an Zeitungsständen *(quioscos)*. Einige Telefonzellen bieten mehrsprachige Anzeigen.
Öffentliche Telefonbüros heißen *locutorios*. Hier bezahlt man erst nach dem Gespräch.

Logo von Movistar

Mobiltelefone und Roaming
Alle in Europa gängigen GSM- und UMTS-Handys sowie Smartphones funktionieren in Spanien völlig problemlos. Die Netzabdeckung ist hervorragend. In Spanien gibt es mehrere Mobilfunkanbieter. Die wichtigsten sind Movistar (gehört zur Telefónica), Vodafone, Orange und Yoigo.
Seit der im Juni 2017 erfolgten Abschaffung der Roaming-Gebühren können Handy-Nut-

zer aus Mitgliedsstaaten der Europäischen Union im gesamten EU-Raum ohne zusätzliche Kosten mobil telefonieren, im Internet surfen oder Kurznachrichten verschicken.
Mobilfunkanbieter können sich für die Auslandsnutzung ihrer Kunden gegenseitig Kosten in Rechnung stellen. Die festgelegten Obergrenzen betragen 3,2 Cent pro Minute für Anrufe und einen Cent für eine SMS. Für Datenvolumen sinken die Gebühren bis zum Jahr 2022 schrittweise von 7,70 Euro je GB auf 2,50 Euro.
Bei Mobilfunkgesprächen im Ausland muss die Landesvorwahl des gewünschten Teilnehmers gewählt werden.
Eine Alternative sind spanische **Prepaid-Karten**. Eine solche Karte wird anstatt der deutschen SIM-Karte ins Handy gelegt und erlaubt das Telefonieren im spanischen Inland zu spanischen Tarifen.

Internet und E-Mail
In fast allen Hotels, in Flughäfen und Bahnhöfen sowie auf vielen öffentlichen Plätzen und in Cafés und Bars gibt es heute Internet-Hotspots. Das Einloggen ist oft kostenlos.
Internet-Cafés *(cibercafés)* gibt es in allen größeren Städten und Urlaubszentren. Auch die privaten *locutorios* bieten meist Internet-Zugang für wenig Geld. Kostenlos surfen kann man in einigen öffentlichen Bibliotheken, in Universitäten und in einer wachsenden Zahl von Cafés. Achten Sie auf das WiFi-Zeichen.

Zeitungen und Zeitschriften
Viele Kioske, speziell in Urlaubsgebieten, führen deutschsprachige Zeitungen, allerdings kommen sie oft erst einen Tag später an. Neben *Bild* bekommt man *Frankfurter Allgemeine Zeitung*, *Süddeutsche Zeitung*, *Hamburger Morgenpost* und *Die Welt*. In Gebieten mit vielen Österreichern gibt es den *Kurier* und die *Kronenzeitung*. Auch die

Spanische Tageszeitungen

Nützliche Telefonnummern
- Landesvorwahl Spanien: **0034**.
- Auch innerhalb einer Stadt oder einer Provinz wählen Sie immer die gesamte Nummer einschließlich der Provinzvorwahl. (Die ersten Ziffern weisen auf die jeweilige Provinz hin, z. B. 91 für Madrid, 93 für Barcelona.)
- Für Auslandsgespräche wählen Sie 00, dann Landesnummer, Ortsvorwahl und Teilnehmernummer.
- Landesnummern: Deutschland **49**; Österreich **43**; Schweiz **41**. Die 0 der Ortsvorwahl müssen Sie dann weglassen.

- Nationale Auskunft: **11818**.
- Internationale Auskunft: **11825**.
- Deutschland Direkt (R-Gespräch): **900 99 00 49**.
- Wetterbericht *(Teletiempo)*: **807 17 03 08**.
- Notrufnummern zur Sperrung von Handy-Karten:
  E-Plus: 0049 177 10 00.
  O₂: 0049 179 552 22.
  T-Mobile: 0049 18 03 302 202.
  Vodafone: 0049 172 12 12.

Neue Zürcher Zeitung sollte in den Urlaubsregionen und Städten erhältlich sein. In Feriengebieten sind deutsche Zeitschriften wie *Stern*, *Bunte*, *Spiegel*, *Focus* erhältlich.

Die am weitesten verbreiteten spanischen Tageszeitungen sind *El País*, *El Mundo*, *ABC*, *El Periódico*, *Marca* und *La Vanguardia* (in Katalonien). *El País* ist die renommierteste Tageszeitung. *El Mundo* richtet sich vornehmlich an das jüngere Publikum. In Barcelona *(siehe S. 194)*, Madrid *(siehe S. 324)* und Sevilla erscheinen wöchentlich Magazine mit Veranstaltungstipps. Sie heißen *Guía del Ocio* (Barcelona und Madrid) und *El Giraldillo* (Sevilla); auch andere Städte bringen ähnliche Publikationen heraus.

An großen spanischen Lokalzeitungen sind *Levante* in Valencia und *La Gaceta de Canarias* auf den Kanarischen Inseln erwähnenswert.

Auch fremdsprachige Zeitungen erscheinen in Spanien. Eines der bekanntesten Beispiele ist das deutschsprachige *Mallorca-Magazin* mit vielen Fakten und Geschichten rund um die Insel sowie zahlreichen Ferien- und Immobilienangeboten. Auch ein Blick auf die Website des Magazins lohnt.

Fernsehen und Radio

Televisión Española, Spaniens staatliche Fernsehgesellschaft, unterhält zwei Kanäle: TVE und TVE 2.

Fast alle *comunidades* (Regionen) haben ihre eigenen Fernsehkanäle (z.B. TVG – Televisión Gallega – in Galicien und ETB – Euskal Telebista – im Baskenland), die in der Sprache ihrer Region senden. Außerdem gibt es in Spanien sechs nationale private Fernsehstationen, darunter Antena 3, Tele-5 (Telecinco), Cuatro und La Sexta. Die meisten ausländischen Filme, die im spanischen Fernsehen (und im Kino) gezeigt werden, sind

synchronisiert, aber manchmal sind sie auch in ihrer Originalsprache mit spanischen Untertiteln zu sehen, worauf im Fernsehprogramm der Zeitungen das Kürzel VO *(versión original)* hinweist.

Der staatliche Rundfunk, Radio Nacional de España, hat vier Sender. Die verschiedenen *comunidades* unterhalten ihre eigenen Radiosender, die in der Sprache der jeweiligen Region senden. Außerdem gibt es Hunderte von privaten Radiostationen.

Post

Die spanische Post *(correos)* hat zahlreiche Niederlassungen, Sie finden sie auch auf Bahnhöfen und Flughäfen.

Briefmarken bekommen Sie auf jedem Postamt oder einfacher: im *estanco* (Tabakladen). Das Porto für einen Standardbrief oder eine Postkarte ins europäische Ausland kostet 1,35 Euro. Es gelten ausschließlich spanische Euro-Briefmarken.

Dringende Post sollten Sie per Eilboten *(urgente)* oder Einschreiben *(certificado)* verschicken. Hauptpostämter öffnen Montag bis Freitag von 8 bis 20 Uhr und samstags von 8 bis 19 Uhr. Filialen in Kleinstädten und Dörfern öffnen Montag bis Freitag von 9 bis 14 Uhr und samstags von 9 bis 13 Uhr.

Wenn Sie Post erhalten möchten, sollten die Briefe

Briefkasten

poste restante c/o *Lista de Correos* im entsprechenden Ort adressiert werden.

Die Briefkästen *(buzón)* sind in Spanien leuchtend gelb *(siehe links)*.

Anschriften

Bei spanischen Adressen folgt wie bei uns die Hausnummer der Straße. Das Stockwerk wird mit einem Bindestrich angefügt. 4-2° bedeutet also: Nummer vier, zweiter Stock. Postleitzahlen haben fünf Stellen, die ersten beiden stehen für die Provinz.

Regionalverwaltung

Spanien ist einer der am stärksten dezentralisierten Staaten Europas. Die 17 Regionen, *comunidades autónomas*, sind autark und haben ihre eigenen Parlamente. Die *comunidades* sind verantwortlich für die Verwaltung der Region, somit auch für den Fremdenverkehr. Die beiden autonomen Städte *(ciudades autónomas)* Ceuta und Melilla in Nordafrika sind den Regionen gleichgesetzt.

Die Regionen sind wiederum in Provinzen mit jeweils einem Verwaltungsrat *(diputación)* unterteilt. Insgesamt gibt es 50 Provinzen. Die Balearen und die Kanarischen Inseln werden von einem eigenen Inselparlament regiert, wobei die Kanaren in zwei Provinzen eingeteilt wurden.

Jede Stadt verfügt wiederum über eine eigene Stadtverwaltung *(ayuntamiento)*, die von einem Bürgermeister *(alcalde)* geführt wird.

Rathaus von Murcia *(ayuntamiento oder casa consistorial)*

Reiseinformationen

Spanien hat in den letzten Jahrzehnten massiv in den Ausbau seiner Infrastruktur investiert. Das Land verfügt über ein sehr effizientes öffentliches Verkehrsnetz. Alle größeren Städte haben einen Flughafen. Aus aller Welt steuern Flugzeuge Madrid und Barcelona an. Das Straßen- und Schienennetz wurden anlässlich der Expo in Sevilla und der Olympischen Spiele 1992 in Barcelona *(siehe S. 73)*

stark ausgebaut. Per Zug ist so gut wie jede größere Stadt zu erreichen, das Netz der Hochgeschwindigkeitsbahn AVE wird stetig erweitert. Auf dem Land stehen Busse zur Verfügung, mit denen man in allen Regionen Spaniens bis in den kleinsten Ort kommt. Schiffsverbindungen vom Festland aus gibt es nach Marokko sowie zu den Balearen und den Kanaren.

Umweltbewusst reisen

Der öffentliche Verkehr in den Großstädten wird auch in Spanien immer »grüner«. Guter Service und vernünftige Preise tragen dazu bei, dass viele Spanier öffentliche Verkehrsmittel nutzen. Spätestens seit Eröffnung der AVE-Strecke zwischen Madrid und Barcelona hat Spanien eines der besten Bahnnetze Europas. Verbindungen ins Baskenland, nach Galicien und Frankreich sind im Bau oder bereits aktiv. Die Preise für den AVE variieren je nach Reisetag. Wer die Tickets frühzeitig im Internet kauft, kann viel Geld sparen.

Gleichwohl ist man in einigen Regionen noch immer am besten per Auto unterwegs. Hybrid-Fahrzeuge werden heute von allen großen Mietwagenfirmen angeboten. Auch mit dem Bus kommt man in entlegene Gebiete.

Regionalmaschine von Air Europa auf Ibizas Flughafen

Anreise mit dem Flugzeug

Spanien wird von vielen Airlines angeflogen. Die nationale Fluglinie **Iberia** bietet Verbindungen zu allen europäischen Metropolen. Von Deutschland fliegt **Lufthansa** Madrid und Barcelona direkt an, so von München und Frankfurt. **Eurowings** steuert ebenfalls einige spanische Ziele an. Auch in die Urlaubsregionen an Mittelmeer und Atlantik kommt man schnell.

Internationale Flughäfen

Die wichtigsten internationalen Flughäfen Spaniens sind Madrid und Barcelona, Palma de

Mallorca, Teneriffa, Las Palmas de Gran Canaria, Málaga, Lanzarote, Ibiza, Alicante, Fuerteventura und Menorca. 2017 wurden allein in Palma de Mallorca fast 28 Millionen Passagiere abgefertigt.

Flugpreise

Die Flugpreise variieren je nach Saison. In den Sommermonaten zahlt man in der Regel Höchstpreise. Dennoch gibt es immer wieder spezielle Wochenendtarife oder Sonderangebote für Kurztrips, die unter Umständen sogar eine Unterkunft mit einschließen.

Flughafen	Info-Telefon	Entfernung zum Stadtzentrum	Taxipreis ins Zentrum	Bahn/Bus ins Zentrum
Alicante	902 40 47 04	10 km	28 €	Bus: 20 Min.
Barcelona	902 40 47 04	14 km	35 €	Rail: 35 Min. Bus: 25 Min.
Bilbao	902 40 47 04	12 km	26 €	Bus: 30 Min.
Madrid	902 40 47 04	16 km	35 €	Bus: 20 Min. Metro: 30–40 Min.
Málaga	902 40 47 04	8 km	24 €	Rail: 15 Min. Bus: 20 Min.
Palma de Mallorca	902 40 47 04	9 km	25 €	Bus: 15 Min.
Las Palmas de Gran Canaria	902 40 47 04	18 km	31 €	Bus: 60 Min.
Santiago de Compostela	902 40 47 04	10 km	28 €	Bus: 20–30 Min.
Sevilla	902 40 47 04	10 km	22–30 €	Bus: 25–30 Min.
Tenerife Sur – Reina Sofía	902 40 47 04	64 km nach Santa Cruz	80 €	Bus: 60 Min.
Valencia	902 40 47 04	9 km	20–25 €	Bus: 20 bzw. 60 Min.

Die Abflughalle im Flughafen von Sevilla

Inlandsflüge

Die meisten spanischen Inlandsflüge wickelt die **Iberia** ab. Seit einigen Jahren bekommt das Monopol der staatlichen Fluggesellschaft Konkurrenz durch **Air Europa** und **Vueling**.

Der am stärksten frequentierte Inlandsflug ist der von Iberia durchgeführte Shuttle zwischen Madrid und Barcelona. Er dauert gerade mal 50 Minuten und verkehrt in der Hauptgeschäftszeit im 30-Minuten-Takt, ansonsten stündlich. Bis zu 15 Minuten vor Abflug kann man an einem Selbstbedienungs-Kartenautomaten das Ticket kaufen. Ist eine Maschine voll, gilt die Karte für den nächsten Flug.

Bei Weitem nicht so frequentiert sind die Flüge in die Provinzhauptstädte, obgleich die Preise relativ günstig sind. Auch in Spanien gilt: Je früher man ein Ticket kauft, desto größer der Rabatt, den man darauf bekommt.

Anreise mit dem Schiff

Zwischen dem spanischen Festland und den Balearen bzw. den Kanarischen Inseln sowie nach Marokko bestehen ganzjährig Fährverbindungen, die von den Schiffen der **Trasmediterránea** unterhalten werden. Mit dem Auto nach Genua zu fahren, um von dort mit der Fähre nach Mallorca und anschließend unter Umständen nach Barcelona überzusetzen, ist zeitlich und finanziell aufwendig. Die Fähre zwischen Palma und Sète (Südfrankreich), die in früheren Jahren während der Sommermonate verkehrte, wurde zwischenzeitlich eingestellt.

Logo von Trasmediterránea

Fähren zu den Inseln

Beliebte Verbindungen existieren vom Festland (Barcelona und Valencia) nach Mallorca, Menorca und Ibiza. Die **Trasmediterránea**-Fähren brauchen dafür zwischen vier und acht Stunden. Diese Gesellschaft bietet auch Inselverbindungen an, kleinere Firmen Tagesausflüge (nur für Passagiere, keine Autos) von Ibiza nach Formentera. Auch das Unternehmen **Balearia** steuert die Balearen an.

Trasmediterránea unterhält zudem eine wöchentliche Verbindung von Cádiz in Andalusien nach Las Palmas und Santa Cruz auf den Kanaren. Die Überfahrt dauert rund 15 Stunden. Auch Autofähren verbinden die Inseln. Trasmediterránea transportiert Urlauber auch zwischen Gran Canaria, Teneriffa und Fuerteventura sowie zwischen Teneriffa und La Gomera.

Die Festlandfähren sind mit Kabinen, Cafés, Restaurants, Bars, Läden, Kinos, Pools und Sonnendecks ausgestattet. Auch Aufzüge und Hundezwinger findet man dort. Auf den voll besetzten Schiffen herrschen teilweise chaotische Verhältnisse.

Fähren nach Afrika

Trasmediterránea unterhält auch eine tägliche Fährverbindung nach Nordafrika: Von Málaga und Almería aus laufen die Schiffe Melilla, von Algeciras aus Ceuta und Tanger (Marokko) an.

Eine Balearia-Autofähre auf dem Weg zu den Balearen

Auf einen Blick

Flughafeninformation

W aena.es

Nationale und internationale Flüge
C 902 404 704 in Spanien (alle Flughäfen).

Iberia

W iberia.com

Nationale und internationale Flüge
C 901 111 500 in Spanien.

Deutschland
C (069) 50 07 38 74.

Österreich
C (01) 79 56 77 22.

Schweiz
C (0848) 00 00 15.

Andere Fluglinien

Austrian
C (05) 17 66 10 00 (Österreich).
C 902 55 12 57 (Spanien).
W aua.com

Lufthansa
C (069) 86 799 799 (Deutschland).
C 902 883 882 (Spanien).
W lufthansa.com

Swiss
C (0848) 700 700 (Schweiz).
C 901 11 67 12 (Spanien).
W swiss.com

Air Europa
C 902 401 501 (Spanien).
W aireuropa.com

Eurowings
C 01806 320 320.
W eurowings.com

Vueling
C 902 80 80 22 (Spanien).
C 01806 90 90 90 (Deutschland).
W vueling.com

Fähren

Balearia
C 902 160 180.
W balearia.com

Trasmediterránea
C 902 45 46 45.
W trasmediterranea.es

Mit dem Zug unterwegs

Das Streckennetz der staatlichen Eisenbahngesellschaft RENFE (Red Nacional de Ferrocarriles Españoles) verbindet Städte und Regionen Spaniens. Die schnellsten Intercity-Züge heißen TALGO und AVE – luxuriöse Hochgeschwindigkeitszüge, die nur bestimmte Routen befahren. *Largos recorridos* (Langstreckenzüge) und *regionales y cercanías* (Regionalzüge) stoppen an fast jeder Haltestelle und brauchen mitunter sehr lange. Dass sie viel billiger sind, wiegt den Zeitverlust bei langen Strecken kaum auf. In Ferienzeiten sollte man Zugreisen unbedingt frühzeitig buchen, am besten per Internet.

Anreise mit dem Zug

Von Deutschland, Österreich und der Schweiz gelangt man über Frankreich nach Spanien. Die beiden Hauptstrecken verlaufen über Hendaye in den Pyrenäen nach San Sebastián und von Paris über Cerbère und Portbou nach Barcelona. In Cerbère warten TALGO- und *largo-recorrido*-Langstreckenzüge nach Valencia, Málaga, Sevilla, Madrid und anderen Zielorten. Der Schlafwagen des TALGO von Paris fährt direkt nach Barcelona und Madrid.

AVE-Hochgeschwindigkeitszug in Santa Justa, Sevilla

Mit dem Zug unterwegs

In Spanien gibt es zahlreiche gute Angebote für Zugreisen. Die TALGO-Schnellzüge bieten schnelle und sehr bequeme Verbindungen zwischen allen großen Städten des Landes. Der AVE-Hochgeschwindigkeitszug ist die schnellste Verbindung zwischen Madrid und Sevilla (über Córdoba), er ist zwei Stunden 30 Minuten unterwegs. Von Madrid nach Barcelona braucht der AVE ebenfalls nur zwei Stunden und 30 Minuten.

Der *largo recorrido* (Langstreckenzug) braucht für diese Distanzen eine ganze Nacht. Entscheidet man sich für diese Option, reserviert man am besten ein Abteil mit zwei *camas* (Betten) oder eine *litera* (Abteil mit Klappbett). Buchen Sie in jedem Fall rechtzeitig, und kalkulieren Sie bei Ihrer Planung ein, dass flexibles Umbuchen in Spanien praktisch unmöglich ist.

Logo des Hochge-schwindigkeitszugs AVE

Regionales y cercanías (Regionalzüge im Kurzstreckenverkehr) sind billig und stark frequentiert. Während des Berufsverkehrs und an den Wochenenden sollte man nicht unbedingt mit einem Sitzplatz rechnen. Tickets kauft man am Automaten am Bahnsteig.

Einige Großstädte in Spanien haben mehrere Bahnhöfe. Man sollte immer genau nachsehen, von welchem Bahnhof der gewünschte Zug abfährt. Die großen Bahnhöfe in Madrid, auf denen Regional- und Langstreckenzüge halten, sind Atocha, Chamartín und Norte. Der AVE-Zug startet von Atocha aus, der TALGO von allen dreien. In Barcelona sind Sants und Francia die beiden Hauptbahnhöfe. In Sevilla heißt der Hauptbahnhof Santa Justa, er liegt zentral im Stadtzentrum.

Auf einen Blick

Nationale Auskunft und Reservierung

RENFE
☎ 902 320 320.
🌐 renfe.es

El Transcantábrico
☎ 902 555 902.
🌐 transcantabrico.com

Regionalzüge

ET
☎ 902 54 32 10.
🌐 euskotren.es

FEVE
☎ 985 98 23 81 (Asturien).
☎ 944 25 06 15 (Baskenland).
☎ 942 20 95 22 (Kantabrien).
🌐 feve.es

FGC
☎ 900 90 15 15.
🌐 fgc.net

FGV
☎ 961 924 000.
🌐 fgv.es

Preise

Es gibt nur wenige Ermäßigungen im spanischen Streckennetz. Allerdings erhält man 20 Prozent Nachlass auf den Fahrkartenpreis, wenn man Hin- und Rückfahrticket, das jeweils nur für Reisen innerhalb eines Jahres gültig ist, zusammen kauft.

Die Fahrpreise hängen in Spanien zum einen von der Geschwindigkeit, zum anderen von dem angebotenen Service ab. Für TALGO und AVE gibt es nur teure Erste-Klasse-Tickets. Mit Interrail-Tickets für alle bis 27 Jahre kommt man in der Regel gut und preiswert vom Fleck, für die schnelleren Verbindungen ist allerdings ein empfindlicher Aufschlag fällig. Urlaub mit den Luxuszügen (siehe S. 629) ist teuer, bietet aber einen hohen Standard und Komfort.

Regionalzüge

Drei der *comunidades autónomas* besitzen eigene Eisenbahngesellschaften. So haben Katalonien und Valencia ihre eigenen *Ferrocarrils de la Generalitat:* die **FGC** und die **FGV**.

Spaniens RENFE-Schienennetz

Spaniens nationale Eisenbahn-gesellschaft bietet eine große Vielfalt an Zügen. Studieren Sie den Fahrplan vor der Reise genau.

Im Baskenland gibt es die **ET** *(Eusko Trenbideak)*.

Tickets für Sonderzüge im Stil eines modernen Orient-Expresses bekommt man im Reisebüro oder im Internet. Der luxuriöse Schmalspur-Hotelzug **El Transcantábrico**, der von der **FEVE** *(Ferrocarriles de Vía Estrecha)* betrieben wird, folgt ab San Sebastián der gesamten Küste Nordspaniens und beendet seine Fahrt in Santiago de Compostela (bzw. Ferrol). Die Passagiere werden in 14 restaurierten Waggons aus der Zeit zwischen 1900 und 1930 befördert. Die Reisen dauern bis zu acht Tage und sind ein einmaliges Erlebnis.

Fahrkarten

Karten für TALGO-, AVE- und viele andere Züge kann man in allen größeren Bahnhöfen am Fahrkartenschalter *(taquilla)* kaufen oder in einem spanischen Reisebüro. Am einfachsten erwirbt man Tickets heute im Internet auf der Website der RENFE. Je nach Saison empfehlen sich Reservierungen bis zu zwei Monate vor Reiseantritt. Im Vorverkauf ist die Platzkarte obligatorisch, die

Fahrkartenautomat für Orts- und Regionalzüge

Gebühr dafür gering. Tickets für Regionalzüge erhält man am örtlichen Fahrkartenschalter oder online. In größeren Bahnhöfen gibt es Automaten. Karten für *cercanías* (Kurzstreckenzüge) gibt es online und per Smartphone-App. Wenn Sie nur eine einfache Fahrt kaufen wollen, wählen Sie *ida*, für Hin- und Rückfahrt *ida y vuelta*.

Fahrpläne

Fahrpläne der RENFE sind jederzeit via Internet aufrufbar. Manche Reisebüros besorgen sie auf Anfrage auch in gedruckter Form. In Spanien gibt es in jedem größeren Bahnhof übersichtliche Faltpläne für alle wichtigen Strecken. Die Broschüren enthalten Informationen über den Fahrplan, die Streckenführung, die Ausstattung des Zuges und vieles mehr.

Wichtig für Bahnreisen: Es gibt einen Sommer- und einen Winterfahrplan.

Atocha, einer der Hauptbahnhöfe von Madrid

Mit dem Auto unterwegs

Spaniens Autobahnen, die *autopistas*, sind meist vierspurig und gebührenpflichtig *(peaje)*. Autovías sind autobahnähnliche (aber kostenlose) Schnellstraßen. Die *carretera nacional* ist das landesweite Straßennetz und mit einem N gekennzeichnet. Kleinere Nebenstraßen sind zwar nicht so gut ausgebaut, erlauben jedoch genüsslicheres Reisen durch ländliche Gebiete.

Cambio de sentido – Umkehrmöglichkeit nach 300 Metern

Anreise mit dem Auto

Die meisten Besucher aus Nord- und Mitteleuropa erreichen Spanien über Frankreich. Die Hauptroute führt über die Pyrenäen, entweder über Hendaye im Westen oder La Jonquera im Osten. Andere, weitaus strapaziösere Routen verlaufen über Toulouse oder – von Osten – die französische Riviera entlang.

Die Pannenhilfe des spanischen Automobilclubs **RACE** erreicht man landesweit unter 900 112 222. Die **ADAC-Notrufstation** hat die Nummer +49 89 22 22 22.

Wichtige Papiere

Die Grüne Versicherungskarte sollte man als Fahrzeugführer in jedem Fall während der Reise dabeihaben. Eventuell empfiehlt es sich auch, eine Ferien-Vollkaskoversicherung abzuschließen. Eine Kamera hilft im Zweifelsfall, ein Foto als Beweisstück machen zu können. Ein Formular des Europäischen Unfallprotokolls (EUP) sollte ebenfalls im Auto bereitliegen.

Der spanische Gesetzgeber schreibt vor, dass Autofahrer immer alle Fahrzeugpapiere mit sich führen (Führer- und Fahrzeugschein, Versicherungspolice, Personalausweis oder Reisepass).

Außerdem müssen Warndreieck, Verbandskasten und Ersatzbirnen vorhanden sein. Das Tragen einer Warnweste beim Verlassen des Fahrzeuges ist in Spanien Vorschrift.

Wer im Winter ins spanische Gebirge fährt, sollte sich grundsätzlich nie ohne Winterreifen tun. In höheren Lagen können sogar Schneeketten erforderlich sein.

Tanken

In Spanien wird unterschieden zwischen *gasolina* (Benzin), *gasóleo* (Diesel), *gasolina sin plomo* (bleifreies Benzin) und *Eurosuper* (Super-Plus, 98 Oktan). Da die Benzinpreise vom Staat festgelegt werden, sind sie in allen Regionen einheitlich. Nur die Tankstellen an den *autopistas* nehmen höhere Preise.

An spanischen Tankstellen gibt es wie überall auch Selbstbedienung. Werden Sie bedient, sagen Sie *lleno* (voll) oder nennen dem Tankwart den Betrag, für den Sie tanken wollen – beispielsweise *veinte euros, por favor*. An größeren Tankstellen bezahlt man entweder bar oder mit Kreditkarte (in den meisten Fällen nur mit Ausweis!), auch die kleineren Tankstellen akzeptieren meist Kreditkarten. Bedenken Sie, dass der Tankwart ein Trinkgeld erwartet.

In Gibraltar und Andorra ist der Benzinpreis zum Teil deutlich niedriger als in Spanien. Wer hier ist, sollte also vor der Weiterreise sein Fahrzeug auftanken.

50

Höchstgeschwindigkeit 50 km/Std.

Fußgängerüberweg

Verkehrsregeln

Die Verkehrsregeln in Spanien entsprechen im Wesentlichen denen Mitteleuropas. An manchen viel befahrenen Straßen ist ein Linksabbiegen nicht möglich, weil dadurch ein Stau entstehen würde. In solchen Fällen biegt man zunächst rechts ab, fährt eine Schleife zurück und überquert dann die ursprüngliche Straße geradeaus.

Wer auf einer Straße mit durchgezogenem Mittelstreifen umkehren möchte, muss zum nächsten *Cambio-de-sentido*-Schild fahren.

An Kreuzungen gilt rechts vor links, wenn nicht anders ausgeschildert. Es besteht stets Anschnallpflicht.

Es ist üblich, entgegenkommende Fahrzeuge auf z. B. defektes Licht, Gefahr oder Stau aufmerksam zu machen. Telefonieren ist ausschließlich mit Freisprecheinrichtung (nicht mit Headset) erlaubt.

Tankstelle von einer der größten Firmen Spaniens

Auch in Spanien ist das Tragen einer reflektierenden Warnweste beim Verlassen des Autos im Fall einer Panne oder eines Unfalls Pflicht.

Geschwindigkeitsbegrenzungen

In Spanien gelten folgende Höchstgeschwindigkeiten:
• 120 km/Std. auf gebührenpflichtigen Autobahnen.
• 100 km/Std. auf autobahnähnlichen Straßen.
• 90 km/Std. außerhalb von Ortschaften auf Landstraßen *(carreteras nacionales* bzw. *carreteras comarcales).*
• 50 km/Std. in Ortschaften.

Verstöße gegen Geschwindigkeitsbeschränkungen werden mit Bußgeldern geahndet: etwa sechs Euro pro überschrittenen Kilometer. Andere Verkehrsverstöße (beispielsweise Fahren entgegen einer Einbahnstraße, unerlaubtes Wenden) werden nach Schwere des Vergehens geahndet.

Die spanische Polizei führt regelmäßig Alkoholkontrollen durch (die Höchstgrenze liegt bei 0,5 Promille).

Autobahnen

Spaniens Autobahnnetz umfasst mehr als 2000 Kilometer und wird laufend vergrößert. Die *autopistas* sind meist gebührenpflichtig. Die Preise sind von Region zu Region unterschiedlich, liegen jedoch im europäischen Vergleich sehr hoch.

Spanien hat sein Straßennummer-System in den letzten Jahren überarbeitet. Durch die Präfixe lässt sich nun erkennen, ob eine Autobahn gebührenpflichtig ist: »A« (z. B. A2) heißt gebührenfrei, »AP« (z. B. AP7) bedeutet gebührenpflichtig. Eine Bezahlung der Gebühr mit Kreditkarten ist möglich. Für Kurzstrecken sollte man Kleingeld dabeihaben. Manche Stationen haben Spuren mit einem Zahlautomaten, der allerdings nicht wechselt.

Alle 40 Kilometer gibt es Tankstellen mit Parkplätzen, Läden (für Straßenkarten und Proviant), Toiletten, Wasch- und Wickelräumen sowie

Die Sierra Nevada auf einer der höchstgelegenen Straßen Europas

einem Restaurant, das warme wie kalte Mahlzeiten bietet. Notruftelefone erscheinen entlang den *autopistas* alle zwei Kilometer.

Autobahngebühr

Bei der Auffahrt auf die *autopista* zieht man von einem Automaten ein Ticket, das man gut aufbewahren sollte. Es gilt als Vertrag zwischen Fahrer und Autobahngesellschaft und dient als Kilometernachweis. Sobald man die Schnellstraße wieder verlässt, bildet dieses Ticket die Grundlage für die Berechnung der Gebühr *(peaje).* Vermeiden Sie bei den Zahlstationen die *telepago*-Spur! Diese ist nur für Autofahrer mit Jahresplakette an der Windschutzscheibe ihres Autos. Auf der *automático*-Spur gibt es einen Automaten, der sowohl Bargeld als auch Kreditkarten akzeptiert, aber kein Wechselgeld gibt. Auf der *manual*-Spur bezahlt man bar.

Autopista-Zahlstelle

Andere Straßen

Spaniens Bundesstraßen, *carreteras nacionales,* haben schwarz-weiße Schilder, man erkennt sie an dem Kürzel N und einer Zahl. Die Straßen mit römischen Zahlen (z. B. NIII) beginnen an der Puerta del Sol in Madrid *(siehe S. 276).* Die jeweilige Entfernung zum Kilometer null dort zeigen Kilometersteine an. Straßen mit arabischen Zahlen (z. B. N110) geben die Entfernung zur nächstgelegenen Provinzhauptstadt an.

Die autobahnähnlichen *autovías* sind relativ gut ausgebaut. Sie haben ähnlich den *autopistas* blaue Schilder. Weil hier keine Gebühren anfallen, sind sie belebter als die *autopistas.* Am wenigsten Verkehr ist von 14 bis 17 Uhr, wenn viele Spanier Siesta halten.

Carreteras comarcales (Landstraßen) sind mit dem Buchstaben C gekennzeichnet.

Kleinere Straßen tragen die abgekürzte Bezeichnung der jeweiligen Provinz, zu der sie gehören, beispielsweise LE1313 in Lleida. Im Winter können Bergstraßen gesperrt sein. Ist ein Pass geschlossen, ist dies mit dem Schild *cerrado* angegeben; *abierto* bedeutet geöffnet.

Peaje-manual-Spur mit Kassiererin

Mietwagen

In Spanien sind international bekannte Mietwagenfirmen wie Europcar, Avis und Hertz in allen wichtigen Urlaubsregionen vertreten. Filialen findet man an Flughäfen, Bahnhöfen und meist auch im Stadtzentrum. Darüber hinaus gibt es eine wachsende Zahl kleinerer Firmen wie easyCar (www.easycar.de) oder Hispacar (www.hispacar.com).

Wer schon zu Hause weiß, wann genau er den Wagen benötigt, kann bereits im Heimatland buchen – das ist oft preiswerter. Ein weiterer Vorteil: Eventuelle Rechtsstreitigkeiten werden im Heimatland und nicht in Spanien ausgetragen. Manche Reisebüros bieten auch Pakete inklusive Flug, Hotel und Leihwagen an.

Wer vor Ort ein Auto für eine Woche oder auch nur ein paar Tage mieten will, wendet sich am besten an einen der kleinen Anbieter vor Ort *(coche de alquiler)*. Die Preise schwanken zwischen den einzelnen Anbietern und je nach Saison und Region relativ stark – ein Vergleich lohnt sich.

Einige der führenden internationalen Autoverleiher in Spanien

Landkarten

Straßenfaltpläne und Landkarten erhält man an Flughäfen, Bahnhöfen, Tankstellen und in Buchhandlungen. Das spanische Transportministerium hat einen Straßenatlas sowohl in Buchform als auch auf CD-ROM (Spanisch und Englisch) veröffentlicht – die *Mapa oficial de carreteras*; sie ist online für etwa 22 Euro erhältlich.

Vom spanischen Ölkonzern Repsol gibt es einen Atlas mit guten Restauranttipps, der

Städtische Taxis mit Logo und offizieller Nummer

auch für Smartphones und Tablets erhältlich ist. Auf einer Straßenkarte im Maßstab 1:200 000 (1 cm: 2 km) kann man sich beim Autofahren am besten orientieren.

Generell bekommt man Straßenkarten von Spanien in allen Maßstäben – 1:200 000, 1:100 000, 1:50 000.

Sehr detaillierte Karten zum Wandern und Radfahren gibt der Verlag Plaza y Janés heraus. Die Fremdenverkehrsbüros verteilen in der Regel kostenlose Stadtpläne mit den wichtigsten Sehenswürdigkeiten und Hotels der Stadt bzw. Region.

In diesem Reiseführer finden Sie darüber hinaus sehr detaillierte Pläne der Innenstädte von Barcelona *(siehe S. 183–189)*, Madrid *(siehe S. 311–319)* sowie von Sevilla *(siehe S. 453–459)*.

Parken

Parken ist in spanischen Großstädten genauso schwierig wie in allen anderen auch. Am sichersten sind Parkhäuser oder bewachte Parkplätze, die durch ein weißes P auf blauem Grund gekennzeichnet sind. Kostenpflichtig ist das Parken an blau markierten Bordsteinen. Maximal zwei Stunden Parkzeit sind erlaubt. Den Parkschein zieht man am Automaten. Man platziert ihn gut sichtbar hinter der Windschutzscheibe – ansonsten drohen Parkkralle und Bußgeld. In Großstädten wird rigoros abgeschleppt. Parken auf Bürgersteigen oder verkehrt herum in Einbahnstraßen ist

Absolutes Halteverbot

strengstens verboten. Auch an gelb markierten Bordsteinen besteht Parkverbot. In manchen Städten gibt es mitunter höchst ungewöhnliche Regeln wie das Parken an ungeraden Kalendertagen nur an der Straßenseite mit ungeraden Hausnummern.

Taxis

In Spanien hat jede Stadt und/oder Region ihren eigenen Taxiverbund mit unterschiedlicher Ausstattung und unterschiedlichen Preisen. Allen Fahrzeugen gemeinsam ist das grüne Licht, das anzeigt, dass das Taxi frei ist. Achten Sie darauf, dass das Taxameter erst bei Fahrtbeginn vom Taxifahrer eingeschaltet wird. Auf Fahrten mit unlizenzierten Taxis, die in Großstädten unterwegs sind, sollte man zur eigenen Sicherheit verzichten.

Verkehrs- und Wetterbericht

Informationen über den Straßenzustand und zu erwartende Staus erteilt die **Información de Tráfico de Carreteras**. Diesen Service gibt es allerdings nur in spanischer Sprache. Der Automobilclub RACE macht auf Anfrage individuelle Routenvorschläge und gibt Tipps, wie man Staus am besten umfährt. Der Wetterservice der **Agencia Estatal de Meteorología (AEMET)** macht Vorhersagen für die Region, die Provinz und das ganze Land, die in der Regel auch zutreffen. Auch Informationen zum Bade- oder Bergwetter erhält man hier.

Anreise mit dem Bus

Busreisen nach Spanien erfreuen sich großer Beliebtheit. **Flixbus** und Eurolines (www.eurolines.de) bieten Fahrten von vielen Städten durch ganz Europa an. Zu den gefragtesten Destinationen in Spanien gehören Barcelona und Madrid. Natürlich veranstalten auch andere Anbieter regelmäßige Busreisen. Solche Fahrten sind in der Regel günstiger als Bahnfahrten, können allerdings recht strapaziös sein.

Alsa, ein regionales Busunternehmen

Mit dem Reisebus unterwegs

Busrundreisen werden in ganz Spanien von regionalen Gesellschaften angeboten. Die größten Veranstalter sind **Autocares Juliá** und **Alsa**. Beide bieten Tages- und Mehrtagestouren sowie Sightseeing-Fahrten durch das Land. Andere Firmen operieren jeweils in bestimmten Regionen – beispielsweise Alsina Graells in Süd- und Ostspanien.

Fahrkarten und Informationen sind an allen Busbahnhöfen und bei Reisebüros erhältlich, allerdings können nicht alle im Voraus gebucht werden. Die zwei wichtigsten Fernbusbahnhöfe in Madrid sind die **Estación Sur**, von wo Busse nach ganz Spanien fahren, und die **Estación de Avenida de América** für Ziele in Nordspanien. Prüfen Sie genau, von welchem Bahnhof Ihr Bus abfährt.

Radfahren

Radfahren ist in Spanien sehr populär. Leider gibt es nur wenige Fahrradwege in den Städten. In den meisten Fremdenverkehrsorten kann man zu vernünftigen Preisen Fahrräder aller Kategorien mieten – vom Kinderrad bis hin zum Profi-Mountainbike. In

Radfahren macht im Sommer viel Spaß

cercanías-Zügen darf man Fahrräder nur am Wochenende mitnehmen, in Regionalzügen im Gepäckabteil. Werktags kann man das Fahrrad auch als Gepäckstück aufgeben und am Zielbahnhof wieder in Empfang nehmen. Ihr Fahrrad reist dann quasi getrennt. Die Gebühr berechnet sich nach dem Gewicht.

Linienbus-Haltestelle in Sevilla

Örtliche Busse

Örtliche Buslinien und die Fahrpläne sind an den jeweiligen Haltestellen gut sichtbar ausgewiesen. Man kauft die Fahrkarten im Bus oder eine Streifenkarte *(bonobus)* im Tabakladen.

Auf einen Blick

Mietwagen

Avis
☎ 01806 21 77 02 (Deutschland).
☎ 902 18 08 54 (Spanien).
🌐 avis.com

Enterprise
☎ 902 10 01 01.
🌐 enterprise.es

Europcar
☎ (040) 520 18 80 00 (Deutschland).
☎ 902 50 30 10 (Spanien).
🌐 europcar.com

Hertz
☎ 01806 33 35 35 (Deutschland).
☎ 91 749 77 78 (Spanien).
🌐 hertz.com

Busgesellschaften

Alsa
☎ 902 42 22 42.
🌐 alsa.es

Autocares Juliá
☎ 93 402 69 51.
🌐 juliatours.es

Flixbus
☎ (030) 300 137 300 (Deutschland).
🌐 flixbus.de

Busbahnhöfe

Madrid
Estación Sur,
Calle Méndez Álvaro 83.
☎ 91 468 42 00.
Estación de Avenida de América,
Avenida de América 9.
☎ 902 30 20 10.

Barcelona
Estació del Nord,
Carrer d'Alí Bei 80.
☎ 902 26 06 06.

Sevilla
Estación Plaza de Armas,
Avenida del Cristo de la Expiración s/n.
☎ 955 03 86 65.

Landkarten

Altaïr S.A.
Gran Via 616,
08007 Barcelona.
☎ 93 342 71 71.

Instituto Geográfico Nacional
C/ General Ibáñez Ibero 3, 28003 Madrid.
☎ 91 554 14 50.
🌐 ign.es

Pannendienst

ADAC
☎ +49 89 22 22 22 (in Deutschland).
🌐 adac.de

RACE
☎ 900 11 22 22.
🌐 race.es

Verkehrsbericht

Información de Tráfico de Carreteras
☎ 011.
🌐 dgt.es

Wetterbericht

Agencia Estatal de Meteorología
☎ 906 36 53 65.
🌐 aemet.es

In der Stadt unterwegs

In allen spanischen Städten ist man am besten zu Fuß oder mit öffentlichen Verkehrsmitteln unterwegs, während das Autofahren hier schnell zur Qual werden kann. In Barcelona, Valencia und Madrid gibt es ein effizientes Metro-System. Per Zug gelangt man in die Vororte und zum Flughafen, den man in Madrid sogar direkt mit der Metro erreicht. In den Fremdenverkehrsbüros erhält man gute Stadtpläne meist umsonst. Auf den von den Städten betriebenen Websites (Barcelona: www.bcn.cat; Madrid: www.madrid.es; Valencia: www.valencia.es; Sevilla: www.sevilla.org) finden Besucher aktuelle Informationen z. B. zu Öffnungszeiten und viele nützliche Tipps.

Die Lebensader von Barcelona: La Rambla

Metro

Barcelonas Metro wird von **Transports Metropolitans de Barcelona** betrieben. Die Züge fahren wochentags und sonntags von 5 bis 24 Uhr, freitags bis 2 Uhr und samstags rund um die Uhr. Es gibt Tickets von der Einzelfahrkarte (*bitllet senzill*; 2,20 €) über die Tageskarte (*T-Dia*; 8,60 €) und *T-10* (10,20 €) für zehn Fahrten bis zur Monatskarte (*T-Mes*; 54 €).

Die **Metro de Madrid** wurde 1919 eingeweiht und ist eines der ältesten Verkehrssysteme ihrer Art in Europa. Zwölf Linien mit insgesamt 301 Stationen führen in alle Ecken der Stadt, täglich von 6 bis 1.30 Uhr. Eine Einzelfahrt mit der Metro kostet 1,50 Euro, günstiger ist *Metrobus 10 viajes* für zehn Fahrten mit Metro und Bus (12,20 €), zudem gibt es Tagestickets für Urlauber (*abono transportes turístico*), gültig zwischen einem und sieben Tagen, die man in den Fremdenverkehrsbüros, im Tabakladen und in den Metro-Stationen sowie am Flughafen Barajas kaufen kann.

Die von **Ferrocarrils de la Generalitat Valenciana** (FGV) betriebene Metro von Valencia, die Metrovalencia, wird zum Teil als unterirdische Straßenbahn betrieben. Die Linie 2 führt direkt durchs Stadtzentrum. Mit der Linie 5, Station Joaquín Sorolla, kommt man zur Ciutat de les Arts i les Ciències *(siehe S. 257)*. Die Metro bringt Fahrgäste auch schnell in die Außenbezirke der Stadt. Die Einzelfahrkarte kostet 1,50 Euro (eine Zone) oder 3,90 Euro (vier Zonen).

Die erste Linie der **Metro de Sevilla** wurde 2009 eröffnet und verbindet das Stadtzentrum mit den wichtigsten

Außenbezirken, die allerdings für Besucher der Stadt wenig Interessantes zu bieten haben. Drei weitere Metro-Linien sind seit Jahren in Planung.

Busse und Trams

Die in Barcelona angebotenen Tickets *T-10* und *T-2* (gültig für Fahrten innerhalb von zwei Tagen) gelten für Metro, Tram und Busse. Beachten Sie, dass in vielen spanischen Städten der Busbetrieb gegen 22 Uhr eingestellt wird.

In Madrid sind Bus-, Tram- und Metro-Tickets jeweils auch für die anderen Verkehrsmittel gültig. In Bussen kann man das Ticket direkt beim Fahrer lösen. Die meisten Buslinien verkehren zwischen 6 und 23.30 Uhr. Nachtbusse *(nocturnos)* verkehren weniger oft und fahren stets über die Plaza de Cibeles. Die Fahrkarte kostet so viel wie tagsüber.

Trotz Metro sind in Valencia die öffentlichen Busse das wichtigste Verkehrsmittel. Wer sie öfter nutzt, sollte das für zehn Fahrten gültige BONO-BÚS PLUS-Ticket kaufen. Auf der Website von EMT (www.emtvalencia.es) ist das Liniennetz dargestellt. Trams fahren vom Pont de Fusta um die Innenstadt herum zu den Stränden von Las Arenas und La Malvarrosa.

Auch in Sevilla kommt man per Bus am einfachsten durch die Stadt und zu den wichtigsten Sehenswürdigkeiten. Die besten Linien für Besucher sind die *circulares* C1 bis C5, die um die Stadtmitte fahren.

Regionalzüge

In Barcelona kommt man per Zug von den Bahnhöfen Plaça Catalunya, Estació de França oder Estació de Sants schnell zu den nahen Stränden und in die Berge Kataloniens. Hierfür nutzt man die Regionalzüge der **Ferrocarrils de la Generalitat de Catalunya** (FGC) oder Verbindungen der RENFE *(siehe S. 628).* Madrids Nahverkehrsnetz der *cercanías* umfasst neun Bahnlinien, die alle über den

Taxi in Barcelona

Linienbus in Madrid

Bahnhof Atocha fahren und zwischen 6 und 24 Uhr alle 15 bis 30 Minuten verkehren. Die Website des **Consorcio Regional de Transportes de Madrid** liefert nützliche Informationen zu Linien und Tickets.

Taxis

Taxis in Barcelona sind schwarz-gelb lackiert. Ein grünes Licht zeigt an, dass das Taxi frei ist. Alle Taxis müssen mit einem Taxameter ausgestattet sein, das zu Fahrtbeginn eine Mindestgebühr anzeigt. Nach 22 Uhr und an Wochenenden ist das Taxifahren teurer. Bei Fahrten vom bzw. zum Flughafen sowie für Gepäckstücke wird ein Aufschlag berechnet, Gleiches gilt für Fahrten nach Mitternacht freitags, samstags und an Feiertagen.

Taxis in Madrid sind weiß lackiert und an dem diagonal verlaufenden roten Streifen an den Fronttüren erkennbar. In der Innenstadt findet man innerhalb weniger Minuten ein freies Taxi. Der Fahrpreis errechnet sich aus Grundgebühr, der *bajada de bandera*, der zurückgelegten Strecke, dem Stadtgebiet, dem Wochentag (Aufschlag an Feiertagen), der Tageszeit und dem Zustiegsort (an Bahnhöfen, Busbahnhöfen und am Flughafen sind jeweils Zuschläge fällig). Die Zuschläge sind detailliert an einem der hinteren Seitenfenster aufgelistet. Für Fahrten von bzw. zum Flughafen Barajas wird jeweils ein Zuschlag berechnet, ein Aufschlag für Gepäckstücke darf bei diesen Fahrten indes nicht verlangt werden.

Wer in Valencia nur einen kurzen Zwischenstopp einlegt, für den sind Taxis das ideale Verkehrsmittel. Die Fahrpreise sind vergleichsweise günstig, Taxis sind jederzeit verfügbar.

In Sevilla eignen sich Taxis bestenfalls für die Fahrt vom Flughafen in die Stadt. Wer im Zentrum unterwegs ist, verzichtet angesichts des hohen Verkehrsaufkommens, zumal während der Feria de Abril oder zu Zeiten der *fiestas* der Semana Santa, in der Regel auf dieses Transportmittel. Nachtfahrten sind auch hier deutlich teurer.

Zu Fuß

Barcelona lässt sich ausgezeichnet zu Fuß entdecken. Die Altstadt *(Ciutat Vella)* zwischen Hafen und Plaça de Catalunya besteht aus engen mittelalterlichen Gassen und breiten Promenaden. Gerade nachts sollte man hier vorsichtig sein. La Rambla ist wohl eine der weltweit berühmtesten Fußgängerzonen. Auch Eixample lässt sich bestens zu Fuß erkunden. Breite Boulevards und ein übersichtliches Straßenraster erleichtern die Orientierung. Um sich hier zurechtzufinden, fragt man einfach einen Einheimischen nach dem Weg zum Meer (was Süden entspricht) bzw. dem Weg in die *montañas* (was Norden entspricht).

In Madrid können die Distanzen beträchtlich sein. Hier empfiehlt sich für die meisten Besucher eine Kombination von Fußstrecken und öffentlichen Verkehrsmitteln. Die Gegend um die Plaza Mayor *(siehe S. 277)* erkundet man noch immer am besten zu Fuß, Gleiches gilt für den Parque del Retiro, in dessen Nähe auch die wichtigsten Museen der Stadt liegen.

Auch in Sevilla gelangt man zu den wichtigsten Sehenswürdigkeiten am schnellsten zu Fuß. Im Barrio Santa Cruz sollte man immer einen Stadtplan zur Hand haben. Im andalusischen Sommer ist Schatten ein kostbares Gut, für das man gerne die Straßenseite wechselt. Vielerorts im Zentrum werden sogar Schatten spendene Planen *(toldos)* über die Straßen gespannt.

Radfahren

Geführte oder individuelle Radtouren sind in Barcelona sehr gefragt. Radwege in vielen Stadtgebieten erleichtern diese Art des Sightseeings. Über die mehrsprachige Website www.bikerentalbarcelona.com kann man Fahrräder reservieren. Auch die örtlichen Fremdenverkehrsbüros helfen gerne weiter.

In Madrid bietet Bravo Bike (www.bravobike.com) Radtouren an, die sogar in die Außenbezirke führen.

Valencia hat viele Radwege, über die man zu allen Sehenswürdigkeiten gelangt. Auf www.doyoubike.com findet man weitere Informationen.

In Sevilla kann man über Sevici überall in der Stadt ein Fahrrad ausleihen. Auf der Website en.sevici.es erfährt man mehr.

Auf einen Blick

Metro

Transports Metropolitans de Barcelona
932 98 70 00.
tmb.cat

Metro de Madrid
902 44 44 03.
metromadrid.es

Metro de Sevilla
902 36 49 85.
metro-sevilla.es

Metro de Valencia
900 46 10 46.
metrovalencia.es

Öffentlicher Transport

FGC (Barcelona)
900 90 15 15.
fgc.net

Consorcio Regional de Transportes de Madrid
915 80 42 60 oder 012 innerhalb Madrids.
ctm-madrid.es

Textregister

Danksagung und Bildnachweis

Dorling Kindersley bedankt sich im Folgenden bei allen, die bei der Herstellung dieses Buchs mitgewirkt haben.

Hauptautoren
John Ardagh ist Journalist und Autor verschiedener Bücher über das heutige Europa.
David Baird lebte von 1971 bis 1995 in Andalusien. Er ist Autor von *Inside Andalusia*.
Vicky Hayward, Schriftstellerin, Journalistin und Lektorin, lebt in Madrid und hat ganz Spanien bereist.
Adam Hopkins ist ein unermüdlicher Reiseschriftsteller und Autor von *Spanish Journeys: A Portrait of Spain*.
Lindsay Hunt ist weit gereist und hat an mehreren Vis-à-Vis-Reiseführern mitgearbeitet.
Nick Inman schreibt für verschiedene Bücher und Magazine regelmäßig über Spanien.
Paul Richardson ist Autor von *Not Part of the Package*, ein Buch über Ibiza, wo er auch lebt.
Martin Symington schreibt regelmäßig für den *Daily Telegraph*. Er arbeitete auch am Vis-à-Vis-Reiseführer *Großbritannien* mit.
Nigel Tisdall arbeitete am Vis-à-Vis-Reiseführer *Frankreich* mit und ist Autor des *Insight Pocket Guide to Seville*.
Roger Williams arbeitete an den Insight Guides zu Barcelona und Katalonien mit und verfasste den Vis-à-Vis-Reiseführer *Provence*.

Weitere Autoren
Mary Jane Aladren, Sarah Andrews, Pepita Aris, Emma Dent Coad, Rebecca Doulton, Harry Eyres, Josefina Fernández, Anne Hersh, Nick Rider, Mercedes Ruiz Ochoa, David Stone, Clara Villanueva, Christopher Woodward, Patricia Wright.

Zusätzliche Illustrationen
Arcana Studio, Richard Bonson, Louise Boulton, Martine Collings, Brian Craker, Jared Gilbey (Kevin Jones Associates), Paul Guest, Steven Gyapay, Claire Littlejohn.

Zusätzliche Fotografien
David Cannon, Tina Chambers, Geoff Dann, Phillip Dowell, Mike Dunning, Neil Fletcher, Steve Gorton, Heidi Grassley, Frank Greenaway, Derek Hall, Colin Keates, Alan Keohane, Dave King, Cyril Laubsouer, Neil Mersh, Ella Milroy, D. Murray, Ian Naylor, Ian O'Leary, Stephen Oliver, Alex Robinson, Rough Guides/Ian Aitken, Rough Guides/Demetrio Carrasco, J. Selves, Rodney Shackell, Colin Sinclair, Tony Souter, Mathew Ward, P. Wojcik.

Kartografie
Lovell Johns Ltd (Oxford), ERA-Maptec Ltd.

Grafik- und Redaktionsassistenz
Sam Atkinson, Pilar Ayerbe, Hansa Babra, Rosemary Bailey, Vicky Barber, Teresa Barea, Claire Baranowski, Cristina Barrallo, Fran Bastida, Lynette McCurdy Bastida, Jill Benjamin, Marta Bescos, Vandana Bhagra, Sonal Bhatt, Julie Bond, Chris Branfield, Gretta Britton, Daniel Campi, Adriana Canal, Paula Canal (*Word on Spain*), Maria Victoria Cano, Lola Carbonell, Peter Casterton, Elspeth Collier, Carey Combe, Irene Corchado Resmella, Jonathan Cox, Martin Cropper, Neha Dhingra, Linda Doyle, Nicola Erdpresser, Bernat Fiol, Emer FitzGerald, Anna Freiberger, Rhiannon Furbear, Mary-Ann Gallagher, Candela Garcia Sanchez-Herrera, Aruna Ghose, Elena González, Lydia Halliday, Des Hemsley, Matthew Hirtes, Tim Hollis, Claire Jones, Juliet Kenny, Sumita Khatwani, Priya Kukadia, Priyanka Kumar, Rahul Kumar, Michael Lake, Erika Lang, Maite Lantaron, Jude Ledger, Rebecca Lister, Shobhna Iyer, Hayley Maher, Sarah Martin, Lynnette McCurdy Bastida, Alison McGill, Caroline Mead, Sam Merrell, Kate Molan, Jane Oliver, Simon Oon, Mary Ormandy, Mike Osborn, Malcolm Parchment, Helen Partington, Susie Peachey, Elizabeth Pitt, Pollyanna Poulter, Anna Pirie, Tom Prentice, Rada Radojicic, Mani Ramaswamy, Lucy Ratcliffe, Erin Richards, Lucy Richards, Ellen Root, Sands Publishing Solutions, Sue Sharp, Lucy Sienkowska, Neil Simpson, Rituraj Singh, Sadie Smith, Peter Stone, Anna Streiffert, Leah Tether, Helen Townsend, Suzanne Wales, Jennifer Walker, Catherine Waring, Andy Wilkinson, Hugo Wilkinson, Robert Zonenblick.

Korrektorat
Huw Hennessy, Nikky Twyman, Stewart J. Wild.

Register
Helen Peters.

Danksagung
Dorling Kindersley bedankt sich bei allen Fremdenverkehrsbüros, Rathäusern, Läden, Hotels, Restaurants und anderen Institutionen in ganz Spanien für ihre Hilfe. Spezieller Dank geht an: Dr. Giray Ablay (University of Bristol); María Eugenia Alonso und María Dolores Delgado Peña (Museo Thyssen-Bornemisza); Ramón Álvarez (Consejería de Educación y Cultura, Castilla y León); Señor Ballesteros (Fremdenverkehrsbüro Santiago de Compostela); Carmen Brieva, Javier Campos und Luis Esteruelas (Spanische Botschaft, London); Javier Caballero Arranz; Fernando Cañada López; The Club Taurino of London; Consejería de Turismo, Castilla-La Mancha; Consejería de Turismo und Consejería de Cultura, Junta de Extremadura; Mònica Colomer und Montse Planas (Fremdenverkehrsbüro Barcelona); María José Docal und Carmen Cardona (Patronato de Turismo, Lanzarote); Edilesa; Klaus Ehrlich; Juan Fernández, Lola Moreno und andere bei El País-Aguilar; Belén Galán (Museo Nacional Centro de Arte Reina Sofía); Amparo Garrido; Adolfo Díaz Gómez (Fremdenverkehrsbüro Albacete); Professor Nigel Glendinning (Queen Mary und Westfield College, University of London); Pedro Hernández; Insituto de Cervantes, London); Victor Jolín (SOTUR); Joaquim Juan Cabanilles (Servicio de Investigación Prehistórica, Valencia); Richard Kelly; Mark Little (*Lookout* Magazine); Carmen López de Tejada und Inma Felipe (Spanish National Tourist Office, London); Caterine López und Ana Roig Mundi (ITVA); Julia López de la Torre (Patrimonio Nacional, Madrid); Lovell Johns Ltd (Oxford); Josefina Maestre (Ministerio de Agricultura, Pesca y Alimentación); Juan Malavia García und Antonio Abarca (Fremdenverkehrsbüro Cuenca); Mario (Promoción Turismo, Tenerife); Janet Mendel; Javier Morata (Acanto Arquitectura y Urbanismo); Juan Carlos Murillo; Sonia Ortega und Bettina Krücken (Spain Gourmetour); Royal Society for the Protection of Birds (UK); Alícia Ribas Sos; Katusa Salazar-Sandoval (Fomento de Turismo, Ibiza); María Ángeles Sánchez und Marcos; Ana Sarrieri (Departamento de Comercio, Consumo y Turismo, Gobierno Vasco); Klaas Schenk; María José Sevilla (Foods From Spain); The Sherry Institute of Spain (London); Anna Skidmore (Fomento de Turismo, Mallorca); Philip Sweeney; Rupert Thomas; Mercedes Trujillo und Antonio Cruz Caballero (Patronato de Turismo, Gran Canaria); Gerardo Uarte (Gobierno de Navarra); Fermín Unzue (Dirección General de Turismo, Cantabria); Puri Villanueva.

Kunsthistorische Beratung

Sr. Joan Bassegoda, Catedral Gaudí (Barcelona); José Luis Mosquera Muller (Mérida); Jorge Palazón, Paisajes Españoles (Madrid).

Genehmigung für Fotografien

Dorling Kindersley bedankt sich bei den folgenden Institutionen für die freundlich gewährte Fotografie-erlaubnis: © Patrimonio Nacional, Madrid; Palacio de la Almudaina, Palma de Mallorca; El Escorial, Madrid; La Granja de San Ildefonso; Convento de Santa Clara, Tordesillas; Las Huelgas Reales, Burgos; Palacio Real, Madrid; Monasterio de las Descalzas; Pepita Alia Lagartera; Museo Naval de Madrid; © Catedral de Zamora; Museo de Burgos; Claustro San Juan de Duero, Museo Numantino, Soria; San Telmo Museoa Donostia-San Sebastián; Hotel de la Reconquista, Oviedo; Catedral de Jaca; Museo de Cera, Barcelona; Museu d'Història de la Ciutat, Barcelona; © Capitol Catedral de Lleida; Jardí Botànic Marimurtra, Estació Internacional de Biologia Mediterrània, Girona; Museo Arqueológico Sagunto (Teatro Romano-Castillo); Museo Municipal y Ermita de San Antonio de la Florida, Madrid; den zahlreichen Kirchen, Museen, Hotels, Restaurants, Geschäften, Galerien und Sehenswürdigkeiten, die wir aus Platzmangel leider nicht einzeln nennen können.

Bildnachweis

o = oben; u = unten; m = Mitte; r = rechts; l = links; (d) = Detail.

Wir haben uns bemüht, alle Urheber ausfindig zu machen und zu nennen. Sollte dies in einigen Fällen nicht gelungen sein, bitte wir dies zu entschuldigen. In der nächsten Auflage werden wir versäumte Nennungen nachholen.

Folgende Kunstwerke wurden mit freundlicher Genehmigung der Copyright-Inhaber reproduziert: *Dona i Ocell* Joan Miró © Erben Miró/ADAGP, Paris & DACS, London 2011 180ol; *Guernica* Pablo Ruiz Picasso 1937 © Erben Picasso/DACS, London 2011 303mru; *Der Morgen* Georg Kolbe © DACS London 2011 174or, 177ol; *Peine de los Vientos* Eduardo Chillida © DACS, London 2011 126u; verschiedene Werke von Joaquín Sorolla © DACS, London 2011 309or; *Rainy Taxi* Salvador Dalí © Königreich Spanien, Gala & Salvador Dalí Foundation, DACS, London 2011 219or; *Wandteppiche* Joan Miró 1975 © Erben Miró/ADAGP, Paris & DACS, London 175mru; *Drei Zigeuner* © Joan Rebull 1976 148ul.

Dorling Kindersley bedankt sich bei folgenden Personen, Vereinigungen und Bildarchiven für die freundliche Genehmigung zur Reproduktion ihrer Fotografien:
123RF.com: Maaike Bolhuis Bunschoten 430or; byvalet 56ml; David Herraez 52mlu; jarp5 40–41mr; jorisvo 359ul; joserpizarro 447ul; Carlos Soler Martinez 359ur; photoerick 236um; Luciano de la Rosa 43or; Alvaro German Vilela 376or; Andrii Zhezhera 58ul, 60ul.
6 TOROS 6: 41mu.
Abades Triana: 598ul.
AISA Archivo Iconografico, Barcelona: Museo Nacional del Teatro *Plakat für »Yerma«* (F. G. Lorca) Juan Antonio Morales y José Caballero © DACS, London 2011 39or.
Agroturismo Biniatram: 559ur, 575um.
Akelarre: 585ul.

AKG, London: 71mr.
Alamy Images: age fotostock 54mlu, 191or; Antiqua Print Gallery 41ul, 428ml; The The Art Archive 8–9; Paul Hardy Carter 204mlo; Michelle Chaplow 460ul; China Span/Keren Su 338–339; Chronicle 395ur; Ian Dagnall 15ur; Expuesto/Nicholas Randall 608ur; Mike Finn-Kelcey 629m; Kevin Foy 191ur; Granger Historical Picture Archive 53ur; Dennis Hallinan 37mro; Robert Harding Picture Library 423ml, 608mlo; Peter Horree 37um; Eric James 137o; paulbourdice 517mlo; Photo 12 71ol; PjrTravel 625m; Prisma Bildagentur AG 178; Profimedia. CZ s.r.o. 541mlo; Alex Segre 81ol, 579or; Richard Sowley 673mr; Peter Titmuss 205ol; travelstock44 158ul; Lucas Vallecillos 325ur; Renaud Visage 422mlo; Washington Imaging 621mro; Ken Welsh 602or, 619ul.
Alsa Group S.L.L.C: 633ml.
Annua: 584or.
ARCAID: Paul Raftery 124ul.
The Art Archive: Museo del Prado Madrid/Dagli Orti (A) *Die heilige Cecilia* Nicholas Poussin (1594–1665) 299mr.
AWL Images: Hemis 472ul.
Balearia: 627ul.
Bar Tomate: 593um.
Barosse: 567or.
Belmond Ltd.: 569um.
La Bobadilla: 573om.
Bridgeman Art Library: *Der heilige Dominikus von Silos* Bartolomé Bermejo 298mlo; Index/Museo del Prado, Madrid *Autodafé auf der Plaza Mayor* Francisco Rizi 278m; Musée des Beaux-Arts, Bern *Der Koloss von Rhodos* Salvador Dalí 1954 © Königreich Spanien, Gala & Salvador Dalí Foundation, DACS, London 2011 37or; Museo del Prado, Madrid *Karl IV und seine Familie* Francisco de Goya y Lucientes 37mu, *Anbetung der Hirten* El Greco 296mlu, *Verkündigung* Fra Angelico 297ur, *Bekleidete Maja* Francisco de Goya y Lucientes 297mro, *Nackte Maja* Francisco de Goya y Lucientes 297mr, *Drei Grazien* Peter Paul Rubens 297ur, *Das Martyrium des heiligen Philipp* José de Ribera 296ml; Museo Picasso, Barcelona *Las Meninas, Infanta Margarita* Pablo Ruiz Picasso 1957 © Erben Picasso/DACS, London 2011 36mo.
Bridgeman Images: 57mu.
Michael Busselle: 211r, 213u, 214o.
Café Gijón: 324ur.
Camper Store, Madrid: 607or.
Casa Grande: 572ur.
El Celler de Can Roca: 589um.
Cephas: Mick Rock 33ul, 46om, 82or, 206or, 206mlo, 344or, 425mr; Roy Stedall-Humphreys 42or, 425 or.
Chikito: 601ur.
Cinc Sentits: 576ur.
Ciutat de Girona: 566ol.
COCOMFE: 617u.
Grupo Codorniu: 207ol.
Bruce Coleman: Dee Conway: 429mo, 429mr.
Comerç 24: 603ur.
Corbis: Owen Franken 81m, 205m, 342ml, 343m, 423ol; Hemis/Hughes Herve 230; Michael Jenner 260–261; Jean-Pierre Lescourret 12or; Massimo Listri 13u; Claude Medale 127um; Caroline Penn 343ol; Jose Fuste Raga 12u, 14u, 378–379; Robert Harding World Imagery/Marco Cristofori 2–3; Splash News/LOTE 27m; Rudy Sulgan 272; Westend61/Mel Stuart 506–507.
El Corral del Indianu: 583or.
Giancarlo Costa: 41um.
Cover: Genin Andrada 44ul, 47ul; Austin Catalan 72ul; Juan Echeverria 35mro, 45ur, 549ul; Pepe Franco 190mlo; Quim Llenas 129mro, 321ol; Matías Nieto 47mr; F. J. Rodríguez 129ul.

Cuidad de las Artes y las Ciencias (CACSA): Javier Yaya Tur 257o.

J.D. Dallet: 73or, 468ol, 605ur.

Delic: FelixHerencias 409um; vampy1 516o.

El Deseo: Pedro Almodóvar 309um.

Depositphotos Inc: 617u.

Dos Palillos: 587or.

Dreamstime.com: Alexsalcedo 126ur; Alfonsodetomas 56ul, 367um, 411om, 427ul; Americanspirit 36–37m; Anasife 408ol; Birdiegal717 346ul; David Blazquez 425ml; Botond 350; Natalia Bratslavsky 57ol; Yuriy Brykaylo 76–77, 431mr; Wessel Cirkel 144mlu; Davidmartyn 104; Digicomphoto 209mro; Deymos 14or, Elenaphotos 256ul; Eng101 84mru; Maria Luisa Lopez Estivill 535o; Evgeniy_p 175ol; Iakov Filimonov 25u, 136ml, 165mru, 268–269, 609o; Carmen Gabriela Filip 368ur; Gabriel García 353or; Gkmf10 61ur; Roberto Atencia Gutierrez 374um; Hergon 347um; Imagin.gr Photography 4mu; Isselee 34m; Ivansmuk 144ul; Silvia Blaszczyszyn Jakiello 440ul; Kiko Jiménez 44mr; Joserpizarro 485or; García Juan 347ml, 611ul; Tetyana Kochneva 553ol; Stelios Kyriakides 467or; Lunamarina 34ur, 59mro, 237mro; Marcelusw 346ml; Marlee 210; Matthi 16or; Mcxas 32mlo; Mikelane45 209mru, 347ol; Milosk50 64ul; Monysasi 30ul; Luciano Mortula 140–141; Juan Moyano 10ul, 532; Nanisub 79ul; Rawlways 560mr; Alexander Nikiforov 508ul; Sean Pavone 430ur; Kostya Pazyuk 346ur; William Perry 59ul; Pigprox 40or, 430mlu; Plotnikov 215ur; Alexander Potapov 84mlo; Alvaro Trabazo Rivas 40ml; Tiberiu Sahlean 214mlu; Pere Sanz 27o; Jozef Sedmak 36ur, 427ur, 430mlo, 431ol; Tomas Sereda 330; Slava296 556–557; Jose I. Soto 88, 495ul; Olaf Speier 208or; Sandra Standbridge 214ml; Studiobarcelona 276ol; Svetlana195 39mr; Tinamou 64mlo; Aleksandar Todorovic 484ml; Travelpeter 5mro; Tupungato 58mlu; Typhoonski 560or; T.W. Van Urk 33or; Maarten Van De Ven 34mr; Maria Vazquez 275ol; Venemama 501or; Alvaro German Vilela 32or; Liqiang Wang 347mu; Whiskybottle 209ul; Robert Zehetmayer 304.

Edex: 55ul.

Edilesa: 356u.

Elephant Club: 576mr.

Paco Elvira: 34mru.

EMI: Hispavox 380um.

Equipo 28: 429ol.

L'Estartit Tourist Board: 221m.

ET Archive: 56ur.

Europa Press: 73mo.

Mary Evans Picture Library: 60mlo, 67ul, 278ul, 477ur

Eye Ubiquitous: James Davis Travel Photography 25or, 222ur.

Firo Foto: 161mr; 537or.

Flamencocool: Sevilla, 461or.

Grupo Freixenet: 207or.

Fundación César Manrique: 552ur.

Fundación Colección Thyssen-Bornemisza: *Madonna der Demut* Fra Angelico 181om, *Madonna im Dornbusch* Petrus Christus 292or, *Mata Mua* Paul Gauguin 1892 293ur, *Harlekin mit Spiegel* Pablo Ruiz Picasso 1923 © Erben Picasso/DACS, London 2011 292ul, *Hotel Room* © Edward Hopper 1931 292mlo, *Porträt des Barons Thyssen-Bornemisza* © Lucian Freud 1981–82 292ur, *Venus bei der Toilette* Peter Paul Rubens (nach 1629) 293ol, *Die heilige Casilda* Francisco de Zurbarán 1640–1645 293mr, *Herbstlandschaft in L'espai i dona nua* Joan Miró 1932 © Erben Miró/ADAGP, Paris und DACS, London, 2011 176ol.

Getty Images: Gonzalo Azumendi 404, 614–615; Baloulumix/Julien Fourniol 448; California CPA 200–201;

Alan Copson 418–419; DEA/C. Sappa 473mro; DEA/G. Dagli Orti 50, 55ol, 59um; DEA/G. Nimatallah 53mlu; DEA/Salmer 207um; DEA/W. Buss 58–59mc; DEA Picture Library 36mlu, 36ul; R. Durann (rduranmerino@gmail.com) 436; Krzysztof Dydynski 286; Michele Falzone 510; Florilegius 40um, 40ur, 41ur; Heritage Images 58mlo, 63ol, 63mu, 299om, 299ul; Iconica/Don Klumpp 618ol; Domingo Leiva 382; I. Lizarraga 118; Peter Macdiarmid 73ur; Conor MacNeill 146; marck from belgium 172; Stephen Munday 46mr; PHAS 52mlo, 58mu; Photo 12 62ml; Meinrad Riedo 246; Ferran Traite Soler 162; Stringer/AFP 41c; Stringer/RAFA RIVAS 428ur; Stringer/Wang Zhao 260l; Visions Of Our Land 166–167; Ken Welsh 462, 498–499; Terry Williams 616mlo; zzafrankha - foodholic telling stories about food 528–529.

Godo Foto: 224ul, 225or, 229o, 253u, 259o, 337ul.

Ronald Grant Archive: *Für ein paar Dollar mehr* © United Artists 504ul; © FMGB Guggenheim Bilbao Museoa. Erica Barahona Ede. Alle Rechte vorbehalten. Ganze oder teilweise Reproduktion verboten 124or, *The Matter of Time* Richard Serra © ARS, NY und DACS, London 2011 124ur, 125o.

Robert Harding Picture Library: 145mro, 164mlo, 176ur, 253ol, 307ol, 515ur; Jose Lucas 431ur, Lucas Vallecillos 495ur; Nigel Blythe 23u, 153mr; Bob Cousins 30mlu; Robert Frerck 469or; James Strachan 284ol.

María Victoria Hernández: 537ul.

Hostal Gala, Madrid: 568ol.

Hotel Alma: 561or.

Hotel Arts Barcelona: 559ml.

Hotel Marqés de Riscal: 564ul.

Hotel Mercer: 565om.

Hotel Miró: 563or.

Hotel Rector: 570ol.

Incafo: J.A. Fernández & C. de Noriega 79ul, 129ur; Juan Carlos Muñoz 400u, 501ur; A. Ortega 34ul.

Index: 52m, 52u, 53mr, 53mru, 58mro, 60ur (d), 63or, *Los Moriscos suplicando al rey Felipe III* 65mr, 68–69, 69um, 71mu, *Carlos I* 74om, 74mlu, 75ur; Bridgeman, London 62mro; CCJ 27ur; *Garrote Vil* José Gutiérrez Solana 1931 © DACS, London 2011 69mlu (d); Galería del Ateneo, Madrid *Lucio Anneo Seneca* Villodas 54ml; Galeria Illustres Catalonia, Barcelona *Joan Prim I Prats* J. Cusachs 67mro (d); Image *José Zorilla* 39mu; Instituto Valencia de Don Juan, Madrid *Carlos V* Simón Bening 63mru; Iranzo 60mro; Mithra 56mlu, 62ur (d), Museo de América, Madrid *Indio Yumbo y Frutas Tropicales* 63mro; Museo Lázaro Galdiano, Madrid *Lope de Vega* Anonymous 38or, *Félix Lope de Vega* Francisco Pacheco 64ur (d); Museo Municipal, Madrid *Fiesta en la Plaza Mayor de Madrid* Juan de la Corte 65ol; Museo del Prado, Madrid *Ascensión de un globo Montgolfier en Madrid* Antonio Carnicero 66mo (d), *José Moreño Conde de Floridablanca* Francisco de Goya 66ur (d), *Flota del Rey Carlos III de España* A. Joli 67ol (d); National Maritime Museum, Greenwich *Batalla de Trafalgar* Chalmers 66mu; A. Noé 60mu; Palacio del Senado, Madrid *Alfonso X »El Sabio«* Matías Moreno 38u (d), *Rendición de Granada* Francisco Pradilla 60–61 (d); Patrimonio Nacional 55ur; Private Collection, Madrid *Pedro Calderón de la Barca* Antonio de Pereda 65ul (d); Real Academia de Bellas Artes de San Fernando, Madrid *San Diego de Alcalá dando de comer a los pobres* Bartolomé Esteban Murillo 65mro (d), *Fernando VII* Francisco de Goya 75ol (d), *Isabel II* 75om, *Selbstporträt* Francisco de Goya 243u; A. Tovy 73mru.

Nick Inman: 208um, 257or, 624or, 629u.

Institut Turistic Valencia: 249ur.

iStockphoto.com: Mario Guti 635ol; Sloot 237mru.

César Justel: 357um.

Anthony King: 295ol.

Life File Photographic: 221m; Emma Lee 145mr, 633or.
Andrzej Lisowski: 626m.
Neil Lukas: 468mu, 468ul.
Magnum: S. Franklin 72mu; Jean Gaumy 73ol.
MARKA, Milano: Sergio Pitamitz 158ol; Imagen Mas, Leon 359or.
Miguel Torres, SA: 207m.
John Miller: 509mu, 533u, 542ml, 547ul, 552mlo, 553ur.
Mas de Torrent Hotel & Spa: 566ur.
Mesón Cuevas del Vino: 594um.
El Molino de la Romera: 599om.
El Motel – Hotel Empordà: 588ol.
Museo Arqueológic de Barcelona: 175m.
Museo Arqueológico de Villena: 52 – 53.
Museo Arqueológico Nacional: 300ol.
Museu de Ciencies Naturals de Barcelona: 159om.
Museo Nacional Centro de Arte Reina Sofía: 70 – 71m, 302om, 303om, *Bertsolaris* Zubiaurre © DACS, London 2011 129mlu, *Paisaje de Cadaqués* Salvador Dalí 1923 © Königreich Spanien, Gala & Salvador Dalí Foundation, DACS, London 2011 302mu, *Accidente* Ponce de León 302ul, *Toki-Egin (Homenaje a San Juan de la Cruz)* Eduardo Chillida 1952 © DACS, London 2011 303ul.
Museo Nacional del Prado: *El Jardin de las Delicias* 296ul.
Museu Picasso, Barcelona: *Auto Retrato* Pablo Ruiz Picasso 1899 – 1900 © Erben Picasso/DACS, London 2011 157ul.
Natural Science Photos: Nigel Charles 112ol.
naturepl.com: José Luis Gomes de Francisco 35m; José B. Ruiz 84ul.
Naturpress: Oriol Alamany 35ul; J. L. Calvo & J. R. Montero 347mru; José Luis Grande 471um; Walter Kwaternik 34mlu, 35mru, 346mro, 347mro; Francisco Márquez 469mru, 420ul; Aurelio Martín 35ur; José A. Martínez 84or, 211u, 346mlu, 346mru.
National Maritime Museum: 62 – 63.
Network: Bilderberg/W. Kunz 425ol.
NHPA: Laurie Campbell 84mro; Stephen Dalton 85mlu; Vicente García Canseco 35mlo, 471mo; Manfred Daneggar 84ur, 85ur.
Omega Foto:114ol, Manuel Pinilla 46ul.
José M. Pérez de Ayala: 34mr, 470or, 470mlo, 471ol, 471mo.
The Photographers Library: 527or.
Pictures Colour Library: 26u, 34or, 262u, 420ml.
PRISMA: 68mlo, 68ul, 69mru, 70mlo, 70mlu, 71or, 101or, 144ur, 243m, 254ml, 325ol, 465u, 520mru, 534mlu, 536ml, 543mlu, 543um, 543ur, 543ul, 547or, 555ul, 555ur; *Franco* Aguiar 75or; *El ingenioso hidalgo Don Quixote de la Mancha* 1605 Ricardo Balaca 399ur; Domènech & Azpilequeta 122ol; Albert Heras 190ur; Marcel Jaquet 534mlu, 545u; Hans Lohr 487ur; *Los Niños de la Concha* Bartolomé Esteban Murillo 37ul (d); Museo de Arte Moderno, Barcelona *Pío Baroja* Ramón Casas 68mu (d); Museo de Bellas Artes, Bilbao *Condesa Mathieu de Noailles* Ignacio Zuloaga y Zubaleta © DACS, London 2011 122ul; Museo de Bellas Artes, Zaragoza *Príncipe de Viana* José Moreno Carbonero 134u (d); Mateu 195mr; Palacio del Senado, Madrid *Alfonso XIII* Aquino © DACS, London 2011 75mru; Patrimonio Nacional Palacio de Riofrío, Segovia: 68um; *Auto Retrato* Pablo Ruiz Picasso 1907 © Erben Picasso DACS, London 2011 69mo; Real Academia de Bellas Artes de San Fernando, Madrid *Las Bodas de Camacho* José Moreno Carbonero 39ol (d), *Die Geißlerprozession* Francisco de Goya 278ur (d).
Pure Espana: Port Aventura 609ur.
Irene Corchado Resmella: 406ul, 407or.
Restaurant Canteré: 590ul.
Restaurante Hospedería, Finca la Estacada: 596ul
Restaurante Palio: 590ul.
Rex Features: Sipa Press 219mu.
Rex Shutterstock: Agencia EFE 72mlo, Epa/Toni Albir 39urm.

Rib Room: 600om.
El Rincón de Antonio: 595ol.
El Rincón de Juan Carlos: 605or.
Royal Museum of Scotland: Michel Zabé 51o.
José Lucas Ruiz: 44ur, 462ml.
Saboya 21: 591ol.
María Ángeles Sánchez: 42or, 43ul, 47ol, 83o, 102ol, 294mlo, 308ul, 391m, 409or, 536or, 536mr, 536um, 540ml, 551or.
El Serbal: 577ur.
Simply Fosh: 603or.
Son Granot: 604um.
Spanisches Fremdenverkehrsamt: 259m.
Spectrum Colour Library: 144or.
STA Travel Group: 619mo.
Stockphotos, Madrid: Campillo 611ol; Heinz Hebeisen 45ul; Mikael Helsing 610ul; Javier Sánchez 336ol.
Suculent: 586um.
James Strachan: 295um, 306or, 306m, 308or.
Tony Stone Worldwide: Doug Armand 24ul; Jon Bradley 320ul; Robert Everts 444mo.
Superstock: age fotostock 145mru; age fotostock/Heinz-Dieter Falkenstein 65um; Album/Documenta 69ol; Album/Joseph Martin 64 – 65m, 74or, 74mr, 74mru, 74um, 298ul; Album/Oronoz 51u, 57mr, 59ol, 61ol, 61or, 61mu, 63m, 64mlu, 65mru, 66ul, 71um, 75ul, 86 – 87om, 294or, 302mlo, 309m; age fotostock/Massimo Pizzotti 282 – 283, 306ul; Album/Prisma 69or; Peter Barritt 285mro; Bridgeman Art Library 298or; DeAgostini 62mlu, 66ml; Fine Art Images 66 – 67m; Iberfoto 57um, 59m, 67ur, 70ur, 128ur, 296or; LatitudeStock 22; Pixtal 80ml; Science and Society/FLO 74mlo, Universal Images Group 55mu, Westend61/David Santiago Garcia 611mr, World History Archive 116ol.
Taberna del Alabardero: 558ml, 571ur.
Telefónica: 624mo.
Denominación de Origen Utiel-Requena: 207mu.
Vinas del Vero, S.A: 206mro.
Vinos de Jumilla: 207um.
Visions of Andalucía: Michelle Chaplow 428 – 429; J.D. Dallet 401or.
VU: Christina García Rodero 24m, 42ul, 43mr, 372ml, 437mr.
Werner Forman Archive: National Maritime Museum, Greenwich 56mr.
Alan Williams: 82ul.
Peter Wilson: 340mr, 474u, 475mr, 481ol, 487ol.
World Pictures: 321ur, 516o.
Yayo Daporta: 582ul.

Vordere Umschlaginnenseiten
Alamy Images: Russell Kord lom; **Corbis**: Hemis/Hughes Herve om; **Dreamstime.com**: Davidmartyn lor; Matej Kastelic lm; Marlee ror; Luciano Mortula rmu; Juan Moyano rmu; Jose I. Soto lol; Gonzalo Azumendi lml; Michele Falzone rmru; Domingo Leiva lul; I. Lizarraga rol; Meinrad Riedo rul; Ken Welsh lur.

Extrakarte
Wiki: Grez: Toro Osborne Cabezas de San Juan (CC 3.0-Lizenz).

Umschlag
Vorderseite: **Dreamstime.com**: Pkazmierczak.
Rückseite: **DK Images**.
Buchrücken: **Dreamstime.com**: Pkazmierczak.

Alle anderen Bilder und Fotos © Dorling Kindersley. Weitere Informationen finden Sie unter **www.dkimages.com**

Sprachführer

Notfälle

Hilfe!	¡Socorro!	[so'kɔrɔ]
Stopp!	¡Pare!	['pare]
Polizei!	¡Policia!	[poli'sia]
Rufen Sie einen Arzt!	¡Llame a un médico!	[ʒame a 'un 'mediko]
Rufen Sie einen Krankenwagen!	¡Llame a una ambulancia!	[ʒame a 'una ambu'lanθia]
Wo ist das nächste Krankenhaus?	¿Dónde está el hospital más próximo?	[dɔnde esta' ɛl ɔspi'tal mas 'prɔgsimo]
Können Sie mir helfen?	¿Me puede ayudar?	[me 'puede aʒu'dar]
Man hat mir mein … gestohlen.	Me robaron mi …	[me rro'baron mi …]

Grundwortschatz

Ja	Sí	[si]
Nein	No	[no]
Bitte	Por favor	[pɔr fa'bɔr]
Danke	Gracias	['graθias]
Verzeihung	Perdóne	[pɛr'dɔne]
Entschuldigung	Disculpe	[dis'kulpe]
Tut mir leid	Lo siento	[lo 'siento]
Hallo	¡Hola!	['ola]
Guten Tag	Buenos días	['buenos 'dias]
Guten Tag (nachmittags)	Buenas tardes	['buenas 'tardes]
Guten Abend	Buenas noches	['buenas notʃes]
Nacht	noche	[notʃe]
morgens (Tageszeit)	mañana	[ma'nana]
gestern	ayer	[a'jɛr]
hier	aquí	[a'ki]
Wie?	¿Cómo?	['komo]
Wann?	¿Cuándo?	['kuando]
Warum?	¿Por qué?	[pɔr ke]
Wie geht's?	¿Qué tal?	[ke tal]
Sehr gut, danke.	Muy bien, gracias.	[muɪ bien, 'graθias]
angenehm	encantado/a	[ɛŋkan'taðo/a]
Sehr erfreut!	¡Mucho gusto!	[mutʃo 'gusto]

Nützliche Redewendungen

Das ist in Ordnung.	Está bien.	['esta bien]
Sprechen Sie ein bisschen Deutsch/ Englisch?	¿Habla un poco alemán/ inglés?	['abla 'un 'poko ale'man/ iŋ'gles]
Ich verstehe nicht.	No entiendo.	[no en'tiendo]
Könnten Sie etwas langsamer sprechen, bitte?	¿Puede hablar más despacio, por favor?	['puede a'blar mas des'paθio, pɔr fa'bɔr]
In Ordnung/O.K.	De acuerdo/bueno	[de a'kuɛrðo/ 'bueno]
Alles klar!	¡Claro que si!	['klaro ke si]
Wie kommt man nach …?	¿Cómo se llega a …?	['komo se ʎega a …]
Wo finde ich …?/ Wo ist …?	¿Donde está …?	['dɔnde es'ta …]

Nützliche Wörter

groß	grande	['grande]
klein	pequeño	[pe'keɲo]
heiß	caliente	[ka'liente]
kalt	frío	['frio]
gut	bueno	['bueno]
gut (Adv.)	bien	[bien]
schlecht	malo	['malo]
genug	suficiente	[sufi'θiente]
geöffnet	abierto	[a'bierto]
geschlossen	cerrado	[se'rraðo]
Eingang	la entrada	[en'traða]
Ausgang	la salida	[sa'liða]
voll	lleno	[ʎeno]
leer	vacío	[ba'θio]
rechts	derecha	[de'retʃa]
links	izquierda	[iθ'kierða]
(immer) geradeaus	(todo) recto	['toðo 'rrekto]
unter, unten	debajo	[de'baxo]
oben, hinauf	arriba	[a'rriba]
bald	pronto	['pronto]
früh	temprano	[tem'prano]
spät	tarde	['tarde]
jetzt	ahora	[a'ora]
mehr	más	[mas]
weniger	menos	['menos]

wenig	poco	['poko]
viel	mucho	[mutʃo]
sehr	muy	[muɪ]
erster Stock	segundo piso	[se'gundo 'piso]
Erdgeschoss	primer piso	[pri'mer 'piso]
Fahrstuhl	ascensor	[as'θen'sɔr]
Bad	baño	['baɲo]
Frauen	mujeres	[mu'xeres]
Männer	hombres	['ɔmbres]
Toilettenpapier	papel higiénico	[pa'pɛl i'xieniko]
Kamera	cámara	[ka'mara]
Reisepass	pasaporte	[pasa'pɔrte]
Visum	visa	['bisa]

Gesundheit

Ich fühle mich schlecht.	Me siento mal.	[me 'siento mal]
Ich habe Bauch-/ Kopfschmerzen.	Me duele el estómago/ la cabeza.	[me 'duele ɛl es'tomago/ la ka'beθa]
Er/sie ist krank.	Está enfermo/ enferma.	[esta em'fermo/ em'ferma]
Ich muss ausruhen.	Necesito descansar.	[neθe'sito deskan'sar]
Apotheke	la farmacia	[far'maθia]

Post/Bank

Bank	el banco	['baŋko]
Wechselstube	la casa de cambio	['kasa de 'kambio]
Postamt	la oficina de correos	[ofi'θina de kɔrreɔs]
Ich möchte einen Brief versenden.	Quiero enviar una carta.	['kiero em'biar 'una 'karta]
Brief	la carta	['karta]
Postkarte	la postal	[pɔ'stal]
Briefmarke	el sello	['seʎo]
Geld abheben	sacar dinero	[sa'kar di'nero]

Shopping

Ich hätte gern …	Me gustaría/ quiero …	[me gus'taria/ 'kiero …]
Haben Sie …?	¿Tiene …?	['tiene …]
Wie viel kostet das?	¿Cuanto cuesta?	['kuanto 'kuesta]
Wann öffnen/ schließen Sie?	¿A qué hora abre/ cierra?	[a 'ke 'ora abre/ θierra]
Kann ich mit Kreditkarte zahlen?	¿Puedo pagar con tarjeta de crédito?	['puedo pa'gar kɔn tar'xeta de 'kredito]

Sightseeing

Strand	la playa	['plaja]
Festung, Burg	el castillo	[kas'tiʎo]
Fremdenführer	el guía	['gia]
Landstraße	la carretera	[ka'rretera]
Straße/Gasse	la calle/ el callejón	[ka'ʎe/ kaʎe'xɔn]
Garten	el jardín	[xar'din]
Kathedrale	la catedral	[kate'dral]
Kirche	la iglesia	[i'glesia]
Museum	el museo	[mu'seo]
Park	el parque	['parke]
Platz	la plaza	['plaθa]
Rathaus	el ayuntamiento	[ajunta'miento]
Fremdenverkehrsbüro	la oficina de turismo	[ofi'θina de tu'rismo]
Strand	la playa	['plaja]
Viertel	el barrio	['barrio]

Transport

Wann fährt der nächste Zug/Bus nach …?	¿A qué hora sale el próximo tren/ bus a …?	[a 'ke 'ora sa'le ɛl 'prɔgsimo tren/bus a …]
Könnten Sie mir ein Taxi rufen?	¿Me puede llamar un taxi?	[me 'puede ʎamar 'un tagsi]
Flughafen	el aeropuerto	[aero'puɛrto]
Bahnhof	la estación de ferrocarriles	[esta'θiɔn de fɛrroka'rriles]
Busstation	la terminal de autobuses	[tɛrminal de buses]
Einschiffungshafen	el puerto de embarque	['puɛrto de em'barke]

Autovermietung	alquiler de coches	[alki'ler de 'kotʃes]
Fahrrad	la bicicleta	[biθi'kleta]
Fahrpreis	la tarifa	[ta'rifa]
Versicherung	el seguro	[se'guro]
Tankstelle	la estación de gasolina	[esta'θɔn de gaso'lina]
Ich habe eine Reifenpanne.	Se me pinchó un neumático.	[se me 'pintʃo 'un neu'matiko]

Im Hotel

Ich habe reserviert.	Tengo una reserva.	['teŋgo 'una rre'serβa]
Haben Sie noch Zimmer frei?	¿Tiene habitaciones disponibles?	['tiene aβi'taθiones dispo'nibles]
Einzel-/Doppel- zimmer	la habitación sencilla/ doble	[aβi'taθiɔn sen'siʒa/ 'doble]
Dusche/Bad	la ducha/ la bañera	['dutʃa/ 'baɲera]
Ich möchte um … geweckt werden.	Necesito que me despierten a las …	[neθe'sito ke me des'pier- ten a las …]
warmes/kaltes Wasser	el agua caliente/fría	['aɣua ka'liente/ 'fria]
Seife	el jabón	[xa'bɔn]
Handtuch	la toalla	[to'aʎa]
Schlüssel	la llave	['ʒaβe]

Im Lokal

Ich bin Vegetarier.	Soy vegetariano.	[sɔi βexeta'riano]
Kann ich bitte die Speisekarte sehen?	¿Me deja ver el menú, por favor?	[me 'dexa βer εl me'nu, pɔr fa'bɔr]
Festpreis	precio fijo	['preθio 'fixo]
Die Rechnung, bitte.	La cuenta, por favor.	[la 'kuenta, pɔr fa'bɔr]
Ich hätte gern etwas Wasser.	Quiero un poco de agua.	['kiero 'un 'poko de 'aɣua]
Wein	vino	['bino]
Frühstück	desayuno	[desa'juno]
Mittagessen	almuerzo	[al'muεrθo]
Abendessen	comida	[ko'miða]

Auf der Speisekarte

al horno	[al 'orno]	gebacken
asado	[a'sado]	geröstet/ gebraten
frito	['frito]	frittiert
seco	['seko]	trocken
el aceite	[a'θeite]	Öl
las aceitunas	[aθei'tunas]	Oliven
el agua mineral	['aɣua mine'ral]	Mineralwasser
sin gas/	[sin gas/	still/mit
con gas	kɔn gas]	Kohlensäure
el ajo	['axo]	Knoblauch
el arroz	[a'rroθ]	Reis
el atún	[a'tun]	Thunfisch
el azúcar	[a'θukar]	Zucker
el bacalao	[baka'lao]	Kabeljau
los camarones	[kama'rɔnes]	Garnelen
la carne	['karne]	Fleisch
la cebolla	[θe'boʎa]	Zwiebel
el cerdo	['θεrðo]	Schwein
la cerveza	[θεrβe'θa]	Bier
el chocolate	[tʃoko'late]	Schokolade
el chorizo	[tʃo'riθo]	Wurst
el cordero	[kɔr'ðero]	Lamm
el fiambre	['fiambre]	kaltes Fleisch
la fruta	['fruta]	Früchte
los frutos secos	['frutos 'sekos]	Nüsse
las gambas	['gambas]	Garnelen
el helado	[e'laðo]	Speiseeis
el huevo	['ueβo]	Ei
el jamón serrano	[xa'mɔn se'rrano]	Serrano- Schinken
el jerez	[xe'reθ]	Sherry
el jugo	['xuɣo]	Fruchtsaft
la langosta	[laŋ'gɔsta]	Languste
la leche	['letʃe]	Milch
el limón	[li'mɔn]	Zitrone
la limonada	[limo'naða]	Limonade
la mantequilla	[mante'kiʎa]	Butter
la manzana	[man'θana]	Apfel
el marisco	[ma'risko]	Meeresfrucht

la naranja	[na'ranxa]	Orange
el pan	[pan]	Brot
el panecillo	[pane'θiʎo]	Brötchen
el pastel	[pas'tεl]	Kuchen
la patata	[pa'tata]	Kartoffel
el pescado	[pes'kaðo]	Fisch
el pollo	['poʎo]	Hühnchen
el postre	['pɔstre]	Dessert
el potaje	[po'taxe]	Gemüsesuppe
el queso	['keso]	Käse
la sal	[sal]	Salz
las salchichas	[sal'tʃitʃas]	Würste
la salsa	['salsa]	Sauce
el solomillo	[solo'miʎo]	Filet
la sopa	['sopa]	Suppe
la tarta	['tarta]	Torte
el té	[te]	Tee
la ternera	[tεr'nera]	Kalb
el vinagre	[bi'nagre]	Essig

Zeit

eine Minute	un minuto	['un mi'nuto]
eine Stunde	una hora	['una 'ora]
halbe Stunde	una media hora	['meðia 'ora]
Viertelstunde	un cuarto de hora	['un 'kuarto de 'ora]
Woche	la semana	[se'mana]
Monat	el mes	[mes]
Montag	lunes	['lunes]
Dienstag	martes	['martes]
Mittwoch	miércoles	['mierkoles]
Donnerstag	jueves	['ʒueßes]
Freitag	viernes	['bierrnes]
Samstag	sábado	['sabaðo]
Sonntag	domingo	[do'miŋgo]
Januar	enero	[e'nero]
Februar	febrero	[fe'brero]
März	marzo	['marθo]
April	abril	[a'bril]
Mai	mayo	['majo]
Juni	junio	['xunio]
Juli	julio	['xulio]
August	agosto	[a'gɔsto]
September	septiembre	[se'tiembre]
Oktober	octubre	[ɔk'tuβre]
November	noviembre	[no'biembre]
Dezember	diciembre	[di'θiembre]

Zahlen

0	zero	['sero]
1	un/uno	['un/uno]
2	dos	['dos]
3	tres	['tres]
4	cuatro	['kuatro]
5	cinco	['θiŋko]
6	seis	['sεis]
7	siete	['siete]
8	ocho	['otʃo]
9	nueve	['nueβe]
10	diez	['dieθ]
11	once	['onθe]
12	doce	['doθe]
13	trece	['treθe]
14	catorce	['katorθe]
15	quince	['kinθe]
16	dieciséis	['dieθi'sεis]
17	diecisiete	['dieθi'siete]
18	dieciocho	['dieθi'otʃo]
19	diecinueve	['dieθi'nueβe]
20	veinte	['beinte]
30	treinta	['treinta]
40	cuarenta	['kua'renta]
50	cincuenta	['θin'kuεnta]
60	sesenta	[se'senta]
70	setenta	[se'tenta]
80	ochenta	[o'tʃenta]
90	noventa	[no'benta]
100	cien/ciento	['θiεn/ 'θiεnto]
500	quinientos	[ki'niεntos]
1000	mil	['mil]
erste/r	primera/o	[pri'mera/o]
zweite/r	segunda/o	[se'gunda/o]
dritte/r	tercera/o	[tεr'θera/o]
vierte/r	cuarta/o	['kuarta/o]
fünfte/r	quinta/o	['kinta/o]
sechste/r	sexta/o	['sesta/o]
siebte/r	sétima/o	['setima/o]
achte/r	octava/o	['oktaβa/o]
neunte/r	novena/o	['novena/o]
zehnte/r	décima/o	['deθima/o]

VIS-À-VIS-REISEFÜHRER

Ägypten · Alaska · Amsterdam · Apulien · Argentinien
Australien · Bali & Lombok · Baltikum · Barcelona &
Katalonien · Beijing & Shanghai · Belgien & Luxemburg
Berlin · Bodensee · Bologna & Emilia-Romagna
Brasilien · Bretagne · Brüssel · Budapest · Chicago
Chile · China · Costa Rica · Dänemark · Danzig
Delhi, Agra & Jaipur · Deutschland · Dresden
Dublin · Florenz & Toskana · Florida
Frankreich · Gardasee · Gran Canaria
Griechenland · Großbritannien · Hamburg
Hawaii · Indien · Indiens Süden · Irland · Istanbul · Italien
Japan · Jerusalem · Kalifornien · Kambodscha & Laos
Kanada · Karibik · Kenia · Korsika · Krakau · Kreta · Kroatien
Kuba · Las Vegas · Lissabon · Loire-Tal · London · Madrid · Mailand
Malaysia & Singapur · Mallorca · Marokko · Mexiko · Moskau
München & Südbayern · Myanmar · Neapel · Neuengland · Neuseeland
New Orleans · New York · Niederlande · Nordspanien · Norwegen
Österreich · Paris · Peru · Polen · Portugal · Prag · Provence & Côte d'Azur
Rom · San Francisco · St. Petersburg · Sardinien · Schottland
Schweden · Schweiz · Sevilla & Andalusien · Sizilien · Slowenien
Spanien · Sri Lanka · Stockholm · Straßburg & Elsass · Südafrika
Südengland · Südtirol · Südwestfrankreich · Teneriffa
Thailand · Thailand – Strände & Inseln · Tokyo
Tschechien & Slowakei · Türkei · Umbrien
USA · USA Nordwesten & Vancouver · USA Südwesten &
Las Vegas · Venedig & Veneto · Vietnam & Angkor
Washington, DC · Wien · Zypern

www.dorlingkindersley.de

Öffentliche Verkehrsmittel in Barcelona

Mit der Metro kommen Sie in Barcelona am schnellsten voran. Sie fährt Mo bis Do und So von 5 bis 24 Uhr, Fr von 5 bis 2 Uhr sowie Sa rund um die Uhr. Die Linien sind mit Nummern und Farben gekennzeichnet, Anzeigetafeln weisen auf die Zielbahnhöfe hin. Neben der Einzelfahrkarte (billete) und der günstigeren Zehnerkarte (tarjeta) gibt es zahlreiche Varianten von Tageskarten, die für Metro und Busse gültig sind. Karten für die FGC-Nahverkehrszüge, die vom Zentrum in die Umgebung Barcelonas fahren, für die Straßenbahnen und für den RENFE-Zug zum Flughafen müssen extra gekauft werden.

Legende

— RENFE-Linie
— Tram-Linie
┿ Zahnradbahn
[T1] Metro-Linie
○ Umsteigebahnhof
— FGC-Linie

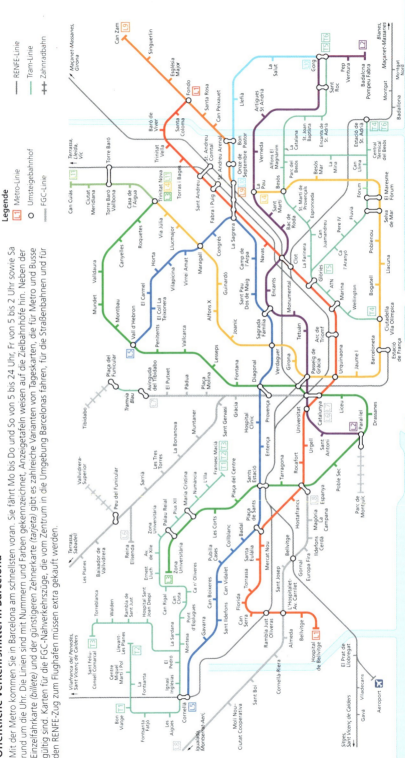